Storia Delle Crociate, Volume 1...

Joseph Fr. Michaud, Poujoulat (Jean-Joseph-François, M.)

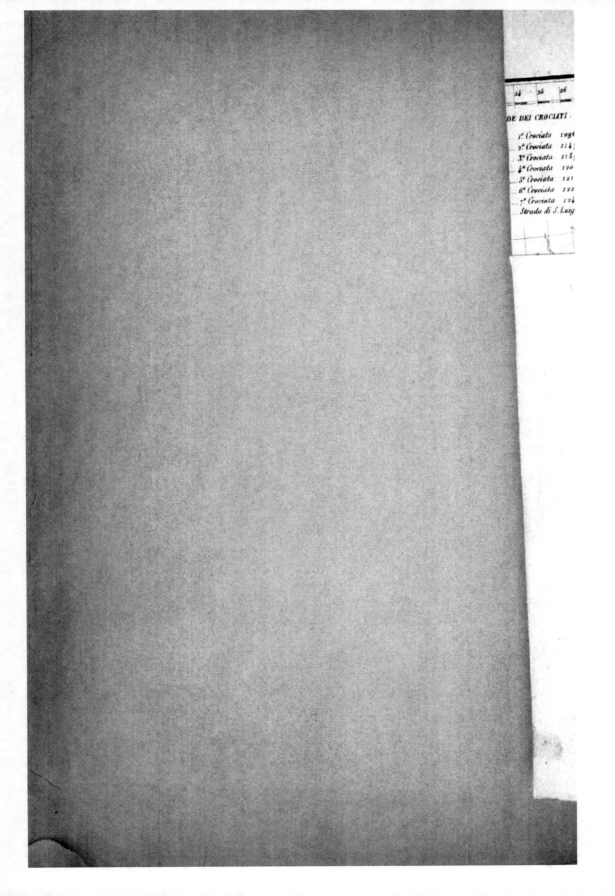

24	25	26

	25	26

DEI CROCIATI.

Crociata	1096 .
Crociata	1147 .
Crociata	1189 .
Crociata	1202 .
Crociata	1217 .
Crociata	1228 .
Crociata	1248 .

Strada di S. Luigi a .

STORIA
DELLE CROCIATE

VOLUME PRIMO.

STORIA
DELLE CROCIATE

SCRITTA

DA GIUSEPPE *Joseph François* FRANCESCO MICHAUD

Membro dell' Accademia Francese e di quella delle Inscrizioni e Belle Lettere

Nuovamente recata in italiano

SOPRA LA SESTA EDIZIONE FRANCESE

DALL'AUTORE GRANDEMENTE ACCRESCIUTA E CORRETTA

CON LA BIOGRAFIA DEL MEDESIMO

SCRITTA

DAL SIGNOR POUJOULAT

Con note dell' Autore, dell' Editore Francese
e del Traduttore Italiano

E CON CENTO INCISIONI IN RAME.

VOLUME PRIMO

FIRENZE
PER VINCENZO BATELLI E COMPAGNI
1842.

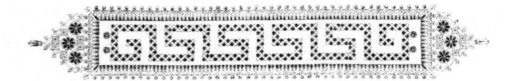

PREFAZIONE DELL'EDITORE FRANCESE

Ritornato Michaud dal suo viaggio d'Oriente, per esso intrapreso col fine di migliorare la sua *Storia delle Crociate*, mediante le precise osservazioni de'luoghi e le più vere cognizioni che se ne tolgono, mutò in moltissime parti e rifece il suo libro, quale riprodusse dipoi sotto titolo di quinta edizione, dando notizia e spiegazione del nuovo lavoro, in una prefazione che qui si riproduce.

" Dice adunque Michaud: — Io non ho apposto nuove aggiunte ai fatti ed ai successi noti delle Crociate, avendo già prima esaminati diligentemente tutti i cronisti e tutti i documenti; de' quali il lettore può acquistarsi conoscenza nella *Biblioteca delle Crociate,* in cui è raccolto quanto ha vinto l'obblio e l'età e quanto è a noi pervenuto de'testimonii contemporanei. Nè meno ho fatto giunte a quanto era scritto intorno l'origine, il carattere e i resultamenti di quelle guerre sacre. Nel trascorso secolo fu ovvia la varietà de'giudici sopra tali grandi convulsioni del medio evo, poco penetrandovisi addentro, e molta confusione avendovi indotta la presuntuosa e ignorante filosofia d'allora. Ora che gli studi più positivi e gli esempi delle grandi rivoluzioni ci hanno sufficientemente ammaestrati, tutti convengono sulla estimazione delle Crociate e de'loro effetti. Laonde la mia sentenza intorno alle guerre sante, l'istessa è che ne portano i più sani in raziocinio del mio tempo, nè veggo cosa in essa da mutare o modificare.

„ E nondimeno, considerando partitamente la mia opera, non me ne rimanevano ascose le imperfezioni e i luoghi incompleti. — Furono le Crociate peregrinazioni armate: l'Occidente, secondo l'enfatica espressione volgare, diradicavasi dalle sue fondamenta per precipitarsi sopra l'Asia: armati senza numero a similitudine di popoli, movevansi, per correre a liberare Gerusalemme, e spesse fiate non minor parte di loro istoria è il cammino per essi percorso. — Venticinque anni avanti quasi tutte le regioni ove furono i Crociati, erano pressochè incognite: i dotti solo intenti allo investigare le vestigia dell'antichità poco o nulla curavano di quelle del medio evo; conoscevansi precisamente le vie per le quali passarono i diecimila; tutti i luoghi fatti celebri per le vittorie di Alessandro; ma in quell'Asia minore che fu tomba a un milione di Crociati, in quelle contrade sì dure e difficili ai pellegrini d'Occidente, ove tanti affanni sostennero, tante zuffe, nè senza lode, combatterono, i soli vecchi cronisti ci sono guide, e pure quasi mai ne descrivono le località o appena ne abbozzano confuso disegno.

„ Non fa mestieri che mi dilunghi in molti particolari, per dimostrare quanto rimaneva da illustrare, quanto da investigare onde compiere l'istoria di que' grandi moti di nazioni, di quelle imprese per poco sovrumane, che ordite e mosse da Europa, disviluppavansi e terminavano in Oriente. Bene, come ho detto, non avea avuto difetto di positive cognizioni nelle cose d'Occidente; ma per li successi accaduti in regioni mal note, ogni mio passo procedeva nelle tenebre, sicchè là ove a tentoni cercava il vero, trovava soltanto dubbiezze. Sì grande lacuna nel mio lavoro, mi fu noja e tormento molti anni, nè mi lasciò pace la mia coscienza di Storico se non quando anch'io ho potuto ricalcare le orme dei Pellegrini fino in Oriente. Visitati i paesi da quelli percorsi, conobbi il difetto che mi facea dubbioso nè completa, quanto era uopo, la composizione del mio libro. Tutto ciò che prima sembrommi dubbio e oscuro nelle croniche, mi si schiarì di nuova luce; molti fatti tanto lucidi mi si presentarono alla mente che mi parve esserne testimonio oculare; gli assedii, le zuffe, più facili prestaronsi al mio stile. Più giusta stima ho fatta dell'eroismo de' Crociati; meglio ho penetrata la qualità de' loro pericoli, delle miserie e delle sventure. È oltre ciò da notare che ne' paesi per me visitati, abitano tuttavia que' medesimi popoli che a tempo le Crociate vi abitavano, mantengonsi gli stessi costumi, usanvisi le medesime favelle, il che non mi fu lieve indizio a formarmi preciso concetto, non tanto di quelle guerre che de' nuovi stati e delle colonie allora nell'Asia stabilite.

„ Aggiungerò, conchiudendo, tenermi molto obbligato per la revisione del mio lavoro, a Poujoulat, che mi fu compagno nel viaggio d'Oriente. Egli aveva diuturnamente studiate meco le croniche del medio evo, ma nella nostra lontana peregrinazione, vide luoghi e popoli che a me non fu dato vedere. La nostra unione avea per fine di trovare storiche verità; e accomunammo le fatiche e le cognizioni a meglio disviluppare, correggere e ampliare le narrazioni della storia.

„ I cambiamenti e miglioramenti ne' due primi volumi della *Storia delle Crociate*, in questa nuova edizione, sono: avere ricomposta la sposizione de' pellegrinaggi; arricchito di più particolari e con maggiori caratteri di veracità il cammino tenuto da Goffredo per l'Asia minore, nel quale è inserita totalmente di nuovo la giornata di Dorilea; aver completato e con più esattezza perfezionato, gli assedii di Antiochia e di Gerusalemme, e la giornata d'Ascalona; aver posta in miglior lume la spedizione del 1101 che fu conseguenza del conquisto di Gerusalemme e che per difetto di precise idee intorno l'Asia minore, nelle precedenti edizioni era stata toccata lievemente nè senza oscurità. In quanto al secondo volume, quello vi è discorso della storia di Gerusalemme, è molto migliorato; stantechè non avendo prima rappresentato in tutti i suoi aspetti e varietà delle sue vicissitudini quel longinquo regno fondato per le armi latine; la ispezione de' luoghi e la meglio meditata lezione delle croniche, m'hanno fornito materia da far più interessante questa parte del mio libro. E però in questo secondo volume, fra le narrazioni che hanno migliori riforme subite, sono specialmente da annoverare, la crociata di Lodovico VII, quella dell'imperatore Corrado e la spedizione dell'imperatore Federigo I. „

In un avviso posto in principio del terzo Volume Michaud annunziava aver mutate più cose nel terzo e quarto Volume della *Istoria delle Crociate*, e consistere le dette mutazioni nello avere quasi totalmente ricomposta quella parte ove narra il viaggio dei Crociati verso Costantinopoli e il conquisto di essa metropoli del greco imperio, perchè disaminato su i luoghi il modo dell'assedio e della espugnazione della città poteva per ciò dare alla sua istoria più precisione ed esattezza. Per ultimo Michaud annunziava aver con più rigorosa critica corretto, e i luoghi con più rigorosa fedeltà descritti, dell'assedio di Damiata fatto per Giovanni di Brienne, della sventurata impresa di San Luigi in Egitto, e delle giornate combattute sul Nilo dalla istessa Damiata fino a Mansurah.

E nondimeno l'opera di Michaud, tal quale esso allora la divolgava per le stampe, non era per anco al punto che potesse la di lui coscienza di storico contentare. Riesaminando il suo libro, trovavalo di nuovi miglioramenti capace; v'avevano inesattezze locali da correggere, narrazioni importanti da compire, alquante oscurità da diradare, e al corso de' successi mancava tuttavia quel carattere di naturale collegamento che costituisce l'evidenza del vero. Lo storico dava opera a nuova riforma, quando morte l'interruppe.

Poujoulat, suo famigliare, suo collaboratore, confidente de'di lui pensieri, assumevasi il carico di scegliere ed ordinare i molti materiali per l'illustre defunto lasciati. Con quel prezioso deposito compì una immensa fatica di revisione che tutti i particolari dell'opera comprendeva; ed eseguivala col vivo zelo per la sua tenera affezione a Michaud inspiratoli, e con la coscienza e la religiosa accuratezza, che sogliono porre le anime bennate nelle cose più care e gloriose.

Adunque la presente edizione, per le soprascritte ragioni, è superiore a tutte le altre, e se non teniamo particolare discorso de'moltissimi miglioramenti che formano il suo pregio, è per non dilungarci in superflua analisi di tutta l'opera, quando il lettore potrà agevolmente per sè enumerarli. Basti dire che essa merita esser considerata, come il vero prodotto dell'intendimento dell'autore, quale era da lui per la posterità preparato. Alcuni particolari intorno a quest'ultima fatica sono registrati nella *Vita del Michaud*, scritta da Poujoulat, il qual meglio d'ogni altro conobbe lo storico e meglio ne sapeva estimare il carattere e l'ingegno.

PREFAZIONE DEGLI EDITORI

La prima ISTORIA DELLE CROCIATE *del Michaud, fu già tradotta dal Cav. Luigi Rossi di Milano, ed ebbe moltissimo favore per tutta Italia, più per il merito del soggetto (che per sè è bastante a muovere la curiosità di tutti i Cristiani) che pel merito intrinseco della sola traduzione o della Storia medesima. — Avendo dipoi Michaud rifatto quasi totalmente il suo lavoro, e mediante buoni studi e grandi fatiche condottolo a quella perfezione dalla quale il suo primo saggio era non poco lontano, e che a buon dritto richiede l'incremento della critica storica nel nostro secolo; volendo riprodurre italiana questa meritevolissima opera, ognun vede bene che la traduzione del Cav. Rossi, non facea più al caso e che facendola servire come di scheletro alle nuove aggiunte e modificazioni numerosissime della sesta edizione francese, sarebbe stato produrre un lavoro di tarsia indegnissimo della Italiana Letteratura. — Pur troppo il nostro bellissimo idioma e più ch'altri mai di proprio nazional carattere fornito, è stato nel passato ed è nel presente secolo contaminato dalla incuria de' cattivi scrittori e dei traduttori specialmente; i quali o per propria imperizia della lingua da che traducono e di quella in che traducono, o per la indegna mercede loro da ingordi Editori concessa, che estimano il tradurre fatica da meno che quella degli umilissimi artigiani, hanno inondata la nostra patria di pessimi volgarizzamenti, ne'quali il popolo, niun'al-*

tra cosa impara se non che imbastardire e imbarbarire la propria favella.

A chi s'intende del tradurre non fa mestieri dichiararne le difficoltà; gli altri però hanno a sapere esser molto più agevole traslatare dalle antiche lingue che dalle moderne. Perchè la frase moderna e la costruzion del periodo che copii esattamente l'antico, terrà sempre qualche abito di gentilezza e di venustà, come i figliuoli dalla somiglianza col padre o con la madre; ma la frase e il periodo da moderna lingua imitati, avranno sempre sembianza forestiera e al nazional carattere contraria. Quindi chi traduce da lingue moderne, il sol pensiero dell'autore conservando, non tanto nelle espressioni che nel tornir de' periodi e generalmente nella sintassi, lo debbe del nazional carattere vestire, e in tal foggia condirlo, che non più pensamento o francese o inglese o alamannico rassembri, ma pretto italiano. Che studio e che fatica vogliasi a ciò, nè dirlo nè intenderlo può altri, che chi il sa fare.

Con intendimento adunque di riprodurre la Storia del Michaud, in modo tale da non incorrere nella riprensione fatta di sopra agli cattivi scrittori e traduttori italiani, noi ne abbiamo commessa la traduzione, a scrittore, secondo il giudicio nostro, sufficientemente dell'una e dell'altra lingua perito; gli abbiamo ordinato di ragguardare soprattutto al coscenzioso adempimento del suo incarico e l'abbiamo di tutte le facoltà ed arbitrii autorizzato che all'esecuzione di siffatto lavoro si convenivano.

Per comodo poi de' lettori, allontanandoci in ciò dalla edizione francese che in fine d'ogni volume pone certo numero di Documenti e Storiche Illustrazioni, noi porremo invece non interrottamente il testo storico, con le Note dell'autore e del traduttore a piè di pagina, e poi finita l'opera, daremo uniti i documenti con notabili aggiunte secondo che sarà in gradimento dei lettori.

Firenze li 13 gennajo 1842.

Campanileo incise

S.F. MICHAUD

Firenze per Batelli e Comp.

VITA

DI

GIUSEPPE FRANCESCO MICHAUD

Dettare la vita di Michaud, perchè a lui da gran tempo, e quasi per una dolce necessità si è sposata l'anima mia, mi riuscirà senza troppo studio, e mi fia dolce sebben melanconica gioia render solenne testimonio del mio dolore, e dei segreti sentimenti che mi legavano a lui: poichè io fui il suo più caro discepolo, che per ben dodici anni divisi seco lui ogni più grave fatica, e l'amico prediletto e quasi figliuolo, e quello infine che Michaud a questi ultimi tempi additava come il sostegno, il vigore, e l'operosità della sua vita.

Giuseppe Francesco Michaud nacque ad Albens presso i confini della Savoja nell'anno 1767. Il padre suo era notaro: e la famiglia ivi da molte generazioni stanziata in agiatezza di stato. Nel 1795 Michaud intitolava dal suo luogo natale un componimento pubblicato poi nella sortita dal Tempio di madama Reale.

Avea circa sette in otto anni quando la sua famiglia espatriò per istabilirsi in Francia, dove infatti fermò sua dimora in Bourg distretto dell'Ain.

Nel passare che fece Michaud il novembre dell'anno 1838 da Chalons-sur-Saône per recarsi al sole d'Italia da cui sperava salute, essendo in luogo donde si può con lo sguardo abbracciare le vaste pianure della Bresse, ei discorreva con piena e serena gioia dell'animo gli anni beati della sua fanciullezza vissuti su quella terra che tanto bella gli appariva da lungi. Ed in special modo si compiaceva nel ripensare alla dispera-

zione che provò iu quel giorno che per seguire i suoi a Bourg gli toccò
di dire addio ad Albens, il paese dei suoi primi ed innocenti trastulli.
» Sii di buon animo — gli dicevano — si va in Francia. » Io ve la regalo la
vostra Francia » rispondeva l' inconsolabil fanciullo, con tale rivelazione di
sentimento da non potersi ridir con parole. Giunto a Bourg i suoi singhiozzi raddoppiarono: non volea scender di legno, tanto che bisognò le-
varvelo di forza. Allora, non potendo altro, tolto del fieno che per avventura vi si trovava, corre a chiudersi in un granajo, e là disteso sul
fieno del paese natale rifiutò qualunque cibo per ben due giorni. Che
forza di volontà in un fanciullo!

Un suo zio prete, vittima, fra le tante, della rivoluzione francese, fu
il primo ad instituire il giovane Michaud nello studio delle lettere. Il
quale annunziandosi sul bel principio di svegliato ingegno, un giorno che
prese a poetare, lo zio si lasciò scappare di bocca: » Forse che anche
tu pretenderesti a diventare dell' accademia? Terminati i suoi studj a
Bourg, vi lasciò fama di sè come da recarsi in esempio di mirabile facilità nello apprendere.

Michaud quantunque savojardo tenne il distretto dell'Ain come sua
vera patria, e quando la rivoluzione lo ebbe condannato nel capo, là si
volgevano i melanconici suoi pensieri.

> *Dal mio carcere orrendo, e nel cospetto*
>   *Della morte vicina o Sol t'invoco;*
>   *Poichè del tuo splendor vedovo è il cielo.*
> *Addio dell' amor mio teneri obbietti,*
> *Addio dell'Aino piagge avventurate,*
>   *E dilettose valli, e boschi ombrosi*
> *Al cui rezzo mi assisi, in cui mi piacqui*
>   *Nella innocente età che tutto ride.*
> *Voi, nel sol rimembrarvi, a' crudi affanni*
> *Alcun dolce mescete, e a tanta notte*
>   *Di primavera il riso* [1] *. . . . . . .*

Di ventidue anni Michaud recossi a Parigi. Gli fu compagna nel viaggio
una donna di condizione, la quale lo tolse a proteggere, e che caduta poi
in disgrazia, egli soccorse generosamente coi suoi guadagni di scrittor giorna-
lista. Per un profondo sentimento che lo travagliava, cioè l' orrore contro
alla distruzione, Michaud si dedicò alla politica. E raccontandomi i suoi
primi passi nel nuovo arringo a Parigi, 'dove a cercarsi un pane avea dovuto
ricoverarsi: » Non per riguardo alla mia nascita, ei mi diceva, ma perchè

---

[1] Primavera d' un Proscritto, Canto 2.

» conservatore di principii appena giunto a Parigi, mi vidi in mezzo a gente
» violenta che null'altro sapeva o voleva fuorchè distruggere, io mi sentii
» trascinato dietro le insegne del clero, e del re. » Come Michaud tenesse
la sua promessa, qual difensore del trono, della morale, della religione
egli fosse, lo sanno tutti.

Egli ha durato a combattere per 50 anni a pro della patria, fedele sempre, coraggioso e leale: fu imprigionato per ben undici volte, due sentenziato a morte: nobili rimembranze onde la sua fronte parve risplendere
quasi fregiata di incorruttibile aureola. Ma non precediamo gli avvenimenti.

Mentre i demolitori dell'Assemblea Costituente travagliano a crescere
le rovine, ed il tuono della rivoluzione rimbomba spaventoso per ogni
parte, mirabile e non men bello è vedere un giovine, povero grano di
sabbia sull'agitata spiaggia di un mare in burrasca, sfidare le ire dei tribuni, sostenere la causa di tutto ciò contro cui si combatteva, e opporsi
alla forza infernale che metteva a soqquadro il mondo.

La prima guerra da lui combattuta fu *nella Gazzetta universale*, ed
in altri fogli realisti contemporanei: ciò (ben s'immagina) gli fruttò spesso
persecuzioni e pericoli. Un giorno che il giovane pubblicista traversava la
piazza Vendôme vide del popolo raccolto attorno ad un auto-da-fe: av-
vicinatosi, ed accortosi che per un bel mucchio de'suoi giornali si preparava quella baldoria, non è a dire se stesse ad aspettare che crescer-
ser le fiamme. Come Michaud potesse scampare alla tempesta del 93 (a-
veva allora ventisei anni appena) egli stesso non sapea farsene ragione.
La *Quotidienne*, sorta in presenza del carnefice per virtù sua, e coll'ajuto
di Rippert e di Contely, caduto poi vittima della scure rivoluzionaria, dovette malgrado il suo coraggio tacersi quando infuriava il Terrore; ma
ricomparve alla caduta di Robespierre. Il cannone del 13 vendemmiale
le impose nuovo silenzio. Michaud che in quel giorno non se n'era rimasto, ed avea anzi preseduto con Fievee la sezione del teatro francese,
fu sentenziato al pubblico giudizio. » Uscito di Parigi — son sue pa-
» role — io fui arrestato per comandamento di Bourdon (de l'Oise) il
» quale impose che attaccato alla coda di un cavallo mi facessero cam-
» minare a colpi di sciabola. Non passarono molti anni che Bourdon de
» l'Oise fu bandito al pari di me. Alla qual condanna se non avessi po-
» tuto sottrarmi, io sarei stato compagno a Bourdon nei deserti di Si-
» namarì. Gli officiali di Chartres, continua Michaud, ribellatisi al coman-
» damento di Bourdon, rifiutarono di obbedire, ed ebbero per me tutti
» quei riguardi a cui la sventura ha diritto. Dopo essere stato interrogato
» per molti giorni dal Comitato di sicurezza generale, e dalla Commissione

» militare mi riescì di fuggire e fui decapitato in effigie nella piazza di
» Greve ».

E qui vuolsi notare il nome di Giguet, dell' amico generoso e salvatore di Michaud, il quale ben se ne risovvenne nel suo poema [1].

O potenza di Dio! strappa alla morte
La preda sua magnanima amistade.

La sentenza pronunziata in quell'epoca contro Michaud è documento
prezioso che merita di esser qui riferito:

» *Michaud domiciliato a Parigi condannato a morte il di 5 bru-*
» *male anno IV* (27 ottobre 1795) *dalla commissione militare se-*
» *dente al teatro francese, come convinto di essere stato per mezzo*
» *del suo giornale perpetuo eccitatore di tumulti e del ristabilimento*
» *del nome regio o della monarchia.* » È poi curioso da sapersi che al
suo giungere di Chartres fu incarcerato nel palazzo dello Istituto nel luogo
istesso in cui tien le sue sedute l'Accademia francese.

Nel 1796 il coraggioso scrittore rivocata la sua condanna ricomparve
colla sua *Quotidienne;* ma la polizia del Direttorio non gli dava nè pace
nè tregua, tanto che più volte venne tradotto in prigione. Un giorno che
trovavasi alla *Conciergerie* con dei cospiratori giacobini, e con parecchi
malfattori, uno di questi ultimi volgendosi ai prevenuti politici facea questa reflessione filosofica: » Costoro son pazzi di metter a risico la vita
per delle idee! » Michaud dovea esser giudicato contemporaneamente ad
un giacobino suo compagno di prigione: quando si venne alla scelta dei
giurati, il giacobino si prese quegli che più gli accomodavano, e poi ne
dette la nota a Michaud dicendogli: » *ora cittadino, tocca a te la scelta.* »
» La mia scelta è fatta, gli rispose subito il nostro realista, imperocchè al-
» tro non mi resta che a prender quegli che non volete voi, i quali sic-
» come per voi non valgono nulla, così debbono essere eccellenti per me:
» Michaud uscì libero anche questa volta ». A questo tempo debbono riferirsi
due fatterelli che Michaud talvolta ricordava con compiacenza, onde ben
si distinguono le varie epoche della rivoluzione.

La *Quotidienne,* perchè giornale scritto con un certo spirito e vigore,
avea un incontro quasi popolare, e Michaud, come quello che ne era il
compilatore, salì presto in gran rinomanza. Il quale un bel giorno trovandosi a viaggiare in legno accanto ad un giacobino, questi, di discorso
in discorso venendo a cose politiche, piaciutogli il fare, il carattere e l'amabilità dell'ignoto compagno di viaggio, di confidenza in confidenza, entra
finalmente a parlargli di quel *briccone* di *Michaud,* pretesa sua conoscenza,

[1] La Primavera d'un Proscritto, Canto 2.

il quale si ostina a difendere tuttavia la superstizione, e i tiranni, e continua a vomitargli contro gli epiteti più ignominiosi. Cosa curiosa! che il giacobino a tanta insolenza univa le più calde espressioni di amore e di ammirazione per il vero Michaud, che non si curò di trarlo d'inganno, divertendolo i suoi furori al pari delle sue tenerezze.

Un'altra volta una buona donna che leggeva la *Quotidiana* venne a Michaud dal fondo della Borgogna, cioè da sessanta leghe distante, per consultarlo sopra un caso di coscienza, essendosi immaginata ch'ei fosse un frate del Carmine. Chi altri infatti a que'tempi avrebbe voluto farsi difensore della religione? Nota pur troppo è la proscrizione del 18 fruttidoro. Un'informazione presentata al Consiglio dei 500 su i giornalisti complici nella cospirazione contro il re, chiamò su loro tutto il rigor della legge, come quegli la cui esistenza fosse un'onta della natura ed un flagello della umana specie. Di questo numero furono Michaud con la Harpe e Fontanes. Ma nè anche questa volta la vendetta rivoluzionaria potè raggiungerlo, ed invece delle aspre solitudini del Sinamarì, dove a lenta morte sarebbe stato serbato, lo accolsero nel loro seno le ospitali montagne del Giura. Là nel tranquillo ricovero apprestatogli dall'amicizia, tra la grandezza e i piaceri della bella natura, si consolò delle presenti miserie, e senza pure accorgersene, com'egli stesso ci dice, scrisse un poema.

    " *Nel mio ritiro fatto men solitario da pochi amici, mi posi a* " *dettare un corso di letteratura. Cominciai dal por le regole della* " *versificazione, e per dare ad intendere ai nuovi allievi la misura e* " *la forma dei versi Alessandrini, mi provai a farne qualcheduno.*

    " *Ne feci trenta o quaranta nel primo giorno, altrettanti un'altra* " *volta, e così di seguito: e perchè avea scelto ad argomento il mio* " *stato presente e le delizie della campagna che mi fu ospitale, ci posi* " *amore, e la mia immaginazione non ebbe più pace. Ogni giorno* " *faceva un quadro, una descrizione; e ciò che sentiva, ciò che vedeva* " *ne formava come la tela. A capo di pochi mesi avea composti più* " *di due mila versi, ma non pensava nè anche per sogno di aver fatto* " *un poema;* [1] *scriveva per trovare una distrazione, per soddisfare al* " *bisogno di esprimere i miei sentimenti, ed al piacere di fissare il* " *pensiero sulle immagini che la primavera accarezza, non per far* " *dono al pubblico dei miei versi, e senza sperarne lettori.* "

Quanta modestia, che timida semplicità nel raccontare a questo modo

---

[1] Questa è veramente una gran bella fortuna, poter far poemi senza accorgersene. il che forse agli elletrizzatissimi ingegni francesi non riescirà difficile; vero è però che molti Italiani studiandosi e affaticandosi per iscriver poemi, spesse volte non riescono ad altro che a partorire aborti di prose. — Traduttore.

l' origine d' un poema! Negli ultimi anni di sua vita Michaud avea divi-
sato scrivere due volumi di ricordi col titolo di *Memorie della Quotidienne,* dove proponevasi inserire i tratti principali, gli aneddoti i più curiosi della sua vita; della quale istorica fatica non è a dire se avrebbe avuto
interesse: e volea anche interporvi gli squarci più notevoli della *Primavera
di un Proscritto,* raccontando le circostanze che avean dato origine alle varie sue parti. Questo poema fu scritto a vicenda nel Giura e nel Delfinato, e Michaud non si era del tutto contentato ad onta delle correzioni,
e dei mutamenti fattivi per otto edizioni, forse perchè vi mancava una
favola, colpa del modo com' eran nate queste sue inspirazioni poetiche.
Questo così illustre scrittore fu severo oltremodo verso l' opere sue, e
non sperando poter salvare dall' oblio l' intero poema avrebbe voluto sal-
varne le parti più notevoli.

Quando per rassicurarlo sul merito di questo suo lavoro io gli ricordava il grande incontro che avea fatto, egli mi rispondeva che *la Primavera di un Proscritto* era piaciuta unicamente perchè l' istoria delle
sue proscrizioni era stata quella di tutto il mondo. Checchè sia di ciò, *la
Primavera di un Proscritto* vivrà, non inferiore ai migliori poemi di
Delille [1].

Si deve a Chateaubriand, se Michaud pubblicò questi suoi canti d'esilio. Discorrendo un giorno delle montagne, dei loro aspetti ed effetti, e
delle immagini sublimi della natura, Michaud quasi senza saperlo inco-
minciò a dire i suoi versi che piacquero a Chateaubriand, il quale vinti
gli scrupoli della sua eccessiva modestia, *la Primavera di un Proscritto,*
vide finalmente la luce.

L'autore del *Genio del Cristianesimo* in un suo lavoro critico così dichiarava il carattere di questo poema: » *Michaud non è poeta che studi
» solamente alla pompa, alla perfezione dell' arte; è un infelice che
» parla con se medesimo, e canta quasi ad esprimere il suo dolore più
» armoniosamente.* »

Giulio Janio, il facile e brioso scrittore di *feuilletons,* in una necrolo-
gia di Michaud si dimostra assai affezionato alla *Primavera di un Proscritto:* » *Fra coloro che osarono poetare in quelle tremende epoche, Mi-
» chaud è da notare come de' primi. Il suo libro, benchè tutto spirante
» un dolce e tranquillo amore dei piaceri campestri, svela però ad
» ogni verso quanto il suo animo fosse dolorosamente preoccupato fra
» tanti orrori. Ti accorgi bene leggendolo che se il terrore non è*

---

[1] Almeno il buon Poujoulat diffinisce la questione senza peritarsi, e di sua propria autorità
sentenzia l'immortalità d'un poema; del quale, per vero dire, al presente non si fa più veruna
menzione in Francia. Traduttore.

» *penetrato in quell'anima così giovane ed innocente, illese del tutto*
» *non ne furono quelle belle ombre, quelle acque limpide, ed i giar-*
» *dini lieti di fiori, e i verdeggianti solchi dai quali spicca il suo*
» *volo l'allodola mattutina, cantando la sua eterna canzone che non*
» *paventa rivoluzione o tempeste. Niun altro poema scritto in quel tempo*
» *di nefanda memoria, ritrae al pari di questo di una certa ma-*
» *linconia com'è naturale al cuor puro ed alla innocente anima;*
» *ed anche nell'impeto d'infelice entusiasmo la sua possente musa si*
» *mostra sensibile a tante sventure!* [1] »

Nel numero de' proscritti del 18 fruttidoro noi citammo più sopra il
nome di la Harpe, il quale fu da Michaud presentato al partito realista.
L'antico amico di Voltaire, comecchè i modi e le opinioni del giovane
difensore della monarchia, gli andassero molto a genio, ne faceva gran
conto, ed un giorno parlando di lui (La Harpe avea conosciuto i personaggi
del secolo XVIII che più menavan rumore) disse che in Parigi non v'era
chi valesse Michaud per svegliatezza d'ingegno.

Nel 1801, un anno prima della pubblicazione della *Primavera di un
Proscritto*, Michaud dette alle stampe un libro adesso ⹂rarissimo e che
fu allora oltre l'aspettativa applaudito, che avea per titolo: *L'istoria del
progresso e della caduta dell'Impero di Mysora, sotto i regni d'Hy-
der-Ali e di Tipù Saib*. L'autore avendo ricevuto da Londra una relazione della ultima guerra degl'Inglesi contro *Tipù Saib*, e provvisto di
bastevoli documenti per descrivere gli avvenimenti che aveano preceduta la
guerra, per rappresentarne il teatro e mostrare le potenze Indiane, gli stabilimenti degl'Inglesi e dei Francesi sulle rive del Gange, e far palesi la
religione, le usanze, la legislazione di quel paese, se ne valse ordinandogli
in bella forma a compor questo libro, che era lettura piena di utilità e
di diletto. Il qual libro ci dà la giusta idea di ciò che si sapeva quaran-
t'anni sono dell'Indostano. Da quell'epoca in poi, per gli eruditi stadj
degli orientalisti, di nuova luce si è arricchita la scienza; ed all'altezza
delle nuove scoperte anco Michaud divisava di ridurre il suo lavoro, se non
che poi mancatogli il tempo mi mostrò il desiderio che io ne assumessi
l'incarico, al quale soddisfarò volentieri ove le mie occupazioni me lo
consentano. L'India oggimai chiama a sè l'attenzione dell'Europa tutta,
perchè l'istoria del famoso sultano indiano, frammischiata a pitture di religione, di costumi, e di lettere non potrebbe a meno di non gradire sommamente all'universale.

Coll'assunzione di Buonaparte al potere non ebbero fine le persecu-

_____
[1] L' Artista, ottobre 1839.

zioni politiche; come potevano non dargli ombra gli scrittori devoti a'Borboni? Michaud ritornato a Parigi dopo tre anni di proscrizione pubblicò i suoi *Addio a Buonaparte*, che piacquero oltre ogni dire, e fecero impressione non mediocre sul primo console; tanto che l'autore perseguitato dalla polizia di Buonaparte ebbe a nascondersi presso il suo amico Marguerit a Versailles, dove, per quanto ne dice egli stesso, passeggiando giornalmente nei giardini piantati per ordine di Luigi XIV e pieno di quelle grandi memorie che erano naturali a quel luogo, l'intrepido pubblicista compose *gli ultimi addio a Buonaparte vincitore.* Questo nuovo scritto ebbe pure un grandissimo incontro, e Buonaparte secondo suo stile fece intendere all'autore il desiderio che egli scrivesse a pro del suo governo; alla qual proposta non avendo Michaud consentito non corse molto che fu racchiuso nel Tempio e tenuto in prigione per qualche mese. I due *pamphlets,* comecchè scritti con molta forza, e dove i pungenti e briosi spiriti erano accompagnati da un intelletto sicuro, e da un incredibile ardire, furono presto tradotti in inglese e in tedesco, e ferendo le radici del potere consolare non è meraviglia se il mondo politico ne fu tutto commosso. E qui parmi trovi il suo luogo un fatto consegnato nella 2.ª edizione fatta nel 1814 degli *Addio a Buonaparte*, che è questo. Una donna di condizione, la signora di Champcenetz, che vedea spesso il primo console, pregò Michaud perchè volesse comporre una memoria a fine di dimostrare di quanto interesse e gloria sarebbe stato a Buonaparte restituire il potere a chi n'era il legittimo padrone. Al che avendo aderito, parve alla signora di presentarla al console, il quale lettala attentamente, sclamò con quel suo linguaggio triviale che gli era familiare, *la pera non è matura.* Le quali parole abbiamo referite non per dar loro una importanza che forse non hanno, ma perchè sono vere. È anche da sapere che da lì a poco la signora Champcenetz fu bandita, e morì in esilio. La censura imperiale toglieva ogni libertà alla stampa, e Michaud intese a scritti di critica letteraria, nei quali predominava quel buon gusto che era una caratteristica del suo ingegno. In questa epoca pubblicò le sue *tre lettere sulla pietà* a Delille, singolari per eleganza, per delicato sentire e per profondità; non meno che il *ratto di Proserpina,* poema in tre canti, dove ha tolto a imitare Claudiano nelle parti belle, schivandone la intemperanza e la esagerazione nel colorito. Nel *ratto di Proserpina* trovasi più poesia che nella *Primavera d'un Proscritto;* imperocchè più bella ne sia la forma e più potente e sicuro il tocco del suo pennello.

Preposto ad una nuova edizione dell'Eneide di Virgilio, perchè le note del traduttore Delille si arrestavano al 6.º canto, volle che di note si corredassero anche i sei ultimi libri, e ne incaricò un celebre professore dell'Università, dell' immenso lavoro del quale Michaud contentandosi poco, si pose all'opera da sè, che presto condusse a termine. In quelle note di Michaud respira il vero spirito della poesia, e sono una prova solenne di quanto s'internasse nell'anima degli antichi. Parlando poi dell'illustre professore diceva: *costui sapeva benissimo la lingua del dizionario, ma ignorava quella di Virgilio* [1].

Michaud molto legato in amicizia colla signora Cottiu, scrisse pel romanzo di Matilde una specie d'introduzione sulle Crociate. Il qual lavoro crescendogli fra mano ad ogni nuova edizione di questo romanzo, gli venne l'idea di fare una *Storia delle Crociate*. Ecco l'origine del libro a cui Michaud ha inteso quando più quando meno per trenta anni di vita; soggetto bello, secondo quant'altro mai; mediocremente trattato da Maimbourg e da Mably, non inteso da Voltaire.

Il primo volume di questa Istoria delle Crociate vide la luce nel 1808, nel quale il nuovo storico, frugando nelle dimenticate e disprezzate memorie del medio evo, raccolse gran copia di avvenimenti, di costumanze di cui non si aveva idea, e resuscitando i secoli da tanto tempo sconosciuti dell'eroismo religioso fece grande impressione nel pubblico. Non voleasi più declamare contro la ignoranza e la barbarie del mondo antico, come avea fatto il secolo XVIII, ma piuttosto mostrare con quanto ardore i popoli d'Europa tutti intendessero al passaggio in Oriente per istabilirvi il regno dell'Evangelo in luogo del Corano, che minacciava il mondo di profonda ed eterna notte. Conveniva studiare la fisonomia degli eroi, e delle diverse nazioni raccolte sotto le tante bandiere; rappresentare il valore, lo entusiasmo, la energia, le virtù, la risolutezza, le passioni di quelli eserciti; contemplare al lume della vera filosofia tutto il processo di questo dramma unico ne' secoli; in somma far la debita estimazione delle conseguenze varie e più lontane che recò seco una tanta rivoluzione. A questo debito soddisfece Michaud con nobile sempre chiaro e forbito dettato, dove la sana e forte erudizione si veste di leggiadre forme, dove l'ordine è tanto più ammirabile per essere la Istoria delle Crociate la più intricata delle istorie umane. Michaud mi intratteneva sovente delle difficoltà incorse nella composizione della sua Opera [2].

Ed invero se le Crociate si stendono per lunga e diversa età, se ap-

___

[1] Non so che valore potessero aver le note dell'anonimo Professore, ma se erano inferiori a quelle di Michaud, certo era meglio non accrescere il volume di quella edizione. — Trad.

[2] Ogni Crociata accadde in tempo determinato e noto; disporre i materiali secondo l'ordine d'ogni Crociata, era l'opera dello storico; e l'ordine o testura storica era naturalmente trovata senza tante difficoltà. Considerato sotto questo aspetto il tema delle Crociate è uno dei più facili e piani fra gli altri storici. — T.

T. I.   II

partengono all'oriente e all'occidente insieme, se furon condotte da popoli nulla aventi di comune tra loro, se i materiali donde se ne debbe cavare la storia sono sparsi come punti luminosi in quella universale de' popoli e seminati per tutto, quanti sforzi non si richiedevano a ridurre ad unità tanto diversi elementi, a comporre una istoria tanto in sè collegata, che paresse quella di uno stesso impero, di un' epoca istessa! Se il gran nome di Gerusalemme ed una croce spiegata potevano bastare a mettere insieme tanti popoli d'Europa, altrettanto difficile è dare unità al racconto di queste cose. Primieramente si dovea trovare i documenti dispersi negli annali di molti popoli, e perciò fare uno speciale studio de'cronisti, noiosi da prima, quantunque poi ti porgano non mediocre diletto; paragonare gli uni cogl'altri, scegliere i più veridici, e mettergli d'accordo quando si contradicono. Non ostante l'abbondanza dei monumenti storici sulle Crociate, spesso ti abbatti a qualche lacuna, perchè mentre alcune guerre delle Crociate vantano molti storici, ad altre mancano affatto.

Michaud mi diceva: in una grande istoria che appartiene a tutti i tempi, a tutti i paesi, verificarsi quello istesso che in un viaggio a regioni lontane, in cui se il viaggiatore va per terre abitate non ha difficoltà della strada, ma se incontra profonde e insuperabili solitudini, non sa più a chi chieder conto sul cammino che gli rimane, privo d'ogni altra guida fuorchè del pallido lume delle stelle. Le Crociate non men che gli imperi e le nazioni hanno tutte un' origine, un progresso, un decadimento proprio, avvegnachè in ciascuna se sien comuni le cause, dissimili il più delle volte ne scaturiscon gli effetti.

Era d'uopo inoltre e di gran momento, segnar l'andamento e il carattere distintivo di ciascuna di queste spedizioni, e d'indicare come avevano operato sulle società. Perciò poi che si referisce a conoscenza dei costumi e dei tempi, comecchè pensasse la pittura dei costumi sia più vera, positiva ed incontestabile del racconto dei fatti, Michaud vi pose cura speciale in questo suo libro. Queste poche parole debbon bastare a dare un' idea di quanto immensa opera si assumesse lo storico delle Crociate.

La presente età sarà sempre con onoranza ricordata pei suoi studi sulla storia nazionale; e questo impulso le ha dato il lavoro di Michaud: il quale ha preceduto i Guizot, i Thierry, i Michelet, i Barante. Alla pubblicazione del primo volume di un' opera fondamentale, come la chiamava Chateaubriand, in mezzo al plauso universale alcune voci lo tassarono delle citazioni di cui arricchì la sua opera; le quali comunque poche e per lo più attinenti a'costumi, e a qualificare il genio de' tempi, si ricusavan del tutto perchè tolte a'cronisti di cui, facendosene estimazione come di barbari, non si volea sentir pure il nome. D'allora in poi la Storia delle Crociate ha portato tali frutti che l'autore mi diceva: » *Io ho fatto degli* » *allievi impareggiabili: adesso non si fa altro che copiare i cro-* » *nisti di cui non si volea sentir parlare.*

Nientedimeno Michaud condannava quella nuova scuola che fa la storia a forza di squarci di croniche e memorie storiche per ordine cronologico, prive di stile, d'idee, e di qualunque estimativa delle cose discorse.

· La quale riducendo a mestiere la professione ardua ed immensa dello istorico non lascerà vestigio di se, imperocchè solo alle lunghe meditazioni d'un preclaro ingegno appartengano gloria e avvenire. Io non ho mai capito come i nobili intelletti possano seguire un sistema che costringe la storia alla nuda esposizione de' fatti, lasciando a'lettori la cura di giudicarli. E perchè se avete i materiali, i documenti sotto degli occhi, i vostri lettori non vi dimanderebbero il giudizio ne avete fatto, il lume che ne avete ricavato? Credete forse di satisfare al pubblico di tutto questo copiando alla peggio dei frammenti di croniche? Avvi poi nella storia infinite cose che il raccontare non basta, ma vogliono essere spiegate, e presentate nel loro vero aspetto per essere intese. Narrare semplicemente non è che adempire a metà il dovere dij storico. Finalmente il sistema da noi reprobato interdice allo scrittore l'uso del proprio buon senso, e toglie alla storia la naturale sua fiaccola: ed invero se così spesso si dice il tribunal della istoria, come potremmo ammettere ch'esso non dia sentenze? Ritorniamo a far da biografi.

Il sig. di Fontanes col pretesto di onorare le lettere francesi recrutava amici all'imperatore; e Michaud che volea sottrarsi alle generose sollecitazioni del gran maestro si ritirò nel distretto dell'Ain per attendere alla sua Storia; quando dopo poco si vede arrivare una lettera in cui lo imperatore lo richiama a Parigi. Sarei per avventura un cospiratore? Dimandava Michaud a sè stesso; e costretto si rende a Parigi. Il gran maestro, dettogli che non si trattava di una cospirazione, gli esternava la volontà dello imperatore di avere Michaud devoto a quel potere *che solo oggimai sia possibile in Francia*, citandogli degli esempi che facevano al caso, e fra gli altri quello di Delille indottosi di fresco ad accettare una pensione di 6000 franchi. Al che Michaud rispondeva: » quanto all'abate Delille non mi fa specie; è tanta la sua paura che non sarebbe difficile il fargli accettare anche 100,000 scudi di rendita. » A Fontanes mancò l'animo d'insistere di più, e tornò dall'imperatore raccontandogli il motto, di che (per quanto si dice) egli rise assai.

Nel 1813 l'autore della *Primavera di un Proscritto*, lo istorico delle *Crociate*, fu annoverato fra i quaranta dell'Accademia Francese in luogo di Cailhava autore drammatico di poco nome. L'imperatore ratificò la sua elezione sul campo di Lipsia; ed entrati di lì a poco gli alleati in Parigi il nuovo accademico, siffatti allora correvano i tempi, non potè fare il solito discorso inaugurale, di che fu contentissimo.

Tornati colla Ristorazione i Borboni, intanto che ognuno ne assedia il trono per ambizione di ricchezze e di onori, l'atleta della monarchia, pago del suo trionfo, lascia agl'altri la gioia di ricrearsi al sole della corte. Luigi XVIII gli fa sapere per mezzo del duca di Blacas che può chiedere ciò che vuole, ricordandosi bene al pari del conte d'Artois quanta guerra avea durato per la loro causa, e come nello esilio lo avessero avuto assiduo corrispondente. Michaud, che altra ambizione non conobbe fuorchè del bene, risponde poco curarsi di favori e d'impieghi; tutti i suoi pensier rivolti a consolidare il suo trono nuovamente risorto per un felice destino. A questo tempo fu creato cavaliere (la croce gli fu recata dallo istesso gran cancelliere duca di Blacas) e lettore del re, nè altra ricompensa ebbe per ventiquattro anni di una lotta piena di pericoli; nè maggiore ne desiderò.

Cominciando il maggio del 1814 rivide la luce la *Quotidienne*, che coraggiosamente avea traversata tanta burrasca, ed alla quale rimaneva pur sempre a combattere contro il mal genio delle tempeste. Ed è cosa singolarissima rispetto a'tempi, che anche sotto la monarchia legittima il giornale di Michaud non cessò di farsi oppositore a'ministri, dettato com'era da indomabile resistenza al potere. » *Io sono* — diceva Michaud — *come » quegli uccelli addimesticati tanto perchè altri vi s'accosti, non fino » al segno di lasciarsi prendere.* »

Nei cento giorni il compilatore della *Quotidienne* non avrebbe potuto rimanere a Parigi senza pericolo. Ricoverò a Marcigny non lungi dalle rive della Saona dal suo amico Bercoux, lo spiritoso autore del poema sulla Gastronomia. Dalla sua solitudine pubblicò un libercolo politico intitolato; *Istoria di quindici settimane*, o l'ultimo regno di Bonaparte, il cui successo fu grande tanto che se ne venderono trenta mila copie. I mali aggravatisi sulla Francia durante la dominazione napoleonica, i disastri di una doppia invasione, l'anarchia trascorsa a pervertire le menti per cagione di tanta politica commozione, un regime militare che opprimeva il popolo sotto il suo giogo, tutte queste cose di cui non ha idea la presente generazione, ei vi dipinse con vivi colori, e con parole di fuoco. Alla 2.ª ristorazione la *Quotidienne* ricomparve, e rimase sotto gli auspicii di Michaud fino al 1828, in cui cedette la maggior parte delle sue azioni e la direzione al sig. di Laurentie, che lungamente gli avea combattuto a fianco a sostegno del vecchio trono.

E qui ricordiamo semplicemente che Michaud fu membro della Camera *introuvable nel* 1816. La vita parlamentaria poco gli arrideva; ma si lasciò condurre, e accettò la deputazione di Bourg in Bresse. Alla professione dell'oratore mal rispondeva la debolezza del suo organo; e raccontava egli stesso come venuto alla tribuna col suo discorso scritto, e cominciatolo a leggere, non potè andare innanzi, e ne continuò la lettura per lui in mezzo agli applausi universali il signor di Castelbajach.

Dicemmo poco fa come Michaud sapesse resistere alle seduzioni del potere. Nel 1823 che si volea impor silenzio all'opposizione della Quotidiana, a chi gli offerse in ricompensa 500 mila franchi, rispose minacciandolo del bastone. Quanti saprebbero fare altrettanto? Inaccessibile alla corruzione avresti più presto tolto la clava ad Ercole che a Michaud la sua indipendenza. Nel 1819, ad un ministro che chiedeva di comprare la *Quotidienne*, rispondeva scherzando: » Mio signore per una cosa sola potrei esser tentato di vendere il mio giornale, cioè per un poco di salute; se vostra eccellenza può darmene io mi lascerò corrompere; » e poi soggiungeva; » questi sciocchi s'immaginano di comprare un'opinione quando comprano un giornale. Un giornale non ha valore se non in quanto è l'organo d'un partito; se cessa d'esserlo diventa carta imbrattata. »

Nel 1827 l'Accademia Francese dietro la proposta di Lacretelle il giovane scrisse al re una petizione contro il progetto di legge del sig. de Peyronnet sulla stampa, e Michaud fu tra i diciotto membri dell'Accademia che la firmarono, imperocchè egli diceva la preghiera non potersi avere come sedizione. Però nello indomani fu deposto dal suo impiego di lettore del re, unica ricompensa a trentasette anni di servigi prestati alla monarchia. Subì nobilmente questa disgrazia, di che ci son testimonio le sue dichiarazioni d'allora, ripetute da tutti i giornali che ben son degne che qui si referiscano.

» Senza menar vanto od accusarmi del fatto mio, dicea Michaud, io desidero che la disgrazia onde sono colpito altri cuori non tocchi che quelli che rispondono al mio, e che soprattutto non serva di pretesto a' clamori delle fazioni che turbano il nostro paese. Sappiano i ministri che un sinistro di più è ben poca cosa nella mia vita, nè molto meno potrebbe mutare i miei sentimenti e le mie opinioni. Devoto alla causa del governo regio e delle belle lettere, che son di esso la più bella gloria, io rimarrò sempre il medesimo, e checchè sia nessuno potrà impedirmi ch'io non ami il re che ho sempre servito, e le lettere che mi han consolato. »

Carlo X, a cui rincresceva assai di aver destituito dal suo impiego quell'uomo che tanti servigi avea reso alla monarchia, non tardò a reintegrarvelo. Michaud andò a ringraziarlo, e fra l'altre cose disse al re: » hanno riportato a Vostra Maestà che il mio discorso all'Accademia fu molto

lungo : ma è un errore : perchè lo non dissi che tre parole ciascuna delle
quali mi costò tremila franchi ; sicchè io non son più assai ricco da parlare : „ Il re rise della facezia. Faceva poi Michaud un curioso rilievo ; cioè
che Lacretelle il giovane, alla di cui proposta era venuto in disgrazia del
re, era stato suo difensore nel 1797 davanti il Tribunal Criminale, che
l'accusava come fautore del repristinamento del governo regio.

Dal 1828 in poi gli studj storici occuparono esclusivamente Michaud,
ed in quegli ozi che non gli furon contesi dalle rivoluzioni o dalla polemica politica avea compito il racconto delle guerre dei Crociati. Questa
Istoria era accompagnata da due volumi di Bibliografia delle Crociate. Al
qual lavoro, comecchè imperfetto, Michaud intese supplire con una *Biblioteca delle Crociate* che racchiudesse l'analisi critica e filosofica di tutte
le croniche e carte d'oriente e d'occidente relative alle spedizioni ultra
marine. Reinaud fu quello che tradusse gli antichi storici arabi. La Biblioteca delle Crociate, che costò all'autore infinita perdita di denaro, è un
monumento di quanto fosse per lui il valore de' fatti, e del suo zelo e
delle sue costanti preoccupazioni per la verità istorica. Questa impresa è
l'origine della mia letteraria associazione a Michaud, associazione che è
gentile orgoglio della mia vita. Intanto che gli antichi storici di Francia,
d'Alemagna, d'Italia, d'Inghilterra ci passavan sott'occhio con tutte le varietà
dei loro racconti, Michaud compose il sesto ed ultimo volume della Istoria,
tutto di osservazioni e considerazioni. Questo volume che si abbattè nella rivoluzione del 1830, del quale finora non si è fatto quella stima che meritava,
potrebbe considerarsi come un'opera da se, e intitolarsi: Spirito delle Crociate.
Nella prima parte si esprime il carattere morale delle guerre sante; nella seconda l'influsso loro sui diversi stati d'Europa, e sul destino dei tempi nostri! Che novità! Quante osservazioni e vedute! Che profondità, che giu-
stezza, che colpo d'occhio sicuro! Tu vi scorgi l'uomo che ha riflettuto
sulle società; che ha trattato la politica; i cui giudizi sono dettati dalla
esperienza delle rivoluzioni, dal conoscimento del cuore umano. Quando
Michaud non poteva correggere la sua Storia, rileggeva questo sesto volume:
lo aveva tra mano anche tre giorni prima della sua morte, e mi diceva
che di tutta la Istoria quello era il volume del quale più fosse contento.
Parole ammirabili, che sono il più magnifico elogio del nostro storico.

Vedere Michaud passare i suoi giorni a cercare gli errori della sua
Istoria è cosa incredibile alla presente età: nè meno per questo è da
dire avventurato lo storico a cui son conceduti molti anni al perfezionamento dell'opera sua. Nulla di maggiore interesse può esservi per lo
storico (lo dissi già altrove) [1] quanto il poter seguitare l'opera sua per le

---

[1] Prefazione del Compendio delle Crociate, 2 Vol. in 12.

necessarie mutazioni de'tempi, e che cosa possano sopra di lei i rivolgimenti sociali, che cambiano o modificano il gusto, i costumi, le instituzioni; ed elevarla ogni anno a livello di ogni progresso nella filosofia e
nelle scienze, e ritornarvi incessantemente forti della esperienza che dan gli
studi, e della riflessione di lunga età, per modo che noi stessi siamo dirò
così la posterità dell'opera nostra. Bene spesso incontra che l'uomo sulla
china della vita riconduce il suo pensiero agli anni trascorsi, li ferma ai
punti più notevoli del suo corso, e si sente rincrescimento nel cuore di
non poter rifare ciò che ha già fatto, di non poter ripassare per la medesima strada; imperocchè la esperienza, che ci salva dagli errori, vien
sempre all'ultimo. Inutile rincrescimento! che non si può ricominciare la
vita, nè cancellare ciò che sta scritto nel suo libro, o correggere.

Felice Michaud a cui non mancò il tempo onde poter condurre l'o-
pera sua alla perfezione desiderabile. Le abitudini della età nostra mal
comportano questi pietosi e costanti sforzi ordinati a fare un libro migliore, assuefatti come siamo ad incontrarci sovente in uomini siffatti che
sanno improvvisare dei capi d'opera. Troppi sono coloro che ad un tratto
hanno spinto al cielo la loro rinomèa; miracolo che a tanti genii possa
bastare l'ammirazione de'contemporanei! eppure l'universale quasi per
istinto si accorge che la maggior parte di queste immortalità letterarie
hanno lor giorni assegnati, e che di qui a dieci anni gran numero di
questi Dei saranno cenere e polvere, sicchè la verità tanto disprezzata trovi
finalmente vindice, e riparatrice la gloria.

Le Crociate sono una storia e un viaggio; allo studio delle Cronache
dovea succedere quello d'Oriente. Se noti i fatti, i luoghi non lo erano
che imperfettamente. Era d'uopo visitare Costantinopoli, Nicea, Gerusalemme, i campi di battaglia di Dorylea, di Ascalona, e di Hittin; contemplare la terra che già tremò sotto i passi de'giganti della croce, respi-
rar l'aere che avea risonato al percuotere degli scudi e degli elmi dell'armate latine. Qual gaudio non mi prendeva in vedendo lo storico viaggiatore spiare il luogo sotto le mura della santa città, per dove i Crociati
trionfanti erano penetrati là entro; e sotto i muri di Bisanzio studiare gli
accampamenti e gli assalti dei compagni di Baldovino di Fiandra, del Doge
Dandolo, e di Bonifazio di Monferrato, e riconoscere la freccia dove
cadde gloriosamente l'ultimo de'Costantini! Percorsa insieme la Grecia,
le rive dello Ellesponto, Costantinopoli e l'Arcipelago, noi ci eravamo
separati a Gerusalemme per non ritrovarci fuorchè a Parigi. Michaud, per
la cui degnazione io venni a dividere le sue fatiche, tolse per sè l'Egitto,
e mi ebbe lasciata la Siria. Grandissima consolazione fu la mia nel po-
tergli descrivere i luoghi e i campi di battaglia, dalla cui conoscenza di-

pendeva la soluzione di problemi storici importanti. Questo viaggio intrapreso per servire alla Geografia delle Crociate, fu anche uno studio di costumi, d'institutioni, della natura e de'monumenti antichi. La Corrispondenza d'Oriente è il libro in cui Michaud ci apparisce qual fu veramente; nella sua nativa semplicità e completa naturalezza. Pubblicista egli ti giudica le institutioni dell'impero turco e profetizza i suoi destini; osservatore ti dipinge i costumi del popolo e rallegra i suoi quadri di scherzosa e sottile amabilità; poeta finalmente sposa il suo canto alle memorie degli antichi tempi, e la sua immaginazione si esalta al cospetto dei miraracoli di natura. Tristissimi furono i giorni che Michaud passò prima di aver saputo l'incontro europeo della sua *Corrispondenza d'Oriente*. Nel medesimo giorno in cui ne uscì alla luce il primo volume egli mi volle seco alla locanda di S. Dionigi, dove stemmo celati ambedue. » Che abbiamo fatto mai? » ei mi diceva, quasi avesse a rimproverarsi qualche gran delitto. E vi rimanemmo quattro giorni, i soli dolorosi che ho vissuti con Michaud in dodici anni di vita fraterna. Questa specie di terrore del pubblico è quasi incredibile, avuto riguardo alla coscienza letteraria de'nostri tempi.

Al 26 maggio 1830 c'imbarcammo per andare in Oriente a bordo del brick da guerra *le Locrét*, sotto gli auspìci del governo di Carlo X. Michaud nel congedarsi che fece dal re, prima della partenza gli disse come avesse rinunziato alla politica, ceduta la direzione della *Quotidienne*, e come adesso, avendo ogni suo pensiero rivolto alla istoria, di nulla era tanto ambizioso quanto del viaggio in che si metteva, affine di scoprire le lontane vestigia degli antichi crociati.

Al che il re: » Per quanti sforzi facciate voi non potrete mai separarvi dalla *Quotidienne* ancorchè vi trovaste agli estremi del mondo. » Sulle quali parole Michaud tornato dalle Tuileries soggiungeva: » Se questo buon uomo di Carlo X conoscesse gli affari suoi tanto bene come conosce i miei, certo le cose procederebbero molto meglio. » Il 27, 28 e 29 luglio noi eravamo sul luogo dove già fu Troja, in riva al Simoenta ed allo Scamandro, agitando nella mente le miserie ineffabili di Priamo. Qualche mese dopo avemmo a Costantinopoli contezza della rivoluzione nuova di luglio. Grande fu il dolore non la sorpresa di Michaud allo intendere come la prima corona dell'universo si era ridotta in pezzi in tre giorni di rivoluzione; già sul partire egli diceva che ben altre tempeste e più tremende di quelle che andavamo ad affrontare sul mare noi lasciavamo sulla terra natale. Eppure la vigilia della nostra partenza da Tolone noi vedemmo il magnifico spettacolo della flotta francese spiegante le vele fra lo strepito delle turbe plaudenti; al cui tempestare presto doveva cedere la bellicosa Algeri. Ma Michaud avea in supremo grado lo istinto della previdenza. Nel mese di agosto 1831, il pellegrino della Giudea e dell'Egitto era di ritorno a Parigi. Non è vero quanto si è asserito di Michaud, che cioè fosse stato ascritto all'ordine del Santo Sepolcro nel suo passaggio in Oriente, imperocchè già molto prima vi era stato ascritto per procura. Era anche cavaliere di Malta: nessuno più di lui era degno di portare la croce dei due ordini che ci ricordano le antiche guerre di oltremare.

Fin dall'anno 1833 Michaud si era stabilito a Passy, ridente ritiro, nel quale facemmo vita comune occupati di studi di viaggi e di storia, e là in una casa di via Franklin fu composta la Corrispondenza d'Oriente.

Noi pubblicammo in seguito un compendio della Storia delle Crociate in due volumi (il primo dei quali fu a me confidato, il secondo Michaud si prese per sè) ad uso della giovinezza e dei meno agiati, per cui troppo alto era il prezzo dell'opera in grande. Lo storico delle Crociate si era acquistato fama non tanto di scrittore che di erudito; sicchè nel 1837 l'Accademia delle iscrizioni e belle lettere volle aggiungerlo agli altri suoi membri, nominandolo in luogo del marchese di Barbè-Marbois. Michaud quantunque debolissimo non si riposava mai: e comecchè fosse amante delle grandi imprese non si sgomentò all'immenso pensiero di una nuova Collezione di Memorie per servire alla Storia di Francia, ordinata a tener luogo di quella di Petitot. Spinti dall'amore degli studi storici ci sobbarcammo ambedue a questo carico sì duro a portare, comecchè si trattasse di studiare e valutare i nostri annali nazionali durante un periodo di 600 anni. Noi avemmo il piacere di vedere compiuta quest'opera, alla quale non ci siamo rimasti mai dall'attendere con quello zelo e coscienza che per noi si potè maggiore, la quale s'imbattè in tempi tristi e non trovò appoggio od aiuti di sorta. Il ragguaglio su Joinville, e le riflessioni sugli stabilimenti di S. Luigi, le Memorie sul maresciallo Boucicaut, e Pietro di Fenin appartengono a Michaud; te ne accorgi subito dalla bella semplicità dello stile e dalla ricchezza delle vedute. Nella nostra vita di Giovanna d'Arc è di Michaud quella parte che spetta al di lei processo, la quale ad onta che presentasse tanta difficoltà è un capo d'opera di chiarezza, e degna d'un intelletto ricco di studi e di buon senso.

Nel novembre 1838 temendo Michaud a cagione della sua rovinata salute l'inverno del nostro clima, si risolse ad un viaggio in Italia, e nel quale io gli fui compagno. Tutte le sue speranze erano nel dolce cielo di Pisa.

» A noi cui fu dato di vederlo un momento nella breve sua dimora a Marsiglia [1], dice il nostro amico di Provenza, l'abate Sibours. giovane ec-

_____
[1] Feuilleton della Gazzetta di Mezzogiorno del 18 marzo 1840.

clesiastico di grandi espettative, a noi che fummo onorati della sua amicizia, vedendolo così indebolito, ed il suo corpo quasi canna fragile reggersi appena malgrado l'appoggio di una sposa tutta devota a lui, e di colui che egli chiamava il suo figliuolo, venne subito alla mente un doloroso pensiero, che cioè quello fosse l'ultimo suo pellegrinaggio, nè molto lontano il termine del mortale suo corso; e considerammo (comecchè fosse incamminato per Pisa) che non a caso la fortuna o meglio il suo presentimento lo spingevano a quel camposanto nel quale le ossa dello istorico delle Crociate, seppure riposar dovessero in terra straniera, avrebbero avuto degno riposo, coperte della terra de'santi luoghi ».

Si passò l'inverno nell'antica città de'Pisani, e venuta la primavera ci conducemmo a Roma. Passando da Genova il re Carlo Alberto accolse l'illustre malato con nobile ed affettuosa sollecitudine. Nella città eterna il papa Gregorio XVI lo intrattenne graziosamente della sua lunga e gloriosa vita, ed ogni persona per poco notevole gli venne a far visita. Languente e senza potere uscir di camera si paragonava alle rovine di Roma a cui tutti si recano. All'entrare del giugno 1839 noi eravamo di nuovo nel nostro ritiro a Passy, e la salute del nostro amico che subito parve esser d'un poco migliorata andava scadendo di giorno in giorno.

Io ho stimato sempre Michaud tipo di moral perfezione: come tu puoi guardare fino al fondo nel vaso di cristallo, così io faceva in quell'anima, nè vi potei sorprendere cosa che non fosse buona, pura, generosa. Quest'uomo che con un corpo tanto fragile ebbe superate tante burrasche, che quantunque debole e soffrente fu dotato di una volontà robusta, di un cuore pieno di vita, avea poi il candor d'un fanciullo. Fu timido senza paragone, nè giammai potè parlare in pubblico; non ebbe padronanza intiera del suo spirito tranne coi suoi familiari. Allora il suo conversare che così vario e facile discorreva per ogni sorta di argomenti talvolta i più disparati tra loro, ti recava meraviglia e diletto. Egli soleva dire che come non avrebbe potuto esser amico a tutti all'istesso modo, non voleva ammetter tutti agli intimi commerci del suo spirito. Di cuore come di carattere assai ritenuto poco si rivelava, o taceva: le sue parole potevano rapirti e commuoverti ad un tempo, e se gli uscivano dal profondo dell'anima spandevan profumo di una divina virtù.

Non è facile in mezzo alle tenebre delle rivoluzioni seguir sempre la via diritta, la quale di quando in quando par che ti manchi sotto i piedi. Michaud non la perse mai d'occhio. Gettato in balìa di un mar tempestoso, l'onore gli servì di bussola, ed al fine del pericoloso suo viaggio lo raccolse quasi in sicuro e tranquillo porto la pubblica estimazione.

Non credo che abbia vissuto mai uomo più disinteressato di Michaud.

Negli ultimi suoi anni in cui ebbe a patire i più gran rovesci della fortuna a chi gli parlava della sua riputazione d'uomo disinteressato rispondeva: » Questa riputazione io la pregio infinitamente sebbene mi costi cara; nè può esser diversamente chi vuol conseguirla. »

Incurante di ogni materiale avanzamento, la fortuna gli si offerse sempre spontanea senza che egli ne cercasse mai; nè le fu infedele anche in casi estremi. Al seguito di una delle sue proscrizioni ritornato a Parigi con dodici franchi in saccoccia gli giuocò al lotto, e vinse un terno. Egli mi diceva sovente quanto fosse stato avventuroso in tutte le cose a cui si applicasse [1].

I suoi amici lo chiamavano il buon Michaud; il quale però diveniva ardente, energico, inesorabile quando si trattava d'onore. In questi ultimi anni da uno scrittore di storia contemporanea si osò in qualche modo dubitare della sincerità delle opinioni politiche del fondatore della *Quotidienne*, il quale scrittore molto leggermente parlava delle sue convinzioni, di quelle convinzioni che nei tempi infelici gli bastarono invincibili al cospetto dell'esilio e della mannaia. Quando giunse agli orecchi di Michaud questo insulto fatto al suo onore io vidi le vene delle tempia ingrossarglisi, gli occhi fulminare, la sua bocca versar parole di generoso furore; a 65 anni chiese di battersi corpo a corpo collo scrittore che avea attentato così fieramente alla sua riputazione [2]. La notte che successe non prese riposo. Nell'indomani pregato l'amico Merle di venir da lui, dettogli l'oltraggio fatto al suo nome, gli fe' anche nota la forte risoluzione, pregandolo ad essere uno de' testimoni. Merle rimase: e vedendo sotto i bianchi capelli il suo viso acceso di generoso sdegno, e bollire il sangue nelle vene del vecchio realista, gli parve d'essere a fronte di un eroe di Corneille. Ambedue, Merle ed io, forniti di una lettera di Michaud, ci recammo portatori della disfida al rammentato scrittore, il quale fu sollecito a chiedere scusa, ed a promettere la soppressione del passo che offendeva.

Michaud era spiritoso alla maniera di Voltaire, ma il suo spirito non offendeva mai, e ne' suoi scherzi trovavi sempre benevolenza. Questo suo carattere gli si dipingeva nel viso: la dolcezza dello sguardo correggeva

---

[1] Giacchè il buon Poujoulat ci esalta tanto la somma e quasi divina virtù di Michaud, da poterlo pianamente dietro la di lui informazione canonizzare, è bene notare, che il giuocarsi gli ultimi avanzi di danaro che uno si trovi in tasca, avanzi necessari al proprio sostentamento, senza che l'uomo potrebbe esser vinto dalla *mala suada fames*, è indizio non dubbio di cuore corrotto e vizioso, se vero è che il vizio del giuoco sia de' peggiori e di quelli che più offendono le virtù della giustizia e della temperanza.

[2] Uno storico virtuoso, un difensore della monarchia, uno che tanto vantavasi di professare la religione cristiana, doveva pur conoscere che il duello è contrario alla buona morale, che non giustifica i rei, nè discolpa gli accusati, che offende le leggi umane, e le divine.

l'inclinazione della bocca al motteggio. È stato più d'una volta paragonato a la Fontaine comecchè avesse al pari di lui un'aria di benevolenza coù tutti, un fare disinvolto e facile ed anche una certa nativa penetrazione di spirito. Avresti anche potuto raffrontarlo a Fenelon per la sua indulgenza inverso degli uomini, e per la sua tolleranza di tutte le opinioni. Egli amava molto i giovani, nè mancava loro di consiglio e d'incoraggimento, e nel giornalismo, che egli seppe nobilitare e di cui fu tanta gloria, lasciò molti allievi i quali adesso raccolti sotto diverse bandiere sono i principali rappresentanti della stampa francese.

Ebbe anche Michaud una meravigliosa dirittura di mente, ed un certo non so che degno sempre d'ammirazione, che io chiamerei il genio del buon senso. Più di una volta mi ha ricordato qualcuno dei saggi di quell'antico Oriente che visitammo assieme. Era di umore sì gajo, di gusto e di spirito sì freschi che mi facea specie di sentirlo chiamar vecchio ; imperocchè sia facile dimenticar la vecchiezza del corpo nell'abituale commercio con una intelligenza in cui non scorgi le pallide tinte dell'autunno della vita.

Parlando di colui che mi fu sì caramente diletto, che ebbe per me tanta tenerezza, che era tanta parte della mia vita, la di cui memoria mi sarà di guida fino all'estremo dei miei giorni, secondo l'affetto che vario e potente mi si risveglia nel cuore, mi sembra tuttavia di averlo accanto e di vederlo e di parlargli, e di leggergli questa pagina come gli leggeva tutti i miei scritti, e non so persuadermi ch'egli sia sotterra, e di non dover più godere l'armonia celeste della sua conversazione. Ohimè! egli è morto; e non mi resta di lui che la sua immagine, quella immagine paterna che per qualunque caso non mi uscirà mai dal cuore; egli è morto nelle mie braccia senza perturbazione d'animo nè angoscia; senza pur dirci addio, perchè non sapeva che ci sarebbe stato tolto per sempre. Io gli chiusi gli occhi e sparsi l'acqua benedetta sul suo viso immobile, e recitai le ultime preghiere intorno al suo letto donde avea preso il volo per ricongiungersi a Dio una buona e grande anima. Il suo corpo, a cui vorrei tuttavia farmi sostegno, riposa sotto una croce presso quei sentieri ed i campi solitari che per ben sei anni fummo usi di passeggiare insieme! " Tutti questi luoghi son pieni di noi, " tante volte dicemmo traversando lo spazio compreso tra il cimitero di Passy e il bosco di Boulogne, " quanti pensieri, meditazioni, fatiche ci ricordano questi sentieri! Oh perchè dopo aver camminato tanto tempo per mano dovevamo lasciarci in mezzo alla strada! "

Negli ultimi due mesi della sua vita Michaud era divenuto tutto cuore ed intelligenza : ma pareva che egli in qualche modo si spiritualizzasse ogni

giorno più, e tanto acquistava la parte immortale in lui quanto perdeva
e deperiva il corpo; come l'uccello prigioniero scioglie più melodioso il
canto quando è per uscire della prigione. Nelle notti d'agosto patì d'in-
sonnio, che fu però tranquillo e senza dolori: e quando dal suo letto vedeva spuntare il giorno e levarsi il sole si sentiva veramente felice; » ed
anche la notte, mi diceva, io sono felice in mezzo alle impressioni incan-
tevoli che mi circondano! io nuoto in un mar d'idee! » Un giorno che
l'accompagnai in carrozza al bosco di Boulogne mi parlò per la strada
delle ore intiere con tal brio e ricchezza d'idee da sbalordire, e quindici giorni prima della sua morte passeggiando nello stesso luogo io gli
diceva: » Voi mi siete una prova luminosa che l'anima e il corpo non sono
d'una stessa natura: voi potete appena reggervi in piedi, eppure spaziate
nel mondo degli spiriti con ala forte e instancabile. È il canto del cigno »
egli mi rispondeva sorridendo; quantunque nessuno dei due lo credessimo;
ed invero troppa vita si rivelava ne' suoi discorsi perchè noi potessimo pensare ad una morte vicina. Soggetto com'era all'assopimento ci pregò di fargli
la sera qualche lettura: noi leggevamo a vicenda squarci della Bibbia, di
Bossuet, di La Bruyere e di Pascal, ed egli vi faceva spesso le sue osservazioni. Queste piccole conversazioni della sera erano interamente religiose,
e Michaud ci parlava della fede evangelica da cristiano sincero, e talvolta
da pensatore profondo.

Nell'ultima settimana ch'ebbe di vita egli fu di dolcezza angelica: spes-
sissimo assopito, la sua bocca parve che sempre ci sorridesse. Soave e
piena di buon senso fu sempre la sua parola. Riconoscente all'affezione
che noi gli mostravamo, » il più tristo paese, ei ne diceva, è quello dove
non si hanno amici; io la Dio mercè non vi dimoro » soggiungeva amo-
rosamente guardandoci. L'ultima notte soltanto ebbe qualche leggiero segno di delirio, quantunque la sua ragione si conservasse tuttavia assai vigorosa. Nel settembre corrente io gli avea letto i tre quarti di un mio
manoscritto intitolato Toscana e Roma di fresco terminato, dove affac-
ciava dei dubbi sulla utilità del divisamento dell'abate Lacordaire quanto
a ripristinare in Francia l'ordine de' frati predicatori. Al primo delirar di
Michaud in quella ultima notte e' si risovvenne di questa mia opinione sul
detto ripristinamento, e vi aggiunse alcune parole piene di verità sul clero
del duodecimo e decimo terzo secolo per rispetto al presente. Erano allora
le due di mattina (3o settembre): un'ora dopo, tornando il delirio, Michaud pronunziò queste parole: » un presentimento di una generale rivoluzione affatica gli spiriti; il governo del mondo è stanco, stanco come
me... ecco tutto quello che posso dirvi. » Questo fu l'addio di un gran
pensatore al nostro povero mondo, e questo addio fu una terribile pro-

fezia. Alle cinque e mezzo (la mattina era fredda e nebbiosa) la Francia
avea perduto un de' suoi figli che più le abbiano fatto onore. Nel 1806
Chateaubriand, partendo per Gerusalemme scriveva a Michaud: » se io
lascio le mie ossa in Oriente vi raccomando la mia memoria. » La pro-
videnza lo ricondusse in Francia sano e salvo: 24 anni dopo lo storico
dei tempi eroici della nostra patria si fè crociato, e si trasfuse nel suo
libro secondo l'espressione di Chateaubriand, ed esso pure comunque fra-
gilissimo di complessione passò e ripassò i mari, ed uscì vittorioso da' pericoli d'Oriente. Il 1 ottobre 1839 il sig. di Chateaubriand in mezzo alla
calca del popolo muto e composto a devoto raccoglimento, seguiva il fe-
retro del suo antico amico Michaud, così egli il chiamava, e ritto sulla
fossa ne contemplava i miseri avanzi. Il Genio del Cristianesimo, e la Storia delle Crociate, che hanno rappresentata nelle sue più belle parti la Francia antica religiosa e monarchica, si salutarono per l'ultima volta su quella
tomba, la quale, poichè si chiuse per sempre, parve a ciascun che sparisse
un vivo riflesso della gloria antica.   .

Fu bello a vedere la stampa perpetuamente divisa di opinioni riunirsi
ad un tratto sulla tomba di Michaud per render giustizia a questo illustre
estinto. Per quanto uno si adoperi a corromper la Francia, il nostro paese
sarà sempre unanime nell' onorare i nobili intelletti ed i caratteri fermi e
coraggiosi. Il sentimento d'onore, l'ammirazione per un bel carattere, per
un' anima grande che non si lasciò traviare dalle insidie del mondo fa tacere
tutti i partiti e gli domina: campi di miserabil politica dove è tanto ed inutile strazio d'energia, di vita, e d'ingegno: ecco perchè la stampa con rispettata ammirazione e con un senso di profondo dolore accompagnava fuori
Michaud di questa terrestre dimora, dove così belle avea lasciate le vestigia del suo passare.

Noi potremmo qui citare il testimonio dei giornali di Francia, d'Italia,
d'Inghilterra e della Germania; ci contenteremo di riferire soltanto quello
della *Quotidienne*, a cui specialmente incombeva di rendere onore a colui
che l'avea condotta nelle vie della morale e della indipendenza per ben
quarant'anni. Ecco ciò che ne dice il sig. Laurentie. » Michaud ne ha
lasciati de' buoni esempi! felici coloro che ne faranno tesoro ad eternare
la sua memoria! più felici quelli che gli custodiscano in sè, e alla imitazione gli fecondino. La vita di Michaud fu piena di travagli e di lotta: e
per colmo di sciagura spossata dalle malattie. Quante cose io potrei dire
a mettere in rilievo i pregi del carattere, dell' anima, dell' ingegno suo,
tradizione vivente di quanto fuvvi di più puro, di più solenne, di elegante
nelle antiche lettere francesi? mi basterà fra tante preziose memorie una
sola qui registrarne, di cui l'anima volentieri si pasce in mezzo a tanto

dolore; vuò dire quelle parole che ei mi diceva un giorno, e che non dimenticherò più: » Nella mia vita infausta per gli esilii, per la prigionia, per le fughe, per ogni maniera di sventure, forse trascurai qualcheduna delle pratiche religiose; ma dimani io salirei al patibolo! » E lo avrebbe fatto egli il fedel difensore delle idee cristiane, egli l'ultimo pellegrino del medio evo, egli vero crociato del secolo XIX, che a 63 anni, (e tutti noi lo abbiam visto) si recava a salutare il sepolcro di Gesù Cristo, perduto per trenta anni appo la gloria di coloro che in altri tempi l'aveano bagnato del proprio sangue. Possa questo ricordo a quanti sono ben naturati uomini in Francia ed anche in Europa essere eccitamento a pregare per l'anima di Michaud. Or dianzi il santo padre benediceva a Roma il buon vecchio a rendergli più piane le vie d'un mondo migliore: si uniscano per tanto alle sue le nostre benedizioni. Ammirabile uomo che per 5o anni serbò fedele quelle dottrine contro le quali si scatenarono a debellarle tutte le rivoluzioni dei tempi nostri; eppur a Michaud non fecero un solo nemico: questo per certo è un commovente pensiero, e direi quasi il presagio della pace celeste. Il sig. Merle, che con bel garbo di schietta facilità ha congiunta all'ingegno una profonda istruzione, l'amico di Michaud per trent'anni consacrava alla sua memoria uno scritto pieno d'interesse, che fu pubblicato nella *Quotidienne*, e che ce lo ridà vivo nella piacevolezza del suo conversare. Egli come me seppe il carattere, le maniere, le intime abitudini di Michaud, del quale non mai abbastanza pianto e desiderato maestro a compiere il ritratto lascerò parlare questo amabile narratore.

    » Per farsi una giusta idea di Michaud, son parole del sig. Merle, bisogna rappresentarselo a canto del fuoco nel *bureau* della *Quotidienne*, intento a dichiarare o a svolgere la segreta ragione di un qualche suo articolo in materia politica; o passeggiando diagonalmente nel suo salotto trattare sotto voce un punto di storia o di lettere, oppure a tavola con pochi amici ravvivare la conversazione di spiritosi ed urbani motti colla sua bottiglia di sciampagna in mano per fare come fan tutti, o com'egli diceva scherzando, per persuadersi di non esser malato. E quando per avventura qualcheduno di noi lo avesse avvertito di non uscire dal prescritto regime: » Ah! questo regime non se ne parli per carità, che è peggio della malattia.

Michaud avea corpo, statura, aspetto convenienti alla qualità del suo spirito. La statura alta, il corpo sottile e delicato, l'aspetto signorile e pieno di espressione, gli occhi vivaci e maliziosetti quantunque non senza *bontà*. Quando se ne stava colla tabacchiera aperta in mano carezzando una presa di tabacco fra il pollice e l'indice, potevi esser certo che qual-

che idea ingegnosa, od un motto originale erano per uscirgli di bocca. I
bei motti, le similitudini felici, le profonde vedute gli sfuggivano inavver-
tite e con la faceta disinvoltura che ti ricordava de la Fontaine, ed anche nel suo vestiario notavi una specie di non curanza che ti diceva che
pasta d'uomo egli fosse: fin nella toelette avresti visto quel cosiffatto disordine che quantunque non fosse effetto dell'arte non mancava però di
una qualche grazia. Non era ricercato nel vestire: i suoi abiti però erano
molto decenti e ben fatti, comecchè uscissero dal negozio di Berchut, il quale
3o anni fa era il sarto più in voga. Egli se gli abbottonava per traverso, ob-
bligandogli per tal modo ad accomodarsi al garbo del suo corpo leggermente inarcato, il che gli dava un'aria di non curanza che non gli stava
male.

Di gran pregio erano le conversazioni di Michaud, e specialmente dopo
il 1814, che finalmente allora si restringevano a quelle della Quotidiana.
Il qual giornale occupò gran parte della sua vita: gli occupò il giorno, e
spesso anche la notte; tanto che ei diceva la sua istoria essere quella
della Quotidiana. E la cominciava di buon mattino chiacchierando dal
letto del numero di quel giorno; secondo gli argomenti che avea tra mano
all'ora di colazione distribuiva i soggetti degli articoli e gettava giù le
idee principali e talvolta i punti principali. E questo lavoro che consentiva il buon umore era spesso tramezzato dalle spontanee facezie di un
antico cameriere, il suo Caleb, tipo perduto dei servitori, nei quali la famigliarità non toglie alla devozione. Al quale soleva attribuire i suoi arditi
motteggi, e poi ce lo raccontava dicendo: » chi lo ha detto è Tellier. »
Alle tre Michaud si recava al bureau della *Quotidienne*, per fare il giornale: ciascuno potea venire col suo contingente nessuno era rimandato.
Michaud diceva che per fare un buon giornale si voleva lasciare per tutti
la porta aperta. Quanti illustri nomi passarono pel bureau della *Quotidienne* dal 1814 al 1830! quante volte ho visto Michaud nel vano di una
finestra insieme coi de Bonald, Clausel de Coussergues, de Chateaubriand,
de Villéle, de Corbiere, de Castelbajac, de Sallabery e tutti i membri
influenti delle maggiorità e delle minorità realiste nelle diverse epoche della
restaurazione! poi i suoi antichi compagni di polemica realista, Fievee,
Roux, Laborie, Pelletier, Couchery, Beaulieu, Berchoux, Cheron!

Michaud per carattere conciliatore, e che avea l'aria di fuggire i ro-
mori e i contrasti, era dotato di una volontà ferma e di una forza d'iner-
zia che allora specialmente si rivelavano in tutta la potenza loro quando
per mezzo di una tossetta nervosa che era passata in proverbio e che gli
amici chiamavano la tosse di Michaud, voleva liberarsi da una decisa risposta. Di questo mezzo però non si giovava che nelle cose di poco mo-

mento; nelle maggiori fu risoluto, e il suo carattere si spiegava in tutta la sua energia ne' casi d'onore, e di coscienza...

Quando Michaud standosene con tutto l'agio poteva dir francamente l'animo suo, cioè nell'intimità del conversare amichevole, gli abbondavano i detti arguti, le vedute profonde, le similitudini sempre vere, varie, e pittoriche. In quei dialoghi avresti trovata l'idea madre di molti libri ameni, o di filosofia. Egli un giorno mi diceva: » io spesso ebbi voglia di fare un libro su quelle cose che riescono intieramente da sè, poichè notai che tutto ciò che si è fatto di bene da quarant'anni in poi non è opera di nessuno: si potrebbe dire che il bene non ha nè madre nè padre ». Questa osservazione è oltremodo sensata ed originale come tutto quello che passava per la mente di Michaud, e potrebbe servir di commento a quel motto ingegnoso, che *il caso non è altro che l'incognito della provvidenza.*

Colla sua salute non alterossi mai nè il suo buon umore nè il suo spirito: a tavola, nel salotto, seduto sul seggiolone, era sempre sereno ad un modo: mentre i suoi amici si stavano attoniti di questa uguaglianza di umore in mezzo ai dolori e al decadimento delle forze; ei rispondeva loro: » Esser malato è un mestiere che s'impara come tutti gli altri, ed io debbo saperlo che lo studio da quarant'anni. La stessa malattia forniva subietto alle sue facezie: un giorno ei ne diceva d'essere stato dal suo notaro per fargli distendere un certificato di vita onde riscuotere un semestre di pensione, e soggiungeva: » io mi sentiva tanto male quando mi recai dal notaro, che riflettei essere ardita assai la mia dimanda e che a ragione mi si chiedevano due testimoni. » E prendendo la sua presa di tabacco, soggiungeva: » mi accorgo bene, amico mio, di non vivere più altrimenti che davanti al notaro. » Sempre buono ed affettuoso diceva a Dupaty, un dei suoi confratelli all'Accademia, che poco prima della sua morte era andato a visitarlo, e dopo pochi momenti volea andarsene per paura che non si stancasse parlando: » trattenetevi, trattenetevi, amico mio, la vostra visita mi fa bene; vi son delle medicine che non si trovano dallo speziale. »

Laurentie, che noi abbiamo già citato, ci ha dati di lui anche i seguenti ricordi:

Michaud fu uomo di lettere per eccellenza. Di giudizio ammirabile, per delicatezza e verità; tutti conobbero il suo gusto sì puro, sì squisito, talvolta sì profondo. Severo quanto si conveniva a chi era come lui penetrato dal sentimento della propria e dell'altrui dignità. Apprezzava altamente le opere della intelligenza, e non poteva patire che si offrissero al pubblico che deve giudicarle incomplete, o tirate via.

Egli spesso diceva: *sua maestà il pubblico!* e volea che a questa macstà si portasse rispetto anche quando ella per sè non si rispettasse. Specie di analogia al suo realismo.

Nessuno è stato più previdente di Michaud . . . .

Ei secondo questo spirito giudicava scrittori e politici. Nel 1827 parlandomi di Lamennais diceva: *egli è il tribuno della sacrestia: vedrete che sarà scomunicato!*

Io non saprei ridirvi tutte le parole di questo tenore che disse sopra una infinità di persone che si videro a nostri giorni ora salire, e ora discendere. Michaud avea un istinto prodigioso per conoscere il calibro dell'uomo, e per determinarne l'avvenire. Se questa sua penetrazione avesse applicata alla pratica degli affari sarebbe diventato un grand'uomo di stato.

Quando si appuntava la Quotidiana di esser fuori del vero campo della politica, mi soleva dire di quelli che presumevano a maggiore perizia: » questa gente mi fa compassione? Forse che se volessi far prova d'ingegno costoro mi potrebbero stare a fronte? » È la sola volta che l'ho sentito parlare a questo modo; ma aveva ragione.

Voi vi ricordate di aver visto Michaud quasi sempre malato, o soffrente; ciò che dava al suo spirito una singolare amabilità. Si fanno dei libri su'diritti di ogni uomo, così un giorno diceva alla sig. L., io voglio fare un libro su'diritti di chi è malato, e ve lo intitolerò. Quest'ultima parola piacque alla dama, la quale essendo malata avea diritti eguali a quelli di Michaud.

Michaud affetto da tanti dolori sapeva dimenticargli, e fargli dimenticare agli altri mediante il suo buon umore; però anche nello sfogo libero dell'amicizia scorgevi una qualche tristezza.

Io ho presente l'ultima lettera in cui mi scriveva: il medico dice che ne uscirò salvo: la medicina è come la politica la quale fa di belle promesse. Ahimè! ella non potè mantenerle a Michaud: non per questo noi le siam grati delle cure che gli prestò.

Tale fu Michaud. Sulla cui memoria fissando la mente ti vien voglia di dimandare perchè la provvidenza a queste nature d'uomini privilegiate e perfette non consenta più lunga vita che al rimanente degli uomini. La perdita di costoro è doppiamente lacrimevole a questi tempi, in cui tanto grande è il bisogno di salutari insegnamenti, e di nobili esempi. Noi circondati da fitte tenebre vediamo con sommo dolore spengersi i grandi luminari. Qui non si parla di una opinione, o di una politica particolari, imperocchè in Michaud al disopra dell'uomo di partito, fossero con indomabile impero la morale, la giustizia, la discrezione, l'estimativa tranquilla, ferma e *penetrante* profonda degli avvenimenti d'ogni maniera,

ed un non so quale profetico istinto che apriva i suoi occhi alla luce del
mondo avvenire. Quanti abbagli ed errori di meno commetterebbonsi se
molti fossero questi conoscitori della vita e del cuore umano! E quante
consolazioni non ci apprestano lor mercè nei dì dell'affanno! E se ti
mancano siffatte guide non ti dà il cuore di riporti in cammino in cerca di
più felice paese attraverso al suolo disfatto e insterilito dalle rivoluzioni,
simile a quelle piagge del mare di Sodoma travagliato dall'azione segreta
e terribile del fuoco; piagge senza fiori, senza ombre, senza dolci armo-
nie, dove non v'incontrate fuorchè in uccelli di preda, e in locuste che
vi divorano, ove il cuore del pellegrino è occupato d'infinita tristezza.
Iddio che presta i suoi beni e poi se gli riprende, ci lascia però la ricordanza; questo durevol profumo delle cose belle che ci rimane nell'anima,
questo melanconico crepuscolo dopo che il giorno disparve, ricordanza
efficace a rinforzare il coraggio, a ravvivare la speme, a far duratura l'autorità degli utili esempi: come il ritratto degli antenati che vi sta sempre
dinanzi ad eccitarvi a ben fare, come le paterne armature sospese al muro
dei domestici lari, che al solo vederle v'incuorano idee sublimi e forte
sentire.

L'amicizia e l'ammirazione inalzarono a Michaud un monumento nel
cimitero di Passy; monumento nobile e semplice come colui in onore del
quale è posto: sopra la tomba tu vedi un cippo in marmo bianco con
sopravi il busto di Michaud condotto in bronzo da Bosio chiamato da Napoleone lo scultore dei Re; avvi in basso rilievo un libro di marmo; una
croce, le armi degli antichi crociati; ed una palma, emblema del pellegrinaggio a Terra Santa. L'inscrizione incisavi a caratteri dorati è la seguente:

A MICHAUD
ISTORICO DELLE CROCIATE,
PEREGRINO IN ORIENTE
CANTORE DELLA PRIMAVERA DEL PROSCRITTO
PUBBLICISTA CORAGGIOSO E LEALE;
NATO AD ALBENS IN SAVOIA NEL MDCCLXVII.
MORTO A PASSY LI XXX SETTEMBRE MDCCCXXXIX.
I SUOI AMICI.
DOMINE IN TE CONFIDO.

Michaud non ha lasciato figli; sì bene una vedova, la quale gli fu da' primi
passi compagna in ogni fortuna, ed infiorò la sua strada di tutte le dolcezze di un'amabil bontà. Nel 1839 non curò il travaglio, le noie d'un
lungo viaggio per amore del marito malato; ed a Pisa e a Roma come

nel domestico focolare le fu prodiga di ogni sollecitudine. Ora questa vedova di colui che fu alla patria una delle maggiori sue glorie, vive in umile
stato di fortuna, ricca però di un tesoro che la ristora di tutti gli altri
beni perduti, cioè il nome che porta, e di cui va giustamente orgogliosa.

L'istoria delle Crociate occupò Michaud fino agli ultimi giorni della
vita; ma egli voleva dire addio alla politica, alle lettere, ai lettori, pubblicando per associazione una edizione più perfetta che si potesse, della storia delle Crociate. Per la quale edizione non tanto dei suoi nuovi studi
intendeva giovarsi, ma sì anche delle rettificazioni, e dichiarazioni ricavate
da'nostri viaggi in Oriente, ed anche delle recenti scoperte di mio fratello, relative alle Crociate sulle rive dell'Halis, del Sangario, e dell'Eufrate.
Infatti nel 1838 per servire a questo intendimento fece dei mutamenti considerevoli a'tre primi volumi di una quinta edizione ora completamente
esaurita, facendosi aiutare (appena ardisco dirlo) anche dal suo discepolo;
ed il lavoro comune fu di ben oltre 400 pagine. Da questo tempo in poi
perseverò sempre nel suo lavoro, prima a Pisa e poi molto più dopo il suo
ritorno d'Italia, nei mesi di giugno, luglio, agosto e fino ne' primi quindici
giorni di settembre. » Io fo come la formica, ei mi diceva, io vado ada-
gio, e non porto che un grano di rena alla volta; però anche facendo a
questo modo mi trovo in capo al mese con parecchie pagine di lavoro
finito. » Questo lavoro della formica è considerevolissimo, ve ne assicuro.
Io ho messo insieme piangendo i quaderni, i fogli sciolti che racchiude-
vano le correzioni dei quattro ultimi mesi, e rimango attonito di quanto
potè scriver quest'uomo la cui vita pendeva da un filo così sottile. Ti fa
grande amarezza il vedere qui delle note interrotte, là delle frasi a mezzo;
comecchè la morte abbia ad un tratto strappato la penna di mano allo
storico.

Troppo prostrato di forze per attendere da sè solo alla revisione della
opera intiera, il buon maestro volle incaricarmi di una parte di questo lavoro, ed ogni giorno ei mi riduceva a memoria la promessa che gli ebbi
fatta, ed ogni giorno mi parlava di questa edizione che sarebbe stata come
l'ultima parola del suo sapere, della sua intelligenza; e tuttavolta che gli si
presentava una osservazione nuova parea felice di mettermene a parte, e
i suoi occhi brillavano quasi avesse vent'anni. » Mi sentirei disgraziato, egli
diceva, se non avessi la certezza che questa edizione riuscirà secondo il
nostro intendimento; è d'uopo che prima di morire faccia la storia delle
Crociate degna degli elogi che ho ricevuti. Quando il nostro lavoro sarà
compito non rimarrà nulla a desiderare ».

Nella primavera del 1838 essendo noi tuttavia in Italia, mentre il duca
di Bordeaux percorreva le provincie orientali d'Europa, Michaud gli scrisse

da Civltà Vecchia chiedendogli un favore a nome de' suoi antenati Luigi VII, Filippo Augusto, e S. Luigi; egli diceva pertanto che tutti i luoghi d'Asia chiari per ricordanze di vittorie, di sconfitte, o per esservisi stabiliti gli antichi crociati gli erano noti; ma che gli rimanevan de' dubbi su paesi di Transilvania, di Ungheria, di Dalmazia, e di Bulgaria attraversati già da un milione di pellegrini, e proponeva su questi paesi alcuni problemi da risolversi dal reale proscritto. E qui noterò una circostanza curiosa, cioè che all'albergo di Civltà Vecchia, e nel momento in cui Michaud scriveva al discendente di Luigi XIV balestrato qua e là dai venti contrari delle rivoluzioni, noi avevamo presso la nostra camera il principe Luciano Buonaparte, uno de' proscritti della dinastia napoleonica.

Pochi mesi dopo il nostro ritorno a Parigi il duca di Bordeaux prometteva graziosamente a Michaud che si sarebbe occupato della istoria delle Crociate; e fu quella una delle ultime gioie della tribolata sua vita, imperocchè gli paresse bello a pensare che un discendente di quei re il cui trono avea sempre difeso, gli desse una mano a perfezione di quel libro in cui stupenda risplendeva la gloria di S. Luigi. Michaud fu impedito per morte di giovarsi di tanto illustre cooperazione; io però non dimenticai la promessa, e quando il duca di Bordeaux era a Roma io pure vi ritornai per amore del libro, come vi era andato la prima volta per amor dell'autore. Il principe mi si dimostrò dispiacentissimo della perdita di Michaud, e prontissimo ad arricchir la sua storia delle sue osservazioni sulle rive della Sava, e del Danubio. Io proposi alcune questioni di gran momento, le quali tutte sono state completamente risolute anche per l'aiuto del conte di Montbel, uno degli uomini di maggior senso probità ed istruzione che abbia mai conosciuti, il quale fe' parte della caravana del principe viaggiatore in Ungheria e Bulgaria. Tanto l'esilio ha giovato alla storia antica di Francia! Delle quali note io mi son servito a rettificazione di geografiche inesattezze, e a dissipar le tenebre che ingombrano molti particolari racconti.

Michaud mi avea incaricato della continuazione dell'opera sua, ove egli non avesse per morte potuto condurla al suo termine: Parecchie volte mi diceva nei confidenti colloqui: » voi sapete le mie idee circa le qualità che debbe avere il mio libro se mi mancasser le forze prima di arrivare in fondo; voi non mi mancherete, non è vero? » Di che io lo consolava ripetendoli che il cielo gli avrebbe conceduto il mio maggior desiderio di veder la fine del suo libro. Ah! che non è stato così, e questa forte testa si addormentò troppo presto sul capezzale di morte.

Però l'adempimento di quello che egli tanto mi aveva raccomandato mi rimase come sacro debito al cuore, e un anno intiero mi son costati quei miglioramenti di cui convenimmo insieme anche nella vigilia della sua morte. Assunto statomi troppo spesso cagion di dolore, e non per questo scevro d'indicibili consolazioni. Nè senza tristezza fu quando giunsi al termine del mio lavoro, imperocchè occupandomi della storia delle Crociate io m'occupassi dell'amico mio, di ciò che più da vicino toccava la sua rinomanza.

Adesso che nulla più mi rimane a fare per la sua memoria mi sembra di averlo perduto per la seconda volta; contuttociò io sento nell'anima una profonda soddisfazione avendo effettuato il supremo pensiero, la suprema speranza del mio maestro; e non so qual pietoso spirito in questo momento mi persuade che la sua anima da'beati soggiorni contempla compiacendo all'opera mia. Di presente, come altra fiata, l'Oriente e l'Occidente si stan dirimpetto: alla crociata della spada succede quella delle idee. L'industria e la civiltà cristiana invadono le asiatiche terre come in altri tempi facevano le armate della croce, mosse dalle rive del Danubio e del Reno, della Senna e della Loira. Ciò che si vede di presente non è altro che la riproduzione di quei fecondi pensieri pe' quali compieronsi le stupende spedizioni d'oltre mare. Le leggi eterne del vero e non so quale irresistibile istinto ne spingono a forza verso questi lontani paesi del sole. I padri nostri a furia di guerre e di sangue si aprivano il sentiero fino alla santa città; i nostri nepoti, noi stessi, torneremo coloni pacifici in Asia dove ci aspetta un' abbondante raccolta. I popoli d'Europa si avanzeranno a guisa di placide acque attraversando il deserto, a fecondare il suolo che l'islamismo ha insterilito.

Laonde a cosiffatta disposizione di cose la istoria delle Crociate acquista un nuovo interesse, imperocchè per essa vediate raccese le relazioni dell' Europa cristiana coll'Asia mussulmana, e possiate seguire le vicende nella lunghezza del tempo; per essa avrete lume a conoscere il carattere, i costumi, gl'instinti, la politica delle nazioni seguaci dell'islamismo, e di che sorta fossero le nostre antiche lotte, ed i commerci con esso loro. La storia delle Crociate diventerà sopra tutti il libro de'tempi nostri per il necessario corso delle cose umane.

A scriver la vita di Michaud mi mosse il bisogno che io sentiva vivissimo di significare quanto era in me la eccellenza di costui, e nessuno poteva lodarlo com'io lo lodai, che per antica e divisa consuetudine e quasi medesimezza di vita ebbi agio di vedere nelle più segrete parti della sua intelligenza e singolare natura. La fama di Michaud è fra le pochissime de'tempi nostri che non paventa del giudizio de'posteri; egli non sarà come quegli scrittori vestiti oggi di usurpata gloria, grazie alle bugiarde carezze d'un giornale, i quali dimani spenti e sottoposti al giudizio di uomini imparziali, la loro celebrità alla luce del vero si risolve in fumo, e si confonde colle ceneri del sepolcro. La gloria e la fortuna, come dianzi diceva, spontanee gli si offerivano, nè a lui fu d'uopo andarle a cercare; nemico com'era di brillare, di menar rumore, ogni successo gli giungeva inaspettato.

Ardirei dire che Michaud non ha avuto in vita la metà della considerazione che meritava, e che il suo nome sarà forse il solo della età presente destinato a crescere nell'avvenire.

Fu abitudine dei tempi antichi, sì in Oriente che in Occidente, che il discepolo scrivesse la vita del suo maestro; onde non s'ignorassero i tesori di virtù e d'ingegno che solo all'occhio amoroso e indagatore si fanno palesi in tutta la loro bellezza; la più commovente maniera di culto che si rendesse alla memoria dell'uomo estinto, e quasi un prolungare i nostri addio anche oltre il sepolcro. Io mi compiaccio di rendere al mio maestro quel tributo di onore che in qualche modo ne riavvicini ai tempi stati argomento dei comuni studi.

l' Eremita Retro attraverso l'Italia superò le alpi. . . . . . .

I Soldati di Boemondo furono obbligati di porre le tende
nella campagna dove furono sorpresi e trucidati........

Lib. I.

STORIA
DELLE CROCIATE

LIBRO PRIMO

NASCIMENTO E PROGRESSO DELL'ENTUSIASMO PER LE CROCIATE.

Ebber compimento le profezie; nè di Gerusalemme rimaneva pietra sopra pietra. Nel fondo del deserto attirava ancora i passi umani un sepolcro cavato nel sasso, sepolcro del Dio Salvatore rimaso vuoto dopo il miracolo della Resurrezione. Sorgea ivi una montagna che per il sangue del Cristo fu tinta, sopra la quale il misterio della Redenzione fu consumato. Il sepolcro di Gesù Cristo ed il Calvario divennero perciò principali subbietti alla venerazione e all'amor dei Cristiani; nel loro giudicio antecedeva la Giudea in santità a tutte le altre regioni del mondo. Sugli esordi della Chiesa correvano là i fedeli ad adorarvi le vestigia del Salvatore; ma i falsi numi del paganesimo portativi dallo Imperatore Elio Adriano, sebbene la loro possa non avesse prevaluto nella città, nondimeno eransi nel territorio stanziati; Giove sedevasi sul Golgota; Adone e Venere erano in Betelemme adorati. Però l'influsso profanatore di quella mitologia declinante era giunto al suo occaso; la pietà di Costantino sbandì quegli idoli esosi alla vista de' Cristiani; e la sacra città prima disfatta, poscia riedificata dal medesimo Elio Adriano, dimesso il nome di *Aelia Capitolina* impostole dal romano vincitore, riassunse il primiero di Gerusalemme [1]. In templi furono chiusi e il Sepolcro del Redentore e alquanti de' più segnalati luoghi della passione. Costantino celebrò il trigesimo primo anno del suo regno con l'inaugurazione della Chiesa del Santo

[1] *Correspondance d'Orient. t. V.*

Sepolcro, e migliaia di Cristiani concorsero a quella solennità, nella quale il dottissimo vescovo Eusebio recitò l'orazione panegirica di Cristo esaltando le di lui glorie [1].

Sant' Elena, il cui nome è trapassato alla posterità quasi una fra le cristiane tradizioni della Palestina, pellegrinò a Gerusalemme già assai ben oltre d'età.

Ivi ordinò che in sua presenza si cavasse il terreno e si cercassero le grotte intorno al Golgota a fine di trovare la vera croce [2], e trovata, fu nella nuova basilica collocata qual simbolo prezioso della umana salute. Gerusalemme, Betelemme, Nazaret, il Taborre, il Carmelo, le rive del Giordano e del lago di Genezaret, e pressochè tutti gli altri luoghi onorati per le vestigia del Salvatore, mercè al religioso zelo della Santa Imperatrice, furono di chiese e di cappelle disseminati. Così la conversione di Costantino e l'onoranza renduta alla cuna del cristianesimo, e il pio esempio d'una principessa madre di potente monarca, ridestarono la vaghezza e la devozione de' pellegrinaggi in Palestina.

Quando l'imperator Giuliano, ostinato a infirmare l'autorità delle profezie, volle rifabbricare il tempio de' Giudei, divolgaronsi prodigii mediante i quali Iddio confuse i disegni dell'empio, e Gerusalemme, sfolgorante di nuova gloria a' discepoli di Cristo, vedeva annualmente nel suo seno convenire da tutte le plaghe della terra i fedeli per adorarvi la divinità dell'Evangelio.

Fra i pellegrini di quelli antichi tempi la storia ricorda i Santi Porfirio e Girolamo. Tenero di venti anni, abbandonò il primo la patria Tessalonica, alquanti anni s'intrattenne nelle solitudini di Tebaide, poscia andò in Palestina; ivi dopo lunghe ed aspre esercitazioni d'umiltà, fu assunto al vescovado di Gaza. San Girolamo col suo amico Eusebio di Cremona, partito d'Italia, viaggiò l'Egitto, più volte fu a Gerusalemme e deliberossi di chiudere il suo corso mortale in Betelemme.

Paula con la figliuola Eustochia, illustri descendenti de' Gracchi e di santa amistà congiunte a Girolamo, renunciarono all'orgoglio di Roma, alle dilettazioni della vita, alle umane vanità, per abbracciare la povertà di Cristo e vivere e morire presso al di lui presepio [3].

Abbiamo da San Girolamo che a quel tempo gran moltitudine di pellegrini conveniva in Giudea e che intorno al Santo Sepolcro udivasi il suono di molte favelle celebrare le laudi del figliuolo di Dio. E allora

---

[1] La chiesa del Santo Sepolcro fu finita nel 335 ed ebbe primitivamente più usitati i nomi di *Martirio del Salvatore*, o, *Grande Martirio di Gerusalemme*.

[2] Santo Ambrogio nel suo libro — *De obitu Theodosii*, — descrive vivamente e drammaticamente il trovamento della vera Croce.

[3] *Correspondance d'Orient*, t. IV.

contristavano tutti i paesi della terra rivoluzioni di stati, sciagure di popoli; sotto le battiture de'barbari ruinava il decrepito Imperio Romano; tutto il vetusto ordine delle cose umane dissolvevasi a quel modo che i destini d'ogni creata cosa si compiono: noja profonda e incertitudine angustiavano gli spiriti fra tante calamità e ruine; stanchi della vanità di loro essere presente, volgevansi colà ove prima spuntò l'astro della fede novella; le loro speranze volavano al diserto; là soltanto auguravansi consolazione. Tali furono i motori di Girolamo e d'altri figliuoli dell'occidente. Nè egli si contentò d'una peregrinazione, ma dappoichè la vantata eternità di Roma precipitava al suo termine e la civiltà era degenerata all'eccesso della corruzione, niuna cosa potendo più appagare il di lui cuore, la Giudea eragli stanza più al suo umore confacente. Là adunque si rimase qual vigile patrono de'pii viaggiatori e de'poveri Cristiani del paese; rimasesi nella sua prediletta Betelemme per vacare con assidue e profonde meditazioni allo studio delle scritture e per iscrivere nella austerità del cilicio e della penitenza quegli maravigliosi commentari, che dipoi furono oracoli della chiesa latina. — Presentemente il viaggiatore che discende nel Presepe di Betelemme, onora passando i tre avelli di San Girolamo, di Paola e d'Eustochia [1].

Sul compiersi del quarto secolo, continuamente moltiplicavansi le peregrinazioni a Gerusalemme, non sempre però da pietà promosse e governate; per lo contrario anzi tanta longinquità di cammino causava alcuna fiata il rilassarsi della cristiana disciplina e la corruzione de'costumi; perlochè furonvi dottori della chiesa che con vigoria d'eloquenza non pretermisero significare gli abusi e i pericoli de'pellegrinaggi in Palestina.

San Gregorio Niceno, degno fratello di Santo Basilio, fu tra primi e più calorosi che gli dissuasero: in una sua epistola non invidiataci dalla obblivione [2] tratta de'pericoli che la pietà e la morale cristiana potevano trovare negli ospizi del cammino e nelle città d'Oriente; dice che a Gerusalemme non v'ha privilegio sopra gli altri paesi di speciale grazia divina, e ne adduce in prova i delitti e le nefandità d'ogni maniera che per di lui arbitrare violavano allora la santa città. Ma poi conoscendo la necessità di giustificare sè medesimo del pellegrinaggio che vorrebbe vietato ai Cristiani, dichiara essere andato a Gerusalemme non ad altro che per assistere al concilio che a riformare l'Arabica chiesa eravi congregato; e che nondimeno per tale andata, nè augumento nè diminuzione aver ricevuta la sua fede; che prima ch'egli visitasse Betelemme,

---

[1] *Correspondance d'Orient*, t. IV.
[2] Opere di San Gregorio Niceno, in foglio, Vol. II.

sapeva esser nato il figliuolo dell'uomo da una vergine; che prima d'aver veduto il sepolcro di Cristo, sapeva esser quello resuscitato da morte; non essergli stato mestieri ascendere l'Oliveto per credere nella ascensione di Gesù. — *O voi che temete il Signore* (proseguiva il santo prelato) *lodatelo in quantunque luogo; Iddio verrà a voi, purchè gli prepariate un tabernacolo degno di lui. Ma se il vostro cuore ingombrano perversi pensieri, foste pure sul Golgota, sull'Oliveto, dinante al Santo Sepolcro, non sarete meno lontani da Cristo, che quelli i quali non mai professarono o conobbero l'evangelica fede.*

E Santo Agostino e Santo Girolamo eziandio fecero loro conati per moderare la vaghezza de'pellegrinaggi. Diceva Agostino, non esser comandato dal Signore l'andare in Oriente per cercarvi la giustizia o in Occidente per ricevervi il perdono [1]: diceva Girolamo, aprirsi le porte del cielo tanto per i longinqui Brettoni che per que'da Gerosolima. Ma i consigli dei dottori della chiesa erano inefficaci sopra la cieca bramosia della moltitudine, ne più omai terrena potestà o volere era da tanto che percludesse a'Cristiani il cammino di Gerusalemme.

Secondochè i popoli d'Occidente schiudevano le menti all'evangelica luce, volgevano il guardo all'Oriente. Dalla interna Gallia, dalle germaniche foreste, da tutte le contrade d'Europa, vedevansi i novelli cristiani impazienti correre a frotte a visitar la cuna della fede per loro abbracciata; e tanta era la frequenza che a posta fu pubblicato un itinerario pei pellegrini nel quale erano loro scôrte le strade dalle rive del Rodano e della Dordogna fino al Giordano, e, per ritornare, da Gerusalemme fino alle principali città d'Italia [2].

Nè valsero a interrompere i pellegrinaggi di terra santa le devastazioni e le alluvioni fatte per quasi tutta la terra da'Goti, Unni, e Vandali; stantechè cominciando a penetrare negli animi di que'barbari la venerazione per la croce, non solo i pii viaggiatori facevano sicuri le virtù ospitali di essi barbari nel cammino, ma ne ricevevano anco alcuna volta protezione e compagnia fino a Gerusalemme. Nè raro addiveniva a que'tempi di sconvolgimenti e di desolazione, che il povero ed umile pellegrino cón in pugno il suo bordone, traversasse illeso i campi delle stragi e, sicuro da tema e da sospetto, i feroci eserciti che minacciavano gli imperi d'Oriente e d'Occidente.

Ne'primi anni del quinto secolo incamminavasi alla volta di Gerusalemme l'imperatrice Eudossia, moglie del giovine Teodosio, della quale

---

[1] Sant'Agostino, Sermone III.

[2] Troverassi in fine dell'Opera un'eccellente analisi dell'*Itinerario da Bordò a Gerusalemme*, fatta da Walckenaer.

l'istoria commenda l'ingegno e la pietà. Ritornata a Costantinopoli domestiche perturbazioni sì l'angustiarono che cominciò a considerare la vanità delle umane grandezze, e così disposta dell'animo, rifece il viaggio di Palestina ove compì i suoi giorni al servigio di Dio. E intorno all'epoca istessa occupata da Genserico Cartagine con le altre città cristiane dell'Affrica, cacciati i più degli abitanti dalle case loro, ripararonsi sparsamente per le contrade d'Asia e dell'Occidente moltissimi eleggendosi stanza nella Terra Santa. Nè certo di piccola ammirazione degne sono le peregrinazioni degli ornamenti del tempio di Salomone; i quali trovati nelle spoglie de'Barbari quando Belisario ricuperò l'Affrica, furono a Costantinopoli trasportati, poscia a Gerusalemme restituiti; sicchè Tito, che primo gli tolse, portolli a Roma, i Barbari a Cartagine, i Greci a Costantinopoli; e giacchè il tempio giudaico non poteva più riceverne la restituzione, furon posti a decorare la chiesa del Santo Sepolcro. Tale è il corso delle cose umane che quello sembra da probabilità più lontano spesse fiate più ovvio accade, e così le guerre, i rivolgimenti degli stati, le stesse ruine del mondo cristiano, concorrevano imprevistamente ad accrescere lo splendore della città di Gesù Cristo.

Regnante Eraclio, la tranquillità di che godevano gli abitatori di Terra Santa, fu per le armi persiane turbata. L'esercito di Cosroe Secondo irruppe nella Siria, nella Palestina e nell'Egitto; gli adoratori del fuoco occuparono Gerusalemme; tutti i luoghi abitati furono in tra ruine sepolti, le chiese predate, gli uomini privati di libertà multitudine infinita. Le miserie della Santa Città mossero a compassione l'orbe cristiano, nè frenavano amari pianti i fedeli ascoltando come il persiano monarca, fra le altre spoglie de'vinti, seco ne avesse portata la croce del Salvatore, tolta alla chiesa della Resurrezione.

Ma il cielo commiserò alle preghiere e al dolor de'Cristiani; per dieci anni d'infortunii sazia l'avversa fortuna, Eraclio finalmente superò i nemici del cristianesimo e dell'impero; e infranti ai Cristiani i ferri della cattività, riconducevali a Gerusalemme. Fu ammirato allora un imperatore dell'Oriente, nudo i piedi, a similitudine dell'Uomo Dio, passare per lo mezzo della Santa Città e portare sopra le sue spalle fino al Calvario il legno della vera croce, a lui trofeo di tutte le sue vittorie gloriosissimo. Quella sublime cerimonia fu solenne e festiva al popolo di Gerusalemme e alla chiesa cristiana, e d'anno in anno fino a'dì nostri ne fu la commemorazione conservata [1]. Ritornossi Eraclio a Costantino-

---

[1] Questa festa che si celebra li 14 settembre è nota per il suo titolo, *Esaltazione della Santa Croce.*

poli universalmente acclamato liberator de'Cristiani, secolui congratulandosi, per ambasciatori, di tanto beneficio i principi d'Occidente.

Per le vittorie d'Eraclio era instaurata la gloria del nome cristiano; Palestina e Siria in pacifica libertà viveansi, sicurezza invitava i pellegrini a Gerusalemme. Declinando il sesto secolo, non molto avanti l'arabica alluvione, santo Antonino, il cui nome è registrato fra i cristiani guerrieri di quell'epoca, partivasi di Piacenza con alquanti compagni e andava oltremare cercando le vestigia del divin Redentore. Mercè una curiosa relazione trapassata alla posterità e scritta da uno de'compagni d'Antonino, potremo alcuna notizia recare degli italiani pellegrini, i quali andando in Siria passarono da Costantinopoli, e dall'isola di Cipro, e prima che giugnessero a Gerusalemme, metà di loro cammino, visitarono i principali luoghi delle spiagge sire, la Galilea e le rive del Giordano. Passati parecchi giorni in orazioni al Santo Sepolcro e sul Calvario, deliberarono proceder oltre, e voltisi al deserto, videro Ascalona e Gaza e dopo lungo corso fra le solitudini, trovarono l'Orebbe e il Sinai; traversarono l'Egitto, non ragguardando allo stupore delle piramidi, ma pieni la mente delle memorie di Maria madre di Gesù; ritornarono poscia a Gerusalemme, percorsero la parte settentrionale della Siria, innoltraronsi fino alle rive dell'Eufrate cercando il luogo ove nacque Abramo; indi ritornaronsi alla patria. Sorprese la morte uno de'compagni, appellato Giovanni, nel mezzogiorno di Galilea, là ove si dice i *Bagni d'Elia*. L'itinerario di Santo Antonino di cui è qui esposta la sommaria sostanza, a ragione si reputa prezioso monumento per lo stato religioso e politico della Siria e della Giudea nel sesto secolo [1], veggendosi per esso, come allora prosperasse Terra Santa, fiorendo la religione, l'agricoltura e il commercio in quelle regioni, ora squallide e quasi inabitate; ovunque trovavansi monasteri, città, villaggi; e così mentre conquassavano Europa le calamità delle guerre e delle rivoluzioni, Palestina, ritornata per la seconda volta a essere la terra di Promissione, riposavasi all'ombra del Calvario.

Ma già nell'Arabia condensavasi spaventevole tempesta che presto dovea muoversi a interrompere quella tranquilla pace; i discepoli del Vangelo erano per esser sottoposti a molto più dure prove che non furono per lo avanti; e l'Oriente era omai declinato a quel periodo della social vita che confusione e decadimento infiacchiscono e gli uomini pre-

---

[1] Nulla sappiamo di certo intorno alla vita di santo Antonino; ci è però memoria che militasse nelle *Legioni tebane*. L'itinerario da lui intitolato e scritto in latino da uno de'suoi compagni, fu trovato fra gli antichi manoscritti della chiesa de'SS. Sergio e Bacchea a Angers, e ivi pubblicato per le stampe nel 1645.

dispongono a opinioni e credenze novelle massimamente se la spada le
propaga. Offendeva disprezzo il decrepito culto de'Magi; i Giudei di Asia
erano in tra loro e per la setta de'Sabei divisi; e divisi pure i Cristiani in Eutichiani, Nestoriani e Giacobiti, vicendevolmente di anatemi
si ferivano. La gloria e la potenza del persico impero da guerre civili sconvolto eran venute meno; l'imperio greco dentro e fuori stremato di vigoria, precipitava alla sua ruina; ogni cosa periva in Oriente, dice Bossuet. Le tribù che la penisola arabica occupavano, fra loro di credenze
e d'interessi repugnanti, nè pace, nè gloria, nè carattere nazionale serbavano. Ovunque era debolezza e disfacimento... Nel mezzo di tanta agonìa
ed agitazione sorse un uomo, audace inventore di religione nuova e di
nuovo imperio.

Maometto figliuolo di Abdallah della tribù de'Coreisciti, nato alla
Mecca nel 569, trapassò i primi anni di sua vita nella oscurità, povero
conduttore di cammelli; negli oziosi e lunghi tragitti del diserto, in cui
nulla varietà rallegra la natura, il genio della meditazione l'invase e gli
rivelò i secreti d'un nuovo mondo. Tutte le qualità che più hanno influsso sugli spiriti d'Oriente, abbagliante immaginativa, soggiogatrice energia, venerevole gravità, erano in lui sublimi; ostinazione di pazienza
frenava il suo animo ardente, onde il proverbio appo gli orientali, che
Die medesimo soccorre a'pazienti. Conoscitore profondo delle popolazioni d'Arabia, da lui elette strumento a'suoi vasti disegni, mirò a blandire le inclinazioni guerriere di quelle, la vaghezza d'imperio e d'irrequietudine; il possesso del mondo era sua promissione a discepoli quasi
ignudi esciti del diserto, e la vittoria fu il primo miracolo. Il Corano
disceso a volta a volta dal cielo [1] di tre caratteri constava, poesia, morale e politica. Maometto più ch'altri mai arbitro dell'arabica favella,
della quale tutti sapea gli artificj e sentiva l'armoniosa abbondanza, vestiva d'irresistibil fascino le sue prodigiose narrazioni, di che l'amor del
maraviglioso facea cupide le menti dell'infocato clima. La poesia di tutte
le sue seducenze adornava un sensual paradiso ove tutti i sogni passionati dell'uomo dovevano in vera beatitudine cangiarsi. E benchè s'in-
colpi al Corano di materializzare gli umani sentimenti, di eccitare i violentissimi moti del cuore, risplende nondimeno in alquante sue parti di
nobile e pura morale, la quale nello sfacelo generale di quel tempo,
riconducendo la ragione ad obbliate verità, non poco contribuisce a dimostrare in Maometto il carattere d'un genio riparatore e per poco d'un
messo celeste. Stantechè le leggi nel Corano prescritte, ai bisogni e ai co-

___

[1] Maometto impiegò ventitre anni a comporre il Corano.

stumi degli arabici popòli soppérissero: nè ingombra d'ambagi fosse la politica, ma quasi un cantico al Dio delle battaglie, politica che sebbene
possa riguardarsi da' più civili popoli, come barbara e bestiale, era forse
più idonea d'ogni altra per quelle tribù usate definire ogni genere di
quistioni col brando. Tale fu Maometto, tale il carattere della missione
che si assunse; dalla Bibbia e dal Vangelo tolse quanto più si conveniva
al temperamento e alle abitudini del suo paese; tolse pure dagli altri
culti diffusi per l'Oriente, ciò che meglio alle sue audaci novazioni giovava: e di tale mischianza compose quel libro per religiosa oscurità arcano e sublime, che da più che mille anni è l'oracolo della metà del
mondo.

In età di quarant'anni Maometto dette principio al suo apostolato alla
Mecca, e già da tredici degli anni perseverava nelle predicazioni, allorchè per le persecuzioni della sua tribù, fu costretto rifugiarsi a Medina; da tale fuga, che accadde li 16 luglio del 622, i Mussulmani fecero
il cominciamento alla loro era. Il profeta guidando i suoi discepoli esaltati a fanatismo per la possa di sua parola, occupò in pochi anni la triplice Arabia; nè compiti erano ancora i disegni de' suoi conquisti, quando
dalla violenza del veleno gli fu tronca la vita in Medina, correndo l'anno
632. — Non rimasesi perciò la grande impresa interrotta, perchè sendo
stato eletto vicario di Maometto il di lui suocero Abù Baker, continua-
vala per lo spazio di ventisette mesi, chè tanto tenne il nuovo regno.
Succedettegli Omaro, il quale primamente fecesi appellare *vicario del
vicario dell'Apostolo di Dio*, e dipoi *Principe dei Fedeli*. Egli conquistò la Persia, la Siria e l'Egitto. La nuova religione soprastava minacciosa a tutte le genti; i soldati dell'Islamismo irruppero in Africa,
piantarono lo stendardo del profeta sulle ruine di Cartagine e incussero il
terrore di loro armi fin sulle sponde dell'Atlantico. Dalle Indie allo stretto
di Cadice, dal mar Caspio all'Oceano, cangiaronsi in un subito idiomi,
costumi, credenze; le reliquie del culto pagano e di quello de' Magi
furono distrutte; appena rimase alcun residuo di Cristianesimo. Costantinopoli barriera dell'Occidente vide intorno alle sue mura le orde innumerevoli de' Saraceni, e negli assedii che più fiate e per terra e per
mare sostenne, inevitabilmente avria soggiaciuto a estremo eccidio, se
non soccorrevanla il fuoco greco, i Bulgari accorsi a difenderla, e la
nautica imperizia degli Arabi.

Nel primo secolo dell'egira i mussulmani conquisti non oltrepassarono
il mare che parte Asia da Europa; ma forniti di naviglio que' feroci
uomini del diserto, niun popolo fu più sicuro da loro alluvioni. Devastate furono le isole del Mediterraneo, le coste d'Italia e di Grecia; for-

tuna o tradigione dette in loro balìa la Spagna; ivi la gotica monarchia fu spenta; l'imbecillità de'figliuoli di Clodoveo non proibì loro le provincie meridionali della Gallia, nè sì precipitoso torrente di guerra ebbe intoppo, se non contro il vittorioso Carlo Martello [1].

Fin dai primi conquisti i Saraceni concupirono Gerusalemme, sendo appo loro credenza che Maometto avesse fatto onore d'una sua andata alla città di Davidde e di Salomone, e che di là appunto avesse spiccato il volo al cielo per il mistico viaggio notturno; perciò reputavano Gerusalemme quale casa di Dio e città de'Santi e de'miracoli [2].

Assediaronla adunque due vicarii d'Omaro, Amrù e Serdgiil, e, contrastati da vigorosa difesa, stettervi intorno quattro mesi. Gridando le parole del Corano: *Entriamo nella terra santa che Dio ci ha promessa*, non passava giorno che i Saraceni non dessero l'assalto; speravano i Cristiani soccorso da Eraclio; ma invano, chè in lui venne meno l'ardimento. L'istesso califo Omaro passò in Palestina per ricevere le chiavi e l'omaggio dell'espugnata città. Incomportabil dolore fu a' Cristiani veder la chiesa del Santo Sepolcro profanata per la presenza del capo degli infedeli; nè per vinto di coraggio che si sentisse il patriarca Sofronio, accompagnando il califo, potè frenare la lingua dal profferire quelle parole di Daniele: *L'abominio della desolazione è nel luogo santo.* — Tolleranza di religiosa libertà aveva concessa Omaro agli abitatori di Gerusalemme, vietata però la pompa delle sacre cerimonie; le croci e i libri divini celavano i fedeli, nè i sacri bronzi chiamavanli più alla preghiera. Gerusalemme sedeva sulla cenere in lutto; là ove anticamente sorse il tempio di Salomone, fu estrutta santuosa moschea, che anco a'dì nostri muove ad ammirazione le ciglia del viaggiatore, e allora a dirotti pianti gli occhi de'Cristiani. L'istesso patriarca Sofronio all'aspetto di tante profanazioni, consunto da profonda amarezza, chiuse il suo corso mortale.

Finchè visse Omaro, la temperanza del cui animo celebrò a buon dritto l'Oriente, il geloso fanatismo de'Mussulmani non osò dimostrarsi; ma tolto quello da'viventi, crudeli persecuzioni soprastavano a'seguaci di Cristo: cacciati furono dai loro abituri; raggravaronsi i tributi che pagavano a'nuovi padroni della Palestina; ebbero inibizione delle armi e del cavalcare; furono costretti portar in segno di loro sevaggio un cintolo di cuoio; persino usare l'arabica favella era ad essi interdetto, estimando profa-

---

[1] L'opera di Reinaud intorno alle invasioni dei saraceni in Europa, è completa e soddisfacente oltre ogni desiderio.

[2] Gerusalemme dicesi in arabo *El Kouds* cioè *la Santità* ed anco *Beit el Mokadess.* — *la Casa del Santuario.* — Il lettore in queste parole arabiche pronuncii il *k* come il *ch* aspirato — *Traduttore.*

nazione che sonasse sulle loro labbra l'idioma del Corano [1]; e, per compimento di sventura, non fu lasciata balìa al cristiano gregge di eleggersi lo spiritual pastore senza intervento de' Saraceni.

E, nonostante il mussulmano dominio, non furono dismessi i pellegrinaggi. Cominciando l'ottavo secolo, santo Arcolfo vescovo delle Gallie, varcati i mari, s'intrattenne nove mesi a Gerusalemme. L'istoria di questo pellegrinaggio scritta dall'abate [2] d'un monastero delle Isole Britanniche, abbonda di particolari circa ai Luoghi Santi. Parlavisi della moschea di Omaro, senza però nominarla, e vi è descritta in modo che ben si scorge nell'autore poco intendimento della arabica architettura, il quale non ne fa maggior considerazione che chiamarla *vile edificazione saracenica* e notare che vi potevano aver luogo da tre mila persone. Meglio interessa Arcolfo il lettore quando descrive la grotta sepolcrale in cui il Salvatore del mondo indulse per tre giorni al sonno della morte, e là ove tratta delle cappelle del Golgota e della invenzione della Croce. S'infiamma la di lui pietà memorando gli strumenti della passione, e la chiesa priva di tetto, in vetta all'Oliveto, dalle cui finestre chiuse con vetri trapelavano le debili luci delle lampade, simulando notte dalla parte di Gerusalemme, a foggia di aurei globi facenti corona alla montagna da dove il Messia ritornossi all'Empireo. — Oltreciò Arcolfo fa menzion d'una fiera usata farsi nella Città Santa ogni anno li 15 settembre, alla quale accorrevano gran moltitudine di uomini; intorno a che è curiosa l'osservazione del pio vescovo, cioè, che per la frequenza de' camelli, de' cavalli e de' bovi, fosse la sacra città di brutture ripiena, ma che finita la fiera, una pioggia miracolosa purgasse la vastità di quelle immondezze.

Venti o trenta anni dopo dal pellegrinaggio d'Arcolfo, giunse in Siria il vescovo Guillibaldo di Sassonia [3], le peregrinazioni ai Luoghi Santi ci sono raccontate da una religiosa della sua famiglia. Guillibaldo fu preso prigione ad Emesa e liberato per opera d'un mercatante spagnuolo il cui fratello era addetto alla corte dell'emiro o governatore di quella città; il quale quando videsi condotto davanti il prigione per darne sentenza,

---

[1] Questa proibizione non fu osservata; perchè in breve tempo la lingua araba divenne per modo famigliare nelle comunioni cristiane d'Oriente, che fu loro mestieri traslatare in quella la sacra Bibbia. È da consultare per questo particolare la dotta dissertazione di Silvestro di Sacy sopra le traduzioni samaritane della Bibbia. (*Mémoires de l'Académie des Inscriptions*, t. *XLIX*, p. t. e seg.)

[2] Questo abate appellavasi Adammano, ed Hii il monastero per lui abitato che secondo alcuni era nella Scozia, secondo altri in Irlanda. Arcolfo era stato gittato sopra quelle isole da un naufragio. La relazione del suo pellegrinaggio è inserita negli *Acta Benedictina*, Secolo III, parte II, pag. 5o5.

[3] Willibaldus, *Acta Benedictina*, Secolo III, parte II, pag 372.

disse queste parole degne di nota ai circostanti: — Molte volte ho veduto di cotesti uomini venuti dal loro paese, nè per vero cercano far
male, ma soltanto desiderano osservare la loro legge. Per tale opinione
avuta allora dagli Arabi circa i pellegrini d'Europa, rimane esplicata la
cagione della sicurezza con che le strade dell'Oriente praticavano, senza
che d'alcuna molestia fossero lesi. — Arcolfo avea vedute dodici lampade accese dentro al santo avello; Guillibaldo ne vide quindici. A tempo
d'Arcolfo nel luogo sopra il Giordano ove Cristo fu battezzato, eravi un
ponte che serviva ai pellegrini, i quali si tuffavano nelle acque sacre;
Guillibaldo in vece del ponte trovò una fune appiccata alle due sponde
del fiume, e ivi nel mezzo una gran croce di legno che trovò anco Arcolfo. Ma niuna delle relazioni di questi due pellegrini fa motto circa
alle mutazioni di stato subìte dai Cristiani di Palestina dopo lo stabilimento dell'Islamismo.

Le guerre civili de' Mussulmani lasciavano alcun respiro di tranquillità ai Cristiani. La dinastia degli Onniadi che avea posta la sede del-
l'imperio maomettano a Damasco era esecrata dall'ancora potentissima
fazione degli Alidi, perlochè meno attese a perseguitare il Cristianesimo
che a conservare la sua minacciata potenza. Meruano Secondo, ultimo
califo della descendenza d'Alì, più d'ogni suo predecessore fu crudele e
nimico ai seguaci di Cristo. Cosicchè quando co' suoi fratelli fu spenta
da' suoi avversari, vidersi congiunti Mussulmani e Cristiani a ringraziare
Iddio dello aver liberato l'Oriente.

Gli Abbassidi stabiliti nella città di Bagdad, per essi fondata, sostennero vicissitudini delle quali anco i Cristiani provarono gli effetti;
perchè, fra le mutazioni che la volubilità della fortuna occasionava, o
induceva la feroce bizzarria della tirannide, (come si esprime Guglielmo
di Tiro) il popolo fedele somigliava a que' malati, che più o meno sen-
tono la gravezza de' loro malori, secondo che l'aere è scarco o di mali-
gne nebbie stipato [1]. Finalmente i Cristiani fino allora agitati in tra l'acerbità delle persecuzioni e le allegrezze di brevi triegue, videro spuntare
giorni più tranquilli col regno di Aaronne al Rescid, illustre sopra tutti
i califi della dinastia di Abbas. In quest'epoca la gloria di Carlo-Magno
giunta fino nell'Asia era quale astro protettore delle Chiese orientali; arrecando sollievo le di lui pie elargizioni a' Cristiani indigenti di Alessandria, di Cartagine e di Gerusalemme [2]. I due maggiori principi di quel

---

[1] Guglielmo Tirense, lib. 1, cap. 3.
[2] Un capitolare di Carlomagno, dell'anno 810, ha questo titolo: *De eleemosina mittenda ad
Hierusalem propter ecclesias Dei restaurandas.* (Della elemosina da mandarsi a Gerusalemme per
restaurare le chiese di Dio.)

secolo, dimostravansi l' uno dell' altro ammiratori, inviandosi vicendevolmente frequenti ambascerie, magnifici doni ; profittando da tale amichevole commercio di due potentissimi monarchi, l' Occidente e l' Oriente con lo scambio de' più ricchi prodotti del suolo e della industria. Il califo mandò al principe franco un elefante, incenso, avorio, un gioco da scacchi e un orologio il cui ingegnoso meccanismo parve maraviglioso alla corte del Magno Carlo. I presenti di questi furono panni bianchi e verdi di Frisia, e levrieri di Sassonia [1]. È oltreciò degna di nota la pia vanità (se così si può appellare) del re franco, il quale volle far pompa avanti agli ambasciadori del califo della magnificenza delle ecclesiastiche ceremonie, a quel modo che altro principe avrebbe invitati ad alcuna festa nuziale o a dilettevole spettacolo. Que' buoni Mussulmani essendo stati spettatori in Aix-la-Chapelle ad alcune processioni nelle quali il clero avea fatta mostra de' suoi più preziosi ornamenti, ritornati a Bagdad facevano le maraviglie, dicendo, aver veduti in Occidente *Uomini d'Oro* [2].

Non è però da credere che Aaronne usasse tante dimostrazioni di stima all' imperatore d' Occidente, senza coperto fine politico ; perchè sendo in guerra con i dominatori di Costantinopoli, aveva ragionevolmente alcuna sospicione, che per l' analogia della credenza i Franchi non si risolvessero a soccorrere i Greci. Vigevano tradizioni popolari in Bisanzio che predicevano, dover essere i Latini un giorno liberatori della Grecia ; in uno de' primi assedii di Costantinopoli fatto da' Saraceni, era bastata la sola fama dell' arrivo de' Franchi perchè gli assediati s' inanimissero e agli assediatori venisse meno il coraggio. Nell' epoca medesima di Aaronne, il solo nome di Gerusalemme era sì potente nell' animo dei Cristiani di occidente, che il pronunciarlo infiammava il loro bellicoso entusiasmo. Perlochè il califfo, intento a levar materia ai Franchi di muovere una guerra religiosa, che avrebbeli indotti a collegarsi co' Greci e a passare in Asia, non pretermise occasione veruna di amicarsi Carlomagno, e per vincerlo con alcuna simulazione di magnanima confidenza, feceli arrecare in presente le chiavi del Sepolcro e della Santa Città. Cotal fantasimo di omaggio tempestivamente reso al maggiore de' Cristiani monarchi, fu quasi un conquisto, iperbolicamente magnificato nelle leggende contemporanee, e dette dipoi luogo alla finzione che il franco imperatore fosse andato a Gerusalemme [3].

[1] Bouquet. *Storici di Francia*, vol. 4. p. 167.

[2] Il monaco di San Gallo ci ha lasciata una curiosa descrizione delle feste che Carlomagno celebrò per gli ambasciatori di Aaronne nella corte plenaria di Aix-la-Chapelle. *De vita Caroli magni.*

[3] Il pellegrinaggio di Carlomagno è registrato come successo istorico in molte croniche della

Aarónne era stato benigno e giusto ai Cristiani della Chiesa Latina come ai suoi proprii sudditi ; i di lui figliuoli non ne disgradarono la moderazione; e durante il loro regno, Bagdad fu sede delle scienze e delle arti. Dice uno storico arabo, che il califo Almanone non ignorava che coloro i quali s'adoperano ai progressi della ragione sono eletti di Dio. La scienza polì i costumi de' capi dell'Islamismo e piegò gli animi loro alla tolleranza sconosciuta dai compagni di Abu-Becher e di Omaro. Nel tempo medesimo che gli Arabi Africani seguitavano i loro conquisti verso occidente che occupavano la Sicilia e che l'istessa Roma avea veduto i i suoi subborghi e la chiesa di San Paolo invasi e predati dagli infedeli, i servi di Cristo innalzavano a lui pacifiche e non turbate preghiere entro le mura di Gerusalemme. I pellegrini che v'accorrevano dalle estreme regioni d'Europa [1] avevano stanza in uno ospizio, la fondazione del quale attribuiva la fama a Carlomagno. Secondo il monaco Bernardo che sull'occaso del nono secolo, peregrinò in Terra Santa con due altri religiosi [2], l'ospizio de'pellegrini della Chiesa Latina componevasi di dodici case e possedeva campi, vigne ed un giardino nella valle di Giosaffatte. Oltreciò, come gli altri ospizii fondati dall'imperatore, nel settentrione d'Europa, aveva una biblioteca a uso de'Cristiani e de'viaggiatori. Fino dal sesto secolo, presso la fontana di Silne vedevasi un cimitero ove seppellivansi i pellegrini morti in Gerusalemme; e fra gli avelli solevano avere stanza alcuni penitenti eremiti. Luogo era quello, secondo che per una relazione descrivesi, da fruttiferi arbori coperto, di sepolcri ed umili cellette disseminato, che riuniva in singolare coabitazione i vivi e i morti, e dimostravasi quale scena lugubre e ridente insieme.

Non tanto traeva gli'occidentali in Palestina il pio desiderio di visitare il sepolcro di Cristo, quanto quello di raccogliervi reliquie, ricercate allora con avidità dalla devozione de' fedeli. Tutti quelli che ritornavano dall'Oriente ponevano certa loro ambizione nel recare alla patria alcuna preziosa antiquaglia del cristianesimo, e specialmente ossa di santi martiri adoperate a ornamento e ricchezza delle chiese. Nè affatto sragionevole era il gran conto che facevasi delle reliquie, solendo giurare sopra quelle i principi e i re di rispettare la verità e la giustizia. S'arroge a ciò le cupidità dell'Europa che traevano a sè i prodotti dell'Asia; leggendosi in Gregorio Turense, esser celebrato in Francia a' tempi del Guntrano il vino di Gaza; aver costume d'adornarsi con le sete e le pie-

prima crociata e narrato distesamente nella gran cronica di San Dionigi : la critica moderna però l ha saviamente posto nel numero delle favole.

[1] Dicuil, *De mensura orbis*, ediz. Walckenaer, pag. 17.

[2] Uno di quei religiosi era del monastero di Sant'Innocenzio nel paese di Benevento, l'altro monaco spagnuolo. Questo pellegrinaggio fu fatto nell'870.

tre preziose dell'Oriente i grandi del regno, e che l'istesso santo Eligio alla corte di Dagoberto non indugiava vestirsi de' ricchi drappi dell'Asia. I re di Francia intrattenevano un mercatante ebreo, che ad ogni anno facesse il viaggio d'Oriente per comprare prodotti d'oltremare [1]. E le croniche ci hanno conservata memoria che non pochi de' pellegrini europei i quali andavano in Egitto o in Siria più che da religione fosservi tratti da commerciali speculazioni. Veneziani, Pisani, Genovesi, Amalfitani, Marsigliesi avevano banchi in Alessandria, nelle città marittime di Fenicia e in Gerusalemme [2]. Quivi facevasi un mercato davanti alla chiesa di Santa Maria Latina; e ogni mercatante che volea avervi luogo pagava ogni anno al monastero latino due monete d'oro. Più sopra è fatta menzione d'una gran fiera che si apriva annualmente a Gerusalemme il decimoquinto dì di settembre.

Qualunque delitto potevasi espiare col viaggio di Gerusalemme e con atti di devozione al sepolcro di Gesù Cristo. Narra un'antica leggenda scritta per un monaco di Redon, che nell'anno 868, aveavi nel ducato di Brettagna un potente signore appellato Fortemondo, il quale, ammazzato suo zio e il minor de' suoi fratelli, rappresentossi in abito da penitente davanti al re di Francia e ad una assemblea di vescovi. Il monarca ed i prelati fecionlo legare con catene di ferro e comandaronli in espiazione del sangue versato, di partire per l'oriente e percorrere i luoghi santi, aspersa la fronte di cenere e il corpo di cilicio vestito [3], Fortemondo seguitato da'suoi servitori e dai complici del delitto s'avviò verso Palestina. Alquanto tempo dimorò a Gerusalemme, passò il deserto, pervenne sulle sponde del Nilo, viaggiò una parte dell'Africa, vide Cartagine, e ritornò a Roma a' piedi del papa Benedetto Terzo, il quale per la penitenza fatta, non reputandolo ancor ben purgato del delitto, gli consigliò nuova peregrinazione donde la sua penitenza fosse appieno compita, e tutta la tabe de'peccati cancellata. Fortemondo ritornò ancora in Palestina, innoltrossi fino alle sponde del Mar Rosso, dimorò tre anni sul monte Sinai, passò in Armenia a veder la montagna su cui erasi fermata l'arca di Noè dopo il diluvio, e venuto poscia alla patria,

---

[1] Abbiamo alcune speciali dissertazioni sullo stato del commercio avanti alle Crociate. L'abate Carlier ha discussa questa quistione per le epoche della prima e della seconda stirpe (Amiens, 1756.) L'abate Tausse ha scritta una dissertazione sul medesimo argomento. Merita anco d'esser consultata la dissertazione di Guignes, vol. 37 delle *Memorie dell'accademia dell'Inscrizioni.*

[2] Itinerario del monaco Bernardo — *Acta Sanctorum Ordinis Sancti Benedicti*; secolo III, parte II.

[3] Il disgustevole spettacolo che presentavano que' pellegrini pressochè sempre ignudi e coperti di catene, operò che fossero vietate tali pubbliche penitenze durante una parte del regno di Carlomagno; e nondimeno quella consuetudine fu poco dopo rimessa in vigore. (Vedi la prefazione di Mabillon: *Acta Sanctorum Ordinis Sancti Benedicti.*)

fuvvi come un santo ricevuto; ed egli per non ismentire la fama di sua santità, chiusesi nel monastero di Redon [1] e perseverovvi in penitenza fino alla morte, lasciando desiderio di sè in quei cenobiti, che per il raccento delle sue peregrinazioni avea con santa edificazione dilettati.

Alcuni anni dopo la morte di Fortemondo, Cencio, prefetto di Roma, avendo oltraggiato il papa nella chiesa di Santa Maria Maggiore, e, rapitolo dall'altare, avendolo imprigionato; volendo ottenere assoluzione di tanto sacrilegio, dovette intraprendere il viaggio di Terra Santa.

Nè solo per espiazione delle grandi scelleraggini volgevansi a quel disastroso cammino gli occidentali, ma ben anco per pura fervenza di religione, la quale i debili animi delle donne istesse precingeva di più che virile coraggio a quella perigliosa andata. Elena nobilissima giovine di Svezia, schiva del suo proprio paese ancora ingombro dalle tenebre dell'idolatria, se ne fuggì in Oriente. Vide i santi luoghi, ma ritornata in patria soggiacque allo sdegno de' suoi parenti e de' compatriotti che fregiaronla della palma del martirio. Alquanti fedeli in memoria della sua pietà le dedicarono una cappella nell'isola di Seelandia vicino ad una fonte che tuttavia da Sant'Elena toglie il nome e la virtù di operare alcun miracolo. I Cristiani del settentrione peregrinarono per molto tempo dipoi a quella cappelletta, e v'ammiravano con devozione una grotta, già per Elena abitata, prima che a Gerusalemme s'avviasse [2].

Ma non m'è permesso varcare il nono secolo, senza prima registrare un particolare istorico dell' 881 che ne fornisce cognizione dello stato della Chiesa Latina in Gerusalemme a quell'epoca, e del commercio fratellevole già stabilito e radicato in tra gli orientali e gli occidentali Cristiani. Tali cognizioni ricavansi da una lettera di Elia patriarca di Gerusalemme [3], mandata a Carlo il Giovine, *a tutti i principi magnificentissimi, piissimi e gloriosissimi della illustre prosapia del grande imperatore Carlo; ai re di tutti i paesi delle Gallie, ai conti, ai santissimi arcivescovi, metropolitani, vescovi, abati, preti, diaconi, suddiaconi e ministri della santa chiesa, alle sante sorelle, a tutti gli adoratori di Gesù Cristo, alle donne illustri, ai principi, ai duchi, a tutti i cattolici ed ortodossi dell'universo cristiano.* — Il patriarca Elia, dopo enumerate le molte tribolazioni che i Cristiani di Gerusalemme soffersero, *e delle quali i pellegrini hanno potuta fare in Europa fedele narrazione,* prosegue dicendo, che per misericordia della di-

---

[1] La narrazione del pellegrinaggio di Fortemondo, scritta da un monaco anonimo di Redon, è inserita negli *Acta Sanctorum Ordinis Santi Benedicti*, secolo IV. parte II.

[2] La vita di Sant'Elena, è nel vol. 7 del mese di luglio de' Bollandisti, a pag. 332.

[3] Questa lettera è completamente analizzata nella *Biblioteca delle Crociate*, parte I, pag. 443.

vina provvidenza, il principe di Gerosolima, sendosi fatto cristiano, ha permesso ai fedeli di continuare le loro sante edificazioni e ricostrurre i santuari ruinati. Ma che essi non avendo danaro da sopperire alle spese per le dette restaurazioni, furono costretti richiederne i Mussulmani, i quali non accordata la prestanza senza garanzia, i cristiani ipotecarono a quelli i loro oliveti, le vigne e i sacri vasi, e che al presente dovendo restituire le somme tolte per ricuperare i pegni dati, e difettando con che satisfare, vedevansi a tale condizione ridotti che a' monaci soprastava eccidio di carestia, agli schiavi venìa meno ogni speranza di riscatto, e perfino alle lampade del santuario difettava l'alimento. Secondo la parola del divino apostolo: *sostener, cioè, patimento tutte le membra quando una di quelle soffre*, i Cristiani di Gerusalemme non potendo con asciutto ciglio ragguardare alle calamità de' loro fratelli, deliberaronsi implorare la pietà degli altri fratelli che sono in Europa. Un tempo i figliuoli d'Israele offersero le proprie loro sostanze per ricostrurre il Tabernacolo; e tanta fu la liberalità del loro zelo, che fu mestieri per pubblico banditore annunziare, esser sufficienti al bisogno i doni offerti, e nondimanco per tale avviso la popolare generosità non aver avuto sosta. Sopra che il patriarca domanda, se i fedeli d'Occidente, chiamati in soccorso della chiesa di Cristo, vorranno mostrarsi meno zelanti degli Israeliti. — Questi sono i principali caratteri della Epistola patriarcale, della quale nondimanco ignoriamo gli effetti prodotti in Europa, sebben siavi ragione di credere che i due Monaci spediti da Elia portatori di quella, non sieno ritornati in Oriente senza alcun frutto. Però questa voce supplichevole di Gerusalemme la quale dugento quindici anni prima della predicazione dell'Eremita Piero, implorava soccorsi dall'Occidente, potrebbesi da coloro ricercano le cause delle umane vicissitudini, interpretare quasi presagio delle Crociate.

I cristiani greci e siriaci erano tollerati anco nella città di Bagdad, ove con buona fama il commercio e la medicina esercitavano, nè inutilmente le scienze coltivavano. I loro meriti e la dottrina gli portavano alle maggiori cariche dello stato, e talora pur anco furono assunti al governo di città e di provincie. Moamed uno de' califi abbassidi fece di loro l'onorevole testimonio, che meritassero preferenza di fiducia per la amministrazione della Persia. Ma quando i Cristiani di Palestina e delle provincie mussulmane, i pellegrini e i viaggiatori europei reputavansi più che mai sicuri da ogni persecuzione, nuove burrasche di calamità ruppero sopra l'Oriente. — I figliuoli di Aaronne soggiacquero a quei medesimi destini per cui venne meno la posterità del Magno Carlo, e siccome fu l'Occidente, cotale l'Asia sconvolse il flagello delle rivoluzioni e delle guerre civili.

L'imperio di Maometto sendo basato sulla continua operosità de'conquisti, nè sendo per alcuna previdente istituzione assicurato lo stato, dipendendo tutto dal carattere personale del principe; allorchè mancò l'alimento alla bellicosa irrequietudine, non tardarono a dimostrarsi i sintomi di prossima decadenza, e i principi, sendo mancate le occasioni da tener occupati fuori i sudditi, cominciarono ad esser meno temuti e rispettati. I califfi di Bagdad ammolliti nel lusso e corrotti da troppo diuturna prosperità, dismessa ogni cura della pubblica cosa, s'erano ne'loro serragli rinchiusi, nè d'altro loro diritto parevano curanti che dello essere nelle pubbliche preci memorati. Quel cieco zelo, quel fanatismo ardente che esciron con gli arabi del deserto, erano spenti: come i loro capi nelle mollezze inviliti, più non serbavano sembianza de' loro guerrieri antenati, i quali piangevano e dolevansi del non aver partecipato a qualche zuffa. L'autorità de' califi era vedova de' suoi veri difensori, e allorchè il despotismo si presidiò di schiavi comperati sulle sponde dell'Oxo, quella milizia forestiera chiamata a difendere il trono ne accelerò invece la ruina. Nuovi settari, sedotti dall'esempio di Maometto e persuadentisi dovere obbedire il mondo a quelli che ne'di lui costumi e nelle opinioni farebbero alcuna innovazione, accrebbero i pericoli e le turbolenze religiose alle politiche. In tanto ed universale disordine, gli emiri o luogotenenti, de'quali molti avevano in governo vasti regni, ristringevano il debito loro verso i successori del Profeta soltanto a vano omaggio, nè di danaro o di milizie gli voleano più servire. Così il colossale imperio degli Abbassidi per ogni parte precipitò in ruine, e secondo il detto d'un arabo scrittore, rimase il mondo in balìa di chi seppe impadronirsene. L'istessa potestà spirituale fu divisa, e l'Islamismo ebbe a un tempo cinque califi che assumevansi il titolo di capitani de'credenti, e di vicari di Maometto.

Riscossersi allora i Greci dalla loro lunga letargia e ingegnaronsi trar profitto dalle divisioni e dalla declinazione de'Saraceni. Niceforo Foca escì alla campagna con potente esercito e ricuperò Antiochia. Il popolo di Costantinopoli celebrava già i suoi trionfi intitolandolo *Astro dell'Oriente, Morte e Flagello degli infedeli* [1]; nè forse avrebbe demeritata la pompa di sì grandi titoli, se il clero greco avesse le di lui buone intenzioni secondate.

Perchè Niceforo proponevasi dare a quella guerra un carattere religioso e far connumerare tra i martiri tutti coloro che valorosamente combattendo vi sarebbero morti; ma i prelati dell'imperio censurarono cotale

---

[1] Vedi Liutprando, *De Legatione*.

intendimento come sacrilego, e fecerli opposizione con un canone di San Basilio nel quale ordinavasi a quello che avesse ammazzato un nimico, di astenersi per tre anni dal partecipare ai santi misteri. Tolto così il forte incitamento del fanatismo, Niceforo ebbe fra' Greci più panegiristi che soldati, nè potette seguitare le sue imprese contro i Saraceni, la cui decadenza non era per anco a tale estremità pervenuta, che non sentissero la voce della religione ordinante resistenza e vittoria. I di lui trionfi enfaticamente a Costantinopoli celebrati, non oltrepassarono Antiochia, nè altri frutti partorirono che suscitare le persecuzioni de' Mussulmani sopra i Cristiani di Palestina. Il patriarca di Gerusalemme accusato di tener trattati co' Greci, fu arso vivo; e alcune chiese della santa città furono incendiate[1].

Un corpo del greco esercito, capitanato da Temelico erasi inoltrato fino alle porte di Amida, città situata sulle sponde del Tigri: imperversando fierissimo temporale, quel corpo fu assaltato dai Saraceni che molti uccisero e moltissimo fecero prigioni. I soldati cristiani tradotti nelle carceri di Bagdad, intesa poco dipoi la morte di Niceforo e che il di lui successore Zimiscè non si dava alcun pensiero del loro riscatto, raccomandaronsi al loro capitano, che scrisse all'imperatore la seguente lettera: *Tu che ci lasci perire sopra una terra maledetta, nè ci tieni degni d'esser sepolti, secondo le cristiane consuetudini, nelle tombe de' nostri padri, Tu sei indegno che noi riconosciamo quale capo legittimo del santo imperio greco. Se non vendichi quelli che caddero sotto Amida e quelli che gemono in terra straniera, Dio tel rinfaccerà nel giorno terribile del Giudizio.* — Zimiscè ricevuta questa lettera a Costantinopoli, secondo che afferma un istorico Armeno[2], fu da profondo dolore angustiato e deliberossi vendicare l'oltraggio fatto alla Religione e all'Imperio. Fecersi grandi provvigioni per nuova guerra contro i Saraceni, e i popoli d'Occidente parteciparono a quella impresa, anteriore più che un secolo alle Crociate. I Veneziani sebbene avessero già diramato il loro commercio in Oriente, tuttavia non s'astennero di vietare per legge nei loro stati sotto pena la vita o ammenda di cento libbre d'oro, il portare ai Mussulmani d'Affrica e d'Asia, ferro, legname ed armi[3]. I Cristiani di Siria e alcuni principi Armeni corsero sotto le insegne di Zimi-

---

[1] Lebeau, *Histoire du Bas-Empire*, lib. 75, pone tutti i particolari intorno alla spedizione di Niceforo Foca.

[2] La maggior parte di questi particolari sono cavati da un'opera armena composta nel dodicesimo secolo da Matteo di Edessa, della quale alcuni frammenti sono stati tradotti in francese da Chahand de Cirbied.

[3] Muratori, *Annali d'Italia*, dice essere stata questa legge molte volte rinnovata e sempre violata dall'avarizia.

scè , il quale allestito l'esercito, mosse contro il territorio de' Saraceni.
Tanta era allora la politica confusione loro, sì rapido era il sorgere e lo
spegnersi di nuove dinastie, che a mala pena l'istoria può discernere qual
principe avesse dominio in Gerusalemme. Sconfitti i Mussulmani sulle
sponde del Tigri e sottoposto il califfo di Bagdad al tributo, Zimiscè entrò in Siria, occupò Damasco, e valicato il Libano, s'impadronì di tutte
le città di Giudea. In una lettera che egli allora scrisse al re di Armenia, si compiange dello essergli stato vietato per le contingenze della guerra
di vedere la città santa, liberata dal giogo saracenico e difesa da cristiano
presidio.

Continuando Zimiscè la guerra con intendimento di cacciare i Mussulmani da tutte le provincie della Siria e dell'Egitto, morte di veleno l'interruppe, e l'Islamismo perciò campato dal suo più terribile nimico, ricuperò l'antica potenza. L'attenzione de' Greci fu in altre cose distratta,
i conquisti dimenticati; Gerusalemme e gli altri paesi tolti al saracenico
giogo, soggiacquero al dominio de' califi Fatimiti, recentemente divenuti
signori dell'Egitto e accorti a profittare nei disordini delle orientali potenze per meglio distendere il loro dominio.

I nuovi padroni di Giudea ebbero in principio i Cristiani quali alleati ed ausiliari; favorendo il commercio degli Europei e i pellegrinaggi
ai santi luoghi per la speranza di cavarne tesori e di riparare i mali della
guerra. Furono riammessi nella città di Gerusalemme i mercati de' Franchi; fabbricaronsi gli ospizi de'pellegrini e le chiese dirute; e i Cristiani, quale è lo schiavo che si consola per cangiar di padrone, rallegravansi e bene s'auguravano, dello esser divenuti sudditi de' sovrani del
Cairo. Già ne' loro animi era la lusinga penetrata, che il tempo de' patimenti fosse giunto al suo termine, e il giubilo inestimabilmente s'accrebbe quando videro ascendere sul trono d'Egitto il califo Achimo, nato
da madre cristiana e il cui zio materno era patriarca della Santa Città.
Ma Dio che (secondo l'espressione degli scrittori contemporanei) voleva
metter a prova la virtù de'fedeli, disperse tosto le loro speranze, confuse
la presunzione, e suscitò loro contro, nuove e più acerbe persecuzioni.

Achimo, che era terzo de'califi Fatimiti, fe'memorevole il suo regno
mediante tutti gli eccessi del fanatismo e della demenza. Titubante e in-
deciso ne'suoi proposti, mal credente nè in tutto incredulo d'ogni religione, talora protesse, talora perseguitò il Cristianesimo, non avendo
alcun riguardo alla politica de'suoi predecessori, nè alle leggi per
esso medesimo stabilite. La mutabilità sua era senza modo nè tempo,
nè di cosa alcuna s'ingeriva che non empisse di disordini e confusione.
Così vaneggiante ne'suoi pensieri e nell'ebbrezza del potere, tal delirio

l'invase, che s'estimò non più uomo ma Dio; col terrore procacciossi adoratori, e nei dintorni di Fostata, cioè del vecchio Cairo, da lui fatta incendiare, furongli molti altari dedicati. Sedici mila de'suoi sudditi prosternaronsi davanti alla sua divinità [1] e l'invocarono sovrano de'vivi e de'morti.

Achimo, comecchè in suo cuore dispregiasse Maometto, non s'ardì dimostrarlo fuori, nè perseguitare i mussulmani, la cui moltitudine era troppo grande negli suoi stati: così la principesca gelosia frenava la presunzione divina. Ma quel pazzo furore imperversò contro i cristiani e feceli preda de'loro nemici; perchè avendo tenute le maggiori cariche nella amministrazione dello stato, e per gli abusi introdotti nel percepire delle imposizioni a loro commesso, sendo stati costretti a offender molti, eransi concitato contro universale odio de'mussulmani. Dato il segno della persecuzione, per ogni dove ne sorsero gli esecutori; primi furono oppressi coloro che avevano del loro officio abusato; dipoi s'inviperì contro la cristiana religione e chi ne era più rigido osservatore, più colpevole estimavasi [2]. In tutte le città di Egitto e di Siria versavasi il sangue cristiano, e la costanza nella acerbità de'tormenti inaspriva l'odio e la rabbia dei persecutori. Delitto era il pianto e il dolersi, scelleranza l'invocare e il raccomandarsi al Signore che a tanto infortunio commiserasse; tutto ciò quale atto di ribellione con l'estremo supplicio si puniva.

Probabilmente le considerazioni politiche soccorsero non poco al fanatismo in quella persecuzione, nè sembrerà ciò lontano dal vero quando si considerino le disposizioni ostili dell'Occidente a quell'epoca. Perchè avendo peregrinato a Gerusalemme Gerberto, arcivescovo di Ravenna e dipoi papa Silvestro Secondo, ritornato deplorava grandemente la misera condizione de'Cristiani d'Oriente ed eccitava i popoli occidentali a prender le armi contro i Saraceni. Profittando delle consuete industrie rettoriche sempre potenti sugli animi del popolo, introduceva nelle sue esortazioni a parlare l'istessa Gerusalemme, che faceva miserevole rappresen-

---

[1] Guglielmo Tirense, lib. I. — Achimo è anco a'dì nostri venerato come profeta dai Drusi del monte Libano, intorno ai quali sono da consultarsi, Niebuhr, *Viaggi*, vol. II, pag. 334-357; il *Viaggio di Volney*, e la *Corrispondenza d'Oriente*, vol. VII, oltracciò veggasi la memoria di Silvestro di Sacy sul *Culto che i Drusi rendono al vitello* (*Mémoires de l'Académie des Inscriptions*, vol. III, pag. 74 e segg. Nuova Serie). Nella *Crestomazia araba* del medesimo autore sono registrati molti curiosi particolari intorno Achimo o alla sua pazzia, vol. I della seconda edizione. Sacy vi ha raccolto tutto ciò che ne raccontano Machrisi e gli altri scrittori arabi; aggiungendovi anco parte de'testi originali — Gibbon (capitolo 57) ha fatto il ritratto di questo califo con maravigliosa verità.

[2] Leggesi nella *Istoria Araba dell'Egitto* scritta da Soiutè, che fra le altre vessazioni subite dai Cristiani, fu quella di obbligarli sotto pena d'esiglio ed anco di morte, a portare sul petto una croce di legno pesante quattro libbre egiziane.

tazioue delle sue sciagure e scongiurava i Cristiani suoi figliuoli che corressero a rompere le sue catene. I gemiti e le lamentazioni di Sionne commossero tutte le genti [1]. Pisani, Genovesi e Bosone re di Arles, collegatisi, fecero spedizione marittima contro i Saraceni e corsero fino sulle coste della Siria [2]. — Tale ostilità e l'ognor crescente numero de'pellegrini davano sospetto ai principi d'Oriente, i quali, come tutti i fanatici sogliono, prestando fede a sinistri vaticinii, e considerando alle imprudenti minaccie de'Cristiani, cominciarono a reputarli tutti nemici [3].

Guglielmo da Tiro afferma, superiore ad ogni potere di narrazione il descrivere le diverse e infinite persecuzioni che allora i fedeli subirono; una delle quali promosse nella mente di Torquato Tasso il suo tenero episodio di Olindo e Sofronia. — Uno de'più avversi al nome cristiano, per infiammare maggiormente l'incendio della persecuzione, gittò nottetempo la carogna d'un cane nella primaria moschea della città; i Mussulmani che primi entrarono alla preghiera matutina, inorridirono di quella profanazione e levarono il romore nel popolo, che là concorse in grande moltitudine; e correndo voce che il sacrilegio fosse stato dai Cristiani commesso, esclamavano tutti e giuravano che si dovesse col sangue loro espiare. Soprastava adunque totale esterminio a'fedeli, e già si disponevano gemendo alla certa morte, quando un giovinetto di cui l'età ci ha rapito il nome, recatosi là ove i principali eransi assembrati, disse loro:

De' mali gravissimi che ci sovrastano, certo il maggiore fia che la chiesa di Gerusalemme rimanga distrutta. L'esempio di Nostro Signore Gesù Cristo, ne insegna che in sì fatti estremi, uno solo debba in olocausto offerirsi per salvezza di tutti; voi promettetemi di benedire ogni anno la mia memoria, di sempre onorare la mia famiglia, e favorendomi Iddio, affronterò e subirò solo la morte che sovrasta a tutto il popolo cristiano.

La generosa offerta fu accettata e il giuramento fu dato. In onoranza della famiglia del martire statuivasi immantinente, che nell'annua processione solenne delle feste Pasquali, ognuno de'suoi descendenti porterebbe cinto da palme l'olivo consecrato a Gesù Cristo. — Contento il giovine, esce dell'assemblea e rappresentatosi ai giudici mussulmani s'accusa solo reo e consapevole del delitto imputato ai Cristiani; quelli o poco curando o non avvertendo al di lui magnanimo sacrificio, lo dannano a morte;

---

[1] La lettera di Gerberto, scritta molto eloquentemente, ha la data dell'anno 986. Se ne trova la versione nella *Biblioteca delle Crociate*.

[2] Muratori, *Rerum Italicarum Scriptores*. vol. III, pag. 400.

[3] Chronic-Ademar, Bouquet, *Historiens de France*, vol. X, pag. 152.

per il sangue del quale furono i suoi trepidanti fratelli dallo instante pericolo preservati.

Altri infortunii afflissero nondimeno i Cristiani di Palestina: tutte le cerimonie della religione furono interdette; le chiese cangiate in stalle, e quella del Santo Sepolcro ruinata dalle fondamenta. Ebbero esiglio da Gerusalemme i fedeli, che per le varie contrade dell'Oriente si dispersero raccontando gli antichi istorici che alla desolazione della Santa Città, partecipò tutto l'orbe cristiano, e ne fu di spavento e di dolore compreso. — Successero naturali fenomeni fuori dell'ordine consueto che la imbecille fantasia degli uomini quasi resultamenti di umane calamità osa interpretare. Distese l'inverno i suoi rigori in regioni che non mai gli avevano provati; il Bosforo e il Nilo ghiacciaronsi, e un terremoto scosse per due mesi la Siria e l'Asia minore con ruina d'alcune grandi città [1]. — Giunta in Occidente la novella della devastazione de' luoghi Santi, i buoni Cristiani ne piansero; e il monaco Glabero nota nella sua cronica, che anco in Europa eransi veduti segni pronunciatori di gravissima calamità, sendo piovuto sassi in Bologna di Francia, e apparita in cielo una cometa e infauste meteore. — La commozione de' popoli Occidentali fu grande, nè pertanto presero le armi contro gli infedeli, contentandosi di vendicare lo scempio de' Cristiani di Gerosolima, sopra gli Ebrei incolpati universalmente di aver con arte provocato il furor de' Mussulmani [2].

Le calamità della Città Santa la resero più venerevole agli occhi de' fedeli; e l'istessa persecuzione, stimolava il pio entusiasmo di quelli che andavano in Asia a contemplare e piangere sulle ruine della metropoli di Giudea. Colà secondo la volgare opinione, Dio elargiva particolari grazie e più si compiaceva dello aprire ai mortali i suoi voleri; della quale opinione giovandosi a'loro fini i tristi ipocriti, trovarono modi da meglio giuntare la credulità della moltitudine; mostrando lettere, secondo che egli dicevano cadute dal cielo in Gerusalemme.

Correva allora per l'Europa certa profezia che annunciava imminente la fine del mondo e l'apparizione di Gesù Cristo in Palestina; d'onde l'intesa de' popoli cristiani a quella parte era volta; concorrendovi i pellegrini in numero più spessi che ad altri tempi non solevano, come afferma il precitato cronista Glabero. Cagione principalissima delle peregrinazioni era per attendere colà la venuta del supremo giudice. Primi a muoversi furono i mendici e i plebei che nulla possedendo in terra non

---

[1] Lebeau nella *Histoire du Bas-Empire*, racconta minutamente questi successi. Lib. 76.

[2] La cronica di Glabero, nella quale sono registrati i fatti surreferiti, trovasi analizzata nella *Biblioteca delle Crociate*, vol. I. — Questa cronica è molto curiosa per i tempi anteriori alle Crociate.

ponno perciò avere speciale affezione ad alcun luogo; seguitarono di poi i *baroni*, i conti e i principi che la sazietà d'ogni bene terreno fa agevolmente cupidi d'ogni novità. Oltre ciò era potentissimo sugli animi l'influsso della credenza universale che il mondo fosse giunto al suo termine, per il che presupponendosi i ricchi d'aver tosto a perdere i beni loro e le delizie della opulenza, come colui che ostenta liberalità di ciò non è più in sua balía, dedicavansi a pie fondazioni, mediante le quali immaginavano permutare i caduchi e sfuggevoli tesori della terra con gli eterni e non corruttibili del cielo. Invero è mirabile a pensare come non avvisassero che s'e'dovevano perire, i palagi, le ville e le altre sontuosità loro, non erano per rimanersi illesi dalla universale ruina, i templi e i monasterii, e che perciò resultava al tutto supervacaneo alienare uno edificio profano, per edificarne uno sacro; ma lo spavento non dà luogo alle ponderate ragioni. Il fatto per altro è da irrefragabili documenti autenticato, e molte carte di donazioni fatte a quell'epoca, portano in fronte sì fatti curiosi esordi: *Avventandocisi addosso la fine del Mondo, atteso la instante fine del Mondo; soprastando il dì del giudizio*, e simili [1].

Ma il filosofo, che vada profondamente investigando, le più reposte cause anco delle umane aberrazioni, troverà forse nello stato politico e morale del decimo secolo, quella de'suoi funesti presagi e de'suoi panici terrori. Le alluvioni barbariche avendo tutte le cose mutate, sentivansi i popoli come sospinti fuori della ordinaria sfera in che il corso delle loro azioni vitali soleva rivolgersi; da ciò il cupo temperamento di tristezza, l'incertitudine de'nazionali caratteri, la pazza ferocia, il dubbio e il sospetto provenivano, e al postutto quella irrequietudine, che le grandissime crisi e la metastasi da una ad altra condizione, sempre precede. Cotale sentimento della mutazione che si opera, comecchè ignoto, turba e commuove gli spiriti i quali nella disposizione loro malinconica non hanno altri presentimenti che d'infortunii, e questi sendo tenebrosi e vaghi, e tendendo perciò allo ingigantire, generano agevolmente lo spavento d'una sovversione e d'una fine universale. Tale era lo stato morale e politico del decimo secolo, quando tutti i vecchi ordini e costumi del romano imperio precipitavano nell'obblio del passato, e nuovi governi, nuove credenze, nuovi modi di vita civile prendevano forma.

---

[1] Fra i molti documenti che hanno l'accennato esordio, è la carta di fondazione della priorìa di San Germier, anno di C. 948. — La carta di donazione d'Arnaldo conte di Commingia, alla badia di Lezat, anno di C. 944. — E la carta di donazione di Ruggieri conte di Carcassona; le quali furono pubblicamente nelle *Preuves de l' histoire du Languedoc*, da Vaisset, vol. II.

Frattanto in Oriente le cose cangiavano aspetto e per la morte di Achimo le persecuzioni de'Cristiani subitamente si mitigavano. Guglielmo Tirense con la sua vivace ingenuità dice: Il nequitoso califo Achimo se ne partì di questo mondo, e Daher suo successore, permise ai fedeli che la chiesa del Santo Sepolcro rifabbricassero, e l'imperatore di Costantinopoli, per quelli supplicato, elargì le spese della riedificazione. Così dopo trentasette anni da che era stato distrutto, il tempio della Resurrezione risorse dalle sue ruine, a quella guisa che Gesù Cristo vincitore della morte e dell'inferno rovesciò la lapida dell'avello e, sfolgorante di gloria divina, ritornossi al cielo [1].

È dimostrato per gli esempi del signor Fortemondo e di Cencio, essere stato qualche volta ordinato il pellegrinaggio di Gerusalemme come penitenza canonica; tali esempi però trovansi nell'undecimo secolo frequentissimi; applicandosi principalmente essa penitenza in espiazione de'fratricidi, ai truffatori de'beni ecclesiastici ed agli refrattarii della tregua di Dio; condannandosi i grandi peccatori ad abbandonare per certo tempo la loro patria e a menare vita errabonda a somiglianza di Caino. Le quali ecclesiastiche condennagioni, bene invero concordavansi col carattere irrequieto ed attivo de'popoli occidentali; oltrechè la devozione de'pellegrinaggi, forse all'umana natura consentanea, non solo appo i Cristiani fu praticata, ma in tutti i tempi e da tutte le religioni favorita. Conciossiachè se la presenza de'luoghi abitati già da uomini insigni, abbenchè in niuna parte alle nostre religiose affezioni si riferisca, empie i nostri animi di soave ammirazione, ridestando più vive le nostre nobilissime ricordanze; e se l'aspetto delle profane ruine di Palmira o d'Atene è potente a sublimar l'anima del filosofo o del poeta; non sia arduo immaginarci che forti commozioni avessero i Cristiani a sentire, trovandosi ne'luoghi istessi, per la presenza del loro uomo Dio santificati, e che furono come la cuna di quella viva fede che là gli aveva condotti. Che se poi si concedesse allo storico scrutinare gli imperscrutabili segreti della Provvidenza, non sarà forse al tutto di probabilità destituito il credere, che tali peregrinazioni permettesse, affinchè col mischiarsi delle genti, cominciando nuovamente fra loro a comunicare le nazioni, il progredire della civiltà si accelerasse.

Non trovando pertanto i Cristiani d'Occidente che miseria ed oppressione nelle loro patrie, e avendo alcun rimedio ovvero obblio de'loro mali in longinque peregrinazioni, la loro intesa volgevano a cercare su questa terra di afflizioni o le vestigia della soccorritrice divinità o d'al-

---

[1] Guglielmo di Tiro, lib. I.

cun santo. In ogni provincia aveanvi le reliquie di qualche martire o di qualche apostolo, la cui protezione andavasi ad invocare; in qualunque città o luogo solitario conservavasi la tradizione d'alcun famoso miracolo ed aveavi qualche cappella aperta alla devozione de' pellegrini. Non tanto i grandissimi peccatori [1] che i più giusti fedeli, affrontavano innumerevoli pericoli per cercar lontanissime regioni. In Puglia e in Calabria erano principalmente visitati il monte Gargano famigerato per l'apparizione di Santo Michele, e il monte Cassino illustrato dai miracoli di San Benedetto. Di là da' Pirenei e in paese occupato da' Saraceni andava il pellegrino a pregare sulle reliquie di San Giacomo patrono della Galizia.

Alcuni imitando l'esempio del Rè Roberto andavano a Roma ad adorare sulle tombe de' santi apostoli Pietro e Paolo; altri ne andavano in Egitto ove Gesù Cristo avea il periodo della sua infanzia percorso, e si aggiravano per le solitudini della Tebaide e di Menfi, che abitarono i discepoli di Paolo e d'Antonio.

Grande poi era la moltitudine de' pellegrini che andava in Palestina; entrando in Gerusalemme per la porta di Efraim pagavano un tributo ai Saraceni, e preparatisi col digiuno e con l'orazione, presentavansi nella chiesa del Santo Sepolcro ravvolti nel lenzuolo mortuario, che dipoi custodivano gelosamente per tutta la loro vita, facendosi dentro a quello seppellire quando l'anima spiegava l'ultimo volo verso l'eternità. — Riconcentrati in profonda venerazione ascendevano la montagna di Sionne, l'Oliveto, e visitavano la valle di Giosaffatte; prendevano poscia il cammino verso Betelemme ove nacque il Salvatore del Mondo non tralasciavano di vedere il monte Taborre ove successe la divina Trasfigurazione, nè tutti gli altri luoghi santificati da qualche miracolo. Nè stava loro meno a cuore il bagnarsi nelle acque del Giordano, e portar seco in Occidente alcun ramo di palma preso nella terra di Gerico.

Nel decimo ed undecimo secolo il temperamento religioso era di tal natura, che quasi tutti i Cristiani estimavano dimostrarsi della fede loro poco curanti, non avendo fatto pellegrinaggio nessuno: però chi da pericoli campava, e chi trionfava de' nimici, tolto il suo bordone, moveva verso i santi luoghi; e similmente chi otteneva grazia della sanità per il padre o per il proprio figliuolo, non sapea renderne al cielo la debita gratitudine se non lunge dalla patria, e in luoghi per sacre tradizioni

---

[1] I pellegrinaggi furono in due specie distinti, cioè in *Pellegrinaggi minori e pellegrinaggi maggiori*. I *minori* non oltrepassavano gli oratori della Francia, vedi Ducange V.° *Peregrinationes*; MSS. di Chalvel, *De Haeretic*. I *maggiori* comprendevano quelli a San Giacomo di Galizia, a Roma e in terra Santa (Ducange V.° *Peregrinationes*). = Si consulti anco il discorso di Fleury intorno alle penitenze canoniche e ai pellegrinaggi.

venerevoli e sacri. Nè contenti i devoti di sottoporre sè stessi a quelle pericolose e difficili divozioni, interveniva anco spesse fiate che il padre facesse voto d'alcun pellegrinaggio in nome e a debito del figliuolo lattante, al quale, superata la pubertà, incombeva inviolabile obbligazione di satisfare al paterno voto. — Un sogno, una notturna immaginazione o infermità della fantasia era sufficiente al Cristiano perchè si reputasse a qualche pellegrinaggio tenuto; non dipendendo la inclinazione a quei viaggi devoti, soltanto da religione, ma eziandio dagli effetti delle virtù e delle imperfezioni dell'umau cuore, e generalmente da tutte le sue afflizioni ed allegrezze.

Ovunque erano i pellegrini caritatevolmente accolti, nè d'altro prezzo per la data ospitalità richiesti, che delle loro preghiere; il che alla maggior parte di quelli riesciva opportunissimo, non tanto perchè seco loro maggior tesoro non portassero che della attitudine allo orare, come ancora perchè molti i quali mendicando nelle patrie loro a grande stento mantenevano la vita, peregrinando, invece d'ogni terrena comodità abbondavano. — Narrasi d'uno che volendo imbarcarsi ad Alessandria per Palestina, offerse per mercede del passaggio, *un libro de' Vangeli*. — Unica difesa di tutti contro i perversi, durante il cammino, era la Croce di Cristo, ed unica guida gli Angioli a cui Dio ha commesso di *vigilare sopra i suoi figliuoli e dirigerli in tutte le loro vie*.

Se per avventura incontravano persecuzioni, ciò augumentando ad essi reputazione, facevali più degni della venerazione de' fedeli; dal che spesse fiate procedeva che la loro devozione degenerasse a eccesso e soverchiamente a' pericoli s'esponessero; come ce ne fa testimonio quel monaco Riccardo che fu abate di San Vitone a Verdun, il quale giunto in terra d'infedeli, fermavasi alle porte d'ogni città per celebrarvi l'uffizio divino, e ponendosi volontario agli oltraggi e violenze de' Mussulmani reputava sua gloria soffrire spregi, scherni e percosse per la causa di Gesù Cristo: sebbene la religione ne insegni esser bene dicevole per essa non ritirarci dall'instante nè procurato pericolo, ma cercarne senza necessità e volere per ambizion di martirio patire, nè comandi nè approvi.

In que' secoli, supremo merito dell'uomo nella estimazione de' fedeli era il pellegrinaggio, dipoi veniva il dedicarsi a servigio de' pellegrini. Aveanvi ospizii in riva a' fiumi, in vetta a' monti, dentro le città e nei diserti per ricevervi i viandanti. Fin dal nono secolo un monasterio estrutto sul monte Cenisio dava ricetto a' pellegrini che di Borgogna in Italia passavano. Nel secolo decimo sul monte Giove [1], ove scorgevano prima tem-

---

[1] Il monte Giove, ai Latini *Montes Jovis* perchè in due principali gioghi si parte, ora dicesi il *grande* e *piccolo San Bernardo*. Quando San Bernardo fondò que' due ospizii, gli abitatori delle

pli agli idoli consecrati, furono due monasteri edificati per accogliervi i viandanti smarriti; e il monte non più da Giove appellossi, ma dal pio fondatore di que'sacri luoghi, San Bernardo di Mentone. — I Cristiani che partivano per la Palestina trovavano molti di tali asili fondati dalla carità su i confini dell'Ungheria e nelle provincie dell'Asia minore.

Eranvi Cristiani in Gerusalemme e in molte città della Palestina i quali andavano incontro ai pellegrini esponendosi a grandi pericoli, per servire a quelli di scorte. In Gerusalemme poi aveanvi ospizi per ricevere ogni qualità di forestieri; uno de'quali tenevano monache per accogliervi le pellegrine. Le somme per il mantenimento degli detti ospizi, fornivansi principalmente dai mercatanti d'Amalfi, di Venezia, di Genova, dai pellegrini ricchi e da alcuni principi d'Occidente [1]; venendo d'anno in anno in Europa certi monaci di Terra Santa, per raccogliere i tributi che imponeva a sè stessa la pietà de'Cristiani.

Tal conto facevasi de'pellegrini che reputavansi in tra tutti i Cristiani di speciali privilegi beneficati; e compito il loro viaggio, veneravansi quasi ripieni fossero di particolare santità. Avevasi la cosa di tanta importanza, che la partenza e il ritorno con religiose cerimonie si celebravano; perchè alla partenza riceveva il pellegrino dalle mani d'un prete la sacca, il bordone, certi pannilini di croce segnati, benedivansi con l'acqua santa le sue vesti, e il clero accompagnavalo processionalmente fino alla prossima parrocchia. Al ritorno poi, fatti i suoi ringraziamenti a Dio, presentava al prete una palma che sull'altare della chiesa deponevasi qual testimonio del suo viaggio felicemente compito [2].

Il peregrinare era principalmente giovevole ai poveri, perchè nel cammino la pietà de'fedeli assecuravali dalla miseria; e ritornati, le abbondanti limosine che ricevevano, sopperivano almeno per alcun tempo ad ogni loro bisogno. — Molti ricchi poi, peregrinavano per vanità e per sazietà di loro opulenza, sopra che dice il monaco Glabero, andar molti Cristiani a Gerusalemme per guadagnarsi ammirazione e poter raccontare al ritorno gran cose. — Non pochi ancora peregrinavano per fuggir fatica e per vaghezza vagabonda; sicchè molti vi erano i quali, peregrinando, avevano quasi tutta la loro vita consumata e spesse fiate erano stati in Gerusalemme.

Alpi erano ancora idolatri; e i Saraceni erano penetrati fino nel Vallese da dove infestavano continuamente i pellegrini.

[1] La pietà de're aveva già molto tempo prima fondati ospizii per accogliervi i pellegrini, l'antichità de'quali è constatata dai Capitulari; vedi Baluzio, *Capitul.* Vol. I, col. 715; Vol. II, col. 1404.

[2] A Rouen celebravasi la seconda festa di Pasqua in onore de'pellegrini, ripetendovisi le soprascritte cerimonie della Partenza e del Ritorno.

In quanto ai regolamenti del peregrinare, chiunque ne assumeva l'impresa doveva munirsi d'una lettera del suo principe o del vescovo: la quale per lo più era di questo tenore:

In nome di Dio noi partioipiamo alla vostra grandezza (ovvero alla vostra Santità) che il portatore delle presenti lettere, nostro fratello, ci ha chiesta permissione di andare pacificamente in pellegrinaggio a (qui ponevasi il nome del luogo), con l'intendimento di far penitenza de'suoi peccati, o di pregare per la nostra conservazione; per il che gli abbiamo spedite queste lettere patenti, nelle quali, presentandovi i nostri ossequii, vi preghiamo per amor di Dio e di Santo Pietro, di ricoverlo come vostro ospite, e di giovarli tanto all'andare che al ritornare, sicchè rivegga la patria sano e salvo. Secondo la vostra buona consuetudine procacciateli giorni felici; e Dio eternamente regnante v'abbia in grazia e vi riceva quando che sia nella sua gloria.

Tale opportuna precauzione per li pellegrinaggi lontani, ovviava a molti disordini, per modo che in tanta moltitudine di pii viaggiatori i quali ingombravano le vie d'Oriente, non ricorda la storia alcuna violenza da essi fatta, nè altro grave scandalo.

Avendo i Mussulmani anco più de'Cristiani fede nella religione dei pellegrinaggi, usavano per ciò tolleranza ai pellegrini d'Occidente. Per la qual cosa vedevasi eguale affluenza alle porte di Gerusalemme e de'discepoli del Corano che andavano a visitare la moschea d'Omaro, e di quelli del Vangelo che andavano ad adorare sulla tomba di Cristo. Agli uni e agli altri accordavasi eguale protezione in tempo di pace e quando le rivoluzioni degli stati o le vicende guerresche non risvegliavano le sospicioni de'principi della Siria e della Palestina. Ogni anno per le feste di Pasqua, numero infinito di pellegrini concorreva in Giudea a celebrarvi il mistero della Redenzione e per assistere al miracolo del fuoco sacro, che il vulgo [1] de'fedeli credeva discendesse dal cielo ad accendere le lampade del Santo Sepolcro.

De'pellegrini celebri dell'undecimo secolo merita ricordanza Folco conte di Angiò soprannominato Nerra o il Nero. Accusalo l'istoria come uccisore della sua prima moglie e lordo di molto sangue innocente. Pesavali sul capo l'odio pubblico, mordevanli il cuore i rimorsi, e la concitata immaginativa rappresentavali davanti gli spettri delle vittime alla sua vendetta sacrificate che sortivano dalle tombe loro, per turbarli il

---

[1] Il monaco San Bernardo nel suo itinerario scritto nel nono secolo, parla del fuoco miracoloso. —Si consulti anco sopra l'istesso soggetto ciò ne dice Fulcherio di Chartres e Caffaro, testimoni oculari del miracolo, de'quali trovasi l'estratto nella *Biblioteca delle Crociate*, vol. I.

sonno e rimproverarli la sua crudeltà. Fuggendo le furie che lo perseguitavano, abbandonò Folco i suoi stati e imprese il pellegrinaggio di Palestina; agitaronlo nel mare di Siria veementi burrasche, che ricordavanli le minaccie del divino sdegno, e inclinavano più forte il di lui animo a penitenza, Giunto a Gerusalemme, cintosi il collo di fune, discorreva per le vie, facendosi battere da'suoi servi con verghe, ed esclamando spesso ad alta voce: *Signore, commisera al Cristiano infedele e spergiuro, al peccatore che lontano dalla sua patria s'aggira.*

Empì la Palestina di elemosine, sollevò la miseria de'pellegrini, e in ogni luogo lasciò memorie della sua devozione e della sua carità.

Le croniche contemporanee narrano e con non piccola compiacenza, la pia fraude mediante la quale Folco ingannò i Saraceni perchè gli fosse concesso l'adito al Santo Sepolcro [1]; ma la gravità della moderna istoria essendo invincibilmente ritrosa alla schietta ingenuità di siffatti racconti, io mi asterrò dallo specificare in queste pagine la detta pia fraude. —

Ritornato il duca Angioino negli suoi stati, desiderando aver permanente e sensibile a'suoi occhi l'immagine de'luoghi per esso visitati, fece edificare, vicino al castello di Loches una chiesa simigliante a quella del Santo Sepolcro; e là ogni giorno chiedeva perdonanza de'suoi falli alla divina clemenza; la quale però non era per anco del suo pentimento satisfatta. Ricominciò a esser turbato dalle sue antiche agitazioni e da'suoi rimorsi e per procurarvi rimedio, pellegrinava nuovamente a Gerusalemme; ove edificò ancora i fedeli con le dimostrazioni e le austerità della sua penitenza.

Ritornato poscia in Europa per la via d'Italia, e avendo liberato il

---

[1] La cronica che porta il titolo: *Gesta Consulum Andegav.*, *spicilegium*, vol. 10, p. 463, riporta l'infrascritta circostanza:

Dixerunt, nulla moda ad sepulchrum optatum pervenire posse, nisi super illud et crucem Dominicam mingeret: quod vir prudens, licet invitus, annuit. — Quaesita igitur arietis vescica, purgata atque mundata, et optimo vino repleta, laqueis etiam apte inter ejus femora posita est, et comes discalceatus ad sepulcrum Domini accessit, vinumque super sepulcrum fudit, et sic ad libitum cum sociis omnibus intravit.

Risposero (le guardie mussulmane del Santo Sepolcro) che per niun modo gli sarebbe stato concesso al desiderato sepolcro accostarsi, se prima non si obbligasse discarcar la vescica sopra quello e sopra la Croce: la quale cosa, l'uomo prudente, sebben di mala voglia, consentì. — Procuratasi pertanto una vescica d'ariete, lavatala diligentemente e avendola piena di vino squisito (probabilmente bianco e non rosso), e avendosela adattata con legami nella parte in che conveniva, il buon conte se ne andò scalzo al Sepolcro e sopra quello il vino dalla vescica accortamente espresse, dondechè fu a lui e a tutti i compagni accordato l'ingresso. — In quanto allo ingannare i Mussulmani col vino, è cosa possibile essendoci vini bianchi che nel colore somigliano alla orina; ma che quelle Buone guardie fossero di sì grosso criterio da non si accorgere della vescica, nè che avessero nervi olfattorii sì ottusi di non sentire l'odor del vino, nè che, richiedendo spregio sì vile, non avessero anco la villa di volerne essere presentissimi testimoni, non so concepire, nè posso credere; e però mi sembra tale circostanza da connumerarsi con tante altre simili favolette, di che gli antichi cronisti fregiavano a disio le loro narrazioni. — Tradut.

pontefice da un nimico che devastava lo stato romano, non gli fu difficile ottenere che esso Santo Padre il giudicasse da ogni antica macchia di peccato purgato, ed impetrarne assoluzione plenaria. Ciò fatto rientrò nel suo ducato, portandovi gran quantità di reliquie delle quali adornò le chiese di Loches e d'Angersa; e vivendosi in sicura pace a niun'altra occupazione vacava che a fabbricare monasteri e città, d'onde acquistossi il soprannome di *Grande Edificatore*, siccome prima dai molti pellegrinaggi erasi meritato quello di *Palma*.

Per tale cangiamento di costumi, per i servigi resi alla chiesa, per li benefizii fatti a'suoi popoli, conciliossi Folco di quella e di questi le benedizioni, e i popoli massimamente ringraziavano a Dio che avesse converso il loro principe alla moderazione e alla virtù. — Quantunque però dolce sia al nequitoso il perdono degli offesi, la remissione di sue scelleranze, la satisfazione de'peccati e l'assoluzione della chiesa; benchè e'si possa reputare securo dalla divina e dalla umana giustizia; nondimeno la rimembranza del delitto altamente nell'animo reposta, come veltro rabbioso ed ostinato di continuo lo strazia, nè gli concede ora pienamente tranquilla e felice, non cancellandosi per la perdonanza il mal fatto, nè potendo l'obblio sulle opere e sulle cose che al corso della umana vita vanno congiunte. La morte sola togliendo dal dominio del tempo l'offeso e l'offensore, tutto spegne, e la memoria delle azioni buone o ree dei trapassati è trastullo alla curiosità de'posteri. — E pertanto Folco dopo la sua lunga penitenza non avendo la tranquillità dell'animo ricuperata, nuovo pellegrinaggio per Gerusalemme imprendeva. Ritornò a sparger lagrime di contrizione sul sepolcro di Cristo, e a contristare i Santi Luoghi di gemiti; i quali tutti per la terza volta visitati, e raccomandata la sua anima alle orazioni degli anacoreti che al ricevimento e al consolare de'pellegrini s'erano dedicati, partivasi per ritornare alla patria; ma più non la dovea rivedere, che infermatosi per via, nella città di Metz, l'anno 1040, impose fine al corso, alle pene ed ai rimorsi della sua vita mortale. Traslatossi il corpo e si seppellì nel monastero del Santo Sepolcro per esso a Loches fondato; il cuore nella chiesa di Metz fu deposto, ove ancora alcuni secoli dopo la sua morte, vedevasi un mausoleo, che il popolo chiamava la tomba di Folco conte d'Angiò.

Nell'epoca medesima Roberto duca di Normandia, e padre di Guglielmo il conquistatore, sendo stato accusato d'aver ucciso il suo fratello Riccardo, fosse per iscansare alcuna vendetta che gli soprastasse, o per espiare il delitto, ne andò in Terra Santa. Viaggiava (secondo racconta una vecchia cronica di Normandia [1], *a piedi ignudi e in camicia*

---

[1] *Biblioteca delle Crociate*, Vol. II.

Va, e dirai al mio popolo che hai veduto un principe
Cristiano, portato in paradiso dai diavoli. *Lib. I. Pag. 84*

G. Gozzini dis.

Un giorno ch'egli era stato molte ore orando sull'oliveto
con gli occhi e le braccia rivolte verso il Cielo..........

Lith L. Pera p.l.

Verico inc.

con *gran seguito di cavaglieri, di baroni e altre persone*; singolarità
piuttosto da baccanali che da penitenza; ma non meno stravagante fu
ciò ch'ei fece a Roma, perchè passando di là, ordinò a' suoi famigliari
che coprissero con ricchissimo manto le spalle alla statua equestre di
Costantino, *la quale era di bronzo*, scandalezzandosi de' Romani, *che
poco onorassero il loro Signore non lo presentando manco d'un mantello in tutto l'anno.*

Giunto a Costantinopoli, spregiò le pompe e i donativi dell'Imperatore e rappresentossi alla corte nella semplicità de' pellegrini. Con esem-
plare rassegnazione e costanza sopportò dipoi le noie e le fatiche del
pellegrinaggio, dicendo fare più stima de'mali che sopportava per Gesù
Cristo che della migliore città del suo ducato. Infermatosi nell'Asia Minore non consentì essere servito dai Cristiani che erano con lui, e volle
per lo contrario che la sua lettiga fosse portata da' Saraceni; nel qual
tempo sendoseli presentato un pellegrino suo suddito che ritornava in
Normandia e chiestogli se avesse cosa da commetterli per li suoi stati,
rispose piacevolmente Roberto: *Va, e dirai al mio popolo, che hai veduto un principe cristiano portato in paradiso dai diavoli.*

Quando fu alle porte di Gerusalemme vi trovò gran frequenza di
pellegrini, i quali (come le anime de'morti che per difetto degli due
oboli, Caronte, non imbarca) non avendo con che pagare il tributo ai
Mussulmani, non erano lasciati entrare, ed aspattavano l'arrivo d'alcun
ricco signore, che mediante le sue elemosine, schiudesse loro le vietate
porte. Roberto pagò generosamente per ciascheduno di quelli una moneta
d'oro; e durante il suo soggiorno nella Santa Città, con gran fervore di
devozione, e liberale carità di che faceva partecipi anco gli infedeli, con-
ciliavasi la stima e l'amore universale. — Ritornando in Europa, morì
a Nicea, non mostrando al final passo, altra sollecitudine che delle reliquie acquistate in Palestina, e dolendosi che Dio non l'avesse chiamato
a sè quando era nella Santa Città.

Simil voto facevano generalmente tutti i pellegrini, estimando che il
chiuder la vita in Gerusalemme fosse ottima ricompensa accordata dal
cielo ai patimenti del lungo e pericoloso cammino. Da non tralasciarsi
è la preghiera che sul Santo Sepolcro solevano pronunciare:

O Tu che sei morto per noi e che in questo luogo fosti sepolto, abbi
pietà della nostra miseria e richiamaci oggi da questa valle di lacrime.

Nelle vecchie memorie è fatta menzione d'un Cristiano d'Autun,
chiamato Letebaldo, il quale giunto a Gerusalemme si procurò la morte
mediante lo stramodare nel digiuno e nelle mortificazioni. Un giorno
ch'egli era stato molte ore orando sull'Oliveto con gli occhi e le braccia

T. I.   6.

rivolte verso il cielo, immaginandosi che là Dio lo chiamasse, quando
fu ritornato nell'ospizio de' pellegrini, avendo esclamato altamente per
tre volte: *Gloria a Te, o Signore*, di subito morì, presenti i compagni, che quella morte ammirarono e reputarono miracolosa.[1]

Sendochè tutte le umane tendenze inclinino a propagarsi, per l'arcana potenza della imitazione che quasi morale contagio si appicca e s'in-
sinua nelle menti; la bramosia di santificarsi col peregrinare a Gerusalemme fecesi tanto universale, che non più s'indirizzavano colà i Cristiani a uno a due o a piccoli drappelletti, ma bene a grossissime frotte, e tali, che i paesi per li quali passavano, ponevano in sospicione: e
sebbene non portassero guerra, erano nondimeno col nome di *Eserciti
del Signore* indicate; sendoci anco testimonio d'alcuni monumenti istorici, che ne rivelano essersi praticato da' pellegrini già a quest'epoca di
crocesignarsi, come dipoi ebbero in costume di fare i guerrieri che alla
liberazione del Santo Sepolcro movevano.

Nell'anno 1054, Lietberto, vescovo di Cambrai, partì per Terra Santa
con meglio che tremila pellegrini delle provincie di Piccardia e di Fiandra. Postosi in cammino fu accompagnato per tre leghe fuori della città
dal popolo e dal clero, che con lagrime di devozione pregavano Dio per
il felice ritorno del loro pastore e de' fratelli. Questi pellegrini traversarono senza molestie l'Allemagna, ma pervenuti in Bulgaria, trovaronsi a
balìa d'uomini selvaggi che in boscaglie abitavano e vivevano di rapine.
Molti pellegrini furono da quelli uccisi, non pochi morironsi di fame
ne' diserti; Lietberto giunse a gran fatica fino a Laodicea di Siria ed imbarcatosi con i pochi che gli restavano, fu per burrasca di mare gittato
sulle spiaggie di Cipro. Ivi con i compagni vedevasi esposto a morire di
fame; ma avendo potuto ritornare a Laodicea, disponevasi a continuare
il viaggio, se non che si rimase avendo avuto notizia che molto maggiori pericoli arebbe incontrati sulla via di Gerusalemme. Allora fu la
costanza del vescovo di Cambrai espugnata, il quale immaginandosi che
Dio medesimo avversasse alla sua peregrinazione, ritornò non senza minori pericoli nella sua diocesi, ove fabbricò una chiesa in onore di quel
Santo Sepolcro che non avea potuto vedere.

Dieci anni dopo Lietberto, settemila Cristiani, fra i quali sono da
notarsi l'arcivescovo di Magonza, i vescovi di Ratisbona, di Bamberga e
d'Utrecht, partitisi dalle sponde del Reno, mossero uniti verso Palestina.
Il cammino di questa grande carovana, che si potrebbe appellare foriera

---

[1] Vedi Glabero, *Biblioteca delle Crociate*, Vol. I.

G. Gonnini dis.

Verico inc.

Quando fu ritornato nell'ospizio de pellegrini, ... di subito morì......

Lib I. Pag. 42

delle Crociate [1], fu a traverso dell'Allemagna, della Ungheria, della Bulgaria, della Tracia, e ricevettela a Costantinopoli l'imperatore Costantino Ducas. Visitate le chiese di Bisanzio e le quasi innumerevoli reliquie che i Greci hanno in sommo onore, i pellegrini passarono in Asia Minore e in Siria; ma sendo omai vicini a Gerusalemme, gli Arabi Beduini abitanti le campagne di Saron e di Ramla, tentati per la vista delle loro ricchezze e cupidi di sì bella preda, gli assaltarono. Con molto valore si difesero i pellegrini per tre giorni essendosi ristretti in uno edificio deserto, e non avendo altre armi che le pietre istesse le quali servivano di riparo; ma vinti finalmente dalla fame e dalla fatica, deliberavano d'arrendersi a' patti. Nel trattare insorse fierissima contesa, e già erano sull'atto di riprendere le ostilità, quando l'Emiro di Ramla informato della cosa dai fuggitivi, venne in soccorso de' Cristiani salvando loro le vite, i tesori, e contento di modico tributo, feceli scortare fino alle porte della Santa Città: ove preceduti per la fama de' loro casi e de' corsi pericoli, furono trionfalmente dal patriarca ricevuti, e a suono di timballi e a torcie accese, condotti nella chiesa del Santo Sepolcro. Fecero dipoi le solite visite al monte Sionne, all'Oliveto e alla valle di Giosafatte, ma non s'attentarono di andarne alle sponde del Giordano, e agli altri celebri luoghi di Giudea, per cagione delle correrie che vi facevano gli Arabi. — Perduti nondimanco da tre mila de' compagni, ritornaronsi in Europa a deliziarsi con la narrazione delle loro tragiche avventure e dei pericoli del pellegrinaggio.

Sono ancora da memorarsi a quest'epoca i pellegrinaggi di Roberto il Frisone conte di Fiandra, e di Berengario Secondo, conte di Barcellona. Berengario morì in Asia vittima della troppo austera penitenza che erasi imposta; Roberto ritornò negli suoi stati, ove appunto per il pellegrinaggio fu ricevuto in grazia dal clero ch'egli aveva voluto spogliare [2].

Ma prima di questi due principi era andato in Palestina Federigo, conte di Verdun, di chiarissima stirpe la qual non meno chiara era per essere ne' suoi descendenti, de' quali fu il famigerato Goffredo di Buglione. Partendo, Federigo fece cessione della sua contea al vescovo di Verdun; e ritornato, rendesi monaco e morì priore nella badia di Santo Uasto vicino ad Arras.

---

[1] *Questo pellegrinaggio interessantissimo, è descritto da Ingulfo monaco inglese, che era di que' pellegrini, da Mariano Scoot, e da Lamberto scrittore contemporaneo; quest'ultimo specialmente abbonda di curiosi particolari. — La narrazine d'Ingulfo è molto concisa. — Baronio ne' suoi Annali all'anno 1064 ha unite insieme le dette tre relazioni, le quali io ho criticamente ordinate in una che si troverà nel volume dei Documenti ed Illustrazioni.*

[2] Il pellegrinaggio di Roberto il Frisone è registrato nel Vol. 13.° di Bouquet, *Raccolta degli Istorici delle Gallie*; e il pellegrinaggio di Berengario è nel vol. 12.° della medesima Collezione.

Gravi calamità minacciavano frattanto il mondo cristiano: una gente barbara, flagello delle altre genti, e, come dice Guglielmo da Tiro, *incudine che dovea pesare sopra tutta la terra*, era dallo divino sdegno suscitata. Già da più secoli orde tartariche irrompevano di continuo nelle contrade d'Oriente, e quando alcuna tribù vittoriosa, era, per le dolcezze del luogo in che stanziavasi e per lunga pace, divenuta molle e quieta, altre, in nulla polite dalla rusticità de'loro diserti, sopravvenivano, e nuovi territori occupavano.

I Turchi mossi primamente dalle contrade che oltra l'Oxo si stendono, per l'imprudenza del Sultano Maamud, che le erranti tribù aveva ricevute e tollerate, eransi della Persia impadroniti; ondechè il di lui figliuolo volendoneli cacciare, sebbene nella giornata campale dimostrasse prove di valore incredibili, contrastandogli la fortuna delle armi (secondochè l'indiano storico Feristà asserisce) *quando, fervendo la pugna, rivolse gli occhi intorno da sè, eccettuata la schiera che sotto i suoi ordini combatteva, conobbe avere tutto l'esercito divorato i sentieri della fuga* [1].

Conseguita la vittoria, i Turchi, sul campo medesimo della battaglia, procedevano alla elezione del re. Fu fatto un manipolo di freccie, avendo prima scritto sopra ognuna di quelle il nome d'una tribù, d'una famiglia e d'un guerriero. Un fanciullo, astante tutto l'esercito, estrasse tre freccie dal manipolo, e la sorte concesse la corona a Togrul-Bel nipote di Selgiocida. Togrul non meno astuto che ambizioso ed ardito, ricevette sull'istante per sua propria la fede di Maometto, e fecela da tutti i suoi soldati abbracciare; aggiungendo al titolo di conquistatore della Persia, quello di protettore della mussulmana religione [2].

V'erano in quel tempo sulle rive del Tigri e dell'Eufrate grandi movimenti per le ribellioni degli emiri che disputavansi le spoglie dei Califi di Bagdad. Il califo Caieno ebbe ricorso a Togrul, promettendoli il conquisto dell'Asia se lo soccorresse, ed eleggendolo suo vicario temporale. Togrul, profittò volentieri della occasione, e postosi in cammino con potente esercito, sconfisse i ribelli, corse le provincie e andò a Bagdad a prostrarsi ai piedi del califo, che proclamò il di lui trionfo e i sacri diritti all'impero. Fu ciò celebrato con pomposa cerimonia; siccome accade in tutte le religioni declinanti e corrotte, presupponendosi gli uomini che le ostentazioni delle ecclesiastiche magnificenze possano sopperire al difetto della fede, e alla purità delle religiose discipline. — To-

---

[1] *Istoria Generale dell'Indie* di Feristà, scrittore indiano del decimosettimo secolo; versione inglese di Gherardo Dow, vol: 1, pag. 112.
[2] Guglielmo di Tiro.

grul fu successivamente con sette vesti d'onore vestito, ebbe il presente di sette schiavi nati nei sette climi dell'Arabico impero, emblema del suo dominio sull'Oriente; farongli cinte due scimitarre e posteli due corone 'sul capo [1].

L'imperio proposto per il vicario di Maometto all'ambizione del nuovo conquistatore, fu dopo breve tempo dalle armi turche occupato. Regnante Alp-Arslan [2] e Malec-Saac, successori di Togrul, le sette discendenze della dinastia Selgiocida diviseri in tra loro i più vasti regni dell'Asia. Sicchè non compiti i trent'anni dacchè i Turchi avevano conquistata la Persia, le loro colonie militari e pastorali s'erano già distese dall'Oxo fino all'Eufrate, e dall'Indo fino all'Ellesponto.

Un luogotenente di Malec Saac, penetrò fino al Nilo e s'impadronì della Siria che obbediva ai califi Fatimiti [3]. — Dipoi cadde in potere de'Turchi la Palestina, e sulle mura di Gerusalemme fu piantato il vessillo nero degli Abbassidi. Vi fu grande strage de'Cristiani e de'seguaci di Alì, anatematizzati dal califo di Bagdad, come nemici di Dio. Il presidio egiziano fu passato per le armi, alle chiese e alle moschee fu dato il sacco; e per la città santa discorse misto il sangue cristiano e mussulmano.

E questo è appunto il luogo in che la storia può giustamente dire con la Scrittura che *Dio aveva dato i suoi figliuoli nelle mani di quelli che gli odiavano;* perchè sendo lo stato de'recenti conquistatori della Siria e della Giudea nuovo e mal fermo, dimostrossi per conseguenza inquieto, ombroso e violento; soffrendone i Cristiani calamità ed oppressioni non mai dai padri loro, sotto il dominio dei califi di Bagdad e del Cairo, conosciute nè provate.

Quando i pellegrini d'Occidente, dopo che avevano superato il passo delle contrade nemiche e corsi infiniti pericoli, giunti erano in Palestina, trovavano le porte della santa città, non permesse se non a quelli che potevano pagare una moneta d'oro; e perchè per la massima parte erano poveri, ed erano stati nel loro cammino rubati, s'andavano invano aggirando d'intorno a quella Gerusalemme per veder la quale avevano tutto abbandonato. In sì fatto esiglio molti ne ammazzava la fame, la

---

[1] Questa curiosa cerimonia è descritta da de Guignes, nella *Istoria Generale degli Unni*, lib. 10, pag. 197.

[2] Alp Arslan secondo Sultano, regnò dal 1063 al 1072.

[3] Intorno a questi particolari riescirà molto utile consultare la *Storia generale degli Unni*, scritta dal de Guignes, lib. 10, pag. 215; e lib. 11, pag. 3 — e le dissertazioni dell'abate Guénée. — Qualche particolare nuovo si troverà eziandio nelle *Memorie geografiche e istoriche intorno l'Egitto*, di Stefano Quatremère, vol. II, pag. 415, 442, ec.

sete o il disagio di vesti, o il ferro de' barbari; nè quelli, a cui riesciva entrare nella città, erano sicuri da ingiurie e da offese, ma continuamente udivansi suonare d'intorno le minacce e le maledizioni de' Mussulmani, sia che andassero al Calvario, e al Monte Sion o ad alcun altro de' santi luoghi [1]. Se poi stavansi adunati nelle chiese con i loro fratelli di Gerosolima, i furiosi nemici del nome cristiano, interrompevano con urli e grida feroci i divini offici, gittavano a terra i sacri vasi, salivano sugli altari del Dio vivente, nè avendo alcun rispetto al clero vestito dei suoi abiti pontificali o della levitica tunica, lo battevano con verghe e con ogni più vile ingiuria l'oltraggiavano. Nè per isfogo che avessero, le mussulmane violenze mitigavansi, ma per lo contrario, col crescere del fervore e della devozione de' fedeli, crescevano e s'inviperivano; e maggiormente ancora alla ricorrenza delle feste solenni e dalla cristiana chiesa più venerate, come a Natale, al Venerdì Santo, e al dì della Resurrezione, nelle quali i martirii e le offese, senza numero, si moltiplicavano.

I pellegrini, la cui buona ventura alle patrie loro restituiva, facevano patetica narrazione delle cose vedute e de' pericoli corsi; e tali racconti dalla fama, secondo il solito, ingranditi, e da bocca in bocca divolgati, movevano al pianto tutti i fedeli.

Mentrechè i Turchi condotti da Tutusco e da Ortoco, devastavano la Siria e la Palestina, altre tribù di loro nazione condotte da Solimano nipote di Malec Saac erano nell'Asia Minore penetrate, occupando tutte le provincie per le quali solevano passare i pellegrini d'Occidente, quelle istesse regioni, cioè, nelle quali gli Apostoli del Vangelo, primamente divulgarono le loro dottrine, ove la Cristiana religione mostrò al mondo i suoi primi albori, ed ove maravigliosi frutti di civiltà avevano le città Greche prodotti. — Lo stendardo del Profeta della Mecca era inalberato sulle mura di Edessa, d'Iconio, di Tarso e d'Antiochia: e Nicea fatta sedia d'un imperio mussulmano, pativa tremante che s'insultasse a quella istessa religione di cui accolse nelle sue mura il primo ecumenico concilio. Grande scempio fu fatto di fiori virginali: i fanciulli a migliaia furono circoncisi [2]; ed il Corano era alle leggi della Grecia e del Vangelo subentrato. Le pianure e le montagne di Bitinia e di Cappadocia, erano delle tende bianche o nere de' Turchi disseminate, e i loro armenti meriggiavano presso le ruine de' monasteri e delle chiese.

---

[1] Questi particolari sono cavati dal primo libro di Guglielmo Tirense, ove trattasi de' tempi che precedettero la prima crociata.

[2] Nella Lettera dell'Imperatore Alessio, che troverai registrata nella cronica dell'abate Guiberto, al lib. I, capitolo IV, sono descritti gli eccessi e la brutale libidine de' Turchi dopo il conquisto dell'Asia Minore.

Non ebbero mai i Greci più ostinati e crudeli nimici de' Turchi, perchè, sebbene la corte di Alp Arslan e di Malec Saac, si vestisse della magnificenza e della politezza degli antichi Persiani, la nazione nondimeno, perseverava nella integrità della sua tartarica barbarie. Preferivano i Selgiocidi le loro tende alle città, continuavano a nutrirsi col latte dei loro armenti, e agricoltura e commercio avevano a vile, fermi nella opinione che la guerra dovesse a tutti i loro bisogni sopperire. Patria per loro era ove i nimici debellavano, e dove la terra di grasse pasture abbondava. Nelle migrazioni, ogni famiglia camminava unita e distinta in certo modo dalle altre, recando seco tutto ciò possedeva; e per tale vivere vagabondo, e per le frequenti contese che in tra le orde rivali insorgevano, era il loro belligero carattere, mantenuto; e tanto ogni guerriero avea a cuore il suo onor militare che portando scritto sopra un giavellotto il suo nome, in quel modo che dipoi ebbero costume fare i cavalieri degli stemmi, giurava che contro chiunque ne difenderebbe il decoro. Tanto era l'inclinazione di queste genti per le pugne che bastava a un capo inviare alla sua tribù le proprie quadrella o l'arco per chiamarla a guerra. Invincibile era la loro pazienza nel sopportare fame, sete e fatica, nè era popolo in Occidente che si potesse a loro comparare nell'arte di condurre i cavalli o del saettare; impetuosissimi all'assalto, terribili anco nella fuga, implacabili nella vittoria. E nondimeno, tutte queste guerresche virtù nè da gloria nè da onore ricevevano impulso, ma da feroce vaghezza di distruzione e di rapina.

La fama delle loro prosperità, varcato il Caucaso e il mare Caspio, pervenne a que' popoli che là oltre abitavano, i quali desiderando partecipare nella fortuna de' loro nazionali con novelle emigrazioni venivano a ingrossarli. La natura loro docile nella guerra, turbolenta nella pace, necessitava i capi a condurli a sempre nuove imprese; ondechè Malec Saac, più per tôrsi da vicino i suoi luogotenenti, che per ricompensarli, avevali mandati alla conquista dell'Egitto e dei possessi de' Greci; e a quelli con larghe promissioni di prede e di bottino, non fu difficile trovar gran seguito all'impresa. Perchè massimamente i venuti di nuovo, che non avevano alcun frutto delle passate guerre raccolto volenterosamente sotto le insegne de' luogotenenti si ascrissero; e i fatti per modo a' desiderii corrisposero, che in brevissimo tempo le città e le ricchezze della Grecia furono prede di quelli stessi Turchi cavalieri, i quali erano pur allora dai deserti esciti coperti da poveri gabbani di lana e con le staffe di legno: sapendosi per le antiche memorie che le orde che invasero la Siria e l'Asia Minore, erano povere e rozze sopra tutte le altre selgiocidi, ma nel medesimo tempo, più negli assalti feroci e intrepide ne' pericoli.

Oppressi da tanto infortunio i Greci delle conquistate provincie, non aveano nè meno il coraggio di ricorrere ai Sovrani di Bisanzio, ai quali non era bastato l'animo di difenderli, nè mostravano barlume di futura liberazione. —

Dissoluzione d'ogni ordine civile, ribellioni e civili guerre, precipitavano al suo occaso il decrepito imperio Greco; dopo Eraclio Costantinopoli fu spettatrice alla morte violenta ora per fraude, ora per tumulto di undici imperatori; oltre i quali, altri sei, deposti, erano stati a forza nella monastica oscurità relegati; e alcuni altri o mutilati, o abbacinati, o esigliati. Divenuto formidabile l'imperial diadema al capo che se ne cingeva, i soli perversi o gli imbecilli osavano fregiarne la fronte, non a pubblico beneficio ma a sciocca satisfazione di più sciocca ambizione, per la quale erano dipoi costretti ristringere tutte loro facoltà alla propria difesa, partendo il potere con i complici de'loro delitti, de' quali in continua sospicione viveansi. Nè rado intervenne che la viltà loro ai nimici le città e le intere provincie desse in preda, a comperarne breve simulazione di pace, contenti che la vita dell'imperio quanto la loro sì prolungasse.

Le agonie della Greca grandezza in nulla disformi da quelli che tutti gli stati alla estrema loro declinazione e pervertimento condotti, consumano, erano omai al confine della morte pervenute. Le dispute teologiche, offuscato il vero lume del vangelo, la religione a sola magnificenza di esteriori cerimonie avevano ridotta. L'astuta ipocrisia compagna inseparabile di tirannide, ogni generosità dagli animi bandita, ogni vigore, ogni senso di patria, l'ultima impronta del nazional carattere avea cancellata.

Le più ree arti volpine, che politica chiamavano, come ottime di tutte le civili virtù onoravansi; e più glorioso reputavasi vincer per inganno che per valore. I soldati movendo a guerra, non sofferiano le armi loro, ma facevansele recar dietro da spedite carra; e perchè nelle civili corruzioni gli artifici dell'ingegno suppliscono sempre alle nobili qualità dell'animo, però quei degenerati Greci, perfezionate le macchine e bellici tormenti che alle opere dell'umano coraggio tengon luogo negli assedii e nelle zuffe, in quelle sole confidavano e insuperbivansi; sicchè gli eserciti più per militare apparato che per combattenti valevano. — Del vetusto carattere non era in loro altra reliquia rimasa che l'inclinazione a turbolenza e a sedizione, tanto più perniciosa perchè a costumi effeminati congiunta, nè pure frenata dai soprastanti pericoli della patria. Continue discordie travagliavano l'esercito e il popolo; e l'imperio da tutte parti per esterni nimici insidiato e combattuto, da sole mercenarie milinie de' barbari difeso, ferocemente contendevansi avverse e inconciliabili fazioni [1].

Già era stata minacciata Costantinopoli dai discepoli di Maometto, trovandosi nel suo Corano la promissione di quel sublime conquisto. Cadute in potere degli Arabi, dagli esordii dell'egira, la Siria, l'Egitto e alcune altre provincie, passarono quelli il Tauro, ed irruppero nell'Asia Minore, niun caso di ciò facendosi nella metropoli dell'imperio. Da quel primo successo dell'Islamismo, fu facile conoscere che Bisanzio non gli arebbe mai fatto argine o intoppo a precipitarsi sopra l'Europa; e benchè alcuni successi di Costantino si contrapponessero ai progressi de' Mussulmani, non secondati dai popoli, o i disegni loro abbandonarono o proseguendoli furono vittime d'infortunato patriottismo.

Mentre pertanto l'Orientale Imperio, come vinto dal tempo e dalla corruzione, ruinava al suo termine; l'Occidente venute meno le leggi e l'imperio di Carlomagno, travagliavasi nella infanzia sociale. Niun'altra comunanza avevano in tra loro i popoli, che quella del ferro e delle fiamme, quando vicendevolmente s'andavano assaltando. Miserevole confusione era di tutti gli ordini, ecclesiastici, politici, municipali e nazionali; tutte le potestà inferme contro l'universale anarchia fremevano vile bersaglio del feudalismo, e benchè per tutta Europa si vedessero poderosi eserciti e castella munitissime, nondimeno trovavansi spesse fiate gli stati senza difesa incontro ai loro nimici, privi di armi per sostenere la propria libertà. In tanta confusione, soli refugii di salvezza erano gli accampamenti degli eserciti e le fortezze, donde per altro prendevano di giusto spavento cagione gli aperti borghi e le campagne. Niun asilo trovava la libertà nelle grandi metropoli, e della vita dell'uomo stima tanto vile facevasi, che con poco danaro, comperavasi impunità di qualunque omicidio. Chiedevasi giustizia con la spada in pugno, e con violenza amministravasi; nè i baroni e i signorotti feudali conoscevano nel linguaggio loro espressioni che il diritto delle genti significassero. Guerra e prepotenza d'armi era sola scienza e politica di chi comandava, l'obbedire e l'essere governati, tutto a servaggio si riferiva.

E nondimeno in tra la barbarie de' popoli occidentali e quella de' Tur-

---

[1] Montesquieu allega molti fatti, e fa molte e profonde considerazioni intorno la decadenza dell'imperio bisantino, nel suo discorso *Della Grandezza e Decadenza dell'Imperio Romano*. — Gibbon però con maraviglioso artificio, con profondità e penetrazione inarrivabile, e certo superiore al francese scrittore, ha trattato diffusamente l'istesso soggetto, e presentato al mondo un perfetto modello di storia, in comparazione del quale le antiche istorie sembrano opere di menti ancor tenere, e le posteriori, o umili imitazioni di lui, o lavori più da cupidità di guadagno inspirati che di lode. — Anco Lebeau ha scritto del medesimo argomento, con molta prolissità e più da erudito che da storico; è nondimeno molto pregevole. — Trad.

T. I.

7

chi è da notarsi importantissimo divario; perchè la religione e i costumi
de' Turchi ad ogni progresso di civiltà avversavano; i Greci per l'eccesso
della civiltà medesima imbarbarivansi; mentrechè gli occidentali, sebbene de' vizi d'incipiente stato sociale macchiati e che ancor ritenga del
ferino, portavano negli animi, per rimembranza della vetusta italiana
grandezza, i generosi germi di novello incivilimento, che come nel fervore della giovinezza le buone inclinazioni trapelano, così fra la rusticità
de' feroci costumi si dimostravano. La turca ruvidezza spregiava ogni cosa
grande e nobile; la corruzione e la viltà greca con le esquisitezze dei
sofismi al medesimo fine tendeva, offuscando le nobilissime qualità con
lo scherno; gli occidentali invece, non men de' Turchi valorosi e intrepidi in guerra, più sanamente de' Greci delle civili e delle militari virtù
sentivano. E certamente non poco giovò all'Europa quel concetto dell'o-
nore per cui fu la cavalleria generata, che governava le azioni degli uomini e che spesse fiate tenendo il luogo della giustizia e della virtù, ne
produceva gli effetti [1].

I Greci avendo adulterata la religione cristiana e ridotta a vano fan-
tasma di superstiziose pratiche, non ricevevano più da quella il sublime
entusiasmo che muove l'intelletto ai grandi disegni ed ai forti pensamenti; per lo contrario i popoli occidentali non avendola mai sottoposta ad astruse disputazioni dogmatiche, e ricevendo le evangeliche dottrine nella loro augusta semplicità, ne traevano potentissime inspirazioni
per le quali e santi ed eroi a un tempo si suscitavano. E quantunque
la cristiana morale non fosse sempre con felici resultamenti inculcata,
sebbene molti ne abusassero l'influsso, ciò non pertanto, i costumi dei
barbari che avevano invasa l'Europa, con placida e continua operosità in-
gentiliva; soccorrendo al debole della sua santa autorità, frenando la
prepotenza con salutar timore, e correggendo alcuna volta le ingiustizie
delle umane leggi.

Se le tenebre della ignoranza coprivano la faccia dell'Europa, la
Cristiana Religione vi manteneva una favilla del latino idioma, che di
trapassata civiltà, come lapida sepolcrale, conservava tuttavia, sebbene
imperfette, le reminiscenze, e che era base e norma, agli stati nascenti,
di civiltà novella. Così nel tempo medesimo che il despotismo e l'anarchia città e regni si disputavano, udivansi i popoli invocare la religione
contro la tirannide, e i principi contro la licenza e la ribellione. Nè del-
l'invocare era lieve la cagione, stantechè fra quelle miserevoli turbo-

---

[1] Hellam nella sua eccellente opera *A View of Europe in middle ages*, descrive lo stato di
Europa nel medio evo, con profonda cognizione dell'argomento ed esquisita critica.

lenze, più s'avesse rispetto al titolo di cristiano, che non nell'antica Roma a quello di cittadino; non venerando i popoli quasi ad altri legislatori che a'padri de'concilii, nè ad altro codice sottomettendosi, che al Vangelo e alle Sante Scritture. Ondechè l'Europa più a religiosa società, il cui principal fine è la conservazion della fede e in cui gli uomini più alla chiesa che alla patria appartengono, rassomigliavasi, che a politico ordinamento; per la qual tempera del nazional carattere, niun altro motore era più negli animi de'popoli potente, che la causa della Religione e de'Cristiani.

Dieci anni prima che i Turchi irrompessero nell'Asia Minore, Michele Ducas, successore di Romano Diogene, avea chiesti soccorsi al papa e ai principi d'Occidente, promettendo tòrre gli ostacoli che in tra la greca e la latina chiesa faceano scisma, purchè i Latini seco lui contro gl'infedeli prendessero le armi.

Sedeva allora sulla cattedra di Pietro, Gregorio Settimo, uomo di sapienza a quella età certamente superiore, nelle imprese audacissimo, nei propositi, quanto esser si possa, tenace, e di animo a niun'alta impresa inferiore. Vaghezza di ampliare l'imperio della religione e della Santa Sede, facealo benigno alle umili supplicazioni del greco Imperatore. Esortò pertanto i fedeli ad armarsi contro i Mussulmani, promettendo di condurli egli medesimo in Asia. Nelle sue lettere scriveva: — Averlo di tanta amaritudine i mali de'Cristiani d'Oriente, penetrato, da desiderarsi la morte, parendogli miglior condizione esporre la vita per liberare i luoghi santi, che aver tutto l'universo soggetto· — Mossi dalla pontificale eloquenza cinquanta mila Cristiani, profferivansi di seguitare il loro Padre Spirituale a Costantinopoli e a Gerusalemme, ma egli, vòlto più intentamente alle cose d'Europa, non attenne la sua promessa [1].

Per l'avviamento avevano preso i popoli europei a civiltà, e per li progressi del Cristianesimo, la pontificale potenza di giorno in giorno augumentava; sendo divenuta Roma per la seconda volta metropoli del mondo, e ricuperato in parte sotto Ildebrando l'imperio che aveva a tempo i Cesari. Gregorio impugnando la doppia spada di Pietro, pretendeva apertamente, essere al dominio della Santa Sede, tutti i regni della terra da Dio sottoposti, e dover essere universale la pontificia autorità come la Chiesa di che era capo. Sì fatte pretensioni primamente basate sopra l'indipendenza del Santuario e sulla riforma del mondo cristiano, implicarono il pontefice in gravi contenzioni con l'alamannico imperato-

---

[1] Nella Biblioteca delle Crociate, sono inserite le lettere di Gregorio VII intorno questa spedizione. Vol. II.

re: nè per quelle rimesso punto del suo ardire, volendo che la Francia la Spagna, la Svezia, la Polonia e l'Inghilterra, a'suoi voleri deferissero, come al sovrano arbitro degli stati, fulminò i suoi anatemi fino sul trono di quel Costantino a cui aveva la sua protezione promessa; e il progetto di liberare Gerusalemme cadde in oblio.

Morto Gregorio, succedevali Vittore Terzo, il quale non discostandosi dalla polttica del predecessore e sendosi però esposto alle ostilità dell'imperatore d'Allemagna, e della fazione dell'antipapa Guiberto, riprese nondimeno l'intralasciato disegno di muover guerra a'Mussulmani.

Infestando la navigazione del Mediterraneo, e minacciando alle coste d'Italia, i Saraceni d'Africa, Vittore esortò i Cristiani a prender le armi contro quelli, promettendo in compenso della obbedienza la remissione di tutte le peccata. — I Pisani, i Genovesi e alcuni altri popoli, in parte mossi da religione e più fortemente dalla necessità di difendere il loro commercio, andarono con le loro armate sulle coste d'Africa [1], vi sbarcarono, e, se le croniche contemporanee non eccedono il vero, disfecero e trucidarono da centomila Saraceni; al qual proposito dice il pio Baronio, che Dio per dimostrare quanto favorisse la causa de'cristiani, fece che nel dì medesimo della vittoria, la notizia ne fosse miracolosamente in Italia portata e divolgata. — I Genovesi e i Pisani saccheggiate e incendiate le città di Al Maadià e di Sibilà [2], situate nel territorio dell'antica Cartagine, e dopo aver sottoposto un re di Mauritania a pagar tributo alla Santa Sede, ritornaronsi alle case loro, e della preda fecero donazione alle chiese.

Non ostante papa Vittore morì senza aver colorito il disegno di assaltare gli infedeli in Asia. — La gloria di liberare Gerusalemme era a povero pellegrino serbata.

Sonvi alcuni che affermano disceso da oscura origine l'Eremita Pietro; altri per lo contrario da nobile famiglia di Piccardia; tutti gli storici però concordano in descriverlo di aspetto deforme e rusticano. Ma non tenea qualità dall'abito esteriore lo spirito, che ardente ed irrequieto, andò vanamente cercando in tutte le condizioni della vita, nello studio delle lettere, nella professione delle armi, nel celibato, nel matrimonio e nello stato ecclesiastico, una sua immaginaria felicità; non trovata cosa

---

[1] Si consultino i Documenti. — Questa spedizione che è da annumerare tra le Crociate, è trapassata sotto silenzio da tutti gli scrittori delle Guerre Sante.

[2] Al Maadià, secondo i geografi orientali, fu fondata nell'anno 303 dell'egira, da Obsidallac ovvero Abdallac; e sussisteva ancora in buon essere nel secolo decimoquinto. — Shaw che vi fu nel 1730, la chiama *El Medeà*. — È distante trenta leghe marine a meriggio da Tunisi.

Sibilà, che Shaw afferma essere l'antica *Turris Annibalis*, è più oltre due leghe a mezzogiorno, sulla medesima costa del Mediterraneo.

alcuna che la cupidità dell'immenso desiderio potesse satisfare. Avvenneli finalmente, come a tutti gli inappagabili e malfermi animi suole addivenire, che l'umano consorzio il gravasse; e lo disdegno di viversi in tra la moltitudine de' suoi simili oscuro, il trasse a rinchiudersi entro austero cenobio. Sotto le discipline de'digiuni, delle meditazioni e della solitudine, la sua fantasia, s'infiammava, e l'arcana tendenza dell'animo sublimandosi, rappresentavali visioni e fingevali un conversare celeste, per cui esser fatto strumento dei disegni e de' voleri divini s'immaginava. — Era in lui il fervore d'un apostolo e il coraggio d'un martire, niuno ostacolo sgomentava il suo zelo, e facile a conseguire presupponevasi qualunque desiderio. Le passioni che traportavanlo, negli atti e nelle parole rivelandosi, con forza irresistibile agli animi de'suoi ascoltatori s'apprendevano [1]; tutto al potere di quella concitata eloquenza, e degli straordinari esempi, cedendo. — Tale e tanto fu l'uomo, che primo alzò lo stendardo delle Crociate, e che senza ricchezze e senza autorità, nè con altro artificio che con lagrime e preghiere, potè tutto l'Occidente commuovere, e spingere contro l'Asia.

Le miserevoli e a un tempo maravigliose relazioni de' pellegrini, ebbero efficacia di trarre Piero dalla cenobitica solitudine, e unitosi alle turbe de' Cristiani che andavano a visitare i Santi Luoghi, giunse in Palestina; la vista di Gerusalemme fece più profonda impressione in lui che in qualunque altro; là ove ogni luogo portava l'impronta o la memoria degli sdegni e delle misericordie divine, la sua carità di nuovo zelo infiammavasi, la devozione di santo furore fu ripiena, e nel cuore insieme combattevano, rispetto, terrore e disdegno. Seguitati i fratelli al Calvario e al Sepolcro di Cristo, andava a visitare il patriarca Simeone, il cui venerevole aspetto, i bianchi capegli, e principalmente la sostenuta persecuzione, di figlial confidenza degno rendevano. — Il patriarca e l'eremita piansero insieme sulle sventure di Gerusalemme; e questi gonfio il cuore d'angoscia, asperso il volto di lagrime, chiedendo se termine alcuno vi fosse o rimedio a tante calamità, rispondevali singhiozzando il patriarca:

---

[1] Anna Comnena nel lib. 10 dell'*Alessiade*, chiama l'Eremita Pietro *Cucupiettre*; l'etimologia del qual nome credo provenire da *Kiokio*, *piccolo* e da *Petrus*, *Pietro*. — Secondo Orderico Vitale l'Eremita aveva anco un altro nome, cioè *Pierre de Acheris*; e similmente nella cronica dei conti Angioini è detto, *Eremita quidam Petrus Achiriensis*. — Guglielmo di Tiro attesta che era Anacoreta di nome e di fatti: *Eremita nomine et effectu*. — Adriano Barland, nel suo libro, *De gestis ducum Brabantiae*, ci fornisce i seguenti indizii: *Petrus Eremita, Ambianensis, vir nobilis, prima aetate rei militari deditus, tametsi litteris optime imbutus, sed corpore difformis ac brevis staturae* ec. — La vita di Piero Eremita è stata scritta da Andrea Tevet nella sua: *Histoire des plus illustres et savants hommes de leur siècle*; — e da Pietro d'Oultreman, gesuita. — Alcune famiglie pretesero discendere da Pietro Eremita; quella de'Souliers che esiste tuttavia nel Limosino, sembra meglio fondata sulle sue pretensioni.

O fedelissimo de' Cristiani, e non t' accorgi tu che le nostre nequizie ci hanno chiuse le porte alla misericordia del Signore? L'Asia geme sotto il mussulmano giogo; tutto freme, tacendo, nei ceppi del servaggio; e qual terrena potenza ne potrebbe soccorrere?

Piero interrompendo il discorso di Simeone procurava racconsolarlo con la speranza che forse un giorno i guerrieri dell'Occidente si sarebbero levati a liberare Gerusalemme, e allora:

Sì certo, (riprese a dire il patriarca) *quando la coppa delle nostre afflizioni traboccherà; quando il gemito delle nostre miserie ascenderà davanti il trono di Dio; il cuore de' principi occidentali sarà commosso, ed eglino moveranno al soccorso della Santa Città.*

Così dicendo le anime di Piero e di Simeone schiudevansi alla speranza, ed ambidue abbracciandosi, di allegrezza lagrimavano.

Statuirono in tra loro, che il Patriarca inviasse lettere al Papa e ai principi d'Europa, supplicandoli de' loro soccorsi; e l'Eremita fe' sacramento di ajutare con tutti gli spiriti la causa de' Cristiani d'Oriente e di sollevare l'Occidente in loro favore.

Dopo questo convegno l'entusiasmo di Piero soverchiò ogni misura, persuadendosi che Dio stesso l'avesse eletto per suo avvocato.—Un giorno che stavasi prostrato davanti al Santo Sepolcro l'ardente fantasia rappresentavali davanti Gesù Cristo che gli diceva:

Sorgi, Piero, sorgi e va a divulgare le tribolazioni del mio popolo; tempo è omai giunto; che i miei fedeli servi sieno soccorsi, e i Santi Luoghi liberati.

Rimbombando tuttavia elle sue orecchie queste divine parole, tolte seco le lettere del Patriarca, l'Eremita parte di Palestina, passa i mari, sorge sulle coste d'Italia e senza frappor dimora, corre a Roma e si prostra ai piedi del Sommo Pontefice.

Urbano Secondo, che fu discepolo e famigliare di Gregorio e di Vittore, sedeva allora sulla cattedra di Pietro; e persuaso dall'Eremita, onorollo quale profeta, approvò la di lui proposta, e risoluto di dar opera a quella impresa di che i suoi predecessori fermaronsi al solo concepimento, ordinò all'Eremita medesimo che annunziasse ai popoli la vicina liberazione di Gerusalemme.

Quegli preso il cammino per mezzo all'Italia, valicate le Alpi, percorsa la Francia e la maggior parte d'Europa, accendeva tutti i cuori dell'entusiasmo che dominavalo. Cavalcando una mula, tenendo in mano un Crocifisso, con i piedi e la testa ignudi, cinto i fianchi di grossa fune, portando sulle spalle un lungo cappuccio e il mantello da eremita di ruvidissimo panno, per la singolarità del suo vestire traea a sè l'am-

G. Gozzini dis. e dis.

A. Verico inc.

Un giorno che stavasi prostrato davanti al Santo Sepolcro......
Libl.Pag. 54.

mirazione del volgo, e per l'austerità de' costumi, per la carità, e per
la morale che predicava acquistavasi la reputazione di santo [1].

Da città in città trasferendosi, da provincia in provincia, niun argomento di discorso preteriva che degli ascoltatori o il coraggio o la coscienza movesse, concionando sulle cattedre delle chiese, per le vie e
per le pubbliche piazze. La di lui eloquenza vivace ed impetuosa, e con
veementi apostrofi corroborata, era sugli animi della moltitudine potentissima, massimamente quando le profanazioni de' santi luoghi rappresentava; quando il sangue de' Cristiani corrente a fiumi per [Gerusalemme
con tetri colori dipingeva alle menti; quando Dio, i santi e gli angeli
invocava, chiamandoli a testimoniare la veracità di sue parole; quando a
Sionne, al Calvario o all'Oliveto volgeva il patetico discorso; e quando,
per ultimo, avendo la materia de'suoi pensieri esaurita, o non trovando
più acconcie espressioni con che vestirli, prorompeva in pianto, alzava
verso il cielo il Crocifisso, e percotevasi il petto con le pugna.

Le genti affollavansi innumerevoli per udirlo, per seguitare i suoi
passi, per vederlo almeno. In ogni dove ricevevasi quale messo di Dio
l'apostolo della santa guerra; gran ventura estimavasi il poter solo toc-
care i suoi abiti; ma più mirabile a dirsi e quasi incredibile, v'aveano
non pochi in tanto accecamento di fanatismo condotti, che spelacchian-
do la sua mula, ne conservavano i peli come sante reliquie. Per le sue
esortazioni pacificavansi le divise famiglie, riceveano soccorso i poveri, i
rotti a libidine de'loro eccessi vergognavansi. Tutti encomiavano a cielo
le virtù del facondo cenobita, memorando le sue austerità, i miracoli [2],
e facendo il sunto de' di lui sermoni a quelli che non avevano potuto
udirli, nè edificarsi almeno col solo vederlo.

Se interveniva che incontrasse alcuno di quelli Cristiani d'Oriente,
che cacciati dalla loro patria, erravano per l'Europa limosinando, l'E-
remita presentavali al popolo quali testimonii viventi della barbarica persecuzione; e mostrando i cenci che li coprivano, inveiva senza ritegno
contro i loro oppressori. A tal vista commovevansi i fedeli a pietà e a
vendetta, deplorando tutti gli infortunii e l'abbiezione di Gerusalemme.
Sorgevano innumerevoli voci al cielo de'supplicanti a Dio, che la città
un tempo da lui prediletta degnasse almeno d'un guardo; offerendo i
ricchi le ricchezze, i poveri le preghiere e tutti insieme la propria vita
per la liberazione de' Santi Luoghi.

---

[1] L'abate Guiberto espone con più piacevolezza di ogni altro storico la predicazione dell'Eremita Pietro. *Biblioteca delle Crociate*, vol. I.

[2] Guiberto si mostra poco persuaso di ciò che egli medesimo narra intorno Pietro Eremita,
avvertendo nel corso della narrazione, averla fatta tale più in grazia del popolo, che delle cose nuove
ed estraordinarie si diletta, che della verità; lib. I, cap. VIII.

In tanta agitazione dell' Occidente, Alessio Comneno, minacciato daì Turchi, inviava ambasciadori al Papa implorando i soccorsi de'Latini. — Già alcun tempo avea inviate lettere ai principi d'Europa nelle quali sponeva in modo compassionevole i progressi de'Turchi nell'Asia Minore.

Quelle orde selvaggie, che nel tripudio e nella ebbrezza della vittoria avevano l'umanità e la natura oltraggiate [1], stavansi alle porte di Bisanzio, la quale, non soccorsa subitamente da'Cristiani, sentivasi gravar sul capo inevitabile e spaventoso giogo. Alessio ricordava ai principi di cristianità le sante reliquie che in Costantinopoli conservavansi, supplicandoli instantemente, che non volessero alla profanazione degli infedeli lasciarle preda. Descritto con vivezza di stile lo splendore e le ricchezze della sua metropoli, esortava i cavalieri e i baroni cristiani ad assumerne la difesa; offerendo in compenso e in premio del coraggio grandi tesori, la celebrata bellezza delle donne greche, il cui amore avrebbe soavemente addolcite le fatiche de'guerrieri.

Per tal modo niuna cosa era da Alessio intralasciata che potesse lusingare le passioni ed eccitare l'entusiasmo degli Europei.

Soggiungeva di poi l'Imperatore, non conoscere infortunio che più della turchesca alluvione dovesse spaventare cristiano principe, per salvarsi dalla quale giusto e dicevole reputare qualunque spediente; parendogli meno insopportevole perdere l'imperiale corona, che la vergogna di vedere i suoi stati alle leggi maomettane sottoposti: e desiderare più presto, se il Greco dominio era giunto al suo termine, che Grecia fosse in tra i principi Latini divisa, che alla mussulmana barbarie data in preda.

Il pontefice, avute le lettere, per istabilire l'opportuna risposta, ed esponere al pubblico i pericoli della Chiesa greca e della latina d'Orien-

---

[1] L'abate Guiberto pone nella sua cronica l'estratto della lettera di Alessio; e Martenne la registra intiera nella sua: *Amplissim. Collec.*—Nel vol. I della *Biblioteca delle Crociate* vi è tradotta. — Heeren, nel suo dotto commentario latino su i greci storici, pone in dubbio la sua autenticità, allegandone per principale ragione, esser detta lettera punto conforme al noto carattere de'greci imperatori. La qual ragione non reputo concludente, perchè sebbene i greci imperatori ostentassero per lo più alterezza nelle loro lettere, non astenevansi per altro dal pregare, quando trovavansi in pericoli e bisognosi di soccorso; sendo sempre l'abbiezione dell'animo congiunta alla vanità. — Alcuni critici repugnano ad ammettere che Alessio abbia allegate le belle donne di Grecia, il che però non è contrario a verosimiglianza, attesochè gli stessi Turchi che assaltavano l'imperio, quelle donne, con grande cupidità, ricercassero. Il che è stato anco notato da Montesquieu nel suo discorso sulla decadenza dell'imperio. Sembrami dunque probabile che Alessio parlasse delle belle donne di Bisanzio, ai Franchi, reputati barbari da'Greci, e nei quali potevano immaginare che fossero i medesimi appetiti de'Turchi.—Veggansi le nostre osservazioni nella *Biblioteca delle Crociate*, vol. I e II.

te, convocava un Concilio a Piacenza [1]. — Gli animi erano già stati in modo disposti dalle predicazioni di Pietro, che da sopra a dugento vescovi ed arcivescovi, da quattromila ecclesiastici, e tremila laici, accorsero all'invito della Santa Sede. — Non capendo l'assemblea in alcuna chiesa o in altro pubblico edificio, assembravasi in una pianura vicina alla città.

Tutti gli sguardi erano agli ambasciatori d'Alessio rivolti, testimoniando la loro presenza in un latino concilio le miserevoli condizioni d'Oriente. — Esposero essi il loro mandato, esortando i principi e i guerrieri a salvare Costantinopoli e Gerusalemme. Urbano addusse tutte le considerazioni che alla causa della religione e del Cristianesimo dimostravano necessaria l'annuenza. Nonostante il Concilio Piacentino non fece alcuna risoluzione, perchè sapravvenuta nell'assemblea la imperatrice Adelaide e facendovi la rivelazione delle sue proprie vergogne e di quelle del suo marito, deviavasi per tale novità l'attenzione dal soggetto principale, e il fervore di Urbano e degli ecclesiastici, per circa a sette giorni si evaporò in anatemi contro l'alamannico imperatore e contro l'antipapa Guiberto.

Questa però non fu la sola cagione per la quale il Concilio non si deliberò d'alcuna cosa circa alla Guerra Santa; ma essendo tutti i popoli d'Italia addetti al commercio, nè accordandosi gran fatto le mercantili abitudini col religioso entusiasmo; ed essendo oltreciò tutti gli italiani intenti a ordinare gli stati loro in libertà, il che tenevali in continue dissensioni e guerre implicati; e per gli oltraggi dalla pontificale potestà già sofferti non conservando quella più intero e potentissimo l'antico suo influsso di qua dalle Alpi; mentre il mondo cristiano venerava in Urbano il formidabile successore di Gregorio, gli Italiani più fiate da lui, ne' suoi infortunii di soccorsi richiesti, più ai tempi della sua depressione che a quelli della gloria ponevano mente; nè per la di lui presenza s'infiammava il loro zelo, nè, per aver veduto impotenti i suoi spirituali fulmini contro i troni d'Occidente avventati, ricevevano più le di lui decisioni quali leggi irrefragabili.

Perlochè il prudente Urbano s'astenne dal tentarli più lungamente, e per meglio giungere a'suoi fini, risolse di convocare un secondo concilio di Chiaromonte di Alvergna, nel seno di nazione meno civilizzata e però più facile a concitarsi [2].

Non fu minore a Chiaromonte il concorso che a Piacenza, intervenendovi i santi uomini e i dottori di maggior fama, e tanto era il numero che

[1] *Concilia*, Vol. 12, pag. 821.
[2] Vedi Guglielmo Aubert, *Histoire de la conquète de Jérusalem*, lib. 1.

la città fu angusta [1] per alloggiare i principi, gli ambasciatori e i prelati là convenuti; *per modo* (così narra una antica cronica) *che verso mezzo novembre, le città e i villaggi circostanti furono di tanto popolo ripieni, che molti dovettero porre le loro tende in mezzo a'campi e ai prati, sebben il freddo fosse grande.*

Prima che si trattasse della guerra Santa, applicossi il Concilio alla riforma del Clero e della ecclesiastica disciplina; e dipoi ad impor freno alla licenza delle guerre private.

Era consuetudine di que' barbari secoli, che i cavalieri con le armi, le avute ingiurie vendicassero; accadendo spesse fiate che per piccolissima offesa una famiglia contro ad altra combattesse, perpetuandosi la guerra per alquante generazioni; e tutta Europa era da sì fatte ostilità infestata. — Le inferme leggi e i debili governi, non avendo rimedio contro sì rea peste, intervenne alcuna volta la Chiesa avventurosa mediatrice di pace; statuendo in più concilii, per quattro giorni della settimana, sosta da ogni privata nimicizia, che *Tregua di Dio* intitolavasi e minacciando le severissime vendette del cielo contro i perturbatori della pubblica quiete.

Il concilio di Chiaromonte confermò il decreto della Tregua di Dio [2]. Statuendo che dalla Domenica al cominciar del digiuno fino alla seconda feria al levare del sole, dopo l'ottava di Pentecoste e della quarta feria che precede l'avvento del Signore, al tramontare del sole fino all'ottava dell'Epifania, fosse vietato a chiunque, di provocare, ferire, ammazzare altro uomo e di rapire bestiame e far prede. Ancora, che per tutte le settimane dell'anno, il medesimo divieto valesse, dalla quarta feria al tramontar del Sole, fino alla seconda feria al suo levare; e per tutte le feste solenni, per quelle della Madonna, degli Apostoli e per le Vigilie.

[1] Urbano non andò direttamente al concilio di Chiaromonte, ma prima percorse tutte le provincie meridionali della Francia, ove tenne alcuni sinodi parziali. Io ho descritto, secondo i documenti diplomatici contemporanei, l'itinerario del suo viaggio.

Urbano passò le Alpi nel mese di luglio del 1095, e ai primi d'agosto giunse a Valenza. Andò dipoi a Puy in Velay, dove aveva intendimento di convocare il Concilio, ma non trovando fatto in quella città alcun preparativo, stabilì Chiaromonte per il dì 18 novembre. (Ruin., *Vita Urbani*, II, n.º 188 e segg.) — Urbano passò poscia al monastero di Chisac dove consecrò la chiesa e le accordò alcuni privilegi (*Bull. Urban.* citato da Vaissette, *Hist. de Lauguedoc*, vol, 2, pag. 288). — Il pontefice giunse a Nimes verso la fine del mese di agosto (Ruin., *Vita Urbani*, n.º 194 e seg.; Mabillon, ad annum 1095, n.º 21); — passò il Rodano e andò a Tarascona (Martenne, *Collectio amplissim.*, vol. I, pag. 556); — dipoi andato ad Avignone, percorse tutta la Borgogna e giunse a Chiaromonte li 14 novembre (Ruin., *Vita Urbani*, n.º 195).—Celebrato il Concilio andò a Angersa e a Roano ove la pubblicazione della crociata fu segno della strage de'Giudei.

[2] La Tregua di Dio, *treva* o *tregua Dei*, fu proclamata per la prima volta in Aquitania, nell'anno 1032; ma molte volte fu contrastata e rifiutata dalla nobiltà contraria a tali privilegi (Vedi Ducange, Gloss. vol. 6, pag. 682-685).

Statuì oltreciò il Concilio che tutte le chiese e le loro piazze, le croci sulle pubbliche vie, i monaci, i chierici, le religiose e le donne, i pellegrini, i mercatanti co'loro servi, i bovi, i cavalli da lavoro, gli uomini conducenti l'aratro, i pastori co' loro greggi, godessero di pace perpetua e fossero sempre sicuri contro le violenze e le depredazioni.

Qualunque Cristiano che avesse l'età di dodici anni oltrepassata, era tenuto a giurare di osservare la Tregua di Dio e prender le armi contro quelli che ostassero al giuramento e all'osservanza di essa legge; contro i quali di più fulminò il pontefice l'escomunicazione.

Così nel tempo medesimo la pace e la guerra di Dio proclamavasi.

Il concilio ordinò ancora molte altre provvisioni per la disciplina ecclesiastica e per la riforma della chiesa; e ciò non pertanto per la pubblicazione de'soprascritti decreti, e per la stessa scomunica contro Filippo I [1] re di Francia pronunciata, l'intesa universale volta agli infortunii e alla cattività di Gerusalemme, non fu dal suo principale obbietto distolta.

Il fanatismo che nei grandi assembramenti prende vigore, era alla sua massima esaltazione pervenuto, del che accorto Urbano, estimò non doversi più a lungo tener sospesa l'espettazione de'fedeli; e nella decima sessione adunata nella gran piazza di Chiaromonte, ove accorse moltitudine innumerevole, il pontefice seguitato da' suoi cardinali, ascese sopra un trono ivi per esso espressamente posto, e dispose che si trattasse delle cose di Terra Santa. Posesi al di lui fianco l'Eremita Pietro in quella sua foggia anacoretica di vestire che gli aveva conciliato tanto rispetto ed attenzione del volgo; e avendo primo mosso il discorso intorno alla santa guerra, ricordò con eloquente fervore:

Gli oltraggi fatti alla fede di Cristo, le profanazioni e i sacrilegi di che era stato testimonio, i tormenti e le persecuzioni che un popolo

---

[1] Filippo I nacque nel 1053 da Enrico I, che lo fece coronare nel 1059. — Egli ripudiò la sua moglie e si tolse per concubina Bertrada di Montfort, moglie di Folco conte di Anjou. — Rapì dipoi la stessa Bertrada a Tours nella Chiesa di San Giovanni, li 4 giugno del 1093, e fattole far divorzio dal suo marito, la sposò. — Questa è la cagione per cui papa Urbano lo scomunicò. — Lo assolvette però dipoi a Parigi nel 1102, quando il re ebbe consentito ad abbandonare Bertrada dopo un commercio di nove anni, nel quale è facile supporre che il di lui amore si fosse bastantemente soddisfatto e affievolito. Seguitò nondimeno la sua vita oziosa e licenziosa, e non volle participare alla Crociata o ad altra religiosa impresa. Morì a Melun li 29 luglio del 1108 dopo un regno di 49 anni. — L'autore accusando la scomunica fulminata da papa Urbano, come abuso della potestà pontificia, fa nondimeno una concessione, non avvertita da veruno istorico ecclesiastico, e nemmeno dai più zelanti fautori di Roma; ed è: che tanto questo anatema quanto gli altri fulminati contro Lodovico Settimo e Filippo Augusto, sendo fondati sulla violazione del matrimonio, la sede pontificia, con le dette ecclesiastiche censure, cooperò non poco alla osservanza del sacro legame che è importantissima base d'ogni società; il che in un secolo barbaro, ove niun freno era posto alla infrazione d'un contratto, troppo alle umane passioni sottoposto, fu ottimo spediente; sicchè i papi, eccedendo forse nell'esercizio del loro potere, hanno non piccolo servigio renduto alla umanità. — Trad.

privo di Dio, facea subire a quelli che, peregrinando, i Santi Luoghi visitavano; i miseri Cristiani avvinti in catene, tratti in ischiavitù, posti al giogo come somieri; la permissione di prostrarsi davanti al sepolcro di Cristo venduta a' suoi adoratori; il pane delle lagrime, strappato loro dalla bocca; la stessa povertà sottoposta a' tormenti per estorcerne tributo, e i sacerdoti di Dio, rapiti dal santuario, battuti con verghe e a ignominiosa morte dannati.

Pietro esponendo questo compassionevole stato de' Cristiani d' Oriente, dimostravasi in volto profondamente afflitto; aveva la voce dai singhiozzi interrotta; avventando la sua forte passione a tutti i cuori.

Urbano prese il discorso dopo l' eremita e parlò nella infrascritta sentenza:

Questo sant' uomo vi ha narrata la condizione lagrimevole di Gerusalemme e del popolo di Dio; vi ha esposto in qual guisa la città del re dei re, donde i precetti della vera fede derivaronsi, gema a violenza sotto le pagane superstizioni; come il miracoloso avello nel quale non potè la morte costringere la sua preda, quell' avello fonte della vita eterna e da che mosse il sole della resurrezione, sia stato violato per quelli istessi che mai non risorgeranno, e che fieno destinati *come sermenti dell' eterno fuoco.* — L' impietà vittoriosa ha distese le sue tenebre sulle ricchissime di tutte le asiatiche regioni: Antiochia, Efeso, Nicea, son fatte città mussulmane; le barbariche orde de' Turchi, hanno i loro stendardi sulle rive dell' Ellesponto piantati, e di là superbamente a tutta Cristianità minacciano. E se Dio armando i suoi figliuoli, ai trionfanti progressi di quelle non si contrappone, qual nazione, qual regno potrà loro vietare le porte dell' Occidente?

Il sommo pontefice parlava a tutti i popoli Cristiani e principalmente ai Francesi, nel valore de' quali affermava che la Chiesa ogni sua speranza locasse, sendo noto il loro coraggio, e la pietà, che avevano mosso esso vicario di Dio a passare le Alpi e portare in Francia la divina parola. — Tali protesti operavano mirabili effetti negli animi degli ascoltatori, che negli intendimenti del pontefice convenivano; ingegnandosi egli con arte accortissima, di eccitare nei cavalieri e nei baroni, l' amore della gloria, l' ambizione de' conquisti, il religioso entusiasmo, e soprattutto la compassione per i Cristiani loro fratelli che gemevano sotto la barbara tirannide. E veggendo omai gli spiriti altamente commossi, proseguì a dire:

Quel laudevole popolo, quel popolo che il Signore nostro Dio ha benedetto, geme oppresso dagli oltraggi e da vergognosissima gravezza. La generazione degli eletti sopporta indegne persecuzioni; nè l' empio Saraceno ha rispettate le vergini del Signore o il *collegio regale de' sacer-*

doti. In catene languono gli infermi e i vecchi ; e i fanciulli strappati dalle braccia materne, ahi vituperio! dimenticano ora in potere de'barbari perfino il nome del vero Dio : gli Ospizi aperti ai poveri viaggiatori sulla via de'Santi Luoghi, sono fatti ricetto di nazione iniqua; *il tempio del Signore alla sorte degli infami soggiacque, gli ornamenti del santuario come schiavi furono rapiti.* Che più! Sotto la tempesta di tanti mali, qual potere avria ritenuto nelle loro case diserte gli abitatori di Gerusalemme, i custodi del Calvario, i servi, *i concittadini dell'Uomo Dio,* se non la legge a sè stessi imposta di ricevere e soccorrere i pellegrini, e la sollecitudine di non abbandonare senza sacerdoti, senza altari, senza religiose cerimonie, una terra ancora bagnata del Sangue di Cristo? — Sventurati noi, miei figliuoli e fratelli, noi a cui fu dato vivere in giorni sì calamitosi! — Oh! siam forse venuti in questo secolo maledetto, per vedere la desolazione della santa città, e per istarcene pacifici spettatori, mentre essa è data in preda a'suoi nimici? Non saria meglio esser dalla guerra distrutti, che sopportare più a lungo quello orribile spettacolo? — Ah, piangiamo tutti su i nostri peccati che concitarono lo sdegno divino; piangiamo, ma non sieno le nostre lagrime come la semente gittata sulla sabbia, anzi il fuoco della nostra contrizione accenda la santa guerra, l'amore de'nostri fratelli ne infiammi alla pugna. e sia *più forte della morte istessa* contro i nimici del cristiano popolo. — Guerrieri che mi ascoltate, infaticabili ricercatori di vani pretesti di guerra, rallegratevi, poichè eccovi l'occasione di legittima guerra; giunta è l'ora da far manifesto se vero valore v'infiamma, e da fare a un tempo riparazione di tante vostre violenze che la pace comune perturbarono, e di tante vittorie da crudeli ingiustizie macchiate. O voi terrore de'vostri concittadini, voi, per vil pregio, mercenari degli altrui furori, togliete sù la spada de'Maccabei, e correte a difendere *la casa d'Israele, la vigna del Signore degli eserciti.* Non più abbiamo a vendicare ingiurie umane, ma quelle di Dio; non si ha più da espugnare città o castello, ma da conquistare i santi luoghi. Se vincerete le benedizioni del cielo e i regni dell'Asia saranno per voi; se soccomberete, vi fia gloria morire ove Cristo fu crocifisso, nè Dio dimenticherà d'avervi veduti nella sua santa milizia. — Oh soldati del Dio vivente! nè vili affetti, nè profane cure vi trattengano ancora nelle vostre case; non altro ascoltate che i gemiti di Sionne; rompete i terreni legami e rammentatevi che il Signore ha detto: *Colui che ama il padre e la madre più di me, non è di me degno ; chiunque abbandonerà la sua casa, o il padre, o la madre, o la moglie, o i figliuoli, o il patrimonio per il mio nome, avrà ricompensa cento volte maggiore, e possederà la vita eterna.*

L'allocuzione di papa Urbano, come la fiamma ardente discesa dal cielo, penetrava in tutti i cuori e gli infiammava. L'assemblea de'fedeli concitata, più che mai altra fosse, per il potere dell'eloquenza, alzossi unanime e gridò queste parole: *Dio lo vuole! Dio lo vuole!* Il quale gridò più volte iterato, echeggiò per tutta la città di Chiaromonte e nelle circostanti montagne.— Ricomposta la quiete, proseguiva il Pontefice:

Eccovi il compimento della divina promessa, poichè Gesù Cristo ha detto, che quando i suoi discepoli si assembreranno nel nome di lui, egli sarà in mezzo a loro; e veramente il divin Salvatore è ora in mezzo a voi e v'inspira il grido che avete pronunciato. Sieno dunque queste parole: *Iddio lo vuole!* sieno sempre il vostro grido di guerra e annunzino in ogni dove la presenza del Dio degli eserciti.

Così dicendo Urbano mostrava all'assemblea de'Cristiani il segno della Redenzione, e proseguiva:

È Gesù Cristo medesimo che esce della tomba e vi presenta la sua croce; la quale sarà segno alzato in tra le nazioni per riunire i dispersi figliuoli d'Israele; portatela sulle vostre spalle e sul petto; brilli sulle armi e nei vessilli; ella sia per voi pegno di vittima o palma di martirio: e sempre vi ricorderà, che Gesù Cristo per voi è morto, e che voi per esso morir dovete [1].

Finito che Urbano ebbe di concionare, grande agitazione levossi nella moltitudine, gridando tutti: *Dio lo vuole! Dio lo vuole!* — Il cardinal Gregorio, che ascese dipoi al pontificato sotto il nome d'Innocenzio, disse ad alta voce una formola di confessione generale; e tutti gli astanti es-

---

[1] Baronio, sotto la data del 1095, riporta tre discorsi di papa Urbano sulla crociata, i quali hanno poca diversità fra loro, e che probabilmente furono detti da lui nei vari concilii che ha tenuti.— Ignorasi quale lingua adoperasse il pontefice: tutti gli storici delle Crociate pongono il suo discorso in latino; nondimeno il loro unanime testimonio non basta a provare che il papa parlasse in quello idioma. Anco chi conosce superficialmente il Medio Evo, sa essere stato nel decimo ed undecimo secolo, usitato l'idioma latino in tutti gli atti della vita civile, dai cherici, e pure nel carteggio con le donne, ma non aver mai avuta popolarità universale; ondechè i laici quasi tutti illitterati, usavano dialetti da provincia a provincia alquanto modificati, sebbene maggior differenza fosse nata in tra le provincie che a destra e a manca della Loira si distendono. Il popolo non intendeva che quei dialetti, e per quelli soli potevano muoversi le sue passioni; però è probabilissimo, che Urbano parlasse nel dialetto romanzo ovvero nell'antica lingua francese, allora volgarmente parlata in Alvergna, dove tennesi il concilio di Chiaromonte. Notisi oltrecciò che Urbano era francese e però dovea riescirli più agevole adoperare il patrio dialetto.

Nell'Archivio di Monte Cassino, avvi in un codice membranaceo del 1150, una cronaca scritta in provenzale nella quale trovasi il detto discorso d'Urbano nel dialetto appellato dall'autore romanzo, che poco differisce dal provenzale, e dove si afferma che esso discorso è riportato tal quale il Pontefice lo pronunciava. Non avendolo ben presente alla memoria, nè avendone conservato sunto alcuno, non posso farne comparazione con quello dell'autore, nè con gli altri de'Cronisti latini. — Trad.

sendosi prostrati in ginocchio, e percotendosi il petto in segno di contrizione, ricevettero l' assoluzione de' loro peccati.

Ademaro di Montoglio [1], vescovo del Puy, primo chiese d'entrare nella *Via di Dio* e crociossi per mano del pontefice, seguendo il di lui esempio alcuni altri vescovi.

Raimondo conte di Tolosa, mandò per ambasciadori ad escusarsi del non esser convenuto al Concilio di Chiaromonte e a far promessione, che, avendo già combattuto co' Saraceni in Ispagna, accompagnato da' suoi più fidi guerrieri, il simile farebbe in Asia.

I baroni e i cavalieri che avevano ascoltate le esortazioni di Urbano, giurarono tutti di vendicare la causa di Gesù Cristo; dimenticando le private contese, e unendosi invece per combattere i nemici della fede cristiana. — Tutti i fedeli promisero ossequenza alle decisioni del Concilio e opposero alle loro vesti una croce rossa di panno ovvero di seta; [2] e da quel momento chiamaronsi *Crociati*, dicendosi *Crociate* le guerre per quelli mosse ai Saraceni.

I fedeli supplicarono Urbano che degnasse farsi loro duce: ma il pontefice, proseguendo ostinatamente la sua guerra spirituale e temporale contro l'antipapa Guiberto e contro il re di Francia e l'Imperatore d'Allemagna, non volendo porre a repentaglio la sua potenza e quella della Santa Sede, con abbandonare l'Europa, ricusò quell'onore, ed instituì suo legato apostolico presso l'esercito Cristiano il Vescovo del Puy.

Promise a tutti i Crociati remissione plenaria delle loro peccata; ricevette sotto la protezione della Chiesa e degli apostoli Santi Pietro e Paolo, le loro persone, le loro famiglie e i beni. Il Concilio dichiarò incorso nell'anatema chiunque offendesse ai soldati di Gesù Cristo, ponendo i suoi decreti in favore de' Crociati sotto la guardia de' preti e dei vescovi. Ordinò la disciplina, stabilì l'epoca della partenza per quelli che

[1] Ademaro di Montoglio, Vescovo del Puy, era figliuolo del console della provincia di Valenza; aveva reputazione di uomo savio e costante (Vedi la Cronica del monastero di San Pietro del Puy, stampata alla pagina 7 e seg. delle prove della *Histoire du Languedoc* di Vaissette). Questo istorico concordasi con la *Gallia Cristiana*, vol. I, pag. 701, in asserire che Ademaro aveva già militato prima con lode (vol. 2, pag. 283).

[2] La Croce portata dai fedeli in questa crociata era di panno, e qualche volta di seta rossa; dipoi se ne fecero di vari colori. Usava cucirsi sulla spalla destra dell'abito o del mantello ovvero applicavasi sulla fronte dell'elmetto. — Montfaucon ha pubblicato ne' suoi *Monuments de la monarchie française*, le pitture de' vetri della Chiesa di San Dionigi, ove è rappresentata la prima crociata; veggonvisi alcuni crociati con le croci dipinte sulle banderuole delle loro lancie, e sulla fronte degli elmi (*Monuments de la monarchie française*, vol. I, pag. 384 e seg.). — Alcuni o per superstizione, o per pia fraude, incidevansi delle croci sulle carni con ferro rovente (Mabillon, *Annales*, ad annum 1095). — Benedivansi le croci dal papa e dai vescovi; e le cerimonie della benedizione trovansi ancora nel *Rituale* Romano. — Ritornato il fedele dalla crociata distaccava la croce dalla spalla ed attaccavasela sul dorso o la portava al collo.

eransi già nella santa milizia inscritti; e per ovviare, che la pacata considerazione della cosa non dissuadesse alcuno dalla partenza, minacciò la scomunica contro tutti coloro che non avrebbero a' loro giuramenti adempito.

Divulgò la fama la guerra dichiarata agli Infedeli; lo stesso Urbano percorse alcune provincie di Francia per dar compimento all' opera felicemente cominciata, convocando nuovi concilii nelle città di Roano, di Angersa, di Torsi e di Nimes, ai quali converrebbero la nobiltà, il clero e il popolo, per ascoltare il padre de' fedeli e piangere con lui sulle sventure di Sionne. — In tutte le diocesi, in tutte le parrocchie, i vescovi e i curati avevano gran faccende in benedir croci pei fedeli che offerivansi per la liberazione di Terra Santa. E la chiesa ha conservato ne' suoi annali le formole delle preghiere recitate in queste cerimonie. — Il sacerdote, invocato prima l' ausilio di Dio fattore del cielo e della terra, supplicava la di lui paterna bontà che degnasse benedire le Croci de' pellegrini come altra fiata aveva la verga di Aronne benedetta; scongiurava la divina misericordia che non abbandonasse ne' pericoli coloro che per Gesù Cristo portavano le armi, e mandasse a proteggerli l' angelo Gabriele stato già fedel compagno di Tobia. — Volgendo poscia il sacerdote la parola al pellegrino che stavagli inginocchiato davanti, dopo averli posto sul petto la croce, dicevali:

Ricevi questo segno, simbolo della passione e morte del Salvadore del mondo, affinchè nel tuo cammino nè l' infortunio nè il peccato possano in te, e tu ritorni più felice, e soprattutto migliore, alla patria.

L'uditorio rispondeva *Amen*; — e il santo entusiasmo inspirato da questa cerimonia, propagandosi da uomo a uomo, dilatava mirabilmente il fervore della santa impresa.

Sarebbesi potuto dire con qualche fondamento di verità, che i popoli occidentali e principalmente i Francesi, come più leggieri d'ogni altro al soffio delle pompose vanità, non riconoscessero più per loro altra patria sennonchè Terra Santa, alla quale estimavano doversi il sacrifizio della loro domestica tranquillità, de' beni e della vita. Il quale umore fattosi contagio universale, dalla Francia propagavasi rapidamente alla Inghilterra, non pur anco rimessa dagli sconcerti che v'avea cagionati la fresca conquista de' Normanni; poscia alla Allemagna sconvolta per gli anatemi di Gregorio e d'Urbano; e non ne fu illesa Italia dalle sue intestine fazioni lacerata; nè la Spagna che con i Saraceni dentro il suo proprio territorio combatteva. Cotale influsso della religione Cristiana, e la forza degli esempi che quando meno sono da ponderata saviezza e prudenza governati, tanto più commuovono alla imitazione la moltitudine, operarono sì che tutti i popoli occidentali dimenticati quasi in un subito gli obbietti della loro ambizione e dei timori, fornirono alla Crociata quelle istesse milizie di che abbisognavano per loro propria difesa:—Per tutto l'Occidente echeggiavano queste parole: *Colui che non porta la sua croce e non viene con me, non è degno di me.*

Le triste condizioni dell'Europa contribuirono non poco ad aumentare il numero de' pellegrini; perchè secondo che Guglielmo da Tiro espone: Tutto precipitava a tali disordini, che il mondo sembrava vòlto al suo termine e che la seconda venuta del figliuolo dell'uomo fosse propinqua.—Spaventevole servaggio gravava sul popolo; carestia diuturna di molt'anni desolava miseramente tutta Europa, traendo seco tutte le calamità de'morbi, dei delitti e delle rapine [1]. Villaggi e intere città rimanevansi d'abitatori diserte e senza difesa al dente divoratore del tempo esposte. Abbandonavano pertanto i popoli senza increscimento una terra che non poteva più nutrirli, e da cui la tranquillità e la sicurezza erano bandite; parendo loro lo stendardo della Croce unico rifugio contro la miseria e l'oppressione.—Stantechè secondo i decreti del concilio di Chiaromonte, i Crociati erano esenti dalle imposizioni, nè durante il loro cammino erano alle inquisizioni e pene de'debitori sottoposti; sendo forzate le leggi, al solo nome della Croce, sospendere la loro autorità anco contro i maggiori delinquenti quando la Chiesa per suoi difensori gli accettava, e dovendo l'istessa tirannide rispettare le sue vittime.—La sicurezza adunque dell'impunità, cupidità di licenza, e vaghezza di prosciogliersi da'più sacri legami sociali, trassero immensa moltitudine sotto le bandiere della Crociata.

Molti *signori* che non avevano presa la Croce, nè forse avevano pensiero di prenderla, veggendo partire i loro sudditi, nè potendoli impedire, vollero più presto seguitarli come loro capitani, che perdere sopra quelli la loro autorità. Oltre di che, avendo dichiarato il Concilio di Chiaromonte la pace per tutta Europa, i conti e i baroni, non isperando più trovar occasioni da dimostrare il loro valore in guerre private, e sentendosi alla coscienza molti delitti da espiare, perchè (siccome dice Montesquieu) venía loro proposto d'espiarli mediante la loro più forte affezione, che era l'esercizio delle armi, non furono restii al Crociarsi.

Vigeva ancora nella Chiesa la consuetudine delle penitenze pubbliche

---

[1] Alcuni istorici fanno menzione d'una malattia epidemica che infieriva in quell'epoca, da loro appellata *lues ignis cutanei*, detta volgarmente, *fuoco di Santa Geltrude* (*Ex Chronica Gaufredi, Historiens de France*, vol. 12.°, pag. 427.— Si consulti anco l'opera di Eckhard intitolata: *De Expugnatione Hierosolimitana*, di cui trovasi il sunto nella *Biblioteca delle Crociate*).

per il che molti peccatori vergognandosi di confessare i loro peccati davanti a'loro concittadini e parenti [1] preferirono abbandonare la patria ed esporsi ai pericoli e alle fatiche di lontano pellegrinaggio. — E solendo alcune volte l'istesso tribunale della penitenza ordinare ai confessi e specialmente ai guerrieri, di abbandonare il mondo ritirandosi in qualche chiostro e di sfuggire scrupolosamente la dissipazione e le risse ; non fia arduo immaginare quale effetto operasse negli spiriti, l'essersi fatta l'istessa Chiesa banditrice di guerra, rappresentando come accette a Dio la vanità de'conquisti, la gloria delle vittorie, e la ricerca de'guerreschi pericoli, cose fino allora come peccati esecrate. — Bene è da considerare, che siffatte innovazioni della ecclesiastica disciplina non molto conferissero al miglioramento de'costumi; e nondimanco, servirono mirabilmente alla effettuazione della guerra santa e moltiplicarono inestimabilmente i difensori del Sepolcro di Cristo.

Oltre ciò l'esempio del clero fu molto efficace, perchè la maggiore parte de'vescovi, che avendo titoli di conte o di barone erano spesse fiate necessitati di trattar le armi per sostenere i diritti de'loro vescovadi, stimarono debito l'armarsi per la causa di Cristo — Crociaronsi i preti per meglio confermare le loro predicazioni ; e molti pastori risolsero di accompagnare il loro gregge fino a Gerusalemme; non senza che però (siccome dimostrerà il progresso della Istoria) alcuni non fossero tratti per la speranza de'vescovadi dell'Asia e per l'ambizione di occupare alcuno dei principali seggi della Chiesa orientale.

Alle soprascritte cagioni che fecero concorrere le varie specie di uomini nelle Crociate, sono anco da annoverarsi l'anarchia e le turbolenze che desolavano l'Europa dopo il regno di Carlomagno; conciossiachè sendosi formata una associazione di nobili cavalieri che andavano per lo mondo in cerca di avventure e avevansi fatto sacramento di proteggere l'innocenza e soccorrere ai deboli oppressi e combatter contro gli infedeli; non fu difficile alla religione, che aveva la loro institazione consecrata e benedette le loro spade, di tirarli alla propria difesa; ondechè l'ordine della cavalleria che riconosce la maggior parte del suo splendore e de'suoi progressi da Terra Santa, mandò gran numero de'suoi guerrieri sotto i vessilli della Croce.

Vero è però che la loro devozione alla causa di Cristo, forse non fu senza mischianza di ambizione; poichè se la religione prometteva celesti ricompense a'suoi campioni, per altra parte anco la fortuna prometteva loro le ricchezze e i troni della terra. I reduci dall'Oriente dicevano le

---

[1] Molti vergognavansi di far penitenza *inter notos* (vedi la Relazione d'un ufficiale del Conte di Blois, *Biblioteca delle Crociate*, vol. I).

maraviglie delle cose per essi vedute e delle ricchezze delle provincie che avevano passate. Era noto qualmente due o trecento pellegrini normandi avessero tolte Puglia e Sicilia ai Saraceni [1]. Ed era omai invalsa l'opinione che tutte le terre occupate dagli infedeli, dovessero appartenere ai prodi cavalieri, la cui unica ricchezza consisteva nella nascita, nel valore e nella spada [2].

Nonpertanto il fervor religioso era prima cagion dell'universal movimento del mondo cristiano. Nelle epoche più civili gli uomini seguitano per lo più le loro naturali inclinazioni; ma ne' tempi di che trattiamo, la devozione de' pellegrinaggi, la quale come più si propagava e più s'ingrandiva e fortificava, potendosi, secondo il detto di Santo Paolo, appellare *follia della Croce* [3], era divenuta passione ardente e gelosa, preponderante a tutte le altre. La guerra contro i Saraceni sembrava pertanto agli uomini precipuo scopo della religione, immaginando in quella soltanto esser reposta la somma felicità e la gloria; perlochè a tal forte opinione rimasersi per poco spenti, amor di patria, affetti e doveri domestici e quantunque altro sentimento che lega l'umana specie nel civile consorzio, ondechè la moderazione reputavasi viltà, l'indifferenza tradigione, il contrastare sacrilego attentato. Per chi dichiaravasi difensore della causa di Dio ammutolivano le leggi, non riconoscendo quasi più i sudditi l'autorità de' loro principi e signori per ciò che alla santa guerra si referiva; e il titolo di cristiano e il debito di difender la religione con le armi confondevano ed aguagliavano il padrone e lo schiavo.

Le accese fantasie del popolo vedevano continuamente nuovi prodigi, quasichè tutta la natura fosse costretta a far testimonio della volontà del

---

[1] Nel 1002 quaranta Normandi vestiti da pellegrini ritornando da Gerusalemme, presero terra a Salerno. Erano di alta statura e traevansi l'attenzione delle genti col loro aspetto marziale e per le armature. Trovando essi quella città assediata da' Saraceni, chiesero a Gaimar, principe del paese, cavalli ed armi; ed assaltati improvvisamente i Saraceni, ne fecero strage e gli ruppero con quasi miracolosa vittoria. Furono per tale prodezza lodati universalmente, e il principe presentatili con magnificenza, pregolli che volessero a' suoi servigi rimanere; ma i pellegrini non accettarono i presenti, protestando non avere posto a pericolo le vite loro che per l'amore di Dio e per l'incremento della fede cristiana; e oltre ciò escusaronsi dal rimanere. Il principe avendo tenuto consiglio, spedì con quelli ambasciadori in Normandia, con molti frutti del paese invitando i Normandi a stanziarsi nel paese che gli produceva; la quale ambasceria non si rimase senza effetto, poichè in altra occasione apersi ai Normandi l'adito dell'Italia e fornì loro il modo di occuparla e di stabilirvi dominio (Baronio all'anno 1002).

[2] Roberto il Frisone, secondogenito del conte di Fiandra, non avendo diritto nella eredità paterna, disse al padre: accordami uomini e navi e io anderò a conquistare uno stato contro i Saraceni di Spagna. — Questo modo di domanda trovasi frequente nei romanzi del medio evo ed è da riguardarsi quale sincera espressione dei costumi contemporanei: *Beau sire, baillez-moi hommes suffisants, pour me faire état ou royaume. — Beau fils, aurez ce que vous demandez.*

[3] *Stultitiam Crucis.*

cielo. Notevoli sono in questo proposito le parole dell'abate Guiberto il quale dice :

Siami testimonio Iddio, che dimorando io allora in Beauvais, apparvero verso il mezzo giorno alcune nuvole disposte obliquamente le une sopra le altre in tal foggia che l'immaginazione, anco alterata, non vi avrebbe raffigurato senonchè la forma d'una cicogna o d'una grù; quando improvvisamente rimbombarono da tutte parti migliaia di voci annunziando, essersi veduta una croce nel cielo.

Lo stesso cronista narra che una *femminetta* (*muliercula*) sendosi posta in cammino per Gerusalemme ; un'oca, *ammaestrata a non saprei qual nuova scuola e facendo assai più che non comportava la sua natura irragionevole*, correva dietro a quella femminetta; di che divolgandosi la fama, affermavasi pubblicamente per le città e le castella che le oche erano spedite al conquisto di Gerusalemme.

Estimavasi disonorato chiunque non avesse ricevuta speciale inspirazione per la guerra santa, quasichè Dio avesse chiamato ogni fedele alla liberazione del suo Sepolcro. Perlocchè a fine di poter mostrare qualche segno di miracolosa vocazione, alcuni incidendosi la pelle, dipingevansi col sangue delle croci per tutto il corpo, che poi discoprivano agli occhi del pubblico ; altri pretendevano che le macchie sopravvenute nelle loro pupille onde la vista rimanevasi impedita, fossero moniti divini che al santo viaggio gli invitavano; altri servivansi di succhi d'erba, o d'altre preparazioni coloranti, per imprimersi sul volto il segno della redenzione ; ed altri molti ancora diversi ingegni adoperavano onde mostrarsi quali esempi viventi dei celesti miracoli. Fine secreto di queste pie frodi era di muovere la carità de' fedeli a prestare soccorsi per andare alla Crociata.

Ma non a tal fine soltanto simulavasi zelo per le vendette della oltraggiata religione; stantechè molto allettasse i monaci, potere, sotto sembiante di divina inspirazione, escirsene de'chiostri ove avevano giurato chiudere i loro giorni ; e agli anacoreti fosse dolce abbandonare le loro triste solitudini, per mischiarsi alla moltitudine de'Crociati ; e ai ladroni stanchi della pericolosa loro arte, occorresse opportuno e sicuro togliersi dalle loro ignorate spelonche, e confessati i delitti, andarne a far penitenza in Palestina piuttosto che sopra infame patibolo.

Incuranti dell'avvenire per sè stessi e per le loro famiglie, gli artigiani, i mercanti, e gli agricoltori, abbandonavano i loro lavori; renunciavano i baroni e i signori ai ricchi dominii che il valore degli antenati avevano loro acquistati. Le terre, le città, i castelli soggetti di ferocissime contese, caddero subitamente in vil pregio nella estimazione de'loro pos-

sessori, e per piccolissime somme furono venduti a quelli che la grazia
di Dio non aveva favoriti, e che non erano alla felicità chiamati di visitare i santi luoghi e di conquistare l'Oriente.

Gli autori contemporanei narrano non pochi miracoli che ebbero gran
influsso sugli spiriti del volgo. Eransi veduti astri dispiccarsi dal firmamento e cadere in terra; innumerevoli fuochi ignoti vagavano per l'aere
accendendo la notte di diurni chiarori; nuvole sanguigne sorsero improvvise da Oriente e da Occidente; minacciosa cometa dimostrossi a meriggio in forma di spada; nelle supreme regioni del cielo furono vedute città
turrite e di forti bastie precinte, ed eserciti accinti alla zuffa preceduti
dallo stendardo della Croce.

Il monaco Roberto racconta che nell'istesso giorno in cui la Crociata
fu decretata nel concilio di Chiaromonte, la novella oltremare ne fosse
portata; e aggiunge: — Cotal novella rinfrancò il coraggio de' Cristiani di
Oriente, e mise lo spavento negli animi degli Arabi.

E a compiere lo stupore de' prodigi, i santi e i re dei trascorsi tempi
escirono de' loro avelli, avendo molti Francesi veduto lo spettro di Carlomagno che gli esortava a muovere le armi contro gl'infedeli.

Tralascio tutti gli altri miracoli registrati nelle croniche, e mi contenterò rappresentare succintamente il carattere al sommo poetico di questi presagi che secondavano la potentissima convulsione della Crociata. —
L'immaginazione popolare non pensando e non sognando altro che battaglie, aveva disseminate nei cieli le immagini della guerra; la natura era
stata piegata agli interessi, all'entusiasmo e alle passioni della moltitudine;
tutto colle opinioni di tutti concordava; e affinchè i tempi trapassati in
qualche maniera, con i movimenti presenti concorressero, i morti erano
de' sepolcri loro sortiti e s'erano ai viventi mischiati. — Nelle quali maravigliose visioni molto sublime dell'epopea risplende.

Il concilio di Chiaromonte tenuto nel novembre del 1095 aveva stabilita la partenza de' Crociati per la festività dell'Assunta all'anno seguente. L'inverno fu speso ne' preparativi del viaggio, rimanendo interrotto qualunque altro lavoro nella città e nelle campagne. In tanta universale effervescenza, la religione che accendeva i cuori era sola custode
dell'ordine pubblico: i furti e le rapine cessarono subitamente [1] e la

---

[1] Il cronista Guiberto (lib. I, cap. 7) descrive con espressioni curiosissime, i disordini e i
delitti che turbavano l'Europa prima della crociata, e l'ordine e la tranquillità che successero alla
grande partenza per la spedizione di Terra Santa. Ecco le sue parole: — Prima che questa grande
convulsione di nazioni avvenisse, udivansi per ogni parte racconti di furti, di rapine e d'incendii.
Improvvisamente i malfattori, tratti per lo incomparabile e maraviglioso cangiamento degli spiriti,
prostraronsi a' piedi de' vescovi e de' preti, implorando il favore di ricevere la croce, simile alla mi-
nuta pioggia che ha podere di far cessare in un subito i violentissimi venti, quel pio zelo per Gesù
Cristo spense tutte le contenzioni e tutte le guerre.

pace, ignota da molti anni, portò per alquanti mesi insperato riposo all' Europa.

Fra i preparativi della Crociata, non sono da dimenticare la sollecitudine de' Crociati per far benedire le loro armi e le bandiere. In ogni parrocchia il vescovo o il curato dopo asperso con l'acqua santa le armi deposte davanti da sè, pregava l'Onnipotente di accordare, a quello o a quelli che dovevano portarle contro il nimico, il coraggio e la forza che dette già a Davide, vincitore dell'infedele Golia. Consegnando dipoi ad ogni cavaliere la spada benedetta, il prete diceva : *Ricevi questa spada in nome del Padre, del Figliuolo e dello Spirito Santo; adoperala per trionfo della fede; ma non isparga il sangue innocente.*

La benedizione delle bandiere facevasi con la medesima solennità: il ministro del Dio degli eserciti, pregava il cielo che il vessillo della sacra guerra fosse per gli nimici del popolo cristiano, soggetto di terrore, e pegno invece di vittoria per tutti quelli che speravano in Gesù Cristo. — Benedetto dipoi lo stendardo, il prete ponevalo in mano de' guerrieri che gli stavano inginocchiati davanti, dicendo:

Andatene a combattere per la gloria di Dio e questo segno vi faccia trionfare di tutti i pericoli.

Queste cerimonie ignote fino allora nella Chiesa, attiravano grandissimo concorso de' fedeli, e tutti univano le loro preci a quelle del clero per implorare la protezione divina in favore de' soldati di Cristo.

Coloro che avevano presa la croce, con lettere e messaggi, facevansi scambievolmente coraggio, e affrettavano l'ora della partenza; quasichè le benedizioni del cielo fossero promesse ai crociati che primi si ponessero in cammino per Gerusalemme. E quelli medesimi che da principio avevano la follìa della Crociata biasimata, resersi in colpa della loro indifferenza per la causa della religione, nè mostrarono dipoi minor fervore di coloro che gli erano stati esempio. Era universale la sollecitudine di ognuno per vendere i suoi possessi, e per quanto il pregio giornalmente decrescesse, i compratori mancavano. I Crociati non facevano stima d'altre cose che di quelle potevano seco recare, sicchè non meno le terre che i loro prodotti si portavano al mercato quasi per nulla, il che per singolare influsso delle morali convulsioni sulle condizioni economiche di que'tempi, interruppe diuturna ed estrema carestia con subita abbondanza. L'abate Guiberto per esprimere l'universale indifferenza di tutto ciò che era dalla Crociata alieno, dice, che come vil cosa spregiavansi le più belle donne, e le pietre preziose.

Venuta la primavera, l'impazienza de' Crociati non avendo più freno, posersi in cammino per andarne ai luoghi ove dovevano ragunarsi.

I più andavano a piedi, e fra l'immensa moltitudine vedevansi alcuni cavalieri; altri viaggiavano sopra carri tirati da bovi ferrati; altri facevano la via
iu riva al mare, o discendevano giù pei fiumi con le barche. — Diverse
erano le foggie del vestire, diverse le armi, lancie, spade, giavelotti,
mazze ferrate e simili. — L'aspetto poi di tanta moltitudine era confusione mirabile di tutte le condizioni umane e di tutti gli ordini sociali;
vedevansi le donne armate in mezzo ai guerrieri; la prostituzione, le libidini d'ogni maniera e tutti i profani sollazzi, in compagnia delle penitenti austerità e de'pii esercizi; la vecchiezza insieme con l'infanzia; l'opulenza con la povertà; l'elmo e il cappuccio; la mitra e la spada, il signore e i vassalli, il padrone e i servitori, non osservandosi più distin-
zione veruna fra loro. — Vicino alle città e alle fortezze, nelle pianure,
sulle montagne, alzavansi tende e padiglioni per i cavalieri, e altari po-
sticci per gli uffizi divini. — In ogni luogo appariva a un tempo solenne
apparato di guerra e di festa. Qui un capitano esercitava i suoi soldati
nelle militari discipline, poco discosto un predicatore ricordava a' suoi auditori le verità del Vangelo: da una parte rimbombava il suono delle
trombe, dall'altra echeggiava il canto de'salmi. Dal Tebro fino all'Oceano, dal Reno fin oltre ai Pirenei, vedevansi frotte di crociati, che giuravano esterminio ai Saraceni, e celebravano per profezia le loro vittorie,
risonando ovunque il guerriero grido: *Dio lo vuole! Dio lo vuole!*

Gli stessi padri conducevano i loro figliuoli e con qualche imitazione
di Amilcare padre di Annibale, facevano loro giurare di vincere o morire per Gesù Cristo. — I guerrieri fuggivano agli abbracciamenti delle
loro mogli e delle famiglie con la promessa di ritornare vincitori; le donne
e i vecchi che rimanevansi privi de'loro sostegni, accompagnavano i figliuoli o gli sposi alla più propinqua città, e non potendosi separare dagli oggetti amati deliberavansi seguirli a Gerusalemme. Quelli che erano
costretti rimanersi in Europa, invidiavano alla buona fortuna de'Crociati,
e non potevano frenare il pianto; quelli invece che andavano in Asia incontro alla morte e allo sterminio dimostravansi di belle speranze e di
gioia ripieni.

Fra i pellegrini venuti dai luoghi marittimi, notavasi gran moltitudine
di uomini esciti dalle isole dell'Oceano. La foggia del vestire e le armi
uon più vedute movevano l'universale curiosità ed ammirazione. Non intesa era la loro favella, e per significare che concorrevano alla difesa
della religione, facevano croce dei due indici delle mani [1].

Sì gran moto, e sì grande entusiasmo concitavano intiere famiglie, in-

---

[1] L'abate Guiberto (*Biblioteca delle Crociate*, vol. I). Guglielmo Malsbury fa una curiosa enumerazione de'popoli barbari che presero la Croce. (*Biblioteca delle Crociate*. vol. I).

tiere popolazioni di villaggi e castella a seguitar la Crociata, recando seco provigioni, utensili e i loro poveri arredi. I più poveri s'accingevano al cammino senza previdenza alcuna, non sapendosi render capaci che quegli che dà il nutrimento agli uccelli e ai vermi della terra, potesse lasciare perire di fame i pellegrini segnati della sua croce, siccome dipoi accadde. L'ignoranza fortificava la folle presunzione, e fingevasi prodigi e divine maraviglie ad ogni occasione.

Il totale difetto delle geografiche cognizioni, causava che quei sori, ad ogni poco di cammino che facevano, credessero esser giunti alla meta del loro pellegrinaggio. Rincontrando per via alcuna città o castello, chiedevano *se fosse Gerusalemme* [1].

Molti gran signori che avevano trascorsa la loro vita nei loro rusticani castelli, non avevano corredo di cognizioni maggiore de' loro vassalli, e portavano seco gli strumenti per la pesca e per la caccia, viaggiando con i loro cani e tenendo il falco sul pugno, nientemeno che se quella andata fosse un diporto campestre. Figuravansi di giugnere a Gerusalemme con tutti i comodi della vita e poter far pompa in Asia delle rustiche sontuosità delle loro rocche.

Vaneggiando tutti i popoli occidentali per questa spedizione della Crociata, niun savio ebbe ardimento di richiamare i suoi coetanei alla ragione; e forse allora non era alcuno che sentisse di quel gran moto nel modo che presentemente ne giudichiamo. Era quello un dramma in cui tutti i coetanei come attori travagliavansi, e del quale la sola posterità dovea essere spettatrice.

[1] L'Abate Guiberto.

FINE DEL LIBRO PRIMO.

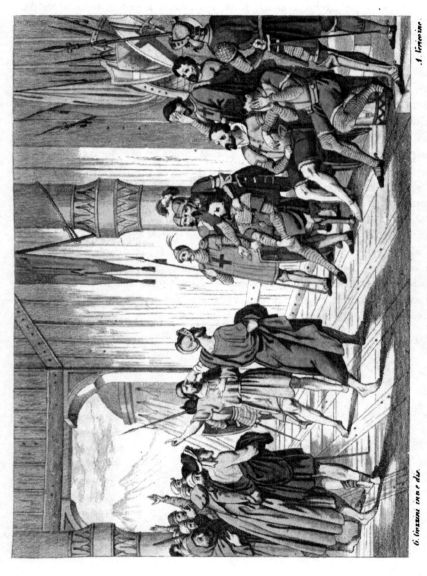

G. Gonzini inv e dis.

A. Gentonim.

........; molti dei quali erano da poveri cenci ricoperti, alcuni affatto ignudi....

Lib. I. Parte II.

...; montato su quella mula con cui aveva trascorsa l'Europa, prese il comando.

Lib. 1.

STORIA
DELLE CROCIATE

LIBRO SECONDO

PARTENZA E CAMMINO DE'CROCIATI NELL'IMPERO GRECO
E PER LE PROVINCIE DELL'ASIA MINORE.

1096-1097.

Il numero de'Cristiani che avevano presa la Croce nelle varie contrade d'Europa era sufficiente per formare alcuni grandi eserciti, perlochè i principi e i capitani eletti condottieri della spedizione, stabilirono fra loro di non partire nel medesimo tempo e di tenere strade diverse per riunirsi a Costantinopoli.

(1096) Mentre costoro adunque disponevansi alla partita, la multitudine che seguitava l'Eremita Piero, volle muoversi avanti agli altri Crociati. Non avendo alcun capo costituito s'elesse condottiere lo stesso Eremita che reputava essere un messo celeste; il quale accecato dal suo zelo, s'immaginò poter superare ogni sinistro incontro mediante l'entusiasmo de'suoi, e bastare le virtù cenobitiche a governare un popolo armato e senza disciplina. Coperto adunque col suo rozzo mantello di lana, col cappuccio in testa e co'sandali a' piedi, cavalcando quella stessa mula sopra la quale aveva percorsa l'Europa, assunse il general comando del suo esercito: il quale mosso dalla riva della Mosa e della Mosella, inoltravasi nell'Allemagna ingrossando nel cammino per gli numerosi stuoli de'nuovi pellegrini che dalla Sciampagna, dalla Borgogna e dalle limitrofe provincie a lui convenivano. Ottanta o cento mila uomini trovavasi Piero sotto le sue bandiere; i quali conducendo seco le donne, i fanciulli, i vecchi e gli infermi, somigliando alle barbariche emigrazioni che dal settentrione in occidente irruppero; dall'occidente ora verso l'oriente, fidando sulle miracolose promessioni del loro duca, s'avventavano, immaginandosi, che chiamati da Dio a difendere la sua causa, i fiumi e i mari sarebbersi avanti di loro aperti e avrebbero permesso il passaggio e la manna sarebbe nuovamente dal cielo discesa per nutrirli.

L'esercito dell'Eremita fu in due corpi diviso, comandando all'antiguardo Gualtiero *senza avere* [1] soprannome istorico che dimostra eguale la povertà de'soldati e de'capitani. In questo corpo non aveavi più che otto cavalieri; tutti gli altri, mendicando, al gran conquisto dell'Oriente s'avviavano. Finchè camminarono sul territorio di Francia, per la carità de'fedeli che a vederli accorrevano, furono d'ogni bisognevole provvisti, quale popolo di Dio universalmente commendati, sicchè lungo le sponde del Reno, niun nemico si fe'loro incontro, ma nuovi Amaleciti, cioè gli Ungari e i Bulgari, sulle sponde della Sava e del Danubio, gravissimo intoppo a loro apparecchiavano.

Gli Ungari esciti dalla Scizia [2] come tutti i popoli di origine slava [3] avevano il principio con i Turchi comune, e comune la formidine incussa ai Cristiani. Nel decimo secolo', invasa la Pannonia, eransi con le stragi della guerra diffusi nelle più ricche contrade di Europa; ondechè i popoli spaventati per li progressi delle loro armi, quale flagello precursore la fine del mondo gli riguardavano. Cominciando l'undecimo secolo convertironsi al cristianesimo già da essi tanto perseguitato, e mezzanamente per la fede del Vangelo politi, diedersi a fondare città, a coltivar terre, ed avere una patria, riavendosi alquanto i loro vicini della paura ne avevano preso. Al tempo della prima Crociata gli Ungari contavano già un santo fra i loro monarchi, cioè il re Stefano.

L'Eremita avendo fatta alcuna dimora in Ungheria, nel suo ritorno dalla Palestina, aveva fortemente commosso l'animo del re Ladislao I, rappresentandoli le oppressioni de'Cristiani in Terra Santa; il quale vo-

---

[1] Guglielmo Tirense chiama Gualtiero col soprannome di *Sensaveir*: *Quidam Gualterus cognomento Sensaveir, vir nobilis et in armis strenuus* (Lib. I, presso Bongars p. 642). — Gli altri istorici impiegano le espressioni, *sine habere, sine pecunia.* — Le vecchie croniche francesi hanno *sens avehor, sens aveir.* — Cotal soprannome era allora applicato a molti. Orderico Vitale lo dà a un cert'Ugo che si crociò nel 1106 (*Hist. de France*, di Bouquet vol. 12, p. 667). — Probabilmente questo soprannome fu applicato a tutti quelli che non avendo più fondo erano riguardati come *senza avere* nel sistema feudale. — Gualtiero era un gentiluomo borgognone. Alcuni istorici dicono che uno zio di quello fosse primamente eletto luogotenente dell'Eremita, e che Gualtiero ebbe il comando dopo la morte di quello, entrando sul territorio de'Bulgari.

[2] La parola *Skytha* in lingua slava significa *nomado* la quale etimologia dimostra essere derivata dai costumi degli Sciti.

[3] Un terzo della popolazione d'Europa è di origine slava.

tòssi a Dìo di andare personalmente a soccorrerli, ma morto nel 1005, non potette la sua promessa attenere.

Le croniche ungariche narrano, che dopo il concilio di Piacenza, gli ambasciadori di Francia, d'Inghilterra e di Spagna, offersero a Ladislao il general comando della Crociata: asserto poco verosimile, sendo stato probabilmente invitato soltanto a partecipare della spedizione esso re Ladislao come quegli per gli cui stati dovevano passare i Crociati.

Colomano successore di Ladislao, ebbe amichevoli relazioni con papa Urbano Secondo, e nondimeno, nè egli nè i suoi popoli, dimostrarono veruno entusiasmo per la guerra sacra.

I Bulgari venuti dalle rive del Volga ovvero Bolga, avevano in varii tempi ora protetto ora devastato l'impero greco. In un fatto d'arme sendovi rimasto ucciso Niceforo, e avendo fregiato in oro il di lui cranio, servivansene per coppa propinatoria nei conviti delle loro vittorie. Basilio, con grande sconfitta di quelli, vendicò l'onore delle armi greche, eccedendo barbaramente nella vendetta col far privare degli occhi quindicimila prigioni; atrocità che commosse ad esecrazione de' Greci tutta la bulgara gente.

A tempo della Crociata la Bulgaria obbediva al greco imperio, piuttosto in sembianza che in realtà; perchè que' popoli sparsi sulle rive meridionali del Danubio, in mezzo a inaccessibili foreste, l'indipendenza loro selvaggia conservavansi, nè gli orientali imperadori mostravano riverire, senonchè presenti i loro eserciti.

Avevano bene il cristianesimo abbracciato e nondimanco i Cristiani come fratelli non consideravano, nè il diritto delle genti rispettavano, nè le ospitali leggi; e negli due secoli che le Crociate precedettero, di continuo i pellegrini che d'Occidente verso Gerusalemme movevansi, infestavano e spietatamente angariavano [1].

Erano questi i popoli de' quali i Crociati s'accingevano a traversare il territorio.

Entrato adunque l'antiguardo dell'Eremita nell'Ungheria, non altro sinistro incontro ebbe nel suo cammino se non che alcune ingiurie dei paesani, che Gualtiero estimò prudente di sopportare con rassegnazione, lasciando la cura della vendetta al Dio che serviva. Ma come i Crociati

---

[1] L'origine de' Bulgari e la loro storia fino all'epoca delle Crociate, sono maravigliosamente trattate da Gibbon nel capitolo 54 (*Istoria della decadenza del Romano Imperio*. — Gotthelf Stritter, ha tradotto in latino e compilato tutti i luoghi della *Istoria Bisantina*, che risguardano quei barbari; e la sua compilazione è intitolata: *Memoriae Populorum ad Danubium, Pontum Euxinum* ec. (Petro-pol. 1771, 1779). — Trovasi nel pellegrinaggio di Lietberto alcun prezioso particolare sopra i costumi degli detti popoli.

in paesi incogniti s'inoltravano, sempre in maggiori strettezze e difficoltà trovandosi, cominciarono a disordinarsi licenziosamente e cessare da quel pacifico procedere che fino allora gli aveva fatti con tolleranza comportare.

Giunti dipoi in Bulgaria sopravvenne totale difetto di vittovaglia, e recusando fornirne il governatore di Belgrado, sbandaronsi per le campagne, predando armenti, incendiando case, e ammazzando quelli che alle violenze loro volevano contrastare. I Bulgari sdegnati presero le armi e assaltarono i soldati di Gualtiero che carichi di preda all'esercito ritornavano; sessanta ne perirono nell'incendio d'una chiesa ove s'erano rifugiati, gli altri, fuggendo, scamparono. — Gualtiero, senza altrimenti soprassedere a prender vendetta di questa sconfitta, in mezzo alle foreste ed ai diserti, accelerò il suo cammino, duramente dalla fame perseguitato e giunto a Nissa, presentavasi supplichevole a quello governatore, che impietosito dello tristo stato a che erano i Crociati ridotti, gli fornì di viveri, d'armi e di vesti.

Non durarono fatica a persuadersi i soldati di Gualtiero, che le loro disventure dal cielo provenissero, sicchè volontariamente alla militare disciplina, unica salute degli eserciti, ritornarono; e seguitando il cammino, passato il monte Emo e Filippopoli e Andrinopoli, senza far più disordine alcuno e senza ricever molestia, dopo due mesi di faticoso e travagliato viaggio, giunsero sotto le mura di Costantinopoli, ove Alessio imperatore fe'loro concessione che dimorassero ed aspettassero l'arrivo dell'Eremita Piero.

L'esercito di costui che erasi incamminato per la Baviera e per l'Austria, andava incontro a non minori infortunii che quelli che al suo antiguardo erano intervenuti. — Soprastette alquanti giorni sotto la città che Sempronio appellarono i Romani, Soprony gli Ungari e i cronisti dicono *Cyperon*, la quale modernamente dicesi Edenburgo, ed è capo luogo del comitato dell'istesso nome, limitrofo all'Austria. La città siede in fertile pianura, cinta da belle collinette ove prosperano le viti, vicina al lago di Neusiedlero, il maggiore dell'Ungheria, se se ne eccettui il Balatone: la presente sua popolazione è di circa dieciotto mila abitatori; la costruzione è forte; il commercio ricco e abbondevole; e i mercati di animali di bellissime razze, ripieni.

Risedeavi allora il re Colomano al quale l'Eremita mandò deputati a impetrarne il libero passo per l'Ungheria; quale ottenne sotto condizione che i Crociati seguissero loro cammino senza fare alcun atto ostile e comperando i viveri di che abbisognassero. Così fu concluso, e l'esercito avviavasi verso la punta occidentale del gran lago Balatone; discendeva nella valle della Drava e poi camminando lungo il Danubio, perveniva sano e salvo a Semlino.

I vecchi cronisti hanno dato a' questa città il nome di *Malle Villa*, cioè, città della sventura; perchè ne ignoravano il nome e perchè v' ebbero i Crociati molto sinistro incontro. — Dal cominciare del decimottavo secolo Semlino è divenuta molto maggiore e più importante di quello fosse quando vi passò l'esercito cristiano, perchè situata sul confluente del Danubio con la Sava, è naturale e principale emporio del commercio in tra gli Austriaci, i Turchi e i Servii.

Ma l'Eremita avendo avuto sentore che i Semlinesi macchinassero contro di lui, invece di contenere i suoi nella disciplina, per la quale arebbe potuto ogni pericolo cansare, non si astenne dal concitare le inconsiderate passioni della moltitudine [1]; e per impazienza di trar vendetta dei passati infortuni, se ne procacciò de'nuovi e molto più pericolosi. — In una baruffa accaduta fra'terrazzani e le genti dell'Eremita, sendovi rimasi morti sedici uomini di queste, ne furono come trofei della vittoria appese le armi davanti alle porte di Semlino; le quali vedute Piero, e accecatone in grandissimo sdegno, senz'altro pensare, dette a'suoi il segno di guerra. — Al suono delle trombe, corrono i soldati alla strage, preceduti dal terrore; non gli sostennero i terrazzani e abbandonata la città ritiravansi sopra un colle, che da un lato fanno inaccessibile folti boschi e scoscese rupi, dall'altro il Danubio: la moltitudine furiosa de'Crociati, gli incalza e gli assalta in quello estremo rifugio, facendo miserabile scempio di quattro mila di loro, i cadaveri de'quali trascinati dal fiume, portano a Belgrado la novella e i testimoni della funesta vittoria.

All'orribil vista s'armano gli Ungari; e mentre i Crociati facevano tripudio in Semlino, non meno che in città turca arebbero fatto, predando ogni cosa, oltraggiando al pudore, all' onore e ad ogni giustizia, secondo è usanza de'vincitori, venne inaspettato a turbarli l'annunzio che Colomano re d'Ungheria, con esercito di cento mila bravissimi guerrieri, tutti deliberati a fare memorabil vendetta del massacro d'un disarmato popolo, era giunto presso Semlino.

I difensori della Croce, piuttosto da cieco furore trasportati, che da vero valore, e avendo per condottiere un profeta e non un capitano, quando furono in cospetto a ben disciplinato nimico, dismessa la prosunzione della loro vocazion divina, come fuggitivi, ritiraronsi precipitosa-

---

[1] Guiberto che vuole rappresentare l' insolenza de' pellegrini, dopo aver raccontato che isforzavano le donne e spogliavano i cittadini, aggiunge che strappavano le barbe a' loro ospiti, *suis hospitibus barbas vellebant* (Biblioteca delle Crociate, vol. I,)

mente da Semlino, e passata la Sava non ostante la sua larghezza, incam-
minaronsi verso Belgrado.

Giunti sul territorio di Bulgaria, trovarono le città e le castella abbandonate dagli abitatori; diserta era similmente la metropoli Belgrado;
sendone fuggito tutto il popolo nelle vicine foreste e nelle montagne. Pieno
di pericoli e di difficoltà fu il cammino de'Crociati, i quali trovando a
mala pena guide che gli conducessero, pervennero a Nissa allora sufficientemente fortificata per resistere a un primo assalto. I Bulgari mostraronsi ai Crociati dalle mura, questi standosi minacciosi nel piano il segno
d'alcuna deliberazione aspettavano; nel qual tempo considerandosi vicendevolmente i nimici, uno l'altro, intervenne il contrario di quello che in
simili casi suole intervenire, cioè che per la presenza da una parte della
fortezza del sito e delle armi de'difensori, gli assalitori impaurissero, e
dall'altra parte per l'aspetto miserabile e feroce di quella moltitudine
disperata che escita della propria patria non aveva più altra via che la vittoria o la morte, i Nisseni furono spaventati. Questo reciproco timore
contenne da principio le armi, le quali però, in tra un esercito licen-
zioso e un popolo per molte offese sdegnato, lungamente non istettero
inoperose.

I pellegrini impetrati i viveri, disponevansi alla partenza, quando una
contesa insorta fra i cittadini e alcuni soldati, occasionò la guerra.

Cento Crociati Tedeschi, che Guglielmo Tirense chiama *figliuoli di
Belial*, avendo contenzione con alcuni mercatanti nisseni, vollero vendicarsi di loro appiccando il fuoco a sette molini posti sulla Nissava. Levandosi l'incendio molto violento, i Nisseni escirono della città ed assaltarono il retroguardo dell'Eremita, facendone grande strage, impadronendosi di due mila carri e portandone seco loro molti prigioni [1]. L'Eremita
che era già fuori del territorio di Nissa, saputa la sconfitta de'suoi, ritornò addietro; ma siccome la presenza del danno sofferto suole recare
più spavento, che non dolore la notizia, trovando tutta la via disseminata di morti e di feriti, tanto se ne sgomentò, che sebbene tutto
l'esercito chiedesse di combattere, egli paventando una seconda e maggiore sconfitta, invece che le armi diedesi a trattare gli accordi. Spedì
adunque deputati a Nissa per ripetere i prigioni e le bagaglie dell'esercito; i quali pretendendo che il governatore dovesse loro usare clemenza
come a quelli che ne andavano in Oriente a combattere i nimici di Cristo, ebbero da quello severa risposta: Non addirsi appunto ai difensori
dell'uomo Dio il quale ha sempre predicata la fratellanza degli uomini

---

[1] Alberto Aquense dice che molti anni dopo, nel tempo in che scriveva la sua storia, le donne
e i figliuoli de'pellegrini erano tuttavia prigioni presso a'Bulgari.

e la giustizia, l'essere fedifraghi, violenti, licenziosi, fare stragi degli Semlinesi che pur erano come essi Cristiani e non Turchi, e passare per le terre ospitali peggio che da barbari nimici, anzi da ferocissime belve.

Ritornaronsi pertanto i legati al campo senza buona conchiusione, del che maggior furore presero i Crociati, nè più reverendo all'Eremita che troppo tardi prudente divenuto, s'ingegnava contenerli e devenire a qualche forma d'accomodamento, rotto ogni ordine e disciplina, s'armano, minacciano e a zuffa precipitano.

Mentre l'Eremita ostinavasi a espugnar la durezza del nisseno governatore, due mila pellegrini tentano dare la scalata alla città, ma sono con perdita, respinti. Allora la zuffa diviene generale, supplicando e affannandosi invano Piero per arrestare i suoi; poichè quella voce che era stata potente a suscitare il gran moto della Crociata, prestandovisi volonterosi gli animi, allora nel trambusto delle armi era o non intesa o non curata. — Intervenne frattanto ai Crociati secondo il merito loro, perchè combattendo disordinati e senza ragione veruna di guerra, furono di leggieri dai Bulgari superati e parte uccisi, parte cacciati in fuga, parte affogaronsi negli stagni. Caddero in questa occasione in poter del nimico le donne e i figliuoli de' Crociati, i loro cavalli, i somieri e il tesoro dell'esercito nel quale contenevansi non modiche elemosine de' fedeli.

Con pochi fuggitivi riparavasi l'Eremita sopra una propinqua collina, passando la notte in gravi angustie e timori e compiangendosi amaramente della avuta sconfitta, delle violenze de' suoi e delle funeste conseguenze che ne erano derivate, di che la coscienza rimordevalo come primo concitatore. Soli cinquecento uomini erano con lui; ma per suo ordine sonando continuamente le trombe, affinchè gli sparsi fuggitivi campati dalla strage al capo loro convenissero; o che questo fosse l'unico scampo che rimaneva ai Crociati, o che la santità del sacramento avesse conservata la sua efficacia negli animi loro, niuno disertò per ritornarsene alla patria; cosicchè nel seguente giorno, ne concorsero al detto colle da settemila, e nei susseguenti giorni tanti altri che a trenta mila combattenti sommavano. — Dieci mila erano sotto le mura di Nissa caduti.

Così ridotto in miserevole condizione il crociato esercito, avviavasi con rimessa fronte verso i confini della Tracia, privo delle munizioni da bocca e da guerra, vivendosi in continua paura o di ricever nuova sconfitta incontrando i Bulgari o di perir di fame se avesse a passare per alcuna regione diserta. — Per quello avvilimento che induce la calamità negli animi umani, pentivansi e rendevasi in colpa i Crociati de' fatti disordini, e dismesso alla fine il fanatico orgoglio, con gli umili e pacifici loro portamenti e con l'aspetto di loro miseria, impetrarono più agevolmente quei soccorsi, che con la violenza s'avevano voluti procacciare ; stantechè quando niun popolo ebbe più la potenza di quelli a paventare inverso la indigenza fu benigno e misericordioso.

Entrati su quel di Tracia, il greco imperadore, mandò loro deputati che dei passati disordini gli riprendessero, e che per la ventura moderazione promettessero l'imperiale assistenza e protezione. L'Eremita che si aspettava nuove sventure, pianse di allegrezza intendendo come aveva trovata grazia presso Alessio, perlochè rifrancato da migliori speranze, continuò il cammino e portando i suoi soldati rami di palma nelle mani, non impediti più da veruno ostacolo, giunsero sotto le mura di Costantinopoli.

I Greci sempre poco benevoli ai Latini, rallegravansi molto nel secreto loro per il valore de'Bulgari che aveva tanto bene disciplinati gli occidentali guerrieri, nè senza estrema compiacenza consideravano i manifesti segni della loro povertà e de'sofferti travagli. — All'imperadore nacque curiosità di veder l'uomo singolare che con la veemenza del discorso aveva sollevato il mondo cristiano ; onde ammesso l'Eremita a udienza, intese da quello la narrazione della missione sua divina e dei sostenuti infortunii [1]. Presente la corte, Alessio commendò il zelo del predicatore della Crociata, e sicuro dalla ambizione di rozzo anacoreta , lo ricolmò di presenti e rifornì il di lui esercito di denaro e di viveri; consigliandoli che la guerra non rompesse se prima non giugnevano d'Occidente i principi e gli illustri capitani che avevano presa la croce [2].

Prudente era il consiglio, ma i più chiari eroi della Crociata , non erano per anco accinti alla partita ; precedendoli frattanto nuove turme di Crociati, che seguitando la via tenuta dall'Eremita, con non disformi prevvidenza e disciplina, ai medesimi eccessi e alle medesime sventure andavano incontro.

Un prete del Palatinato avendo predicata la Crociata in alcune provincie d'Allemagna, fecesi un seguito di quindici o ventimila uomini, che in forma di esercito si raccolsero; e perchè il popolo immaginandosi essere pieni di Spirito Santo i predicatori della sacra guerra, eleggevaseli capitani supremi di siffatte spedizioni, il medesimo onore fu impartito al detto prete che Gotescalco avea nome.

---

[1] Anna Comnena dice dell'Eremita, che era *molto loquace*, attribuendo anco il medesimo difetto della loquacità ai Crociati francesi (Vedi nella *Biblioteca delle Crociate*, l'estratto di Anna Comnena, vol. III).
    [2] La parte più interessante della istoria di Anna Comnena , circa alle Crociate, è dove parla del soggiorno de'pellegrini a Costantinopoli. Nondimeno bisogna comparare la narrazione sempre ampollosa della greca principessa, con l'esposizione più precisa e moderata di Alberto Aquense. — Questi due istorici trovansi nella *Biblioteca delle Crociate*.

Declinando l'estate verso l'autunnale stagione, Gotescalco col suo esercito giunse in Ungheria dove sendo stata quell'anno più abbondante che l'usato la raccolta, gli Alemanni allentarono, e per occasione e per inclinazione naturale, il freno alla intemperanza, dimenticando nei tumulti della crapula e della licenza, Costantinopoli, Gerusalemme e l'istesso Gesù Cristo di cui s'erano giurati difensori. Ovunque passavano lasciavano miserevoli vestigia di bestiali libidini, di assassinii e di rapine. — Colomano sdegnato di tanta tracotanza, ragunò spacciatamente le sue genti a fine di frenare i gravi disordini de' Crociati e farli ricordevoli delle leggi di giustizia e della ospitalità. Essendo i soldati di Gotescalco valorosissimi, resistettero da principio bravamente, per modo che gli Ungari cominciarono a temerne e il re dubitando poterli vincere con la forza, si appigliò all'arte, meno incerta e pericolosa. Perlochè il di lui capitano simulando aver ordine di trattare della pace e sapendolo a' suoi nimici persuadere, pervenne al suo intento. — Fu il campo de' Crociati aperto agli Ungari che entrativi con fratellevole sembianza, tanto bene le dolcezze della concordia e della tranquillità magnificarono e in modo dimostrarono a' Crociati che il cammino loro saria stato più sicuro deponendo le armi, che vincendo ed opprimendo tutti i popoli, che si lasciarono disarmare, facendo così funesto testimonio della loro credula semplicità; nè sapendo forse ancora per isperienza, che chi ha offeso con le armi in mano, non dee mai deporle per pacificarsi col nimico armato, il quale raro addiviene che presentandoseli sì comoda occasione, non si vendichi. — Deposte adunque che ebbero i Tedeschi le armi, il capitano degli Ungari fe' il segno della carneficina: pregare e piangere e raccomandarsi fu indarno, il venerando segno della Redenzione che appariva sopra tutti i petti delle vittime, non contenne i brandi degli offesi, offensori divenuti. La strage fu miseranda e universale; ma il tremendo esempio poco giovò agli altri che insanivano della Croce.

Minor maraviglia recheranno i narrati eccessi di que' primi Crociati, considerando che quasi tutti erano della feccia plebea, incontinente sempre nelle sue passioni, sempre pronta ad abusare del nome e delle cose più sante, se l'autorità delle leggi e de' capi non l'affreni. Le guerre civili che diuturnamente agitavano l'Europa, il numero de' vagabondi e de' venturieri sterminatamente avevano augumentato; e l'Allemagna più che ogni altra provincia d'Occidente sconvolta, di cotali uomini cresciuti alle rapine e ai delitti era ripiena. Pubblicata la Crociata ed essendovisi quasi tutti inscritti, per quanto buon proposito avessero di esser fedeli soldati di Cristo, nondimeno la natura loro licenziosa e ribellante, più potente del buon proposito, nei consueti disordini frequentemente gli faceva trascorrere.

Sulle rive del Reno e della Mosella nuova masnada di Crociati assembravasi più sediziosa e indisciplinata che non erano i seguaci di Piero e di Gotescalco. Indotti improvvidamente nella credenza che per la Crociata fossero tutti i peccati rimessi, non solo i passati e i presenti, ma ben anco i futuri, non era scelleranza veruna da che si astenessero, persuasi che prima fosse perdonata che eseguita: Traportati da fanatico orgoglio, estimavano di disprezzo e di quantunque peggior trattamento meritevoli tutti quelli che alla santa spedizione non partecipavano, nè le opere dalla stima disconvenivano. Oltre ciò presupponevansi dover riescire tanto accetta a Dio la guerra per la loro impresa, e prestare alla Chiesa sì importante servigio, che tutti i beni della terra, piccola e non sufficiente ricompensa delle fatiche loro reputavano; occupando e impossessandosi di qualunque cosa paravasi dinanti alla loro rapacia come se legittima preda fosse, sopra infedeli conquistata.

Niun uomo prudente s'ardiva quella furibonda masnada capitanare [1] qua e là vagante senza ordini, nè seguitando altro duce che la sua propria bizzarria; soltanto preservi alcun ascendente, con l'adulare e concitare le tumultuose passioni un prete che Volcmaro appellavasi e un certo conte Emicone, il quale con quella insania di farsi capo plebe, immaginavasi espiare le reità della sua giovinezza.

La prima deliberazione di costoro, quando furono eletti capi della moltitudine, fu quale dalle farnetiche loro menti dovevasi aspettare; perchè giudicando che fosse indebito muover guerra ai Mussulmani i quali niun altro delitto commettevano, che occupare e tener in servaggio la città e il sepolcro del Salvatore, senza prima castigar quelli che l'avevano crocifisso, fecero risoluzione di sterminare gli Ebrei. A concitare viemaggiormente le passioni, facevano il cielo autore delle loro parole, confermandole con la narrazione di miracolose visioni, ondechè il popolo che universalmente aveva in odio e in orrore i Giudei, si dimostrava del loro scempio più che mai desideroso [2]. — Oltre la causa religiosa, alcune altre facevanli esosi a'Cristiani, perchè, non avendo che pochissimi concorrenti nel commercio, s'erano fatti padroni di quasi tutto

---

[1] Fra quella confusa moltitudine, meritano nota Tommaso di Feii, Guglielmo Carpentiere, un Conte Ermanno, e Clerembaldo di Vandoglio. Dopo la rotta di Mersborgo, quasi tutti questi capi rifugironsi in Italia, dove si congiunsero al conte di Vermandoà, il quale nel seguente anno mosse per mare da Bari.

[2] L'Abate Guiberto pone queste parole in bocca a un Crociato: *E che, anderemo noi a cercare i nimici di Dio oltremare, mentre i Giudei, nimici di quelli sopra tutti crudelissimi, ci sono vicini e vivono fra noi?*

l'oro che circolàva in Europa; al che cónsiderando i poveri Crociati, i quali erano costretti per fornire il loro pellegrinaggio di raccomandarsi alla carità de' fedeli, non sapevano rendersi capaci che i nimici di Cristo di ricchezze smodatamente abbondassero, mentre i suoi difensori del necessario difettavano. Fórse ancora i Giudei offesero con alcuna irrisione all'entusiasmo de' Cristiani per la Crociata.

Le quali tutte cagioni congiunte alla cupidità delle rapine, suscitarono il fuoco della persecuzione; e datone in questa circostanza l'esempio e il segno Emicone e Volcmaro, la furiosa moltitudine de' loro seguaci irruppe subitamente nelle città propinque al Reno e alla Mosella, facendo carneficina senza alcuna pietà di quanti Giudei potette aver nelle mani [1].

Tale disperazione invase i perseguitati, che molti di loro vollero più presto esser micidiali di sè stessi, che dai nimici ammazzati; molti chiusersi nelle case, vi appiccarono il fuoco e con tutte le loro sostanze nelle fiamme perirono; alcuni legando ai corpi loro grossissime pietre e gli stessi tesori che possedevano, precipitavansi nel Reno e nella Mosella. Le madri, dimenticata la naturale affezione, i propri loro figliuoli lattanti strozzavano, dicendo voler piuttosto con le loro mani mandarli nel seno di Abramo, che vederli in balía del furor de' Cristiani. Le donne e i vecchi in cui il vigore dell'anima e del corpo per lo più difetta, raccomandavansi ai mariti ed ai figliuoli che alla loro vita imponessero termine [2]. Mirabile era a vedere tutti quei mal arrivati supplicare per aver la morte a quel modo che altri per la vita supplicherebbe.

In tanto grande desolazione, l'istoria commenda la pietà evangelica dei vescovi di Vormazia, di Trevi, di Magonza e di Spira, che predicando non doversi la religione dalla umanità scompagnare, fecero delle loro sedi vescovili asilo ai Giudei contro la persecuzione de' loro furiosi nimici.

Ma i soldati di Emicone di sì fatte prodezze altamente gloriavansi, come se avessero fatto scempio di Saraceni, e posersi nuovamente in cammino ringraziando il cielo per averli aiutati e prosperati nella loro santa beccheria. La superstizione loro pareggiava la ferocia, e facevansi precedere nel viaggio da una capra e da un'oca, nelle quali alcun che divino, simile alla infocata meteora che il corso degli Ebrei per il deserto

---

[1] Le stragi de' Giudei sono minutamente raccontate nella cronica intitolata: *Gesta Archiepiscoporum Trevirensium*; di cui trovasi il sunto nella *Biblioteca delle Crociate*, vol. I.

[2] Alberto Aquense disapprova molto la strage de' Giudei, e ricorda a' suoi lettori che Dio non comanda nè consiglia in verun modo di far entrare per forza gl'infedeli sotto il giogo della cattolica fede. (Savia considerazione poco osservata dagli Spagnuoli in America) — Nondimeno (seguita a dire) non so decidere se fu per giudicio di Dio, o per aberrazione de' loro spiriti, che i Crociati tanto infierissero contro i Giudei. Lib. I.

segnava, immaginavano [1]. Que' bruti divenuti condottieri delle schiere, erano dai crociati sommamente venerati, non parendo sconvenienti cotali guide a quelli che con la loro presenza facevano fuggire le intere popolazioni, e che costringevano tutti quelli che per via iscontravano a commendare il loro zelo religioso, o a paventar per la vita. Così ignari dei luoghi e delle genti per dove avevano a passare, non sapendo neppure dei disastri che avevano i loro precursori percossi, a similitudine di violenta bufera, verso le pianure d'Ungheria procedevano. — A Moseburgo furono loro chiuse le porte della città e recusate le vettovaglie, del che forte impermaliron non sapendo darsi pace che sì male si accogliessero i soldati di Cristo, onde negli Ungheri stimarono debito inferocire, come già avevano fatto contro i Giudei.

Moseburgo (e non Merseburgo secondo che la dicono i cronisti e gli storici francesi tratti in errore dalla similitudine che questo nome ha con quello della città sassonica) è situata sul confluente del Leita col Danubio, propinquo alla grande isola di Sciutta; e vaste paludi formate dai due fiumi, la circondano e fanno quasi inespugnabile. Disserla i Romani *Ad flexum*; presentemente diconla gli Alemanni *Altenburgo*, gli Ungari *Ovar* e gli Slavi *Stare Hrady*; ancora alcuni cronisti l'appellarono *Moassòn*, che corrisponde all'ungaro *Mosoms* attribuito a Vieselburgo metropoli del comitato, vicinissima ad Altenburgo o Moseburgo. Ora questa città è molto decaduta e non contiene più che mille ottocento abitatori.

I Crociati gittato un ponte sul Leita, s'innoltrarono fin sotto le mura della città, e fatti loro preparamenti, l'assaltarono da ogni parte, opponendo i Moseburghesi gagliardissima resistenza, scagliando contro i nimici, strali, pietre ed olio bollente; donde i Crociati inviperironsi maggiormente, e tanto crebbero d'ostinazione e di furore che già saliti quasi in vetta alle mura stavano per conseguire la vittoria; quando sotto il peso de' troppi soldati che montavano sendosi infrante alcune scale, quelli che ascendevano e quelli che già ai merli s'erano appiccati con i merli medesimi e con le ruine delle torri percosse dagli arieti, nel fosso precipitarono; del che presero tanto terrore gli altri, che abbandonate le mura in gran parte diroccate, con inaspettata gioia dei trepidanti cittadini, disordinatamente dall'assedio si ritirarono.

[1] Alberto Aquense parlando di questa superstizione dei Crociati per la Capra e per l'Oca, ponsi in contegno ed esclama: Non approvare il Signor nostro Gesù Cristo, che il sepolcro ove si riposò sia visitato da' bruti, nè che sì fatti sieno i duci di quelli pe' quali ha sparso il suo sangue; — e seguitando con la medesima ingenuità, aggiunge: Non dovere avere i Cristiani altri capi che i Vescovi e gli Abati, nè mai animali bruti privi della ragione. Lib. I.

Dio medesimo (dice Guglielmo Tirense), gittò lo spavento ne'soldati per punire i loro delitti e onde la parola del savio si compiesse: *L'empio fugge e niuno l'insegue.*

I Moseburghesi, rinvenuti dallo stupore di loro vittoria, escono delle mura e non tróvano altro per la campagna che miseri fuggitivi i quali avevano gittate le armi, e cangiati totalmente da quelli di prima formidabili a tutti, allora lasciavansi scannare da chi gli assaltava senza pur difendersi o fuggire.

Molti ne perirono affogati nelle paludi, e le acque del Danubio e della Leita molti loro corpi portarono al mare e di sangue si tinsero. — Emicone rifugiossi in Allemagna ove morì.

Narrano le antiche leggende del paese che gli spettri di Emicone e alquanti de'suoi compagni, venivano di notte nei dintorni di Vormazia, chiusi nelle armi, e con ispaventevoli grida e gemiti, chiedevano le preghiere de' Cristiani a sollievo delle loro anime.

L'antiguardo di questo esercito incontrò la istessa fortuna nel territorio de'Bulgari. I Crociati trovarono da per tutto nelle città e nelle campagne, uomini che la ferocia loro agguagliavano, e che sembravano (per valermi delle espressioni degli storici contemporanei) strumenti dello sdegno divino posti sul cammino di que' pellegrini. — Dei pochi che camparono, alcuni ritornaronsi alla patria ove con ischerni e trafitte di pungenti motti furono ricevuti; alcuni proseguirono il viaggio fino a Costantinopoli, ove i Greci rallegravansi cordialmente de' nuovi infortunii dei Latini; tanto più che la stanza dell'Eremita con la sua gente, vicino alla metropoli, era loro di molti danni ed incomodi cagione.

Riunitasi la gente di Gualtiero a quella dell'Eremita, trovavansi nel campo Veneziani, Pisani e Genovesi; e il numero de' combattenti era in circa cento mila. Memori delle passate disgrazie, per alcun tempo osservarono i comandamenti dell'Imperatore e le leggi della ospitalità; ma l'abbondanza, l'ozio, la vista delle ricchezze di Costantinopoli, non potettero ostare a nuove licenze, alla indisciplinatezza e alla cupidità delle rapine. Senza aspettare segno di guerra cominciarono a predar le case, i palagi e anco le chiese de'bisantini subborghi; ondechè Alessio per liberare la metropoli da sì malvagi ospiti, forniti avendoli di barche, ordinò che di là dal Bosforo si conducessero.

Poco o nulla era da impromettersi da quella masnada confusa di tutte le nazioni e delle reliquie di altri eserciti senza disciplina e dispersi. Molti de'Crociati, avevano abbandonata la patria col solo fine di sciogliere il loro voto e veder Gerusalemme, pii desiderii che per il lungo cammino eransi dileguati; perchè qualunque sia la cagione che assembra gran moltitudine di uomini, se niun governo gli regge, i peggiori subitamente preponderanno e de'loro tristi esempi fanno legge.

Quando i soldati di Piero ebbero passato lo stretto, ruppero in tanta frenesia di disordine, chè quanti incontravano avevano per nimici, e i sudditi del Greco Imperatore più ne ebbero danni, che gli stessi Turchi. Superstizione e licenza governavano quei disfrenati d'ogni legge, che sotto il vessillo della Croce, delitti atrocissimi commettevano da far inorridire la natura [1]. Ma sopravvenne in loro la discordia e gli ricompensò largamente delle commesse scelleraggini.

I pellegrini posero il campo sul golfo di Mundania in prossimità di Civitota detta per gli antichi *Cìo*, la qual città novellamente da Alessio Comneno riedificata per istanziarvi gli Angli, che dopo il conquisto dell'Inghilterra, secondo che dice Orderigo Vitale, non potettero *sopportare la presenza di Guglielmo*, ed eransi in Oriente ricoverati; caduta ancora in ruine, fu ridotta a borgo ove promiscuamente abitano Greci e Turchi e vi ha il principale arsenale dell'Imperio Ottomano. Questo borgo appellasi in turchesco *Ghemlic* ed è situato nella estrema parte orientale delle montagne di Argantone che si prolungano lungo il mare fino a Nicomedia; dietro al borgo avvi una valle da circa due leghe estesa fino al lago Ascanio; la quale ombrata da olivi, aranci ed elci, fornì ampio e dilettevole luogo a piantarvi le tende de'pellegrini.

Furono fatte premurose instanze perchè l'ospitalità verso i Greci fosse rispettata, e perchè non si desse principio alla guerra contro i Turchi; e veramente i Crociati per alquante settimane comportaronsi pacificamente, ma l'ozio o l'aspetto del fertile paese a poco a poco operarono che la militar disciplina si rilassasse e che i consigli de'capi si ponessero in non cale. Cominciarono i più indocili a far correrie per i luoghi circostanti e ritornaronsi al campo carichi di preda, per la quale suscitaronsi grandi gelosie e discordie e licenza, nè passava giorno che non insorgesse qualche nuovo disordine.

Per li prosperi successi delle dette correrie crebbe a dismisura l'ardimento de'soldati, che altamente chiedevano di principiare le ostilità contro i Turchi. Tre mila Crociati Tedeschi, Lombardi e Liguri capitanati da un Rinaldo [2] separaronsi dall'esercito e mossero verso il castello di *Exerogorgon*, poche leghe distante da Civitota, sul declivio orientale del-

---

[1] Erano nell'esercito dell'Eremita (secondo Anna Comnena) dieci mila Normandi che fecero orribili violenze nei dintorni di Nicea: strazio di fanciulli, mettendone molti negli spiedi, e verso i vecchi furono crudeli all'eccesso. — Vedi *Biblioteca delle Crociate*, vol. II.

[2] Questo Rinaldo di cui la storia non ricorda altro che il nome, e che probabilmente era italiano, è quello istesso che il Tasso ha introdotto tanto splendidamente nel suo poema, ma che ha meno qualità storiche degli altri suoi eroi.

......s'inoltrarono i Crociati verso Nicea

Libro II.

O. Bonazza dis. e dir.

A. Viviani inc.

Gualtiero Senzavere trafitto da sette strali fu tra primi uccisi :
la strage fu spaventevole.

Lib. II. Pag. 87.

l'Argantone [1]. Riescì loro di cacciarne il presidio mussulmano, ma sopravvenuto da Nicea un rinforzo turco, rimasero assediati. Essendo senza vettovaglia e gli assediatori avendo rotti i canali delle acque, furono in un subito ridotti alle estremità della fame e della sete e in tanto travaglio dell'arsione, che bevevano le loro proprie orine e il sangue de' cavalli e degli asini. Divenuto inutile il coraggio, s'arresero a discrezione: Molti ne furono decapitati, gli altri mandati schiavi nel Corazano; e il capitan Rinaldo tradendo i propri compagni e rinnegando la fede di Cristo, scampò dalla morte e dalla schiavitù.

Saputosi il tristo evento nel campo de'Crociati, vi nacque gran confusione. Levavasi in arme tutto l'esercito (erano venticinque mila fanti e cinquecento cavalieri vestiti di corazze) e movevansi, lungo le falde dei monti, verso Nicea. Dall'altra parte il Soldano niceno, ragunate le sue genti s'era già posto in cammino per assaltare il campo Cristiano; ne erano i Crociati distanti da circa quattro miglia; del che avvisato il Sultano, uscendo da un bosco nel quale erasi posto in agguato, occupa una pianura per la quale doveva passare l'esercito cristiano [2]. I Crociati, ignorando la prossimità del nimico, seguitano il loro cammino.

Trovavansi finalmente gli eserciti a fronte; e si appicca la zuffa; ma i Cristiani, non osservando gli ordini, furono in breve tempo rotti. Lodanli nondimanco le Croniche di egregio valore, affermando che non mai i soldati della Croce combatterono più strenuamente che allora; niuno si volse addietro, niun pensò a fuggire. Caddero sul principiar della pugna i loro capi di più conto; Gualtiero Senzavere trafitto da sette strali fu tra' primi uccisi: la strage fu spaventevole.

Credesi che questo fatto d'arme succedesse sei leghe distante al ponente di Nicea nel luogo che è fra il moderno villaggio turco di Basar-Cheui e il lago Ascanio; spazio di circa una lega e presentemente coperto di vigneti, d'olivi e di melagrani.

Il Sultano di Nicea ottenuta questa vittoria, s'innoltra verso il campo de'Crociati, nel quale erano rimasi non altro che monaci, donne, fan-

[1] Il castello di Exerogorgon, modernamente è detto Escì Scialec (castello) vecchio nome che i paesani appropriano a tutte le fortezze ruinate. Le sue ruine sono distanti da Civitola o da Ghemlicca, circa quattro ore e mezzo di cammino; e ore otto dal settentrione ponente di Nicea; e a mezz'ora a settentrione del borgo turco appellato Basar-Cheui.

[2] Anna Comnena attribuisce al sultano di Nicea uno stratagemma per trarre i cristiani in isvantaggiosa posizione; supponendo che il sultano mandasse due spie per ispargere accortamente nel campo de' fedeli la voce che i Normandi avevano occupato Nicea e che davano il sacco alle immense ricchezze ivi raccolte. — A tale annuncio (dice la principessa) i Latini sono impazienti d' accorrere colà; niun ordine, niuna disciplina può contenerli; poichè quando vi è da far preda, è impossibile frenare la cupidigia de' Latini. — (Biblioteca delle Crociate, vol. II).

ciulli e malati. Ai soli giovinetti dell'uno e dell'altro sesso, fu fatto grazia della vita, ma per condurli in servaggio; tremila soltanto camparono
con la fuga; tutto l'esercito cristiano in un giorno fu spento; e nella
vallea di Civitota e sopra la strada di Nicea ne rimasero qua e là am-
monticchiate le ossa: deplorabile monumento preparato sul cammino degli altri Crociati che venivano a liberare Terra Santa!

Cotal fine ebbe quel popolo di pellegrini tanto formidabili all'Asia,
e non potettero nemmeno pervenire ai luoghi di che proponevansi fare
il conquisto. I loro disordini impressionarono sinistramente i Greci delle
Crociate; e la loro militare indisciplinatezza dava giusto argomento a' Turchi di disprezzare gli eserciti occidentali.

L'eremita che accortamente se ne era andato a Costantinopoli prima
che la campal giornata succedesse, non tanto per previsione della soprastante calamità, quanto per aver perduta l'autorità e la reputazione presso
i suoi medesimi seguaci, non s'astenne dal biasimare acerbamente l'in-
docilità e l'orgoglio di quelli [1], chiamandoli, iniquitosi masnadieri, ripro-
vati da Dio e da lui impediti di contemplare e di adorare la tomba del
suo figliuolo. Ma queste invettive, mentre dall'un canto giustificavano
l'avversa fortuna de' Crociati; dall'altro discoprivano l'inabilità a guidare
una tanta impresa di quel medesimo che con veementissima eloquenza
l'aveva predicata e promossa. Freddezza di temperamento, prudenza e
fermezza, voleaci a reggere e condurre quella moltitudine da diversissime
passioni trasportata e solo mossa e governata dal fanatismo. Per lo contrario il cenobita Piero, quanto fu prima potente e fortunato nello ordinare
sì gran moto, poichè ebbe conseguito l'intento, rimasesi confuso e ne-
gletto nella plebe de' pellegrini, nè fu mai in alcuna considerazione durante la santa guerra di cui era stato il primo autore.

Non è ben noto qual senso producesse in Europa l'annunzio dello
sterminio de' trecento mila Crociati; e nondimeno quelli che dovevano
seguitarli, punto spaventati dal lagrimevole caso, deliberaronsi trar profitto dalla sciagura de' loro predecessori. — Eserciti meglio ordinati e più
formidabili vidersi allora in Occidente, di gran lunga superiori a quelli
che sulle rive del Danubio e nelle pianure di Bitinia erano stati rotti e
dispersi.

Il viaggio e la prodezza di questi nuovi eserciti, ne forniranno soggetti di più nobili narrazioni nelle quali l'eroismo della cavalleria nella

---

[1] Anna Comnena a questo proposito dice dell'Eremita: *invece di confessare la sua colpa volle gravarne quelli che avevano voluto governarsi da loro, chiamandoli ladri e masnadieri, giudicati da Dio indegni di vedere e di adorare il sepolcro del suo figliuolo* (Vedi *Alessiade*, *Biblioteca delle Crociate*, vol. II).

G. Gozzini inv. e dis.   A. Verico inc.

Il Sultano di Nicea ottenuta questa vittoria s'inoltra verso il campo de' Crociati

Lib. II. Pag. 88.

i principi e i baroni nelle loro contese ; e guerreggiandosi , i suoi consigli quali ordini supremi venivano ricevuti e da tutti docilmente osservati.

Sollecitata dal duca di Lorena, la nobiltà francese e renana, prodigò generosamente i suoi tesori per i preparativi della Crociata, nè ve n'era piccolo bisogno, attesochè per tale contingenza tutte le cose necessarie al guerreggiare fossero venute a sì caro pregio, che il valore d'un fondo di terra bastava appena per comperare la completa armatura d'un cavaliere. Interveniva pertanto frequentemente che le donne vendessero i loro più preziosi ornamenti per sopperire alle spese del viaggio e delle altre cose necessarie per i loro figliuoli o per i mariti ; e quei medesimi, dicono gli storici, che in altre circostanze avrebbero piuttosto subite mille morti che renunciare ad alcuno o a parte de'loro dominii, per modica somma allora spogliavansene o con armi gli permutavano ; parendo esser divenute cose sole desiderevoli e preziose l'oro e il ferro.

Vidersi allora ricomparire nell'uso degli uomini le ricchezze da lungo tempo già per temenza o per avarizia sotterrate. Verghe d'oro e gran copia di moneta, dice l'abate Guiberto, vedevansi a mucchi nelle tende de'principali Crociati, come i più comuni frutti della terra nelle capanue de'contadini.

Molti baroni che non avevano nè terre nè castella da vendere, non s'adontavano di mendicare la carità de'fedeli, i quali non prendendo la Croce, estimavano nondimeno partecipare ai meriti della Santa Guerra fornendo ai bisogni di coloro che s'erano a quella addetti. E vi furono de'signori che spogliarono i loro vassalli ; alcuni, come Guglielmo visconte di Meluno, diedero il sacco ai borghi e ai villaggi per rifornirsi del necessario a combattere gli infedeli ; cominciando così dal ruinare gli eletti da Dio, per dipoi recare incerti danni a'suoi nimici.

Goffredo di Buglione pieno il petto di pietà meno crudele, volle piuttosto vendere i suoi dominii che opprimere ingiustamente i sudditi. Leggesi in Roberto Gagnino che permise agli abitanti di Metz di ricomperare la loro città della quale aveva l'alto dominio feudale ; vendette oltreciò il principato di Stenai al vescovo di Verduno ; fe'cessione de'suoi diritti sul ducato di Buglione al vescovo di Liegi per la vil somma di quarantamila marchi d'argento e per una libbra d'oro, sopra che l'arguto gesuita padre Maimburg dice piacevolmente nella sua *Istoria delle Crociate*, che i principi secolari ruinaronsi per la causa di Gesù Cristo mentre i principi ecclesiastici per il religioso fervore di quelli, s'arricchivano. Così i beni umani come le vite, sono in perpetuo circolo di permutazioni, queste per il periodico corso delle cose materiali si spengono

e si rinnovellano mediante la morte e il nascimento degli animali; quelli
per la potenza delle passioni, delle opinioni e delle industrie degli uomini, corrono sempre in balìa di chi sa trarli a sè, profittando dell'altrui imbecillità.

Goffredo raccolti sotto le sue bandiere ottantamila fanti e diecimila
cavalli, posesi in cammino per Terra Santa, otto mesi dopo il Concilio
di Chiaromonte, seguitato da gran numero di Signori tedeschi e francesi.
Erano pure con lui il fratello Eustachio di Boulogne, l'altro fratello Baldovino e il cugino Baldovino dal Borgo appellato. Questi due ultimi ai
quali, come a Goffredo serbavasi dal destino il regno di Gerusalemme,
allora quali semplici cavalieri nel cristiano esercito militavano; ma non
gli traeva a ciò zelo di religione, sì bene speranze di alte fortune in Asia
per le quali senza increscimento le terre per loro possedute in Europa
abbandonavano, non dissimili affatto dal noto cane di Esopo. Sono oltreciò meritevoli di ricordanza in tra i seguaci di Goffredo, Baldovino conte
di Ainò; Guarniero conte di Grai; Conone di Montaguto; Dudone di Conza
molto celebrato nella *Gerusalemme* del Tasso; i due fratelli Enrico e Goffredo di Asce; Gherardo di Cherisì; Rinaldo e Pietro di Tule; Ugo di San
Paolo e il di lui figliuolo Engelrano. — Sotto questi capi militavano molti
altri cavalieri meno illustri, ma non meno pieni di alte speranze e cupidi
di farsi chiari con valorose gesta.

Questo esercito di Goffredo sendo bene disciplinato e la maggior parte
de' soldati avendo già fatte buone prove in altre guerre, si dimostrò al-
l'Allemagna in molto diverso aspetto che non le masnade dell'Eremita e
ricuperò l'onore de' Crociati in tutti i paesi per li quali ebbe a passare;
per modo che laddove i primi campioni della Croce non trovarono altro
che ostacoli e nimici, le genti del Buglione trovavano dappertutto soccorsi
e alleati. Goffredo prudentemente compassionò agli infortunii de' suoi precursori, senza però assumerne le vendette [1].

Giunto a Tollenborgo, che oggi dicesi *Bruc-an-der Leyta* [2], scrisse al re
Colomano chiedendoli il passo per gli suoi stati, e ne ebbe risposte amichevoli [3]. Il re e il duca convennero insieme a Ciperone ovvero Edemborgo,
e tanta fu la loro concordia, che gli Ungari e i Bulgari poste in obblio
le rapine e le insolenze dei soldati dell'Eremita, di Gotescalco e di Emicone, ammirarono la moderazione del lorenese condottiere e pregarono Dio
per il buon successo delle sue armi.

[1] Alberto Aquense (Vedi la *Biblioteca delle Crociate*. Vol. I.).

[2] Bruc e una piccola città di trecento case, nell'Austria Inferiore e nella regione di Unter-
den Wienerwald sopra la Leita, che separa l'Austria dall'Ungheria. L'antica Tollenborgo, presa da
Mattia Corvino nel 1483, e incendiata nel 1766, è ora totalmente distrutta.

[3] Alberto Aquense riporta la lettera che Goffredo scrisse al re d'Ungheria Colomano e le risposte di questo principe, che si hanno tradotte nella *Biblioteca delle Crociate*. Vol. I.

Mentre che Goffredo avvicinavasi a Costantinopoli, la Francia assembrava nuovi eserciti per la Crociata, — Pochi mesi dopo il concilio di Chiaromonte, i grandi del regno adunaronsi per deliberare della grande spedizione. In questa assemblea avuta, presente Filippo I, che il Papa nel detto concilio aveva scomunicato, niuno fu contrario alla guerra sotto gli auspici della Santa Sede predicata, niuno s'adoperò a mitigare o a dare giusto avviamento alle passioni religiose e guerresche che agitavano l'Europa.

Sendo il decimo secolo alla metà del suo corso pervenuto, il capo della terza dinastia franca, a fine di conseguire il regio titolo, non solo avea le usurpazioni de'signori ratificate, ma fatta cessione di quasi tutti i diritti della corona. Filippo I nipote di Ugo Capeto aveva il suo dominio in tra Parigi e Orléans ristretto, sendo a balía de'grandi vassalli (de'quali alcuni in potenza il re superavano) tutte le altre provincie della Francia. L'autorità regale, solo rifugio de'popoli contro la prepotenza dei grandi e del clero, era inferma per modo, che a'dì nostri reca maraviglia come in tra tanti pericoli e nimici che da tutte parti la circondavano, non soccombesse; perchè essendo il monarca continuo bersaglio alle ecclesiastiche censure, non mancavano occasioni ed argomenti ai sudditi di farsi lecita qualsivoglia inobbedienza e ribellione, dandole colore d'alcun sacro pretesto.

Ora per la Crociata liberandosi l'Europa di tutti coloro che della trista condizione del regno arebbero potuto profittare, rimanea salva la patria dai pericoli delle civili guerre e toglieasi occasione alle sanguinose discordie che regnante Enrico e sedendo sulla cattedra di Pietro, Gregorio, avevano l'Allemagna travagliata.

Comecchè tali considerazioni sieno ovvie agli uomini che hanno qualche pratica delle cose politiche, sarebbe fuori del probabile immaginarci che i consiglieri del re di Francia penetrassero appieno i salutari resultamenti della Crociata, conosciuti molto tempo dipoi e soltanto nel nostro secolo convenevolmente estimati. Oltreciò non fu posto mente ai disordini e ai mali che necessariamente da una guerra alla quale violentissime passioni concorrevano, dovevano conseguitare; stantecchè l'ambizione, la licenza e il fanatismo a qualunque politico reggimento formidabili, avrebbero facilmente condotti a qualche estremo infortunio gli eserciti per la sacra guerra ordinati. Niuno di coloro che crociaronsi o che rimasersi nella patria non considerò a ciò, nè tanto col prevedere dell'intelletto scorse lungi nell'avvenire, da figurarvi altro sennonchè battaglie e vittorie. I grandi vassalli accorrevano a lontana guerra, inconsapevoli che per quella sarebbe stata la loro potenza diminuita e le loro famiglie a ruina condotte; i re

e i popoli non presentivano in verun modo degli effetti di sì grandi
spedizioni, quello che la monarchica autorità e la popolare libertà avrebbe
corroborate ed aumentate; i fautori della Santa Sede e quelli della monarchia; coloro che di religioso zelo ardevano; i pochissimi che amore
della umanità e della patria facea degli altri più degni; niuno insomma, cercava le cause dei successi che vedeva o ne investigava le conseguenze. Le corti per il torrente della moltitudine lasciavansi traportare,
uniformandosi ciecamente i più a quella suprema volontà che le cose
mondane governa a suo piacimento e indirizza le umane passioni al compimento de' suoi disegni.

In quello secolo superstizioso più poteva sugli spiriti l'apparenza di
un prodigio o di uno straordinario fenomeno, che non gli oracoli della
sapienza e della ragione.

Narrano gli storici che standosi a consiglio i baroni, apparve allora appunto la luna, per una ecclisse in che si trovava, velata di sanguigno colore, che tale sinistro spettacolo durò tutta la notte e che allo spuntar
del giorno, grandi macchie sanguigne ancora coprivano il disco lunare,
quando d'improvviso si vestì di maraviglioso chiarore. — Alcune settimane
dipoi, dice l'Abate Guiberto, fu visto l'orizzonte dalla parte aquilonare,
tutto infiammato, e i popoli spaventati, esciono delle case e delle città,
immaginandosi che il nimico portando ferro e fuoco si approssimasse.

Tali e più altri fenomeni furono quali segni dalla divina volontà interpretati e quali presagi di terribil guerra che in nome di quella avevasi a combattere, d'onde smisuratamente l'entusiasmo per la Crociata si
accrebbe; partecipando anco della universale opinione coloro medesimi che
fino allora ne erano stati alieni; per la qual cosa la maggior parte dei
Francesi che arme professavano, nè che per anco avevano fatto sacramento di andar contro gli infedeli, immantinente crociaronsi.

Quelli del Vermandese con i sudditi di Filippo sotto le bandiere del
conte Ugo partirono [1], il quale comecchè per altri signori e gran baroni
che le insegne della croce seguitavano, in fama di militare perizia fosse
superato, nondimanco per la sua qualità di fratello al re di Francia, per
le città d'Oriente godeva maggiore stima e reputazione: nè poco giova-
vanli a cotale effetto la sua magnificenza e l'ostentazione de' modi, arti
consuete di coloro che a dominar gli altri pongono l'ingegno. Non per-

---

[1] Ugo detto il *Grande* secondogenito di Enrico re di Francia, divenne duca del Vermandese
per cagione del suo matrimonio con Adelaide figliuola di Erberto IV e d'Ildebranta; Adelaide gli
portò in dote oltre la ducea del Vermandese, quella del Vallese e l'Avvocaria di Mulèn la Gasce
(*Arte di verificare le Date*, vol. II, col. 705). — Avendo Ugo usurpate alcune possessioni ecclesiastiche, fu condannato, per un'assemblea di vescovi, a restituirle, approvata la decisione di quelli
da Filippo I di lui fratello (Cartulario di San Pietro di Bovese, F.° 83, R.°).

tanto il di lui temperamento era indolente e leggiero; mostrando talvolta coraggio e valore su i campi di battaglia, ma mancando dipoi di perseveranza e di fortezza nei sinistri; come quegli che due fiate, seguitato da' suoi cavalieri, si mosse alla volta di Gerusalemme e morì senza averla veduta neppure una. In sua lode però è da dire, che sebben poco favorito dalla fortuna, niuno degli eroi crociati, ebbe fini e intendimenti più nobili e generosi de' suoi; cosicchè se per le sue prodezze non meritossi il soprannome di *Grande* [1] attribuitoli dalla storia, per il suo zelo sincero e per non aversi procurato altro che gloria in quella guerra che offeriva regni alla ambizione de' principi e de' semplici cavalieri, l'avrebbe giustamente meritato.

Roberto, soprannominato *Cortaspada*, duca di Normandia, che conduceva i suoi sudditi alla guerra santa, era figliuolo primogenito di Guglielmo il conquistatore. A nobili qualità, difetti di principe indegni accoppiava. In sua giovinezza non seppe stare sottoposto all'autorità paterna, ma più stimolato da vaghezza d'indipendenza, che da ambizione, dopo aver prese le armi contro il suo medesimo genitore a fine di regnare in Normandia, non profittò della occasione di occupare il trono d'Inghilterra, morto Guglielmo. — Nè pace nè leggi fiorirono sotto il suo governo, perchè l'indolenza e la debolezza del principe danno sempre ansa alla insubordinazione e alla licenza, e le prodigalità di Roberto ridussero lui e i suoi popoli in estrema povertà. — Orderigo Vitale narra che il duca si trovasse taluna fiata in tanta indigenza da mancarli il pane nel seno d'un ricco ducato; e uno storico normando aggiunge, che per mancanza di abiti da vestirsi, *se ne stava molte volte e per più giorni a letto fino all' ora sesta*, e non poteva assistere ai divini offici perchè era ignudo, trafugandoli impunemente i calzoni, le scarpe e gli altri abiti, i suoi propri cortigiani e i buffoni sicuri della sua noncuranza.

Non per ambizione di conquistare regni in Asia, ma tratto dal suo umore incostante e cavalleresco, prese Roberto la Croce; probabilmente anco il fervore religioso ebbe poca o niuna parte in questa sua deliberazione.

I Normandi, popolo irrequieto e bellicoso, avendo in ogni tempo dimostrata devozione per li pellegrinaggi sopra tutte le altre nazioni di Europa, accorsero popolarmente sotto i vessilli della Crociata.

Ma il duca Roberto non avendo il danaro necessario per mantenere l'esercito, per procurarsene dette in pegno la Normandia a suo fratello Guglielmo il Rosso, il quale poco curante della religione (come merita-

---

[1] Legendre, nella sua Storia di Francia, dice che Ugo avesse avuto il soprannome di *Grande* per cagione della altezza di sua persona.

mente ne l'accusava il suo secolo) e facendosi beffe della cavalleria errante de'Crociati, profittò lietamente della occasione di governare una provincia che sperava poter unire un giorno al suo regno. Costui per fornire il danaro al fratello, senza verecondia alcuna gravò il clero d'imposizioni e di balzelli e fece fondere gli argenti delle chiese, dal che cavò la somma di dieci mila marchi d'argento; e la pagò a Roberto che partì per Terra santa, seguitato da quasi tutti i nobili della sua duchea.

Un altro Roberto conte di Fiandra conduceva i Frisoni e i Fiamminghi. — Egli era figliuolo di Roberto soprannominato il *Frisone* che aveva usurpato il principato di Fiandra a' suoi proprii nipoti; il quale per fare espiazione delle sue inique vittorie erane già andato, qualche tempo prima della Crociata, in pellegrinaggio a Gerusalemme. — Roberto il figliuolo, trovò facilmente soldati, che (esercitati in lunghe guerre civili ed eccitati per le narrazioni de'pellegrini che ritornavano di oriente) volenterosi il seguitarono: ma con questa spedizione per la quale era per acquistarsi nomea d'intrepido guerriero e il soprannome di *Lancia* e di *Spada de' Cristiani*, compì la ruina del suo padre. Cinquecento cavalieri mandati da Roberto il Frisone all'imperatore Alessio, l'avevano già a Costantinopoli preceduto.

Stefano, conte di Bloase e di Carnosa, erasi pur crociato, benchè fosse il più ricco signore de'suoi tempi. — Gli scrittori contemporanei per presentare una immagine de'suoi dominii, dicevano che il numero dei castelli che possedeva al numero dei giorni dell'anno fosse eguale. — Ildeberto vescovo del Mans, paragonavalo (senza però arrossirne) a Cesare in guerra e a Virgilio nella poetica facoltà; nè ciò ci dee recar maraviglia quando veggiamo di continuo i più imbecilli e disonorevoli animali della specie umana, per questa prepotenza delle ricchezza di che gli vuole ricolmi la cieca fortuna, esser d'ogni virtù e d'ogni ingegno altamente commendati, laddovechè se rimanessero privi di quello infernal fascino dell'oro, non ne faremmo maggiore stima che de'vilissimi bruti e degli uomini a'bruti poco dissimili, fare si soglia. S'eglino pretendono alla palma di Poeti, di Storici o d'Artisti o d'Istrioni, ecco tutti i parassiti concionatori degli aristocratici circoli, e tutti i prezzolati giornalisti affaticar lingue e torchi per celebrarli sopra tutte le umane celebrità; così s'eglino vogliono simulare magnanimità, filantropia o farsi capi di qualsivoglia pazza intrapresa, ecco encomiarli e correr loro dietro tutta la moltitudine degli sciocchi, che al secol nostro, privo d'ogni carattere, senza modo soprabbondano. Ma se un povero veramente prediletto dalla Natura al bello delle arti, e al sublime delle scienze e delle lettere, vuole mostrare al mondo quale e quanto egli sia, oh che grandi ostacoli, che difficoltà quasi insormontabili ed

anco talora che pericoli, a' suoi voli acerbamente contrastano! Le reali
e sincere virtù de' poveri, passano col tempo e scendono nei plebei sepolcri sconosciute; mentre i pomposi marmi de' monumenti e le pagine
degli inonorati scrittori si fregiano ambiziosamente delle maschere della
doviziosa ipocrisia e simulazione. Non ci dobbiamo pertanto maravigliare
che quel conte Stefano ricchissimo di tutti i suoi coetanei, a Cesare e
a Virgilio venisse agguagliato. — Ma la Storia, (la Storia presentemente
anco essa alla adulazione prostituita) non fa quasi parola delle di lui militari prodezze; nè de' suoi tanto famigerati scritti, vinsero le ingiurie
della età, altri che due lettere, in tempo della Santa Spedizione, alla
sua moglie Adele mandate; le quali lettere bastano a testimoniarlo, se
non inferiore, certo non superiore alla intellettuale viltà del suo secolo,
quantunque vero sia che ricevesse esquisita educazione e che coltivasse le
lettere, ma con l'oro non si comperano i liberalissimi doni della imparziale Natura [1].

Sul principio della Crociata il conte Stefano in grazia della nomi-
nanza che avea di uomo letterato, e forse più a contemplazione delle
sue ricchezze, fu ne' consigli sommamente riverito e i suoi pareri tenuti
in gran conto; ma quando si venne a' fatti, disertando i suoi compagni
nel maggior pericolo, perse molto della pristina riputazione, e benchè
morisse combattendo contro gli infedeli, l'onorata morte non bastò a
purgarlo dalla taccia di codardo presso i coetanei.

Questi quattro capi surriferiti, cioè il conte Ugo, Roberto Cortaspada, Roberto di Fiandra e il conte Stefano, erano seguitati da molti cavalieri e signori, fra i quali la storia fa special menzione di Roberto da
Parigi, di Everardo Puisaio, di Acardo da Montemerlo, d'Isuardo da
Musone, di Stefano conte di Albermale, di Gualtiero da San Valerio,
di Ruggiero da Barnevilla, di Fregante e Conano due illustri Brettoni,
di Guido da Trussella, Milesio di Braie, Paolo da Bogiansì, Rotrudo
figliuolo del conte del Percese, Odone vescovo di Baiosa e zio del duca
di Normandia, Raolo del Gadero, Ivone e Alberigo figliuoli di Ugo da
Granmenille.

Quasi tutti i conti e i baroni conducevano seco le loro mogli, i figliuoli e tutte le salmerie da guerra.

Superate le Alpi, s'incamminarono verso le coste d'Italia, facendo disegno di trasferirsi in Grecia per mare.

Propinquo a Lucca trovarono papa Urbano che gli benedisse, commendò il loro zelo, e pregò Dio per il buon successo di tanta intrapre-

---

[1] Si troveranno fedelmente traslatate in italiano nella *Biblioteca delle Crociate* le citate due
lettere del conte Stefano.

sa; consegnò dipoi lo stendardo della Chiesa al conte del Vermandese, il quale con gli altri principi, andò a Roma per adorare alle tombe dei santi apostoli Pietro e Paolo.

Civil guerra travagliava allora la metropoli del mondo, contendendo con le armi per il possesso della Chiesa di San Pietro i soldati di Urbano e di Guiberto, con rapire ora questi ora quelli lo offerte de' fedeli. Checchè ne dicano alcuni storici moderni, i Crociati non accostaronsi a veruno dei detti due partiti, e ciò che dee recare maggior maraviglia, Urbano non richiese alla difesa della sua propria causa alcuno de' guerrieri a' quali egli medesimo avea poste in mano le armi. Ma lo spettacolo che presentava la città di San Pietro doveva nondimeno scandolezzare non poco i Crociati, massime i forestieri, chè gli Italiani per lungh'uso erano già a simili scandali assuefatti: per la qual cosa Fulcherio Carnotense, a cui quelle convulsioni dell'Apostolica Sede parvero di pessimo esempio, esclama:

Perchè ci maraviglieremmo che il mondo sia da continue turbolenze agitato, quando la istessa Romana Chiesa nella quale ogni buon ordine ed ogni perfezione s' arebbe a venerare, in perpetue guerre civili si travaglia?

Alcuni contenti allo aver adorato sulla tomba degli Apostoli, e forse guariti del loro fanatismo per la vista delle violenze che il santuario profanavano, disertarono le bandiere della Crociata e ritornaronsi alle case loro. Gli altri proseguirono il cammino verso la Puglia, nè prima pervennero a Bari che già per l'incipiente inverno facevasi il navigare pericoloso, perlochè furono necessitati aspettare alquanti mesi la stagione propizia all'imbarcarsi.

Passando adunque i Crociati per mezzo all'Italia, benchè gli Italiani fino allora poco favorevolmente della grande spedizione sentissero, veggendo l'altrui entusiasmo (che è morale contagio molto attaccaticcio) anch'essi cominciavano a infervorarsi per la liberazione di Gerusalemme.

Boemondo principe di Taranto fu primo a risolversi di seguitare i Crociati in Oriente. Discendeva egli da que' Normandi cavalieri per cui la Puglia e la Calabria erano state conquistate. Cinquant'anni prima della Crociata, il di lui padre Roberto Guiscardo soprannominato l'Astuto, erasi partito dal castello di Altavilla in Normandia con trenta fanti e cinque cavalli. Ajutato da alcuni suoi parenti e compatriotti, tratti com'esso in Italia dalla speranza di arricchirsi, sostenne vantaggiosa guerra contro i Greci, i Longobardi e i Saraceni padroni della Sicilia e di Napoli. Stabilita colà la sua sede, vi crebbe a poco a poco in tanta potenza che talora potè opprimere e talora proteggere l'Apostolica Sede. Sconfisse gli

T. I.   13

eserciti dell'Orientale ed Occidentale Imperio, e morte gl'interruppe il corso delle vittorie nel suo conquisto della Grecia.

Boemondo non cedeva nè in virtù nè in valore al suo padre Roberto Guiscardo. — Gli scrittori contemporanei che non tralasciano mai di descrivere diligentemente le fisiche qualità de' loro eroi, ci riferiscono che Boemondo fosse di alta persona e che sopravanzava d'un cubito gli uomini di ordinaria statura; che avesse gli occhi azzurri e spiranti fierezza. — Anna Comnena dice che la di lui presenza movea gli occhi ad ammirazione in quel modo che la sua fama empiva di stupore gli spiriti [1]. — Parlava con bellissima copia di naturale eloquenza, e chi lo vedeva esercitarsi nelle armi, immaginavasi non avesse mai fatto altro in vita sua che trattare spada e lancia. — Alla scuola degli eroi normandi aveva apparato a dissimulare le ponderate combinazioni della politica sotto il velame delle violenze, e sebben fosse di carattere feroce ed altiero, sapeva sopportare un'ingiuria e aspettare il tempo all'utile vendetta. Da suo padre avea tolto lo stile di tener per suoi nimici tutti quelli dei quali gli stati o le ricchezze concupiva; non lo distogliendo dal proseguire i suoi disegni nè timor di Dio, nè stima degli uomini, nè la santità de' sacramenti.

Egli aveva seguitato Roberto nella guerra contro l'imperatore Alessio ed erasi molta lode meritata nelle giornate di Durazzo e di Larissa; ma diseredato nel testamento, non rimanevali più altro dopo la morte del padre, che la memoria delle sue gesta e l'esempio della sua famiglia.

Dichiarata la guerra al fratello Ruggiero, aveva di fresco conseguito il principato di Taranto, allorchè divulgossi per l'Europa la spedizione d'Oriente. — Non perchè la liberazione del Sepolcro di Cristo accendesse il suo zelo, egli crociavasi, ma, avendo giurato odio eterno ai greci imperatori, compiacevasi inestimabilmente di aver a passare per l'imperio di quelli con uno esercito, mediante il quale, confidato nella sua prospera fortuna, sperava acquistarsi un regno prima di giungere a Gerusalemme.

Ma l'esercito non poteva fornirglielo il piccolo principato di Taranto; però gli soccorse lo spediente, che allora in nome della religione qualunque capo poteva fare accolta di soldati in ogni stato. Si valse pertanto dell'universale entusiasmo per la Crociata, e così trasse alle sue bandiere soldati quanti ne volle.

Boemondo era andato col fratello e con lo zio all'assedio di Amalfi,

---

[1] Anna Comnena ha fatto un curioso ritratto di Boemondo che si vedrà nella *Biblioteca delle Crociate*.

città florida che disdegnava la protezione de' nuovi padroni della Puglia e della Sicilia; e siccome egli era molto perito nei rettorici artificii e nell'arte di nascondere i suoi ambiziosi disegni sotto il velame del religioso fanatismo, posesi in fra gli assediatori a predicare da sè stesso la Crociata; discorreva in mezzo alle schiere esaltando i gran capitani e i principi che avevano presa la croce; memorando ai guerrieri più pii la necessità di difender la religione; ed agli altri che meno inchinevoli conosceva all'entusiasmo, rappresentando la gloria e la fortuna che potevano acquistarsi. — Tutto l'esercito commosso alla di lui eloquenza, alzò il grido: *Dio lo vuole! Dio lo vuole!*

Boemondo, lieto dell'avuto successo, senza frappor dimora, straccia la sua sarcotta, per farne delle Croci che distribuisce agli ufficiali e ai soldati.

Quando tutti furono deliberati di andarne a Gerusalemme, cominciarono a tener trattato del capo che s'avessero a eleggere e convennero in Boemondo, al quale immantinente ne fecero la proposta. Egli dapprima, per colorire ipocritamente la cosa, si pone in sul niego, mostrando di ricusare ciò che ardentemente brama; onde i grossi intelletti de' soldati mal capaci di penetrare quella scaltra dissimulazione, come è consuetudine della plebe, sempre più invogliandosi di quello stimavano difficile a conseguire, infervoraronsi nel pregarlo; per il che Boemondo dopo qualche altra simulazione di umiltà, quasi a forza mostrò cedere alla coloro irremovibile volontà. — Crebbe allora e divenne universale il fanatismo, giurando tutto l'esercito al Tarantino Principe di seguitarlo in Palestina; per il che Ruggiero videsi necessitato di levare l'assedio da Amalfi, e Boemondo preparavasi alla nuova intrapresa.

Poco tempo dipoi facea vela verso la Grecia con dieci mila cavalli e venti mila fanti, portando con lui quanti in Calabria, in Puglia e in Sicilia aveano fama d'illustri cavalieri; fra i quali meritano ricordanza: Riccardo principe di Salerno e Ranulfo di lui fratello, Ermanno di Coni, Roberto di Eusa, Roberto di Surdevalle, Roberto figliuolo di Tristano, Boglio Carnotense, e Omfredo di Monteaguto; tutti guerrieri già per loro prodezze famigerati; fra i quali però d'ogni bella qualità aveva il vanto Tancredi.

Sebbene nella di lui famiglia fosse l'ambizione ereditaria, suo unico fine era combattere gli infedeli, traendolo in Asia niun'altra affezione che la pietà, l'amor della gloria e forse anco la sua amicizia per Boemondo. — Il suo indomabile orgoglio non s'inchinò mai davanti alle grandezze della terra, e talora anco si dimostrò contro i suoi medesimi commilitoni. Raolo di Caen, suo panegirista ed amico, nella istoria che ne scrisse, non parla nè degli amori di Clorinda, nè delle tenerezze di Erminia, cose che ai costumi de'Crociati e dell'oriente poco confacevansi, avvegnachè a quel secolo non si usasse quel bellicoso e romanzesco stile del vivere, nè accadessero di quelle avventure e successi stravaganti de'quali si è compiaciuto tanto il Tasso, e prima di lui il Pulci e soprattutto l'Ariosto. — Ma il cugino di Boemondo, senza il poetico abito di gentilezza che gli fu attribuito, era nondimeno esempio de'nobili cavallereschi sentimenti e modello delle guerriere virtù del suo tempo.

I Cronisti delle provincie meridionali della Francia eransi posti in cammino sotto la condotta di Ademaro da Montoglio e di Raimondo conte di san Gille e di Tolosa. Il vescovo Ademaro come già abbiamo veduto, essendo stato eletto da papa Urbano, legato apostolico alla Crociata, ebbe fino a che visse gran preponderanza nell'esercito, co'suoi consigli e con le sue esortazioni conferì non poco alla osservanza della disciplina. Era egli consolator de'Crociati nelle avversità e confortator ne'pericoli; e congiungendo in sè a un tempo gli attributi pontificali e cavallereschi, dimostravasi negli accampamenti raro modello delle virtù Cristiane e in battaglia fece più volte prove di coraggio.

Raimondo compagno di Ademaro, gloriavasi d'aver combattuto in Ispagna sotto il famoso *Cid* e d'avere sconfitti più fiate i Mori sotto Alfonso il Grande, che gli dette in moglie la sua figliuola Elvira. Per li suoi vasti possessi sulla riva del Rodano e della Dordogna, e per le sue gesta contro i saraceni operate, era molto reputato appo i Crociati. — Non per vecchiezza erano venute meno in lui la fervenza e le passioni della gioventù; perlochè, ardente, impetuoso, altiero e inflessibile ambiva meno a conquiste di regni che a soverchiar tutti i suoi eguali. — Il di lui valore fu egualmente dai Greci e dai Saraceni commendato; ma per la sua ostinazione e carattere violento era da'suoi sudditi e dai compagni odiato. Dava ora un eterno addio alla patria, crociatosi per liberare il Sepolcro di Cristo, e sendo certo ben lontano del prevedere che un tempo sarebbe stata una simile Crociata predicata e inditta contro la sua propria famiglia, tanto il corso di queste umane cose è strano e remoto da ogni acume di nostra previsione [1]!

* Raimondo IV detto di san Gille, perchè nella eredità paterna gli toccò questa parte della diocesi di Nimes, figliuolo di Ponzio, succedette al suo fratello Guglielmo in virtù della cessione fattagli dal medesimo. Era già prima conte di Ruerga, di Nimes e di Narbona fin dal 1066 e aggiungeva a essi titoli il marchesato di Gozia. Avea già avuto due altre mogli quando sposò Elvira figliuola naturale di Alfonso il Grande (Vaisette, *Histoire du Languedoc*, Vol. 2, pag. 280). Fu posto in dubbio se realmente Raimondo abbia combattuto con i Mori di Spagna; sopra che è da consultare la detta dissertazione del medesimo istorico, Vol. 2, pag. 283, in cui dimostra l'affermativa. — Le qualità singolari di questo eroe sono state specialmente considerate da Anna Comnena che ne fa il ritratto.

Tutta la nobiltà della Guascogna, di Linguadoca, della Provenza, del Limosino, e dell'Alvergna seguitava Raimondo ed Ademaro nei quali il buon papa Urbano avea riconosciuta l'immagine vivente di Moisè e d'Aronne. Gli storici contemporanei ricordano fra i cavalieri e i signori che avevano presa la croce, Eraclio conte di Polignac, Ponzio da Balazuno; Guglielmo da Sabrano; Eleazaro da Montredone; Pietro Bernardo da Montagnac; Eleazaro da Castrie; Raimondo dell'Isola: Pietro Raimondo di Altopuglio; Guffiero dalle Torri; Guglielmo Quinto signore di Mompelliero; Ruggiero conte di Foa; Raimondo Pelet signore di Alaia; Isardo conte di Die; Rambaldo conte d'Orangia; Guglielmo conte di Gorese; Guglielmo conte di Chiaromonte; Gherardo figliuolo di Giglialberto conte di Rossiglione; Gastone visconte del Bearnese; Guglielmo Amangiò di Albreto; Raimondo visconte di Turena; Raimondo visconte di Castiglione [1]; e Guglielmo d'Urgelle conte di Forcalquiero. E seguitando l'esempio di Ademaro, i vescovi di Apt, di Lodeve, d'Orangia, e l'arcivescovo di Toledo, s'erano crociati e conducevano una parte de'loro vassalli alla guerra santa.

Raimondo conte di Tolosa, col suo figliuolo, con la moglie Elvira e con un esercito di cento mila Crociati, mosse verso Lione, passò il Rodano, valicò le Alpi, traversò la Lombardia, il Friuli e rivolse il cammino verso il territorio del greco impero, in fra le montagne e i popoli di Schiavonia. Sembra verisimile che gli antichi cronisti abbiano incertamente sotto nome di Schiavonia, comprese le regioni abitate da popolazioni slave. —

Raimondo Agilese, istorico speciale per il viaggio del conte di Tolosa, narra che per tre settimane i Cristiani camminarono in solitudini montane non trovandovi nè fiere, nè augelli; che fu mestieri contro continui assalti difendersi; che il conte occupò Scodra situata in tra i fiumi di Clausula e di Barbana.

I Petsceni, che i cronisti appellano Pincenati, appartenenti alla grande stirpe slava, sorpresero il vescovo Ademaro e lo posero a gran pericolo. —Raimondo Agilese, con la sua pia ingenuità, dice, che il passo dei Crociati per la Schiavonia fu opera di grazia divina, *affinchè i selvatici abitatori di quel paese, testimonii delle virtù e della pazienza dè'cristiani; o della ferocia loro si spogliassero, o non avessero scusa nel giorno dell'universale giudizio* [2].

Presentemente la Schiavonia detta nella ungarica favella *Toth-Orszay*,

---

[1] La famiglia di Castiglione fu per molto tempo sovrana della Guienna, ed esiste ancora presentemente. L'abate di Castiglione, che fu Elemosiniere delle zie di Luigi XVI, apparteneva a questa antica famiglia.

[2] Raimondo Agilese; vedi *Biblioteca delle Crociate*.

forma un piccolo regno che comprende tre contee, cioè *Posega*, *Verde* e *Sirmio*, ed è compreso negli stati della corona d'Ungheria; sendo suoi naturali confini la Sava, la Drava ed il Danubio [1].

Alessio che aveva chiamati in sua difesa i Latini, fu per il numero de' suoi liberatori spaventato; e benchè i capi della Crociata non fossero più che principi secondari nell'assetto politico dell'Europa nondimeno recavano seco tutte le forze di Occidente; e Anna Comnena agguaglia la loro moltitudine alle sabbie del mare, alle stelle del firmamento, e le loro schiere innumerevoli, ai torrenti che si uniscono per formare un gran fiume. — Oltre ciò Alessio avea già preso timore di Boemondo nelle pianure di Durazzo e di Larissa; e sebbene avesse men certa conoscenza del valore e della militar perizia degli altri principi latini, ciò non ostante si pentiva d'aver loro aperto il secreto di sua debolezza, implorando i loro soccorsi. Concorrevano le predizioni degli astrologi e le ubbie del popolo ad accrescere i suoi timori, che ognor più, secondochè i Crociati s'appropinquavano alla metropoli, facevansi maggiori [2].

Occupando un trono dal quale avea cacciato il suo signore e benefattore, non era in lui alcuna fede nella virtù e meglio d'ogni altro sapeva che possano i consigli della ambizione. — Aveva ben fatta alcuna dimostrazione di coraggio per conseguire la porpora, ma ottenuto l'intento, si manteneva soltanto con la dissimulazione, consueta politica de' Greci e generalmente degli stati deboli e decrepiti. — La sua figliuola Anna Comnena ce l'ha fidto qual modello del vero principe, e gli scrittori latini, l'hanno rappresentato quale principe perfido e crudele; ma la storia imparziale, nemica egualmente agli elogi e ai biasimi esagerati, non ne fa altro giudicio che di principe debole, superstizioso, e più mosso dalla vanità di apparente grandezza che da amore della gloria.

Poteva egli farsi capo della Crociata e ricuperare l'Asia Minore andando con i Latini a Gerusalemme; ma la grandezza dell'intrapresa spaventò la sua debolezza e la sua timida prudenza feceli presupporre che e'bastasse ingannare ed aggirare i Crociati per liberarsi dal loro timore, ed esigerne un vano omaggio, per trarre profitto dalle loro vittorie. Fecesi pertanto lecito e giusto tutto ciò che servivagli a trarsi fuori d'una condizione di cui la sua politica aumentava i pericoli, e che l'incertitudine di sue deliberazioni rendeva ad ogni giorno più difficile. Più dimostrazioni facea di fiducia e più poneva in dubbio la sua lealtà; e volendo incutere timore in altrui, scopriva la propria paura. — Appena ebbe avviso dell'appressarsi de' Crociati, spedì loro incontro suoi ambasciadori a complimentarli e insieme a spiarne i disegni; e nel medesimo tempo mandò soldatesche in ogni luogo per molestarli nel loro cammino.

Il conte del Vermandese, gettato per fortuna di mare sulle coste dell'Epiro, ebbe onoratissimo accoglimento dal governatore di Durazzo e poco dipoi, per commandamento di Alessio, fu condotto prigione a Costantinopoli, col visconte di Melano Clerembaldo di Vandoglio e i principali signori del suo seguito. — Figuravasi il greco imperatore che il fratello del re di Francia sarebbe per lui ostaggio tale da farlo sicuro contro ogni ambiziosa tentazione de'Latini; ma tale perfidia politica dalla quale impromettevasi salvezza, non operò altro che svegliare la diffidenza e provocar l'odio dei capi della Crociata.

Goffredo di Buglione ebbe avviso a Filippopoli della presura del Vermandese; e mandò subito all'imperatore chiedendo riparazione dell'oltraggio; e recandoli i deputati poco favorevole risposta, acceso di sdegno comportossi da nimico in tutte le terre per dove passava; sicchè per lo spazio di otto giorni le fertili campagne della Tracia sostennero le calamità della guerra, in grazia dell'improvvido principe. — La moltitudine de' Greci che fuggivano verso la metropoli, fe'conoscere all'imperatore la terribile vendetta de'Latini; il quale spaventato dalla sua propria politica, raccomandossi alla clemenza del suo prigione, promettendoli di liberarlo quando i Francesi sarebbero giunti a Costantinopoli. A tale promessione acquetossi Goffredo che depose le ostilità e seguitò il suo cammino senza più nuocere ad alcuno.

Frattanto Alessio ingegnavasi con tutti gli spiriti per ottenere dal Vermandese il sacramento di obbedienza e di fedeltà; immaginandosi che la sottomessione del principe francese, dovesse condurre quella degli altri principi crociati, sicchè essendo suoi vassalli, arebbe minor cagione di temere dei loro ambiziosi disegni. Ma il fratello del re di Francia che giungendo sull'imperiale territorio avea scritte lettere piene di ostentazione e

d'orgoglio, non seppe ai donativi e alle lusinghe dell'imperatore resistere,
e condiscese bonariamente a qualunque giuramento fugli richiesto. — Giunto
Goffredo, andò nel campo de' Crociati, che rallegraronsi della sua liberazione, non sapendosi però dar pace dello essersi egli sottomesso a straniero monarca, e facendogliene tutti risentita dimostrazione, quando adoperossi per indurre Goffredo a seguitare il suo esempio: sicchè quanto
egli nella sua cattività era stato trattabile e condescendente, altrettanto i
suoi compagni, che avevano impugnate le spade per vendicare i di lui
oltraggi, furono ostinatamente repugnanti ai voleri dell'imperatore.

Alessio, vedendo ciò, cominciò a negare loro le vettovaglie, sperando
soggiogarli con la fame, divisamento pericoloso contro gente avvezza a
satisfare a' suoi bisogni con la violenza. — Dato il segno dai capi, i Crociati dilagaronsi per le campagne, dando il sacco ai villaggi e ai palazzi
propinqui alla metropoli, facendo così ritornare nel loro campo l'abbondanza. Il qual disordine durò alquanti giorni; ma sendo imminenti le feste del Natale, o secondo Anna Comnena quelle di Pasqua [1], la devozione
per tanta solennità inspirando sentimenti generosi ai soldati cristiani e al
pio Goffredo, fu profittato, della favorevole occasione per ristabilire la pace;
accordando l'imperatore i viveri e cessando i Crociati dalle ostilità.

Nondimeno era impossibile mantener lungamente amici Greci e Latini; perchè vantandosi i Franchi d'essere stati chiamati a difender l'imperio, non preterivano occasione che non parlassero e operassero da padroni e da liberatori. I Greci, per l'altra parte, spregiavano il rozzo valore de' Latini, non conoscendo altro titolo alla gloria che la politezza
de' loro modi, e credendo fare oltraggio alla greca favella col pronunciare
i nomi degli eroi d'occidente [2].

L'antico scisma insorto fra la Chiesa romana e la costantinopolitana
accresceva peso alla antipatia delle due nazioni sulla diversità de' costumi
e degli usi fondata. Fulminavansi le due Chiese anatemi e censure l'una
contro l'altra, e i teologi Greci e gli Italiani odiavansi di vicendevole
cordiale odio molto maggiore di quello portavano agli stessi Saraceni.
Negavano i Greci annoverare tra i martiri quelli che morivano combattendo contro gl'infedeli; avevano in orrore lo spirito marziale del clero
latino, vantavansi avere nella loro metropoli tutte le reliquie dell'Oriente, nè sapevano rendersi capaci di quello s'andasse cercando a Gerusa-

---

[1] La principessa greca afferma essere accaduta la pace nelle feste di Pasqua e gli storici latini,
per lo contrario nelle feste di Natale. — I Crociati eransi partiti d'Occidente nel mese di settembre
e nella primavera dell'anno seguente erano già passati in Asia Minore; è certo adunque che il testo
della principessa, ha per colpa ed incuria degli ammanuensi, sofferta alterazione. T.

[2] Anna Comnena, lib. 10.

lemme. — I Franchi per lo contrario attribuivano a colpa ne'Greci il non partecipare al loro entusiasmo per la Crociata, accusandoli di sacrilega indifferenza per la causa di Dio. — Tutte le quali cagioni di odio e di discordia occasionarono spesse contenzioni nelle quali i Greci più con perfidia che con coraggio governaronsi e i Latini più con valore che con moderazione.

Fra queste contese, Alessio stava sempre intento a estorcere da Goffredo il giuramento di fedeltà e d'obbedienza; adoperando talora proteste d'amicizia e talora minacce di muover forze che non aveva. Goffredo mostrava far poco conto delle di lui minacce, nè prestava fede alle promesse; intantochè le genti dell'Imperatore e quelle de'Latini furono due volte chiamate all'armi, e Costantinopoli mal difesa da'suoi soldati, temette di veder piantati sulle sue mura gli stendardi de'Crociati.

Giungeva in questo mentre a Durazzo Boemondo e avutavi informazione delle cose, se ne rallegrò molto, presupponendosi che fosse giunta l'occasione di assaltare il greco imperio e dividerne le spoglie. Spedì subito deputati a Goffredo per istimolarlo a impadronirsi di Bisanzio, proferendo di congiungersi a lui con tutte le sue forze; ma Goffredo non seppe o non osò profittare dell'utile invito, ed allegando che aveva prese le armi unicamente per la difesa del Santo Sepolcro, contraddisse alle proposte di Boemondo, ricordandoli il fatto giuramento di combattere gli Infedeli.

Cotal messaggio di Boemondo non tenuto segreto, accrebbe paura e sospetti ad Alessio, il quale tanto più applicossi a tirare alle sue volontà Goffredo. Mandò pertanto il suo proprio figliuolo in ostaggio all'esercito, e così tolte via tutte le diffidenze, i principi occidentali, giurarono rispettare le leggi dell'ospitalità e recaronsi al palagio dell'imperatore. Trovaronlo circondato da sontuosissimo corteggio, e studioso di nascondere la sua debolezza sotto le apparenze di vana magnificenza.

Il capo de'Crociati, i principi e i cavalieri che l'accompagnavano orrevoli per la marzial pompa occidentale, inchinaronsi davanti al trono imperiale e postisi in ginocchio adorarono al modo orientale una maestà muta ed immobile.

Dopo tale cerimonia nella quale i Greci e i Latini servirono per certo di strano e ridicolo spettacolo gli uni agli altri, Alessio adottò Goffredo per suo figliuolo e pose l'imperio sotto la protezione delle di lui armi [1].

---

[1] L'adozione di cui parlano qui gli storici, non portava i medesimi effetti di quella praticata dai Romani. — Secondo la legge romana conferiva all'adottato tutti i diritti del figliuolo legittimo e per conseguenza l'abilitava alla successione. — È impossibile supporre che tali fossero gli effetti dell'adozione conferita da Alessio a Goffredo, la quale fu più presto una specie di alleanza fra i due principi, mediante la quale comunicavansi i titoli di padre e di figliuolo; fermando tra essi i vincoli

I Crociati obbligaronsi di restituire all'imperatore le città che furono un tempo dell'imperio e a renderli omaggio per gli altri conquisti che avrebbero fatti. Alessio promise di ajutarli per mare e per terra, di fornirli delle vettovaglie e di partecipare alla gloria e ai pericoli della spedizione.

Alessio Comneno se'stima di questo omaggio de' principi latini come avrebbe fatto d'una vittoria. Ricolmi di presenti, ritornaronsi alle loro tende i Crociati; Goffredo facea pubblicare a suono di trombe nell'esercito l'ordine che si rispettassero religiosamente l'Imperatore e le leggi dell'Imperio; e Alessio comandava ai sudditi che portassero viveri ai Franchi e rispettassero le leggi della ospitalità.

Comecchè questa alleanza sembrasse sinceramente stabilita dall'una e dall'altra parte, Alessio non poteva superare le prevenzioni de' Greci contro i Latini; nè Goffredo poteva frenare la turbolenta moltitudine de' soldati. Oltre ciò il sovrano di Bisanzio sebbene si fosse certificato intorno alle intenzioni del duca di Lorena, era tuttavia tenuto in forte apprensione per l'imminente arrivo di Boemondo e per il condensarsi di tanti eserciti intorno alla sua metropoli. Procurò adunque d'indurre Goffredo a passarsene con le sue genti sulla riva asiatica del Bosforo, e si volse totalmente a cercare i mezzi per umiliare l'orgoglio, e anco per diminuire le forze degli altri principi latini che s'approssimavano a Costantinopoli.

(Anno 1097) Frattanto il principe di Taranto avanzavasi per la Macedonia ascoltando a un tempo le dicerie dei deputati d'Alessio e combattendo le milizie che contrastavanli i passi. Già erano state devastate alcune provincie e città dai Crociati italiani e normandi, allorchè Boemondo ricevette invito dall'imperatore di accelerare il suo cammino e recarsi a Costantinopoli; erano pure aggiunte all'invito grandi protestazioni di amicizia, alle quali sebbene il Tarentino principe non prestasse fede, simulava farne conto sperando cavarne qualche profitto. Però non si astenne nemmen esso dal prodigare in lusinghevoli parole, e così giunse alla corte

---

di più stretta affezione; ma non dava all'adottato alcuna parte nella successione; sopra che dice Niceforo Brienio, che era di semplice apparenza, μέχρι λόγων (Niceforo, lib. 2, cap. 88). — Cosroe re di Persia fu in simil modo adottato dall'imperatore Maurizio (Evan. lib. 6, cap. 16).

Le cerimonie usate per questa adozione variarono più volte e secondo le varie nazioni. — Presso gli occidentali l'adottante cingeva la spada all'adottato (Ducange, dissertazione sopra Joinville, vol. 3, pag. 372, delle *Mémoires relatifs à l'histoire de France*). — (Presso gli Orientali, la cerimonia consisteva nel far che l'adottato entrasse fra la camicia e la carne dell'adottante. A questa foggia, come vedremo al suo luogo, il principe di Edessa adottò Baldovino fratello di Goffredo (Alberto Aquense, lib. 3, cap. 21. — Guiberto, lib. 3 *Gesta Dei*, cap. 13).

di Alessio ove fu ricevuto con magnificenza proporzionata al timore che aveva inspirato il suo giungere. Trovaronsi pertanto a fronte uno dell'altro due principi egualmente esperti nelle arti del sedurre e dell'ingannare; i quali quanto più grandi cagioni di reciproche doglianze avevano, tanto maggiore amicizia si dimostravano, commendandosi pubblicamente delle loro vittorie e celando i sospetti e forse anco il disprezzo sotto le apparenze di vicendevole ammirazione. E sendo ambidue poco religiosi alla fede de'sacramenti, non vi fu difficoltà che Alessio promettesse vasti dominii a Boemondo e che questi giurasse agevolmente d'essere fedelissimo in tra i vassalli dell'imperatore [1].

Similmente Roberto conte di Fiandra; il duca di Normandia; Stefano conte di Carnosa e di Bloase, via via che giungevano a Costantinopoli, rendevano anco essi il richiesto omaggio al greco imperatore e, come gli altri, ne ebbero il prezzo della sottomissione.

Il conte di Tolosa che fu ultimo a giungere, rispose dapprima ai legati di Alessio, non esser venuto in Oriente a cercarvi un padrone; e fece anco minaccia di voler distruggere Costantinopoli; ondechè l'Imperatore per tirarlo a'suoi fini fu necessitato adoperare i più umili artificii, ora lusingando alla vanità ed avarizia de'Provenzali [2] e mostrando loro piuttosto i suoi tesori che le armi. — Si suole negli stati corrotti e decrepiti credere la ricchezza equivalere alla potenza, presupponendosi il principe di conservare il suo imperio sugli spiriti de'sudditi finchè ha modo da corromperli, il che agevolmente gli succede, perchè siccome quando è infermo il capo, tutti gli altri membri della infermità di quello si risentono, similmente quando un governo è decaduto nell'abbiezione della dispotica anarchia (la quale è allorchè i più perversi ed ipocriti affascinano la mente del principe, ed occupando tutte le cariche dello stato, le amministrano a destruzione della cosa pubblica ed a solo incremento di loro facoltà privata) allora i sudditi alla abbiezione di quello naturalmente s'uniformano e cacciate in bando le civili virtù, con l'ipocrisia, con la frode e con le pessime arti procacciano avvantaggiare sè stessi a danno de'loro concittadini e del principe imbecille che gli governa. — Il cerimoniale era allora cosa importante sopra ogni altra nella corte di Costantinopoli; e nondimeno qualunque concetto uno si formi di vane formole e di riti non produttivi d'alcuna utilità, dee certo recare alta maraviglia il vedere i guerrieri ed orgogliosi principi d'occidente, mossi a conquistar nuovi imperii, inginocchiarsi ed adorare davanti

---

[1] Meritano esser letti i curiosi particolari dell'incontro fra Alessio e Boemondo, nel sunto di Anna Comnena, vedi *Biblioteca delle Crociate.*

[2] I Crociati che seguitavano Raimondo, sono ricordati dagli storici sotto il nome di *Provensali,* i quali erano abitatori dell'antica *Provincia Romana* ovvero *Provincia Narbonensis,* che comprendeva, la Linguadoca, il Delfinato e la moderna Provenza.

a un principe che al solo riguardarli tremava di perdere il suo proprio. Ma questi nuovi vassalli fecero parer cara la loro sottomissione, incerta e precaria ad Alessio, e spessefiate sotto i sembianti dell'umilissima loro adorazione, non erano tanto scorti da impedire che non trapelasse il mal celato disprezzo per un principe e per una nazione inviliti dai loro pervertiti costumi.

In una cerimonia nella quale Alessio riceveva l'omaggio da alcuni principi francesi, un certo conte Roberto di Parigi sedevasi allato all'Imperatore; il che vedendo Baldovino di Enò e parendoli sconvenevole, trasse per un braccio il prefato conte dicendoli: *Tu hai a sapere che si vogliono rispettare le usanze del paese ove uno si trova;* al quale prontamente Roberto rispose: *In fede vostra, e'vi par dicevole, che cotesto risibile villanzone si segga, mentre che tanti illustri capitani stannosi in piedi?* — Alessio richiese la spiegazione di queste parole; e quando i conti partironsi, fatto soprassedere Roberto, domandavalo di sua famiglia e della patria; e Roberto rispondeva: *Io sono di nobilissima prosapia francese, e la mia scienza a una sola cosa si stende, cioè, che nel mio paese avvi presso a una chiesa una piazza, nella quale convengono tutti coloro che hanno vaghezza di dimostrare il loro valore. Io vi sono andato molte volte, e niuno osò farmisi incontro.* Come è agevole a immaginarsi l'Imperatore non attese a tale disfida e prese invece il temperamento di dissimulare il suo stupore e lo sdegno, con far profusione di paterni consiglii a un temerario guerriero, dicendoli: *Se nella piazza della tua chiesa tu hai provocati dei competitori al tuo valore e non ne trovasti; ora la bisogna fia d'altro tenore e avrai di che contentarti; ma non ti porre mai in fronte dell'esercito o dietro, stattene invece nel corpo della battaglia; credilo a me che so per isperienza come si debba combattere co'Turchi; il centro dell'esercito sarà il più acconcio luogo che tu ti possa eleggere* [1].

Partorirono nondimeno gli artificii dell'imperatore alcun frutto, perchè l'orgoglio di molti conti e baroni, non potè resistere alle di lui carezze e ai doni. Intorno a che, è passata alla posterità una lettera di Stefano conte di Bloase scritta alla sua moglie Adele, nella quale magnifica le buone accoglienze ricevute alla corte di Bisanzio, e dopo avere enumerati gli onori avuti, venendo a parlare di Alessio dice: *in fede mia non vi ha oggi uomo pari a lui sotto il cielo* [2].

---

[1] *Biblioteca delle Crociate*, vol. 2.
[2] Vedi la lettera del conte di Bloase nella *Biblioteca delle Crociate*, vol. I. — Questo entusiasmo del conte di Bloase per Alessio è simile in tutto a quello di Madama Sevigné, che diceva Luigi XIV superare tutti gli altri principi, perchè egli soleva onorar lei sopra le altre dame della Corte.

Anco Boemondo si mostrò sensibile alle liberalità dell'imperatore, e veduta una sala piena di ricchezze esclama: ecco buona materia da conquistar regni; perlochè l'accorto Alessio fece subito recare quei tesori alla tenda dell'ambizioso Boemondo il quale dapprima fe'sembiante di non volerli ricevere, ma poi se ne lasciò persuadere l'accettazione e per modo fu da quel presente soggiogato che chiese essere eletto gran domestico o supremo capitano dell'imperio d'Oriente; ma Alessio che aveva già tenuta quella dignità e sapevala acconcio cammino al trono, ebbe coraggio di ricusarla per allora, promettendola però ai futuri servigi del principe di Taranto.

Così mediante il prometter largo e il donare, l'imperatore contenne in officio i principi latini; e mediante l'astuta distribuzione de'suoi favori e delle sue lodi, aveva promossa la gelosia fra quelli. Per il che Raimondo di San Gille inimicatosi con Boemondo, scopriva i di lui disegni ad Alessio; non vergognandosi d'essersi fatto spia d'un principe straniero e traditore de'suoi, perchè in tanto suo avvilimento non rifinivano i Bisantini cortegiani di commendarlo enfaticamente, divulgando da per tutto ch'ei superasse gli altri capi della Crociata come il sole supera le stelle [1].

I Franchi, formidabili sul campo di battaglia, non avevano schermo nè virtù da resistere agli artefici e alle astuzie d'Alessio; nè potevano usar loro superiorità di carattere fra i raggiri di corte dissoluta. Ancora il soggiorno di Bisanzio potea divenire pericoloso ai Crociati per lo spettacolo dell'orientale esquisitezza non mai prima per loro conosciuta. I cavalieri, secondo che riferiscono gli storici contemporanei, non si sapeano saziare dall'ammirare i palagi, i belli edifici, le ricchezze della capitale e probabilmente anco le belle donne greche, delle quali Alessio avea fatta seducente menzione nelle sue lettere mandate ai principi d'Occidente.

Ma il solo Tancredi insensibile a tutti gli adescamenti, non volle esporre la sua virtù alle seduzioni di Bisanzio, e compiangendo alla debolezza de'suoi compagni, seguitato da piccol numero di cavalieri, partì spacciatamente da Costantinopoli, senza aver prestato il sacramento di fedeltà all'imperatore.

Alessio per altro non avea minor cagione di temere l'indisciplinatezza e l'insubordinazioue de'pellegrini, che gli ambiziosi progetti de'loro capi. — Via via che giungevano nuovi Crociati facevansi alloggiare sulla riva occidentale del Bosforo; occupando le loro tende tutta la pianura che da Pera si estende fino ai villaggi modernamente Belgrado e Pirco appellati; anco erano per essi occupate le case e gli altri edifici che stanno in riva

---

[1] Raimondo Agilese cappellano del conte di Tolosa procura di scusare il suo signore.

allo stretto. — Ogni capo aveva il suo campo separato; quello di Goffredo era nella valle di Buiuc Déré, presso al villaggio del medesimo nome quattro leghe distante a tramontana da Costantinopoli. Avvi nei dintorni del villaggio un vecchissimo platano che la tradizione popolare chiama l'albero di Goffredo da Buglione [1].

L'imperator greco profondeva le sue liberalità tanto sulla moltitudine de'pellegrini che su i principi, ma non col medesimo successo. — Ad ogni settimana quattro uomini robusti escivano dal palazzo delle Blacherne, carichi ognuno di quanto danaro poteva sofferire, il quale veniva fra i soldati di Goffredo distribuito; facendosi eziandio consimili distribuzioni nel campo di alcuni altri capi. — Al qual proposito dice Alberto Aquense: cosa singolare! tanta copia di danaro ritornava immantinente nel tesoro imperiale; perchè in tutto l'imperio niun altro, fuori che Alessio, potendo vendere le provvigioni di che abbisognavano i Crociati, l'olio, il grano, il vino e le altre vettovaglie comperavansi a sì caro pregio, che il detto danaro elargito ai pellegrini non bastava per le provvigioni necessarie, dovendo spesse fiate supplire col danaro che seco avevano dai loro paesi recato. La qual fallace generosità dell'imperatore causò molte doglianze, e i soldati sbandandosi per tutte le contrade circostanti le devastavano, senza portare rispetto veruno nemmeno alle case imperiali; e a ogni giorno la metropoli non ostante le sue mura fortificate, trovavasi a pericolo di essere saccheggiata.

Ma più dava da pensare il vedersi che i Crociati indugiavano con tanto diletto il partire come se più nulla curassero de'Turchi o del Santo Sepolcro; e per vero dire alla vista di tante ricchezze i guerrieri latini arebbero voluto muover piuttosto la Crociata contro i Greci; e Alessio tutto volto a sottomettere i principi Cristiani al suo imperio, non mostrava ricordare che i vessilli mussulmani spiegavansi all'aura sopra Nicea. — Però Goffredo e i più savii degli altri capi erano sempre fermi nel loro primo proposito, e chiesero istantemente che fossero accordate loro le barche necessarie per passare il Bosforo, onde proseguire il viaggio verso Gerusalemme. Goffredo fu primo ad imbarcarsi co'suoi cavalieri nel golfo di Buiuc Déré; seguitarono l'esempio gli altri Crociati, levando le tende e passando sulle coste dell'Asia.

[1] Vedi *Corrispondenza di Oriente*, Lettera 38.

FINE DELLA PARTE PRIMA DEL LIBRO SECONDO

STORIA
DELLE CROCIATE

LIBRO SECONDO

PARTE SECONDA

Passato ch'ebbero i Crociati lo stretto del Bosforo, si volsero con tutti gli spiriti alla guerra saracenica. — Ricorderassi il Lettore che i Turchi Selgiucidi sotto il regno di Michele Ducas avevano fatta irruzione nell'Asia Minore; l'imperio per essi fondato stendevasi dall'Oriente e dall'Eufrate fino a Nicea. — I Turchi erano barbari sopra tutte le altre nazioni mussulmane; non avendo navi, non eransi neppur curati di conquistar le sponde del mare, ma avevano occupate le più ricche provincie, delle quali lasciavano l'agricoltura ai Greci divenuti loro schiavi e tributari.

I Turchi dell'Asia Minore vivevano sotto tende, non d'altro occupandosi che di guerra, nè altre ricchezze procacciando che il bottino e le rapine. — Loro capo era il figliuolo di Solimano, a cui le conquiste fatte sopra i Cristiani avevano acquistato il soprannome di *Campione Sacro*. Il figliuolo aveva nome Davide ed era soprannominato *Chilige Arslan*, ovvero *Spada del Lione*; cresciuto fra le turbolenze delle guerre civili, e tenuto molto tempo prigione in una fortezza del Chorasano per ordine di Malec Saac, dopo molte vicende, ricuperato alla fine il trono paterno, mediante il suo valore vi si manteneva. Adornavalo genio fecondo di spedienti in ogni occorrenza, e fermezza di carattere nella sinistra fortuna. — Avvicinandosi i Crociati, egli chiamò in sua difesa i sudditi e gli alleati; e da tutte le provincie dell'Asia Minore e ancor dalla Persia i più coraggiosi difensori dell'islamismo accorsero sotto le sue bandiere.

Non contento d' aver accolto un buono esercito, fin dal primo sentore della soprastante tempesta aveva avuto cura di ben fortificare la città di Nicea, sulla quale era per iscaricarsi il primo nembo della guerra. La qual città, capitale della Bitinia e celebre per esser ivi stati celebrati i due gran concilii della Chiesa, era allor sede dell'imperio o del paese di *Buma*. I Turchi da quel luogo spiavano l'occasione favorevole per assaltare Costantinopoli e irrompere nell'Occidente.

Frattanto l'esercito cristiano avea fatto massa a Calcedonia, da dove mosse contro Nicea, avendo a destra la Propontide e le isole de' Pirenei, a manca montagne boscose nelle quali presentemente si veggono alcuni villaggi turchi. Trovansi sul cammino le ruine dell'antica *Pandicapium* e quelle di Libissa, famigerata un tempo a cagione del sepolcro di Annibale ed oggi misera borgata mussulmana. — Dopo alquanti giorni di cammino i Crociati giunsero a Nicomedia dove soprastettero tre altri giorni.

Nicomedia giace nel fondo del golfo al quale ha dato il nome, avendo a tergo una grande collina. Restavale allora qualche parte del suo antico splendore, ma presentemente anch'essa è divenuta povero borgo che i Turchi dicono Ismid.

Partito di Nicomedia il cristiano esercito procedette verso *Enelopoli*, avendo a occidente il golfo, e a oriente la grande catena dell'Argantone.

Enelopoli ora Ersec appellata, dista da Nicomedia undici leghe e quattro o cinque da Civitota ovvero *Ghemlicca*. Trovandosi vicino a questa città l'esercito cristiano, accorsero nel suo campo alcuni dei Crociati dell'Eremita, che salvatisi dalla strage s'erano nascosti nelle montagne e nelle foreste vicine; molti de' quali erano da poveri cenci ricoperti, alcuni affatto ignudi e non pochi feriti. Consunti dalla fame, difendevano a mala pena le ultime faville della loro miserabil vita, che aspro conflitto avea sostenuto contro l'inclemenza delle stagioni e contro la ferocia de' Turchi. La presenza di que' miseri fuggitivi, la narrazione de' loro patimenti, afflissero profondamente i soldati cristiani e gli mossero al pianto. Quei miseri mostravano a oriente la fortezza ove i compagni di Rinaldo, vinti dalla fame e dalla sete, s'erano arresi ai Turchi, che ne fecero strage; poco distante mostravano le montagne alle falde delle quali i compagni di Gualtiero perirono col loro capitano.

Silenziosi camminavano avanti i Crociati e dappertutto trovavano ossa umane, brani di stendardi, lancie infrante e armi di polvere e di ruggine coperte, miserevoli avanzi di sconfitto esercito. Ma più crudele a vedersi era il luogo ove fu il campo di Gualtiero nel quale avea lasciato le donne e i malati, quando mosse co' soldati contro Nicea; poichè avendovi fatta irruzione i Mussulmani nel tempo appunto in che i sacerdoti celebravano il sacrificio della messa, le donne, i fanciulli, i vecchi e tutti coloro che per istanchezza o malattia erano rimàsi nelle tende, inseguiti fino a piè degli altari, erano stati tratti in ischiavitù o dall'efferato nemico trucidati; rimanendo nel luogo medesimo i corpi degli uccisi senza sepoltura; onde allora se ne vedevano ancora i mucchi degli ossami, e rimaneanvi le fosse scavate intorno agli accampamenti e la pietra che servì d'altare ai pellegrini.

L'aspetto di sì grande disastro, impose fine alle discordie, frenò le ambizioni, e riaccese lo zelo per là liberazione de' Santi Luoghi. Profittarono i capi della terribile lezione facendo buoni ordinamenti per l'osservanza della disciplina.

Cominciava la primavera, coprivansi le campagne di verdure e di fiori; spuntavano le messi, e il fertile clima, il bel cielo della Bitinia, la certezza delle vettovaglie, la buona unione de' capi, l'ardore de' soldati tutto insomma facea presagire ai Crociati che Dio fosse per benedire alle loro armi e che si preparasse a loro migliore fortuna di quella che i loro predecessori di cui calpestavano le ossa, avevano incontrata.

I Crociati, partendo da Ersec, dovettero passare più volte il *Draco* o Dracone, memorabile fra i pellegrini. I molti rivolgimenti di quel fiume gli hanno procacciato questo nome di Dragone o Serpente; che i Turchi dicono: *la Riviera dai quaranta gradi*. Giunti verso la fonte del fiume, siccome i pellegrini dovevano valicare l'Argantone non trovarono più altre strade che piccole viuzze in mezzo a precipizii e a discoscese rupi.

Goffredo allora spedì avanti quattro mila operai con asce e picconi per aprire le strade, e l'esercito seguitava a procedere ponendo di tratto in tratto delle croci di legno che segnassero la via per esso tenuta; quando le difficoltà della salita furono superate, apparve davanti ai pellegrini la pianura di Nicea.

Proseguivano allora il cammino con grande allegrezza confidando totalmente nelle loro forze ed ignorando quelle del nemico. — Non mai prima nelle campagne di Bitinia erasi veduto spettacolo più terribile e imponente di quello; stantechè il numero de' pellegrini superasse di gran lunga la popolazione di molte grandi città dell'oriente, e la loro moltitudine tenesse uno spazio quasi maggiore della vista umana. — I Turchi accampati nella vetta delle montagne guardarono con terrore quello esercito composto di cento mila cavalieri e d'innumerevoli fanti, fiore dei popoli bellicosi dell'Europa che venivano a contender loro il possesso dell'Asia.

Guglielmo Tirense, fa una bella descrizione di Nicea e delle sue fortificazioni, che ancora sussistono a' dì nostri, e sebben guaste dal tempo

bastano per fornire immagine di quello erano allora che i Crociati vi
giunsero. Io mi limiterò a descrivere quello che ho veduto.

Nicea è situata nella estremità orientale del lago Ascanio, alle falde
d'una montagna boscosa che si estende in forma di semicerchio. Le mura
dell'antica città hanno una lega e mezza di circonferenza, e le sovrastano
molte torri parte rotonde, parte quadre, e parte ovali, pochissimo fra
loro disgiunte; il loro numero fu di trecento settanta. La grossezza
delle mura è dieci piedi e Guglielmo Tirense nota che vi si potea far
correr sopra un carro; l'altezza poi è di trenta piedi; e se se ne eccettui
il lato che è sopra al lago, negli altri sono molto ben conservate, veggendosi la loro costruzione e solidità sotto il manto di ellera che le co-
pre. — Nicea ha tre porte, la meridionale quasi affatto distrutta; l'orientale formata da tre archi di marmo, e avente nella parete esteriore un
basso rilievo ove sono effigiati alcuni soldati romani armati di lancie e coperti dei loro scudi. Fuori da questa porta e poco distanti, sono le reliquie d'un acquedotto che recava nella città le acque della montagna.
La porta settentrionale è grande e bella, formata, come le due altre, da
tre archi di marmo grigio: e sopra le pareti della medesima avvi una
colossale testa di Gorgone, che pittorescamente apparisce fra l'ellera e
alcune altre piante murali. — Le fosse che circondano la città presentemente sono quasi in tutto colmate. — Giungendo a Nicea per la strada
di Civitota, si entra nella città per una larga breccia fatta in una torre
di mattoni; ma il viandante, con suo non piccolo stupore invece di trovar case, palagi e vie, vede da tutte le parti campi coltivati, piantagioni
di gelsi e di olivi...! cammina per lunghissimi viali di cipressi e di platani e finalmente giunge all'umile e povero villaggio d'*Isnid* abitato da
pochi Greci e Turchi.

Giunti che furono i Crociati davanti alla città, ognuno dei capi pose
l'accampamento che doveva tenere durante l'assedio. — Goffredo e i suoi
due fratelli posersi dalla parte orientale, ove ancora a' dì nostri le mura
sembrano inespugnabili. — Boemondo, Roberto conte di Fiandra, Roberto
duca di Normandia, e il conte di Bloase piantarono le loro tende dalla
parte occidentale e settentrionale. — Al legato Ademaro e al conte Raimondo di Tolosa che giunse ultimo al campo, fu assegnata la parte meridionale; dalla parte del lago non si pose alcuno.

Goffredo e Raimondo erano spalleggiati dalle montagne; ma dietro a
tutti gli altri accampamenti cristiani stendevasi vasta pianura soltanto da alcuni rigagni interrotta.

Fino dal cominciar dell'assedio, le armate greche e italiane portarono
viveri ed ogni sorta munizioni da guerra agli assediatori.

Lo storico Fulcherio Carnotense, annumera nel campo cristiano dieci e nove nazioni diverse di costumi e di lingua; e dice : Se un Inglese o un Tedesco mi parlava, io non sapeva che rispondermi: ma sebbene divisi per le favelle, pareva che l'amor di Dio, comune a tutti, non facesse di noi che un sol popolo. — Ogni nazione aveva il suo quartiere chiuso con palizzati; e occorso difetto di pietre e di legname per la costruzione de'ripari, furono adoperati a questo effetto gli ossami de'Crociati rimasi senza sepoltura nelle campagne di Nicea; servendo la distrutta natura sempre alla operosità della vivente, non ostante la singolarità della umana ragione; sopra che, dice, con qualche piacevolezza d'acume, Anna Comnena, che fu trovato spediente mirabile di fare a un tempo la sepoltura pei morti e il ricovero pei vivi. — In ogni quartiere eransi rizzate magnifiche tende che servir dovevano da chiese e nelle quali i capi e i soldati convenivano per le religiose ceremonie. — Varii segnali di guerra, come tamburi, introdotti in Europa dai Saraceni, corni sonori e gradati da alcuni pertugi per le voci, chiamavano i Crociati ai militari esercizi.

I baroni e i cavalieri portavano il giaco; sulla sopravesta d'ogni scudiere scendeva una ciarpa azzurra, rossa, verde e bianca, ogni guerriero era fornito di elmo, sendo inargentato quello de'principi, d'acciaio forbito quello de'gentiluomini, e di ferro quello de'soldati. — Gli scudi de'cavalieri erano rotondi o quadri; quelli de'fanti erano lunghi. Armi offensive erano la lancia, la spada, una daga detta *Misericordia*, la mazza ferrata, la frombola che scagliava pietre o palle di piombo, l'arco e la balestra, non conosciuta allora dagli Orientali. — Non erano i guerrieri d'occidente coperti da quelle gravi armature di ferro descritte negli storici del medio evo, e che furono introdotte in Europa per imitazione de'Saraceni [1].

Per mantenere e per richiamare negli ordini i soldati, i principi e i cavalieri portavano nelle bandiere immagini e segni in diversi colori, come scudi, stendardi, leopardi, lioni, stelle, torri, croci, alberi asiatici e occidentali e simili. Alcuni avevano fatto rappresentare sulle loro armi uc-

---

[1] Sopra le vetriate di San Dionigi dipinte per commissione di Sugero, i Crociati sono rappresentati con elmetti qualche volta con la forma di cono a punta, qualche volta più ovali, senza visiera ma da allacciarsi con lastre di ferro che difendono il volto fino alla bocca. Appaiono le loro armi più leggiere di quelle de'Turchi non ostante la rozzezza del disegno. I loro cavalli non sono bardati di ferro e tutto il loro bardamento pare che fosse di funi. — I Crociati portano una spada corta ed una lunga lancia con una banderuola nella quale vedesi la Croce; e per arme difensiva hanno uno scudo rotondo ovvero ovale. — I Turchi sono armati in foggia poco dissimile, soltanto i loro elmetti sono molto più ovali, e le loro corazze sono a scaglia. Hanno anco la particolarità distintiva delle lunghe chiome e pendenti dai lati (Vedi Montfaucon, *Monuments de la Monarchie Francaise* vol. 1, pag. 396.)

celli viaggiatori per essi incontrati nel viaggio, e che mutando climi col variare delle stagioni erano a'Crociati come simbolo del loro pellegrinaggio. Questi segni giovavano a mantenere e ravvivare il valore sul campo di battaglia, e dovevano essere un giorno attributi di nobiltà presso i popoli d'Occidente.

Nelle contingenze gravi, le deliberazioni facevansi dal concilio de'capi; nelle ordinarie ogni conte, ogni signore comandava a' suoi a suo senno; presentando così l'esercito cristiano l'immagine d'una repubblica armata, nella quale apparendo effettuata la comunanza de'beni, legge sovrana era l'onore, e unico legame la religione. Tanto era grande lo zelo di tutti che i capi non isdegnavano, occorrendo, gli uffici de'soldati e i soldati non mai detrattavano la militar disciplina. S'aggiravano di continuo i sacerdoti per le schiere a fine di ricordare ai Crociati le massime della morale evangelica; nè furon indarno le loro predicazioni, se si dee prestar fede agli scrittori coetanei, per lo più molto severi verso i campioni della Croce nelle loro narrazioni, e pure concordansi in affermare, che, durante l'assedio di Nicea i portamenti de'Cristiani furono al sommo virtuosi e edificanti. *Questa santa milizia* (dice il cronista Baudrì) *era l'immagine della Chiesa di Dio, e Salomone veggendola arebbe potuto con ragione esclamare: Oh, quanto tu sei bella, amica mia, tu rassomigli al tabernacolo di Ceder! Oh, Francia, regione che meriti preferenza sopra tutte, quanto erano belle le tende de'tuoi soldati nella Romania!*

Nei primi giorni dell'assedio i Cristiani tentarono varii assalti nei quali fecero prodigi di valore, ma infruttuosi. — Chiligge Arslan che aveva chiuso in Nicea la sua famiglia e i tesori, non pretermetteva, con frequenti messaggi, di rinfrancare il coraggio del presidio, e fece accolta di tutti i guerrieri che seppe trovare nella Romania per accorrere in soccorso degli assediati.

Dieci mila cavalieri mussulmani, valicate le montagne, con i loro archi di corno e con buone armature di ferro, furono in un subito nella valle di Nicea e inoltraronsi fino ai quartieri del conte di Tolosa. Avevano i Crociati presentito il loro arrivo e stavano parati a riceverli. Tutti i capi erano in armi colle loro schiere. Il legato, sopra il suo cavallo da battaglia percorreva gli ordini, invocando ora la protezione del cielo e ora la pietà bellicosa de'pellegrini.

Cominciò la zuffa, l'antiguardo de'Mussulmani andava cedendo, ma un rinforzo di cinquantamila cavalieri lo sostenne. Conducevali il sultano di Nicea, e col suo esempio e con le parole procurava concitare il loro coraggio.

I due eserciti (dice Matteo di Edessa) *scontraronsi con egual fu-*

rore; vedevansi sfavillare gli elmetti; gli scudi e le spade; rimbom-
bava da lunge l'urto delle corazze e delle lancie percosse nella mi-
schia; grida spaventevoli spandevansi all'aura; i cavalli al fragor
delle armi e al rombo degli strali imbizzarrivansi; tremava la terra
sotto i piedi de'combattenti, e la pianura d'arme e di strali era dis-
seminata.

Alcuna fiata i Turchi precipitavansi nelle file de'Crociati, alcun'altra
combattevano da lungi saettando; ora fingendo fuggire, più impetuosi e
fieri ritornavano all'assalto.

Goffredo, il di lui fratello Baldovino, Roberto conte di Fiandra, il
duca di Normandia Boemondo e il prode Tancredi, accorrevano ovunque ove il pericolo si dimostrava maggiore e ovunque o sconfiggevano il
nimico o lo ponevano in fuga.

S'accorsero bene i Saraceni che trovavansi alle mani con nimici molto
diversi dalla indisciplinata moltitudine dell'Eremita e di Gualtiero. —
Durò questa battaglia, nella quale i mussulmani combatterono con disperato valore, senza però obliare gli strattagemmi di guerra, dal mattino fino a notte. — Vinsero i Cristiani perdendo due mila compagni;
gl'Infedeli fuggironsi alle montagne, lasciando quattromila de'loro morti
sul campo.

Imitarono in questa circostanza i Crociati il barbaro costume mussulmano di tagliare le teste ai morti e appiccatele alle selle de'loro cavalli,
portaronle agli accampamenti, ove furono grandi le gioiose grida e le acclamazioni del popolo Cristiano. Mille e più di quelle teste furono con
macchine scagliate nella città dove sparsero la costernazione. Mille altre
chiuse dentro a sacca furono mandate in presente all'imperatore a Costantinopoli il quale molto applaudì alla vittoria de'Franchi; e tale fu
il primo tributo che gli offerivano i signori e i baroni dichiaratisi suoi
vassalli.

Liberati i Crociati dal timore d'un vicino esercito, proseguirono l'assedio con vigore, accostandosi talvolta alle mura sotto gallerie con doppio
tetto di assi e di graticci, e talvolta con torri sopra ruote la cui altezza
era tale che dalla loro vetta dominavasi la città. — Furono dati parecchi
assalti ne'quali perirono, il conte del Foreze, Baldovino del Gande e
più altri cavalieri, cui il popolo di Dio dette sepoltura (dicono i Cronisti) coù sensi di pietà e d'amore, *quali debbonsi a uomini nobili e*
illustri. — Accesi in cupidità di vendicare gli uccisi compagni, i Crociati
crebbero d'ardimento e più intrepidi che mai formando testuggine de'loro
scudi, riparando le loro schiere con vaste coperte di vinci, discendevano
nelle fosse, accostavansi a'piedi dei ripari e percuotevano il muro con

arieti ferrati, o ingegnavansi divellerne le pietre con picconi ricurvi a uncino.

Gli assediati dalle torri gittavano sugli assalitori pece accesa, olio bollente e sì fatte altre materie combustibili. Le macchine de' Crociati furono più volte consumate dalle fiamme e i soldati trovavansi scoperti agli strali e alle pietre che cadevano come fitta grandine.

Quantunque l'esercito circondasse Nicea, avendo però ogni nazione assegnata la sua parte speciale da combattere, non facea alcun caso delle altre parti nè della totalità dei progressi dell'assedio; e o perchè poche fossero le macchine per la moltitudine de' combattenti; o perchè non ci fosse spazio sufficiente da adoperarne molte, pochi erano i guerrieri che s'accostavano a combattere le mura, ed ogni assalto che dava un corpo alla città serviva come di spettacolo agli altri che, disseminati per le circostanti colline, oziosamente riguardavano.

In un assalto dato dai soldati di Goffredo, un Mussulmano, che l'istoria ci rappresenta come guerriero di persona colossale e di forza straordinaria, operava prodigi di valore, disfidando i cristiani, e benchè il suo corpo fosse di strali coperto, non rimettendo punto della sua audacia. Così accecato nel suo furore, per mostrare che non temeva di chi si fosse, gitta lunge da sè lo scudo, lasciando il petto scoperto e dassi a scagliare enormi pietre sopra i Crociati che s'affollavano a piè delle mura; i quali senza potersi difendere, e presi da spavento, miseramente soccombevano.

Goffredo a quella vista non potendo più frenare il suo sdegno, prende una balestra e preceduto da due scudieri che tenevano i loro scudi avanti di lui, saetta con vigoroso braccio uno strale, e il mussulmano, ferito nel cuore cade esanime sul muro, in cospetto di tutti i Crociati che fecero alti plausi di sì bello saettamento. Spaventaronsene forte gli assediati e le mura mezzo dirute, rimasero alcun poco senza difensori.

. Sopravvenne la notte a dar sosta al furore de' combattenti, e a ristorare il coraggio degli assediati. — Il dì seguente con l'apparire del sole, vidersi tutte le breccie, fatte alle mura, riparate e nuovi muramenti sorgevano dietro ai ripari diroccati. Grande apparecchio di difesa avevano gli assediati preparato, quali considerando gli assediatori cominciarono a intiepidirsi nelle offese, sicchè per ispingerli alla zuffa (dice Alberto Aquense), fu mestieri di non poche sollecitazioni ed esempi de' più valorosi. Un solo cavaliere normando ardì escire dagli ordini e passare il fosso, ma fulminato subitamente con pietre e saette, mal difeso dall'elmo e della corazza, cadde, vedendo ciò tutti i pellegrini, che contentaronsi invocare per la sua anima la divina misericordia. Frattanto gli assediati,

titianum des ope.

L.koxa inc.

La moglie del Sultano con due suoi figlioletti volendo fuggirsene per il lago cadde nelle mani dei Crociati.........

Lib. 2.do Pag. 119.!

mediante uncini di ferro, trassero sulle mura il di lui cadavere e l'appiccarono a'merli quale trofeo di loro vittoria; scagliandolo dipoi, con una macchina da balestrare, nel campo cristiano, ove i compagni feciongli gli onori del seppellimento, dandosi pace dello averlo lasciato ammazzare senza soccorso, col pretestare aver egli ricevuta la palma del martirio ed essere entrato nell' eterna beatitudine.

A riparare le perdite degli assediati entravano ogni giorno in Nicea, dalla parte del lago Ascanio, nuovi soccorsi, del che non s'accorsero i Crociati se non dopo cinquanta giorni d'assedio. — Tennero consulta i capi, mandarono al porto di Civitota gran numero di cavalieri e di fanti con ordine di trasportare sulle rive del lago i battelli e i bastimenti forniti dai Greci. Questi navigli, de'quali alcuni potevano capire fino a cento combattenti, furono posti sopra carra tirate da cavalli e da uomini robustissimi. In una notte fu eseguito il trasporto dal mare fino al lago Ascanio; il quale nel dì seguente fu coperto di barche con entrovi i più intrepidi soldati. Spiegavansi all'aura i cristiani vessilli, e tutto il lido echeggiava di grida bellicose e per il clangor delle trombe, sconfortandosi forte di ciò e stupendone i difensori di Nicea.

Nel medesimo tempo s'accrebbe il coraggio de'pellegrini per certa torre o galleria di legname, costrutta da un guerriero lombardo, la quale resistera all'azione del fuoco, alle percosse delle pietre e a tutt'altre offese nimiche. Spinserla dapprima contro formidabilissima torre, combattuta già da vari giorni per i soldati di Raimondo Sangillese con poco frutto; ma gli operai chiusi nella medesima scavarono la terra sotto il muro, onde la nimica fortezza cominciò a barcollare sulle sue fondamenta. Sopravvenuta la notte, con orribile fracasso, e tale che tutto il campo quasi per concussione di terremoto ne fu desto, cadde rovinosamente a terra. —

Al nuovo giorno la moglie del sultano con due suoi figliuoletti volendo fuggirsene per il lago, cadde nelle mani de'Crociati, e venuta la novella di sua presura nella città, vi accrebbe lo spavento, perdendo i Turchi la speranza di difender Nicea; allora l'astuto Alessio trovò spediente di sottrarne il conquisto ai Crociati.

Questo principe, che fu rassomigliato all'uccello il quale svolazzando dietro al leone si pasce de'di lui avanzi, informato dello stato di Nicea, erasi innoltrato fino a Pelecane, e dissimulando il suo intendimento, sotto colore di amicizia, aveva mandato all'esercito un piccolo corpo di milizie greche e due capitani di sicura fedeltà, con secreta istruzione che presentandosene il destro, s'impossessassero con arte di Nicea. Riescì di fatti a uno di que'due capitani appellato Butumita di entrare nella città, ed ivi magnificando a quelli abitatori l'immane ferocia de' Latini, l'inesorabile loro natura nelle vendette, gli orrori del sacco che poteva seguire, confortavali che si arrendessero all'Imperatore di Costantinopoli, come unico rimedio a prevenire tanta sciagura. I cittadini spaventati porsero orecchio alle di lui proposte, sicchè quando i Crociati si accingevano a dar l'ultimo assalto, i vessilli di Alessio apparvero sulle mura e sulle torri.

Ne stupirono i Crociati; quasi tutti i loro capi ne montarono in furore; e i soldati ritiraronsi dalla pugna fremendo e ritornaronsi al vallo. Crebbe maggiormente l'universale disdegno quando fu pubblicato divieto che non permetteva a'soldati di entrare, più che a dieci per volta, nella città per essi con l'effusione di molto loro sangue conquistata, e ove erano inestimabili ricchezze a loro, in premio delle sopportate fatiche, promesse. — I Greci per giustificare il fatto ricordarono i trattati fermati con Alessio e i servigi prestati a'Latini durante l'assedio; nonostante i mali umori continuavano a dimostrarsi, e soltanto si acquietarono alcun poco mediante le generose elargizioni dell'imperatore [1].

Dopo ciò i capi de' Crociati andarono a ossequiare l'Imperatore a Pelecane, ed egli molto commendò il loro valore e gli colmò di presenti; ma la devozione di costoro e l'acquisto di Nicea parevanli lieve guadagno se non sottomettevasi eziandio l'altiero Tancredi, il quale non avevali ancora fatto il giuramento dell'obbedienza e della fedeltà. Fu a tale effetto adoperato Boemondo ed altri de'principali, che, perchè è natura dell'uomo di tirare i suoi simili, quando gli sono superiori, a sua egualità, tanto importunarono il generoso Italiano, che finalmente più sforzato

---

[1] Non s'accordano gli storici della prima crociata intorno al modo con cui il greco imperatore se ne impossessò. — Roberto Monaco, Baudri e l'abate Guiberto dicono che gli assediati trattarono secretamente con Alessio, profferendoli la città sotto condizione che potessero escirne salvi. — Fulcherio Carnotense asserisce che i Turchi chiusi in Nicea vi fecero entrare i Turcopoli del greco imperatore, che corrompendo i cittadini con danaro, l'ottennero per Alessio secondo le instruzioni avute. — Alberto Aquense dice, che Taticio famigliare del greco principe, ottenne con larghe promesse dai capi de'Crociati, che Nicea gli fosse restituita, e dai terrazzani che aprissero le porte promettendo loro che sarebbero libera facoltà di uscire e che sarebbero restituiti la moglie e i figliuoli del sultano. — Guglielmo Tirense concorda in dire che Taticio trattò clandestinamente con gli assediati, ma aggiunge che i capi de'Crociati, sapendo che la città era per arrendersi, spedirono deputati ad Alessio perchè mandasse immantinente le sue genti a riceverla, e l'esercito cristiano potesse così proseguire il suo cammino. — Comunque la cosa sia accaduta e non ostante le grandi liberalità dell'imperatore, non s'astennero i soldati dal mormorare contro quella capitolazione. — Alberto Aquense accusa Alessio di non aver osservato le promesse fatte ai Crociati.

Ciò non pertanto l'oscurità di questo punto istorico, ci dà pienamente a conoscere che tutti i mentovati scrittori hanno registrata nelle loro pagine quella parte del vero che giunse a loro notizia; avendo per i trattati fatti giusto diritto l'imperatore di occupare Nicea; e i capi crociati forse corrotti dai di lui donativi, avendogliela fatta avere, prima che, espugnata a forza, soggiacesse al sacco di che erano avidissimi que'buoni pellegrini. — Trad.

che persuaso, degnavasi promettere fedeltà all'Imperatore sol per quanto egli a' Crociati sarebbe fedele [1]. Generosissimo Italiano e veramente degno della sua patria, perchè non solo abborrì dal comune invilimento de'suoi compagni, ma da quelli alla indebita sottomessione fuor d'ogni moderazione stimolato, volle nondimeno piuttosto promettere che giurare e anco alla promessa con nobile condizione condescese. — Questo omaggio però non satisfece ad Alessio, nè poteva soddisfare, nè forse potè poco a farlo risolvere di rimandar libera la moglie con i figliuoli del sultano e di trattar generosamente i turchi prigioni, del che non lievemente s'ingelosirono i Crociati argomentandone ch'egli tendesse più all'amicizia dei Saraceni che alla loro. Ridestaronsi pertanto i mal repressi odii; furonvi minacce ed accuse dall'una e dall'altra parte, per modo che qualunque piccola cagione sarebbe stata efficace a suscitar guerra in tra Crociati e Greci [2].

Compito era l'anno dacchè i Crociati eransi partiti d'occidente; conseguita la sopra narrata vittoria riposaronsi alquanto tempo nei contorni di Nicea e fecero lor provvisioni per rimettersi in cammino verso la Siria e la Palestina. — Le provincie dell'Asia Minore per le quali avevano a passare erano in balìa de'Turchi, fieramente per le recenti disventure, concitati a fanatismo e a disperazione, e che avevano più sembianza di esercito sempre parato a combattere e a mutar sede secondo l'occorrenza, che di nazione in regolare civiltà stabilita. — Per que'paesi da diuturne e ferocissime guerre devastati, trovavansi appena vestigi di strade, e fra città e città non esisteva più veruna comunicazione. Le gole dei monti, e i torrenti e i precipizii opponevano frequentissimi ostacoli a un grande esercito nel suo viaggio per luoghi montani; per le pianure poi, quasi tutte incolte e diserte, la mancanza di viveri ed acque e gli eccessivi ardori del clima, presentavano mali gravissimi e senza rimedio. I Crociati immaginandosi aver superati tutti i loro nimici in Nicea, non provvedendosi in nulla contro le venture difficoltà, nè pigliando con sè altre guide che i Greci mal fidi e di cui dolevansi, procedevano oltre in regioni a loro sconosciute e per l'istessa loro ignoranza estimandosi omai sicuri.

L'esercito, partitosi da Nicea il dì vigesimoquinto di giugno [3], cam-

---

[1] Veggasi in Raolo Caeno, la rozza libertà con che Tancredi parlò all'imperatore Alessio (*Biblioteca delle Crociate*, vol. 1.

[2] Anna Comnena spiega la condotta di Alessio. — Giova seguitare sempre la storia della greca principessa e farne comparazione con le narrative de'cronisti latini.

[3] Erroneamente Guglielmo da Tiro pone la partenza da Nicea li ventinove di giugno. = Non passarono più che sette giorni dalla partenza detta, all'arrivo nella valle di Gorgoni.

minò per due giorni, e la sera del secondo giunse a un ponte dove si accampò. Quel ponte, che esiste ancora a'dì nostri, è costrutto nel luogo medesimo ove il Gallo si gitta nel Sangario, turchescamente appellato Sachariè. In quelle vicinanze era l'antica Leuca e precisamente ove oggi è il villaggio di *Lefché*, il quale dista da Nicea non più che sei ore di cammino, ma allora le strade erano tanto difficoltose e impraticabili, massime per quella straordinaria moltitudine di uomini conducenti seco loro tante bagaglie e cariaggi, che non dee recar meraviglia se l'esercito cristiano impiegò due giorni in sì piccolo tragitto.

Allettati dalla abbondanza dell'acque e delle pasture, i Crociati soprastettero due giorni sul confluente del Gallo col Sangario; e perchè stavano per innoltrarsi in regioni deserte e prive di acqua, fecero di sè due corpi, non potendo bastare un solo spazio unito di terreno a tanti uomini, a tanti cavalli e a tanto bestiame [1]. Furono preposti al maggiore degli detti due corpi, Goffredo, Raimondo, Ademaro, Ugo il Grande e il Conte di Fiandra: al minore, Boemondo, Tancredi e il duca di Normandia. Fu stabilito però che niuno de'due corpi si discostasse troppo dall'altro; tenendo la destra parte il primo e la manca il secondo.

Il primo adunque dopo tre giorni di cammino, e cominciando il quarto pervenne nella valle, sotto tre diversi nomi menzionata, cioè *Dogorganhi*, *Gorgoni* e *Ozellis* distante da Lefché venti leghe, corrispondenti per lo appunto alle giornate summentovate, dietro l'autorità di Roberto il Monaco testimonio oculare; dal che si trae argomento per convincere di errore alcuni cronisti e specialmente Guglielmo Tirense, che vogliono questo tragitto compito in un sol giorno, e ciò per non aver veduto i luoghi; particolare essenzialissimo in uno istorico che abbia a coscienza la rigorosa esattezza di sue narrative.

Il corpo guidato da Boemondo, partendosi dal ponte ove erasi fermato l'esercito, mosse lungo il Sangario per circa tre ore di cammino; e lasciandosi dipoi a manca il fiume, s'innoltrò in una valle appellata dai Turchi *Visir Chan* e rigata nella sua lunghezza da piccola riviera presentemente detta *Chara Su*, la quale valle facea capo a quella di Gorgoni. Questa il cui nome alla memoria d'una grande battaglia è congiunto, ha termine con la valle di Dorilea detta in turchesco *Eschi Scer*, distante quattro ore a maestrale di quella città. Una riviera che oggi nomasi *Sarech Su* cioè *Acqua Gialla* e che gli antichi dissero Beti, irriga la valle ricca di bei prati, e mette capo nel Timbrio. Da Settentrione avvi un villaggio turco detto *Dogorganteh*, nome desunto da *Dogor-*

---

[1] Vedi Roberto il Monaco.

ganhi che è l'antico usato dai cronisti. La valle in cui fu combattuta la famosa giornata che decise le sorti della prima Crociata, presentemente è detta Jneu Nu, cioè *Le Caverne*, per esservi moltissime grotte sepolcrali scavate ne'fianchi delle vicine colline.

Nel mattino del dì primo di luglio, giungendo il corpo di Boemondo nella prefata valle di Gorgoni, scoperse improvvisamente immensa moltitudine di Mussulmani, cioè l'esercito nuovamente raccolto da Chilidge Arslan, dopo la sua rotta di Nicea; e che secondo i cronisti latini era di trecento mila combattenti; con i quali il detronizzato Sultano teneva dietro ai pellegrini, spiando l'occasione propizia per assaltarli, al che gli parve molto acconcia la divisione del cristiano esercito negli detti due corpi, perchè se poteva prima assaltare e rompere il minore, stimava dipoi agevole la vittoria anco contro il maggiore.

Aveva il Sultano occupato con le sue genti le colline di Gorgoni, il che veduto dai Crociati, tenneli dapprima sospesi, nè poco titubanti di quello s'avessero a risolvere; ma Boemondo e il duca di Normandia comandarono a tutti i cavalieri di smontare dai loro cavalli e piantar le tende sulla sponda della piccola riviera che irriga la valle, in luogo che, da un lato la detta riviera serviva di riparo al campo e dall'altro era difeso da grande stagno fitto di canneti: circondandolo oltre ciò con gli cariaggi e con palizzate. Furono collocati nel centro le donne, i fanciulli e gli infermi, e Boemondo distribuì ai fanti ed ai cavalieri i posti da difendere, mentre un grosso corpo di cavalli diviso in tre drappelli ponsi sulla fronte del campo per impedire al nimico il guado del fiume. Ad uno di que'drappelli, furono preposti Tancredi e il di lui fratello Guglielmo; ad un altro il duca di Normandia e il conte di Carnosa; a Boemondo fu dato il terzo di riserva che prese una collina per ispecolare da quel luogo le vicende della pugna.

Non ancora erano poste tutte le tende, che una frotta di Mussulmani discesa dalle montagne saettò su i Crociati un nembo di freccie. Questo primo assalto fu vigorosamente sostenuto e frattanto i cavalieri latini avventaronsi contro i Turchi che volsersi in fuga, ma con poco frutto, perchè a salvarsi dovendo correr per l'erta, erano agevolmente dai persecutori sopraggiunti ed uccisi senza che in tale estremità potessero degli archi e delle freccie loro valersi. — Roberto Monaco a tal proposito ha una sua esclamazione degna d'esser registrata; egli dice adunque: *Oh; quanti corpi caddero privi della testa; quanti corpi caddero in varie guise mutilati e tronchi! I nimici che erano addietro, spingevano quelli avevano davanti sotto le spade sterminatrici de'nostri.*

L'infortunio degli sconfitti, non distolse però il corpo dell'esercito mussulmano dallo scendere al piano, ove, passato il fiume, assaltarono con altissime grida il campo Cristiano in cui non trovavansi altri che donne, fanciulli, vecchi e infermi; de' quali diedersi a far carneficina i Turchi, non perdonando la vita che ai giovinetti più belli de' due sessi quali destinavano ai servigi dei Serragli. — Alberto Aquense con ingenua sincerità confessa che in sì grave caso le figliuole e le mogli de' baroni e de' cavalieri preferendo la schiavitù alla morte, in mezzo a quello spaventevole tumulto, vestivansi quanto più sapevano adornatamente per presentarsi ai Turchi, studiandosi con gli adescamenti di loro grazie di commuovere a tenerezza i cuori de' nimici. — Circostanza molto naturale e vera, se si consideri alla tempera degli animi femminili, sempre cupidi di novità e di piacere, e incapaci di aver per paurosa qualunque cosa non minacci distruzione alla corporal bellezza e alla sete della voluttà.

Frattanto Boemondo accortosi che il campo era preso, si volse a quella parte e ne cacciò i nimici ritogliendo loro la preda; ma poscia nel considerare i tanti cadaveri che giacevano sulla terra (così narra una cronica), *il principe di Taranto cominciò a lamentarsi e a pregar Dio per la salute de' vivi e de' morti.*

Lasciata una buona guardia al campo, Boemondo si rivolse ove fervea più feroce la mischia. — Già i Cristiani sopraffatti dal numero cominciavano a piegare. Il duca di Normandia, avendosi lasciato addietro Boemondo con cui ritornava alla pugna, tolto di mano all'alfiere il vessillo bianco orlato di oro, erasi avventato nel *mezzo de' Mussulmani* gridando: *Dio lo vuole! a me Normandia.* — La presenza di questi due capi, gli sforzi di Tancredi, di Riccardo principe di Salerno, e di Stefano conte di Bloase, rianimarono il coraggio de' latini guerrieri, sicchè la pugna fu instaurata e l'audacia dei Campioni della Croce, sostenne valorosamente il grande e poderoso esercito di Chilige Arslano. — I gran nembi degli strali turcheschi erano per lo più dalle buone corazze, dagli scudi e dagli elmetti de' cavalieri, fatti impotenti a nuocere; ma ferendo però i cavalli che non avevano armatura che gli difendesse, cagionavano non piccoli disordini nelle schiere cristiane, massimamente perchè non erano ancora pratiche della turchesca strategia. — I cronisti non hanno trapassato sotto silenzio la stizza e il furor de' Crociati per non potersi difendere contro avversari che combattevano da lunge e fuggendo. Quanto più i Latini ingegnavansi di accostarsi a' Turchi e stringerli a giusta battaglia di lancie e spade, tanto più i Turchi, saettando però sempre, in quel modo che nel deserto far sogliono i vortici delle sabbie, gli cansavano, rompendo i loro ordini, quando vedevansi dai nimici sopraggiunti, e roteando in isparsi drappelli, andavansi nuovamente riaccozzando in altra lontana parte; in ciò mirabilmente giovati dalla velocità ed agilità de'cavalli a sì fatte scorribande e roteamenti bene addestrati.

Non ostante l'ineguaglianza della pugna, il valore de'compagni di Boemondo, operò prodigi. Non essendosi potuti eseguire i divisamenti fatti prima di venir alle mani, ogni capo ed ogni guerriero combatteva a suo senno solo seguendo gli impulsi del suo ardore. — Le donne liberate dalla schiavitù, s'aggiravano per le schiere, recando rinfreschi ai soldati riarsi per li cocenti raggi del Sole, e gli esortavano a non si perder d'animo e a preservarle dalle mani de'loro immanissimi nimici. — Tutti menavano le mani a più potere (dicesi in una vecchia cronica), i cavalieri, e tutti quanti erano sani delle membra, combattevano; gli ecclesiastici piangevano e pregavano; delle donne quelle che non portavano l'acqua ai combattenti, lamentandosi forte, traevano sotto le tende e i morti e i morenti.

Ma finalmente la moltitudine innumerevole de'Mussulmani aveva circondato il cristiano esercito, precludendoli ogni adito alla fuga, e secondo che s'esprime Raolo Caeno, trovavasi come in un circo a guisa delle feroci belve imprigionato. Orribile era la strage e lo strazio degli uni e degli altri.

Roberto da Parigi, quello istesso che osò assidersi sul trono d'Alessio, fu mortalmente ferito in mezzo ai quaranta de'suoi compagni che erangli caduti morti a'piedi. — Guglielmo fratello di Tancredi, giovinetto di avventato coraggio e di gran bellezza, cadde di strali trafitto. — Lo stesso Tancredi, sendoseli spezzata la lancia e ridotto a difendersi con la spada, sarebbe pur morto nella valle di Gorgoni, se non veniva da Boemondo soccorso.

La maravigliosa virtù de'guerrieri cristiani, sebben da forze molto maggiori sopraffatti, teneva ancora la vittoria incerta; ma tanti generosi sforzi erano per riescire inutili, non potendo omai più i soldati, vinti da lassezza contrastare a nimico che avendo da rifarsi gli assaltava sempre con nuova gente.

Quando ad un tratto mille grida di gioia annunziano Goffredo che si avvicinava col secondo corpo dell'esercito cristiano. — Nel cominciamento della zuffa Boemondo ne lo aveva avvertito per Arnaldo cappellano del duca di Normandia, il quale trovò la gente del duca di Lorena due miglia distante dalla valle di Gorgoni.

I fedeli accorsero alla pugna (dice Alberto Aquense) come sarebbero andati a delizioso festino. — Era il sole asceso alla metà del suo corso diurno, quando Goffredo, il Vermandese, e il conte di Fiandra seguitati dalle loro schiere, dimostraronsi sulle montagne; e i vivi raggi percotendo negli scudi, negli elmi e nelle ignude spade, faceano più terribile la vista del soccorrente esercito. Ventilavano all'aura le insegne; da lunge rimbombava il suono delle trombe e de'tamburi e quaranta mila guerrieri in ordinanza si avanzavano, il che arrecò inestimabil gioia alle genti di Boemondo, che per cinque ore avendo già combattuto con grande disavvantaggio, non poteano più sostenere il nimico; e recò insieme spavento agli infedeli che essendosi più volte rifatti per oppressare un nimico inferiore, vedevansi ora esposti a certa perdita.

Goffredo, Ugo, Baldovino ed Eustachio seguitati dai quaranta mila cavalieri eletti, muovono verso il campo cristiano circondato dai nimici; comparati poeticamente dal monaco Roberto all'Aquila che stimolata dalle strida de'suoi digiuni aquilotti, s'avventa precipitosa sulla preda. Simili a impetuoso turbine, i soldati di Goffredo urtarono negli ordini mussulmani; la terra ingombravasi di cadaveri; la valle e i monti risonavano dei gemiti de'morenti, delle grida de'feriti e de'clamori de'Latini.

Sventurati quelli in che i Franchi primamente s'imbatterono ! (dice il monaco Roberto testimonio oculare) *quasi in un punto vidersi uomini e cadaveri ; inutili difese divennero lo scudo e la corazza, e le freccie e gli archi rimasersi inoperosi. Gemevano i moribondi percotendo nelle mortali agitazioni con le calcagna la terra ; e quelli che bocconi cadevano, rabbiosamente co'denti l'erba e le pietre afferravano.*

In questo mentre che le schiere di Goffredo e di Boemondo avevano già scompigliati i Turchi, non poco conferì alla vittoria delle armi cristiane l'apparire dalle montagne il retroguardo di dieci mila uomini condotti da Raimondo e dal legato Ademaro, la presenza de'quali, secondo il precitato monaco Roberto, atterrì la moltitudine degli infedeli, che immaginandosi, piovessero guerrieri dal cielo, o sbucassero dalle viscere de'monti contro di loro, di assalitori, erano assaliti divenuti; e anco molto nelle difese rallentavano.

Il Sultano Chilidge Arslano erasi ritirato ai monti con l'eletta de'suoi, sperandosi che i Crociati non osassero inseguirvelo, ma Goffredo, Ugo, Raimondo, Ademaro, Tancredi, Boemondo e i due Roberti avendolo circondato, sì fieramente il combatterono che non meno là che nel piano la strage fu spaventevole. In ogni luogo la terra era di cadaveri ingombra, sì che un fuggente cavallo appena trovava tanto spazio da porvi il piede.

Fino a notte si prolungò la pugna la quale verso sera non più pugna potevasi appellare, ma crudelissima beccheria. Il campo mussulmano, posto nella parte settentrionale della valle di Gorgoni, cadde in poter de'Crociati, che vi trovarono gran copia di vettovaglie, ricchissime ed ornatissime tende, ogni genere bestie da soma e grandissimo numero di cammelli, la vista dei quali animali, non mai veduti in Europa, arrecò loro maraviglia e gioia a un tempo. — I Cristiani ascesero subito su i cavalli del nemico per inseguirlo; e già s'addensavano le tenebre della notte, allorchè ritornarono al campo carichi di preda e preceduti dai sacerdoti che cantavano inni e cantici a Dio in rendimento di grazie.

Questa famosa giornata nella quale i capi e i soldati meritaronsi somma lode di valore, accadde il dì primo luglio del 1097.

Io ho fatto menzione soltanto dei capi principali, ma i Cronisti ne annoverano alcuni altri, fra i quali Baldovino di Bové, Galone di Calmone, Gastone da Berna, Gherardo da Cherisì, tutti rinomati per egregie prodezze che, secondo Guglielmo Tirense, meriteranno perpetua fama. — Il numero de' Mussulmani uccisi sul campo e nella fuga, è per i Cronisti portato a meglio che venti mila. — I Crociati perdettero in tutto quattro mila compagni.

Il giorno seguente i Cristiani andarono sul campo per seppellire i morti; furono loro resi gli ultimi onori, cantando gli ecclesiastici le solite preghiere, piangendo le madri i loro figliuoli e gli amici i loro amici. — Il monaco Roberto afferma che *gli uomini capaci di sanamente giudicare delle cose* onorano tutti quelli uccisi, quali martiri di Cristo.

Ma perchè anco tutte le sventure umane hanno la loro parte dilettevole, alle funebri cerimonje e ai pianti, successero subito gli esaltamenti di pazza gioia per la conseguita vittoria. — Spogliandosi i cadaveri de' Turchi, nascevano fiere contese sulle spoglie sanguinose; i soldati nel loro militare tripudio, ora vestivansi le arme nemiche e le larghe tuniche mussulmane; ora assidevansi nelle loro tende, schernendo alle usanze e all'asiatico lusso; quelli erano rimasi senz'armi impadronivansi delle spade e delle ricurve sciabole de'Turchi; e gli arcieri riempirono i turcassi con le freccie di che era disseminata la terra.

Nondimeno l'ebbrezza della vittoria non gli accecò tanto da non render giustizia al valore de'vinti che vantavano comune l'origine con i Franchi. Gli storici contemporanei che hanno encomiato il valore de'Turchi dicono, non mancasse loro altro che essere Cristiani per aver perfetta eguaglianza di merito con i Crociati: sopra che dice molto piacevolmente il cronista Tudebodo:

Se i Mussulmani avessero seguitata la fede del Cristo, se avessero riconosciuto che una delle tre persone della Trinità era nata da una vergine, che aveva subìta la passione, che era risuscitata, che regnando egualmente nel cielo e sulla terra, ci aveva mandata la con-

solazione dello Spirito Santo, sarebbero stati valorosissimi, prudentissimi e abilissimi nella guerra sopra tutte le genti, nè alcun popolo sarebbe stato degno di essere a loro comparato. — Quello oltre ciò che prova l'alta opinione s'erano formata i Crociati de' loro nemici era, aver attribuita la vittoria a miracolo, sopra che dice il monaco Roberto: *Colui che vorrà con retto intendimento far giudicio di tal successo, dovrà in esso riconoscere e altamente lodare Dio sempre ammirabile nelle sue opere.*

Alberto Aqueuse narra che due giorni dopo il fatto d'arme, gl'infedeli fuggivano ancora senza essere inseguiti da alcuno, *se non forse dallo sdegno di Dio;* al qual proposito correva voce fra i Cristiani, che si fossero veduti San Giorgio e San Demetrio combattere ne' loro ordini.

Nè i Mussulmani ammirarono meno il valore de' Latini; anzi il sultano Chilidge Arslano, agli Arabi che lo rimproveravano della sua fuga, soleva rispondere: — *Voi non conoscete i Franchi, nè avete fatta esperienza del loro coraggio; la loro forza non è umana, ma celeste o diabolica* [1].

Mentre che i Crociati si rallegravano della vittoria per la quale si aprivano a loro le strade dell'Asia Minore; il sultano di Nicea non osando più affrontarli, si volse allo spediente di devastare il paese che non poteva difendere. Con le reliquie del suo esercito e con dieci mila Arabi accorsi in suo aiuto, corse nelle provincie per le quali aveva a passare l'esercito cristiano e dette il guasto ad ogni cosa, bruciando le case, saccheggiando le città, i borghi e le chiese e portandone seco le donne e i figliuoli de' Greci come ostaggi. — In brevissimo tempo il fuoco e gli umani furori cangiarono quelle regioni in isquallidi diserti.

Il terzo dì del luglio i Crociati ripresero il loro cammino avendo prima disposto che più non si partisse l'esercito ma procedesse unito in un sol corpo; la qual deliberazione comecchè fosse opportuna e prudente contro gli assalti de' nemici, esponeva però il troppo grande numero dei pellegrini a perire di fame per il paese già corso e spogliato dai Turchi.

Escito l'esercito adunque dalla valle di Gorgoni, entrò in quella di Dorilea che presentemente dicesi *Eschì Scer* cioè *vecchia città.* — Tutte le campagne erano diserte, e dopo fatto poco cammino, il soldato non aveva più altro alimento che radici di piante salvatiche e poche spighe sfuggite alla nimica depredazione. Per difetto d'acqua e di strami perirono moltissimi cavalli, d'onde i cavalieri che solevano aver a vile i fanti,

---

1 Vedi il curioso discorso che il monaco Roberto pone in bocca del Sultano (*Biblioteca delle Crociate*, part. I.)

Vi litografie da c. Die

A. Dorso inc.

. . . . ritornati alcuni (cani) al campo col pelo lordo di polvere umidiccia . . . .

(Lib. 2.° Pag. 192.)

vidersi costretti di camminare a piedi e portarsi sulle spalle le loro armature il cui peso gli stremava di forze. Stranissimo aspetto presentava allora di sè il cristiano esercito; vedevansi cavalieri sopra asini e bovi guidare i loro soldati; e arieti, capre, porci, cani, e quantunque altri animali potevansi avere, carichi delle bagaglie, che poi rimasersi quasi tutte abbandonate per le strade.

Traversavano allora i Crociati quella parte della Frigia che gli antichi dissero *Adusta*, lasciatasi a destra la vetusta città di Cotileo, oggi Cutaiè appellata, e l'antica Esanos ovvero Azania della quale i moderni viaggiatori hanno le interessanti ruine diligentemente descritte. Passarono di poi per l'antico paese d'Isauria, ai Latini *Isauria Trachea*, prima di giungere ad Antiochetta metropoli di Pisidia. — I Cronisti abbondano di particolari intorno alle pene e agli stenti sofferti dai Crociati nel loro tragitto da Dorilea ad Antiochetta. Gli afflisse estrema sete per modo che i più robusti soldati se ne accasciavano; e Guglielmo Tirense narra che ne perissero da cinquecento in un sol giorno. — Alberto Aquense fa memoria di donne che partorirono avanti al tempo da natura prescritto, forse per l'arsura dell'adusta regione; d'altre ancora che cadevano in disperazione allato de' loro bambinelli che non potevano più allattare le prosciugate mammelle e chiamavano morte con acute grida, nell'eccesso di loro angoscie rotolandosi ignude per terra davanti all'esercito. — Nè i cronisti obbliano far menzione dei falchi e simili uccelli da caccia che quasi tutti i cavalieri avevano recati seco in Asia e ai quali tutti fu mortifero l'infocato clima.

Invano fu chiesto a Dio con fervorosissime preghiere che rinnovasse il miracolo della Manna e dell'acque, per lui in favore del suo popolo prediletto nel diserto operato; le sterili pianure della Frigia risonarono invano per più giorni, di preghiere, di lamenti, e (se i cronisti dicono vero) anco di bestemmie; ma nè per queste s'accese lo sdegno, nè per quelle si commosse la misericordia di Dio.

In mezzo a quella inospitale regione trovarono i Crociati finalmente un refrigerio onde campare dall'estremo eccidio, ma che fu per riescir loro più micidiale della medesima sete. — I cani dell'esercito (poichè la disperazione proscioglie ogni socievole legame di affezione anco per gli stessi bruti) abbandonati i loro padroni, correvano errando per le pianure e per le montagne in traccia di qualche fonte o rigagno ove abbeverarsi [1]. — Un giorno sendone ritornati alcuni al campo col pelo lordo

---

[1] Questo particolare è desunto dalla vita di Goffredo scritta da Giovanni di Lannet, scudiere e signore di Chaintreau e di Chambord.

17

di polvere umidiccia, come addivenir suole quando il cane si rivoltola sulla terra bagnata, fu fatto giudizio che avessero trovata dell'acqua, perlocchè alcuni soldati aveudoli seguitati, scopersero una riviera. —

Accorse subito colà tutto l'esercito, gittandosi ognuno nell'acqua senza riguardo alcuno, tanta era l'arsione che lo divorava; dondechè da circa trecento ne morirono improvvisamente, e altri molti caddero in gravi malattie non potendo dipoi seguitare più i compagni.

Il nome della detta riviera non è riferito da veruno antico scrittore, nè con la moderna geografia si potrebbe sicuramente propriare qual fosse. — Alberto Aquense descrivendo il cammino tenuto per l'esercito cristiano, parla di certe montagne che *Nere* erano denominate. — La distanza di Dorilea da Antiochetta è di circa quaranta leghe da settentrioue a meriggio; i cronisti non annoverano le giornate impiegate dai pellegrini in questo tragitto, ma certo per le difficoltà e per gli sofferti patimenti non fu in breve tempo espedito.

Finalmente l'esercito pervenne ad Antiochetta che gli aperse le porte. Era questa città nel mezzo di territorio per prati, ruscelli e boschetti amenissimo, per la qual cosa i Crociati deliberaronsi di prendervi alcun giorno di ristoro, il che fece loro dimenticare i sofferti mali. — Il paese d'Ach Scer (così appellano i Turchi l'antica Antiochetta) è ancora ai dì nostri boscoso com'era a tempo le Crociate.

La fama della venuta e delle vittorie de' Crociati erasi per tutti i circostanti paesi divolgata, dai quali spedivansi deputati all'esercito col giuramento della obbedienza e con l'offerta di soccorsi, d'onde, senza combattere, vennero in potere de' Latini alcune contrade delle quali ignoravano il nome e il sito, non meno che avervi anticamente conseguita vittoria gli eserciti d'Alessandro e di Roma, e che i Greci abitatori di esse provincie discendevano dai Galli, i quali nell'età del secondo Brenno, partitisi dall'Illiria e dalle rive del Danubio, e traversato il Bosforo [1] avevano dato il sacco alla città di Eraclea e fondata una colonia sulle rive dell'Ali. — I nuovi conquistatori nulla curanti di siffatte erudizioni, ponevano tutta la loro intesa nel combattere e debellare i nemici di Cristo, favorendo ai progressi delle loro armi i popoli dell'Asia Minore, quasi tutti cristiani, e la maggior parte delle città, che per il solo avvicinarsi di loro possanza, liberate dal giogo mussulmano, salutavanli quali loro liberatori.

Durante il detto soggiorno ad Antiochetta, l'allegrezza del nuovo conquisto rimasesi alcun giorno interrotta, per il timore di perdere due dei

---

[1] Vedi circa questa spedizione, Pelloutier, *Histoire des Celtes*, vol. I.

C. Gozzini inc.

Assalito e quasi sopraffatto da un orso ferocissimo un soldato......
(lib II p. 7 451)

A. Fava inc.

principali capi dell'esercito. — Uno fu Raimondo conte di Tolosa soprappeso da fierissima malattia, sicchè disperandosi omai della sua salute, secondo la consuetudine d'allora, l'avevano disteso sulla cenere, facendoli il vescovo d'Orangia le preci de' moribondi; allorchè presentossi un conte sassone annunciando che Raimondo non sarebbe morto di quel malore, e che le orazioni di san Gille avevano in di lui pro ottenuta *una triegua con la morte*. Le quali profetiche parole (dice Guglielmo da Tiro) rinverdirono la speranza di tutti gli assistenti; e non molto dipoi Raimondo rappresentossi sano e salvo all'esercito, che gridò la sua guarnigione essere miracolosa [1].

Nel tempo medesimo, essendosi smarrito Goffredo in una selva, trovovvi assalito e quasi sopraffatto da un orso ferocissimo un soldato, quale, volendo difendere, fu a gran pericolo di essere dalla fiera divorato; nè prima la vinse, che feritali con un morso profondamente la coscia, da quella versando gran copia di sangue, fu quasi esanime al campo trasportato. Se in luogo di tale infortunio avessero i Crociati perduta una battaglia, ne sarebbero stati molto meno sgomenti; tutti piangevano di dolore e di temenza, tutti per la conservazione di Goffredo a Dio fervorosamente si raccomandavano. — Esplorarono i medici diligentemente la ferita, nè la giudicarono mortale, avendo il maggior male cagionato la perdita del molto sangue, per la quale il duca di Buglione penò lungo tempo a ricuperare le smarrite forze. — Anche la convalescenza del conte di Tolosa fu lenta; ed ambidue per parecchie settimane furono costretti farsi portare in lettiga dietro all'esercito [2].

Maggiori guai però soprastavano al cristiano esercito, perchè sendosi fino allora mantenuta in quello la pace e la concordia, per la sua unione era potentissimo; ma nata imprevistamente discordia fra alcuni capi, poco mancò che col dilatarsi non sovvertisse ogni ordine.

Furono mandati a procacciar vettovaglie e soccorsi e per proteggere i cristiani del paese e riconoscere i luoghi, Baldovino fratello di Goffredo con un corpo di Fiamminghi, e Tancredi con un corpo d'Italiani. Costoro innoltraronsi fino alla città d'Iconio, ma trovando il paese abbandonato e niun nimico, passando le montagne del Tauro, avviaronsi verso le rive del mare. Tancredi che camminava primo, giunse senza ostacolo sotto le mura di Tarso, patria di san Paolo e detta modernamente *Tarsus*, situata in una pianura sulle rive del Cidno, le cui limpidissime acque costarono la vita a Federigo Barbarossa, e distante tre ore di cam-

---

[1] Vedi Raimondo d'Agilé nella *Biblioteca delle Crociate*.
[2] Vedi Alberto Aquense e Guglielmo da Tiro della *Biblioteca delle Crociate*.

mino dal mare. Egli era probabilmente sortito dal Tauro per il valico
appellato *Gealec Bogaz*, distante da Tarso sedici ore, e che Alberto
Aquense chiama *Porta di Giuda*, e la valle che mette a esso valico *Butrenta*.

Il presidio turco della città, conoscendo forse di non potersi difendere o per altra ignota cagione, s'accordò di alzare sulle mura il vessillo
cristiano e d'arrendersi se dentro pochi giorni non fosse soccorso. Tancredi standosene a queste promesse, pose il suo campo presso alle porte
della città; giunse frattanto Baldovino, il quale essendosi con le sue genti
smarrito per le montagne del Tauro, dopo tre giorni d'incerto e penoso
viaggio, era pervenuto sul cacume d'un monte dal quale potè riconoscere il campo di Tancredi sotto le mura di Tarso. Credo che la detta
montagna fosse la diramazione del Tauro che da levante procede a
ponente e che è al settentrione di Tarso pochissimo distante. — Riconosciutisi i due corpi de'Crociati, rallegraronsi della insperata congiunzione
e tanto fu più grande la loro contentezza in quanto che da lungi a prima
vista s'erano creduti scambievolmente nemici.

I Fiamminghi, accampatisi allato a Tancredi, e preso frugal ristoro
di cibo, passarono la notte pacificamente, ma sorto il giorno e vedutasi
la bandiera di Tancredi inalberata sulla torre della città, ciò commosse
Baldovino e i suoi compagni a invidia; il quale cominciato a pretestare
che per essere il suo corpo più numeroso, la città doveva arrendersi a
lui, lagnavasi dipoi amaramente che si offendesse a'suoi diritti, ed infuriatosi vomitava plebee ingiurie contro Tancredi, contro Boemondo e contro tutta *la stirpe de' venturieri normanni*. S'inasprì la contesa e sarebbero venuti all'armi, se non prendevasi lo spediente d'inviare deputati
ai cittadini, che decidessero essi medesimi a quale dei due principi Cristiani volevano sottoporsi. — I cittadini preferirono Tancredi: ma Baldovino tanto si adoperò presso i Turchi e gli Armeni, minacciando loro le
sue vendette e quelle di Goffredo e promettendo la sua protezione e
quella de'principi Cristiani se si davano a lui, che parte spaventati dalle
minacce e parte dalle larghe promissioni allettati, piegarono alle di lui
voglie e inalberarono la sua bandiera sulla torre, toltane prima quella
di Tancredi e gittatala obbrobriosamente fuori delle mura [1].

---

[1] Questo successo è variamente raccontato da Fulcherio Carnotense cappellano di Baldovino, e
da Raolo Caeno cappellano di Tancredi, secondo l'affezione della parte che ognun di loro seguitava; nondimeno è da notare che la narrazione del Caeno, favorevole a Tancredi, è più chiara e precisa e non intralciata come quella del Carnotense. — Alberto Aquense imparziale nella contesa, è molto
circostanziato ne'fatti e scevro affatto da spirito di parte (Vedi Raolo Caeno nella *Biblioteca delle
Crociate*). —

L'istoria antica offre una singolare analogia con questo successo. — In tempo delle guerre ci-

I Crociati Italiani e Normanni non sapendo sofferire tanta ingiuria, accingevansi all'armi, ma Tancredi s'adoperò con tale zelo per acquetarli, che alla fine gli riescì di ricondurli a moderazione e disporli a partirsi dalla ingiustamente usurpata città, per muovere in cerca d'altri conquisti.

Frattanto Baldovino usando ogni artificio di protestazioni e anco di preghiere, conseguì che gli fossero aperte le porte della città, ove i Turchi erano tuttavia padroni della fortezza e di alquante torri. — Fattosi in tal modo padrone di Tarso e avendo continue sospicioni di rivali, ricusò per fino di dar ricetto a trecento Crociati. spediti da Boemondo, i quali chiedevano alloggio soltanto per la notte. Gli stessi Fiamminghi supplicavano invano il principe che avesse pietà ai loro fratelli oppressi dalla stanchezza e dalla fame; e non v'essendo argomento da farlo più umano, i soldati di Boemondo furono obbligati di porre le tende nella campagna, dove furono sorpresi e trucidati nottetempo (nè senza mala fama dell'ambizioso Baldovino) da quelli stessi Turchi di Tarso, che v'avevano ricevuto i Cristiani e che, non potendo più tener la fortezza, o per propria elezione o per altrui consiglio, avevano eletto quell'ora alla loro partenza.

Al nuovo giorno si divulga per la città la novella del miserando caso. —Escono i Crociati e vanno a riconoscere i loro fratelli giacenti esanimi per la campagna e spogliati delle armi e delle vesti; il piano e la città echeggiano dei loro lamenti; i più feroci corrono alle armi e minacciano sterminio ai pochi Turchi rimasi nella fortezza. Frattanto propagasi il sospetto che non senza partecipazione di Baldovino sia quella sciagura intervenuta; perlocchè gli ammutinati corrono a lui accusandolo della morte de' compagni, e saettandolo con le freccie si studiano d'ucciderlo. Egli smarrito dassi alla fuga e finalmente si chiude dentro una torre, molto dubbioso della sua sorte e macchinando alcuno spediente per la sua salvezza. Acquetato alquanto il tumulto e avendo egli immaginato il modo del suo scampo, si rappresenta di nuovo ai soldati, piangendo la sciagura degli uccisi compagni e colora la sua malignità allegando i trattati fermati con i cittadini, ai quali non avea potuto contravvenire; ma conoscendo che questa scusa non era sofficiente ad appagare gli animi già inferociti e cupidi di vendetta, s'ingegna di volgere le loro ire contro i

vili che divisero l'imperio romano sotto il triumvirato, Cassio e Dolabella vennero in simile contesa per la stessa città di Tarso, sendovi in quella due partiti uno de'quali erasi dato a Cassio, che primo era giunto colà, e l'altro erasi dato a Dolabella, sopraggiunto dipoi. Ambidue i partiti avevano con qualche forma di legalità confermata la dedizione, per il che non volendo alcuno cedere, anzi ognuno obbedendo al suo preferito, incorsero in tante divisioni, che la città ne fu quasi desolata (Vedi Appiano, *Istoria delle guerre civili*, lib. IV, cap. VIII).

Turchi accennando la fortezza che ancora tenevano. Nel qual momento
operò ancora con mirabile avvedutezza, che venissero in cospetto de'Crociati le donne Cristiane alle quali i Mussulmani avevano tagliate le orecchie e il naso. A tal vista gli ammutinati dimenticano lo sdegno contro
il loro capo conceputo, e gridano furibondi esterminio ai Turchi... Scala-
no le torri ove stavano ancora piantati gli stendardi degli infedeli: niun
contrasto è potente incontro al loro impeto e tutti i Turchi sono imma-
nemente trucidati. Così Baldovino con la sua astuzia liberò sè dalla mala
ventura e conseguì il suo fine d'impadronirsi totalmente della città.

Vendicata che ebbero i Crociati, secondo la loro stima, la morte dei
compagni, occuparonsi a seppellirli, e mentre facevano le esequie, sopraggiunse inaspettatamente un buon rinforzo. — Apparve in mare un'armata che avvicinavasi a vele gonfie, la quale immaginando i soldati esser d'infedeli, corsero al lido. Appropinquatosi il naviglio a distanza da
potersi intender la voce, interrogano quei della prima nave, donde vengano e chi sieno; quelli rispondono in francese, onde i Crociati cominciando a sospicar di tradimento, chiedono nuovamente gli stranieri: come
e' si trovino nel mare di Tarso e a qual nazione appartengano. Rispondono quelli, essere Cristiani e venire dalla Fiandra, dalla Svizzera e dalle
provincie di Francia; dipoi anch'essi richieggono i pellegrini dell'esser
loro, e per qual ragione sieno venuti così lontano dalle patrie loro: *Chi
v'ha tratto in sì remoto esiglio e fra tante barbare genti?* — Rispondono
i Crociati: *Noi siamo campioni di Gesù Cristo, e andiamo a Gerusalemme per liberare il suo Santo Sepolcro.* — Raccolto ciò i forestieri discendono confidentemente a terra e s'accostano ai Crociati, stringonsi le
destre e riconosconsi fratelli.

Questi naviganti erano corsari che correvano il Mediterraneo già da
otto anni; esortati dai Crociati, entrarono nel porto di Tarso, ove il loro
capo Guinemero che era da Bulogna, riconobbe Baldovino e il di lui fratello Eustachio, figliuoli del suo antico signore, onde lietamente si pro-
ferisce co'suoi a' loro servigi. Accettata la profferta, tutti i corsari crociaronsi e presero il sagramento di partecipare alla gloria e alle fatiche
della santa guerra.

Con questo nuovo rinforzo, e posto presidio in Tarso, Baldovino riprese l'interrotto viaggio per la medesima strada che faceva Tancredi; il
quale andato verso Adana distante otto ore al levante di Tarso, e trovatala occupata da un cavaliere Borgognone appellato Guelfo, era pro-
ceduto oltre verso Malmistra della quale s'impossessò, cacciatine i
Turchi.

Malmistra ch'è l'antica Mopsuestia e che modernamente dicesi *Messissé*, distava sei ore a scirocco di Adana, e tre ore dal mare, sulla riva del Piramo detto ora *Dgihan*.

Tancredi e i suoi fedeli guerrieri non avevano ancora dimenticato gli oltraggi di Baldovino e fitta tenevano in cuore la strage de' loro fratelli abbandonati o forse artatamente esposti al proditorio furore de' Turchi; quando appunto giunse l'avviso che l'istesso Baldovino àvea posto il campo in un prato vicino alla predetta città di Malmistra. — Subito i mal repressi sdegni rincrudiscono, tutti prorompono in feroci minaccie, persuasi che il prepotente Francese venga di nuovo a fare insulto alle loro armi e a contendere per il possesso di Malmistra. — I cavalieri che erano con Tancredi non ommisero di ricordarli le ricevute offese [1], dimostrandoli che l'onor della cavalleria, la sua gloria e quella de' compagni richiedevano strepitosa vendetta. La puntura della gloria oltraggiata, concitò fieramente lo sdegno di Tancredi, il quale ragunate ed ordinate in battaglia le sue genti, muove contro il campo di Baldovino.

S'appicca ferocissima zuffa in tra i soldati cristiani, nella quale non valgono a frenare gli animi accecati nell'ira de' combattenti, nè la vista della Croce che portano sulle loro vesti, nè la ricordanza de' mali che hanno sofferti insieme.

Dopo non lunga, sebbene fierissima pugna, la gente di Tancredi, inferiore di numero, è costretta a cedere il campo, e ripararsi disordinatamente nella città, rimanendo alcuni prigioni nelle mani de' vincitori e deplorando tacitamente la propria sconfitta.

Sopravenne la notte che con la sua placidezza ricondusse ai concitati spiriti la calma. — I soldati di Tancredi conoscevano non poter superare l'eccedente numero de' Fiamminghi, e oltre ciò, sendosi versato il sangue, estimavansi bastevolmente satisfatti. — I soldati di Baldovino sentivano alcun rimorso dello avere combattuti e vinti i loro fratelli in Cristo.

Al nuovo giorno la voce della umanità e della religione preponderò nei cuori delle due parti. Tancredi e Baldovino inviaronsi nel medesimo tempo deputati i quali, per non far sembiante di chieder pace, attribuirono unanimemente il loro procedere a inspirazione del cielo, siccome è consuetudine degli uomini, incolpar sempre Iddio delle loro follie. — Venuti dipoi in presenza uno dell'altro, giuravano di porre in obblivione la loro contesa ed abbracciaronsi davanti ai soldati, i quali pentironsi de' loro trascorsi, accendendosi del desiderio di espiare il sangue de' loro fratelli mediante nuova impresa contro i Turchi.

In brevissimo tempo Tancredi erasi impossessato di tutta la Cilicia.

[1] Alberto Aquense.

Alberto Aquense annovera fra i luoghi occupati il *castello de'Pastori*; *il castello de'Fanciulli* ovvero di *Bacheler*, situati nelle montagne d'Amano, il *castello delle Fanciulle*, che forse è l'Arenco appellato dagli Arabi *Chirliz Chalessi* [1]. — La fortezza di Arenco estrutta sopra una prominenza, era situata due ore a levante del Ponte di ferro sopra l'Oronte. Tancredi s'impadronì anco d'Alessandretta, chiamata dagli Arabi *Scanderun*, che è in riva al mare, e trucidò tutti i Turchi che v'erano dentro. L'eroe Italiano non aveva con sè che soli trecento cavalieri, con i quali sottomise quasi a volo tutta la Cilicia; il che non si dee tanto al valore del capitano e de'soldati attribuire, quanto al terrore che dopo la vittoria di Dorilea incutevano le armi latine, e all'avvicinarsi del grande esercito.

Il quale da Antiochetta continuando il suo viaggio era pervenuto ad Iconio, ora detto Choniac. I cronisti fanno menzione *d'una strada regia* seguitata dai Crociati, e veramente nel paese di Choniac esiste ancora un'antica strada molto larga e comoda. I vecchi scrittori sono parchi di particolari intorno alla metropoli della Licaonia, la quale, secondo alcuni di loro era diserta, e l'esercito non vi trovò alcuna cosa da rinfrescarvisi e soprassedervi; secondo altri, i soldati *vi furono ricolmi di tutti i beni della terra mediante l'ispirazione del Signore* [2].

Partendo da Iconio i Crociati, per consiglio de'paesani portarono seco otri e vasi pieni d'acqua, avendo da fare una giornata di cammino per regione totalmente priva di fonti e di ruscelli. Il giorno dipoi a sera giunse l'esercito a un fiume e vi si fermò per due giorni. Frattanto gli esploratori che correvano innanzi a scoprire il paese, erano pervenuti alla città di *Erecli*, distante circa trent'ore da Choniac, per gli cronisti della prima Crociata, detta Eraclea; da dove il presidio turco appena vedute le insegne latine, fuggì subito precipitosamente, perlochè Roberto Monaco gli rassomiglia ai daini fuggiti dai lacci e alla camozza ferita il fianco di strale. — L'esercito soprastette quattro giorni a Erecli.

Dopo alcuni altri giorni di cammino per il monte Tauro, l'esercito giunse a *Cosor* ovvero *Cocson*, che è l'antica Cucusus ove fu in esiglio san Giovanni Crisostomo [3]. I Crociati avendo trovato a Cosor abbondanza di viveri, soggiornaronvi per tre giorni; dovevano però superare grandi

---

[1] Avvertasi di pronunciare il *Ch* come il C aspirato de'Fiorentini. — T.

[2] Queste espressioni, non ci danno a conoscere che genere di comodi trovasse l'esercito in Iconio e quale fosse allora lo stato della Licaonia. — T.

[3] Il monaco Roberto pone la città di Cesarea nella Cappadocia, fra *Erecli* e *Cosor* o *Cocson*; ma Cesarea di Cappadocia, che oggi dicesi Chaisarié è molto lontana da quel sito, ed è nella parte settentrionale dell'Asia Minore.

dilficoltà per giungere a Maresìa otto o dieci ore distante di verso libeccio, cioè la parte più discoscesa e impraticabile del Tauro. — I cronisti raccontano distesamente i disagi sofferti dall'esercito in quelle montagne ove non era alcuna via, infestate tutte da belve feroci e da rettili, ove niun varco era che desse luogo a più che un sol piede e ove le rocce, i cespugli e gli sterpi impedivano ad ogni poco ai pellegrini l'andare avanti. — Portavano i cavalieri le'loro armi appese al collo, e alcuni vinti da stanchezza gittavanle nei precipizi; i cavalli non potevano reggersi in piedi col carico era loro imposto, perlochè gli uomini vidersi forzati di far le veci di quelli. — *Niuno poteva fermarsi o assidersi* (dice il monaco Roberto), *niuno poteva dar aita al suo compagno; soltanto quegli che camminava dietro, poteva soccorrere a quello che gli era innanzi, ma questi poteva con difficoltà rivolgersi a quello che lo seguitava.* — I Cronisti hanno dato a questo luogo il nome di *Montagna del Diavolo* qual nome sogliono anco applicare ad altre montagne discoscese.

Finalmente pervenuti alla città di Maresìa, tante fatiche ed incredibili disagi ebbero fine; l'aspetto della Siria ravvivò l'abbattuto coraggio dell'esercito.

Maresìa, che è l'antica Germanicia, era abitata da Cristiani; e i Turchi che tenevano la cittadella, avvicinandosi i Crociati, eransene fuggiti; e perchè il paese abbondava di viveri e di pasture, posero il campo intorno alla città.

La moglie di Baldovino morì in questa città e vi fu seppellita, e il suo marito vi giunse appunto nelle ultime ore della di lei vita. Aveva egli saputo il pericolo del suo fratello Goffredo nei dintorni d'Antiochetta della Pisidia, ed era corso ad accertarsi da per sè stesso della di lui guarigione. Erano nondimeno i di lui portamenti sotto le mura di Tarso biasimati da tutti i capi e da tutti i cavalieri, sicchè invece di ricevere congratulazioni per il suo ritorno, non intese che rimproveri e mormorazioni contro di sè. — Goffredo *fedel servo di Dio* come dice Guglielmo Tirense, lo rimproverò acremente, e Baldovino, secondochè il medesimo istorico afferma, *con tutta umiltà* si rese in colpa del suo errore; ma, o perchè il biasimo universale gli opprimesse troppo lo spirito, e intiepidisse la sua amicizia con gli altri capi, o perchè della liberazione del santo Sepolcro non si curasse gran fatto, o perchè la sua ambizione gli suggerisse per l'Oriente, ove con le vittorie guadagnavansi agevolmente gli imperi, altri conquisti maggiori che quello di Gerusalemme, egli spergiurò a'suoi sacramenti e al debito di cavaliere della Croce.

Le rivoluzioni che adducono le mutazioni degli stati, seguitavano i pro-

T. I.   18

gressi del vittorioso esercito cristiano, molti venturieri da ogni parte accorrevano a partecipare dei successi della guerra. — Un certo Simeone ottenne l'Armenia Minore ; Piero delle Alpi semplice cavaliere, ebbe una ricca città della Cilicia ; ed altre contrade ad altri pellegrini, non nominati nelle istorie, furono distribuite, col solo obbligo di difenderle dai Turchi.

Fra coloro che la speranza dello arricchirsi avèva condotti nel cristiano esercito, merita menzione un principe armeno, appellato Pancrazio, il quale nella sua giovinezza aveva regnato nella Iberia settentrionale, ma scacciato dal suo piccolo regno dai propri sudditi, erasene andato a Costantinopoli ove per il suo continuo brigare fu imprigionato. — Quando i Crociati ebbero sconfitto il Sultano di Nicea, Pancrazio fuggitosi dal suo carcere, venne a offerire i suoi servigi ai capi del cristiano esercito, persuadendosi che mediante il terrore incutevano le armi de'Crociati, gli riuscirebbe ricondursi negli suoi stati o almeno guadagnarne alcun altro nuovo. Con tale intendimento erasi specialmente, a Baldovino di cui presto conobbe il carattere ambizioso e intraprendente, affezionato ; e benchè per la sua estrema povertà non potesse d'alcun dono il protettore suo presentare, s'ajutava nondimeno con lo stimolare nell'animo di Goffredo e degli altri principi, la cupidigia di conquistare stati e regni. Simile a quell'angelo delle tenebre, di cui è fatta menzione nel Vangelo, che trasportato il figliuolo di Dio sopra di alto monte, e additandoli vaste e belle regioni, dicevali: *Vedi? tutto è tuo, se vuoi adorarmi*, il buon Pancrazio standosi tenacemente al fianco di Baldovino, intento a sedurlo, mostravali dalle vette del Tauro le più ricche provincie dell'Asia, persuadendogliene agevole l'acquisto = *Ecco al meriggio* (dicevali) *le fertili campagne della Cilicia; più oltre i bei paesi della Siria e della Palestina ; a oriente sono le pingui contrade che irrigano l'Eufrate e il Tigri, e fra essi due fiumi avvi la Mesopotamia ove la tradizione pone il Paradiso Terrestre; l'Armenia tutta abitata da Cristiani, non aspetta che voi per esser vostra; tutti que' ricchi paesi dell'Asia impazienti del turchesco giogo, sieno vostri se pur vorrete infrangere le loro catene.*

Queste parole del venturiere iberico ingombrarono la mente di Baldovino di aurei sogni, i quali per recare a realità, bisognandoli gran nerbo di soldatesca, cominciò sottomano a tentare alcuni baroni e cavalieri dell'esercito, a fine di tirarli ne'suoi disegni ; ma niuno di quelli piegando alle di lui tentazioni, nè volendo detrattare i vessilli della Crociata o diverger dal cammino di Gerusalemme, si volse egli a corrompere i soldati, promettendo grandi prede. Ma essendo poco ben voluto e vigendo

tuttavia freschi nella mente di tutti, i mali trattamenti da esso fatti a
Tancredi, anco la maggior parte de'soldati ch'ei voleva corrompere, non
gli dette ascolto, e molti de' suoi medesimi non vollero seguitarlo, sicchè partissi dal campo con poco più che mille fanti e dugento cavalli
solo mossi a tal partita per la speranza della preda.

Quando il di lui progetto di abbandonare l'esercito fu conosciuto dai
capi, niuno di quelli tralasciò di sconsigliarnelo, nè però conseguì che se
ne dimettesse. Fu pertanto stabilito in un consiglio che per impedirlo
dalla sua folle andata, si frapponesse l'autorità de'vescovi e de'maggiori
principi, ma tutto fu vano.

Profittando delle tenebre notturne, Baldovino sortì dal campo con i
pochi soldati che avevasi guadagnati, e s'incamminò verso l'Armenia,
senza trovar nimici che potessero interrompere il suo viaggio; perchè i
Turchi per le sconfitte ricevute erano inviliti, e i Cristiani giovandosi della
occasione per liberarsi dalla mussulmana oppressione, s'accostavano e favorivano con tutti gli spiriti ai Crociati.

La strada tenuta da Baldovino, partito che fu da Malmistra, fu verso
oriente, e passata una valle la cui lunghezza è una lega, e superata una
discoscesa montagna, era nella vasta pianura disceso, presentemente e,
forse anco allora, dai Turcomanni, popolo pastore, abitata. Escito da essa
pianura entrò per le gole amaniche, *Cara capussi* ovvero *Porte Nere*,
dai Turchi appellate; da dove continuò il suo cammino per ignuda regione e da piccoli fiumicelli, che mettono capo nel gran lago di Antiochia, soltanto irrigata; ma prima di giugnere nella pianura di Turbessella, oggi detta *Tel Bescer*, il franco principe ebbe a superare una ripi-
dissima diramazione dell'Amano, presentemente dai Curdi abitata.

Le città di Turbessella e di Ravenella, situate sulla destra riva del-
l'Eufrate, apersero prima le porte all'avventuroso conquistatore; e qui
cominciò scisma fra Baldovino e Pancrazio, ambedue da eguale ambizione tormentati, nonostante il progresso dell'intrapresa non fu interrotto, perchè il Franco avendo contrapposto alla astuzia dell'Armeno la violenza e minacciato di trattarlo da nimico, lo discacciò dal suo campo.

Pancrazio trovandosi abbandonato da Baldovino, sopra il cui animo
aveva fino allora avuto quasi pieno potere, accozzò alquanti venturieri e
andò esplorando come trar profitto dalla disposizione delle genti del paese
per procurarsi uno stato in quelle regioni, dove ogni provincia ed ogni
città paravansi disposte a ricevere chi primo le occupasse. L'Istoria contemporanea però non si è degnata di tener dietro alle di lui gesta, le
quali, come quelle di moltissimi altri venturieri che profittavano dell'u-
niversale disordine, sono cancellate dalla memoria degli uomini, come ac-

cade di que'subitani torrenti, che mossi per diluvio di piogge dai sommi gioghi del Tauro, precipitansi ruinosi sulle sottoposte campagne e le devastano, ma pocostante non sono più, nè lasciano di sè nome nella geografia.

Tutti gli abitanti di que'paesi correvano a Baldovino, e provviderlo di guide e di soccorsi, quanti ne seppe desiderare, per il che in dieci ore da Turbessella giunse all'antica Birta, che gli Arabi dicono *El bir*, e ivi passò l'Eufrate, per la via più spedita che tengono le carovane. = Rimanevano sedici ore di cammino per arrivare a Edessa e avevasi a viaggiare per regione squallida e ignuda. Baldovino tenne una vecchia strada romana aperta fra sterili montagne e, percorso dalla fama di sue vittorie, pervenne alla Metropoli della Mesopotamia.

Edessa, alla quale i Talmudisti danno antichità pari a quella di Ninive, attribuendone la fondazione a Nemrotte, era stata, in onore di Antioco, Antiochia appellata e per distinguerla dalla capitale della Siria, avevanla soprannominata dalla fontana di Calliroe. I Cronisti latini diconla *Roa*, vocabolo derivato dal greco *Roe*, che significa fontana, presentemente però porta il nome di *Orfa*. — La concorde opinione degli eruditi ne fa fondatore Seleuco il Grande, intorno a quattrocento anni avanti l'Era Volgare.

Il suo sito è in un'ampia valle fra due colline, ignude e sassose, in tutto disgiunte dalla diramazione del Tauro. Il cerchio della città è quattro miglia; le mura da torri rotonde e quadre sono fortificate, e profondi fossi la circondano. Aveavi una cittadella sulla cima meridionale della collina che sovrasta alla città da ponente. Le mura, le torri e il fosso sussistono tuttavia, ma il castello è diroccato, e nel suo recinto veggonsi alcuni casolari e una moschea abbandonata. Questa cittadella un tempo pareggiava quasi la città, ed era di mercati, di chiese e di palazzi fornita. — Orfa per la quale passano le carovane che di Siria vanno in Persia, ha attualmente da circa quindici mila abitatori tutti Mussulmani, se se ne eccettui un migliaio d'Armeni e pressoacchè cento Giacobiti. Nel mezzo della città avvi una vecchia chiesa col suo campanile, che vi fu già al tempo delle Crociate e che ora è in moschea tramutata; trovandovisi presentemente quindici santuarii mussulmani, e due cristiani soltanto. — Al ponente di Orfa la natura fa bella pompa di tutte le sue dovizie; ameni e pingui oliveti, boschetti di mandorli, di aranci, di mori, di melagrani, riducono a memoria del viandante le delizie dell'Eden di Moisè situato precisamente in quella regione.

Erasi preservata Orfa dalla turchesca alluvione, dondechè tutti i Cristiani de' luoghi circonvicini, s'erano colà con tutte le loro ricchezze rifugiati. — Un principe greco, Toròs o Teodoro appellato [1] e delegatovi dall'imperatore bisantino, la governava mantenendovisi col pagar tributo ai Saraceni. — Le vittorie e la venuta de'Crociati aveano fortemente sollevati gli animi, onde il popolo e il governatore eransi accordati a chiamare Baldovino in loro soccorso, perchè dalla turchesca soggezione gli liberasse, spedendoli a tale effetto una ambasceria dal vescovo e da dodici de'principali cittadini composta; i quali annoverarongli le ricchezze della Mesopotamia, certificaronlo della devozione de'loro concittadini per la causa di Gesù Cristo e raccomandaronseli per ultimo che volesse salva quella cristiana città dal dominio degli infedeli. — Baldovino, come non è da dubitare, accedette facilmente alle coloro preghiere.

Per sua buona ventura era entrato nel territorio di Edessa, senza trovare i Turchi che l'aspettavano sulle rive dell'Eufrate e senza aver avuto alcun altro sinistro incontro, il che arebbe forse causata la sua ruina, perchè avendo posti presidii nelle città che se gli erano date, di tutta la sua gente non rimanevanli altro che cento cavalli; sicchè quando giunse alla città, sendo escito a riceverlo tutto il popolo, con rami d'olivo in mano e cantando sacri cantici, parve spettacolo molto curioso e quasi comico, vedere un tanto piccolo numero di guerrieri supplicati di difesa da molte migliaia di uomini che gridavanli loro liberatori: Ma le umane deliberazioni sogliono quasi sempre dipendere più dalle false opinioni preconcette, che da severi e positivi giudizi, per modo che sempre avrà favore e buoni successi nel mondo chi saprà con astuzia procacciarseli, non chi, con onorate fatiche, se li vorrà meritare.

Tanto fu il favore con cui fu accolto Baldovino, che il principe o governatore di Edessa, poco ben voluto dal popolo, se ne insospettì, parendoli aver a temer ne'Franchi, nimici più pericolosi de'Turchi: nella qual sua sospicione, desiderando assicurarsi de'nuovi ospiti, con offerte e promissioni di grandi ricchezze, si volse a guadagnarsi l'animo di Baldovino e disporlo a farsi protettore della di lui autorità. Ma l'ambizioso franco, o che molto più s'impromettesse dalla affezione del popolo e dalla fortuna di sue armi, o che reputasse a sè disonorevole farsi mercenario di straniero principe, rigettò con disprezzo le offerte del governatore, e simulò anco di volersene andare e abbandonare la città. — Il popolo a cui ciò gravava molto, cominciò a tumultuare, scongiurando con alte grida Baldovino a non partirsi, per il che il governatore, quan-

---

[1] Niuno degli storici latini riferisce il nome del governatore Edesseno. — Il nome di Teodoro ovvero *Toròs* ricavasi dalla istoria di Matteo di Edessa, dalla quale sono cavati alcuni particolari importanti della presente Istoria, che si cercherebbero invano in altri scrittori.

tunque avesse nel suo segreto cara la partita, non volendo troppo dispiacere al popolo, anch'egli posesi a pregare perchè i Crociati non privassero la città di loro protezione.

Baldovino frattanto aveva accortamente fatta divulgare voce, ch'egli non assumerebbe mai la difesa di stati che non fossero suoi; al che avendo considerazione il governatore, e conoscendo che senza trovar temperamento da contentare l'ambizioso appetito del franco, correvano le cose sue a manifesta ruina, essendo vecchio e non avendo prole, si deliberò di adottarlo per figliuolo e dichiararlo suo successore.

La cerimonia della adozione fu celebrata in cospetto del popolo e de' Crociati, per la quale, secondo la consuetudine orientale, il principe greco fecesi entrare Baldovino fra la camicia e la nuda carne e diedegli il bacio dell'alleanza e della parentela. La vecchia moglie del governatore rifece anco essa la medesima cerimonia; e Baldovino avuto come loro figliuolo e legittimo erede, non trascurò più cosa veruna per difendere la città che doveva esser sua.

Era venuto eziandio in soccorso di Edessa Costantino principe di Armenia che governava una delle provincie situate a piè del monte Tauro. La presenza dei soldati della Croce, aveva spirato spiriti marziali a tutte quelle popolazioni, per modo, che dove prima non attendevano ad altro che a blandire e farsi i Turchi trattabili, allora non dubitavano di contrastarli con le armi in mano.

A maestrale di Edessa, dodici leghe distante, sulla riva destra dell'Eufrate, aveavi le città di Samosata, che ora dicono *Semisat*, [1], abitata da Mussulmani. L'emiro che la governava, dando di continuo il guasto alle terre degli Edesseni e gravandoli di tributi, per assicurarsi del pagamento, aveva voluto in ostaggi i figliuoli de' principali cittadini; il che obbligava da lungo tempo gli Edesseni a forzata obbedienza e rassegnazione; ma ora essendo sollevati i loro animi per la speranza della vittoria e per la brama della vendetta, prendono le armi e pregano Baldovino che gli conduca contro i nimici.

Corrono speditamente sotto Samosata, dànno il sacco ai sobborghi e alle vicine campagne; ma la città opponendo vigorosa difesa, Baldovino, per non perder tempo in inutili tentativi, e temendo che lo star lontano potesse nuocere a' suoi disegni, se ne ritornò a Edessa; e per colorare in qualche modo quella sua precipitosa partenza dall'esercito e quella non onorevole interruzione della impresa cominciata, fece segretamente spargere nel popolo varie voci ingiuriose al suo padre adottivo, accusandolo

---

[1] *Semisat* è un borgo curdo che ha due mila abitatori. — Vi rimangono alcune reliquie delle sue antiche mura di mattoni, che appena spuntano fuori del terreno.

del rimanersi ozioso nel suo palagio, mentre i Cristiani andavano pugnando co'Turchi, con i quali affermavano ch'egli tenesse pratiche e intelligenze clandestine.

Sopra tali accusazioni e, secondo Matteo Edesseno, partecipandone Baldovino, fu ordita una congiura contro la vita del malarrivato principe Teodoro, il quale però avendone avuto avviso, rinchiusesi subitamente nella cittadella, da dove cominciò ora la pietà del popolo ora quella de'Crociati, ad implorare. — Frattanto cresce il tumulto, e la furiosa multitudine, irrompendo per le strade, dà il sacco alle case de'partigiani di Teodoro. Corrono dipoi alla cittadella; alcuni atterrano le porte, altri danno la scalata; Teodoro rimaso abbandonato da tutti, dismesse le difese, propone di capitolare, offerendo di escire dalla città, di renunciare al governo, e chiedendo che gli si accordi di ritirarsi con la sua famiglia nella città di Melitene, presentemente Malazia. — Sono accettate le proposizioni, fermata la pace, e i cittadini e i Crociati fanno sacramento sulla Croce e sul Vangelo di osservar le condizioni stabilite.

Il seguente giorno, allorchè il governatore disponevasi alla partenza, ecco sorgere nuovi tumulti. I capi della congiura considerando alla imprudenza di lasciare la vita a un principe tanto per essi oltraggiato, fingono nuove accuse contro di lui: ch'egli abbia sottoscritta e ratificata la detta pace, con intendimento, quando fosse escito salvo della città, di prepararsi alla guerra e alla vendetta. Baldovino religioso alla principesca prudenza, e persuaso che niun successore di trono vi s'asside sicuro, finchè vive il suo predecessore, non pretermetteva il concitare il popolo e i congiurati, e tanto potere ebbero le sue suggestioni che ultimamente il tumulto, in vero popolare furore cangiato, tutti chiedono la morte del misero Teodoro. — Alcuni a ciò deputati entrano a forza nella cittadella, prendono il governatore in mezzo alla sua esterrefatta famiglia e trascinatolo crudelmente sulle mura, da quelle il precipitano. — Il deforme e sanguinolento cadavere dell'infortunato vecchio fu dalla pazza plebe, con ischerni ed oltraggi vilissimi per tutte le vie trascinato, congratulandosi ciascuno di tale assassinio più che di vittoria che avesse degli infedeli riportata. Frattanto il prudente Baldovino, il di lui figliuolo adottivo, il famoso campione di Cristo, s'assise tranquillamente sul vacante trono di Edessa.

Prima però, per quella invincibile verecondia che non diserta mai in tutto, anco i perfidissimi uomini, dopo esser egli stato ozioso spettatore di quella tragedia, senza neppur aver soccorso di parole al suo padre adottivo, quando vide tutto il popolo correre a lui offerendoli il principato della città, simulava non volerlo accettare, e operato mediante gli artificiosi nieghi che la cieca moltitudine, per la contrarietà, come suole, nei prieghi s'ostinasse, alfine quasi a forza si dimostrò contento di quello che più desiderava e che con scelleratissima ingratitudine aveva procurato. Il pazzo popolo allora liberatore e signore di Edessa lo proclamava.

Assiso dunque sul trono lordo del paterno sangue, e come i tiranni sogliono, paventando l'incostanza popolare, si comportò subito in modo che l'avessero a temere non meno i sudditi che i nimici. Empita la città di taciturno terrore; si volse con le armi e con l'oro ad ampliare il suo stato; avendo col tesoro del predecessore comperata la città di Samosata e più altre che non potè occupare con le armi.

Come in tutte le altre cose, lo favorì eziandio la fortuna con farli morire la sua moglie Gundescilda, onde venne ad agevolare i suoi progetti ambiziosi; perchè toltasi in moglie la nipote d'un principe armeno, mediante la dote di quella, potè estendere i suoi dominii fino al monte Tauro. — Una parte della Mesopotamia, e le rive dell'Eufrate sottoposersi alla di lui autorità, e l'Asia vide allora un cavalier francese regnare sicuramente sulle più ricche provincie dell'antico regno d'Assiria.

Solo occupato nel difendere e ingrandire i suoi stati, Baldovino non si curò più in verun modo della liberazione di Gerusalemme [1]. Molti altri cavalieri adescati da sì rapida e maravigliosa prosperità, concorsero a Edessa ad aumentare l'esercito e la corte del nuovo principe.

Ma poichè niun maleficio degli uomini può esser tanto perfetto nella iniquità che non produca alcun bene; i vantaggi che procurò ai Crociati la fondazione di questo nuovo stato, hanno mitigate le reprobazioni della istoria per la ingiustizia, la perfidia e la violenza che alla fondazione medesima concorsero. Il principato di Edessa fu potente a contenere i Turchi e i Saraceni, fino alla seconda Crociata, e fu come fermo muro del Latino Impero dalla parte dell'Eufrate.

---

[1] Nel primo Libro della *Gerusalemme Liberata* quando l'Eterno volge gli sguardi ai Campioni della Croce, a Edessa :

> *Vede in Baldovin cupido ingegno*
> *Che alle umane grandezze intento aspira*

Tutti i particolari da me registrati intorno alla rivoluzione di Edessa, sono cavati da Alberto Aquense e da Guglielmo da Tiro; comparandoli però con la Storia Armena di Matteo da Edessa.

FINE DEL LIBRO SECONDO

STORIA
DELLE CROCIATE

LIBRO TERZO

CAMMINO DE' CROCIATI VERSO ANTIOCHIA ED ASSEDIO DI QUESTA CITTA.

1097-1098.

Superato il Tauro, aprivasi la Siria all'esercito Cristiano. Da Maresia eransi avviati i Crociati verso Artesia, detta anticamente Calci e distante da cinque a sei leghe a meriggio. Roberto conte di Fiandra con alquanti nobili compagni e mille fanti, spintosi avanti al corpo dell'esercito, aveva occupato Artesia e cacciatine i Turchi con l'ajuto di quella popolazione cristiana. Vi corsero i Mussulmani d'Antiochia con intendimento di liberarla, ma sopraggiunto l'esercito cristiano, fuggironsi e fecero capo al Ponte di Ferro sopra l'Oronte per impedirli il passo verso Antiochia. Frattanto giunse all'esercito Tancredi, lodato universalmente per la generosità e moderazione dimostrate sotto le mura di Tarso. — I capi dei Cristiani avendo tenuto consiglio, e deliberato di muovere contro la capitale di Siria, fecero invito al conte di Fiandra padrone di Artesia che lasciatovi sufficiente presidio, unisse le sue forze a quelle degli altri crociati; e similmente ordinarono agli altri corpi sparsi per il paese di ricongiungersi al principale; promulgando oltreciò divieto a chiunque di separarsi d'allora in poi dall'esercito. Tutti i capi e i cavalieri trovaronsi riuniti per tal modo ad Artesia, eccettuato Baldovino, che con non piccola ammirazione de' compagni, seguitava lunge dal cammino di Gerusalemme piuttosto le voci di terrena ambizione che d'inspirazione celeste.

T. I.

Appropinquandosi le maggiori fatiche e i pericoli, Ademaro vescovo di Puy, procurò rianimare il coraggio de' Crociati con queste parole:

Fratelli e figliuoli carissimi, ora che breve cammino vi diparte da Antiochia, io non vi nascondo esser quella città, per fortissime mura e con enormi macigni estrutte, difesa; i quali macigni collega cemento ignoto e sicuro contro ogni dissolvitrice potenza. Colà, sappiamo per fermo essersi congiunti tutti i nimici del nome cristiano, Turchi, Saraceni, Arabi, che già fuggirono davanti alla nostra faccia dalle montagne di Romania. Ci è mestieri pertanto di molta prudenza e circospezione, non più separarci o sbandarci, non andare avanti senza riguardo, nè far cosa alcuna che ne possa a grave infortunio esporre. Domani muoverà l'esercito a quella volta; domani, tutti uniti farem prova di espugnare il guardato Ponte di Ferro [1].

Levato il campo, giugneva al Ponte di Ferro la vanguardia comandata da Roberto di Normandia, nè potette superare il passo. Due torri fasciate di ferro erano a capo il ponte; sceltissimi guerrieri Turchi guardavanle, e sulla manca sponda del fiume stavasi schierato il nimico esercito. Cominciò la zuffa in tra i Mussulmani che tenevano il ponte e le genti del Normando Roberto. Pendendo dubbia la sorte delle armi, s'avanza la battaglia dell'esercito cristiano. Secondo la militare espressione di Alberto Aquense, i Crociati sotto i loro elmetti, gli scudi e le corazze, *ristrettisi a testuggine*, scagliansi sul ponte, e impetuosamente il nimico rispingono. L'Oronte è superato, le sue rive da' Crociati occupate, e i velocissimi corsieri turchi portano a salvamento i fuggitivi verso Antiochia. Il luogo di questa vittoria conserva anco a' dì nostri il suo antico nome, chiamandolo gli Arabi nel loro idioma: *Gessr-il-Haddir*, che appo noi vale Ponte del Ferro [2].

Quattro ore di cammino distava l'esercito cristiano da Antiochia: —

Procediamo con prudenza e buon ordine (raccomandava Ademaro). Ieri combattemmo fino a sera, siamo stanchi, e i nostri cavalli sono dalla fatica spossati.

Dipoi il vescovo assegnava ai principi ed ai cavalieri l'ordine avevano a tenere nel cammino. — Giungeva l'esercito in una pianura, avendo a destra l'Oronte, e poco più oltre il lago di Antiochia, detto modernamente *Bahr-el-Abbiad*, cioè Mare Bianco; a manca era piccola diramazione di colli che facea capo nelle montagne della sira capitale. Tanto nerbo delle

---

[1] Alberto Aquense.

[2] Un terremoto nel 1822, ha scosso e ruinato l'antico ponte dell'Oronte con le sue due torri fasciate di lamine di ferro; e ne fu ricostrutto un altro a cinque archi. — Il detto ponte fu denominato dal ferro, per cagione delle dette due Torri. — Tradut.

G. Gonzini dis.

Venero inci.

Ademaro vescovo di Puy, procurò rianimare il coraggio dei Crociati ....

lib. III.º pag.º 146.

occidentali forze era allora convenuto in quella pianura, a dì nostri diserta e silenziosa, per la quale non passa mai vivente, sennonchè il cavaliere turcomanno o la carovana d'Aleppo. Venendo per la strada di Aleppo, che era la tenuta dall'esercito cristiano, non prima si scopre Antiochia che giuntivi; sicchè i Crociati non ne erano lontani più che tre quarti d'ora, quando videro le vette delle torri e delle mura che fanno corona ai monti della città [1]. La vista di Antiochia, tanto celebrata negli annali del cristianesimo, riaccese il religioso entusiasmo de'Crociati. Ivi i discepoli del Vangelo, primamente intitolaronsi Cristiani, ivi l'Apostolo Pietro fu eletto primo pastore della Chiesa nascente. Per più secoli dipoi ebbero costume i fedeli di venire in uno dei sobborghi della città a perorare sulla tomba di Santo Babila, che regnante Giuliano sconfisse e confuse gli oracoli d'Apollo. Per alcun tempo si disse Antiochia *Teopoli* ovvero città di Dio, ed era delle città che i pellegrini con più venerazione visitavano. Nè minore era la sua celebrità negli annali dell'Imperio, che in quelli della Chiesa, avendosi per la magnificenza de'suoi edifici, e per la dimora di alquanti imperatori, meritato il titolo di Regina dell'Oriente. Situata in fertile regione, e in riva d'un fiume, con all'Oriente un lago abbondevole di pescagione e a meriggio il sobborgo, la fontana e i giardini di Dafne famosissimi a tempo il Paganesimo [2], allettava molto di sè i forestieri. Di contro ad Antiochia sorge il monte Pierio, da chiare fonti irrigato, ricco di bei pascoli, e di boschi coronato; il quale appellato dai nostri cronisti *Montagna Nera*, fu nei primitivi secoli del cristianesimo e nel medio evo, da eremiti e da monaci abitato, fra i quali ricorda l'istoria Santo Giovanni Crisostomo, meritamente laudato quale Cicerone della Cristiana Eloquenza.

Le mura d'Antiochia accerchiavano da meriggio quattro vette de'monti, le quali dimostrandosi dentro dalla cerchia le soprastavano molto. Sopra la vetta che guarda a levante eravi la cittadella fiancheggiata da quattordici torri. Da meriggio poi la città era veramente inespugnabile; l'Oronte

---

[1] Il nome di *Franc* o *Frangi* non ha lasciata di sè più forte impressione in alcun paese dell'Oriente, che sulle rive dell'Oronte. Frangi, è agli abitatori di quella valle, come segno della cosa più invincibile e potente, e vale a loro, quanto genio della guerra, demonio vittorioso, spirito tremendo che mugge e fracassa come la tempesta. La quale idea di onnipotenza congiunta al nome Franco, ha originati nel paese non pochi favolosi racconti. Sulla strada di Antiochia, al Ponte di Ferro, la mia guida turca, indicandomi a destra certo colmeggiare del terreno presso un colle disseminato delle ruine d'una fortezza del medio evo, dicevami: sotto quel terreno colmeggiante, avvi un lago le cui sponde sono d'oro e di diamanti ripiene; una barchetta discorre per lo lago; Mussulmani, Armeni, Greci e Giudei, potrebbero entrare nella barchetta e correre sulle acque, ma se volessero appropinquarsi alla sponda e prendervi oro e diamanti, la barchetta rimarrebbesi immobile, perchè ai soli Franchi è concesso impadronirsi di quei tesori; ai soli Franchi che sono diavoli cui Dio tutto permette. *Corrispondenza d'Oriente*, Lettera 172 di Poujoulat.

[2] *Corrispondenza d'Oriente*, Vol. 7, Lettera 174.

difendevala da settentrione, perlochè da questo lato non erano i ripari tanto fortificati quanto dagli altri. Le mura cerchiavano da tre leghe inflettendosi in forma ovale. *Questa città* (scrive Guglielmo Tirense) [1] *incuteva terrore in quelli che la vedevano, sì grande era la moltitudine e la fortezza delle sue torri che al numero giugnevano di trecento sessanta.*

Le mura d'Antiochia [2] non ostante il corso de'secoli, le umane vicissitudini e i terremoti, ancora sussistono principalmente dalla parte meridionale; cinquantadue delle torri mantengonsi salde; sopra alcune che alla linea settentrionale appartengono, in riva all'Oronte, veggonsi sorgere le croci latine, lontane memorie delle nostre sante guerre. Fichi, Giuggioli, Mori e Noci, ricoprono il lato orientale. Ma la città moderna, appellata *Antachi*, non è più che il sesto dell'antica e ne è situata nella parte occidentale. Circa quattro mila sono i suoi abitatori, Turchi Cristiani, e Ansarici; però i Cristiani di questa città che un tempo fregiossi di sessanta monasteri e che vantò le più belle chiese del mondo, hanno difetto di santuarii e sono costretti celebrare i loro santi misteri in una vetusta grotta sepolcrale.

I Saraceni impadronironsi d'Antiochia nel primo secolo dell'egira ; ricuperaronla i Greci, imperante Niceforo Foca; quando vi giunsero i Crociati, possedevanla i Turchi da quattordici anni. Imminendo l'esercito cristiano, concorsero dentro la città a salvamento i più de'Mussulmani che le castella e le provincie vicine abitavano; ed eravi alla difesa con venti mila fanti e settemila cavalli, Baghisiano [3] altrimenti Acciano appellato, emiro turcomanno e principe di quella provincia.

Malagevolissimo dimostravasi il voler assediare Antiochia; tennesi nondimeno consulta sopra ciò in tra i principali dell'esercito. I più savi consideravano essere imprudente dar principio all'ossidione soprastando l'inverno; non doversi temere le armi nemiche, ma bene le pioggie, i rigori della stagione, le malattie e il difetto de'viveri; meglio essere che l'esercito, preso i quartieri nelle provincie e nelle città circostanti, aspettasse i soccorsi promessi dall'imperatore Alessio, e la novella primavera, in che avrebbe le proprie perdite riparate e ricevuti sotto le sue insegne

---

[1] Dupréau.

[2] Nel settimo volume della *Corrispondenza d'Oriente*, Lettera 170, Poujoulat dà completa descrizione dello stato attuale d'Antiochia; e nella lettera 171 espone i suoi studi fatti sopra i luoghi circa all'assedio e alla presa della medesima città fatta dai Crociati.

[3] Il nome di questo principe selgiocida è stato alterato da quasi tutti gli storici latini. Tudebodo e Roberto Monaco lo dicono Cassiano, *Cassianus*; Fulcherio Carnotense, lo dice Graziano, *Gratianus*; Guglielmo Tirense, Acciano, *Accianus*; Alberto Aquense, Darsiano, *Darsianus*; Deguignes e il maggior numero degli orientalisti, diconlo, secondo Abulfeda, *Baghisiano*; ma dagli altri storici orientali è chiamato *Achi-Sian* (fratello del nero) che ha più analogia col nome corrotto di Acciano.

i rinforzi che l'Occidente spediva. — Ma il legato Ademaro, il duca di
Lorena e generalmente tutti coloro i quali piuttosto dal religioso loro
entusiasmo, che dalla pratica prudenza umana i giudizi desumevano,
ascoltate impazientemente le predette considerazioni, opponevano: — Doversi profittare dello sbigottimento presente de'nemici; non dar loro agio
di ricuperare la freddezza della ragione, nè di ricevere i soccorsi chiesti
al califo di Bagdad e al sultano di Persia: ogni piccolo indugio giovare
a'Mussulmani e poter riescire fatale ai Crociati. Perchè basarsi sulla venuta de'Greci? qual uopo aversene per dar compimento alle cominciate
vittorie? E ancora perchè attendere nuovi crociati dall'occaso che vengano a partecipare della gloria e degli acquisti del cristiano esercito non
essendo stati a parte delle sue fatiche e de'suoi pericoli? Esser dipoi un
ingiuriare ai soldati di Cristo, tenerli non buoni da sopportare freddi e
pioggie, e simili a quegli uccelli che hanno per natura il mutar clima col
mutare delle stagioni. Non doversi al postutto assettar nella mente, che
con esercito sì ben disposto e valoroso, assedio alcuno possa andar per
le lunghe; chè se i Crociati si ridurranno a memoria quello di Nicea,
la giornata di Dorilea, e infiniti altri gloriosi successi, non dubiteranno
per fermo dover ridurre a fausto compimento e prestissimo, anco questo.
Per ultimo opponevano, essere assolutamente irragionevole il timore per
la mancanza de'viveri, stantechè fino allora le imprese loro con la guerra
avessero alimentate; sendo stata sempre la vittoria larga soccorritrice ai
bisogni de'Crociati; e doversi pertanto con l'istesso argomento conchiudere, che abbondanza, sicurezza e gloria, stavano per loro entro le mura
d'Antiochia, e fuori in ogni luogo, miseria e vergogna, massima di tutte
le calamità che degni cavalieri e baroni possano offendere.

Vinse questa opinione, favorita dall'ardor guerriero; i prudenti, paventando l'accusa di viltà, quietaronsi; sicchè fu deliberato si desse cominciamento all'assedio d'Antiochia. — Appressossi l'esercito alle mura
della città, e secondo che Alberto Aquense descrive, vedevasi a quelle
d'intorno quasi nuovo ricinto di scudi dorati o a verde, a rosso e a vari
altri colori dipinti, e di corazze per le squamme del ferro e dell'acciaro
scintillanti. Ventilavano all'aura le bandiere risplendenti d'oro e di porpora; il clangore delle trombe, il batter de'tamburi, il nitrir de'cavalli
e le grida de'soldati udivansi rimbombar da lunge. Seicento mila pellegrini crocesignati ingombravano le rive dell'Oronte e di quelli la metà combatteva.

Già sin dal suo primo giungere l'esercito cristiano aveva posto il campo
e rizzate le tende. Boemondo e Tancredi s'erano aqquartierati con gli Italiani a levante di contro alla porta di San Paolo, sopra alcuni ignudi

monticelli; alla loro destra nel piano che precinge la manca sponda del-
l'Oronte fino alla porta del Cane, s'erano accampati i due Roberti, Stefano e Ugo co'Normandi, Fiamminghi e Brettoni; succedevano il conte di
Tolosa e il Vescovo di Puy, co'Provenzali; Raimondo co'suoi teneva
lo spazio in tra la porta del Cane e l'altra che dipoi dal Duca tolse il
nome; e fra questa e la porta del Ponte stava Goffredo. Era pertanto la
città da tre parti combattuta, cioè da levante, da settentrione levante e
da tramontana. Da meriggio non s'era disposto attacco alcuno, per essere quella parte a cagione de'monti, dei dirupi e dei precipizii, inaccessibile. Ma se non fosse stata soverchio esposta agli assalti degli assediati, una batteria collocata dalla parte di ponente ove le mura e le torri
erano meno fortificate ed alte, ed ove il terreno era a tal bisogno adatto,
arebbe molto giovato agli assediatori.

Stavansi chiusi i turchi dentro le mura; niuno si mostrava alla difesa,
niun romore s'udiva nella città, interpretando ciò i Crociati quale indicio
di timore e d'invilimento. Per il che figurandosi la vittoria agevole e
certa, senz'altrimenti provvedere a quanto facea mestieri, sbandaronsi dis-
solutamente per le vicine campagne. Fosse arte, o furia de'contadini a
porsi in salvo, gli arbori erano tuttavia delle loro frutta onusti, e le viti
delle uve; in fosse cavate nel mezzo de'campi, stavansi riposte le messi,
e grande moltitudine d'armenti vagava abbandonata per le grasse pasture.
Tanta dovizia di viveri, il riso del siriaco cielo, la fonte, e i molli boschetti di Dafne, la giocondità delle sponde orontee illustri, a tempo la
pagana antichità, per il culto di Venere e d'Adone, espugnarono le religiose virtù de'pellegrini, che dimenticato il fine e l'importanza della
loro impresa, ruppero a lascivia e a disfrenata licenza.

Quella cieca sicurezza, quello spensierato oziare, ricondussero la speranza e il coraggio negli animi degli assediati, i quali cominciarono a mostrarsi fuori per la campagna, sorprendendo i Crociati, che trascuratamente
guardavano il campo o che erano per i dintorni disseminati. La maggior
parte di quelli che cupidigia di preda o di voluttà avea tratti per gli
giardini e i villaggi vicini all'Oronte, incontrarono morte o servaggio.
Meritevole di nota è il caso del giovine Alberone arcidiacono di Metz e
figliuolo di Corrado, conte di Luneborgo, al quale costarono la vita i
passatempi, pochissimo alla austerità di sua professione dicevoli. Mentre
egli si stava coricato sulla fitta erba giuocando ai dadi con sira cortigiana,
maravigliosa per bellezza e per nascita illustre; i Turchi sortiti dalla
città, inoltrandosi pian piano e senza esser veduti in tra gli alberi, gli
furono sopra con i brandi ignudi. Alquanti pellegrini che erano in compagnia dell'arcidiacono, impauriti (come s'esprime Alberto Aquense) *di-*

Gli assaltori, preso il mal cauto Alberone mozzaronli la testa.

Tab. III. Pag. 135.

G. Gonzini una e due

A. Verico inc.

.........scorrendo Tancredi la campagna, seguitato da un solo scudiere

s' abbattè in alquanti Mussulmani..........

Lib. III. Pag. 151.

menticaronsi i dadi e fuggironsi. Gli assalitori preso il mal cauto Alberone, mozzaronli la testa , e se la portarono alla città con la sira cortigiana.
Data prima colei a sollazzo de' soldati , poi che ebbe fatte paghe lor bramose voglie , a furore di strazi e di percosse , la uccisero, e tagliatale pure
la testa , con quella dell'arcidiacono nel cristiano campo la balestrarono.

L'atroce spettacolo commosse fortemente i Crociati, che pentironsi dei
loro disordini e giurarono vendicare la morte de' compagni sorpresi e ammazzati dai Turchi. Universale era il desiderio che si desse l'assalto, ma
l'esercito non avea scale nè macchine da tal bisogna. Cominciarono nondimeno dal costruire un ponte di battelli sull'Oronte a fine d'impedire le
correrie de' Mussulmani sull'opposta sponda ; gran conati si fecero per togliere ogni adito a sortite ; e perchè i Turchi solevano le più volte escire
per un ponte di pietra che soprastava a una palude di contro alla porta
del Cane, i Crociati fecero ogni prova, ma invano, di romperlo, per il
che onde renderne almeno il passo difficile e pericoloso, v'estrussero accanto una gran torre di legno, nella quale, secondo afferma Roberto Monaco, concorrevano i pellegrini *come le pecchie all'alveare*. Dalla qual
torre però ritrassero poco frutto, essendo stata dalle fiamme consumata.
Non ebbero per ultimo altro spediente gli assediatori a frenare le sortite
del nimico, che strascinare a forza di braccia, ed ammontare davanti a
quella porta, enormi macigni e i più grossi fusti d'arbori delle vicine
foreste.

Nel tempo che facevansi cotali opere intorno Antiochia per impedirne
ogni egresso, i più bravi cavalieri le tenevano per ogni parte vigilante
custodia. In tra gli altri, narransi di Tancredi cose mirabili; cioè, che
egli tendendo un giorno agguato verso i monti occidentali, colse alla sprovvista un drappello di turchi escito a scorrazzare; ammazzò chi giunse, gli
altri fugò e inviò al Legato quali decima della strage e della vittoria settanta teste d'infedeli. — Altra fiata scorrendo esso Tancredi la campagna
seguitato da uno solo scudiere, s'abbattè in alquanti Mussulmani ; non
impaurito dal numero de' nimici affrontavali francamente, uccidendone
molti e gli altri costringendo a ritirarsi. Ma quello che sembrerà più forte
a credere e certo più maraviglioso d'ogni altra prodezza e più inusitato nei
fasti della cristiana cavalleria, fu che Tancredi dopo dimostrati quei prodigi di valore, chiamato il suo scudiere, feceli giurare davanti a Dio, che
non gli racconterebbe mai ad alcuno. Non pertanto ricordandosi il Lettore
del surriferito dono di teste mandato al Legato, male saprà questo, con
quel procedere accordare.

Frattanto gli assediati cominciarono a sortire più radamente; ma gli assediatori non avendo macchine guerresche non potevano molestare la città

e far progresso alcuno nell' assedio. Fu preso adunque lo spediente di circondarla il meglio possibile e aspettare che o per lassitudine e invilimento
de'Turchi o per favore celeste, si aprissero a loro le porte. Nondimeno
al carattere impaziente e bellicoso de'cavalieri e de' baroni, usi superare
i nimici loro col brando, ed esser soltanto formidabili nelle zuffe, poco
si affaceva la diuturnità d'una ossidione e tal modo di guerra cui facea
più all'uopo astutezza e costanza che avventato coraggio.

L'esercito cristiano nella prosontuosa fidanza del suo valore e del divino ajuto aveva in pochi mesi dato fondo e sciupate le provvigioni con
che dovevasi fino alla nuova raccolta sostentare : così quelli che volevano
vincere il nimico con la fame, per l'imprevidenza loro, trovaronsi alla fame esposti. — Cominciando la stagione invernale, cadevano tutti i giorni
diluvii di pioggie ; le pianure le cui delizie avevano ammolliti i soldati
di Cristo , sotto le acque giacevansi sepolte; il campo fu più fiate sommerso nelle parti basse, la bufera e l'irrompere delle onde, seco i padiglioni e le tende rapivano ; allentavansi gli archi per l'umidità, e le lancie e le spade irrugginivano. Pressochè ignudi rimasersi i soldati ; i più poveri pellegrini con arbori per essi tagliati, formavansi capanne e ripari,
che non essendo saldi contro l'impeto del vento e della pioggia, lasciavano esposta alla inclemenza della stagione la misera plebe. Di giorno in
giorno peggioravano le condizioni de'Crociati; e i pellegrini partitisi in drappelli di due o trecento l'uno, correvano le pianure e le montagne, seco
portandone tutto ciò trovavano che potesse dal freddo e dalla fame
preservarli. L'evangelica fratellanza non parlava più ai loro cuori, ognuno
ritenea per sè tutto che si procacciava, e il misero soldato astretto per
gli ordini della milizia a non dipartirsi dagli accampamenti, venia meno
per digiuno. Premendo forte l'universale desolazione, assembrossi il consiglio de'capi, i quali per fornirsi vittovaglie deliberarono si avventurasse
una spedizione nelle finitime provincie. — Sopravvenne la notte di Natale,
l'esercito assistette alla Messa, la quale finita , si scelsero da circa ventimila de'più prodi guerrieri; le voci della speranza degli addio e de'felici
auguri sonarono per le notturne tenebre in tra il fischiare de'venti e il
muggire della tempesta. Quei prodi, guidati dal principe di Taranto e dal
conte di Fiandra, escirono del vallo e verso il territorio d'Aranca presero
il cammino. Più corpi di turchi furono per essi disfatti, e prosperati nella
loro intrapresa, ritornaronsi al campo seco recando gran numero di cavalli e di muli carichi di provvigioni.

Mentre che questi erano fuori, gli assediati fatta una sortita assaltarono
l'esercito cristiano e con accanito valore combatterono, avendo anco preso
lo stendardo del Legato. — Piacevole è il modo con cui Raimondo Ag-

lese narra questo successo; perchè sendo costretto dalla evidenza del fatto
a confessare la sconfitta de'Cristiani, egli chiede perdonanza *ai servi di Dio*
del suo fedele esposto, giustificandosene aggiungendo, che al Signore piacque, con quella rotta, chiamare i crociati a pentimento de'loro trascorsi e
farli migliori, mostrando insieme ad essi, mediante la soprascritta vittoria,
che gli salvava dalla fame, non iscompagnarsi mai la benignità dalla divina collera [1].

Ma le provvigioni arrecate dal conte di Fiandra e da Boemondo furono
di breve sussidio alla moltitudine de'pellegrini. Rinnovaronsi le scorrerie
ma i frutti ne erano ogni giorno più scarsi. Sendo già devastate per i
Turchi e per li Cristiani tutte le campagne dell'alta Siria, le compagnie
de'scorazzanti, trovarono spesso occasione da esercitare il loro valore, ma
quasi mai preda che ai pressanti bisogni dell'esercito sopperisse. Arrogevasi
a maggior danno esser perclusa ogni comunicazione con Costantinopoli;
non costeggiare più i paesi novellamente per li Crociati occupati, le armate de'Pisani e de'Genovesi: nè al porto di san Simeone, modernamente
Suediè appellato [2], e che sette ore di cammino dista da Antiochia, più
arrivare alcun bastimento dalla Grecia o d'Occidente. I pirati fiamminghi,
che s'erano crociati a Tarso, occupata Laodicea, v'erano stati sorpresi
da' Greci e da alquante settimane languivano prigioni. I ragionari che dai
Crociati nel campo si tenevano, o intorno alle subite perdite vertevano,
o intorno ai mali soprastanti.

L'arcidiacono di Toul con trecento pellegrini avea presi i quartieri
in una valle distante tre miglia da Antiochia, ove sorpreso da'Turchi, perì
con tutti i suoi. — In quello istesso tempo giunse novella della tragica
morte di Sveno, figliuolo del re di Danimarca. Il giovinetto inebriato dalla
gloriosa fama de'Crociati, indusse agevolmente nel suo disegno altri mille
cinque cento giovani danesi, e tutti essendosi crocesignati, partirono per
Terra Santa. Giunti in riva al lago delle Saline che è sulla strada di Filomelio, e poste a sera le tende in mezzo ai canneti della pianura, nel
profondo della notte, per opera delle perfide spie greche, furono assaltati dai Turchi, discesi dalle circostanti montagne. Strenuamente si difesero

---

[1] L'abate Guiberto pone a grave disamina, se i Crociati che perivano di freddo o di fame, meritassero quanto quelli che venivano uccisi dal ferro nimico (Vedi *Biblioteca delle Crociate*, vol. I.) — Secondo Fulcherio Carnotense, i Crociati furono simili all'oro che si saggia tre volte e si purifica sette. Dice pure il medesimo istorico (e Dio gliene perdoni) che Dio permetteva che i Cristiani fossero dai Turchi ammazzati affinchè le anime di quelli ne andassero a salvamento, e le anime di questi precipitassero in perdizione. — Il che dimostra in lui debile conoscenza della giustizia e misericordia divina, le quali ambidue ragguardano tutte le opere del creatore, come del suo amore e non dell'odio meritevoli. — Trad.

[2] *Corrispondenza d'Oriente*, Lettera 176.

T. I.

que'prodi, Sveno superò i compagni in prove di valore, molti degli assalitori caddero morti, ma il loro soprastante numero, espugnando con
la lassitudine la costanza e la ferocia de'Danesi, fece di tutti, non eccettuato il capitano, miserabile carneficina. *Florina* [1] secondo che affermano
i Cronisti, figliuola del duca di Borgogna, presa di casto amore per il
dano eroe, gli s'era nello infortunato pellegrinaggio fatta compagna. Speme
dell'amore, conforto delle fatiche, erano i promessi sponsali, liberata
Gerusalemme; ma il cielo disseccò il gracil fiore di quella speranza, e
morte in sì grave calamità compassionevole, congiunse almeno nel suo seno
i due amanti, cui i giorni ridenti della gioventù non furono tanti che
al desiato amplesso pervenissero. Un medesimo fuoco di celeste entusiasmo,
una uguale fermezza degli animi contro i pericoli, gli condussero uniti
al medesimo passo della eternità sul campo della pugna. Vidersi cadere
tutti i compagni d'intorno, e quando essi pure caddero, uno solo ne so-
pravviveva che le estreme loro parole raccolse, e le esanimi spoglie confortò di cristiano sepolcro.

Sì fatte novelle dolorosissime giugnevano al campo de'Crociati (dice
Guglielmo Tirense) e facevano più gravi le calamità che sopportavano.
Le stragi del freddo, della fame e della pestilenza moltiplicandosi di continuo, in tanto crebbero la disperazione de'Crociati, che, rotto il freno
alla impazienza, siccome uno storico che fu di quelle sciagure a parte,
afferma, proruppero a dure lamentazioni e a bestemmie. Boemondo, dotato di popolare eloquenza, fe' prova di ricondurli alla pazienza ed alla
evangelica rassegnazione.

O pusillanimi Cristiani! (diceva egli) a che questo mormorare? Se la
mano di Dio scorge i vostri passi, voi ne insuperbite a dismisura; se per
poco vi abbandona, voi v'invilite. Adorate voi dunque e servite al Signore o alla fortuna? E' si pare che questa abbiate in più conto, perchè
bene solete chiamare vostro padre il Signore, nella prosperità, ma l'o-
bliate, anzi lo disdegnate nella sventura [2].

---

[1] Lo storico di Borgogna Urbano Plancher, senza allegarne ragione o autorità, estima favolosa la narrazione di questo successo, attestato nondimeno da Guglielmo Tirense, da Alberto
Aquense e da più altri storici quasi contemporanei. Mallet nella sua *Storia di Danimarca* non
ne fa parola. — Langebeck nella Raccolta degli Storici danesi, dice: aver veduto un bassorilievo in
bronzo, nel quale Sveno è rappresentato con gli attributi di Crociato. Quel bassorilievo fu fatto per
commissione di Cristiano V. Sotto la figura di Sveno leggonsi alquanti versi latini in che è descritta la sua morte tragica e gloriosa.' — Merita esser consultata negli *Scriptores Rerum Danicarum*,
la dissertazione nella quale Langebeck disamina i passi degli antichi storici e dimostra chiaramente
la veracità delle loro narrazioni. Questa dissertazione è intitolata: *Della infelice spedizione del
danese Sveno contro i Turchi.* — Io ne ho dato un sunto nel vol. 5 della *Biblioteca delle Crociate.*

[2] Roberto Monaco.

Forse a noi moderni ragionatori potrebbe parere l'argomentare di Boemondo non opportunissimo alla condizione di chi si giace nel fondo delle afflizioni, ma egli è da presupporre che al tempo e alle menti dei Crociati non dovesse al tutto repugnare. Nondimeno quali lusinghe ed artifici della eloquenza fieno mai efficaci contro la ferocia della fame, della mortalità e della disperazione? E tanta era nel campo la mortalità, che, giusta le relazioni de'testimoni oculari, i preti non bastavano alle debite preci per ogni morto, nè le sepolcrali fosse potevano capire la moltitudine de'cadaveri.

Sembianza di cimitero avea omai presa il campo; radi soldati apparivano sotto le armi; infiniti crocesignati privi di vesti, privi di rifugio giacevansi sulla ignuda terra, a tutte le ire dell'invernal cielo esposti, contristando l'aura intorno con gemiti e cupi lamenti. Alcuni altri, squallidi, macilenti, appena da luridi cenci mal coperti, siccome spettri sfuggiti dalla cerchia di morte, per la campagna lentamente vagavano, co'ferri delle lancie strappando alle viscere della terra le radici, le sementi ivi deposte a futura abbondanza, e contendendo agli stessi bruti l'alimento delle erbe selvaggie. *Senza sale mangiavanle, nè dalle acute spine de' cardi che per difetto di legna non potevano cuocere sì che le ammollissero, si astenevano le bocche bramose.* Carogne di cani, rettili, immondissimi animali erano divenuti non disgustevol pasto a quegli stessi, che poco fa il pane di Siria aveano a schifo e che ne'loro conviti, disdegnavano fieramente fossero imbandite le parti meno dilicate de'bovi e degli agnelli. — Per lo affetto che pone l'uomo agli animali partecipi di sue fatiche, era incomportabile ai baroni ed ai cavalieri, vedersi venire meno per digiuno i loro cavalli da battaglia; de'quali, essendo al cominciar dell'assedio in numero di settantamila, non più restavano vivi sennonchè duemila e quelli anco per modo consunti che di qualsivoglia servigio, non solo allora incapaci conoscevansi, ma poco luogo lasciavano alla speranza, che, meglio nudriti, potessero per l'avvenire la pristina vigoria ricuperare.

Oppressi da sì gran caterva di mali i Crociati, perduta la speranza di espugnare Antiochia e di veder Terra Santa, cominciarono le diserzioni. Chi fuggiva la fame andandone in Mesopotamia, occupata da Baldovino; chi riparavasi nelle città di Cilicia venute in potere de'Cristiani. — Il duca normando ritirossi a Laodicea, nè volle ritornare al campo sennonchè per forza di tre formali richiami fattili in nome della religione e di Cristo. — Taticio, capitano d'Alessio, mosse co'Greci verso Costantinopoli, dando voce che andava a procurare rinforzi e viveri; poco invero premendo a'Crociati della di lui partita, e per la nota fede greca, niun conto facendo delle sue promesse. Ma il disperare fu estremo quando i pellegrini videro dipartirsi quelli, cui dare esempio di pazienza e di coraggio era debito. Guglielmo visconte di Meluno, [1] che per le stupende opere della sua scure da guerra, erasi meritato il soprannome di *Carpentiere*, non potendo più sopportare i disagi di quella ossidione, disertò i vessilli di Cristo. Al quale proposito prorompe esclamando il monaco Roberto: — Qual maraviglia, se alla gente volgare fallì il coraggio, quando coloro che a colonne dell'impresa erano eletti, soccombevano? — Che più? l'istesso autor primiero del gran passaggio, l'apostolo delle Crociate, l'Eremita Piero, non reggendo ai rimprocci gli erano fatti come prima cagione di tanti guai, nè avendo tanta virtù dell'animo, da munirlo di quella fortezza, di quella pazienza, di quella viva fede in Dio, che sì enfaticamente usava predicare, poste da canto le sue severe sentenze e i precetti generosi, chetamente se ne fuggì. Se lo scandalo di questa fuga fu grande ed universale, non è da dire, e secondo l'Abate Guiberto: il cadere le stelle dal cielo non saria stato di maggiore ammirazione cagione. Tancredi corse dietro al disertore e raggiuntolo lo ricondusse al campo con Guglielmo Carpentiere. La vergogna e i rimproveri della vile fuga non furono pochi, e l'esercito, fatto romore, costrinse l'Eremita a giurare sul Vangelo, che mai più per lo avanti arebbe detrattata la causa da lui stesso predicata. Pubblicossi oltre ciò pena di morte contro quello che sarebbe per imitare il di lui esempio.

Chi volesse però trovare qualche argomento da scusare l'Eremita, potrebbe giovarli la estrema corruzione in che era l'esercito decaduto; della cui infezione doveva la cristiana morale paventare e con orrore fuggirsi. Giusta il testimonio de'contemporanei scrittori, tutti i vizi della infame Babilonia contaminavano i liberatori di Sionne. — Strano, inaudito spettacolo! Vedevansi congiunte sotto le tende de'Crociati, impudentissima lascivia e rabbiosa fame. — Gli osceni trastulli dell'impuro amore, la disfrenatezza del giuoco, tutte le lubriche scene del libertinaggio dimostravansi a quelle di morte con inenarrabile mistione congiunte. Egli intervenne, come sempre intervenir suole, che l'eccesso dell'infortunio bandì dagli umani animi qualunque senso di virtù e di pudore; arcana causa perchè i popoli da tirannide oppressi sieno sopra tutti al mal fare disfrenati.

Levossi il Legato e con i pochi ecclesiastici dalla cristiana pietà non deliranti, adoperossi che quella nuova pestilenza non procedesse più ol-

---

[1] L'abate Guiberto giudica di Guglielmo Melunese molto severamente, facendone questo ritratto: *Abbondava di parole, scarseggiava di fatti, e vera fantasima d'un nome illustre, profferivasi per ogni impresa, non conducendone a buon fine alcuna.*

G. Gozzini inc e dis.

A. Verico inc.

.....costrinse l'Eremita a giurare sul Vangelo, che mai più per lo avanti, arebbe detrattata la causa da lui stesso predicata....... *Lib. III. Pag. 156.*

G Gonzzm vm e dis

A Verico vne.

fu ignudo condotto intorno agli accampamenti e con verghe battuto.

Lib. III. Pag 157.

tre : e assaltandola con le armi della religiosa eloquenza, s' ingegnavano dimostrare, esser provenuti tutti i mali dell' esercito dalle sue brutte peccata e per disdegno di quello Dio del quale s' erano armati campioni e che continuamente offendevano. Secondarono la pia intenzione del Legato e degli ecclesiastici un terremoto che scosse allora tutto il paese, un'aurora boreale [1], fenomeno ignoto alla maggior parte de'pellegrini, le grosse menti de' quali credettero facilmente que'segni manifeste dimostrazioni della collera divina : ed a placarla furono comandati digiuni, pubbliche preci, e fecersi processioni intorno al vallo cantando inni di pentimento. Non tralasciavano frattanto i preti d'imprecare le folgori celesti sul capo di quelli, che con i loro misfatti la causa di Gesù Cristo tradivano, e per dare compimento alla riforma, fu instituito un tribunale (similissimo a quello della Santa Inquisizione) composto de'principali dell' esercito e del clero, con commessione d'inquisire e punire a suo arbitrio i delinquenti.

Non fia senza diletto del Lettore, ricordare alcuna delle criminali sentenze di esso Tribunale. Chi all' intemperanza del vino soccombeva, avea mozze le chiome ; ai bestemmiatori e ai perduti nel giuoco, davasi il marchio del ferro rovente. Un monaco côlto in adulterio e convinto con la prova del fuoco, fu ignudo condotto intorno agli accampamenti e con verghe battuto. — Ma la inquisizione trovò tanti rei, e le condennazioni tanto multiplicaronsi, che gli giudici stessi, stettero dell' officio loro sgomenti e paurosi. Per infierire di pene non era vinta l' universale prostituzione ; l' ozio e l' abbiezione degli animi nutrivanla, qualunque rimedio vi si facesse, perchè non toccava alla radice del male, non concludeva. Fu preso per ultimo uno spediente, non saprei se più lontano dalla prudenza o dalla sana ragione, ma certo inefficace e disumano : cioè, cerchiato un alloggiamento a parte, vi si rinchiusero tutte le donne, ondechè gli uomini veggendosi privi di quei sollazzi, secondo essi dalla loro miserevole inazione richiesti, ruppero a peggiori brutture che il pudore della istorica penna, lievemente ricorda, vergognando [2].

---

[1] Guiberto che parla del segno celeste veduto allora da Oriente, aggiunge che i savi vi arebbero potuto conoscere il prognostico di sanguinose guerre; ma che per il luogo da quello occupato nel cielo e per la sua forma che era di croce, avevasi a tenere per certo pegno di salute e di vittoria. Libro IV.

[2] Guiberto racconta che trovandosi nel campo una donna incinta che non avesse marito, consegnavasi al carnefice (dannando così all'inferno l'anima d'un innocente creatura, per punire l'imprudenza della madre). *Biblioteca delle Crociate*, vol. I. — Facendosi questa inquisizione generale dei delitti e delle fraudi, fu scoperta la giunteria d'un prete, che s'era tagliata la pelle in forma di croce e mantenevasi aperta la ferita, mediante succhi d'erbe irritanti, col fine di trarne profitto dalla credula carità de'fedeli.

In tali circostanze, poco vigilandosi dalle guardie, s'erano insinuate nel campo moltissime spie sire, che giornalmente tenevano informati i Turchi d'Antiochia delle condizioni e dei disegni dell'esercito cristiano. Boemondo volendo liberare i suoi da questa peste, immaginò uno spediente al tutto nuovo e di atroce piacevolezza, se pur piacevolezza può dirsi lo straziare con ischerno umani corpi. Io racconterò la cosa con le proprie parole di Guglielmo da Tiro: *Lo illustre barone Boemondo, avendo comandato che gli fussino condotti alquanti Turchi, ch'ei teneva prigioni, feceli per gli officiali dell'alta giustizia ispedire dalla vita; e poi acceso uno grande fuoco, e poste le corpora di quelli uccisi negli spiedi feceli arrostire; come carni che dovessero alla cena di lui e de' suoi esser poste; dando fuori voce, nel medesimo tempo, che se alcuno della novità chiedesse il significato, gli fosse risposto: Li principi e governatori del campo, oggi in concilio hanno sancita legge, che tutti li Turchi o loro spie, che d'ora innanzi troverannosi nel campo cristiano, sieno a quello modo sentenziati, che faccino vivande degli corpi loro, ai principi ed allo esercito.*

Gli ordini di Boemondo furono fedelmente per gli suoi servi eseguiti. Sparsasi la fama di que' nuovi arrosti, i forestieri che trovavansi nel campo corsero a vedere negli alloggiamenti del principe di Taranto; e (seguita a dire Guglielmo) *quando conobbero degli occhi loro la spietata beccheria che facevasi, ne furono maravigliosamente impauriti, temendo incappare nella istessa sorte; per il che avacciaronsi di escire del campo cristiano; e dapertutto divulgarono la fama di quei formidabili spiedi.* I loro terribili racconti, di bocca in bocca, pervennero fino alle più longinque contrade; gli abitatori di Antiochia e i Mussulmani delle città di Siria se ne spaventarono, nè v'era più alcuno che ardisse avvicinarsi agli alloggiamenti de' Crociati; e (prosegue a dire l'allegato istorico) *per tal modo intervenne che lo avventuroso strattagemma del Signore Boemondo, purgò il campo dalle perfide spie e i disegni de' Cristiani non furono più ai nimici comunicati.* — Per lo contrario il cronista Baudri contentasi notare, che Boemondo usasse di severi spedienti a tòrre del campo la peste degli spioni, ma non entra nel particolare ricordato da Guglielmo Tirense.

Lo storico però prescindendo dalla morale legittimità di esso rimedio, ammessa la sua validità ad isgomentare e cacciare le spie, non potrà insieme contraddire, che con quella non tenesse anco lontani dal campo i mercatanti de' viveri, che per la sola cupidità del guadagno v'erano tratti.

Mentre Boemondo attendeva a mantenere l'attività de' suoi spiedi, il

Legato, con più umano consiglio, operava che si arassero e seminassero le pianure circostanti ad Antioohia; affinchè l'esercito avesse alcuna speranza di conforto contro la fame; e gli assediati si rendessero capaci, che, per lunghezza di avversità, la perseveranza degli assediatori non si stancherebbe.

Già si mitigavano i rigori di quel rigido inverno; il numero de' malati decresceva, e l'aspetto del campo facevasi meno lagrimevole. Goffredo risanato da mala ferita per la quale erasi fino allora stato chiuso nella sua tenda, mostrossi all'esercito che molto ne fu lieto e cominciò a bene sperare di sua fortuna. — Il conte di Edessa e i principi e i monasterii dell'Armenia mandarono soccorsi di danaro e di vettovaglie; e ne giunsero similmente dalle isole di Cipro, di Chio e di Rodi, donde cessò la carestia nell'esercito. Non fu peraltro trascurato di attribuire cotal migliorare delle condizioni, alla penitenza ed alla conversione de' pellegrini, procacciate forse più per gli spaventi delle pene che da sincera compunzione: ringraziarono nondimeno la bontà divina dello averli fatti con le sue battiture migliori e più degni della sua protezione e misericordia.

Vennero frattanto al campo gli ambasciadori del califfo di Egitto, per la cui presenza i soldati cristiani posero ogni cura a nasconder le vestigia delle patite miserie; ornandosi delle vesti più preziose che avevano e facendo mostra delle armi più splendide. I cavalieri e i baroni contendevansi nell'agone de'tornei il premio della destrezza e della forza; in ogni parte vedevansi danze e festini con ostentazione di abbondanza e d'allegrezza. — Ricevettersi gli ambasciadori dentro magnifica tenda ove stavano assembrati i principali capi dell'esercito. Venuti quelli allo esporre della missione, non celando l'avversione grandissima del loro Signore circa al collegarsi con Cristiani; per le vittorie però conseguite dai Crociati su i Turchi eterni nimici della discendenza di Alì, affermavano essersi quello persuaso, che Dio medesimo aveali spinti in Asia quali strumenti della sua vendetta e giustizia. Seguitavano dipoi a dire come il califfo egiziano fosse disposto a collegarsi con loro e avesse intendimento di entrare con le sue genti nella Palestina e nella Siria; e perchè aveva inteso riferirsi tutti i desiderii de'Crociati a veder Gerusalemme, prometter egli di restaurare le chiese de'Cristiani, proteggere il culto, e aprir le porte della santa città a tutti i pellegrini, con condizione che vi venissero disarmati e non vi si trattenessero più che un solo mese. Conchiudevano gli ambasciadori, che se i Crociati accettavano le proposte del califfo egli si farebbe il loro più fermo sostegno; ma se ricusavano il benificio della sua amicizia, i popoli dell'Egitto, della Etiopia, dell'Asia e dell'Africa dallo stretto di Gades fino alle porte di Bagdad, sarebbersi levati al comandamento del vicario legittimo del Profeta e arebbero fatta provare ai guerrieri dell'occidente la prepotenza delle di lui armi [1].

Forte commossione e un mormorare di sdegno, mosse nell'assemblea de'Cristiani questo discorso, per far la risposta al quale, levatosi uno dei capi, il cui nome non ci fu dalla storia conservato, disse:

La religione per noi seguitata ne ha inspirato il proposito di ristabilire il suo imperio nei luoghi medesimi dove ha avuta la sua origine; a compire il quale non ci fanno mestieri i terreni soccorsi; nè siamo venuti in Asia a ricevervi le leggi o i beneficii de'Mussulmani. Sono inoltre ancora fitti nella nostra memoria gli oltraggi fatti ai pellegrini d'occidente dagli Egiziani; e ricordiamoci tuttavia come sotto il regno del califfo Achimo, fossero i Cristiani crudelmente consegnati ai carnefici, e come le loro chiese e quella specialmente del Santo Sepolcro, fossero ruinate. Sì certamente la nostra intesa è di visitare non solo Gerusalemme, ma liberarla ancora dal giogo degli infedeli. Dio che l'ha con la sua passione onorata, vuol ora esservi dal suo popolo servito, e vogliono i Cristiani esserne soli guardiani e signori. Dite pertanto a chi vi manda, di scegliere a sua posta o pace o guerra; diteli che i Cristiani accampati dinanzi ad Antiochia, non temono nè degli Egizi, nè degli Etiopi, nè di quei da Bagdad; e che solo collegan123si con quei che rispettano le leggi della giustizia e i vessilli di Gesù Cristo [2].

Questa risposta fu comunemente dall'assemblea approvata, nondimeno non fu del tutto rigettata l'alleanza con gli Egizi, nè licenziaronsi gli ambasciadori senza mandar con loro al Cairo alcuni deputati che portassero al califfo le ultime proposte dei Crociati.

---

[1] Roberto Monaco (Vedi *Biblioteca delle Crociate*) — Torquato Tasso trasferisce l'arrivo degli ambasciadori d'Egitto a Emaùs, vicino a Gerusalemme, dopo la presa di Antiochia, e pone la sostanza di questo discorso in bocca di Alete, che molto vivamente descrive in questa guisa:

    Alete è l'un, che da principio indegno
      Tra le brutture della plebe è sorto;
      Ma l'innalzaro ai primi onor del regno
      Parlar facondo e lusinghiero e scorto,
      Pieghevoli costumi e vario ingegno,
      Al finger pronto, all'ingannare accorto:
      Gran fabbro di calunnie, adorne in modi
      Novi, che sono accuse e pajon lodi.

Qui si conosce manifestamente l'imitazione dal vero. — Merita dipoi essere consultata l'allocuzione del medesimo Alete, che oltre all'essere in essa osservata la verità storica, è forse la più bella che si trovi in tutto il poema della *Gerusalemme*. — Vedi Canto Secondo dalla Stanza 62 fino alla 79 inclusive. — Trad.

[2] La risposta che il Tasso pone in bocca di Goffredo (*Gerusalemme*, Canto Secondo, stanza 81-89) è pure simile a questa dell'ignoto barone cristiano. — Trad.

Pochi giorni dopo la partenza degli ambasciatori, conseguirono i Cristiani una vittoria sopra i Turchi. — I principi di Aleppo e di Damasco e gli emiri di Schaizar, d'Edessa e d'Ierapoli, avendo raccolto un esercito di venti mila cavalli per soccorrere Antiochia, s'erano posti in cammino ed erano vicini alla città. Si spedì loro incontro dal campo un corpo di genti elette condotte da Boemondo e da Roberto conte di Fiandra. Fu combattuto vicino al lago di Antiochia con la peggio de' Turchi i quali perderono mille cavalli e due mila uomini. Ripararonsi i fuggitivi nella fortezza di Arenca, la quale assaltata dai vincitori, fu presa.

Stimarono a proposito i Crociati di participare questa nuova vittoria agli ambasciadori del Cairo, che erano già al porto di San Simeone ove dovevano imbarcarsi. Spedirono pertanto colà quattro camelli con le teste e le spoglie di dugento mussulmani morti sul campo. Dugento altre di quelle teste furono scagliate dentro la città di Antiochia, il cui presidio aspettava ancora il detto soccorso; ne esposero molte altre intorno alle mura fitte ne'pali; facendo sì pomposa mostra de'loro sanguinosi trofei, affinchè l'atroce spettacolo (dice Guglielmo Tirense) *fosse come una spina* nell'occhio de'loro nimici. Altra e più vera cagione però era il piacere di vendicarsi degli insulti che gli infedeli sulle mura avevano fatti a una immagine della Vergine Maria, caduta nelle loro mani in un combattimento [1].

Ma altra battaglia più esiziale e di più incerto esito, soprastava al cristiano esercito. Una armata di Genovesi e di Pisani era entrata nel porto di San Simeone, del che rallegraronsi inestimabilmente i Crociati, e un gran numero di soldati, esciti dal campo, corsero al porto, per sapere notizie di Europa e per comperare le provvigioni di che abbisognavano. Ritornando carichi di viveri e quasi tutti senz'armi, furono improvvisamente assaliti e dispersi da un corpo di quattro mila mussulmani che gli aspettavano sulla strada. Boemondo e Raimondo di san Gille che erano con i pellegrini, non potettero opporre difesa al nimico troppo superiore e furono anzi necessitati procacciare il loro scampo con la fuga.

Giunse al campo la novella di tale sinistro. — Immantinente Goffredo fa prender le armi agli altri capi e ai soldati e seguitato dal fratello Eustachio, dai due Roberti e dal conte del Vermandese, passa l'Oronte e va in traccia del nimico che stavasi occupato a perseguitare i fuggitivi e a decapitare i prigioni. Trovatili, ed esortati gli altri capi a imitare il suo esempio, impugnata la spada si precipita sul nimico, il quale usato di combattere da lunge con l'arco e con gli strali, non sa resistere alla spada

---

[1] Probabilmente Torquato Tasso, ha cavato di qua il primo germe o il primo concetto del suo episodio di Olindo e Sofronia; e dall'altro fatto del cane morto già riferito. — Trad.

e alla lancia degli assalitori ; dassi pertanto alla fuga, correndo molti verso le montagne, molti nella città. — Acciano, che dalle torri del suo palagio aveva veduto l'assalto vittorioso de' Crociati, spedì un corpo scelto per sostenere i fuggitivi e dar loro agio a riordinarsi: egli medesimo accompagna i suoi soldati fino alla porta del Ponte che fa rinchiudere, dicendo loro che non sarebbe più riaperta se non per riceverli vittoriosi.

Nondimeno questo rinforzo non fece miglior prova di quelli che andava a soccorrere, contro i Crociati ; unica speranza che restava ai Turchi era di potersi salvare nella città ; ma Goffredo previsto il loro disegno, per impedirlo, aveva co' suoi occupato già un colle intra i fuggitivi e la porta di Antiochia [1]. — Ivi ricominciò la zuffa, combattendo strenuamente i Cristiani, per la confidenza che loro veniva dalla già conseguita vittoria; e ferocemente i Mussulmani, concitati dalla disperazione e dalle grida de' cittadini accorsi sulle mura. Spaventevole era quello spettacolo; l'urto delle armi e le urla de' combattenti, soffocavano le voci de' capi ; non con le saette e le lancie, ma strettamente corpo a corpo con le daghe e le spade s'assalivano, e nembi di polvere sollevavansi sul campo della pugna; sicchè in tanta confusione ed incertezza più a caso che per elezione ferivasi ; e i Turchi affoltandosi gli uni sopra gli altri verso la città, invece di facilitarsi, difficoltavansi la fuga : nè più vantaggio vi avevano i Cristiani, che per non potersi fra loro discernere, come nimici gli uni con gli altri, i compagni, gli amici e i fratelli trucidavansi. Molti Turchi, senza difendersi furono uccisi, due mila di loro fuggendo, caddero nell'Oronte e vi s'affogarono. *I vecchi di Antiochia* (dice Guglielmo Tirense) *guardando dalle mura la sanguinosa scena, compiangevansi dello aver troppo vissuto; e le madri veggendo lo strazio dei figliuoli, maledicevano la loro fecondità.* — Continuossi la strage per tutto quel giorno ; a sera Acciano fece aprire le porte della città e ricettò i pochi fuggitivi campati dal ferro de' Cristiani.

Piacevole è la espressione di Raimondo Agilese, il quale dice: *Fu proprio per noi giocondissimo spettacolo, vedere i nostri poveri pellegrini, che dopo questa vittoria ritornavansi al campo. Alcuni che non mai avevano montati cavalli, ora ne recavano seco parecchi; alcuni altri vestiti fino allora di cenci, portavano seco due o tre vesti di seta; alcuni mostravano tre o quattro scudi tolti al nemico; i compagni che non*

---

[1] La zuffa ebbe luogo sul ponte che ancora sussiste e sul monticello che vi è di contro, e che presentemente, come al tempo delle Crociate, serve di cimitero ai Cristiani, ed è lungo la riva destra dell'Oronte, tutta di bellissima verzura ammantata. (*Corrispondenza d'Oriente.* Lettera 171.)

avevano combattuto rallegravansi con loro, e tutti unanimemente ringraziavano alla divina bontà del trionfo lor accordato.

I capi e i soldati del cristiano esercito avevano operati prodigi di valore. Boemondo, Raimondo, Tancredi, Ademaro, Baldovino dal Borgo, Eustachio, in ogni luogo, in ogni pericolo eransi sempre mostrati nella prima fronte de' combattenti; e maravigliosi racconti facevansi delle prodezze del Vermandese e dei due Roberti. Il duca di Normandia fecesi incontro a un capo mussulmano, che era nel mezzo de' suoi penetrato e facevane strage; gli fendette il cranio e tutta la testa fino alle spalle e quando sel vide disteso a' piedi gridò: — *Io consacro la tua anima impura all' Inferno.*

Goffredo che in questo fatto d'arme avea mostrata gran perizia di capitano, non operò, come guerriero, minori prodezze degli altri, le quali dalla istoria e dalla poesia furono largamente celebrate; non resisteva ai fendenti del suo brando armatura veruna, gli elmetti e le corazze da quello percossi, qua e là spezzati schizzavano. — Un turco di gigantesca corporatura, essendoli corso addosso nel folto della mischia, scaricolli un tal fendente sulla testa che se Goffredo non era presto a pararlo con lo scudo non arebbe mai più avuto uopo di elmetto; lo scudo come infranto cristallo, ne andò in pezzi; Goffredo stizzito dal terribil colpo, dirizzasi sulle staffe, stringesi all'arcione e avventandosi all'avversario gli fa risposta di tal fendente che taglia il di lui corpo in due parti, una delle quali, cioè dalla testa alla cintola (dicono gli scrittori contemporanei) cascò al suolo; e l'altra, rimasa in sella, fu, a quel modo, dallo spaventato cavallo portata nella città, ove un sì curioso spettacolo, spaventò non poco gli assediati (!) [1].

Ad onta però di sì prodigiosi gesti, non fu picciola la perdita de' Cristiani; sicchè l'istoria contemporanea, dopo celebrato l'eroico valore loro è forzata stupirsi per la moltitudine de' martiri che i Turchi spedirono alla eterna beatitudine, alla quale giungendo, con la corona in capo e la palma in mano, rivolsero a Dio queste parole: *Perchè o Signore non avete difeso il nostro sangue che oggi abbiamo sparso per voi?* [2]

Venuta la notte, profittarono gli assediati delle sue tenebre, per escire dalla città e dar sepoltura a quelli de' loro i cui cadaveri giacevansi più dappresso alle mura; e tumularonli vicino a una moschea

---

[1] Vi sono alcune ferite che producono tali contrazioni e rigidità nelle membra, anco dopo la morte, che un cadavere potria pure rimanersi a cavallo per qualche tempo; ma le ferite che si fanno nella spina dorsale sogliono partorire effetti al tutto diversi; e un corpo partito in due nella cintola, dovrebbe avere tutti i membri rilassati e massime gli arti inferiori; osservazione che rende il racconto degli antichi storici, molto duro alla nostra credenza. — Trad.

[2] Raimondo Agilese.

situata oltre l'Oronte. Compita la funerea cerimonia, si ridussero in Antiochia, da cupo silenzio e da costernazione occupata. — Siccome i morti secondo la consuetudine mussulmana, erano stati con le loro armi e le loro preziose vesti seppelliti, l'adescamento di sì bella preda, solleticò l'avara cupidigia della plebaglia che seguitava l'esercito; la quale, passato l'Oronte, accorse al sopraddetto sepolcreto e, disotterrati i cadaveri, gli spogliò completamente. Ciò eseguito ritornavasi tripudiante al campo, mostrando le seriche vesti, gli scudi, i giavelotti, le ricche spade di che eransi impadroniti, senza che niuno de' capi o dei soldati, di quella brutalità si scandolezzasse. — Al seguente giorno ne' trofei che fecersi con le spoglie de' vinti, fu universalmente applaudito quello di mille cinque cento teste portate a torno per il vallo trionfalmente.

Tutte le predette teste, poich'ebbero servito alla trionfal pompa sopra accennata, furono gettate nell'Oronte, e con i cadaveri de' Mussulmani che nel trascorso giorno s'erano affogati nel fiume medesimo, trascinati dalla corrent'a, recarono la novella della vittoria ai Genovesi e Pisani che stavansi nel porto di San Simeone. —

I Crociati che al principio della zuffa eransi fuggiti verso il mare o alle montagne, e che erano creduti morti, ritornarono al campo e con gioiose grida furono ricevuti.

Ma i capi volsero tutti i pensieri a trar profitto del terrore che occupava gli animi de'nimici; perlochè essendo i Crociati padroni del cimitero de' Mussulmani, demolirono la moschea e con le pietre di quella e de' sepolcri, fabbricarono una fortezza dinanzi alla porta del Ponte, per la quale solevano gli assediati fare le loro sortite ed insidiare ai pellegrini.

Raimondo conte di Tolosa, desiderando smentire il concetto in che era di concorrere freddamente alla Santa Guerra, si tolse il carico di fabbricare la detta fortezza a sue spese e di difenderla co'suoi Provenzali de'quali dicevasi per tutto l'esercito *che sfuggissero la mischia per correre alla preda e alle vettovaglie.*

Fu anco proposto che si fondasse un'altra fortezza dalla parte occidentale verso la porta di San Giorgio, in sulla riva manca dell'Oronte, luogo non ancora occupato dai Crociati. Ed importando molto precludere quel passo a'Mussulmani, quantunque pericolosissimo fosse l'assunto, deliberaronsi pure che si tentasse; ma niuno de'capi, ardiva togliersene il carico. L'italiano Tancredi ebbe solo il coraggio di profferirsi a tanto esperimento, ma perchè per la sua generosità e disinteresse non rimanevali altro patrimonio che la sua spada e l'onorata fama, chiedeva ai compagni il denaro necessario alla effettuazione dell'arduo progetto. In pros-

simità della detta porta, sopra una collina eravi un monastero similmente
da San Giorgio appellato, il quale fece Tancredi ben fortificare e allog-
giatovisi con un corpo scelto, bravamente vi si manteneva, dando la caccia ai Siri che solevano portare le vettovaglie in Antiochia e costringen-
doli a portarle invece nel campo cristiano. Prese anche due mila cavalli
che Acciano aveva mandati a pascolo in una valle distante alcune leghe
dalla città.

Cresceva così la disperazione degli assediati, e la confidenza della vittoria nei soldati di Cristo. I capi davano il buon esempio della vigilanza
e della attività, mantenendo nell'esercito la concordia, restituendo la disciplina e vigilando al buon ordine in ogni cosa. Gli stessi mendici e i
vagabondi, la moltitudine de'quali occasionava i disordini e i pericoli
della guerra, furono utilmente impiegati nei lavori dell'assedio e sottoposti a un capitano, cui fu dato il titolo di *re paltoniere* ovvero, re degli accattoni. Si assegnò loro un soldo sopra la cassa generale de'Crociati e quando avevano riscosso tanto che bastasse alla compera degli vestiti e delle armi, il loro re non riconoscevali più per sudditi e facevali
inscrivere in qualche corpo della milizia; con che furono tolti molti vagabondi a un ozio pernicioso e fattone invece utili ausiliari. E perchè
avevano fama che violassero i sepolcri e si cibassero di carne umana, in-
spiravano grandissimo orrore agli infedeli che al solo vederli, avendo ribrezzo di cadere nelle loro mani, ponevansi in dirotta fuga.

Resersi così i Cristiani padroni di tutti i dintorni di Antiochia e potevano senza pericolo dilungarsi dal campo per le vicine campagne, ed
essendo perclusa ogni uscita dalla città, ebbero sosta le armi, guerreggiandosi soltanto con ingiurie e atti di crudeltà da una parte e dall'altra.

Sendo caduto nelle mani de'Crociati il figliuolo di un emiro, alla famiglia che supplicava perchè si accettasse il di lui riscatto, fu doman-
dato che desse invece certa torre d'Antiochia alla cui guardia era il padre preposto; e perchè questi, avendo più riguardo al proprio onore,
che alla vita del figliuolo, non volle condescendere, i Crociati preso l'innocente giovinetto, con atroce e mostruosa brutalità, ogni giorno per un
mese in faccia al misero padre e a tutti i nimici, sotto le mura, vitu-
peravanlo, e dopo sì lungo e disonesto strazio delle sue tenere carni, vedendo ciò i di lui parenti e concittadini, lo scannarono.

Stimolati da tanta ferità, davansi i Turchi a perseguitare i Cristiani
d'Antiochia. — Fu preso più fiate il patriarca greco e sottoposto al supplicio del bastone, e poi strettamente legato messo a mostra sulle mura,
facendo altamente bandire la sentenza della di lui morte. — Ma contro i
prigioni infierivano principalmente gli esacerbati Mussulmani. Trascinarono

un giorno sulle mura certo cavaliere cristiano nominato Raimondo Porcherio, minacciandolo di decapitarlo se non supplicava i Crociati che con grossa somma di danaro lo riscattassero. Costui, a imitazione di Attilio Regolo, fingendo esser disposto al volere de' nimici, rivoltosi ai compagni diceva : — *Non fate di me altro conto che fareste d'uomo morto nè vi sottoponete ad alcun sacrificio per la mia libertà. Io non voglio altro da voi, o miei cari fratelli, se nonchè perseveriate vigorosamente nell'assedio contro questa infedele città, che non può più a lungo sostenersi; e che vi conserviate costanti nella fede di Cristo, poichè Dio sarà sempre con voi.* — Acciano essendosi fatto spiegare dall'interprete il senso di queste parole, pretese che Raimondo Porcherio abbracciasse subito l'islamismo, promettendoli, se consentiva, onori e ricchezze quante egli gliene poteva accordare, e minacciandolo della morte se ricusava. Allora il pio cavaliere, postosi in ginocchio e volgendo gli occhi all'oriente, con le mani giunte, pregava Iddio che degnasse soccorrerlo e ricevere la sua anima nel seno di Abramo. — Perlochè Acciano, montato in furore comandò che gli fusse tagliata la testa [1].

Eseguita la sentenza, furono condotti alla presenza del principe mussulmano gli altri prigioni cristiani che trovavansi in Antiochia, ed egli avendo ordinato che fossero delle loro vesti spogliati e avvinti con funi, feceli gittare dentro le fiamme d'un rogo acceso. Ricevettero così quei disgraziati in un medesimo giorno la corona del martirio, *e portarono nel cielo* (dice Tudebodo) *delle stole bianche davanti al Signore a cui appartiensi ogni gloria.*

Ma la fame che avea per tanto tempo travagliati i Cristiani, cominciava a stringere Antiochia i cui difensori ad ogni giorno scemavano di numero. Acciano, veggendo le cose sue molto peggiorare, domandò una tregua, promettendo arrendersi, se dentro certo tempo non veniva soccorso.

Fugli accordata la tregua [2], e nel riposo delle armi rientrò la discordia nel campo cristiano, perchè Baldovino principe di Edessa avendo mandato magnifici presenti a Goffredo, ai due Roberti, al conte del Vermandese, ai conti di Bloase e di Carnosa, e avendo fatto distribuire molto danaro a tutto l'esercito, aveva ad arte dimenticato Boemondo e i di lui soldati; il che fu origine di scandali e di scisma; e mentre che tutte le altre genti celebravano la liberalità di Baldovino, quelli del ta-

---

[1] Questo fatto è narrato dal cronista Tudebodo (vedi *Biblioteca delle Crociate*, vol. I.)

[2] Roberto Monaco è solo degli istorici della prima Crociata, che parli di questa tregua, la cui durata fu certamente molto breve.

rentino principe ed egli medesimo, facevano di quella trascuraggine amare doglianze.

Nel medesimo tempo Pancrazio impadronitosi di certa tenda molto ricca ed ornata , che un principe armeno mandava in dono a Goffredo, fecela presentare a Boemondo, donde nacquero nuove cagioni di discordia : avendola reclamata come sua nè senza ingiuriosa alterezza Goffredo , e recusandone la restituzione Boemondo ; intantochè , dall'una e dall'altra parte si venne alle minaccie e alle offese. Già erasi al punto di versare il sangue cristiano per la vil contesa d'una tenda, quando alfine il principe di Taranto, o perchè fosse più savio del suo avversario, o perchè si vedeva contraria la maggior parte dell'esercito, o commosso dalle preghiere degli amici, restituì a Goffredo la tenda, soggetto di sì fiera contenzione, consolandosi della perdita con la speranza che le nuove contingenze della guerra avrebberlo di più ricca preda compensato.

Guglielmo Tirense che ci ha conservato questo successo, ammirando, però non senza disapprovazione, come il pio Goffredo reclamasse tanto calorosamente quel frivolo dono, compara tale stravaganza dell'eroe al sonno del buono Omero ; sebbene più rigorosa saria riescita la comparazione, se avesse le discordie e le contenzioni che i capi delle Crociate travagliavano, paragonate ai tumulti del campo greco per li quali tanto si procrastinò la presa di Troia.

In tempo della tregua entravano liberamente i Cristiani in Antiochia e i mussulmani nel campo, senzachè perciò escisse degli animi l'inveterato e reciproco odio. — Un cavaliere appellato Gualone, sendo stato sorpreso dai Turchi in luogo solitario ; fu da quelli trucidato e ridotto in pezzi ; il che venuto a notizia dell'esercito, comprese tutti di orrore e di sdegno. Fra la moltitudine de' Cristiani che chiedevano vendetta , fu veduta con intenerimento universale la giovine sposa di Gualone che invocava l'ombra del trucidato consorte, ed empiva l'aere delle sue dolorose grida, il che cangiò lo sdegno de' soldati in furore e fu come segno e richiamo alle armi [1].

Gli assediati avevano profittato della tregua per procurarsi i soccorsi e i viveri necessari, perlochè, ricominciate le ostilità, le prodezze che i Cristiani facevano intorno alle mura, resultavano inutili, e la città , non

[1] *Oh, quanto sarei fortunata,* (esclamava la moglie di Gualone, secondo Roberto Monaco) *se mi fosse stato concesso di seguitarlo nel sepolcro, o almeno di chiudere i suoi occhi, di astergere la sua ferita, ed asciugarla con le mie mani e con le mie vesti!* — Ma quello che accorava principalmente quella buona sposa, era, che il suo sposo non fosse morto con le armi in mano per il servigio di Cristo, potendosi per ciò metter dubbio sulla sua salvazione. (*Biblioteca delle Crociate*).

ostante sette mesi di assedio già sostenuti, poteva ancora a lungo mantenersi, se l'ambizione e la frode, non avessero conseguito in favore dei
Crociati, quello che la pazienza e il valore non avevano potuto conseguire.

Boemondo il quale più per accrescere suo stato che per altra cagione
erasi crociato, studiava di continuo il modo di pervenire a'suoi fini; e
stimolato da invidia per la recente grandezza di Baldovino, sì che non aveva
sonni tranquilli, cominciò a concupire il dominio d'Antiochia, nel quale
suo desiderio secondaronlo mirabilmente le circostanze profferendoli un
uomo in cui potere era introdurlo nella città. — Chiamavasi costui *Firoo*,
ed era figliuolo di un Armeno fabbro di Corazze, checchè ne dicano in
contrario molti scrittori che il vorrebbero di nobile prosapia. Era il di
lui carattere irrequieto, intraprendente, e sempre vago del cangiar condizione. La sua incostanza feceli dapprima abiurare la religione cristiana,
immaginandosi di migliorare così il suo stato [1]; aveva freddezza d'animo
maravigliosa, non minore audacia, e per isperanza di guadagno, non
era impresa tanto difficile e pericolosa cui non si accingesse, estimando
giusto e facile tutto ciò che potesse la sua ambizione e l'avarizia satisfare. La sua attività, la desterità e la pieghevolezza avevanli guadagnata la
confidenza d'Acciano, che soleva ammetterlo nel suo consiglio e avevali
commesso il governo di tre delle principali torri della città: le quali,
siccome accorto che egli era, da principio difese con zelo e con coraggio, senza ragguardare a profitto; ma in breve stanco della sterile fedeltà, non repugnò divenir traditore presentandoseli maggior guadagno.

Combattendosi intorno alla città, aveva egli avuta più fiate occasione
di vedere il principe di Taranto, e avuto colloquio con quello, (così
narra il monaco Roberto) chiedevali artificiosamente di quali soldati si
componesse certa schiera da lui veduta con sopravvesti e scudi bianchi
come la neve, e che combatteva negli ordini cristiani valorosa oltre ogni
credenza. Boemondo non meno artificioso, imprendeva a esplicare il mi-
sterioso soccorso della celeste milizia, ma trovando difficoltà nel rispondere alle capziose quistioni di Firoo, fece chiamare il suo cappellano,
cherico di molta dottrina [2].

---

[1] Matteo Edesseno non nomina il mussulmano che dette Antiochia ai Cristiani. — Abulfaragio
lo chiama Ruzebac e lo dice di origine persiano. Anna Comnena lo vuole armeno. — Quasi tutti gli
storici lo dicono *Pirro* o *Firoo*. — Guglielmo Tirense lo dice *Emiro Feir* e Sanuto, *Hermuferus*.
— Probabilissimo è che veramente avesse abiurata la credenza cristiana; e la discrepanza degli scrittori devesi attribuire all'averlo alcuni denominato dal suo nome proprio, altri da qualche aggiunto
o soprannome derivato dalla di lui professione. — Guglielmo Tirense dice che la sua famiglia si chiamasse arabicamente *Beni Zerrad* cioè la *famiglia de'Corazzai*.

[2] *Biblioteca delle Crociate*, vol. 1.

Nacque presto l'intelligenza fra il Tarentino e l'Armeno: Firoo fece sue doglianze degli oltraggi ricevuti da'Mussulmani; finse increscerli aver abiurata la fede di Cristo, simulò gran dolore per le persecuzioni che sofferivano i Cristiani di Antiochia. Boemondo penetrò negli intimi sentimenti di Firoo, non fu avaro di lodi ai di lui rimorsi ed ai pii affetti; ma principalmente fu largo a promesse. Allora il rinnegato si scoperse appieno; giuraronsi ambidue amicizia, e stabilirono i modi di loro corrispondenza; ritrovandosi insieme, dopo di ciò, più volte ma sempre celatamente; dicendo sempre Boemondo a Firoo, che i destini de'Cristiani erano in suo arbitrio e ch'egli poteva ricompensare senza soggezione di misura, e rispondendo Firoo, non desiderarsi egli meglio che giovare ai Crociati, quali non nimici, ma fratelli reputava [1]; e per assicurare il tarentino della sua fede, o iscusare la sua tradigione, asseriva esserli apparito Cristo medesimo in visione e averli comandato di dar Antiochia ai Cristiani. Nè a Fulcherio Carnotense parve istrano convenire, che veramente Cristo fosse più volte apparito a Firoo per farli il detto comandamento; e che nell'ultima visione, sdegnatosi un cotal poco gli dicesse: —*Perchè non mi hai obbedito?* — E il buon Firoo, aveva comunicata la tremenda visione al governatore di Antiochia, che dicevali: — *Imbecille, vorresti tu obbedire a una fantasima, a un sogno?*

Ma a Boemondo non facea mestieri di miracoli, stimolato abbastanza dalle sue brame; onde accordati con Firoo i mezzi di effettuare il loro progetto, lungamente escogitato, chiamò a consiglio i capi dell'esercito cristiano. Espose primamente i mali che avevano travagliato i Crociati e i maggiori che loro soprastavano; notificò, approssimarsi poderosissimo esercito turchesco in soccorso di Antiochia; pericoloso e vergognoso essere il partirsi; unica speme di salvezza aversi dal conquisto della città, della quale essere invero inespugnabili i ripari, valorosissimi i difensori; ma d'altronde non conseguirsi tutte le vittorie con le armi e col valore; potersi anco procacciare con le arti dell'astuzia, nè queste meno proficue o gloriose; doversi pertanto usar la seduzione in quelli che la forza non potea sottomettere, e con l'astuzia debellare il nimico. Ricordava allora, coabi-

---

[1] Raolo Caeno, concordandosi all'arabo scrittore Chemal Eddin, attribuisce ciò a vendetta privata; Bernardo Tesaurario a gelosia. — (Vedi *Biblioteca delle Crociate*, vol. I).

Guglielmo Tirense racconta che il figliuolo di Firoo aveva sorpresa la madre in delinquenza con un emiro di Acciano: particolare che sebbene non abbia offesa la gravità dello storico, doveva nondimeno offenderne il sano criterio; perchè quel figliuolo di Firoo che fu posto a parte della cospirazione, non poteva aver meno di venti anni dell'età sua, e la madre doveva inclinare alla quarantina; età poco opportuna per innamorare un emiro e per ingelosire un marito. — Nondimeno tutto è possibile in questo basso mondo: Firoo poteva avere anco un'altra moglie o un altro figliuolo... e chi saprebbe mai indovinare i casi d'una privata famiglia, quando la storia rimansi non poche volte dubbiosa intorno a quelli de' popoli? — Trad.

tare in Antiochia genti di costume, di religione diverse, d'interessi contrarie, fra le quali non mancherebbe alcuno accessibile all'esca della seduzione e delle larghe promesse; e tanto importare la salvezza dell'esercito e il pronto conseguimento della vittoria, che il dar ansa e favore a sì fatti tentativi, esser necessaria prudenza, nè al buon successo premio sproporzionato il possesso medesimo di Antiochia, considerato al gran zelo e alle grandi fatiche di colui che si ponesse a sì ardua impresa e ne riuscisse a bene.

Boemondo non disse di più, ma la gelosia ambiziosa di alcuni capi forse già applicati a simili disegni, penetrò in parte il secreto. Raimondo s'oppose primo chiaramente alla proposta del tarentino dicendo:

Noi siamo tutti fratelli e compagni, nè sarebbe giustizia, dopo aver tutti corsa una medesima fortuna, che uno solo di noi cogliesse i frutti delle nostre fatiche. Io poi (proseguì guardando con disdegno e spregio Boemondo), *io non ho viaggiati tanti paesi, affrontati tanti pericoli, versato il mio sangue e i miei tesori, condotte qua le mie genti, per pagare col prezzo de'nostri conquisti, qualche vile macchina, qualche astuzia degna piuttosto d'un cervello di femminetta che di valoroso guerriero.*

La moltitudine de'capitani e de'soldati, pieni le menti di generose prodezze, e stimando indegna di loro qualunque conquista che non procurasse il valore, gustarono le parole di Raimondo e convennero nel di lui parere, onde la proposta del tarentino, nè senza derisione, fu rigettata. Boemondo, meritamente soprannominato dagli storici, Ulisse de'Latini, contenne a mala pena e dissimulò il suo dispetto, partendosi dal consiglio sorridente e persuaso che fra non molto la necessità arebbe tratti gli altri Crociati nel suo avviso [1].

Giunto ne'suoi quartieri, spediva per quelli degli altri capi, secreti emissari a disseminarvi sinistre novelle, d'onde provenne lo spavento e la costernazione, com'egli desiderava. Mandaronsi alcuni capi fuori a spiare il vero degli sparsi rumori, e recarono, avvicinarsi Cherboga principe di Mossul verso Antiochia con centomila combattenti raccolti sulle rive dell'Eufrate e del Tigri; il quale tentata Edessa, corsa e devastata la Mesopotamia, non era lontano dal campo de'Crociati più che sette giornate di cammino. A tale annunzio, crebbe il timore, e profittandone Boemondo, discorreva per l'esercito esagerando i pericoli, e simulando maggior

---

[1] L'arabo istorico Chemal Eddin riferisce essersi deliberato che ognuno de'capi arebbe il governo dell'assedio per una settimana e che quello che fosse nel detto governo quando si occupasse la città, ne sarebbe stato principe. (Vedi *Biblioteca delle Crociate*, vol. IV).

dolore e spavento che gli altri; ma, nel secreto del suo animo, lieto e certo di poter in breve satisfare alla sua ambizione.

Radunasi nuovamente il consiglio de' capi a deliberare della critica circostanza, sopra che dividonsi in due opposti pareri, consigliando parte di quelli che, levato l'assedio, si movesse contro il nimico, e stimando gli altri più prudente, partire l'esercito in due corpi, e uno mandarne contro Cherboga, l'altro lasciare a guardia del campo. Già accordavansi tutti in quest'ultima sentenza, allorchè Boemondo chiese facoltà di parlare. — Rappresentò gli inconvenienti de' due partiti proposti; perchè levando l'assedio era un porsi in mezzo fra il presidio d'Antiochia e un nuovo nimico più formidabile; proseguendo l'assedio e movendo metà dell'esercito contro Cherboga, esponevansi a doppia sconfitta. E aggiunse:

Noi circondano grandissimi pericoli; il tempo stringe; domani forse non avremo più rimedio e perderemo i frutti delle nostre fatiche e delle nostre vittorie. Ma Dio nol consenta! Dio che ci ha condotti fino a qui, non permetterà certo che indarno abbiamo combattuto per la sua causa; egli vuol salvo il cristiano esercito, egli ne vuol condurre trionfanti al sepolcro del suo figliuolo. Se voi riceverete benignamente la proposta che sono per farvi, domani lo stendardo della Croce sorgerà sulle mura di Antiochia, e noi proseguiremo il nostro pellegrinaggio verso Gerusalemme.

Terminato il suo dire, Boemondo palesò le lettere di Firoo, che profferivasi di dare le tre torri a lui affidate, e dichiaravasi parato a servare la promessa, purchè non avesse a riconoscer altri che il principe di Taranto. Chiedeva quindi in premio della tradigione, che Boemondo fosse eletto principe di Antiochia. Al contenuto delle lettere aggiunse il tarentino: aver egli già pagate grandi somme di danaro a Firoo, con le quali, solo, erasi guadagnata la di lui fiducia e stabilita quella reciproca fede d'onde unicamente proviene la buona e sicura riescita di sì difficili intraprese. *Nondimeno* (seguitò a dire) *se altri sa migliore spediente di salvare l'esercito, eccomi pronto ad approvarlo avanti a tutti e a rinunciare volontieri ai guadagni di un conquisto, dal quale la salvezza de' Crociati dipende.*

Frattanto il pericolo facevasi maggiore di giorno in giorno; disonorevole reputavasi la fuga, imprudente la battaglia, pericolosissimo l'indugio. Il timore soffocò le mire della emulazione; e quei capi poco prima tanto avversi alla proposta di Boemondo, allora non solo trovavanla senza infamia, ma ragionevole e da non tralasciarsi. Consideravano oltreciò non convenire la divisione d'una città conquistata, e che così facendo d'Antiochia, sariasi data occasione a molte scissure nell'esercito con sua grave ruina; far dipoi dono di quello non possedevano e per il santo fine della comune sicurezza; esser men male che uno solo goda delle fatiche di tutti, che perir tutti per impedire la buona fortuna di uno; non essere scopo della Crociata la presa di Antiochia, ma quella di Gerusalemme, pregiudicare qualunque indugio al sublime e religioso fine perchè i Crociati avevano prese le armi, e del quale stavasi in grande espettazione tutto l'Occidente; in somma perchè gli uomini sanno persuadersi sempre esser ragionevole e giusto tutto ciò a che gli costringe necessità, o gli tirano i loro appetiti, tutti i capi, eccettuato l'inflessibile Raimondo, concordaronsi nel concedere a Boemondo il principato d'Antiochia e instantemente lo sollecitarono che alla esecuzione del suo progetto ponesse mano.

Il tarentino, escito di consiglio, spedì subito avviso a Firoo che mandavali in pegno della sua fede il proprio figliuolo. Ordinavasi l'esecuzione per il giorno dipoi.

Affinchè gli assediati non suspicassero di nulla e vivessero più che mai sicuri, è stabilito che l'esercito escirà del campo simulando muovere contro il principe di Mossul, ma che, sopraggiunta la notte, col favor delle sue tenebre, ritornerà sotto le mura di Antiochia.

Apparve il nuovo giorno; accingonsi le genti d'arme alla fazione; verso vespro escono del campo, pongonsi in cammino, sonando le trombe e, spiegate, sventolando all'aria le insegne. Discostatesi ragionevolmente, fermansi; cessa ogni strepito militare, e chetamente verso Antiochia retrocedono. Dato il segno dal tarentino, ristanno in una valle, che è all'occidente e presso alla torre delle Tre Sorelle, tenuta da Firoo. In quel luogo fu comunicato all'esercito il secreto della grande impresa [1].

Poco mancò che la trama di Boemondo o di Firoo, non fosse scoperta, perchè quando le genti cristiane escivano del vallo e ogni cosa era apparecchiata alla prosperità della tradigione, corse improvvisa voce per la città, di secreta macchina, di orrende frodi. Sospettasi de' Cristiani e de' novelli Mussulmani; il nome di Firoo è pronunciato da molti con terrore, nè taccionsi le accuse delle sue corrispondenze con i Crociati. Acciano il fa chiamare; l'esplora con quistioni, e fissandoli addosso intentamente gli sguardi per penetrarne i pensieri; egli però non si perde d'animo, e simula tal sicurezza e ingenuità d'innocenza, che ogni dubbio si dilegua: propone anzi severe inquisizioni contro i traditori e con-

---

[1] Tancredi si dolse fortemente con Boemondo, perchè non gli avesse comunicato questo suo disegno (Vedi Raolo Caeno, *Biblioteca delle Crociate*, Vol. I).

siglia al suo principe di mutare i capitani delle principali torri. È lodato il consiglio, ed approvatane l'esecuzione per il venturo giorno; emanasi nel medesimo tempo sentenza di morte o di prigionia contro i Cristiani della città. — Dopo ciò confermato Firoo nelle sue cariche, per la difesa onestà, acquistossi maggior confidenza e favore. Egli ritornavasi nella torre che aveva promesso di dare ai Cristiani, forte nell'animo agitato per il corso pericolo e aspettando con impazienza la notte.

Era preposto alla guardia d'una torre vicina un suo fratello, e stimando opportuno o farlo suo complice o tentarlo per conoscere se avrebbe disturbata l'esecuzione della congiura, andò a trovarlo e gli disse:

Mio caro fratello, tu sai bene che i Crociati sono esciti del loro campo per muovere contro Cherboga, e considerando io alle miserie per essi sofferte, allo sterminio cui si espongono, non posso a meno di non sentirne qualche compassione. È poi terribile a pensare che in questa medesima notte i Cristiani di Antiochia, dopo aver patiti tanti oltraggi, saranno per comandamento di Acciano, trucidati. Chi non ne avrebbe pietà? Nè io so dimenticarmi che noi siamo nati nella istessa loro religione e che un tempo fummo loro fratelli.

A queste parole di Firoo, non fece buona accoglienza il fratello, che così rispose:

Stupisco non poco di cotesta tua commiserazione per uomini, che noi dobbiamo abborrire; perchè se ci rechiamo a memoria le prosperità nostre prima che eglino giungessero ad Antiochia, e le presenti strettezze, i pericoli e i timori in che ci tiene l'assedio; pregheremo loro di tutto cuore che sieno da que' medesimi mali distrutti che sono venuti a portare sopra di noi. E non sai tu oltreciò esser tutti traditori i cristiani di questa città e solo intesi a darci in mano del nimico.

Così dicendo fissava Firoo con guardo minaccioso, il quale accortosi dello errore suo d'avere troppo detto e invano, non vedendo altro rimedio alla sua ruina, come quegli ch'era pronto e coraggioso nelle sue deliberazioni, pugnalò il fratello.

Giunge l'ora della esecuzione. Oscura era la notte; mugghiava per l'aere la tempesta, che cresceva la tenebrìa; impetuosissimo vento imperversava guastando i tetti degli edifici; le folgori, con grandi scrosci e terribili chiarori, accordavansi di continuo al fischiare de' venti, onde le guardie delle mura accovacciate ne' più prossimi ripostigli, non potevano udire rumore alcuno che si facesse di fuori, o vedere se il nimico appressava. Da occidente appariva il cielo come infuocato; sorse sull'orizzonte una cometa... onde i Crociati immaginavansi prenunciarsi da Dio la immi-

quali riconosciuto e veduto senza seguito e molto confuso, fatto pensiero che la città fosse presa; uno di loro se gli accostò, tolseli la spada e lo uccise. La sua testa fu portata ai vincitori Cristiani, onde Firoo potè senza timore fissar la faccia di colui nella quale, la notte precedente, aveva veduta tremando lampeggiare la sua sentenza di morte... tanto è bizzarra la volubilità delle umane sorti! Egli avute grandi ricchezze in pregio della tradigione, ritornato al cristianesimo e mondato di tutte le peccata dalla sacramentale assoluzione, seguitò i Crociati a Gerusalemme, molto onorato ed amato nel loro campo: ma due anni dipoi, non ancor satisfatto nella sua ambizione, detrattato Cristo, si rivolse di nuovo a Maometto, e morì esecrato da' Mussulmani e da' Cristiani; come meriterebbero esser taluni, i quali a seconda che gli porta il vento di loro stolta ambizione, ora fannosi Cattolici or Luterani or Calvinisti ora Ebrei sempre in caccia di falsi e obbrobriosi onori, nè mai curanti dell' onor vero, che consiste nel dichiarato e costante carattere, meno degno d'avvilimento, se perverso, che volubile.

Stanchi i Cristiani di carnificina, ma non sazi, disposersi a combattere la cittadella [1], la quale sendo inespugnabile, fe' vani i loro conati. Contentaronsi pertanto di circondarla con soldati e macchine guerresche, per torre al presidio l' escire, e ritornati nella città, lasciarono il freno alla licenza della vittoria.

---

[1] Il sito della cittadella è descritto nella 170 lettera della *Corrispondenza d'Oriente*, vol. 7.

..... non potevano tirar innanzi il viaggio,
e riempivano la montagna di grida e di gemiti,

Libro III

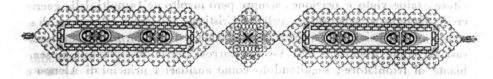

STORIA
DELLE CROCIATE

LIBRO TERZO

PARTE SECONDA.

I Crociati occuparono Antiochia nei primi giorni di giugno dell'anno
1098. L'assedio era cominciato nel mese di ottobre dell'anno precedente.

Raimondo Agilense, narra i tripudii e le allegrezze de' soldati Cristiani dopo la vittoria e specialmente, che i cavalieri e i baroni celebra-
rono magnifici festini ne' quali furono senza scrupolo adoperate le *Pagane danzatrici*; e mostrando con altre simili prevaricazioni, aver ob-
bliato essere stato Iddio autore delle loro prosperità. Ma la gioia e il tri-
pudiare furono presto interrotti, da crudele spavento per l'appropinquarsi
del formidabile esercito mussulmano.

Fin da quando cominciò l'assedio, Acciano e gli altri principi circostanti, privati de' loro dominii da' Cristiani, avevano chiesti soccorsi a tutte
le potenze mussulmane per recuperare gli stati. Il sultano di Persia, capo
supremo de' Seldgiocidi, aveva promesso aiutarli; e per suo commandamento (così riferisce Matteo Edesseno) il Chorazano, la Media, Babilonia, parte dell'Asia Minore e tutto il paese in tra Damasco, il mare, Gerusalemme e l'Arabia compreso, preparavansi alle armi per assaltare i
Cristiani: a tanto esercito fu preposto capitano supremo Cherboga principe di Mossul. Costui era veterano guerriero e invecchiato sul campo,
ora combattendo per Barchiaroc sultano di Persia, ora per altri principi
della casa di Malecco Scah, contendenti fra loro dell'imperio: talora vin-

citore, talor vinto e prigione, sempre però involto ne' tumulti delle guerre civili. Grande spregiatore era egli de' Cristiani, nè meno estimatore di se stesso, e similissimo al feroce Circasso celebrato da Torquato, millantavasi già come liberatore dell'Asia, e correva per la Mesopotamia in sembiante di trionfatore; seguitandolo come ausiliari i principi di Aleppo e Damasco, il governatore di Gerusalemme, e ventotto emiri della Persia, della Palestina e della Siria. Cupidità di vendetta stimolava i soldati mussulmani, che giuravano in nome del loro profeta di voler esterminare tutti i Cristiani.

Il terzo dì, dopo presa Antiochia, furono veduti dalle torri i corridori mussulmani, inoltrarsi per la pianura. Ruggiero di Barnevilla prode cavaliero, volle escire ad affrontarli: recarono poco dopo in città i compagni il di lui corpo straziato da molte ferite e scemo della testa, che il nimico aveali mozza. Il popolo cristiano estimandolo martire, accompagnò processionalmente le di lui reliquie al sepolcro.

Nascevano frattanto in tutti gli animi funesti presagi; molti invidiavano la sorte di quelli che già riposavansi nella pace della tomba. Apparvero finalmente da lunge le innumerevoli bandiere dell'esercito mussulmano. Invano Goffredo, Tancredi, il conte di Fiandra, corsero ad affrontare il nimico; lasciati morti sul campo non pochi de' loro compagni, dovettero precipitosamente ripararsi nella città, perlochè lo spavento e la costernazione disanimarono tutti i pellegrini. Mancavano le provvigioni per sostenere un lungo assedio; trovavansi i Crociati alle spalle un nimico pericolosissimo che tenendo la cittadella, poteva con ogni vantaggio combatterli, e a fronte il poderosissimo esercito di Cherboga, le cui tende occuparono immantinente tutto il pendio orientale delle montagne e le sponde dell'Oronte. — Reputo superfluo raccontare partitamente le piccole zuffe, nelle quali i soldati della croce non ismentirono la fama del loro valore; nondimanco conoscevasi in essi esser venuta meno la confidenza nelle loro armi; non avendo osato tentar la giornata campale, forse unico spediente a prevenire i mali che già soprastavano alla città circondata da grandissima oste e il cui nuovo popolo non avea speranza di ricevere soccorso veruno.

Cominciò pertanto la carestia; e i Cristiani fra tante conquistate ricchezze, morivansi di fame; vero è che ne' primi giorni, alcuni più arditi, andando nottetempo al porto di Santo Simeone, recavano alcune provvigioni; ma presto spiati dai Turchi e sorpresi, furono tutti trucidati; e i navili che erano giunti alle foci dell'Oronte, non furon pigri a spiegar le vele e a discostarsi dalle coste di Siria. Rimasersi allora i Crociati come prigioni nell'occupata città, e forse invidiando a quel tempo, nel quale, sendo essi assediatori e trovandosi in simile penuria, avevano almeno il conforto di poter liberamente vagare per la campagna a procacciarsi viveri, e talora mediante qualche prospera zuffa, guadagnarsi temporaria abbondanza.

I cronisti ci hanno tramandato memoria di questa carestia; nelle loro ingenue narrazioni, mostransi massimamente maravigliati dell'altissimo caro a che ogni sorta di viveri vendevansi; valendo più che il suo peso in argento, un pane, un uovo, le fave, una testa di capra o una coscia di cammello. — Uno de'medesimi cronisti, dice aver inteso tali estremità, intorno alle miserie di Antiochia, da farne inorridir la natura e che egli non ardisce ai suoi lettori comunicare. — Ammazzaronsi dapprima le bestie da soma, dipoi i cavalli da battaglia; la plebe con avidità aspettava di poter porre le mani e i denti addosso alle pelli degli animali uccisi, le quali tagliuzzate in minuti pezzi è cotte con pepe, cumino ed altre spezierie trovate nel sacco della città, mangiavansi come scelta vivanda. Vedevansi anco i soldati rodersi i cuoi degli scudi e delle scarpe che facevano rinvenire nell'acqua calda. Ma anco queste misere vivande vennero meno, e crebbe l'atrocità della carestia. Ogni giorno l'affamata moltitudine affollavasi alle porte di quelli che conservavano ancora qualche vettovaglia, i quali poi nel seguente giorno alla istessa mendicità erano costretti; onde in breve tempo trovaronsi pareggiati nella calamitosa condizione, i soldati e i capi, i poveri e i ricchi e tutti gli ordini de'pellegrini; e tanto crebbe l'estremità, che principi e signori i quali in Europa possedevano città e vasti dominii, consumavansi, come gli infimi plebei dal digiuno e di porta in porta andavano mendicando la vita, contenti d'ogni vilissimo cibo e sì scarso che bastasse a prolungare appena la loro misera esistenza d'un giorno o d'un'ora.

Molti Crociati fuggironsi dalla città; alcuni andando al mare fra innumerevoli pericoli, altri accostandosi ai Mussulmani dai quali, negato Cristo, impetravano poco pane. Non poco sgomentò i soldati la fuga del visconte di Meluno che per la seconda volta disertava il campo, valorosissimo in guerra contro nemici mortali, ma contro la fame vilissimo. Di notte facevansi le diserzioni, calandosi i disertori o ne'fossi della città con risico della vita, o con le funi dalle mura; ogni giorno grande ne era il numero, con augumento della disperazione di quelli che restavano. Fecersi preghiere a Dio contro i detrattori della sua causa, chiedendo che nella seconda vita gli compensasse secondo il merito di Giuda; e dannaronsi alla infamia col soprannome di *funamboli* [1]. — Guglielmo Tirense,

---

[1] *Furtivi Funambuli* sono detti da Bodrì. Questo cronista dice che i fuggitivi andassero al porto di San Simeone e dicessero a'nocchieri: *Tagliate subito i canapi, ponetevi a'remi, poichè vi sovrasta la morte.* (*Biblioteca delle Crociate*, vol. I).

s'astiene dal registrare i nomi de'cavalieri disertori considerandoli come perpetuamente cancellati dal libro della vita. — Esauditi furono i voti dei Cristiani (dicono i Cronisti) poichè de'fuggitivi, molti nonostante perirono di fame, e molti furono dai Mussulmani ammazzati.

Standosi i Crociati in Antiochia nelle descritte calamità e stremati di speranza, inoltravasi per l'Asia Minore in loro soccorso l'imperatore Alessio. — Già erasi divulgata la notizia degl'infortunii de'Cristiani, e il conte di Bloase che, disertato l'esercito, ritornavasi in Occidente, presentatosi all'imperatore, gli espose la condizione de'pellegrini come al tutto disperata. I Latini che trovavansi nel campo greco, non volevano a verun patto credere tanta estremità, maravigliandosi che al vero Dio sì poco calesse della ruina del suo popolo. Ma sopra tutti se ne affliggeva Guido fratello di Boemondo, eccedendo per modo nel dolore che con le pugna percotevasi il volto, rotolavasi nella polvere e facendo altre simili dimostrazioni da disperato; parendoli ingiusta la divina provvidenza che non prendevasi sollecitudine per il buon processo d'una guerra impresa a sua gloria.

O, Dio (diceva Guido) *la tua onnipotenza non è più? O se ancora puoi tutto che vuoi, dove ne è andata la tua giustizia? Non siamo noi tuoi soldati? E, qual padre di famiglia, qual re abbandona allo sterminio i suoi, quando può salvarli? Se tu tratti così i tuoi servi fedeli, chi oserà mai più militare sotto le tue sante bandiere?* [1].

Tali parole, che uno spirito armato di religiosa rassegnazione estimerebbe empie e sacrileghe, ripetevansi da tutti i Crociati nel loro cieco dolore, il quale crebbe a tanto eccesso, che forse per castigare la divina misericordia, furono sospese ed interrotte tutte le cerimonie della religione, astenendosi per alquanti giorni ogni laico ed ogni cherico latino dal pronunciare il nome di Gesù Cristo: tanto è folle la umana superbia che si sdegna anco con chi suole adorare tremando; così Serse faceva battere il mare con verghe per averli rotto il gran ponte.

L'imperatore Alessio, che era giunto a Filomelio, spaventato dalle sinistre novelle, sospese il suo cammino; onde il terrore si sparse per tutte le cristiane provincie: e immaginandosi ciascuno di vedere ad ogni poco sopraggiungere i Turchi debellatori de'Cristiani, gli stessi sudditi di Alessio, devastarono le proprie terre, affinchè i nimici non vi trovassero che squallore di diserti e ruine. Donne, fanciulli, tutte le famiglie cristiane, seco recando i loro averi, seguitarono l'esercito imperiale, che ritornavasi a Costantinopoli, non udendosi in esso che pianti e gemiti, princi-

---

[1] Roberto Monaco, vol. I. della *Biblioteca delle Crociate.*

palmente de' Latini, i quali accusavano il conte di Bloase che avesse disertati gli stendardi di Cristo e ingannato l'imperatore, e accusavano se medesimi del non avere precorso l'esercito greco, o del non esser giunti sì per tempo in Asia da potersi congiungere ai loro periclitanti fratelli e morire con essi in Antiochia.

Ma la fame cresceva nell'assediata città, e con essa la disperazione de' pellegrini, ormai a tanta debolezza condotti da non poter più trattare nè la lancia nè la spada. I pianti e i lamenti erano cessati, cupo universale silenzio, quale è nella profonda notte, o in luoghi disabitati, occupava Antiochia, come se ai pellegrini fosse venuto meno l'uso de' sensi... immobili e stupidi giacevansi per le vie... spegnendosi a poco a poco ne' cuori l'amore della vita. — Raimondo Agilese dice, che il fratello non riconoscesse più il fratello, nè il figliuolo il padre; i più nobili, vergognando incontrarsi fra loro, e dimostrarsi alla plebe, stavansene chiusi nelle case loro che come propcie tombe consideravano.

Ogni giorno o con insidie o con aperti assalti la città era tentata. I Mussulmani avevano occupata una torre trovata senza guardia; e il presidio della cittadella, apertasi una porta dalla parte orientale, ricevendo sempre nuovi rinforzi da Cherboga, superava di tanto in tanto i fossi e i muri che gli erano dal lato della città opposti, e scendeva, menando stragi, fino nelle vie abitate dai cristiani. Nè però tali insulti, nè la presenza del pericolo, nè le grida de' feriti, nè il tumulto di guerra, potevano scuotere i soldati di Cristo dal loro stupido letargo. Boemondo principe della città, affaticavasi vanamente a rinfrancarli, invano le trombe e gli araldi chiamavano alle armi... persuadendosi il tarentino principe che ad estremo invilimento facesse mestieri estremo stimolo, fece appiccare il fuoco in alcuni quartieri della città.

Raolo Caeno in enfatici versi descrive e compiange il miserevole incendio e la ruina delle chiese e dei palazzi *fabbricati con i cedri del Libano, con i marmi cavati nell'Atlante, col cristallo di Tiro, col bronzo di Cipro, col piombo di Amatonta e col ferro d'Inghilterra* [1]. —Ma i baroni che avevano perduta l'obbedienza de' soldati, avevano anco perduta la forza di muoverli con i buoni esempi: ricordavansi le loro famiglie, le castella, i beni abbandonati per infortunata guerra; non sapevansi di tanta sciagura render ragione, nè del trionfo de' nimici di Cristo; e poco mancò (dice Guglielmo da Tiro) che non accusassero Dio medesimo d'ingratitudine, per non aver fatto conto di tanti sacrifici da essi fatti alla gloria del suo nome.

---

[1] *Biblioteca delle Crociate*, vol. I.

Abulfeda e Matteo Edesseno, riferiscono, che i capi de' Crociati proponessero a Cherboga di darli la città purchè gli lasciasse ritornar salvi con le robe ai loro paesi; il quale avendo ricusato, molti Crociati, congiuraronsi di salvarsi con notturna fuga verso le coste del mare; ma furono dissuasi per le preghiere di Goffredo e del Legato e dalla infamia che conobbero acquistarsi con sì vile diserzione.

Frattanto il feroce Cherboga stringeva l'assedio, tenendosi certo della vittoria, e considerando i Crociati come vittime serbate al ferro mussulmano. Sendoli stati presentati alcuni prigioni cristiani rifiniti dalla fame e quasi nudi, gli schernì con insolenti parole e gli mandò coperti delle loro armi ruginose al califfo di Bagdad, affinchè vedesse che abbietti nimici dovessero combattere i Mussulmani. Per tutte le città maomettane della Siria raccontavansi con gioia le estremità de' Crociati, annunziandosi l'imminente distruzione del loro esercito, ma gl'infedeli e l'istesso Cherboga, non sapevano o non consideravano, di che potesse esser capace il fanatismo religioso, congiunto all'eccesso della disperazione.

Sapevanselo bene i preti cristiani, e ne traevano profitto per la salvezza di tutti. Ogni giorno si divulgavano in Antiochia, rivelazioni, profezie e miracoli. Santo Ambrogio era apparito a un venerabile sacerdote e avevali predetto che i Crociati, sconfitti i loro nimici, sarebbero entrati vittoriosi in Gerusalemme ove Dio serbava loro il premio delle fatte prodezze e delle sostenute fatiche. Certo prete lombardo, avendo pernottato entro una chiesa, avea veduto Cristo accompagnato dalla Vergine Maria e da San Pietro. Il figliuolo di Dio dimostravasi corrucciato per i mali portamenti de' Crociati, non voleva ascoltare le loro supplicazioni e abbandonavali in balìa del loro avverso destino: la Madonna inginocchiavasi davanti al suo figliuolo, e piangeva e gemeva e si picchiava il petto: il Salvatore si rasserenava un poco, e volgendosi al detto prete lombardo gli diceva: *Alzati, e va ad annunciare al popolo la mia misericordia; dilli che s'e' ritorna a me, il giorno di sua liberazione è giunto.*

Costoro scelti da Dio a secretari delle sue recondite volontà, per fare testimonio alla veracità delle esposte visioni, profferivansi di saltar giù da qualche alta torre, di passare in mezzo alle fiamme, di sottoporsi alla mannaia de' carnefici, dovendone naturalmente conseguire che s'e' dicevano vero, Iddio farebbe il miracolo di serbarli illesi, e il contrario se mentivano. Ma, per buona sorte, a persuadere i Crociati non faceano mestieri sì convincenti prove, come quelli che per consuetudine, di prodigi si dilettavano, e la cui ragione oltreciò, per i sofferti patimenti s'era molto indebolita: capi e soldati non furono dunque tardi a rinfrancarsi per le belle promesse venute dal cielo; ritornò la speranza a ridestare il coraggio. Tancredi, da quel leale e prode cavaliere ch'egli era, giurò, che fino a tanto gli rimarrebbero soli sessanta de' suoi compagni, non abbandonerebbe il progetto di liberare Gerusalemme; giurarono similmente Goffredo, Ugo, Raimondo, e i due Roberti; e tutto l'esercito promise di combattere e di sopportare ogni disagio e fatica fino al giorno prescritto alla liberazione del Santo Sepolcro.

In questo fervore delle fantasie, si rappresentano due disertori davanti al consiglio dell'esercito ed espongono qualmente, nel procurare la fuga, uno di loro fosse stato impedito dal fantasima del suo fratello ucciso già in zuffa da qualche giorno; e l'altro dall'istesso Gesù Cristo, il quale aveali promessa la liberazione d'Antiochia. Il predetto fantasima similmente promise di escire dalla tomba con tutti i suoi compagni onde soccorrere ai Cristiani nella pugna; certi della vittoria la quale se è pericolosa e difficile da conseguire contro uomini mortali; contro gli esseri superni e i morti è indubitatamente impossibile.

Ma non reputandosi ancor sufficienti i miracoli inventati, un prete marsigliese chiamato Piero Bartolommeo, ne escogitò un nuovo, nè probabilmente senza partecipazione de' capi, da che dovevasi aspettare ogni miglior successo. Il detto prete adunque attestava in pieno consiglio, esserli apparso Santo Andrea per ben tre volte in sogno.

(*Va* (dicevali il santo apostolo), *va nella chiesa del mio fratello Pietro, di questa città. Cavando il suolo presso all'altar maggiore, troverete il ferro della lancia che forò il costato del nostro Redentore: e fia ciò dentro tre giorni. Quel ferro mistico, portato nella fronte dell'esercito, liberrà i Cristiani dalla presente calamità e trafiggerà il cuore degli Infedeli* [1].

Il Legato, Raimondo, e gli altri capi, credettero o piuttosto finsero credere questa rivelazione, della quale qualcheduno gli ha reputati primi autori. Si divulgò subitamente per tutto l'esercito; argomentando i soldati, che nulla essendo impossibile al Dio de' Cristiani, perciò doveva esser vera; importando d'altronde alla gloria di Gesù Cristo la loro salvezza, per la quale era quasi tenuto soverchiare i termini della natura. — Per tre giorni adunque preparavasi l'esercito alla scoperta della Santa Lancia, con le preghiere e le ecclesiastiche funzioni; sarebbersi anco aggiunti i digiuni, ma si osservavano già da lungo tempo, e senza comandamento.

---

[1] La scoperta della Santa Lancia, e i prodigi che operò, sono raccontati dagli storici delle Crociate. Lo storico arabo Ibn Giuzi, conviene nelle circostanze principali con gli storici latini. (*Biblioteca delle Crociate*).

Venuto il mattino del terzo giorno, dodici Crociati, scelti in tra i più rispettabili del clero e de' cavalieri, andarono al luogo 'indicato da prete Bartolommeo, con molti operai provvisti de' necessari strumenti. Fu scavato dapprima sotto l'altar maggiore, standosi tutti gli astanti in grande espettativa e profondo silenzio e immaginandosi ad ogni poco di veder brillare il miracoloso ferro: L'esercito affoltatosi intorno alle porte della chiesa che, per prudente comandamento de' sacerdoti e de' principi, erano state bene chiuse e sbarrate, aspettava impaziente l'esito di quella singolare investigazione. I lavoranti cavavano già da alquante ore ed avevano aperta una caverna profonda da dodici piedi, senza che la Lancia apparisse; continuarono nondimeno pazientemente fino a sera: Cresceva frattanto l'impazienza di tutti, e la speranza cominciava a venir meno: gli operai vinti dalla fatica, ebbero uopo di riposo. A mezzanotte fu fatto nuovo tentativo. Mentre i dodici testimoni stannosi pregando ginocchioni intorno alla fossa, prete Bartolommeo vi scende dentro, e rimastosi solo nel fondo per breve tempo, rimonta sopra col sacro ferro in mano. Alto grido di gioia mandarono subito gli astanti; lo replicò l'esercito che, come è detto, stavasi assembrato fuori della chiesa e propagavasi immantinente per tutti i quartieri della città.

Portasi in trionfo per la città il tanto aspettato ferro; l'ammirano e lo benedicono tutti i Crociati, augurandosene sicura vittoria; gli spiriti s'invasano di miracolose speranze; certa è la protezione del cielo: l'esercito riprende coraggio; il vigore e la robustezza stremati dalla fame, (tanta è la prepotenza del fanatismo) ritornano prontamente in quelli piuttosto fantasimi che corpi di uomini: dimenticansi i passati patimenti; nè più sbigottisce alcuno l'eccedente numero de' nemici; persino i vili agognano la pugna e con gli altri la chiedono ad alte grida [1].

Ora i capi dell'esercito avendo così disposti al loro fine gli animi dei soldati, prepararonsi alla campal giornata: mandarono deputati al capitano de' Mussulmani, proponendoli o singolar tenzone, o generale battaglia, e ambasciatore fu l'eremita Pietro, secondo il suo costume soverchiando tutti di zelo.

Fu egli ricevuto nel campo nimico con risa e scherni, ammirando gl'infedeli la sua rozza e quasi cinica foggia del vestire, secondo loro stima poco convenevole al rappresentante d'una nazione o d'un esercito. Ma ciò non diminuì l'alterezza del buono Eremita, il quale parlò davanti al superbo Cherboga in questa sentenza:

I principi prediletti di Dio, riuniti in Antiochia, mi mandano a te, affinchè per parte loro ti ammonisca a levare l'assedio. Queste pro-

---

[1] Raimondo Agilese (*Biblioteca delle Crociate*, vol. I).

vincie, queste città, asperse del sangue de' martiri, furono già di popoli cristiani, i quali essendo tutti fratelli, noi venimmo in Asia per vendicare gli oltraggi de'perseguitati e per difendere l'eredità di Gesù Cristo e de' suoi discepoli. Dio ha permesso che Antiochia e Gerusalemme per alcun tempo fossero contaminate dal vostro dominio, onde punire le peccata del suo popolo; ora le nostre lagrime e le nostre penitenze hanno rattemperata la sua collera e satisfatto alla sua giustizia; lasciateci dunque liberi e quieti questi possessi, che la divina clemenza ne restituisce: noi v'accordiamo tre giorni per levare le tende e per partire. Ma se v'ostinate nella ingiusta impresa, dannata dal cielo; chiameremo contro di voi il Dio degli eserciti; e perchè i soldati della Croce, disdegnano guadagnar la vittoria con astuzia, se il partir non vi piace, alla campal giornata vi disfidano.

Così parlando l'Eremita, fissava imperterritamente in volto il supremo capitano Cherboga; nè vedendolo pronto alla risposta, proseguì:

Or via scegli i più prodi del tuo esercito, mandali a tenzone contro altrettanti de'nostri; o piuttosto armati tu stesso e scendi in campo contro a qual più vuoi de' Cristiani principi. Nè l'una, nè l'altra di queste due proposte t'aggrada? allora da' il segno di general battaglia. Qualunque sia la tua scelta, vedrai tosto che nimici avrai a petto, e conoscerai a qual Dio serviamo.

Cherboga che non ignorava le estremità de'Cristiani, nè poteva immaginare per qual soccorso tanto insolentissero, dubitava se dovesse maravigliarsi o ridere della orgogliosa imbasciata, e se i principi Cristiani avessero perduto il senno, ovvero, mandandoli quello strano ambasciadore, volessero prendersi giuoco di lui e schernirlo; rimasesi però fluttuante alcun tempo in tra lo spregio e il furore, finalmente rispose:

Uomo, ritorna a chi t'ha mandato e di'loro, che il dettar condizioni in guerra, spetta ai vincitori, non ai vinti. Abbietti vagabondi, rifiniti dalla fame, fantasmi d'uomini non guerrieri, qual voi siete, potranno forse impaurire femminette e fanciulli, non i prodi che gli tengon presi in gabbia. A furia di parole non si debellano i soldati dell'Asia. Sapranno fra poco i Cristiani se questa terra sia nostra, o no; e nondimeno prima di estimarli, voglio esser cortese a loro della mia indulgenza. Sottopongansi alla legge del sommo e santo profeta Maometto per sempre gloriosissimo davanti a Dio; ed io forse non curerò che cotesta città, già vinta dalla fame e già mia preda, soggiaccia alla soldatesca licenza; forse degnerò concederne loro il possesso, rifornirli di armi, di vesti, di viveri, di donne e di quanto hanno difetto: poichè il sacro e venerando libro del Corano, ne im-

pone di perdonare e di abbracciare fratellevolmente coloro, che rice-
vono la sua legge. Va; di' a' tuoi compagni, che non indugino a pro-
fittare della mia clemenza oggi; domani non fia più tempo; la spada
gli caccerà di Antiochia; e conosceranno con ispavento se un Dio Cro-
cifisso che non ha potuto liberar sè stesso da vituperevole supplicio,
potrà salvar loro dallo soprastante esterminio.

L'Eremita sebbene inorridisse udendo sì atroci bestemmie, non perduto però l'animo, voleva nuovamente rispondere; ma il principe di
Mossul posta la mano sull'elsa della sua scimitarra, comandò che si cacciassero via que'*vili pezzenti, che alla demenza osavano aggiungere*
l'orgoglio.

Partissi adunque Piero seguitandolo gli altri deputati: e passando per
mezzo al mussulmano esercito, corsero più volte risico della vita. Rien-
trati in Antiochia, l'Eremita riferì il successo della sua missione nell'assemblea de'principi e de'baroni.

Prepararonsi tutti alle armi; correvano gli araldi di guerra per li
quartieri della città, proclamando che pel venturo giorno si escirebbe in
campo. Ogni crociato fremeva d'impazienza.

I vescovi e i sacerdoti, aggirandosi per le affaccendate schiere, esortavano i Cristiani a farsi degni di combattere per la causa di Cristo. Fu
consumata la notte in preghiere e sacre cerimonie; perdonarousi le ingiurie; elargironsi elemosine; tutte le chiese erano stipate di guerrieri che
umiliavansi a Dio e chiedevano remissione delle loro peccata. Furono
trovate vettovaglie, e stimossi miracolo, non sapendo alcuno ove potessero esser nascoste; distribuironsi; e i soldati, frugalmente cibati, ricuperarono le smarrite forze. Declinando la notte, le reliquie del pane e
della farina, adoperaronsi al sacrificio della messa e della general comunione. Centomila guerrieri rappresentaronsi contriti al tribunale della penitenza. Centomila guerrieri intervennero alla eucaristica mensa: tutti alzarono i brandi sacri al Dio degli eserciti: il Pontefice gli benedisse.

Sorse finalmente il giorno, sacro alla commemorazione dei santi Pietro e Paolo: spalancaronsi le porte di Antiochia; diviso in dodici corpi
esciva l'esercito in contemplazione de'dodici apostoli. Ugone il Grande
sebbene infiacchito da lungo morbo, precedeva nell'antiguardo, portando
il gonfalone della Chiesa. Ogni principe, ogni cavaliere, ogni barone guidava le sue genti d'arme; il solo Tolosano, impedito da grave ferita,
rimanevasi in Antiochia, con commissione di tenere in rispetto il presidio della cittadella, mentre i Cristiani combattevano il nimico.

Il Legato Ademaro vestito della corazza con sopra il manto pontificale, conduceva i suoi alla pugna; Raimondo Agilense (secondo ch'egli

Giovanni dis.   Terzo inc.

comandò che si cacciassero via quei vili pezzenti,
che alla demenza osavano aggiungere l'orgoglio. *Lib. III. Pag. 166*

medesimo racconta) precedeva il Legato e come si esprime con la sua ingenuità: *Io ho veduto con i miei occhi quello che riferisco, ed era io il portatore della Lancia del Signore.*

Giunto l'esercito al ponte dell'Oronte, il Legato fece una breve concione ai soldati, promettendo i soccorsi e le ricompense del cielo: stavansi quei prodi ascoltando in ginocchio e quando il vicario del sommo Pontefice ebbe finito di dire, risposero unanimemente: *Amen.* Intonò allora il clero il salmo marziale:

Sorga il Signore, e i suoi nimici fieno dispersi.

Gli ecclesiastici rimasi in Antiochia, circondati dalle donne e dai fanciulli, dall'alto delle mura benedivano le armi de'loro fratelli, alzando le mani al cielo come Moisè, quando gli Ebrei con gli Amaleciti combattevano; e pregando al Signore che salvi il suo popolo e confonda l'orgoglio degli Infedeli. — Le rive dell'Oronte e le circostanti montagne echeggiavano del guerriero grido: *Dio lo vuole! Dio lo vuole!*

Procedeva frattanto lentamente e in bella ordinanza il cristiano esercito. Molti cavalieri che fino dalla loro infanzia avevano usato combattere a cavallo, allora camminavano a piedi; vedevansi illustri capitani cavalcar muli e giumenti. — Il conte di Fiandra limosinando, aveva accattato tanto da comperarsi un cavallo; molti cavalieri avevano vendute le loro armi per vivere, ed ora andavano in campo con armi turchesche, non usati a maneggiare e perciò incomode per essi. — Goffredo aveva tolto in prestito un cavallo dal conte di Tolosa, e con molto pregare in nome della santa causa che difendevano i Crociati. Vedevansi nelle schiere, uomini infermi, uomini smunti dalla fame, a cui le armi erano soverchio peso, ma la viva persuasione del celeste aiuto, rinfrancava tutti, e coloro che poco prima mal potevano reggere le loro proprie membra, ora come invasi da divino spirito, movevano audaci e confidenti della vittoria, contro nimico poderosissimo e da verun disagio travagliato.

I corpi dell'esercito mussulmano tenevano i colli che sono al levante di Antiochia di contro alla porta di San Paolo, e una parte del suo campo era nel luogo medesimo ove nel tempo dell'assedio aveva le tende Boemondo. Fra que'corpi, dice lo storico armeno, quello di Cherboga rassomigliava a *inaccessibile montagna.*

Il capitano turco, vedendo i Cristiani avanzarsi in ordinanza, nè potendo persuadersi che movessero a battaglia, immaginò che andassero ad implorare la sua clemenza: ma inalberato sulla cittadella di Antiochia il vessillo nero, segno in tra esso e il presidio convenuto per annunciare la risoluzione de'Crociati, lo tolse di dubbio.

Già il conte del Vermandese aveva assaltati, vinti e fugati due mila uomini posti a guardia del ponte di Antiochia, per cui doveva passare l'esercito cristiano; e i fuggitivi portarono lo spavento fino nella tenda di Cherboga che stava allora giuocando agli scacchi: scosso dal subito assalto, fece decapitare un disertore cristiano che aveva annunziata la resa imminente de'suoi, e volse tutte sue cure a combattere un nimico fatto feroce dalla fame e dalla disperazione.

I Cristiani, passato l'Oronte, eransi ordinati in battaglia, distendendosi per tutta la valle dalla porta del Ponte fino alle Montagne Nere che distano dal settentrione d'Antiochia un'ora di cammino; avendo intendimento con ciò d'impedire al nimico l'impadronirsi degli approcci alla città e di circondarli.

Ugo il Grande, i due Roberti, il conte di Belesma, il conte di Ainoldo, comandavano l'ala sinistra; Goffredo, Eustachio, Baldovino dal Borgo, Tancredi, Rinaldo di Tule, Everardo del Puisetto, comandavano la destra; il Legato Ademaro, Gastone Bearnese, il conte di Die, Rambaldo di Orangia, Guglielmo di Monpellieri, e Amangiò d'Albreto, comandavano il centro; e Boemondo un corpo di riserva che doveva soccorrere i Cristiani ovunque il bisogno portasse.

Cherboga veduto l'ordinamento de'Crociati, comandò agli emiri di Damasco e di Aleppo di condurre i loro corpi sulla strada del porto San Simeone e collocarsi in modo che i Cristiani essendo rotti non potessero fuggire verso il mare nè ritornare in Antiochia. Cherboga medesimo dipoi ordinò le sue genti sulla riva destra dell'Oronte; comandando l'ala destra l'emiro di Gerusalemme [1]; la sinistra un figliuolo di Acciano, impaziente di vendicare la morte del suo padre e la perdita di Antiochia; ed egli, il supremo capitano, ascese sopra un colle, d'onde potesse seguitare degli occhi i movimenti d'ambi gli eserciti.

Ma sul punto di appiccar la zuffa fu compreso di terrore... I Cronisti contemporanei ricordano alcune predizioni che annunciavano la sconfitta al principe di Mossul; il monaco Roberto descrive la di lui madre che prorompe in pianti e tenta, ma invano, dissuadere il figliuolo dalla giornata. Egli, molto rimesso dell'antico orgoglio, mandò proponendo ai principi cristiani di prevenire la strage generale, con la scelta di alcuni cavalieri dell'uno e dell'altro esercito per definire fra loro la gran con-

---

[1] Questo emiro chiamavasi Socmanno figliuolo di Ortoco; e, secondo Abulfaragio, fu il più prode e coraggioso che fosse nell'esercito mussulmano. — Pare che Guglielmo Tirense l'abbia confuso con Chilidge Arslano sultano di Nicea, detto da lui Solimano, e che, probabilmente a tempo di questa giornata di Antiochia, trovavasi nell'Asia Minore a difendere i propri stati contro i Greci e contro i nuovi guerrieri che sopravvenivano di continuo dall'Occidente. (Vedi Wilken, *Commentatio de Bellis Cruciatorum*, p. 27).

tesa con le armi; proposta già per esso rifiutata, quando i Cristiani per i lunghi patimenti non credendosi più abili al combattere, la facevano, per imporre un qualche fine alle loro miserie; ma ora che si trovavano sul campo e tutti desiderosi della battaglia, estimando follia rimettere nel valore di pochi quello che si sentivano abili a conseguir tutti, credendosi dichiaratamente favoriti dal cielo, non vollero accettarla.

Erano gli animi loro tanto esaltati che riguardavano quali prodigi i più naturali fenomeni; cosicchè, mentre escivano di Antiochia, essendo caduta lieve pioggia che rinfrescò l'arsura dell'aere e della terra, immaginavansi che il cielo spargesse sopra di loro le sue benedizioni e la grazia dello Spirito Santo. Giunti in prossimità de'monti, sendosi levato un vento fortissimo che accelerava l'impeto delle loro freccie e per conseguenza ritardava quello delle nimiche, estimavano che quello fosse il vento della divina collera imperversante a esterminio degl'infedeli. L'ardore e il coraggio de'combattenti erano dalla stretta osservanza degli ordini aiutati; come più l'esercito s'appressava al nimico, più taciturno procedeva, per modo che nella valle non udivasi altro che il misurato calpestio delle schiere, nè altro vedevasi che nembi di polvere, in mezzo ai quali i ferri delle lancie e delle ignude spade scintillavano; di tratto in tratto rompevano il profondo silenzio ora le voci de'capitani, ora l'ecclesiastico canto de'salmi, ora le esortazioni del Legato.

Quando l'esercito cristiano fu giunto in cospetto del nimico, suonarono le trombe e le insegne posersi nella fronte delle schiere. — Fu dato il segno; soldati e capi assaltarono gl'infedeli. Tancredi, il duca Normando, e quel di Lorena, sbaragliarono subito chi ebbero incontro. Le schiere non fecero l'assalto tutte a un tratto, ma le seguenti accorrevano sempre in soccorso delle precedenti, e quando tutte furono entrate in battaglia, un'ora circa dopo il primo attacco, i Mussulmani cominciavano a piegare e a disordinarsi. Ma mentre così prosperavano le armi cristiane alle falde delle montagne, gli emiri di Damasco e d'Aleppo eseguendo puntualmente gli avuti ordini, con quindici mila cavalli, avevano assaltato e fatto retrocedere il corpo di Boemondo che erasi fermato propinquo all'Oronte; procurando così di circondare l'esercito cristiano, con la speranza, dice una cronica contemporanea, di vincere senza pericolo e *di stritolare il popolo di Dio fra due macini.*

Goffredo, Tancredi e alcuni altri capi, avuto avviso, che Boemondo non potea sostenere il nimico, accorsero in di lui soccorso; e gli assalitori, sentita l'efficacia del rinforzo, non solo disordinaronsi, ma pocostante andarono in rotta; e per assicurarsi la fuga, incendiavano molte barche di paglia e di fieno che per uso de'cavalli trovavansi sparse nelle pianure; onde sollevandosi gran fiamma e fumo, speravano che arebbero impediti i Cristiani dal poterli inseguire. Però niun ostacolo ebbe potenza di arrestare questi, che ebbri della vittoria, passarono per mezzo alle fiamme e fecero grande strage de' nimici, parte de' quali correvano verso il ponte San Simeone e parte verso il loro campo, sperando ricongiungersi al corpo di Cherboga.

Ma divulgata per l'esercito mussulmano la rotta de' due emiri, tutti cominciarono a sgomentarsi e ogni schiera retrocedeva non senza precipitazione e turbando gli ordini. — Suonavano le loro trombe a raccolta e i tamburi, e i più valorosi procuravano far capo sopra un vicino colle difeso da un profondo burrone; ma i Crociati avendolo superato, assaltano il nimico anco in quel riparo e ne fanno strage; chi resiste è ucciso, molti si salvano nei boschi e nelle caverne: per le montagne, per le pianure, per le rive dell'Oronte non si veggono che Mussulmani fuggitivi, che hanno gittate le armi e abbandonate le insegne.

Cherboga che aveva già spedito avviso della sconfitta de' Cristiani al califfo di Bagdad e al sultano di Persia, sendoli successele cose molto diverse dalla sua stima, fuggivansene verso l'Eufrate, seguitandolo piccolo numero de' suoi più fedeli soldati. Alcuni emiri eransene già fuggiti, prima che l'esercito andasse in rotta. Tancredi e alcuni altri capi, saliti su i cavalli del nimico, inseguirono fino a notte le genti di Aleppo e di Damasco, l'emiro di Gerusalemme e le reliquie del mussulmano esercito. Furono incesi i ripari dietro i quali s'era ricoverata la fanteria nimica e gran moltitudine di mussulmani vi fu arsa.

Secondo alcuni storici contemporanei, rimasero morti sul campo, degl'infedeli circa centomila; de' Crociati quattro mila che furono subito registrati nel catalogo de' martiri.

Fu trovata abbondanza di viveri nelle tende de' Mussulmani ed inoltre quindicimila cammelli e grandissimo numero di cavalli. Secondo Alberto Aquense, trovaronsi ancora molti manoscritti, ove erano descritte le cerimonie de' Mussulmani *in caratteri esecrabili*, e per certo in Arabo le cui lettere furono per avventura credute da quei buoni Crociati, cifre negromantiche.

Il vincitore pernottò nel campo nimico, ammirando il lusso orientale, ma con estrema maraviglia fu visitata la tenda del principe di Mossul, ricchissima di oro e di pietre preziose e che distinta in lunghe strade e fiancheggiata da alte torri, avea sembiante di città fortificata [1]. — Furono impiegati molti giorni per trasportare in Antiochia le spoglie

---

[1] Questa tenda poteva contenere da due mila persone. — Boemondo la mandò in Italia ove fu conservata da circa tre secoli.

de' vinti, fra le quali trovossi molto cordame e catene di ferro destinate ai soldati cristiani, che per loro buona ventura non andarono in opera.

Il prospetto interno del campo Turchesco, facea testimonio più di fasto e magnificenza che di militare disciplina. — I veterani compagni di Malech Sciah, erano quasi tutti caduti nelle guerre civili che da più anni desolavano l'impero de' Seldgiocidi. L' esercito venuto alla ricuperazione di Antiochia componevasi di gente nuova e raccogliticcia da diversi popoli rivali, sempre disposti a combattere fra loro. Oltreciò i ventotto emiri che seguitavano Cherboga erano quasi tutti acerrimi nimici uno dell'altro, e poco o punto obbedienti al supremo capitano [1]. — Per lo contrario in questa circostanza furono in tra essi unitissimi i Crociati, persuasi tutti che dalla unione e dal buon ordine dipendeva il loro scampo.

I varii corpi del loro esercito si ristrinsero saviamente a combattere in un sol punto, soccorrendosi a vicenda; Cherboga invece aveva divise le sue forze. — Vero è che in questa giornata, e più nelle circostanze precedenti, il principe di Mossul, mostrò più presunzione che perizia di guerra; e già prima con la lentezza del suo cammino aveva perduta l'occasione di soccorrere Acciano e di sorprendere i Crociati.

Puossi ancora aggiungere che i Latini ottennero la vittoria per la medesima ragione che avevano luogo di temer la sconfitta. Avendo perduti i loro cavalli, eransi esercitati a combattere a piedi [2], e la cavalleria mussulmana non potè sostenere que'fanti ordinatissimi, agguerriti nei lunghi pericoli e fatiche dell'assedio di Antiochia.

Molti Crociati attribuivano questa vittoria alla scoperta della santa Lancia. Raimondo Agilense afferma che i nimici non osassero accostarsi alle schiere nelle quali brillava il miracoloso ferro. Alberto Aquense, aggiunge che veduta la sacra Lancia, Cherboga fu compreso di spavento, *come se avesse dimenticata l'ora della pugna.* Il monaco Roberto, riferisce una circostanza non meno meravigliosa delle allegate: dice egli, che nel vivo della mischia fu veduta discendere una schiera celeste, con armature bianche e capitanata dai martiri santo Giorgio, san

[1] Chemal Eddin (*Biblioteca delle Crociate* , Vol. IV).

[2] Il monaco Roberto, là dove narra questa famosa giornata di Antiochia, nota che de'Cristiani erano offesi meno dal nimico i fanti che i cavalieri. — Machiavello ne'suoi discorsi sulle Deche di Tito Livio, discorre a lungo sul maggior conto che si dee fare in guerra della fanteria sopra la cavalleria, dicendo consistere in quella il nerbo dagli eserciti, il che non fu mai dai fatti smentito. — Giova molto la cavalleria dopo la vittoria per inseguire il nimico ; e nella giornata per portare pronto soccorso ai fanti dove piegano e si disordinano; e a impedire che l'esercito venga circondato dal nimico maggiore di numero. Combattendo i cavalli contro i fanti, rimasero quasi sempre sconfitti, e però disse con ragione Giusto Lipsio: dovere i cavalli con i cavalli combattere s'e'vogliono non esser superati spesse volte da forze che appajono minori, assaltando i fanti. — Tradut.

Demetrio e san Teodoro. — Tali miracoli che raccontavansi per il cristiano esercito, e creduti senza dubbio, attestano della credulità e del fanatismo de' pellegrini, per cui sendo stati all'eccesso delle miserie e della disperazione condotti, divennero conseguentemente invincibili.

Ma quando fu passato il pericolo, la santa Lancia, che avea fatti tanto confidenti della vittoria i Crociati, non ebbe più la loro venerazione e perse la sua famosa reputazione: la principale cagione di ciò fu gelosia; perchè sendo rimasta nelle mani del conte di Tolosa e de' suoi Provenzali, che ricevevano le grandi offerte fatte a quella, le altre nazioni cominciarono a veder di mal occhio una specie di gravezza pecuniaria imposta alla loro devozione, d'onde i Provenzali augumentavano mirabilmente di reputazione e di ricchezze, sicchè, come meglio apparirà dal processo di questa narrazione, cominciaronsi a muover dubbi sulla autenticità della medesima Lancia, che aveva operati tanti prodigi; e lo spirito di rivalità partorì gli stessi effetti che il sano criterio arebbe prodotti in secolo men barbaro.

Dall'altro canto questa vittoria d'Antiochia, parve successo tanto straordinario ai Mussulmani, che molti di loro abbandonarono l'islamismo. Il presidio della cittadella preso da terrore e da spavento, ricorse a Raimondo il giorno medesimo della battaglia; convertendosene trecento al Cristianesimo, andando dipoi a pubblicare nelle città della Siria, esser quello de' Cristiani il solo vero Dio: e tale fu l'impressione di questa vittoria negli animi de' Mussulmani, che, secondo Raimondo Agilense, se i Cristiani avessero subito mosso contro Gerusalemme, l'ottenevano senza difficoltà veruna.

I Turchi dopo la memorevole sconfitta, non fecero più alcuna opposizione ai progressi de' Crociati. La maggior parte degli emiri di Siria i quali eransi in tra loro divise le spoglie del sultano di Persia, non facevano maggior conto di questa occidentale alluvione, che di passeggiera burrasca, e senza considerare alle conseguenze che ne potevano emergere in pregiudizio dell'islamismo, chiusi ne' loro luoghi fortificati, aspettavano per istabilire i loro dominii e dichiararsi indipendenti, che tanta burrasca passasse. Il vasto imperio fondato da Togrul, da Alp Arslano, da Malecco Sciah, verso la metà dell'undecimo secolo, per i cui repentini augumenti erasi messa in apprensione Costantinopoli, e s'erano i popoli d'Occidente sgomentati, stava sull'orlo della sua ruina e sulle reliquie erano per sorgere nuovi stati; perlocchè, secondo nota un istorico, sarebbesi creduto che Dio si pigliasse diletto a dimostrare che piccola e vil cosa sia la terra davanti a' suoi occhi, trasmettendo da mano in mano, come trastullo da fanciulli, una potenza mostruosa e formidabile a tutto l'universo.

Prima cura de' Crociati, dopo la vittoria, fu di mettere Gesù Cristo in possesso del paese conquistato, ristabilendo il suo culto in Antiochia; così mutò religione e popoli la Siria. Una gran parte delle spoglie de' Saraceni fu erogata a restauro e ornamento delle chiese, già state fatte moschee da' Turchi. Greci e Latini congiunsero i loro cantici e pregarono uniti il Dio de' Cristiani di condurli a Gerusalemme [1].

Si adunò dipoi il consiglio de' capi, per mandare ai principi e popoli di Occidente una lettera intorno alle cose per essi operate, nella quale sono queste parole:

Niuna gioia è comparabile alla nostra, poichè o vivendo o morendo apparteniamo al Signore.

Ma per non menomare l'allegrezza che dovevano portare le loro prosperità, dissimularono prudentemente le perdite e i disastri dell'esercito cristiano; la qual precauzione fu anco presa dal patriarca d'Antiochia e dai capi del clero latino, i quali similmente scrissero una loro lettera in Europa; e nondimeno lasciavano nelle espressioni loro trapelare alcuno indicio delle sofferte calamità, pregando che nuova gente passasse crociata in Asia:

Venite (dicevano ai fedeli d'Occidente) *venite a combattere nella milizia del Signore; in qualunque famiglia ove sono uomini, il più adatto alla guerra prenda le armi...; quelli che hanno presa la Croce e non si sono ancor posti in cammino, s'affrettino a compire il loro voto; e se non accorrono a congiungersi ai loro fratelli, che sieno cacciati dalle società de' fedeli; che la maledizione del cielo cada sulle loro teste, e che la Chiesa ricusi loro l'ecclesiastica sepoltura.*

Così parlavano i capi e i pastori del popolo crociato [2]. Spedirono nel medesimo tempo ambasciatori a Costantinopoli, Ugo conte del Vermandese e Baldovino conte di Ainoldo, con commessione di ricordare all'imperatore Alessio la promessa fatta di accompagnare i Crociati a Gerusalemme con le sue genti. Il conte di Ainoldo partito primo, passò le montagne prossime a Nicea, dove fu sorpreso e assalito dai Turcomanni... ignorasi la sua fine. Il conte del Vermandese, saputa la disgrazia del suo compagno, si nascose in una foresta e così si liberò dai barbari; giunto poscia a Costantinopoli dimenticò la sua missione, e o perchè non istimasse a sè decoroso ritornare all'esercito, dove non poteva più sostenere lo splendore della sua nobiltà, o perchè fosse sazio e stanco dei

---

[1] Alberto Aquense descrive a lungo della restaurazione delle chiese in Antiochia.
[2] Vedi, lettere de' Crociati, nei Documenti.

pericoli e delle fatiche della santa guerra, senz'altrimenti rappresentarsi all'Imperatore, se ne ritornò in Occidente, dove per la sua diserzione fu chiamato il *Corvo dell'Arca*.

Ma i pellegrini pieni di nuovo coraggio chiesero unanimi ai loro capi che gli conducessero alla santa città, persuadendosi che la loro presenza dovesse incutere tale spavento negli infedeli da far libere tutte le strade, e che niuna delle città per dove passerebbero, *ardirebbe nè meno di tirar loro contro un sasso*. Nella qual occasione però videsi che difficoltà siavi nel condurre prestamente un'impresa che dipende da più voleri: perchè nel consiglio de'capi ognuno era di contraria sentenza all'altro: ricordavano invano i più prudenti non doversi lasciare al nimico tempo da rifarsi; ma i principi e i baroni, che fino allora avevano sopportata ogni estremità, divennero a un tratto paurosi degli ardori del clima e vollero indugiare in Antiochia fino ai primi giorni dell'autunno.

Tra i motivi di questa inattesa risoluzione, ne erano alcuni che i capi non avrebbero mai voluti confessare, perchè probabilmente l'aspetto delle ricche e fertili contrade di Siria, l'esempio di Boemondo divenuto principe d'Antiochia, e di Baldovino signore di Edessa, avevano forse la loro ambizione stimolata, e distraevano i loro pensieri dalla santa impresa.

Ma pentironsi presto i capi di questa loro risoluzione, perchè quei mali che paventavano viaggiando, vennero a molestarli in Antiochia, dico la pestilenza, *per la quale*, secondo una antica cronica, *ogni luogo era pieno di funerali e di seppellimenti, e la morte menava stragi non punto minori di quelle avevano fatte la fame e la guerra*. — Primamente perì molta turba delle donne e de'poveri che seguitavano l'esercito; dipoi furono spenti dal micidial morbo, molti nuovi Crociati venuti pur allora di Alemagna e da altre parti d'Europa. Contaronsi da sopra cinquanta mila morti in un sol mese, in tra i quali con universale rincrescimento meritano nota i capi, Enrico di Asque, Rinaldo di Amerbacca, e molti cavalieri celebri pei loro gesti. Nel generale lutto il Legato che attendeva indefessamente a consolare gli infermi, cadde ammalato, e morì come il duca degli Ebrei, senza aver veduta la terra promessa [1].

Fino a che egli visse, tanto imperio aveva sulla moltitudine de'Crociati, che le leggi del Vangelo furono rispettate, e i capi si mantennero uni-

---

[1] A Torquato Tasso fece più comodo di condurlo sotto le mura di Gerusalemme, ma contro la verità; e di farlo morire per mano della saettatrice Clorinda. — Trad.

ti, ma morto esso, il senso della giustizia disertò l'esercito, e la discordia s'insinuò nel consiglio de'principi [1].

Il cadavere del Legato fu sepolto nella chiesa di San Pietro di Antiochia, nel medesimo luogo da dove erasi cavata la Lancia miracolosa. Tutti i pellegrini de'quali era il padre e che *cibava* (secondo l'espressione d'uno contemporaneo,) *delle cose celesti*, assistettero piangendo ai suoi funerali. — I capi scrissero al pontefice per annunziarli la morte del suo legato apostolico, pregandolo nel medesimo tempo che degnasse venire a comandarli a fine di santificare i vessilli della Crociata e ricondurre l'unione e la pace nell'esercito di Gesù Cristo.

Non ostante la pestilenza, e i sempre crescenti suoi esterminii, l'ambizione e la discordia aveano invasi gli animi de'capi. Il conte di Tolosa invidiando alla nuova grandezza di Boemondo, non volea darli la cittadella di cui erasi impadronito nel giorno della sopra narrata vittoria, pretestando il giuramento di sottomissione fatto dal Tarentino all'imperatore Alessio, e rimproverandoli infrazione alla sancita fede, col volersi appropriare una città conquistata dai pellegrini. — Boemondo dal canto suo accusava la gelosa ambizione e l'ostinatezza di Raimondo, minacciando di usare la forza occorrendo per rivendicarsi ne'suoi diritti.

Stando un giorno i principi dell'esercito assembrati nella basilica di San Pietro a deliberare degli affari correnti, furono improvvisamente le consultazioni loro per violenta contesa interrotte, perchè in onta alla santità del luogo, Raimondo proruppe in parole acerbe e dispettose contro Boemondo, il quale ricorse alle sue solite arti e alle larghe promesse, per conciliarsi favorevoli gli altri capi, iterando più volte il giuramento di volerli alla impresa di Gerusalemme seguitare; ma che però non aveva in animo di attenere.

A fine d'interrompere se fosse possibile i progressi del contagio e prevenire la carestia, deliberarono i principi e i baroni che si escisse di Antiochia, ogni capo con le sue genti, per correre le vicine provincie. — Boemondo mosse verso la Cilicia ove occupò Tarso, Malmistra ed altre città che unì al suo principato. — Raimondo andò in Siria ove occupò Albaria e passò per le armi tutta la popolazione. Guglielmo Tirense racconta che Raimondo desse in custodia la detta città a Guglielmo del Tilletto, cavaliere provenzale, con sette lancie e trenta fanti, e che costui si

---

[1] Alcuni scrittori attribuiscono al vescovo Ademaro il cantico: *Salve Regina*... I vescovi del Puy di lui successori portavano nelle loro armi da un canto la spada e dall'altro il pastorale. Dicesi ancora che i canonici della medesima città, portavano ogni anno il dì di Pasqua una pelliccia in forma di corazza.

dimostrò tanto savio e valoroso, che accrebbe presto i suoi guerrieri fino
a quaranta cavalli e ad ottanta fanti. —

La Siria rimasa a discrezione de'Crociati, fu ripiena de'loro stendardi, e delle compagnie del loro esercito, che vagavano continuamente a
caccia di prede; contendendo dipoi fra esse per le cose acquistate quando
trovavansi in regioni non guaste; ma sendo ridotte spesso in estrema
miseria e pericoli, quando trovavansi in paesi già predati o bene difesi.

Divulgavansi sempre nuove prove di valore e cose mirabili e romanzesche, de'cavalieri; e i signori e i baroni recando seco loro non meno
gli strumenti per la caccia, che per la guerra, ora perseguitavano le belve
feroci delle foreste, ora i Mussulmani chiusi nelle fortezze.

Un guerriero francese detto Guicherio acquistossi fama appo i Crociati per aver ammazzato un leone. — Goffredo dalla Torre divenne celebre per una azione che supera l'umana credenza. Trovò un giorno nella
foresta un leone che altamente gemeva e fremeva stretto da grossissimo
serpente nelle sue spire: Goffredo impietosito del re degli animali, accorre in sua difesa e con un fendente di sciabola, tronca il capo all'immane serpente. Una vecchia cronica racconta, che il leone liberato, s'af-
fezionò al suo liberatore in modo, che, come cane, seguitavalo dipoi
sempre, accompagnandolo per tutto il tempo della guerra, e quando,
dopo la presa di Gerusalemme, i Crociati imbarcaronsi per ritornare in
Europa, non avendo voluto ricevere nella nave i marinari la terribile
belva, questa postasi a nuoto per seguitare il suo padrone si affogò in
mare [1].

Mentre s'indugiava la partenza per Gerusalemme, molti Crociati andavano visitando i loro fratelli che s'erano stabiliti nelle città conquistate; moltissimi accorrevano a Baldovino, unendosi a lui per combattere i
Mussulmani di Mesopotamia, e difendere il suo dominio sempre contra-
stato dai nuovi sudditi, irritati dal troppo duro governo. Un cavaliere
appellato Folco, che con alcuni compagni andava in traccia d'avventure
sulle sponde dell'Eufrate, era stato sorpreso e ammazzato dai Turchi: la
sua moglie che era con lui, fu condotta all'emiro di Azarta o Ezeza
città nel principato di Aleppo;· ed essendo bellissima accese d'amore uno

---

[1] Dalla risoluzione di questa novella, consegue più forte il dubbio della sua improbabilità.
Io non so se alla natura del Leone si convenga tanta ostinatezza di affezione; so però bene che gli
uomini si muovono sempre per la novità delle cose insolite, e che vedendo in un Leone tanta vee-
menza d'amicizia, non per gentilezza di animo, ma per il diletto di loro curiosità, il manterrebbero vivo ad ogni costo; però non credo nè questa novella, nè quella del cane di Alcibiade. —
Trad.

dei primarii officiali dell'emiro, che gliene chiese in moglie, e n'ebbe concessione. L'officiale invischiato nell'amore di donna cristiana, sfuggiva le occasioni di combattere con i Crociati e nondimeno zelante per il servizio dell'emiro, fece alcune correrie sul territorio del principe di Aleppo contro il quale era in guerra il suo signore. Reduano, che così chiamavasi quel principe, volle vendicarsene e, fatta gente, mosse contro Ezaza. Allora il detto officiale consigliò all'emiro di collegarsi con i Cristiani.

Furono fatte le proposte della lega a Goffredo di Buglione, il quale da prima vi prestò poco orecchio; ma perseverando il mussulmano e per tôrre ogni diffidenza, mandatogli in ostaggio il suo figliuolo Maometto, la lega fu conclusa. Dice uno storico latino che due colombi portarono la lettera della accettazione dell'emiro, con la novella dell'imminente soccorso de'Cristiani [1]. — Le genti del principe d'Aleppo furono rotte da Goffredo e cacciate dal territorio di Ezaza che già avevano posto a ruba.

Non molto tempo dopo questa spedizione, il figliuolo dell'emiro morì in Antiochia di contagio. Goffredo, secondo l'usanza de'Mussulmani, fece avvolgere il di lui cadavere in ricco drappo di porpora e lo rimandò al padre. I deputati che accompagnavano la bara, erano incaricati di testimoniare al principe mussulmano il dolore di Goffredo, e di dirli, che al loro capo gravava tanto la morte del giovine Maometto, quanto gli sarebbe stata amara quella del suo fratello Baldovino.

Passava frattanto il tempo in queste piccole imprese senza scopo importante, e l'epoca assegnata per la partenza era omai trascorsa. La maggior parte de'capi stavasene dispersa e occupata per le vicine contrade, allegando, per differir la partenza, prima gli ardori della state e ora le pioggie e i rigori dell'inverno imminente. Ma quest'ultimo pretesto sebbene più plausibile degli altri, non appagò i pellegrini, i quali, in questa gloriosa spedizione, sendo sempre più inclinati a governarsi secondo le visioni miracolose e l'apparizione de'corpi celesti, che secondo i lumi della ragione e della esperienza, erano allora sommamente commossi ed attesi in un fenomeno non mai per loro prima veduto. Le guardie delle mura di Antiochia, videro nella notte nel firmamento e molto discosto dall'orizzonte un globo di fuoco, a formare il quale (secondo Alberto Aquense) sembrava loro che tutte le stelle si fossero riunite in

---

[1] Alcuni eruditi assegnano l'epoca dell'origine delle colombe adoperate come messaggiere, al regno di Noreddino; e veramente sotto il di lui governo furono stabilite le poste regolari delle colombe; ma questo mezzo di comunicazione era antichissimo in Oriente, e soltanto usato da particolari in rare occasioni.

uno spazio di circa tre jugeri di terra. *Quelle stelle* (dice Alberto) *mandavano vivissimo chiarore e brillavano come i carboni ardenti di una fornace*; rimanendo lunga pezza sospese sulla città; ma spezzatosi il cerchio in che si contenevano, andarono per l'aere disperse. All'apparire di tanto prodigio le guardie, mandarono alte grida e corsero a svegliare i Cristiani di Antiochia. Questi, esciti dalle case, riconobbero nel fenomeno un segno chiarissimo e indubitato della volontà divina; spiegando alcuni, per gli astri riuniti, il general concorso de'Mussulmani a Gerusalemme, ma che avevano a dispergersi all'arrivo de'Crociati; altri dicevano significassero i guerrieri Cristiani in atto di assembrare le loro genti vittoriose, e spargersi dipoi sopra la terra a conquistarvi le città tolte all'imperio di Cristo; certo è però che tali apparizioni estraordinarie non aventi alcuna corrispondenza con la vanità delle umane irrequietudini, possono significare tutto ciò che piace alle deliranti fantasie, appartenendo alla allegorica follia che ha il privilegio di riordinare l'universo al beneficio de'suoi sogni; e però molti Crociati che presso a poco erano di questa sentenza, poco o niun conforto prendevano da tali consolanti allusioni. Nè in quella città, ove da più mesi vivevasi in continue insidie di morte e in continui funerali, e dove la memoria delle cose sofferte non disgradava forse il presentimento de'futuri mali, poca cagione eravi in vero di bene sperare; sicchè tutti coloro che languivano e che persuadevansi non dover vedere Gerusalemme, non videro nel detto fenomeno, sennonchè un simbolo spaventevole della moltitudine de'pellegrini che ad ogni giorno decresceva e che fra poco si saría spenta come la nube luminosa veduta nel cielo. — E nondimeno (dice con la sua narrativa ingenuità Alberto Aquense) le cose presero migliore avviamento che non si aspettava; poichè poco dopo i principi ritornati in Antiochia, posersi in campagna, e la vittoria aperse loro le porte di alcune città dell'alta Siria.

La più importante di queste spedizioni fu l'assedio e la presa di Marraca, situata fra Amata e Aleppo, ove giunse primo Raimondo e dipoi i conti di Normandia e di Fiandra. Gli abitatori, ricordandosi lo sterminio degli Antiocheni, s'erano tutti posti alla difesa sopra le mura; e i Crociati stimolava la speranza del grosso bottino: ogni giorno, tentavano la scalata, ma fitta grandine di strali, di pietre e certe annaffiature di bitume acceso, versate generosamente sulle loro teste ne temperavano i guerrieri fervori. — Guglielmo Tirense aggiunge che si gittasse eziandio giù dalle torri calce viva e alveari pieni di pecchie, bellici tormenti di curiosissimo trovato. Già da alcune settimane succedevano mischie sanguinose; finalmente lo stendardo de'Cristiani fu piantato sulle mura; e perchè i Mussulmani s'erano difesi ostinatamente e durante l'assedio avevano fatte più dimostrazioni di spregio contro la religione cristiana, sendo i Crociati forte indignati contro il popolo, non perdonarono la vita ad alcuno, e tutti quelli che s'erano nelle moschee ricoverati e quelli che s'erano nascosti ne'sotterranei furono crudelmente trucidati. Rimase la città in tutto priva de'suoi naturali abitatori e gli occupatori, dentro da quella privi di viveri; e quasichè il cielo volesse la loro ferità castigare, cercando con che satisfare alla loro bramosa fame, non trovavano altro che i cadaveri degli uccisi, dei quali (e di ciò fanno le gran maraviglie i Cronisti) non avendo speranza di altro pasto, si cibarono.

Meritano essere registrate alcune riflessioni de'Cronisti. — Alberto Aquense non sa persuadersi come i Cristiani potessero divorare cadaveri di Mussulmani; ma poi reputa molto più mostruoso che si mangiassero carogne di cani: poichè forse i cani erano ancor più lontani dalla grazia di Dio de'Mussulmani medesimi; al che non ripugna la ragione. — Baudri arcivescovo di Dolio, escusa i Crociati, dicendo che s'erano procurata quella gran carestia per amore di Gesù Cristo, perchè ammazzare gl'Infedeli è opera espiatoria e prova non impugnabile di religiosa carità, e poi conchiude la sua perorazione con queste parole: *Veramente i soldati cristiani combattevano contro gl'Infedeli, divorandoseli a quel modo* [1].

In tra l'orrore di quelle esecrabili mense e di quelle carneficine, i principi contendevano aspramente fra loro per il possesso della città; nella quale udivansi misti in ispaventevole armonia, gli urli della fame, il trambusto de'tumulti, le minacce e le ingiurie de'contendenti. Boemondo che era intervenuto all'assedio voleva per sè un quartiere di Marrac; Raimondo la voleva tutta sua. Tennesi un'assemblea de'principi e de'baroni a Rugia per ristabilire la pace e accomodare le dissenzioni, ma fu indarno: e qui il buon Gesuita Maimburgo dice: *Ma Dio che era il vero capo della grande impresa riparò, con lo zelo de'pusilli, quello che le disordinate passioni dei grandi e de'savi del mondo aveva distrutto.*

Si sdegnarono finalmente i soldati di spargere il loro sangue per la miseria di quelle contenzioni; sangue per essi alla santa causa consecrato.—E che! (dicevano i pellegrini) sempre dissenzioni! dissenzioni per Antiochia, dissenzioni per Marrac [2]!—Mentre che così si lagnavano sopraggiunse la notizia che gli Egizi avevano occupata Gerusalemme; i quali profittando

---

[1] Raolo Caeno, inorridisce della ferità de'Cristiani; però il suo orrore è mitigato dalla considerazione, che i Turchi fossero poco meno abbominevoli de'cani: *torrenda homines sed caninos*. (*Biblioteca delle Crociate*, vol. I.)

[2] Raimondo Agilese, vol. I. *Biblioteca delle Crociate*.

della sconfitta de' Turchi e degli indugi del Cristiano esercito erano penetrati in Palestina [1].

Crebbe pertanto il malo umore de' soldati, che accusavano senza alcun rispetto Raimondo e gli altri capi d'aver tradita la causa di Dio, e cominciarono a manifestare il disegno di volersi eleggere altri capi, la cui ambizione fosse soltanto nell'adempire ai fatti sacramenti e nel condurre l'esercito in Terra Santa.

Il clero minacciò a Raimondo la collera del cielo; minacciaronlo anco di abbandonarlo i suoi propri soldati; e per ultimo tutti i Crociati che trovavansi a Marrac, risolsero di demolire le fortificazioni e le torri della città. Corservi tutti popolarmente, non astenendosene gli infermi, che vi si trascinavano appoggiandosi a bastoni e alle cruccie, e rotto alcun pezzo di muro; davanli la pianta fuor delle mura: di questi rottami, secondo i Crociati, alcuni erano di tal volume, *che tre paia di bovi non glï arebbero potuti smuovere.*

Nel medesimo tempo Tancredi s'impadronì della cittadella d'Antiochia, da dove tolta la bandiera del conte di San Gille, inalberò quella di Boemondo.

Raimondo per riconciliarsi i capi a' suoi disegni, pose in opera la seduzione de' suoi tesori, distribuendo anco al popolo le spoglie delle vicine città, non risparmiò nemmeno preghiere e promesse, ma tutto fu indarno. Conoscendo per ultimo che s'affaticava senza frutto, come savio e prudente ch'egli era, finse cedere per ispirazione divina, quello che per umano artificio non potea conseguire. E così non potendola tener esso, perchè non l'avesse altri, incendiò la città di Marrac, e allo chiarore delle fiamme, con i piedi ignudi e versando lacrime di contrizione, in aspetto di penitente, ne uscì fuori, accompagnandolo il clero che cantava i salmi penitenziali. Abiurò dipoi la sua ambizione, e rinnovò il sacramento fatto tante volte e tante volte dimenticato, di liberare il Sepolcro di Cristo.

Arduo troppo e impossibile per le corte menti umane è voler penetrare nel secreto delle intelligenze celesti, appo le quali (secondo dice il savio) spesse fiate è giustizia quello che in terra è ingiustizia. Ma deposto l'orgoglio di retta argomentazione; e sollevando i nostri pensieri ai cori degli angioli e de' Santi, che concetto dovremo farci del giudicio loro, nel mirare quei buoni soldati che portando sul petto la Croce di Cristo, espugnavano le città, ne trucidavano tutti gli abitatori, si mangia-

---

[1] Eckkard cronista tedesco, fra i latini storici della Crociata è quasi solo che abbia circostanziatamente parlato della presa di Gerusalemme fatta dagli Egizi (*Biblioteca delle Crociate*). Alberto Aquense dice che non fossero in Gerusalemme più di trecento Turchi quando l'occuparono gli Egizi.

vano i cadaveri degli uccisi, contendevano dipoi fra loro per le spoglie, e quando non trovavano forma di accomodamento davano alle fiamme i luoghi presi e ne escivano in processione, cantando le glorie del Signore in abito e contegno di penitenti? E'mi sembra, se non è impietà supporre che in cielo possa aver luogo il sorriso de'mortali, che quei cori celesti dovessero ridere non poco delle umane follie; ma l'uomo ha tanta elasticità di giudizio che può temperare ogni sua passione e pazzia a qualunque maniera di ragione e a qualunque legge, perchè le cose hanno molti aspetti, ed egli non ne vede che uno a un tempo, sicchè gli può tutti successivamente usare al suo bisogno, senza che si paia avervi negli argomenti suoi contradizione.

Fu finalmente dato il segno della partenza all'esercito. — Mossesi il conte di Tolosa lo seguitarono Tancredi e il duca di Normandia; da ogni parte accorrevano Cristiani e Mussulmani incontro a'Crociati, quelli per implorare soccorsi, questi misericordia; tutti portavano viveri e tributi; e furono veduti ritornare, con universale contentezza, molti prigioni creduti morti e posti ora in libertà da'Mussulmani per non concitarsi contro lo sdegno de'vincitori.

I compagni di Raimondo, di Roberto e di Tancredi, invece che muovere direttamente verso Gerusalemme, erano andati ad Ama, l'antica Epifania; dipoi ad Emesa, detta odiernamente Orma e quindi piegavano al mare e ponevansi a campo ad Arcas situata alle falde del monte Libano, distante poche leghe da Tripoli.

Ma i principi rimasi in Antiochia, nulla curando i lamenti de'pellegrini non si disponevano alla partenza, aspettando ognuno di loro l'esempio degli altri. Goffredo che era andato a Edessa a trovare il suo fratello Baldovino, ritornando, fu circondato dai Crociati che dolevansi del loro ozio e perchè non fossero condotti contro Gerusalemme.

Non basta (gli dicevano) *a voi che ci ha preposti Iddio per nostri capi, che siamo rimasti qua più d'un anno e che dugento mila soldati della croce sieno periti? Cadessero almeno coloro che vogliono poltrire in Antiochia, come caddero i suoi abitanti infedeli? Giacchè ogni nuovo conquisto diviene ostacolo alla santa impresa, diensi pure al fuoco Antiochia e le altre occupate città; eleggiamoci nuovi capi che abbiano comune con noi il santo fine, e mettiamoci in cammino sotto la condotta del Cristo pel quale siamo qui venuti. Ma se Dio per causa de'nostri peccati disdegna il nostro servigio e i nostri sacrifici, ritorniamcene nei nostri paesi, prima che ci estermini la fame e ci opprimano le miserie che ne affliggono.*

Questi lamenti però non producevano ancora il desiderato effetto, e

T. I.

il duca di Lorena e gli altri capi, stavano ancora in dubbio se dovessero dare il segnale della partenza.

La maggior parte de'pellegrini intolleranti d'ogni indugio, disporsi ad abbandonare la Siria per ritornarsene in Occidente; e perchè già molti partivansi il consiglio supremo, per impedirli pose nei prossimi porti compagnie a guardia, per trattenere tutti quelli che volessero imbarcarsi! Finalmente i principi non potendo più ostare all'universal desiderio, appuntarono i primi giorni del venturo marzo per la partenza dell'esercito da Antiochia.

All'epoca prescritta, Boemondo accompagnò Goffredo e il conte di Fiandra fino a Laodicea, oggi detta Lattaquiè, dove gli lasciò, ritornandosene speditamente ad Antiochia, sempre agitato dal timore che altri gli togliesse il suo principato. In Laodicea, moltissimi Crociati che eransi ritirati in Edessa e in Cilicia, e molti altri sopraggiunti novellamente d'Europa, si unirono all'esercito. Fra questi ultimi noveravansi alcuni cavalieri inglesi antichi compagni di Aroldo e di Edgardo Adelingo [1]; i quali sconfitti da Guglielmo il conquistatore e cacciati dalle loro patrie, accorrevano sotto lo stendardo della guerra santa per dimenticare i loro infortunii, nè avendo più speranza di liberare la patria, dedicavansi con pio zelo alla liberazione del santo sepolcro.

Mentre aspettavansi Goffredo e gli altri capi, Raimondo avea posto l'assedio ad Arcas; e a fine d'incoraggire i soldati che secondassero i suoi progetti ambiziosi, prometteva loro il sacco della città e la liberazione di dugento prigioni Cristiani che v'erano chiusi dentro.

Era tale la disposizione degli animi de'principi, che ogni città in che s'imbattevano gli faceva dimenticare di Gerusalemme. Goffredo e il conte di Fiandra esciti di Laodicea, trovano cammin facendo Gabala, oggi detta *Dgebali*; dipoi Meraclea, presentemente *Marachià*; dipoi Valeria, ora *Baniàs*; e per ultimo Tortosa, l'antica *Antarado*. Quest'ultima città era stata occupata da Raimondo Peletto. Molte riviere che scendono dal Libano fertilizzano il paese [2].

Correva accusa contro Raimondo che si fosse obbligato di liberare la città dall'assedio per sei mila scudi d'oro, sicchè quando tutto l'esercito fu riunito sotto le mura di Arcas, Goffredo e Tancredi rimproverarono aspramente il conte di Tolosa perchè gli avesse svolti della loro impresa con la menzogna e il tradimento.

I Crociati proseguirono l'assedio di Arcas; la quale era situata sopra

[1] Orderico Vitale.
[2] Corrispondenza d'Oriente vol. 6, lettera 16a.

alte rupi e ben fortificata; perlochè gli assediatori diffidandosi espugnarla
con la forza, risolsero venirne a capo con la fame; ma lo spediente che volevano usare contro il nimico, cominciò a travagliare essi medesimi. Come
all'assedio di Antiochia i soldati poveri trovaronsi ridotti a nutrirsi di
radiche e contender agli animali le piante e le erbe salvatiche. Molti correvano i paesi vicini e vivevano di preda; ma coloro che per il sesso,
per le infermità, non potevano combattere, riponevano la loro speranza
nella carità dei vigorosi; onde l'esercito per soccorrerli, donò loro la decima del bottino fatto sugli infedeli.

Molti Crociati perirono in quest'assedio parte per eccesso di fatiche,
parte per fame, parte per malattia, nè pochi furono uccisi dal nimico,
in tra i quali, ricorda la Storia Ponzio da Balasuno, reputato nell'esercito per la sua dottrina e che fino alla morte aveva, con Raimondo Agilese scritto il commentario delle cose operate dai Crociati. Perì eziandio
e fu compianto, Anselmo di Ribomonte conte di Buscena, similmente
laudato per scienza, per religione e per valore [1], e la sua morte fu con
tali maravigliose circostanze, secondo i cronisti contemporanei, che sembrano piuttosto poetiche fantasie che cose probabili.

Un giorno (così narra Raimondo Angilese) Anselmo vide entrare nella
sua tenda il giovine Angelramo figliuolo del conte di San Paolo, stato
ucciso all'assedio di Marrac. Disse Anselmo: or come sei tu vivo? tu
ch'io ho veduto morto sul campo di battaglia? — Rispose Angelramo:
Sappi che quelli i quali combattono per Gesù Cristo non muoiono mai.
— Disse da capo Anselmo: ma perchè ti veggo io tutto splendente? —
E Angelramo, additatoli nel cielo un palazzo di cristallo e di diamanti,
soggiungevali: di là, vedi, viene a me lo splendore che t'abbaglia; quella
è mia stanza; un'altra più bella ne è preparata per te, e presto vi sarai. Addio a domani. — E qui lo storico narra, che Angelramo, dette queste parole, se ne rivolò in cielo. — Anselmo commosso da quella apparizione, al mattino seguente chiamò appresso di sè alcuni ecclesiastici,
ricevette i sacramenti, e sebbene non si sentisse malore alcuno, prese
l'ultimo congedo da'suoi amici, dicendo che era per partirsi di questo
mondo. Dopo alcune ore i nimici avendo fatta una sortita, Anselmo andò
loro incontro con la spada in mano avventatamente, e colto in fronte da
un sasso, che lo mandò in cielo nel palazzo a lui preparato, come dicono gli storici, cadde morto [2].

---

[1] È passata alla posterità di Anselmo da Ribomonte una curiosa lettera analizzata nella *Biblioteca delle Crociate*, vol. I.

[2] La finzione di questo caso portentoso, può da varie cagioni esser derivata: prima dalla vaghezza delle cose miracolose propria di tutti gli uomini e de'secoli barbari massimamente; dipoi dal

Altre simili narrazioni portentose correvano di tempo in tempo in fra pellegrini e massime ne' tempi più duri e calamitosi quando le menti sogliono più del consueto vaneggiare : del che giovansi i capi prudenti per riporre il buon ordine nelle multitudini indisciplinate e superstiziose ; rinfrescando con tale artificio la loro autorità; pratica che nell'esercito cristiano partorì varii effetti; perchè sendo i capi molti e fra loro discordi per ambiziose emulazioni, intervenne che mentre gli uni mediante le invenzioni de' miracoli attendevano a corroborare la loro autorità, altri per invidia di quelli, disseminavano dubbi e miscredenza; onde i soldati partivansi in sette, e le sette continuamente in tra loro, di cose superiori all'umano intendimento contendevano.

Per le allegate ragioni, cominciossi a disputare all'assedio di Arcas sul vero trovamento della santa lancia ; e tutto l'esercito fu in questa disputa diviso. — Arnoldo di Roes (secondo Guglielmo da Tiro) uomo di perversi costumi , (poichè i filosofanti difficili in cose religiose, non possono esser mai uomini di costumi onesti) ma molto erudito nella storia e nelle lettere, fu primo a negare apertamente la verità del prodigio. Arnoldo era prete e cappellano del duca di Normandia, perlochè il suo carattere il suo grado e la fama della sua dottrina, trassero nella sua opinione tutti i Normandi e i Francesi della parte settentrionale — I Francesi della meridionale parteggiavano per Bartolommeo, prete di Marsiglia e domestico del conte di San Gille. Dicono che Bartolommeo fosse uomo semplice e che credesse quello che dava da intendere agli altri; e raccontava, appunto in que' giorni, una nuova rivelazione avuta da Gesù Cristo, il quale aveva veduto appeso alla sua croce, che malediva gli increduli e condannava al supplicio e alla morte di Giuda Iscariotto gli empi scettici il cui orgoglioso raziocinare osava penetrare nei divini misteri. — Questa ed altre rivelazioni riscaldarono le menti de' Provenzali, i quali (così afferma Raimondo Agilese) avevano egual fede alle parole del prete Bartolommeo che a quelle degli apostoli e de' santi.

Arnoldo però non sapea persuadersi come Dio si manifestasse soltanto a un semplice prete, mentre erano nell'esercito tanti virtuosi prelati; e

---

bisogno che avevano i Crociati di esser mantenuti nel proposito della loro santa impresa con incitamenti soprannaturali, sendone continuamente deviati dalla loro avarizia ed ambizione; dipoi ancora da fanatismo o da fastidio della vita del medesimo Anselmo di Ribomonte, il quale o sendosi deliberato o immaginandosi di dover morire, raccontò prima agli amici la visione e poi affrontò il nimico con tanta avventatezza e imprudenza da dover far parere più miracoloso se n'usciva salvo, che se periva. Certo è che s'egli quel giorno se ne stava nella sua tenda, non cadeva almeno per mano del nimico; ma la vaghezza del martirio lo traeva. — Se poi l'invenzione di questo caso fu di Raimondo Agilese o d'altri, come quella della Santa Lancia, avea il fine buono di richiamare e mantenere i Crociati nel loro proposito. Questi artifici furono usati in tutti i tempi e in tutte le religioni, per il medesimo fine : e le storie de' Greci e de' Romani ne hanno dovizia. — Trad.

non contraddicendo totalmente l' aiuto divino, attribuiva tutti i buoni successi al valore de' soldati [1].

Ma i poveri che ricevevano le elemosine ed offerte fatte ai custodi della santa lancia, o almeno una gran parte, mormoravano fortemente contro il cappellano del duca di Normandia; attribuendo alla miscredenza di lui e de' suoi fautori, i mali sofferti dai Crociati; ondechè Arnoldo e il suo partito, che ogni giorno andava crescendo, dimostravano provenire i mali de' Cristiani, non da collera divina, ma dalle proprie loro divisioni e dagli spiriti sediziosi di alcuni visionarii. Frattanto inasprendosi la contesa, i Crociati delle provincie settentrionali rimproveravano a quelli delle meridionali, difetto di valore nelle pugne, e più cupidità di prede che di gloria; perdendo il tempo *in adornare i loro cavalli e i muli* [2]. — Rimproveravano i meridionali ai seguaci di Arnoldo, difetto di fede, piacevolezze ed arguzie sacrileghe; e contrapponevano di continuo nuove visioni e miracoli agli argomenti degli increduli. Ora divulgavasi l'apparizione di San Marco Evangelista, ora della Vergine madre di Dio, confermanti l'uno e l'altra la verità delle cose esposte da prete Bartolommeo; ora divulgavasi l'apparizione del Legato Ademaro che era escito fuori del sepolcro con la barba arsa per metà, pieno il volto di afflizione, annunciando che era stato tenuto prigione alquanti giorni nell' Inferno, per aver dubitato un solo momento intorno alla autenticità della santa Lancia.

Per queste nuove rivelazioni esaltaronsi maggiormente gli spiriti, e l'accecamento delle opposte opinioni fu più fiate sostenuto con la violenza.

Finalmente prete Bartolommeo, o che per semplicità mentisse, e ingannato pure dalle cose miracolose che i suoi seguaci raccontavano, ovvero perchè estimasse non poter escire della contesa se non con infamia o con la morte; sendo l'infamia certissima, la morte probabile ma non sicura, stabilì, per provare la sua lealtà in faccia a Dio e agli uomini, di sottoporsi alla prova del fuoco. Pubblicatone l'avviso e convocati tutti i pellegrini ad essere testimoni del giudicio di Dio, ogni contenzione fu intermessa.

[1] Ecco perchè i savi del mondo non sono fatti degni della conversazione divina. Il detto Arnoldo non avea letto nel Vangelo e ne' Padri, che Gesù Cristo ama, e preferisce i pusilli ai grandi del secolo? — Non pensava ch'egli s'era eletti per coadiutori alla gran riforma degli uomini rozzi, e ignoranti pescatori? Nè sapeva egli che il più delle volte, coloro che giusti e santi sono reputati dagli uomini, scellerati e abbominevoli sono alla presenza di Dio? Però non bisogna misurare le sue rivelazioni dalla stima umana.

[2] Paolo Caeno che non credeva nella Santa Lancia, parlando del suo trovamento, esclama: *O fatuitas rustica! o rusticitas credula!* Dice de' Provenzali assai male, e riporta tutte le accuse che erano loro fatte nell'esercito.

Era il venerdì santo, allo sperimento prefisso; in mezzo a vasta pianura sorgeva il rogo, fatto con rami d'olivo; presente era la moltitudine de' Crociati... Apparve prete Bartolommeo seguitato dai sacerdoti, degli abiti loro sacerdotali vestiti e scalzi i piedi. Bartolommeo aveva solamente il camice e portava nelle mani la santa lancia avvolta in un drappo di seta. Giunto vicino al rogo, il cappellano di Raimondo conte di San Gille, profferì ad alta voce queste parole:

Se costui ha veduto in faccia Gesù Cristo, e se l'apostolo santo Andrea gli ha rivelata la santa lancia, passi sano e salvo per le fiamme: se per lo contrario è reo di menzogna, arda con la lancia che porta nelle mani [1].

Fecero genuflessione gli astanti, e risposero: *si faccia la volontà di Dio!*

Allora prete Bartolommeo si pose in ginocchio e chiamò in testimonio il cielo della sua veracità, e raccomandatosi alle preghiere de' sacerdoti e de' fedeli... entra in mezzo allo spazio praticato nel rogo ardente.

Dice Raimondo Agilese: — Rimase un momento in mezzo alle fiamme e ne uscì, *per la grazia di Dio*, senza che il suo camice fosse arso ed anco senza che il velo leggerissimo che copriva la santa lancia fosse nemmeno abbronzato [2].

Escito della fornace ardente, a guisa degli tre ebrei mentovati nella Scrittura, benedisse con la santa lancia alla moltitudine che gli accorreva contro, ed esclamò ad alta voce: *Dio m'ajuti! Deus, adjuva!* — Immaginandosi ciascuno ch'egli avesse cangiata natura, voleva avvicinarseli, onde uno spingere, un pigiare, un urtarsi impetuoso della plebe che il povero prete Bartolommeo fu per rimanerne soffocato e schiacciato; gli fu strappato a brani il camice, perchè ognuno voleva aver la reliquia, sicchè ei rimasesi ignudo e con non poche contusioni, per lo spingere de' secondi e de' terzi spinti dagli altri, i quali tutti facevano che i primi, contro loro voglia, dovessero urtare e percuotere il buon Bartolommeo, il quale per fermo vi basiva se Raimondo Peletto con alquanti compagni, non si fosse posto a far largo e non l'avesse liberato da quel pigiare e fluttuare di popolo anco con suo pericolo.

Il cappellano del conte di Tolosa fiorisce la sua narrativa d'alcune circostanze miracolose, che è bene e alla storica gravità confacevole, pre-

---

[1] Raimondo Agilese (*Biblioteca delle Crociate*, vol. I.)

[2] Il che prova le esperienze d'un antico Alchimista, il quale era pervenuto a preparare con certi suoi composti le tele e altri simili tessuti, in modo da preservarli per alcuni momenti dalla azione del fuoco; ma il suo preservativo non ebbe mai efficacia per i corpi organizzati ed animali. — Trad.

terire sotto silenzio. Ma dopo il suo mirabile e quasi enfatico esposto, è molto piacevole la elegiaca metastasi con cui esprime il suo dolore per la crudelissima fine del povero Bartolommeo, il quale divorato da spaventevoli strazi e da atroce agonia, spirò maledicendo i suoi fanatici stigatori perchè l'avessero ridotto alla necessità di testificare ed autenticare le sue rivelazioni, coll'orribilissima prova del fuoco [1].

Fu tumulato il di lui corpo nel luogo medesimo ove il rogo era arso; i Provenzali persisterono a reputarlo un martire; quasi tutti gli altri pellegrini conclusero dal *giudizio di Dio* che Bartolommeo fosse falso profeta. — La santa lancia non operò più miracoli, e cadde in universale discredito; secondo Alberto Aquense, fu considerata da tutti quale trovato

---

[1] Pongo qui un'altra versione di questo successo, cavata per me da varie croniche e storie più recenti. — Gibbon con la sua solita perspicacia, rigettando l'opinione di quelli che attribuiscono al consiglio de'Crociati la finzione di questo trovamento, dice: *Furono tributate lodi in tal circostanza alla politica de'capi, la qual sarebbe per certo degna di scusa; ma un consiglio numeroso è raro e forse impossibile che ordisca fraude di simil natura, e un impostore volontario poteva riputarsi sicuro della annuenza degli uomini ben veggenti e della credulità del cieco popolo.* (Decad. dell'Imp. cap. 58.) — Abulfaragio e Gibbon dicono pure che Ademaro ascoltò freddamente e mostrando di creder poco, la rivelazione del prete marsigliese, ma che Raimondo ne fece gran caso, perchè il buon prete anco prima di trovar quel Sacro Ferro, ne lo aveva eletto custode. — Ora secondo gli Arabi scrittori, prete Bartolommeo non avea sotterrata la lancia, come mostrano credere alcuni scrittori latini, ma l'aveva nascosta sotto il camice e legata intorno al corpo. — Cominciasi a scavare, affondasi lo scavo fino a dodici piedi, misura opportuna per chi voglia scendere nella fossa e operarvi qualche lazzo di destrezza; l'oscurità del luogo e dell'ora favorisce l'inganno; il prete sendo disceso simula razzolare o cavare ancor qualche poco, togliesi frattanto il ferro di sotto e grida: *ecce, ecce, inveni!* — Gibbon non senza neo di malignazione descrive il fatto così: *Quando i circostanti cominciavano ad annoiarsi ed a mormorare, Bartolommeo postosi in camicia e senza scarpe, discese francamente nella fossa. L'oscurità dell'ora e del luogo agevolavali il modo di nascondere e collocare il ferro d'una lancia già stata di qualche saraceno;* e difatto il Maomettano Abul Mahasen afferma che quel ferro fosse di forma e di tempra saracenica. — Finchè durò il pericolo, credettero o finsero credere nella autenticità della Santa Lancia, ma dopo la vittoria, l'invidia e il criterio, fecero sorgere dubbi gravissimi e aperte smentite. Un cherico di Normandia osò sottoporre a severo esame la genuinità della leggenda, le circostanze del trovamento e la riputazione del profeta; e il pio Boemondo attribuì unicamente la vittoria ai meriti e alla intercessione di Gesù Cristo. I Provenzali con ogni artificio ed anco con le armi, s'ingegnarono difendere per molto tempo il loro Palladio nazionale, e nuove visioni annunziarono la morte degli empi scettici che osavano gittare il critico scandaglio in questo successo; ma l'incredulità prevalse nè vi fu altro spediente a combatterla che la solita prova del fuoco. Il prete Bartolommeo, non potendo farne a meno vi si sottopose. Furono disposte nel mezzo del campo le cataste di legna aventi quattro piedi di altezza e quattordici di lunghezza; la violenza delle fiamme ascendeva a circa trenta braccia, e il prete marsigliese fu costretto correre per un viuzzo di circa un piede che era stato lasciato in mezzo a quella fornace ardente. — Io non ho trovato in molti antichi Alchimisti, secreti efficaci contro l'azione del fuoco, ma per certo nel medio evo ve n'ebbe alcuno a noi ignoto o riprodotto imperfettamente; però o che il prete non avesse saputa far bene la preparazione preservativa, o per qualche altra cagione, ad onta della agilità con cui corse, si abbrustolì il ventre e le coscie, rimanendo illeso il camice che lo copriva, e dopo ventiquattro ore spirò, protestando fino all'ultimo respiro della sua innocenza e veracità: segno ch'egli faceva più conto della fama terrena, che della beatitudine celeste. — Trad.

della industria e della avarizia, *industria et avaritia*, del Tolosano. —
Quello accadesse dipoi di questa reliquia ignorasi: molte chiese a' dì no-
nostri pretendono possederla ; gli Armeni principalmente vogliono auten-
tica quella posseduta da loro. . . Frattanto la falsa religione degli uomini, d'una ne ha fatte molte e da una prima menzogna, infinite altre furono ingenerate.

Erano tuttavia i Crociati a campo ad Arcas, quando giunse loro una
imbasceria dell'imperatore Alessio: il quale rinnovava le solite promesse
di seguitarli in Palestina con le sue genti, purchè aspettassero ch'ei si
fosse preparato; lagnavasi dipoi, che non si fossero osservati i trattati,
di darli cioè le città della Siria e dell'Asia Minore che i Crociati occupassero ; ma le lagnanze erano molto moderate e circospette, conoscendo
bene, che se i Latini avevano alle promesse loro mancato, egli non era
stato meno infedele alle sue. — I Crociati ricevettero gli ambasciadori con
freddezza, e i capi invece di escusarsi, rimproverarono all'imperatore la
sua fuga vergognosa quando era mosso per soccorerli.

Il califa del Cairo usava la medesima politica di Alessio; teneva pratiche
con gli Crociati ora fraudolenti, ora sincere secondo che speranza di oppri-
merli o paura di essere oppresso dominava il suo animo. Aveva eziandio
pratiche con i Turchi; ma tanto Cristiani che Turchi odiava; quelli perchè nimici del Profeta, questi perchè avevanli occupata la Siria. Ora
profittando delle sconfitte de'Turchi, aveva ricuperata la Palestina, ma
temendo de'Crociati mandava loro similmente una imbasceria, che giunse
al campo, poco dopo ne furono partiti i legati di Alessio.

L'accorto califa aveva rimandati con i suoi gli ambasciadori latini,
spediti a lui in Egitto durante l'assedio di Antiochia : ove erano stati ritenuti e trattati ora onoratamente, ora con disprezzo secondochè la fama
divulgava le vittorie o le calamità de'Cristiani. Erano ultimamente stati
condotti a Gerusalemme nel campo egizio che v'era ad assedio, e portati
in trionfo, vantandosi gli assediatori di aver per alleata la prode nazione
de'latini; e le vecchie croniche affermano [1], che per tal vanto spaventati
i Turchi, aprissero le porte della città.

Furono riveduti con contentezza nell'esercito i Cristiani ambasciadori,
tanto più perchè si stimavano o morti o tenuti in ischiavitù, e chiedevali ognuno de'mali sostenuti, de'paesi veduti, di Gerusalemme, e che
recassero gli egizi legali.

I quali introdotti in consiglio; dapprima magnificarono l'amicizia del
loro Signore per i Crociati; e dichiararono poscia in nome di quello, es-

---

[1] Eckhardo (*Biblioteca delle Crociate*, vol. I.)

ser di lui intendimento non ammettere i Cristiani in Gerusalemme se non v'entravano senz'armi.

A tal proposta già rigettata nelle miserie dell'assedio antiocheno, i principi dell'esercito non potettero la loro indignazione contenere; nè fecero altra risposta che quella di seguitare con più celerità il cammino verso Terra Santa, minacciando gli Egizii di voler portare le armi fino sulle sponde del Nilo.

Affrettaronsi i preparativi della partenza; incendiarono gli accampamenti, con gran gioia e acclamazioni de' soldati; non gravando ad altri che si levasse l'assedio ad Arcas che a Raimondo, il quale ne agognava e se ne imprometteva il possesso, e seguitò l'esercito di malavoglia.

FINE DELLA PARTE SECONDA E DEL LIBRO TERZO.

STORIA
DELLE CROCIATE

LIBRO QUARTO

**ANDATA DELL'ESERCITO A GERUSALEMME. — ASSEDIO. —
GIORNATA DI ASCALONA. — NUOVA CROCIATA. —
RIFLESSIONI.**

A. 1099-1101.

Si ricorderà il lettore essere stati all'assedio di Antiochia da sopra a
trecento mila soldati della Croce; dugento mila de' quali spense il ferro,
o la fame, o la pestilenza; molti vinti dalle fatiche e perduta la speranza
di veder mai più Gerusalemme, avevano disertate le sante insegne e se
n'erano in Occidente ritornati; molti eransi in Antiochia, in Edessa o
in altre occupate città, stanziati; perlochè di tanto esercito, non trovavansi ora sotto le armi per liberare Gerusalemme, più di cinquanta
mila combattenti.

Ciò non distolse i capi dal proseguire l'impresa. Erano i superstiti
guerrieri a tutte prove aggueriti e veterani; la plebe inerme e incomoda,
non più ritardava il campo: il menomato numero giovava all'augumento
della disciplina e rendea più facile il vettovagliare l'esercito; il quale,
per così dire, fatto più forte per la sua diminuzione medesima, era più
formidabile, che nel principio della guerra, divenuto.

Sconfitto l'emiro di Tripoli e sottopostolo a tributo, proseguirono i
Crociati il cammino verso Gerusalemme. — Maggio inclinava al suo termine e la campagna adornavano a un tempo i fregi di primavera e i tesori della state; così lo spazio in tra il mare di Fenicia e le montagne
del Libano frapposto, spirava giocondità e abbondanza. Così quei soldati diuturnamente da tutte le calamità e da tutti i fastidi, della guer-

ra, della carestia, delle diserte regioni, degli ardenti climi travagliati, camminavano ora con inenarrabile diletto, fra mêssi di grano e d'orzo già dal vivo sole di Siria indorate, fra grandi armenti sparsi per le valli o sul pendío delle colline, fra boschetti di aranci, di giuggioli, di melagrani, fra puri e frequenti ruscelli, fra campi di olivi, di gelsi e di palme ricoperti; fra tutte le dovizie della terra di promissione. L'aspetto del Libano, le cui glorie sono dalla Scrittura celebrate, infiammava il loro coraggio, e d'andavano intentamente considerando per iscoprirvi i famosi cedri, o il volo delle aquile [1].

Fra i prodotti delle rive fenicie, attirossi principalmente l'attenzione de' Crociati la canna dello zucchero, coltivata in molte provincie di Siria e specialmente a Tripoli, dove erasi trovato il modo di esprimerne il succo, che da' paesani ebbe nome *Zucra* [2]. La qual pianta secondo Alberto Aquense, giovò non poco ai Cristiani travagliati dalla fame agli assedii di Marrac e di Arcas. Ignota fino allora in Occidente, sebbene oggi sia di molta importanza in commercio, fu fatta conoscere in Europa dai pellegrini; e sul finire delle Crociate, fu trapiantata in Sicilia e in Italia, mentre i Saraceni, ne introducevano la coltivazione nel regno di Granata, da dove poscia gli Spagnuoli la recarono a Madera e nelle colonie d'America.

Procedeva frattanto l'esercito lungo il littorale onde si faceva abilità di provvedersi all'uopo di viveri dai navili de'Pisani, de'Genovesi e dei pirati fiamminghi. — Delle tre strade che, per testimonio del monaco Roberto, conducevano a Gerusalemme, una per Damasco facile e quasi sempre piana, la seconda pel monte Libano, malagevole per i carriaggi, seguitavano i Crociati la terza che andava lungo le sponde del mare; e, cammin facendo, gran multitudine di Cristiani e di pii solitarii stanziati nel monte Libano, accorrevano a visitare i loro fratelli d'Occidente portando vettovaglie e scortandoli per la via [3].

Le croniche contemporanee fanno grandi elogi dell'ordine ammirabile dell'esercito, già da molto tempo turbato dalle discordie. Precedevano i pellegrini le insegne; seguitavano le schiere, aventi nel mezzo le salmerie; e da sezzo veniva il clero con la plebe inerme. Suonavansi continuamente le trombe, e lenti procedevano i primi ordini, affinchè i più deboli ed infermi, potessero star uniti sotto le loro bandiere. Facevansi

---

[1] Il volume settimo della *Corrispondenza d'Oriente*, contiene una descrizione dei cedri del Libano e un prospetto generale de' suoi gioghi; vi sono notizie intorno agli abitatori, come Maroniti e Drusi; intorno alle loro credenze, ai costumi e allo stato politico e morale.

[2] Trattano di questa pianta Alberto Aquense, e Giacomo da Vitriaco (Vedi Alberto Aquense lib. 5, §. 37 — e Giacomo da Vitriaco, 85).

[3] Raimondo Agilese ricorda un popolo di sessanta mila Cristiani nel monte Libano.

le guardie di notte, e se v'era sospetto d'alcuno assalto, tutto l'esercito
stava parato alla zuffa. Punivasi chi mancava alla disciplina; disciplinavansi
gli inesperti; i capi e i preti esortavano i Crociati al soccorrersi vicendevolmente e ad edificarsi con l'esempio delle virtù evangeliche; tutti
dimostravansi prodi, pazienti, sobrii, caritatevoli, *o almeno si studiavano di divenir tali.*

Passarono i Crociati per le terre di Botri, presentemente detto *Ba-
trum*; di Biblo, oggi *Ghebail*; traversarono il Lico, ora *Nahr el Chelb*,
alla sua foce.

E tale incutea spavento il loro avvicinarsi ai Mussulmani, che niuno
nimico si fece loro incontro, nè meno in certi luoghi stretti ove, secondo un testimonio oculare, *cento saraceni avrebbero bastato per precludere la via a tutto il genere umano.*

Superate le gore del Lico, s'aperse più facile il cammino all'esercito nell'ubertoso territorio di Berito, ai moderni *Beirut*; giunsero a
Sidone e a Tiro, e riposaronsi negli ameni giardini di queste antiche metropoli. — I Mussulmani chiusi nelle fortezze mandarono ai pellegrini delle
provvigioni, pregandoli che fossero contenti a non guastare i loro giardini e i vigneti che formavano la ricchezza e la felicità del paese.

Prima che da Sidone passassero a Tiro, trattennersi tre giorni sulle
sponde del Nahr Chasemiè in una fresca valle, dove ebbero a sostenere
la nuova guerra di certi serpentelli detti *tarantole*, il cui morso causava
un subito turgore o enfiagione della parte punta con spasimi e dolori atrocissimi. Si spaventarono molto di questi nuovi nimici i pellegrini, nè trovarono rimedio a liberarsene che facendo gran rumore con percuotere
sassi insieme o battendo negli scudi; ma soprattutto, (almeno si dee
credere) le loro dilicate coscienze furono scandolezzate dal singolare rimedio che consigliarono loro i paesani [1].

[1] Non è questa la Tarantola di Puglia o il Ragno Tarantola; ma il Ramarro Tarantola, specie
di Lucertola grossa come il braccio comune d'un uomo, e lunga da circa un cubito; sopra il tergo
cenerognola, sotto il ventre di colore giallo pallido o verdastro pallido. Ha la pelle durissima e quasi
squammosa a foggia de' serpenti; il suo morso non e velenoso, ma per la forma e moltitudine dei
denti, straccia in modo la pelle che genera grandissima infiammazione. — Gualtiero Vinisauf chiama a torto questo serpente *insetto;* forse confondendolo con la Tarantola di Puglia. — Alberto Aquense
ci ha conservata la curiosa ricetta proposta dai paesani ai Crociati per guarire sì fatte morsicatu-
re, la quale mi sembra bene registrare in latino, perche gli alliterati non ne riceveranno offesa nel
pudore, il che non succederebbe degli uomini semplici di cuore: *Similiter et aliam edocti sunt
medicinam; ut vir percussus sine mora coiret cum muliere, cum viro mulier, et sic ab omni
tumore veneni liberaretur uterque* (Alb. Aq. lib. 5, cap. 50) Rimedio però da non mettersi in derisione lievemente; potendo forse l'orgasmo che nasce da quell'atto, mediante l'accelerazione del
corso de' fluidi, vincere quella irritazione minore o farne cessare gli spasimi. — Il medesimo Alberto
allega un altro rimedio che facevasi comprimendo forte la parte morsa per impedire l'espansione del
veleno. A tempo di Gualtiero Vinisauf ai predetti due rimedii fu sostituita la teriaca. Trad.

Quei di Sidone nel partire dell'esercito, gli fecero addosso alcuna sortita, dalla quale, tanto erano risoluti gli animi a muover contro Gerusalemme, non tolsero pretesto i capi per espugnare la città, o per sottoporre i cittadini a tributo; e quantunque ridotti in povertà dalla guerra, non agognavano più conquisti per rifornirsi di ricchezze; anzi per poter provvedere al mantenimento delle loro genti eransi soldati al conte di Tolosa, non ostante che l'avessero in avversione: umiliazione grave al loro naturale orgoglio, ma temperata dallo zelo di presto pervenire alla santa città, la cui prossimità pareva che spogliasse gli spiriti loro di ambizione e bandisse la discordia.

I Cristiani camminando sempre lungo il mare, lasciaronsi a tergo le montagne e giunsero nella pianura di Tolemaide, modernamente da San Giovanni d'Acri appellata. — L'emiro che governava questa città per il califa di Egitto, gli fornì di viveri, promettendo arrendersi quando avessero espugnata Gerusalemme; proposizione che accettarono volentieri i Crociati, non avendo l'intendimento di assaltare Tolemaide: ma per caso vennero a penetrare, non aver altro fine l'emiro che di discostarli dal suo territorio, per concitar loro contro altri nimici ne' paesi per dove avevano a passare.

Escito delle campagne di Tolemaide, l'esercito erasi lasciato a destra Caifà, e procedendo quasi incontro al Carmelo, erasi accampato presso allo stagno di Cesarea. Qui sul campo medesimo una colomba sfugge dagli artigli d'un augello da preda e cade morta in mezzo ai soldati. Il vescovo d'Apta avendola presa in mano, le trovò sotto le ali una lettera scritta dall'emiro di Tolemaide a quello di Cesarea, il cui contenuto era questo:

La maledetta setta de' Cristiani, è passata per il mio territorio e viene sul tuo: Avvisa tutti i governatori delle città Mussulmane del suo cammino, affinchè facciano loro provvigioni per isterminarla [1].

Fu letta questa lettera nel consiglio de' principi e divulgata nell'esercito, dondechè, secondo Raimondo Agilese testimone oculare, fu creduto miracolo il caso della colomba e trattane sicura fiducia nella protezione divina.

Continuossi pertanto il cammino con nuovi stimoli di coraggio; discostaronsi dal mare, lasciandosi a destra Antipatride e Joppe, e mettendosi per vasta pianura, giunsero a Lidda, che anticamente fu Diospo-

---

[1] Dalla narrazione di Raimondo Agilese ha evidentemente tolta il Tasso la sua finzione del diciottesimo Canto, ove si racconta qualmente un colombo, diretto verso Solima, inseguito da un falco, riparasi in grembo di Goffredo.

li, celebre per il martirio di San Giorgio. — San Giorgio, come ognun sa, era patrono de'guerrieri cristiani, e spesse fiate veduto da loro in visione nelle battaglie, combattente contro gl'infedeli.

Istituirono i Crociati a Lidda un vescovo e preti per officiare la chiesa del Martire al quale consecrarono la decima delle ricchezze tolte ai Mussulmani. — Dopo ciò occuparono Ramla, (città ignota agli scrittori biblici) ma divenuta famosa in grazia de'Crociati; la quale trovata da essi vuota d'abitatori, per non esser distante più di dieci leghe da Gerusalemme, fecero capo di loro generale assembramento.

Presterà fede, forse con difficultà, il lettore, a quello che ora si espone, cioè che quelli istessi guerrieri i quali avevano sostenute tante fatiche e corsi tanti pericoli per giugnere sotto le mura della Santa Città, ora che n'erano sì poco discosti, ponessero in consulta se dovessero muovere all'assedio del Cairo o di Damasco [1]; del che fu forse cagione, che trovandosi tanto scemati di numero, dubitavano della vittoria; e sapendo esser bene munita Gerusalemme di difensori, come colui che alla vigilia di sua massima impresa, pensando che da quella il frutto di tutte le altre sue fatiche dipende, si perde di animo, così essi si spaventarono e a imitazione dell'Uomo Dio, dicevano ne'cuori loro, *deh! ci si tolga questo amaro calice.* Dopo molto titubare prevalse il miglior consiglio, e proseguirono il cammino verso Gerusalemme.

Frattanto i Mussulmani delle due rive del Giordano, dei confini di Arabia e delle valli di Sichem, concorrevano alla capitale della Palestina, sì per difenderla che per ripararvi sè stessi, le loro famiglie e i loro bestiami; maltrattando per la via quanti Cristiani trovavano, prendendoli schiavi e saccheggiando e incendiando le loro chiese e gli oratorii. Era desolazione per tutti i paesi circostanti a Gerusalemme, ovunque tumulti, sangue e rapine.

Partiti da Ramla e da Lidda avvicinavansi i Crociati alle montagne di Giudea, sopra le quali sorge Gerusalemme, nè somiglianti al Tauro o al Libano, ma squallide, senza vegetazione e quasi color del piombo sollevando all'aura le malinconiche vette, cui è avaro il cielo della sua benefica rugiada; tristi ricetti al cinghiale, all'agile gazella, all'aquila e agli avoltoi. L'onda sempre corrente dei secoli non ha ancora spoglia quella natura della cupa fisonomia, che fa austeri è mestamente terribili i poemi de'profeti, e che par si compianga delle sventure d'Israele. Squallida e nuda è la regione principalmente al levante e sirocco di Gerusa-

[1] Questa consulta è riferita dal solo Raimondo Agilese, il quale essendovi presente, merita fede (Vedi Raimondo Agilese nella Raccolta di Bongars, p. 173.) — Alberto Aquense dice soltanto, che i capi, dopo passata la Tolemaida, consultarono se dovessero andare a Damasco.

lemme; dalla parte di ponente; per dove venivano i guerrieri della Croce, veggonsi alcune colline coperte di arbusti, alcuni oliveti e pochi e miseri villaggi.

L'esercito passò per angusta vallea fra due montagne aduste dal sole: facendo la medesima via che dalle acque era già stata cavata, e dove le pioggie rovinose e i subiti torrenti avevano trascinati immensi macigni, divelti dalle somme montagne, e sabbie, e ghiaie, come in letto di fiume: passi per vero difficilissimi e ne' quali con poca difficoltà avrebbero potuto i Mussulmani opprimere i pellegrini, ma per buona loro ventura il nimico non seppe il tempo da assaltarli o non ardì.

Camminando dall'aurora, giunse a sera l'esercito al villaggio di Anatota, detto erroneamente da Guglielmo Tirense, Emmausse. [1] — Anatota era situato in una valle che irriga un ben grosso fiumicello. I Crociati stabilirono di passarvi la notte; ed ivi ebbero novelle da Gerusalemme, distante sole sei miglia; sendo sopraggiunti al Campo alcuni Cristiani fuggitivi i quali recarono esservi gran incendio di guerra per tutta Galilea, nel paese di Naplusio, e ne' luoghi propinqui al Giordano: correre i Mussulmani con i loro armenti nella santa città, ardere per dove passavano le chiese e saccheggiar le case de' Cristiani. In questa sopravvenne una deputazione dei fedeli di Betelemme che chiedevano soccorsi contro i Turchi; Tancredi mosse prontamente in loro aiuto con cento cavalieri armati di corazze: i quali furono accolti in Betelemme con la benedizione di tutto il popolo Cristiano, e cantando i salmi della liberazione, visitarono la stalla ove nacque il Salvatore. Tancredi piantò la sua bandiera sulle mura nell'ora medesima in cui la nascita di Gesù era stata annunziata ai pastori della Giudea.

Ma a quelli che pernottarono in Anatota fu proibito il sonno, da una piena eclisse della luna, la quale apparve dipoi come coperta da sanguinoso velo. Se ne interrorirono talmente i pellegrini che non poterono chiuder occhio in tutta la notte, ma quelli che *conoscevano il cammino e i movimenti degli astri*, dice Alberto Aquense, rassicurarono i loro compagni dicendo: che veramente una eclisse del sole avrebbe potuto essere funesta ai Cristiani, ma che quella della luna prenunciava infallibilmente la distruzione degli infedeli.

Spuntato il giorno, l'esercito riprese il cammino, lasciandosi a destra il castello di Modino, famigerato per il sepolcro de' Maccabei; antiquaglia veneranda che non mosse la curiosità de' Crociati, pieni la mente di Gerusalemme. Passarono spacciatamente la valle di Terebinta resa cele-

---

[1] Anche Torquato Tasso, tratto in errore da Guglielmo Tirense fa entrare i Crociati in Emmausse.

bre dai profeti, e il torrente in cui Davidde prese i cinque ciottoli con
i quali ammazzò il gigante Golia. Sorgevano a destra e a manca della via
le montagne in cui tennero campo nei remoti tempi gli eserciti d'Israele
e de'Filistei : ma i Crociati o nulla curavano o nulla sapevano di queste istoriche erudizioni. Superato l'ultimo monte, apparve di subito Gerusalemme: gridaronla i primi con enfasi, e il nome di Gerusalemme di
bocca in bocca, di schiera in ischiera propagandosi, rimbombò dai monti
fino nelle ime valli ove ancora trovavasi il retroguardo.

O , buon Gesù (esclama il monaco Roberto, testimone oculare) *o ,
buon Gesù, quando i Cristiani videro la tua santa città. . . oh, come
piangevano!* — Alcuni gittansi giù de'loro cavalli per porsi in ginocchio;
alcuni baciano la terra, che un tempo passeggiò il Salvatore; molti la-
sciansi cadere le armi e tendono le braccia verso la città del Cristo;
rinnovasi altamente il grido: *Dio lo vuole! Dio lo vuole!* e il giuramento
di liberare Gerusalemme.

Sonci poche memorie certe intorno alla fondazione e alla origine di
Gerusalemme: opinione comune è che Melchisedecco, detto nella scrittura, re di *Salem*, l'abitasse: fu quindi capitale de'Gebusei, onde chiamossi città di *Ghebusse*; poscia dal nome Ghebusse e da quello di Salem
(che significa *visione o soggiorno della pace*) fecesi il nome di *Gerusalemme* (mutata la *b* in *r*), e così chiamossi la città sotto i re di
Giuda [1].

Fin dalla più remota antichità, per magnificenza e splendore, Gerusalemme non era inferiore ad alcuna altra città dell'Asia. Geremia la
chiama *città ammirabile* per cagione di sua bellezza. — Davidde la dice
gloriosissima e illustrissima sopra tutte le città d'Oriente. — Sendo il
suo governo teocratico, dimostrò sempre inespugnabile affezione alle sue
leggi; spesso però travagliata dal fanatismo de'suoi nimici e de'suoi proprii cittadini; perlochè dice Tacito, che i suoi fondatori avendo preveduto,
che per la disformità de'costumi, i suoi abitatori sarebbero stati in
perpetue guerre con le altre genti, avevano posta unicamente la loro intesa a fortificarla, ondechè nei primi tempi dell'imperio romano, nove-
ravasi fra le più munite città dell'Asia [2].

Venuta in potere de'Mussulmani, denominaronla: *la Santa, la Casa
Santa, la Nobile* [3].

---

[1] Il nome di *Solima* deriva da *Hierosolyma*.
[2] Istorie, lib. 5.
[3] Lo storico arabo di Gerusalemme e di Ebron, dice che il pellegrino giungendo nella città
santa, sentesi inondare il cuore da ineffabile contentezza; sopraché allega questi quattro versi di
un pellegrino mussulmano, di cui ecco il senso: — *Molto il cammino ci fu duro, alfine entro le
mura di Sionne entrati, ne parve in cielo essere assunti. . .* T.

T. I.

A tempo delle Crociate, come anco a'dì nostri, formava un quadrato più lungo che largo, da intorno una lega di circuito, che chiude dentro da se quattro colli, ovvero quattro diramazioni delle propinque montagne, cioè il *Moria*, sopra il quale la moschea di Omaro occupa una parte dell'area che già occupò il tempio di Salomone; — il *Golgota*, sopra cui è costrutta la chiesa della Resurrezione; — il *Bezetha*, e l'*Acra*. — Del monte Sion è chiusa nelle mura di Gerusalemme soltanto la metà da meriggio. A tempo dei re ebrei era però la città molto più ampia; ma dopo la ruina del conquisto rifabbricata da Adriano, fu da mezzogiorno, da ponente e da tramontana ristretta. L'Oliveto sovrasta a Gerusalemme da levante, e fra essa e la montagna avvi la valle di Giosafatte, simile a un alveo di fiume, nella cui parte più fonda scorre il torrente di Cedron [1].

È detto di sopra che molto ben munita di difensori e di fortificazioni era Gerusalemme, nè ciò soltanto per trovarsi in Palestina il Cristiano esercito; ma anco era anteriormente, correndo sempre al conquisto di quella qualunque delle sette mussulmane guerreggianti fra loro, quando per alcuna vittoria soprastava. Così ora gli Egizii che l'avevano tolta ai Turchi, vi si fortificavano con ogni studio contro gli assalti de'Cristiani. Iftichar Edaulé luogotenente del Califa aveva fatte otturare o avvelenare le cisterne, e per privare i Cristiani d'ogni refrigerio avea desolata tutta la campagna. La città era stata fornita delle provvigioni per un lungo assedio; e gran moltitudine d'operai di giorno e di notte cavavano fossi e restauravano torri e ripari. Eranvi quaranta mila uomini di presidio e più venti mila abitanti che s'erano armati. Discorrevano gli imani per le strade, esortando il popolo alla difesa; guardie vigilantissime erano poste ne'minaretti, sulle mura e sull'Oliveto.

Nella notte che precedette l'arrivo dell'esercito cristiano, alcuni guerrieri egizi erangli andati incontro, e Baldovino dal Borgo co'suoi cavalli mosse alla loro volta; appiccò la zuffa, ma sopraffatto dal numero, fu soccorso da Tancredi che ritornava da Betelemme. Inseguirono il nimico fino alle porte della città, ove l'eroe italiano, lasciati i compagni, ascese solo al monte degli Olivi, e là fermavasi a contemplare la città promessa alle armi e alla devozione de'pellegrini. Ma in questa pia contemplazione vennero a turbarlo cinque mussulmani, che con le armi in mano l'assaltarono [2]; nè egli fuggendo la pugna, sì brava-

---

[1] Veggasi nel 4.º e 5.º volume della *Corrispondenza d'Oriente* l'accurata descrizione sullo stato presente di Gerusalemme.

[2] Questo fatto al quale il Tasso ha mischiato alcune finzioni, è narrato da Raolo Caeno, *Gesta Tancredi* cap. 112 — Lo stesso storico aggiunge che Tancredi trovò sull'Oliveto un anacoreta siciliano, e che teneva Roberto Guiscardo per nimico della sua patria. L'anacoreta accolse con rispetto l'eroe italiano, e gl'insegnò nei dintorni di Gerusalemme i luoghi più venerati dei pellegrini. Vide,

G. Gonzani dis.   Verico inc.

si bravamente si difese che uccise tre degli assalitori, e i due altri pose in fuga.

Lib. IV. Pag. 218.

mente si difese che uccise tre degli assalitori e i due altri pose in fuga.
Fatto ciò, Tancredi ritornavasene all' esercito, che avanzavasi a gran passi
concitato da religioso entusiasmo e cantando il versetto d' Isaia: *Gerusa-*
lemme alza gli occhi e vedi il liberatore che viene a spezzar le tue
catene.

Il giorno dopo l' arrivo, i Crociati fecero loro provvigioni per assediare la città. Avvi da settentrione un piano coperto d'olivi, molto unito,
e solo luogo di quei contorni atto a porvi gli accampamenti. Goffredo di
Buglione, Roberto di Normandia, e Roberto di Fiandra, posero le tende
in mezzo di quel piano, occupando lo spazio che è fra la grotta di Geremia e i sepolcri dei Re, e avendo di contro la porta che ora dicesi di
Damasco, e la postierla di Erode, che al presente è murata.

Tancredi s' accampò alla destra di Goffredo e delli due Roberti a
maestrale di contro alle mura. Raimondo Tolosano posesi dopo Tancredi di contro alla porta di ponente, sopra il pendio delle colline ora
dette di San Giorgio, e che la stretta valle di Refaim e una vasta piscina
dividono dalle mura; ma perchè questa posizione non gli permetteva di
adoperarsi validamente nell' assedio, trasportò una parte del suo campo
verso la parte meridionale della città sul monte Sion, nel luogo medesimo dove Gesù Cristo aveva celebrata la Pasqua con i suoi discepoli. Allora, come a' dì nostri, la parte di questo monte che non era compresa
nella città avea poca estensione, perlochè i Crociati vi potevano essere
colti dalle freccie scoccate dalle torri e dalle mura. — Rimasero prive di
offensori le parti della città difesa al meriggio dalla valle di Gione ovvero di Siloe, e a oriente dalla valle di Giosafatte; essendo così del cerchio della città combattuta soltanto la metà; eccettuatone un posto di guardia collocato sull' Oliveto.

Ma i pellegrini non potevano muover passo intorno a Gerusalemme
che loro non fosse reso interessante da qualche religiosa tradizione; perchè d' ogni valle, d' ogni colle, d' ogni rupe, è fatta mensione nelle sacre pagine; ma soprattutto la declinazione e l'abbiezione in che vedevano
la santa città, moveva i loro occhi al pianto. E invero di quella vetusta
magnificenza, non restava allora altro che ruine, potendosi ragionevolmente cercare con l' espressione di Giuseppe, Gerusalemme in Gerusalemme. Le case turchesche che sono quadrate, senza finestre e col tetto piano, offerivano agli occhi dello spettatore, come cumuli di albeggianti
macigni, rotolati fra le gore delle rupi. Sorgevano nella cerchia murale

dice pure Raolo Caeno, il popolo sparso per le vie della Città Santa, le milizie mussulmane, le
donne afflitte e spaventate e i sacerdoti che invocavano il cielo, e senza il soccorso di lenti, era un
dono di maravigliosa vista. — Trad.

qua e là sparsi alcuni cipressi, alcune palme, e fra quelli nel quartier de' Cristiani vedevansi torreggiare i campanili, e nei quartieri dei Turchi i minaretti. Nelle valli e su i colli che le antiche scritture dicono essere stati giolivi di giardini e di boschetti, allora vedevansi appena alcuni radi oliveti e lo spinoso arbusto del ramno. Il prospetto di quelle sterili campagne, di quelle rupi cadenti, di quel terreno pietroso e rossastro e della campagna adusta, presentava ai pellegrini immagini luttuose accrescendo la malinconia de' loro religiosi sentimenti. Immaginavano udire le voci solenni de' profeti annunzianti la schiavitù e gli infortunii della città di Dio, e il loro zelo gl'induceva a credersi eletti a restituirle il suo antico splendore.

Accrebbe questo zelo, la moltitudine de' Cristiani che privati de' loro beni e cacciati di Gerusalemme, riparavansi al campo de' Crociati, e vi raccontavano le persecuzioni sofferte dai Mussulmani. Le donne, i fanciulli e i vecchi erano ritenuti ostaggi, e gli uomini da poter armi, condannavansi a lavori che eccedevano le loro forze. Il Jcapo del primario ospizio de' pellegrini era stato imprigionato con molti de' Cristiani più considerevoli; eransi predati i tesori delle chiese, per soldare i guerrieri mussulmani; il patriarca Simeone erasene andato all'isola di Cipro per implorarvi la carità de' fedeli e salvare il suo gregge esposto a estremo eccidio se non pagava il tributo impostoli. Al postutto non passava giorno che i Cristiani non patissero nuove offese; e più fiate gl'infedeli avevano fatto il progetto d'incendiare e spiantare il Santo Sepolcro e la chiesa della Resurrezione [1].

Così raccontando ai Crociati i Cristiani di Gerusalemme, stimolavanli ad affrettare l'assalto, secondati anco da uno eremita che dimorava nell'Oliveto e che veniva a fare le medesime sollicitazioni in nome di Gesù Cristo.

Sebbene i Crociati non avessero nè scale, nè macchine belliche indispensabili a un assalto murale, nondimeno (tanto è potente la voce di Dio o della Religione) che pensarono con l'audacia e con le sole spade, poter abbattere le nimiche fortificazioni; consentendo all'assalto facilmente i capi, vedendo sì bene disposti i soldati, rammentandosi altri loro esempi di felice temerità e le calamità dell'assedio di Antiochia cagionate principalmente dai lunghi indugi. Oltreciò grande e universale era la fiducia che Dio dovesse operare miracoli a pro di sì santa impresa.

Dato il segno, l'esercito s'accostò ordinatamente alle mura: alcune schiere coprendosi con gli scudi, precedevano in forma di testuggine e.

---

[1] Alberto Aquense lib. V.

postesi intorno alle fondamenta delle mura medesime, con picche e mazzeferrate, ingegnavansi di farvi breccia o di rovinarle; le altre schiere ordinate in battaglia, combattevano i difensori con frombole e balestre. Questi avventavano sopra i Cristiani olio, pece bollente, grosse pietre, e travi, nè perciò sgomentavansi gli assalitori. Già le testuggini avevano smosso ed abbattuto il muro anteriore, ma l'interno dimostravansi inespugnabile. Aveavi nell'esercito una sola scala che aggiungeva l'altezza delle mura e molti volevanla per ascendere a più risoluta pugna [1]. Di fatto alcuni riescono a salire sul muro, e affrontanvi gli Egizi, esterrefatti per tanto coraggio.

Senza dubbio quel giorno i Crociati avrebbero presa Gerusalemme, ma il difetto degli strumenti e delle macchine necessarie, privavali di tanta prosperità; ondechè gli assediati a poco a poco, vedendo come quell'eccessivo coraggio partoriva in sostanza piccoli effetti, ricuperati gli spiriti, disposersi più francamente alla difesa: il cielo non avea operati i miracoli promessi dall'anacoreta. Quelli che primi erano ascesi sul muro, sopraffatti dal numero de'nimici, non soccorsi dai compagni, perchè non potevano anco essi ascendere in numero sufficiente, sulle mura istesse perirono o furono da quelle precipitati.

L'esercito molto confuso e pentito della sua imprudenza e credulità, ritornossi agli accampamenti; persuadendosi ognuno non convenire fidarsi troppo nei miracoli, e far mestieri, fornirsi prima di macchine e d'ogni altra cosa necessaria. Appariva però difficile procurarsi il legname, non vedendosi d'ogni intorno che terre ignude e desolate e sterili rupi. Mandaronsi varii corpi in cerca di boschi, e finalmente per caso, trovaronsi quantità di grosse travi entro una caverna, e trasportaronsi al campo. Frattanto demolivansi le case ed anco le chiese dei dintorni che avevano scampato dal fuoco de'mussulmani, e tutto il legname rimasto illeso dalle distruzioni del nimico, fu adoperato nella costruzione delle macchine.

Ma l'impazienza de'soldati superava la celerità degli operai, nè ovviava ai mali soprastanti all'esercito; conciossiachè dal suo arrivo davanti a Gerusalemme fossero cominciati gli estivi ardori maggiori del consueto, inaridito si fosse il torrente di Cedron, e tutte le cisterne de'luoghi circostanti fossero state otturate o avvelenate; e il solo fonte di Siloè, non perenne, non bastasse alla moltitudine de'pellegrini; per la qual cosa

---

[1] Tancredi, secondo Ruolo Caeno, voleva salir primo sopra la scala, ma i nobili, i soldati e tutti gli s'opposero, prendendolo a forza e levandoli la spada. Ascese invece di lui il giovine Rambaldo Crotone; che giunse in vetta alla scala, ma pieno di ferite fu necessitato discendere (Vedi *Biblioteca delle Crociate*, vol. I).

sotto quello infocato cielo, in quell'arida regione l'esercito cominciò a
provare le spaventevoli estremità della sete.

Unica cura e sollecitudine di tutti era procacciarsi acqua; non ritenea alcuno il timore di cader nelle mani del nimico, ma come in piena
sicurezza di pace, giorno e notte, per valli e per monti, in cerca di acqua i pellegrini vagavano; accorrendo tutti bramosamente colà, dove di
trovata fonte o cisterna divulgavasi fama; e più fiate piccola e fangosa
pozzanghera di non sane acque fu contesa con le armi alla mano. Gli
abitatori del paese portavano al campo otri piene di acqua attinta in vecchie cisterne o in paduli, la quale a prezzo d'oro partivansi fra loro i
sitibondi, nè il beverne era senza pericolo della sanità, per l'odore fe-
tido che spargeva e per i bachi e le mignatte che v'erano dentro [1]. Gli
stessi cavalli fiutando una tal acqua, ne manifestavano subito l'abborri-
mento sbuffando forte, e lungi dai verdeggianti pascoli, giacenti sul pol-
veroso terreno del campo, non più s'avvivano al suono delle chiarine,
nè più avevano la forza di portare i lor cavalieri nelle pugne. Ma i somieri lasciati a balìa di sè stessi, miseramente perivano, e le loro carogne
da subita putrefazione disfatte, empivano l'aere di pestiferi effluvii.

Ogni giorno crescevano le magagne, crescevano gli ardori, l'aurora era
priva di rugiade, la notte di frescura: i più robusti soldati immobili nelle
loro tende languivano, invocando la pioggia, le tempeste, o i miracoli
mediante i quali il Dio d'Israele avea fatto scaturire dagli aridi macigni
le fresche fonti. Tutti maledicevano quello stranio cielo, che dapprima
aveano benedetto e che dal cominciare dell'assedio pareva che avventasse
su i campioni di Cristo le fiamme dell'inferno; e massime i più fervorosi maravigliavansi di tanti loro patimenti in cospetto della santa città;
ma perseveranti nel loro religioso ardore, nè desiderando più altro che
la morte, scagliavansi taluna fiata contro le mura della città, baciandone
con entusiasmo le pietre insensibili e con singulti esclamando:

*O Gerusalemme, ricevi i nostri ultimi sospiri; rovinino sopra di noi
le tue mura, e la santa polvere che ci circonda ricopra le nostre ossa!*

Tanto era estrema la carestia dell'acque, che quella de' viveri sentivasi appena; ed in tanto avvilimento trovavansi gli assediatori, che se gli
assediati gli avessero assaltati, agevolmente gli avrebbero sconfitti: ma ri-

---

[1] Dicono che le malattie peggiori che ne provenivano fossero emorragie, le quali provarono similmente i Francesi nella spedizione di Egitto del 1798, bevendo anco essi acque fangose nelle
quali erano piccole mignatte, che per la torbidezza delle acque medesime non potevano discernere.
Queste mignatte attaccavansi alla gola e producevano mortali emorragie, delle quali da prima igno-
ravansi la cagione, ma trovata dipoi, fu facile il rimedio.

Li Brasimo dis.

Kima inc.

.... i quali avendo per sorpresa incendiate le navi Genovesi ......

Lib. II Pag. 225

G. Vicenw dis.

A. Viviani inc.

Ivi trovarono i Cristiani la foresta, di che parla.
il Tasso nella sua *Gerusalemme Liberata.*
Lib. IV. Pag. 223.

tenevali la memoria delle vittorie conseguite dai Crociati; e il vederli oppressi dalle calamità ma non ismarriti del coraggio.

Standosi adunque i Cristiani in quella depressione, nè vedendo modo di proseguire l'assedio per il difetto delle macchine, sopravvenne loro un inaspettato soccorso; cioè l'arrivo d'una armata genovese nel porto d'Joppe, la quale recava provvigioni e munizioni d'ogni specie. Rallegraronsene i pellegrini, e spedirono Raimondo Peletto con trecento cavalli a ricevere e a scortare il soccorso. Questo corpo venne a zuffa con i Mussulmani a Lidda, e gli sconfisse; entrò dipoi nella città d'Joppe abbandonata dagli abitatori, i quali avendo per sorpresa incendiate le navi genovesi, per timor della vendetta, eransi fuggiti. Eransi nondimeno potute salvare le vettovaglie e gli strumenti per la costruzione delle macchine guerresche; il che tutto fur trasportato al campo cristiano, non senza molte difficoltà per gli assalti e le insidie de' Mussulmani; e giunsero similmente sotto le mura di Gerusalemme molti ingegneri e carpentieri genovesi, pe' quali gli assediatori s'avvivarono di grandi speranze.

Difettando il legname per la costruzione delle macchine, un Siro, secondo Guglielmo Tirense, o Tancredi, secondo Paolo Caeno, condusse i Crociati distante alcune leghe da Gerusalemme verso l'antico paese di Samaria e il territorio di Gabaona, celebre per il miracolo che vi operò il condottiere Giosuè di fermare il corso del sole. A tempo de' Giudici e de' re d'Israele, traevansi da quel luogo i legnami per i sacrifici del tempio, e presentemente, siccome allora e siccome a tempo delle Crociate, il paese di Naplusio ovvero di Sichem è ancora in molte sue parti boscoso. Ivi trovarono i Cristiani la foresta di che parla il Tasso nella sua *Gerusalemme Liberata*, non misteriosa e terribile quale immaginavasela l'italiano poeta. Penetraronvi i soldati cristiani, non trovandola difesa nè dagli incantamenti, nè dal nimico; tagliaronvi alberi quanto era l'uopo, e postili sopra traini tirati da cammelli gli recarono al campo. Mancando di danaro i capi, soppèrì la carità de' pellegrini, e molti offersero quello che loro rimaneva delle fatte prede. Tutti posersi all'opera, non eccettuati i cavalieri e i baroni; costruironsi arieti, catapulte, gallerie coperte. Andava continuamente gente alla fonte di Elpira sulla strada di Damasco, e alla fonte degli Apostoli passato il villaggio di Betanìa, e alla fonte che è nella valle detta il Diserto di San Giovanni, e ad un'altra sorgente all'occaso di Betelemme, ove il diacono san Filippo battezzò l'eunuco di Candace, regina di Etiopia [1]. Alcuni preparavano le pelle de' somieri morti per siccità, a fine di coprirne le macchine e impedire la furia del fuoco,

---

[1] Queste fonti trovansi descritte nella *Corrispondenza d'Oriente*.

ed altri discorrevano la campagna raccogliendo sermenti d' ogni pianta ed
arbusto per fare le fascine.

La speranza di veder presto la fine di tanti mali, aumentava il coraggio e la forza per sopportarli; acceleravansi straordinariamente i preparativi per l' assalto; ogni giorno finivansi nuove macchine, sotto la direzione di Gastone da Bearna, laudato dagli storici per il suo coraggio e
per l'ingegno. Fra queste macchine, tre torri di nuova struttura, furono principalmente ammirate; ognuna delle quali aveva tre piani, il primo
cioè per gli operai che ne dirigevano i movimenti, il secondo e il terzo
per i guerrieri; e tutte e tre superavano in altezza le mura della città [1].

Accresceva nondimeno il valore di questi provvedimenti, il religioso
entusiasmo. Il clero andava per i quartieri esortando i pellegrini alla penitenza e alla concordia; poichè pei lunghi ed atroci patimenti eransi in-
naspriti i cuori ed erano nate divisioni non tanto fra i capi che fra i soldati medesimi; le quali se un tempo provennero per il possesso di città
e di provincie, allora da ogni piccolissima cagione avevano origine. Finalmente i più virtuosi de' vescovi riescirono a ristabilire la concordia, e l' anacoreta dell'Oliveto secondò il clero con le sue esortazioni: diceva egli
ai principi e al popolo:

O venuti dall' Occidente per adorare Gesù Cristo sul suo Sepolcro,
amatevi da fratelli, santificatevi con la contrizione e le buone opere. Se
obbedirete ai comandamenti di Dio, espugnerete allora la santa Città;
ma se gli resistete, l' ira sua sarà sopra di voi.

Egli consigliò inoltre che si facesse una processione intorno Gerusalemme per impetrare la misericordia e la protezione del cielo.

Ascoltarono i pellegrini con docilità le esortazioni dell' anacoreta, persuadendosi che la vittoria non dipendesse meno dal religioso fervore, che
dal coraggio; e furono fatti i preparativi per la processione.

Dopo tre giorni di rigoroso digiuno, escirono armati dagli accampamenti e con i piedi nudi, con la testa scoperta, presero a circuire le mura.
Precedevano i sacerdoti vestiti di bianco e portando le immagini de'santi
e salmeggiando. Le bandiere erano spiegate e i militari suoni rimbombavano da lunge, siccome allorquando gli Ebrei circuivano Gerico, le cui
mura ruinavano al suono della musica guerriera.

Mosse questa processione dal campo di Goffredo alla tramontana della
città, discese nella valle di Giosaffatte, passò fra il sepolcro della Ver-

---

[1] Il cavaliere Folart, nel suo *Traité de l' attaque des places*, dopo il suo commentario sopra Polibio, parla della torre di Goffredo (ma erroneamente la dice di *Federigo primo a Geru-*
salemme; ne dà una descrizione precisa e un esatto disegno; nondimeno gli storici contemporanei
non sono in questa parte molto completi e chiari.

B.Gozzini dis.

A.Terzo inc.

Precedevano i Sacerdoti vestiti di bianco portando
le immagini dei Santi e salmeggiando.

Lib IV. Pag. 224.

G. Gozzini dis.

Vera inc.

Tancredi e Raimondo che erano fra loro in molta divisione, rappacificandosi,.....

Lib. IV. Pag. 325.

gine e il giardino dell'Oliveto; ascese dipoi al monte della Ascensione, dalla cui vetta apparve ai cristiani guerrieri il maestoso prospetto del mar morto nella valle di Gerico, da oriente; del Giordano simile a nastro di argento; delle montagne di Arabia prolungantisi sull'orizzonte quali mura azzurrine; e da occidente vedevansi a valle Gerusalemme e gli squallidi colli della Giudea. In quel luogo medesimo da dove Gesù Cristo dispiccò l'ultimo volo al cielo e dove immaginavansi di veder ancora impresse le orme de'suoi piedi, udì genuflesso l'esercito le ultime esortazioni de've-scovi e de'sacerdoti.

Arnoldo di Roes cappellano del duca di Normandia fece un sermone patetico, scongiurando i Crociati ad aumentare il loro zelo e la persève-ranza; e concluse così, rivolto a Gerusalemme:

Eccovi l'eredità di Gesù Cristo in preda agli empi; eccovi il de-gno premio di tutte le vostre fatiche; ecco i luoghi ove Dio vi perdo-nerà le vostre peccata e benedirà le vostre vittorie.

E perchè l'oratore gli supplicava in nome di Gesù Cristo di obbliare le ingiurie e di amarsi vicendevolmente, Tancredi e Raimondo che erano fra loro in molta divisione, rappacificaronsi, presente tutto l'esercito; seguendone l'esempio i soldati e gli altri capi. Promisero i più ricchi di soccorrere con elemosine i più poveri e gli orfani de'Crociati. Furono intermesse le discordie e giurato universalmente di osservare i precetti della carità evangelica.

Stavansi frattanto gli assediati sopra le mura, spettatori di quelle sa-cre cerimonie, le quali parendo loro piuttosto degne di riso che di ve-nerazione, se ne facevano beffe con ogni maniera di scherni. Il che non potendosi con pacato animo sopportare dall'eremita Piero, s'alzò e disse ad alta voce:

Voi udite le minacce e le bestemmie dei nimici del vero Dio? giu-rate dunque di difendere e vendicare Gesù Cristo perseguitato e cro-cifisso per la seconda volta dagli infedeli. Eccolo che spira di nuovo sul Calvario per ricomperare le vostre anime.

Odonsi da ogni lato gemiti e grida di disdegno: l'esercito è impa-ziente di vendicare gli oltraggi del figliuolo di Dio; e l'Eremita riprese a dire:

Sì, per la pietà vostra lo giuro, lo giuro per le vostre armi, il regno degli empi è al suo occaso pervenuto. Mostrisi l'esercito del Signore e quelle frotte de'Moslemi fieno, come le ombre, cacciate e disperse. Gli vedete oggi nell'orgoglio loro insolentire; domani poi atterriti; e sul Calvario, contro il vostro assalto, fieno come quelle guardie del sepolcro alle quali caddero di mano le armi e che stra-

T. I.

mazzarono morte di spavento, quando il terremoto annunziò la presenza del Dio risorto. Abbiate pazienza per poco, e quelle mura, già da tanti anni ricovero al popolo infedele; saranno città di Cristiani; quelle moschee fabbricate sopra ruine di cristiane chiese, nuovamente daranno luogo ai templi del Signore; e Gerusalemme echeggerà tutta delle sue laudi.

Questa diceria dell'Eremita infervorò mirabilmente i Crociati, che vicendevolmente si esortano a tollerare con fortezza le fatiche e i mali di cui promettevasi loro presente ricompensa.

Scendono dipoi dall'Oliveto, avviandosi al campo, e cammin facendo, passano per la valle di Siloe e presso alla piscina ove Gesù Cristo alluminò il cieco nato; vennero poscia sul monte Sion; nè in varii punti del cammino, mancarono loro le offese degli assediati, quando dalle mura potevano con gli strali aggiugnerli, onde molti trafitti caddero in mezzo ai loro fratelli e morendo benedicevano a Dio giusto contro i nimici della sua fede. A sera giunse l'esercito agli accampamenti, cantando le parole del profeta. *Coloro che nell'Occidente abitano temeranno il Signore, e coloro che in Oriente vedranno la sua gloria.* Entrati nel campo, la maggior parte de'pellegrini passarono la notte in preghiere; i capi e i soldati confessarono le loro peccata ai sacerdoti e ricevettero il corpo sacro di quel Dio le cui promissioni facevanli lieti di speranze e di ardimento.

Mentre che con questi preliminari l'esercito cristiano si accingeva alla pugna, profondo silenzio era in Gerusalemme, non interrotto da altro che dai mussulmani sacerdoti i quali ad ogni ora, sopra i minaretti, chiamavano ad alta voce i credenti in Maometto alla preghiera; e questi accorrevano a turbe nei loro templi a supplicare di protezione il Profeta, e facevano sacramento per l'arcana orazione di Giacobbe di difendere fino all'ultimo sangue la città da loro chiamata *Casa di Dio*. Eguale ardore per la zuffa era negli assediati e negli assediatori, quelli per conservarsi nel possesso di Gerusalemme, questi per impadronirsene; e tanto era l'odio reciproco che durante l'assedio, niun deputato mussulmano rappresentossi nel campo de'Crociati, nè questi fecero pure al presidio l'intimazione della resa. Però fra nimici di tal fatta, terribile doveva essere il certame, implacabile la vittoria.

FINE DELLA PARTE PRIMA DEL LIBRO QUARTO.

STORIA
DELLE CROCIATE

LIBRO QUARTO

PARTE SECONDA.

Fu risoluto nel consiglio de' capi, che si profittasse dell'entusiasmo dei pellegrini e si accelerassero le provvigioni per l'assalto. — Goffredo pose il suo campo verso l'angolo orientale della città, propinquo alla porta di Santo Stefano, ove il terreno aveva un ripiano adattato per dar l'assalto ed ove il muro esterno della città era più basso che in altri luoghi, e v'era pianura ed estensione sufficiente per usar le macchine.

I cronisti contemporanei fanno le maraviglie della celerità con cui si mutarono gli accampamenti. Gli arieti e le torri rotate furono scommesse e trasportatine i pezzi al nuovo campo, nello spazio d'una sola notte del mese di luglio, cioè in cinque o sei ore.

Ventinove anni fa, quando descriveva l'assedio di Gerusalemme, i cronisti che m'erano guida, riescivanmi in questa parte sommamente oscuri; onde mi venne il pensiero di rischiarare i miei dubbi su i luoghi. Ebbi però ad astenermi per lungo tempo da tal disegno per difetto di mezzi e di occasioni, ma finalmente mi fu dato appagare il mio disegno e seguitare il cammino de' pellegrini alla città santa. Mi sono più volte fermato nel luogo medesimo ove Goffredo pose il suo ultimo campo e ho avuto modo di specolare il terreno sul quale i soldati della Croce conseguirono la loro più bella vittoria. A maggiore chiarezza debbo però notare che le mura da questa parte hanno subìto alcun cangiamento; poichè nella fabbricazione delle nuove, ordinata da Solimano, fu aggrandita la città dall'angolo di Grecale; e visitando io la parte interna, v'ho trovato il suolo piano, per metà inabitato e per l'altra metà occupato da povere capanne; il quale spazio di suolo a tempo delle Crociate era fuori del vecchio cerchio, ed ivi appunto fu collocata la torre di Goffredo, e fu fatto il decisivo combattimento. Con questa spiegazione confido che i miei Lettori, e principalmente quelli che hanno veduta Gerusalemme, intenderanno con chiarezza il processo della narrazione, ed io la proseguo.

Tancredi con le sue macchine e la sua torre erasi posto al maestrale della città non lunge dalla porta di Betelemme e in faccia alla torre angolare, che poscia da lui prese il nome.

Il Duca di Normandia e il conte di Fiandra, stavansi di costa al campo di Goffredo, avendo di contro il lato settentrionale della città, posteriormente la grotta di Geremia.

Il conte di san Gille, incaricato di assaltare il lato meridionale, era diviso dalla muraglia da un burro che facea mestieri di colmare; per il che fece bandire da un araldo di armi che pagherebbe un danaro a qualunque vi gittasse dentro tre pietre. Accorse subito gran multitudine di popolo, che con i soldati, posesi all'opera; e non ostante che i mussulmani scagliassero dalle mura nuvoli di freccie, con tanto ardore e perseveranza fu condotta l'impresa, che in capo a tre giorni, il burro fu colmato; e i capi dettero il segno dell'assalto generale.

Il 14 luglio del 1099, che cadde in giovedì, allo spuntar del giorno, suonaronsi le trombe nel campo de' Cristiani, i quali tutti armaronsi, e tutte le macchine furono mosse; baliste e mangani scagliavano contro il nimico fitta grandine di ciottoli, e infrattanto le testuggini e le gallerie coperte e gli arieti avvicinavansi al piè delle mura. Gli arcieri e i balestrieri saettavano gli Egizi che guardavano le mura e le torri; intrepidi guerrieri, sotto i loro scudi, appoggiavano le scale nei luoghi ove la città mostravasi meno munita. Al meriggio, all'oriente e al settentrione della città le torri rotate appropinquavansi ai ripari, fra il tumulto e le grida degli operai e de' soldati.

Stavasi Goffredo sulla più alta terrazza della sua fortezza di legno, con il suo fratello Eustachio e Baldovino dal Borgo, dando, con l'esempio coraggio a' suoi. Dicono gli storici che tutti i giavellotti da lui scagliati ammazzassero sempre qualcheduno degli assediati.

Raimondo, Tancredi, il duca di Normandia, il conte di Fiandra, combattevano con i loro soldati; i cavalieri e le genti d'arme, sospinti dal medesimo ardore, stringevano la mischia e affrontavano impavidamente ogni pericolo.

Il primo scontro fu d'inenarrabile furore; ma gli assediati rispondevano strenuamente. Le freccie, i giavellotti, l'olio bollente, il fuoco greco

G. Gonzini dis.

Verna inc.

Gli arcieri e i balestrieri saettavano gli Egizj,
che guardavano le mura e le torri. *Lib. IV. Pag. 318.*

e quattordici macchine opposte dagli assediati a quelle de'Cristiani, rispinsero da ogni parte gli assalitori. I Mussulmani esciti per una breccia, corsero a bruciare le macchine degli assediatori e gli disordinarono. A sera le torri di Goffredo e di Tancredi non potevano più muoversi, quella di Raimondo era tutta fracassata.

Dodici ore era durata la pugna; indecisa rimasesi la vittoria; la notte diè sosta alle armi.

— Ritornarono al campo i Cristiani fremendo di rabbia e di dolore; i capi e principalmente i due Roberti non potevano darsi pace che *Dio non gli giudicasse ancor degni d'entrare nella città santa e di adorare alla tomba del suo figliuolo.*

L'una e l'altra parte passarono la notte in molte inquietudini, deplorando ognuno le sue perdite, e paventandone delle nuove. I Mussulmani temevano di qualche sorpresa; i Crociati temevano che il nemico bruciasse le macchine da loro lasciate al piè delle mura.

Gli assediati attesero indefessamente a risarcire le breccie fatte nelle loro mura; gli assediatori a riassettare le macchine. E al nuovo giorno ricominciarono le ostilità.

I capi con acconci discorsi procuravano di rianimare il coraggio de'Crociati; andavano per le tende i preti e i vescovi, predicendo ai soldati i soccorsi del cielo: così l'esercito pieno di nuova confidenza nella vittoria, esci in campo e taciturno si avanzò all'assalto preceduto processionalmente dal clero.

Spaventevole fu il primo urto, perchè i Cristiani sdegnati per la resistenza loro opposta nel preterito giorno, combattevano ferocissimamente; dall'altro canto gli assediati avendo avuta notizia dell'arrivo dell'esercito egizio, molto della vittoria confidavano ed avevano ripiene le mura di macchine.

Cominciò un fiero ronzío di strali, di pietre, di travi scagliati dall'una e dall'altra parte, e i quali incontrandosi insieme nell'aere, mandavano altissimo fracasso ed erano indietro rispinti. I Mussulmani dalle torri lanciavano di continuo torcie e pentole accese. Le torri di legno de'Cristiani appropinquavansi alle mura fra incendii da ogni parte accesi; quella di Goffredo era principalmente infestata dal nimico che la riconosceva mediante una croce d'oro postavi sulla vetta; dimodochè esso duca di Lorena per il gran saettamento che aveva contro, avevasi veduto ammazzare al fianco uno degli suoi scudieri ed alcuni soldati, ed egli non meno esposto ai nembi degli strali, combatteva strenuamente fra morti e feriti, esortando sempre i suoi compagni a raddoppiare il coraggio e il fervore.

Il Conte di Tolosa, che combatteva la città da meriggio, contrapponeva tutte le sue macchine a quelle de'Mussulmani, e aveva di contro l'emiro di Gerusalemme, che incoraggiva i suoi, con i discorsi e con la presenza.

Da settentrione Tancredi e i due Roberti dimostravansi in fronte delle lore genti, immobili sulle loro fortezze moventi, ed anelanti di venire a più propinqua battaglia con la lancia e con la spada. Già i loro arieti avevano in varii luoghi scommesse le mura dietro le quali gli assediati stringevano le loro schiere a foggia di estremo propugnacolo contro l'impeto de'Crociati.

Fervendo la mischia, mostraronsi sulle mura due stregone, e (come dicono gli storici) scongiuravano gli elementi e le infernali potestà [1]. Ma non potéttero cansar la morte che invocavano contro i Cristiani, chè una grandine di sassi e di saette le colse nel vivo delle loro scongiurazioni.

Due emiri egizi, venuti da Ascalona per animare gli assediati alle difese, studiandosi di penetrare nella città, caddero nelle mani de'Crociati, de'quali uno fu di subito ammazzato, e l'altro, confessata la sua missione, fu mediante una macchina balestrato nella città, ove a quel modo giunse molto più presto che con le sue gambe non avrebbe fatto.

Già il giorno era alla sua metà pervenuto, e quantunque non si fosse intermesso il combattere, non ispuntava per anco ai Cristiani alcuna speranza di vittoria. Incese erano le loro macchine, l'acqua difettava, non avevano più aceto [2] col qual solo potevasi spegnere il fuoco lanciato dagli assediati. Invano i più valorosi esponevansi ad ogni pericolo per impedire la consunzione delle loro torri e degli arieti: poichè rimanevansi sotto le rovine di quelle sepolti e le fiamme divoravano perfino i loro scudi e le armature. Molti de'più intrepidi guerrieri erano caduti sotto le mura; molti di quelli che combattevano dalle torri moventi, per le ferite avute non potevano più combattere; gli altri coperti di polvere e di sudore, oppressi sotto il peso delle armi e del caldo, scoraggivansi a poco a poco. Del che accortisi gli assediati, mandavano grandi grida di gioia, e bestemmiando,

---

[1] Siccome il Tasso adopera frequentemente per macchine del suo poema le stregonerie, ho ricercato diligentemente negli storici contemporanei tutto ciò che si riferisce a questo genere del maraviglioso. L'annedoto qui riferito, secondo Guglielmo Tirense e Bernardo Tesaurario è l'unico che ho potuto trovare. Alcuni storici hanno pur detto che la madre di Kerboga fosse stregona e che avesse predetta al figliuolo la sua sconfitta ad Antiochia. Oltre questi cercherebbonsi invano altri particolari di simil genere nella storia della prima crociata. E veramente la magia era meno praticata nel duodecimo secolo che in quello ove fiorì il Tasso. — Senza dubbio i Crociati erano molto superstiziosi, ma però in modo che non la ponevano nelle piccole cose, ma nelle grandi come i fenomeni celesti, le apparizioni de'Santi, le rivelazioni fatte da Dio. Delle stregonerie facevano però poca stima. Queste così fatte superstizioni ci sono venute dal Settentrione e non dai Normanni che le recarono in Normandia.

[2] Guglielmo Tirense e Raimondo Agilese. (*Biblioteca delle Crociate*).

G. Gonzini dis.

Verico inc.

Apparve improvvisamente ai Crociati sull' Oliveto
un cavaliere che agitava lo scudo..........

Lib. IV. Pag. 231.

ragione; dai cuori ogni moderazione della pietà;
sangue, di ruine e d'ogni altra atrocità
Gerusalemme, per li

LIBRO QUARTO

rimproveravano ai Cristiani che adorassero un Dio impotente a difenderli. Gli assalitori compiangevansi di loro sorte e credendosi da Gesù Cristo abbandonati, rimanevansi inoperosi sul campo di battaglia; la quale era nondimeno sul punto di cangiare aspetto.

Apparve improvvisamente ai Crociati sull'Oliveto un cavaliere che agitava lo scudo e dava il segno all'esercito di entrare nella città. Primi a vederlo (e probabilmente autori di questo miracolo) furono Goffredo e Raimondo i quali gridarono subito che quello era san Giorgio che veniva in soccorso de' Cristiani, nè per il tumulto della zuffa avendo luogo l'esamina del portento, tutti i soldati se ne accesero di nuovo coraggio e ricominciarono a menar le mani come se pur allora entrassero nella mischia: nella quale traportate dal medesimo furore, accorsero le donne istesse, i fanciulli, i malati, chi portando acqua, chi viveri, chi armi, chi aiutando ai soldati a spignere verso le mura le torri rotate che principalmente spaventavano al nimico.

La torre di Goffredo si avanza contro un tremendo fulminare di sassi di strali, di fuoco greco e gitta il ponte sul muro, avventando dardi infocati contro le macchine degli assediati e contro i sacchi di paglia e di fieno e le balle di lana che coprivano gli ultimi ripari della città. Il vento favorisce l'incendio e spigne vortici di fumo e fiamme contro gli assediati, nei quali avviluppati non possono più tener fermo e sopraggiunti dalle spade e dalle lancie cristiane retrocedono. Goffredo preceduto dai due fratelli Letaldo ed Engelberto di Tornese, con Baldovino dal Borgo, Eustachio, Rambaldo Crotone, Guicerio, Bernardo di San Valerio, Amangiò d'Alberto; urta il nimico, lo sbaraglia, lo perseguita fuggente e con quello entra in Gerusalemme. Tutti i prodi che combattevano sulla terrazza della torre, seguitano il loro capo, scendono con lui nelle vie e menano grande strage.

Nel medesimo tempo si divulga il rumore nell'esercito che il sant pontefice Ademaro con alcuni Crociati morti nell'assedio erano appar sulla fronte degli assalitori, inalberando il vessillo della Croce sulle to di Gerusalemme. Tancredi e i due Roberti concitati da questa fama, gumentano di prodezze e penetrano finalmente nella città, seguitati Ugone di San Paolo, da Gerardo di Rossiglione, da Luigi di Mus da Conone e Lamberto di Montaguto, e da Gastone di Bearna. N valorosi tennero loro dietro, alcuni entrando per la breccia non a bene aperta, alcuni altri scalando le mura, ed alcuni saltando sulle medesime dalle torri di legno.

Fuggono i Mussulmani da ogni banda e Gerusalemme rimbom grido di vittoria: *Dio lo vuole! Dio lo vuole!* —

I compagni di Goffredo e di Tancredi corrono a sfondare con le accette e con le picche la porta di Santo Stefano, onde la città rimansi aperta alla moltitudine de'Crociati che s'affollano nella porta medesima, tutti anelanti di fare strage del vinto nimico.

Solo Raimondo non potea superare i suoi avversari; e benchè avesse avviso della vittoria de'Crociati, e ne avesse presenti i testimonii nelle grida de'Mussulmani e nel fracasso delle armi, pur non ostante il suo potere non secondava appieno il coraggio. Stimolava però forte i suoi soldati che concitati a un tempo dalla voce del loro capo e da generosa invidia de'compagni, abbandonate le torri e le macchine, omai rotte e divenute immobili, posto mano alle scale, e l'uno l'altro in su spingendo, pervengono al sommo delle mura: il Tolosano, Raimondo Peletto, il vescovo di Bira, il conte di Die, e Guglielmo di Sabrano sono primi di tutti. Non v'è resistenza che sostenga il loro impeto; disperdono i Mussulmani che rifugiansi col loro emiro nella fortezza di Davide [1], ondechè i Crociati divenuti padroni di Gerusalemme, non hanno più altra cura che di proseguire e assicurarsi la vittoria.

Ma alcuni de'più prodi egiziani riaccozzati dalla disperazione, precipitansi addosso ai Cristiani, che disordinatamente concorrevano al sacco: i quali così soprappresi cominciavano a retrocedere, quando Everardo di Puisaia, celebrato da Raolo Caeno, rianima i suoi compagni, riconducendoli alla zuffa e sbaragliando di nuovo gl'Infedeli, con che la vittoria fu completa.

È notato nelle istorie, essere entrati i Cristiani in Gerusalemme di venerdì a tre ore della sera, giorno ed ora per lo appunto in che Gesù Cristo spirò sul Calvario per la salute dell'uman genere; coincidenza curiosa e che nondimeno, avrebbe dovuto piegare i loro animi a misericordia, in commemorazione dello amore del figliuolo di Dio. Ma lo disdegno conceputo per le minaccie e i frequenti insulti de'Mussulmani; l'amaritudine dei sofferti mali durante l'assedio; la feroce resistenza che fu loro opposta fin dentro alla città, bandì dalle menti ogni barlume di

---

[1] Gli storici orientali difettano quasi totalmente di particolari intorno all'assedio di Gerusalemme. I manoscritti arabi della Biblioteca Reale, dai quali Reinaud ha tradotto questa narrazione (Vedi *Biblioteca delle Crociate*) sono molto concisi e indeterminati; non v'essendo specificato altro, sennonchè la durata dell'assedio che oltrepassò i quaranta giorni; e che i Cristiani facessero grande strage de'Mussulmani. — Occorre notare a questo proposito, che gli storici arabi, sono estremamente parchi di particolari intorno alle cose infauste de'Mussulmani, accennandole vagamente, e conchiudendole con le parole: *Così Dio aveva stabilito, che Dio maledica i Cristiani!* — Abulfeda non abbonda più che gli altri di particolari: e in questa circostanza dice soltanto, che l'uccisione de'Mussulmani durasse sette giorni consecutivi, sendone stati ammazzati da circa settantamila nella sola moschea di Omaro: manifesta esagerazione.

ragione; dai cuori ogni moderazione della pietà; perlochè di stragi, di sangue, di ruine e d'ogni altra atrocità guerresca, empirono quella istessa Gerusalemme, per liberar la quale, fino dall' estremo occidente eransi dipartiti, e che come loro patria consideravano.

Imperversa dovunque la strage; chi sfugge ai ferri de'soldati di Goffredo e di Tancredi, cade nelle mani de'Provenzali, più aspri nimici e sitibondi di sangue. Nelle strade, per le case, dovunque sono uccisioni: asilo non hanno più i vinti; alcuni per cansare la morte gittansi giù dalle mura; altri corrono a frotte a ricoverarsi nei palagi, nelle torri e principalmente nelle moschee; ma in niun luogo sono sicuri.

I Crociati impadronitisi della moschea di Omaro, nella quale eransi per alcun tempo difesi i Mussulmani, ricominciaronvi le carneficine, che fecero esecrando il conquisto di Tito. V'irruppero fanti e cavalieri; tutto di strida e d'orribil tumulto fu ripieno, ed alto rimbombavano i gemiti e le grida de'moribondi. Vi sorgevano a cumuli i cadaveri, sopra i quali salivano furibondi i vincitori, in traccia di altre vittime, e per iscannare que'miseri che dei corpi de'loro uccisi fratelli facevansi schermo.

Raimondo Agilese testimonio oculare, afferma, che nel tempio e sotto il suo portico, tanto alzasse la piena del sangue che fino alle ginocchia degli uomini e fino ai freni de' cavalli giungesse. Ma per compire la spaventevole dipintura di tanto guerresco spettacolo due fiate rinnovato nel corso de'secoli nel medesimo luogo, bastano le parole dello storico Giuseppe, cioè che il numero de'trucidati superasse di gran lunga quello de'trucidatori insaziabili di far carne; e che i monti e i piani propinqui al Giordano echeggiassero del cupo e lungo gemito e del sordo trambusto che dalla città sorgeva.

Rifugge l'immaginazione da sì atroci scene e ne cerca con affezione alcuna di tenerezza che dal suo smarrimento la riscuota. Alcuni miserevoli Cristiani che languivano in ischiavitù dentro Gerusalemme, spezzate ora le loro catene dai vincitori, alzavano al cielo le mani, e lagrimando di consolazione, ringraziavano Dio della ricuperata libertà; correvano dipoi incontro ai loro liberatori; dividevano con essi le vettovaglie nascoste ai Mussulmani; e attribuivano a Dio quasi sua gloria i vili furori di questo organato fango che sopra un atomo rotante nell'universo, fermenta nelle miserie e nella feroce irrequietudine delle passioni.

Ma l'eremita Piero, veggendo compite le profezie e le promesse da lui fatte cinque anni avanti, quando concitava l'Occidente contro l'Oriente, per la grande contentezza non capiva in sè medesimo; massimamente che i Cristiani della Santa Città, stimolati da quel fanatismo che in simili circostanze suole invasar gli uomini, tutti a lui concorrevano, benedicendolo come unico autore della loro liberazione, magnificando i loro passati patimenti; e ammirando l'onnipotenza dell'Altissimo alla quale un sol uomo era bastato per sollevare da estreme miserie tante genti e per operare tanti prodigi.

Compite le carnificine degli oppressori e le liberazioni degli oppressi, ricordaronsi i pellegrini d'aversi tolta sì grande impresa per adorare al sepolcro di Gesù Cristo. — Il pio Goffredo con tre soli servitori [1], senza armi, e nudi i piedi se ne andò alla chiesa del Santo Sepolcro; e divolgatosi per l'esercito quest'atto di devozione, cessarono i sanguinosi furori; tutti deposero le armi, diedersi a piangere le loro crudeltà, e nudatisi similmente i piedi e le teste, procedendo processionalmente il clero avviaronsi alla chiesa della Resurrezione [2].

Trovossi davanti al Santo Sepolcro l'esercito, quando cominciava la notte. Ovunque era silenzio, nelle pubbliche piazze, nelle vie, sopra le mura; solo udivansi cantici di penitenza e le parole d'Isaia: *Oh, voi che amate Gerusalemme, rallegratevi con essa!* E tanto crebbe il fervore e la religiosa tenerezza de' Crociati, che l'arguto gesuita Maimbourg esclama con qualche piacevole malignità: non avresti già detto, che quei soldati avessero pur allora presa una città d'assalto e spaventata la natura con ogni eccesso di efferatezza, ma che escissero invece da pacifico e queto cenobio e dalla profonda meditazione de' sacrosanti misteri. — Ma l'uomo è sì misero animale e tale zimbello delle sue proprie passioni, che si finge anco render onoranza a Dio delle sue frenesie; onde non è da maravigliare se i Crociati stramodavano a un tempo di zelo religioso, di crudeltà, d'odio e di amore, di durezza e di compassione; tutti morali fenomeni che si riscontrano negli uomini d'ogni età e si riscontreranno probabilmente in quelli delle età future; poichè se la ragione persuade alla temperanza e alla moderazione, le passioni, più forti stimolano agli eccessi e così le opere corrono disfrenate e il giudizio ne fa sempre vano e tardo rimprovero, proponendosi la correzione per l'avvenire la quale dipoi rimansi senza effetto. Nondimeno io non lodo quegli scrittori che da queste umane versatilità, vollero cavarne accuse contro la religione cristiana; perchè chi considererà alle istorie de' Maomettani, troverà non pochi di consimili successi: nè lodo nemmeno quegli altri scrit-

---

[1] Alberto Aquense ha avuto cura di conservarci i nomi di questi tre servitori, de' quali uno appellavasi *Baldrico*, un altro *Adelberone* e l'altro *Stabulone*. — E il cronista a questo proposito narra una visione di Stabulone che era maestro di casa, e per la quale eragli rivelato questo conquisto. (*Biblioteca delle Crociate*, vol. I.)

[2] Alcuni storici affermano che ciò seguisse il dì dopo la espugnazione. Io però m'attengo all'esposto di Alberto Aquense, forse più conforme al vero.

C. Bosini dis.

Il pio Goffredo con tre soli servitori senz' arme e nudi i piedi......
A Venez inc.

Lib IV. Pag. 254.

tori che s'assunsero di far l'apologia di tanti bestiali furori, sembran-
domi una sì fatta difesa della religione, peggiore e più riprovevole delle
accuse. Ma il vero istorico, come spirito impassibile che fuori della sfera
mortale, considera e nota i rivolgimenti di questa palla di fango; registra in durevoli pagine le umane vicissitudini e le colora delle passioni
che le ingenerano, senza provarne in sè l'infezione.

Ma siccome i sublimi esaltamenti dell'animo sono meno durevoli e
naturali negli uomini che la crudeltà delle distruzioni, così, evaporati
quei religiosi fervori, i Crociati ritornaronsi alle ferocità e allo strazio dei
vinti, immaginando forse dover esser più accetto al dispensatore delle
vittorie il sacrificio de'suoi nimici, che la devozione de'suoi fedeli. Alcuni capi suggerivano che per assicurarsi del nuovo stato, facea mestieri
incutere gran terrore ai Mussulmani; e che liberare i difensori di Gerusa-
lamme che tenevano presi, fosse un nutrire la potenza de'propri avversari, in paese longinquo e in mezzo a genti nimiche, tanto più che il
numero de'prigioni superava di gran lunga quello de'vincitori. Correva
oltreciò fama che s'avvicinasse a gran giornate l'esercito egizio, onde il
timore di nuovi pericoli, augumentò il sospetto e la ferocia. Tennesi pertanto consiglio sopra queste cose e fu unanimemente deliberato che si ammazzassero tutti quanti i Mussulmani rimasi nella città [1].

Emanata adunque la sentenza, ruppero tutti gli animi de'Crociati
alla insaturabile ferocità dell'uomo naturale, cioè non frenato dalla sociale
prudenza. Ricominciarono gli strazi e fatti a sangue freddo, e quel modo
precisamente che i beccai in mezzo a folta mandra d'agnelli che hanno
giacenti e legati sulla terra intorno, scannano, squoiano ed isquartano
or l'uno or l'altro, cantando e scherzando fra loro, finchè favilla di
vita non agiti più alcuna di quelle bestiole. Tutti coloro che per lassezza
degli ammazzatori erano dalla prima strage scampati; tutti coloro che per
cupidigia di riscatto s'erano vivi serbati, ora dati nelle mani de'soldati
inesorabilmente trucidavansi. E per variare le forme de'supplizii, stantechè ogni cosa troppo continuata o iterata generi fastidio; alcuni erano
precipitati giù dalle torri e dalle case; alcuni abbrustolivansi nel fuoco;
alcuni tratti da sotterranee carceri e condotti sulle pubbliche piazze, con
molta curiosità di spettatori si scannavano; si dimembravano, si squar-
tavano: ed in ogni parte non altro si vedeva che far scempio d'umane

---

[1] Questa sentenza è riferita da Alberto Aquense; e appoggiata ai motivi da me allegati. — Trovasi per esteso nella *Biblioteca delle Crociate*, vol. I. — La narrazione fatta dal medesimo Alberto
Aquense di queste nuove carnificine che durarono da circa una settimana, trovasi similmente nell'e-
stratto di esso istorico, *ivi*; nè io ne ho conservata tutta l'atrocità nella mia narrazione, per non
offender troppo alla naturale carità de'miei Lettori.

vite, nè altro udivasi che strida e gemiti di 'chi la violenta morte ab-
brancava, e gli scherni dei carnefici che nel lacerato carname tripudia-
vano. Le lacrime delle donne, le grida de' fanciulli, la vista del Calvario ove Cristo morì e perdonò a' suoi uccisori non ispiravano alcun
senso di pietà ai Cristiani : e Alberto Aquense narra che vedevansi a mùc-
chi e a monti i cadaveri per le vie, per le piazze e nelle case, ne' templi
e perfino ne' più reposti luoghi. Fuori della città per le circostanti campagne era profondo silenzio e solitudine, e dalle falde de' colli udivasi
come un cupo gemito, come un confuso tuono lamentevole d'umane
voci e di sospiri, che sorgeva dalla città medesima, spaventevole annunzio della strage. — E non pertanto gli uomini di quella antica età non
dimostravano di ciò alcun ribrezzo, e gli storici contemporanei descrivono
la grande beccheria con impassibile ingenuità e toccandone diligentemente
ogni più atroce particolarità, niente meno che se raccontassero fatti ordinarii o azioni piuttosto di lode che di biasimo meritevoli.

Alcuni capi de' Crociati vollero disformarsi dal generale costume,
usando alcuna misericordia ai vinti; ma la generosità loro intempestiva
non partorì buoni effetti. — Trecento Mussulmani s'erano rifugiati sulla
terrazza della moschea d'Omaro, e Tancredi per salvarli aveva loro
mandata la sua bandiera, immaginandosi che i suoi compagni avrebbero
avuta qualche considerazione alle leggi dell'onore e della cavalleria ; ma
presto s'accorse della sua falsa stima, perchè quei miseri furono tutti
inesorabilmente trucidati. — Quelli però che ricoveraronsi nella fortezza di
Davide ebbero men trista sorte; conciossiachè accettata da Raimondo la
loro capitolazione, niuno s'ardisse violarla ; ma nondimeno i Crociati zelanti non s'astennero dall'attribuire ad avarizia questa umanità del conte
di san Gille.

Durò, come è detto, la carneficina una intiera settimana, e saturate
o nauseate finalmente le sanguinose brame degli ammazzatori, que' pochi de' Mussulmani che sopravvivevano furono serbati per il servigio del-
l'esercito.

Gli storici orientali, concordi in ciò con i latini, fanno ascendere il
numero de' trucidati in Gerusalemme a meglio che settanta mila. — Ma
per i Giudei, abborriti dai Crociati più che i Mussulmani, poichè se
questi avevano oppressi i Cristiani, quelli avevano ammazzato Cristo, fu
trovato spediente più pronto da sterminarli ; gli chiusero cioè nella loro
sinagoga e appiccatovi il fuoco ve gli consumarono tuttiquanti.

La paziente Natura scevra da tutte umane frenesie, non ostante i furori e le irrequietudini degli animali, seguita tranquilla e uniforme alle
sue leggi il periodico cammino per lo quale primamente si mosse, e sulla

G. Gonzini inv.

Marini inc.

Quei meschinelli trasportando i cadaveri fuori di Gerusalemme.

Lib IV. Pag. 237.

distruzione degli organati corpi, fabbrica nuove vite e nuove ilarità di vegetazione. Dove poi la destruzione soverchia con la pestilenza i misfatti punisce e ravviluppando nel medesimo manto letale i distrutti e i distruttori, adegua tutto e a novella rigenerazione dispone. Cotal pericolo sovrastava a Gerusalemme. I grandi mucchi de' cadaveri e il molto sangue stagnante per le vie e per le moschee, andavansi putrefacendo; l'aere se ne ammorbava; e imminente dimostravasi la pestilenza. I capi, presentendo nuove sciagure, ordinavano si purgasse la città dalle sozzure della crudeltà, che già cominciavano a generar ribrezzo ed orrore negli uomini non del tutto bestiali. Commisesi l'officio della purgazione ai superstiti Mussulmani. Il che raccontando aggiunge il buon Monaco Roberto: *Quei meschinelli trasportando i cadaveri fuori di Gerusalemme piangevano tanto, che era una compassione a vederli!* I soldati di Raimondo gli andavano aiutando, non già per pietà che ne avessero, ma perchè sendo stati gli ultimi a entrare nella città, e non tenendosi abbastanza forniti di preda, speravano in qualche modo rifarsi, spogliando i morti.

Dopo ciò apparve rinnovata di sembiante la città di Gerusalemme, sì per gli abitatori che per le leggi e per la religione. — Avanti la presa erasi fatta la solita convenzione secondo la consuetudine de'Crociati, che ogni soldato rimanesse padrone e possessore della casa o dell'edificio che avesse occupato primiero, facendosene testimonio con l'appiccare all'uscio o una croce o il suo scudo o qualche altro segno. Il qual diritto di proprietà fu rispettato dai soldati quantunque cupidissimi di preda; onde in poco tempo e senza contradizione fu restituito il buon ordine nella città.

Una parte de'tesori tolti a'Mussulmani fu erogata in sollievo de'poveri e degli orfani e per ornare gli altari di Gesù Cristo che s'andavano instaurando nella santa Città. A Tancredi toccarono le spoglie della Moschea di Omaro, le quali, secondo un'antica cronica, erano sofficiente incarco a sei carra, e vi vollero due giorni per il loro trasporto. Tancredi però fe'parte di queste immense ricchezze al duca di Buglione che s'era eletto signore.

Saziate le voglie dell'oro, suscitaronsi quelle delle sante reliquie. La vera Croce, che secondo gli antichi scrittori, fu presa e portata via dal persiano Cosroe, nella cui estimazione non doveva per certo aver avuto alcun pregio, ricuperata dipoi dall'imperatore Eraclio, era stata a Gerusalemme restituita. In tempo dell'assedio i Cristiani della città avevanla trafugata e nascosta; ma riprodotta in luce dopo il conquisto, eccitò la curiosità di tutti i Crociati. Al qual proposito dice una vecchia cronica: Di questa cosa furono i Cristiani sì contenti, come se avessero veduto il corpo di Gesù Cristo pendente da quella. — (*De cette chose, furent les Chrétiens si joyeux comme s'ils eussent vu le corps de Jésus-Christ pendu dessus icelle*). — Fu portata in trionfo per le vie di Gerusalemme e ricollocata quindi nella chiesa della Resurrezione.

Il decimo giorno dopo questa vittoria applicaronsi i Crociati a restituire il trono di Davide e di Salomone ponendovi un capo che potesse conservare e mantenere quel conquisto fatto dai Cristiani con tanta effusione del loro sangue.

Assembrossi il consiglio de' capi, e secondo che gli storici affermano, alzatosi il conte di Fiandra, parlò in questa sentenza:

Compagni e fratelli, noi siamo qui adunati per discorrere e deliberare un negozio della massima importanza, per lo quale non ci fu mai maggior uopo dei consigli della sapienza e dell'ausilio del cielo. Nei tempi ordinarii è sempre universale desiderio che l'autorità sia posta nelle mani del più abile; onde molto più necessario è che a questo nuovo regno e circondato da tanti nimici si preponga un principe che sappia con senno e valore governarlo. Non ignora alcuno di noi che gli Egizii si apparecchiano alla ricuperazione di questa città: la maggior parte de' guerrieri cristiani che si sono armati per la santa impresa, ora che è compita, desiderano vivamente ritornare alle loro patrie, lasciando a cura di chi rimane il difendere i conquisti per essi fatti. Il nuovo popolo abitatore di questa terra, non avrà vicinanza di altri popoli cristiani che il soccorrano ne' pericoli; ma ha gli alleati oltremare e i nemici propinqui; perlochè il re che riceverà da noi, sarà il suo unico appoggio e il suo unico presidio, d'onde appar manifesto, come ei debba esser tale da sapervisi mantenere con riputazione congiungendo alla prodezza naturale de' Franchi, fede, moderazione e umanità, insegnando la esperienza delle istorie: non potersi conservare i frutti della vittoria che mediante la saviezza e la virtù. — Pensiamo adunque, fratelli e compagni carissimi, che oggi, più presto che un re deliberiamo la elezione d'un fedele guardiano al regno di Gerusalemme, il quale doverà esser come padre di coloro che renunciando alle loro patrie e alle loro famiglie, consacrerannosi al servigio di Cristo nella difesa de' Santi Luoghi. Cotal re debbe nutrire e chiamare le virtù in questa terra dove Dio medesimo ne ha dati stupendi esempi, debbe gli infedeli alla verace credenza convertire, debbe alle costumanze nostre assuefarli e delle nostre leggi renderli contenti e desiderosi. Se l'elezione caderà in persona non degna, ruinerete la vostra propria opera e per vostra colpa fia in

Cozzini dis.   *Verico inc.*

Fu portata in trionfo per le vie di Gerusalemme, e ricollocata nella chiesa della

Risurrezione.

Lib. II. Pag 238.

tutto cancellato il nome Cristiano da questo paese. Tutti voi avete presenti alla memoria le fatiche mediante le quali avete occupate queste regioni; nè ignorate i voti che i fratelli vostri d'Occidente fanno al cielo per la nostra prosperità. Qual sarebbe pertanto il loro dolore e quale il nostro se, ritornando in Europa, ci perverrà novella, che il ben pubblico sia stato trascurato e tradito, abolita la religione da questi luoghi ove abbiamo gli altari di quella istaurati. Attribuirebbe allora il mondo alla fortuna e non alla virtù le grandi cose per noi operate, e i mali di questo regno sarebbero accusa della nostra imprudenza. — Nè crediate però, o fratelli e compagni, che questo parlare mi suggerisca ambizione di regno, e ch'io vada procacciando i vostri favori; no, io non aspiro a tanto onore; e il cielo e gli uomini invoco testimonii, che ancorchè voi voleste porgere a me lo scettro, io non l'accetterei, avendo risoluto ritornarmene ne' miei stati. Quello ch'io vi dico non ha altro fine che la comune utilità e l'onore di tutti; e vi priego di ricevere questo consiglio con quell'animo ch'io vel propongo, cioè con amore, schiettezza e lealtà, eleggendo re colui che per le sue virtù sia più capace di conservare e ampliare questo regno, sopra cui l'onore delle armi vostre e la causa di Gesù Cristo riposano.

Fu commendato da tutti il discorso del conte di Fiandra come savio e prudente; e molti concorrevano nel desiderio d'offerirgli la corona già da lui rifiutata; sembrandone sempre più degno chi se ne mostra incurante. Nondimeno Roberto aveva parlato sinceramente e desiderava ritornarsi sollecitamente in Europa, contento del titolo di figliuolo di san Giorgio ottenuto per le sue prodezze nella guerra santa.

Fra gli altri capi degni d'essere eletti al regno di Gerusalemme, era da porre nel primo luogo Goffredo, Raimondo, il duca di Normandia e Tancredi, il quale per vero era soltanto cupido della gloria delle armi, e più pregiava il titolo di cavaliere, che quello di re. — Roberto Normando erasi similmente dimostrato più prode che ambizioso, e niente curatosi prima del regno d'Inghilterra, minore sollecitudine aveva ora di quello di Gerusalemme, e benchè molti voti concorressero in lui, se vero dice uno storico, rifiutò più, che per altra cagione, per indolenza il trono di Davide, del che tanto si adontò Iddio, che il disertò d'ogni bene per tutto il rimanente di sua vita.

Il conte di Tolosa aveva fatto giuramento di non ritornare più in Europa; ma la sua ambizione e il suo ostinato orgoglio davano cagione di temenza, nè mai durante la crociata erasi saputo guadagnare la confidenza e l'amore non solo de'pellegrini, ma nemmeno de'suoi proprii servitori.

Nella incertitudine delle opinioni, il clero non pretermise di far romore dolendosi che si pensasse prima alla elezione d'un re e non a quella del capo spirituale della santa città. Ma la maggior parte de'cherici, secondo l'arcivescovo Tirense, avviliti dalla miseria e nelle dissolutezze, meritavansi poco il rispetto de'Crociati, e dopo la morte del legato Ademaro, non appariva di loro alcuno che degno fosse di succederli: perlochè i loro reclami non furono attesi.

Fu finalmente fermato che il re sarebbe scelto da un consiglio di dieci eletti fra i più degni del clero e dell'esercito. Comandaronsi preci, digiuni e limosine affinchè il cielo degnasse presiedere alla elezione: gli elettori giurarono davanti all'esercito, di soffocare negli animi loro ogni privato interesse ed affezione e di preferire la saviezza e la virtù: dopochè applicaronsi studiosamente a esplorare gli animi e le opinioni di tutti intorno ad ognuno dei capi; riferendo Guglielmo Tirense, che esaminassero perfino i famigliari e i servitori di tutti quelli che potevano aspirare alla corona, sottoponendoli al giuramento che rivelerebbero quanto fosse a loro cognizione intorno ai costumi, al carattere, e alle più secrete inclinazioni de'loro patroni. I domestici di Goffredo di Buglione feciono migliore testimonio delle domestiche virtù, della sua sincerità, non accusandolo che d'un solo difetto, cioè di considerare con vana curiosità le immagini e le pitture delle chiese, e di fermarvisi troppo a lungo, anco dopo i divini offici, *lasciando perciò passare molte volte l'ora del pranzo, cosicchè le pietanze poste in tavola si freddavano e perdevano il loro sapore.* [1]

Allegavansi oltre ciò le gloriose azioni fatte dal duca di Lorena nella guerra santa; come all'assedio di Nicea avesse spento il più formidabile de'Turchi; come ad Antiochia avesse partito per lo mezzo con un fendente di spada, immanissimo gigante; come nell'Asia Minore ponesse a ripentaglio la sua propria vita per salvar quella d'un soldato assalito da un orso: allegavansi anco alcuni altri gesti pe'quali nella estimazione della plebe meritavansi il primo luogo fra Crociati.

Concorrevano adunque in lui i voti dei popoli e dell'esercito; e alcune rivelazioni miracolose divulgate prudentemente secondo i politici accorgimenti di quella età, prenunciavanli il regno già da molto tempo.

---

[1] Probabilmente e quasi per fermo questo deposto è da attribuire o al cuoco o al maestro di casa di Goffredo, e forse anco a qualche parasito della sua mensa; ma l'arcivescovo tirense ne fa gran caso e lo recita con molta gravità.

Raimondo Agilese aggiunge che i Provenzali inventassero molte falsità contro Goffredo, per disturbare la di lui elezione; nè è improbabile sendo sempre stata la calunnia mezzo efficace per rovinare la grandezza dei sublimi, e per impedire i progressi degli infimi.

ti Gonzini dis.

A. Verico inc.

.... fu trionfalmente portato alla Chiesa del Santo Sepolcro,........
Lib.II. Pag.241.

Secondo queste divulgazioni il duca di Lorena era apparito in sogno ad alcune persone degne di fede; uno avevalo veduto assiso sull'istesso trono del sole, corteggiato dagli uccelli del cielo, simbolo de'pellegrini; un altro avevalo veduto con in mano una lampada simile a notturna stella e per una scala d'oro ascendente nella celeste Gerusalemme; un altro ancora aveva veduto sul monte Sinai l'eroe cristiano salutato da due divini messaggieri e ricevente la missione di condurre e di governare il popolo di Dio.

I cronisti coetanei narrano altri simili portenti a grande abbondanza, riconoscendo nelle visioni riferite l'indubitata manifestazione dei disegni della provvidenza. Uno di loro fa grave commentario a tali sogni profetici, dichiarando che l'elezione del re di Gerusalemme, fermata già molto prima nel consiglio di Dio, non poteva reputarsi resultamento delle umane deliberazioni.

Così disposti gli spiriti, aspettavano con impazienza i Crociati, gli effetti della celeste inspirazione.— Finalmente gli Elettori, dopo mature deliberazioni e prese tutte le informazioni necessarie, proclamarono re Goffredo.

Grande fu l'allegrezza dell'esercito cristiano e del popolo, che resero grazie a Dio d'aver dato loro per re quegli che di tante rare ed eccellenti virtù era ornato.— Così Goffredo eletto depositario de'più importanti interessi de'Crociati, e custode de'novelli conquisti, fu trionfalmente portato alla chiesa del Santo Sepolcro, dove prestò il giuramento di rispettare le leggi dell'onore e della giustizia. Ricusò non pertanto di ricevere il diadema e le altre insegne regali, dicendo non voler ricevere corona d'oro dove il Salvatore del mondo l'aveva avuta di spine. — Al qual proposito così si esprimono le Assise: *Il ne volt estre sacré et corosné roy de Jérusalem, porce qui il ne vult porter corosne d'or là où le roy des roys, Jésus-Christ, le fils de Dieu, porta corosne d'espines le jour de sa passion.* — Cioè: *Egli non volle essere consecrato e coronato re di Gerusalemme, perchè non volle portar corona d'oro là ove il re de're, Gesù Cristo, figliuolo di Dio, portò corona di spine, il giorno di sua passione.* [1]. — Contentossi pertanto del modesto titolo di Barone e difensore del Santo Sepolcro; il che, secondo alcuni scrittori, non è tanto da attribuire a sua umiltà e modestia, quanto ai consigli del clero, il quale paventava di veder assiso su quel trono ove doveva regnare lo spirito di Gesù Cristo, l'umano orgoglio; ovvero, secondo altri, perchè sendosi immaginato di dover con-

---

[1] Prefazione delle Assise. — Una cronica Italiana dice che Goffredo fosse coronato di paglia. (Vedi *Biblioteca della Crociate*, vol. I.)

giungere, come nel romano pontefice, l'ecclesiastica alla temporale potestà, accudiva con tutti gli spiriti, che non potendo il suo fine conseguire, la potestà temporale fosse almeno molto debole e modesta. — Comunque siasi, Goffredo dimostrò nel processo del suo governo, meritare più egli il titolo di re, che non il suo stato quello di regno.

In questo mentre il clero attendeva a moltiplicare e consecrare gran numero di chiese, a eleggere vescovi e a mandar pastori in tutte le terre obbedienti ai Cristiani. E quantunque la pietà e il disinteresse debbano presiedere alla scelta dei ministri di Dio, Guglielmo Tirense afferma nondimeno che appo i Crociati, ciò si facesse con raggiri e pratiche vituperevoli; e con ogni maniera di simonie e di frodi: onde, invecechè savi pastori, ebbe il popolo, secondo l'evangelica espressione, lupi rapaci e lascivi e corrotti conduttori che il menavano a perdizione. L'ambizione del romano clero oppresse i preti greci. — Il cappellano del duca di Normandia, aspirava alla sede patriarcale di Simeone, il quale dimorava ancora nell'isola di Cipro da dove aveva di continuo spediti viveri all'esercito Cristiano nel tempo dell'assedio. Ora nel tempo medesimo in che il clero latino lo ricompensava d'ingratitudine, tempestivamente morì; e Arnoldo, i cui costumi non erano senza gravi accuse, e i cui portamenti meritaronsi i rimproveri degli storici, gli succedette nella cattedra di Gerusalemme [1].

Ottenuta l'ecclesiastica carica, Arnoldo, credendosi forse successore dei diritti della chiesa Maomettana, reclamò le ricchezze della moschea di Omaro, toccate in premio a Tancredi, allegando essere la chiesa sempre erede della chiesa, non ostante le varietà di Cristiana, Maomettana, Ebrea, e Idolatra. Ma Tancredi cui non piaceva simile argomentazione, nè sembravali perciò giusta, la refutò con ispregio, onde Arnoldo, come astuto ch'egli era, rappresentatosi nel consiglio de'capi, agramente del rifiuto di Tancredi si doleva, dimostrando, sè esser eletto dalla loro autorità, e che dispregiandolo Tancredi, non lui ma la propria maestà del concilio vilipendeva: esser sua la perdita, loro il disonore; perchè chi non rispetta le volontà di Dio, che si manifestano sempre mediante la missione del sacerdozio, non rispetterà nè manco quelle de'principi; e chi è uso a predare i beni del Signore, s'impossesserà senza ritegno di quelli degli uomini. Conchiuse dipoi Arnoldo recitando i servigi da lui resi alla causa de'Cro-

---

[1] Gli storici della Prima Crociata non si accordano circa al titolo che fu dato al prete Arnoldo; affermando alcuni che fosse eletto patriarca, ed altri, amministratore della Chiesa Gerosolimitana; e questa ultima opinione sembra confermata dalla elezione dell'arcivescovo di Pisa, che accadde poco dipoi.

ciati durante l'assedio di Antiochia, a quello di Arcas e a quello di Gerusalemme.

Rispose Tancredi : — *Signori, è noto a voi tutti esser mia professione trattare spada e lancia e non l'arte di sermocinare, e dover io a quelle la mia reputazione qualunque siasi, non ai certami di rettorica: però non m'assumo di contrastare avanti a voi un avversario la cui fortezza è nella malizia della lingua, COME IL VELENO NELLA CODA DELLO SCORPIONE. Accusanmi d'auer depredato santuarii, d'essermi appropriato o, secondo dicono, SVEGLIATO L'ORO CHE DORMIVA NELLE CHIESE. Che mi sono io appropriato? hollo io dato ALLE MIE NIPOTI? Non l'ho forse speso in servigio del popolo di Dio e PER RESTITUIRLO AL CREDITORE DOPO LA MESSE! E ignorate forse Voi, d'avere statuito, prima che si occupasse Gerusalemme, che ognuno di noi possederebbe i tesori e i beni di che primo s'impadronisse? Si faranno dunque ogni giorno deliberazioni contradittorie? E non sono io quello che ho affrontato in faccia coloro stessi che altri non osava neppure assaltare a tergo? Non fui io primo a entrar là dove niuno osava seguitarmi? E videsi allora forse cotesto Arnoldo, cotesto prete sì valoroso nelle dispute di lingua, e di sì gran pretensioni in consiglio si è veduto dico, gareggiar meco la gloria de' pericoli? E perchè pretende ora al premio delle mie fatiche?*

Leggendo nelle croniche contemporanee questi due discorsi, da me accennati, occorre subito alla memoria alcuno de' consigli recitati nella Iliade Omerica; e Raolo Caeno, che ne fece simile concetto, paragona l'eloquenza di Arnoldo di Roe a quella del prudente Ulisse: Nè sarebbe stato a sproposito comparare Tancredi al focoso Aiace e forse anco, come ha fatto il Tasso nella Gerusalemme, a quel Diómede, che i Greci scrupolosi in religione, soprannominarono *spregiatore degli Dei.* —

I capi dell'esercito dovendo giudicare questo piato, per non offendere alla potestà ecclesiastica ; o alla giustizia, attenersi alla via del mezzo, sentenziando che sopra i tesori della moschea di Omaro si preleverebbero, come decima della preda, settecento marchi d'argento e si erogherebbero a beneficio della Chiesa del Santo Sepolcro ; e Tancredi si sottopose rispettosamente al dato giudizio.

Nè in vero fuvvi parsimonia nello ornare e far pompose le ecclesiastiche cerimonie: arricchironsi gli altari, purificaronsi i santuarii, fusersi campane per chiamare i fedeli alla preghiera, il suono delle quali dopo il conquisto di Omaro, non erasi più udito in Gerusalemme. E uno dei primi atti del regno di Goffredo, fu di eleggere per la chiesa del Santo Sepolcro venti sacerdoti che vi celebrassero i divini offici e salmeggiassero a laude e gloria del Dio vivente.

Frattanto la fama della ricuperata Gerusalemme erasi divulgata nelle più longinque nazioni. In tutte le chiese che i Crociati sul cammino loro avevano restituite, rendevansi grazie a Dio, per la vittoria che instaurava nell'Oriente le leggi e il culto di Gesù Cristo. Accorrevano a Gerusalemme i Cristiani di Antiochia, di Edessa, di Tarso, di Cilicia, di Cappadocia, di Siria e di Mesopotamia: alcuni per istabilirvisi, altri per visitare i santi luoghi.

Rallegravansi adunque i Cristiani, disperavansi i Mussulmani, de'quali, i fuggitivi da Gerusalemme, portavano ovunque la costernazione. Come si sentisse a Bagdad sì grande calamità, lo narrano gli storici Moghir Eddin, Elmacino e Abulfeda. Zeineddino, Càdì di Damasco si strappò la barba davanti al Califa: tutto il Divano pianse sull'infortunio di Gerusalemme: furono comandati digiuni e preci per placare la collera divina: gli Imani e i Poeti deplorarono poeticamente la sciagura de'Mussulmani divenuti schiavi de'Cristiani, e leggonsi nelle loro elegie simili parole:

Oh quanto sangue sparso! oh che calamitadi hanno oppresso i veri credenti! Le donne dovettero fuggire celandosi il volto. I fanciulli caddero sotto i ferri del vincitore; e i nostri fratelli poco fa padroni della Siria, non hanno omai più altro asilo che i dorsi dei loro cammelli o le viscere degli avvoltoi [1].

È più sopra riferito qualmente avanti la espugnazione di Gerusalemme, fosse guerra in tra i Turchi di Siria e di Persia con quelli di Egitto, cagionata dalle discordie che insorgono sempre nella estinzione degli Imperi. Ma la prosperità de'Cristiani e l'oltraggio fatto alla religione di Maometto, ebbero subito potere di riunirli. Gli abitatori di Damasco e di Bagdad, che avevano fino allora esecrato il califo del Cairo come nimico del Santo Profeta, posero in lui la loro ultima speranza; e da tutte le contrade mussulmane intrepidi guerrieri accorrevano in gran numero a congiungersi all'esercito egizio che si appropinquava ad Ascalona.

Pervenuta ai Crociati la novella di questo movimento, Goffredo spedì Tancredi, il conte di Fiandra ed Eustachio da Bulogna a occupare il

---

[1] Nel vol. 4 della *Biblioteca delle Crociate* trovasi per esteso questa elegia arabica di Modaffer Abivardi. Elegia che molto deve esser preziosa agli eruditi, perchè unico monumento poetico arabico contemporaneo. Dicono gli storici che fosse recitata davanti al Califa di Bagdad il quale non potè frenare il pianto e che in tutti fece gran senso.

G. Gonzato dis.   Verico inci.

trovarono i Crociati grandi mandre di buffali, d'asini, di muli e di cammelli;

Lib. IV Leg 246.

paese di Naplusio e l'antico territorio di Gabaone, ordinando loro che appropinquandosi al mare, procurassero aver conoscenza delle forze e delle intenzioni del nimico. Costoro, poco dopo la partenza, spedirono un messaggio al re, annunziandoli che il Visire Afdal che aveva prima tolta Gerusalemme ai Turchi, aveva passato il territorio di Gaza con grandissimo esercito e che in pochi giorni sarebbe in Galilea e sotto la città. Il qual messaggio giunto a sera fu a chiarore di faci e a suono di trombe pubblicato in tutti i quartieri della città, invitando tutti i guerrieri ad assembrarsi per il dì vegnente nella Chiesa del Santo Sepolcro per indi muoversi a combattere i nimici di Dio e a santificare le loro armi con la preghiera.

Vivevansi i Crociati in tanta sicurezza ed erano in modo confidenti della vittoria, che l'annunzio del soprastante pericolo, non commosse niente gli animi, nè il riposo della notte fu turbato se non per l'impazienza e il generale desiderio di trovarsi in nuovi cimenti.

Spuntata l'aurora le campane chiamarono i fedeli ai divini offici [1]; ove fu loro participata la parola dell'Evangelio e la santa Eucarestia, sì che esciti dalla chiesa *pieni dello spirito di Dio*, vestironsi le armi e dalla porta occidentale mossero contro gli Egizi.

Goffredo gli conduceva e il patriarca Arnoldo portava in fronte dell'esercito il Legno della vera Croce. — Le donne, i fanciulli, i malati e una parte del clero, sotto il governo dell'Eremita Piero, rimasersi in Gerusalemme, facendo delle processioni ai luoghi santi, e pregando giorno e notte Dio, per ottenere dalla sua misericordia l'ultimo trionfo dei soldati Cristiani e la distruzione dei nimici di Cristo.

Ma il conte di Tolosa e il duca di Normandia non volevano seguitare l'esercito, allegando questo di aver compito il suo voto, e Raimondo che era stato costretto di dare al re la fortezza di Davide, ricusava di militare per lui e fingeva non credere alla venuta degli Egizi. Tante però furono le istanze e le preghiere de'compagni e quelle del popolo che finalmente s'arresero al comune desiderio.

L'esercito, assembrato a Ramla, lasciavasi a manca le montagne di Giudea e procedeva fino al torrente di Sorrec che mette nel mare, una ora e mezzo distante dal mezzogiorno d'Ibelimo, oggi detto Ibna. Sulle sponde di questo torrente che gli Arabi chiamano *Suchrec*, trovarono i Crociati grandi mandre di buffali, d'asini, di muli e di cammelli; sicchè per la solita loro avidità della preda furono per disordinarsi; ma Goffredo suspicando di stratagemma del nimico, vietò ad ognuno che escisse degli ordini, *sotto pena del taglio del naso e delle orecchie*; alla qual

---

[1] Raimondo Agilese dice che i principi e i Crociati andarono a piedi nudi (*nudis pedibus*) al santo Sepolcro prima d'incamminarsi verso Ascalona.

pena il patriarca aggiunse le ecclesiastiche censure. Obbedirono i pellegrini e la sicurezza di quelle mandre giovò loro anco per l'avvenire, come si racconterà.

Da alcuni prigioni fatti seppero i Crociati che l'esercito Mussulmano erasi accampato nella pianura d'Ascalona; dietro il quale avviso passarono la notte sotto le armi. Il dì appresso sul mattino (era la vigilia dell'Assunzione) gli araldi bandirono la pugna. Levato il sole, i capi e i soldati ordinaronsi sotto le loro bandiere; il patriarca benedisse l'esercito e portò per tutti gli ordini il legno della vera Croce qual pegno sicuro della vittoria.

Dato è il segno e le schiere si muovono e come più s'avvicinano all'esercito egizio, maggior desiderio mostrano della pugna e maggior confidenza della vittoria: al qual proposito dice Raimondo Agilese: Noi facevamo de' nostri nimici quel medesimo conto che se fossero stati branchi di timidi cervi o d'innocenti pecore. Suonavano i tamburi, le trombe, i cantici guerrieri, e tutti, secondo s'esprime Alberto Aquense, correvano contro i pericoli come a lieto festino. L'emiro di Ramla che come ausiliario seguitava l'esercito cristiano, ammiravasi, così riferiscono gli storici del tempo, di quell'allegrezza e alacrità dei Crociati, all'appressarsi d'un formidabile nemico, e giurò a Goffredo di volersi convertire alla religione che inspirava tanto coraggio e fortezza a'suoi difensori.

Giunsero finalmente i Crociati nella pianura d'Ascalona che si stende circa una lega a Oriente e ivi è limitata da alcune piuttosto prominenze di terreno che colline, ove è il moderno villaggio arabo di *Machdal*, circondato da grandi olivi, da palme, da fichi, da sicomori, da prati e da campi seminati a orzo, e grano. A tramontana la pianura mette in altre pianure, eccettochè a Maestrale dove appaiono molte prominenze sabbiose; a mezzo giorno poi il lato della pianura più propinquo al mare, termina in colli di sabbia, ed il terreno verso il lato meridionale è aperto e s'inampia in profonde solitudini [1].

Sopra le dette colline di sabbia erasi accampato l'esercito egizio, simile, come s'esprime Folcherio Carnotense, a un cervo che presenta le sue corna a fine di circondare i Cristiani. Sorgeva da ponente la città di Ascalona sopra una prominenza che sovrasta al mare; e numeroso navile con provvigioni di armi e di macchine belliche tenea il littorale di Ascalona.

Trovandosi i due eserciti a fronte, il mussulmano che, secondo le spie avute, erasi fatto del cristiano concetto molto minore di quello appariva,

---

[1] Vedi la *Corrispondenza d'Oriente*, vol. 5., lettere di Poujoulat sopra Ascalona.

ne rimase stupito; ma errava nella sua stima, perchè tutti quei branchi di bestiame trovati di sopra dai Cristiani sulle sponde del Sorrec, attirati dal clangore delle trombe e delle chiarine, avendo seguitate le schiere cristiane e volteggiando loro attorno, facevano tal romore e levavano tal polverio, che i Mussulmani da lontano gli credettero corpi di cavalleria [1]; e sendosi prima persuasi che i Cristiani non avrebbero nè meno osato aspettarli in Gerusalemme, veggendoseli ora venire addosso in tanto numero, cominciarono a mutare la baldanza e il coraggio in paura.

Invano il visire Afdal fe' prova di rinfrancarli; tutti immaginavansi che nuovi Crociati a milioni fossero dall'occidente sopraggiunti: obliarono i loro giuramenti e le loro minaccie ed ebbero solo presente la tragica fine dei Mussulmani trucidati dopo il conquisto di Antiochia e di Gerusalemme.

I Crociati si disposero immantinente alla zuffa: Goffredo con diecimila cavalli e tremila fanti corse verso Ascalona per impedire che il presidio e il popolo facessero alcuna sortita durante la battaglia: — Il conte di Tolosa co' suoi provenzali, si postò negli spaziosi vigneti suburbani fra l'esercito mussulmano e il mare: — Il corpo poi dell'esercito capitanato da Tancredi e dai due Roberti, mosse contro la battaglia e il corno destro del nimico.

Cominciarono l'attacco i fanti; e la cavalleria rapidamente s'avventò negli ordini de'Mussulmani. — Gli Etiopi, appellati da' Cronisti *Azoparti*, sostennero valorosamente il primo urto, e combattendo con un ginocchio in terra, saettavano nembi di freccie. Avanzaronsi dipoi nella fronte del loro esercito, con ferocissimi clamori, e tenendo in mano discipline che rotavano palle ferrate, disciplinavano alla diretta gli scudi, le corazze e le teste de'cavalli, con molto danno de' Crociati. — Seguitavano gli Etiopi, i lancieri, i frombolatori, e gli arcieri; ma l'impeto de'Crociati espugnava qualunque ostacolo [2]. — Tancredi, il duca di Normandia, il conte di Fiandra, prodigiosamente combattendo sforzarono i primi ordini del nimico; il duca Roberto penetrò fin dove trovavasi il visire Afdal, e prese il grande stendardo degli infedeli; il qual sinistro portò il disordine ne'Mussulmani, che più non osarono tener fronte ai loro avversari, e gittate le armi, fuggivansi del campo di battaglia; e correndo verso il mare, vennero a dar di cozzo nelle genti di Raimondo da san Gille, che ne fece scempio. [3].

[1] Alberto Aquense.

[2] Roberto Monaco nota che i Mussulmani presero la fuga per l'appunto nell'ora in cui Gesù spirò sulla Croce.

[3] Raimondo Agilese (*Biblioteca delle Crociate*, vol. I.)

Perseguitava frattanto i fuggitivi la cavalleria cristiana, e malmenandoli di continuo, gli spinse fino nel mare, dove meglio che tre mila si affogarono, sperando di potersi salvare a nuoto alla armata egizia, che per ricettarli erasi accostata alle rive.

Alcuni de' vinti eransi ricoverati nei giardini e ne' vigneti, e salendo sugli alberi, procuravano nascondersi nelle fronde dei più folti; sennonchè, sendo cacciati a lancie e a frecce, precipitavano giù, come gli uccelli feriti dal cacciatore.

Fecero prova alcuni corpi mussulmani di riordinarsi a nuova pugna, il che vedendo Goffredo, per impedire che la zuffa non andasse troppo in lungo, mosse co' suoi cavalli, e impetuosamente avendoli assaltati, gli ruppe e disperse.

Così in ogni parte sconfitto il nimico, nè tenendo più alcuno il campo, cominciarono le solite carneficine. I Mussulmani spaventati, gittate le armi, senza far difesa, porgevano stupidamente le gole ai ferri de' loro ammazzatori; molti, anco non assaliti, rimanevansi immobili, come se volontarii la morte aspettassero: e la spada de' Cristiani (per usare le poetiche espressioni d'una cronica contemporanea) mietevali, come dalla falce sono mietute le spighe de' solchi o l'erba folta de' prati.

Quelli a cui la fuga riescì, ricoveraronsi nel deserto, ma quasi tutti miseramente perironvi. Quelli che più erano propinqui ad Ascalona, studiarono salvarsi nelle sue mura, ma v'accorsero a sì gran frotte, che in sulle porte da due mila nel gran pigiare, soffocati, schiacciati e dai cavalli calpestati, morirono.

Nella generale sconfitta, Afdal, fu per cader nelle mani del vincitore, e lasciò la sua spada sul campo. Dicono gli storici che egli dalle torri d'Ascalona, contemplando la distruzione del suo esercito, non potesse frenare le lagrime; e che nella sua disperazione, maledisse Gerusalemme, cagione di tutti i suoi infortunii, e bestemmiasse Maometto accusandolo d'avere i suoi servi e discepoli abbandonati.

O, Maometto (gli fa dire il Monaco Roberto) e fia vero che la possanza dell' appiccato sulla Croce, prevalga alla tua, giacchè i Cristiani ci hanno sconfitti?

Ma non credendosi sicuro in Ascalona, imbarcavasi spacciatamente sull' armata, la quale verso il mezzogiorno, spiegò le vele alla partenza: non lasciando più speranza di salvezza all'esercito disperso e fuggiasco, presagito liberatore dell'Oriente e la cui multitudine, secondo i vecchi storici, era tanta che Dio solo arebbe potuto numerarla.

Frattanto i Crociati che per temenza o verecondia de' loro capi, avevano fino allora frenata la loro potentissima brama del predare, non potendola più contenere e reputandosi assicurati della vittoria, avventaronsi a saccheggiare il campo de' Mussulmani. Imprevvidenti sempre de' naturali bisogni ai quali presumevano che Dio dovesse provvedere, non avevano portato vettovaglia secoloro, onde ebbero gran ventura in trovarne il campo nimico ben fornito; nè furono loro di piccolo refrigerio, nello squallore di quelle ardenti sabbie, i molti vasi ripieni d'acqua, che i nimici, più dotti del paese, portavansi al collo e che ora fra le spoglie de' morti giacevansi. Ma le ricchezze e le provvigioni del campo erano sì sterminate che i vincitori, n'ebbero a sazietà e a rigurgito; e tale era l'abbondanza del miele, delle focaccie di riso e d'altre simili vivande portate dall'Egitto, che ogni vil fante dell'esercito, potè dire con ragione: *impoverimmo nell' abbondanza* [1].

Tale fu questa giornata campale, ornata di prodigi dalla Poesia; ma che invero non pose i Cristiani a grave ripentaglio, sicchè non fu loro uopo di estraordinarie prove di valore, nè di miracolose visioni. Non vennero in soccorso de' Crociati, nè le legioni celesti, nè i martiri San Giorgio e Demetrio, che quei buoni soldati immaginavansi sempre vedere nei grandi pericoli.

Oltre ciò i principi cristiani medesimi, in una loro lettera che mandarono poco dopo in Occidente, parlano di questa vittoria con molta semplicità e modestia, attribuendola piuttosto alla fortuna o a Dio, che al proprio loro valore. Dicevano nella detta lettera:

Tutto ne fu favorevole nei preparativi della battaglia; le nuvole ne facevano scudo agli ardenti strali del Sole, e un vento fresco temperava gli ardori del meriggio. Venuti a fronte i due eserciti, noi piegammo un ginocchio in terra ed invocammo al Dio che solo è arbitro della vittoria. Il Signore esaudì le nostre preghiere, e ci spirò tanto coraggio, che chi ne avesse veduti correre contro il nimico ne

---

[1] Il Tasso descrive diffusamente questa battaglia, ponendola però accaduta sotto le mura di Gerusalemme e fingendo che la cittadella si tenesse ancora pe' Maomettani, onde i Crociati fossero in mezzo fra il presidio di quella e l'esercito egizio. Le quali particolarità appartengono all'assedio d'Antiochia, non a quello di Gerusalemme. Però questa giornata secondo che è descritta nella *Gerusalemme Liberata* non serba alcuna convenienza con quella di Ascalona. La disperazione di Armida che ne occupa più della metà con pregiudizio della verisimilitudine, toglie eziandio l'interesse. Il Tasso nella sua *Gerusalemme Conquistata* avendo meglio studiata ed essendosi più attenuto alla storia generalmente, conobbe, non ostante i suoi pregiudizi scolastici (siccome è dimostrato nel Trattato della *Imitazione Artistica della Natura* di Giunio Carbone) come sia unicamente legittimo il Bello Reale, e però facea meritamente più stima del suo poema riformato che del primitivo; il che accaderà anco del pubblico giudizio, quando i sofismi degli idealisti, e di quella falsa scuola che per scemarsi fatica di studio e d'osservazione, pretende correggere e perfezionar la Natura, saranno totalmente infirmati e banditi dalle menti della gioventù. — A. e T.

averebbe presi per un branco di cervi [1] *che vanno a dissetarsi a chiara
fonte.*

Narrano dipoi i principi la rotta de' Mussulmani, la cui moltitudine
fu al primo urto sbaragliata, e come disarmata frotta davasi precipitosamente alla fuga.

Conobbero i Cristiani per questo nuovo esperimento, esser molto meno
formidabili avversari gli Egizi de' Turchi. — Era l'esercito egizio composto di diverse genti fra loro divise, raccolte in fretta, nè mai prima usate
ne' campi. — L'esercito de' Crociati, per lo contrario, era agguerrito, e
guidato da peritissimi capitani: l'ardita risoluzione di Goffredo di muovere contro il nemico fe' molto confidenti i soldati, e mise il disordine
e lo spavento negli Egizi [2].

Secondo il Monaco Roberto testimonio oculare e Guglielmo Tirense,
i Cristiani non avevano più che venti mila combattenti; e i Mussulmani
aggiungevano a trecento mila.

I vincitori avrebbero potuto occupare facilmente Ascalona, ma la discordia frenata fino allora dal pericolo, cominciò ad agitare i capi e tolse
loro che conseguissero i frutti della vittoria.

Dopo la rotta degli Egizi, Raimondo aveva spedito nella città un cavaliere incaricato d'intimare al presidio la resa e di piantare sulle mura
la sua bandiera, volendo per sè quel conquisto. — Goffredo dall'altro
lato ne reclamava il possesso, pretendendo che Ascalona fosse parte del
regno di Gerusalemme. Perlochè il conte di Tolosa vinto dallo sdegno,
se ne partì con le sue genti, avendo consigliato ai cittadini e al presidio
di non arrendersi al duca di Lorena, il quale rimanendone solo all'assedio, non avrebbe potuto espugnarla. Così il maggior numero de' Crociati
abbandonò le bandiere di Goffredo, onde anch'esso fu necessitato allontanarsi, non avendo conseguito altro da quella città atterrita per le armi
cristiane, che piccolo tributo.

Questa contenzione insorta fra Raimondo e Goffredo ad Ascalona, si

---

[1] Più sopra abbiamo veduto un cronista paragonare a un cervo l'esercito mussulmano. Immagini che dettate dalle abitudini della caccia, ritraggono vivamente il carattere dei costumi de' cavalieri e de' baroni. (Questa lettera de' principi cristiani troverassi nel volume dei Documenti).

[2] Gli scrittori arabi attribuiscono la vittoria principalmente a Raimondo di San Gille. Leggesi nella storia araba di Gerusalemme e di Ebron che dopo la giornata un poeta mussulmano, per
ingraziarsi Raimondo gli facesse questo elogio:

*Tu vincesti colla spada del Messia. Oh Dio, qual uomo è il conte di San Gille! la terra
non vide mai esempio di simile sconfitta a quella di Afdal.*

Ma lo storico aggiunge che il Visire fu tanto offeso da questa poetica lode, che fece ammazzare il poeta. (*Biblioteca delle Crociate*). — Chi vuol lodar uno a pregiudizio di altro, sicuramente, bisogna che prima si ponga nella parte e sotto il potere di chi il difenda. — A. T.

tie. Gerusalemme rimanevasi abbandonata da'suoi difensori, e per sostenersi, col presidio di soli trecento cavalli, con la sola prudenza del re
Goffredo e col valore di Tancredi deliberatosi di rimanere in Asia. Quando
i principi ebbero pubblicato l'avviso della loro partenza, tutto il popolo
se ne contristò: Quelli che rimanevansi in Oriente, lagrimando abbracciavano i compagni e dicevano: *Deh, non dimenticate i vostri fratelli
che lasciate nell'esilio; quando sarete alle vostre case, movete desiderio ne'Cristiani di visitare i santi luoghi da noi liberati; esortate
i guerrieri che vengano con noi per combattere contro gl'Infedeli.* —
I cavalieri e i baroni piangendo dirottamente per la pietà della separazione, promettevano ricordarsi sempre dei compagni delle loro fatiche e di muovere la Cristianità per la salute e per la gloria di Gerusalemme.

Fatte le dipartenze e dati gli *addio*; parte imbarcaronsi sul Mediterraneo, parte traversarono la Siria e l'Asia Minore. Giunti in Occidente, soldati e capi portando in mano rami di palma, passavano per le popolazioni, che incontro a loro accorrevano benedicendoli e salmeggiando: reputandosi da tutti miracolo e quasi novella resurrezione il loro ritorno; e
sendo la loro presenza da per tutto soggetto di edificazione e di santi
fervori.

La maggior parte de'capi eransi impoveriti de'beni terreni nella Sacra
Guerra, ma in quella vece recavano d'Oriente Reliquie e Sante antiqua-
lie che pregiavano sopra tutti i tesori. Tutti erano cupidi delle loro narrazioni, per il piacere che prova il volgo delle cose longinque e maravigliose; nè molti v'erano che non ci avessero interesse particolare, perchè quasi ogni famiglia aveva da piangere e da glorificarsi d'alcuno dei
suoi volato martire al cielo [1].

Celebratissima è nelle antiche croniche Ida contessa di Pannonia, che
peregrinò in Oriente e s'espose a qualunque pericolo per ritrovare il suo
marito [2]. Dopo aver corsa l'Asia Minore e la Siria, non giunse a chia-
rirsi se il conte suo marito fosse morto o prigione fra i Turchi. L'accompagnava nel suo viaggio un nobile cavaliere appellato Arnoldo, il quale
era giovine e bello e fu ammazzato dai Mussulmani, mentre cacciava un
daino nelle montagne di Giudea. *Il re e i principi della Città santa*
(dice Alberto Aquense) *ne ebbero molta dispiacenza perchè era ma-
nieroso e senza menda in guerra; ma il dolore della illustre sposa di*

---

[1] Nei Documenti avvi una nota de'principali crociati.

[2] Il pellegrinaggio della contessa Ida è narrato nella cronica di Pannonia. Gisleberti Chronica
Hannoniae. — Questa provincia de'Paesi Bassi al settentrione del Brabante e della Fiandra, al mezzogiorno della Sciampagna e della Piccardia, fu detta dai Latini *Hannonia* e dipoi *Pannonia*.

Cossum dis.

Verico inc.

soldati e capi portando in mano rami di palma........

Lib. IV. Pag. 252.

Baldovino di Pannonia, fu senza misura, perchè Arnoldo era stato suo amico e compagno di viaggio dalla Francia fino a Gerusalemme.

Il conte di Tolosa che avea fatto sacramento di non ritornare più in Occidente erasi ritirato a Costantinopoli dove l'Imperatore gli fece splendida accoglienza e lo elesse principe di Laodicea.

Raimondo d'Orangia volle imitare il Tolosano rimanendosi in Oriente.

Fra i cavalieri compagni di Raimondo da San Gille, che ritornarono alle loro patrie, meritano ricordanza Stefano e Pietro di Salviac di Castel Vecchio, ammirati dal loro secolo quali modelli di carità fraterna; perchè, sendo fratelli gemelli e sendosi sempre teneramente amati fino dall'infanzia; sendosi Piero crociato nel concilio di Chiaromonte, Stefano, sebbene avesse moglie e fosse padre di più figliuoli, volle nondimeno seguitare il suo fratello in Asia e correre con quello i medesimi pericoli di sì longinquo viaggio. Sempre nelle pugne stavansi uniti; insieme furono a Nicea, ad Antiochia e a Gerusalemme; insieme ritornarono al Quersì loro patria, morirono nella settimana medesima e nella medesima tomba furono seppelliti, sulla quale leggesi ancora un epitaffio che delle loro prodezze e del loro fraterno amore fa l'elogio. — Gastone da Bearna tornò con essi in Europa e pochi anni dipoi abbandonò i suoi stati per riprendere le armi contro gl'infedeli e morì in Ispagna combattendo i Mauri.

L'eremita Pietro, ritornato nella sua patria, lasciò il mondo e ritirossi [1] in un monisterio da esso fondato a Hui. Visse ivi ancora sedici anni nella umiltà e nella penitenza e fu seppellito nel cimiterio de' cenobiti.

Eustachio fratello di Goffredo e di Baldovino, venne a prendere il possesso della piccola eredità di sua famiglia, ove visse il rimanente de' suoi giorni tranquillo ma oscuro.

Alano Fergante duca di Bretagna, e Roberto conte di Fiandra, ritornarono nei loro stati e ripararonvi ai mali che nella loro assenza erano insorti, lasciando dopo la morte desiderio di loro ai sudditi [2].

---

[1] Vedi la vita di Piero Eremita del p. d'Oultremant. — Ritornò Piero di Terra Santa nel 1102, con un signore di Liegi appellato il conte di Montagù, ma assalito da gran fortuna di mare, fe' voto di fabbricare una badia; e di fatto fondò quella di *Neufmoutier* (a Hui nel Condroz sulla riva destra della Mosa) in onore del Santo Sepolcro di Gerusalemme. — Alessandro vescovo di Liegi la dedicò nel 1130 e Piero vi morì molto vecchio e volle per umiltà essere sotterrato fuori della chiesa. — Più d'un secolo dopo la di lui morte nel 1242, l'abate e il capitolo fecero trasportare le sue reliquie in un avello di marmo, davanti all'altare dei dodici apostoli, con un lungo epitaffio, vedutovi dal signor Morand dell'Accademia delle Scienze, passando da Hui nel 1761, e che è registrato nel vol. 3. dei Manoscritti della biblioteca di Lione dal signor Delandine, p. 481.

[2] Roberto conte di Fiandra, morì per caduta da cavallo.

Il duca di Normandia fu meno felice de'suoi compagni; perchè nè la vista de'santi luoghi, nè le lunghe pene sofferte per Gesù Cristo, avendo potuto cangiare il suo carattere volubile e indolente, dopo il suo ritorno, per causa di profani amori indugiò più mesi in Italia, e rientrato ne'suoi stati ove fu con molta allegrezza ricevuto, riassunto il governo, si mostrò anco più negligente di prima, alienandosi da lui gli animi de'sudditi. Ma nel suo ozio e negli eccessi della licenza, quantunque privo di danari e d'esercito, formò il disegno di disputare la corona britannica al successore di Guglielmo il Rosso; e standosene in consiglio con istrioni e meretrici, mentre ordinavansi al conquisto d'Inghilterra, perse il suo ducato di Normandia; perchè sconfitto in battaglia e caduto nelle mani del suo fratello Enrico Primo, fu portato da lui in Trionfo oltremare e imprigionato nel castello di Cardiffe nella provincia di Clamorgana. Nè valse a mitigare il suo infortunio la fama de'suoi gloriosi gesti nella Guerra Santa; e dopo ventotto anni di cattività, morì dimenticato dai sudditi, dagli alleati e da'suoi antichi compagni.

— Anno 1101. — L'espugnazione di Gerusalemme aveva universale e vivissimo entusiasmo negli Occidentali riacceso e il fervore della Crociata e de'Pellegrinaggi; onde le scene del concilio di Chiaromonte rinnovaronsi; novelli prodigi annunziarono la volontà di Dio; e furono vedute nell'aere ignite nuvole che grande città figuravano. Narra oltreciò Eccardo, scrittore contemporaneo, essersi mostrati per più giorni sciami d'insetti alati, che dalla Sassonia verso la Baviera volavano; ciò che fu stimato simbolo de'nuovi pellegrini che dall'Occidente si preparavano a passare in Oriente. I sacri oratori, dismesso il parlare nelle loro predicazioni, dei pericoli e delle miserie del popolo di Gerusalemme, in quella vece i trionfi e le vittorie delle armi cristiane e le sconfitte degli infedeli magnificavano. Leggevansi sopra i pulpiti delle chiese le lettere inviate in Occidente dai principi crociati, dalla presa di Antiochia fino alla giornata d'Ascalona; le quali dipoi da' predicatori enfaticamente commentate, concitavano mirabilmente le fantasie della moltitudine; e perchè notavansi in quelle con infamia i nomi de'disertori; tutti coloro che s'erano crociati, nè dipoi erano partiti; e tutti coloro che avevano le insegne della Crociata detrattate, divennero subitamente segno al disprezzo e alla universale detestazione; non giovando nè meno a loro il patrocinio dei grandi e de'signori. — Alzaronsi grida d'indignazione contro il fratello del re di Francia perchè vilmente avesse abbandonati i compagni e ritornatosi in Europa senza pure aver veduta Gerusalemme. — Stefano conte di Carnosa e di Bloase, non potette rimanersi pacifico negli suoi stati e in seno della sua famiglia; esecrando i popoli la sua vergognosa deserzione [1]; e la sua moglie, ora con preghiere ed ora con rimproveri raccordandoli di continuo i doveri della religione e della cavalleria. Questi infortunati principi e tutti coloro che avevano il loro esempio seguitato, vidersi costretti ad abbandonare per la seconda volta le loro patrie e ritornarsi in Oriente.

Molti signori e Baroni non accesi nell'entusiasmo de'primi crociati, chiamarousi in colpa della loro indifferenza, e gittarousi nel torrente delle universali simpatìe. — Fra questi merita nota Guglielmo Nono conte di Pontieri, parente dell'Imperatore Alemannico, e potentissimo in tra i vassalli di Francia; principe amabile, spigliato, poco invero marziale e che nondimeno per peregrinare a Gerusalemme ebbe core di abbandonare una corte voluttuosa e gioconda, che spesse fiate aveva delle sue canzoni rallegrata. La storia letteraria ci ha conservati i suoi Addio poetici al Limosino, al Pontieri, *alla cavalleria a lui tanto diletta, alle mondane vanità che facea consistere negli abiti variegati, e nelle eleganti calzature.* Dati in pegno i suoi stati a Guglielmo il Rosso, prese la Croce a Limosì e avviossi in Oriente seguitato da gran numero de'suoi vassalli de'quali parte di lancia e spada erano armati, e parte del solo bordone da pellegrini.

Imitavalo Guglielmo conte di Niversa; Arpino conte di Bruggia che vendette la sua contea al re di Francia; e il duca di Borgogna il quale crociavasi, non per vedere Gerusalemme, ma piuttosto per la speranza di ritrovare la sua figliuola Fiorina, che erasene fuggita in Oriente col suo amante Sveno.

Il nuovo entusiasmo in Italia e in Alamagna fu maggiore, e più grande il numero de'pellegrini che non fu al concilio di Chiaramonte. Più di centomila Crociati partironsi di Lombardia e dalle limitrofe provincie sotto la condotta di Alberto conte di Blandrat, e di Anselmo vescovo di Milano. Con Volfio ovvero Guelfo Quarto duca di Baviera, e Corrado contestabile dell'Impero Germanico, andò gran moltitudine di Tedeschi, fra i quali erano molti potenti signori, illustri prelati, e la principessa Ida, margravia di Austria.

Fomento principale di questa nuova spedizione come della preterita, secondo il costume di quel tempo, era vaghezza di andare a caccia di strane avventure e di percorrere longinque regioni; nè poco poteva negli animi de'conti e de'baroni rimasi in Europa lo stimolo della ambizione, considerando alle prosperità di Baldovino, di Boemondo, e di Goffredo.

Omberto Secondo, conte di Savoia, che partì per Terra Santa con

---

[1] Orderico Vitale (*Biblioteca delle Crociate*, vol. I).

Ugo il Grande, fece una donazione ai monaci del Borghetto, a fine di ottenere mediante le loro orazioni un *felice consolato nel suo viaggio d'oltremare* [1]. — Ci ha luogo a credere che molti signori e cavalieri facessero consimili donazioni, mentre altri fondarono chiese e monasteri.

I Crociati lombardi furono primi a porsi in cammino, e giunti in Bulgaria e nelle greche provincie, dimenticati i disastri delle masnade dell'Eremita, diedersi a far violenza in ogni luogo, spogliando e maltrattando gli abitatori, facendo prede di tori e montoni, e, (il che, secondo Alberto Aquense, era più esecrando e deplorabile) cibandosi di carne nel santo tempo di quaresima.

Giunto a Costantinopoli, nacquervi per causa loro gravi disordini; perchè giusta le croniche contemporanee, non avendo il greco imperatore provvisto di guardie e di milizie ne'luoghi opportuni, per dove i nuovi pellegrini avevano a passare, intervenne che, essi pervenuti alle mura della città, e trovando le porte chiuse e senza guardia, scalassero il primo muro presso la porta di *Carsia*, che ora è detta *Egri Capù*; del che avvisato l'Imperatore fece subito scatenare e stimolare incontro a quelli i leoni e i leopardi della sua corte: le quali belve feroci, assalita la moltitudine de'pellegrini cominciarono a farne strage, e i pellegrini postisi sulle difese con lancie e giavellotti, tutti i lioni ammazzarono; ma i leopardi meno coraggiosi, sendosene fuggiti, *arrampicavansi come gatti per le mura* [2], da onde discesero liberamente nella città.

Divolgatasi per Costantinopoli questa novella maniera di zuffa, insorse gran tumulto: molti pellegrini con martelli e altri cotali strumenti

[1] Guichenon si esprime così nella sua *Storia Genealogica della casa di Savoia*: Guglielmo Paradino racconta che questo principe (Omberto Secondo di Savoia) fu al pellegrinaggio di Terra Santa alla crociata che fu stabilita nel Concilio di Chiaramonte, sotto Goffredo di Buglione; ciò che dopo di esso hanno confermato quasi tutti gli storici (Pingone, Vanderd, Dogliani, Chiesa, Balderano, Butteto, Enningio). Papirio Massone, ha contraddetto a ciò, perchè la cronica manoscritta non ne parla, nè gli scrittori delle Crociate che pur fanno menzione di molti altri signori meno considerevoli. Neppur Botero ne ha fatta menzione.

Ciò non ostante non si può porre in dubbio questo pellegrinaggio; poichè intorno al medesimo tempo il detto principe fe'donazione ai religiosi del Borghetto in Savoia, per la salute della sua anima, per quella del conte Amato suo padre e de'suoi predecessori. La qual donazione, datata da Jenna in Savoia (e non da Jena di Turingia come dice l'Arte di Verificar le Date) consta che il conte la faceva per ottener da Dio un felice consolato nel suo viaggio d'oltremare. Per la qual voce *consolato*, intendevasi a quel tempo un principato, governo o sovranità. Come si ricava da Orderico Vitale che lo dà a Ruggiero conte di Sicilia, il titolo di Console della Sicilia.

Qui Guichenon aggiunge molti altri esempi del medesimo genere.

Dubitasi del pellegrinaggio di Omberto, per non esserne parlato dagli storici della prima crociata, e per non farsene menzione nelle memorie di questo principe, dalle quali ricavasi, esser egli rimasto in Europa fino al 1100; ma tutti i dubbi sono vinti, ponendo la sua partenza alla seconda spedizione del 1101.

[2] Orderico Vitale (*Biblioteca delle Crociate*).

G. Ovzzini dis.

A. Verico inc.

ma i leopardi meno coraggiosi, sendosene fuggiti, arrampicavansi come gatti per le mura, *Lib. IV. Pag. 256.*

di ferro avviaronsi al palagio imperiale in piazza Santa Argene, penetraronvi dentro, e su i primi furori ammazzarono un parente dell'Imperatore. Ammazzarono anco di poi, e ne fanno commemorazione gli storici, un bellissimo lione; agevole quanto un cane *e nel palagio caro a
tutti*.

Fecero i capi de'Crociati ogni prova per contenerli, ma l'indisciplina
non lasciava alcun luogo al rispetto: e Alessio che avevali della sua collera minacciati, videsi costretto a implorarne pace e a cacciarli oltre lo
stretto di San Giorgio con preghiere e grossi donativi.

Accamparonsi adunque i Lombardi Crociati [1] nelle pianure di Civitota e di Nicomedia, ove gli sopraggiunsero, il contestabile Corrado con
scelto corpo di Teutoni, il duca di Borgogna, il conte di Carnosa, e i
vescovi di Laone e di Soassone con i Crociati Francesi venuti dalla Loira,
dalla Senna e dalla Mosa: mista moltitudine di pellegrini, che tra soldati, monaci, chierici, donne e fanciulli aggiungeva al numero di dugento sessanta mila. Il conte di Tolosa che da Laodicea era a Costantinopoli venuto, ebbe commessione di condurre questi nuovi pellegrini per
l'Asia Minore. Ma i Lombardi massimamente presumevano tanto di sè,
che non si proponevano meno che di assediare Bagdad, e di conquistare
il Corasano, prima di andare a Gerusalemme. Invano i loro capi volevano guidarli per la via già da Goffredo e da' suoi compagni tenuta;
eglino costrinsero Raimondo a prendere il cammino della Cappadocia e
della Mesopotamia.

Appropinquavansi le feste di Pentecoste dell'anno 1101, allorchè partironsi da Nicomedia i nuovi Crociati, e camminato per tre settimane
ben provvisti di viveri, e senza trovar nimici, gonfiaronsi dismisuratamente d'orgoglio e di cieca sicurezza. La vigilia della festa di San Giambatista (secondo Alberto Aquense) giunsero alle falde di altissime montagne e in profondissime valli, e dipoi alla fortezza di *Ancras*, abitata
e difesa da'Turchi. Presero d'assalto la cittadella e passarono il presidio
per le armi. — Fatto ciò mossero contro un'altra fortezza, poche miglia
distante, detta dagli storici *Gangras* ovvero *Gangara*: la quale situata
sopra eminentissima rupe, sostenne i loro ferocissimi assalti.

La città detta dai cronisti *Ancras*, è la stessa che si disse *Ancira* e
che i moderni abitatori appellano *Angora*; alla quale si va da Costan-

---

[1] Raccontano questa spedizione tre cronisti contemporanei, cioè Alberto Aquense, Orderigo
Vitale ed Eccardo. De'quali il primo è più completo e forse anche più veridico. Il secondo si diletta in descrivere piuttosto le cose straordinarie che le vere. E il terzo, quantunque facesse parte della
spedizione è incompleto e confuso.

tinopoli in cinque giorni; sebbene per giungervi i Crociati impiegassero
tre settimane, a cagione della loro geografica ignoranza.

Le ruine della fortezza di *Gangara* esistono tuttavia e i Turchi appellano quel luogo *Chianchari*: e qui appunto ebbero principio gli infortunii di questa novella crociata.

I pellegrini entrarono nelle montagne della Paflagonia, sempre però perseguitati e bersagliati dai Turchi; onde quelli che la stanchezza facea tardi nel cammino, e quelli che per procacciare viveri dal corpo dell'esercito si discostavano, divenivano vittime de'barbari.

Si ebbe ricorso allo spediente di partire l'esercito in alcuni corpi, dei quali ognuno dovea vigilare alla sicurezza de'pellegrini; e perchè d'ogni nazione erasi formato un corpo, talora toccava a Borgognoni il contrastare agli assalti e alle insidie del nimico, talora ai Provenzali, talora ai Lombardi e talora ai Francesi. Ma non ostante questi provvedimenti, molti della inerme moltitudine rimanevansi trucidati sul cammino, nè passava giorno che di gran numero non si compiangesse la perdita. Per la qual cosa l'esercito si ricompose nuovamente in un sol corpo, con che venne ad esser meno esposto agli assalti de'Turchi, e più a quelli della fame. Il danaro (dicono le croniche) divenne cosa inutile, mancando in che spenderlo.

Trovavansi i pellegrini circondati da ogni parte da nude e scoscese rupi e da aride montagne, e simili a grande carovana, precedevano a caso e senza guida in traccia di fonti, di pasture o almeno di quel poco terreno che lo squallore della sterilità non coprisse. Cresceva ogni giorno la fame, ed eccettuati alcuni ricchi che avevano fatta provigione per sè a Civitota e a Nicomedia di farina, carni prosciugate e lardo, tutti gli altri mancavano affatto di viveri, ed erano ridotti a sostentare la misera vita con grani e frutti, non mai veduti e con erbe e radici salvatiche.

In tali strettezze mille fanti eransi inoltrati fin presso *Constamina*, turchescamente *Castamun* [1] e avendo trovato un campo d'orzo, ma non per anco maturo, abbrustolaronlo al fuoco e il si mangiarono. Trovarono anco certi arbusti che producono frutti al sapore molto amari e che i viaggiatori dicono *grani* gialli, questi immaginarono rendere commestibili con la cottura e lo feciono. Dopo che ridottisi in una valle per farvi il loro pasto, ecco che improvvisamente si veggono colti e circondati da grande moltitudine di Turchi, i quali incendiate le capanne e le erbe secche di che il luogo era stipato, tutti quei mille fanti, non

---

[1] *Corrispondenza d'Oriente*, Vol 3. Lettera 63.

altrimenti che essi dell'orzo fatto avevano, abbrustolarono o nel fumo soffocarono. Giunta poi la novella di ciò all'esercito, dice Alberto Aquense, che i Cristiani principi ne fossero di spavento compresi, riconoscendo che le cose le quali da discosto agevolissime si mostrano, da vicino poi il più delle volte in tante difficoltà eccedono da sbigottire la costanza di quantunque più fermo animo.

Così i Crociati dopo aver errato per alcune settimane in quel labirinto di montagne della Paflagonia, posero finalmente il campo in vasta pianura non denominata dai Cronisti, ma probabilmente quella detta dai Turchi *Osmandgic* [1].

Ivi l'esercito trovossi alle mani con gran moltitudine di Turcomanni, venuti dal Tigri e dall'Eufrate, per preciderli il cammino della Mesopotamia e della Siria. — Nella prima settimana del luglio accaddero molte zuffe nelle quali i Cristiani, *osservarono rigorosamente gli ordini, nè potettero essere scommessi dal nemico;* perlochè preparavansi a muovere contro *Marac* (la piccola città di *Mursivano*) nella quale sazione occuparono dapprima una fortezza, che solo due miglia distava dal loro campo, quando improvvisamente abbandonati dalla seconda fortuna, caddero in grande abisso di calamità.

Un dì di domenica (dice la storia contemporanea) il vescovo di Milano, annunziò imminente una gran battaglia; andò per le ordinanze dell'esercito, esortando i soldati al coraggio e mostrando loro il braccio del beato Ambrogio. Raimondo di san Gille fece pure portare davanti ai soldati la famosa Lancia trovata in Antiochia. Tutti confessarono le loro peccata e n'ebbero remissione in nome di Gesù Cristo.

L'ordinanza delle schiere fu fatta per nazioni. — I Lombardi che erano nella fronte sostennero il primo urto de'Turchi e per più ore combatterono strenuamente, ma finalmente stanchi d'inseguire il nimico che iteratamente simulava la fuga e ritornava all'assalto, ritornaronsi alle loro tende con lo stendardo dell'esercito. Il contestabile Corrado, ritiratisi i Lombardi, mosse contro i Turchi co'suoi Sassoni, Bavaresi, Lorenesi e Teutoni, e combattè fino a mezzo il giorno, ma sopraffatto da incessante piovere di strali, rifinito dalla fame e dalla fatica, seguitò l'esempio de'Crociati Italiani. Stefano co'suoi Borgognoni, entrò terzo in battaglia e perdutovi gran numero de'suoi, similmente si ritirò. La vittoria pendeva in favore de'Turchi, quando il conte di Bloase e il ve-

[1] L'esercito de'fedeli di Cristo (dice Alberto Aquense) superò le strette e difficili gore della Paflagonia e discese in vasta pianura. — Le quali gore sono probabilmente quelle di *Hudgi Hamseh*, ove veggonsi tuttora le ruine d'alcune fortificazioni; e la pianura è quella di *Osmandgic*, distante due o tre giornate da Sinope a Levante. (*Corrispondenza d'Oriente*, vol. 3.)

scovo di Laone subentrarono ai partiti, e sostennero il nimico fino a sera allorchè anco essi, vinti dalla fatica, ritornarònsi nel campo avendo perduti molti de'loro. Ultimo a combattere fu Raimondo di San Gille e ferocemente mischiava le mani, ma perduta quasi tutta la sua cavalleria provenzale, abbandonato da'suoi Turcopoli, riparavasi dai perseguitatori Turchi sopra altissima rupe, nè sariasi però salvato se generosamente non l'avesse soccorso il duca di Borgogna.

Sorta la notte ritiraronsi i due eserciti ne'loro campi che fra loro non più che due mila passi distavano, sendo ambidue delle loro perdite sgomenti e poco confidenti della vittoria. Quando improvviso corre voce fra i Cristiani che Raimondo di San Gille siasi fuggito co'suoi Turcopoli, e abbia presa la strada di Sinope; al qual rumore, panico terrore invade i pellegrini e i più valorosi disperano dello scampo. Succede fuga generale, del che avvisati i Turchi che similmente disponevansi alla ritirata, ripresero animo, e all'alba posersi a inseguire i fuggitivi, e parte di loro con ispaventevoli grida precipitaronsi nel campo cristiano, nel quale non trovavansi più altri che donne imbelli, trepidanti verginette, fanciulli e malati. Qual fosse la disperazione e lo spavento di quelle meschinelle e di quei disventurati abbandonati dai mariti, dai padri, dai fratelli, dagli amici, e vedendosi preda di quei ferocissimi Turchi le cui rabbuffate chiome e il barbaro aspetto (secondo l'espressione di Alberto Aquense) facevanli parer loro *simili a neri e immondi spiriti*, meglio potrà il lettore immaginarlo, ch'io dirlo.

Quelli che inseguivano i fuggitivi, per lo spazio di tre miglia, camminavano su i bisanti, su i vasi d'oro e d'argento, sulla porpora e i drappi di seta; ma non penarono molto a raggiungerli e farne miserevole strage; sicchè per tutte le regioni che a Sinope e al Mar Nero si stendono, non fu luogo abitato e diserto, non gora di monti, non pianura che il sangue cristiano non irrigasse; sì grande essendo la carnificina che le croniche contemporanee, numerano da meglio che sessantamila pellegrini spenti o dal ferro de'Turchi o dalla fame o dalla lassitudine e dalla disperazione.

Un altro corpo di pellegrini condotto dal conte di Niversa e dal conte di Brugia, giunto a Costantinopoli nel mese di maggio, erane partito per Nicomedia verso la festa di San Giovanni. Erano quindici mila combattenti e secondo la consuetudine d'allora, conducevano seco monaci, donne, fanciulli e molta plebe inerme. Giunsero ad Ancira dopo due settimane di cammino, nè ricevendo novella alcuna de'Lombardi, nè fidandosi delle strade pericolose della Paflagonia, tennero la destra alla volta d'*Iconio* appellato da Alberto Aquense *Stancone*. Fermaronsi alcuni giorni sotto la metropoli di Licaonia, ma non potendola espugnare, mossero verso Eraclea [1], detta turchescamente *Erecll* ovvero *Ercll* sulla strada di Tarso.

Era il mese d'agosto, stagione caldissima nella quale le stesse carovane sono costrette di sospendere il loro cammino, e nella quale le fonti e i rigagni in ogni parte inaridiscono; così che da trecento pellegrini perirono di sete. Sapevano per incerte notizie i Crociati esservi nel paese una riviera; molti ascesero sulle montagne per iscoprirla, ma ritornati non recarono altra nuova se non che di aver veduta la città d'Eraclea incendiata; ed era vero perchè gli abitatori di quella sentendo l'avvicinarsi de'Crociati, appiccarono il fuoco alle loro case, colmarono i pozzi, ruppero le cisterne e se ne fuggirono.

Sopravvennero i Turchi, sempre attenti ad assaltare i pellegrini quando gli vedevano quasichè vinti da qualche grande calamità, e prepararonsi a combatterli in una valle assai ben grande e propinqua alla città.

Il fratello del conte di Niversa che portava lo stendardo dell'esercito, visto il nimico, posesi subito in fuga, seguitandolo vergognosamente gli altri capi e lo stesso conte di Niversa, che abbandonata la moltitudine esterrefatta de'pellegrini, ricoveraronsi in Germanicopoli città di Cilicia. Caddero in potere de'Turchi le tende e le ricchezze de'fuggitivi e le loro donne e fanciulli che furono condotti in ischiavitù nel Corasano.

Era ancora per via un terzo esercito di pellegrini condotto da Guglielmo di Pontieri, nel quale militavano il conte del Vermandese, il vescovo di Chiaromonte, Guelfo Quarto duca di Baviera e la contessa Ida margravia d'Austria. Giunti a Costantinopoli, gli Allemanni e gli Aquitani non sapevano ancor nulla di quanto avessero a sostenere nell'Asia Minore, poichè (dicono le vecchie croniche) *tanto era facile il ritornare da quei paesi che dal regno de'morti;* e nondimeno sinistramente presentivano, onde parte di loro stimando la Romania quasi baratro sepolcrale ove i popoli d'Occidente perdevansi, volevano andare in Palestina per la via del mare; opponevansi altri a questo disegno, mostrando i pericoli a che si esponevano per le vendette e per le tradigioni di Alessio, e quelli delle fortune di mare.

In questo doloroso fluttuare di pareri (dice Eccardo) vedevasi il padre separarsi dal figliuolo, il fratello dal fratello, l'amico dall'amico, nella quale separazione in che ognuno studiava la preservazione di sua vita, aveavi più amarezza e dispiacenza che nella morte istessa; di modo che quelli che preferivano la via di mare e quelli che volevano passare

---

[1] Vedi la *Corrispondenza d'Oriente*, lettera 63.

per la Romania, mutando spesse fiate proposito, o ricompravano i cavalli venduti o lasciando le provigioni terrestri s'accontavano co'nocchieri, e in ogni modo non rimovevano il duro fato che gli aspettava [1]. Tale è il ristretto della relazione d'un pellegrino partito d'Occidente con i Crociati teutonici, ed egli medesimo, dopo lunga esitazione, prescelse la via del mare, per la quale senza pericoli, giunse con molti altri pellegrini al porto di Jaffa, *protetto dalla divina clemenza.*

Guglielmo di Pontieri e i suoi compagni traversarono lo stretto di San Giorgio, e giunsero a Nicomedia a tempo delle messi, con una, piuttostochè esercito, carovana di uomini, donne, fanciulli e vecchi di qualunque stato e condizione: con la qual moltitudine, inoltraronsi per l'Asia Minore tenendo la medesima strada già fatta dai primi crociati. Il corpo di Guglielmo da Pontieri, cammin facendo, prese le città di *Filomelio* [2] e di *Salamiè*; discese quindi verso Eraclea, per trovarvi (dice Alberto Aquense) certo fiume molto desiderato, il quale non seppero scoprire i compagni del conte di Niversa e che veramente scorre in non grande distanza da Eraclea.

Quando l'esercito era già propinquo al cercato fiume e molto prostrato dall'eccessivo caldo, se gli fecione incontro i Turchi, sopra le due ripe disposti in ordine di battaglia. — Si appiccò fiera zuffa, furono vinti i Cristiani e presero la fuga; molta fu la strage di loro. — Il vescovo di Chiaromonte in Alvergna, il duca di Baviera, il conte di Pontieri, quasi soli ebbero la buona ventura di salvarsi pigliando la montagna e per certe gore ignorate. — Il duca del Vermandese trafitto da due freccie morì a Tarso e fu nella chiesa di San Paolo sepolto. — La margravia di Austria e molte illustri dame disparvero nel tumulto della pugna e della fuga; vocitandosi da alcuni che fosse morta calpestata dalla cavalleria, e da altri, che fosse stata presa dai Turchi, e condotta nel Corasano; paese (dice Alberto Aquense) diviso dalla terra da paduli e grandissime montagne e nel quale i Cristiani prigioni, *tenevasi chiusi in istalle come armenti.*

Così vennero meno tre grandi eserciti, simili ad altrettante nazioni, tutti dal medesimo fato distrutti, dalla medesima imprevidenza de'capi, dalla medesima indisciplinatezza de'soldati, e offertisi quasi da per sè stessi al ferro sterminatore de'Turchi. Vero è che nella prima crociata v'ebbero pure infortunii e non piccoli, ma non senza gloria, mentre

---

[1] Eccardo (*Biblioteca delle Crociate*).

[2] La città di *Finiminia* o di *Filomelio*, ha odiernamente il nome turchesco di *Ilguin*, e di-ta otto o nove leghe da *Achcher* detta anticamente Antiochetta di Pisidia (Vedi *Corrispondenza d'Oriente*, lettera 61 e 63.)

per lo contrario i nuovi crociati inonorati perivano: nè le imbelli frotte che gli seguitavano ebbero poca parte alla loro ruina; nè piccola cagione ne furono le illusioni nate in Occidente dopo le vittorie de'primi Crociati; volendo tutti partire immaginandosi che in Asia non fossero rimasti più nè Turchi nè Saraceni, e che bastasse porsi in cammino per giungere senza ostacolo a Gerusalemme.

Gli storici coetanei ci affermano con molta gravità che in questa disgraziata spedizione quattrocento mila pellegrini *escirono da questo mondo caduco per vivere eternamente nel seno di Dio*; e non numerano quelli caduti nella schiavitù de'Turchi; de'quali possiamo argomentare la sterminata moltitudine, considerando soltanto alle donne, che partironsi in numero quasi infinito e niuna ne ritornò in seno di sua famiglia.

De'Crociati fuggiti alla strage, parte ripararono a Costantinopoli, parte ad Antiochia. — Nel seguente libro vedrannosi le misere reliquie di questa Crociata giungere a Gerusalemme ove alcuni principi a cui pareva essere stati miracolosamente salvati dai ferri turcheschi, persero la libertà o la vita combattendo cogli Egizi.

Morì il duca di Baviera e fu nell'isola di Cipro sepolto; Arpino di Bruggia a cui successe di ritornare in Francia, rendessi monaco a Cluni. Guglielmo di Pontieri pose in canzoni i disastri della crociata facendone solazzo al suo dolore, e spessefiate (dice Orderico Vitale) cantava nelle corti que'suoi versi di piacevole e quasi ironica malinconia: dotato di quel morale temperamento a cui sono soggetto di riso e di trastullo anco le umane calamità.

CONCHIUSIONE

DELLA PRIMA CROCIATA

———•◦◦◦◦•———

Merita alcuna considerazione lo spettacolo che alla mente del lettore, della Prima Crociata è presentato, nel quale rappresentansi due nimiche religioni contendenti fra loro il dominio della Siria e dell'ebraico patrimonio : nè fia senza instruzione indagare che conseguenze portasse per i contemporanei quella grande catastrofe e quali per la posterità de' popoli occidentali.

Ha sempre fatto ammirazione agli scrittori che i Crociati con un esercito di seicento mila uomini a mala pena potessero impadronirsi della Giudea e di poche altre città, mentre Alessandro con soli trentamila Macedoni conquistò la signoria dell'Asia : al qual proposito è da notare che Alessandro non ebbe incontro altri nimici che i Persi gente di decrepita civiltà e per conseguenza poco atta a difendersi; laddovechè i Crociati ebbero a fronte i Turchi, divisi ma non del tutto corrotti e assuefatti alle battaglie e ai conquisti; e sebbene gli Egizi fossero corrottissimi e divenuti imbelli, nondimeno riuniti ai Turchi potevano se non nuove regioni conquistare, almeno le conquistate conservare.

Le guerre religiose, di che i Greci e gli altri antichissimi popoli non ebbero esempi, sogliono essere sopra tutte le altre ferocissime, implacabili e sterminatrici; per la qual cosa il vincitore, che non perdona a veruno dei vinti, acquista e mantiene con più sicurezza l'acquistato.

Ma l'arcano furore che spinge gli uomini a sì lontane e crudeli guerre, è sempre stato causa di grande ammirazione e di curiosità agli uomini di più nobile intendimento che la moltitudine: onde l'abate Guiberto, il quale scrisse pochi anni dopo la crociata, dice:

Io non so qual concetto mi debba formare, nel vedere i popoli tormentarsi in quelle agitazioni, percludere i loro cuori a tutti gli umani affetti, e correre precipitosamente nell'esiglio a fine di sterminare i nimici di Cristo, e trapassare i confini del mondo latino, con più alacrità e allegrezza, che andando a feste , non arebbero fatto.

E aggiunge dipoi che a suo tempo non movevansi più guerre per zelo religioso, ma bene per cupidità di acquistare, o per ambizione o per altre sì fatte passioni profane e odiose. Ma perché non ostante le cause, lo spirito marziale s'era mantenuto in tutti i popoli, Dio suscitò nuove guerre a gloria del suo nome; guerre sante, per le quali aprivasi alle genti nuova via di salvezza ; e coloro che professavano armi, potevano senza disonorare la loro professione e senza disertarla *uscendo dal secolo,* ottenere la misericordia divina. — E per tal modo santificata la guerra a tutti parve bello e meritevole seguitare lo stendardo di Cristo.

Uno dei caratteri più maravigliosi di questa Crociata è d'essere stata prenunciata quasi per tutto il mondo, provenendo il prognostico dalle relazioni che i pellegrini facevano delle persecuzioni e de' patimenti che sostenevano i Cristiani d'Oriente; al che non avvertito parve la predizione a molti dettata da lume superiore; siccome parvero prodigi agli ignoranti di quel tempo tutti i fenomeni straordinari della terra, del cielo e del mare. Il che comprovasi per le profezie e per i prodigi avuti dai Mussulmani medesimi.

Essendo Roberto il Frisone a Gerusalemme dodici anni prima pel concilio di Chiaromonte, tutti i capi del popolo mussulmano erano dal mattino fino a sera stati congregati nella moschea di Omaro, per iscoprire e penetrare nei libri della loro legge, le profetiche minacce delle costellazioni, e conclusero da evidentissime conietture, che: *uomini di condizione cristiana verrebbero a Gerusalemme* per impadronirsi della Giudea. Ma rimase incerto il tempo di tale catastrofe.—Così l'Occidente e l'Oriente disponevansi a grandi cose ; e i Cristiani attribuivano i prognostici de'Mussulmani a rivelazioni del diavolo.

Nel religioso furore manifestatosi sul finire dell'undecimo secolo, due passioni principalmente divisero la società cristiana: una delle quali traeva gli uomini alla vita solitaria e contemplativa ; l' altra gli spingeva a vagabondare e cercare la remissione di loro peccata nel tumulto e negli orrori delle guerre sante. Perciò molti ecclesiastici predicavano ai Cristiani : — *Andatevene alla solitudine, ivi solo trovasi la salute dell'anima ; ivi il Signore è più delle sue grazie liberale ; ivi l'uomo si fa migliore e più degno della divina misericordia.* — Altri ecclesiastici per lo contrario predicavano: *Dio vi chiama in sua difesa ; ed è solo nel tumulto de' campi e nei pericoli della guerra santa che voi otterrete le benedizioni del cielo.* — E queste due opposte sollecitazioni erano dall'uni-

T. I.

versale egualmente seguitate con non piccolo detrimento della prosperità sociale, della agricoltura, del commercio e di tutte le altre parti che costituiscono la civiltà; perchè l'istituto de'monaci, che veramente è santissimo, consecrando gli uomini totalmente a Dio, gl'induceva piuttosto a consumare che a procurare le cose necessarie alla abitazione terrena, compensando con la facilitazione all'acquisto della beatitudine eterna; e l'istituto soldatesco perniciosissimo in ogni tempo, consumava prematuramente le popolazioni a pregiudizio non a beneficio dell'umanità; dovendo lo storico lasciare al giudicio di Dio, s'e'convenga devastar terre longinque e longinque genti sterminare per sua gloria e servigio; il che fare, davanti la umana ragione saria più presto empietà che argomento di buona religione.

Perciò allora, quelli de'Cristiani che alla morale perfezione avevano l'intesa, o esigliavansi volontari ne'diserti, come se in altra condizione a Dio non avessero potuto satisfare; o impugnata la spada e fregiatosi il petto della Croce, correvano per istranii paesi, talvolta vittime di loro stramodato zelo, talvolta implacabili sterminatori d'uomini; di campagne e di città, ritornando a lor potere questo miserevole globo di fango nella primitiva salvatichezza e squallore. E tanto erano prepotenti queste due passioni della solitudine e della milizia, che secondo i coetanei scrittori, tutta Europa da soldati o da monaci sembrava unicamente abitata; e le sue provincie nel dodicesimo secolo, annumeravano quasi più monasterii e accampamenti, che case.

A esplicare sì maraviglioso umano fenomeno, fu usato l'esempio dell'Eremita Piero, il quale apparve al sommo grado dalle dette passioni predominato; dispostovi dalla sua fervida immaginativa, dalla versatilità e irrequietudine del suo spirito. Per la qual cosa prima professò vita cenobitica, poi militare e compite le sue guerresche fazioni, nuovamente alla cenobitica austerità ritornava: onde essendo come simbolo del suo secolo, ebbe potere e simpatia incredibile con gli animi de'suoi coetanei, che potè a suo senno svolgere e dirizzare a qual fine reputava migliore.

Cotal fenomeno è inevitabile conseguenza degli stati che per decrepita civiltà si disfanno; poichè il governo migliore non è quello in che gli uomini, secondo loro stima, si chiamano liberi, ma bene è quello che regge per beneficio de'popoli e non del principe; che cura della pubblica moralità, che l'industria s'agumenti e perfezioni, che l'agricoltura prosperi, che il commercio giovi e non impoverisca, che le ricchezze non si distribuiscano sproporzionevolmente, che tutti gli uomini servano alla comunità di che sono parte, che niuna loro classe viva parassita delle altre; e simili altri buoni ordinamenti i quali quando vengono meno è, impossibile, che alcuna civiltà si mantenga. Ora nella corruzione la pubblica moralità vilipesa si spegne, onde le passioni soverchiano la ragione; l'industria, l'agricoltura e il commercio si perdono, onde nasce l'ozio; le ricchezze riparano in casa ai più tristi e rapaci, onde i ricchi si fanno insolenti, e i poveri inviliscono; dalla vile servitù s'ingenera la vita parassita; e le classi civili che più non s'affaticano materialmente, dannosi al fantasticare; l'ozio desidera gli esaltamenti dello spirito; la squallida povertà è cupida di rapine, perchè con l'industria non sa acquistare; e la religione beneficio di Dio agli uomini, è distorta e violata per onestare le perverse cupidità della umana degenerazione. Così argomenta il caduco filosofo; ma chi potrebbe assicurarsi della sua sapienza, quando quello che è giusto e lecito nel cospetto dell'uomo, è talvolta iniquo nel cospetto di Dio?

In tra le conseguenze della Crociata fu lo spavento delle nazioni mussulmane per lo quale non osarono di poi per molti anni tentare alcuna impresa sull'Occidente; mentre che per le vittorie de' Crociati l'impero greco estese i suoi confini, e Costantinopoli che era cammino dell'Occidente ai Mussulmani, rimasesi sicura dai loro assalti. — Ciò non pertanto in tali longinque spedizioni l'Europa perdette il fiore de' suoi popoli, sebbene non fosse scena di sanguinosa e terribil guerra nella quale non aveasi rispetto ad alcuna cosa, e le provincie e le città erano di continuo ora dai vincitori ora dai vinti devastate, tornando perniciose per tal modo le convulsioni dell'Oriente alla pace dell'Occidente.

Era però universale l'opinione presso i Cristiani, che fosse peccato il militare fuorchè per la Causa di Cristo: opinione che partorì alcun bene facendo cessar le rapine, e rispettare la *tregua di Dio* germe nel medio evo di migliori istituzioni; perchè quantunque grandi fossero i disastri delle Crociate erano però sempre meno ruinosi delle guerre civili, e della feudale anarchia che da lungo tempo desolava le contrade di Europa.

Altri beni ancora produsse la prima Crociata. — Perchè per la guerra Santa l'occidente venne a conoscere l'Oriente di che aveva appena confusa nozione; i navigli europei frequentarono maggiormente il Mediterraneo, e la navigazione e il commercio, principalmente quello de' Pisani e de' Genovesi ne ebbero incremento. Vero è che molti tesori dell'Europa erano stati trasportati in Asia dai Crociati, i quali però prima essendo dal timore o dall'avarizia tenuti sepolti, non giovavano ad alcuno; ondechè il danaro che non fu portato via dai Crociati, fu messo più sicuramente in corso nell'Europa, dove sebbene fosse il contrario, parvero, maggiori le ricchezze che non per lo avanti.

Non è però da credere lievemente che per la prima Crociata l'Europa ricevesse molta civiltà dall'Oriente; stantechè, nell'undecimo secolo essendo l'Asia da intestine guerre e mutazioni di stati lacerata, nè i Saraceni nè i Turchi coltivando le arti e le scienze; i Crociati non ebbero altra comunione con quelli, fuorchè la ferocità delle armi. Ed oltre ciò i Franchi spregiavano i Greci, nè perciò potevano ricavarne istruzione. Onde dalle Crociate ritrasse l'Europa piuttosto che civiltà, un incitamento a nuove cose e quella confusa immagine del migliore che è sprone alla inquietudine de' popoli.

Investighiamo nondimeno il bene che partorì la prima Crociata ai coetanei: imperocchè facilmente si ferma la mente del lettore su i mali che con maggior forza s'imprimono nella sua immaginazione; mentre i vantaggi e i loro impercettibili progressi riconosconsi con maggiore difficoltà.

In tra questi beni è annumerata la gloria de' nostri antenati, dalla quale provenne la celebrità di molte famiglie. — Alla invitazione di papa Urbano, avevano risposto principalmente i Franchi, ma i popoli non i Monarchi che Dio non volle patrocinatori della sua causa, e secondo un Cronista, aveva preferiti essi Franchi, la cui nazione fino allora era stata innocente di qualunque eresia. Il che ha significato l'Abate Guiberto, intitolando la sua Istoria: *Gesta Dei per Francòs*, che sarebbe quanto dire: *Cose operate da Dio mediante i Franchi*.

Notevole è che a tempo delle Crociate, gli uomini credevano che il mondo fosse già decrepito e prossimo alla sua estinzione; onde s'ammira l'abate Guiberto che in età sì vecchia e cadente potessero aver luogo tante eroiche e vigorosissime gesta. — Ma dopo il conquisto di Gerusalemme le menti a poco a poco si riscossero del loro letargo, e avvisarono la grande mutazione che s'andava operando tanto nell'Oriente che nell'Occidente; onde disse l'abate Guiberto: *Noi sappiamo indubitamente; non aver Dio dato cominciamento a sì gran cose per la liberazion d'una sola città, ma per ispargere semi di civiltà, in ogni luogo, i quali produrranno abbondantemente* [1]. — E ciò verificavasi per lo studio della grammatica venuto in fiore e coltivato da molti, e per le scuole fatte pubbliche e divenute accessibili anco alla plebe.

Prima della Crociata la scienza della legislazione che è importantissima

---

[1] Questo è quell'abate Guiberto a cui Gibbon attribuisce maggior filosofia che a tutti gli altri scrittori del suo tempo; e a cui Michaud la nega assolutamente volendolo pari in tutto agli altri. — Ora però è molto curioso vedere che Michaud medesimo, appoggia tutte le sue riflessioni a quelle già fatte da Guiberto; e molto più curioso è ancora, vedere, che le riflessioni dell'antico cronista sono molto più profonde e sensate, che quelle del moderno istorico. *Trad.*

sopra tutte le altre giacevasi in quasi assoluta noncuranza. Alcune città d'Italia e le provincie prossime ai Pirenei ove i Goti avevano poste in fiore le leggi romane [1], godevano sole d'alcun beneficio della civiltà.

Fra gli ordinamenti raccolti da Gastone di Bearna, prima di partire per la Crociata, trovasene alcuni degni d'essere conservati dalla Storia, come primi saggi d'una legislazione, che l'esperienza e lo studio di più secoli posteriori doveva a grandi augumenti condurre. —

La pace (dice il legislatore dell'undecimo secolo) *osservisi sempre ai chierici, ai monaci, ai viandanti, alle dame e al loro corteggio.*

Se alcuno si ricovera presso una dama, sia sicuro della sua persona rifacendo i danni.

La pace sia col rustico; nè si possano prendere i suoi bovi e gli strumenti di sua professione.

Le quali benefiche disposizioni in gran parte dal cavalleresco temperamento provenivano accresciutosi molto per le guerre combattute contro i Saraceni di Spagna; e in gran parte ancora erano frutto de' concilii, ne' quali provvidentemente la chiesa alle guerre private e agli eccessi dell'anarchia feudale aveva impreso a contrastare [2].

Le guerre sante trasmarine compirono l'opera della chiesa e della cavalleria, e la cavalleria medesima perfezionarono; e il Concilio di Chiaromonte e la susseguente Crociata, augumentarono e stabilmente fondarono, ciò che i Concilii precedenti e i più savi principi e signori avevano in vantaggio della umanità procurato.

Alcuni de' principi Crociati; come il duca di Brettagna, e Roberto conte di Fiandra, ritornati ai loro stati, portaronvi beneficio di savie leggi; e gli abusi violenti del feudalismo furono da salutevoli instituzioni temperati.

Nella Francia molti signori avevano affrancati i loro vassalli che avevanli seguitati alla santa spedizione. Giraldo e Girardetto Ademaro di Montoglio che avevano seguitato il vescovo del Puy loro fratello in Pa-

---

[1] Bisogna intendere questo luogo con discrezione: Perchè il diritto Romano non venne mai meno in Italia, e i Goti che l'addottarono, nol promulgarono però mai in alcuna nuova provincia. — Trad.

[2] Le provvigioni di Gastone da Bearna trovansi nei decreti della Sinodo tenuta nella diocesi di Elna nel Rossiglione, il 16 maggio 1027: e avevano per oggetto la tregua di Dio. Il Concilio aveva decretato che non si potesse assalire un monaco e chierico quando erano senz'armi, nè altr'uomo che andasse alla chiesa o da quella ritornasse, o fosse in compagnia di donne. — Nel concilio di Bruggia, nel 1031, ed in altre furono rinnovate le medesime provvigioni; ponendo sotto la tutela della religione, gli agricoltori, i loro bovi e i molini (Vedi la *Collezione de' Concilii*: di Labbe).

lestina, per ricompensare alcuni vassalli andati a quella impresa, accordarono loro alcuni feudi con atto rogato nell'anno medesimo che Gerusalemme fu espugnata. Vi sono consimili altri atti rogati durante la Crociata e ne'primi anni che a quella successero; parendo che la libertà
dovesse essere certa mercè di que'pochi Crociati a cui riescì ritornare
in Occidente e a cui reputavasi non doversi altro principe e padrone che
Gesù Cristo.

Il re di Francia, sebbene diuturnamente perseguitato dalle ecclesiastiche censure, e sebbene non fornito d'alcuna laudevole qualità personale, regnò più tranquillo e felice de'suoi predecessori, cominciando a
torsi il giogo de'grandi vassalli della corona, de'quali non pochi eransi
in basso stato ridotti, o erano morti nella santa guerra.

È voce universale essersi arricchito il clero delle spoglie de'Crociati;
il che, per la prima Crociata, fu veramente, ma per le susseguenti la
cosa andò in altro modo: perchè le ricchezze nelle società umane, sogliono cadere in balìa piuttosto degli astuti che de'forti, e il clero d'allora, sendo più che ogni altro ordine civile, fornito di lettere e d'umane
discipline, potè facilmente tirare a sè quello che i robusti ma ruvidi e
ignoranti guerrieri non sapevano pregiare; ma perchè l'esperienza apre
gli intelletti agli uomini, nelle susseguenti Crociate, cominciarono ad ac-
corgersi che non chi conquista le terre altrui e le altrui ricchezze, ne
gode i benefici, ma bene chi sa le fatiche de'forti e degli industriosi
operativi al suo privato profitto tirare; e che l'astutezza fu in ogni tempo
padrona della robustezza e della fatica. Allora i principi secolari conobbero mantenersi dalla ricchezza la potenza, e da questa i buoni ordini
civili, e facendosi al clero più reverenti di onoranze che di tributi, cominciarono a concentrare in se quelle ricchezze e quella potenza che sole
potevano la temporale monarchia mantenere.

Il commercio, che è principale maestro di sì fatta politica, aveva
condotto alcune città d'Italia a non piccolo grado d'incivilimento, anco
prima della Crociata [1]; onde poi sorsero quelle mirabili repubbliche,

---

[1] Qui seguita l'autore a dire: *Mais cette civilisation, fondée sur l'imitation des Grecs et
des Romains, bien plus que sur les moeurs le caractère et la religion des peuples, ne présen-
tait en quelque sorte que des accidents passagers, semblables à ces lueurs soudaines qui se dé-
tachent du ciel et brillent un moment dans la nuit.* — Il che, cosa voglia significare, nè io l'intendo, nè chi conosce l'antica storia d'Italia, credo che il possa intendere. Certo è che quei buoni
commercianti Amalfitani, Pisani e Genovesi avevano tutt'altro per la mente per fondare la civiltà
loro sulla imitazione de'Greci e de'Romani. — Seguita dipoi il medesimo autore dicendo: *Nous
montrerons, dans les considérations générales qui terminent cet ouvrage, combien toutes ces
républiques éparses et divisées entre elles, combien toutes ces législations servilement emprun-
tées aux anciens, combien toutes ces libertés précoces qui n'étaient point nées du sol et ne s'ac-*

dove ogni ordine civile avendo una rappresentanza di sè e de'suoi diritti, poteva le sue gravezze e la sua depressione manifestare e cercarvi rimedio ; onde i tumulti civili, non dalle istigazioni di utopisti, e di astuti raggiratori, provenivano, come pur troppo in alcuni stati del mondo sogliono provenire, ma da quelle istesse dimostrazioni che gli ordini civili della loro depressione facevano. Repubbliche calunniate a torto, nelle quali senza tanta moderna politica sapienza, tutta la cittadinanza prosperava, le ricchezze e l'industria erano eccessive ; il vigore e la potenza sempre vegeti. Non disputavasi allora delle forme governative, ma l'intesa universale era in correggere e perfezionare l'amministrazione; per quella istessa ragione che il campo coltivato da'suoi proprii padroni, prospererà e darà sempre maggior frutto che quello coltivato da'servi i quali non partecipano del comun bene, nè hanno premio alle fatiche loro se non quanto gliene è concesso dal padrone. Se la Francia potè unirsi in un solo stato e Italia no, non provenne però dall'antico servaggio di Francia e dell'antica libertà d'Italia, ma da ben altre cagioni annumerate dal perspicacissimo Machiavello. E se le Crociate produssero alcun bene, certo fu quello di debilitare il feudalismo, di che la Francia istessa profittò più che alcun altro stato.

cordaient point avec l'esprit du temps, nuiserent à l'indépendance de l'Italie dans les âges modernes. — Ma qui non so decidere se sia maggiore la crassa ignoranza storica dell'autore o la solita francese malignità contro gli Italiani. La moltitudine delle repubbliche Italiane non fu causa della presente divisione della nostra penisola, la qual causa è stata bastantemente da Niccolò Machiavelli e da altri nostri storici e politici dichiarata; nè alcuno statuto di quelle repubbliche è stato imitato o servilmente copiato da Greci e da Romani, come afferma l'autore, con che mostra non averne mai veduto alcuno. Le libertà precoci non nate dal suolo, è una di quelle solite strampalate metafore e figure moderne, senza significato e prive di senso comune, di che i francesi scrittori fanno gran pompa. — Mi scuserà anzi me ne avrà grado pertanto il Lettore se io nella mia traduzione ho soppresso in molti luoghi simili scipitezze e v'ho sostituite cose meno aberranti dalla storia e dal senso comune. — Trad.

FINE DEL LIBRO QUARTO.

STORIA
DELLE CROCIATE

LIBRO QUINTO

ISTORIA DEL REGNO DI GERUSALEMME
Anno 1099-1146.

Eransi finalmente stabiliti i Crociati nell'antico regno d'Israele, che per le memorie della religione veneravasi altamente dai popoli Occidentali. Quando le Aquile romane se ne impadronirono, al primitivo nome di Giudea, quello di Palestina fu aggiunto; e furono confini dello stato da meriggio le sabbie del diserto che fino all'Egitto si stendono; a Oriente l'Arabia; a occaso il Mediterraneo; e a settentrione le montagne del Libano.

A tempo delle Crociate, come anco presentemente una gran parte del suolo di Palestina, mostrava aspetto qual è di terra maladetta dal cielo; la quale sebbene anticamente (così affermano le Scritture) fosse stata concessa al popolo eletto di Dio, aveva nondimeno dipoi cangiato più fiate abitatori, sendosene disputato il possesso con le armi tutte le sette e tutte le dinastie mussulmane; onde e per le mutazioni di stato e di genti e per i furori della guerra, la metropoli e le sue minori città erano di ruine ingombre; cosicchè da non altro che dalle religiose opinioni de' Mussulmani e de' Cristiani facevasi importante il conquisto della Giudea; e non pertanto il credere dello squallore e della sterilità di quello sventurato paese, quanto ne riferiscono i viaggiatori, sempre disposti alla esagerazione, non conviensi.

Qualunque però fosse la condizione della Giudea a tempo di Goffredo, se il nuovo re avesse stesa la sua autorità sopra tutto il territorio; la sua potenza non sarebbe stata in nulla inferiore a quella degli altri

T. I.   35

principi Mussulmani dell'Asia; ma il nuovo regno di Gerusalemme consisteva soltanto nella capitale e in circa venti terre o borghi del suo contado; in tra le quali terre alcune anco ne erano occupate tuttavia dagli infedeli; sicchè non era raro vedersi propinqua a una fortezza cristiana, un'altra che inalberava lo stendardo del Profeta. Correvano oltre ciò le campagne Turchi, Arabi ed Egizii che si accozzavano in drappelli per molestare i sudditi di Goffredo, che nè meno nelle città erano sicuri, tenendovisi insufficienti e negligenti presidii, che più che altro allettavano il nimico ad assaltarle. Perciò non coltivavansi le campagne e le comunicazioni rimanevano interrotte.

Tra tanti pericoli molti Latini abbandonavano i possessi che s'erano con le armi guadagnati; onde affinchè il paese non si disertasse, fu fatta provvigione; che qualunque persona avesse dimorato un anno e un giorno o in una casa o in terra coltivata, ne divenisse legittimo possessore, mirandosi così con il diritto del possesso a fortificare l'amore della nuova patria: per la qual medesima ragione perdevasi il detto diritto del possesso dopo una pari assenza dal luogo posseduto.

Re Goffredo applicava l'animo a reprimere le ostilità de'Mussulmani e a dilatare i confini del suo regno; mandò Tancredi in Galilea ove si impadronì di Tiberiade e di altre città propinque al Giordano, e dettegli dipoi per premio il paese conquistato con titolo di principato.

Arsur, città marittima fra Cesarea e Joppe, negava pagare il tributo impostole dopo la vittoria di Ascalona, perchè Goffredo v'andò a campo co'suoi cavalieri. Mentre stringevala con gli arieti e le torri rotate, e dopo dati alcuni assalti, parea prossima l'espugnazione, gli assediati ricorsero a un nuovo modo di difesa, certo non preveduto dal re; perchè essi assediati attaccato a lunga trave Gerardo d'Asvenes, che era stato dato loro in ostaggio, fu posto davanti al muro combattuto; ond'egli vedendosi esposto a morte inevitabile e senza gloria, cominciò dolorosamente a dolersi e scongiurare il suo amico Goffredo che con prudente ritirata gli salvasse la vita. Ma Goffredo che non voleva perdere l'occasione di tanto utile vittoria, fattosi presso a Gerardo, esortavalo a meritarsi con cristiana rassegnazione la corona del martirio, assicurandolo che in simile circostanza non avrebbe fatto grazia della vita nè meno al suo fratello Eustachio; e conchiuse dicendoli: *Muori dunque da bravo e illustre cavaliere come il debbe un cristiano eroe; muori per l'utilità de' tuoi fratelli e per la gloria di Gesù Cristo.* — Lo sventurato Gerardo conoscendo che il suo pregare era indarno e che l'utilità va sempre innanzi all'amicizia, mostrò esser contento del martirio, e pregò i suoi compagni che offerissero per lui al Santo Sepolcro il suo cavallo di

ammirazione, dalla quale invasati s'accomiatarono dal Re, supplicandolo della sua amicizia; e fecero dipoi encomio per tutta Samaria della saviezza e semplicità degli uomini occidentali.

Divolgava oltreciò la fama molte maraviglie intorno alla robustezza e forza di Goffredo; raccontando come con un sol colpo di spada decapitasse qualunque de' più grossi cammelli. Ondechè un emiro a cui la novella sembrava spropositata, sendo anco esso in tra gli Arabi famigerato per gran vigoria di braccio, dispostosi volersene procacciare con gli occhi propri testimonio, andò a trovar Goffredo e lo pregò che della vista di sì gran fendente si degnasse compiacerlo. Goffredo fu grazioso all'inchiesta, e fattosi condurre davanti un grossissimo cammello, con un sol colpo del suo brando spiccavali il capo. Ora gli Arabi che erano presenti, siccome gente superstiziosa, mostravano suspicare che la spada di Goffredo per incantamento sì bel colpo operasse; del che accortosi il re, per togliere ogni dubbiezza, tolta la scimitarra dell'emiro, rinnovò la prova con non minore destrezza e felicità; onde l'emiro satisfatto andò testimoniando da per tutto, che quanto dicevasi di prodigioso intorno al re di Gerusalemme era verissimo e che non sarebbesi potuto trovar uomo più degno di comandare a nazioni. Ora quella famosa spada decollatrice de' Cammelli e fenditrice de' saraceni giganti, conservasi come ammirabile reliquia nella chiesa del Santo Sepolcro [1].

Poco dopo la sventurata spedizione di Arsur giunse avviso a Gerusalemme, che Baldovino conte di Edessa e Boemondo principe d'Antiochia s'erano posti in cammino per visitare i luoghi santi, perchè essendosi divisi per privata ambizione dai loro compagni prima che giungessero in Giudea, venivano ora con gran seguito di cavalieri e di fanti, tutti desiderosi di compire il loro pellegrinaggio; ai quali arrogevansi gran moltitudine di Cristiani novellamente venuti d'Italia e dalle altre occidentali contrade. Formavano in tutti un esercito di venticinque mila pellegrini; e molto ebbero a tollerare sulle coste di Fenicia; ma giunti finalmente a Gerusalemme (dice Fulcherio Carnotense che era in com-

---

1 Vedi *Corrispondenza d'Oriente*, vol. 5. — Se quel pio Goffredo invece di trastullarsi a decapitar cammelli avesse atteso alla conservazione del suo regno già in ruine nel suo principio, certo avria fatto meglio. Michaud racconta nella sua storia questi inutili particolari e poco degni della gravità d'un'alta narrazione, con molta compiacenza e come se le fossero cose d'importanza; poco considerando che a chi ha grande uopo della forza della mente, come sarebbe un sovrano, poco si addice la forza corporale propria del soldato; e che forse mai non si vide al mondo un uomo che le dette due forze al sommo grado in sè accoppiasse; sendo sempre il predominio de' muscoli in pregiudizio de' nervi e del cervello. Oltre ciò la pruova di decapitare un cammello con un colpo di spada non è prodezza rara fra gli Arabi, nè tale da farne tanto rumore. — *Trad.*

Giovanni dis.   Venezia 18..

tolta la scimitarra dell'emiro, rinnovò la prova. . . . .

Lib I.ª Pag 276.

pagnia di Baldovino (conte di Edessa) tutti gli infortunii e i disagi sofferti *furono dimenticati*; e la storia contemporanea aggiunge che, Goffredo *contentissimo di rivedere il suo fratello Baldovino, festeggiò sontuosamente i principi durante tutto l'inverno* [1].

Era giunto a Gerusalemme con Baldovino conte di Edessa e Boemondo principe di Antiochia, Daimberto ovvero Dagoberto arcivescovo di Pisa, il quale con la simonia dell'oro e delle larghe promissioni fece deporre Arnoldo di Roe, ed eleggor sè patriarca della Città Santa. Era egli ammaestrato alla scuola di Papa Gregorio Settimo, ed era gran fautore di tutte le giustizie della Santa Sede; era oltreciò ambizioso, astuto raggiratore, cupido di ricchezze e invidioso del bene altrui. Costui seminò la zizzania e la confusione nel popolo Cristiano, e intitolandosi vicario di quel Cristo che ha detto e proclamato tante volte non essere il regno suo di questo mondo, pretese dividere il regno con Goffredo e chiese la sovranità d'una parte d'Ioppe e del quartiere di Gerusalemme denominato dal Santo Sepolcro. — [2]

Resistette dapprima Goffredo alla dismisurata ambizione del prete; ma questi perseverando tenacemente e pretendendo e chiedendo orgogliosamente in nome di Dio, per non accrescere la confusione e le dissenzioni, fu mestieri contentarlo. Secondo Guglielmo Tirense, nel dì di Pasqua, presente il popolo convenuto al Santo Sepolcro, il re dichiarò, che la torre di Davide e la città di Gerusalemme, apparrterebbero in piena sovranità alla Chiesa, intervenendo ch'ei morisse senza posterità.

Erano i sudditi di Goffredo una mischianza barbara di Armeni, Greci, Giudei, Arabi, rinnegati d'ogni religione e venturieri d'ogni paese. Ed il suo stato era come un porto di mare, confidato alla difesa dei viandanti che vi passavano e di forestieri che di continuo sopravvenivano e partivano. Venianvi i gran peccatori per implorare perdonanza da Dio: vi si riparavano i delinquenti per isfuggire alla giustizia degli uomini: La qual gente tutta, siccome intervenir suole spesse volte, quando dimenticavansi de'buoni loro proposti, della contrizione e del pentimento avuto de'loro misfatti, traportati e vinti da nuove tentazioni, oltre ogni dire malvagi e perniciosi divenivano.

Goffredo secondo le consuetudini feudali, e le leggi militari, aveva

---

[1] *Grandement aise de revoir son frère, Baudouin, festoya magnifiquement les princes tout le long de l'hiver.* —Fulcherio Carnotense.

[2] Guglielmo Tirense sebbene parziale di Dagoberto, credendo forse fare onore alla di lui alacrità e zelo, riferisce tutte le di lui pratiche indecorose e i raggiri. Alberto Aquense è più semplice e veridico.

le terre conquistate in tra i suoi compagni distribuite; il che partorì i medesimi effetti che i feudi d'Europa facevano micidiali d'ogni bene ordinato governo; perchè i signori d'Ioppe, di Tiberiade, di Ramla e di Naplusio, usurpandosi assoluta autorità ne'principati loro a mala pena e per forma soltanto la regale potestà riconoscevano.

Il Clero, seguitando l'esempio del patriarca di Gerusalemme, assumeva sembiante di padrone, e i vescovi, come i baroni, accudivano più all'ingrandimento del loro poter temporale, che a spargere semenza di virtù evangeliche; millantandosi doversi alla virtù delle orazioni loro il conquisto di Gerusalemme; mentre in contrario attribuivanlo i guerrieri al loro valore. Così quelli chiedendo il pregio delle loro orazioni, questi delle loro prodezze, agognavano alla suprema potestà e tutti volevano comandare e niuno obbedìre.

Ma non potendo mantenersi a lungo quello incomposto assetto dello stato, facea mestieri apporvi pronto e vigoroso rimedio. Colse perciò Goffredo la circostanza in che i principi latini trovavansi assembrati in Gerusalemme; e convocati i più savi e prudenti nel palagio di Salomone [1], dette loro commessione di formare un codice di leggi per il nuovo regno.

Fu il codice dettato secondo le costumanze de'Franchi, seguitando presso a poco i loro disposti, circa alle condizioni imposte ai possessi territoriali; al servizio militare de'feudi; alle obbligazioni reciproche in tra il re e i Signori, e i grandi e i loro vassalli.

I sudditi di Goffredo sopra ogni altra cosa mostravano desiderio d'aver giudici che decidessero i piati e proteggessero i diritti d'ognuno; onde furono instituite due corti di giustizia, delle quali alla prima presiedeva il re e componevasi della nobiltà con attributo di sentenza sulle liti de'grandi vassalli; l'altra era presieduta dal visconte di Gerusalemme, e componevanla i principali popolani d'ogni città, e doveva sopravvedere agli interessi e ai diritti del popolo e delle comuni. Fu anco instituita una terza corte per i cristiani d'oriente, i di cui giudici erano Sirii e parlavano la propria lingua e secondo le loro leggi sentenziavano.

Queste legislative provvigioni sparsero alcun rumore di sè in Asia e parvero degne di considerazione in Europa, per vedersi le instituzioni occidentali traslatate in Oriente e al temperamento di quel clima e di quelli abitatori adattate. E veramente Goffredo e il suo consiglio le avevano in qualche parte migliorate, e ne'susseguenti regni vieppiù furono

---

[1] Così i Cronisti usano chiamare il palagio de'Re Latini in Gerusalemme.

La Deputazione di Ascalona, Cesarea e Tolemaide fa reverenza al re Goffredo in nome delle dette città perfezionate, e fatto solenne deposito del codice che le conteneva nella chiesa della Resurrezione, sendosi denominato *le Assise di Gerusalemme* ovvero *le Lettere del Santo Sepolcro* [1].

A primavera Boemondo e Baldovino partironsi di Gerusalemme, visitarono dapprima la valle di Gerico, dipoi il Giordano e riposaronsi alcun giorno a Tiberiade dove Tancredi gli accolse e festeggiò sontuosamente; poscia passarono per Cesarea di Filippo ovvero Panèa, andaróno a Balbec, a Tortosa e di là a Laodicea ove era principe Raimondo di San Gille. Ivi imbarcaronsi su i legni Genovesi e Pisani, ritornando Baldovino a Edessa e Boemondo ad Antiochia.

Goffredo era rimasto solo in Gerusalemme la quale era tuttavia di ruine ripiena e aveva le campagne devastate. Estrema miseria opprimeva il popolo, nè men povero dei sudditi era il Re, che non poteva nè meno pagare il piccol numero de'suoi fedeli soldati. Finchè durò la guerra le prede fatte sul nemico avevano sopperito al bisogno di tutti; ora nella pace sostenevansi appena in grazia del terrore incusso con le sanguinose vittorie: sopra che gli scrittori coetanei riferiscono alcuni fatti che ne testimoniano. — Alberto Aquense narra che gl'infedeli paventando la potenza di re Goffredo, raccolsero una deputazione da Ascalona, Cesarea e Tolemaide e inviaronla a Gerusalemme a far reverenza al re in nome delle dette città; e le lettere commendatizie erano in questa forma concepite:

L'EMIRO DI ASCALONA, L'EMIRO DI CESAREA E L'E-MIRO DI TOLEMAIDE AL DUCA GOFFREDO E A TUTTI GLI ALTRI, SALUTE.

Noi ti supplichiamo, duca gloriosissimo e magnificentissimo, che per tuo consentimento i nostri cittadini possano escire per i negozii loro in pace e con sicurezza. Ti presentiamo dieci buoni cavalli e tre buoni muli, ed ogni mese t'offeriremo a titolo di tributo, cinquemila bisanti.

Cosa notevole è che ognuna delle dette città era meglio fortificata e atta a difendersi di Gerusalemme.

Goffredo accorse più fiate al soccorso di Tancredi, che guerreggiava con gli emiri di Galilea, nelle quali spedizioni andò oltre Libano fin sotto Damasco; e fece più altre correrie in Arabia, prendendovi sempre molti prigionieri, cavalli e cammelli. Agumentavasi così di giorno in giorno

---

[1] Le Assise non furono a tempo di Goffredo rigorosamente tali quali le abbiamo al presente: ma certo è che il Re instituì le due corti di giustizia allegate. Veggansi le Assise nel Volume de'Documenti.

la sua fama e i suoi parziali l'andavano equiparando per il valore a Giuda Maccabeo, per la forza corporale a Sansone, e per la saviezza del consiglio a Salomone [1]. — I Franchi rimasi in Gerosolima benedivano il suo regno, poco curandosi delle loro patrie; e i Siri, i Greci e gli stessi Mussulmani persuadevansi che con un tanto principe, la potenza cristiana d'Oriente non dovesse venir meno: Ma la morte che suole interrompere i disegni de' buoni e favorire quelli dei cattivi, si appressava a Goffredo.

Nel giugno del 1100, ritornando egli da una correria fatta oltre il Giordano, e andando a Ioppe, si ammalò. L'andò a visitare l'emiro di Cesarea e gli presentò dei frutti della stagione, ma Goffredo non potè gustare che d'un cedro. Quando giunse a Ioppe non poteva più reggersi a cavallo. Riferisce una Cronica contemporanea, che quattro de' suoi parenti l'assistevano, riscaldandoli i piedi e tenendoselo sul seno per riscaldarli la persona, mentre uno di loro facevali posare la testa sul suo petto: tutti piangevano e disperavansi temendo d'aver a perdere un tanto principe in sì lontano esiglio.

Molti pellegrini Veneziani col loro doge e il vescovo, giunsero frattanto al porto d'Ioppe, e offersero al re la loro armata, per ajutare i Cristiani di Palestina a espugnare alcune città marittime.

Fu primamente fatta deliberazione di porre il campo a Caifa che è alle falde del Carmelo. Goffredo attese egli stesso ai preparativi dell'assedio e dichiarò di volervi esser presente, ma peggiorando sempre più il suo malore, fu necessitato farsi portare a Gerusalemme.

Correvanli incontro sul suo cammino i popoli cristiani, tratti dalla curiosità e dalla temenza di perderlo, e tutte le chiese risuonavano di preghiere per la sua guarigione.

Giunto a Gerusalemme stette infermo ancora per cinque settimane, e sebbene rifinito dai patimenti, dava nondimeno libera e attenta udienza a tutti. Ebbe notizie della occupazione di Caifa che fu l'ultima sua vit-

---

[1] È difficile concepire, e forse impossibile in natura, che la forza di Sansone possa accoppiarsi con la sapienza di Salomone; e però non sappiamo che questo re ebreo tanto prediletto da Dio, fosse illustre per altro che per il suo giudizio. Ma questa sofisticheria di voler accoppiare insieme qualità incompatibili sì nel morale che nel materiale, ha originato il mostro del Bello Ideale, tanto vagheggiato e propugnato da coloro che pervertono il sentimento con logica artificiosa; dal che provennero gli inverisimili caratteri di molti poeti e romanzatori: sembrando per esempio, a molti di mostrare gran concetto d'alcuna bellezza dicendo che tal donna, ha il volto di Venere, le braccia di Giunone, il seno d'Eufrosine, i piedi di Tetide e simili; ma se ciò potesse essere, sì fatto mostro apparirebbe piuttosto brutto che bello; come chi componesse una vivanda di tutte le cose buone, che per trovarsi accoppiate insieme contro la ragione culinaria, la renderebbero disgustevole al palato e indigesta allo stomaco. Le parti belle non ponno accoppiarsi insieme a formare un tutto bello, senonchè secondo le leggi della Natura cioè secondo il temperamento d'ogni corpo. — Trad.

Tutti piangevano e disperavansi temendo d'avere a perdere un tanto principe

Lib.V. Pag. 280.

toria e contentezza terrena. Ma vedendosi omai instante l'ultim'ora confessate le sue peccata, e ricevuta pazientemente la santa Eucarestia, vestito dello *scudo spirituale* (come dicono i cronisti coetanei) *fu rapito alla luce di questo mondo :* li 17 di luglio, un anno dopo la presa di Gerusalemme.

Alcuni storici attribuironli titolo di re, altri quello di *duca cristianissimo.* Gli fu data sepoltura alle falde del Calvario; indi la sua tomba con quella del fratello Baldovino furono trasferite nel tempio del Santo Sepolcro ove rimasero in venerazione per più secoli; ma a dì nostri l'invidia de'Greci e degli Armeni, gli ha tolti alla curiosità de'Cristiani pellegrini coprendoli con un muro che gli rende invisibili.

Finite le esequie di re Goffredo, nacquero gran divisioni in Gerusalemme per la successione alla suprema autorità. L'ambizioso Dagoberto che con astuzia aveva estorto da Goffredo l'allegata cessione del regno alla Chièsa caso ch'ei morisse senza figliuoli, mettendo ora in campo essa cessione, pretendeva dover succeder egli come patriarca e capo della ecclesiastica gerarchia in Oriente. Ma tutti i soldati cristiani che per esperienza avevano già conosciuto l'animo del patriarca e che paventavano forte la sua tirannica ambizione, si opposero concordemente e risolutamente alla di lui cupidità; pretestando che il regnar in Gerusalemme poco importava a chi si fosse, ma che facea mestieri d'un re che sapesse difenderla armato in campo contro gl'infedeli; non consumarla con eccessi di sacre pompe e con rapace avarizia: aggiungevano che la cessione di Goffredo avea più sembiante di favola inventata dai preti che di libero e vero atto regale; e fosse anco vera, che in tal caso dovevasi esecrare l'impietà di quelli che abusano fraudolentemente della cieca fede e sincera religione de'buoni credenti in pregiudizio loro e de'loro successori e a sola propria utilità; e che al postutto sendo patenti e instanti i pericoli del regno, non era da presumere di conservarlo se non eleggendo un re che sapesse bene maneggiar la spada e non il pastorale.

Guarniero di Gray parente di Goffredo e altri de'principali baroni, vedendo la disposizione dell'esercito, spedirono spacciatamente deputati a Baldovino conte di Edessa, che la morte del fratello gli significassero, e a succederli nel regno l'esortassero. Occuparono nel medesimo tempo la torre di Davide e tutte le fortezze della città, che Dagoberto tentava sorprendere per fraude. Il quale vedendosi fallite le astuzie, non dubitò di ricorrere alla forza aperta, tirando nel suo partito, con ingannevoli promissioni Tancredi che erasi pur allora insignorito di Caifa.

Tancredi mosse verso Gerusalemme per sostenere le pretensioni del Patriarca; ma i baroni gli chiusero le porte e posersi sulle difese. Il clero conoscendo la risoluzione dell'esercito e del popolo per non s'esporre a qualche pericolo, finse abbandonare il patriarca, il quale non per questo si perse di coraggio, ma spediti messaggi a Boemondo principe d'Antiochia, supplicavalo premurosamente, che, a esempio del suo glorioso padre Roberto Guiscardo che aveva liberato il romano Pontefice e sottrattolo dalle mani degli empi, accorresse subito a sostenere la sua causa, contro gli empi molto più scellerati che volevano contrastare alla santa chiesa la corona di Gerosolima: e soprattutto raccomandavali che non risparmiasse frodi, tradigioni e violenze per impedire la venuta di Baldovino [1].

Questa lettera di Dagoberto spedita nel principiare dell'agosto, non pervenne a Boemondo, il quale sendosi alquanti giorni prima partito di Antiochia per soccorrere Melitene, città che i moderni appellano Malathià, allora assediata dai Turcomanni, fulli precisa la strada dall'Emiro di Danismana, che ruppe e disperse le sue genti; ed egli col suo cugino Riccardo e molti suoi cavalieri preso prigione, fu condotto in Mesopotamia. Nel suo infortunio, mandava una ciocca de' suoi capelli a Baldovino supplicandolo di soccorso. Mosse prontamente Baldovino e dopo tre giorni di cammino giunse a Melitene, il che presentito dall'emiro Danismano, levato l'assedio, erasi ritirato negli suoi stati, conducendo seco i prigioni cristiani. Lo perseguitò Baldovino per alcuni giorni, ma perduta la speranza di raggiungerlo, ritornavasene a Edessa.

Dove appena arrivato, presentaronseli i deputati di Gerusalemme, che gli dettero notizia della morte di re Goffredo, e come il popolo, l'esercito e il clero esortavanlo a succederli e re lo eleggevano. — Baldovino mostrò fuori quel dolore che conviensi mostrare per la morte d'un fratello, e internamente si rallegrò della redata corona. [2]

Fatta dunque deliberazione di partir subito per Gerusalemme, istituì conte di Edessa suo cugino Baldovino dal Borgo. Condusse seco settecento uomini d'arme, ed altrettanti fanti, e con sì piccolo esercito ebbe ardimento di traversare molti paesi occupati dai Mussulmani, con anco il pericolo di scontrarsi nelle genti di Tancredi, dal quale per certo non poteva aspettarsi amichevole accoglimento. Di fatto gli emiri di Emesa e di Damasco o prevenuti dalla fama, o siccome fu asserito da alcun vecchio cronista, instigati a ciò dal Patriarca Dagoberto, mossero a precludere il passo al nuovo re nelle difficili strade che costeggiano il mare di Fenicia. — Fulcherio Carnotense, che era con Baldovino, descrive i pe-

---

[1] La lettera di Dagoberto a Boemondo ci fu conservata dall'arcivescovo di Tiro; e si troverà nel suo testo originale e traslatata in Italiano, nei documenti.

[2] *Dolens aliquantulum de fratris morte, et plus gaudens de haereditate.* Dice il sempre ingenuo e talora arguto Fulcherio Carnotense. — Trad.

ricoli de'Cristiani negli stretti passi di Berito e nell'imboccatura del Lico [1] : i quali dovendo passare per certa valle stretta e profonda sulla
quale pendevano da meriggio e da tramontana mostruose ed altissime rupi, trovarono dall'altro canto tutta la spiaggia piena di Mussulmani. Al
qual proposito dice il buon cappellano: Noi facevamo ostentazione di
coraggio e nondimeno avevamo paura; poichè ritornare addietro era malagevole, andare avanti anco più malagevole, avendo i nimici che ci minacciavano da ogni banda, non meno sopra le navi che sopra le alte rupi.
Cosicchè in quella giornata di tanta espettazione nè gli uomini nè i somieri presero riposo o nutrimento, *ed io, Fulcherio, avrei preferito di
esser piuttosto a Carnosa o a Orleans, che di trovarmi là.*

Nondimeno Baldovino con astuta strategia, trasse i nimici in una pianura lunga ed aperta, fingendo di ritirarsi; donde presero quelli maggior
confidenza della vittoria, e immaginandosi che i Cristiani fuggissero, posersi disordinatamente a inseguirli. Vistosi Baldovino nel luogo da lui
desiderato, fe' subito voltare i suoi e urtò precipitoso i nemici, che spaventati dall'inaspettata mutazione, nè avendo tempo a ordinarsi gittaronsi
subito a dirotta fuga, alcuni arrampicandosi per le discoscese rupi, altri
correndo alle navi. Grande fu la strage degli uccisi; non piccolo il numero
di quelli che affogaronsi in mare, o che caddero ne'precipizi. I vincitori fecero carne per tutto il giorno, e sopravvenuta la notte rimasersi sul
campo di battaglia a dividersi la preda e i prigioni. Così deliberati d'o-
gni pericolo al vegnente giorno passarono le gole del Lico. Di là seguitando il cammino lungo il mare, passarono da Berito, da Tolemaide e
da Cesarea, e al terzo dì giunsero a Ioppe, dove la fama della conseguita vittoria avevali preceduti, e dove Baldovino, come successore di
Goffredo, fu popolarmente ricevuto.

Poco distante da Gerusalemme il popolo e il clero gli andarono incontro (e furonvi anco i Greci e i Siri) portando croci e torcie accese;
e cantando le lodi del signore, feciono solenne accoglienza al nuovo re
e lo condussero trionfalmente alla chiesa del Santo Sepolcro.

Mentre che così tutta Gerusalemme echeggiava di liete grida ed acclamazioni; l'astuto Patriarca avendo protestato contro la venuta di Baldovino, sapendo che spesse volte nella plebe ha più potere l'aspetto del-
l'infortunio che della ragione o del diritto, finse di temere per la sua
propria vita, e divulgando suspicioni di crudeli attentati, se ne fuggì
con alquanti de'suoi fautori, come in asilo, presso il sepolcro di Cristo,
ed ivi, non mostrandosi nemmeno sicuro, per dar accrescimento allo

[1] Vedi la *Corrispondenza d'Oriente*, Vol. 6.

scandalo, andossene furtivamente sul monte Sion, dicendo ed esclamando da pertutto : che così era costretto fuggire davanti ai nimici e persecutori della chiesa e della santa Religione.

Baldovino, forse troppo cavallerescamente, non badando alle arti del Patriarca, attese subito a voler far glorioso il principio del suo regno; nè trattenutosi in città più che una settimana per prendere il possesso del governo, chiamò alle armi il suo piccolo esercito e posersi in campagna.

Pose dapprima il campo ad Ascalona, ma trovandola disposta a vigorosa difesa, e non avendo comodità di assediarla, se ne levò, e mosse verso le montagne di Giudea, volendo far vendetta di quelli alpestri abitatori, che usavano maltrattare e spogliare i pellegrini; e che presentita la venuta de' Cristiani, eransi nel fondo delle loro caverne nascosti. — Il re per trarneli fuori adoperò dapprima l'inganno; onde più capi di quelli allettati dalle larghe promissioni di tesori e di pace, confidaronsi di presentarseli; e Baldovino avutili in suo potere fe' loro mozzar la testa. La plebe di que' montanari inteso il tristo caso de' capi, non ascoltò più allettamenti di promesse, onde il re per disbrigarsene fece accendere sulle bocche delle caverne gran masse di sermenti, di paglie e di minuto legname, dal fumo e dalle fiamme delle quali soffocati i nascosti, parte perirono e parte vennero ad arrendersi al re.

Compita questa fatica, Baldovino con la sua gente, si avviò verso Ebron e discese nella valle ove furono già le città di Sodoma e Gomorra, il cui territorio occupa presentemente il lago Asfaltite che per il sale delle sue acque fu Mar Morto appellato. [1]

Fulcherio che era con Baldovino fa una lunga descrizione del Mar Morto e de' suoi fenomeni, e in tra le altre cose dice : — *L'acqua è tanto salsa che nè quadrupedi, nè uccelli ne possono bere, nè io medesimo, che ne ho fatto esperienza, discendendo dalla mia mula sulla sponda del lago, ne ho potuto gustare, trovandola amara come l'elleboro.*

Seguitando per la costa meridionale del Mar Morto, pervennero i Cristiani a una città che i cronisti chiamano Suzuma ovvero Segor, dalla quale eransi fuggiti tutti gli abitatori, eccettuati alcuni *uomini neri come la fuliggine* che i Cristiani non degnaronsi nemmeno d'interrogare del luogo, disprezzandoli, *come la più vile erba de' mari.*

---

[1] Vedi la *Corrispondenza d'Oriente*, Vol. 4. — Il cambiamento di questo paese in lago, dee manifestamente attribuirsi all'apertura di una e forse di molte bocche vulcaniche. Tanto comprovano le acque salse e bituminose del lago che mandano forte odore di zolfo e la composizione vulcanica del terreno circostante — Trad.

Passato Segor ha principio la parte montuosa dell'Arabia, per la quale inoltratosi l'esercito, ascese alcune montagne che trovò nel loro cacume coperte di nevi, e dovette prendere spesse fiate alloggiamento nelle caverne di che è perforato tutto il paese, cibandosi unicamente di datteri e di selvaggiume, nè avendo altra bevanda che l'acqua purissima di quelle scaturigini.

Giunsero finalmente i Cristiani al monastero di Santo Aronne edificato nel luogo medesimo ove Mosè e Aronne avevano conversazione con Dio, e fermaronsi tre giorni in una valle coperta di palme e ubertosissima di ogni sorta frutti; ed è là per lo appunto il luogo ove Mosè fece scaturire con la sua prodigiosa bacchetta una fonte d'acqua dal nudo sasso [1]. Fulcherio racconta che la fonte dissetatrice degli Ebrei, serviva allora a far girare alcune mulina e che in essa, *egli medesimo abbeverò i suoi cavalli.* — Baldovino condusse l'esercito fino al deserto che parte l'Idumea dall'Egitto, e poi riprese il cammino di Palestina, passando per le montagne ove furono sepolti gli antichi d'Israele.

Ritornato in Gerusalemme volle farsi coronar re e perciò riconciliossi con Dagoberto. Fecesi la ceremonia a Betelemme nel dì natalizio del Signore: il re fu unto e coronato del diadema regale dal patriarca. Nè fu fatta opposizione con l'esempio di Goffredo, che dopo l'elezione ricusò la corona; sendo col tempo mutati i pensieri degli uomini, sicchè quelli che prima reputavano il regno di Gerusalemme gloriosissimo e desiderabile sopra tutti gli altri, ora, per le fatte esperienze, regno d'esiglio, ignudo d'ogni mondana felicità, e carico piuttosto di santità, di rassegnazione, di cristiana fortezza, e pericolosissima missione estimandolo, il vestirsi delle sue insegne, piuttosto avevano per eroico coraggio, che per ambizione: notandosi da tutti che in uno stato d'ogni intorno circondato da nimici, e fra un popolo come naufrago gittato sopra terra straniera, il re invece che corona d'oro, come gli altri re della terra, portavala di spine come Gesù Cristo.

Coronato che fu Baldovino, applicò subito l'animo al render giustizia a'sudditi e al porre in vigore le Assise di Gerusalemme. Assembrò un concilio de'grandi del regno nel palagio di Salomone; e dipoi ogni giorno, assiso sul trono, ascoltava coloro che a lui ricorrevano e decideva le liti: in tra le quali fu delle prime una contenzione insorta fra Tancredi e Guglielmo Carpentiere visconte di Meluno.

Goffredo poco prima della sua morte aveva data a Guglielmo la città

---

[1] Leone di Laborde (*Viaggio nell'Arabia Petrea*) ha descritta una parte di queste contrade oltre il Mar Morto, discorse dal re Baldovino.

di Caifa; e Tancredi che l'aveva espugnata con le armi, negava di rimettergliene. Baldovino udito il suo consiglio, citò, con termine prescritto davanti al suo tribunale Tancredi, il quale memore delle ingiurie di Tarso e di Malmistra, negò riconoscere per re Baldovino e qual giudice del regno gerosolimitano. —Baldovino allora rinnovò la citazione, e Tancredi nulla rispose. Finalmente il re, mandò un terzo messo al principe di Tiberiade, esortandolo a non dispregiare la sua autorità affinchè la cristiana monarchia non s'esponesse agli scherni degli infedeli; la qual citazione avendo quasi sembiante di preghiera, Tancredi cominciò a recedere dalla sua rigidità, negando però di andare a Gerusalemme che gli aveva chiuse le porte e proponendo invece a Baldovino una conferenza sulle sponde del Ledar fra Ioppe e Arsur.

Conoscendo di non potere ottener meglio, il re si recò al luogo indicato, ove la conferenza non partorì alcun buon frutto; e fu nuovamente concordata a Caifa. Allora alcuni uomini savi e prudenti, per ovviare allo scandalo, fecersi mediatori, e ponendo in campo l'ultima volontà di Goffredo e invocando il di lui nome molto dai due principi venerato, ottennero che si conferisse senza acrimonia e diffidenza. Frattanto sopraggiunse a Tancredi un messo che invitavalo al governo di Antiochia in luogo di Boemondo; perlochè egli allettato dalla grandezza maggiore che gli presentava la fortuna, non solo convenne di dar Caifa al re, che immantinente la consegnò a Guglielmo Carpentiere, ma feceli anco cessione del principato di Tiberiade, che fu conferito ad Ugo di Santo Omero.

Nè, per molto che s'adoperasse all'ordine interiore, re Baldovino preteriva di far frequenti incursioni sulle terre Mussulmane, in una delle quali oltre Giordano colse all'improvista alcune tribù arabe, e ritornando con molta preda, se gli profferse occasione di esercitare una di quelle azioni cavalleresche che facevano allora stupire il mondo.

Di poco adunque Baldovino aveva ripassato il Giordano, quando ode d'in tra certe fronde escir voci come di donna che si rammarichi. Corre colà e trova veramente giovine donna che era ne'dolori del parto; onde egli fattosele presso, per amore della decenza la coperse subito del suo mantello, e dipoi fatto fare un comodo letto di tappeti ve l'adagiò sopra, confortandola di buone frutta e di quelle altre cose che il luogo e la circostanza permettevano fornire a tanta necessità. Posele oltreciò due otri piene di acqua da lato e la femmina d'un cammello per allattare il bambino che nacque appunto allora. Fatto ciò, perchè la donna era mussulmana, le dette una schiava di sua religione che la custodisse e al suo sposo la riconducesse. Era lo sposo uomo di alto affare presso i Mussulmani , e quando rivide la moglie che credeva morta o ridotta in ischiavitù , ne pianse d'allegrezza e giurò di tenersi in petto l'azione generosa di re Baldovino [1].

Il quale ritornato a Gerusalemme ebbe novella che era giunta nel porto d'Ioppe una armata genovese; onde recatosi subito colà, invitò premurosamente quei naviganti a soccorrerlo in qualche impresa contro il comune nimico, promettendo farli partecipi del terzo della preda, e padroni in ogni città conquistata d'una strada che *Via de' Genovesi*, si appellerebbe.

Stabilito il trattato, i Genovesi andarono a Gerusalemme a celebrarvi la Pasqua e a iterare sul sepolcro di Cristo il giuramento fatto; e giunservi il sabato santo : giorno nel quale il fuoco sacro doveva discendere, secondo suo costume, ad accender le lampade della Chiesa [2].

Durava tuttavia la ruggine del Patriarca Dagoberto contro Baldovino, nonostante la fatta riconciliazione : ora pertanto tutti i fedeli erano costernati, perchè il celeste fuoco non scendeva, ed eglino se ne stettero invano assembrati l'intero giorno nel tempio della Resurrezione. Il clero latino e il greco aveva già più fiate intuonato il *KYRIE ELEISON*; più fiate il Patriarca erasi fervorosamente prostrato davanti al Santo Sepolcro; ma le facelle impazientemente aspettate non discendevano: il popolo mormorava, alcuni andavano sussurrando che Dio era sdegnato contro il re perchè aveva poco rispetto avuto al Patriarca; frattanto sopravvenne la notte e il sacro fuoco non discese. — Il dì appresso che era solennità di Pasqua, corsero di nuovo il popolo e i pellegrini nella santa basilica: rifecersi le ceremonie della vigilia, nè però il lume divino apparve sul Sepolcro o sul Calvario, o in alcun'altra parte della chiesa : l'impazienza era per cangiarsi in furore. Allora il clero latino, prudentemente mosse in processione al tempio di Salomone, e quasi tutto il popolo il Re e i signori gli andarono dietro; mentre che i Greci e i Siri, rimasi nel tempio, percotevansi il volto, stracciavansi le vesti e alzavano a Dio mi-

---

[1] L'autore non dà alcuno schiarimento del come quella donna si trovasse abbandonata sulle sponde del Giordano; nè io sapendo in qual Cronica s'abbia preso questo particolare, posso completarlo. — Probabilmente quando giunse Baldovino al Giordano, alcuna di quelle tribù mussulmane trovavasi attendata sulle sponde e veggendo sopravvenire il nimico, diedesi precipitosamente alla fuga, rimanendo a dietro quella donna già impedita dai primi dolori del parto, sicchè ritornando Baldovino dalla sua fazione oltre il Giordano, che sarà durata non molte ore, trovava la detta donna omai sul punto di figliare; mentre il marito di lei, credendola morta o caduta in ischiavitù, seguitava la fuga della sua tribù. — Trad.

[2] A dì nostri è omai nota la finzione di questo miracolo; de'quali però non è bisogno alla Cristiana Religione per sua confermazione; anzi, secondo il precetto di san Girolamo, importerebbe molto che l'indiscreto zelo de'fedeli si astenesse da molti altri consimili, la cui finzione scoperta poi dalla plebe, riesce a grave detrimento della sua fede. — Trad.

serevoli e supplici grida: *e Dio finalmente commiserò al loro dolore.*
Ritornò la processione, e il fuoco sacro era già disceso... tutti prorompono in pianti, cantano il *Kyrie Eleison*, accendono le loro faci alla fiamma celeste, ed uno all'altro rapidamante propagandola, in un subito il tempio è di gran luce ripieno; suonano le trombe; il popolo applaude battendo palma a palma; sorgono soavi sinfonie; il clero canta salmi e tutta l'assemblea tripudia di gioia [1].

Questa apparizione del fuoco sacro, importava molto qual favorevole augurio, per la spedizione ultimamente disegnata. — Passate le feste di Pasqua i Genovesi ritornarono alla loro armata, e Baldovino ordinò il suo esercito alla partenza. — In primo luogo andarono a campo ad Arsur, gli abitatori della quale proposero di abbandonare la città purchè gli lasciassero partire con le loro ricchezze; e la proposta fu accettata.

Avuta Arsur, i Cristiani posero il campo a Cesarea, florida città e di ricchi mercatanti popolata. Caffaro istorico Genovese che trovavasi a questa impresa, racconta le singolari trattative che precedettero gli assalti degli assediatori. Alcuni deputati presentaronsi all'esercito e così parlarono ai capitani e al Patriarca.

O, voi, che siete i dottori della legge cristiana; perchè comandate a' vostri soldati di spogliarci e di ammazzarci?

E il Patriarca rispose: — *Noi non vogliamo spogliarvi, ma vogliamo soltanto cacciarvi di cotesta città perchè è nostra; nè vogliamo nè meno ammazzarvi, ma la vendetta divina ci comanda di sterminare tutti coloro che sono armati contro la legge del Signore* [2].

Dopo ciò partironsi i deputati molto male satisfatti, e que' da Cesarea acconciaronsi alla difesa. Sulle prime resistettero strenuamente, ma poscia, come non usati alle fatiche guerresche, cominciarono a intiepidirsi, sicchè dopo due settimane d'assedio, pochi difensori mostravansi sulle mura; onde i Cristiani vieppiù imbaldanzirono, e tanto, che senza aspettare che le macchine fossero finite, s'accinsero all'assalto generale. Confessate perciò le loro peccata e ricevutane l'assoluzione, esortati a combattere valorosamente dal Patriarca che per pompa di solennità erasi pontifical-

---

[1] Vedi di questa ceremonia le curiose descrizioni di Fulcherio Carnotense e di Caffaro, testimonii oculari. La descrizione di Fulcherio è registrata per esteso nella *Biblioteca delle Crociate*.

[2] L'interrogazione dei Cesareesi sembra dapprima molto giusta e ragionevole, perchè chi non dà molestia altrui reputasi degno di godersi la sua pace; ma il Patriarca de' Crociati, che preferiva l'Apostolato della spada a quello della divina parola, scioglie subito la questione sentenziando: Che chi è nimico di Dio, non dee aver pace dagli uomini. Notansi queste vecchie e ormai disusate forme di argomentazione usate dagli intemperanti Cristiani, affinchè i semplici e quelli che rettamente camminano nelle vie del Vangelo, non se ne scandolezzino. — Trad.

mente vestito, e portava la Vera Croce; dato il segno, precipitaronsi contro le mura, appoggiaronvi le scale, salsero le torri, e posero in fuga i difensori. Del popolo parte rifuggiva ai tempi, parte nascondevasi; ma niuno sfuggì alla strage, non perdonando i Cristiani ad altri che alle donne giovani e ai fanciulli. Furono eziandio serbati vivi il cadì e l'emiro per la speranza e per la cupidità d'un grosso riscatto. I soldati facevano fra loro commercio delle donne prese e de' fanciulli; e sì grande anzi prodigiosa era in essi la fame dell'oro, che sparavano come agnelli i Mussulmani su quali facevano sospetto che avessero alcuna moneta o anello o pietra preziosa inghiottita, scrutinando e frugando le fumanti viscere con curiosa pazienza, non altrimenti che sogliono fare gli anatomici allorchè cercano qualche vaso o nervo impercettibile. Nè contenti a sì fatte indagini bruciavano dipoi i cadaveri e ne specolavano diligentemente le ceneri per iscoprirvi alcuni bisanti. Così il popolo di Cesarea fu persuaso e convinto che senza recar molestia a veruno, ci può esser ragionevolmente tolta la roba e la vita; e gli antichi cronisti mostrano tenere questa opinione, dicendo uno di loro: *che quel popolo scellerato e perverso meritavasi anco peggio*; e Guglielmo Tirense aggiunge con molta piacevolezza, che in grazia di quella santa strage, i Cristiani per lo avanti privi d'ogni cosa necessaria, trovaronsi ben provvisti d'ogni ben di Dio.

I Genovesi menarono gran vanto per certo vaso o coppa che si disse essere servita a Gesù Cristo nell'ultima cena, e che trovavasi nella loro parte della preda, la quale portaronsi trionfalmente alla patria e depositarono nella loro cattedrale [1].

[1] Questa coppa fu creduta per molto tempo esser formata da un pezzo di smeraldo, ed aver servito a Gesù Cristo nell'ultima cena; due particolari poco accomodabili col sano criterio e in parte con la umana possibilità; perchè, che la detta coppa sia di vetro e non di smeraldo, è omai troppo patente per porlo in dubbio; e che non sia servita a Gesù Cristo nell'ultima cena (salvo miracolo, che in ciò l'Uomo Dio non avea alcuna difficoltà) è negativa più che probabile e ragionevole; perchè dove arebbe cavata sì ricca gemma, colui che volle nascere è viver sempre poverissimo, e il cui regno non era di questo mondo, come egli medesimo afferma? O se l'avesse per caso trovata, non l'avrebbe venduta e distribuitone il prezzo a' poveri (*date pauperibus?*) O quel malcreato di Giuda Iscariolo, piuttosto che commettere l'enormità di vendere a vil pregio il suo proprio maestro, non gli avrebbe rubato sì bel tesoro e dipoi fuggitosene? — Ma cerchiamo più presto quale potè esser l'origine e la storia di questa coppa. — Ebbero l'arte i Romani, forse appresa dagli Etruschi, di falsare le gemme e lo smeraldo specialmente, col vetro; e monumenti e testimonio di tali loro falsificazioni, sono il colosso del labirinto mentovato da Apione; la statua di Minerva a' tempi di Teodosio, e i cippi e le colonne smaragdine di Plinio. — Il catino o tazza di Cesarea è di simile falsificazione e probabilmente è opera del secolo di Augusto. Credesi che Erode il vecchio il comperasse a Roma nel viaggio che vi fece, o l'avesse in dono da Livia, e che il dedicasse nel tempio d'Augusto in Cesarea, che di lì il rapisse l'avara danzatrice Erodiade; e che Agrippa dipoi il riponesse a suo luogo. — I Genovesi che l'ebbero pure in Cesarea nel 1101, il depositarono nel loro duomo di Genova ove il conservarono fino al 1812. Rapironlo indi i predatori francesi nel par-

I Cristiani istituirono un loro arcivescovo in Cesarea, *eletto per acclamazione*, e fu questi un povero prete appellato Baldovino venuto di Occidente co' primi Crociati; del quale racconta Guiberto abate di Nogento un aneddoto curioso; cioè che non avendo provvigione per il pellegrinaggio, s'era fatta sulla fronte una larga ferita in forma di Croce; che mantenea sempre fresca ed aperta per mezzo di succhi d'erbe; sicchè creduta universalmente miracolosa, procacciavali dovunque passava abbondanti elemosine.

La presa di Cesarea incusse grande terrore ne' Mussulmani e invano il Califa d' Egitto comandava a' suoi emiri, chiusi in Ascalona di assaltare i Crociati e condurli in catene *quel popolo di accattoni e di vagabondi*; gli emìri non osarono mai muoversi infino a tanto che costretti per le minacce del Califo, tentarono una correrìa verso Ramla.

Baldovino avutane spia, ragunò spacciatamente dugento ottanta cavalli e novecento fanti, e venuto in cospetto degli Egizi, che il numero dei suoi per lo meno nove volte eccedevano, voltosi ai soldati, disse loro: Che s'accingessero a combattere per la gloria di Cristo; e che se alcuno di loro meditava la fuga, pensasse non essere in Oriente rifugio per i Cristiani vinti, e troppo di lunge essere l'Europa.

Durava tuttavia la ruggine in tra il Re e il Patriarca e in questo tempo men coperta che in altri, onde il Patriarca con la mira di muovere il desiderio di sè nelle genti, s'era assentato dall'esercito. Portava la Vera Croce per esso, l'abate di Gerle e la mostrava per le schiere esortando i soldati a vincere o morire; ma questi veggendosi davanti sterminata moltitudine di Saraceni, Etiopi, Turchi e Arabi, mostravano poca confidenza della vittoria.

Fansi avanti i Mussulmani a suon di corni e di tamburi; appiccasi la zuffa; i primi ordini de' Cristiani retrocedono; Baldovino spedisce al soccorso alcuni corpi, che fanno poco profitto e la vittoria inclina favorevole al nimico.

L'arcivescovo di Cesarea e l'abate di Gerle, così ammaestrati dal Patriarca, profittano della desiderata circostanza, e fattisi davanti al Re, gli dicono: Essersi ritirata la misericordia divina dai Cristiani per la poca di lui sommissione inverso al santo Patriarca.

---

turono a Parigi, ma caduto il colossale imperio di Napoleone simile al gran gigante di Nabucco, nel 1815 il detto catino fu restituito a' Genovesi, che aperta la cassa ove era stato chiuso (fosse effetto di franca malignità o di caso) trovaronlo tutto spezzato e mancante di un frammento. Così fu alla meglio rappiccicato e posto nella sagrestia del duomo. — La sua forma è esagona; il diametro, 12 pollici e linee 6, ovvero millimetri 326; la profondità, pollici 3. — La composizione chimica mostra essere di arena silicea del fiume Belo fusa col natrone d'Egitto, e con altra sostanza colorante. — La formazione fu condotta a ruota. — Trad.

La Banderuola bianca che aveva posto alla sua lancia era segno del luogo del pericolo

Lib. V. Pag. 291.

Baldovino, o che il pericolo il soprafacesse o che stimasse prudenza il mostrarsi contrito della sua poca sommessione al Patriarca, prostrossi a terra davanti alla Vera Croce e umilmente rispose:

Il giudizio della morte è a noi propinquo; i nimici ne stringono da ogni parte; nè io posso vincerli se la grazia di Dio non è meco; la prego dunque ed io prometto restaurare la concordia e la pace del Signore.

Detto ciò confessa le sue peccata e ne riceve l'assoluzione. Dipoi pone a guardia della Vera Croce dieci de'più prodi cavalieri, e montato sul suo caval di battaglia che appellavasi *la Gazella* per la grande velocità, lanciasi nel più fitto della zuffa. La banderuola bianca che aveva posta alla sua lancia era segno del luogo del pericolo e della strage, e diretro era portata la Vera Croce. Il nuovo ardore de'Cristiani vince qualunque ostacolo; il nimico s'arresta disordinato e rompesi a fuga, *nè trovano scampo sennonchè coloro che hanno ben veloci corsieri.*

Quelli de'Cristiani che sul cominciar della zuffa eransi fuggiti avevano preso il cammino d'Ioppe; ma furono sopraggiunti e trucidati tutti da' Mussulmani; i quali rivestitisi delle loro armi e fingendosi Franchi, andavano vociferando da pertutto, che l'esercito era stato sconfitto e il re morto, onde portarono grande costernazione in quella città; per la qual cosa la Reina la qual vi si trovava dentro, spedì per mare un messo a Tancredi, con l'annunzio dell'infortunio e con preghiere che accorresse in soccorso del regno.

Baldovino ignorando lo spavento d'Ioppe, perseguitati i nimici fino ad Ascalona, era a sera ritornato con le genti sul campo di battaglia, ove rese grazie al Signore pernottò sotto le tende de'Mussulmani. Il dì appresso ritornando a Ioppe incontrò una masnada di nemici che erano quelli stessi i quali avevano i fuggitivi Cristiani trucidati e ripiena Ioppe di terrore, ed ora carichi di preda e vestiti delle armi franche se ne partivano. Ma veggendo l'esercito Cristiano, stupiti e confusi non sanno nè difendersi nè fuggire, e perdono con la preda le loro vite.

Frattanto furono vedute dalle torri d'Ioppe le bandiere trionfanti di re Baldovino, sopra che Fulcherio Carnotense dice: *Io vi lascio pensare che grida esultanti di vittoria facessero quei cittadini, e che laudi cantassero al Signore!*

Queste cose accaddero il settimo dì del settembre, natalizio della Madonna, e nel secondo anno del regno di Baldovino.

Nell'anno medesimo infauste novelle giunsero in Palestina, recando che tre grandi eserciti di pellegrini, simili ad altrettante nazioni d'Occidente, erano periti nelle montagne e nei diserti dell'Asia Minore.

Guglielmo conte di Pontieri, Stefano conte di Bloise, Stefano conte di Borgogna, Arpino signore di Bruggia, il conte di Niversa, Corrado contestabile dell'impero germanico, ed altri principi campati da quel disastro e rifuggitisi in Antiochia a Tancredi, eransi posti in cammino per fornire il loro pellegrinaggio ai luoghi santi. Baldovino avutone avviso, mosse loro incontro fino alle foci di Berito, affine di tutelare il loro viaggio a Gerusalemme. Dove giunti furono molto miserevole spettacolo al popolo, che considerava con terrore, soli o appena seguitati da pochi famigliari quegli illustri pellegrini ch'eransi mossi d'Europa con fioritissimi eserciti. Trattennersi eglino alcuni mesi in Giudea, e pochi giorni dopo le feste di Pasqua, andarono a Ioppe per ritornare in Europa.

Aspettavano colà il vento favorevole, quando giunse avviso che i Mussulmani esciti di Ascalona, correvano i territorii di Lidda e di Ramla. Il re che trovavasi a Ioppe raccoglie prestamente le sue genti e muove contro il nimico, seguitato dai predetti pellegrini; nè in tanta fretta potè condur seco più di dugento cavalli. Dopo breve cammino trova i nemici che ascendevano al numero di circa ventimila; nè ragguardando a tanta loro superiorità, appiccò la zuffa [1]. Al primo urto i Cristiani sono presi in mezzo trucidati agevolmente, cadendo frà morti, il conte di Bloise e e quello di Borgogna [2]. — Guglielmo Tirense, raccontando la morte del conte di Bloise, dice: Aver Iddio usata a quello sventurato principe tutta la sua misericordia, permettendoli di espiare allora la vergogna della sua diserzione da Antiochia. — Arpino conte di Bruggia fu fatto prigione col contestabile Corrado, il quale nella zuffa aveva dimostrata straordinaria vigoria, ammirata anco dai nemici e per cui gli fu perdonata la vita. — Dicesi che prima della battaglia Arpino consigliasse prudentemente al re di non si cimentare a manifesto pericolo, e che il re gli rispondesse: *Arpino, se hai paura vattene e ritornatene a Bruggia.* — I Cronisti attribuiscono la sconfitta di Baldovino al non si esser fatto procedere dalla Vera Croce.

Egli escito del campo di battaglia quasi solo, si nascose fra le erbe e i cespugli di che era ingombra la pianura; ma i vincitori avendovi posto il fuoco correndo pericolo di esser soffocato dalle fiamme, si rifugiò in Ramla, favorito nella fuga dalle tenebre della notte. Il dì appresso Ramla

---

[1] *Quando Baldovino conobbe l'eccedente numero dei nimici (dice Fulcherio Carnotense) sentì fremere la sua anima; si rivolse a'suoi e disse loro: O miei amici, non ricusiamo la battaglia che ci si presenta: E quegli fecionli risposta, assaltando valorosamente il nimico.*

[2] Il corpo del duca di Borgogna fu portato in Francia e seppellito a Citeaux — Urbano Plancher nella sua *Storia di Borgogna*, dice che tutti gli anni celebravasi a Citeaux un Mortorio per questo principe, nel venerdì che precede la domenica di Passione.

O. Orsani inv.

Roma 184.

correndo pericolo di esser soffocato dalle fiamme, si refugiò in Ramla.

Lib. V. Pag. 292.

fu circondata dai Mussulmani nè si potea difendere; e il re consideravasi omai come prigione degli assediatori; quando un Incognito che pareva uomo d'alto affare, introdotto nella città, chiede udienza a Baldovino, che credendosi nascosto, ammirato, gliene concede. — L'incognito intromesso parlò in questa sentenza:

Signore, mi conduce a te la gratitudine; tu usasti generosità a una moglie che io amo, tu l'hai restituita alla sua famiglia dopo averle salvata la vita; ed io vengo a renderti il merito della tua buona azione. I Saraceni stringono la città, ove tu ripari, domani sarà presa, e ogni anima vivente che vi è dentro è destinata a morte. Io vengo a liberarti; so le strade che non son guardate, e i passi non presi... affrettati, il tempo fugge... vien meco, e prima che sorga il sole tu sarai in luogo di sicurezza [1]:

Baldovino stette dapprima alquanto dubbioso; ma esortato dai compagni a fidarsi dell'emiro, lo seguitò e con lui esci della città. Protetto dalle tenebre, con la sua guida fedele sempre a' fianchi, prende le vie più inusitate e remote, esce di pericolo; e col nuovo sole trovasi giunto ad Arsura, ove l'Emiro pagato il debito della gratitudine, prese da lui congedo.

Frattanto Ramla era stata espugnata per assalto, ed ogni Cristiano che v'era dentro o fatto prigione o morto: del che giunta notizia a Gerusalemme il popolo andò processionalmente alla Chiesa del Santo Sepolcro per rendere grazie a Dio misericordioso d'aver salvata la vita del re; e dipoi ogni uomo avendo prese le armi, esci per andare incontro ai nimici. Seguitò l'esempio de'Gerosolimitani Ugo di Santo Omero, signore di Galilea, che con ottanta uomini d'arme, mosse verso Ioppe.

Nel tempo istesso, quasi miracolosamente, sursero dugento navi venute da Occidente, nel porto della detta città, sulle quali era gran turba di pellegrini, in tra i quali molti buoni soldati inglesi e tedeschi.

Così re Baldovino, paragonato da Guglielmo Tirense alla stella mattutina che si mostri in cielo burrascoso, sendo anco egli giunto tempestivamente a Ioppe, vi trovò pronto un nuovo e valoroso esercito, apparecchiato e impaziente di presentarsi in campo; dove mossero le schiere a insegne spiegate e a suon di corni e di trombe, il sesto giorno di luglio.

Stavansi i Mussulmani nella foresta di Arsura distante tre miglia, occupati nella fabbricazione delle macchine guerresche, perchè avevano fatto disegno di assediare Ioppe. — Assaltati valorosamente dall'esercito cristiano, ferocemente si difesero; ma o che non fossero ben preparati alla impre-

[1] Alberto Aquense.

vista zuffa, o che la valentìa di Baldovino e de' suoi superasse qualunque resistenza, non potettero sostenere a lungo l'impeto de' Cristiani e rotti fuggironsi verso Ascalona, sendo rimasi tre mila de' loro sul campo di battaglia. —Fulcherio Carnotense attribuisce questa vittoria alla presenza della Vera Croce, avendo il re avuta l'avvertenza di farsela portare davanti nella mischia. E parlando della giornata di Ramla, imprudentemente da Baldovino combattuta, nota che Dio non accorda le sue grazie se non a quelli che ripongono la speranza in lui e che ascoltano la voce della saviezza, e che le niega a coloro *che governano le imprese proprie con avventatezza e presunzione.*

Il giorno che seguì alla vittoria d'Arsura, Re Baldovino ritornò a Gerusalemme, rese pubbliche grazie al Signore, e *comandò che s'aprisse il tempio del Santo Sepolcro ai pellegrini venuti per adorare Cristo* [1].

A questo tempo la storia ricorda come degno di nota, aver avuta pace il regno di Gerusalemme per più di sette mesi; e non pertanto mancarono infortunii ai Cristiani, perchè molti pellegrini imbarcatisi a Ioppe perirono per fortuna di mare o furono trucidati sulle rive di Tiro e di Sidone: e la maggior parte di questi pellegrini era de' campati ai disastri dell'Asia minore. Il che portò che si rinnovassero le doglianze contro i Greci, accusandoli come provocatori della ruina degli eserciti occidentali ultimamente mossi.

Alessio che secondo la sua natura sospettosa e timida, temeva le conseguenze di queste mormorazioni, mandò ambasciadori al re di Gerusalemme che si congratulassero seco lui delle conseguite vittorie e s'adoperò studiosamente per ricuperare alla libertà i Cristiani fatti prigioni dagli Egizi e dai Turchi. In tra i più notevoli de' riscattati si annumerano, Arpino signore di Bruggia, Corrado contestabile dell'impero germanico e trecento cavalieri Franchi che erano prigioni al Cairo; parte de' quali ritornarono all'esercito Cristiano, e parte alle loro patrie.

Non pertanto le mormorazioni contro Alessio non erano senza ragione perchè nel tempo medesimo che faceva queste dimostrazioni d'amicizia verso i Cristiani, provvedevasi per espugnare Antiochia ed occupare le città che sulle coste di Siria avevano conquistate i Latini.

Egli si profferse di riscattare Boemondo prigione de' Turchi; non per restituirlo al suo stato, ma per farselo condurre a Costantinopoli ove

---

[1] Questo particolare conservato da Alberto Aquense, prova che la chiesa del Santo Sepolcro non era sempre aperta al popolo e che i pellegrini non vi potevano entrare se non fatte alcune offerte. L'esenzione da questo pio tributo alcuna volta accordavasi come ricompensa a coloro che avevano combattuto con i Saraceni per la causa di Gesù Cristo.

sperava costringerlo a cederli il suo principato: ma in queste pratiche pose tanto ardore che i Mussulmani se ne adombrarono e vennero a scissure fra loro, delle quali profittando l'astuto Boemondo, tanto seppe destreggiarsi che ricuperò la libertà. La frenesia cavalleresca del tempo indusse un cronista a raccontare che Boemondo nella sua cattività, sendo guerra civile fra Mussulmani, armatosi per una di quelle fazioni, operasse prodigi di valore, il che lo fece tanto amabile nella estimazione di certa principessa turca, che per prova di amore e di amicizia, gli fornì modo alla fuga [1]. Vero è che dopo quattr'anni di prigionia, ritornò a Antiochia ove s'applicò a deludere i tentativi di Alessio.

Il vecchio Raimondo di san Gille, la cui ostinata ambizione, si tormentava indefessamente nel formarsi un principato in Oriente; sendo già padrone di Tortosa, voleva acquistare anco la città di Gibello o Gibeletto. Al che conseguire chiamò in suo soccorso i Genovesi e i Pisani sempre fautori di chi macchinava far novità sulle coste di Siria. Gibello fu assediata per mare e per terra, e fu presa.

Giunse frattanto ai Genovesi e Pisani un messo del re di Gerusalemme, che gl'invitava all'assedio di Accona o di Tolemaide [2]; con le medesime condizioni già osservate per Cesarea.

Accettarono i Genovesi, e veleggiarono con l'armata verso Tolemaide, mentre re Baldovino ponevasi a campo intorno la città [3]. Dopo venti giorni d'assedio, il popolo si profferse di aprire le porte, purchè gli fosse fatta abilità di andarsene con le famiglie e con le ricchezze. — Accettò il re la proposta e tutti i capi giurarono osservare la data fede ma i Genovesi non sapendosi accomodare a perdere il grasso bottino per cui s'erano mossi, aperte che furono le porte della città, corsero al saccheggio non perdonando nemmeno alla vita de'Mussulmani disarmati: onde indignato il re per sì manifesta violazione della giurata fede, ragunati i suoi cavalieri e servitori, corse addosso agli avari predoni e gli represse, per modo che i Mussulmani salvi e con le robe loro poterono escire dalla città, che fu dai Cristiani occupata, e ridursi in luogo di sicurezza.

L'occupazione di Tolemaide che era come porta marittima della Siria, fe'pensosi dell'avvenire i signori di Damasco, e portò lo spavento in Ascalona e fino in Babilonia cioè l'antico Cairo: onde fu gran moto

---

[1] Orderigo Vitale racconta le avventure romanzesche di Boemondo, ma poca verosimilitudine è nelle sue narrazioni, che non meritano luogo nella Istoria; trovansi però nella *Biblioteca delle Crociate* all'Articolo Orderico Vitale.

[2] Nel quarto e sesto volume della *Corrispondenza d'Oriente* avvi una precisa descrizione di Tolemaide ora San Giovanni d'Acri, e del suo territorio.

[3] Guglielmo Tirense.

per tutto Egitto a fine di raccogliere un nuovo esercito e allestire una armata', per interrompere i progressi de'Cristiani.

Giunse di ciò pronto avviso a Gerusalemme, cioè che l'armata egizia era già sorta in cospetto d'Ioppe e che l'esercito escito d'Ascalona, stavasi accampato nelle pianure di Ramla.—Immantinente i Cristiani di Galilea, di Naplusio, delle montagne di Giudea, corrono all'armi; il popolo e il clero della città santa si raccomandano a Dio, in ogni città cristiana si fanno preghiere, elemosine, si compongono inimicizie, si ravviva la cristiana carità.—Baldovino con cinquecento cavalli e due mila fanti esce d'Ioppe, e muove contro i nimici, *de'quali Dio solo sapeva il numero.*

Venuto in loro presenza, appicca la zuffa; nella quale furono sconfitti i Mussulmani, ucciso l'emiro di Ascalona e cinque mila de'loro; e tanta fu la preda fatta dai Cristiani, che innumerevole moltitudine di cavalli, di asini, di dromedari condussero seco a Ioppe. Dopo la quale sconfitta, l'armata egizia spiegò le vele alla partenza, e perchè la ruina degli infedeli fosse compita (dicono i Cronisti) che Dio suscitasse sì grande fortuna di mare, che quasi tutte le loro navi naufragarono.

Ma mentre che le cose prosperavano per il regno di Gerusalemme, il principato d'Antiochia, e la contea di Edessa declinavano al loro fine.

Venuta la primavera dell'anno 1104, Boemondo con le sue genti, Tancredi allora signore di Laodicea e di Apamea, Baldovino dal Borgo conte di Edessa ovvero Roa, e il suo cugino Giosselino di Curtenai signore di Turbessella, s'accozzarono insieme per passare l'Eufrate e per andare a campo a Carana o Carre tenuta da'Mussulmani.

Questa città che poche miglia è distante da Edessa, a tempo de'patriarchi era abitata da Tare padre di Abramo; e là appunto Dio comandò ad esso Abramo di abbandonare la patria e i parenti per poter profittare delle sue promesse. Nella medesima città di Carre il console Grasso cadde prigione de'Parti e morì

Sazio dell'or di ch'ebbe tanta sete.

Giunti colà i principi cristiani trovano la città, travagliata dalla fame e quasi senza difesa ¹. Il popolo vedutosi venir sopra tanto nembo di guerra, chiese soccorsi a Maradino a Mossule e a tutti i potenti mussulmani della Mesopotamia; ma durando già l'assedio da parecchie settimane, nè avendosi speranza del chiesto soccorso da alcuna parte, propose di abbandonar la città salve le robe e le persone, il che fu acco-

¹ Guglielmo Tirense lib. 9.

dato. Giuravano adunque le parti di osservare la fatta convenzione, allorchè nacque contesa in tra il conte di Edessa e il principe di Antiochia, volendo l'uno e l'altro inalberare la sua bandiera sulle mura; e mentre l'esercito aspetta che i contendenti si compongano a fine di entrare nella città (dicono i cronisti), Dio per punire il pazzo orgoglio de'Cristiani, sottrasse loro di pugno quella vittoria già conceduta. Perchè i cittadini che stavano sulle mura ad aspettare il momento del loro esiglio, videro tutto a un tratto apparire dai più propinqui colli l'esercito mussulmano di Maradino e di Mossule che in ordine di battaglia a bandiere spiegate s'appressava. Allora i Cristiani soprappresi da panico terrore, diedersi precipitosamente alla fuga, e non ostante che alcuni capi e il vescovo d'Edessa facessero ogni prova per trattenerli, tutto il loro esercito si disperse; rimanendo prigioni de'Mussulmani Baldovino dal Borgo e il suo cugino Giosselino. Boemondo e Tancredi a gran pena si salvarono.

Dopo questo infortunio, apparve nel cielo una cometa, che fu visibile per circa quaranta giorni, la quale, secondo Fulcherio Carnotense, sendosi cominciata a mostrare nel mese di febbraio, *nel giorno medesimo in che faceva la luna nuova, era indubitatamente di sinistro augurio.* Nel mese medesimo furono per alquanti giorni veduti intorno al sole due altri soli, uno a destra e l'altro a manca; e nel mese seguente fu veduta una pioggia di stelle. Dai quali portenti, secondo la stima degli uomini d'allora, derivarono grandi calamità; e i Cristiani di Oriente ne furono in grande apprensione.

I Turchi preso coraggio da questa loro vittoria, andarono a campo a Edessa e tentarono anco Turbessella ed Antiochia; dando il guasto a tutte le terre de'Cristiani; onde le campagne rimasero diserte e infeconde, e la carestia si dilatò in ogni luogo.

Nondimeno, niuna sollecitudine avevasi di liberare Baldovino dal Borgo e Giosselino, nonostante che i Turchi proponessero riceverne il riscatto. Per il che non poco mormoravasi contro Boemondo e Tancredi come rei di questa trascuraggine verso i loro fratelli di arme [1].

Rimanevasi ora Boemondo chiuso nella sua capitale, insidiato a un tempo da'Greci e da'Turchi, e sendo in estrema penuria di gente e di danaro, deliberossi di andare cercando nuovi soccorsi in Occidente. Fece perciò divulgare la notizia della sua morte; e postosi in una bara, s'imbarcò nel porto di San Simeone, e così passò per mezzo all'armata Gre-

---

[1] Proposero i Turchi di scambiare Baldovino dal Borgo e Giosselino, con una principessa mussulmana prigioniera de'Cristiani. — Boemondo e Tancredi (secondo Alberto Aquense) vollero piuttosto il riscatto della principessa in danaro; poco curandosi di liberare i loro prigioni.

ca, ove levavansi grandi grida di gioia per la sua morte e non poche maledizioni alla sua anima [1].

Giunto in Italia, corre a Roma ai piedi del Pontefice, espone i mali da lui sostenuti per la difesa della religione; e accusa fuor di modo Alessio, dimostrando esser egli il maggior nimico de' Cristiani. Il pontefice gli fa splendida accoglienza come a eroe e a martire conviensi; esalta le di lui gesta, mostra compatire a' suoi lamenti e per porgerli consolazione gli accorda lo stendardo di San Pietro e la facoltà di congregare per l'Europa un esercito in nome della chiesa, per rimediare a' suoi infortunii e vendicare la causa di Dio.

Boemondo con le soprascritte concessioni e colmo di benedizioni e d'indulgenze, passò in Francia, dove le sue avventure e prodezze aveanli acquistata celebrità. Va a corte di Filippo Primo che gli fa grande onore e gli dà in moglie la sua figliuola Costanza. Fu ammirato in corte, non tanto come prode cavaliere, che come zelantissimo apostolo della Croce, armeggiando ora ne' tornei con inarrivabile perizia ed eleganza; e predicando dipoi la guerra contro gl'infedeli con veemenza e fervore non inferiori ai sermoni dell'Eremita Piero.

Passando poscia da Limosì profferse voto di catene d'argento sull'altare di san Leonardo di cui avea invocata la protezione nella sua cattività: indi andò a Pontieri, ove ragunatasi intorno gran moltitudine di genti, le invogliò tutte della guerra santa. Contendevansi l'onore di seguitarlo in Oriente i cavalieri del Limosino, dell'Alvergna e del Pontieri; dal che cresciutogli l'animo, passò i Pirenei e fe' accolta di genti nella Spagna; e ritornato anco in Italia vi trovò in ogni luogo seguaci.

Fatte sue provvigioni, imbarcavasi a Bari e andava diffilatamente a discendere sulle terre del greco imperio, facendo gran minacci contro i suoi nimici, non ostante che molti credessero esser dominato l'animo suo piuttosto dalla ambizione che dall'odio. Procurava frattanto con acconci discorsi di concitare gli spiriti delle sue genti, dicendo loro essere i Greci in lega co'Mussulmani nimici di Gesù Cristo; possedere Alessio grandi ricchezze delle quali potevano impadronirsi, e ogni altro argomento usando che potesse a'suoi fini condurlo. Già se gli dimostravano tutte le cose favorevoli, quando una percossa della volubile fortuna che fino allora quasi

---

[1] Nella terza parte della *Biblioteca delle Crociate* vi è il racconto di Anna Comnena. Dicesi nel greco che Boemondo facesse mettere nella tomba un *gallo* morto, e Gibbon tradusse in inglese *cook* che significa a un tempo *gallo* e *cuoco*; onde gli ignoranti traduttori di Gibbon tradussero *cuoco* senz'altro, il che può servir di prova intorno al merito generale delle traduzioni di traduzioni. Bisogna però confessare che il racconto di Anna Comnena è, secondo il suo solito, confuso ed intralciato, e che l'esuberanza delle figure rettoriche mal usate, lo rende oscurissimo. — Trad.

prodigiosamente avevali soccorso in ogni suo disegno, ridusse in un subito tutte le sue speranze al fondo.

Era egli ito a campo a Durazzo, la quale città difendendosi vigorosamente, produsse in lungo l'assedio, tanto che nel di lui esercito che stava a grande disagio, cominciaronsi a manifestare varie malattie con morte di molti soldati. La paura del morbo occasionò le deserzioni, e il numero delle sue genti si ridusse in tanta esiguità, che egli invece di detronizzare il greco imperadore, come si proponeva, fu forzato comporsi con lui mediante vergognosa pace; per il che in tanta malinconia si converse il suo animo, che deposto il pensiero d'ogni impresa in oriente, ritornossi disperato e invilito nel suo piccolo principato di Taranto, da dove per conquistare l'Oriente erasi partito, e dove non più grande ma molto più esperimentato della vanità delle cose umane, compì il suo corso mortale.

Resultamento di questo tentativo fatto contro i Greci, fu la ruina dei Cristiani di Siria, precludendo loro i soccorsi che dall'Occidente potevano ricevere. — Tancredi che governava Antiochia fu molte volte assaltato dai nimici mossi dall'Eufrate e dal Tigri, nè poteva sostenersi se non mediante i soccorsi avuti dal re di Gerusalemme. — Giosselino e Baldovino dal Borgo, che erano stati condotti a Bagdad, furono liberati dopo cinque anni di cattività; ma Baldovino ritornato a Edessa, non potendo dare il soldo ai pochi soldati che gli erano rimasi fedeli, per impetrare alcuna somma dal suo suocero, signore di Melitene, scrisseli che aveva impegnata la propria barba per il detto soldo dovuto alle sue genti: mezzo poco degno d'un cavaliere (dice lo storico), nè che può essere scusato dalla estrema povertà del principe; nonostante che una barba che per benefizio della natura, tagliata, si riproduce, finchè ne vive il possessore, possa estimarsi piccolissima somma [1].

E non ostante sì grandi infortunii, i Cristiani non sapevano ancora intendere come e' facesse mestieri vivere uniti e concordi per mantenersi. Tancredi e Baldovino dal Borgo sendo in forti contenzioni fra loro, incorsero per la cieca animosità fino nell'errore di procacciarsi, ognuno da sua parte, leghe con i Mussulmani, onde le rive dell'Eufrate e dell'Oronte furo di confusione ripiene. Tancredi che mostrò maggior ferocia e durezza, pretendeva che il conte di Edessa dovesse da lui dipendere e pagargli tributo [2]. Ricorsero finalmente le parti all'arbitrio del Re di Gerusalemme, che pronunziò sentenza contro Tancredi, dicendo-

---

[1] Racconta questo particolare Guglielmo Tirense, e all'articolo così intitolato, trovasi nella *Biblioteca delle Crociate*.
[2] Alberto Aquense.

li: *Tu pretendi cosa ingiusta, e per timore di Dio devi riconciliarti col conte di Edessa; ma se poi t'ostinerai nella tua lega co' pagani, tu non sarai più nostro fratello.* — Tancredi si mostrò persuaso; e la contenzione ebbe fine.

Nell'anno 1108 Beltramo figliuolo di Raimondo conte di san Gille, passò in Oriente con settanta galere de' Genovesi, per fare il conquisto di alcune città della Fenicia; e cominciò dalla impresa di Biblo, la quale dopo sostenuti alcuni assalti, aperse le porte ai Cristiani. Andò dipoi a campo a Tripoli [1]; concupita fieramente dal vecchio conte Raimondo, il quale facendo ogni suo sforzo per occuparla, e avendo, con i soccorsi avuti dall'Occidente, edificato sopra un vicino colle, una fortezza appellata *il castello* o *la montagna de' pellegrini* [2]; cadde fortuitamente da un tetto del castello medesimo e morì con la brama non satisfatta di piantare il suo stendardo sull'assediata città.

In questo mentre giunse il re di Gerusalemme con cinquecento cavalli, il che accrebbe molto gli animi degli assediatori. — I Tripolitani veggendosi a mal partito chiesero soccorsi a Bagdad, a Mossule e a Damasco, vôlte le loro speranze all'Egitto dappoichè si videro abbandonati dai Mussulmani di Persia e di Siria. Aspettando adunque il chiesto soccorso, giunse per mare un messaggiere del califa, che da parte del suo signore chiese ai Tripolitani: *certa bella schiava che era nella città; e del legno d'albicocco per farne liuti e altri istrumenti di musica*, il qual dimando secondo lo storico arabo Novairi, che il registra, fu interpretato dai Tripolitani, come un niego del detto soccorso, onde perdutane ogni speranza, proposero ai Cristiani d'arrendersi salve le persone e l'avere, rimanendo in arbitrio d'ognuno di loro, il partire e il rimanersi, pagando un tributo da convenirsi. Fu la capitolazione ratificata dal re Baldovino e dal conte Beltramo, ed eseguita fedelmente, se non in quanto la lese la rapacia de' Genovesi.

Era il territorio di Tripoli celebrato per la sua feracità; nelle pianure e nelle colline propinque al mare prosperava abbondantemente il frumento, la vite, la canna da zucchero, l'ulivo e il moro bianco della cui foglia s'alimentano i bachi da seta. Nella città vivevano da

---

[1] Tripoli, secondo il significato del nome, componevasi un tempo di tre città. Anticamente la città marittima era principale e nel medio evo appellavasi Tripoli; ora il suo luogo è pieno di ruine e gli Arabi lo dicono *El Charab*, cioè *le ruine*. La città moderna è distante dal mare tre quarti d'ora (Vedi *Corrispondenza d'Oriente*, lettera 158).

[2] Il *Castello de' Pellegrini*, fabbricato dal conte di Tolosa, è detto modernamente Castello di Tripoli. È sopra un colle e rimane a cavaliere della città moderna, distante due miglia dal luogo della città vecchia. (Vedi *Corrispondenza d'Oriente*, Lettera 158.)

quattro mila artigiani che fabbricavano drappi di lana, di seta, e di lino.

La maggior parte di questi vantaggi fu distrutta da' Cristiani, che durante l'assedio desolarono le campagne e dopo la presa della città, non porsero alcun favore agli stabilimenti d'industria.

Erano oltreciò in Tripoli altri tesori, veramente però poco pregiati e desiderati dai guerrieri della Croce. Preziosissimo di detti tesori era la biblioteca ove conservavansi i monumenti della letteratura persiana, dell'araba e della greca; e dove il governo teneva cento amanuensi sempre occupati nelle copie de' manoscritti; non risparmiando il Cadì nè a spesa nè a diligenza alcuna per mandare in tutti i paesi uomini intendenti di lettere a far ricerca de' libri più rari e preziosi. I Cristiani distrussero col fuoco sì bella e ricca biblioteca, del che fecero grandi e giusti lamenti gli scrittori orientali, e del che prudentemente non fecciono parola i cronisti cristiani, argomentando alcuni da tal silenzio l'assoluta apatia de' soldati della Croce per l'incendio di Centomila Volumi [1].

Tripoli unita a Tortosa, Arca e Gibello formò un quarto stato nella confederazione latina di oltremare, del quale fu fatto principe Beltramo figliuolo di Raimondo di san Gille, che giurò fedeltà al re di Gerusalemme facendosegli vassallo.

Alcuni mesi dopo il conquisto di Tripoli re Baldovino andò a campo a Berito, città molto ben fortificata che fu, a tempo del romano imperio, colonia di Augusto, con gius italico; e come Rodi, Mitilene ed altre città d'Oriente, ebbe pubbliche scuole che fiorirono fino al medio evo e di che ebbero conoscenza i primi pellegrini di Gerusalemme. Dopo l'alluvione mussulmanica, Berito aveva perduto il suo pristino splendore restandole nondimeno l'ornamento de' bei giardini, de' suoi ubertosi pomarii, e la comodità del porto. Sostenne per due mesi gli assalti de' Cristiani [2]; e (secondo Alberto Aquense) fatta che ebbe capitolazione, gli abitatori abbruciarono sulle pubbliche piazze tutte le ricchezze che non

---

[1] Ibn Abù Tai storico arabo paragona la barbarie de' Cristiani e il loro furor di destruzione a quello degli Arabi che arsero la biblioteca d'Alessandria. — Un prete della corte del conte Beltramo di san Gille, entrato nella sala ove era la collezione del Corano, annunziò che la Biblioteca di Tripoli non conteneva altro che i libri empi di Maometto, e dietro questa dichiarazione fu condannata al fuoco. Il medesimo storico fa ascendere il numero de' volumi a tre milioni; Novairi lo riduce a cento mila, e racconta che la detta biblioteca fu fondata dal Cadì *Aboutaleb Alsen*, scrittore di alcune opere. (Vedi *Biblioteca delle Crociate*, vol. I. n. 5.)

[2] Vedesi ancora tre quarti d'ora distante da Berito, il bosco dei pini dove le genti di Baldovino fecero le scale e le altre macchine per l'assedio della città (Vedi *Corrispondenza d'Oriente*, Lettera 143).

poterono portar seco loro, del che adontatisi i vincitori entrando nella città, ne fecions vendetta nel popolo che fu tutto trucidato.

Rimanevano a' Mussulmani sulle coste di Siria tre sole città, cioè Ascalona, Tiro e Sidone. Erasi Sidone, fino allora schermita dalle armi cristiane con umiltà e donativi; ma mostrandosi quasi fonte inesausta di tesori, invece di saziare la cupidità de' Cristiani, come si proponeva, pascendoli di continue liberalità, non fece che augumentarla.—Ritornando il re Baldovino da una sua correria fatta sulle rive dell'Eufrate, ebbe notizia che Sigur figliuolo di Magno re di Norvegia era sbarcato a Ioppe con diecimila Norvegi che già da tre anni eransi partiti dal settentrione d'Europa per visitare Terra Santa. Andò Baldovino a far visita al principe norvego, e l'esortò a unirsi a lui per la difesa e l'augumento del regno di Gesù Cristo; al che consentì di buona voglia Sigur, chiedendo per mercede delle sue future fatiche non altro che un pezzo di legno della vera Croce. Giunto che fu a Gerusalemme, fu grato spettacolo ai Cristiani la vista delle smisurate picche, e la gigantesca figura de'suoi guerrieri.

Il re tenne consiglio e fu deliberato di andare a campo a Sidone [1]. Sigur condusse la sua armata davanti al porto della città; e Baldovino e il conte di Tripoli s'attendarono sotto le mura. Dopo un assedio di sei settimane, l'emiro e i principali cittadini, proposero di rimetter le chiavi nelle mani del re di Gerusalemme, salve le persone con quanto potessero portar seco *sopra la testa e sulle spalle*. Ratificata la convenzione, partironsi dei cittadini cinque mila e gli altri fecionsi sudditi del re.

Dopo ciò Sigur partì di Palestina con le benedizioni di tutto il popolo cristiano, e s'imbarcò per ritornarsene in Norvegia, portando seco il frammento del legno della Vera Croce, pattuito per mercede de'prestati servigi; il quale, giunto in patria, depose nella città di *Hanghel*; ove la virtù di sì preziosa reliquia (tale fu l'opinione popolare) doveva preservare il paese da qualunque straniera invasione.

Non furono però i Norvegi soli de'settentrionali che concorressero all'assedio di Sidone; poichè furonvi eziandio de'Frisi, e degli Inglesi novellamente venuti d'Europa e che si unirono alle genti di Baldovino.

Secondo una cronica di Brema, formossi in questo medesimo tempo nell'impero germanico un grande esercito per passare in Oriente. Molti Bremesi ragunati dal loro arcivescovo e condotti da due consoli, combatterono strenuamente all'assedio di Berito e di Sidone; e ritornaronsi

---

[1] Per l'assedio di Sidone è da vedere Guglielmo Tirense, lib. 11. e l'estratto degli storici Norvegi e Danesi, *Biblioteca delle Crociate*, parte terza.

Gerasio e i suoi cavalieri furono condotti in piazza e ammazzati a colpi di freccie

poscia alla patria, non avendo perduto che due soli de'loro compagni.
Riceveronli trionfalmente i concittadini; e gli stemmi accordati dall'imperatore alla città di Brema, fan testimonio anco al dì d'oggi dei servigi
resi da'suoi pellegrini alla causa di Gesù Cristo in Terra Santa.

Ritornando Baldovino a Gerusalemme, ebbe notizia, che Gervasio
conte di Tiberiade, era stato sorpreso dai Turchi e condotto co'suoi più
fidi cavalieri nella città di Damasco; e poco dopo alcuni deputati Mussulmani vennero a offerire al re di liberare Gervasio, purchè fossero loro
restituite Tolemaide, Ioppe e alcune altre città occupate dai Cristiani,
protestando in caso di rifiuto, di uccidere il loro prigione. Baldovino offerse per il riscatto una grossa somma, rispondendo, che in quanto alle
città *non le avrebbe restituite nè meno per liberare il proprio fratello
Eustachio, o tutti i principi cristiani.* Perlochè, ritornati i deputati a
Damasco, Gervasio e i suoi cavalieri furono condotti in piazza e ammazzati a colpi di freccie.

(Anno 1112.) Nel cominciar di quest'anno, morì Tancredi in Antiochia; sopra il qual caso dice Guglielmo Tirense: *Tutta la chiesa dei
Santi conserverà perpetua memoria delle opere caritatevoli e delle liberalità dell'eroe cristiano.* Nel tempo che fu governatore in Antiochia
prese sempre parte alle afflizioni e alle fatiche de'suoi popoli; perlochè
quando la città fu afflitta dalla carestia, egli a fine di dare ai sudditi
esempio di pazienza (così riferisce Raolo Caeno) per tutto il tempo che
la fame durò s'astenne dal vino e ridusse la sua mensa e il suo vestire
alla parsimonia de'poveri. Inoltre fu sempre come padre de'suoi soldati
e solea dire: Che quelli erano sua ricchezza e gloria; e che nella guerra
egli si contentava per sè delle cure, de'pericoli, della fatica, della grandine e della pioggia, e lasciava loro le spoglie e la preda [1]:—Negli ultimi momenti della sua vita l'assistevano, la sua moglie Cecilia figliuola
di Filippo Primo re di Francia, e il giovine Ponzio figliuolo di Beltramo conte di Tripoli, ai quali fece promettere d'unirsi in matrimonio dopo la sua morte; e la promessa fu da loro eseguita. Si elesse successore Ruggieri figliuolo di Riccardo suo cugino, con condizione però
che restituirebbe il principato di Antiochia *intiero e senza difficoltà* al
suo principe legittimo, il figliuolo di Boemondo, che stavasi allora in Italia con la sua madre. — Il di lui cadavere fu seppellito in Antiochia sotto
l'atrio della chiesa di san Pietro in questo medesimo anno.

Nell'anno seguente 1113, sopravvenuta la state, nuove alluvioni di
barbari, mosse dalle rive del Mar Caspio, dal Chorasano e dal paese di

---

[1] Vedi l'estratto di Raolo Caeno nella *Biblioteca delle Crociate.*

Mossule, precipitaronsi sulla Siria e lasciatesi da parte Edessa e Antiochia, in tra Damasco e la Fenicia, tra il Libano e il mare, penetrarono in Galilea.

Avvertito della sovrastante tempesta, re Baldovino le andò incontro con le sue genti; e trovò il nimico accampato sotto Panea in un isola formata da due rami del Giordano; ond'egli ponevasegli poco di lunge. I due eserciti separati dalla riviera di Dan stavano in presenza uno dell'altro da alquanti giorni; quando Baldovino fu con astuzia dal nimico tratto imprudentemente e con disavvantaggio ad appiccar la zuffa [1]: e giornata fu questa nella quale corse gran pericolo non meno l'esercito che il nuovo regno de'Cristiani; e il re medesimo stato più volte in procinto d'esser preso, abbandonò la sua bandiera. Persero i Cristiani da trenta uomini a cavallo e da mille dugento fanti, parte uccisi, parte fatti prigioni. Ruggieri di Antiochia e il conte di Tripoli, che accorrevano in soccorso di Baldovino, giunsero il dì seguente alla sconfitta, ed unite subito le loro genti a quelle del re, che a poco a poco s'andavano riordinando, portarono il campo sulla montagna di Saffat; rimanendo in balía de'Turchi le pianure da Panea fino al lago di Tiberiade. Grandi furono i guasti e la desolazione sulle rive del Giordano e per Galilea, correndo il tempo della messe. Tutte le comunicazioni rimasero interrotte, non sapendosi nelle città, dove fosse, nè che si facesse l'esercito cristiano; e nel campo di Saffat nulla sapevasi di quanto accadeva nelle città. Frattanto i Mussulmani esciti a gran frotte da Ascalona e da Tiro, correvano le terre de'Cristiani: il paese di Sichem fu predato, Naplusio saccheggiata; Gerusalemme, rimasa senza difensori, chiuse le porte aspettandosi d'ora in ora di ricadere sotto il dominio de'nimici di Cristo.

Ma la stagione estiva andava declinando, e il tempo più propizio al passaggio de'pellegrini, conducea ogni giorno in Palestina nuovi guerrieri d'Occidente. Così l'esercito cristiano andava instaurandosi e giunse in breve tempo al numero di dodici mila buoni soldati. Frattanto il campo nimico, diffidando i Turchi di Damasco de'Persiani, per la sospecione e per la discordia s'andava debilitando; perlochè, come suole alcuna fiata accadere che il vincitore perda i frutti della vittoria non saputa usare, intervenne che i Cristiani dalla estrema depressione e pericolo in che si trovavano, improvvisamente ed imprevistamente risorgessero, e senza sfoderare spada, vedessero la moltitudine de'loro nemici partirsi, come burrasca che il vento giri in altra parte.

---

[1] Il luogo ove fu combattuta questa giornata trovasi diligentemente descritto nel quinto volume della *Corrispondenza d'Oriente*.

Ma nuove calamità afflissero i Cristiani. Sterminati sciami di cavallette simili a nugoli, venuti dall'Arabia, compirono la desolazione della Palestina e quanto aveva lasciato non guasto la rabbia nimica, guastarono e divorarono. Edessa ed Antiochia erano dalla carestia distrutte: un terremoto scosse tutta la regione dal Monte Tauro fino ai diserti d'Idumea, molte città di Cilicia furono ruinate; tredici torri di Edessa e la cittadella d'Aleppo similmente ruinarono; le più alte fortificazioni caddero e i loro presidii o mussulmani o Cristiani che fossero, poterono a mala pena salvarsi nelle foreste e nei diserti; cadde similmente una torre di Antiochia, alcune chiese ed altri edifici della città.

Fu attribuito questo terribile flagello ai peccati de'Cristiani, de'quali Gualtiero il Cancelliere, testimonio oculare fa l'enumerazione, dimostrando che la corruzione de'loro costumi era pervenuta all'eccesso d'ogni orientale sfrenatezza [1]. — La paura fu buon medico, e la penitenza agguagliò, in austerità, la licenza del malfare.

Tutto il popolo d'Antiochia stavasi in orazioni e in discipline gli intieri giorni e le intere notti, vestivasi di cilicio e giacevasi sulla cenere. Le donne e gli uomini come se avessero fatto divorzio fra loro, andavano disgiunti alle chiese e in ogni altro luogo, con la testa rasa, co'piè nudi, percotendosi il petto con le pugna, e gridando ad alta voce: *Signore, miserere di noi.*

Non ostante il cielo non si lasciò impietosire se non dopo cinque mesi, e i terremoti finalmente cessarono. — A Bagdad fu gran festa per l'infortunio che aveva colpito il paese de'Cristiani; e il principe di Mossule (così è detto nelle croniche) *astrologò dal sole e dalla luna* esser venuta l'occasione di ricuperare la Siria. — I popoli di Mossule e di Bagdad, che non avevano dimenticata la morte di Mandudo capitano dell'ultima spedizione de'Mussulmani in Galilea, ne facevano delitto al principe di Damasco: E tutti gli Emiri di Mesopotamia armaronsi per assaltare i Cristiani e punire i Mussulmani infedeli.

Il sultano di Damasco sentendosi venire addosso quel periglioso turbine, pensò non potersene altrimenti schermire, che collegandosi co'Cristiani, e riunite le sue genti a quelle del re di Gerusalemme, del principe di Antiochia e del conte di Tripoli, mosse contro gli eserciti di Mossule e di Bagdad, che correvano già le rive dell'Eufrate e dell'Oronte.

Venuti i collegati in cospetto del nimico, i Cristiani desidera-

---

[1] Chi avesse desiderio d'esserne meglio informato, vegga nella prima parte della *Biblioteca delle Crociate* il compendio di Gualtiero cancelliere.

vano appiccare la zuffa, ma i Mussulmani che, non ostante la nuova alleanza, poco se ne fidavano e paventavano egualmente la vittoria degli amici
e degli avversari, adoperaronsi che non avesse luogo la giornata campale, e invece a contenere il nimico con piccole zuffe. E veramente bastò a preservare la Siria dalla alluvione di quei barbari e a farli ripassare l'Eufrate, la sola fama di sì formidabil lega; la quale nondimeno,
per l'incompatibilità de' nazionali temperamenti fu esecrata non meno
da' Mussulmani che da' Cristiani, accusando quelli il principe di Damasco
come traditore all'islamismo, e dicendo i secondi, *che il vessillo di
Cristo s' era a quello di Belial congiunto*; onde cessatane la necessità,
la lega fu subito sciolta.

Il re Baldovino, vedendosi omai sicuro dai nimici di Bagdad e da
quei di Siria, come quegli ch'era d'animo irrequieto e vago di novità,
deliberossi di portar le sue armi oltre il Giordano ed il Mar Morto:
Traversò pertanto l'Arabia Petrea ed entrò nella terza Arabia, che i cronisti appellano *Siria di Sobal*, ove trovò un alto colle soprastante ad
ubertosissime pianure, ed ivi fondò una cittadella fortificata, ove pose
sufficiente presidio e la nominò *Montereale* [1].

Nell'anno seguente 1116, Baldovino conducendo seco alcune guide
ben pratiche de' luoghi, passò i diserti d'Arabia, discese verso al mar
Rosso e penetrò fino ad Ellis, antichissima città, un tempo florida e fre-
quentata da' Giudei, la quale era nel luogo appunto ove la scrittura pone
le dodici fonti e le settanta palme. Esaminata questa città e le rive del
mare, il re ritornò a Montereale, e di là a Gerusalemme; ove grande fu
la curiosità e grandi i racconti delle cose maravigliose vedute in questa
escursione al mar Rosso e verso il deserto del Sinai; formando non piccolo subbietto d'ammirazione le conchiglie marine e le pietre preziose
che gli arditi peregrinatori avevano seco loro portate. — Fulcherio Carnotense dice di aver fatte molte quistioni ai compagni di Baldovino, in
tra le quali: se, cioè, il mar Rosso fosse di acque dolci o salse, e se
avesse forma di stagno o di lago, e se avesse foce o comunicazione con
altro mare, ovvero come il mar Morto non ne avesse alcuna [2].

1118. — Ma mentre che il popolo Cristiano, volgeva tutti i suoi pensieri intorno al mar Rosso e alle sue maraviglie, Baldovino stava medi-
tando un cammino che il conducesse in Egitto. — Verso il mese di febbraio ragunò il suo esercito, passò il deserto, assaltò improvviso *Fara*-

---

[1] La fortezza di Crac ovvero Carac oltre il Giordano, fu fabbricata regnante Folco di
Angiò.

[2] Riferisco questi particolari, affinchè il lettore conosca quali fossero le cognizioni geografiche
di quest'epoca, anco negli uomini più dotti.

mia poco distante dalle ruine del Tani e da Pelusio, e le diede il sacco.—Alberto Aquense racconta che i guerrieri franchi si bagnassero nelle acque del Nilo, e che vi pescassero molti pesci ferendoli con le lancie: trovando maraviglioso e desiderabile tutto ciò che loro si mostrava in quella sì fertil terra che già alle loro armi promettevansi.

Breve illusione di felicità! Ammalossi il re Baldovino e fierissimi dolori di visceri travagliavanlo; gli si riaperse una ferita già cicatrizzata; perlochè vedendosi caduto in grave infermità, ordinò che si ritornasse a Gerusalemme.

Per lo deserto che separa l'Egitto dalla Siria doveva far suo viaggio l'infermo re, ma giunto appena a El Arisc piccola città marittima e come porta di quelle vaste solitudini, sentì tanto aggravato il suo male che non dubitò della vicina morte. Mesti, desolati facevano corona al letto i compagni delle sue vittorie; egli procacciava consolarli: *Deh, perchè piangete? non sono io un uomo? molti altri non v'hanno che possono occupare il mio luogo? Non vi lasciate vincere al dolore come femminette; pensate ch'e' bisogna ritornare a Gerusalemme con le armi in mano e combattere ancora per l'eredità di Gesù Cristo, a che ci obbligano i fatti giuramenti. Nient'altro io chiedo all'amore e alla fedeltà vostra, se non che non lasciate in terra infedele il mio corpo.*

I cavalieri dirottamente piangendo, rispondevanli che la domanda fatta al loro amore e fedeltà, *sembrava carico difficile e molto superiore al loro potere*; non sapendo in qual modo si potesse trasportare e conservare per le sabbie del diserto, in mezzo a paesi nimici e sotto la ferza di ardentissimo sole, un corpo privo di vita.

Allora Baldovino disse:—*Appena sarò spirato, aprite il mio corpo col ferro, cavatene gli intestini, riempitelo di sale e di aromati, fasciatelo dipoi con cuoio e sopra ponete altra fascia di tappeti; e per tal modo il potrete trasportare fino al Calvario e seppellirlo, secondo il rito cattolico, presso al sepolcro del mio fratello Goffredo.*

Dopo ciò fece chiamare il suo cuoco Edone, e gli parlò in questa sentenza:

Tu vedi, Edone, ch'io muoio. Se tu m'hai amato vivo, voglimi l'istesso bene dopo morte; apri il mio corpo, fregalo bene con sale ed aromati sì dentro che fuori; empi i miei occhi di sale e similmente le narici, le orecchie e la bocca; e poi con gli altri miei servitori, portami a Gerusalemme. Così adempirai la mia ultima volontà e mi sarai stato sempre fedele.

Queste furono le ultime parole di re Baldovino a'suoi cavalieri e al suo cuoco Edone. — Dopo che vólto il pensiero a eleggersi il successore raccomandò ai suffragi de' compagni il fratello Eustachio da Bulogna, ovvero Baldovino dal Borgo conte di Edessa : e finalmente *fortificato dalla confessione e dal sacramento della Eucarestia*, il grande campione della fede rese a Dio lo spirito.

Occuparonsi allora i suoi guerrieri di eseguire le di lui ultime volontà ; fu aperto il cadavere, fregato con sale, ripieno d'aromati, furono tolti gli intestini e seppelliti in certo luogo ove soprapposero greve móra di pietre, la quale vedesi ancora a' dì nostri vicino a El Arisc.

Fatto ciò l' esercito prese il cammino del diserto, andando continuamente di giorno e di notte; e procurando di tener nascosta la morte del re, passò le montagne di Giudea, il paese di Ebron e giunse in Gerusalemme la domenica delle Palme.

Secondo il rito cristiano, quel giorno appunto il popolo preceduto dal Patriarca, discendeva processionalmente dall'Oliveto, portando rami di palma e cantando salmi per celebrare l'entrata di Gesù Cristo in Gerusalemme. Mentre che la processione passava per la valle di Giosafatte, apparve tutto ad un tratto la bara di Baldovino portata da suoi compagni. A tal vista cessarono immantinente i cantici, e cangiaronsi in amare strida e in pianti. Seguitò suo cammino la processione funerale ed entrò per la porta Dorèa, e il popolo, intralasciati i sacri riti le tenne dietro. Afflitti dimostravansi egualmente Latini, Siri e Greci; gli stessi Saraceni (dice il cappellano di Baldovino) piangevano.

Giungeva nel medesimo tempo Baldovino dal Borgo, che erasi partito da Edessa per celebrare in Gerusalemme la Pasqua, ed entrava in città per la porta di Damasco. Conosciuta per la universale afflizione la morte del suo cugino Baldovino, vestissi a duolo e seguitò anco egli la pompa funerale fino al Calvario. Ivi furono solennemente tumulate le reliquie del defunto monarca, in un avello di marmo bianco, a lato a quello del re Goffredo.

Baldovino visse e morì sempre implicato in guerresche fazioni. Durante il suo regno, che durò dieciotto anni, il popolo di Gerusalemme intese ogni anno la campana grossa che annunziava la guerra contro gli infedeli; quasi mai fu veduto dentro il santuario il legno della vera Croce, che portavasi sempre con l'esercito; più fiate il regno fu a gran pericolo, e prodigi di valore appena il poterono mantenere; alcune volte fu sconfitto il re per il suo troppo avventato coraggio; ma la sua attività straordinaria, il suo ingegno fecondo di ripieghi, lo salvarono sempre dall'estrema ruina.

Negli augumenti da lui fatti al regno sono da annumerarsi Arsura,

Graziai dis.

Verico Inc.

Mentre che la processione passava per la valle di Giosafatte, apparve tutto ad un tratto la bara di **Baldovino**.   *Lib. V, pag. 308.*

Cesarea, Tolemaida, Tripoli, Biblo, Berito e Sidone. Più fortezze edificò per difesa de' luoghi occupati, non solo nell'Arabia, ma nelle montagne del Libano, nella Galilea, nel paese de'Filistei e generalmente sopra tutte le strade che conducono a Gerusalemme.

Ancora aggiunse alcune leggi al codice del suo predecessore. — Ma ciò che gli fa più onore è la sua sollecitudine per ripopolare Gerusalemme; avendo offerto sicuro asilo ai Cristiani dispersi per l'Arabia, per la Siria e per l'Egitto, i quali trovandosi oppressi di gravezze e perseguitati dai Mussulmani, accorrevano in gran numero colle loro famiglie e le loro sostanze sotto l'imperio del re che distribuì loro le terre e le case abbandonate, e per tal modo Gerusalemme ricominciò a fiorire. — Oltre ciò fece Baldovino larghe dotazioni alle chiese, principalmente a quella di Betelemme che istituì in vescovado; e fondò alcuni stabilimenti religiosi.

Per dare maggior lustro alla sua metropoli ottenne da Roma che tutte le città tolte a'Mussulmani, dovessero dipendere dalla chiesa patriarcale di Gerusalemme: la qual concessione nella bolla di papa Pascale è espressa in questa forma: *Concediamo alla chiesa di Gerusalemme, tutte le città e provincie conquistate per la grazia di Dio e per il sangue del gloriosissimo re Baldovino e di quelli che hanno combattuto con esso* [1].

Io ho tralasciato di narrare minutamente le contenzioni insorte fra il successore di Goffredo e il patriarca di Gerusalemme, poichè niuno influsso ebbero o pochissimo sopra il corso de' successi; i pontefici prudentemente s'intromisero poco in quelle differenze e poco attesero ai reclami de'patriarchi; e papa Pascale impose termine al piato dichiarando: *non voler deprimere la dignità della Chiesa in profitto della potestà secolare, nè voler tampoco menomare questa a benefìcio della ecclesiastica.* Nella sostanza però queste contese ebbero due cagioni potentissime, cioè dalla parte del patriarca, l'ambizione, e dalla parte del re, il bisogno di danaro per difendere e accrescere il regno. Per sopperire al bisogno di danaro re Baldovino incorse negli sponsali d'una seconda moglie, vivendo la prima; poichè (secondo Guglielmo Tirense) avendo inteso che la contessa di Sicilia, vedova di Ruggieri, era ricchissima e abbondava d'ogni cosa, pensò di torla in moglie, trovando così il modo di provveder non solo ai suoi propri bisogni, che viveva in strettezza di tutto, ma ancora al soldo dell'esercito. Oltre ciò, nè il clero, nè i grandi, nè il popolo si opposero a tale deliberazione; perchè la nuova reina re-

---

[1] Questa concessione in favore della metropoli di Gerusalemme, occasionò forti reclami del patriarca d'Antiochia che pretendeva essere il vero successore di Pietro e si teneva superiore al romano pontefice. Guglielmo di Tiro racconta a lungo le sue pretensioni.

cando seco immense ricchezze ed un'armata carica di grani, d'olio, di vini, e d'armi; tutti si credettero entrar nell'abbondanza; fecero buon viso alla sposa, nè trovarono materia alcuna di scandalo. — Ma finite queste provvigioni e ritornate le strettezze, cominciarono gli scrupoli, non mancando mai alla ragione umana argomenti da onestare le nostre cupidità e da reprobarle quando ne siamo sazi, onde Guglielmo Tirense asserisce che alla indebita allegrezza, succedesse in brevissimo tempo maggior dolore e pentimento [1].

Al postutto gli storici contemporanei attribuiscono unanimemente a Baldovino eccellenti e splendide qualità, poichè se nella prima crociata s'era concitato contro l'odio de' pellegrini per il suo carattere ambizioso, altiero e prepotente; quando ebbe satisfatta la sua ambizione, non fu meno straordinario per la sua moderazione e clemenza, sicchè divenuto re di Gerusalemme, seguitando l'esempio di Goffredo, meritossi anch'egli l'amore de' popoli e d'esser proposto come modello a' suoi successori; facendo così testimonio che a volere che gli uomini diventino buoni e virtuosi, non poco conferisce il collocarli in quel grado a che i giusti loro appetiti gli volgono; sendo principalissima cagione di loro nequizia la contrarietà della fortuna e la mala educazione che per tempo i naturali appetiti a buon fine non indirizza.

Fatte le esequie di re Baldovino, il clero e il popolo di Gerusalemme (secondo l'espressione de' cronisti) *credendosi orfani*, volsersi a eleggerli il successore. Vari erano i pareri; alcuni propendevano per Eustazio fratello di Baldovino; altri allegando che per li pericoli e per le urgenze del regno, facesse mestieri di non aspettare un successore lontano, ma di sceglierne subitamente uno presente, parteggiavano per il conte di Edessa, che come sopra è riferito, era venuto in Gerusalemme e v'era ancora. — In quest'ultimo partito aveavi Giosselino di Curtenai uno dei conti e signori del regno, il quale nella sua venuta in Asia era stato accolto e molto beneficato da Baldovino dal Borgo, che in tra gli altri benefizi avealo fatto signore d'alcune città sopra l'Eufrate. Ma dopo qualche tempo esso Baldovino dal Borgo avendo preso sospetto di lui, ed accusandolo d'ingratitudine, lo privava ignominiosamente de' conceduti dominii e cacciavalo de' suoi stati. Giosselino riparò a Gerusalemme ed ivi

---

[1] Alberto Aquense che fa una pomposa descrizione della entrata della principessa Siciliana in Gerusalemme, non appone alcuna considerazione intorno al suo matrimonio col re. — Guglielmo Tirense riferisce che ella ponesse per condizione al suo imeneo, che se avesse un figliuolo da Baldovino, dovesse succederli al trono, della qual condizione fu contento re Baldovino, perchè aveva bisogno di danaro; ma dopo tre anni quando ebbe dato fondo a tutte le ricchezze della principessa, stimolato dai rimorsi della coscienza per l'illegale matrimonio, ripudiò la moglie e la rimandò a casa; del che si offese altamente Ruggieri re di Sicilia e divenne acerrimo nimico de' Franchi di Palestina.

ottenne il principato di Tiberiade. Ora, o perchè volesse fare emenda delle sue colpe verso Baldovino, o per ricuperare la sua grazia, davasi gran moto presso i Baroni assembrati, perchè conferissero il regno ad esso Baldovino, ricordando: come egli apparteneva alla famiglia regale; che niun principe era più degno di lui del supremo grado; niuno più degno della universale confidenza, niuno di maggiore espettazione; testificar ciò l'amore degli Edesseni verso di lui; la divina volontà che avevalo spedito a Gerusalemme nel momento appunto che vi entrava il corpo del defunto re suo cugino germano; e per ultimo testificare anco ciò la ultima volontà del defunto re medesimo, che avevalo ai suoi compagni d'arme racomandato come degno del regale diadema.

Questa perorazione guadagnò a Baldovino dal Borgo tutti i suffragi degli elettori [1]; il quale nel dì di Pasqua, nella chiesa della Resutrezione, presente il popolo e il clero, fu proclamato re, egli subito dopo l'elezione chiamati i grandi a consiglio nel palagio di Salomone, ordinò l'amministrazione del regno e della giustizia secondo le *Assise* di Goffredo; e memore di quanto avea operato Giossellino di Curtenai in suo favore, tramise a lui la contea di Edessa.

Ma mentre che in Gerusalemme celebravasi l'avvento del nuovo re, il principato di Antiochia era da nuova guerra travagliato; perchè collegatisi insieme i Mussulmani di Persia, di Mesopotamia e di Siria, non ancora perduto l'animo per le avute sconfitte, passato l'Oronte sotto il capitanato di *Ilgazì* principe di Maridino e d'Aleppo, ferocissimo sopra tutti i difensori dell'Islamismo, disponevansi all'assedio della detta metropoli. Eravi allora principe Ruggieri figliuolo di Riccardo, il quale vedutosi venire addosso quella gran burrasca, chiamò subito in suo soccorso il re di Gerusalemme e i conti di Edessa e di Tripoli: ma dipoi, o perchè il venire di quelli tardasse oltre a sua stima, o perchè non se ne potesse esimere, escì imprudentemente alla campagna solo e fece la giornata.

Ilgazì prima di appiccare di zuffa concionò alle sue genti, e il cadì di Aleppo andò per gli ordini concitando il furore e la religione de' soldati. — Nell'esercito Cristiano l'arcivescovo di Apamea, esortò tutti i guerrieri a confessare le loro peccata e a comunicarsi, *affinchè* (così diceva) *essendosi presidiati col pane celeste, potessero vivere e morire come i soldati del Cristo dovevano* [2].

---

[1] Guglielmo Tirense nota che l'elezione di Baldovino dal Borgo non fu rigorosamente regolare, e che per giustizia doveva succedere Eustachio di Bologna, erede naturale e legittimo. — Nondimeno come appare dal fatto, le elezioni al regno di Gerusalemme facevansi più presto per arbitrio del consiglio de'grandi, che per successione ereditaria; perchè così fu eletto Goffredo, così fu eletto Baldovino primo e così Baldovino secondo; e la successione medesima fu più volte anco contrastata dal clero. — Trad.

[2] Gualtiero cancelliere, *Biblioteca delle Crociate*, vol. I.

Gli scrittori contemporanei dicono, che i Cristiani, da principio, disordinassero i nimici e quasi acquistassero la vittoria; ma che Dio i cui disegni sono imperscrutabili, non volle accordarla loro; poichè mentre si combatteva con estremo furore, un negro nembo spinto dal vento fermossi in mezzo ai combattenti e poco stante scoppiò nell' aere mandando incomportabile fetore di bitume e di zolfo, del qual fenomeno i Cristiani, come quelli che erano già inviliti dall'eccedente numero nel nimico, forte si spaventarono, non osando interpretarlo in loro favore, siccome erano soliti fare degli altrui simili.

Ruggieri affaticandosi a impedire la fuga de'suoi, fu ammazzato, d'onde la dispersione dell'esercito cristiano non ebbe più alcun ritegno.

Gualtiero cancelliere che fu presente a questa giornata, attribuisce la rotta de'Cristiani, alla imprevvidente avventatezza del principe d'Antiochia, del quale dice, che poche ore avanti la pugna percorreva le valli e le colline cacciando, prendendo ora gli uccelli co'suoi falchi, ed ora le belve salvatiche co'suoi cani.

Questa battaglia fu combattuta presso Artesia in un luogo detto *il Campo del Sangue*. I Mussulmani fecero molti prigioni, in tra i quali fu il cancelliere Gualtiero, che ci lasciò la descrizione dei tormenti e dei supplicii per essi sofferti, notando però ch'egli non s'ardisce di descrivere tutte le nefandità da lui vedute per timore che i Cristiani avendone notizia, fossero un giorno tentati a imitarli. Ma probabilmente il buon Gualtiero non sapeva che tutto il mondo è paese.

(Anno 1120). L'esercito vittorioso d'Ilgazì si dilagò per tutte le provincie cristiane. Frattanto il re di Gerusalemme giungeva ad Antiochia, nella quale non trovandosi più soldati che la difendessero, i chierici e i monaci stavano a guardia delle torri, e sotto il capitanato del patriarca vigilavano alla pubblica tranquillità dubitandosi non poco del popolo greco ed armeno, che sopportava di mala voglia il giogo de'Latini [1].

La presenza di Baldovino dal Borgo, a cui fu data l'autorità suprema, ricondusse il buon ordine e tolse la paura: Egli dopo aver provveduto alla difesa della città, visitò le chiese d'Antiochia vestito a lutto; il suo esercito genuflesso ricevette la patriarcale benedizione ed escì dalla città per inseguire i Mussulmani, camminando il re e la sua corte a piedi nudi, per mezzo a grande multitudine di popolo che invocava per essi il patrocinio del Dio degli eserciti.

(Anno 1121.) I Cristiani posero il loro campo sulla montagna di Da-

---

[1] Leggansi su tal proposito le curiose considerazioni di Gualtiero il cancelliere. *Biblioteca delle Crociate* vol. 1.

Cornieni dis.

Terra inc.

Ruggeri affaticatosi a impedire la fuga de' suoi, fu ammazzato...

Libro V. Pag. 312.

Ceron dis.   fecce inc.

Baldovino, caduto in una imboscata del Sultano Balac viene fatto
prigione.

L.b.V.Pag.313.

ritta, e i Mussulmani corsero similmente a quella volta, confidando nel loro numero; ma i Cristiani (dicono i Cronisti) confidavano nell' ausilio divino e principalmente nella presenza della Vera Croce, che Baldovino Secondo aveva portata di Gerusalemme. — Appiccossi la zuffa, che fu accanita e sanguinosissima e gl' infedeli furono vinti e dispersi: Ilgazì e Dobai capo degli Arabi, vedendo le cose andare alla peggio, prima della totale sconfitta se ne erano già fuggiti.

Questa vittoria portò lo spavento in Aleppo e fino a Mossul, mentre che la Vera Croce riportata trionfalmente a Gerusalemme, annunziò i miracoli per essa operati in favore dei soldati di Cristo. Così Baldovino secondo liberata Antiochia ritornò glorioso alla sua metropoli; e Ilgazì formidabile capo de'Turcomanni, o ne fosse causa il conceputo disdegno dell' avuta sconfitta o la fatica e concitazione della fuga, o vergogna e timore dell' avvenire, colpito da apoplessia subitamente morì.

Così feconda di eventi è l'epoca presente e il succedersi loro è tanto rapido, che più non potria essere in un moderno dramma, mentre lo spazio di pochi mesi è pieno di tanti casi che sarebbono sufficienti a riempire gli annali d'un secolo; presentandosi di continuo alla memoria dello storico ora una battaglia, ora una sconfitta, ora una vittoria, ora la presa d'una città, or la perdita di altra, e tanta varietà mista di casi prosperi e infelici, che a mala pena la sua penna si può difendere dalla confusione. Abbiamo ora veduta la fine deplorabile di Ruggiero e i pericoli del suo principato, e vedremo fra poco le calamità della contea di Edessa; e poco di poi anco maggiori infortunii che porranno a grave pericolo tutti gli stati cristiani della Siria.

(Anno 1122.) Balac, nipote e successore d'Ilgazì raggiunte le reliquie dell' esercito dello zio, correva le rive dell' Eufrate e le empieva di terrore e di desolazione. Simile al Lione della scrittura che si aggira ruggendo in cerca della preda, assaltò improvviso Giosselino di Curtenai e il di lui cugino Galerano e presili prigioni, gli fece condurre su i confini della Mesopotamia. Avuto avviso di ciò Baldovino secondo, corse a Edessa, per consolare il popolo e provvedere al rimedio di tanta sciagura; ma mentre attende a perseguitare il nemico, caduto egli medesimo in una imboscata del sultano Balac, fu similmente preso prigione e condotto nella fortezza di *Chartperta*, dove trovavasi anco Giosselino e Galerano [1].

(Anno 1123). Le vecchie croniche hanno celebrato l'eroico corag-

---

[1] Gli scrittori arabi chiamano questa fortezza *Chartpert* e i Turchi *Charput*. — È situata all'oriente dell' Eufrate e a Maestrale di Edessa.

gio di cinquanta Armeni che si consecrarono alla liberazione de'principi cristiani. Giunsero costoro a introdursi nella fortezza di Chartperta, travestiti secondo alcuni da mercatanti, secondo altri da monaci. Entrati nella cittadella, tolsersi le vesti simulate e mostrando le armi, assaltarono il presidio mussulmano e lo trucidarono, ponendo così i principi in libertà e impadronendosi della fortezza medesima in cui era grande abbondanza di viveri e di munizioni da guerra; e iu cui il sultano Balac aveva lasciati i suoi tesori, le donne e tutta la preda che aveva fatta nei corsi paesi.

Fu inestimabile la gioia de'guerrieri cristiani per il felice esito di questa impresa e come sicuri della vittoria, avevano piantato il loro stendardo sulla fortezza. Frattanto i Turchi de'luoghi circostanti s'andavano accozzando per ricuperarla con la forza, e il sultano Balac, che secondo gli arabi scrittori, era stato avvisato in sogno di questa novità, ragunato il suo esercito, accorre colà con deliberato proposito di sterminare Baldovino, Giosselino, Galerano e i loro liberatori.

Questi conoscendo non poter resistere a lungo a tutte le genti unite de'Turchi senza ricever soccorsi da Edessa o da Gerusalemme, deliberarono che Giosselino si partisse per andare alle città cristiane e farvi accolta di Baroni e gente d'arme. Giosselino fatto giuramento di non radersi più la barba e di non ber vino fino a che non abbia compita la sua pericolosa missione, traversa l'esercito mussulmano, passa l'Eufrate sopra due otri di pelle di capra e camminata tutta la Siria, giunge fialmente a Gerusalemme dove depone nella chiesa del Santo Sepolcro le catene con cui avevanlo avvinto i Turchi e racconta i pericoli del re e de' suoi compagni.

Subitamente si fa accolta di nuovo esercito che eletto suo condottiere l'istesso Giosselino, s'inoltra verso l'Eufrate: cammin facendo l'esercito ingrossa sempre di nuovi guerrieri e de'più valorosi che accorrevano da Edessa e da Antiochia, ma giunti al fiume ricevono la notizia che il sultano Balac aveva espugnato a forza il castello di Chartperta.

Dopo la partenza di Giosselino, Baldovino e Galerano con i cinquanta prodi Armeni avevano sostenuti molti assalti de'Mussulmani, i quali non potettero entrar nella fortezza se non che per una sotterranea escavazione, per la quale giunsero imprevisti alle spalle de'Cristiani e gli presero.

Balac fe'grazia della vita al re e lo mandò nella fortezza di Charan; i prodi Armeni furono tutti trucidati. — Giosselino avuta la dura novella, perduta ogni speranza, licenziò l'esercito, parte del quale ritornò a Edessa, parte ad Antiochia e parte a Gerusalemme; dolendosi ognuno di non aver potuto liberare il re.

G. Giovanni dis.   Ferrari inc.

passa l'Eufrate sopra due otri di pelle di capra ...

Lib. V. Pag. 514.

Frattanto i Saraceni, immaginando che per la cattività di Baldovino, dovessero trovarsi i Cristiani in grande confusione e poco parati a difendersi, raccoglievano un poderoso esercito nella pianura d'Ascalona per cacciare i Latini dalla Palestina. — Dall'altra parte i Cristiani confidandosi nel loro coraggio e nella protezione divina, disponevansi a difendere il loro territorio. E perchè era consuetudine attribuire le vittorie del nimico ai peccati de'Cristiani, pensarono non potersi preparar meglio alla guerra che con la penitenza e la preghiera. Fu pubblicato un digiuno universale, durante il quale le madri non dovevano nemmeno allattare i loro bambini, onde non pochi ne perirono, e agli stessi armenti furono vietate le pasture e il necessario alimento, credendosi ognuno dover esser grati a Dio anco i patimenti degli animali irragionevoli [1].

Fu quindi proclamata la guerra al suono della campana grossa di Gerusalemme. Comandava l'esercito Gerosolimitano, constante di tre mila combattenti, Eustachio d'Agreno conte di Sidone eletto reggente del regno nell'assenza di Baldovino. Precedeva il patriarca col legno della Vera Croce e lo seguitavano (dice Roberto dal Monte) Ponzio [2] abate di Clugnì che portava la famosa lancia trovata in Antiochia, e il vescovo di Betelemme che teneva nelle mani un vaso miracoloso, nel quale era comune credenza, che fosse stato conservato il latte espresso dal seno della Vergine Maria Madre di Gesù Cristo.

Mentre i Cristiani escivano di Gerusalemme, gli Egiziani assediavano Ioppe per terra e per mare; ma veduti venire i Latini, l'armata mussulmana spaventata si discostò dal lido, e l'esercito preso il campo a Ibelino, oggi detto Ibnà, aspettava con inquietudine i Cristiani.

Vengono finalmente a fronte i due eserciti e appiccano la zuffa, nel fervor della quale un chiarore simile a lampo accende l'aere e la folgore scoppia nelle schiere mussulmane, che immobili si rimangono per il terrore; e i Cristiani interpretato il segno a loro propizio, tanto crescono di coraggio che rompono il nemico, due volte a loro per numero superiore, e che è a pena a tempo a salvarsi in Ascalona. Dopo questa vittoria i Cristiani carichi di preda ritornaronsene a Gerusalemme.

Ma non ostante queste prosperità i Cristiani non potevano discostarsi dal regno ov'era continuamente mestieri di loro difesa; del che dolevansi i più prodi guerrieri, come dannati a vergognosa inazione; quando sorse sulle coste di Siria un'armata veneziana,

---

[1] Le circostanze di questo rigoroso e universalissimo digiuno sono registrate nella Cronica di Sigeberto, *Biblioteca delle Crociate*, vol. 2.

[2] A Clugnì dopo la partita di Ponzio era stato sostituito nella sua abazia Pietro il Venerabile; ma ritornato egli di Terra Santa, ricuperò la sua sede con la forza e ne fu nuovamente cacciato.

I Veneziani che già da alcuni secoli s'arricchivano mediante il commercio d'Oriente temendo di nimicarsi i principi Mussulmani, poco avevano in ogni tempo favorito i Crociati e le loro imprese, aspettando a risolversi per l'una o per l'altra parte, l'esito di questi gran movimenti, per poi volgersi ove fosse da trarre miglior guadagno; ma finalmente veduto i profitti de'Genovesi e de'Pisani, la cui prudenza non s'era posta al governo di tanta circospezione quanto la loro, spinti da gelosia, vollero anco essi aver parte delle spoglie de'Mussulmani e armarono un poderosissimo navile; il quale traversando il Mediterraneo si scontrò con l'armata de'Genovesi che ritornava dall'Oriente, e qui la gelosia cangiandosi in furore, si venne alle mani; ma i Genovesi carichi delle spoglie dell'Asia e mal parati al combattere, furono costretti darsi alla fuga. I Veneziani, dopo aver fatta prova di loro valore contro i Cristiani, seguitarono il cammino di Palestina, presso alla quale incontrarono l'armata saracena escita dai porti di Egitto. Appiccarono dunque nuova zuffa nella quale tutte le navi egizie furono disperse e parte affondate, parte prese; e il doge di Venezia, che comandava l'armata, entrò nel porto di Tolemaide e fu condotto in trionfo a Gerusalemme.

Dove tenutosi consiglio dal reggente, intervenutovi esso doge fu proposto di andare a campo a Tiro o ad Ascalona, e sendo divisi i pareri in queste due imprese, fu stabilito d'interrogarne la volontà di Dio; perchè scritti i nomi di *Tiro* e d'*Ascalona* sopra due pezzetti di cartapecora, furono posti sull'altare del Santo Sepolcro, e in presenza del popolo, fu mandato un fanciullo orfano all'altare, il quale prese in mano uno di que'due pezzetti di cartapecora e fu quello appunto ove era scritto *Tiro*.

I Veneziani, che non trascuravano mai gli interessi del loro commercio, prima di cominciar l'assedio di Tiro, chiesero che fosse loro accordato una chiesa, una via, un forno feudale e un tribunale loro proprio in tutte le città di Palestina. Chiesero oltreciò altri privilegi e la terza parte di Tiro medesima, quando fosse conquistata. — Il buon esito di questa impresa parve tanto importante al reggente, al gran cancelliere del regno e ai vassalli della corona, che accettarono prontamente le condizioni poste dai Veneziani, mediante uno strumento conservatoci dalla storia [1].

Stabilito tutto questo, partì l'esercito alla volta di Tiro, e i Veneziani escirono dal porto di Tolemaide, cominciando la primavera. — Lo istoriografo del regno Gerosolimitano che occupò per molti anni la sedia archie-

---

[1] Si troverà questo strumento nei documenti.

Sorvan dis.

Venice inc

...tutte le navi egizie furono disperse e parte affondate........

Lib. V. Pag. 316

piscopale di Tiro, fa in questo luogo una digressione per descrivere le antichità della sua metropoli. Nella sua narrazione ove il sacro e il profano sono con singolare ingenuità accoppiati, allega come testimoni di pari autorità ora Isaia, ora Virgilio e dopo aver parlato del re Iramo e del sepolcro di Origene, s'intrattiene a lungo sopra Cadmo e Didone. Il buon arcivescovo fa principalmente elogio della industria e del commercio di Tiro, della fertilità del suo territorio, della sua arte di tingere tanto celebrata dagli antichi, della sabbia che si cangiava in vasi trasparenti, e delle sue canne da zucchero il cui succo era preferito in tutti i paesi del mondo. Tiro a tempo del re Baldovino non era più altro che la fantasima dell'antica città tanto celebrata per la sua magnificenza, e i cui ricchi mercatanti, secondo Isaia, erano pari ai principi; e il cui popolo superava in numero e in industria tutti gli altri della Siria. Sorgeva sopra amena sponda e le montagne difendevanla dai venti settentrionali, avea due gran moli che spingendosi oltre nell'onde, formavano un porto sicuro dalle tempeste; e munita dalla esperienza di più famosi assedii, dalla parte del mare era naturalmente fortificata da inaccessibili rupi, e dalla parte di terra da triplice muro fiancheggiato da alte torri.

Il doge di Venezia con l'armata entrò nel porto e percluse ogni escita dalla parte di mare; e il reggente, il patriarca, e Ponzio conte di Tripoli comandavano l'esercito. — Nei primi giorni dell'assedio tanto i Cristiani che i Mussulmani combatterono con eguale valore; ma questi per le divisioni loro, fornirono presto occasione alla preponderanza de' Latini. Il califa d'Egitto aveva ceduta la metà della città al sultano di Damasco, perchè la difendesse contro i Cristiani, onde i Turchi e gli Egizi disfidandosi reciprocamente gli uni degli altri, non volevano combattere insieme; e i Cristiani profittando della loro divisione conseguivano ogni giorno qualche vantaggio. Dopo alcuni mesi di continui assalti, le mura cominciavano a cadere sotto i colpi delle macchine cristiane; nella città facevasi già sentire la penuria de' viveri e il popolo era disposto a capitolare, quando la discordia che aveva procurato ai Latini tante prosperità, s'insinuò fra loro e gli divise ponendo a gran ripentaglio l'impresa [1].

Dolevansi gli assediatori di terra di sostener soli tutte le fatiche e pericoli della espugnazione, minacciando di volersene stare oziosi nelle loro tende come stavansene i Veneziani sulle loro navi; dondechè il doge che non volea perdere la preda di Tiro, sceso a terra con i più prodi dei suoi marinari e venuto nel campo de' Cristiani, fe' dichiarazione di esser pronto a dare l'assalto. Le cose furono così composte e tutti disposersi alla maggior prova.

[1] Vedi lo storico Arabo Ibn Giùzi, nel vol. 4. *Biblioteca delle Crociate.*

Frattanto vidersi venire le genti di Damasco che accorrevano al soccorso degli assediati; e l'armata egizia escita da Ascalona, dava il guasto al paese di Naplusio e minacciava Gerusalemme: nè perciò si discostarono i Cristiani dall'assedio. In questa giunse la fausta novella della morte di Balac, ucciso sotto le mura di Mohega da Giosselino, che in lui compì il voto fatto e ne mandò l'avviso, con la testa del sultano, la quale fitta sur un'asta, fu dai Cristiani portata in trionfo attorno le mura di Tiro, con non poco spavento e costernazione degli assediati.

(Anno 1125.) Già durava l'assedio da cinque mesi e mezzo, i Mussulmani non avendo più speranza di soccorso, s'arresero; furono inalberati sulle mura di Tiro gli stendardi del re di Gerusalemme e della repubblica veneta; e i Cristiani entrarono trionfalmente nella città, mentre il popolo se ne andava via con le mogli e i figliuoli.

La notizia della quale espugnazione portata a Gerusalemme, pose in gran tripudio di gioja il popolo e il clero: suonaronsi le campane, cantossi il *Te Deum*, spiegaronsi le bandiere sopra tutte le torri e le mura della città, disseminaronsi le vie e le pubbliche piazze di rami d'ulivo e di fiori, e pararonsi a festa le facciate delle chiese. Molti furono i discorsi e i segni della universale contentezza.

Ma mentre i Cristiani aggiungevano l'opulenta città di Tiro al regno di Gerusalemme, il re stavasi tuttavia prigione in Charan: poco curandosi di lui i Turchi, conoscendo di non trarre alcun giovamento dalla sua cattività; del che accortosi Baldovino, colse l'occasione propizia di riscattarsi.

Ritornato a libertà raccolse alquanti guerrieri e pose subito il campo ad Aleppo, sendosi collegato con Dobai capo degli Arabi e con alcuni emiri della contrada. Aleppo stretta da vigoroso assedio, trovavasi alle ultime estremità, quando il sultano di Mossule corse a soccorrerla con le sue genti; onde Baldovino si levò prudentemente dall'assedio, non volendo porre a nuovo ripentaglio la sua libertà e se ne ritornò alla sua metropoli, ove tutto il popolo ringraziò Dio del suo ritorno, e tutti i cavalieri cristiani concorsero sotto le sue bandiere.

Correvano e devastavano allora il territorio di Antiochia i Turchi; perlochè Baldovino avendo l'esercito desideroso di nuove imprese, mosse a cacciarneli: gli assaltò vigorosamente, gli costrinse a ripassare l'Eufrate e fece immensa preda.

Fatto ciò ritornavasi il re a Gerusalemme, e pocostante riescì alla campagna contro l'esercito di Damasco che sconfisse nel luogo medesimo dove Saulo intese queste parole: *O Saulo, Saulo, e perchè mi perseguiti?* — Anco in questa fazione i Cristiani feciono di molta preda, che loro giovò a riscattare gli ostaggi lasciati dal re in suo luogo a Charan.

G. Cozzani dis.

Verau inc.

.... la testa del Sultano fitta sur un' asta, fu dai Cristiani portata
in trionfo attorno le mura di Tiro.

Lib. V. Pag. 318.

(Anno 1128.) Restavano potenti nimici de'Cristiani i califi di Bagdad, e del Cairo, e i sultani di Damasco, di Mossule, d'Aleppo, e i discendenti d'Ortoco padroni di alcune città della Mesopotamia. — Gli Egizi erano molto decaduti per le avute sconfitte e delle loro antiche conquiste sulle coste di Siria non possedevano più altro che la città d'Ascalona, ove invero era un forte presidio di veterani già stati in molte battaglie contro i Cristiani; e non ostante la perdita fatta di Tiro, Tripoli e Tolemaida, erano tuttavia signori del mare e con i loro legni correvano senza ostacolo tutte le coste di Siria, eccettuato sol quando giungeva alcuna armata dall'Occidente.

I Turchi abituati alla vita militare e pastorale, non disputavano nè agli Egizi nè ai Latini l'imperio del mare, contenti di farsi formidabili con le loro correrie nelle provincie cristiane. Pazientissimi erano della sete, della fame e di qualunque disagio, e mediante la cognizione del paese, l'uso del clima e le intelligenze che mantenevansi in ogni luogo, potevano eseguire le correrie loro con somma facilità e vantaggio. Superavano di gran lunga i Latini nella destrezza del saettare e nel maneggio de'cavalli; e il loro governo dispotico favoriva in ispecial modo la severa disciplina militare. La loro strategica consisteva nello stancare il nimico, nel tirarlo in agguati, o in posizioni svantaggiose ove potessero aver sicura la vittoria con poca o niuna difficoltà.

Per lo contrario i principi mussulmani della Siria sempre divisi fra loro, non potevano a lungo seguitare il medesimo ordine o di offesa o di difesa. Quando le loro contenzioni civili avevano alcuna posa, eglino o instigati dalla cupidità della preda o dalle esortazioni e dai consigli del califa di Bagdad irrompevano nel territorio o di Antiochia o di Edessa o di Tripoli o di Gerusalemme, e se erano sconfitti, ritiravansi colla speranza di trovare più favorevole occasione, se vincevano predavano le città e le campagne e ritornavansi dipoi alle case loro, carichi delle spoglie nemiche e cantando:

L'allegrezza è nel Corano
Ed il pianto nel Vangelo.

Molte genti diverse di costumi, di temperamenti politici e d'origine, s'avevano fra loro diviso l'imperio de'Selgiocidi, e spesso erano in guerra fra loro, non pacificandosi ed unendosi se non all'appropinquarsi di estranio nimico. Le tribù arabe cacciate dai Turchi fuori delle loro città, vagavano per le provincie già da loro possedute, e travagliavansi in continue fazioni militari, non più per la gloria e per la patria, ma per la preda e per la religione. Altri popoli, come i Curdi, per vaghezza di rapine, passavano il Tigri e l'Eufrate e accozzavansi col vincitore indistintamente dall'una o dall'altra parte; conservando sempre gli istinti feroci e selvaggi delle loro montagne che sono confine alla grande Armenia; alcuni de' quali essendosi stabilmente associati alla causa de'Mussulmani, divennero in progresso di tempo stipite della dinastia di Saladino.

Ma la più formidabile delle nazioni che ebbero contro i Cristiani, fu la Turcomanna, che componevasi di orde erranti ed era venuta dalle sponde del mar Caspio, rassomigliandosi ne'costumi e negli usi militari ai Tartari da'quali l'origine riconoscevano. Qualche tempo avanti la Prima Crociata erano entrati nella Siria, e quando l'esercito latino passava l'Asia Minore, i Turcomanni della famiglia d'Ortoco erano padroni di Gerusalemme. Cacciati indi dagli Egizi, ritiraronsi nella Mesopotamia, infestando di continuo le provincie conquistate dai Latini sull'Eufrate e sull'Oronte. Egualmente erano temuti per il loro valore e per la ferocia; e i vecchi cronisti descrivono con orrore, le crudeltà che esercitavano ne'vinti. Lo storiografo del regno di Gerusalemme gli denomina Parti e gli compara all'Idra di Lerna, dicendo che annualmente veniva nella Siria e nella Palestina, dalle rive del Tigri e dalla Persia, sì grande multitudine di que' barbari, *che sarebbe bastata a coprire tutta la terra.*

Gli Arabi Beduini che abitavano allora la sponda sinistra del Giordano e del Mar Morto, sono descritti dai cronisti contemporanei, quali presso a poco trovansi a' dì nostri. Vagano a tribù, senza certa stanza, lievemente armati e con le loro greggi, cangiandosi alcuna fiata in terribili nemici, e spesso furono pericolosi vicini al nuovo regno di Gerusalemme. Sennonchè il castello di Montereale edificato da Baldovino Primo nella Siria Sobal; e la fortezza di Caraca edificata nell'Arabia Petrea, furono potenti non solo a contenerli, ma a sottometterli anco a pagar tributo ai Latini, rimanendo per quelli precluse le vie della Mecca e di Medina e proteggendo le scorrerie de' Cristiani fino al Mar Rosso.

Ebbero eziandio che fare con i Cristiani gli *Assassini* ovvero *Ismaeliti* setta provenuta dalle montagne di Persia poco avanti la Prima Crociata; i quali stanziaronsi nel Libano in quella parte che sovrasta a Tripoli e a Tortosa. Avevano un capo o despota appellato dai Latini: *Vecchio* o *Signore della Montagna*; che risedeva a Massiat [1] e aveva dimi-

---

[1] Gli Ismaeliti a'dì nostri non sono più che piccola popolazione di quattro mila anime, distribuite in circa venti villaggi de'quali Messiat o Massiat è il capo luogo. Nell'anno 1809, gli Ansarici dettero il sacco a Massiat e trucidarono parte della popolazione (*Corrispondenza d'Oriente,* vol. 4.) Rousseau console di Francia a Algeri, ha pubblicato alcuni frammenti d'un libro Arabo intorno ai dogmi e alla morale degli Ismaeliti di Siria, d'onde si ricava essere molta conformità fra i loro dogmi e quegli degli Ansarici: vegansi i documenti all'articolo *Assassini.*

nio sopra venti castelli o villaggi all'incirca. I suoi sudditi pervenivano al numero di sessanta mila, ma sottoposti al suo despotismo di che s'erano fatto culto in modo che nell'esercizio dell'autorità non avea leggi o confini, tenendosi reo di morte chiunque a'suoi voleri contravvenisse. Egli secondo la credenza de'suoi sudditi, potea farli partecipi delle delizie del paradiso; chiunque moriva per obbedirli ascendeva di subito al cielo ove aspettavalo il profeta della Mecca; e chi moriva nel suo letto era sottoposto a dolorosa espiazione nella seconda vita.—Partivansi gli Ismaeliti in tre ordini, cioè: il popolo, i soldati, e le guardie. Il popolo coltivava la terra ed esercitava il commercio, era docile, laborioso, sobrio e paziente: i soldati erano al combattere esercitatissimi nè superati da alcuna nazione, nel coraggio e nella robustezza; e sommamente laudati per la difesa e l'assedio de'luoghi fortificati, erano cercati a'loro soldi da quasi tutti i principi mussulmani. Degli detti tre ordini il più nobile era quello delle guardie, che *fedais* appellavano: grandissima cura avevasi di loro educazione; fortificavasi nell'infanzia il loro corpo ai più violenti esercizi; si ammaestravano in diverse lingue affinchè potessero andar sicuramente in tutti i paesi a eseguire i comandamenti del loro signore; adoperavansi tutti i generi di prestigi per esaltare la loro immaginazione, perchè usando assonnarli con inebrianti bevande [1], trasportavanli in deliziosi giardini e in palagi pieni di voluttà. Così accostumavali il Vecchio della Montagna a gittarsi nel fuoco ad ogni suo cenno, a precipitarsi da qualche alta torre, a traffiggersi col ferro; e sì certa era la loro obbedienza, che spesse fiate i principi per conseguire alcuna loro vendetta o la morte de'loro emuli o de'loro nimici, acconciavansene col detto vecchio a'cui voleri non era ostacolo. Aveva egli per tributari i re; e mediante il timore che incuteva e mediante gli assassinii che per sua commissione commettevansi, il suo tesoro continuamente s'accresceva. Quando il Vecchio della Montagna aveva comandato a'suoi discepoli l'uccisione d'alcun principe o monarca, quelli travestiti da mercatanti, o da monaci o da pellegrini, secondo l'opportunità, s'accostavano alla loro vittima, non se le discostavano più dallato, aspettavano l'occasione con incredibile pazienza e quando s'offeriva non c'era esempio che dell'officio loro mancassero.

Gli Ismaeliti presero parte spesse fiate alle sanguinose rivoluzioni che cangiavano su i troni le mussulmane dinastie d'Oriente. Nimici erano dei

---

[1] Una delle loro bevande inebbrianti era l'*Hascist* che estraevasi dal seme della canapa, e che s'usa ancora generalmente nell'Oriente, in ispecial modo nell'Egitto, dove i poveri la sostituiscono all'oppio. = Dal vocabolo *Hascist* è derivato quello di *Ascissini* ovvero *Assassini*. Vedi nei documenti l'articolo *Assassini*.

Turchi che reputavano contrarii alla loro setta, e nimici erano similmente de'Latini, ma divennero poscia tributarii de'cavalieri del Tempio. Vero è però che le uccisioni comandate dal Vecchio della Montagna, giovarono alcuna fiata ai Cristiani, massime quando Mandud sultano di Mossule, dopo la guerra fatta ai Cristiani in Galilea, fu assassinato da due Ismaeliti a Damasco; e quando fu ucciso dai medesimi, Bursachi altro principe mussulmano che aveva lungamente infestato i territorii di Edessa e d'Antiochia: uccisione che commessa in una moschea, empì di confusione l'oriente, del che non avendo saputo trar profitto i Cristiani, sorse la formidàbile dinastia degli Atabec o *Aii del principe* [1] il cui imperio s'estese sopra quasi tutto l'oriente.

La grandezza di Zenghi è dagli storici orientali attribuita alla decadenza in che erano caduti i principi mussulmani, espressa da loro dicendo, che *gli astri dell'islamismo eransi impalliditi innanzi allo stendardo vittorioso de'Latini*; nè senza ragione, perchè non ostante le avversità sostenute, nella universale confusione, avevano potuto fare l'imperio loro potente e saldo.

La contea di Edessa posta fra le due rive dell'Eufrate e sul declive del Tauro, contenea alcune floride città.

Formavano il principato di Antiochia, che era la più estesa di tutte le provincie cristiane, le rive del mare dal golfo dell'Isso fino a Laodicea, e le contrade che sono dalla città di Tarso in Cilicia fino ad Aleppo, e dal monte Tauro fino a Emesa e alle ruine di Palmira.

La contea di Tripoli situata fra il Libano e il mare di Fenicia, e quasi centro dell'imperio latino, comprendeva alcune città fortificate, molti villaggi e fertili campagne. Aveva per confini a tramontana il castello di Margat, a meriggio il fiume Adoni, celebre nella sacra e nella profana antichità.

Il quale da tramontana era confine al regno di Gerusalemme che si stendeva fino alle porte di Ascalona e al diserto d'Arabia.

Erano nemici de'Cristiani, tutti i popoli mussulmani dell'Egitto, della Siria e della Mesopotamia; e avevano per alleati tutti i Cristiani sparsi nell'Oriente, uniti insieme da quello spirito di fraternità che lega tutti gli uomini d'una medesima religione. Di fatti al primo loro arrivo nell'Asia i Crociati furono potentemente aiutati dai Cristiani che trovarono nel loro cammino; e nell'epoca di Baldovino Secondo, eranvene ancora moltissimi nell'Asia Minore, a Aleppo, a Damasco e in tutte le città d'E-

---

[1] Tali ne'bassi tempi erano *Maestri del palagio* e in Francia i *Maires du palais*. Il vocabolo Atabec è composto di *Ata* e *Bek*, cioè *Padre del principe*. A'dì nostri il sultano di Costantinopoli chiama il suo gran Visire *Lala*, cioè *Padre*. — Trad.

gitto, e sebbene perseguitati e oppressi da'Mussulmani, non pretermettevano però di aiutare in quanto potevano i loro fratelli d'Occidente.

In questo tempo la piccola Armenia, chiusa nelle sue montagne e abitata da popolo bellicoso, divenne principato cristiano, e fu talvolta opportunissima soccorritrice de'Latini, sempre acerrima nimica dell'Islamismo.

Altra potenza cristiana era surta nelle vaste regioni iberiche ovvero
nella Giorgia, ed è laudata da Guglielmo Tirense, per i servigi prestati
alla causa di Cristo e per avere nel duodecimo secolo, imposto un argine ai progressi della Persia; e chiuso il varco delle porte Caspie ai Tartari [1].

È però da notare che, per grandi che fossero i soccorsi che i nuovi
stati Latini ricevevano dai Cristiani d'Oriente, non erano da paragonarsi
a quelli che ricevevano dall'Occidente; perchè l'Europa compiacendosi,
come di suo vanto, d'essere potente in Siria, e del sangue sparso per ac-
quistarvi quella potenza, grandissimo interesse prendeva, sì nelle avversità che nelle prosperità di essi stati, e i suoi più prodi guerrieri erano
sempre pronti ad accorrere alla loro difesa.

Oltreciò la devozione de'pellegrinaggi conducea di continuo in Oriente
moltitudine d'uomini disposti a cangiare il bordone e la bisaccia con
la spada; dalla religione nasceva il coraggio e presso alla tomba di Cristo
la stessa carità evangelica tramutavasi in umor bellicoso; cosicchè dagli
ospedali instituiti per il servigio de'poveri e pii pellegrini, vedevansi escire
schiere d'eroi armati contro gl'infedeli.

Acquistaronsi fama nel medesimo tempo per umanità e valore i cavalieri di san Giovanni [2], de'quali parte attendeva agli officii della ospitalità, e gli altri combattevano contro i nimici: Onde poi ebbe nascimento l'altro ordine de'cavalieri del Tempio per alcuni guerrieri che
riunitisi nel luogo ove fu il tempio di Salomone, fecionvi sacramento di
proteggere e difendere i pellegrini che andavano a Gerusalemme; il quale
ordine fu da un concilio approvato ed ebbe sua regola da san Bernardo.

Questi due ordini basavansi sul medesimo fondamento che aveva originato le Crociate, cioè la concorrenza degli umori guerreschi e de'religiosi. — Avevano per statuto di starsene ritirati dal mondo e non ricono-

---

[1] Giunsero i Giorgiani a occupare quasi una gran parte dell'Asia. Cacciati i mussulmani della
Persia, avevano conquistata l'Armenia. Ma i Charismiani e i Tartari, condotti da Gengis Chan, ricuperarono il paese alle leggi di Maometto e soggiogarono la Giorgia. (Vedi le *Mémoires histori-
ques et géographiques sur l'Armenie*, di Saint-Martin, vol. I. pag 378. e segg. — vol. 2, pag. 79
e segg.

[2] Veggasi nelle illustrazioni e documenti l'articolo sugli ordini della cavalleria.

scere altra patria che Gerusalemme, nè altra famiglia che quella di Gesù Cristo; avendo in comunità beni, mali, pericoli e ogni altra cosa; una volontà sola; uno l'intendimento e il fine che governava le azioni e i pensamenti di tutti, che vivevano uniti in una sola casa, osservando austerità e severità nella disciplina e in tutte le domestiche consuetudini. I loro corpi erano sempre chiusi nelle armature; nelle stanze e nelle chiese non ammettevano alcun ornamento eccettochè le lancie, gli scudi e gli stendardi tolti al nimico. Nelle pugne (dice san Bernardo) armavansi di fede interiormente e di ferro esteriormente, nulla curando il numero e il furore de'barbari; altieri nella vittoria, contenti di morire per Gesù Cristo quando erano sconfitti, attribuendo a lui qualunque loro prosperità o infortunio, perchè l'uomo è strumento dei disegni di Dio.

Santificate dalla religione erano le violenze della guerra; ogni monasterio di Palestina era come castello fortificato, e alle malinconiche salmodie udivansi misti i suoni delle armi; gli umili cenobiti erano sempre pronti a sovrapporre al cilicio la corazza; e i canonici istituiti da Goffredo per fare orazione al Santo Sepolcro, avevano assunte le militari divise alla foggia de' cavalieri Ospitalieri e Templari, e intitolavansi cavalieri del Santo Sepolcro.

Il mondo cristiano in breve tempo fu pieno della fama di questi ordini sacri e militari a un tempo; concorrendo sotto la loro disciplina tutti i nequitosi peccatori dell'Occidente, credendosi lavare nel sangue de'Mussulmani le macchie di che, le violenze, le rapine, gli omicidi, gli stupri, i tradimenti e quantunque altra scelleraggine avevano le loro anime fatte sozze e abominevoli nel cospetto di Dio.

Non era in Europa famiglia illustre in cui non s'annumerasse alcun cavaliere andato in Palestina negli ordini della sacra milizia; essendovisi inscritti i principi medesimi che deponevano le divise di loro dignità per vestire la cotta rossa degli Spedalieri o la bianca de'Templari. In tutte le regioni d'Occidente facevansi a loro donazioni di castella e di città ove ricettavansi e soccorrevansi i pellegrini e d'onde traevansi i soccorsi per il regno di Gerusalemme; e quei buoni religiosi e soldati di Cristo, ricevevano legati in tutti i testamenti, e taluna fiata furono anco eredi di principi e di monarchi.

I cavalieri di San Giovanni e del Tempio meritaronsi per molto tempo la universale approvazione; ma con l'invecchiare, siccome addiviene di tutte le umane instituzioni, le prosperità e le ricchezze gli corruppero, e la loro ambizione gli trasse più fiate a turbare i buoni ordini dello stato alla cui conservazione s'erano consecrati. Il bene però che feciono nel principio loro, fu di essere quali perenni e sempre vive Crociate che mantenevano la disciplina negli eserciti cristiani.

Non debbono lo storico e il filosofo passar sopra lievemente ai costumi militari de'Latini che combattevano in questo tempo nella Palestina, giovando massime per esplicare i rapidi progressi e la decadenza del regno gerosolimitano. Primario fondamento del loro coraggio era il punto d'onore d'ogni soldato per cui tenevasi vile, fuggendo anco contro nimico molto superiore [1]. Abbandonare il compagno nel pericolo, fuggire davanti al nimico, erano azioni infami agli occhi di Dio e degli uomini. In campo osservavano rigorosamente gli ordini, armavano gravemente e nondimanco correvano con gran velocità e perseveranza; pronti erano a portare le loro armi quasi in un tempo, ora in Egitto, ora sull'Eufrate, ora sull'Oronte, ora a Damasco o ad altre città di Arabia. Ma quando erano in qualche pericolosa fazione ogni soldato era capitano a sè stesso e dai capi loro altro non attendevano che esempi di valore e di prodezza.

Essendo negli eserciti, soldati d'ogni nazione, la diversità de'caratteri, dei costumi e della favella, mantenevano in quelli l'emulazione e alcuna volta ne proveniva l'invidia e la discordia. Non poche volte il successo d'una spedizione o di qualche impresa, dipendeva dal caso o da qualche imprevista circostanza; perchè movevano contro il nimico apertamente, senza veruna strategica dissimulazione, tutto fidando nel loro proprio coraggio e nella celeste protezione, e trascurando anco le provvigioni necessarie alla conservazione d'un esercito. La prudenza dei capi era spesse volte tacciata di viltà dai soldati, onde molti di loro per non parer da poco, in vane imprese si esposero alla morte o alla servitù, non arrecando con ciò alcun vantaggio alla causa di Cristo.

Facea mestieri ai Latini, per assecurare la loro monarchia orientale, d'indebolire la potenza de'califi egiziani; di occupare stabilmente tutte le città marittime di Siria per aver aperto l'adito ai soccorsi d'Occidente; e di tener sempre difesi i confini di essa monarchia contro gli assalti e le insidie de'Turchi e de'Saraceni. Queste erano le supreme cure de'Latini in Asia, e unico mezzo a sostenersi erano le armi [2].

Esposte le condizioni e lo stato de'Cristiani in Oriente, riprenderò la narrazione e dirò prima de'più illustri personaggi che in questi tempi

---

[1] Dimostra ciò il gran disprezzo che ostentano per quelli che fuggivano nelle pugne i cronisti, i quali erano quasi tutti monaci ed ecclesiastici. Secondo Guglielmo di Tiro, è sempre vergognoso e disonorevole l'esser vinto senza cader morto sul campo di battaglia.

[2] Queste considerazioni politiche dell'autore, veramente poco o nulla giovano a farci conoscere la causa della grandezza o della decadenza de'Latini in Oriente. — Trad.

giungevano peregrinando in Palestina e prendevano parte nelle fatiche dei cavalieri consecrati alla difesa del patrimonio di Cristo.

Folco d'Angiò figliuolo di Folco il Malinconico e di Beltrada da Monforte, che fu moglie di Filippo Primo il quale per di lei cagione incorse nelle censure della Chiesa; non potendosi consolare della morte di sua moglie Eremberga, figliuola di Elia conte del Maine, se ne andò in Palestina ove per un anno tenne a sue spese cento uomini d'arme de'quali fecesi capitano. Accoppiò egli felicemente la pietà al valore e acquistossi reputazione presso i Cristiani di loro valoroso difensore. Baldovino che non aveva figliuoli maschi gli offerse in moglie la sua figliuola Melisenda con promessa di farlo riconoscere per suo successore; proposizione che piacque molto a Folco il quale così divenne genero ed erede del re di Gerusalemme.

Nel duodecimo anno del regno di Baldovino Secondo, fu fatta deliberazione di assediare Damasco. — Il re di Gerusalemme, il principe di Antiochia, i conti di Edessa e Tripoli e alcuni nobili pellegrini venuti d'Europa, accozzarono le loro genti per questa spedizione.

Cominciando il dicembre, mosse l'esercito alla campagna; ed era già sul territorio di Damasco e già avea dato principio alla guerra, quando Dio *in punizione de' loro peccati, ritirò da loro la sua misericordia e gli percosse di terribile burrasca* [1].

S'apersero improvvisamente le cateratte del cielo, e le campagne furono totalmente sommerse; i Cristiani persero le tende, le bagaglie, e le armi; trovaronsi in pericolo della vita, e volsersi alla fuga: le buffere gli perseguitavano e flagellavano, e i fulmini e la grandine gli percotevano nel tergo. Giunti a mala pena sulle rive del Giordano prosternavansi davanti a Dio, rendendoli grazie per non averli sommersi in questo nuovo diluvio. Dall'altra parte i Damasceni, con cantici e grida gioiose, ringraziavano similmente a Dio e al suo santo profeta Maometto, per aver percossi, confusi e cacciati dalla temeraria impresa i loro nimici; e in questo modo, o per loro pusillanimità o per giudicio di Dio, ebbe fine questa guerra e i Cristiani non furono padroni di Siria.

---

[1] Que' buoni cronisti con la loro immoderata vaghezza d'intromettere Dio in ogni cosa come principio attivo e quasi come il fato de' Greci, ce lo rappresentano non poche volte contraddittorio alla sua propria provvidenza. Perchè invece di punir le peccata de'Cristiani quando e' sono in pace e la punizione graverebbe sopra i peccatori e non sulla causa da loro difesa, che dicevasi giusta e santa, aspetta per lo appunto che siano a fronte del nimico per castigarli, onde le sue percosse resultano in favore della causa di Maometto, con poca correzione de'Cristiani. — Vero è che esplicare i processi e le risoluzioni delle cose umane mediante l'intervento di Dio, facilita molto allo storico il carico di dar ragione delle cose che narra; ma io reputo che lo storico debba soltanto investigare delle cose le cagioni naturali e lasciare le soprannaturali alla sapienza de'teologi. — Trad.

(Anno 1131.) Baldovino Secondo non sopravvisse lungo tempo alla soprascritta disventurata spedizione : Ritornando da Antiochia, ove era ito per sedare alcuni tumulti e comporre le discordie, infermossi gravemente, e sentendo appropinquarsi la sua morte, fecesi trasportare nella casa del patriarca che era prossima al Santo Sepolcro, ed ivi assistito dal genero Folco, dalla figiuola Melisenda e dal loro figliuolino, morì.

Era egli sommamente amatore del giusto, di animo nobilissimo e di dolcezza sempre eguale. In ogni cosa avea riguardo alle leggi e ai consigli della religione, ma la sua devozione rassomigliava piuttosto a quella de'cenobiti che a quella debbe professare un principe e un guerriero, prostrandosi boccone sulla terra quando orava, la qual pratica, secondo gli scrittori coetanei, avea fatto le sue mani e le sue ginocchia callose. — Resse Edessa per anni otto ; e Gerusalemme per dodici. Fu fatto due volte prigione e rimase sette anni in potere degli infedeli. Non furono in lui nè i difetti nè le virtù del suo predecessore: illustrò il suo regno con alcuni conquisti e vittorie, ove, per vero dire, non ebbe parte. Fu la sua morte pianta universalmente dai Cristiani che veneravano in lui l'ultimo dei compagni di Goffredo.

Non ostanti le agitazioni della sua vita, e le cure che ebbe a prendersi per la conservazione del principato di Antiochia, non trascurò l'interna amministrazione del suo regno. Asceso al trono soppresse nella metropoli ogni diritto d'importazioni per le mercatanzie ; accordò ai Siri, ai Greci, agli Armeni e anco ai Saraceni, la libertà d'introdurre in Gerusalemme, senza pagar gabella, grano, orzo ed ogni genere di frutta e legumi ; abrogò nei mercati di Gerusalemme la tassa su i pesi e misure : Per le quali tutte concessioni il suo nome fu da tutti benedetto e la popolazione della città santa si moltiplicò inestimabilmente.

Del come si ripopolassero le città del regno non vi è certa notizia. Credesi che molti pellegrini si stanziassero nelle città novellamente conquistate : Che il commercio e l'industria vi chiamassero molte famiglie dalle coste d'Italia e da tutte le regioni dell'oriente e dell'occidente. Avvi però ne'cronisti un particolare degno d'essere riferito, cioè, che le colonie de'Crociati difettando di donne per riprodursi, ne feciono venire dal regno di Napoli, e i fanciulli nati dalle donne di Puglia o dalle Sirie furono denominati *polledri* o *pulli* [1]. Ora da tale mischianza di nazioni e di sette, conseguì necessariamente la corruzione dei costumi ; nè il nuovo popolo concorrendo gran fatto alla difesa dello stato, guastò anco il fondamento della associazione militare e del governo basato dai Latini.

[1] Giacomo da Vitriaco, vedi *Biblioteca delle Crociate.*

Ne'primi anni del regno del Secondo Baldovino, il territorio di Gerusalemme fu desolato da una maravigliosa invasione di sorci che uccidevano e divoravansi anco il bestiame [1]; dipoi dalle cavallette ovvero locuste; da grandi siccità, e da terremoti: Le quali calamità, secondo la consuetudine, attribuite alla collera divina, occasionarono che si pensasse alla riforma de'costumi. Il re Baldovino e il patriarca convocarono un concilio a Naplusio, ove i grandi del regno, il clero, e il popolo sancirono severissime pene, contro gli eccessi del libertinaggio ed altri vergognosi disordini non preveduti dalle antiche leggi. Ma il nuovo codice che fu depositato nelle chiese scoperse il tarlo che rodeva la monarchia, ma non lo spense.

Aperse la sinodo di Naplusio lo stesso re rendendosi in colpa d'aversi ingiustamente usurpate le decime dovute al patriarca sopra i dominii della corona [2]: Dal che deducesi che tuttavia sussistessero soggetti di discordia in tra i re e i Patriarchi della città santa. Un solo dei successori di Dagoberto rinnovò apertamente le antiche pretensioni, già reprobate dalla stessa corte di Roma; e questi fu il Patriarca Stefano, il quale nato nel paese di Carnosa da illustre prosapia, e stato di quello visconte; avendo renunciato alla professione delle armi, vestì abito religioso e fu abate del monastero di san Giovanni della Valle. Andossene dipoi a Gerusalemme per professarvi devozione ed esemplarità di santa vita, nel che acquistossi assai grido. Morto il patriarca Gormondo e ragunatosi il popolo per eleggerli il successore, tutti i voti convennero nell'abate di san Giovanni: il quale poichè fu consecrato, deposta in un subito l'anacoretica umiltà, risuscitò le pretensioni di Dagoberto volendo farsi signore di Gerusalemme e di Ioppe. Nacque da ciò scissura fra lui e il re, che sarebbe a gravi conseguenze degenerata, se la morte non sopraggiungeva opportuna ad acquetare gli concitati spiriti del Patriarca; non senza sospicione però che il re l'avesse fatto avvelenare: Accusa che Guglielmo Tirense non condanna, non ostante che esalti a cielo le virtù religiose di Baldovino. Ma il buon arcivescovo di Tiro, quando parla di sì fatte contenzioni in tra la potestà secolare e l'ecclesiastica, osserva sempre il temperamento di encomiare sterminatamente l'una parte e l'altra, per modo che quando il lettore si è assettato nella mente il diritto della ragione, *exempligrazia* favorevole al clero, non sa dipoi trovare in che modo la potestà secolare meriti avere la sentenza contro: Così la

---

[1] I sorci salivano sulle spalle de'bovi e s'attaccavano ai loro fianchi per divorarli.

[2] Guglielmo Tirense. — Veggansi gli statuti del concilio di Naplusio nel volume dei Documenti.

verità rimani coperta del suo velo impenetrabile, e la giustizia che per natura sua è indivisibile, sta in forse a qual parte debba aderire.

Folco conte di Angiò ascese il trono di Gerusalemme, sendo gli stati cristiani travagliati dalle civili discordie, e periclitando verso la sua rovina il principato di Antiochia.

Il figliuolo di Boemondo principe giovine e valoroso, erasi mosso di Italia per succedere nel possesso del padre: Giosselino conte di Edessa, o che concupisse per sè quel principato o per altra cagione a noi ignota, fatta lega co' Mussulmani, l'addò ad assaltare e a devastarli il territorio. S'aggiunsero contro il giovine principe i Turcomanni, combattendo egli i quali in Cilicia prematuramente perì. Per la sua morte si divise tutto il principato di Antiochia, non rimanendo dell'estinto signore che una fanciulla inabile a governare quello stato in tante confusioni. La di lui vedova Alice, figliuola di Baldovino secondo *ossessa* (così dice Guglielmo Tirense) *dallo spirito del demonio*, e volendo ad ogni costo farsi *donna del paese* per satisfare la propria ambizione di regno, si volse per soccorso a Zenghi, mandandoli con gli ambasciadori in dono *un palafreno bianco come la neve, ferrato d'argento, con freno similmente d'argento, e coperto con una gualdrappa bianca, simbolo del candore di sue promesse.*

Baldovino Secondo avvisato delle trame della figliuola, seppe interromperle; ma poichè fu morto, Alice, *essendo sopra tutte le donne orgogliosa e astuta* [1], riprese le ambiziose pratiche.

Folco fu necessitato andare due volte ad Antiochia sì per ristabilirvi il buon ordine turbato dalle pretese di Alice, che per respingere le aggressioni de' Turcomanni, sempre parati a far loro profitto delle discordie de' Cristiani. — Talmente erano concitati gli spiriti che Ponzio conte di Tripoli, seguitando la fazione della principessa, osò affrontare in campo il re di Gerusalemme presso a Rugia, rimanendo punita la sua fellonia con sanguinosa rotta, e così pacificata Antiochia.

Nel secondo viaggio che re Folco fece sulle rive dell'Oronte, non ebbe più a combattere Cristiani, ma un esercito di Turchi raccolti di Persia e dal paese di Mossule, che completamente sconfisse, onde crebbe in tanta reputazione, che potè tutti i partiti di Antiochia conciliare sotto la sua autorità. E prudentemente profittando della favorevole circostanza, risolse dare alla figliuola di Boemondo un marito che potesse difendere i di lei diritti e frenare a un tempo l'ambizione di Alice e fosse in molta estimazione de' guerrieri cristiani.

---

[1] Nella vecchia cronica avvi: *Cauteuleuse*. T.

T. I.

Venuto alla indagine dello sposo, il re non trovando in Siria cavaliere che fosse degno di sua preferenza, si volse a cercarne in Occidente, ed elesse governatore d'Antiochia Raimondo di Pontieri, già stato
governatore di Gerusalemme per Baldovino Secondo. Raimondo a fine
di cansare le insidie de'nimici, fu costretto andare in Oriente vestito da
pellegrino; e la vigilia del suo ingresso in Antiochia, Alice immagihan-
dosi ch'egli venisse non per isposare la figliuola di Boemondo, ma lei,
aiutando questo inganno per ovviare a ogni disordine che potesse far
nascere, il patriarca e i principali della città, stavasi lieta e di buon
animo e senza fare alcuna provvigione a propria difesa; perlocchè quando Raimondo fu entrato e assicuratosi dello stato, toltasi la maschera,
sposò con gran solennità nella chiesa di San Pietro, la figliuola di Boemondo; Alice tardi pentita della sua cieca fidanza, si ritirò confusa e
dolente in Laodicea, ch'erali stata assegnata per suo appannaggio.

(Anno 1132). Folco pacificata Antiochia, ritornando a Gerusalemme
la trovò tutta piena di divisioni, dalle quali era stata la propria sua casa
sconvolta. Gualtiero conte di Cesarea, genero di Ugo conte d'Joppe,
accusò il suo suocero di fellonia contro il re; e invero Ugo erasi concitato contro l'avversione di esso re e dei signori del regno, secondo alcuni, a cagione del suo orgoglio immoderato e della sua insubordinazione, secondo altri per causa della sua illecita intrinsichezza con la regina Melisenda.

Tennesi sopra ciò giudizio e dopochè i baroni ebbero intese le accuse di Gualtiero da Cesarea, proposero, secondo la consuetudine del
regno un combattimento in campo chiuso frà l'accusato e l'accusatore;
nè comparendo il conte d'Ioppe, fu senz'altra prova, dichiarato reo.

Ugo era discendente del famoso signor di Puisetto che spiegò la bandiera della ribellione contro il re di Francia e che vinto da Luigi il
Grosso, spogliato de'suoi possessi, ed esigliato dalla patria, erasi rifugiato in Palestina, dove in grazia de'suoi valorosi gesti, fu eletto conte
d'Ioppe, contea che dopo la sua morte, redò il figliuolo. Questi non
disgradava sè dal padre per la fierezza ed impetuosità del carattere, incapace come quello di perdonare alcuna ingiuria o di patire altrui superiorità.

Ora veggendosi condannato senza essere state ascoltate le sue difese,
infiammossi di forte disdegno, tanto che fattosi ribelle corse ad Ascalona
a collegarsi co'Mussulmani e procacciare i loro soccorsi. Nè i Mussulmani trascurarono sì opportuna occasione di trar profitto dalle discordie
de'loro nimici; perchè esciti subito alla campagna, devastarono il territorio de'Cristiani fino ad Arsura. Frattanto Ugo acceso l'incendio della

guerra, chiudevasi in Ioppe, ad aspettarne l'esito; ma sopraggiunse il
re e vi pose l'assedio.

Il furore era pari da ambe le parti, avendo Folco fatto sacramento
di punire la fellonia del suo vassallo; e questi essendosi risolutamente
deliberato di seppellirsi sotto le ruine della città, piuttosto che sottomettersi. — Prima che si desse principio al menar le mani, il Patriarca
di Gerusalemme volle dar saggio di suo ministerio, interponendosi pacificatore fra gli avversarii con grandi perorazioni della carità evangelica.

Ugo, dapprima, stette saldo nel voler esperimentare la fortuna delle
armi, ma accorgendosi che i suoi l'andavano abbandonando, cominciò
a prestare orecchio alle proposizioni pacifiche del Patriarca. Fu concor-
dato che il conte d'Ioppe anderebbe esigliato per tre anni da tutto il
regno Gerosolimitano: ma mentre aspettava a Gerusalemme il momento
opportuno per la partenza, nacque imprevista circostanza per la quale
mancò poco che non si rinnovellasse la contesa. — Un soldato brettone,
non nominato nelle vecchie memorie, assaltò il conte *mentre giuocava*
ai dadi davanti la bottega d'un mercatante e ferendolo replicatamente
con la spada lo lasciò in terra quasi per morto.

L'atroce caso, ragunò gran moltitudine nel luogo, fecionsi i soliti
discorsi e le sospicioni che s'usavano in simili circostanze, tutta la città
andò a rumore, e perchè gl'infortunii degli infelici prestano favorevoli
argomenti ad accusare e detestare le prosperità de' bene avventurosi, tutti
compiangevano il caso del conte d'Ioppe, tutti accusavano il re come
ordinatore dell'assassinio; e la ribellione mostrossi a viso aperto.

Il re, per purgarsi dalla accusa, procurò con sommo studio che l'as-
sassino fosse preso e ne fosse fatto processo; e la sentenza fu che sarebbe sottoposto al supplicio della Ruota: la quale confermò il re immantinente, ordinando però che non si tagliasse la lingua al paziente,
affinchè durante la carneficina potesse nominare i suoi complici. Il sicario
morendo, non profferì in sua discolpa altre parole, se non, *che egli aveva*
agito con certa coscienza di servire alla sua religione e al suo re.
Così rimase a ognuno libero l'arbitrio di congetturare secondo le sue passioni e le sue opinioni.

Frattanto il conte d'Ioppe stato a grave pericolo della vita, dopo alcuni mesi, insperatamente guarì, e non del tutto ancora rinsanicato andossene in Sicilia, ove poco dopo il suo arrivo, o che il male covasse
dentro tuttavia, o che la fatica del viaggio e il mutamento dell'aere, il
risuscitassero, nuovamente infermò e morì.

La reina Melisenda riposesi nel profondo del cuore la severità del re detestandola ad ogni occasione, facendo con ciò conoscere non essere affatto pura della prima origine di questo successo.

Guglielmo Tirense in questo proposito ha un luogo notevole, dove dice:

Dopo che fu partito il conte dal regno, tutti coloro che avevano causata la sua ruina, accusandolo al re e ponendoglielo in disgrazia, vennero in tanto odio della reina, che non vivevano in molta sicurezza di loro proprie persone; e lo stesso re stavasi con sospetto in mezzo ai favoriti e ai parenti della reina.

Nondimeno il rancore di Melisenda col tempo si mitigò; e morto il conte d'Ioppe, con quello si spense; avendo cotal sorte le passioni degli uomini, che come le onde d'un fiume passano e sono subito da altre succedute e così si mantiene la vita loro sempre da nuovi stimoli agitata.

E così anco il re Folco, mitigata dal tempo la sua gelosa febbre, cancellò con sommo studio ogni memoria di questo caso, mostrandosi pentito d'aver macchiato pubblicamente l'onore della moglie e usandole invece ogni gentilezza di modi che potesse toglierle dall'animo l'amaro sentimento de'suoi rigori.

(Anno 1138.)—Frattanto i tumulti di Antiochia, avevano mosso gli imperatori di Costantinopoli a rimettere in campo le loro pretese sopra quella città.—Giovanni Comneno figliuolo e successore di Alessio, allestito un esercito, entrò nell'Asia Minore e nella Cilicia, appiccando continue zuffe ora co'Turchi, ora con gli Armeni, ora co'Latini, e superati questi ostacoli si pose a campo sotto Antiochia [1], incutendo gran timore in tutte le città cristiane di Siria.

Aggravava non poco il pericolo degli Antiocheni, l'essere Raimondo conte di Tripoli (il cui padre era stato colto in un agguato e ucciso dai Mussulmani di Damasco) occupato a difendere i suoi stati contro tutte le forze del sultano di Mossule e di Aleppo.—Il re di Gerusalemme chiamato dal principe d'Antiochia in suo soccorso contro i Greci, s'era già posto alla campagna con l'esercito, ma nella Fenicia, rimasto chiuso ed assediato nel castello di Monferrando ovvero di Barino, era in pericolo di cader nelle mani di Zenghi, e chiamava a liberarlo tutti i principi cristiani.

In tali estremità, non trovarono scampo i Latini se non che nella moderazione dell'imperatore Giovanni Comneno, il quale compassionando ai loro infortunii, sospese le ostilità, e contentatosi che il principe di

---

[1] Veggasi l'estratto di Cinnamo islorico greco, nella *Biblioteca delle Crociate*.

Antiochia gli facesse omaggio di sua sovranità, congiunse le sue genti a quelle de'Latini nella comune difesa degli stati cristiani contro le potenze mussulmane della Siria. Allora fu deliberato di porre il campo dapprima alla città di Sciaizar o Cesarea, situata sull'Oronte, e vinta questa, andarne ad Aleppo.

Questa impresa al cui annunzio tutti i Cristiani corsero ai loro fratelli, arebbe certamente avuto un prospero successo se fosse stata condotta con perseveranza e se la discordia non avesse turbato il buon ordine nel campo de' collegati.

Il conte di Edessa e il principe di Antiochia che erano andati all'assedio di Sciaizar, invece di aiutare i Greci alla espugnazione consumavano il tempo in bagordi e tripudii. Questi veggendosi soli alla fatica, sospesero le opere della ossidione, e l'imperatore per mostrare ai suoi collegati come si osservino le leghe, senza fare alcun caso di loro, concluse una tregua col nimico che già poca speranza nutriva di potersi difendere; e levato il campo ritornossene in Antiochia, da dove fu quasi cacciato da una popolar sedizione mossa contro di lui, e se ne ritornò a Costantinopoli, abbandonando alla loro fortuna gli alleati che sempre si travagliavano in vane sospicioni e che tanto poca cura dimostravano de'loro propri interessi.

Dopo alcun tempo, richiamato dai Latini, ritornò in Siria con nuovo esercito, e non ostante che procedesse in ogni cosa con moderazione e lealtà, le antiche sospicioni contro di lui si ravvivarono; e la pazzia dei Latini fu tale, dimenticandosi la sempre crescente potenza de'Mussulmani, da desiderarne la partita. Egli per tôrre ogni sospetto, propose di voler fare il suo pellegrinaggio al Sepolcro di Cristo; il che invece di acquetare gli animi non fece che concitarli maggiormente: e Folco gli spedì con somma celerità ambasciadori per significarli che non l'arebbe ricevuto in Gerusalemme se non che senza esercito. L'imperatore, persuadendosi che non si può giovare a chi nol consente, ripassò il monte Tauro, e morto poco di poi per la ferita d'una freccia avvelenata, dette occasione di grandi feste ai Latini che reputaronsi così liberati dal maggiore nimico.

Se sincere erano le dimostrazioni del Greco Imperatore, come tutto fa presumere, gran cecità fu quella de'Latini di non conoscere che mediante la sua lega arebbero potuto cacciare i Turchi da tutta l'Asia Minore e dalla Siria; ma le loro perpetue e irreconciliabili divisioni, non lasciavano loro veder lume, dal che provenne in progresso di tempo non solo la totale ruina della potenza cristiana in Oriente, ma quella eziandio del Greco Imperio.

Zenghi principe di Mossule, e di Maradino, paragonato da Guglielmo Tirense al lombrico sempre irrequieto, aveva allor pubblicato di voler far l'impresa di Damasco; perlochè il principe Mussulmano che v'era a governo, ricorse per aiuto a' Cristiani, i quali considerando le gravi conseguenze che avrebbe potuto partorire l'ingrandimento d'una sì formidabile e vicina potenza, presero immantinente le armi, in favore di Damasco. — Quando il loro esercito ebbe passato il Libano, Zenghi che era già con le sue genti propinquo a Damasco, si levò dall'impresa. — Il sultano di Damasco nei capitoli di questo trattato erasi obbligato al re di Gerusalemme, che liberati i suoi propri stati dal nimico, l'aiterebbe a ricuperare Panea, perduta dai Cristiani, già circa tre anni prima e allora posseduta da Zenghi: E ora per satisfare al suo debito, unite le sue genti a quelle de' Latini, pose il campo a quella città.

Panea ovvero Belinà è distante un miglio dalle fonte del Giordano sulla falda dell'Antilibano. — A tempi di Giosuè appellavasi *Dan*; sotto i Romani fu detta *Cesarea di Filippo*; e durante le Crociate, essendo stata ben fortificata, fu di continuo combattuta ed occupata ora da' Mussulmani, ora da' Cristiani. — Nel luogo di questa città, a' dì nostri, non veggonsi più che cento case, costrutte con le pietre degli antichi edifizi, informi ruine, le vestigia appena delle antiche mura, le torri e i fossi d'un castello feudale, e una selva vicina menzionata dagli storici.

Il sultano di Damasco con le sue genti si pose a Oriente fra la città e la selva, in un piano detto *Coagar*. Il re di Gerusalemme con i principi d'Antiochia e di Tripoli posesi dalla parte occidentale. In questo memorevole assedio non fu altra gara fra Turchi e Cristiani che di valore e di zelo, rinnovandosi gli assalti ferocissimi per più settimane; e gran danno facevano agli assediati le torri notate dei Damasceni, le quali erano sì smisuratamente alte, che giusta la espressione di Guglielmo Tirense, i Paneani veggendole se ne spaventavano, come se non avessero a difendersi da uomini, ma da nimici celesti.

L'emiro che difendeva Panea conoscendo non potersi sostenere, s'arrese a' patti; e così i Mussulmani ritornaronsi a Damasco contenti d'aversi fatta vendetta di Zenghi, e i Cristiani occuparono la città, necessario propugnacolo ai confini dello stato loro dalla parte del Libano.

Questo conquisto fu l'ultimo fatto memorevole del regno di Folco Angioino: il quale nella pianura di Tolemaida, dando la caccia a una lepre cadde da cavallo, della qual caduta morì, rimanendo di lui due teneri fanciulli.

Guglielmo Tirense, che fa l'elogio di Folco, nota con l'ingenuità propria di que' tempi remoti, che sebbene avesse i capelli rossi, non

potevasi però accagionare d'alcuno di quei difetti che soglionsi attribuire a
tal colore.

Negli ultimi anni di sua vita, Folco era divenuto sì smemoriato, che
non riconoscevà i suoi propri servitori; e la sua morale debolezza e tor-
pidezza, rendevanlo poco atto a governare un regno circondato da nimici e sempre esposto a nuovi pericoli. Sua principale occupazione era
fabbricare fortezze per difendere i confini dello stato, piuttosto che ordinare eserciti per dilatarlo con nuovi conquisti; per la qual cosa durante
il suo regno lo spirito marziale de' Cristiani andò decrescendo, e crebbero
le discordie con grande detrimento della non adulta monarchia; la quale
veramente era già a gran felicità e potenza pervenuta, quando egli ascese
al trono, ma alla sua morte era già volta a declinazione, e a ruina.

Assunse la reggenza del regno la reina Melisenda; e il giovine Baldovino nel medesimo tempo fu unto e coronato re nella chiesa del Santo
Sepolcro, il dì di Natale. Questo giovinetto figliuolo di Folco, sebbene
non fosse ancora giunto dell'età sua al quattodecimo anno, era ornato
di tale eloquenza spontanea, di tale eleganza di modi, e traspirava in
ogni suo atto tale nobiltà e generosità, che già aveva per sè i cuori di
tutti i suoi sudditi. La sua mente era sempre operosa e penetrativa; la
memoria felicissima; e gran diletto prendea nell'udir raccontare le gesta
gloriose degli antichi e de' moderni uomini illustri. Mostrava anco molta
curiosità di conoscere i costumi e i caratteri de' suoi popoli; e qualche
volta, (tanta era la sua dottrina) veniva consultato da uomini maturi, intorno alle leggi e alle usanze del regno. A queste buone qualità le croniche contemporanee aggiungono, che il giovine Baldovino, fu sempre
reverente verso la religione e i suoi ministri; ma che nel principio del
suo regno diminuì in parte la buona opinione che avevasi di lui, la sua
eccessiva inclinazione per le donne e per il giuoco dell'Aliosso, in che
occupava molto tempo, mostrandosene affezionato più di quello si convenisse a un re della Città Santa. Con la maturità degli anni, si emendò
nondimeno da tali difetti; e l'arcivescovo di Tiro che avevalo conosciuto
personalmente, nota che via via ch'egli invecchiava, perdeva le qualità
cattive, rimanendoli soltanto le buone.

La reina Melisenda, durante la minorità del re, governò con prudenza
e giustizia, non ostante che si mostrasse troppo tenace della suprema autorità, indugiando a suo potere il rimettere nelle mani del figliuolo il
governo, sebbene egli fosse già escito de' minori; dal che provennero
non pochi disordini, presupponendosi i Mussulmani che il regno di Gerusalemme obbedisse a diversi capi.

Baldovino Terzo assunse il governo nell'anno 1145, e adunato l'esercito mosse verso il paese di Moab e nella valle di Mosè deve fece qualche inconcludente prodezza. Ritornato da questa prima spedizione, s'implicò in una guerra ingiusta e che ebbe fine infelice.

L'emiro di Bosra [1] venne a Gerusalemme in nome del sultano di Damasco e propose al re di darli quella città. Fu la proposta accettata e ragunato l'esercito per andare a prendere il possesso di Bosra; e stando sulla partenza, sopraggiunsero deputati di Damasco, i quali scopersero al re la tradigione dell'emiro e ricordavanli l'osservanza de' reciproci patti, pregandolo che non volesse rompere una pace già più anni mantenuta dal suo padre con tanta fede; nè implicarsi in guerra ingiusta dalla quale non averebbe cavata veruna utilità.

Queste ragionevoli parole dei deputati damasceni, non trovarono però luogo negli animi già prevenuti in contrario de' gerosolimitani, che da più mesi occupati nei vantaggi del conquisto di Bosra non ne consideravano altro che il lato della propria loro utilità, chiamando traditori que' pochi che conservato libero il loro giudicio, altramente sentivano, perlochè, confermata la ingiusta impresa, rimandaronsi gli ambasciadori.

Dopo ciò, partì l'esercito cristiano, e passata a gran giornate la profonda valle di Roob, giunse nella Traconite; ed ivi cominciaronsi a scoprire i pericoli e le difficoltà della impresa. Perchè sendo già occupati tutti i passi e i luoghi vantaggiosi dai Mussulmani accorsi da ogni parte a difender Bosra, e sendo gli ardori del sole oltre il consueto incomportabili, i Cristiani oppressi dalla loro pesante armatura e difettando di viveri e d'acqua, non potevano procedere che con estrema lentezza; e perchè v'era stata ancora maggior quantità che il solito di locuste che cadute nelle cisterne ne avevano guaste le acque; e per essere già reposte le messi, spogliate le campagne e nascosti nelle caverne gli abitatori, i quali tendevano da ogni parte aguati ai Cristiani, l'impresa di Bosra dimostrava dover riescire fatalissima a'suoi autori. Tutti i colli erano occupati da arcieri, che saettavano continuamente l'esercito con molto suo danno, e le loro freccie, secondo Guglielmo Tirense, *parea che piovessero come la grandine o grossa pioggia sopra case coperte di lavagne e di tegoli, rimanendone uomini e bestie trafitti.* [2]

Nondimeno procedevano avanti i Cristiani accecati nella speranza della

---

[1] Bosra ovvero Bostrum, a tempo delle Crociate diceva *Bussereta*. — Le solitudini del Ledgia e del Habel el Mauran rappresentano l'antica Traconite. Le rovine di più che dugento villaggi di basalto o pietra nera fanno testimonio che anco ne'tempi più antichi la Traconite era sede di numerosa popolazione.

[2] Dice la Cronica: *semblaient descendre sur eux ainsi que gresle et grosse pluye sur des maisons couvertes d'ardoises et de thuiles, estant hommes et bestes cousues d'icelles.* — Trad.

vittoria, ma giunti sotto la città, ebbero avviso essere la cittadella e le fortezze guardate da soldati venuti novellamente di Damasco, e che la stessa moglie dell'Emiro il quale aveva offerto di dare la città, erasi dichiarata contro suo marito. Tale avviso invilì subitamente l'esercito cristiano, in tanto che i cavalieri e i baroni reputandosi spacciati, fecero premura al re di porre in salvo la sua persona e la vera Croce; al che egli non volle a verun patto consentire.

Conosciuto dunque che lo stare sarebbe senza frutto e pericolosissimo, fu dato il segno della ritirata, il che vedendo i Mussulmani, mandarono grandi grida di allegrezza e posersi a inseguire i nimici. Questi, raffittiti gli ordini, movevano in silenzio e con le spade sguainate in pugno, portando seco i loro morti e i feriti; il che faceva i Mussulmani rispettosi dell'accostarsi. Era quel paese tutto ingombro di cespugli e di secchi sterpi, inariditi dagli eccessivi ardori della state; ai quali i Mussulmani, conoscendo non poter altrimenti interrompere la ritirata degli aggressori fuggitivi, appiccarono il fuoco, secondandoli il vento che spingeva le fiamme e il fumo contro l'esercito. Or tutti sentendo la prepotenza dell'inespugnabile avversario, affoltavansi intorno al vescovo di Nazaret, che portava la vera Croce, piangendo e scongiurandolo che con le sue preghiere si degnasse di far cessare quello incomportabile abbrustolimento. Perlochè il vescovo, commosso dalla coloro disperazione, alzò in aria la Croce, raccomandandosi alla divina misericordia; e qui i Cronisti esclamano: Gran miracolo! Subitamente cangiò il vento; le fiamme e il fumo si ritorsero ne' Mussulmani, che dovettero desistere dall'inseguire, e i Cristiani ringraziando Dio d'averli miracolosamente preservati, continuarono prosperamente la loro fuga.

Furonvi anco altri prodigi. — Un cavaliere non mai prima veduto e sedente sopra bianco cavallo, il che significa cosa soprannaturale, tenendo in pugno uno stendardo rosso, precedeva l'esercito Cristiano conducendolo lontano da ogni pericolo; e in quello i soldati riconoscendo un angelo del cielo, ricovrarono gli spiriti; sebbene, secondo l'umano giudizio, essendosi mossi a iniqua impresa, si estimassero più degni del castigo che della celeste protezione; ma Dio, che vuole il pentimento non la destruzione del peccatore, fu contento che i pravi disegni del Terzo Baldovino avessero sinistro esito, non volendo però che per la colpa del re e de'suoi ministri l'esercito perisse.

Il quale dopo sofferti incredibili disagi, molto mal concio, giunse a Gerusalemme, rallegrandosi il popolo co'loro fratelli che almeno avessero riportate salve a casa le persone, e col re che non avesse in tutto della pubblica salute disperato, per il che cantavano le parole del

T. I.   43

Vangelo: *Facciamo festa, esultiamo; il popolo che era morto, è resuscitato; era perduto, ed eccolo recuperato.*

Ma mentre il popolo rallegravasi per il campato esercito, facevano grandi progressi in Mesopotamia i Mussulmani.

Zenghi riguardato dai fedeli islamici e dal califa di Bagdad, come scudo e sostegno dell'islamismo, stendeva il suo imperio da Mossule fino ai confini di Damasco, e attendeva di continuo a nuovi conquisti; poco affaticandosi i Cristiani a impedirgliene, poichè egli aveva l'arte di tenerli addormentati con finta sicurezza, proponendosi di assaltarli, quando si fosse tanto ingrandito da poterli opprimere senza ostacolo. Conosceva per esperienza quanto il riposo nuocesse ed enervasse i soldati di Cristo, e come da quello solessero nascere le discordie e le divisioni, ed egli con questo intendimento spiava il tempo accomodato a muoversi.

Due propugnacoli formidabili aveva il regno di Gerusalemme, cioè il principato d'Antiochia e la contea di Edessa. Raimondo di Pontieri guardava l'Oronte contro l'invasione de'Mussulmani; il vecchio Giosselino di Curtenai, per molto tempo aveva strenuamente difese le rive dell'Eufrate, ma espugnato dalla vecchiezza, rendeva in questo tempo appunto tributo della sua vita alla natura.

Egli morì in questo modo. Essendo a campo a un castello non lontano da Aleppo, nel cader d'una torre percossa dagli arieti, fu ferito da una pietra e moribondo trasportato a Edessa, dove aspettando il colpo della morte soprastante, venivali annunziato che il sultano d'Iconio s'era posto intorno a una sua fortezza. Udito ciò, fece chiamare il figliuolo e gli comandò di muovere contro il nimico; ma il giovinetto, rappresentandoli come non avea gente sufficiente all'impresa; il vecchio guerriero che non mai avea guardato in faccia a pericolo senza affrontarlo, volle prima di morire dare un valoroso esempio al figliuolo, e fattosi porre in lettiga, ordinò che si andasse contro il nimico. Avvicinandosi al luogo assediato, tanto era il terrore del suo nome, che i Turchi partironsi dalla impresa; onde egli fatta posare in terra la lettiga, e dimostrato al figliuolo, come i pericoli grandi da lontano, diventino piccoli da vicino per chi non si lascia vincere alla paura, alzati gli occhi al cielo e ringraziatolo di questo suo ultimo favore, in mezzo ai suoi guerrieri, spirò.

Le sue spoglie mortali furono trasportate a Edessa, accorrendo tutto il popolo di quella città incontro alla pompa funebre; la quale componendosi de'soldati che vestiti a lutto portavano la bara e degli altri che portando le armi volte a terra mostravano negli aspetti dolore, fu molto commovente.

Il vecchio Giosselino, morendo, non avea potuto trattenersi dal

compiangere la sorte di Edessa, al cui governo succedeva un principe debole
e pusillanime. Fino dalla infanzia il giovine Cortenai s'era inviziato nella
ubriachezza e nelle libidini; e benchè tali vizi fossero quasi universali a
que' tempi, il giovine fecevi tali progressi che gli stessi soldati ne erano
scandolezzati.

Succeduto al principato, lasciò subito Edessa per ritirarsi a Turbessella soggiorno delizioso sulle rive dell'Eufrate: ed ivi profondato nelle
sue libidini, e trascurando le paghe delle genti, e il mantenimento delle
fortezze, non prese più alcuna cura del governo, nè alcun pensiero dei
Mussulmani.

Frattanto Zenghi sempre intento a accrescere li suoi stati, e a trar
profitto dalle discordie e dalle imprudenze de'Cristiani, non ignorava alcuna di queste cose, e principalmente spiava il giovine Curtenai. — Gli
storici arabi fanno grandissimi elogi dell'ingegno e del carattere del principe di Mossule, esaltano il suo valore e la perizia nella guerra; la liberalità che lo rendea caro a'suoi famigliari e ai soldati; la indefessa attività, per cui era sempre pronto ad accorrere ovunque il bisogno il
chiamasse; e principalmente encomiano l'attento studio con che investigava i segreti disegni de'nimici, non comunicando mai con alcuno i
suoi propri. Non ostante che nel suo abituale procedere fosse moderato
e giusto, conoscendo che chi vuole progredire in questo corrotto mondo,
trova il più delle volte non solo poco confacevole ma anzi contraria la
virtù, usava a tempo la violenza e la perfidia, quando giovavano alla
conservazione o all'augumento della sua potenza, e sapevasi vestire di
tanta terribilità, che narrasi di uomini morti di spavento al solo vederlo:
Il che, avuta considerazione non solo alla qualità di que' tempi, ma anco alla
costante imbecillità umana, sensibile principalmente al maraviglioso e al
terribile, fu prudentemente praticato e fu causa principale della grandezza di Zenghi. Molto giovava oltreciò a'suoi fini la universale credenza ch'egli fosse mandato dal cielo a difendere la religione di Maometto; perlochè dice lo storico Atabec: — *Quando Dio ha voluto pro-
fligare i demonii della croce, a quel modo che avea folgoreggiati
gli angioli ribelli, volse gli occhi al fiore de' guerrieri fedeli campioni dell'Islamismo, e prescelse come dignissimo di eseguire i suoi
santi disegni, il beato e gloriosissimo martire Emadeddin Zenghi.*

Ora Zenghi, già da lungo tempo signore di quasi tutta la Siria e
della Mesopotamia, spiava l'occasione di assaltare Edessa, dalla quale
conquista impromettevasi ragionevolmente grande augumento di potenza
e di reputazione: Onde per non distrarre il giovine Giosselino da'suoi
piaceri e dalla sua trascuraggine; il principe di Mossule faceva grandi

preparativi di guerra, dando voce di voler muovere contro certi emiri di Mesopotamia, ma escito alla campagna, se ne andò difilatamente sotto le mura di Edessa.

Era la città munita di alte mura, di molte torri e d'una forte cittadella [1]; le quali tutte cose, secondo la graziosa espressione dell'Arcivescovo di Tiro, giovano solo a un popolo che voglia e sappia combattere, e divengono affatto inutili quando non v'ha gente dentro che le difenda.

Gli abitatori di Edessa erano quasi tutti Caldei e Armeni, niente esercitati nelle armi e solo curanti del loro commercio. Le milizie latine erano quasi tutte a Turbessella con Giosselino, e quelle poche che erano rimase in Edessa non avevano capitano abile a condurle contro il nimico.

Zenghi pose il campo vicino alla *Porta delle Ore* protraendolo fino alla *Chiesa dei Confessori*, e pose subito a giuoco le macchine guerresche. — Il popolo, il clero e i monaci, rappresentaronsi sulle mura; le donne e i fanciulli fornivanli di acqua, di viveri e d'armi; e la speranza del vicino soccorso facevali dapprima arditi [2]; ma tale speranza era vana, e quando i cristiani di Siria intesero l'assedio di Edessa, gran lamenti ne fecero, ma niuno si mosse al soccorso.

Gerusalemme era troppo distante, gli spiriti troppo inviliti e benchè Melisenda che governava col figliuolo Baldovino, ordinasse alle sue genti di soccorrere Edessa, i suoi ordini rimasersi inobbediti. — Avrebbero forse potuta ritardare l'espugnazione gli Antiocheni, movendosi a tempo, ma Raimondo che odiava di vero cuore Giosselino, non considerò nella di lui rovina che la satisfazione della propria vendetta.

Giosselino si riscosse dal suo letargo nell'estremo pericolo spedì dappertutto deputati a chiedere soccorsi raccolse tutte le sue genti, e sparse voce di voler andare sopra Edessa; ma invece d'aiutarlo, tutti i pregati mandaronli rimproveri della sua imprudenza e prava condotta; e così la metropoli di Mesopotamia rimasesi a discrezione del mussulmano assalitore.

Zenghi frattanto proseguiva ostinatamente l'assedio; ed ogni giorno giungevano al suo campo nuovi rinforzi di Curdi, di Arabi e di Turcomanni tratti dalla speranza del sacco. La città era chiusa e combattuta da tutte le parti; sette torri di legno degli assediatori soverchiavano

---

[1] Guglielmo Tirense lib. 16. — È Questi il solo storico che abbia compitamente trattato delle colonie cristiane in quest'epoca, e dell'assedio di Edessa.

[2] *Aspettavano* (dice lo storico armeno) *i soccorsi della nazione che dicesi prode, ed ogni giorno immaginavansi scorgere dalle loro torri gli stendardi de' Franchi vittoriosi.* — Trad.

l'altezza delle mura; e le altre macchine la percotevano senza posa o scagliavano dentro la città pietre, giavelotti e globi di fuoco. Gli scavatori venuti da Aleppo, per mezzo di vie sotterranee erano penetrati fin sotto le fondamenta delle mura, e avendo fatto caverna ad alcune torri, aspettavano il segno per abbatterle. Stando le cose a questo termine, Zenghi fece sospendere i lavori dell'assedio ed intimò agli Edesseni la resa, i quali non credendosi forse in sì grave pericolo, rispondevano voler piuttosto perir tutti sotto le rovine della loro città che cederla agli infedeli, e frattanto reciprocamente s'incitavano a meritarsi la corona del martirio. Il patriarca Nersi nel suo poema elegiaco gl'introduce a parlare in questa sentenza. *Non ci lasciamo vincere alla paura; queste pietre scagliate per atterrare le nostre torri e le case non faranno l'effetto loro se nol permetta colui che ha fatto il firmamento e create le legioni degli angioli; il quale ci difende contro i nostri nimici e ci prepara migliori abitazioni nel cielo.*

Ma Zenghi nel vigesimo ottavo giorno dell'assedio, vedendo che gli Edesseni non facevano alcuna dimostrazione di volersi arrendere, ordinò che si atterrassero alquante torri, le quali caddero con tanto spaventevole fracasso, che tutto il popolo fu compreso di terrore. Bene alcuni intrepidi guerrieri corsero per difendere la breccia, ma nel medesimo tempo avendo gli altri abbandonate le mura, il nimico entrò nella città da ogni lato.

Superfluo è descrivere particolarmente le violenze esercitate dai vincitori; tutte le città espugnate a viva forza subirono simile fortuna e tutte le storie sono piene di simili descrizioni. — Abulfaragio raccontando nel suo stile orientale la strage fatta dai Mussulmani, dice con singolare vivezza d'espressione, che i loro ferri s'innebriarono nel sangue de'vecchi e de'fanciulli, de'poveri e de'ricchi, delle vergini, de'vescovi e degli eremiti; che la moltitudine esterrefatta cercava rifugio ne'templi, e che ivi scannavanla i vincitori a piè degli altari; che quelli che fuggivano verso la cittadella credendo che ancora si tenesse per i Cristiani, vi trovavano sulle porte i nimici tinti del sangue de'loro fratelli, e trucidati anco essi, vi rimanevano informi cumuli di cadaveri.

In sì atroci casi, ne'quali ogni umana affezione è vinta dal terrore, narransi intervenuti alcuni esempi di virtù degni di ricordanza; come sarebbero quelli di certe madri che vollero piuttosto morire sulla cuna de'loro lattanti che abbandonarli; ma per avventura l'amore de'figliuoli è piuttosto prepotente istinto della natura, che qualità virtuosa dell'animo.

La strage cominciata col giorno, alla terza ora ebbe fine. Ad alcuni

prelati fu perdonata la vita e ridotti in servitù; un vescovo armeno fu
spogliato e vergato per le strade [1]; un monaco scrittore della istoria di
Edessa, perì in questa catastrofe, non è ben certo se di morte violenta
o per afflizione di animo; Ugo arcivescovo latino, avendo voluto deludere con la fuga quelli che il tenevano preso, fu trucidato con tutto il
suo clero, e divennero preda de' suoi uccisori le molte ricchezze che
studiavasi trafugar con sè e che non aveva volute elargire per la difesa
della città, del che gli danno gran carico alcuni storici pii e imparziali
i quali non dubitano condannarlo all'inferno per aver preposta la sua
avarizia alla salute de' Cristiani.

Ricuperate che ebbero i Mussulmani Edessa e la sua cittadella, gli
Imani ascesero sopra i campanili delle chiese e proclamarono solennemente la vittoria:

O Maometto! santo profeta di Dio, noi vincemmo nel tuo nome.
Sterminato è questo popolo adoratore degli idoli; e a trionfo della tua
legge furono sparsi torrenti di sangue.

Allora tutto l'esercito Mussulmano, intonò cantici di vittoria e di
gioia. — Seguitarono le rapine e gli incendii secondo la consuetudine dei
vincitori; mandaronsi le teste degli uccisi a Bagdad e fino nel Corasano;
e la plebe edessena fu venduta schiava su i pubblici mercati. Restituirono
i Mussulmani alla Religione Cristiana quelli insulti che pretendevano essere stati fatti alla loro; i vasi sacri furono profanati nei licenziosi festini
e le chiese di Dio furono cangiate in lupanari; del che molti fedeli cristiani presero tanto dolore che disperati ne morirono [2].

Quantunque la sorte delle città espugnate a viva forza, sia stata in
ogni tempo lagrimevole, lo storico imparziale paragonando Edessa presa
dai Turchi a Gerusalemme presa da' Cristiani, sarà forzato confessare
aver usata molto maggior moderazione verso i vinti, quelli che questi.
A Gerusalemme il tempio fu cangiato in beccheria, ove a sangue freddo
scannavansi il volgo inerme, e le turbe delle donne e de' fanciulli; la
città fu totalmente depopolata: a Edessa per lo contrario i templi furono cangiati in lupanari, il popolo venduto schiavo, e in parte conservato alla patria.

Così ritornò Edessa una delle meglio fortificate città d'Asia, per la
sua cittadella per le mura e per essere fondata sopra due colli, nel potere de' Mussulmani. Il patriarca Nersi deplora in una patetica elegia, la

---

[1] Matteo di Edessa. Vedi l'Estratto nella *Biblioteca delle Crociate.*

[2] Secondo lo storico Arabo Ibn Alatir, la città di Edessa non sofferse tutti i mali narrati, la
prima volta che fu presa. Dice anzi che Zenghi ordinò che i cittadini fossero lasciati stare nelle
nelle loro case con le mogli e i figliuoli; e che i furori della vittoria furono soltanto esercitati nella
seconda presa. — Trad.

sua caduta, le memorie storiche e religiose che l'avevano fatta celebre, e l'introduce personificata a compiangersi del suo perduto splendore in questo modo:

Io era quale una reina nel mezzo della sua corte, sessanta borghi mi facevano corteggio intorno; i miei numerosi figliuoli passavano i giorni loro nella gioia; la feracità delle mie campagne era ovunque decantata, e parimente la freschezza e la limpidezza delle mie acque e la bellezza de'miei palagi. I miei altari sopraccarichi di ricchezze ne sfolgoravano da lunge l'incanto e parevano abitazioni degli angeli. Io vinceva di magnificenza ogni altra città dell'Asia, ed era come celestiale edificio trasportato in terra [1].

La ricuperazion d'Edessa empì di gioia i Mussulmani di Siria: e gli storici arabi raccontan che la novella ne fu diffusa subito per tutto l'Oriente e persino sulle coste di Africa e d'Italia e che molti avvenimenti miracolosi la prenunciarono.

Zenghi posto un buon presidio nella città, attendeva a proseguir la vittoria; ma era omai giunta la sua ora, e la vigorìa del suo braccio e la potenza delle armi non potè allontanare da lui *la palma dolorosa del martirio*; ondechè mentre l'Asia celebrava la sua gloria e la sua potenza (dice lo storico degli Atabec) *la morte lo distese nella polvere, e la polvere fu sua abitazione:* perchè mentre sulle sponde dell'Eufrate attendeva a espugnare un castello Mussulmano, fu da'suoi propri schiavi assassinato, e la sua anima, secondo la credenza maomettana, ascese al cielo a ricevere la ricompensa promessa al conquistatore di Edessa.

Molto però si rallegrarono di questa morte i Cristiani, e lo dimostrarono tanto immoderatamente, che più non arebbero potuto fare se di tutte le Mussulmane potenze avessero trionfato; ma la gioia loro fu breve, e nuovi nimici, nuovi infortunii sorsero a tempestarli.

Zenghi poichè ebbe conquistata Edessa, considerando alla bellezza e magnificenza della città, deliberò di ripopolarla e rimettervi una parte de' primieri abitatori [2]. Moltissime famiglie sirie e armene, dallo stato di schiavitù si videro inopinatamente ricondotte nelle loro case e rimesse in possesso de'loro beni. Ma morto Zenghi, quelle medesime famiglie cominciarono a tumultuare contro i di lui successori e il conte Giosselino pensò essersegli presentata l'occasione favorevole di ricuperare la sua metropoli.

---

[1] Il poema di Nersi, del quale Cerbied ha tradotti alcuni brani, è in sette canti; e fu scritto col fine di ridestare il zelo dei difensori della Religione Cristiana contro i Turchi; è però freddo e prolisso.

[2] Ciò affermano gli storici Arabi e specialmente Chemal Eddin.

Avendo a tal fine raccolto un sufficiente numero de'più coraggiosi soldati, si presentò di notte tempo sotto le mura di Edessa, e secondato dai cittadini, penetrò dentro mediante la scale e le funi. Quelli che avevano scalate le mura, corsero subito a aprire le porte ai compagni; e gittandosi sopra i Turchi all'imprevista, trucidarono quanti ne trovarono per le strade e che non ebbero comodità di rifugiarsi nelle torri o nella cittadella.

Fatto ciò, Giosselino, mandò messaggieri a tutti i principi cristiani della Siria, pregandoli di muoversi prontamente a soccorrerlo e di voler preservare con lui la ricuperata città a gloria e utilità de'Cristiani. — Tutti al lieto annunzio mostrarono rallegrarsi molto, ma niuno si mosse, e mentre Giosselino consumava suo tempo ad aspettarli, Nurredino secondogenito di Zenghi, divenuto signore di Aleppo, con formidabile esercito apparve sotto Edessa.

Prima di partire per questa impresa, il principe d'Aleppo, aveva giurato di sterminare tutti i Cristiani; e le sue forze erano tali da poter effettuare il sacramento. — Dall'altro canto Giosselino entrato per sorpresa in Edessa, non aveva avuto nè mezzi, nè tempo da fortificarvisi, e la cittadella tenevasi tuttavia pe'Mussulmani; per la qual cosa le genti cristiane trovandosi in mezzo fra il presidio della detta cittadella e l'esercito di Nurredino, conoscevansi a mal partito, e già cominciando a disperare del soccorso, s'invilivano. Tennero nondimeno un consiglio per deliberare di quello che si avesse a fare, ma i pareri furono confusi e discordi, e instando il nimico, che ferocemente percoteva le mura ed era sul punto di entrare, non fu altro conchiuso se non che si dovesse affrontare qualunque pericolo per tentare la fuga: Alla quale subitamente si preparano i soldati di Giosselino, tutti i Cristiani venuti ultimamente nella città, e i vecchi abitatori restituiti nella patria da Zenghi.

Sopravvenuta la notte, aprono chetamente le porte, e recando seco le cose più preziose, per una via non guardata dal nimico, cominciano la fuga. Già era uscita non piccola moltitudine preceduta dai soldati di Giosselino che procedevano in ordine di battaglia. Del che accortosi il presidio della cittadella, esce anco esso e va a congiungersi ai soldati di Nuredino, i quali corrono immantinente alla città e occupano la porta d'onde escivano i Cristiani. Nella fitta tenebria appiccasi disperata zuffa, dove il disordine e il terror della morte trionfano della cupidità di vendetta, onde i Cristiani apertosi un cammino in mezzo ai loro assalitori, spargonsi per le circostanti campagne. Quelli che portavano armi essendosi raccolti e ordinati fecero prova di traversare il campo nimico; gli inermi rimasi soli, correndo a caso per la pianura, furono tutti trucidati.

Cesarini dis.   Fiorni inc.

Quelli che avevano scalate le mura, corsero subito ad aprire le porte
ai compagni ;

Lib. V. Pag. 555.

Raccontando i successi di questa orribil notte , Guglielmo Tirense non può frenare il pianto; e lo storico Abulfaragio esclama:

O, disastrosa notte ! o, aurora infernale! giorno spietato, giorno dell' infortunio che percosse gli abitatori d' una città, poco prima degna d' invidia!

In ogni luogo suonavano grida di morte. — I Cristiani che s'erano militarmente ordinati, passato che ebbero il campo nimico, furono perseguitati fin sulle rive dell' Eufrate. Le strade erano disseminate delle loro armi e delle bagaglie. Mille soltanto di loro salvaronsi a Samosata , ove furono ricevuti e compianti.

Dagli storici raccogliesi che più di trenta mila Cristiani furono uccisi dalle genti di Nurredino e di Zenghi. Sedici mila furono fatti prigioni e mandati in ischiavitù ove consumarono il rimanente della loro vita. Nurredino nella sua vendetta, non perdonò nemmeno alle mura e agli. edifizi della città ribelle ; fece ruinare le torri, la cittadella e le chiese ; ne bandì tutti i Cristiani dal territorio, e concesse soltanto a pochi poveri di rimanere ad abitare le ruine della loro patria.

Se Zenghi fu reputato santo e prediletto di Maometto, per il suo conquisto di Edessa, non ebbe minor fama appo i Mussulmani il figliuolo Nurredino per averla riconquistata e distrutta ; e già con non piccolo augumento della sua potenza, gli imani e i poeti promettevano alle di lui armi fortunatissime l'espugnazione di Gerusalemme.

E veramente la terribile catastrofe di Edessa aveva empito di dolore e di spavento tutti i Cristiani d'Oriente ; ad accrescere i quali s'aggiunsero alcuni naturali fenomeni, secondo la consuetudine d'allora interpretati quali segni dello sdegno divino : Perchè la folgore percosse la chiesa del Santo Sepolcro e quella del monte Sion ; e nel cielo apparve una stella comata di funestissima luce ; e più altri segni (dice Guglielmo Tirense) furono veduti *fuori della usanza e della stagione de'tempi, significativi delle cose future.* Stavano pertanto tutti gli animi de'Cristiani in paurosa espettazione, nè altro sapevano figurarsi nella caligine del futuro che orribili infortunii e ruine.

FINE DEL LIBRO QUINTO.

T. I.

44

STORIA
DELLE CROCIATE

LIBRO SESTO

ISTORIA DELLA CROCIATA DI LUIGI SETTIMO E DI CORRADO.

Anno 1145-1149.

Nei soprascritti pericoli in che versavano i Cristiani, volgevansi per soccorso ai principi di Europa. Il vescovo di Gibeletto, seguitato da molti ecclesiastici e cavalieri, recossi a Viterbo ove trovavasi il sommo Pontefice, il quale pianse al racconto degli infortunii sostenuti dai fedeli, all'intendere i loro pericoli e massimamente le ruine di Edessa, e la miserevole condizione di Gerusalemme. Tutto l'Occidente parve commosso alle infauste novelle.

Quarantacinque anni erano passati dacchè il Santo Sepolcro era stato liberato; nè l'umore guerresco e religioso de'popoli era venuto meno, onde fu facile a coloro che desideravano la conservazione dei conquisti di Oriente, di stimolare molti a riassumere le armi per la difesa di quelli.

Primo in tra i principali suscitatori della nuova Crociata fu Santo Bernardo, il quale nato in nobile famiglia di Borgogna otto anni avanti al conquisto di Gerusalemme, fin dalla più tenera età erasi a religiosa vita consacrato, avendo tratti nella sua medesima deliberazione e con la potenza dello esempio e con l'eloquenza dei discorsi, molti de'suoi parenti e trenta gentiluomini. Non più che ventidue anni numerava della sua età e già Chiaravalle era gloriosa per le sue eroiche gesta e l'odore di sua santità avea ripieno il mondo.

Sono già stati riferiti in più luoghi di questa istoria i due umori che allora predominavano negli uomini, uno de'quali gli volgeva alla vita eremitica e claustrale, e l'altro alle guerre di Terra Santa; e Santo Bernardo successore dell'Eremita Piero, come quello, fu simbolo e perfettissimo esempio degli detti due umori in un solo animo congiunti; e fu di potentissima eloquenza privilegiato. Dilicato anzi gracile era del corpo, ma dello spirito indefessamente operoso, e ostinato tanto ne'suoi propositi che niuno ostacolo ne lo potea rimuovere o soltanto temperare. Per la sua scienza erasi costituito come luminare della Europa, e la sua ardente irrequietudine traevalo continuamente fuora del solitario chiostro ove arebbe voluto viver chiuso ed oscuro, ma non poteva nè sapeva. Egli, qual nuovo oracolo, mandava ai concilii sue decisioni, e v'erano senza contrasto ricevute; egli con i folgori di sua eloquenza aveva vinto e deposto l'antipapa Leone, e in sua vece sulla cattedra di Pietro, posto il Secondo Innocenzio. Furono di lui discepoli, papa Eugenio Terzo e il famoso abate Sugero. I prelati, i principi, i monarchi obbedivano a'suoi consigli, immaginandosi essere egli l'organo dei celesti decreti [1].

La venuta dei preallegati ambasciadori d'Oriente, fu quasi contemporanea alla assunzione di Luigi Settimo al trono di Francia. Questo giovine monarca aveva avuto prosperi i principii al suo regno; perchè i grandi vassalli che fino allora erano stati ribelli alla regale autorità, deposte le armi, avevano a lui resa obbedienza; ed egli tolta in moglie la figliuola del Nono Guglielmo, aveva, come dote della moglie, aggiunto al suo regno il ducato di Aquitania; per la qual cosa la Francia cresciuta di stato e di potenza, più che temere, potea incuter timore ai vicini; e mentre che le guerre civili desolavano Inghilterra e Alemagna, ella, bene amministrata da Sugero, fioriva di pace e di prosperità [2].

Bene a interrompere, momentaneamente essa pace, sorsero alcune pretensioni del pontefice, e alcuni secreti maneggi di Tibaldo conte di Sciampagna, il quale fomentato dal clero, nutriva le discordie della monarchia con la Chiesa e questa incitava ad abusare de'suoi fulmini spirituali contro il sovrano [3]. — Luigi si ostinò fieramente nel suo proposito, e mosse

[1] Vilken ha consecrato un intiero libro alla vita di san Bernardo, (*Geschicte der Kreuszüge*, vol. 3, pag. 1). Io, per non intepidire il calore della narrazione, sono più parco.

[2] Vedi *Vita Sugerii*.

[3] San Bernardo in una sua Epistola diretta a l'apa Innocenzio Secondo, mostra di rendersi in colpa, d'aver incitato contro il re, il conte di Sciampagna, e lo stesso Pontefice.

Queste contenzioni ebbero origine dalla elezione del vescovo di Bruggia, non approvata dal Papa. — Fu accusato il conte d'aver procurato contro il regno l'interdetto fulminato dal pontefice in questa circostanza; onde Luigi Settimo portò le sue armi in Sciampagna. — Dopo qualche tempo nacque nuovo soggetto di discordia dall'incestuoso matrimonio del conte del Vermandese, con Alice di Aquitania sorella della reina Eleonora; matrimonio che favorito da Luigi Settimo, fu causa che la Santa Sede insorgesse contro di lui, ed egli contro il conte di Sciampagna, andando a campo ed espugnando Vitrì. (*Vita Ludovici VII*, lib. I.)

guerra al conte chiamandolo vassallo ribelle e pernicioso, e desolando i
di lui stati; assediò Vitrì, ascese egli medesimo all'assalto, e presa che
ebbe la città, passò tutti i cittadini per le armi [1].

Gran moltitudine di essi cittadini, uomini, donne, vecchi e fanciulli,
erasi entro una chiesa ricoverata, presupponendosi che la santità dell'asilo
la dovesse far sicura; ma il re fecevi appiccare il fuoco, e per tal modo
mille trecento persone perironvi abbrustolate: azione che fu efferatissima
reputata e spaventò maravigliosamente i Francesi; cosicchè quando compita la tanto sanguinosa vittoria, ritornòssi a Parigi, vi fu con niun segno
d'approvazione ricevuto e i suoi stessi ministri rappresentaronseli davanti
con volto malinconico; ma Bernardo a imitazione di santo Ambrogio non
celò il suo orrore, ed altamente esecrò lo strazio della religione e della
umanità.

Mandò egli una sua epistola al monarca, rappresentandoli le desolazioni della patria, e le onte dalla Chiesa sofferte, aggiungendovi le infrascritte parole: *Io combatterò per la Chiesa umiliata fino alla morte;
nè saranno mie armi la spada e lo scudo, non a me convenienti, ma
bene i pianti e le preghiere davanti a Dio.*

La voce dell'abate di Chiaravalle fu tanto potente da penetrare al
cuore di Lodovico, il quale, riconosciuto il suo errore e preso grande
spavento delle celesti vendette, si converse a penitenza.

Era piena allora tutta la cristianità dei racconti che facevansi intorno
alla presa di Edessa; la strage del popolo cristiano, l'incendio delle chiese,
la profanazione de'luoghi santi movevano tutti gli animi a pietà e indignazione, le quali per analogia andavano a ferire colui che similmente
erasi dimostrato acerbo nei fedeli di Cristo.

Lodovico travagliato da'suoi religiosi terrori, e dalla pubblica opinione, immaginava veder continuamente la mano di Dio alzata per ful-
minarlo; preoccupato da tale paura, renunciava all'usanza de'suoi consueti piaceri, e piangeva a similitudine del salmista, esclamando: *Le
mie lagrime mi furono pane il giorno e la notte.* Postosi adunque il
giovine re per la via della contrizione, cominciò dal trascurare l'officio del
governo, rimettendosene ai ministri che secondo la consuetudine loro, in
nome e in onta del principe lo bistrattavano; e frattanto il buono abate
di Chiaravalle intento a moderare le sue nuove passioni, le quali quando
più forti imperversano, più presto si spengono, non pretermetteva di as-
securarlo averlo Iddio rimesso nella sua grazia. Lodovico rassecurato

---

[1] L'assedio di Vitrì, trovasi narrato in tutti gli storici coetanei, però con molta deferenza
alla causa del re; contro al quale nondimeno scrisse una sua sdegnosa filippica san Bernardo (Vedi
Epistolae sancti Bernardi apud Chifflet.)

della città. Ivi fu alzata una grande tribuna, ove il re vestito regalmente e san Bernardo in veste da cenobita, salirono, applaudendo il popolo [1].

Cominciò san Bernardo con la lettura delle epistole del pontefice; parlò dipoi di Edessa presa dai Mussulmani, e della desolazione de'Luoghi Santi; rappresentò rettoricamente l'universo pieno di terrore, intendendo che Dio andava perdendo la sua terra prediletta; introdusse dipoi Sionne supplicante per essere soccorsa, e Gesù Cristo disposto a immolarsi una seconda volta per loro, e la celeste Gerusalemme in atto di aprire le sue porte per ricevere i gloriosi martiri della fede: Dopochè soggiunse:

Voi tutti vel sapete che noi viviamo in tempi di punizione e di ruine: il nimico dell'uomo ha sparso dovunque la corruzione; dovunque trionfano i rapaci e i nequitosi, nè v'ha potere o legge che valga a frenarli; poichè tanto le leggi divine che le umane sono vinte dalla piena degli scandoli e dalla usanza del mal fare. Nella cattedra della verità siede il demonio della eresia; e Dio ha maledetto il suo santuario [2]. — *O voi che mi ascoltate, non indugiate a calmare lo sdegno divino, e chiedete mercè, non con gemiti vani, e col penitente cilicio, ma con le armi e col sangue sparso per la defensione della sua causa. Armi, pericoli, stragi, fatiche di guerra, ecco la penitenza che Dio v'impone: purgate le vostre peccata, esterminando gl'infedeli; e la liberazione de' Luoghi Santi sia testimonio di vostra contrizione.*

Queste parole, siccome era da aspettarsi, rapirono in forte entusiasmo la moltitudine, e come al concilio di Chiaromonte intervenne a papa Urbano, così ora Bernardo fu più fiate interrotto dal solito grido: *Dio lo vuole! Dio lo vuole!* — Egli, vedendo le buone disposizioni negli ascoltatori, alzata ancor più la voce, e come inspirato ed interprete del cielo, in nome di Dio, promettendo il buon esito della santa spedizione, così seguitò a dire:

Il Dio del cielo ha quasi omai perduta la terra santificata da' suoi miracoli, consacrata col suo sangue; terra di salvazione, dove i primi fiori della Resurrezione spuntarono. Ora que'santi luoghi fatti rossi dal sangue dell'immacolato agnello, sono a balìa delle nemiche spade; e i nostri peccati sono cagione che tanto nembo di calamità sul santuario della religione si sia condensato!

---

[1] Odone di Doglio, *Biblioteca delle Crociate.*

[2] Tutta la benignità interpretativa d'un teologo molinista sarebbe forse appena sufficiente a scusare la soverchia arditezza di questa espressione di san Bernardo. Sia però persuaso il lettore che la traduzione, piuttosto che esagerarla, l'ha temperata. — Trad.

Egli vedendo le buone disposizioni negli ascollatori alzata ancor più
la voce....

Lib VI Pag 352

Se si levasse ora il grido, essere entrato il nimico nelle vostre città, aver le mogli e le figliuole vostre rapite, profanati i templi, chi di voi non correrebbe subito all'armi? Ebbene, questi infortunii, ed altri anco maggiori sono sopravvenuti: la famiglia di Gesù Cristo, che è pur vostra famiglia, è stata dispersa dai brandi pagani; i barbari hanno spiantata la casa di Dio, e si sono fra loro divisa la di lui eredità. A che indugiate or voi il riparare a tanti mali; il vendicare tanti oltraggi? Permetterete voi che gl'infedeli seggansi in pace sulle ruine de'popoli cristiani da loro combattuti ed oppressi? Siavi presente che il loro trionfo premerà doloroso sul cuore di tutti i vostri posteri e fìa eterno obbrobrio della vostra generazione.

Sì, il Dio vivente mi comanda che v'annunzi le sue punizioni per chiunque di voi non assumerà le sue difese contro gl'infedeli. — All'armi, dunque, all'armi! V'invada il santo furore; e il mondo cristiano empiano le parole del profeta: INFORTUNIO A COLUI CHE NON TINGERA' LA SUA SPADA NEL SANGUE!

E se il Signore vi chiama in sua difesa, vorreste voi immaginarvi, che la sua mano sia fatta meno potente di quello soglia essere? Non potrebbe egli mandare dodici legioni di angeli, o con un solo cenno, con un soffio incenerire i suoi nemici? Ma no, egli ha riguardo ai figliuoli degli uomini; proponsi aprir loro il cammino della misericordia, e vuole voi esecutori di questa vendetta, perchè con ciò possiate meritarvi il suo perdono. Voi pertanto siete eletti strumento di sue vendette; a voi soli vuol egli esser debitore della ruina de'suoi nimici, e del trionfo di sua giustizia. Sì, Dio onnipotente vi chiama alla espiazione delle vostre peccata mediante la defensione della sua gloria e del suo nome. — Oh, guerrieri cristiani, eccovi le zuffe degne di voi, eccovi guerre, delle quali la vittoria v'acquisterà le benedizioni della terra e del cielo, e nelle quali la stessa morte vi sarà in luogo di trionfo! Cavalieri illustri, sovvenganvi gli esempi de'vostri padri che hanno conquistata Gerusalemme, e i cui nomi sono scritti nel libro della vita. Su via, prendete la croce, e sebbene tal atto in sè sia poca cosa, accompagnandolo dipoi con generose e sante azioni, vi appianerà il cammino al conquisto del regno celeste [1].

Fu altamente applaudita l'eloquenza dell'abate chiaravallese, dai

---

[1] Sebbene l'autentico discorso detto da san Bernardo in questa occasione, sia perduto, è però probabilissimo che ne fosse contenuta la sostanza nelle due lettere mandate da esso Santo agli abitatori del Reno e al vescovo di Briken, e che ci furono pubblicate dal Baronio all'anno 1146 de'suoi Annali. Il discorso qui registrato è per conseguenza desunto dalle dette due lettere inserite anco nella Collezione delle opere di san Bernardo. Wilken ha raccolte tutte le lettere del medesimo che trattano della Crociata.

T. I.   45

baroni e dai cavalieri, persuadendosi esser in lui una missione divina. E Luigi Settimo per viepiù accendere l'entusiasmo prostratosi a' piedi di Bernardo, chiesegli umilmente la croce. Gliene concesse con maestà l'abate, e allora il re rivolse egli medesimo il discorso alla assemblea, per esortarla a seguitare il suo esempio.

Cominciò con la parabola dell'empio Filisteo che insulta alla prosapia di Davide; ricordò la santa risoluzione inspiratagli da Dio; invocò in nome de'Cristiani d'Oriente i soccorsi della Francia; nazione che asseriva intollerante delle proprie offese e di quelle fatte a'suoi alleati, e sempre formidabile ai nimici della sua religione e della sua gloria.

Questa nuova perorazione commosse al pianto l'auditorio [1], e quelli che non aveva vinti l'eloquenza abaziale, sforzò e persuase la regia. — Rimbombò allora la collina, stipata d'innumerevole multitudine, del grido, *Dio lo vuole! Dio lo vuole! Croce, Croce!*

Eleonora di Guienna, moglie di Lodovico; anch'essa crociossi per le mani di Bernardo. Alfonso conte di San Gille e di Tolosa; Enrico figliuolo di Tebaldo conte di Sciampagna; Tierri conte di Fiandra; Guglielmo conte di Niversa; Rinaldo conte di Tonnerre; Ivone conte di Soassone; Guglielmo conte di Pontoio; Guglielmo conte di Varenna; Arcambaldo conte di Burone; Engherrando conte di Cusì; Ugo conte di Lusignano; il conte di Dreusse fratello del re; il suo zio conte di Morienna; molti baroni e cavalieri seguitarono l'esempio del re e della reina. E prostraronsi anco ai piedi di Bernardo chiedendo la croce, alcuni prelati, fra i quali meritano nota, Simone vescovo di Noione; Goffredo vescovo di Langres; Alano vescovo di Arras; e Arnoldo vescovo di Lisioio [2].

Ora le croci portate da Bernardo non bastavano per il numero che ne chiedeva; onde egli per farne delle nuove, lacerava le proprie vesti; atto che fu subito imitato da molti, a grande satisfazione degli entusiasti che furiosamente gridavano per avere il santo segno.

Ma Ponzio abate di Vezelaia, affinchè fosse perpetua memoria di quella giornata, edificò sulla collina dell'assemblea una chiesa che intitolò alla Santa Croce; nella quale fu inclusa e religiosamente conservata alla venerazione de'fedeli fino all'anno 1789, la famosa tribuna, da dove Bernardo aveva predicata la Crociata.

Sciolta l'assemblea di Vezelaia, l'abate di Chiaravalle seguitò per

---

[1] Nella cronica di Morigny è registrato il discorso detto da Luigi Settimo in questa assemblea; ed è anco riportato nella *Biblioteca delle Crociate.*

[2] Vedi, Odone di Doglio, pagg. 2 e 8 — Anonimo, Delle Gesta di Lodovico VII. — *Biblioteca delle Crociate.*

città e campagne a predicar la Crociata ; e frattanto si divolgavano per
la Francia miracoli operati da Dio a confermazione della di lui missione [1].
In ogni luogo era stimato un messo celeste o un nuovo Mosè eletto a
condurre il popolo di Dio. Tutti i Cristiani erano persuasi dipendere
da lui il buon successo della Crociata; e in una assemblea avuta a Carnosa, ove intervennero alcuni baroni e principi illustri pe'loro gesti, fu
risoluto per comun parere di eleggere Bernardo capitan generale della
guerra santa; allegando che i Crociati dovevano indubitatamente escirne
vittoriosi sotto la condotta di colui a cui Dio medesimo aveva trasmessa
la sua onnipotenza. Ma Bernardo che aveva presente alla memoria l'esempio dell'eremita Piero, prudentemente renunciò a tanto carico e tanto si
spaventò del volere de'baroni e de'cavalieri, che ricorse al papa supplicandolo di non volerlo abbandonare alle bizzarie degli uomini [2].

Il pontefice, sempre disposto a contentarlo, fingendoli di scriverli di
suo proprio moto, per liberarlo da quel cimento, rispondevali: doversi
egli contentare di sonare la tromba evangelica per chiamare i popoli alle
armi e intimar la guerra. Con la qual lettera l'abate di Chiaravalle si liberò dal pericoloso onore del general capitanato, e seguitò le sue predicazioni con tanto zelo e con tanto prospera fortuna, ovvero con tanto perniciosa prosperità, che molte città e molte campagne rimasero diserte di
abitatori; del che egli medesimo facevasi vanto, scrivendo a papa Eugenio: *I villaggi e i castelli sono abbandonati e non rimangonvi altri
che vedove ed orfani, de'quali nondimanco i mariti e i padri sono vivi* [3].

Mentre che Bernardo predicava con tanto frutto la Crociata in Francia, Rodolfo monaco tedesco, uno degli apostoli deputati al medesimo
fine, istigava i popoli del Reno a sterminare i Giudei, accusandoli di secrete leghe co'Mussulmani e di efferato odio contro i Cristiani, quale sebben tengano chiuso e dissimulato a sommo studio, mascherandolo alcuna
fiata del suo contrario, non lasciano però mai di dimostrare, quando trovano l'occasione di nuocere senza che chi può punirli se ne avveda. —

---

[1] Filippo arcidiacono di Liegi, dipoi monaco di Chiaravalle, ha scritta una relazione circostanziata dei miracoli di san Bernardo, dalla prima domenica dell'Avvento, primo del dicembre del
1146, fino al giovedì, secondo giorno del gennaio seguente. Cita in essa relazione dieci testimoni
oculari, e i nomi loro. — Il padre Maimburgo nella sua *Histoire des Croisades*, mette in dubbio
quei miracoli di san Bernardo; ma l'autore della vita di Sugero (3 vol. in 12) riprende aspramente il gesuita d'incredulità. — Essendo ora impossibile di diffinire simili questioni, mi contenterò
dire che a tempo di san Bernardo i di lui miracoli erano universalmente creduti, la qual credenza
indusse molti a far cose che eccedono la umana ragione: — *Io ho saputo* (dice Odone di Doglio)
*che allora furono operati molti miracoli; ma se io ne raccontassi alcuno, non si crederebbe che
ve ne fossero anco degli altri; se ne raccontassi molti, i devoti mi accuserebbero d'averne om-
messo qualcheduno.* (Vedi *Biblioteca delle Crociate*).

[2] Negli Annali del Baronio all'anno 1146 è registrata la lettera di san Bernardo al papa.

[3] Epistola 246. Baronio all'anno 1146.

Già queste predicazioni di Rodolfo cominciavano a produrre gli effetti loro, ma Bernardo temendo che ne avesse a nascere qualche tumulto e storpio alla sua impresa, corse prontamente in Allemagna a interromperle; il che per essere gli animi de' popoli già molto concitati e accesi alla vendetta, gli riescì con molta difficoltà; rappresentando ai più feroci: non dover i Cristiani perseguitare i Giudei, ma pregar Dio per la loro conversione; esser proprio della evangelica carità perdonare ai fraudolenti ribaldi che misfanno nelle tenebre della dissimulazione e dell'inganno, e doversi soltanto onorare i superbi nimici di Dio della guerra aperta e generosa; perchè punire i coperti malfattori che esercitano le nequizie loro sotto il manto di vile umiltà, ha sembiante di barbara crudeltà; ma debellare i superbi che superbamente offendono a Dio, apparire invece nobilissima virtù. Così Bernardo salvò dallo sterminio i Giudei già disperati di consiglio e di speranza, e costrinse Rodolfo a ritornare nel suo monastero, dicendoli che i monaci *non dovevano predicare ma consumare la loro vita piangendo, e reputare le città come prigioni e la solitudine come loro paradiso.*

È pervenuta fino a noi una relazione contemporanea di questa persecuzione de'Giudei, scritta da uno di loro setta, il quale dopo aver detto: *che Jeova aveva mandato l'abate Bernardo a salvare il suo popolo di Israele, versante in estremo pericolo*, esclama: *Sia lode e benedizione a colui che ci ha soccorso* [1]!

Quando Bernardo giunse in Allemagna, erano nell'imperio germanico pressochè cessate le turbolenze che l'avevano travagliato dopo l'elezione di Lotario. Corrado Terzo vestita la porpora aveva convocato a Spira una dieta generale, dove non pretermise di rappresentarsi l'abate di Chiaravalle, con l'intenzione di predicarvi la guerra contro i Mussulmani e la pace fra principi cristiani. Dapprima posesi intorno all'imperadore per indurlo a prender la croce, esortandovelo in private conferenze e anco pubblicamente nelle sue predicazioni. Corrado andavasi schermendo ed escusando col dire, non permetterglienne il mal fermo stato e le sue turbolenze; e Bernardo instava dicendo: averlo posto la Santa Sede sul soglio imperiale, perchè ne sostenesse l'onore, e potervelo essa sola mantenere; perlochè mentr'egli difenderà la sua eredità, Dio medesimo avrà cura dell'imperio, governando i popoli, e colmandoli delle sue benedizioni. — Mostravasi però l'imperatore tuttavia alieno da simile deliberazione e Bernardo si ostinava più e più nelle sue esortazioni, risoluto a

---

[1] Per le persecuzioni fatte agli Giudei nell'occorrenza delle Crociate, merita essere consultata l'Illustrazione nel volume dei Documenti, ove la citata relazione contemporanea è registrata.

vincer la prova; al quale effetto si valse di questo spediente. Celebrando egli la messa a Spira, presente l'imperatore con tutta la corte, sospese ex abrupto l'incruento sacrificio con una perorazione per la guerra contro gl'infedeli, nella quale, quando s'accorse essere tutte le menti degli ascoltatori ebbre di ammirazione e d'entusiasmo, fece una poetica metastasi descrivendo presentemente il giorno dell'universale giudicio; tutte le genti che corrono davanti al tribunale di Dio; Gesù Cristo, che circondato dagli angeli, mostra la sua Croce e vôlto all'imperatore gli dice: *È questo il merto che mi rendi de'tanti benefizii ch'io t'ho fatti, o Sire? E quando tutti i popoli si levano pronti e impazienti per la defensione della mia causa, tu te ne starai neghittoso a goderti le dolcezze d'una vita beata?*

Corrado udendo così parlare Gesù Cristo, fu fortemente compunto di sua trascuraggine, e levatosi, come chi è tratto da prepotente influsso, con il pianto agli occhi esclamò:

Io non ignoro di quanto sia debitore a Gesù Cristo e giuro d'andare ove mi chiama la sua volontà.

Il popolo e i grandi reputando miracolo questo caso, prostraronsi in terra ringraziando a Dio, d'aver visitato l'animo dell'imperatore; e l'eloquente Bernardo, riescito nel suo intento, lo crociò subito presentandoli una bandiera che a tal effetto aveva egli medesimo benedetta e preparata sull'altare. A imitazione di Corrado crociaronsi similmente alcuni baroni e cavalieri de'meno favoriti dalla fortuna, e la Dieta che era convocata per trattare delle cose dell'imperio, si risolse nell'entusiasmo della guerra contro i Mussulmani.

Fu però convocata un'altra dieta a Ratisbona, nella quale Bernardo sempre ostinato nel suo fine, mandò una epistola diretta ai fedeli di colà e che fu letta dal vescovo; eranvi queste sentenze notevoli:

Miei fratelli, io vengo a parlarvi delle cose di Gesù Cristo, molto più importanti che le terrene, e dalle quali dipende la vostra salute. Con questa scrittura intendo parlare a ognuno di voi indistintamente; il che farei più volentieri con la mia propria voce, se il potessi, come il desidero... Fratelli miei, ecco il tempo che Dio ne chiama al suo servigio per salvarci... L'universo è commosso ed ha tremato perchè il Dio de'cieli va perdendo il dominio della terra, ove è apparito agli uomini e dove ha dimorato più di trent'anni... Se niuno impugna le armi, gl'infedeli assalteranno la città del Dio vivente per distruggervi i monumenti della nostra redenzione. — Oh, voi uomini valorosi! voi servitori fedeli della Santa Croce, che fate? Gittate le cose sante ai cani, le perle ai porci? Non vi curate che i Pagani calpestino i Santi Luoghi, liberati dalle spade de' vostri padri? E voi che vi torturate l'ingegno a far tesoro, avrete a vile i tesori del cielo che vi sono liberalmente offerti? — Su via, prendete la croce, ed ecco che tutti i vostri misfatti vi sono rimessi... Sceglietevi capitani abili e bellicosi, perchè la vittoria v' accompagni. Nella prima Crociata, prima della presa di Gerusalemme, un certo Piero di cui avrete forse notizia, ebbe la prosunzione di volersi far capitano generale della spedizione ... ebbene, che ne accadde? Di quel grande esercito, parte perirono di fame, parte furono esterminati per via dal ferro... che Dio vi campi da tal malanno!... [1].

Questa epistola di Bernardo fece anco nella dieta di Ratisbona il suo effetto, perchè invece di trattarvisi delle cose di stato, molti principi e prelati si crociarono. Fra questi merita ricordanza Federigo nipote dell'imperatore, il quale non ostante le ragioni in contrario e le lagrime del suo vecchio padre, duca di Soavia, volle abbandonar la patria per esporre la vita in Oriente; nè la cecità del fanatismo permiseli di compassionare al vecchio derelitto, che per tanto abbandono si morì di dolore [2].

Dal Reno al Danubio rimbombava il grido della guerra sacra; l' Allemagna tutta sconvolta ne' suoi propri disordini, fu di Crociati in un subito ripiena; tutta la plebaglia incitata dall'esempio de' grandi e dalle guerriere concioni de' nuovi apostoli, s'armava per difendere la causa di Gesù Cristo. Al qual proposito Ottone di Freisinghen esclama: *Mirabile a dirsi! Vedevansi i ladri e ogni generazione malfattori, far penitenza e vôtare il loro sangue a Gesù Cristo. E ogni uomo savio, in sì improvvise e mirabili conversioni riconosceva di leggieri il dito di Dio.*

I Tedeschi erano tanto disposti a volersi persuadere, che correvano a udire Bernardo sebbene predicasse in una favella da loro non intesa, e pieni solo del rumor delle parole, giuravano nella verità e nella santità dei discorsi del sant'uomo: tanto è vero che un cuore pieno di religione, sente più per grazia d'ispirazione che pel ministerio de' sensi mortali [3]! Dicesi che l'aspetto espressivo dell'oratore, il suo gestire, e i tuoni della sua declamazione, conferissero non poco a tale effetto; la qual maraviglia vedesi talora anco ne' teatri profani, dove i peritissimi attori co' soli gesti e con le passioni della fisonomia, senza ministerio delle parole, fanno

---

[1] Questa eipstola trovasi intiera nella *Biblioteca delle Crociate.*
[2] Vedi Ottone di Freisinghen, cap. 37. *Biblioteca delle Crociate.*
[3] Ciò è asserito dal monaco Gotofredo testimonio del caso, il quale fa le maraviglie perchè Bernardo parlando ai Tedeschi in latino si facesse intendere anco dall'infima plebe che non aveva notizia alcuna di tal favella. (*Vita Sancti Bernardi*, pag. 135.) — Vilcheno però opina che Bernardo predicasse in lingua franca la quale era intesa dai popoli del Reno e da una parte dell'Allemagna (*Geschichte der Kreuzzüge*, lib. 3, cap. 10). Trad.

penetrare nelle menti degli spettatori i loro secreti pensieri. Oltre ciò
molto potevano negli animi della plebe i miracoli che gli venivano dal-
l'universale attribuiti, e che (secondo Ottone di Freisinghen) *realmente
operava talora privatamente, talora pubblicamente ; simili a divina
loquela che infiammava gli spiriti gelati e persuadeva gli increduli.*

Così i pastori e i coltivatori abbandonavano le loro campagne per seguitare Bernardo per villaggi e città; e in qualsivoglia luogo.ch'ei giungesse, di subito chiudevansi tutte le botteghe, intermettevansi tutti i lavori, e tutti correvano a udirlo: unico negozio de'signori, del popolo e
del clero erano le cure della santa guerra, udir prediche, udir miracoli
e concitarsi a fanatismo.

Percorse in cotal modo san Bernardo tutte le città del Reno, rifacen-
dosi da Costanza fino a Maestricca; in ognuna delle quali (raccontano le
vecchie leggende) alluminava i ciechi; destava l'udito a'sordi; raddiriz-
zava gli storpiati ; risanava gli infermi: annoverandosi di simili miracoli
fino trentasei operati in un sol giorno; e pubblicandosi ogni miracolo col
suono delle campane, la moltitudine usava gridare : *Oh Gesù Cristo abbi
pietà di noi ; e voi santi tutti, ajutateci!*

Qualunque casa nella quale entrasse l'abate di Chiaravalle reputavasi
beneficata e felicissima; tutto che avesse o con le mani, o co'piedi, o con
le vesti, o con altro, toccato, stimavasi sacro ; quelli che eransi crociati
andavano superbi d'aver ricevuta la croce benedetta dalle sue mani e più,
s'era di panno che fosseli appartenuto; intantochè gli stessi suoi seguaci
più fiate laceraronli a furore le vesti che aveva indosso, lasciandolo quasi
ignudo, e partendosene fra loro i minutissimi brani, per farsene le croci [1]:
E alcun antico scrittore notò, forse con qualche malignità, che se si fossero uniti tutti i brani de'panni che asserivasi da'Crociati essere state vesti del santo Bernardo, se ne arebbe avuta dovizia per vestire un ben
grosso esercito di monaci; sendo natural vaghezza d'ogni uomo preten-
dersi possessore di tutte quelle cose che per la rarità loro sembra che
da pochissimi possano esser possedute. — Tanta era poi la moltitudine
che gli si stipava intorno, che un giorno mancò poco non vi rimanesse soffocato [2] e saria stato per fermo, se l'imperatore, che era uomo
robusto e di gran membra, non sel prendeva in braccio, e nol portava
dentro certa chiesa, ove il depose davanti una immagine miracolosa della
Madonna [3].

---

[1] Gotofredo. *De Miraculis Sancti Bernardi.*

[2] Un monaco di Chiaravalle compagno di Bernardo, non potè entrare nella osteria ove era al-
loggiato il santo, e fu costretto starsene nella strada dalle nove ore del mattino, fino alla notte.

[3] Nella cronica di Cornerio Armanno raccontasi che la Madonna disse a Bernardo in lingua romana: *Ben venià mi fra Bernharde;* e che Bernardo le rispose: *Gran mercè mi domna.* — Ma se

Avendo così ripiena di guerriero entusiasmo la Germania con le sue predicazioni, e con le sue lettere avendo commossa l'Italia, ritornossi Bernardo in Francia a render conto dei resultamenti della sua missione. Per la di lui assenza la gran moltitudine degli uomini che aveva persuasi alla crociata, rimasti senza capo, andavano raffreddandosi. Il re di Francia e i grandi del regno convenuti a Estampes [1], non sapevano a che risolversi; ma ritornato Bernardo gli spiriti si riaccesero e furono ripresi i preparativi per la spedizione. Fu potentissimo in questa occasione per togliere ogni tiepidezza il fiume della sua piena eloquenza, col quale espose davanti ai signori e ai prelati del regno, i successi del suo viaggio, i miracoli operati da Dio per il suo mezzo, e la conversione dell'imperatore alla crociata, che per suo arbitrare era il maggiore di tutti i miracoli [2].

Frattanto Lodovico VII, scrisse a Ruggieri re di Puglia e di Sicilia e a tutti i principi cristiani d'Europa, significando loro la deliberazione del suo pellegrinaggio e invitandoli a seguitarlo nella santa spedizione. Spedì eziandio ambasciadori all'imperatore di Costantinopoli. Questi (secondo Odone di Doglio) li accolse cortesemente, gratificò il re di Francia del titolo di santo, di fratello e d'amico; fu nel prometter largo oltre misura, ma con proposito di essere nell'attener corto.

Vennero all'assemblea di Estampes gli ambasciadori di vari principi, annunziando la risoluzione de' loro patroni di voler concorrere alla santa impresa; furono anco lette alcune lettere venute da remotissimi paesi, nelle quali molti signori e baroni, promettevano congiungersi ai Francesi per combattere contro i Mussulmani. Dopo ciò ognuno si tenne sicuro del buon esito della Crociata; e l'universale fanatismo fu stimato segno manifestissimo della volontà del cielo.

Fra i su mentovati ambasciatori eranvi quelli di Ruggieri, che, per commissione del loro signore, offerivano ai crociati, naviglio e viveri, promettendo anco di mandare il principe suo figliuolo in Terra Santa, purchè volessero fare il passaggio per mare. Questa profferta di Ruggieri quantunque generosa ed utile, nascondeva però un secondo fine; perchè alcun tempo prima che Edessa fosse presa, avendo fatta i Saraceni d'Africa una

---

è vero che i Romani allora parlassero a quel modo, il che non credo, perchè mi sembra che le parole dette dalla Madonna sieno in italiano guasto alla tedesca; e se è vero che la Madonna facesse quel saluto, bisogna confessare, che non scelse la favella più graziosa e accomodata alle complimentazioni. — Trad.

[1] Odone di Doglio. *Biblioteca delle Crociate*, vol. 1.

[2] Narrasi che papa Eugenio disapprovasse l'essersi crociato l'imperator d'Allemagna, senza averne prima chiesto il permesso alla Santa Sede (Vibaldo, Ep. 151). — E Corrado mandò subito suoi ambasciadori a Roma a scusarlo presso il santo padre, e a riconoscere *che a' veri fedeli senza di lui consentimento non era lecito nè meno operare il bene!*

irruzione sulle coste di Sicilia ed essendo penetrati in Siracusa e datole il sacco, Ruggieri sperava che mediante questo passaggio de' Crociati, arebbe avuta occasione di vendicarsi de' Saraceni, o almeno di rifarsi in qualche modo de'danni ricevuti. Ma questa secreta mira dissimulavano prudentemente gli ambasciadori, non mostrando altro di fuori che il zelo del loro principe per la Crociata, e ingegnandosi di provare, esser più conveniente e meno pericoloso il passaggio per mare; mentre incertissimo e pieno di difficoltà appariva il viaggio del grande esercito cristiano per paesi incogniti, ove le provvigioni mancano spesso, dove il clima è pernicioso, e dove i Mussulmani potranno recare infinite molestie, e la greca perfidia cagionare infiniti mali.

Tennesi consulta sulle proposte del siciliano monarca: la maggior parte de' baroni confidentissimi nelle loro armi e nella celeste protezione, poca stima facevano della nimicizia de' Greci; e andavano considerando esser il cammino marittimo, noioso per uniformità e infruttifero di belle occasioni per esercitare il valore di prodi cavalieri: nè oltre ciò il navile offerto da Ruggieri poter bastare al trasporto della immensa moltitudine de' Crociati. Fu pertanto eletta la via di terra; della quale fa molte doglianze lo storico Odone di Doglio, considerandone l'esito infaustissimo e accagionandone la negligenza de'promotori, *per non avere sopra ciò consultato lo Spirito Santo.*

Così furono licenziati gli ambasciadori di Sicilia che ritornaronsene alla loro patria, non senza prima aver notata pubblicamente l'imprudenza della fatta deliberazione [1].

Mostrò molto miglior senno l'assemblea di Estampes quando si venne alla elezione dei reggenti del regno durante il pellegrinaggio di Luigi VII. Fatta la deliberazione dai baroni e dai prelati, fu deputato Bernardo a parteciparla al re, il quale recatosi avanti al trono, nominò l'abate Sugiero e il conte di Niversa, aggiungendo queste parole: *Sire eccovi due spade sufficienti all'uopo,* sia dunque sancita la deliberazione dell'assemblea dalla vostra approvazione e da quella del popolo secondo la legge.

Grandi erano i meriti di Sugiero abate di San Dionigi, per aver pacificata la Francia e fatti gloriosi due regni; egli era contrario alla Crociata, il che non l'aveva in nulla menomato nella pubblica estimazione; prova non dubbia della grande superiorità che aveva sopra i suoi coetanei. E tale sua grande superiorità consisteva nel non partecipare in nulla ai fanatismi e alle pazzie del suo tempo; per il che aveva perseverantemente consigliato al re, di non abbandonare i suoi stati, per una spedizione

---

[1] Vedi Odone di Doglio, *Biblioteca delle Crociate.*

T. I.

lontana non promittente verun frutto reale, rappresentandoli che meglio
arebbe espiate le sue peccata con la savia amministrazione del regno, che
col conquisto di tutto l'Oriente. Passando dipoi alla profferta della reggenza, non volea a verun patto accettarla; ma l'assemblea ostinandosi a
mantenere la sua elezione, il re posesi a pregare con efficacia Sugiero,
che dal suo proposito si rimovesse; e il pontefice, giunto pur allora in
Francia, richiestone dal re e dalla assemblea, comandò, sotto pena d'incorrere nella sua disgrazia, all'abate di san Dionigi di accettare, minacciando, per piegarlo più facilmente, delle ecclesiastiche censure, chiunque, assente il re, avesse osato tentar novità nel regno [1].

Il conte di Niversa eletto dall'assemblea collega di Sugiero nella reggenza, similmente ricusò quel carico; e perchè tutta la corte instava che
accettasse, non sapendo altra via da liberarsene, significò aver egli fatto
voto di rendersi monaco nell'ordine di san Brunone; con che tutti quetaronsi, reputandosi a quell'età di tanta spirituale concitazione, esser simili vocazioni al monachismo espressa volontà di Dio. Così era a un
tempo universale l'allegrezza nel vedere un monaco escir dal chiostro per
governare la Francia, e l'indifferenza che un principe secolare si mona-
casse per non governarla, perchè le vie del Signore sono maravigliose e
imperscrutabili; e chi giudica pazzie queste umane vicissitudini con la
misura degli umani giudizi, farà sempre vedere che la sapienza dell'uomo
è insipienza contro i decreti del cielo.

Stabilite le cose del regno, tutti applicaronsi ai preparativi della partenza sì in Francia che in Alemagna. — Quelle medesime cagioni che avevano mossi i campioni della prima Crociata, movevano questi della seconda; perchè l'ambizione e la religione degli uomini fondavano tuttavia
grandi speranze nella guerra di Oriente; il conquisto di Gerusalemme viveva nella memoria di tutti; e le relazioni che ne conseguirono in tra la
Siria e l'Europa non poco concorrevano ad accrescere l'entusiasmo, in-
citando ogni famiglia europea a partecipare della grande impresa; reputandosi ognuno dover trovare nelle colonie asiatiche una nuova patria;
cosicchè assumendone la difesa era a' loro occhi lo stesso che difendere
la terra natale.

Nè poco conferì l'esempio de' due monarchi ad accrescere il numero
de' Crociati, per quello istinto che trae gli animi servili a imitare e seguitare i padroni loro. Nè pochi di que' tirannetti, giustamente col nome
di *praedones* ovvero di ladroni da via pubblica, diffamati, non men che

---

[1] Questa venuta del pontefice in Francia ha indotto in errore alcuni storici, che hanno confuso le epoche e supposto che come Urbano II, papa Eugenio sia andato a predicar la Crociata in
un concilio tenuto a Reims. Il papa prese stanza in san Dionigi.

Lodovico VII, avevano da espiare grandi violenze e scelleraggini per essi commesse. Nè minore fomento fu l'umor cavalleresco del tempo, per quella nobiltà tutta militare e usata vivere continuamente sotto le armi.

Nè soltanto gli uomini inebbriaronsi nella vaghezza di crociarsi, ma tratte dallo esempio della reina Eleonora di Guienna, le donne similmente presero la croce ed impugnarono lancia e spada; il che come è da credere fu stimolo potentissimo a chiamare alle armi, moltissimi altri cavalieri, che insensibili fino allora all'amor di Gesù Cristo non s'erano mossi, ora tratti dallo amore delle donne tutti gli altri di vanti e di feroci dimostrazioni superavano. E gli storici coetanei raccontano che per onta solevasi mandare la rocca e i fusi a quelli che non si volevano crociare [1].

Nondimeno, perchè il progresso del tempo varia ogni cosa, il carattere dello zelo che moveva i presenti Crociati, non era quel medesimo che mosse i primi; non più le ardenti fantasie vedevano il mondo pieno di prodigi per manifestare le volontà del cielo; i grandi fenomeni della natura avevano perduto quasi tutto il loro influsso sulle menti de'pellegrini; e tutta la onnipotenza divina appariva invece come trasfusa in un sol uomo, che con la sua voce e co'suoi miracoli, volgeva gli animi al suo piacere.

In qualunque luogo ove Bernardo non era potuto andare personalmente a predicare, aveva spedite lettere che leggevansi su i pulpiti delle chiese e facevano mirabili effetti; secondandoli con i loro commenti ed altre giunte opportune ai luoghi, tutti i sacri oratori. Arnoldo predicatore fiammingo corse alcune provincie d'Allemagna e della Francia orientale, esortando i popoli a prender la croce; e perchè egli godea fama di austerissima vita e perchè usava un vestire tutto inconsueto, i guardi e la venerazione della moltitudine erano in lui rivolti; ma avea difetto di quello ascendente della sola presenza che tanto giovava al Chiaravallese; e non sapendo la lingua romana, nè la tedesca, era costretto valersi d'uno interprete appellato Lamberto, che traduceva agli ascoltatori nel loro idioma, le esortazioni e le concioni del compagno, il che nuoceva non poco alla loro efficacia.

Nelle provincie poi non visitate dai missionari della Crociata e non onorate dalle epistole di Bernardo, ogni pastore leggendo in pulpito i brevi del pontefice, esortava il suo gregge a prender le armi per la liberazione di Terra Santa. I persuasi rappresentavansi davanti all'altare, crocesignavansi la fronte, la bocca, il cuore e il petto e stando in ginocchio

---

[1] Questa usanza fu conservata per molto tempo e fu rimessa in vigore nella terza crociata.

promettevano andarne in Oriente a combattere per Gesù Cristo. Allora il pastore dava loro i segni della Crociata e similmente segnavali della croce sulla fronte, sulla bocca e sul cuore, pronunciando queste parole: *Sianti rimessi tutti i tuoi peccati, purchè adempia la tua promessa* [1].

Mentre che Francia e Lamagna armavansi concitate dagli apostoli della croce, anco in Italia andavasi insinuando quel furore. Gli abitatori delle Alpi e delle rive del Rodano, i popoli di Lombardia e del Piemonte preparavansi alla guerra santa e a seguitare il conte di Morienna zio materno di Luigi VII, e il marchese del Monferrato. I Fiamminghi similmente movevansi in gran numero sotto la condotta del conte di Thierri, già celebre per un altro pellegrinaggio fatto a Gerusalemme e per aver combattuto con gl'infedeli. — I Crociati inglesi imbarcavansi nei porti della Mancia e passavano sulle coste della Spagna; notando Ruggiero di Oveden, che que'guerrieri partironsi a tanta impresa con molta umiltà, dal che provenne che operassero molto maggiori cose di quelli che sotto la condotta di re e principi potentissimi s'erano mossi [2].

Come all'annunzio della prima Crociata, furono istantaneamente intermesse le guerre private, le civili dissensioni, e le rapine, e circa ai preparativi della spedizione successero meno disordini; non essendosi scelti i condottieri con la medesima imprudenza, nè sendo stati i pellegrini tanto impazienti del partire. Non furono nè Francia nè Lamagna turbate dalla indisciplinata multitudine: e laddove gli antesignani della prima Crociata non ebbero per capitani che venturieri e monaci che non poterono frenar la licenza di loro masnade; in questa seconda governata da principi e monarchi agguerriti, vidersi almeno servati i buoni ordini della milizia dai quali ogni prosperità di guerra dipende. I piccoli vassalli riunironsi intorno ai loro patroni, e questi si governavano dietro gli esempi del re e dell'imperatore. Dalle quali buone disposizioni i popoli d'Occidente fautissimo l'evento della seconda Crociata auguravano.

[1] Menagio, nella sua *Istoria di Sablé* ha pubblicato un catalogo dei gentiluomini del Maine che nel 1158 crociaronsi con Goffredo di Maienna. Leggevisi che tutti quei signori convennero nella chiesa di Nostra Signora di Maienna e vi ricevettero la croce dalle mani di Guglielmo, vescovo del Mans; che segnaronsi con la croce la fronte, la bocca, il petto e il cuore; e che ognuno vestì lo scapulare della croce (*scapula crucis*) di bianco e rosso. — Nella detta notizia vi sono descritte le altre ceremonie praticate dai vescovi nel dar la croce. Il prelato segnò poscia di croce, ogni crociato sulla fronte, profferendo le parole: *Remittantur tibi omnia peccata tua, si facis quod promittis.* — Seguitano dipoi i nomi di dugento crociati; e l'autore nota che soli 35 ritornarono sani e salvi dalla spedizione. (Vedi *Storia Letteraria de' Benedettini*, vol. 13, pag. 366).

[2] Ruggiero di Oveden ci dà notizia che una gran parte dei pellegrini che fecero l'impresa del Portogallo, eransi partiti d'Inghilterra. — Intorno la qual impresa merita essere consultata la lettera di Arnoldo, compendiata nella *Biblioteca delle Crociate*. Vilcheno ha impiegato un intero capitolo per questa Crociata, lib. 3.

I Crociati tedeschi fecero punto di loro assembramento Ratisbona; i Francesi, Metz; onde per alcuni mesi vidersi le strade che conducono alle dette due città di pellegrini frequentatissime [1]; molti ancora recaronsi direttamente ai porti di Fiandra e d'Italia, ove erano le armate che li dovevano in Oriente trasportare.

Il pontefice aveva sopratutto raccomandato ai baroni e ai cavalieri di non portar seco loro nè cani nè augelli da caccia; ed eglino obbedienti, renunciarono al fasto de'loro castelli e vestirono umilmente gli abiti della penitenza. Meglio per loro se tutti avessero il savio consiglio accettato o se niuno l'avesse posto in obblivione; ma sotto i vessilli della Croce militarono a un tempo il valore, le virtù evangeliche, la lussuria, e la licenza: mischianza perniciosa che partorì frutti lagrimevoli.

Ma la maggiore di tutte le difficoltà era trovar danaro per sopperire alle spese della guerra: E sebbene molti di coloro che per malattie o altri impedimenti erano trattenuti dal gran passaggio, volessero almeno, se non potevano delle loro persone, contribuire all'impresa con offerte di loro avere; e sebbene secondo la consuetudine d'allora, molti che venivano a morte senza aver veduta Gerusalemme, facessero ne'testamenti loro copiosi legati a beneficio dei pellegrinaggi d'Oriente; nondimanco la somma di tali offerte, quantunque considerevolissima, non aggiungeva a gran pezza l'uopo di quello sterminato esercito.

Lodovico Settimo pertanto, a fine di fornirsi il meglio ch'e'poteva, cercò imprestiti, pose forti gravezze ai sudditi, approvate dal pontefice; e ciò nondimeno era ancor poco al bisogno e troppo per ingenerar mali umori in uno stato che vedevasi spolpare delle sue migliori sostanze per una guerra lontana da cui non era sperabile alcuna utilità.

Piero il Venerabile [2], abate di Clugnì trovò un modo efficacissimo da far danaro e secondo esso giustissimo. Egli cominciò a lodare la moderazione di Bernardo per aver impedito lo sterminio degli Ebrei; ma poi passando a considerare la loro perversità e accanito studio con che attendono a pregiudicare ai Cristiani, ed esecrando la rapacità ed avarizia loro, consigliava che invece di ammazzarli, si dovessero punire nella stessa loro maggiore iniquità, *spogliandoli cioè de' tesori ammassati con l'usura e co' sacrilegi.*

Esortava perciò il re a costringere i malnati Giudei a contribuire il danaro per la guerra mussulmanica — Fu approvato il consiglio, e i Giudei furono sottoposti a molte gravezze.

Aveva travagliato la Francia per lo spazio di anni sette, grandissima

---

[1] I Crociati del Piemonte e della Lombardia passarono per Italia.

[2] Piero il Venerabile apparteneva alla illustre famiglia di Monboissieri.

carestia, durante la quale molti nobili che *ricchi uomini* dicevansi, furono necessitati vendere tutti i possessi loro, e andarsene per estranii paesi mendicando. Rimasi erano soltanto quelli che non avevano potuto nè ipotecare nè vendere i loro beni, e trovando anco occasione di venderli, con il prezzo ritrattone potevano appena comperarsi un cavallo da battaglia e l'armatura. E il clero medesimo che sul furore della prima crociata si era tanto impinguato, se volle poi che questa seconda avesse effetto, dovette con larghe sovvenzioni aiutarla.

Da un frammento storico manoscritto, ricavasi che i monaci benedettini della Loira, rimisero al loro abate un turibolo di otto marchi di argento, tre oncie d'oro, con due candelabri di grandissimo pregio, per pagare il tributo impostoli a favor della Crociata: Al qual proposito dicono i benedettini, esser quello il primo esempio di simile gravezza posto sopra una chiesa dai re francesi della terza dinastia.

I prelati che s'erano crociati, dopo pagata la tassa al re, ricorsero, per fornirsi le spese del pellegrinaggio, a spogliare le loro proprie chiese: e le croniche coetanee narrano di certo abate di santa Colomba presso Sens, che ipotecò a'Giudei di Troie, una corona d'oro ornata di pietre preziose, stata offerta in quella chiesa dal re Rodolfo, e una croce d'oro fatta dalle proprie mani di santo Eligio [1].

Queste spese mostruose per la Crociata non causavano soltanto la ruina della nobiltà e del clero, ma anco quella e molto più perniciosa degli artigiani e de'contadini. E tanto nondimeno trascorse quel pazzo furore, che vollersi gravati gli stessi poveri, i quali dovevano pagare le tasse imposte e morirsi a un tempo di fame, il che fu cagione di grandi lamenti e che quasi universalmente si detestasse quella impresa che i fanatici chiamavano santa e che la moltitudine diffamava chiamandola: uno svenare Cristo per istrozzare Maometto.

Un vecchio istorico, racconta, che non vi fu nè condizione, nè età, nè sesso immune dalla sovvenzione chiesta dal re e dai principi che lo seguitavano; d'onde provennero, il malcontento universale, e orribili maladizioni che contro il re e i Crociati da ogni parte si scagliavano [2].

Ma soprattutto angustiò gli animi, lo scoprirsi che il prodotto di tanti forzati tributi estorti alla pubblica miseria, non bastava per il mantenimento dell'esercito crociato; ondechè il re nelle sue lettere scritte a Sugero, non rifinisce mai di chiederli danaro, per poter nutrire i soldati e pagare i debiti contratti con i cavalieri di san Giovanni e del Tempio.

---

[1] Istoria Letteraria di Francia del duodecimo secolo.

[2] Così si esprime lo storico Francese Belle-Forest; e la Cronica di Raolo da Diceto.

Compila la *ceremonia*, il *re*, *seguitato* dalla reina Eleonora e da quasi tutta la corte, *posesi* in *cammino*, ...

(Lib. VI Pag. 367)

Ma il re nulla curando i lamenti de'suoi popoli con pomposo fervore di religione preparavasi al gran passaggio, visitando gli spedali, i ricetti de'lebbrosi e ordinando sacre cerimonie e preghiere in tutte le chiese del regno.

Odone di Doglio ci ha conservata memoria delle leggi e delle discipline da esso re fatte per l'esercito de'Crociati, e aggiunge dipoi, che non furono osservate, come accade sempre delle provvigioni preventive, che in astratto sembrano ottime e in pratica divengono pessime.

Venuto il tempo della partenza, il re andò alla badia di San Dionigi per prender la famosa Orifiamma che i re di Francia hanno usanza di portar davanti alla lor persona nelle fazioni di guerra. Era già ornata quella chiesa di molti monumenti storici della prima crociata; vedevansi i ritratti di Goffredo di Buglione, di Tancredi, di Raimondo Sangilles, pendenti dalle pareti; e dipinte sulle vetrate del coro le giornate di Dorilea, d'Antiochia e di Ascalona.

Quando il re fu in chiesa prostrossi davanti all'altare, implorando la protezione dell'apostolo di Francia e quella de'suoi antenati e predecessori le cui ceneri riposavano ne'circostanti avelli. Il papa che era intervenuto a questa ceremonia, proclamò di nuovo il regno della Francia sotto la guardia della Santa Sede; e presentò al Settimo Lodovico la bisaccia e il bordone.

Compita la cerimonia, il re, seguitato dalla reina Eleonora e da quasi tutta la corte, posesi in cammino, avendo prima abbracciato l'abate Sugero con le lagrime agli occhi.

Questa partenza del re, avendo dapprincipio causato molto senso negli animi del popolo, quetaronsi per poco le doglianze e tutte le chiese risonarono di preghiere che facevansi per il buon successo delle di lui armi e per il suo felice ritorno.

Egli mosse da Metz con centomila crociati, passò l'Allemagna e s'incamminò verso Costantinopoli, dove doveva operarsi la congiunzione con gli altri campioni di Cristo.

Corrado in Germania applicavasi similmente dei preparativi della sua spedizione; ma in nulla secondato o fomentato dalla Santa Sede, la quale considerandosi come sovrana di tutti i principi della terra, tenevasi offesa ne'suoi diritti; perchè l'Imperatore si fosse crociato senza la di lei permissione; per la qual cosa il pontefice negò sempre di andare a benedire personalmente i Crociati tedeschi, non ostante che con tutti i più umili offici ne fosse pregato, ed avendo passati i monti per andare in Francia, non rimanesse troppo lungo cammino da fare per contentar la Germania.

Ma Corrado prendendo in pazienza il rifiuto del Pontefice, fece coronare re de' Romani il figliuolo, ed elesse reggente dell'imperio l'abate di Corveia, non inferiore a Sugero per politica prudenza e per pratica di stato.

Così ordinate le cose, l'imperatore si partì da Ratisbona, cominciando la primavera, e conducendo seco sì sterminato esercito, che (secondo Ottone di Freisingen) i fiumi non avevano tant'acqua da reggere il navile e le campagne erano anguste alle schiere spiegate.

Frattanto gli ambasciadori di Corrado, erano a Costantinopoli significando le intenzioni pacifiche del loro sovrano e chiedendo il passo per l'esercito sul territorio dell'imperio greco. — Emanuele nella risposta che fece commendò lo zelo de' pellegrini tedeschi aggiungendo molte protestazioni di amicizia verso l'imperatore. Così senza risolver nulla l'esercito di Corrado andava inoltrandosi verso Costantinopoli, ma giunto su i confini di Tracia, cominciarono le contenzioni, dolendosi i Tedeschi della perfidia de' Greci: e questi delle violenze de' tedeschi.

Al tempo della Prima Crociata, minacciando i Turchi Costantinopoli, non opposersi i Greci alle Crociate de' Latini, che allora discostavano da loro il pericolo; ma ora le greca metropoli trovandosi al sicuro da' Turchi, andava prevalendo ne' Greci l'opinione che le potenze dell'occidente congiurassero per occupare l'imperio orientale; opinione alla quale data qualche causa, le minacce de' Crociati medesimi, poco conferiva alla conservazione della pace fra popoli che reciprocamente si odiavano e disprezzavano, accusandosi gli uni gli altri di perfidia e del non osservare la fede de' trattati. [1]

Manuele Comneno (ma Odone di Doglio non lo vuol chiamare per il suo nome, allegando non trovarsi esso nome scritto nel libro della vita) era nipote di Alessio Primo che regnava a tempo della prima Crociata. Seguitando egli la politica dell'avo, ma superandolo nella astuzia e nella dissimulazione, non tralasciò modo alcuno per addurre in ruina l'esercito tedesco; ma perchè alla corte stimavansi i guerrieri di Occidente uomini efferatissimi sempre usati alle armi e a versar sangue, Emanuele che ne temeva, procurava con fornirli di viveri, e mostrando loro amicizia, di tenerseli ben disposti e frattanto clandestinamente trattava coi Turchi e fortificava la metropoli.

S'erano attendati i Tedeschi nella pianura settentrionale di Selivres, distante alcune leghe da Costantinopoli; pianura alla quale Cinnamo storico greco attribuisce il nome di Cerobaca e che è per lo mezzo corsa

---

[1] Vedi Cinnamo—*Biblioteca delle Crociate.*

..... la riviera gonfiando, trabocco' e inondò la pianura.....

Lib VI Cap 56.o

da una riviera che mette foce nella Propontide. Stando dunque colà i Tedeschi furono colti da improvviso temporale, per cui la riviera gonfiando, traboccò e inondò la pianura medesima nella quale l'esercito celebrava la festa della Assunzione. Ottone di Freisinghen, testimonio oculare descrive partitamente questa calamità: le onde che atterravano ogni cosa in che urtavano, trascinavano secoloro bagaglie, uomini e cavalli. Ma ciò che nella di lui descrizione sembra più curioso, è quando narra che alcuni pellegrini ingegnavansi campare da quel diluvio, correndo nella tenda del duca di Soavia, e cantando, nella generale desolazione il salmo: *Rallegriamoci o fratelli*.

Il buon vescovo dopo avere stracca la sua penna a descrivere ogni minuto particolare del detto diluvio, passa a farvi sopra alcune riflessioni, intorno la instabilità delle cose umane, le quali chiude con la singolarissima dichiarazione, di non volere più scriver nulla intorno la Crociata, perchè avendo presa la penna con intendimento di fare una storia divertevole, non voleva contristare la sua anima a narrare infortunii simili a quelli che si trovano nelle antiche tragedie.

Manifestavasi frattanto la gelosia fra' due imperatori, perchè tanto Emanuele che Corrado pretendevasi legittimo successore dei Cesari e di Costantino, e tal gelosia accrescevano le antipatie de' Greci e de' Teutoni, delle quali indica una forte cagione Cinnamo laddove dice: *Finchè i barbari ebbero a passare per montagne ed altri luoghi difficili, comportaronsi con moderazione e modi pacifici; ma quando si trovarono nell' aperta pianura, allora proruppero alle rapine e a devastare i borghi e i villaggi.*

Nel territorio di Filippopoli accaddero i maggiori disordini. L'imperator greco aveva pregato Corrado di non fare la via di Costantinopoli, ma d'incamminarsi per altra, non fidandosi di ricevere in città i Teutoni. Corrado non volle compiacerlo del suo dimando; perlocchè Emanuele fingendo dispiacenza per gl'infortunii dei Crociati tedeschi presso Selivrea, offeriva soccorsi all' Imperator d'Occidente, e sempre colla mira che non andasse a Costantinopoli con l'esercito, proponevali di andarvi solo a fine di conferir con lui delle cose più opportune al buon successo della Crociata, e principalmente della via che dovevasi preferire. — Corrado accorto dell'arte, rispose, non volersi discostare dalle sue genti, e continuando il suo cammino, l'ottavo giorno di settembre giunse con tutto l'esercito sotto le mura di Costantinopoli, e prese subito gli alloggiamenti propinquo al palagio delle Blacherne, e in quella valle nella quale, secondo Cinnamo, la corte andava a prender refrigerio dalle noie cittadinesche, ove i fiori esalavano più soavi profumi ed ove gli arbori

T. I.

47

spiegavano tutta la freschezza delle loro ombre; valle per cui scorre il delizioso Cidari, e che modernamente si denomina *dalle acque dolci* e che serve di passeggio e di villeggiatura ai cittadini di Stambul.

Vigevano tuttavia le diffidenze e i sospetti in tra Greci e Tedeschi, guardando quelli diligentemente la città e spiando i dintorni; e questi correndo la campagna ed empiendola di rapine.

L'incontro de'due Imperadori fu circospetto e dissimulato; prima però furonvi lunghe dispute per concordare il cerimoniale dell'abboccamento; e finalmente fu deciso che i due Imperadori s'anderebbero incontro a cavallo e senza dismontare, si darebbero il bacio fraterno. Con tale temperamento la rivalità de'due principi non proruppe a guerra aperta.

Dopo ciò l'imperatore Tedesco dimostravasi più trattabile, anzi mandò una lettera a Emanuele nella quale, dicono i cronisti greci, che si riconoscesse *qualche poca debolezza o anco viltà:* significando all'imperator Bisantino che non facea mestieri giudicare gli atti della vita, sennonchè secondo le intenzioni; che se i Tedeschi avevano dato qualche guasto al territorio greco, proveniva dalla poca loro disciplina e non dal mal talento del principe.

Manuele gli fece risposta con l'officiosa causticità propria de'Greci: *D'ora innanzi adunque non ci daremo più pensiero di reprimere le passioni e i disordini de'nostri soldati; e lasceremo loro la briglia sul collo, come voi m'insegnate che si dee fare.* — Cinnamo cita due altre lettere nelle quali Emanuele si fa beffe di Corrado, dicendolo: *incapace di governare il suo esercito, piuttosto greggia di pecore, che schiere di soldati e incapace di sostenere gli assalti di un lione.*

La gelosia e l'avversione dei due imperatori comunicaronsi nei loro popoli e produssero continue ostilità piene di furori, di perfidie e di tradimenti. Nella città di Filippopoli accadde che certo giullare, facendo sue ciurmerie e mostrando un serpente che teneva nel seno, i Tedeschi che v'erano spettatori, presupponendosi esser quei miracoli artificii del diavolo, avventaronsi contro quello per ammazzarlo, onde ne nacquero grandissime risse con effusione di molto sangue. — Dopo qualche tempo nella città di Andrinopoli fu trovato un parente di Corrado scannato nel suo letto; e i Tedeschi attribuendo l'assassinio ai Greci, massacrarono il popolo e incendiarono la città. I Greci non si fidando di potersi vendicare con la forza aperta, andavano satisfacendo al loro odio con la frode: dall'una e dall'altra sponda del Bosforo tendevano molte imboscate all'esercito tedesco ovunque doveva passare; sicchè qualunque crociato esciva delle ordinanze, veniva subitamente dai soldati di Emanuele tru-

presupponendosi esser quei miracoli artificii del diavolo avventaronsi
contro quello per ammazzarlo

Lib VI Pag. 370.

cidato. Dappertutto chiudevansi le porte delle città all'arrivo de'Tedeschi, e se chiedevano viveri, per averne dovevano porre il pregio in canestri che i cittadini calavano con funi giù dalle mura; e talvolta ancora prendevano i danari e dipoi i viveri negavano.

· Lo storico greco Niceta, racconta di più che i Greci giunsero perfino a porre della calce nelle farine che vendevano a' Tedeschi; che avevano battuta moneta falsa con la quale usavano pagarli delle cose che vendevano, e che poi quando i Tedeschi volevano con quella comperare da loro qualche cosa, negavano riceverla. E per ultimo, se si dee credere ai Latini, fu avvisato il nemico, dal greco imperatore della via che facevano i pellegrini; le guide date loro a Costantinopoli, traviaronli per le montagne della Cappadocia e gli posero, rifiniti dalle fatiche, negli agguati de'Turchi.

I Francesi che camminavano dopo i Tedeschi, mantennero più la militare disciplina, e furono perciò più rispettati dai popoli su i territori de'quali passarono. Giunti in Ungheria furonvi dagli abitatori come fratelli ricevuti, e tanto rispetto avevasi per il re Lodovico, che la sua istessa tenda divenne luogo di asilo agli Ungari per le civili discordie perseguitati; lodandosi a cielo la di lui sentenza detta in tale occasione, cioè : *Essere l'abitazione d'un re come un tempio e i di lui piedi come un altare* [1].

In ogni città i Crociati trovavano ambasciadori del greco imperatore, mandati incontro al re di Francia, i quali venuti in sua presenza prostravanseli a' piedi ed esaltavanlo con grande esagerazione di lodi. I Francesi s'ammiravano di tali complimentazioni, e non sapevano che giudizio farne.

Un giorno Goffredo vescovo di Langres, veggendo che il re ascoltava con impazienza le prolisse adulazioni dei greci ambasciadori, non potè trattenersi dal dir loro: *Fratelli miei, non fate tanto dire della gloria, della maestà, della saviezza e della religione del re; egli conosce sè stesso e noi pure lo conosciamo, onde non importa che voi ci diciate quale sia; esponete piuttosto con brevità e senza rivolgimenti di parole le vostre commessioni* [2].

Frattanto Emanuele all'avvicinarsi de'Francesi stavasi chiuso nel suo palagio e pieno di sospetti; mandò i grandi della corte a ricevere il re sulle porte di Costantinopoli, il quale per assecurare l'imperatore si lasciò a dietro l'esercito ed andò solo al palagio imperiale. Dimostrazioni

[1] Questa sentenza che non è registrata da alcun cronista francese, trovasi nella cronica ungarese di Giovanni Thuroz, vedi *Biblioteca delle Crociate.*
[2] Odone di Doglio. *Biblioteca delle Crociate.*

di grande amicizia fecersi i due monarchi nel primo abboccamento; il
greco co'soliti greci artificii, il franco con ruvida e cavalleresca semplicità. — Odone di Doglio dice che il re di Francia fu incontrato dall'Imperatore in persona il quale l'abbracciò; che i due principi erano presso
a poco della medesima età e somiglianti nella persona e che soltanto
ne'costumi e nel vestire differivano; che si assisero sopra due troni eguali
e che conversarono insieme per interprete; che Emanuele chiese al re
che intenzioni aveva, assicurandolo che egli da sua parte si uniformava
alla volontà di Dio e che intendeva favorire il compimento del di lui
pellegrinaggio. Dopo la qual relazione lo storico facendovi sopra una sua
considerazione, dice: Fosse piaciuto a Dio che dicesse il vero! al suo
contegno, alla sua allegrezza, alle sue parole che sembravano sincere
espressioni di anima leale, ognuno sarebbesi creduto che Emanuele amasse
teneramente il re; ma non accade disvelare (aggiunge ironicamente il cappellano di Luigi Settimo) quanto bene si apponesse chi così avesse giudicato.

I pellegrini di questa seconda Crociata, come quei della prima, rimasero oltremodo ammirati della magnificenza di Costantinopoli; e benchè nell'opinion loro estimassero spregevoli gli effeminati costumi de'Greci, riconoscevano nondimeno degni di commendazione i superbi edifici
della imperial metropoli. — Io stimo pregio dell'opera riferire la bella
descrizione che ne fa il vecchio storico della spedizione:

*Costantinopoli, gloria de'Greci, è di forma triangolare; dal lato
orientale verso il mar di Marmara veggonsi la chiesa di Santa Sofia
e il palagio di Costantino con una cappella ripiena di preziose reliquie. Il mare cinge la città dal lato orientale e dal settentrionale.
Chi v'entra, ha il canale di San Giorgio a destra, e a manca il golfo
o porto che si voglia dire. Sul declive d'una collina sorge il palagio
delle Blacherne, il quale è sì ben situato che gode a un tempo del
prospetto del mare, di quello della città e di quello della campagna;
essendo ammirabile esteriormente per la sua architettura e per l'altezza delle sue mura, ed internamente per la dovizia di tutte sontuosità ed eleganze. Dalla parte occidentale della città havvi una pianura
la cui vastità eccede l'umano vedere, e da quella banda la città stessa
è munita di doppio muro con fortificazioni di torri, partendosi dalla
Propontide fino al palagio, cioè per lo spazio di sopra a due miglia.
Però la forza maggiore della metropoli non consiste nelle dette fortificazioni, ma bene nella gran moltitudine de'suoi abitatori e nella
diuturnità della pace che la fa veneranda a tutti i vicini. Sotto le
mura avvi un ben capace spazio di terreno per i giardini che producono*

....Il re di Francia fu incontrato dall'Imperatore in persona il quale l'abbraccio

Lib. VI. Pag. 372

abbondanza di legumi. Vengono dalla campagna nella città per acquidocci le acque dolci, poichè quelle delle cisterne sono salate e fetide. In alcuni quartieri però l'aere stagna ed è malsano, molto conferendo a ciò l'altezza degli edifici de'ricchi e l'angustia di alcune vie, ove poco è curata la mondizia e dove la luce penetra poca e debile, favorendo quella oscurità rubamenti, uccisioni e molti altri delitti. E perchè nella città non v'è polizia; perchè, come in tutti gli stati corrotti, i ricchi fanno da padroni e da tiranni; così non potendo il timor della punizione, niuna scelleraggine e perversa cupidità de'tristi ha riparo. Se Costantinopoli non fosse così corrotta; per la bellezza del suo clima, e per la fertilità della sua terra dovrebbesi preporre a qualunque altro sito del mondo. Il canale di San Giorgio è paragonabile a un mare per la salsedine delle sue acque, per l'abbondanza de'pesci, e paragonabile pure a un fiume, potendosi senza verun pericolo traversare sette ovvero otto fiate per giorno.

Durante il soggiorno de'Francesi a Costantinopoli, l'Imperatore Emanuele applicavasi studiosamente a guadagnarsi l'affezione di Luigi Settimo e de'suoi baroni; facendo con compiacenza ostentazione davanti a loro delle sontuosità di sua corte e delle maraviglie della metropoli. Andava spesso a visitare il campo de'pellegrini, laudava la loro impresa e prometteva largamente soccorrerla. Ogni giorno dava nuovi spettacoli e facea nuove proteste di amicizia; ma l'odio covava negli animi de'Greci e de'Latini, ogni piccola cagione poteva suscitarlo a dimostrarsi, nè per artificio di amichevoli dimostrazioni ne scemava dramma. I Francesi interpretavano tutto sinistramente e quali tradimenti avevano perfino le cortesie usate loro da Emanuele; e quando egli richiese i baroni che gli rendessero fede e omaggio e gli restituissero le città Greche che avrebbero potuto occupare, tanta fu l'indignazione che nel consiglio del re fu proposto d'impadronirsi di Costantinopoli; e il vescovo di Langres parlò in questa sentenza:

Avete dunque inteso i Greci che vi propongono di riconoscere il loro imperio e di sottomettervi alle loro leggi? Così la forza si renderà suddita della debolezza, e la prodezza della viltà? Che gesti vanta questa nazione, che gesti operarono i suoi antenati da superbir tanto? Non accade già ritornarvi alla memoria gli agguati che v'hanno tesi per il vostro cammino. Ma, o scelleraggine! non vedemmo forse co'nostri occhi proprii, i sacerdoti di Bisanzio per farci onta e scorno, purificare col fuoco gli altari su i quali i nostri preti avevano sacrificato? E ora poi s'ardiscono richieder da noi un giuramento a cui l'onor nostro e la religione sta contro. Ah, non è omai tempo di vendicarci della tradigione e delle sofferte ingiurie? Infino a qui i soldati di Cristo hanno avuto più danni dai loro falsi amici che dagli aperti nimici; e Costantinopoli fu mai sempre come muro insuperabile fra noi e i nostri fratelli di Palestina. Ora dunque fa mestieri che ci assecuriamo una volta per sempre il passo dell'Asia.

Niun di voi ignora che i Greci hanno lasciato cadere nelle mani degli infedeli il Sepolcro di Gesù Cristo e tutte le città cristiane di Oriente. Nè dubitate che fra poco tempo Costantinopoli non debba cadere in poter de' Turchi e de' barbari, e che la sua vile mollezza non apra a quelli le porte dell'Occidente; conciossiachè gl'imperatori di Bisanzio sieno incapaci di difendere le loro provincie, nè sappiano patire che altri le difenda. Eglino si sono sempre contrapposti alle generose intenzioni de' Crociati; nè è molto tempo trascorso, che questo medesimo imperatore ha tentato usurpare ai Latini i frutti delle loro fatiche; e Antiochia ve ne faccia testimonio; ora poi macchina copertamente di porre i vostri eserciti nelle mani dei Saraceni. — Affrettiamoci dunque a prevenire la nostra ruina con lo sterminio de' traditori; nè siamo tanto confidenti o, per dir meglio, stolti, da lasciarci dietro le spalle una città proterva e gelosa, non in altro applicata che nello studio de' nostri danni, rispingendo sopra di lei i mali che ci prepara. Se i Greci riesciranno mai a incarnare i loro perfidi disegni, l'Occidente richiederà un giorno da voi con amari rimproveri gli eserciti che l'imprudenza vostra ha trascinati nella perdizione. E poichè la guerra da noi mossa è giusta e santa, giusto e santo non fia, non che lecito, che noi procacciamo ogni mezzo da condurla a buon fine? La necessità, la patria e la religione v'impongono di seguitare il mio consiglio. Abbiamo in nostra balìa gli acquedotti che portano le acque nella città e questi ci forniranno il modo di soggiogarne, senza molta fatica gli abitatori. La presenza sola delle nostre schiere spaventerà i soldati di Emanuele. Una parte delle mura e delle torri di Bisanzio, quasi miracolosamente, sono rovinate poco fa davanti ai nostri occhi; caso che si può di leggieri interpretare per la voce di Dio medesimo che ci chiami nella città di Costantino, aprendocene le porte, come aperse ai nostri padri quelle di Edessa, d'Antiochia e di Gerusalemme.

Finita che ebbe il vescovo di Langres la sua diceria, sorsero a risponderli alcuni cavalieri e baroni, considerando: Esser venuti i Cristiani in Asia per espiare le loro peccata col sangue degli infedeli e non per punire le peccata de' Greci; aver prese le armi per difender Gerusalemme e non per disfare Costantinopoli; essere veramente i Greci, eretici, cioè forse più odiosi a Dio degli stessi miscredenti; ma non esser però dichiarati nimici, e siccome non s'era infierito contro i giudei, a più giusto diritto doversi aver rispetto a'Greci. Imperocchè quando i guerrieri cristiani crociaronsi, Dio non pose già nelle loro mani la spada della sua giustizia, ma quella soltanto delle vendette contro gli usurpatori e i persecutori del suo santo Sepolcro.

Conchiusero pertanto i Baroni che il consiglio del vescovo considerato politicamente era ottimo, ma considerato religiosamente era esecrando, non potendosi persuadere che s'avesse a fare una impresa contro le leggi dell'onore; nè che tante rovine gli minacciassero, quante dicevasi; opinando che al postutto l'esercito crociato dovesse aver fiducia nella divina Provvidenza e nel proprio valore.

I più fervorosi dei pellegrini cominciavansi oltreciò a dolere che s'indugiasse il partire: E finalmente la lealtà de'cavalieri, la pia impazienza dei fervorosi e forse anco i donativi fatti a proposito dall'astuto Imperatore che stava sempre oculato e in sentore, fecero assolutamente abbandonare il savio consiglio del vescovo di Langres.

E nondimeno penetrata da Emanuele la soprascritta consulta, posclo in gravi pensieri; nè si rassicurò per l'omaggio che prestaronli i baroni e i cavalieri; onde volendo, più presto che fosse possibile, levarsi d'angustia, fe'sparger voce, che i Tedeschi avessero conseguito grandi vittorie contro i Turchi e che avevano occupata Iconio. Tale spediente produsse il desiderato effetto.

Partì adunque da Costantinopoli l'esercito francese e cammin facendo vide nel cielo una ecclisse del sole; dal che trasse sinistro augurio la moltitudine, presagendone soprastante infortunio o alcuna nuova tradigione di Emanuele: Augurio che non penò molto a verificarsi.

Procedendo i Francesi per la Bitinia, ebbero avviso che l'esercito tedesco era quasi tutto perito sulla strada d'Iconio.

Questo esercito partendo da Nicea nel mese di ottobre, erasi diviso in due corpi, il maggiore de'quali condotto dall'Imperatore aveva tenuta la via già fatta da Goffredo e da'suoi compagni; l'altro condotto dal fratello di Corrado, s'era avviato verso Laodicea, traversando l'antico paese di *Cotyleum*, modernamente detto Cutaiè. — I Greci che guidavano il corpo dell'Imperatore avevano fatte le provvigioni de'viveri per otto giorni soltanto, dando da intendere che con una settimana di cammino giungevasi a Iconio. Dopo l'ottavo giorno però l'esercito invece di giungere al luogo promesso, si trovò in una regione incognita e diserta, priva affatto di fonti, di fiumi, di boschi e di pasture. Ebbesi

ricorso alle guide, le quali consigliarono che si camminasse avanti ancora
per tre giorni, giurando per Gesù Cristo e per tutti i santi che non
molto lontane fossero le campagne della Licaonia. Corrado fidandosi ordinò che si seguitasse l' andare, ma le guide invece d'indirizzare l' esercito verso Iconio, traviaronlo verso settentrione dove si trovò fra aride
montagne. Andavano i Crociati ascendendo e discendendo di collina in
collina e dall' uno all'altro dirupo, rimanendo esanimati per la via dalla
fame, dalla sete e dalla fatica, uomini, cavalli e somieri. Venuta l'alba
del quarto giorno, cercaronsi le guide, ma più non si trovarono e fu invece veduta innumerevole multitudine di Turchi *che abbaiavano come
cani e urlavano come lupi*, ordinati a battaglia sulle vette delle più
propinque montagne.

Accortisi i Crociati dell'inganno, tennero consulta per deliberare se
si avesse a ritornare addietro per la via già fatta, o seguitare per quelle
incognite regioni ignude affatto d'ogni cosa necessaria e i cui passi erano
da tanta moltitudine di barbari difesi: Fu risoluto di tornare addietro.

La ritirata procedè dapprima ordinatamente, nè i Turchi che mossero dietro l'esercito, ebbero coraggio di assaltarlo e solo si contenta-
rono di dare addosso a chi esciva degli ordini o a chi per istracchezza
rimanevasi addietro.

Alcuni capi de' più valorosi guidati da Bernardo duca di Carintia espo-
sersi a grandissimi pericoli per proteggere il cammino de' più deboli; ma
finalmente caduti negli agguati in certi passi difficili, furono tutti con i
loro protetti trucidati; il che accrebbe molto l'animo ai Turchi, che armati leggermente e avendo agilissimi cavalli, correvano rapidamente intorno all'esercito, percotendolo spesse fiate ove meno erano aspettati. Per
lo contrario i cavalli de'Tedeschi non reggendosi più per la fame, non potevano alla furia de' Turchi contrapporsi, e la gravezza delle armi era ai
cavalieri piuttosto soverchia soma che difesa.

Frattanto di giorno e di notte, senza aver tregua mai, uomini e cavalli cadevano a migliaia trafitti dalle freccie de'Turchi, e l'esercito versava in miserevole confusione e spavento; l'istesso imperatore in mezzo
a'suoi cavalieri fu ferito da due giavellotti; e più l'esercito procedeva
nel cammino, andava crescendo il numero degli assalitori; e con quelli
gli scempi e le morti de'soldati che feriti o morti rimanevano abbandonati sulla strada. Quelli che non avevano più forze per andare avanti,
gittavano le armi e aspettavano pazientemente il loro destino; gli altri acce-
lerando la fuga procuravano salvarsi. Così quel grande esercito imperiale
che tanto terrore aveva incusso all'Asia, pervenne alla sua dispersione e
ruina.

L'istesso imperatore in mezzo a' suoi cavalieri fu ferito da due giavellotti;

Lib. VI Pag. 376

L'altro corpo de' Teutoni condotto da Federigo di Soavia e dal vescovo di Freisinghen, incontrò non migliore fortuna; vinto anco esso dalla fame, dalla sete, dalla difficoltà delle strade, e dai continui assalti dei Turchi, trovò la sua ruina totale nelle montagne che sono propinque a Laodicea.

Gli antichi storici non fanno parola di questa lacrimevole fine dell'esercito tedesco; il solo Odone di Doglio ne fa qualche menzione, ed io le ho qui raccolte e illustrate con quella maggior chiarezza ho potuto; certo è che l'esercito di Corrado fu da spaventevole e lunga agonia di mali, senza pur combattere, distrutto.

L'imperatore giunse a Nicea con la poca gente che gli era rimasta e se ne andò al campo del re Luigi, ove i due monarchi (racconta Odone di Doglio) abbracciaronsi cordialmente e baciaronsi *molli i volti con le lagrime della compassione* e giurando di finire insieme il loro pellegrinaggio e di non più separarsi. — Corrado però non attenne la sua promessa, perchè parendoli forse di star con poco decoro in mezzo all'esercito francese dopo aver perduto il suo, se ne ritornò a Costantinopoli, dove fu da Emanuele lietamente ricevuto, contento in cuore della ruina de'Crociati.

Il re Luigi continuò il suo cammino lungo il mare, via eletta come migliore ove più agevolmente trovavasi vettovaglia. — Odone di Doglio ricorda tre fiumi passati dall'esercito francese in un medesimo giorno, che forse furono il *Tarzio*, l'*Esepo* e il *Granico* [1]. In questo viaggio littorale lungo la Propontide e l'Ellesponto, i Crociati videro anco le città di *Cizica*, *Priapo*, *Lampsaco*, e *Abido*; ma ignari della storia e degli antichi loro nomi, poco curandosi della poetica celebrità di quelle sponde, attendevano solo a far vittovaglia, nè sempre potevano averne; perchè i paesani spaventati dalle violenze d'una indisciplinata moltitudine, se ne fuggivano ne'luoghi muniti, portando seco quanto possedevano. — Spiegando la narrazione di Odone di Doglio secondo la geografia di quelle regioni, ne resulta che i Crociati non passassero per la pianura di Troia, nè che traversassero il Simoenta e lo Scamandro [2]. Probabilmente l'esercito giunto alla foce del Rodio, prese la strada che esiste ancora dai Dardanelli a Pergamo; e lasciandosi a destra il monte Ida, andò a Smirne, quindi a Efeso, ove si fermò alquanti giorni per celebrarvi le feste di Natale.

Ripostosi dipoi l'esercito in cammino, traversò il Caistro e venne in

---

[1] Questi tre fiumi mettono nel mar di Marmara.

[2] Se l'esercito francese avesse proseguito il suo cammino lungo il littorale, arebbe dovuto andare fino al capo di Lecto oggi detto Barba.

breve nella grande pianura del Meandro, dove per la prima volta i Crociati trovarono i Turchi ragunatisi colà per impedire il passo del fiume,
e superbi per aver distrutto l'esercito Tedesco. — Il Meandro era gonfio
per le sopravvenute pioggie e il suo guado, col nimico sull'opposta riva,
riesciva oltremodo difficile e pericoloso. Ma nulla potè trattenere i Crociati franchi stimolati dall'esempio del loro re. Eransi poste nel mezzo
delle ordinanze le bagaglie e i pellegrini che non portavano armi; nella
fronte, nella retroguardia e su i lati stavano ordinati in battaglia i guerrieri; così fu guadato il fiume, urtati ferocemente i Turchi, dispersi e
fattone strage.

Questo passo del Meandro prosperamente effettuato, fu la prima vittoria de'Crociati, che attribuironla alla visibile protezione divina; e molti
di loro avevano veduto il solito cavaliere dalle armi bianche, già veduto
dai compagni di Goffredo, il quale precedeva l'esercito nel detto passo
e incitava i soldati alla vittoria.

Dopo due giorni di cammino, i Crociati giunsero a Laodicea città situata sul Lico; ed ivi ebbero novelle della rotta del secondo corpo tedesco, e videro le montagne ove era perito [1]. Ma tali esempi presenti
dai quali arebbero dovuto imparare a esser cauti contro le insidie dei
Turchi, sendo le menti troppo esaltate per la recente vittoria, non fecero in loro veruna impressione.

Partiti da Laodicea, mossero verso Satalìa; e alla seconda giornata di
cammino, a mezzo giorno giunsero alle falde di certa montagna, che
sulle carte geografiche non ha nome e che Ottone di Doglio chiama *Montagna Esecrabile*. Non era ivi altra strada che angustissima e fra profondi
burroni e precipizi [2]. Dovendosi dipoi traversare le diramazioni del Cadmo,
oggi appellate Baba-Dagh, l'esercito si divise in tre corpi, cioè in antiguardo, retroguardo e battaglia, nella quale furono comprese le salmerie
e il popolo de'pellegrini. — Giuffredo di Rancone conduceva l'antiguardo
ed avea ordine che giunto sulla sommità del monte si dovesse fermare e
aspettarvi la battaglia ovvero corpo principale; ma l'indisciplinatezza non
meno de'soldati che de'capitani, l'indusse a non curare dell'ordine ricevuto e a seguitare innanzi; perchè superati i passi difficili, posesi a discendere l'opposto pendío e pervenuto in una valle vi si attendò.

---

[1] Tagenone, che ha descritto l'itinerario di Barbarossa, dice che il secondo corpo dell'esercito
tedesco perisse nelle montagne che sono propinque a Laodicea, e che il vescovo di Freisingben vi
perdesse i sandali.

[2] A destra vi sono i massi enormi delle pietre calcaree che hanno sembiante di lungo ed alti-
simo muro; a mano manca havvi un gran precipizio, nel fondo del quale veggonsi le punte delle
roccie e dei massi dirupati dalla montagna; il sentiero delle carovane passa per lo mezzo, ed è cavato nel pendio delle rupi e solo segnato dalle orme de'muli. (Vedi *Corrispondenza d'Oriente*, lettera 78).

Così fu guadato il fiume, urtati ferocemente i Turchi, dispersi e fattone strage

Lib. VI. Pag 3,-8

saltò sopra un alto masso dove difendevasi da quelli che l' avevano circondato

Lib VI Pag 3.o

Frattanto la battaglia e il retroguardo progredivano lentamente; e la battaglia massimamente impedita dalle bagaglie e dalla plebe inerme, per quei sentieri angusti e sempre sull'orlo de'precipizii, si trovò a un tratto in tanto disordine da non sapere a qual partito apprendersi. I somieri precipitavano giù dalle rupi, trascinando seco tutto ciò in che intoppavano; le rupi istesse franavansi e su i pellegrini rotolavano; sopravveniva la notte, e involto dalle tenebre con più facilità l'esercito andava scemando per il gran numero di quelli che ruzzolavano a valle.

Ora i Turchi che avevano sempre seguitato l'esercito, spiando se favorevole occasione si presentasse per assaltarlo, veggendolo in quella confusione propizia ai disegni loro, avventaronsi sulla moltitudine smarrita de'pellegrini, che per non aver armi e non consentire la natura del luogo alcuna difesa, fu facilmente sconfitta. Le grida e il trambusto della mischia giunsero agli orecchi del re che trovavasi nella retroguardia; il quale con la sua guardia accorse subito in aiuto degli assaltati. Ferocissima fu questa zuffa e a mala pena i Francesi potettero liberare dai Turchi il popolo inerme, rimanendo soli a combattere contro i nemici; e il re vi perdette la sua guardia che componevasi di pochi ma elettissimi guerrieri.

E a questo punto della sua narrazione il monaco di san Dionigi, non sa frenare le lagrime, *avendo veduti i più bei fiori della Francia, inaridirsi prima d'aver prodotti i loro frutti sotto le mura di Damasco.*

Tutta la guardia del re, era combattendo caduta, ed egli afferratosi ai rami d'un albero, saltò sopra un alto masso, dove strenuamente difendevasi da quelli che l'avevano circondato, e per cotal modo, favorito dalle notturne tenebre, potè salvarsi montando un cavallo che trovò abbandonato e correndo al suo antiguardo, dove giunto fu rianimato il coraggio dei soldati che lo credevano morto, e si consolarono in parte della morte de'loro compagni. Furono dipoi accesi molti fuochi nel campo affinchè i fuggitivi potessero ritornare all'esercito, ma niuno ne tornò.

Guglielmo Tirense deplora questa sanguinosa rotta de'Cristiani e si maraviglia come Dio abbia potuto dar la vittoria ai nimici del suo nome, ed esclama: *Ah perchè dunque o buon Gesù, perchè hai permesso che il tuo popolo fedele, il quale andava a Gerusalemme ad adorare il tuo Sepolcro, sia stato vinto e distrutto da'tuoi nimici?*

Nel campo era chiesto da tutti che si punisse la desobbedienza di Giuffredo da Rancone, ma perchè il male della indisciplina era universale, però il re stimò bene, che importasse più il governarsi in modo per l'avvenire da non incorrere in simili errori, che punire i passati.

Giunse frattanto il gran maestro del Tempio che con molti cavalieri veniva a incontrare il re. Era la sua gente disciplinatissima e i Francesi

consigliaronsi prudentemente di uniformarsi agli esempi de' Templari. Il
re elesse capitano supremo dell'esercito Gilberto soldato veterano ed espe-
rimentatissimo delle cose della guerra, e giurò egli medesimo, sebbene
padrone delle leggi (come dicono i cronisti) e fece giurare a tutti, grandi
e piccoli, di essere obbedienti al detto capitano e a tutti gli officiali e
portatori de'suoi ordini.

Riformata così la disciplina, l'esercito proseguì il suo cammino verso
Satalìa; e quantunque quattro fiate fosse assaltato dai Turchi, potè nondimeno romperli e fugarli in ogni incontro. — Malagevoli erano le strade
i viveri difettavano, ma niuno si doleva, perchè (dice Odone di Doglio)
il vincere gl'infedeli era per i Crociati francesi come una distrazione del
pensiero dalle miserie del viaggio. E perchè il nimico aveva già desolate
tutte le campagne per dove doveva passare l'esercito, fu mestieri ammazzare i cavalli che per difetto di cibo non potevano più andare, e della
carne di quelli pascere i pellegrini, i quali tutti erano di simile vivanda
contenti, *massime se potevano mangiarne con farina cotta sotto la cenere.* Dopo dodici giorni di cammino i Crociati giunsero a Satalìa.

Satalìa altrimenti detta Atalìa, situata sulla punta del golfo del medesimo nome, era abitata da'Greci e governata in nome dell'imperatore di
Costantinopoli; ma i Turchi che tenevano tutte le fortezze dei dintorni,
infestavano tutto il paese. I Sataliesi negarono aprir le porte ai Crociati,
che perciò trovaronsi senza ricovero, esposti a tutte le incomodità del
freddo invernale rigidissimo, della fame, e ai pericoli dei nemici assalti;
sendo oltreciò la loro plebe inerme, quasi ignuda, e male alloggiata in
un campo aperto, dove ebbero a trattenersi circa a un mese. In tra tanto
le loro speranze di miglior fortuna venivano meno, e la costanza e il coraggio gli disertavano. Il re ragunò il consiglio per deliberare dei rimedii
da cercarsi; ma i signori e i baroni schiettamente rappresentaronli, che i
soldati della croce, senza cavalli, senz'armi e senza vettovaglia, non potevano più sostenere nè le fatiche della guerra nè quelle del viaggio; per
la qual cosa era necessità procacciarsi una fuga per la via del mare.
Parve al re duro lo spediente, e propose che s'imbarcasse la moltitudine
inerme de'pellegrini i quali erano di niun soccorso e d'impaccio molto
ai soldati; confidandosi che liberati così della inutile brigata e divenuti
espediti alle strategiche operazioni, arebbero ripreso coraggio, e seguitata
valorosamente la strada, già con tanta gloria percorsa dai loro padri trion-
fatori di Antiochia e di Gerusalemme. E passando dipoi il re alla mo-
zione degli affetti, disse:

*Finchè mi resterà qualche cosa, per piccola che sia, io la dividerò
co' miei compagni; e quando tutto sarà esaurito, chi di voi non vorrà
meco sopportare la povertà e i disagi?*

I Baroni mostraronsi commossi e giurarono di esser pronti a morire con lui

Lib. VI. Pag. 381.

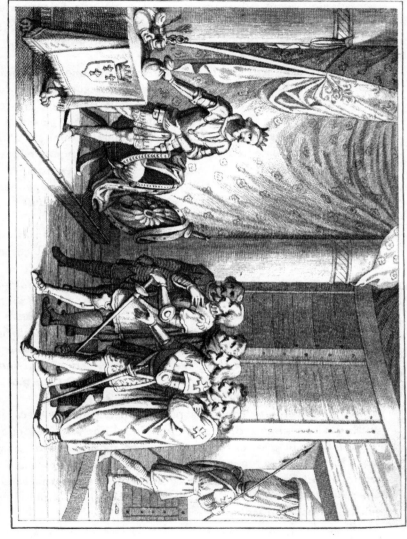

Luigi per acquetarli fece loro distribuire qualche somma di denaro

Lib. VI. Pag. 381

Mostraronsi commossi da queste parole del re i baroni e giurarono esser pronti a morire con lui ; e veramente parve la risoluzione loro tanto valorosa, che nè la ferocia de' Turchi, nè la nudità de'diserti, nè la grandezza de'pericoli la potessero espugnare; ma bene l'espugnava la fame e la greca perfidia. Allora fu ricordata con increscimento la saviezza dei consigli del vescovo di Langres; e allora ognuno fu persuaso che senza aver prima occupata Costantinopoli non si poteva soccorrere Gerusalemme, non avendo il nome cristiano più efferati e fraudolenti nimici dei Greci.

Il governatore di Satalìa venuto in cognizione dei pensieri e delle mormorazioni de'Crociati, paventando le conseguenze della loro disperazione, a fine di mitigarli, offerse al re delle navi per imbarcarvi il suo esercito e ripassare il mare; offerta che fu accettata, ma non prima, che trascorse cinque settimane, se ne vide l'effettuazione, e allora le navi che furono mandate, nè per grandezza nè per numero bastavano al trasporto de'pellegrini. Da ciò conobbero i Crociati essere i mali loro senza rimedio, nè avervi scampo alla soprastante ruina, e nondimeno erano sì inviliti che non osarono pur fare alcun tentativo per vendicarsi della greca iniquità o per espugnare l'inospitale Satalìa.

In questo mentre una deputazione di poveri pellegrini, fra i quali noveravansi non pochi baroni e cavalieri, rappresentossi al cospetto del re e parlolli in questa sentenza :

Sire, noi non abbiamo con che pagare il nostro passaggio, nè pure abbiamo mezzi per seguitare la Maestà vostra in Siria; rimarrenci qua sopraffatti dalla indigenza e dalle infermità; e quando voi ci averete abbandonati, resteremo esposti a tutti i pericoli ed infortunii fra i quali la ferocità dei Turchi fia il minor male e il meno spaventevole. Ricordatevi o Sire, che noi siamo Francesi e Cristiani ; dateci dei capi che ne consolino della vostra partita e ci aiutino a sopportare la fatica, la fame, la morte che ci sovrasta.

Luigi gli confortò con belle parole e per acquetarli fece loro distribuire qualche somma di danaro, nella qual liberalità (secondo Odone di Doglio) il re fu generoso, quanto arebbe potuto essere se non avesse cosa alcuna perduta, o non gli fosse stato mestieri di danaro. Al governatore di Satalìa, perchè avesse cura de'malati che rimanevano nella città e perchè facesse scortare i fanti fino sulle coste di Cilicia, diede cinquanta marchi d'argento.

Elesse dipoi capitani di quelli che lasciava in Asia, Thierrì conte di Fiandra, e Arcambaldo di Borbone ; fatto ciò imbarcavasi con la reina Eleonora, con i principali signori della sua corte e con le reliquie della sua cavalleria.

Dicesi che volgendo gli occhi su i Crociati che lasciava sul lido derelitti e disperati, non potesse frenare le lagrime. Quelle sventurate vittime del fanatismo, quando videro spiegate le vele del regio navile, alzarono miserevoli strida e tendevanli le braccia, ma quando il navile nel lontano orizzonte disparve, caddero in profonda e taciturna malinconia.

Ma il giorno seguente nel quale gli derelitti Crociati aspettavano la scorta e le guide promesse, videro invece venir da ogni parte frotte di Turchi ad assaltarli; dai quali da principio si difesero valorosamente, ma poi stanchi ed avviliti dalla fame, sopraffatti dal numero, chiesero invano di essere ricettati nella città. La crudeltà de' Greci, la ferocia de' Turchi, la disperazione, la miseria, suscitarono una farnetica demenza nelle menti di quei perduti; non si servò più alcun ordine, niuno riconosceva più i suoi compagni, niuno obbediva ai capi o riguardava alle bandiere; i capi medesimi dimentichi della religione, della umanità e dell'onore, abbandonavano i soldati. Arcambaldo di Burbone e il conte di Fiandra avendo trovata una nave pronta a spiegar le vele, salironvi sopra e se ne andarono, lasciando sulla riva una moltitudine di soldati che furiosamente contro la deserzione loro imprecavano.

Due masnade di pellegrini, una di tre mila uomini, l'altra di quattro mila, mossi dalla disperazione risolsero di andare verso la Cilicia, e accinte a tale impresa senza battelli per passare alcuni fiumi, e senz'armi per difendersi dai Turchi, furono totalmente trucidate. Alcune altre masnade che seguitarono le due prime, incontrarono la medesima sorte. Similmente morirono tutti i malati rimasi in Satalìa, ignorandosi come. Ma l'istoria coetanea espone con sommo laconismo i particolari di queste sciagure, per le quali più che per ogni altra sono debite e giuste le parole delle vecchie Croniche: *Dio solo sa il numero dei martiri il cui sangue fu versato dai ferri de' Turchi e anco de' Greci.*

Tanta fu la gravezza delle miserie e della disperazione, che molti Cristiani, pensavano non poter essere il Dio verace quello che abbandonavali a sì gran mali; per modo che tre mila di loro stimarono più sano avviso abbracciare la fede di Maometto e furono dai Mussulmani caritatevolmente ricevuti: *Carità* (dice però un cronista) *molto più crudele della perfidia, esser quella degli infedeli che davano il pane ai Cristiani spogliandoli della loro religione;* al che solevano rispondere i rinnegati: *Essere vero Dio sol quello che ha provvidenza de' suoi adoratori e che non gli adduce in perdizione.*

Ma i Greci di Satalìa non godettero a lungo della loro perfidia, poichè furono egualmente spogliati degli averi dai Turchi e dagli agenti del

Quando videro spiegate le vele del regio navile, alzarono miserevoli strida e tendevanli le braccia,

Lib. VI. pag. 382.

fisco imperiale; e l'aere appestato dai cadaveri de' Crociati, empì la città
di perniciose malattie; così la crudeltà loro ebbe la sua remunerazione
e così apparvero gli effetti della divina provvidenza, con lo sterminio
prima de' Crociati che guidati da terrene passioni, andavano al sepolcro
di Cristo e furono dai Greci e dai Turchi oppressi; e con lo sterminio
dipoi de' Greci medesimi, perchè Dio misericordioso gitta lunge da sè le
verghe delle quali batte e castiga i peccatori. Nè guari andò, partito Lodovico e spenti i Crociati, che Satalia fu quasi diserta e a poco a poco non
rimasero di lei altro che le sparse ruine, sulle quali i fedeli Cristiani
d'allora vedevano sedente la giustizia di Dio.

Quando il re Luigi giunse in Antiochia, il suo esercito era scemato
de' tre quarti, il che non tolse che Raimondo di Pontieri nol ricevesse
con sommo piacere, andandoli incontro con la processione del clero e
del popolo. — I Crociati nel riposo e nel lieto vivere d'Antiochia, dimenticarono i patimenti sofferti, le fatiche sostenute e la morte de' compagni. Molte celebri dame trovavansi allora nella Metropoli, la contessa
di Tolosa, la contessa di Bloase, Sibilla di Fiandra, Maurillia coutessa
di Russì, Talqueria duchessa di Buglione ed alcune altre dame non meno
per natali che per bellezza famose. Raimondo celebrò sontuose feste in onore
di Eleonora di Guienna, figliuola dell'Undecimo Guglielmo e nipote di
esso Raimondo, la quale superava tutte le sue coetanee per le doti dello spirito e della persona e che non avea trovata la sua eguale nella corte di
Emanuele. Era accusata costei (e dicesi non irragionevolmente) come
studiosa di piacere altrui più che a Cristiana reina si convenga; perlochè causa di suo pellegrinaggio non era pietà sincera e desiderio di penitenza, (ma se un coetaneo cronista non è troppo maligno interprete)
*vaghezza di sperimentare che potessero su i principi turcheschi i suoi
vezzi, volendoli onorati dagli omaggi, non meno dell'Occidente che
dell'Oriente.* Sicchè nè le fatiche, nè i pericoli del lungo viaggio, nè
gl'infortunii de' Crociati, nè la memoria de' santi luoghi sempre presenti
alla devozione de' pellegrini, non avevano potuto mitigare il suo troppo
ardente prurito e cupidità di godimenti, e la sua vaghezza di amorose
conquiste ed avventure, delle quali correvano sempre giocondissime novelle per il campo.

Nell'allegria delle feste che si facevano in onore della reina Eleonora, Raimondo di Pontieri, andava procurando alcun vantaggio al suo
principato di Antiochia; perchè standoli sommamente a cuore la depressione di Nurredino acerrimo sopra tutti i nimici del nome cristiano, attendeva a tirare i Crociati a muovergli guerra ed aiutarlo alla di lui
ruina: non risparmiando, per giungere a questo suo intento, nè pre-

ghiere, nè lusinghe, nè donativi, affinchè i Francesi prendessero diletto della stanza d'Antiochia. Raimondo ne fece principalmente officio col re, proponendoli nel consiglio de'baroni, di andare a campo ad Aleppo e ad altri luoghi propinqui; perchè riuscendo loro di occupare quelle città che erano come le porte del principato per dove venivano i Mussulmani del Tigri e dell'Eufrate, venivasi a impedir loro il far nuove irruzioni nella Siria. Andava dipoi enumerando, il principe d'Antiochia, i danni che i Turchi, per essere possessori delle dette città, aveano potuto inferirli; ricordava la cattività di Boemondo compagno di Goffredo; quella d'un re di Gerusalemme; la morte di Ruggieri e di più altri principi sorpresi e vinti dai Turcomanni e dalle orde persiche, dalle Caspie e dalle Mossulesi. Ricordava la presa di Edessa, di cui erasi sparso tanto rumore e spavento per tutta Cristianità; e li minacci del feroce conquistatore della Mesopotamia che avea fatto sacramento di espugnare Antiochia e Gerusalemme, e di restituirle alla devozione dell'islamismo.

Ma queste ed altre simiglianti ragioni erano di poco peso nella estimazione de'guerrieri novellamente venuti dall'occaso, ignoranti le condizioni de'Cristiani d'Oriente e la potenza de'loro nimici. Per la qual cosa il re Lodovico rispose: Aver egli fatto voto di peregrinare al Santo Sepolcro, essersi crociato a tal fine soltanto; e per le sofferte avversità, non poter accudire ad altre imprese; ma che però quando egli avesse sciolto il suo voto, allora darebbe volontieri ascolto alle proposte del principe Raimondo e degli altri signori di Siria per tutto ciò che ai vantaggi della Cristianità in quelle regioni potesse conferire.

Cotal niego non fu però potente a far sì che il principe antiocheno si dimettesse affatto dalle sue sollecitazioni; ma cangiando modo, sperava ottenere il suo intento; perlochè posersi d'intorno alla reina Eleonora, e fingendosi preso nello amore di lei, come quelli che conosceva non esservi miglior via da tirarla a'suoi fini, procurava con ogni studio di far sì che ponesse sempre nuovi indugi alla partita de'Francesi; sapendo bene che spesse fiate il tempo conduce le umane cose a que'termini a che l'impazienza e l'arte dell'uomo non può condurle.

Guglielmo Tirense ha nelle sue istorie tramandato ai posteri il ritratto di Raimondo, scrivendo: *ch'egli era nel conversare mellifluo e oltremodo affabile, avendo nel contegno e ne'modi certa grazia sua propria, ed abito di principe eccellente e magnanimo.*

Con queste, certo non ispregievoli qualità, posesi alla impresa di espugnare il cuore della reina; e l'arti sue erano massimamente aiutate, dal cominciamento della primavera che vestiva di giocondissimo e lascivo riso le belle sponde dell'Oronte, i molli boschetti di Dafne, e il lucido cielo

ma il re facevi appiccare il fuoco, e per tal modo milletrecento persone perironvi abbrustolate.

Verico inc.

derum del.

di Siria; tutte cose che molto conferiscono a disarmare gli animi della loro austerità e che massime in quelli delle donne hanno potentissimo influsso. E però non dee recar maraviglia se la reina, oltre le seduzioni allegate e l'eloquenza di Raimondo, vinta dagli omaggi di quella corte voluttuosa e brillante, e (se si dee prestar fede agli storici contemporanei) da dilettanze delle quali il re suo sposo, sapendole, non saria stato lieto, applicossi con tutti gli spiriti a ritardare più che le fu possibile la partenza per Terra Santa [1].

Ora il buon re Lodovico Settimo sebbene nella austerità della devozione disgradasse gli austerissimi cenobiti, non sapeva però trionfare del sospetto e della gelosia che sogliono spesse fiate turbare la interna tranquillità de'mariti le cui mogli sono piacevoli e benigne oltre il desiderio loro; per il che, quanto più la reina ostinavasi in pregarlo che indugiasse il partire, tanto più egli aveva furia di escire d'Antiochia. Ondechè Raimondo accorgendosi d'essersi affaticato indarno, parte concitato dallo amore (perchè raro addiviene che chi si studia d'innamorare altri di sè, non s'innamori egli medesimo), parte inasprito dalla delusione di sue speranze, cominciò apertamente a dolersi del re e a macchinare vendette.

Questo principe (dice Guglielmo Tirense) *era impetuoso nelle sue voglie, e talmente collerico che quando s'adirava, non v'aveva freno che il potesse contenere.* Pieno adunque di quella sua indignazione, non gli fu ardua cosa comunicarne il contagio alla reina Eleonora; la quale preso argomento della sua consanguinità col re, pretestando il divieto delle leggi canoniche, volea che il suo matrimonio fosse nullo, e perciò andava pubblicamente dicendo di voler far divorzio. E Raimondo non meno scopertamente la favoriva, protestandosi di voler ritenere presso di sè, anco mediante la forza, la sua nipote.

I secreti maneggi furono molti, nè poche le ostili dimostrazioni, cosicchè il re Luigi persuaso che il soprassedere, più gli avesse a nuocere che a giovare, fatta prendere a violenza la sua moglie e portare nel campo di notte, se ne partì da Antiochia.

Scandolezzaronsi i Cristiani de'portamenti della reina; ne risero i Turchi, e i savi consideravano quello esempio perniciosissimo in un campo ove erano molte donne non tutte fedeli e obbedienti ai mariti loro.

Durante il soggiorno della reina Eleonora in Antiochia, (dicono gli storici) che cavalieri cristiani e mussulmani quasi senza numero, giungessero alla onoranza de'suoi amorosi amplessi, ma che fra tanti, di niuno

---

[1] Guglielmo Tirense nel libro 16 dice con ingenuità: *La reina ponendo in non cale la dignità reale e i doveri della sua fedeltà coniugale, abbandonavasi disfrenatamente a non concessi piaceri.*

T. I.   49

più s'invischiasse tenacemente nella voluttà, che d'un giovinetto turco, per cui insaniva d'amore, che arricchì de'suoi presenti e per cui al re suo sposo e al regno di Francia volea renunciare, usando dire: *che più le era a grado riposar la testa sul seno di quel bello giovinetto, che i piedi sulle teste di mille popoli ossequenti* [1]. — Non ostante Mezeray gravissimo scrittore nota: *che in sì fatte cose, molte volte dicesi troppo più che non è; e molte volte ancora, molto meno del vero:* onde se la reina Eleonora debbasi dolere o rallegrare della fama, rimansi alla discrezione del benigno lettore il darne sentenza. — Ma certo è però che il re Luigi non si potè dimenticar mai tante ingiurie, cosicchè dopo pochi anni trascorsi repudiò Eleonora la quale si congiunse in matrimonio a Enrico Secondo, portandoli in dote il ducato di Guienna che, incorporato a Inghilterra, fu non piccola in tra le altre funeste conseguenze che dalla Seconda Crociata derivarono alla Francia.

Ad accrescere l'impazienza che avea il re Lodovico di partire da Antiochia, s'aggiunse una imbasceria del re e dei baroni di Gerusalemme, i quali dubitando che volesse fermarsi colà, scongiuravano in nome di Gesù Cristo di accelerare più che gli fosse possibile la sua andata in Palestina. Per la qual cosa Lodovico postosi in cammino e traversata la Siria e la Fenicia, senza trattenersi alla corte del conte di Tripoli che aveva progetti simiglianti a quelli di Raimondo da Pontieri, giunse in Terra Santa, ove la sua presenza risuscitò le speranze e il coraggio abbattuto de'Cristiani. Il popolo di Gerusalemme, i principi e il clero escironli incontro con rami d'olivo e cantando le parole con le quali fu salutato il Salvatore del Mondo: *Benedetto colui che viene nel nome del Signore!*

Nel medesimo tempo arrivò a Gerusalemme l'imperatore di Allemagna col seguito di pochi de'suoi baroni, e non con la magnificenza d'un gran principe, ma con l'umiltà del pellegrino. — Rividersi i due monarchi volentieri, piansero insieme i sofferti infortunii, e andati insieme nella chiesa della Resurrezione, adorarono con rassegnazione gl'imperscrutabili decreti della Provvidenza.

Frattanto il re Baldovino Terzo, giovine promittente grandi cose, cupidissimo di acquistarsi fama e di accrescere i suoi dominii, procurava far confidenti di sè i Crociati, e concitarli alla guerra contro i Mussul-

---

[1] Alcuni storici, di quelli che non tengono molta dimestichezza con la cronologia, asserirono che la reina Eleonora s'innamorasse di Saladino, non avvertendo, ch'egli nacque l'anno medesimo in cui Eleonora fu maritata al re Lodovico, e che per conseguenza a quest'epoca non aveva più di dieci anni, età forse precoce per tener pratiche amorose. — Lo scrittore delle *gesta di Lodovico VII* tace prudentemente quelle della regina di lui moglie, e in ciò se ne stette fedele al titolo del suo libro. — Trad.

mani. Fu a tal fine convocata una assemblea a Tolemaida, alla quale intervennero l'imperatore Corrado, il re di Francia e quello di Gerusalemme con i loro baroni e cavalieri e con il clero; e v'assistettero oltre ciò la reina Melisenda, la marchesa d'Austria e più altre dame francesi e tedesche che avevano seguitato i Crociati in Asia. La reina Eleonora di Guienna, o perchè si vergognasse di mostrarsi in quel nobile consesso, a cagione della celebrità delle sue geste d'Antiochia, o perchè avesse vòlto l'animo ad altre cure, non v'intervenne. Ma i Cristiani d'Oriente traevano sinistro presagio dal non essere stati invitati a intervenire nell'assemblea, il principe di Antiochia, e i conti di Edessa e di Tripoli: noncuranza che i più prudenti avvisavano dover esser seme di perniciose discordie.

Nei discorsi delle consulte non fu neppur fatta parola del conte Giosselino, e di Edessa per la cui perdita s'era suscitato tanto moto guerresco dell'Occidente; e neppure fu fatta menzione di Aleppo la cui impresa era con tanto calore stata consigliata da Raimondo. Fu invece proposta l'impresa di Damasco, che fino dal principio del regno di Baldovino era stata sempre universalmente desiderata da tutti i principi e signori di Palestina; perchè sendo consuetudine de' Cristiani partirsi fra loro le terre e le case de' nuovi conquisti, il popolo che abitava le sterili montagne della Giudea, i guerrieri di Gerusalemme e il clero medesimo, non vedevano altro spediente da poter migliorare le condizioni loro, che impadronirsi del feracissimo territorio di Damasco, ove profferivansi ai vincitori, dovizia di prede, belle e sontuose abitazioni e campagne da ottima cultura fatte sommamente produttive. Consideravasi eziandio che prevenendo per tal modo i conquisti degli Atabecchi, e principalmente del sultano Nureddino, sarebbersi non poco assodati i fondamenti del regno gerosolimitano; fu pertanto nell'Assemblea di Tolemaida deliberata l'impresa di Damasco.

Al cominciar di primavera, ragunossi l'esercito in Galilea e avviossi verso Panea. Erano capitani il re di Francia, l'imperador d'Allemagna e il re di Gerusalemme; e precedeva il patriarca portando la vera Croce. Eranvi ancora i cavalieri del Tempio e di San Giovanni.

La città di Damasco detta modernamente *El Sciaam* cioè *la Siria*, perchè ne è la metropoli, siede in una valle alle falde dell'Antilibano; ed ha una lega e mezza di circonferenza. È annumerata in tra le città sante dell'islamismo e la sua popolazione mussulmana è fieramente fanatica e odiatrice de'*Giauri*, cioè de'Cristiani. I suoi giardini giocondi e ricchi d'ogni varietà di alberi, tengono del territorio meglio che sette leghe; gli aranci, i limoni, i cedri, gli albicocchi, i susini, i ciliegi, i peschi, i fichi e simili, vi spiegano straordinaria pompa e lussuria di vegetazione. Il fiume Barradi, o, Barrada, i cui due principali rami anticamente appellavansi uno Farfar e l'altro Abana, diramandosi ancora in molti minori rigagni, versano per le campagne e per la città copia di acque purissime [1]. Ezechiele profeta fa grandi elogi dei vini di Damasco, dei molti suoi laboratorii, e del colore delle sue lane. Il commercio principale che fa a' dì nostri Damasco, consiste in drappi di seta, tele di cotone, zuccheri, frutti secchi, e selle per i viaggiatori del deserto: tutti i giorni alcuna carovana mercantile di El Sciaam parte per vari paesi dell'Oriente.

In più luoghi della Scrittura la città di Damasco è descritta quale soggiorno di voluttà e di delizie; e a' dì nostri tuttavia annumerasi fra le più ricche e più dilettevoli città dell'Oriente. L'interno delle sue case è quasi sempre sontuoso ed elegante, avente in mezzo una bella corte con aranci, melagrani, giugiuli e fontane con sottilissimi spilli di acqua. In una leggenda mussulmana raccontasi che Maometto, quando vide Damasco, ammirato per la bellezza del luogo, si fermò, nè volle discendere nella città, dicendo quelle memorabili parole: *Non vi ha che un solo paradiso, concesso all'uomo; ma io ho risoluto di non cercare il mio in questo mondo.*

Damasco vetustissima città a memoria d'uomini, fu primamente abitata dagli Assiri, poi dai Persi, dai Greci, dai Romani, e dagli imperatori d'Oriente: venuta poscia in potere degli Arabi su i primi anni dell'Egira, fu fatta principato mussulmano. Al tempo di questa seconda crociata, fu combattuta dai Latini, dagli Ortochidi e dagli Atabecchi e quasi privata di tutto il suo contado: ondechè il principe che la dominava non avea men cura di difendersi dalle invasioni straniere che dall'ambizione de'circostanti emiri. Nurredino signore di Aleppo e di più altre città della Siria, aveva già tentato più volte d'impadronirsi di Damasco, per unirlo a'suoi altri conquisti; e stava appunto in questa brama quando i Crociati v'andarono a campo.

Da Oriente e da meriggio la città era da alte mura difesa [2]; da Occidente e da tramontana, servivanle di antemurale i suoi vasti giardini, ricinti da palizze, da muri di terra e da piccole torri; dalle quali, occorrendo, potevano combattere gli arcieri. — I cronisti si sono dilettati

---

[1] Il fiume Barradi ha la sua fonte distante dieci leghe da Damasco a Maestrale. — Nelle lettere 145, 146, 147, 148, 149 della *Corrispondenza d'Oriente*, vi sono tutte le notizie concernenti Damasco.

[2] Guglielmo Tirense e lo scrittore delle *Gesta di Lodovico VII*, trattano con qualche particolarità dell'assedio di Damasco. Il cronista arabo Ibn Alatir, e Dehebl, vi spendono intorno poche parole. (Vedi *Biblioteca delle Crociate*.)

nella descrizione dell'esercito cristiano sotto Damasco; e in tra le altre merita esser qui accennata quella dello scrittore delle *Gesta di Lodovico VII*, che dice: *Oh come era bello l'aspetto di quello esercito, e delle innumerevoli sue tende nuove, e delle sue bandiere varie di colori e di forme sventolanti all'aura! I Mussulmani dentro le loro mura ne fremettero di terrore; nè è da farne maraviglia, perchè sapevano di aver contro il fiore della nobiltà francese.*

Consultato fra i capi dell'esercito intorno al cominciare dell'assedio, fu risoluto che prima si dovessero occupare i giardini, per avervi provvigione di acqua e di frutti: impresa utile, ma difficile; perchè quei giardini che si estendevano fino alle falde dell'Antilibano, erano foltissimi di arbori e non avevano che angustissimi viottoli pe'quali potevano passare a mala pena due uomini di fronte. Oltreciò i Damasceni avevano piantate in ogni adito certe loro trincere dietro le quali era facile e quasi senza pericolo la difesa. — Affrontarono nondimeno bravamente i Cristiani questi ostacoli, e da più lati irruppero ne'giardini; ma dalle torri e dalle trincere e anco dagli alberi piovevano loro sopra dardi e giavelotti a nugoli, nè movevano passo innanzi senza fierissimi contrasti; i quali benchè gli ritardassero non poterono però impedirli dall'avvicinarsi alle mura.

L'esercito cristiano procedeva con quest'ordine; andava nella fronte il Re di Gerusalemme con le sue genti e i Cavalieri di San Giovanni e del Tempio; seguitava con la battaglia composta de'Crociati francesi il Re Luigi; e l'Imperatore d'Allemagna, con le poche reliquie che avea potuto raccogliere del suo esercito, formava il retroguardo e vigilava che gli assediatori non fossero dal nimico sorpresi alle spalle.

Con grande ardore assaltava le schiere mussulmane il re Baldovino, paragonato da'suoi propri soldati a Davide il quale, secondo la scrittura, anticamente avea vinto un re di Damasco. I Mussulmani ordinatamente ritirandosi, s'erano fermati sulle rive del Barrada a ponente della città, a fine d'impedire a'Crociati, col trar delle pietre, d'andarsi a dissetare, a che dovevali stimolare il caldo grande e la fatica della pugna. E di fatti la gente di Baldovino per andare al fiume fece impeto nei Mussulmani, ma non potè espugnarli; del che accortosi Corrado dimostrò il suo valore e perizia militare con un fatto degno degli eroi della prima Crociata: perchè conducendo seco alquanti de'suoi cavalieri e passato per lo mezzo ai Francesi che per la difficoltà del luogo non potevano combattere, se ne andò nella fronte dell'esercito, ed ivi improvviso e fresco avventatosi contro il nimico, talmente il disordinò che già estimavasi certo della vittoria; quando se gli contrappose un mussulmano di gigantesca persona, che bene armato, mostrava nelle armi incredibile valentìa. Attoniti, intermettono i due eserciti la pugna e stanno a riguardare il duello... I due campioni si attentano alla vita in varii modi; pari è il valore, pari la perizia, e l'odio e il furore in entrambi i petti fierissimi; finalmente Corrado tira sulla spalla dell'avversario tale un fendente, che gli divide il corpo in due parti [1]. A un tanto prodigio esclamano di gioia i Cristiani e più feroci riprendono la zuffa; ma i Mussulmani spaventati, dànnosi alla fuga, correndo verso la città e lasciando i Crociati padroni del fiume.

Gli scrittori orientali descrivono il terrore de' Damasceni dopo tale sconfitta; e raccontano che per il dolore che ne ebbero, giacquersi sopra la cenere alquanti giorni. Fu esposto in mezzo alla grande moschea il Corano raccolto da Osmano; le donne e i fanciulli stavano prostrati intorno al sacro volume, invocando il santo profeta Maometto e supplicandolo del suo soccorso.

Ma lo spavento era tanto grande che il popolo fece disegno di abbandonare la città, e sbarrate le strade che mettevano ai giardini, affinchè i nemici non entrassero così subito e senza ostacolo nella città, attendevano a ragunare i loro tesori e a disporre le loro famiglie per escire dalle porte di settentrione e di mezzogiorno.

Frattanto i Cristiani tenendosi sicuri del conquisto di Damasco, come se già ne fossero stati padroni, stavano deliberando a quale de'loro capi se ne appartenesse la sovranità. La maggior parte de' baroni e de'signori dell'esercito si raccomandavano, chi al re di Francia, chi all'Imperatore, per essere eletto principe o almeno governatore del nuovo conquisto, e per modo si accecarono in questa loro cupidità, che tutti applicati nel sollicitare il principato, pretermisero le cure dell'assedio dal quale la satisfazione de'loro appetiti dipendeva. — Ma fra tutti i postulanti, quegli che era più ardente e che conseguì il suo fine, fu Thierrì d'Alsazia conte di Fiandra, il quale aveva già peregrinato due volte in Palestina prima della Crociata e che lasciati a'suoi parenti gli stati e i possessi che aveva in Europa, preponeva a quelli un men sicuro e meno ricco dominio in Asia. Nondimeno la preferenza ch'egli ottenne, causò molte gelosie e scissure nell'esercito; di modo che, fino a tanto che l'ambizione de'capi era da qualche speranza lusingata, tutti combattevano con zelo e valore; ma quando le private speranze mancarono, lo zelo e il valore vennero meno, e i delusi non considerando più nella impresa l'utilità del nome cristiano, s'adoperavano secretamente per impedirne il buon successo.

---

[1] Lo Scrittore delle *Gesta di Lodovico VII* impiega un intiero capitolo nella narrazione di questo duello.

Cozzini dis.   Stanghi inc.

le donne e i fanciulli stavano prostrati intorno al sacro volume,

Lib. VI.Pag. 390

Gli assediati, penetrate queste novità, colsero l'occasione di trattare, e parte con minaccie, parte con larghe promissioni, parte con danaro corruppero totalmente i valorosi propositi de' Crociati. Principalmente attesero a guadagnarsi i baroni di Siria, ponendoli in diffidenza degli occidentali, facendo correr voce che erano venuti in Oriente per ispogliare i loro fratelli delle città che vi possedevano. Minacciavano inoltre di dare Damasco al Sultano di Mossule, o a Nurredino, che divenuto padrone di sì ricco stato, averebbe potuto accrescere molto il suo esercito, insignorirsi di tutta la Siria e cacciare i Cristiani da Gerusalemme. I baroni di Siria o che prestassero fede a queste parole o che sospettassero già de' Francesi, applicaronsi con tutti gli spiriti a far sì che l'assedio andasse in lungo, nè concludesse a prospero resultamento, al quale effetto estimarono necessario l'artificio di fallaci consigli.

E presa l'occasione d'una assemblea, proposero che si mutasse l'ordine della ossidione, allegando che la prossimità de' giardini e del fiume, impedisse il profittevole collocamento ed uso delle macchine; e che il campo cristiano, nel luogo ove era, troppo rimaneva esposto alle insidie del nimico e ad essere da quello assediato; per la qual cosa appariva più agevole e sicuro combattere la città da meriggio e da oriente.

Questo malizioso consiglio persuase i capi de' Crociati più valorosi che prudenti, e troppo prosuntuosi della vittoria: nè sapevano diffidare dei Cristiani d'Oriente avendoli per leali fratelli e presupponendosegli grati e ben affetti, per aversi assunta a loro contemplazione questa impresa. Nè poco conferì che fosse adottata la nuova proposta, l'universale desiderio di accelerare la vittoria.

Fu dunque traslatato il campo, dopochè subito apparvero le difficoltà delle alte mura e delle ben fortificate torri, non prima considerate. Oltreciò nel luogo novellamente eletto per essere sterilissimo e privo di acque, mancava l'esercito di quelle comodità di che prima aveva avuto abbondanza.

Frattanto ai Damasceni giunse un soccorso di ventimila Curdi e Turcomanni, onde, secondo l'espressione d'un arabo scrittore, copertisi con lo scudo della vittoria, cominciarono a far alcune sortite contro gli assediatori, con seconda fortuna. Questi dettero più assalti alla città e sempre furono rispinti; mentre che, per essere quel terreno arido e le convicine campagne devastate dai terrazzani, e nascosti i raccolti, andavano i Cristiani a poco a poco mancando di vettovaglia. Nacque però fra loro la discordia; tutti si dolevano di perfidie e di tradigioni; i cristiani di Siria e quelli d'Europa non concorrevano più uniti alle militari fazioni.

In questo mentre ebbero notizia che i Sultani di Aleppo e di Mossule si avvicinavano con grosso esercito; onde ogni speranza di vittoria andò in fumo, e l'assedio fu tolto. Tale fu la fine di sì gran moto che avea mossa l'attenzione di Europa e d'Asia.

In tra le cose che di questo assedio meritano menzione è, che capo de' Damasceni era Ajub fondatore della dinastia degli Ajubiti; e che avea seco il suo figliuolo Saladino, serbato dal destino alla destruzione dei Cristiani e alla espugnazione di Gerusalemme. — Era stato ucciso in una sortita il figliuolo primogenito d'Ajub, al quale i Damasceni fecero un magnifico monumento di marmo, che per più secoli dipoi fu conservato sotto le mura della città.

Un vecchio sacerdote mussulmano che da circa quarant'anni stavasene in austerissima vita dentro una vicina caverna, per la venuta dei Cristiani avea dovuto rifugiarsi nella città; ma quando si vide al sicuro, parveli viltà aver fuggita la palma del martirio, perlochè, sebbene i suoi discepoli con istanza ne lo sconsigliassero, volle disarmato andare incontro al furore de' Crociati, e sul campo di battaglia trovò la morte che desiderava, e fu venerato qual santo dai Damasceni, non ostante che i più savii teologi maomettani opinino, che la palma del martirio debbasi ricevere, se l'onor della fede il richieda, e non cercare [1].

Gli storici arabi pongono molta diligenza nel riferire come gli ecclesiastici cristiani s'adoperassero con tutti gli spiriti a eccitare il coraggio e l'entusiasmo de'loro soldati; narrando che in una zuffa, accaduta sotto la città, fu visto venire in mezzo ai combattenti un prete canuto, a cavallo a una mula, e con una croce in pugno, il quale facea animo ai Cristiani, promettendo loro in nome di Cristo la conquista di Damasco. Aggiungono di poi che i Mussulmani faceano bersaglio ai loro dardi quel canuto vecchione, e che i Crociati lo difendevano, onde la mischia divenne più che mai feroce e ostinata; ma che il detto prete alla fine cadde trafitto sopra i cadaveri de'suoi difensori, del che spaventati i Cristiani, andarono in fuga.

Merita anco avvertenza la diversità che è in tra le sposizioni dell'assedio di Damasco fatte dagli cronisti arabi e dai latini; in questo però sono concordi, che il levar del campo e il ritirarsi de'Crociati fu opera

---

[1] Vilcheno nel terzo volume della sua *Istoria delle Crociate* pag. 25, ha riportato il testo arabico, ma non l'ha tradotto a dovere; ed ha non poco alterata l'allocuzione del vecchio sacerdote fatta ad uno de'suoi discepoli, che volle morire con lui. Questo luogo dimostra come la cupidità del martirio fosse disordinata non meno in molti de'Cristiani che de' Mussulmani, endo proprio della ignoranza eccitare tanto la fantasia che l'induce a trasmodare e pervertire anco le cose migliori. — Trad.

Fu visto venire in mezzo ai combattenti un prete canuto, a cavallo a una mula, e con una croce in pugno.... *(Lib. VI. Pag. 392)*

della tradigione. — Lo scrittore de' *Gesti di Lodovico Settimo*, testimonio oculare, asserisce che i capi de' Damasceni, tenevano pratiche secrete
con i baroni di Siria, promettendo ricompensarli largamente se riescivano
nel far deliberare ed eseguire la riferita traslazione del campo; E dice:
*Quei baroni de' quali la Istoria ha vergogna di registrare i nomi, per
non offendere i discesi da loro della avita infamia, consigliarono al re
Luigi di trasferire il campo dall' altra parte di Damasco; e, oh, dolore! il reo consiglio, fu accettato.* — Uno scrittore orientale, asserisce oltreciò, che il Re di Gerusalemme, concorresse per avarizia a guastare l'impresa, e che ne fosse punito dagli assediati, i quali quando ebbero a pagarli le somme pattuite, dettergli moneta di piombo indo-
rata.

Alcuni cronisti latini tassano pure l'avarizia de'Templari; altri accusano gli artifizi di Raimondo principe d'Antiochia che bramava far vendetta del re Luigi. — Guglielmo Tirense espone con imparzialità i diversi pareri, dicendo che l'esito sinistro della impresa da alcuni s'attribuiva a invidia ed emulazione de' capi cristiani; da altri alla corruzione di alcuni principi e baroni; per punire i quali, Dio cangiò miracolosamente in piombo l'oro dato a mercede di tradimento. Conclude
però, essere nelle tenebre della incertezza nascosta tuttavia la verità; ed
invoca la giustizia di Dio contro i rei di sì gran misfatto.

Ma lo storico che per l'interposizione di più secoli ha l'animo più sicuro
dall'influsso delle passioni, e che perciò ha maggiore abilità a disaminare i
testimonii de'vetusti successi; considerando esser quasi sempre le croniche
contemporanee, come documenti delle opinioni volgari, le quali del sinistro esito delle cose sogliono accagionarne la tristizia de'coetanei; non
correrà precipitosamente a dar sentenza o contro i baroni di Siria, o contro i Templari o contro Raimondo, avvertendo che quelli antichi crociati non potevano poi essere tanto rozzi e passionati da non conoscere,
che se uniti insieme lasciavansi vincere dal nimico, rimasi poscia ognuno
da sè, non avrebbero potuto resisterli, onde la rovina della lega, veniva
anco a gravare sopra ogni collegato, con la certa destruzione del dominio cristiano in Oriente. Ma chi giungerà mai a scoprire le vere cagioni
degli umani successi, o l'influsso in quelli delle umane pazzie?

Andata a vuoto l'impresa di Damasco, fu proposto nel consiglio dei
capi di far quella d'Ascalona; ma eravi poco fondamento per essere già
gli animi spogli di confidenza e di coraggio. L'imperatore d'Allemagna
volse i pensieri a ritornarsene in Europa, dove dal Pontefice, sebben
forse non meritamente, ebbe dipoi il titolo di *Difensore della Santa*

Romana Chiesa [1]. — Il re di Francia rimase ancora circa a un anno in Palestina, ma solo con usanza e contegno d'umile pellegrino.

Dopo quest'epoca, secondo Guglielmo Tirense, gli stati cristiani di Asia andarono in rapida declinazione. I Mussulmani cominciarono a stimar poco i principi d'occidente, e d'assaliti, fecionsi assalitori. — I Crociati ritornati in Europa andavano dappertutto esecrando la perfidia dei Greci, la tradigione de' Cristiani di Siria, e magnificando la potenza dei Turchi, persuadendo ai popoli che in vano si farebbero nuovi tentativi a defensione del regno gerosolimitano.

La prima Crociata fu per moltissimi scrittori contemporanei diligentemente narrata; laddove la seconda non conta più di tre soli storici, i quali, o per vergogna o per altro pregiudizio, toccano troppo lievemente le cose avverse e gl'infortunii de'Cristiani, interrompendo spesse fiate il racconto di quelle imprese i cui preparativi descrissero prolissamente e il cui esito seccamente espongono. Da ciò non ostante appar manifesto quanto umilmente della seconda Crociata sentissero.

Nè in vero i soldati di Cristo acquistaronvi gloria; e i capi loro privi del valore e fors'anco del fanatismo di Goffredo e de'suoi compagni, incorsero ne'medesimi errori di quelli, non fondandosi una colonia nell'Asia Minore che gli potesse guardare alle spalle, nè assicurandosi la strada con occupare le città che vi trovavano. Ammirasi universalmente la pazienza, o, per meglio dire, la dabbenaggine con cui sopportarono le ingiurie e le perfidie de'Greci, che furono prima radice di tutti i loro mali. Conducevano similmente col loro esercito, quelle grosse turbe di fanciulli, di donne, di vecchi, inabili a giovare ai soldati, ingombro ed impaccio alle militari operazioni, e nelle sconfitte le più volte impedimenti alle salutevoli deliberazioni. Anzi la presenza loro l'indisciplina e la licenza fomentava.

Giuffredo di Rancone, la cui imprudenza costò la vita alla metà dell'esercito francese, e pose a gran ripentaglio la vita del re; perchè mostrò pentimento dell'errore, non fu punito, e tennesi al tutto purgato del male di che fu cagione, dopo che ebbe adorato al Sepolcro di Cristo.

Nocque inoltre assai alla seconda Crociata la corruzione de'costumi che fu portata al suo eccesso dal gran numero delle donne che si crociarono e che cangiata la conocchia e il fuso in lancia e spada, mischiavansi nelle schiere de'soldati. Nè furono di piccolo trastullo le compagnie di quelle amazzoni le quali s'elessero un capitano degno di loro,

---

[1] La bolla del papa è registrata negli annali del Baronio all'anno 1149.

an vero arcifanfano, tutto azzimato e pieno di fiocchi e di pennacchi con gli stivali dorati, onde nell'esercito lo chiamavano: *la Madonna delle gambe d'oro* [1].

Nè poco conferì alla corruzione de'costumi, l'essersi ricevuti fra i Crociati i più profligati e nequitosi uomini che fossero, tutti facinorosi, ladri, rapaci e intolleranti di disciplina. — San Bernardo che intitolava la Crociata *Via del Paradiso*, procurava inscrivervi massimamente i più grandi peccatori, rallegrandosi molto e facendone festa quando riescivali di tirarne un gran numero in quella sua via di salvazione. Il concilio di Reims, totalmente devoto all'abate chiaravallese, emanò decreto: che penitenza degli incendiarii fosse, militare per un anno a servigio di Dio in Palestina o in Ispagna; non considerando che poste le armi in mano a simili scellerati e mandati liberi sotto le bandiere della Crociata, era un aprir loro campo a nuovi misfatti e a corrompere la bontà de'compagni. Di fatti quando l'esperienza de'molti disordini dimostrò il pericolo di sì fatta milizia, i capi invece d'usare severità, tollerarono, e la tolleranza loro che credevano imitazione della divina misericordia, causò la ruina de'buoni e de'cattivi.

Era poi sommamente piacevole a considerarsi nell'esercito l'accoppiamento di estrema severità nelle pratiche religiose, con le maggiori mostruosità d'ogni licenza. Governavasi il re di Francia non quale capitano di soldati il debbe, ma qual suole abate di cenobiti [2]. Ostentò molta affezione per il suo popolo andato con lui contro i pericoli della Crociata, sebbene dipoi l'abbandonasse a certa morte. Facevansi nel suo campo molte processioni e pochi esercizi militari, e i soldati più nelle orazioni, che nelle armi confidavano. Poco fu l'uso della umana prudenza, presuntuoso il fondamento che facevasi nella divina provvidenza.

Notaronsi nella prima Crociata i caratteri della pietà e dell'eroismo; nella seconda invece la prima senza il secondo non partorì alcun frutto laudevole; i monaci e i preti che l'avevano predicata la governavano e ad ogni faccenda soprassedevano. Il re di Francia negli infortunii non mostrò che la rassegnazione de'martiri; e nelle zuffe, il valore di privato soldato e niuno intelletto di accorto capitano. — Nè di migliori qualità fe' mostra l'imperatore, che per cieca presunzione di guerreggiare da sè solo senza la participazione de'Francesi, condusse il suo esercito allo sterminio. Sì l'uno che l'altro monarca poco valea della mente; e l'esito delle grandi imprese più dalla capacità del capitano che dal numero dei soldati dipende.

[1] Vedi Cinnamo.
[2] Odone di Doglio.

Odone di Doglio attribuisce la ruina de'Tedeschi alla loro intemperanza, dicendo che erano (*ebrii semper*), sempre avvinazzati; che Corrado si fidò troppo nelle promessioni di Emanuele, il quale facevali la spia a' Turchi, e fornivalo di perfide guide. Appare il carattere di questo imperatore da una sua lettera mandata all'abate di Corveia, nella quale scrive: *Io ho fatto in Terra Santa quello che Dio ha voluto, e quello che i principi d' Oriente m' hanno lasciato fare.*

Così nella spedizione non vidersi mai azioni nobili e valorose, nè effetti di grandi passioni, nè prova alcuna di senno o di prudenza; anzi il presente secolo non produsse che due soli uomini i cui nomi meritino della posterità, cioè i due savii ministri di due principi imbecilli.

Anno 1147. — L'usanza delle crociate asiatiche, quantunque non fossero sempre accompagnate da prospera fortuna, fece nascere la pia cupidità negli animi degli ecclesiastici di soggiogare tutto il mondo alla legge di Cristo; onde mentre Currado e Lodovico conducevano i loro popoli in Asia a cercarvi la palma del martirio; alcuni zelanti predicatori, con commessione della Santa Sede, incitavano i popoli di Sassonia e di Danimarca, a portar la guerra contro i popoli del Baltico tuttavia viventi nelle tenebre del paganesimo. Ordinossi a tal fine un grosso esercito di centocinquanta mila Crociati, condotto da Enrico di Sassonia e da altri principi, e vescovi ed arcivescovi, il quale mosse primamente contro gli Slavi [1]. Questi nuovi Crociati portavano sul petto una croce rossa, simbolo dell'intendimento loro di voler propagare la cristiana fede con la spada; e sopra essa croce, eravi la forma d'un globo, che indicava dover essere soggiogata tutta la terra alla legge di Cristo. Nè di sì fatti modi di apostolato si denno scandolezzare coloro che la religione dalla ragione non iscompagnano, considerando che le cose sante, sebbene in ogni tempo violate e profanate dalla stultizia degli uomini dementi o cattivi, nulla perdono però della santità loro, perchè essendo da Dio, anco nella sentina della umana iniquità immacolate si serbano, aggravando la reità di chi tenta macchiarle.

Andavano con l'oste i predicatori della nuova crociata, e gli animi della imperversante moltitudine a sempre maggiore fanatismo esaltavano. Prime gesta furono gli incendi d'alcuni templi degl'idoli, e la destruzione della città di Maclona, luogo di convegno per i sacerdoti pagani.

---

[1] Vilcheno ha narrata questa crociata contro i popoli del Settentrione, molto diffusamente, interessando specialmente la storia delle nazioni germaniche (Vedi *Geschichte der Kreuzzüge*, lib. 4). Ne fa anco parola Ottone di Freisingben. — Sassone il Grammatico, ne tratta minutamente nel suo lib. 13. — Merita pure esser consultata la Storia latina d'Allemagna di Cronzio. — Mallet nella sua Storia di Danimarca non ne fa parola.

I Sassoni, usarono negli Slavi quella medesima ferocità che ne' padri loro
aveva usata Carlomagno; ma non riescirono però a soggiogarli.

Durò, questa disumanissima guerra, tre anni, dopo i quali, e mediante i
propri loro danni i Sassoni e i Dani s'accorsero, che mal si combatte
contro chi disperatamente si difende in casa sua, cinto dal mare e da regioni difficili; onde offersero proposizioni di pace. Gli Slavi, cui troppo
gravava sì feroce guerra, per torsene l'incomodità, promisero convertirsi
al Cristianesimo, ma solo per levarsi il nimico d'addosso e con proposito
di mantenersi fedeli alla loro religione: però conclusa la pace e partiti i
Sassoni e i Dani, gl'idoli loro, con maggiore ostentazione di sacre cerimonie, ritornarono a venerare; dando così ammonimento agli intemperanti Cristiani, che l'adorazione dell'uomo a Dio debbe provenire da libera e persuasa volontà e non da violenza.

Fuvvi ancora un'altra crociata che avventò il suo turbine contro le
rive del Tago. — Già da molti secoli i Saraceni eransi stanziati nella Spagna, ove da'Cristiani avevano continue molestie. Rodrigo Dias di Bivar,
soprannominato arabicamente *El Sidi* (il Signore), guerreggiò diuturnamente contro i Mori; già gli aveva da alcune provincie cacciati, e quando
la seconda crociata partì per l'Oriente, egli con gli Spagnuoli era a campo
sotto Lisbona [1], ma con poca speranza di espugnarla non avendo numero
sufficiente di genti. Giunse frattanto alla foce del Tago un'armata di Crociati francesi che andava in Oriente. Alfonso dei duchi di Borgogna e nepote del re Roberto, trovandosi nel campo col Sidi, veduta l'armata
andò immantinente incontro ai Crociati, pregandoli che contro i Mussulmani di Lisbona lo volessero delle forze loro soccorrere, dovendo piacere a Dio egualmente che gli combattessero in Ispagna o in Asia, e promettendo loro che se si avesse vittoria di quella impresa, eglino e di tesori, di prede e di ricchi possessi, preferendo il fermarsi colà, sarebbero
largamente stati premiati. I Crociati considerando che il voto loro era
assolutamente di far guerra ai nimici di Cristo senza specificazione del
luogo ove dovessero adempirlo, accettarono la proposta d'Alfonso, ed
esciti dalle navi, agli assediatori si congiunsero.

Non mancarono però i Mauri al debito del loro onore, e quattro mesi
ancora strenuamente si difesero, dopo i quali Lisbona fu presa d'assalto,
e i suoi difensori spietatamente passati per le armi.

Ottenuta questa vittoria, mosse l'esercito spagnuolo contro alcune altre città de' Saraceni, che similmente ottenne, e tutto quasi il Portogallo
venne a devozione d'Alfonso che se ne coronò re.

_____

[1] Una tragedia di Corneille intitolata *Le Cid*, tratta di questo medesimo personaggio che ne
è il protagonista. T.

Quei Crociati, contenti dello stato loro, non pensarono più all'Oriente, e senza porsi a nuovi ripentagli di lontane guerre, come savii e prudenti che erano, fondaronsi colà un nuovo regno che ebbe maggior vita e lustro del Gerosolimitano [1].

Queste guerre mosse contro la potenza mussulmana, suscitarono la vaghezza della imitazione in quasi tutti i popoli cristiani; perchè anco Ruggiero di Sicilia prese le armi contro i Saraceni d'Africa, gli cacciò da Siracusa ove s'erano stanziati; e allestitasi una armata, gli perseguitò per il mare fino al loro paese, ove sorpresa la città di Tripoli di Barberia, le dette il sacco, ritornandosi dipoi in Sicilia carico di preda. Poi ancora nel tempo medesimo in che i Crociati tedeschi e francesi giungevano in Siria, Ruggiero mosse nuova guerra agli Africani; e mentre Corrado e Lodovico assediavano Damasco, egli espugnò la città di Maadià, ovvero, come altri vogliono, l'ottenne per fame. Tali spedizioni contro l'Africa furono fatte più volte duranti le Crociate, ma con piccoli vantaggi.

Dal prospetto di queste guerre mosse dai Cristiani contro l'Oriente, contro il Settentrione e contro il Mezzogiorno, appare che l'intesa loro non ristringevasi più al conquisto e alla difesa d'un sepolcro, ma alla propagazione della loro fede per tutto il mondo mediante la spada, e anco alla propagazione del commercio; ma perchè questi non erano unici fondamenti delle loro azioni, poterono gli altri interessi, benchè secondari, disturbare il compimento di sì grandi fatiche, e mediante la discordia farle infruttifere.

Frattanto l'ambizione d'alcuni signori, empiva di divisioni la Francia; ove nè del Monarca nè della Palestina facevasi più alcun caso. Sugero che prevedeva il cattivo avviamento delle cose, con frequenti lettere, avvertiva il re di quanto accadeva e lo supplicava che ritornasse ne'suoi stati. —

Ma i perturbatori del regno, quando videro finalmente Luigi restituito a'suoi popoli, procurarono di porli in sospetto la fedeltà del suo ministro, desiderosi di vendicarsi in lui del buon ordine che aveva nel governo mantenuto e del vigore con che aveva tutte le fazioni represse. Difesa e giustificazione del buon Sugero furono le benedizioni del popolo. Il re lodò la sua fedeltà e prudenza e gli conferì il titolo di

---

[1] Arnoldo predicatore fiammingo uno degli apostoli della seconda crociata, fu con i Crociati che assediarono Lisbona, i quali avevano per condottiere Arnoldo conte di Arschot. L'apostolo scrisse la relazione di quell'assedio e la mandò a Milone vescovo di Teruenna, in una lettera pubblicata dal Martene e che trovasi nel primo volume della sua grande collezione. Questa relazione non s'accorda con quella di Roberto Dumonte, adottata dal Fleury. — Della medesima spedizione de'Crociati, parla ancora, Manuele de Faria y Souza, istorico del Portogallo.

Padre della Patria. Nè piccolo ascendente sugli uomini di quel tempo dava a questo illustre politico, l'essere stato solo contraddittore della Crociata e profeta delle sue funeste conseguenze; perlochè la sua saviezza era da tutti altamente ammirata, mentre tutti accusavano delle generali calamità come procuratore l'abate Bernardo, dicendo che mal si muovono le passioni de'popoli con la sola esaltazione religiosa e senza lunga pratica delle cose umane.

Ma ritornato il re, le miserie della Francia e gli effetti della di lui pazza spedizione cominciarono a farsi meglio sentire. Ogni famiglia piangeva la morte d'alcuno de'suoi; tutte le città erano piene di vedove e di orfani; nè la gloria del martirio promessa ai Crociati poteva satisfare alla pietà o alla ambizione de'superstiti. Il fiore della francese gioventù era stato da un fanatico turbine rapito, nè pochi anni bastavano a restaurare la Francia della sua perdita.

Piacevol cosa è poi il comparare le diverse esplicazioni de'cronisti intorno all'infausto esito della crociata, e alcuni di quelli trarne argomento d'allegrezza considerando alla parte utile che ogni successo umano o buono o reo porta seco.

Il pio Giuffredo attribuisce quest'esito infausto allo essersi spogliati gli ecclesiastici de'loro tesori, e aggravati troppo i popoli di tasse.

Ottone di Freisinghen asserisce esser stata ottima e beneficentissima impresa la crociata per aver fregiato d'innumerevoli martiri il regno dei Cieli; e porta quale prova del suo asserto, che molti pellegrini morendo sotto il ferro de'Mussulmani, dicevano, preferire l'andarsene in paradiso al ritornare in Europa a peccare nuovamente. Ed invero, ragguardando le crociate come purgazioni de'popoli corrotti dai loro cattivi umori, è uopo confessare, che (se usassero tuttavia) il farne una all'anno, saría giovevolissima provvigione.

Per tutta Europa dicevasi che l'abate di Chiaravalle, temendo forse che la nostra terra non bastasse a seppellire gli uomini che l'ingombravano, aveva avuto cura di mandarne buon numero a farsi seppellire in Oriente. — Ma i fautori del santo abate che avevano veduti i miracoli testimonii della sua missione, andavano dicendo per iscusarlo: *Dio negli imperscrutabili suoi decreti era stato severo contro il suo proprio nome e contro il suo popolo; i figliuoli della santa Romana Chiesa erano stati dati in balìa alla morte nel diserto, o lacerati dal ferro o stremati dalla fame; e lo sdegno del Signore aveva anco gli stessi principi oppressi; perchè Dio avevali traviati per incognite strade e seminatovi tutte le pene e le afflizioni.* — Le quali scuse alla corta e miserevole ragione umana sembreranno non conciliabili con i miracoli del buono abate Bernardo, mediante i quali era manifesta l'annuenza di Dio alla impresa della crociata; onde sarebbe apparentemente far ingiuria alla divina giustizia e provvidenza, il dire che la divina volontà chiamasse gli uomini al gran passaggio di Terra Santa per abbandonarveli in preda dei suoi nimici: ma nascose e al tutto remote al nostro intendimento sono le vie del Signore, e quello che le più volte noi giusto e lecito reputiamo, illecito e ingiusto è nel suo cospetto. Però tutti quelli infortunii che percossero i Crociati, confondevano la ragione dei sapienti del secolo, mentre i poveri di giudizio adorando con umiltà i decreti di Dio, esaltavano l'ignoranza loro sopra la folle prosunzione de'sapienti.

Ma le riflessioni del buono abate Bernardo meritano d'esser considerate sopra tutte le altre, perchè maravigliandosi che Dio volesse seder *pro tribunali* avanti il tempo, posta in obblivione la sua misericordia, esclama, in una epistola ovvero apologia mandata al pontefice:

Ohimè, che vergogna è la mia, che sono andato ad annunziare dappertutto prosperità! Son io forse stato temerario? Stulta bizzarria m'ha forse spinto a tanti viaggi? Ma non ho io obbedito ai comandamenti della Chiesa e a quelli di Dio? E perchè Dio non si è curato de' miei digiuni? perchè non ha avuto riguardo alle mie umiliazioni? — Ora poi con qual animo ascolta egli le voci sacrileghe e le bestemmie de' Mussulmani che lo scherniscono, per aver condotto il suo popolo a sterminio nel diserto? — Tutti sanno che i di lui giudizii sono giusti; ma questo.... ah, questo è tanto recondito e tenebroso, che beato a colui che non ne riceve scandalo!

Conchiude per ultimo il santo abate, che la sventurata fine della Crociata, dovendo essere per i perversi un pretesto di insultare la Divinità, rallegravasi che invece le maledizioni di quelli s'avessero eletto lui per bersaglio, essendo perciò fatto come lo scudo del Dio vivente. — E così tale è l'elasticità della umana ragione, che non le è mai arduo mediante il raziocinio trasformare la demenza in sapienza, e la sapienza in demenza, o la verità in menzogna e la menzogna in verità.

Ma passando il santo abate dalle scuse proprie alle accuse altrui, attribuisce il detto sfortunato esito ai disordini e ai delitti de'Cristiani, paragonando i Crociati agli Ebrei, ai quali Moisè in nome di Dio aveva assicurato il possesso della terra di promissione, ma che però morirono tutti nel cammino prima di giungervi a cagione delle loro iniquità. E conciossiachè gli uomini pecchino sempre e per conseguente, niuna delle imprese loro doverebbe a buon termine pervenire; manifesto è che a Dio è libero favorirli o disfavorirli nelle medesime, perchè il favore è grazia, non avendone gli uomini alcun merito, e il disfavore è giustizia, meritando sempre eglino delle reità loro punizione.

Però un sapiente del mondo averia risposto a Bernardo; niuna difficoltà esserci a prevedere che un esercito senza disciplina in paese nimico, sta a discrizione di chi lo vuol combattere; e che le masnade de' facinorosi, delle meretrici, de' giullari e de' ladri, poco ponno giovare al conquisto di lontani paesi. Ma Bernardo fondava le sue ragioni sulle opinioni e sulle credenze del suo tempo, e con qualche apparente efficacia; perchè essendo fuor d'ogni dubbio accettissime a Dio le guerre de' Cristiani contro i Mussulmani, contro i Pagani e contro gli Eretici, manifesto resulta, che quando lo scopo loro non conseguiscono, non ci ha colpa la ingiustizia della causa o la Provvidenza Divina, ma per fermo i peccati e le iniquità di coloro che Iddio si ha eletti esecutori de' suoi disegni. Ecco la ragione perchè, ogni secolo avendo carattere ed opinioni sue proprie, quelli argomenti che in un tempo persuasero gli uomini, in altro secolo, cangiato il moral carattere e le opinioni, non hanno più alcun valore, e ci rivelano soltanto le infirmità della mente umana.

Al postutto il general compianto era dei mali presenti, niuno prevedendo i futuri che soprastavano anco più gravi: perchè il divorzio della reina Eleonora, tolse primamente alla Francia l'Aquitania, onde in progresso di tempo la potenza inglese cismarina, s'accrebbe talmente, che la regale posterità del Settimo Lodovico fu per poco costretta a cercarsi ricovero in terre straniere; laddovecchè i discendenti di Eleonora e di Enrico Secondo coronavansi re di Francia e d'Inghilterra nella chiesa di Nostra Donna in Parigi.

Non ostante la sempre benigna adulazione si tolse carico di consolare il re Luigi de' suoi funestissimi errori, effigiandolo nelle medaglie come trionfatore dell'Oriente [1]; perchè i principi assoluti ovvero i despoti, non si giudicano dai resultamenti delle azioni loro, ma soltanto dalla

---

[1] Ecco la leggenda di una delle dette medaglie:

Regi invicto ab Oriente reduci
Frementes laetitia cives.

In un'altra medaglia vedesi rappresentato il Meandro, con un trofeo alzato sulle sue rive e col motto:

Turcis ad ripas Maeandri
Caesis, fugatis.

Pochi monumenti può citare la storia dove si facciano più impudenti beffe della verità; perchè se Caligola e altri imperatori romani s'attribuirono vittorie non da loro conseguite, almeno per quello ch'io ne so, non ne coniarono medaglie, nè gli eserciti loro furono sterminati come quello del re Luigi. Bene, e con molta ragione potevano dire i Francesi *Frementes dolore cives*; e rappresentare sul Meandro una piramide di cadaveri, col motto: *Francorum caesorum corpora et arma sunto.* — Tradutt.

intenzione; e s'e' muovono una guerra, n'escano vincitori o vinti, perchè intendimento e desiderio loro era di vincere, sempre si gratificano nei monumenti coetanei della corona trionfale, rimanendo però alla istoria l'odioso carico di dire la verità ai posteri; ragione per la quale sappiamo di despoti d'ogni età, che molto e le scienze e le lettere e le arti favorirono ed anco esercitarono, ma la vera e libera istoria non mai, che averiano fatto contro la natura loro.

Ma il buon re Luigi s'accolse le dette menzogne adulatorie, come debite e giuste lodi, e proposesi ritornare in Palestina con anco più formidabile esercito per compire le sue grandi vittorie.

Frattanto le cose de'Cristiani d'Oriente andavano in precipitosa declinazione. Non molto tempo dopo l'assedio di Damasco Raimondo fu ucciso in una battaglia che ebbe luogo fra Apamea e Rugia, e la sua testa fu mandata, come testimonio della importante vittoria, al califa di Bagdad. Alcune città dependenti da Antiochia, eransi date a Nurredino, il quale condotto dalla prosperità delle sue armi fino al mare, che non aveva ancora veduto, tanto diletto ne prese, che si volle nelle acque di quello bagnare. — Giosselino, già prima cacciato da Edessa, cadde dipoi nelle mani de'nemici, e morì di miseria e di disperazione nelle prigioni d'Aleppo; e la contea edessena, insidiata dai Turchi, data ai Greci, rimasesi quasi depopolata, sendosene rifugiati gli abitatori cristiani, parte nel principato d'Antiochia, e parte sul territorio di Gerusalemme. — Il conte di Tripoli fu assassinato da sicario ignoto, nella sua stessa metropoli [1]:

In tanta calamità e ruina della Monarchia, la reina Melisenda e il suo figliuolo contendevansi fra loro il governo di Gerusalemme, e tanto trascorse la contesa, che Baldovino pose l'assedio alla torre di Davide nella quale la madre co'principali della sua fazione erasi rifugiata. Di ciò attendevano a far loro profitto i Mussulmani; e due giovani principi della casa d'Ortoco, formarono il progetto d'impadronirsi di Gerusalemme. Ragunato a tal effetto nella Mesopotamia un sufficiente esercito, andarono a porre il campo sull'Oliveto, da dove non piccola molestia davano alla città, e sarebbero nel disegno loro riesciti, se l'imminenza del pericolo, non avesse destato l'assopito valore di alcuni cavalieri, che fatta quella accolta di soldati valorosi e risoluti, poterono meglio a tant'uopo, mossero contro il nimico e dalla impresa il cacciarono.

Scoprendosi di giorno in giorno la debolezza e il rapido declinare della

---

[1] Raimondo fu ammazzato nel luogo detto *la Fontana Murla*, nell'1148, li 27 di giugno che era festivo de'santi Apostoli Pietro e Paolo. (Vedi Guglielmo Tirense, lib. 17.)

monarchia, il re Baldovino, i patriarchi di Gerusalemme e d'Antiochia, i capi degli ordini militari di san Giovanni e del Tempio, supplicavano istantemente i fedeli occidentali di soccorso.

Il pontefice pietoso delle loro calamità aiutava, con le sue esortazioni, le domande de'supplici; e già in Allemagna, in Inghilterra e in Francia, correvano e predicavano nuovi apostoli della crociata, ma gli animi erano guariti da tal vaghezza, per gli recenti infortunii, e i popoli con malizioso scherzo dicevano; *non esser mestieri andare a farsi ammazzare in Asia, mentre pure in Europa, e con minor disagio, si moriva.*

Oltreciò il clero e la nobiltà impoveriti per la preterita spedizione, non secondarono lo zelo marziale del pontefice.

Goffredo vescovo di Langres, ritornato in Francia deposesi dalla sua dignità episcopale, e rendessi monaco in Chiaravalle, dove vivendosi in austere penitenze, non rimanevasi però dal ricordare tratto tratto, i suoi consigli non attesi dai Crociati e gli errori che causarono la loro ruina.

Bernardo si contenne in rigoroso silenzio, donde i popoli argomentavano ch'egli stesso disapprovasse quella santa guerra che aveva un tempo con tanto ardore predicata.

Egli interviene alcuna fiata, che gli uomini, i quali nella vigorosa età, per giudizio, per sapienza, per potenza dello spirito, e per pratica delle cose umane, i coetanei loro di gran lunga superarono, pervenuti vicino al porto della mortale navigazione, perdano quasi in un subito quella trascendenza delle loro virtù, per modo che al tutto s'agguaglino con i più inetti e spregevoli uomiciattoli.

O provenga ciò dallo infiacchirsi degli organi vitali, che l'animo infiacchiscono; o che il lume dello intelletto vicino alla sua estinzione a poco poco manchi e s'oscuri; arcani al corto nostro vedere, troppo reconditi; certo si riscontra in siffatte agonie dello spirito che quelle del corpo precedono, un quasi pargoleggiare del giudizio che porta delle cose stima in tutto opposta a quella ne solea fare per lo avanti; un vanire della sapienza nella obblivione; un anneghittire dell'animo; e un ammutolirsi della sperienza che più alla facoltà deliberatrice non parla. Coloro che lievemente considerano a sì fatte catastrofi dell'anima umana, ne stupiscono e come di portenti n'hanno orrore; ma che è questa fragilissima testura di organi nel vortice dell'universo, dove i cieli e le cose tutte in perpetue trasformazioni affaticate, non serbano mai un istesso sembiante, sì che se coscienza avessero dell'esser loro, difetterebbe la memoria a tanta moltitudine di varie condizioni? Invecchia la materia, e gli animi ancora invecchiano; gli organi di quella prossimi alla dissoluzione, infiacchiscono; e di quelli le facoltà, sul varco di novella destinazione, languono.

Sugero, quel sapiente politico della Francia, quel generoso contraddittore delle fanatiche imprese dell'Asia, nella universale alienazione degli uomini da nuove crociate, contro l'aspettazione d'ognuno, in una assemblea tenuta a Carnosa, perorò il soccorso di Gerusalemme, esortando i principi, i baroni e i vescovi a ragunare nuovi eserciti per accorrere alla difesa del sepolcro di Cristo. Stupirono dapprima i convenuti, credendo ch'ei parlasse da scherzo; ma dopochè ragguardarono alla gravità dell'oratore e de'suoi discorsi, non poterono a meno che ricordarli le sue antiche opinioni e recusare al tutto di seguitarlo; onde egli dichiarossi di voler solo assumersi quella impresa, scoglio nel quale si franse la potenza di più principi [1].

Sugero in età di settant'anni, risolse di ragunare un esercito, mantenerlo a sue spese e condurlo egli medesimo in Palestina. Andò, secondo l'usanza d'allora, a visitare il sepolcro di san Martino a Torsi, per impetrare la divina protezione; applicossi dipoi a far gente, e già avea raccolti dieci mila pellegrini e gli avea armati, quando la morte interruppe i suoi disegni.

Vedendosi sulle mosse della maggiore di tutte le peregrinazioni, pregò san Bernardo che l'assistesse e il soccorresse delle sue orazioni; e il buon Chiaravallese lo esortò a volgere i suoi pensieri alla Gerusalemme celeste nella quale era per entrare fra breve; e nondimeno a Sugero gravava molto il non poter eseguire la progettata spedizione, nel qual desiderio spirò. Poco tempo dopo seguitavalo nell'eterno riposo san Bernardo, che negli ultimi momenti si dolse apertamente d'aver predicata la crociata, chiamandosi in colpa dello sterminio di tanti popoli, dalla sua prepotente eloquenza tratti a morire in Asia. Così per singolarissimo esempio della mutabilità delle cose umane, il grande apostolo delle crociate, sulla conchiusione della sua vita, disapprovò quelle cose istesse che con tanto zelo aveva lungamente promosse; e il più dichiarato contraditore delle crociate medesime, similmente pervenuto all'ultimo scaglione della vita, non d'altro dolevasi che di non poter andare in Oriente a combattere contro gl'infedeli.

Questi due uomini celebri furono i primi luminari del loro secolo per meriti diversi; ma perchè allora facevasi più stima della grandezza della Chiesa, che di quella degli stati politici, per conseguenza ebbe maggior reputazione Bernardo che Sugero. — Sugero fu avvocato e protettore della

---

[1] Veggasi la vita dell'abate Sugero scritta dal suo segretario.

autorità temporale e delle prerogative del popolo; e mentre gli altri uomini potenti per senno e per dottrina s'affaticavano in augumento della potestà pontificale e a depressione degli infedeli, il savio ministro di Lodovico Settimo, disponeva gli ordini della Francia in modo che quella monarchia potesse dalle conseguenze di sì grandi moti trar suo profitto. Facevasi accusa a Sugero d'essersi troppo implicato nelle cose temporali e nei negozii di stato; ma nondimeno i suoi coetanei gli resero testimonio, che vivesse a corte da savio cortigiano e nel chiostro da santo religioso; e Bernardo, scrivendo a papa Eugenio dicevali: *Se nella corte di Francia avvi alcun prezioso vaso che la onori, certo quello è il venerabile abate Sugero.* — In qualità d'abate di san Dionigi, possedeva egli invero troppe più ricchezze che la monastica povertà non comporta, poichè a sue spese voleva soldare un esercito; ma vero è altresì, che egli non le usò in altro che a beneficio della patria e della chiesa, e che fu tanto alieno dalla rapacia e dalla cupidità del guadagno, che niuno per ciò mai si dolse di lui, nè lo stato fu mai più prospero e ricco che sotto la sua amministrazione. Sempre fu la sua vita bene avventurosa, e le di lui azioni furono giuste e degne di memoria, il che provasi con la riforma ch'ei fece de'suoi monaci, senza concitarsene contro l'odio; con l'aver beneficati i popoli senza farseli ingrati, e con aver servito ai re senza perderne l'amicizia, cose tutte che tengono del miracoloso e che dipendono forse più da virtù e da prudenza, che da fortuna. Riescironli sempre secondo i desiderii tutte le sue imprese; eccettuata però l'ultima, la quale, per compire la sua felicità, la morte tempestivamente gl'interruppe.

Sugero nato in bassa condizione, ascese mediante le sue virtù, alle maggiori dignità della terra: Bernardo nato in condizione sublime, discese volontario alla volgare egualità, non volendo altro lustro in sè che quello del suo altissimo intelletto. Nulla giovò allo stato, ma fu indefesso nella difesa della religione, il che fecelo più maraviglioso e illustre nella estimazione de'suoi coetanei, che reputavanlo come l'astro de'Cristiani, e tutte le di lui parole come sacri oracoli ricevevano. Impedì gli scismi; confuse gl'impostori, e le sue onorate fatiche meritaronli il titolo di *Ultimo Padre della Chiesa.*

Fu non pertanto censurato, d'avere, a similitudine di Sugero, abbandonato troppo frequentemente il suo chiostro, per mischiarsi in tutte le novità e in tutte le faccende del suo tempo, e soprattutto in quelle della Santa Sede, nelle quali solevasi arrogare tanta autorità, che taluna fiata parve soverchia ai Cristiani, i quali chiedevano s'egli fosse il tutore o il maestro del sommo pontefice; e parve pur soverchia ai pontefici e ai principi, che non sempre sofferivano con docile animo, i suoi ammonimenti e le riprensioni. Ma tale suo stramodare però non poteva offendere chi rettamente ne giudicava, perchè i di lui fini erano sempre giusti, raccomandando l'equità e la moderazione ai grandi della terra; l'obbedienza e il rispetto delle leggi ai popoli; la povertà e l'austerità de' costumi agli ecclesiastici; e a tutti, le sante massime della umanità e della morale evangelica.

FINE DEL LIBRO SESTO.

STORIA
DELLE CROCIATE

LIBRO SETTIMO

Anno 1151-1188.

Come più procediamo nella narrazione di queste guerre, che gli uomini d'allora, usavano sante denominare, ci si fa sempre più aperto all'intendimento, che gli stessi erano i fini di quelle e le istesse le passioni d'onde l'origine loro desumevano. Nondimanco la uniformità degli avvenimenti che mostra dover a lungo andare ingenerar sazietà nel Lettore, a chi più addentro gli considera, discopre tanta varietà e come diversità di fisonomie negli avvenimenti medesimi, che (a quel modo che la Natura per diversificare degli individui in tutte le sue specie, non appar mai uniforme, ma anzi di delicatissime modificazioni sommamente svariata) sempre diletta e stimola la curiosità di coloro i quali delle remote età, hanno vaghezza di penetrare intimamente il carattere. Però nel non breve cammino che mi resta ancora da fornire, i grandi e nuovi rivolgimenti delle nazioni che con le cose di Terra Santa hanno alcuna convenienza; i nuovi popoli che sorgono nella scena politica; le nuove leggi che dalle altre genti assumono o che loro impongono; il formarsi da un lato di nuovo imperio la cui potenza cangia quasi subitaneamente l'aspetto del mondo; il declinare da un altro lato, d'imperio decrepito, le cui ruine testimoniano la vanità della prudenza, della sapienza e di tutte le più mirabili qualità umane, sono cose di tanta varietà ed interesse, che non che contentare la viva curiosità de'più affezionati alle lezioni della istoria, debbono la debilissima de'noncuranti uomini fortemente stimolare.

Vedrà adunque il Lettore nel progresso della presente istoria, rivoluzioni di popoli frequentissime e spesse fiate spaventevoli; vedrà uomini eccellentissimi singolarizzare sulla moltitudine de'loro coetanei, e fra loro dissimili sì per la potenza dell'intelletto, che per le virtù, i vizii e le altre qualità personali; i quali, siccome nelle opere de'pittori le altre figure dai protagonisti ricevono in certo modo le passioni e le movenze, dànno alla età loro il sembiante del proprio loro carattere; e forniranno e questa istoria la varietà e l'interesse che l'uniformità de'successi in qualche modo le toglie.

Opinano alcuni che la religione di Maometto, sebbene si fondi tutta sulle virtù guerresche, non inspirasse però a'suoi seguaci quel coraggio ostinato, quella pazienza negli infortunii e quella invincibile affezione di che i Crociati fornirono molti esempi; ma per vero dire il difetto che costoro alla religione attribuiscono, si dovrebbe piuttosto alle politiche divisioni e alla universale corruzione dell'imperio mussulmanico attribuire; perchè le allegate virtù trovansi sempre e sempre si trovarono in tutti gli stati non corrotti e bene ordinati, qualunque fosse la loro religione; mentre negli stati disordinati, anco con la religione più perfetta, non mai si potettero mantenere. Però la credenza della fatalità, dogma de'Maomettani, non fu mai causa di viltà o di coraggio, o tutto al più conferì alla viltà di chi era vile, siccome augumentò il coraggio di chi era coraggioso; perchè gli uomini modificano sempre al carattere loro tutte le cose divine e umane; per modo che, come la storia dimostra', spessefiate fu in un tempo cagione di tolleranza, quel medesimo che in altro era stato d'intolleranza; e però anco i Greci ebbero il dogma del Fato, siccome l'ebbero tutte le vetustissime genti, ma fino a che non si corruppero, furono valorosissimi e nelle imprese loro costantissimi; quando poi la corruzione disordinò le loro repubbliche, allora divennero vili e dappoco, e caddero preda del primo che volle la libertà loro occupare. Neppure facea mestieri ai Mussulmani del despotismo per pervenire alla loro grandezza, stantechè niuna bella pianta di civile o militare virtù, sia mai sorta sotto l'uggia d'un tiranno; bastando, come provano le istorie di tutti i secoli, una sola vita di despota per invilire e debellare qualunque valorosissima ed agguerrita nazione. Conchiudo adunque, dipendere la prosperità de'popoli dai loro buoni ordini e dalla osservanza delle civili virtù; e che i Mussulmani, finchè furono bene ordinati, sempre dei nemici loro trionfarono, e quando disordinaronsi, mostrarono esempi d'ogni tristizia e debolezza, come intervenne degli Assiri, de'Persi, dei Medi, degli Egizi, de'Greci, de'Romani e di molte altre più moderne nazioni, le quali quando furono donne di sè, non ostante che continue politiche tempeste le agitassero, sempre prosperarono ed augumentarono, e quando le strinse la ferrea mano della tirannide, di subito si corruppero, e divennero orribili mostri della più vile umana abbiezione.

Dopo il conquisto de'Cristiani le dinastie saraceniche e turchesche furono disperse e quasi spente; gli Selgiocidi eransi ritirati nella Persia, e i popoli di Siria rammentavansi appena i nomi di quei principi i cui maggiori avevano diuturnamente dominato in Asia. In tra tanto gli ambiziosi emiri facevano lor profitto dell'universale disordine; e gli schiavi partivansi fra loro le spoglie degli oppressi padroni; onde non solo ogni provincia, ma anco ogni città divenne indipendente principato, il cui incerto possesso era argomento di molte contenzioni e di fierissime guerre. Il solo califa di Bagdad, come sommo pontefice dell'islamismo e vicario del profeta Maometto, conservava ancora l'antorità sua venerata, ma grandemente indebolita; e a lui tutti coloro, cui riesciva occupare qualche tirannide, per corroborarla con la sua sanzione d'alcun sembiante di legittimità, ricorrevano. Tolta questa fantasima di potestà institutiva, il potere del califa riducevasi alle pacifiche cerimonie e ai decreti della religione; perlochè dalla loro medesima debolezza, vedevansi forzati spessefiate ad onestare con la loro approvazione, tradimenti e violenze, e a concedere dominii ed impieghi, cose che in altri tempi averebbero severamente reprobate e punite. Così coloro che per frode o per fortuna eransi alcun principato acquistato, col prostrarsi ai piedi del vicario del profeta, tenevansi d'ogni commessa reità pienamente giustificati; onde gli arabi scrittori solevano dire che i califi, perduta ogni reale potenza, s'erano usurpata quella di creare a sciami, emiri, visiri e sultani, i quali come dalla polvere de'loro piedi di continuo sorgevano.

I Cristiani non fecero alcuno studio sulla condizione politica degli stati d'Asia, nè poterono giungerne al sicuro conquisto per non aver saputo profittare delle divisioni de'Mussulmani. Nè se anco si mantennero quello avevano occupato, certissima cagione ne fu, l'aver continuato nel governo in quelli stessi disordini, che nella guerra avevano sempre tollerati; e l'aver servito nei conquisti loro, piuttosto alla utilità del commercio europeo, che alla solida institizione d'un imperio; perchè attesero sempre ad acquistare le città marittime e non mai le mediterranee, che avevano stabilite corrispondenze con i popoli settentrionali dell'Asia, onde da Mossule, da Bagdad e dalle altre principali potenze orientali, ricevevano continui soccorsi [1].

---

[1] Il dominio della Siria dipendeva dal possesso delle città di Damasco e d'Aleppo, le quali non potettero mai occupare i Cristiani.

Ma le divisioni de' Mussulmani avevano per rimedio l'odio universale e inveterato contro il nome cristiano, la potenza del quale odio valeva a reprimere tutte le loro rivalità e ad accozzarli insieme, ogni qual volta facea mestieri di contrastare al nimico. E frattanto i Latini, intenti solo alla conservazione de' loro possessi marittimi, non si guardavano dal lato di terra dove i Mussulmani con continue e sempre meglio ordinate leghe s'affortificavano: e non avvertivano che gli abitatori di Siria, vinti ma non distrutti, non abbisognavano più d'altro che d'un capo che sapesse porre in opera le loro forze.

Nurredino figliuolo di Zenghi che aveva presa la città di Edessa prima della seconda crociata, aveva ereditate le conquiste del padre e con altre da lui fatte novellamente avevale augumentate. Educato da guerrieri che avevano giurato porre le loro vite a qualunque cimento per la causa del profeta, salito che fu al trono, instaurò nella sua corte l'austera semplicità de' primi califi. Secondo un poeta arabo, *accoppiava in sè nobilissimo eroismo a profondissima umiltà, per modo che quando stava orando nel tempio, i suoi sudditi immaginavano vedere un santuario dentro un altro santuario.* — Oltreciò egli era protettore delle scienze, nè infelice cultore delle lettere, e ponea somma cura che negli suoi stati fiorisse la giustizia. I popoli ammiravano e commendavano la di lui clemenza e la moderazione; e gli stessi Cristiani erano costretti di tributar lodi al suo coraggio e alle sue virtù. Imitando la liberalità del padre verso i soldati, fu similmente da quelli fortemente amato e venerato come difensore supremo dell'islamismo. Egli formò da sè stesso i suoi eserciti e gli disciplinò; represse l'ambizione degli emiri; depresse gli emuli col terrore; ed ogni nuovo conquisto che faceva in nome di Maometto, accresceva dismisuratamente la sua reputazione e la potenza. Tante buone qualità congiunte allo zelo della religione piegarono gli animi di quasi tutti i Mussulmani a sottometterseli spontanei; e l'Oriente quasi soggiogato dalle sue virtù, paventava la sua potenza: d'onde tutte le passioni e le forze dei popoli di Siria, furono a un solo fine indirizzate, cioè, il trionfo del Corano e lo sterminio de' Cristiani.

Baldovino Terzo, che già avea fatto mostra del suo valore in campo, applicossi a interrompere i progressi di Nurredino. Più fiate già avevano tentato i Latini d'impadronirsi di Ascalona che era come l'antemurale dell'Egitto di verso la Siria. Baldovino eravi andato a campo, ma più con l'intenzione di devastare il territorio che con isperanza d'occuparla; ma accorgendosi dipoi che i terrazzani s'erano intimoriti, deliberossi di assediarla; mandando a tale effetto suoi legati a tutte le città cristiane, con l'avviso della impresa a cui l'avea fatto risolvere Iddio, e pregando ognuna a soccorrerlo di genti e d'ogni bisognevole per il buon successo.

Accorsero all'invito del re, i baroni, i cavalieri, i prelati e i vescovi della Giudea e della Fenicia, avendosi fatto capo e condottiere il patriarca di Gerusalemme che portava la *Vera Croce*.

Sedeva sulla sponda del mare la città d'Ascalona, simile a mezza luna e difesa dalla parte di terra da mura e torri inespugnabili. Tutto il popolo era esercitato nelle armi; e l'Egitto cui sommamente importava la conservazione di tale città, rifornivala quattro volte l'anno di viveri, di munizioni da guerra e di soldati.

Cominciato l'assedio e combattendosi dai Cristiani ferocemente le mura, Gerardo da Sidone con quindici navi aiutava dalla parte del mare gli assediatori, provvedendoli abbondantemente di vettovaglia. Nel campo osservavasi rigorosa disciplina e facevansi regolarmente le scolte di giorno e di notte. Ma non meno vigilavano a loro propria difesa gli assediati, i capi de'quali non discostavansi mai dalle mura, facendo coraggio ai soldati; e per assicurarsi da ogni notturna sorpresa, tenevano appese ai merli delle torri più alte moltissime lanterne di vetro i cui lumi alluminavano nella notte tutto il terreno sottoposto.

Già da due mesi durava l'assedio, quando appropinquandosi le feste di Pasqua, sbarcava nei porti di Tolemaide e d'Ioppe, grandissima moltitudine di pellegrini che venivano d'Occidente. Tennesi sopra ciò consulta nel campo cristiano, e fu risoluto che le navi venute d'Europa per comandamento del re si ritenessero e che si chiamassero i detti pellegrini a prestar l'opera loro per l'assedio. Venne adunque la maggior parte de'pellegrini al campo, e le navi furono unite alle altre comandate da Gerardo Sidonio: il che portò molta allegrezza nell'esercito e ne augumentò le speranze.

Col legname di molte navi, furono costruite molte macchine murali, in tra le quali una torre rotata sterminatamente alta e simile a fortezza col suo presidio; che avvicinata alle mura, faceva guasti orribili nella città. Tutte le altre macchine operavano mirabilmente, scagliando pietre, rompendo le mura; mentre che i soldati davano continui assalti e d'ogni intorno ferveano sanguinosissime zuffe.

Al quinto mese, gli Ascalonesi già molto indeboliti, pigramente si difendevano, allorchè surse nel loro porto un'armata egizia di settanta vele, portando poderosissimo soccorso di tutto ciò che faceva mestieri in tanta estremità. Gli assediatori ricuperarono lo smarrito coraggio; ma i Cristiani non rimessero in nulla dell'ardor loro, e multiplicavano gli assalti più feroci e dannosi che mai, massime con quella loro torre che facea stragi spaventose, e di che temevano estremamente gli assediati; i quali deliberati di torla via a ogni costo, gittarono grande quantità di legna fra .

quella e le mura, e asperse le dette legne di olio, solfo e altre materie combustibili, appiccaronvi il fuoco, con infausto esito però; perchè spirando il vento da oriente, invece di volgere le fiamme verso la torre, le spinse contro la città, dove rapidamente s'appresero e imperversarono tutto quel giorno e la notte appresso, finchè il vento non cangiò, ma tutte le pietre del muro ne rimasero sì calcinate, che il vegnente giorno, con orribile fragore cadendo s'aperse larghissima breccia. Corsero subitamente i Cristiani per occuparla e penetrare nella città, ma un accidente imprevisto tolse loro la vittoria; perchè i Templari, avidissimi di preda, sendo entrati primi per la detta breccia, a fine d'impedire agli altri l'entrare e impadronirsi soli delle spoglie del nimico, aveanvi poste guardie che trattenessero qualunque presentavasi per seguitarli. In questo mentre eglino, discesi nelle strade, attendevano a far sacco; ma gli Ascalonesi accortisi del loro piccolo numero, si riordinano e fanno impeto nel nimico di cui fanno strage. Pochi Templari fuggendo salvansi per la breccia ed incontrandosi in quelli che premevansi per entrare, gli urtano in modo che percossi da panico terrore gli fanno ritirare; il qual movimento propagandosi dall'una all'altra schiera fino alle ultime, pose tutto l'esercito de' Cristiani in confusione [1].

Il re di Gerusalemme in tanta estremità, chiama subito a consiglio i baroni e i prelati, per intendere il parer loro circa allo spediente che s'avesse a prendere: Disperasi da tutti di espugnare Ascalona; proponsi di levar l'assedio; ma il patriarca e i vescovi, confidando nell'aiuto divino, s'oppongono, fondando le ragioni loro sopra l'autorità delle divine Scritture nelle quali Dio medesimo promette soccorrere a coloro che combattono o sostengono patimenti e fatiche per la di lui causa. —

L'opinione del Patriarca e de' Prelati corroborata da tanta autorità, prevalse; rientrò l'esercito negli accampamenti, e il vegnente giorno si presentò sotto le mura, esortandolo a prodezza i preti che portavano fra le schiere il legno della *Vera Croce*.

Fu combattuto tutto quel giorno strenuamente dall'una e dall'altra parte; però con maggior danno de' Mussulmani; e fu dato fine alle ostilità

---

[1] Guglielmo Tirense raccontando questo fatto, allega il verso latino:

Non habet eventus sordida praeda bonos,

Che il vecchio Dupréau tradusse ne' due seguenti versi:

De proie avare et sordide butin
N'advient jamais que bonne en soit la fin.

ed io traduco nel seguente verso:

Turpe rapina a tristo fine adduce.

Abulfaragio nella sua *Cronica Siriaca*, memora questa pazza cupidigia de' Templari. — T.

con una tregua per seppellire i morti. Frattanto gli Ascalonesi vedendo d'aver perduti i loro migliori soldati e d'aver le mura della città
in gran parte rotte, cominciarono a scoraggirsi: e tanto più che per alcune voci sparse e a loro pervenute dal Cairo, non isperavano ricevere
nuovi soccorsi dal Califa di Egitto. Il timore e la disperazione fecioro
sollevare il popolo; e quelli che lo concitavano a tumultuare andavano
dicendo: Essere morti i progenitori loro combattendo contro i Latini;
essere similmente morti i loro figliuoli senza fare alla patria alcuna utilità; non apparire che vestigia di ruine e segni di dolore ovunque sulla
sterile sabbia di quella riva che avevano ricevuta in retaggio con le insidie de'nimici; e le mura della loro città, circondate da provincie cristiane, non essere per il popolo altro che sepolcri in terra straniera; non
restare adunque altro rimedio che ritornare in Egitto ed abbandonare
una patria infelice, fulminata dalla maledizione divina.

Applaudiva il popolo a tali discorsi, e niuno volendo più combattere, fu deliberato di mandar deputati al campo Cristiano a proporre una
capitolazione al re di Gerusalemme: nella quale proponevasi di dare la
città agli assediatori, salvi gli abitanti e fatta loro sicurtà di tre giorni
per potersene partire e portar seco le loro ricchezze.

Mentre che gli assediati facevano tale deliberazione, i Crociati, considerando le perdite loro stavano sospesi di quello s'avessero a fare e
paurosi dell'avvenire; quando giunsero nel campo i deputati Ascalonesi,
ed introdotti ai capi dell'esercito adunati, fuori d'ogni espettazione di
chi gli udiva, esposero la proposta capitolazione. Della qual dapprima
rimasero tutti in modo stupefatti, che niuno de'baroni e de'prelati sapea che rispondere, ma piangendo di allegrezza, ringraziavano Dio. —
Poche ore dopo fu inalberato lo stendardo della Croce sulle mura d'A-
scalona, e l'esercito fe'plauso d'una vittoria che reputava miracolo del
cielo.

Prima che il terzo dì fosse compito, i Mussulmani escirono della
città, e v'entrarono i Cristiani che ne consecrarono all'apostolo santo
Paolo la maggior moschea.

Fu tenuto questo conquisto di somma importanza, essendo Ascalona
come porta dell'Egitto ed antemurale della Palestina. — Ma frattanto
dalla parte di Siria grandissimi pericoli sovrastavano alla gerosolimitana
monarchia, perchè Nurredino essendosi impadronito di Damasco, tenea
in continua paura della sua crescente potenza i circostanti paesi.

Anno 1154. — Nondimeno gli stati cristiani d'Oriente, si mantennero
ancora qualche tempo in pace, nè altro fatto vi fu notevole che la spedizione di Rinaldo di Sciattiglione principe d'Antiochia, il quale si

mosse alla occupazione dell'isola di Cipro, che sebbene tenuta da popoli cristiani, invase come terra di nimici e predando le chiese e i monasteri ed empiendola d'ogni ribalda perfidia e crudeltà, la corse in gran parte, ritornandosi dipoi ad Antiochia carico delle spoglie d'un popolo cristiano. Così intendeva Rinaldo vendicarsi del greco Imperatore accusandolo di malafede.

Anno 1156. — Anco il re di Gerusalemme fece in quest'anno una spedizione simile a quella del principe antiocheno. — Alcune tribù arabe avevano ottenuto da lui e da'suoi predecessori di poter far pascolar le loro greggi nella foresta di Panea; e già da molti anni, fidandosi sulla fede de'patti, godevansi quel beneficio in grande sicurezza, senza guardarsi dal tradimento che veglia sempre a ruina degli innocenti. Quando improvvisamente Baldovino assaltò con le armi quegli inermi e pacifici pastori, trucidando quanti potè sorprendere e salvandosene pochi con la fuga; dopo la qual prodezza ritornavasi a Gerusalemme con le greggi e le spoglie de'trucidati, ricevendolo il popolo e il clero con cantilene di salmi e con grida festose, come s'e' fosse ritornato dalla espugnazione del Cairo.

La ragione per cui Baldovino fe'strazio e rapina di quegli inermi pastori, fu la necessità di pagare i suoi debiti ai quali con le sue rendite ordinarie non poteva satisfare. Ma Guglielmo Tirense non ammette la scusa, e considera quale giusta punizione di tale iniquità, la sconfitta che ebbe poco dopo il re di Gerusalemme al guado di Giacobbe.

Perchè colto alla sprovvista da Nurredino, che gli uccise e disperse le genti, rimase egli quasi solo sul campo di battaglia e dovette fuggire tra infiniti pericoli nella fortezza di Saffè che era sopra un monte sulla destra sponda del Giordano.

Quando nelle città latine d'Oriente s'intese questa sconfitta, i popoli vestiti a lutto prostraronsi davanti agli altari, esclamando col salmista: *Domine salvum fac Regem;* cioè, *Signore salvaci il Re*; e il Signore ragguardò alla loro preghiera, per il che Baldovino ritornossi sano e salvo a Gerusalemme, ove tutti il credevano morto.

Anno 1157. — Sul cominciare di quest'anno sursero a Berito alcune navi sulle quali erano Stefano conte di Persce co'suoi crociati del Mans e d'Angersa, e Thierrì conte di Fiandra con gran masnada di pellegrini fiamminghi. Dall'arrivo di costoro presero molto coraggio i Cristiani di Oriente, e il re di Gerusalemme avendo congiunto a essi il suo esercito, mosse a cacciare i nimici dalla contea di Tripoli e dal principato di Antiochia che non poco infestavano. Questa spedizione ebbe buon resultamento per i Cristiani che occuparono la città di Sciaizar ovvero Cesarea, e la fortezza di Aranca; dopochè Baldovino, ritornando in Palestina, fece giornata campale con Nurredino e sconfisse il di lui esercito, nel luogo ove le acque del Giordano escono dal lago di Genesaret.

Anno 1157 a 1159. — Poco tempo dipoi nell'anno cioè 1157, Baldovino tolse in moglie una nipote dell'imperatore Emanuele; dal qual matrimonio ricavò molto danaro che gli fu di grande soccorso nella sua estrema povertà per cui erasi indotto alla surriferita spedizione di Panea. Oltreciò il parentado fatto con Emanuele, promettevali maggiori utilità, sembrando probabile che se n'avessero a spegnere o a infievolire le antipatie che dividevano i Greci e i Latini e che toglievano l'unire le loro forze per combattere il comune nimico.

Frattanto nacquero in Gerusalemme scismi perniciosissimi fra quei medesimi cui maggiormente spettava la conservazione del buon ordine; perchè ricusando gli Spedalieri di pagar la decima de'loro beni al Patriarca, e non volendo riconoscerne la giurisdizione, tutto il clero insorse contro di loro e la discordia trascorse tanto che i preti ricorsero alle armi spirituali contro gli Spedalieri e questi alle temporali contro i preti. I cavalieri di San Giovanni alzarono un muro davanti alla chiesa della Resurrezione, turbando e portando frequenti impedimenti agli offici divini, e un giorno anco perseguitarono i preti con freccie fino nel santuario. I preti non avendo armi e potere di difendersi contro i loro avversari, volsero la mira a concitare contro di quelli gli animi della moltitudine, al quale effetto raccolte in un fascio le saette contro di essi lanciate, le appiccarono sul Calvario in un luogo rilevato ove ognuno le potesse vedere, facendo frattanto grande schiamazzo di parole contro un tanto sacrilegio. Il patriarca che con le sue immoderate pretensioni aveva dato luogo a questi disordini, andò a Roma a dolersi col Pontefice delle persecuzioni che gli erano fatte, ma non gli fu dato ascolto; onde Guglielmo Tirense scrisse : *che i Cardinali eransi lasciati corrompere dai presenti de'Cavalieri, e che la Corte Romana aveva seguitate le vie di Balaamo figliuolo di Bosorre.* — Ma la morte pacificatrice di tutti gli sdegni umani, venne opportuna a impor fine a questa discordia, portandone seco il Patriarca Fulcherio, a cui l'estrema vecchiezza non aveva scemato dramma dell'ambizioso fervore, e della cupidità di dominio.

Anno 1160. — Baldovino Terzo, siccome era anco intervenuto a'suoi predecessori, fu più volte chiamato ad Antiochia per correggere i disordini che v'erano nati per causa delle solite contenzioni in tra il Patriarca e il Principe.

Il Patriarca Raolo di Domfronte, uomo vano e ambizioso, pretese sottoporre alla sua giurisdizione Raimondo d'Aquitania, il che fu causa di grandi divisioni. Il di lui successore Amaurì pose fuori le medesime pretese, sopra Rinaldo da Sciattiglione, che aveva tolta in moglie la vedova di Raimondo da Pontieri; ma Rinaldo oppose anco più fiera resistenza che non feciono i suoi predecessori, perchè fatto prendere il Patriarca, nè commiserando alla sua estrema vecchiezza, lo fece condurre sulla più alta parte della cittadella ed ivi con la testa unta di miele fu lasciato per un'intiera giornata esposto alle mosche e ai raggi ardenti del sole. Il re Baldovino pose termine a questa contesa.

Ma non ostante eranvi ancora in Antiochia altri disordini, i quali disviluppando ogni giorno più le loro male semenze crebbero tanto che il re di Gerusalemme fu necessitato assumerne il governo, nel qual tempo fu sorpreso da grave infermità. — L'arcivescovo di Tiro accusa come colpevoli della di lui morte i medici di Siria, che i principi latini e specialmente le principesse preferivano ai medici latini. Frattanto il re consunto da lenta febbre, si fece trasportare a Tripoli, indi a Berito, dove spirò, compianto molto da'suoi sudditi e anco da'forestieri. Fu portato il suo corpo a Gerusalemme per essere seppellito al Calvario. Discesero dalle loro montagne i Cristiani del Libano ed innumerevole multitudine si assembrò ad accompagnare la funebre pompa. Nurredino fu tanto magnanimo che sospese per alcuni giorni le ostilità contro i Cristiani a fine di non disturbare il loro dolore e le esequie del re.

Una delle cagioni che faceva sincero questo dolore de'popoli era che il suo fratello Amaurì il quale doveva succederli era universalmente odiato, per la sua mostruosa avarizia pregiudicevole al ben essere de'sudditi, per la sua ambizione che poneva a continui repentagli lo stato e per la sua alterigia, esosa ai baroni e ai signori. Forse queste male qualità esageravansi dall'odio medesimo e dalle pretese che nutrivano alcuni grandi del regno, alla gerosolimitana corona; onde la storia contemporanea dice, che fu anco proposto di cangiar l'ordine della successione al trono, e di eleggere un re, che nei pericoli sapesse meglio di Amaurì difendere il suo stato. Formaronsi alcune fazioni e già le cose stavano per rompere a guerra civile, quando i più moderati dei baroni rappresentando, esser il diritto della successione il più fermo sostegno della monarchia, e che chi tentava cangiarlo, come il traditor Giuda, poneva il Salvatore del mondo nelle mani de'suoi nimici, operarono tanto, che il loro avviso corroborato per la presenza delle genti di Amaurì, prevalse, ed egli ottenne la corona di Gerusalemme.

Pervenuto Amaurì alla satisfazione del suo maggiore desiderio; volse le mire al conquisto dell'Egitto, estimandolo agevole, per le fiere divisioni dalle quali era allora afflitto.—Aveva il califa del Cairo negato di pagare al nuovo re di Gerusalemme il tributo da lui pattuito dopo l'espugnazione di Ascalona; onde il re ordinato il suo esercito, passò il deserto e s'incamminò verso le rive del Nilo, dove pervenuto contentossi di comporre col califa per mezzo di nuovo trattato.

L'Egitto era in quel tempo travagliato da una guerra civile in tra due capi che disputavansi l'imperio. I califi del Cairo, non meno che quelli di Bagdad, già da lungo tempo erano molto decaduti dal vigore morale e dalle virtù guerriere del loro primo istitutore, il quale, additando i suoi soldati e la sua spada, solea dire: *Ecco la mia famiglia, ecco la mia prosapia.* Eglino se ne viveano chiusi ne' loro serragli, ammolliti nelle voluttà, e lasciando le redini del governo agli schiavi, i quali presenzialmente come numi gli adoravano, ma dipoi sapevano anco piegarli a tutte le loro voglie. Tenevano viva la loro autorità soltanto nelle moschee, e nell'approvare le usurpazioni de' visiri, che corrompevano gli eserciti, sovvertivano lo stato, e con le armi alla mano contendevano del predominio sul popolo e sul principe, al qual fine collegavansi con le vicine potenze, l'intervento delle quali, augumentava i disordini e le stragi sulle sponde del Nilo, per modo che quando riposavansi i soldati dal versar sangue, cominciavano i carnefici: così l'Egitto era a un tempo desolato, dai nimici, dagli alleati e dai proprii abitatori [1].

Sciaver, che in queste turbolenze, dall'umile condizione di schiavo, era pervenuto alla dignità del visirato, fu vinto da Dargamo, uno dei principali officiali della milizia egiziana, che gli succedette. Ed egli fuggendo dalle persecuzioni del suo più fortunato rivale, riparava a Damasco, raccomandandosi per soccorso a Nurredino, promettendo assoggettarseli per tributi, se lo riponeva in Egitto nel suo pristino grado. Nurredino acconsentì alla petizione di Sciavero; e raccolte le genti, fece capitano della impresa Scircù, peritissimo di guerra sopra tutti i suoi emiri e ferocissimo nelle militari espedizioni, a cui comandò che obbedisse in tutto all'ex-visiro, ma che nel tempo istesso non trascurasse i profitti del suo patrono. — Frattanto Dargamo penetrati i progetti di Sciavero e i preparativi di Nurredino, per poter far fronte a tanto turbine, richiese d'alleanza i Cristiani di Palestina, giurando di dare a essi tutte le sue ricchezze, purchè in pregio di quelle l'acquistata potenza gli conservassero.

Il re di Gerusalemme fu preso all'esca dell'oro, e in mentre che stava ragunando l'esercito per soccorrere a Dargamo; le genti di Nurredino

---

[1] Gli storici arabi, raccontano diffusamente queste guerre civili dell'Egitto; e gli estratti importanti si hanno nella *Biblioteca delle Crociate.*

passavano il diserto e già erano propinque all'Egitto. Allora **Dargamo** senz'aspettare altrimenti i suoi nuovi alleati, mosse incontro al nimico, ma i Siri lo ruppero, ed egli rimase ucciso sul campo. La città del Cairo aperse le porte al vincitore; Sciavero assicuravasi, col ministerio de'carnefici, di tutti i suoi nimici, e nel mezzo delle stragi di che aveva empita la patria, fu con gran lodi e felicitazioni dal califa incontrato.

Ma Scircù, non sapendo abbastanza dissimulare la sua rapace cupidigia, sopravvenne scissura fra lui e il ristabilito visire, il quale volendo rimandare in Siria le genti di Nurredino, fu minacciato da'suoi proprii liberatori di assedio nella città istessa del Cairo. Egli veggendosi a mal partito, ricorre, come il suo rivale, alla protezione de'Cristiani facendo al re di Gerusalemme le medesime promesse che già avea fatte a Nurredino. Amaurì, desideroso di entrare in Egitto e poco curandosi di qual partito vi preponderasse, ponsi in cammino per soccorrere Sciavero, con quello istesso esercito che poco prima aveva raccolto a'di lui danni.

Pervenuto in Egitto, congiunse le sue genti a quelle del Visire e andarono a campo a Bilbei, ove erasi chiuso Scircù. Questi sostenne per tre mesi gli assalti de' Cristiani e degli Egizi; e quando il re di Gerusalemme proposegli la pace, negò accettarla, se non gli pagavano le spese della guerra. Governò i negoziati da vincitore, e ottenuto quanto pretendeva, escì di Bilbei, minaccioso, e ricondusse a Damasco il suo esercito carico di preda.

Mentre Amaurì travagliavasi delle cose di Egitto, senz'alcuna sua utilità, Nurredino infestava con le armi le provincie di Antiochia e di Tripoli, i cui principi non avevano migliore schermo contro un tanto inimico che raccomandarsi ai soccorsi d'Occidente.

Per la quarta volta giunse in Palestina il conte di Fiandra, infaticabile tragittator di mari per combattere gl'infedeli. Giunsero anco nel medesimo tempo molti pellegrini di Pontieri e d'Aquitania capitanati da Ugo Lebrun e Giuffredo fratello del duca di Angulemme. Con Ugo erano due suoi figliuoli, Giuffredo di Lusignano, famigerato per il suo valore, e Guido di Lusignano, serbato dalla fortuna al trono di Gerusalemme.

Con questi rinforzi i Cristiani di Siria tentarono varie imprese contro i Mussulmani; in una delle quali Nurredino istesso fu colto all'imprevista e vinto sul territorio di Tripoli, in un luogo che le croniche appellano *il Boscheto.* — Gli scrittori arabi riferiscono la preghiera fatta dal sultano di Damasco al Dio di Maometto, durante la zuffa, dolendosi di essere abbandonato dalle sue genti. Dopo la sconfitta, scrisse (secondo i medesimi storici) a tutti gli uomini pii e devoti. La sua epistola fu letta in tutti i pulpiti delle moschee, rinfiammò l'entusiasmo de' soldati dell'islamismo ; e tutti gli emiri della Siria e della Mesopotamia concorsero sotto lo standardo del sultano.

Allora Nurredino avventossi sul territorio di Antiochia, ed espugnò la fortezza di Arenca, e di là poco distante dipoi fu combattuta una grande giornata campale, con la peggio de'Cristiani, molti principi de'quali furono fatti prigioni; e in tra' più notevoli furono Raimondo conte di Tripoli, che i Mussulmani usavano soprannominare *Satanasso de' Latini*, e Boemondo Terzo principe d'Antiochia, che nelle prigioni di Aleppo trovò il suo predecessore Rinaldo di Sciattiglione, il quale v'era chiuso già da parecchi anni.

Dopo questa vittoria, i Mussulmani occuparono Panea e feciono alcune correrie nella Palestina.

Così depressi i Cristiani, trovossi Nurredino in grado di applicarsi ai suoi disegni contro l'Egitto; di cui avea gran brama, massime dopochè Scircù ritornato a Damasco ebbeli fatta relazione delle ricchezze del paese e della debolezza del governo, dimostrandoli l'utilità e la facilità di congiungerlo al suo imperio.

Disposto adunque Nurredino a far l'impresa d'Egitto, sotto pretesto di chieder soccorsi, ma in realtà per dar qualche colore di giustizia e di religione alla guerra, spedì ambasciadori al Califa di Bagdad; perchè egli è da sapersi che già da più secoli i califi di Bagdad e del Cairo, s'aveavano reciprocamente un odio sacro; pretendendo ognuno di loro esser vero vicario del profeta, e scomunicando il suo avversario intitolandolo anticalifa e nimico di Dio. Così nelle moschee di Bagdad maladicevansi il califa egiziano e i di lui settatori; e in quelle del Cairo sentenziavansi all'inferno gli Abbassidi e i loro seguaci.

Anno 1165. — Il califa di Bagdad non pose dunque difficoltà alcuna al dimando di Nurredino, perchè mentre con ciò appagava l'ambizione del sultano di stendere il suo imperio, satisfaceva anco alla propria cupidità d'esser solo capo della religione mussulmana. Comandò pertanto agli Imani di predicar la guerra contro i Fatimiti, promettendo il paradiso a tutti coloro che si sarebbero armati per la sacra causa. Concorsero pertanto sotto i vessilli di Nurredino i fedeli Mussulmani e Scircù nuovamente eletto capitano generale, faceva suoi provvedimenti per ritornare in Egitto.

Dove giunta la novella di tanto moto, lo spavento fu grande; onde Sciavero, mandò speditamente ambasciadori al re di Gerusalemme per collegarsi con lui contro Nurredino. Il re convocò il supremo concilio della monarchia a Naplusio, dove referì la proposta lega e trattò de'vantaggi che una seconda spedizione in Egitto arebbe potuto portare. Fu decretata una imposizione straordinaria per le spese della guerra, e quando in Gaza l'esercito fu compito e d'ogni cosa necessaria provvisto, partì per l'Egitto.

Anno 1166. — Frattanto, nè senza gravi pericoli, Scircù traversava il deserto, perchè vi fu sorpreso da tal violenta tempesta di sabbie, che perdette tutte le bagaglie, i viveri e le armi dell'esercito, e non pochi uomini e cavalli, che furono dai sabbiosi vortici rapiti e sepolti. Così mal condotto giunse sulle sponde del Nilo, ma nascondendo con grande accortezza i suoi danni, incusse tuttavia molto terrore alle città dell'Egitto.

Anno 1167. — Il visire Sciavero non vedendo ancora venire le genti de' Cristiani, nè sapendone novella alcuna, spedì nuovi ambasciadori al re, promettendoli immense ricchezze perchè s'affrettasse in di lui soccorso. Nel medesimo tempo il re aveva mandati al califa d'Egitto suoi legati Ugo di Cesarea, e Fulcherio cavaliere del Tempio, per averne la ratificazione del trattato d'alleanza.

I legati d'Amaurì furono intromessi in quel palagio ove era legge sacra che niun cristiano ponesse piede. Dopo che furono passati per alcune gallerie piene di Mauri e per molte sale risplendenti di tutte le orientali sontuosità, giunsero nel Santuario del califa che aspettavali sopra un trono d'oro e di preziosissime pietre ornato.

Sciavero che era condottiere dei legati, prostrossi davanti al suo signore e lo supplicò che si degnasse accettare il trattato d'alleanza fatto col re di Gerusalemme. Il pontefice de' credenti, sempre flessibile ai voleri de' suoi schiavi, fe' il segno della sua approvazione e porse la mano ignuda agli ambasciatori cristiani, presenti i di lui officiali e cortigiani, che alla insuetudine di quell'atto, rimasero attoniti ed afflitti.

Avvicinavasi adunque al Cairo il latino esercito; ma essendo segreto disegno d'Amaurì produrre la guerra in lungo a fine di trattenersi in Egitto più che gli fosse possibile, trascurò molte occasioni di combattere i Siri con vantaggio, lasciando loro tempo da rifarsi dei danni sostenuti nel diserto. Finalmente non potendo più temporeggiare senza dimostrare il suo animo, venne a giornata campale nell'isola di Maallè, propinqua alla città del Cairo; prese i ripari del campo nimico, ma non compì la vittoria.

Scircù ritiravasi verso l'Alto Egitto, rampognando i suoi soldati di viltà, i quali veramente, per la memoria de' mali sofferti nel diserto, per trovarsi mal forniti d'ogni bisognevole; e per veder le genti dei Cristiani molto pronte e risolute, non facevano mostra di grande coraggio. Nel consiglio degli emiri disputavasi lungamente, come s'avesse l'antico valore de' soldati a rianimare, e come governare il progresso della guerra; quando un capitano levatosi, esclamò con voce concitata:

Oh, voi, che temete la morte e la schiavitù, ritornatevene in Si-
ria ; andate da Nurredino che vi ha tanto beneficati, e diteli che
avete abbandonato l'Egitto agli Infedeli, per rifugiarvi ne' vostri ser-
ragli con le donne e i fanciulli [1].

Queste parole riaccesero finalmente gli spiriti marziali nell'esercito
damasceno. I Latini e gli Egizi che perseguitavano Scircù, furono sconfitti sulle colline di Baben e posti in fuga. Allora il capitano di Nurredino, profittando della vittoria, pose presidio in Alessandria che gli aveva
aperte le porte, e andò speditamente a campo a Chutzà metropoli della
Tebaide.

La perizia con la quale Scircù aveva disciplinate le sue genti, e disposto l'ordine dell'ultima battaglia, i suoi strategici rivolgimenti sulle
pianure egizie dal tropico fino al mare, mostravano i grandi progressi
fatti dai Mussulmani di Siria nell'arte della guerra, e davano argomento
ai Cristiani di presentire qual nuovo nimico sorgesse a interrompere il
corso delle loro belliche prosperità.

Amaurì frattanto corse alla ricuperazione d'Alessandria, dove i Turchi
si sostennero strenuamente più mesi non ostante i tentativi degli assalitori esterni e le interne sedizioni: ma alla fine non potendo più difendersi, per la mancanza de' viveri, ottenuta onorevole capitolazione, per
la seconda volta ritornaronsi carichi di preda a Damasco.

Quando il visire Sciavero, vide il nimico partito, cominciando a temere la presenza de' Cristiani, affrettò il loro ritorno a Gerusalemme: ob-
bligossi pertanto al re di pagarli in annuo tributo, cento mila scudi d'oro,
e concordò che tenesse un suo presidio nel Cairo. Colmò di ricchi doni
i cavalieri e i baroni, e fe' anco distribuir danaro ai soldati.

L'esercito cristiano ritornossi così a Gerusalemme con tante ricchezze,
che il popolo e i grandi ne rimasero abbagliati [2].

Ritornato Amaurì nella sua metropoli e considerando la sterilità del
montuoso territorio di Giudea, gli angusti confini della monarchia e la
povertà degli abitatori, dolevansi secretamente in cuore di non aversi saputo acquistare un grande imperio. Dopo poco tempo tolse in moglie una
nipote dell'imperatore Emanuele, d'onde la sua ambizione e cupidità
d'ingrandimento maggiormente s'accrebbe, rappresentandoseli sempre alla
memoria, le ricchezze del califa, la grande popolazione e la fertilità del-
l'Egitto, i suoi bei navili, e la comodità de' porti.

---

[1] Ciò è cavato dallo storico arabo, Ibn Alatir.

[2] Questa spedizione d'Egitto e l'altra precedente a quella che fu fatta dipoi, sono narrate dagli
storici arabi de' quali alcuni furono coetanei. I principali sono Ibn Abutal, originario d'Aleppo, e
Ibn Alatir, ambidue bene instrutti de' successi, e che giovano molto per rettificare l'esposizione
dei Latini.

Per incarnare il suo disegno, pensò di profittare del nuovo parentado, col tirare seco in lega per la impresa dell'Egitto l'imperatore Emanuele; al qual effetto spedì i suoi ambasciadori a Costantinopoli. Emanuele fece plauso al progetto del re di Gerusalemme e promiseli di soccorrerlo con poderosa armata.

Fidandosi adunque Amaurì sulle promissioni dell'imperator greco, non si curò di tener più celati i suoi disegni, e convocò l'assemblea de' baroni e de' grandi del regno; proponendovi chiaramente l'impresa d'Egitto. Il gran maestro del Tempio, seguitato dai pochi più savi e prudenti, fece aperta dichiarazione: esser quella una guerra ingiusta, nè da riescire a buon fine.

Considerava il gran maestro: non esser prudente che i Cristiani insegnassero i Mussulmani come si violino i trattati. Facil cosa essere occupare l'Egitto, difficile tenerlo; perchè se gli Egizi erano inabili a difendersi, potentissimo alle offese era Nurredino; contro il quale importava molto più che le forze dello stato si spendessero. L'Egitto esser conseguente possesso di chi fosse padrone di Siria; onde non convenire con quella impresa favorire al nimico Nurredino, che si troverebbe appianata la via al conseguimento delle sue cupidità, se i Cristiani con le loro fatiche gli aprissero le porte del Cairo come quelle di Damasco gli avevano già aperte. Questo moto in sostanza però, non partorirebbe altro che danni e pericoli alle città cristiane, e a Gerusalemme specialmente. Il che provavasi con l'esperienza, perchè mentre il re sulle sponde del Nilo, travagliavasi delle cose egizie, Nurredino avevali già tolte alcune città; e Boemondo principe di Antiochia, e Raimondo conte di Tripoli erano caduti nelle di lui mani prigioni, e languivano ne' ferri mussulmani, vittime della ambizione del re, il quale lunge dal regno che doveva difendere, stavasi occupato in estranee cure [1].

Consideravano oltre ciò i cavalieri e i baroni, che la dimora in Egitto arebbe corrotti i soldati cristiani, ed averebbe debellato il loro coraggio; riscontrandosi generalmente dalla esperienza che i climi e i terreni, generano gli uomini simili a loro, onde ne' molli ed ubertosi, molli e intolleranti della fatica veggonsi gli abitatori; e negli alpestri e sterili, per lo contrario, gli abitatori sono pressochè sempre robusti, fieri, e industri ed amatori del lavoro. Essere stato anticamente fatale ad Annibale e ai Cartaginesi il soggiorno di Capua, tanto che quelli che non avevano potuto vincere le agguerrite legioni romane, furono dalla mollezza del clima e dalla voluttà della stanza infemminiti.

[1] Questo discorso che i cronisti latini attribuiscono o al gran maestro, o ai baroni, probabilmente per errore gli storici arabi, pongono in bocca del re medesimo.

Ma queste considerazioni non ebbero alcun potere nell'animo ambizioso del re, nè in quelli che parteggiavano per la guerra; fra i quali, forse per emulazione del gran maestro de'templari, era principale il gran maestro degli spedalieri, che con le sue spese inconsiderate aveva esausto di ricchezze il suo ordine, ed ora aveva soldato molta gente assicurando loro le paghe su i tesori dell'Egitto; il che era un vender la pelle dell'orso avanti la caccia. La maggior parte de'signori e de'cavalieri sentivano similmente per la guerra, figurandosi agevole l'acquisto delle ricchezze egizie, e concorrendo tutti nella opinione che i possessori di quelle, fossero necessariamente nimici loro, perchè non disposti a ceder senza contesa un sì desiderato possesso.

Anno 1168.—Mentre che a Gerusalemme facevansi i preparativi della spedizione, simili progetti agitavansi nel consiglio di Nurredino.—Scircù ritornando d'Egitto avea riferito al suo principe:

Non avere il Califa nè periti capitani, nè prodi soldati; giacere al fondo di sua decadenza la potenza de'Fatimiti per le guerre civili, per l'avaro e rapace intervento de'Latini e per l'impetuoso valore de'Siri. Non essere affezionato il popolo al Califa da lui non conosciuto, nè al Visire che reputava autore delle sue calamità: Desiderare vivamente il riposo dopo i lunghi travagli sofferti, ed esser disposto sottomettersi a qualunque principe che il potesse contro la propria irrequietudine e contro le esterne aggressioni proteggere. Aver l'intesa i Cristiani alla occupazione dell'Egitto, conscii anch'essi della debolezza e della decadenza di quello stato; far pertanto mestieri di prevenirli, e stendere pronta la mano a quello acquisto che da per sè stesso si offeriva al primo occupatore.

Così il sultano di Damasco e il re di Gerusalemme concorrevano nel medesimo fine; e nelle moschee e nelle chiese cristiane, Mussulmani e Cristiani pregavano Iddio che alle armi loro favorisse e del conquisto d'Egitto le gratificasse. Nè gli uni nè gli altri pretermettevano di onestare con ragionevoli colori i fatti disegni; accusandosi a Damasco il Califa d'aver fatta empia lega con i seguaci del Crocifisso; e a Gerusalemme accusandosi il Visire che mancando alla fede de'Sacramenti, tenesse secrete pratiche con Nurredino: Ma la reale sostanza era quella medesima che sempre è in quasi tutte le deliberazioni degli uomini; le quali primamente ognuno fa secondo i suoi proprii interessi, e dipoi, con la elasticità infinita delle parole, colora di equità e di ragione anco oltre il termine che il bisogno non chiede.

Primi a mettersi in campagna furono i Cristiani, i quali posersi a campo a Bilbei, promessa dal re ai Cavalieri di San Giovanni in premio del zelo che dimostravano per questa spedizione.

La città di Bilbei situata sulla destra della sponda del Nilo, fu presa per assalto, trucidandone tutta quanta la popolazione, ostentando maggior ferità proporzionalmente alla minore ragione che avevano d'infierire.

La notizia di questa crudelissima espugnazione spaventò tutto l'Egitto; e i Mussulmani indignati per gli atti bestiali che avevano uditi degli assalitori, prese le armi, cacciarono dal Cairo il presidio Cristiano.

Sciavero speditamente mandò soldati in tutte le provincie, fortificò la capitale; e per eccitare il popolo a disperato coraggio fece appiccare il fuoco all'antica Fostata, il cui incendio durò per sei settimane.

Frattanto il Califa che forse ignorava i disegni di Nurredino, si volse a lui per avere soccorsi contro i Cristiani, e per piegarlo più facilmente al suo desiderio, gli mandò chiusi in una lettera i capegli delle donne del suo Charem, come pegno della confidenza che aveva in lui, e segnale dell'estremo pericolo in che versava. — Il sultano Damasceno che già (sebbene con altro proposito) era disposto mandare le sue genti in Egitto, annuì prontamente alle preghiere del Califa e comandò a Scircù che affrettasse la partenza dell'esercito.

Se dopo l'occupazione di Bilbei il re di Gerusalemme, senza frappor dimora, si fosse mosso contro il Cairo, prevenendo Nurredino, se ne sarebbe con poca difficoltà impadronito; ma dopo il primo successo, come spaventato del suo grande ardimento, cominciò a temporeggiare e a porgere ascolto ai legati del Califa i quali con accortezza ora la sua pietà ed ora l'avarizia tentavano.

Di fatti in Amaurì erano in pari forza potentissime la cupidità del danaro e l'ambizione de' conquisti; ma in questa circostanza prevalendo l'avarizia all'ambizione, pattuita la riscossione di una grossa somma di danaro, sospese i progressi delle sue armi.

Mentre aspettavansi i tesori promessi, e che consumavasi il tempo in fallaci trattative, gli Egizi davano solerte opera a compire i preparativi per la difesa, a fortificare le città e ad armare il popolo.

L'armata promessa dai Greci, e sopra la quale i Latini facevano gran fondamento, frattanto non appariva; i nemici crescevano di giorno in giorno; e finalmente dopo un mese di trattative nelle quali il visire si andava astutamente schermendo con prodigalità di adulazioni e di false promesse, Amaurì in luogo di ricevere i promessi tesori e i greci soccorsi, ebbe la novella che Scircù, per la terza volta era entrato in Egitto con formidabile esercito.

Anno 1169. — Pentissi allora della sua cieca fidanza; mosse precipitoso contro i Siri per far la giornata, ma Scircù che voleva combattere a vantaggio suo e non d'altrui, declinò con perizia strategica l'incontro e congiunse le sue genti alle egizie, dopo di che il volerlo assaltare sarebbe stato nei Cristiani più che folle temerità. — Furono rotte le trattative; e alle lusinghe successero le minaccie; ondechè il re di Gerusalemme veggendosi incalzato da ogni parte, con suo grave pericolo, affrettò la ritirata verso il diserto e ritornossene in Giudea, con vergogna per aver mossa una guerra ingiusta, per averla imprudentemente governata e per avervi, invece che migliorarle, peggiorate le sue condizioni.

Così i Cristiani persero i tributi, l'amicizia e l'accesso dell'Egitto, e ne facilitarono l'occupazione al loro più formidabile nimico, la cui grandezza era in manifesta diminuzione della loro monarchia.

Scircù piantò le sue bandiere sulle torri del Cairo, e cacciati i Cristiani, non facendoli più mestieri dissimulare, procedette scopertamente ad assicurarsi degli Egizi. Cominciò dal far ammazzare il Visire Sciavero e succederli nella carica; a ciò consentendo il Califa per la paura che aveva del suo liberatore, cui dette il titolo di *Principe Vittorioso*; provando così che la ragione debba sempre sottomettersi alla forza.

Scircù, colto da improvvisa morte, non tenne il visirato più di due mesi; e il Califa elesseli successore il più giovine degli emiri che erano nell'esercito di Nurredino. Questo emiro appellavasi Saladino, nè oltrepassava i trent'anni, sebbene avesse già dato buon saggio del suo valore all'assedio di Alessandria. Era egli nipote di Scircù e figliuolo di Aiub. Lo zio e il padre erano scesi dalle montagne del Curdistano per militare negli eserciti de'principi di Mesopotamia e principalmente in servigio degli Atabecchi, qualche tempo avanti la seconda Crociata. — Saladino nella sua prima giovinezza, fu molto dedito ai piaceri e al lieto vivere, niente intromettendosi nelle cose dello stato e della guerra; ma pervenuto alle maggiori dignità, mutò portamenti e costumi; intantochè mostrossi uomo al tutto nuovo, e degno d'imperare. La sua gravità conciliossi il rispetto degli emiri; le sue liberalità affezionarouli i soldati; e l'austerità della sua devozione facevalo caro a tutti i veri credenti [1].

Anno 1170. — Ma i Latini che non sapevano ancora, che formidabile nimico loro fosse per essere Saladino, non avevano ancora deposto il pensiero di conquistare l'Egitto. — Giunse finalmente al porto di Tolemaide la greca armata, onde fu risoluto che si riassumesse la tralasciata impresa.

---

[1] Bernardo Tesaurario riferisce che Saladino aveva la soprintendenza dei Lupanari e delle Meretrici. — In quanto alla gioventù dell'eroe Damasceno sono da consultarsi Ibn Alatir, Ibn Abutai e Abulfeda, gli estratti de'quali trovansi nella *Biblioteca delle Crociate*.

T. I.   54

Mossero pertanto l'armata e il re di Gerusalemme con l'esercito, e cominciarono la nuova spedizione con l'assedio di Damiata; ma con infaustissimo esito, perchè sopravvenuta grande carestia, vi perì quasi che la metà de' soldati e molti ne furono trucidati dal nimico, il quale oltreciò pose col fuoco greco l'incendio nelle poche navi che da una precedente burrasca di mare erano campate. Così i Cristiani dopo cinquanta giorni d'assedio nel quale i loro capitani furono accusati di viltà, d'imprudenza e di poca perizia, furono costretti dimettersi dalla impresa: e l'ostinazione d'Amaurì nel volerla proseguire, non ebbe altro resultamento che avvantaggiare le cose de' Mussulmani, ricordando ai Cristiani di Palestina le parole che i profeti usavano ripetere agli Ebrei: *O, figliuoli d'Israele non volgete nè i vostri passi nè gli sguardi all'Egitto.*

Sendo frattanto ritornati gli ambasciadori spediti in Occidente senza aver ottenuto alcun soccorso, il Re non trovò altro rimedio che fondare le sue speranze ne' Greci, ed egli medesimo partì per Costantinopoli, lasciando, siccome disse, a Gesù Cristo, di cui intitolavasi vicario, *la cura di governare il regno.*

Gli storici contemporanei descrivono con prolissa compiacenza, il sontuoso ricevimento fattoli dalla corte bisantina, tacendo nondimeno le cose trattate col greco Imperadore che probabilmente averà secondo il solito prodigato a promesse che dipoi non attenne.

Ritornato il re a Gerusalemme, s'accorse a confusione del suo troppo presumere, che il regno non era stato governato a dovere, poichè di ogni intorno premevanlo la potenza e le armi vittoriose di Nurredino.

Ebbero breve posa però le armi per cagione d'un gran terremoto che rovinò quasi totalmente le città di Tiro, Tripoli, Antiochia, Emesa, Aleppo, e tutte le fortezze di Siria con immensa strage degli abitanti e de' loro difensori. Spaventati da tanta calamità, principi e popoli dismessero le ostilità contro i loro vicini, e come dice Guglielmo Tireuse: *La paura de' giudizii di Dio fu quasi un trattato di pace in tra i Mussulmani e i Cristiani.*

Anni 1171. — Frattanto Saladino compiva il conquisto dell'Egitto per Nurredino, con tanta felicità che riescì anco a riformare le opinioni religiose de' vinti.

Abolita fu l'Autorità de' Fatimiti; poco tempo dopo il Califa Aded, sempre invisibile nel suo palagio moriva ignorando essere giunta all'occaso la sua potenza.

Non pretermisero i Cristiani di accusare Saladino che l'avesse proditoriamente ucciso, ma niuno istorico mussulmano parla di questa tradigione [1]. — Nondimeno con i tesori del Califa furono represse le mormorazioni del popolo e dei soldati: I negri Abbassidi, subentrarono ai bianchi discendenti d'Alì; e solo pontefice della religione mussulmana, rimase il califa di Bagdad. — La dinastia de' Fatimiti che da due secoli tenea l'imperio, e pel mantenimento della quale erasi tanto sangue versato, in un sol giorno fu spenta e niuno sorse a difenderla. Così i Mussulmani di Siria e d'Egitto furono sotto una sola religione ridotti, onde la loro potenza s'accrebbe.

Ma le prosperità di Saladino concitavanli contro l'invidia de' suoi emuli e la diffidenza del suo signore, il quale considerava quasi con timore il conquisto dell'Egitto già ardentemente da lui desiderato. Forse Saladino ne' suoi cominciamenti non aspirava al sommo imperio, ma portato dalla fortuna in tale altezza che il discenderne era pericolosissimo e con manifesta sua ruina, e lo stare fermo, impossibile, disposesi seguitare la necessità de' suoi destini e procedere innanzi alla suprema dignità. — Gli storici arabi narrano con molta accuratezza il procedere reciprocamente dissimulato e menzognero del Sultano di Damasco e del figliuolo d'Aiub; procurando questi di quietare gli sospetti del suo patrono; e quegli di prevenire i progetti del suo infedele luogotenente. Nurredino chiamò più volte in Siria Saladino, sotto pretesto di volerlo spedire contro i Cristiani; Saladino, simulando obbedienza, passava il deserto, correva i confini dell'Idumea, e ritornava di poi subito in Egitto, pretestando talora alcun nuovo conquisto da farsi in Nubia o verso il Mar Rosso, e talora qualche ribellione da sedare. — Ciò non ostante il lungo dissimulare era per rompere ad aperta guerra, quando la fortuna, per innalzare al supremo grado Saladino senza farlo ribelle al suo signore, interrupe con la morte gli sdegni e i sospetti di Nurredino.

Morì Nurredino a Damasco nell'anno 1174, lasciando il solo figliuolo *Malec Salè Ismael*, ancora fanciullo e inabile al governo. — Questa improvvisa morte pose in estrema confusione tutti i popoli di Siria; e quanti erano principi, sultani ed emiri in tra Damasco e Mossule; tutti attendevano a far loro profitto di tale avvenimento per ricuperare l'antica indipendenza o per ingrandirsi i dominii. Quelli che avevano gli stati confinanti co' tenitorii cristiani, procacciavano farsi forti collegandosi con i Latini e sottomettendosi anco a pagar loro qualche tributo, purchè movessero guerra a Saladino: Avendo ognuno paura del conquistatore d'Egitto,

---

[1] Guglielmo Tirense è fra gli accusatori di Saladino. — Bernardo Tesaurario fa del fatto una novelletta inverosimile. — Ma degli scrittori Orientali niuno eccusa Saladino di sì indegno tradimento.

che presentivano aspirare certamente alla successione di Nurredino e all'imperio degli Atabecchi.

Anco Amaurì levatosi in isperanza andò a campo a Panea che gli era stata tolta da Nurredino; e dapprima procedeva nella impresa con vigore e prosperità; ma gli emiri che governavano Damasco avendoli offerta gran somma di danaro se se ne dimetteva, e minacciando di dar la Siria a Saladino, se persisteva; il re conoscendo ch'era meglio attenersi al certo più che al probabile, accettò la somma e si ritirò, avendo di più ottenuta la liberazione di venti cavalieri cristiani.

Ritornossi pertanto il re a Gerusalemme dove appena giunto, ammalossi e morì.

Prima di passare ad altro parmi conveniente discorrere alquanto quale fosse la politica condizione del regno gerosolimitano a quell'epoca. — Ricavasi dalle Assise che le città e baronie di Terra Santa dovevano fornire allo stato da quattro mila cavalli e sei mila uomini d'arme, il che formava un esercito da circa dodici o quindici mila uomini ne'tempi ordinari. — Le Assise non fanno menzione de'Templari, degli Spedaglieri e degli altri ordini militari i quali ogni giorno più augumentavano. — Inoltre tutte le città del regno avevano le loro fortificazioni e le torri guardate dai cittadini; e sopra tutti i confini del territorio, e sopra tutti i passi di Gerusalemme eranvi fortezze piene d'armi e con buoni presidii. Le montagne di Giudea, il declive del Libano, il paese di Moab e di Galaad, avevano oltreciò caverne e grotte fortificate a modo di castella. — Di danaro se non v'era esuberanza eravi sufficienza, avendo portato assai ricchezze i pellegrinaggi, l'industria e il commercio marittimo, di che le città littorali fiorivano.

Il terzo anno del suo regno Amaurì convocò a Naplusio il Patriarca, i Vescovi, i grandi e il popolo. Ivi furono discussi ed esposti i bisogni dello stato, e fu deliberato che ogni suddito, niuno eccettuato pagherebbe la decima de'suoi beni mobili per il servigio del pubblico. — Eranvi anco altre tasse che regolarmente si riscuotevano; e Guglielmo Tirense nota che Amaurì non preteriva occasione per mungere di danaro i suoi sudditi.

Perchè dunque il regno di Gerusalemme andava sempre declinando nella estimazione de'suoi vicini? E perchè i figliuoli e i successori de'primi soldati della Croce, nonostante che fossero forniti di tutto ciò che costituisce la forza, la gloria e la sicurezza delle nazioni, eransi ridotti a tremare davanti a quelli stessi nimici che i loro padri avevano vinti senza eserciti bene ordinati e soldati e senza fortezze? — E in qual modo per ultimo, un principato stabilito con la vittoria e ben provvisto di quanto facea uopo alla sua difesa, durava fatica a conservare quelle città e provincie che poco prima Re poveri e pochi cavalieri con la sola spada avevano conquistate?

Giacomo da Vitriaco, risponde a tali quistioni, che i costumi, la tempera de' caratteri e le virtù marziali erano corrotte; che i veri eroi della Croce non erano più, e che i loro discendenti eran simili alla impura morchia delle olive, o alla ruggine del ferro. Così gli uomini che pretendono attribuire a Dio quasi tutte le instituzioni da loro trovate ed escogitate, corrompendole nel progresso del tempo, mostrano o la fallacia delle pretensioni loro, o la malignità degli animi contro alla quale nè meno la santità delle cose divine si può immacolata conservare.

Il figliuolo di Amaurì sebbene non fosse in età da assumere il governo, fu nondimanco unto re, coronato nella chiesa del Santo Sepolcro e Baldovino Quarto intitolato. — Guglielmo Tirense che era stato suo aio narra ch'egli avesse dalla natura ottime disposizioni sortite e amore per lo studio della istoria e delle lettere; che fanciullo ancora fosse vago di gloria, amico della verità e della giustizia. Ma tante belle qualità non furono d'alcun giovamento a' suoi sudditi, perchè sendo consumato dalla lebbra era necessitato governare ogni cosa per mezzo de' suoi ministri: Però la Storia coetanea non gli seppe altro soprannome attribuire che quello di *Re Lebbroso*.

Nella minorità adunque di Baldovino Quarto, insorse contesa per la reggenza in tra Milone di Plansì e Raimondo conte di Tripoli. — Era Milone signore dell'Arabia Sobal e pretendeva avere sopra il figliuolo quella autorità che aveva avuta nei consigli di Amaurì. Stimavanlo generalmente uomo dissoluto e malvagio; e d'orgoglio e di presunzione sopravvanzava tutti. Cupidissimo d'ogni potere, non permetteva che alcuno s'avvicinasse al trono o preponderasse nella corte o nello stato, il che avevali tirato contro l'odio de' grandi e del popolo. Mediante l'assassinio fu opportunamente tolto di mezzo e trovato in una strada di Tolemaida da molte pugnalate trafitto.

Raimondo Quarto discendente del celebre Raimondo di San Gille, non disgradava in sè la prodezza, l'attività e l'ambizione del suo antenato; e specialmente erane trasfusa in lui quella indomabile fierezza che nei tempi difficili inasprisce le passioni degli uomini e gli travaglia con implacabili animosità. — Guglielmo Tirense racconta che nel tempo della sua cattività erasi applicato allo studio delle lettere nelle quali avea fatti non ordinari progressi, e che nondimeno nel trattare de' pubblici negozii più giovavali l'impetuosità dell'animo che la scienza e la coltura dell'intelletto. Nè per i lunghi infortunii sofferti erasi persuaso della vanità delle grandezze umane;

ondechè più cupido di regnare sopra i Cristiani che di combattere i nimici, reputava unica compensazione de' mali passati, l'imperio; chiedeva alteramente la ricompensa de' prestati servigi e delle sostenute fatiche, asserendo pubblicamente non potersi mantener lo stato senza confidarne a lui le redini. Eletto reggente, sempre atteso a difendersi e a deprimere i suoi emuli poco spazio di tempo gli rimase da accudire al governo; nè ai posteri altro è di lui pervenuto che la notizia delle nimicizie concitatesi contro e della paurosa suggezione in che teneva il Re.

Mentre così Gerusalemme senza capo che sapesse condurla e senza opportuni provvedimenti, intristiva, il figliuolo di Nurredino ch'era d'età quasi pari a Baldovino Quarto e similmente del corpo infermiccio, stavasi in Damasco cinto da folto ed assiduo corteggio di emiri, contendenti fra loro la di lui autorità e che in di lui nome regnavano.

Saladino dichiarossi dapprima protettore di *Malec Salè*, contro gli emiri, chiamandoli oppressori del loro principe; intantochè essi parte spaventati, parte corrotti con segrete seduzioni, chiamaronlo a Damasco per riordinare lo stato.

Quando Saladino videsi padrone della metropoli, con le armi e con l'oro purissimo dell'Egitto appellato *obriso* non ebbe difficoltà a sottomettersi le altre città di Siria. Guglielmo Tirense nota a questo proposito che in quel tempo e co'Mussulmani e co'Cristiani non eravi più certo spediente per soggiogare gli animi che le grandi elargizioni dell'oro. Sicchè i partigiani della famiglia di Nurredino vanamente ricorsero a Mussule per essere nei diritti loro reintegrati, e ai pugnali del Vecchio della Montagna, avendo Saladino superati felicemente tutti gli ostacoli e i pericoli che gli erano opposti. Egli ebbe gran cura di persuadere ai veri credenti, esser sua sola fine il difender la causa dell'islamismo; nè voler altro che succedere all'apostolato di Nurredino e di Zenghi, al che conseguire, come niuno potea dubitare, facea anco di bisogno della potenza di quelli. — Il califa di Bagdad, in nome del profeta lo costituì principe delle città occupate dalle sue armi, non eccettuatane la stessa Aleppo, dove l'erede di Nurredino erasi rifugiato. Così Saladino fu proclamato sultano di Damasco e del Cairo; e in tutte le moschee di Siria e d'Egitto in nome di lui fecionsi le preghiere.

Non ci narra la storia coetanea in qual modo i Latini s'adoperassero per impedire gli augumenti di Saladino. Guglielmo Tirense narra come sotto la condotta del conte di Tripoli e del re di Gerusalemme, facessero alcune correrie oltre il Libano, nella prima delle quali innoltraronsi fino a Daria cinque miglia distante da Damasco; e nella seconda partiti dal territorio di Sidone, giunsero nella ricca valle di *Baccar*

(modernamente detta Bechäa) allora paese fertile ed ora squallida solitudine; e discesero fino a Balbech [1].

Dopo ciò l'esercito cristiano ritornò a Tiro con molta preda conducendo seco mandre di buoi e di montoni; senza però aver combattuto
col nimico.

Frattanto Saladino con miglior consiglio attendeva con utili conquisti
di città e di provincie ad accrescere e stabilire la formidabile dinastia degli Aiubiti.

Nell'anno 1178, Rinaldo di Sciattiglione, che era stato molti anni
prigione in Aleppo, riscattò la sua libertà è ritornò fra i Cristiani. Era
egli andato in Siria con Luigi il giovine e s'era soldato al principe d'Antiochia; la sua bellezza e le sue maniere cavalleresche non erano sfuggite
agli sguardi indagatori di Costanza moglie di Raimondo da Pontieri, la
quale se ne innamorò, e morto il marito lo volle successore di lui nel
letto nuziale e nel principato antiocheno. Rinaldo meglio temperato a sa-
tisfar donne che a regger popoli, fecesi maravigliosamente esecrare dai
suoi sudditi, per la mala amministrazione, per le sue contese col patriarca Amauri, per la spedizione di Cipro e per varie correrie fatte a
danno de'Cristiani; in una delle quali cadde prigione nelle mani di Aiub,
padre di Saladino. Escito di cattività, la sua moglie Costanza era morta,
e sul trono d'Antiochia era succeduto il giovine Boemondo figliuolo di
Raimondo. Rinaldo conoscendo che invano sarebbe andato ad Antiochia
a ripetere la pristina dignità, andossene a Gerusalemme, ove fu bene
accolto dal re e dai baroni. Colà prese in seconda moglie la vedova di
Omfredo di Thorone che feccio signore di Caraca e di Montereale. Non
aveva però la schiavitù mitigato il di lui carattere ardente ed impetuoso,
tanto, che rispettasse le leggi o i trattati; onde a que'tempi in cui l'imprudenza d'un sol uomo, poteva causar la ruina d'uno stato, fu egli di
gran danno ai Cristiani, massimamente quando rotta una tregua fatta con
Saladino, come a suo luogo si racconterà, implicò il regno in funestissima guerra che spense la gloria del nome cristiano.

Circa il medesimo tempo sbarcò a Sidone un giovine marchese del
Monferrato, soprannominato *Lunga Spada;* il quale veniva per ammo-
gliarsi con la principessa Sibilla, figliuola di Amaurì e sorella maggiore di Baldovino Quarto. Era egli parente del re di Francia, dell'imperadore d'Allemagna e de'maggiori potentati della cristianità. — Opinavasi a Gerusalemme che i parentadi con le più nobili famiglie d'Occidente,

---

[1] Guglielmo Tirense dà a Balbech il nome di *Amegarra*, confondendola con Palmira. Balbec
(ovvero Baal Bech) è l'antica *Eliopoli* d'Asia.

dovessero giovare alla conservazione delle colonie latine e a destar l'entusiasmo delle guerre sante; per la qual opinione il re Baldovino dette al marito della sorella le contee d'Ioppe e d'Ascalona; ma questa nuova speranza e sostegno de'Cristiani ebbe breve vita, perchè il marchese del Monferrato, gustate solamente per due mesi le dolcezze dell'imeneo, morì, lasciando la moglie incinta d'un figliuolo, che non bevve più a lungo dell'aura vitale, che per esser re un istante e precipitare nel vortice del passato. Allora giunse a Gerusalemme Filippo, conte di Fiandra, con grande numero di cavalieri. Il re Baldovino, veggendo sempre peggiorare la sua infermità, proposeli che assumesse l'amministrazione del regno e della città santa in sua vece. Filippo ricusò, dicendo esser venuto in servigio di Dio e non per altro.

Frattanto preparavasi nuova spedizione contro l'Egitto. Il greco imperatore offeriva i suoi tesori e il suo navile; fu nuovamente pregato Filippo che ne assumesse il comando generale, e nuovamente egli ricusò, dicendo di non voler andare sulle rive del Nilo a perirvi di fame con i suoi compagni. La sua naturale volubilità, lo condusse finalmente ad Antiochia, ai danni della quale allora massimamente i Turchi si travagliavano. Intervenne all'assedio di Arenca che fu più d'infamia che di lode meritevole, perchè, invece che alle fatiche di guerra, vi s'attese al giuoco de' dadi, alla caccia de' falconi e alle tresche de' ballerini e delle meretrici. Per la qual cosa dopo quattro mesi vanamente consumati in quella falsa mostra di guerra, offerta dagli assediati certa somma di danaro, Filippo con gli Antiocheni ritornaronsi a casa [1]. — Così i Cristiani sostenevano il loro periclitante imperio, il quale sarebbe senza dubbio venuto alla sua fine, se la fortuna con l'accordar loro una insperata vittoria, non ne prolungava ancora l'esistenza.

Saladino, che stava intentamente specolando i procedimenti de'Cristiani, veggendoli occupati su quel d'Antiochia, mosse contro la Palestina. Del che avuto avviso Re Baldovino, raccolte le sue genti corse subito in Ascalona, dove poco stante giunse Saladino col suo esercito e pose il campo presso la città: Ma veggendo che Cristiani non escivano a combattere, i Mussulmani tenendosi certi della vittoria, cominciaronsi a sbandare per le vaste pianure di Sarona, incendiando Ramla e predando tutto il territorio di Lidda. All'avvicinarsi del nimico, gli abitatori fuggivano; e dalle montagne di Giudea fino a Gerusalemme tutto era pieno di spavento e di desolazione. Frattanto i Cristiani, notato il disordine con che procedevano i loro assalitori, ripreso a poco a poco animo, il mattino

---

[1] Guglielmo Tirense tratta diffusamente di Filippo e dell'assedio di Arenca.

della festa di santa Caterina, escirono d'Ascalona, prendendo la via lungo il littorale, nascosti dietro gli alti banchi di sabbia che v'erano e sonvi tuttavia. Pervenuti di contro al luogo ove era Saladino accampato, ordinaronsi in battaglia e presentaronsi non previsti al nimico.

Saladino fa subito dar fiato alle trombe per chiamare a raccolta i suoi soldati dispersi, e studiasi infiammar di coraggio i pochi che aveva intorno.

Baldovino s'avanza col suo esercito preceduto dalla *Vera Croce;* trecento settantacinque cavalli erano le sue genti, *ma tutte di celeste grazia ripiene, che facevale più del consueto forti e valorose.*

Appiccossi la zuffa. Dapprima i Mussulmani sebben pochissimi, si difesero strenuamente; ma sopravvenendo pochi dei loro alla chiamata delle trombe, andarono in rotta. — Perdette Saladino i suoi Mamalucchi *dalle seriche vesti color di zafferano.* Tutti gli altri soldati procacciaronsi salvezza con la fuga; e furono dal monte Girardo fino allo stagno degli Stornelli, dai vincitori perseguitati; perlochè gittarono sulla strada le corazze, gli elmetti, gli schinieri, e tutto ciò che per la sua gravità alla espeditezza del fuggire facea impedimento. In questa fuga, molti Mussulmani perirono di fame, di sete e massimamente di freddo che in quel mese di novembre, fu, più del consueto, intenso.

Per quattro giorni dipoi vidersi ritornare ad Asclona soldati cristiani con tende, armi, prigioni, cavalli e camelli. S'aggiunsero a'danni de' Mussulmani gli Arabi Beduini sempre avidi di preda, onde Guglielmo Tirense gli paragonava al bruco che divora quello che è avanzato alla locusta.

Conseguita sì bella vittoria [1], Re Baldovino ritornò a Gerusalemme a ringraziarne Iddio. E Saladino, sopra un dromedario, fuggiva per il deserto senza scorta.

Anno 1179. — Questo assalto di Saladino, sebbene infelice, operò che i Cristiani s'accorgessero del pessimo stato a che era condotta la città di Gerusalemme le cui mura e le torri, per la grande vetustà cadevano in ruine. Alfine di restaurarle i più ricchi cittadini si sottoposero a volontaria contribuzione: E per impedire che i Mussulmani entrassero nuovamente in Galilea, fabbricossi una fortezza nel luogo detto *Guado di Giacobbe.*

Giunsero anco in questo tempo in Palestina, molti nobili pellegrini

---

[1] Vedi Guglielmo Tirense, lib. 20 e segg. — e Bernardo Tesaurario, *Biblioteca delle Crociate.* Gli scrittori arabi intitolano questa battaglia: *Giornata di Ramla.* — Abulfaragio nella sua Cronica Siriaca, attribuisce la vittoria dei Cristiani a un vento miracoloso che portò improvvisamente nembi di polvere negli occhi de' Mussulmani.

d'Occidente, fra i quali meritano nota Enrico conte di Troies, figliuolo del conte Tibaldo il vecchio; il signore Pietro di Curtenai fratello del Re di Francia; e il signore Filippo figliuolo del conte Roberto; i quali tutti furono con universale allegrezza ricevuti.

Frattanto Saladino, rifatto l'esercito, ritornò alla campagna contro i Cristiani; e due volte gli sconfisse, prima cioè sul territorio di Sidone e dipoi nella foresta di Panea. Dopo di che andato di nuovo verso Galilea, prese per assalto e disfece totalmente il castello del Guado di Giacobbe. Il popolo di Gerusalemme, intese le sinistre novelle, non tralasciò di lamentarsi contro a Dio, dicendo: essere uno schernirli il farli prima vincere ad Ascalona, per divenir poscia preda di que'medesimi nimici che avevano vinti; e gli storici allegano in tal proposito le parole del Salmista: *Chi penetrerà, o Signore, i tuoi arcani disegni su i figliuoli degli uomini?*

Baldovino, per cagione della sua infermità che sempre peggiorava, aveva perduta quasi ogni autorità sopra i suoi sudditi; nè era più in grado di capitanare il suo esercito. Del che facevano loro profitto alcuni malvagi, *figliuoli di Belial, veri artefici di ruine*, seminando divisioni, sospetti e nimicizie. Il re, come tutti i principi dappoco hanno per natura, diffidavasi di coloro che godevano la pubblica estimazione, che i suoi perversi ministri con ogni industria tenevano lontani da lui: tutto era confusione ed ogni cosa governata alla peggio, il che aperse l'adito a Guido di Lusignano, di stabilire la sua grandezza.

Guido di Lusignano giunto di recente in Terra Santa col suo padre Ugo il Bruno, aveva preteso agli sponsali della figliuola di Amaurì vedova del Marchese di Monferrato: E perchè egli era bello della persona e di modi graziosi, non gli fu difficile avere accesso al cuore della sorella del Re, con la quale tenne amorosa dimestichezza, onde morto il marchese, l'unione loro in matrimonio si reputò non solo dicevole, ma necessaria. Questo matrimonio fu primo scaglione a Guido per ascendere sul trono di Davide e di Salomone. [1]

Nell'anno 1180 e nei precedenti non era piovuto in Siria e specialmente nel territorio di Damasco. La terra era rimasa sterile, e i popoli morivansi di fame; gli stati non potevano nutrire gli eserciti; perlocchè Saladino concluse una tregua di due anni col re di Gerusalemme e se ne andò in Egitto, portando seco una parte della popolazione sira che si moriva di fame.

---

[1] Questo particolare ci fu conservato da Benedetto di Peterborugh. — Guglielmo Tirense non ne fa menzione.

Durante questa pace, racconta Guglielmo Tirense, che un popolo di Siri abitante nella provincia di Fenicia, seguitando l'eresia di un certo Marone, se ne disgustò e ritornò alla unità della Chiesa Romana: E detto popolo che tuttavia nomasi de' Maroniti, essendo valente in guerra e pieno di uomini vigorosi, divenne buona guardia dei passi del Libano, e impedì più fiate ai Mussulmani di molestare la Giudea, per la qual cosa fecesi grande festa in Gerusalemme della sua conversione.

Nacquero frattanto nuove cagioni di guerra prima che il termine della tregua fosse spirato. — Una grossa nave sopra cui erano mille cinquecento pellegrini, spinta da fortuna di mare, naufragò sulle coste di Damiata; e il sultano del Cairo fecela prendere e tener prigioni tutti quelli che v'erano sopra. Allora il Re di Gerusalemme spedì suoi deputati a far doglianza di tale infrazione de' trattati e del diritto delle genti. Saladino allegò per sua giustificazione le correrie fatte da Rinaldo di Sciatiglione signore di Montereale, a danno de' territorii mussulmani.

Imperocchè avendo qualche tempo prima occupata i Cristiani momentaneamente la città di Ela o di Eli, la qual poi fu ripresa dai Turchi, Rinaldo in onta della tregua, volendola ricuperare, fece costruire alcune navi a Caraca e trasportar al mare sul dorso de' camelli a fine di combattere essa città per mare e per terra; il che penetrato da Saladino, vi mandò pronti soccorsi, che costrinsero Rinaldo a ritirarsi. Costui veggendosi deluso della sua prima impresa, applicò l'animo ad una seconda, e fatta una eletta de' suoi migliori soldati e guadagnatisi con l'oro trecento arabi beduini, mosse contro la Mecca e Medina. Fu nondimeno sopraggiunto e rotto dai Turchi nella valle di Rabi. Alcuni de' prigioni cristiani fatti in questa battaglia, furono mandati alla Mecca e scannati con gli agnelli in un sacrificio che si faceva al Profeta nella cerimonia del Beiram grande [1]. Gli altri furono condotti in Egitto e ammazzati dai sofì, dai devoti mussulmani e dai dottori della legge in pena del tentato sacrilegio contro le dette due sante città.

Così la tregua fu rotta, e veramente per colpa de' Cristiani; e ricominciarono le ostilità con quotidiani fatti d'arme, vivendosi in continui timori per tutte le provincie.

---

[1] In una lettera scritta da Saladino al suo fratello Malec Adhel, leggonsi queste parole: *Gl' Infedeli hanno violata la sede e l'asilo dell' Islamismo: abbiamo cura che i prigioni e gli Arabi che gli hanno seguitati, non possano per lo avanti servire di guide a coloro che fossero mossi da simigliante disegno.* — Gli arabi del deserto furono sempre reputati cattivi Mussulmani; Maometto non se ne fidava, onde si leggono nel Corano queste parole: *L'Arabo del deserto è ostinatissimo di tutti gl'Infedeli.* — Tali si mantennero sempre gli Arabi che abitano le contrade propinque al Mar Rosso; e in queste medesime contrade a dì nostri ebbe origine la formidabil setta degli *Uahabiti*, che sul principiare del decimonono secolo hanno dato il sacco alla Mecca e a Medina; e che Mehemet Alì pascià d'Egitto non ha mai potuto soggiogare.

Saladino, tentato di occupare Caraca e dato il guasto alla Galilea, andò a campo a Berito, ma trovandola ben difesa, se ne tolse improvvisamente e andò con l'esercito in Mesopotamia. Per più d'un anno fermossi sulle rive dell'Eufrate e del Tigrì.

I Latini invece di profittare della assenza di Saladino, per tentare qualche grande impresa, contentaronsi di ripassare il Libano e dar nuovamente il sacco ai borghi e alle campagne di Siria. Tali correrìe senza pericolo e senza gloria, nulla profittavano alla sicurezza de'Cristiani; che sempre erano in paurosa curiosità di quello che si facesse il novello sultano del Cairo e di Damasco, e sempre ne paventavano la venuta con nuovo e più formidabile esercito.

I principali del regno pieni di questi timori assembraronsi per consultare intorno ai modi di difendersi. In uno di tali consiglii fu statuito, che si ponesse una tassa straordinaria per la quale ogni suddito pagasse l'uno per cento sul valore de'suoi beni, e due per cento sulle rendite. Coloro che non possedevano per cento bisanti pagavano d'imposizione un bisante o mezzo; in ogni *cazal* ovvero villaggio, pagavasi un bisante per fuoco: Posersi sopra ogni città quattro commessarii delle esazioni: Ed ognuno era sottoposto alla tassa, non esclusi gli Ebrei e i Mussulmani: I prodotti della quale dovevano essere portati a Gerusalemme o a Tolemaida e chiusi in una cassa a tre chiavi, e per servire unicamente alla riparazione delle fortezze e al mantenimento degli eserciti.

Nel 1183, Saladino ritornò a Damasco, avendo conquistato Edessa, e Amida o Diarbechira; ottenuta la sottomissione di Mossule, ove regnavano tuttavia gli Atabecchi; ed essendosi per ultimo impadronito di Aleppo ove era morto di recente l'erede di Nurredino, avendosi oltre ciò fatti alleati o tributari tutti i sultani ed emiri della Mesopotamia. Rimanevanli soli nimici i Cristiani, i quali per tanti suoi augumenti, trovavansi come ricinti ed assediati da'suoi dominii.

Inteso dunque i Cristiani il ritorno di Saladino a Damasco, stavano in grande apprensione di quello ch'ei fosse per tentare. Ragunaronsi le genti, destinate alla difesa del regno, alla fontana di Sefurì, per aspettare il segno della partenza.

Frattanto l'infermità di Baldovino andava rapidamente peggiorando; essendo egli accecato e cancrenandosegli le braccia e le gambe. Ridotto a sì miserevole stato consentì dimettersi dalla suprema autorità, e conservandosi soltanto la dignità regia e la città di Gerusalemme, elesse reggente del regno Guido da Lusignano.

Non avevano fiducia in Lusignano nè il popolo nè l'esercito; e gli uomini reputati prudenti, opinavano che l'aiuto divino si fosse ritirato dal consiglio de' principi e che Dio non curasse salvare il regno di Goffredo.

Sopraggiunse notizia che Saladino con grosso corpo di cavalleria era entrato sul territorio de' Cristiani. Accampatosi prima fra i due rami del Giordano, spedì varii corpi di soldati nelle vicine contrade, ed egli trasportò il campo presso alla fonte di Tubanía fra il monte Gelboè e l'antica città di Betzana, altrimenti della Scitopoli.

L'esercito cristiano condotto dal reggente si mosse e prese gli accampamenti di contro ai Mussulmani: I quali senza rispetto alcuno, davano il guasto alle campagne, ardevano i borghi e i villaggi, rapivano donne e fanciulli e soprattutto saccheggiavano ed incendiavano le chiese e i monisteri. — Non ostante così gran danni, i Latini non si movevano dai loro trinceramenti, benchè l'esercito loro constasse di circa mille trecento cavalli e più di ventimila fanti, numero a cui niun altro esercito de' Crociati era mai aggiunto per lo addietro. Tutti i periti di guerra portavano opinione che quella fosse occasione propizia per combattere e vincere Saladino, ma il Lusignano non volle esperimentare la fortuna delle armi, e quando il nimico si partì non volle nè meno perseguitarlo.

. Furono pertanto portate varie accuse contro di lui, al re, che si pentì pubblicamente d'aver tanto confidato in uomo di sì piccolo valore; volle dimetterlo dalla reggenza, e tanto trascorse nel disdegno (come è costume che gli animi deboli che non sanno passionarsi senza cadere nell'eccesso della passione medesima) che volle eziandio privar Lusignano delle sue contee di Ascalona e d'Joppe, e sciogliere il di lui matrimonio con la principessa Sibilla. Citollo però prima a comparire davanti l'assemblea de' baroni e de' vescovi; e perchè ricusò obbedire, l'istesso re, benchè infermo e cieco, andò personalmente ad Ascalona, dove trovate le porte chiuse (così racconta Bernardo) chiamò e comandò gli fosse aperto, bussando tre volte con la propria mano alla porta, ma invano, chè bene stolto saria colui che potendo difendersi s'arrendesse. Frattanto i cittadini erano saliti sulle mura e sulle torri, e *stavansi impassibili spettatori del caso.*—Allora Baldovino chiamando Dio in testimonio di sì grande oltraggio, se ne andò a Ioppe, dove fu ricevuto dal popolo e dai cavalieri, e instituì successore di Guido da Lusignano il suo Bailo.

Ritornato a Gerusalemme dette la reggenza al conte di Tripoli, e volle coronare re il figliuolo di Sibilla e del fu Marchese del Monferrato, che non oltrepassava dell'età sua i cinque anni. Il popolo e i baroni si rallegrarono grandemente di questa nuova elezione, sendosi da molto tempo divulgata l'opinione in Gerusalemme, che senza il conte di Tripoli *non porterebbe il Re senonchè disgrazie.*

Ordinata la nuova reggenza; vennesi alla coronazione del figliuolo della principessa Sibilla, che fu chiamato Baldovino Quinto: e dice Bernardo: *Perchè il fanciullo era piccolo, e il re non voleva che rimanesse coperto dagli altri , fecelo portare in braccio da un cavaliere fino al tempio del signore.* — Fu dipoi nel palagio di Salomone celebrato un gran banchetto, ove, secondo il costume, *i popolani di Gerusalemme servirono il nuovo Re e i suoi baroni.* Questa fu l'ultima festa ed allegrezza che fecesi nella città Santa.

Spedironsi quindi in occidente a procacciar nuovi soccorsi il patriarca Eraclio e i gran maestri de'Templari e degli Spedalieri. — Quando costoro giunsero in Italia, papa Lucio, cacciato da Roma; aveva convocato un concilio a Verona, al quale era intervenuto Federigo imperadore d'Allemagna, a fine di deliberare sul modo di ricomporre in pace l'orbe cristiano.

Rappresentaronsi al concilio i legati di Palestina, esponendo le calamità del loro stato e chiedendo soccorso. Passarono dipoi in Francia per la medesima cagione; ma Filippo Augusto, sendo novellamente asceso al principato e ritenuto dalla necessità di assicurarvisi, fu loro soltanto largo di orrevoli accoglienze. — Enrico Secondo Re d'Inghilterra celebratissimo per il suo valor militare, fu ricerco dai legati come ultima loro speranza e perchè a fine di espiare l'uccisione dell'arcivescovo di Contumbria aveva promesso al Pontefice di andare col suo esercito a soccorrere la Palestina, il Patriarca Eraclio, gli presentò le chiavi e il vessillo del Santo Sepolcro pregandolo di porre ad effetto la sua promessa. Era in quel tempo l'Inghilterra piena di turbolenze, e nell'istessa famiglia del Monarca era entrata la divisione; per la qual cosa Enrico, mostrando le gravi cagioni che frenavano il suo zelo di soccorrere personalmente Terra Santa, si profferse di fornire le spese per la guerra.

Al che malamente indignato il Patriarca rispose:

Tienti i tuoi tesori per Te: Noi cerchiamo un uomo che abbisogni di denaro; e non danaro che abbisogni d'un uomo.

Le quali parole poco conformi alla evangelica mansuetudine, poco piacendo al Re per manifesti segni che ne dimostrava, seguitò a dire il Patriarca:

Tu hai giurato di venire in Terra Santa col tuo esercito; e da dieci anni in qua che hai fatto tal giuramento, ancora non se n'è veduto effetto. Tu hai dunque ingannato Dio: Ma non sai tu che serba egli a chi ricusa servirlo?

E perchè il Re s'accendeva di maggiore sdegno, aggiunse il Patriarca:

Io veggo bene che il mio parlare ti è duro; Tu però puoi ben fare di me quello facesti del mio fratello Tommaso; chè poco m'importa morire in Siria per mano degli Infedeli, o qui per le tue mani: poichè Tu sei anco peggiore de' Saraceni. [1]

Ma tanto era potente a quei tempi la maestà ecclesiastica che il Re non osò reprimere nè castigare l'insolenza del Patriarca; ma dimostrando fuori un tollerare ossequioso e ripetendo le ragioni e gli impedimenti che lo trattenevano dall'adempimento del suo voto; offerse nuovamente gran somme di danaro e permise a' suoi sudditi di crociarsi contro gl'infedeli.

Nondimeno il tempo in che doveva riaccendersi la febbre delle guerre sante non era ancor giunto, e benchè altri ambasciadori, fossero venuti di Gerusalemme in Occidente a chieder soccorsi, e procedessero con modi molto più urbani e modesti che non il patriarca Eraclio, nulla potettero ottenere da principi se se ne eccettuino un Pietro di Curtenai fratello di Luigi Settimo; un conte di Troies; un conte di Lovanio; Filippo conte di Fiandra; un duca di Niversa, i quali visitarono i luoghi santi in questa epoca: Però niun altro cavaliere o barone d'occidente avea vaghezza di porre a ripentaglio sè e le sue cose, per correre a difendere il retaggio di Gesù Cristo.

Ma il Papa veggendo con dolore la indifferenza de' Cristiani per le calamità di Terra Santa, ridotto a confidar solo sulla presunzione di sua potenza, ricorse a uno spediente tanto nuovo e insolito che per la novità stessa potea forse riescire. Scrisse egli a Saladino e a Malec Adhel pregandoli ed esortandoli che ponessero termine alla effusione di tanto sangue, e che liberassero i prigioni cristiani: ma la preghiera d'un pontefice, come dimostrerà il progresso dell'istoria non operò mirabili effetti negli animi di qu'due apostoli armati di Maometto.

Il patriarca Eraclio ritornato a Gerusalemme trovò il regno in estrema declinazione; per modo che l'arcivescovo di Tiro scriveva: *Noi siamo ridotti ad esecrare il presente, e a paventare il futuro; poichè i nostri nimici hanno ricuperata la loro superiorità sopra di noi, e noi siam giunti a tale che nè i mali nè i rimedii sappiamo sopportare.* — E così il buon arcivescovo compie la sua istoria, non sentendosi più cuore da seguitarla e lasciando ad altri il carico di raccontare le calamità che prevede. Al qual carico subentrano altri contemporanei scrittori, referendo i presagi e i segni prenunciatori la ruina de'Cristiani, che furono

---

[1] Questi particolari della imbasceria di Eraclio si hanno da Brombton, copiato dipoi da Enrico Knigton.

terremoti, ecclissi lunari e solari, violentissimo vento *il quale scosse i quattro cardini del mondo.* Ma gli uomini pii e religiosi presagivano principalmente la soprastante ruina del regno, dalla estrema corruzione de'costumi [1], e dallo spregio che facevasi universalmente della morale evangelica. Onde dice Gualtiero Vinisofe: *L'antico avversario del genere umano spirava ovunque le sue seduzioni e massimamente in Gerusalemme: E le altre nazioni che un tempo ricevettero dalla Giudea la luce della religione, ricevendone allora l'esempio di ogni iniquità, mossero perciò Gesù Cristo a non curar più del suo retaggio e a fare di Saladino la verga del suo sdegno.* — Ma segno forse più evidente di qualunque altro delle future calamità era, che i più imprudenti e malvagi tenevano nelle mani loro le redini del governo e che ogni cosa era a balìa di vili passioni e d'irreparabili disordini.

L'infelice Baldovino aveva perduto totalmente le facoltà corporali e spirituali, e logoro dall'eccesso de'suoi patimenti, aspettava d'ora in ora la morte. Frattanto il palagio era pieno di confusione; contendendosi fra loro varii partiti la suprema autorità e aiutandosi ai fini loro con accrescere i disordini.

Morto il monarca la confusione e la discordia non ebbero più modo Il conte di Tripoli voleva mantenersi nella reggenza; la principessa Sibilla voleva coronare del regno suo marito; non ostante che vi fosse ancora il figliuolo di Baldovino il Lebbroso, fanciullo che chiamavano Baldovino Quinto, unica e debile speranza del popolo cristiano, che, senza sapersene la cagione, subitamente morì e fu seppellito presso le reliquie di Goffredo e questa fu l'ultima tomba regale posta a'piedi del Calvario.

Allora il conte di Tripoli ragunò a consiglio i baroni del regno in Naplusio. Il Patriarca e il gran maestro del Tempio si rimasero in Gerusalemme e dissero alla contessa d'Ioppe moglie del Lusignano, *che volevano coronarla a dispetto di tutta la nazione* [2].

Sibilla, così consigliata da costoro, intimò ai baroni ragunati in Naplusio, di venire alla sua coronazione; e quelli recusarono obbedire allegando le convenzioni e i giuramenti fatti al *tempo del re lebbroso.*

---

[1] Giacomo di Vitrì vescovo di Acri testimonio coetaneo, espone diffusamente la corruzione morale della Palestina: — e Bernardo Tesaurario racconta le scandolose dimestichezze del Patriarca Eraclio con la famosa Pasqua di Riverì, moglie d'un merciajo di Naplusio, alla quale il detto patriarca aveva fatto dono *d'una buona casa di pietra in Gerusalemme; e la quale vestiva tanto sontuosamente quando andava al tempio come se fosse stata una imperatrice, mandandosi sempre davanti sei paggi.* — D'onde appare che anco allora qualche ecclesiastico spesava largamente la sua famiglia.

[2] Questa parte della Storia non ha più altro antico illustratore fuorchè Bernardo Tesaurario.

Soprachè il patriarca e il gran Maestro licenziarono i messaggi degli detti baroni, rispondendo; *che non osserverebbero nè fede nè sacramenti e che a ogni modo coronerebbero la Donna* [1].

Chiusero dopo ciò le porte della città e Sibilla andò ·alla chiesa del Santo Sepolcro per la coronazione. Il Patriarca tolte fuori dal tesoro due corone, ne pose una sopra l'altare e l'altra sulla testa della contessa d'Ioppe, dicendole: *Signora, tu sei donna e fa mestieri che abbi un uomo il quale t'aiuti a governare; prendi dunque quest'altra corona e dalla a chi tu stimi doverti essere degno compagno sul trono.* — La reina prese la corona e chiamando per nome il suo marito che le era dinante, gli disse: *Sire, fatevi in qua e ricevete questa corona, ch' i' non saprei sul capo di cui porla più degnamente.* Guido posesi in ginocchio e Sibilla coronollo, e così egli fu re ed ella reina.

Giunta la novella del coronamento a Naplusio, tutti i baroni se ne addolorarono; e sopra gli altri ne fu dolente Baldovino di Ramla, uno de'primi signori del regno, e disse a'compagni, *che la monarchia era perduta ed egli se ne voleva partire,* per non aver il dolore e l'onta d'essere stato testimonio della sua ruina. Allora il conte di Tripoli scongiuravalo di commiserare al popolo cristiano e di rimanere con gli altri baroni per salvarlo, dicendoli, esser fra loro il giovine Omfredo di Torone marito d'Isabella secondagenita di Amaurì; che v'era il rimedio di condurlo a Gerusalemme e, col soccorso di tutta la baronía, coronarvelo re; e far ciò tanto più facilmente in quanto che i Saraceni, invece d'impedirli, sarebbero piuttosto per aiutarli, avendo egli fatta una tregua con quelli.

Convennero di ciò tutti i baroni e deliberarono di coronare Omfredo nel dì seguente: il quale non avendo dell'età sua più che quindici anni, ed essendo di animo debole, inteso come lo volevano far re e sgomentato dalle conseguenze che ne potevano derivare, corse speditamente a Gerusalemme e gittatosi a'piedi della reina Sibilla, le disse, che preferiva il riposo e la sua vita alla corona che gli era profferta.

Seppesi immantinente la fuga di Omfredo a Gerusalemme, dai baroni assembrati in Naplusio, *che ne rimasero dolentissimi, nè sapevano a che risolversi;* molti andarono a rendere omaggio al re Lusignano, ognuno per il suo feudo o la sua terra.

Baldovino di Ramla disdegnando aver terre da Guido, se ne andò ad Antiochia, del che s'afflissero i Cristiani e rallegraronsi i Mussulmani che conoscevano la di lui valentía. — Il conte di Tripoli si chiuse nella città

---

[1] *Qu' ils ne tiendraient ni foi ni serments et qu' ils couronneraient la Dame.*

di Tiberiade che appartenevali per dote della sua moglie e chiese soccorsi a Saladino nel caso che Lusignano movesse contro di lui.

Regnante Baldovino il Lebbroso erasi stabilita una tregua con Saladino la qual durava tuttavia ed era l'unica speranza per la salvezza del
regno; e i Mussulmani osservavano religiosamente i patti, non ostante che
si offerisse loro opportunissima occasione di romperli con vantaggio:
Ma i Cristiani che per la santimonia de'loro sacramenti e per le loro difficili condizioni, avevano maggior cagione di mantenerli inviolati, furono
primi a romperli.

Perchè nell'anno 1186, Rinaldo di Sciatiglione, traportato dal suo animo
impetuoso, assaltò e spogliò a tradimento e in piena sicurezza, una ricca
carovana mussulmana che passava propinquo a Caraca. La qual perfidia
riferita a Saladino, poselo in grande furore, sicchè giurò far vendetta dei
trattati violati e dell'oltraggiato islamismo. Spedì pertanto a tutti i suoi
emiri e ai confederati una circolare, nella quale esposte le ragioni per
riassumere la guerra, invitava tutti i Mussulmani da poter armi, sì del-
l'Egitto, che della Siria e della Mesopotamia, a concorrere sotto le sue
bandiere.

Raccolte le genti, Saladino escì di Damasco nel mese di marzo del-
l'anno 1187, per iscortare la carovana che dal settentrione della Siria,
incamminavasi alla Mecca e a Medina; e traversata dipoi l'Arabia Petrea,
posesi a campo sotto Caraca, nella quale erasi Chiuso Rinaldo da Sciatiglione.

Mentre si attendeva vigorosamente all'assedio; un grosso corpo della
cavalleria mussulmana, condotto da Afdal figliuolo di Saladino, passò il
Giordano ed entrò nella Galilea [1] — Quando fu su quel di Nazaret, i
contadini fuggironsi nella città gridando: *i Turchi! i Turchi!* E i ban-
ditori pubblici scorrevano le vie esclamando: *O Nazareni armatevi per
difender la patria del vero Nazareno!*

I Templari e gli Spedalieri, avvisati del pericolo, accorsero alla difesa in numero di circa trenta cavalli ai quali unironsi quattrocento fanti.
Il piccolo esercito mosse subito contro la cavalleria turchesca che era di
sette mila cavalli, e, trovatala, appiccò immantinente la zuffa [2].

I cronisti coetanei, raccontano in questa occasione gesta operate dai

[1] Bernardo Tesaurario racconta che il figliuolo di Saladino entrasse sul territorio de' Cristiani, dopo una convenzione fatta col conte di Tiberiade, il che sembra poco verosimile; ma probabilmente invece di Tiberiade devesi leggere Tripoli. T.

[2] Gillot nelle sue Lettere sulla Galilea, presume aver trovato il luogo di questa battaglia nel
villaggio di *El Mahed*, distante un'ora di cammino a grecale di Nazaret. Il luogo è in forma di
stretta valle chiusa da colline petrose e nude; il maggior fervore della zuffa fu sopra un aja da
grano.

Cristiani non inferiori alle prodezze de'Cavalieri erranti e de'Paladini, che leggonsi ne'romanzi di cavalleria. Soprattutto mirabile è la gloriosa morte di Giacomo Mègliè, maresciallo del Tempio. — Cavalcava egli un cavallo bianco e spintosi nel più fitto della zuffa, fattosi intorno un cumulo di cadaveri de'nimici che andava uccidendo, rimasto solo, e gridandoli gli assalitori che s'arrendesse, continuava più feroce che mai a difendersi. Ma il suo cavallo spossato dalla fatica caddeli sotto, del che non mostrò scoraggimento Giacomo, ma risorto speditamente in piedi, impugnando la lancia, lordo di sangue e di polvere e avendo tutta l'armatura confitta di strali, osa ancora avventarsi contro ai nimici; e trafitto da molte lancie, cadde, ma combattendo ancora giacente. — Immaginaronsi i Mussulmani che fosse egli quel san Giorgio del cui patrocinio vantavansi tanto i Cristiani. — Quando ebbe esalato l'ultimo spirito, i Turchi, che in questo luogo un vecchio cronista chiama *figliuoli di Babilonia e di Sodoma*, avvicinaronsi con rispetto al di lui cadavere, asciugarono il sangue delle sue ferite, divisersi in tra loro i brani delle sue vesti e i frammenti delle sue armi rotte, e nel brutale entusiasmo che gli avea invasi, fecero sì strane dimostrazioni della loro ammirazione, che non si potrebbe, senza orror del pudore riferirle.

Il Gran Maestro del Tempio con due soli cavalieri, fuggendo, salvaronsi. — Questo fatto d'arme accadde il primo dì del maggio.

Divolgatasene la notizia, fu grande dolore fra i Cristiani. Il re di Gerusalemme che preparavasi a muover le armi contro il conte di Tripoli, intermesso questo disegno, procurò invece di riconciliarselo. Vennesi al conferire: Raimondo giurò porre in obblio le sofferte ingiurie e andò a Gerusalemme; Lusignano mosse a incontrarlo e amichevolmente l'accolse. I due principi abbracciaronsi, presente il popolo, e promisersi reciprocamente di combattere uniti fino alla morte in defensione del retaggio di Gesù Cristo.

Frattanto l'esercito di Saladino riceveva ogni giorno nuovi rinforzi; e il Sultano divideva anticipatamente in tra suoi Mussulmani le spoglie dei Cristiani cacciati dalla Palestina; distribuiva agli emiri le città e le terre; e il califa di Bagdad e tutti i fedeli sottoposti al di lui imperio spirituale dal Corasano fino alle sponde del Nilo, facevano voti e preci a Dio per la vittoria de'loro confratelli e per la espugnazione di Gerusalemme.

Sul cominciare del giugno Saladino passò il fiume, e inoltrossi verso Tiberiade con ottanta mila uomini.

Guido di Lusignano, il conte di Tripoli e i principali baroni, eransi assembrati in Gerusalemme per deliberare intorno la difesa del regno. Fu stabilito che tutte le genti de'Cristiani si unissero per essere preste ad accorrere in soccorso de'luoghi assaltati: che si spendessero nella guerra i tesori mandati a Gerusalemme dal re Enrico Secondo e che si conservavano nella casa del Tempio: e che sulle bandiere dell'esercito cristiano si ponessero le armi d'Inghilterra. — Fu oltre ciò portato processionalmente intorno alla città il Legno della *Vera Croce*, e consegnato dal Patriarca ai vescovi che dovevano portarlo nell'esercito. — Correvano frattanto sinistri presagi che attristavano la sacra ceremonia, e dietro certe predizioni, buccinavasi, che la *Vera Croce* non sarebbe più in Gerusalemme rientrata.

Tutti gli uomini in età da portar armi erano convenuti nella pianura di Sefurì [1]; essendosi levati tutti i presidii dalle fortezze e dalle città del regno, nelle quali non rimanevano altri che donne e fanciulli. Il principe d'Antiochia aveva mandato all'esercito cristiano un corpo di cinquanta cavalli comandato dal suo figliuolo, ed altri soccorsi di genti erano venuti da tutte le città della contea di Tripoli. E concorsero anco alla difesa del regno i pellegrini che trovavansi allora in Terra Santa e le ciurme de'navili cristiani novellamente giunti dall'occidente. Così trovossi ascender l'esercito a meglio che cinquantamila combattenti.

Ebbesi frattanto avviso che Saladino era entrato in Tiberiade [2] e che stava a campo sotto la cittadella, nella quale erasi rifugiata la moglie del conte di Tripoli. Tennesi consiglio se avevasi a soccorrere la città presa dagli infedeli, sopra che Raimondo disse queste parole:

Tiberiade [3] *è città mia; mia moglie è nella cittadella, d'onde ognuno può conoscere che il maggior danno pesa sul mio capo; e che niuno ha maggior interesse di me a soccorrerla. Nondimeno dirò schiettamente, che guai a noi se condurremo questa moltitudine d'uomini e di cavalli in quelle aride solitudini, ove fieno distrutti dalla sete, dalla fame e dal caldo! Conoscete voi bene che nel luogo ove siamo, il nostro esercito dura fatica a sopportare gli ardori del sole; e che*

---

[1] Sefurì, Sepphoris o Seforia, l'antica *Diocesarea*, era una delle principali città di Galilea al tempo de' Romani, e fu patria di Gioyacchino padre della *Madre Vergine*. A' dì nostri non rimane che l'area dove fu, coperta di ruine. Un povero villaggio che gli abitatori chiamano *Saforè* è situato distante un miglio sotto l'antica città. Trovasi a scirocco una fontana che scaturisce dalla terra e mormora nel suo alveo petroso.

[2] Tiberiade è situata sulla riva occidentale del lago o del mare di Galilea, e ha la forma d'un quadrilungo. Le sue mura fabbricate dai Crociati, furono rifatte dal Sceic Daher, verso la metà del passato secolo. Presentemente rimane della città un cumulo di ruine, essendo stata completamente distrutta da un terremoto, il primo gennaio del 1837, come l'altra città di Sassè, e alcuni villaggi, con la morte d'intiere popolazioni.

[3] Questa allocuzione di Raimondo, trovasi in Raolo Coggeshale e in Bernardo Tesaurario.

senza aver copia di acque, perirebbe. E sapete ancora che i nostri ni-
mici non possono penetrare fino a noi senza perdere molti uomini per
la medesima cagione dell' insoffribil calore e per il difetto delle acque.
Rimanianci dunque qua ove il suolo ci è più clemente di bevanda e
di cibo; poichè è certo che i Saraceni accecati dalla superbia per una
espugnata città, verranno difilatamente contro di noi, passando per
il frapposto diserto. Allora noi bene provvisti di tutto, esciremo del
campo confidenti della vittoria, e sconfiggeremo facilmente un nemico
già quasi espugnato dai disagi. Noi e i nostri cavalli saremo bene di-
sposti e agili, e protetti dalla VERA CROCE non ci fia grave soste-
nere gli assalti di quelli miscredenti ai quali non rimarrà alcuno rifugio.
Così i nimici di Gesù Cristo fieno vittime della loro imprudenza, e
prima che possano correre al Giordano o al mare di Tiberiade, vi as-
sicuro che saranno distrutti dalla sete e dal ferro, o caderanno sotto
gli artiglii della schiavitù. Per lo contrario se noi colga l'avversità
o se saremo costretti alla fuga (il che tolga Dio) non mancheremo
almeno totalmente di soccorso e d'asilo. E però io sono d'opinione
che non ci curiamo della perduta Tiberiade, affinchè non si perda
il regno che molto più importa.

Gli scrittori arabi che riferiscono questa deliberazione dei capi dell'e-
sercito cristiano, spongono esattamente il senso del discorso detto da Raimondo. Nella storia orientale [1], appellata *I due Giardini*, narrasi che
anco Saladino aveva assembrato il suo consiglio degli emiri, e che s'era
risoluto di muover contro l'esercito cristiano. Così opinava il sultano, allegando per ragione che la vittoria non arebbe recato alcun vantaggio
ai nimici, e per lo contrario, sconfitti, arebbero tutto perduto. — Da ciò
si conosce che il conte di Tripoli aveva prudentemente giudicato delle
intenzioni di Saladino, e proponeva il mezzo più acconcio per condurre
la guerra a prospero fine.

Levossi nondimeno a contraddirlo il gran Maestro del Tempio il quale
credeva scoprire il *pelo del lupo* (com' ei diceva) nel consiglio di Raimondo. — Rinaldo di Sciatiglione accusavalo che esagerasse il numero dei
Mussulmani dicendo: *E che importa il numero de' nemici? Che forse*
la quantità delle legna nuoce al fuoco? Ma ad onta di tale opposizione
dettata dalla invidia, i capi riconobbero che il conte di Tripoli dicea vero.

Il re Guido decise che non si partisse da Sefurì: ma quando egli dipoi trovavasi solo nella sua tenda, il gran Maestro del Tempio sendo andato a trovarlo, gli disse:

---

[1] Vedi gli Estratti degli scrittori Arabi all' anno 1187. *Biblioteca delle Crociate.*

Sire, non fidarti al consiglio d'un traditore ; tu sei nuovo pel re-
gno ed hai in piedi un grande esercito, onde sarebbe gran vergogna
che cominciassi col lasciare senza contesa in mano del nimico una
città cristiana. Ma sappi che noi Templari ci torremo i nostri man-
telli bianchi e venderemo ogni cosa nostra, piuttosto che sopportare
l'obbrobrio di che altri tenta macchiare il popolo di Gesù Cristo. Fa
dunque bandire per tutto il campo che ognuno sia pronto a partire,
e che la VERA CROCE preceda l'esercito.

Guido di Lusignano non seppe resistere alle parole del Gran Maestro,
e non ostante che avesse già dati ordini in contrario, comandò che s'andasse incontro al nimico.

L'esercito escì dal campo di Sefurì nel mattino del dì tre di lu-
glio. Il conte di Tripoli con la sua gente era nell'antiguardo ; a de-
stra e a manca della battaglia erano alcuni corpi comandati dai ba-
roni e signori di Terra Santa ; nel centro portavasi la VERA CROCE
affidata alla guardia di sceltissimo corpo, e v'era il re di Gerusa-
lemme co' suoi prodi cavalieri ; formavano per ultimo il retroguardo
i Templari e gli Spedalieri. — Camminando l'esercito verso Tiberiade,
giunse a un villaggio ovvero casale, detto MARESCALCIA [1]*, di-*
stante tre miglia dalla città. Ivi trovò i Saraceni e cominciò a penu-
riar d'acque e a sentir disagio del caldo. — Eranvi alcune strette
gore di monti coperte da altissime rupi, che facea mestieri passare
per giungere al mare di Galilea, alle quali pervenuto l'esercito il
conte di Tripoli mandò dire al re : che si affrettasse e passasse il
villaggio senza fermarsi a fine di essere in tempo a giungere alle rive
del lago. — Lusignano rispose al conte che lo seguitava ; ma avendo
i Turchi assaltato il retroguardo sì che i Templari e gli Spedalieri
ne rimasero disordinati [2]*, il re non osando procedere innanzi, e non*
sapendo a che risolversi, fece nel luogo medesimo piantare le tende ;

---

[1] Il nome di *Marescalcia* fu probabilmente dato dai Cristiani a un casale o villaggio appar-
tenente al *maresciallo* del Tempio o dello Spedale; ora sul cammino tenuto dall'Esercito non trovasi altro che il villaggio di Lubi.

[2] I Cristiani, secondo gli scrittori Arabi, partirono da Sefurè il dì 3 di luglio. Ecco come Emmad Eddin testimonio oculare narra questi successi : ⸗ *I Latini s'incamminavano verso Tiberiade, simili a montagne moventi o all'onde del mar burrascoso. Il Sultano si ordinò contro a
loro, lasciandosi dietro il mare di Tiberiade. Era ardentissimo il calore diurno e i nimici apparivano spossati per la penuria dell'acqua, perchè la cavalleria mussulmana volteggiando sulle
loro ale, impedivali dall'avvicinarsi al lago. Il Sultano vegliò tutta la notte e ordinò agli arcieri di empiere i loro turcassi, e fece perciò distribuire quattrocento cariche di freccie.... In
vano i Latini tentarono aprirsi una via fino al lago; e avevano consumata tutta l'acqua delle
otri al sopravvenir della notte. Non pertanto fecersi animo, dicendo: Domani cercheremo l'acqua con la spada.*

*esclamando: OHIMÈ! OHIMÈ! TUTTO È PERDUTO PER NOI;
NOI SIAMO TUTTI MORTI, IL REGNO È PERDUTO! — Fu
obbedito al di lui comando senza speranza di salvezza. — Oh, qual
notte sovrastava all'esercito! I figliuoli di Esaù (cioè i Turchi) af-
foltaronsi intorno al popolo di Dio, e incendiarono la pianura piena
di erbe secche e di cespugli, per modo che i Cristiani furono l'intera
notte travagliati dalle fiamme e dal fumo, oltre un gran saettume di
strali e la fame e la sete. — Al nuovo giorno, il Sultano escì di Tiberiade e venne a presentar la battaglia ai Cristiani i quali disponevansi a passar le dette gore e i passi discoscesi che frapponevansi in
tra loro e il mare di Galilea, dicendo: noi troveremo l'acqua e potremo valerci delle nostre spade. — Già l'antiguardo del conte Raimondo movevasi verso una collina [1] della quale cominciavano a im-
possessarsi i Turchi. — Essendo tutte le schiere ordinate in battaglia
e pronte a muoversi, aspettavasi che i fanti, col lanciare delle gia-
veline, terrebbero discosto il nimico, secondo le regole della guerra;
perchè i fanti devono difendere i cavalli contro gli arcieri degli avversari e i cavalli con le loro lancie debbono proteggere i fanti: per
lo contrario all'avvicinarsi de' Saraceni l'infanteria cristiana piegossi
ad angolo e posesi a correre per giunger prima de' Turchi in vetta
del colle, separandosi dalla cavalleria [2]. — Il re, i vescovi e gli altri
capi, veggendo la mossa de' fanti, mandaronli a chiamare che ritor-
nassero addietro per difendere la VERA CROCE e lo stendardo di
Gesù Cristo. Risposero i fanti: noi non possiamo ritornare, perchè siamo
rifiniti dalla sete e non abbiamo più forze per combattere. Allora fu*

---

[1] Il pendio meridionale formato da una catena di minori colli de' quali quello d'Itin ovvero la
montagna delle Beatitudini è il più alto, fu il campo della battaglia di Tiberiade. È un vasto ripiano coperto di pallide erbe, e molto simile alla campagna di Roma: e giace fra tre valli, cioè
quella di Batuf a Ponente, quella d'Itin a settentrione, e quella di Hama a scirocco. Dista da un
lato tre leghe dal Taborre, dall'altro un'ora dal lago di Tiberiade. — Il luogo preciso ove fu combattuto ha per limiti le creste dell'Itin a tramontana, la collina della *Multiplicazione de' pani* a
grecale, le rive scoscese del lago a levante, e il villaggio di Lubi a mezzogiorno.

[2] Ibn Alatir racconta a questo modo la seconda giornata della battaglia:
*Il Sabbato mattina i Mussulmani escirono del campo ordinati a battaglia; i Latini face-
vansi parimenti avanti, ma spossati dalla sete. Le freccie feciono grande strage de' cavalieri
cristiani; la loro fanteria s'era mossa per correre al lago a farvi acqua; ma Saladino preci-
dendole il cammino, l'impedì: così i cristiani persero ogni speranza di salvezza. Il conte di
Tripoli, tentò aprirsi una strada, Tachì Eddin nipote del Sultano fece aprire le sue schiere
per lasciarlo passare. — Frattanto l'esercito cristiano versava in gran pericolo; eransi incen-
diati i cespugli della pianura, il fumo e il calore dell'incendio, quello del giorno e della pugna
concorrevano allo sterminio de' Latini; i quali vinti dalla disperazione, s'avventarono addosso
ai Mussulmani; ma finalmente circondati e rispinti sopra un colle propinquo al villaggio d'Itin,
tentarono di piantar ivi alcune tende e difendersi. Allora la somma della battaglia si concentrò
in quel luogo.*

loro mandato un nuovo messo, e nuovamente ricusarono obbedire. Frattanto i fratelli del Tempio e dello Spedale e tutto il retroguardo combattevano valorosamente, ma senza alcun vantaggio sopra i Turchi il cui numero augumentavasi di continuo, e che con un fitto e incessante saettare facevano grande strage; per la qual cosa sentendosi oppressi dalla multitudine de'Saraceni, chiamarono in loro soccorso il re, mandandoli a dire che non potevano più reggere. Ma il re veggendo che i fanti non volevano tornare addietro, e che perciò egli medesimo rimaneva senza difesa contro gli arcieri turcheschi, si abbandonò alla misericordia di Dio e fece di nuovo spiegar le tende per arrestare se fosse stato possibile la furia del nimico. Le schiere disordinaronsi e confusamente corsero intorno alla VERA CROCE. — Quando il conte di Tripoli vide la confusione in che erano il re, i Templari, gli Spedalieri e tutto l'esercito; e che i barbari a nugoli lo circondavano e che egli ne rimaneva disgiunto, allora fece impeto contro le schiere nimiche, s'aperse fra quelle una via e con l'antiguardo posesi in salvo. — Frattanto i Saraceni crescendo tuttavia di numero e d'ardire opprimevano i Cristiani del loro saettamento: il vescovo d'Accona che portava la VERA CROCE, ricevuta una ferita mortale, trasmise il sacro legno al vescovo di Lidda. Allora i Saraceni mossero contro i fanti che eransi fuggiti sul colle e ammazzaronli tutti o fecionli prigioni. Baliano di Naplusio e quelli che poterono scampar dalla morte, fuggirono sopra un ponte di cadaveri: e tutto l'esercito si rivolse al luogo ove erano la VERA CROCE e il re di Gerusalemme. Non avvi eloquenza di pianto o di parole che possa esprimere gli orrori di questa giornata... La VERA CROCE fu presa [1], col vescovo di Lidda e tutti i difensori che v'erano intorno; il re, suo fratello, il marchese del Monferrato caddero nelle mani del nimico; tutti i Templari e gli Spedalieri furono uccisi o fatti prigioni. A questo modo Dio umiliò il suo popolo e versò sopra di lui il calice della sua indignazione fino alla feccia.

Questa che ho riferita è la narrazione compendiata del pellegrino Raolo Coggeshale, il qual trovossi alla giornata di Tiberiade e fu testimonio alle ultime ruine del popolo cristiano. Tutte le circostanze della

---

[1] Ecco come lo storico arabo Emmad Eddin, racconta la presa della Croce: — *La grande Croce fu presa davanti al Re e molti empi caddero morti intorno a quella. Quando il portatore l'alzava, gl'Infedeli piegavano il ginocchio e inchinavano la testa. L'avevano arricchita d'oro e di pietre preziose; portavanla nei giorni di gran solennità, e tenevansi per sommo debito il difenderla nelle battaglie. Più s'addolorarono per la presa di questa croce che per la cattività del loro re.*

sua narrazione sono pure descritte dagli storici arabi, il che prova la sua esattezza e verità. Ibn Alatir ed Emmad Eddin raccontano similmente che la Croce fu presa davanti al re, e che l'estrema pugna accadde sulla montagna ovvero collina d'Itin, la quale anticamente dicevasi delle *Beatitudini* e Gesù Cristo solea frequentarla co'suoi discepoli e fu appunto là che disse la sentenza: *Beati i poveri!... Beati quelli che non posseggono cosa alcuna!*: sentenza di che i Cristiani fanno poco conto, e anzi molti di quelli che ostentano fervore ed osservanza religiosa, non hanno orrore a esercitare la infame arte dell'usura e a tormentarsi nell'avarizia, per modo che i *poveri di spirito* sono indotti a pensare: se quelli fossero buoni Cristiani o leali ministri di Dio, che saria la Religione, se non la maschera del Diavolo? — Così la Croce della Redenzione fu appunto perduta in un luogo prediletto al Redentore e dove scelse i suoi Apostoli.

Lo storico arabo Emmad Eddin, racconta nell'infrascritto modo la presa del re, cose da lui udite dalla propria bocca del figliuolo di Saladino: ecco come il principe narra:

Io era accanto al mio padre. Quando il re de' Latini si fu ritirato sul colle, i prodi che lo circondavano, avventaronsi contro di noi e rispinsero i Mussulmani fino a valle. Io guardai allora in volto mio padre, e vidi che era molto malinconico. Fate BUGIARDO IL DIAVOLO! gridò a'suoi soldati, prendendosi la barba. A queste parole i Mussulmani, precipitaronsi sul nimico e rispinserlo nuovamente sulla vetta del colle. Io esclamai allora pieno di gioia: Fuggono! Fuggono! — Ma i Latini ritornarono alla zuffa. Ed io gridai nuovamente: Fuggono! Fuggono! — Allora mio padre mi guardò e mi disse: Chetati, che non saranno sicuramente vinti finchè non cada la bandiera del re. — Mentre diceva queste parole, la bandiera cadde: mio padre scese subito da cavallo, si prostrò davanti a Dio e lo ringraziò piangendo di gioia.

Raimondo dopo la sconfitta se ne fuggì a Tripoli, dove poco tempo di poi morì di disperazione, accusato dai Mussulmani che avesse violati i trattati, e dai Cristiani d'aver tradita la religione e la patria [1]. — Il figliuolo del principe di Antiochia, e Rinaldo di Sidone giovine conte di

---

[1] Alcuni storici Cristiani affermano che Raimondo favorisse copertamente Saladino; il che da niuno storico mussulmano è pure accennato; anzi molti di questi rappresentano Raimondo come nimicissimo de' Saraceni. Ibn-Alatir dice positivamente che il conte di Tripoli sconsigliò i Latini dal muovere contro Tiberiade, e descrivendo dipoi la giornata campale, riferisce che il conte, conoscendo l'inferiorità de' suoi, si avventò con l'antiguardo contro le schiere nimiche a lui opposte, e che Tachì Eddin, temendo della di lui disperazione, gli aperse il passo in mezzo alle proprie schiere; e che essendo passato il conte le schiere si riunirono.

Marino, nella sua storia di Saladino, ha trattato di questo particolare storico e le prove da lui

Tiberiade, con piccolo numero di soldati seguitarono la fuga di Raimondo, e furono soli che fuggirono alla fortuna di questa giornata, fatale al regno di Gerusalemme.

Gli scrittori orientali, raccontando la vittoria de' Turchi, non hanno tralasciato di encomiare il valore de' cavalieri latini corazzati ad anella di ferro: i quali dapprima opposersi al nimico simili a un muro impenetrabile; ma caduti i cavalli vinti dalla fatica o feriti dalle lancie e dalle giavelline, anco essi accasciaronsi oppressi dal peso delle proprie armi. Il segretario e compagno di Saladino, valente scrittore e che si trovò a questa battaglia, descrive l'aspetto delle colline e delle valli coperte della strage. Egli vide le bandiere de'cristiani lacerate e fatte in brani, lorde di polvere e di sangue; vide le membra tronche e i cadaveri degli uccisi fatti a cumuli come i sassi. Egli non dissimula la gioia che provò a tale spettacolo e loda i *soavi profumi* [1] che sentiva esalare da quel vasto campo di morte. — Un altro Scrittore mussulmano che un anno dopo la battaglia passò per la campagna di Tiberiade e d'Itin, vi trovò ancora i miserevoli avanzi del vinto esercito disposti a monti, e che scoprivansi da lungi. — Ad ogni passo che facevasi nella pianura, calpestavansi ossa di soldati cristiani; e se ne trovavano per fino nelle valli e sulle montagne vicine, dove erano state trasportate dai torrenti e dalle fiere selvagge.

Dopo sì grande strage sarebbesi creduto che de'Cristiani, niuno fosse fatto prigione, ma quando si vide la moltitudine de'prigioni, sarebbesi immaginato per lo contrario che niun fosse caduto nella pugna. Le funi delle tende non bastavano a legare i miseri caduti in cattività; e fino a quaranta cavalieri furono visti, legati insieme con una sola fune; e due cento guardati da un solo uomo. In somma la moltitudine de' prigioni era tanto grande, che, secondo una cronica araba, i Mussulmani vincitori non sapevano più a chi se gli vendere, e davano un cavaliere cristiano per un paio di scarpe [2].

addotte giustificano evidentemente le rette intenzioni di Raimondo. — Abulfeda nella breve sua descrizione della giornata d'Itin, loda il valore di Raimondo e dice che morì di dolore per la sconfitta de' Cristiani. — In una lettera mandata da Saladino al Califa di Bagdad leggonsi queste notevoli parole: — *Niun personaggio conosciuto de' Cristiani ha potuto fuggire, eccettuato il conte* (di Tripoli); *che Dio lo maledica! Ma Dio l'ha dipoi fatto morire, e l'ha mandato dal regno della morte all'inferno.* — Questa lettera di Saladino, dove si tratta anco della presa di Gerusalemme, è stata conservata da Ebn Chilcan, nella sua *Biografia degli uomini illustri dell'Islamismo.* — Avvene uno estratto nella *Biblioteca delle Crociate.*

[1] Queste espressioni dello scrittore Arabo, ricordano il motto di Vitellio, il qual solea dire che *il cadavere d'un nimico manda sempre buono odore.*

[2] L'autore ha detto di sopra che l'esercito cristiano componevasi di 5o, o, 6o mila combattenti, dimodochè queste espressioni esagerate ed orientali sul numero de' morti e de' prigioni non ci avrebbero luogo. — Se i prigioni fossero caduti nelle mani d'un qualche antico Faraone dell'Egitto, ponevali a fabbricare una piramide e il numero loro sarebbe sembrato anzichenò piccolo. — Trad.

Saladino fece porre in mezzo al suo campo una tenda per il re Lusignano e per i principali capi dell'esercito cristiano caduti in suo potere. Trattò il re con bontà e gli fece presentare una bevanda tenuta in ghiaccio. Lusignano avendo bevuto, presentava la tazza a Rinaldo di Sciattiglione che gli era vicino, ma il Sultano lo trattenne e disse: *Questo traditore non dee bevere in mia presenza, poichè io non voglio farli grazia.* — Volgendo dipoi la parola a Rinaldo, gli rimproverò fieramente la violazione de' trattati e minacciollo di morte se non accettava per sua la religione del Profeta da lui oltraggiato. — Rinaldo, presenti i compagni, abborrì dalla apostasia, onde Saladino sdegnato lo toccò con la sua sciabola; e subito le guardie mussulmane l'uccisero nel luogo medesimo davanti al re Guido.

Il dì appresso il sultano fecesi condurre davanti i cavalieri del Tempio e di San Giovanni che erano fra' prigioni, e nel vederli passare, disse: *Io voglio purgare la terra da quelle due stirpi immonde.* — Fece però grazia della vita al gran maestro del Tempio; gli altri cavalieri furono condotti in mezzo a grande numero di emiri e di dottori della legge che circondavano il trono di Saladino; il quale permise ad ognuno di loro di ammazzare un cavaliere cristiano. — Alcuni non vollero macchiarsi di sangue; gli altri sguainate le daghe, scannarono le vittime, essendo Saladino pacifico spettatore della carneficina. — Narrasi che molti prigioni impazienti della cattività e desiderosi della morte, per averla, gridavano sè essere dei cavalieri del Tempio o dello Spedale, quantunque veramente non fossero. E Gualtiero Vinisaufe racconta che per tre notti consecutive all'ammazzamento, un barlume o raggio di luce brillava intorno ai corpi dei martiri. Sendo però nella stagione estiva, e operandosi nei climi orientali rapidissima la putrefazione nei cadaveri insepolti con grande sviluppo di fosforescenza, non sembrerà cosa mostruosa il fenomeno di quella luce; poichè anco nelle nostre regioni non di rado s'osserva.

Poichè sul campo medesimo della battaglia i Mussulmani ebbero ringraziato Iddio della vittoria loro accordata, Saladino volse i pensieri a profittarne. Avendo ottenuta la cittadella di Tiberiade, rimandò a Raimondo la sua moglie, e trasferì il campo sotto Tolemaida: la quale sendo tutta abitata da pacifici mercatanti, dopo due giorni di assalti s'arrese. Naplusio, Gerico, Ramla e molte altre città quasi diserte, diedersi al vincitore; e similmente fecero Cesarea, Arsura, Ioppe e Berito. Sole rimasero ai Cristiani le marittime Tiro, Tripoli ed Ascalona.

Saladino andò a campo a Tiro, ma trovandola ben difesa, aspettò ad altro tempo per assediarla. Ascalona, che per aprirli diretta communicazione con l'Egitto, era di più importanza ad acquistare, fu da lui vigorosamente combattuta e dapprima volorosamente si difese. Apertavi la breccia, il Sultano fece proporre la pace, ma i cittadini disperati nel loro valore, non vollero nè meno ascoltare gli ambasciatori. Il Re di Gerusalemme che era con Saladino, così da questo esortato, esortò gli Ascalonesi a non voler porre ad estremo pericolo le loro famiglie; perlochè i primarii cittadini vennero nella tenda del Sultano e dissero.

Veniamo a te, non per noi, ma ad implorare per le nostre mogli, pei figliuoli, la tua clemenza. E che c'importerebbe questa vita caduca mentre aspiriamo a felicità più durevole che soltanto dalla morte ci può venire? Dio solo, padrone degli umani casi, vi ha concessa la vittoria su i miseri cristiani; ma però non entrerete in Ascalona senza prima giurare che le nostre famiglie fieno illese e al re di Gerusalemme restituita la libertà.

Saladino ammirando il generoso coraggio degli Ascalonesi, accettò le condizioni proposte. E benchè la debolezza di Guido da Lusignano poco meritasse tanta fedeltà e devozione de'suoi sudditi, il Sultano consentì a liberarlo dopo lo spazio d'un anno.

Avuta Ascalona il voto di tutti i Mussulmani volgevasi verso Gerusalemme; il Sultano, occupò frattanto Gaza e le circostanti fortezze, e ordinato l'esercito mosse alla volta della città santa, ove non rimaneva alcun difensore presso alla reina desolata, ai figliuoli e alle mogli de'guerrieri uccisi alla giornata di Tiberiade. Pochi soldati fuggiti dalla strage e pochi pellegrini novellamente dall'Occidente venuti, erano sola guardia del Santo Sepolcro. S'erano ancora rifugiate nella città molte famiglie cristiane escite dalle provincie devastate della Palestina, le quali più che a difesa, servivano a confusione e a desolazione.

Giunto Saladino davanti alla città Santa, chiamò a sè i principali cittadini e parlò loro in questa sentenza:

Io so al par di voi, che Gerusalemme è casa di Dio, nè voglio profanarla con l'effusione del Sangue. Escitene volontarii, e io vi darò buona parte de' miei tesori e tanta terra quanta ne possiate coltivare.

Risposero i cittadini:

Noi non possiamo cederti una città ove è morto il nostro Dio, e molto meno possiamo venderla.

Saladino sdegnato del niego, giurò sul Corano di atterrare le torri e le mura di Gerusalemme e di vendicare la morte dei Mussulmani scannati inermi e prigioni dai soldati e dai compagni di Goffredo.

Mentre Saladino parlava con i deputati di Gerusalemme, sopravvenne una ecclissi solare, che i Cristiani interpretarono a sè stessi di funesto augurio.

Ma i cittadini, fomentati dal Clero, disponevansi alla difesa, avendosi eletto capo Baleano d'Ibelino che era intervenuto alla battaglia di Tiberiade: vecchio soldato, le cui virtù e la militare esperienza spiravano fiducia e rispetto universale. Egli attese subito a riparare le fortificazioni e a disciplinare e instruire nella milizia i nuovi difensori di Gerusalemme. Avendo difetto d'officiali, creò cinquanta cavalieri che elesse dal popolo. Tutti i cristiani in età da portar armi, giurarono versare con le spade in pugno tutto il loro sangue per la causa di Gesù Cristo. E per sopperire alle spese della guerra, ogni modo da far danaro parve legittimo; onde spogliaronsi le chiese; e il popolo spaventato dal sovrastante pericolo vide, senza scandolezzarsene, coniaronsi in meta il metallo prezioso che copriva la cappella del Santo Sepolcro [1].

Frattanto apparvero sulla vetta dell'Emaù le bandiere di Saladino; e l'esercito mussulmano pose il suo campo nel luogo medesimo ove Goffredo, Tancredi e i due Roberti, avevano già piantate le loro tende. Difesersi dapprima francamente gli assediati, e fecero alcune sortite nelle quali in una mano tenevano la lancia o la spada, e con l'altra una pala di cui servivansi per gittare contro i Mussulmani la polvere. Moltissimi Cristiani in questa occasione furono fatti martiri, e secondochè si esprimono gli storici latini, ascesero alla Gerusalemme celeste; e alcuni Mussulmani, secondo gli storici arabi, furono spediti ad abitare le deliziose sponde del fiume che irriga il Paradiso.

Anno 1187. — Saladino stato a campo per alcuni giorni all'occidente della città, cominciò a combatterla da tramontana, e fece scavar le mura che dalla porta di Giosaffatte stendonsi fino a quella di Santo Stefano. I più valorosi de'Cristiani fecero una sortita per distruggere le macchine e i lavori degli assediatori, e facevansi gli uni agli altri coraggio cantando il versetto della Scrittura: *Uno solo di noi porrà in fuga dieci infedeli, e dieci ne metteranno in fuga dieci mila.* Ma benchè facessero gran prove di valore, non riescirono però a interrompere l'assedio, perchè rispinti dai Mussulmani furono costretti a rientrare in città dove crebbe lo spavento oltra misura.

Le torri e le mura già accennavano ruina al primo assalto generale che fosse dato: la disperazione occupò il popolo, cui ultimo rifugio erano le lagrime e le preghiere. I soldati invece che attendere alla difesa, correvano ai templi, nè la promissione di cento monete d'oro valeva a tenerli sulle mura nè meno per una notte. Il clero facendo processioni per le strade raccommandavasi alla protezione del cielo. Chi si picchiava il

---

[1] Ibn Alatir ed Emmad Eddin fra gli storici Arabi; Bernardo Tessurario e Raolo Coggeshale tra i cristiani, sono quelli che hanno trattato più particolarmente dell'assedio di Gerusalemme.

petto con sassi; chi con cilici stracciavasi le carni, gridando: *Misericordia!* Gerusalemme era piena di lutto e di gemiti: *ma* (dice una vecchia cronica) *nostro Signore Gesù Cristo non voleva ascoltarli, perchè la lussuria e la impurità che nella città erano, non lasciavano ascender nè preghiera nè orazione davanti a Dio* [1].

La disperazione suggeriva ai cittadini molti contrarii progetti, come di escire in frotta e morire con le armi in mano assaltando il nimico, o di confidarsi nella clemenza di Saladino.

In tale confusione i cristiani greci e siri e i melchiti, sopportando impazientemente la preminenza dei Latini, e accusandoli dei mali che gli opprimevano, congiurarono di dar la città ai Mussulmani [2]. La cospirazione fu scoperta e operò che i principali cittadini spaventati, deliberarono capitolare con Saladino; onde preceduti da Baleano d'Ibelino, rappresentaronsi al Sultano e proffersergli di darli la città alle condizioni da lui medesimo, prima dell'assedio, proposte.

Saladino ricordandosi che aveva fatto sacramento di prender la città di assalto e di trucidarne tutti gli abitatori, rimandò addietro i deputati. Nondimeno Baleano d'Ibelino ritornò più volte davanti al Sultano, supplicando con ogni artificio di persuasione, ma sempre invano. Un giorno poi, che con maggiore istanza gli stava dintorno, Saladino guardando verso la città e mostrandoli le sue bandiere che già erano piantate sopra alcune torri, gli disse:

E come vorresti tu ch'io facessi teco accordo per una città presa?

Ma in questa i Mussulmani furono respinti; e allora Baleano, ripreso coraggio, rispose al Sultano:

Tu vedi che a Gerusalemme non sono venuti meno i difensori... Ma se noi non possiamo ottener da Te misericordia veruna, precipiteremo a terribile ed estrema risoluzione, e l'eccesso di nostra disperazione ti farà inorridire. Que' templi e que' palagi che tu vuoi conquistare, saranno spiantati dalle fondamenta; tutte le nostre ricchezze che muovono l'ambizione e la cupidigia de' Saraceni, saranno date in preda al fuoco. Spianteremo la moschea di Omaro; stritoleremo, faremo polvere, disperderemo al vento, la pietra misteriosa di Giacobbe, che è per voi sacrosanta reliquia. Sono in Gerusalemme cinquemila prigioni mussulmani, e quelli scanneremo tutti. Scanneremo ancora le nostre mogli, i figliuoli; così non aranno la vergogna di

---

[1] *Mais notre sir Jésus-Christ ne les voloit ouir cur la luxure et l'impureté qui en la cuté estoient, ne laissoient monter oraison ni prière devat Dieu.* ═ Vecchia Cronica.

[2] Questo fatto è riportato dallo scrittore arabo della *Storia dei Patriarchi di Alessandria:* il quale era Cristiano ma del rito Giacobita. Racconta però la congiura con cinica indifferenza.

soggiacere al vostro servaggio. E quando la città santa fia ridotta un
cumulo di ruine, un vasto sepolcro, ne esciremo noi e ci seguiteranno
gli spettri irritati de' nostri ... ma esciremo col ferro e col fuoco in
mano. Niuno di noi anderà a Dio senza avere spenti dieci Mussul-
mani. Così sarà memorabile la nostra fine e moriremo imprecando so-
pra di voi la maledizione del Dio di Gerusalemme.

Questo discorso spirato dalla pazzia della disperazione, commosse l'a-
nimo di Saladino che invitò Baleano a visitarlo il seguente giorno. Con-
sultò frattanto i dottori della legge, che decisero, poter egli accettare la
capitolazione proposta dagli assediati senza violare il suo giuramento, perchè la clemenza per natura sua non pregiudica mai al giuramento incle-
mente, temperandolo. Furono dunque il dì appresso firmate le condizioni nella tenda del sultano.

Così Gerusalemme ritornò ai Mussulmani dopo essere stata ottantotto
anni in potere de' Cristiani.

Gli storici Latini hanno tenuto memoria che i Crociati v'entrarono
di venerdí e nell'ora appunto che Gesù Cristo spirò in croce.

I Mussulmani la ripresero [1], nell'anniversario del giorno in cui il profeta Maometto da Gerusalemme fu assunto al cielo: circostanza che forse
indusse Saladino alla clemenza e lo fece reputare come favorito dal profeta.

Il sultano accordò la vita al popolo con la permissione di ricomperare la sua libertà: il riscatto fu stabilito dover essere di dieci monete
d'oro per gli uomini, di cinque per le donne, di due per i fanciulli.
Chi non potrà ricomperarsi resterà in cattività. I soldati che trovavansi
in Gerusalemme fatta la capitolazione ebbero licenza di ritirarsi a Tiro
o a Tripoli [2], nello spazio di quaranta giorni.

Queste condizioni ricevute dai Cristiani con gioia, parvero loro amarissime appressandosi il giorno in che doveano escire di Gerusalemme.
Gran dolore dimostravano nello abbandonare i luoghi santi; aspergevano
di lagrime il sepolcro di Cristo, e desideravano esser morti in sua di-

---

[1] Baronio e Pagi citano le varie date poste dagli istorici alla presa di Gerusalemme fatta da
Saladino. Mansi dimostra con l'autorità di Coggescale, testimonio oculare che essa presa accadde li
3 d'ottobre del 1187, il sabato e non il venerdí, e che l'assedio della città, sendo cominciato ai
20 di settembre, non durò più che tredici giorni, e non ventitrè, secondo che asseriscono alcuni
storici. Ciò non ostante gli scrittori arabi affermano che Saladino elesse il giorno del venerdì, festivo ai Mussulmani, per trattar la capitolazione.

[2] Uno storico arabo accusa di troppa bontà Saladino, dicendo che con tal procedere manteneva
in forza i suoi nimici; e che perciò non gli riuscì l'impresa di Tiro, difesa da quei medesimi ai
quali aveva perdonata la vita e lasciata la libertà, generosità di che i cristiani in tutto il tempo
delle Crociate non fornirono pur un esempio.

fesa; correvano al Calvario, visitavano le chiese che non erano per veder più; abbracciavansi insieme piangendo per le strade e maladicendo le loro funeste divisioni. Quelli che non potevano pagare il loro riscatto e a cui sovrastava la schiavitù, abbandonavansi a ogni eccesso della disperazione. Ma soprattutto tanto erano teneri della religione da loro, massimamente in questi ultimi tempi, molto vilipesa, che gli oltraggi fatti da' Mussulmani alle cose sacre, più che le proprie loro sventure gli offendevano: perchè avendo i Mussulmani tolta dalla cupola della chiesa de' Templari una croce d'oro, e avendola dileggiosamente strascinata per le strade, i Cristiani se ne impermalirono per modo, che poco mancò non si sollevassero contro i vincitori.

Finalmente giunse il giorno in che i Cristiani dovevano escire da Gerusalemme. Furono chiuse tutte le porte della città fuorchè quella di Davide. Saladino assiso sopra un alto trono stava a veder passare il popolo. Primo apparve il Patriarca seguitato dal clero, portando seco i vasi sacri, gli ornamenti della chiesa del Santo Sepolcro e tanti altri tesori di che Dio solo (dice un arabo scrittore) conosceva il pregio. Veniva dipoi la reina di Gerusalemme con i principali baroni e i cavalieri: Saladino compassionando al suo dolore la confortò d'umanissime parole. Erano con la reina molte donne che portavansi in braccio i loro figliuoletti e piangevano e strillavano miserevolmente. Alcune di queste donne appropinquaronsi al trono di Saladino e gli dissero:

Ecco a'tuoi piedi, le mogli, le madri e le figliuole de' guerrieri che tu tieni prigioni; noi abbandoniamo per sempre la patria ch'eglino hanno gloriosamente difesa; eglino ne facevano dolce la vita; perdendoli, ci falla la nostra ultima speranza... Ah, ce li rendi, Signore! e' saranno il conforto del nostro esiglio; e così non ramminghéremo sopra la terra affatto prive d'ogni sostegno.

Saladino sentì pietà della loro afflizione e promise mitigarla: di fatto rese alle madri i figliuoli, e alle mogli i mariti.

Alcuni Cristiani avevano abbandonati i loro mobili più preziosi, e portavansi invece sulle spalle, chi i suoi vecchi genitori, e chi i suoi amici malati. Saladino vedendo tali esempi di carità ne fu commosso e fu prodigo a quegli sventurati di limosine e di conforti. E stendendo dipoi la sua commiserazione a tutti, permise agli spedalieri che rimanessero nella città per ricevere e albergare i pellegrini e gli infermi.

Ma cosa veramente notevole è che la generosità e la umanità di Saladino verso i vinti gerosolimitani, sono celebrate con maggior enfasi dagli storici latini che dagli arabi; anzi trovansi nelle croniche arabe alcuni luoghi dai quali si ricava che qualche fanatico Maomettano non

Ecco á tuoi piedi, le mogli, le madri e le figliuole de' guerrieri
che tu tieni prigioni;

(*Lib. VII Pag 456*)

approvava la nobile clemenza del sultano: Al qual proposito è notato da alcuni consideratori delle istorie, essere stato Saladino in questa vittoria *magnanimo e temperato*, il che ben radamente si trova essere nelle guerre religiose intervenuto; perchè nei tempi di barbarie e di cecità, molti vincitori credevansi piacere a Dio esterminando i vinti, certo contro i santi precetti del Vangelo, nel quale più si raccomanda al cristiano l'indulgenza che la severità, e più la tolleranza nel male che il rigore nella correzione. Però non potrebbe un giudizio imparziale non riprovare le ferocità dei primi Crociati, che presa Gerusalemme, come è narrato a suo luogo, l'innondarono di sangue e l'empirono di cadaveri, anche dopo cessato il furore della espugnazione e della difesa; nè potrebbe non ammirare la moderazione di Saladino, che avendola recuperata non la macchiò con pure una stilla di sangue cristiano, anzi perdonò e commiserò a tutti coloro che di misericordia lo supplicarono.

A cominciar dell'assedio, Gerusalemme numerava da sopra centomila Cristiani [1]; de' quali il maggior numero ricomperò la sua libertà; e Baleano d'Ibelino depositario del tesoro ragunato per le spese dell'assedio, se ne valse per liberare una parte dei cittadini. — Malec Adel fratello del sultano, riscattò de' suoi danari mille schiavi; Saladino lo imitò liberando i poveri e gli orfani. — Lo storico arabo Ibn Alatir racconta che moltissimi Cristiani si tolsero dal pagare il riscatto, parte calandosi con funi furtivamente giù dalle mura, e parte vestendosi alla foggia mussulmana. Per la qual cosa sedici mila Cristiani soltanto rimasero nella cattività, fra i quali numeravansi cinque mila fanciulli ignari del loro infortunio, ma compianti molto dai zelanti fedeli i quali ben prevedevano che sarebbero stati educati nella religione del Profeta.

Quando il popolo cristiano fu escito di Gerusalemme, Saladino rivolse i pensieri a solennizzare il suo trionfo. Entrò nella città preceduto dalle sue bandiere vittoriose, e corteggiato da molti imani, dottori della legge e ambasciadori di diversi principi mussulmani. Tutte le chiese, fuorchè quella del Santo Sepolcro, erano state cangiate in moschee. Il sultano fece lavare con acqua di rose, recata da Damasco, le mura e il pavimento della moschea di Omaro e vi collocò con le sue mani il pulpito costruito da Nurredino.

Udironsi le voci solenni de' sacerdoti che chiamavano alla preghiera; e le campane si tacquero (dice Emad Eddin). *La fede esigliata ritornò*

---

[1] La moltitudine di coloro che s'erano rifugiati in Gerusalemme era tanto grande (dice il continuatore di Guglielmo Tirense) che non potevano capire nelle case; e però erano costretti allogarsi nelle strade. *Qu'ils ne pouvoient estre dedans les maisons; ains les convenoit estre parmi les rues.*

nel suo tempio: i dervicci, i divoti, i grandi, i piccoli, tutti vennero ad adorare il Signore; e dal pulpito suonò una voce che annunziò ai credenti il giorno della resurrezione e del finale giudizio.

Il primo venerdì dopo l'entrata del sultano in Gerusalemme, il popolo e l'esercito si ragunarono nella principale moschea; il capo degli imani ascese sul pulpito del profeta e rese grazie a Dio per le vittorie di Saladino, dicendo:

Gloria a Dio! Gloria a Dio, che fa l'Islamismo trionfante, che ha prostrata la potenza degli infedeli! Laudate con me il Signore, che ci ha restituita Gerusalemme, la casa di Dio, la casa de'santi e dei profeti, da dove l'Altissimo per le tenebre notturne assunse al cielo il suo servo; quell'Altissimo che per agevolare a Giosuè il conquisto di questa città ha fermato il sole. Qui alla fine de'secoli converranno tutti i popoli della terra [1].

Dopo aver ricordate le meraviglie di Gerusalemme, l'oratore volse la parola ai soldati di Saladino, congratulandosi con loro degli corsi pericoli e del sangue gloriosamente sparso per compire la volontà di Maometto.

I soldati del Profeta, i compagni di Abu Becher e di Omaro, v'hanno preparato un luogo nella loro santa milizia e vi aspettano fra gli eletti dell'Islamismo. Gli Angioli che furono spettatori del vostro ultimo trionfo si sono rallegrati alla destra dell'eterno; il coro de'nunzii di Dio ha sfavillato di gioia e Lodate dunque con me il Signore, ma non vi lasciate vincere alla vanità dell'orgoglio, nè v'immaginate soprattutto che le vostre spade di acciaro, e i vostri corsieri ratti come il vento, abbiano vinti gl'infedeli. Dio è Dio; Dio solo è potente; Dio solo vi ha data la vittoria, e vi comanda di non fermarvi nella gloriosa carriera in che egli medesimo vi conduce a mano. La guerra santa! La guerra santa! ecco la purissima delle vostre adorazioni, ecco la nobilissima delle vostre consuetudini. Troncate tutti i rami della impietà; che in ogni dove trionfi l'Islamismo; liberate la terra dalle nazioni esecrate da Dio.

Il capo degli imani pregò dipoi per il califa di Bagdad e concluse la sua orazione, dicendo di Saladino:

O Dio! vigila su i giorni del tuo servo fedele, che è il tuo brando tagliente, la tua stella splendente, il difensore del tuo culto, il liberatore della tua casa santa! O Dio! fa che i tuoi angioli circondino il suo imperio, e prolunga i suoi giorni a gloria del tuo nome!

---

[1] Ibn-Chalecam.

In questo mentre i Cristiani si allontanavano dolorosamente da Gerusalemme, tormentati da estrema povertà e maledicendo la vita lasciata loro dai Mussulmani. Rigettati dai loro fratelli d'Oriente, che accusavanli d'aver dato il sepolcro del loro Dio agli Infedeli, vagavano per la Siria privi di soccorso e di asilo; alcuni ne morirono di fame e di dolore. La città di Tripoli chiuse loro le sue porte. — Nella moltitudine desolata, vi fu una donna che vinta dalla disperazione, gittò in mare il suo figliuolo, maledicendo la crudeltà de' Cristiani suoi fratelli.

Quelli che ripararono in Egitto, furono meno sventurati e i Mussulmani ebbero pietà di loro [1].

Alcuni imbarcaronsi e vennero in Europa a raccontare l'infortunio di Gerusalemme. — Correva voce fra i Cristiani che questa città fosse caduta come Ninive e Babilonia per le sue peccata; così almeno s'esprimono le croniche coetanee, sendo usanza allora di attribuire ogni caso umano alla santità o alle corruttele dei Fedeli. E bene è la corruzione causa della ruina degli stati; ma quella di Gerusalemme fu tanto precipitosa che se non fosse anco stata da altre cagioni prodotta, non avrebbe fatti sì pronti effetti come la fece. Ed è da notare che quando i primi Crociati giunsero in Asia, i principati mussulmani per le discordie loro erano in estrema debolezza condotti; ma perchè le cose umane non istanno mai ferme e quando sono decadute nell'estremo de'mali, per le battiture di quelli, ricominciano nuovamente a correggersi e a risalire verso il bene; perciò quando i disordini de'Mussulmani furono giunti al loro eccesso e per le vittorie de'Cristiani ridotti a quel punto d'infelicità e di miseria che è termine alle politiche corruttele; sorsero in tra loro principi sapienti e valorosi che ricondussero a poco a poco la nazione loro alle pristine virtù e alla perduta grandezza. Per lo contrario il regno gerosolimitano fondato da Goffredo con soli trecento cavalieri, perduta presto la vigoria sua giovenile, era divenuto debile contro gli assalti de' suoi nimici; nè più sendo governato da principi virtuosi poichè il trono di Davide occupavano ora donne, ora fanciulli, ora re infermi o dappoco, mancarono le speranze delle future prosperità, venne meno il guerriero entusiasmo, si spense il cristiano patriottismo, e la discordia successe al buon ordine. Per ultimo un re della città santa, fu udito gridare sul campo della battaglia: *Il regno è perduto*; e la fatale predizione in pochi giorni ebbe compimento. Ma principalissima causa della decadenza era la diminuzione di quel fervore che partorì le

---

[1] Veggasi la narrazione di Bernardo Tesaurario: alla quale è conforme lo scrittore Arabo della Storia de' Patriarchi di Alessandria. — *Biblioteca delle Crociate.*

crociate, che operò tanti prodigi e che traeva seco nella sua estinzione tutto quello che con la sua potenza aveva prodotto.

Ma perchè era universale opinione allora che dalla conservazione di Gerusalemme, la salute della fede cristiana, e la gloria di Dio dipendessero; grande costernazione portò in tutto l'occidente il conquisto fatto da Saladino. Seppesi primamente in Italia, e papa Urbano Terzo, che trovavasi a Ferrara, ne fu compreso da tanto dolore, che si morì. I Cristiani dimenticarono le proprie loro infelicità, per piangere sopra quelle di Gerusalemme, sopra la cattività del suo re e de'suoi cavalieri e sopra le ruine di tante cristiane città d'Oriente. — I preti avevano fatto dipingere in certe tavolette il Santo Sepolcro calpestato dai barbarici cavalli e Gesù Cristo prostrato a terra da Maometto; i quali dipinti andavano dipoi mostrando ai popoli di città in città. Ricordavansi varii prodigii prenunciatori di tanto infortunio. Rigord racconta, che nel giorno medesimo in cui Saladino entrò in Gerusalemme, i Monaci d'Argentoglio videro la luna discendere dal cielo sulla terra e dipoi dalla terra risalire al cielo. — In molte chiese i Crocifissi e le immagini de'Santi avevano versato lagrime di sangue presenti i fedeli. — Un cavaliere cristiano molto pio, vide in sogno un'aquila che aveva negli artigli sette freccie e che volando sopra un esercito, con ispaventevole tuono di voce, proferiva queste parole: *Guai, guai a Gerusalemme!*

Ogni uomo chiamavasi in colpa di aver suscitato lo sdegno divino, con le sue peccata, perlochè tutti i fedeli con grandi penitenze studiavansi muovere la pietà d'un Dio che s'immaginavano pieno di furore contro di loro: per la qual cosa andavano dicendo:

Il Signore ha sommerso il genere umano nel mare della sua ira, e le saette del suo furore s'inebbriarono nel sangue de'suoi servi. Trapassino i giorni nostri nel dolore, poichè udimmo la voce gemente sul monte di Sionne, e poichè i figliuoli di Dio andarono dispersi.

Ma i sacri Oratori, volgevano a Dio medesimo il discorso ed empivano le chiese con le loro invocazioni e con miserevoli preghiere:

Oh Dio onnipotente, la tua mano è armata per il trionfo di tua giustizia. Noi lagrimando imploriamo la tua bontà, perchè ti ricordi del tuo popolo, e affinchè le tue misericordie eccedano le nostre miserie. Deh, non abbandonare la tua eredità alla abbiezione e consenti che gli angioli della pace impetrino a Gerusalemme i frutti della penitenza.

L'infortunio di Gerusalemme e la perdita del Santo Sepolcro, fecero sì profondo senso negli animi de'Cristiani, che per alcun tempo parvero delle corruzioni loro emendati e di più castigati costumi desiderosi; per la qual cosa fu nelle città intermesso il soverchio lusso, furono rimesse le ingiurie, composte molte paci, e prodigato in elemosine. I Cristiani più zelanti giacevansi sulla cenere, vestivansi di cilicio, e con digiuni e discipline attendevano a espiare i disordini della loro passata vita [1]. Primo a dar l'esempio di tal conversione fu il clero; riformaronsi i costumi de'chiostri; i cardinali proposersi imitare la povertà degli Apostoli, e peregrinare in Terra Santa mendicando.

1188. — Ma i buoni propositi ebbero poco effetto e meno durata; nondimanco disponevansi gli animi a nuova Crociata, nè passò molto tempo, che l'Europa tutta, istigata dalle esortazioni di Gregorio VIII, si levò, in arme.

Nella bolla pontificia, parlasi della formidabile severità dei giudizii di Dio; deploransi le sventure di Gerusalemme, fatta deserto, nel quale i corpi de'Santi divennero fiero pasto alle bestie selvaggie e agli uccelli dell'aere; espongonsi le vittorie di Saladino, favorite dalle discordie degli abitatori di Terra Santa e dalla malvagità degli uomini. Seguitava a dire il Pontefice, che a sì grave calamità niuno potrebbe frenare il pianto, nè resistere alla compassione che ne raccomandano gli evangelici precetti per tutte le disgrazie, bastando a riempire gli animi di pietà il solo sentimento della umana carità datoci dalla Provvidenza: Che la lingua non saprebbe esprimere, nè la mente concepire il dolore del sommo Pontefice e quello del popolo cristiano, intendendo che la terra di promissione soggiaccia ora alla medesima oppressione di che la gravarono gli antichi tiranni:

E noi principalmente (seguitava a dire Gregorio), noi che dobbiamo gemere sopra le iniquità che hanno acceso lo sdegno di Dio, noi che paventiamo nuovi infortuni sopra l'infelicissima Giudea, tanto imperversano le dissenzioni dei re e principi cristiani, delle città e de'villaggi, noi dobbiamo piangere col profeta e con lui esclamare: La verità e la scienza di Dio non sono più sopra la terra; io non veggo nel luogo loro senonchè regnare la menzogna, l'omicidio, l'adulterio e la sete del sangue. — Pensate, carissimi nostri fratelli, a qual fine siate venuti in questo mondo, e come ne dobbiate escire; pensate che voi dovete passare come tutte le altre cose; che delle cose per voi possedute, che del medesimo soffio che appellasi vita, voi non potete dire: Questo è mio; poichè voi non siete di voi stessi facitori; e il potere che crea l'insetto sovrasta a tutte le potenze della terra. Date dunque liberalmente cotesti tesori che potete perdere; cotesta vita che nella successione de'tempi è un istante, dateli, per soccorrere i ovstri

---

[1] Vedi nell'estratto di Benedetto di Peterborug, la lettera scritta da Pietro di Bloise al re d'Inghilterra Enrico Secondo, intorno questo particolare. (*Biblioteca delle Crociate*).

fratelli e per assicurarvi l'eterna salute. — Giacchè, se gl' infedeli non hanno dubitato di esporsi a tutti i ripentagli della guerra, e fuggire il riposo e le delizie della vita, per assaltare l'eredità di Gesù Cristo, dubiterete voi di sottoporvi ai medesimi sacrifici per salvare la fede cristiana? La collera celeste ha concesso un breve trionfo agli empi; ma la sua misericordia può anco cangiare i giorni di vittoria in giorni di umiliazione. Volgetevi dunque a quella supplichevoli. Noi non abbiamo diritto di chiedere ragione a Dio de' suoi giudizi; ma per questo non dobbiamo aver ferma fede, che, nella sua bontà, voglia la nostra salvazione, e che quello che si sacrifica per i suoi fratelli, abbenchè entri appena sulla soglia della giovinezza, sarà esaltato quanto colui che consumò una lunga vita ne servizio di Dio?

Chiudevasi la bolla con alcuni ordinamenti intorno la Crociata, nei quali il pontefice prometteva ai pii pellegrini il perdono plenario delle loro peccata, computandosi il santo viaggio in luogo di penitenza. I beni de' Crociati e delle loro famiglie erano posti sotto la protezione speciale degli arcivescovi e de' vescovi. Non potevasi sottoporre a veruna disamina la validità dei diritti di possesso d'un Crociato, per qualsivoglia bene, finchè non fosse certo il suo ritorno o la morte. I pellegrini erano dispensati dal pagare gli interessi ai creditori, per tutto il tempo che militavano sotto le bandiere della Croce. Vietavasi loro di usare vestimenti pomposi e di condur seco cani e uccelli.

Dopo gli ordinamenti, imponevasi un generale digiuno per calmare la collera divina e ottenere la liberazione di Gerusalemme. Dovevasi osservare il digiuno quadragesimale per il corso di cinque anni tutti i venerdì. — La bolla, gli ordinamenti e il comandamento del digiuno erano in data di Ferrara.

Frattanto il romano Pontefice applicavasi a ristabilire la pace fra i popoli cristiani; al quale fine andò a Pisa per comporre le dissensioni insorte tra Pisani e Genovesi; ma prima che avesse posto ad effetto la grande opera cominciata, fu dalla morte sopraggiunto, e lasciò le cure della Crociata al suo successore Clemente Terzo, che asceso al soglio pontificale, comandò che si facessero pubbliche preci per la pace dell'Occidente, e per la liberazione di Terra Santa.

FINE DELLA PRIMA PARTE DEL LIBRO SETTIMO.

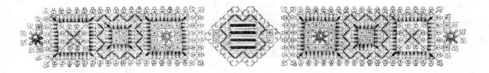

STORIA
DELLE CROCIATE

LIBRO SETTIMO
PARTE SECONDA

Guglielmo arcivescovo di Tiro [1] erasi partito d'Oriente per venire in Europa a chieder soccorsi ai principi cristiani; e fu delegato dal Pontefice a predicare la guerra santa. Dotato di maggiore eloquenza e prudenza del suo predecessore in simile missione, Eraclio, e molto più rispettabile per le sue virtù e degno d'esser l'interprete de'Cristiani e di parlare in nome di Gesù Cristo; dopo aver acceso lo zelo degli Italiani, passò in Francia, ed intervenne all'assemblea convocata a Gisors da Enrico Secondo re d'Inghilterra e da Filippo Augusto re di Francia. Giunto l'arcivescovo tirense, i due re che erano fra loro in guerra per il Vesino, deposero le armi; e i più prodi guerrieri dell'uno e dell'altro regno, compassionando ai mali de'loro fratelli d'Oriente erano unitamente concorsi alla detta assemblea, per trattarvi la liberazione de'luoghi santi. Guglielmo fu ricevuto con grande favore, e lesse ad alta voce, presenti i principi e i cavalieri la relazione delle ultime calamità di Gerusalemme.

---

[1] Marino nella sua *Istoria di Saladino* ; ed alcuni altri autori, affermano che il Guglielmo venuto in Europa a predicare la Crociata, non era lo scrittore della Storia Gerosolimitana. Asserto fondato sopra un passo molto oscuro del continuatore della detta Storia. Vedi la *Biblioteca delle Crociate*, all'articolo Guglielmo Tirense.

Il continuatore del Baronio cerca l'epoca in cui morì Guglielmo e rimansi dubbio. Il di lui commentatore Mansi opina che essa morte sia accaduta nell'anno 1193, poiché cominciato l'anno presente, Giossio teneva la sede Archiepiscopale di Tiro e in qualità di regio cancelliere sottoscrisse una carta di Enrico di Troiet conte Palatino, in favore dell'Ospedale di San Giovanni di Gerusalemme. == L'autore dell'*Oriens Christianus*, non ha recato alcun lume su questi dubbi, ma sembra inclinato a credere che Guglielmo morisse nell'anno 1191.

Finita questa lettura che commosse al pianto gli uditori, il pio legato, esortava i fedeli a prender la Croce:

Il monte di Sionne rimbomba ancora queste parole di Ezechiello: — O figliuoli degli uomini, ricordatevi di quel giorno in cui il re di Babilonia vinse Gerusalemme! — In un sol giorno si è avverato tutto quello che i profeti hanno annunziato di male sopra la città di Salomone e di Davide. Questa città poc'anzi ripiena di popoli cristiani, è rimasa sola, ovvero è divenuta ricettacolo d'un popolo sacrilego. La donna delle nazioni, la metropoli di tante provincie, ha pagato il tributo degli schiavi. Le sue porte sono state spezzate, i suoi rettori furono con vili armenti esposti in vendita sopra i mercati degli infedeli. Gli stati cristiani d'Oriente che mantenevano in fiore la religione della Croce nell'Asia e che erano propugnacolo all'Occidente contro le saraceniche irruzioni, sono ridotti alle sole città di Tiro, d'Antiochia e di Tripoli. Noi vedemmo, secondo il detto d'Isaia, il Signore stendente la sua mano e le sue piaghe dall'Eufrate fino al torrente dell'Egitto. Gli abitatori di quaranta città sono stati cacciati dalle loro case, spogliati de' beni, ed ora con le loro famiglie, vanno ramingando fra i popoli dell'Asia, senza pur trovare una pietra ove appoggiare le loro teste.

Descritte le calamità dei Cristiani d'Oriente, Guglielmo, rimproverò ai guerrieri che l'ascoltavano, il non aver soccorso ai loro fratelli, e l'aver permesso che il retaggio di Gesù Cristo, divenisse preda d'Infedeli. Stupivasi che ad altro potessero gli uomini pensare, e che altra gloria proseguissero, fuor quella di liberare i luoghi santi... e dipoi volgendo il discorso ai principi e ai cavalieri, diceva:

Per giungere fino a voi, ho traversato i campi delle stragi; e sulla porta istessa di questa assemblea ho trovato gli apparati di guerra. Ma qual sangue volete voi spargere? A che impugnate voi cotesti brandi? Voi combattete qui per la sponda d'un fiume, per i confini d'una provincia, per passeggiera fama, mentre che gl'infedeli trionfano sulle rive del Siloè, ed occupano il regno di Dio; e mentre che la Croce di Gesù Cristo è trascinata ignominiosamente per le vie di Bagdad! Voi versate fiumi di sangue per vani trattati, mentre che l'evangelico trattato sublimissimo fra Dio e l'uomo è fatto bersaglio degli empi! Avete dimenticate le cose operate dai vostri padri, i quali fondarono un regno cristiano in mezzo alle nazioni mussulmane? Gran numero d'eroi e di principi nati nella vostra patria sono dipoi accorsi a difenderlo e governarlo. Or poichè voi avete abbandonato allo sterminio l'opera loro, correte almeno a liberare le loro tombe che sono in poter de' Saraceni. Che forse la vostra Europa è divenuta sterile di guerrieri come Goffredo, Tancredi e i loro compagni? I profeti e i santi sepolti in Gerusalemme, le chiese cangiate in moschee, le stesse lapidi de' sepolcri, vi chiamano a vendicare la gloria del Signore e la morte de' vostri fratelli. E come! il sangue di Naboth, il sangue d'Abele, ascesero al cielo e trovaronvi un vendicatore, e ora il sangue di Gesù Cristo griderebbe invano contro i suoi nemici e carnefici!

L'Oriente ha pur veduto vilissimi Cristiani, spinti dall'avarizia e dal timore collegarsi con Saladino: ma certo non averanno fra voi chi gli seguiti; nondimeno ricordatevi che Gesù Cristo ha detto: — Chi non è con me, è contro a me. — Se voi ricusate servire alla causa di Dio, di qual altra v'assumerete la difesa? Se il re del cielo e della terra non vi trova sotto le sue bandiere, di qual principe vorreste seguitare le insegne? E perchè dunque i nimici di Dio non sono più i nimici di tutti i Cristiani? Qual sarà lo tripudio de' Saraceni ne' loro empi trionfi, intendendo che in Occidente non sono più guerrieri fedeli a Gesù Cristo e che i principi e i re d'Europa, hanno indifferentemente ascoltato le sventure e la cattività di Gerusalemme!

Tali rimprocci fatti in nome della religione, penetrarono profondamente nel cuore de' principi e de' cavalieri. — Secondo il cronista Benedetto di Peterborug, Guglielmo Tirense: *predicò con tanta veemenza ed efficacia che fece risolver tutti a prender la Croce e a dimenticare le loro particolari nimicizie.*

Enrico Secondo e Filippo Augusto abbracciaronsi piangendo e primi si presentarono per ricevere la Croce. Riccardo figliuolo di Enrico e duca della Guienna, Filippo conte di Fiandra, Ugo duca di Borgogna, Enrico conte della Sciampagna, Tibaldo conte di Bloase, Rotrudo conte della Pertica, i conti di Soassone, di Niversa, di Bar, di Vandôme, i due fratelli Giossellino e Matteo di Montemoransì, gran numero di baroni e di cavalieri, alcuni vescovi ed arcivescovi di Francia e d'Inghilterra, giurarono di andare alla liberazione di Terra Santa. — L'assemblea gridò unanimemente: *Croce! Croce!* e questo grido guerriero fu per tutte le provincie ripetuto.

Il luogo ove i fedeli eransi riuniti fu detto: *Campo Sacro*: e per conservar memoria del fatto vi fu fabbricata una chiesa.

In un subito la Francia e tutti i circostanti paesi furono accesi del vivo entusiasmo che l'eloquenza dell'arcivescovo Tirense aveva spirato nell'assemblea de' baroni e de' principi. La Chiesa comandò le solite preci per il buon successo della Crociata. Furono aggiunti agli offici divini di ogni giorno i salmi e gli altri luoghi della Scrittura ove è fatto menzione

T. I.

della gloria e delle calamità di Gerusalemme. Finiti i detti offici gli assistenti cantavano coralmente queste parole:

O Dio onnipotente! che hai nelle tue mani le fortune degli imperi, degnati volgere uno sguardo misericordioso sugli eserciti cristiani, a fine che le nazioni degli infedeli sicure nel loro orgoglio e nella loro vanagloria, sieno prostrate e disperse dalla fortezza del tuo braccio! [1]

Mediante tal preghiera il coraggio de'guerrieri Cristiani facevasi maggiore, e tutti giuravano di prender le armi contro i Mussulmani.

Mancava però il danaro necessario per tanta impresa, onde fu deliberato nel consiglio de'principi e dei vescovi, che tutti coloro i quali non crociavansi dovessero pagare la decima delle loro rendite e del valore de'loro beni mobili: Imposizione, che per il terrore incusso nei Cristiani dalle armi di Saladino, *Decima Saladina* fu appellata [2].

Pubblicaronsi anco severe escomunicazioni contro coloro che ricusassero di pagare. — Il clero, di cui Pietro di Bloase fecesi avvocato, per esimersi dalla imposizione, allegava la libertà e l'indipendenza della Chiesa e che i suoi beni appartengono a Gesù Cristo: fugli risposto, che appunto per la ragione ahe appartengono a Cristo, debbono in servigio di Cristo e della sua Religione essere usati. — Gli ordini della Certosa, di Cestello e di Fontevralta, e gli ospizi de'lebbrosi, furono soli esenti dall'imposto tributo.

La Storia ci ha conservato gli statuti secondo i quali i vescovi e i principi percepivano la Decima Saladina, che riscotevasi in ogni parrocchia, presenti un prete, un arciprete, un cavalier templare, uno spedaliere, un delegato regio, un delegato e un giuridico del barone, e un giudicente del vescovo. Quando questo magistrato giudicava che alcuno pagasse meno del debito, sceglievansi nella parrocchia quattro o sei buoni uomini, che lo tassavano e costringevano a pagare secondo la giustizia.

Nondimeno i prodotti della Decima non bastavano per i preparativi della spedizione. Filippo applicavasi con gran diligenza a procacciarsi i danari per il suo pellegrinaggio, quando il frate Bernardo eremita di Vincennes, venne in suo cospetto e con tuono profetico dicevagli: *Che Israele sia confuso!* — Udite queste parole, che furono reputate un avviso del cielo, il Re di Francia, fece prendere tutti i Giudei nelle loro Sinagoghe e gli costrinse a pagarli cinque mila marchi d'argento.

Anco in Inghilterra furono eletti commissari a percepire la decima [3],

---

[1] I luoghi originali leggonsi in Baronio all'anno 1188.
[2] Il decreto della Decima Saladina, conservatoci originalmente da Rigord, trovasi tradotto nella *Biblioteca delle Crociate*.
[3] Fecesi il simile in tutti gli stati di Allemagna e di Polonia.

i quali però non dettero laudevoli prove della loro onestà. Le croniche coetanee ricordano i vergognosi portamenti d'un templare [1] che fu colto nell'atto di rubare i tributi de' fedeli e di nasconderseli nelle larghe pieghe della sua veste. — Enrico medesimo presiedeva al percepimento della Sacra Imposizione; citò davanti a sè i più ricchi delle principali città del regno, e fatta fare dai periti la stima de' loro beni [2], riscoteva la decima sentenziata. Tutti quelli che negavano o indugiavano di pagare la tassa, venivano imprigionati, nè rilasciavansi liberi se non dopo che avevano pagato. Le quali violenze esercitate in nome di Cristo, suscitarono molti mali umori, e principalmente ne fecero dimostrazione gli abitatori di Londra, di Lancastre e d'Iorche.

Nelle due prime Crociate i contadini avevano preso la Croce per sottrarsi alla servitù feudale, d'onde nacquero non pochi disordini, rimanendone le campagne abbandonate e le terre incolte. Fu perciò, in questa occasione, posto freno al soverchio zelo degli agricoltori, ordinandosi che tutti quelli i quali si crociassero senza il permesso de' loro Signori, sarebbero condannati a pagare la Decima Saladina, come quelli che non si crociavano.

Frattanto la pace stabilita fra i due re di Francia e d'Inghilterra, cominciava a intorbidarsi. Riccardo duca di Guienna, avendo avuta altercazione col conte di Tolosa e sendone nata una guerra privata, Enrico corse in soccorso del figliuolo; dall'altra parte Filippo prese la difesa del suo vassallo. Tutta la Normandia, il Berrì e l'Alvergna furono piene di arme e dei disordini guerreschi. — I due monarchi per le preghiere dei signori e dei vescovi, riunironsi per poco nel campo sacro ove avevano deposte le armi, ma non poterono convenire nelle condizioni della pace; e l'olmo sotto il quale furono tenute le conferenze, fu per ordine di Filippo tagliato [3]. Si riassunsero nondimeno più fiate le trattative, senza però

---

[1] Vedi Benedetto di Peterborug (*Biblioteca delle Crociate*).

[2] Vedi Ruggiero di Hoveden (*Biblioteca delle Crociate*).

[3] Intorno a quest'Olmo, leggesi in uno storico francese: — Eravi avanti a Gisors un Olmo, il cui tronco era di sì smisurata grossezza che otto nomini il potevano appena abbracciare. I suoi rami spandevansi talmente, che l'arte avendo aiutata la natura, coprivano uno spazio di molte tese. Migliaia di persone potevansi ricoverare all'ombra del folto albero che le difendeva sicuramente dagli ardori del sole e dalla pioggia. — a tempo del congresso fra i due re, la stagione era caldissima. Mentre trattavasi la pace, Filippo e i Francesi essendo al sole, soffrivano molto per il caldo: Il Re Enrico col suo corteggio, stavasene al fresco sotto l'Olmo. Gli inglesi burlavano i Francesi e ridevano smascellatamente vedendoli arsi dal sole. Passati i tre giorni di tregua senza veruna conchiusione, i Francesi, per vendicarsi degli insulti che avevano dagli Inglesi ricevuti, gli assaltarono e gli posero in fuga verso la città. Grande pigiata vi fu alla porta e molti vi rimasero soffocati; alcuni volendosi salvare dalla parte del fiume, furono ammazzati dai Francesi che gl'inseguivano, o s'affogarono volendo guadare all'altra sponda. Allora i Francesi per vendicarsi delle burle degl'Inglesi, tagliarono l'Olmo dalle barbe, il che dispiacque molto al re Enrico. (*Montfaucon, monarchie française, Vol. 3.*)

intermettere le ostilità. Il Re di Francia chiedeva che Riccardo fosse coronato re d'Inghilterra, vivente il padre, e che sposasse Alice principessa
francese, che era prigioniera di Enrico. Il re d'Inghilterra, geloso della
sua autorità, rifiutò le condizioni, negò cedere al figliuolo la corona, e
la detta Alice sorella di Filippo nel cui amore era preso [1]. Del qual niego
sdegnatosi Riccardo, si pose dalla parte di Filippo Augusto ribellandosi
al padre. Ricominciarono le ostilità con maggior furore, e i prodotti della
Decima Saladina, invece che a preparare eserciti per la ricuperazione del Sepolcro di Cristo, furono spesi in una guerra di Cristiani con Cristiani e
contro quelli stessi popoli che per beneficio della religione s'erano a sì
grave tassa sottoposti.

Il legato del Papa vedendo un sì diverso principio all'esecuzione dei
fatti disegni, scomunicò Riccardo, e minacciò Filippo di porre il di lui
regno sotto interdetto; della qual minaccia non facendo egli alcun conto,
rispose al legato: non appartenersi alla Santa Sede l'intromettersi nelle
contese de' principi: ma Riccardo, meno paziente, sguainò la spada e si
avventò contro il legato per ferirlo.

Così ogni raggio di pace s'oscurava, e invano mormoravano i popoli,
e invano i grandi vassalli ricusarono partecipare alla contenzione reprobata dall'autorità divina e dalla patria. Enrico consentì nuovamente a una
conferenza col re francese, ma sempre rifiutando le condizioni da quello
proposte; e rigettando le preghiere de' sudditi, i consigli de' vescovi; però
nel tempo della conferenza medesima, sendoli caduto vicino un fulmine,
e avendolo interpretato come un segno della divina volontà, consentì alle
condizioni, del che poco dopo fu malissimo contento, e ne morì di dolore, maladicendo Riccardo, che gli aveva mossa aperta guerra, e *il minore de' suoi figliuoli che contro di lui aveva cospirato.*

Or poi che il padre fu morto, sapendo bene che non poteva risor-
gere a torli la corona d'Inghilterra, Riccardo piangevalo amaramente, e
si ricordò il giuramento fatto nel Campo Sacro; onde rivolse tutti i suoi
pensieri ai preparativi della Crociata. — Ritornò in Inghilterra e convocò
a Nortamptone l'assemblea de' baroni e de' prelati, nella quale Baldovino
arcivescovo di Conturbia, predicò la santa impresa [2]. A fine di muovere
più potentemente lo zelo e l'emulazione de' fedeli, l'Apostolo percorse
dipoi le provincie. Non mancarono i miracoli [3] a far testimonio della

---

[1] Dicono gli storici che la tenesse sotto vigile guardia.

[2] Il monaco Gervasio di Conturbia, riporta i capitolari emanati da questa assemblea (*Biblioteca delle Crociate*).

[3] Esiste una relazione latina del viaggio dell'arcivescovo Baldovino nel paese di Galles, intitolata *Itinerarium Cambriae*, e scritta da Barry che accompagnava il predicatore della Crociata.
Questo viaggio è curioso per i prodigi e i miracoli singolari che vi sono narrati, e che correvano per
le bocche di tutto il popolo (Vedi l'estratto dell'Itinerario del paese di Galles, *Bibl. delle Crociate*).

santità di sua missione, e a far correre sotto i vessilli della Croce, i selvaggi abitatori del paese di Galles e di più altre contrade ove non s'erano ancora intesi gli infortunii di Gerusalemme. In tutti i paesi per dove passò Baldovino, l'entusiasmo della Crociata spopolò le campagne. Una vecchia cronica racconta che il prelato dette la Croce a un gran numero d'uomini accorsi a lui quasi ignudi perchè le mogli avevano loro nascoste le vesti. La plebe in ogni luogo abbandonava i lavori de' campi e delle città, per udire l'arcivescovo di Conturbia. Raccoglievasi con venerazione la terra nella quale aveva impresso l'orma de'suoi piedi, e con cui alcuni pretendevano di guarire molte infermità. Vantavansi grandi conversioni di peccatori, e simili altri effetti straordinarii della sua eloquenza; che propagati ne'suoi auditori, da città a città, da provincia a provincia, penetrarono per fino nelle isole propinque all'Inghilterra.

Ora questo grande zelo bellicoso degli Inglesi per la Crociata, cominciò, secondo il solito, con la persecuzione de'Giudei, che furono massacrati nelle città di Londra e d'Iorche, e molti dei quali per isfuggire al furore de'loro nimici, non ebbero altro rimedio che ammazzarsi da sè. Perchè bisognando assai danaro per la santa spedizione; e vedendosi che mediante l'usura i Giudei s'erano di quasi tutte le ricchezze impossessati, la veduta di tanti tesori, tiravasi naturalmente dietro l'esecrazione contro i perpetui nimici de'Cristiani, e faceva che si ricordassero della Crocifissione di Cristo.

Riccardo conoscendo come la persecuzione e la strage de'Giudei, resultava in augumento del suo tesoro, non si curò di reprimerla; nè però le spoglie degli Israeliti, nè i prodotti della Decima Saladina, sempre percepita con estremo rigore, bastavano al bisogno. Riccardo vendette i dominii della corona e pose all'incanto tutte le grandi dignità del regno, e dicevasi comunemente che arebbe venduto anco l'istessa città di Londra, se ne avesse trovato il compratore. Fatto quel maggior sacco che poteva se ne andò in Normandia, ove dai baroni gli furono permesse le medesime esazioni ed estorsioni, e lo fornirono di quanti mezzi poterono per la santa impresa [1].

Molti guerrieri avevano presa la Croce sì in Francia che in Inghilterra e i preparativi della Crociata procedevano con generale ardore; nondimeno molti baroni e signori, non dichiaravano mai quando era l'inten-

[1] Ruggiero di Hoveden racconta minutamente i modi rigorosi e crudeli con i quali Enrico Secondo e Riccardo di lui figliuolo valevansi per la percezione della Decima. — Il medesimo storico racconta anco alcuni successi maravigliosi sulla impresa della Crociata; e fra gli altri quelli di certa fanciulla alla quale il diavolo servì da levatrice e che predisse il sinistro esito della spedizione (*Biblioteca delle Crociate*).

dimento loro di partire, anzi sotto diversi pretesti mandavano la cosa più in lungo che potevano.

Per la qual cosa il celebre Pietro di Bloase, fece loro una patetica esortazione, nella quale paragonavali ai mietitori che, per cercare opera, attendano che la messe sia finita. Rappresentava loro inoltre, come gli uomini forti e coraggiosi trovino dovunque la loro patria e che i veri pellegrini debbono esser simili agli uccelli del cielo. Ricordava eziandio alla loro ambizione l'esempio di Abramo che abbandonò la sua casa, per farsi grande nelle genti, che passò il Giordano con un bastone e ritornò con due schiere di soldati.

Questa esortazione riaccese l'entusiasmo per la Crociata, che andava raffreddandosi. I re di Francia e d'Inghilterra tennero fra loro conferenza a Nonancurta, e stabilirono di andare in Palestina per mare. Pubblicarono nel medesimo tempo alcuni ordinamenti intorno alla disciplina degli eserciti che dovevano condurre in Asia. In questi ordinamenti prescrivevasi, che, chiunque avesse dato uno schiaffo, doveva subire tre tuffi in mare; chi ferito con la spada, aveva la mano tagliata; chi ingiuriava, per ogni ingiuria profferita doveva pagare all'offeso tante oncie di argento; a chi fosse convinto di furto, rasavasi la testa, gli si versava dipoi sopra pece bollente, si copriva poscia con piuma e rimaneva abbandonato sulla riva del mare; l'omicida, legavasi al cadavere dell'ucciso e gittavasi in mare, oppur si seppelliva vivo.

Siccome la compagnia delle donne nelle altre Crociate era stata cagione di molti disordini, fu loro vietato il pellegrinaggio di Terra Santa [1]. — I giuochi di dadi e tutti gli altri di caso furono severamente proibiti. — Fu anco sancita una legge contro il lusso della tavola e del vestire.

Furono fatti pure molti altri ordinamenti nell'assemblea di Nonancurta, col fine di richiamare i soldati di Gesù Cristo alla semplicità e alle virtù evangeliche.

Tutte le volte che principe o signore o cavaliere partiva per Terra Santa, eravi consuetudine che facesse il suo testamento come se non avesse più dovuto ritornare in Europa.

Filippo ritornato a Parigi, dettò le sue ultime volontà [2], e fece provvigioni intorno alla amministrazione del regno, per il tempo della sua

---

[1] Furono eccettuate le lavandaie. — Nondimeno in onta della proibizione, molte donne, forse vestite maschilmente, andarono con l'esercito, e se ne trovarono molte all'assedio di Tolemaida. Consultisi per questo particolare Emmad Eddin e Moghir Eddin. (*Bibl. delle Croc.*)

[2] Esiste ancora questo testamento di Filippo, conservatoci da Rigord.

assenza, instituendo reggenti la regina Adele sua madre e suo zio il cardinale di Sciampagna. Adempito così agli offici regali andossene a San Dionigi a prendervi la bisaccia e il bordone da pellegrino e partì per Vezelè dove aveva convenuto un nuovo abboccamento con Riccardo.

Convenuti i due re nel detto luogo, giuraronsi nuovamente eterna amicizia, invocando ambidue la folgore del cielo sulla testa di colui che primo il sacramento violasse. Così confermata l'amicizia separaronsi, andando Riccardo a imbarcarsi a Marsiglia e Filippo a Genova.

Uno storico inglese a questo proposito nota che Riccardo e Filippo furono i due soli re d'Inghilterra e di Francia che abbiano guerreggiato insieme per la medesima causa; la quale lega però causata da circostanze fuori dell'ordine consueto non era per durare lungamente fra principi e nazioni naturalmente invidiose della grandezza l'una dell'altra.

Ambidue i monarchi erano giovani, impetuosi, guerrieri e magnanimi; Filippo però sembrava più eccellente nelle arti della pace, Riccardo invece in quelle della guerra, ed ambidue erano cupidi di gloria e di celebrità. La qual cupidità, molto più che la religione, stimolavali alla impresa di Terra Santa. In ambidue era grande e quasi smisurato l'orgoglio, e la potenza nel vendicarsi delle ingiurie, non ammettendo nelle loro contese altro giudice che la spada; per modo che la religione poca efficacia aveva in disarmare l'ostinazione dei loro animi; e ognuno di loro reputavasi ad avvilimento il chiedere o ricever pace. — Poco fondamento oltre ciò potevasi fare sopra l'unione di questi due principi, perchè Filippo fin dalla sua assunzione al trono, erasi dimostrato dichiaratissimo nimico dell'Inghilterra, e perchè Riccardo era figliuolo di quella medesima Eleonora di Guienna, prima moglie di Lodovico Settimo, la quale dopo la seconda crociata, erasi dal suo marito divisa e partitasene minacciando la Francia.

Dopo la conferenza di Gisorsa, l'arcivescovo di Tiro, erane andato in Allemagna per sollecitare Federigo Barbarossa a prender la croce. Questo principe erasi reso celebre per avere valorosamente combattuto in quaranta battaglie; e per la diuturnità e prosperità del suo regno; ma in quel secolo niuna gloria, fuor quella potevasi acquistare in Asia era stimata vera e legittima. Volle egli pertanto meritarsi gli elogi de'suoi coetanei, e facilmente si lasciò persuader a prender le armi per la liberazione di Terra Santa: nella qual sua deliberazione non ebbero poca parte i di lui rimorsi per le lunghe contese avute col papa, e il desiderio di confermare la reconciliazione fatta con quello.

Nondimeno i Tedeschi mostravansi molto tepidi per la Crociata, o perchè piccola e confusa notizia avessero delle disgrazie di Gerusalemme o perchè tuttavia le surriferite contese dell'imperatore col papa, occupassero gli animi de'popoli.

I legati romani rappresentaronsi dapprima nella assemblea di Strasburgo, in cui Federigo trattava gli affari dell'imperio: Ma nè la loro presenza nè la loro eloquenza non destarono quell'entusiasmo per la guerra santa che desideravasi, e niuno sarebbesi crociato, se lo stesso vescovo di Strasburgo non levavasi a parlare fervorosamente per la liberazione del Santo Sepolcro: e non rimproverava severamente a'suoi uditori, la loro colpevole indifferenza per la causa del figliuolo di Dio, dicendo:

Qual di voi, veggendo il suo legittimo sovrano assaltato, oltraggiato, cacciato da'suoi stati, rimarrebbesi indifferente spettatore? Or voi non siete solamente sudditi e servi di Gesù Cristo, ma siete anco suoi figliuoli, siete suo sangue e sua carne, e nondimeno non fate segno alcuno che ve ne caglia!

L'eloquenza del vescovo di Strasburgo, paragonata da un cronista coetaneo a quella di Marco Tullio Cicerone, giunse a penetrare ne'cuori è spetrarli. La maggior parte degli uditori presero la croce e l'entusiasmo della guerra sacra cominciò a diffondersi sulle sponde del Reno.

Poco tempo dopo l'imperatore Federigo convocò a Magonza una assemblea alla quale furono invitati tutti i principi, i signori, i prelati e i principali dei popoli di Germania: e l'assemblea fu intitolata *Corte o Dieta di Gesù Cristo* [1]. In essa Goffredo, vescovo di Vurtzburgo, orò con grande veemenza e con grandissimo successo. — L'imperatore era disposto a crociarsi ma voleva aspettare l'anno seguente; l'assemblea però si unì tutta a pregarlo, di non indugiare; ond'egli prese subito la croce e col suo esempio, mosse a fare il medesimo tutti quelli che erano presenti.

Frattanto tutte le chiese di Germania echeggiavano dell'esortazioni della corte di Roma; i legati del papa, i predicatori della guerra santa, i deputati del regno gerosolimitano correvano per ogni città e castello, declamando le sventure dei Cristiani d'oriente e i sanguinosi oltraggi fatti alla Croce del Salvatore.

Una volta (andavano dicendo) *al romore dei chiodi confitti nella croce, tremò la terra, oscurossi il sole, spezzaronsi le pietre, apersersi le sepolture... ed ora qual cuore non si spezzerà, intendendo che il sacro legno della Redenzione è calpestato dagli empii?*

---

[1] *Curia Christi.* Annali di Gotofredo monaco di San Pantaleone a Cologna. Vedi *Biblioteca delle Crociate.*

I Sacri oratori invocavano il nome della Gerusalemme celeste e asserivano esser la Crociata unico mezzo per accrescere il numero degli eletti di Dio, dicendo:

Felici coloro che partono per il santo viaggio, ma più felici ancora quelli che non ritorneranno!

Fra i prodigi che annunziavano la volontà del Cielo parve irrecusabile quello della visione miracolosa d'una Vergine di Lovanstenio, che seppe la caduta di Gerusalemme nel giorno medesimo in che i Mussulmani v'entrarono: ella rallegravasi d'un tale infortunio, dicendo che era per essere cagione della salvezza di molti guerrieri dell'Occidente.

Federigo che aveva seguitato il suo zio Corrado nella Seconda Crociata, avendo conosciuto i disordini di tali spedizioni lontane, rivolse tutti gli spiriti a prevenirli. Nella dieta di Magonza in cui aveva assunta la Croce, e in più altre assemblee ancora ove trattavasi dei preparativi della guerra, fece scrivere e pubblicare i suoi ordinamenti. Fu provveduto che il numeroso esercito che andava a combattere sotto un cielo straniero e che doveva traversare ignoti paesi, non andasse incontro alla sua ruina per indisciplinatezza e per gli ostacoli che incontrasse nel cammino. Dichiarava un editto imperiale che un fante poco disposto all'esercizio delle armi nè provvisto di tanto danaro che bastasse alle sue spese per due anni, non sarebbe inscritto sotto le bandiere della croce. Con tale disposto precludevasi la via del pellegrinaggio ai venturieri e ai vagabondi, che avevano causati tanti mali nelle spedizioni precedenti. E siccome il numero de' Crociati eccedeva di non poco il bisogno per formare un giusto esercito, fu trovato il temperamento che chiunque volesse potesse al suo voto satisfare con danaro invece che con la persona, dispensa che non fu accordata nè alla prima nè alla seconda Crociata. — Le Croniche tedesche non fanno alcuna menzione della decima saladina, bastando probabilmente alle spese della guerra la detta satisfazione pecuniaria del voto.

Nell'anno seguente, l'Imperatore e i principi Crociati convennero a Nuremberga, per attendere agli ultimi preparativi della impresa. Fu concluso un trattato con gli ambasciadori bisantini, circa al passo dell'esercito tedesco per le terre dell'impero greco: e fu convenuto, che i pellegrini sarebbero ricevuti nelle città e alloggiati nelle case de' greci; che dovessero esser provvisti di frutta, di legumi e di legno da ardere, di paglia e di fieno per i cavalli, e non d'altro; dovendo essi comperare ogni altra cosa al prezzo corrente del paese. — I Crociati obbligavansi a non fare alcun guasto, nè veruna violenza. — Il duca di Soavia e gli altri capi ricevettero la promessa del passo libero, e giurarono nel medesimo tempo, di far rispettare la pace e le leggi della ospitalità. — Federigo inviò ad Isacco una nuova imbasceria per avere una maggiore assicurazione d'amicizia. — Ma frattanto il greco imperadore tenea pratiche con Saladino, obbligandosi a lui di guerreggiare contro i Latini.

La partenza fu differita per un anno. Stabilivasi Ratisbona come luogo dell'assembramento generale de'guerrieri teutoni, per il principio dell'aprile del 1189. — Dalle feste del Natale fino alla metà di quaresima vidersi concorrere in quella città grandi masnade di pellegrini a piedi e a cavallo. — Federigo posesi in cammino col suo esercito verso le feste di Pentecoste, avendo lasciato il suo figliuolo reggente dell'imperio. — Nell'ultima assemblea che fu tenuta a Presburgo, giurossi l'osservanza della pace pubblica per tutto il tempo della spedizione.

L'imperatore tedesco che aveva spediti ambasciatori a tutti i principi tanto mussulmani che cristiani, per gli stati de'quali doveva passare, mandò anco un suo ambasciadore a Saladino, col quale già più tempo addietro aveva avute amichevoli relazioni. — Enrico conte di Olanda, partì verso l'Ascensione incaricato di questa legazione al sultano del Cairo e di Damasco; al quale, da parte di Federigo, doveva esporre come l'imperatore non poteva più perseverare onorevolmente nella di lui amicizia, e che tutto il Romano Imperio prendevali le armi contro se negava rendere Gerusalemme e la Croce del Salvatore della quale erasi impadronito.

Saladino rispose all'imperatore che di buon cuore accettava la guerra.

Alcuni altri deputati erano stati contemporaneamente spediti al sultano d'Iconio. — *Chilidge Arslano* era accusato dai Mussulmani come troppo affezionato alla *setta de'filosofi*, per il che, credevasi in Europa che il sultano si fosse fatto cristiano, e in una lettera, che tuttavia esiste, papa Alessandro Terzo, davali non pochi ammonimenti per ben dirigerlo nella sua conversione. — *Chilidge Arslano* accolse gentilmente i legati di Federigo e spedì in Occidente i suoi, i quali promisero all'imperadore in nome del loro Signore, *Sovrano de'Turchi*, *degli Armeni e de'Siri*, (così l'intitolavano) ogni sorta di soccorsi contro Saladino. Erano i detti deputati accompagnati da cinquanta cavalieri mussulmani, che fu spettacolo affatto nuovo per i popoli di Europa.

L'esercito della Croce, trovò popoli ospitali e abbondanza di vettovaglia negli stati di Leopoldo d'Austria [1] e nella Ungheria, dove allora regnava Besa. Passò dipoi senza contrasti il Danubio e la Drava. — Besa

---

[1] Leopoldo VI.

fece un magnifico ricevimento in Gran a Federigo e a'suoi cavalieri teutoni; la reina di Ungheria sorella di Filippo Augusto, donò all'imperatore una ricchissima tenda. — Gram che fu l'antica *Strigonium*, situata presso il confluente del Gram e del Danubio, chiamasi in lingua ungarica *Esztergom*, ed è presentemente sede archiepiscopale del primate di Ungheria. Ha sette subborghi, un castello forte, e nove mila abitanti. Fu patria del martire Stefano che primo occupò quella sede archiepiscopale [1].

Entrando in Bulgaria i Crociati cominciarono a gustare le miserie del santo pellegrinaggio. I Blacchi, i Servii, i Bulgari e i Greci gli andavano infestando per ogni lato. La difficoltà delle strade fece che l'esercito si dividesse in quattro corpi. — Frattanto i barbari saettavano i Crociati con dardi avvelenati; molti pellegrini furono così uccisi, molti feriti e spogliati. Federigo fu costretto a tendere agguati e dar la caccia ai nimici come s'usa contro gli animali selvaggi: *quelli che caddero nelle nostre mani* (dice una relazione coetanea) *furono impiccati agli alberi lungo la strada, con la testa all'ingiù come cani immondi o lupi rapaci*. — I Bulgari per vendicarsi disotterravano i Crociati morti di malattia e gli appiccavano agli alberi in luogo dei loro compagni. Solevano per lo più nascondersi fra le quercie e gli abeti, e di là saettare, ovvero occupando i luoghi alti sotto i quali doveva passare l'esercito, quando l'avevano a tiro ruzzolavanli sopra immani macigni e cucuzzoli di montagne. Via via che i Cristiani giungevano in qualche paese abitato tutta la popolazione se ne fuggiva, rovinando prima le mulina e portandone seco i viveri.

Stavasi l'imperadore implicato in questa spiacevole guerra, quando pervenuto a Nissa, vi fu visitato dal figliuolo del duca di Brandeis e da altri signori della Servia e della Rascia, i quali offerironli, orzo, farina, montoni e buoi; fra gli altri doni furono ammirati i vitelli marini o foche; un cinghiale addomesticato; tre cervi vivi ed essi pure domestici. — I detti signori distribuirono anco ai principali teutoni, provvigioni di vino e di bestiame. — La cagione della loro visita all'imperatore (secondo le croniche) era per proporli i soccorsi delle loro armi se voleva mover guerra all'imperatore Isacco. — Se Federigo si fosse risoluto ad assaltare i Greci, i Bulgari naturalmente rapaci avrebbero forse solo contro quelli esercitate le loro rapine; ma perchè l'imperatore stava fermo nel suo proposito di andarne in Giudea, non rimaneva ai Bulgari miglior partito che quello di spogliare i pellegrini. Però ricominciarono

---

[1] Fabbricasi attualmente a Gram una immensa e maestosa chiesa a spese dell'Arcivescovado.

le ruberie, con zuffe terribili massime nelle gore de'monti e nelle valli profonde. — Gli Ungari e i Boemi facevansi la via nelle foreste con le asce e col fuoco, e quando l'esercito tedesco fu giunto alle *porte di San Basilio* ove è l'ultimo passo della Bulgaria, ivi trovò i Greci che uniti ai Bulgari, stavano parati a contenderli il passo, sennonchè veduta la cavalleria alamannica armata di ferro, spaventati, fuggironsene. — Nel mese di settembre l'esercito era pervenuto alle mura di Filippopoli.

Seppesi allora che gli ambasciadori mandati a Costantinopoli erano stati presi e posti in prigione, per la qual cosa veggendo i Tedeschi che da'Greci poco conto facevasi de'trattati, stimando non essere più tenuti a osservarli, per alcuni mesi diedersi ferocemente a guastare tutti i paesi per dove passavano. Furono perciò i loro ambasciadori rimessi in libertà, e ritornarono all'esercito dove fecero tanti racconti della greca perfidia che gli animi furono tutti accesi di grande indignazione. Accusavansi i Greci di orrendi tradimenti, come di avere avvelenato il vino, e perciò fu vietato il beverne. Nondimeno i pellegrini non osservavano il divieto, reputando migliore spediente *rimettersene alla Misericordia di Dio* (così dicono i cronisti) e bevevano vino quanto ne potevano avere. — Alcuni opinano (considerando la naturale inclinazione de'Tedeschi per il vino) che simili voci fossero state artatamente divulgate dai capi dell'esercito, con consentimento de'Greci perchè non fosse loro consumato tutto il vino, e forse anco per contenere nei termini della temperanza i soldati di Cristo.

Frattanto i Teutoni tenendosi per traditi dall'imperadore Isacco, presero Andrinopoli, Dematica, tutta la Macedonia e la Francia fino alle mura di Bisanzio. — Da Andrinopoli Federigo scrisse a Enrico suo figliuolo per annunziarli le perfidie del greco imperatore e per raccomandare il suo esercito alle preghiere de'fedeli: nella qual lettera leggevansi fra le altre le infrascritte parole:

Quantunque noi abbiamo un buono esercito, ci è nondimeno mestieri di ricorrere alla protezione divina; poichè un re non è salvo per la moltitudine dei soldati ma per la grazia del monarca immortale.

Oltre ciò l'imperatore pregava suo figliuolo che chiedesse navi grandi e piccole a Venezia, ad Ancona e a Genova, onde assediare Costantinopoli per mare. Scrisse anco al pontefice per farlo risolvere a predicare una Crociata contro i Greci.

Isacco *il santo, il potentissimo imperatore, l'angelo di tutta la terra*, vedendo che Federigo procedeva contro di lui senza rispetti, cominciò a umiliarsi, e pensò seriamente al modo di levarsi d'attorno i

Crociati; al che provvide fornendoli di naviglio per pàssare l'Ellesponto e dando nòvecento ostaggi per fare certezza della sua buona fede. I grandi dell'imperio, giurarono con lui nella chiesa di Santa Sofia di far osservare tutte le condizioni dei trattati.

Mentre che i Tedeschi rallegravansi per aver conseguite le loro domande, la greca vanità, vantavasi d'aver lor perclusa la via di Bisanzio. Isacco nel medesimo tempo scriveva al suo alleato Saladino, che i pellegrini d'Occidente erano da lui fatti impotenti a nuocere, *e ch'egli aveva tarpate le ali alle loro vittorie.*

Saladino erasi doluto d'Isacco che avevali promesso di troncare il cammino ai Crociati, onde Isacco per iscusarsi millantava d'averli quasi distrutti e indeboliti per modo con molte sconfitte, che non avrebbero nè meno potuto pervenire ai confini mussulmani:

E se vi giungono (scriveva Isacco a Saladino) *non avranno certamente più potere di far alcun male alla vostra Eccellenza.*

Questa lettera ci fu conservata da Bohà Eddin, ed è documento di tal peso da non lasciar dubbio veruno sul tradimento de'Greci, facendoci insieme conoscere fino a qual grado d'avvilimento erano discesi i principi di Bisanzio: Ma il progresso di questa istoria ci dimostrerà che sorte preparava all'imperio Greco il governo di tali dominatori. Vedremo come questo medesimo Isacco, spogliato della porpora dal suo fratello Alessio, ricuperasse il trono col soccorso d'una armata venuta d'Occidente, e come egli con tutta la sua stirpe fosse spento in questa grande rivoluzione della Crociata, di cui volle farsi giuoco.

Frattanto giunsero all'esercito tedesco gli ostaggi greci e quelli mandati dal Sultano d'Iconio, che erano stati imprigionati a Costantinopoli.

Mille cinquecento navi e ventisei galere aspettavano l'esercito della Croce a Gallipoli, per trasportarlo sulla costa d'Asia. Il passaggio fu effettuato intorno alle feste di Pasqua, al suono delle chiarine e delle trombe, presente immensa moltitudine sopra le rive dei due continenti.

Federigo partì da Lampsaco, tenendo la strada fatta da Alessandro Macedone, passò il Granico, nel luogo medesimo dove l'aveva passato l'eroe antico, e si diresse verso Laodicea, traversando la città di Pergamo, di Sardi e di Filadelfia.

Da Sardi a Filadelfia l'esercito teutonico fece cammino per lo spazio di undici ore in una vasta pianura, che per confine da mezzogiorno ha il Tmolo e il Cadmo, e da settentrione le montagne di Belendgì Dagh.

I pellegrini sendo tormentati dalla fame sotto le mura di Filadelfia, volevano tagliare le messi, e procacciarsi vettovaglia con violenze; onde vennero alle armi con i paesani. — Federigo minacciò di dare l'assalto alla città; ma gli uomini savii (dicono le croniche) ne lo sconsigliarono, rappresentandoli, che Filadelfia era piena di reliquie e di cose sante, e che in quelle contrade era l'ultima città cristiana e l'ultimo refugio dei discepoli di Cristo contro i Turchi.

Nel confine orientale della pianura hanno cominciamento le montagne Messogie, ove trovasi una valle tortuosa nel fondo della quale serpeggia una corrente d'acqua ombreggiata da pioppi e platani; seguita dipoi una foresta di querciuoli, di abeti e di larici. — I Tedeschi avendo passate le montagne Messogie e la detta foresta, giunsero a Tripoli. Le rovine della qual città occupano una prominenza, al cui piede verso grecale, stendesi una valle ove scorre il Meandro che ha le sponde ornate di salci e di canneti; ma i Crociati germanici trovaronvi molti mirti, fichi e cardamomi. Ivi s'accamparono prima di passare alla sponda sinistra; traversarono poscia il Lico che si versa nel Meandro al settentrione di Tripoli; e rivolgendosi a levante, giunsero a Laodicea, dopo due ore di cammino.

Questa città ove, quarantadue anni prima, erasi fermato il re di Francia Lodovico Settimo, era metropoli dell'Asia Minore a tempo degli Imperatori Romani. Grandi ruine sparse sopra un'area di circa una lega di circuito, attestano ancora a'dì nostri lo splendore dell'antica città; sei teatri, uno stadio, una necropoli chiamanvi l'attenzione de'viandanti. — L' imperadore Federigo trovò a Laodicea vettovaglia per il suo esercito.

Il cammino tenuto dai Crociati tedeschi, partiti che furono da Laodicea è descritto molto specificatamente in alcune relazioni contemporanee [1].

Io riporterò in questo luogo compendiosamente la lettera scritta al Pontefice da un pellegrino che seguitava l'esercito di Federigo:

Sei giorni dopo le Rogazioni, partimmo da Laodicea e giunsimo alla fonte del Meandro [2]*, ove fummo assaliti dai Turchi. Coll' aiuto di Dio, la cui croce ci serviva di stendardo, ebbimo vittoria. Il giorno dipoi, ci accostammo a Susopoli. L'esercito entrò nelle gore delle montagne ove non poco sofferse per il freddo e per la fame. Fatto non breve cammino per le dette gore, escì dalla strada regia d' Iconio,*

---

[1] Ci sono rimaste tre diffuse relazioni della Crociata di Federigo, cioè quella di Tagenone; una anonima; e quella di Ansberto, pubblicata per la prima volta a Praga nel 1827. — Trovansi gli estratti di tutte tre nella *Biblioteca delle Crociate.*

[2] Circa alle sorgenti del Meandro, vedi la *Corrispondenza d'Oriente*, Lettera 76.

*prese a manca, per una regione meno montuosa ed arida. — Il giorno
della Ascensione, entrammo nella pianura di Filomelio, ove eravamo
aspettati dai Turchi. Appiccossi la zuffa nella quale il duca di Soavia fu ferito nel viso d'un sasso che gli ruppe due denti; alcuni dei
nostri soldati furono feriti; un solo, ucciso. Noi perdemmo molte delle
nostre bestie da soma, col danaro, le vesti e le bagaglie caricate su
i loro dossi. Più barbari ammazzavamo e maggior numero ne appariva; poichè avevamo contro a un tempo l'emiro di Filomelio e quello
di Ferma con immensa moltitudine de' vicini paesi. Le zuffe rinnovaronsi per alcuni giorni e duravano dal mattino fino a sera. Il
lunedì della Ascensione piantammo le nostre tende davanti Filomelio* [1]. I Turchi ci vennero ad assaltare nel nostro campo; ma noi
gli ponemmo in fuga e ne ammazzammo sei mila; la nostra perdita
fu solo d'alquanti cavalli. — Dopo questa battaglia, ebbimo molto a
soffrire per la fame, non avendo nè farina, nè acqua, nè strami. Il
giorno appresso alla Pentecoste, uno dei figliuoli del sultano d'Iconio
ci venne nuovamente a presentar la battaglia. I cavalieri turchi innumerevoli come le locuste occupavano tutta la pianura. Noi dimenticando la fame e le nostre ferite, movemmo contro a quelli le nostre aquile vittoriose; e sebbene il numero de' nostri cavalli non ec-
cedesse i seicento, gli combattemmo sotto il segno della Croce vivifi-
cante, e n'ebbimo vittoria. Accadde allora un fatto degno di memoria.
Un pellegrino dichiarò con giuramento e sopra la fede del pellegrinaggio, presente l'imperatore e l'esercito, che aveva veduto San Giorgio combattente sulla fronte delle nostre schiere. I Mussulmani medesimi dissero d'aver veduto nella mischia certa milizia vestita di
bianco e sedente sopra bianchi cavalli. Dopo questa vittoria miracolosa, passammo la notte in un deserto sabbioso, mancando di acqua
e di viveri, e camminando a caso come pecorelle smarrite. Il nuovo
giorno entrammo sul territorio d'Iconio, dove trovammo fonti e ruscelli; ci avvicinammo alla città, e ponemmo in ruine due bei palazzi
del sultano. Ma essendo sempre angustiati dalla fame, e non avendo
più che cinquecento uomini a cavallo; e mancando d'ogni mezzo per
progredire o per ritornare addietro, ci sottoponemmo ai consigli della
necessità. L'esercito fu diviso in due corpi; e il sesto giorno dopo la
Pentecoste, movemmo sopra Iconio. — Maraviglioso e stupendo a
dirsi! il duca di Soavia con piccolo numero de'suoi aiutato dal soc-*

---

[1] La piccola città Turca d'Ilguin situata otto o nove ore distante da Iconio, fu anticamente
la città di Filomelio. (Vedi *Corrispondenza d'Oriente*, Lettera 63)

corso di Dio, s'impadronì della città e passò per le armi tutti gli abitatori che gli caddero nelle mani. L'Imperatore che era rimasto addietro combattè con l'esercito turchesco nella pianura; il quale benchè aggiungesse a circa dugento mila cavalieri, per la virtù dell'Altissimo, fu rotto e posto in fuga. — Questo fatto non è indegno di essere mandato alla memoria degli uomini; poichè la città d'Iconio agguaglia Colonia in grandezza.

L'itinerario più circostanziato dei Crociati tedeschi da Laodicea fino a Iconio, è l'infrascritto. Fra l'una e l'altra città v'avevano da cinque a sei giornate di cammino, a compire però il quale i pellegrini ve ne impiegarono più di trenta; nè trovarono altro che due villaggi o borgate, fuor dei quali luoghi in cui ravvisavasi alcun vestigio della umana abitazione, tutto era solitudine senza nome, d'incolte pianure e di adusti terreni dove nè alberi nè erbe nascevano; seguitavano dipoi aride montagne; laghi di acque salse e stagni fangosi e pestiferi. — In sì dura ed inospita regione l'esercito di Federigo ebbe a combattere, le popolazioni mussulmane dell'Asia Minore.

I soldati teutonici continuamente molestati dai soldati di Chiligge Arslano, avevano seco gli ambasciatori del medesimo che parlavano sempre di pace; soprachè i nostri vecchi cronisti dicevano, che *i Turchi erano migliori dissimulatori de' Greci.*

Nella prima Crociata i pellegrini erano da ogni parte incontrati dai Cristiani del paese; ma i pellegrini tedeschi non trovarono chi s'unisse a loro; tanto i Greci che i Mussulmani all'avvicinarsi di Federigo fuggivano. Perlochè i Tedeschi per quelle contrade a loro sconosciute non avevano guide, e smarriti per quelle orribili solitudini, cominciavano del fatto loro a disperarsi quando Dio misericordioso mandò loro uno inaspettato soccorso. Un Turco caduto nelle loro mani fu condotto davanti a Federigo che promiseli la vita se guidava l'esercito fuori di quei luoghi diserti e impraticabili. Il Turco a cui la vita sembrava un bene da preporsi a qualunque rispetto, (così dicono le relazioni coetanee) consigliò che si prendesse il cammino sulla sinistra di Susopoli, (della quale io non ho potuto trovare il sito) perchè il paese sebbene montuoso doveva offrire ai Crociati ricche ed ubertose campagne. Di città in città fino sotto alle mura d'Iconio, il detto Turco con una catena al collo e ben guardato camminò sempre davanti all'esercito.

Quando i pellegrini furono propinqui alla città, il sultano inviò a loro i suoi deputati, proponendo di concedere il passo per la somma di tre mila monete d'oro.

Rispose Federigo: *Io non soglio, comperarmi le strade con l'oro ma aprirmele col ferro e col soccorso del Signore Gesù, di cui io e tutti costoro siamo soldati.*

Allora i Mussulmani minacciarono all'Imperatore di darli la battaglia il dì seguente con un esercito di trecento mila uomini. Nell'esercito cristiano erano appena mille cavalieri con l'armatura completa. Le croniche ci raccontano che Federigo tenne un consiglio di guerra per deliberare se era più prudente indirizzarsi verso l'Armenia, o assaltare Iconio. Fu eletto il più pericoloso partito; e i Crociati, dopo avere ascoltata la messa, e ricevuta la santa eucarestia, s'avviarono contro la detta città.

Cammin facendo, da Laodicea fino a Iconio ogni giorno vi furono zuffe. Sempre vincevano i Cristiani, ma le vittorie erano senza gloria e senza vantaggi, mentre la penuria d'ogni cosa necessaria cresceva. Quando l'esercito non era costretto a difendersi dal nimico, aveva con la fame e con la sete a combattere. I Cronisti raccontano le pene e i lamenti de' Crociati in que' luoghi inospiti ed infecondi: Alcuni bevevano le loro proprie urine; altri il sangue de' cavalli; l'acqua stagnante delle paludi sembrava dolce e potabile quanto quella delle purissime fontane. Bruciavansi le selle, le vesti, i legni delle lancie, per far cuocere la carne di cavallo, che mangiavasi dipoi senza sale e senza pepe; pasto però del quale soltanto i più ricchi de' Crociati, con estrema parsimonia potevano usare; i poveri contentavansi di sole radici. Alcuni pellegrini spossati dalla fatica, dalla fame e dalle malattie, non potendo più seguitare l'esercito, coricavansi sul suolo in forma di crocifissi, recitando ad alta voce l'orazione domenicale e così aspettando la morte in nome del Signore. Alcuni altri vinti dalla disperazione e *trascinati dal Demonio*, abbandonavano le bandiere di Cristo e passavano nelle schiere degl'infedeli: ma tali esempi di diserzione erano rari.

I nemici dei cristiani ammiravano spesse volte il coraggio invincibile e la quasi loro prodigiosa rassegnazione. — Una lettera scritta dal patriarca d'Armenia a Saladino, spiega in qual modo i soldati e i compagni di Federigo ebbero forza sufficiente per resistere a tanto terribili prove.

I Tedeschi (scrive egli) *sono uomini straordinarii, inflessibili nella loro volontà per modo che nulla può distorli dai loro disegni: L'esercito è sottoposto alla disciplina più severa, nè mai alcuna mancanza rimane impunita. Cosa ammirabile! eglino si proibiscono qualunque piacere; e guai a quello che si abbandonasse a qualche voluttà! E tutto ciò è causato dal dolore di aver perduta Gerusalemme. Sdegnano aver vesti sontuose e delicate, e solo dilettansi coprirsi di ferro, ma*

T. I.   61

la loro pazienza nella fatica e nelle avversità è superiore ad ogni estimativa.

Percorrendo l'Asia Minore, i Crociati Germanici, ebbero a combattere con molte barbariche tribù, come *Turcomanni, Turcobari, Turcogisti e Turcosciti*. — I Turcobari venuti dalle sponde del mar Caspio, eransi impadroniti della Colchide, presentemente detta Circassía. Questo popolo non conosceva l'agricoltura, aveva molti e grossi armenti e andava in traccia di pascoli. — I Turcogisti erano una nazione meno numerosa; abitavano le aspre montagne della Cappadocia e della Paflagonia; soli fra i Turchi combattevano a piede. Quasi tutti furono sterminati in questa guerra. — I Turcosciti erano i più rustici de'Turchi e i più feroci; avevano cacciato i Basterni dal regno del Ponto per occupare le loro terre; erano abilissimi cavalieri, e mirabili nella perizia del saettare. — La quarta tribù, eccedente in numero le altre, era de'Turcomanni della stirpe di Ugs; e come a'dì nostri era sparsa in tutte le parti dell'Asia Minore; solo addetta, anco allora alla vita pastorale e vagante.

Questi particolari intorno le varie nazioni mussulmane sono cavati dall'italiano Boiardo, il quale, secondo Muratori, avevali estratti dai *Cinque Libri delle Istorie Arabiche*, che conservavansi negli archivi della chiesa di Ravenna.

Eransi pertanto le dette orde barbariche mosse contro i Crociati; ma supponesi che le loro discordie giovassero non poco alle armi cristiane. Il Sultano d'Iconio, per amicarsele aveva promesso loro più di quello che non poteva mantenere perlochè non potevansi contentare di quel principe che invitavale ai pericoli di difficil guerra e non ne faceva loro gustare gli sperati guadagni. Oltreciò nella stessa famiglia del sultano erano nate divisioni; le quali tutte circostanze concorsero a facilitare il quasi miracoloso e prospero viaggio de'Tedeschi, fra tanti nimici, fra tanti ostacoli e fra tanti disagi.

Dopo una singolarissima battaglia, gli Crociati espugnarono Iconio e trovaronsi a un tratto nell'abbondanza d'ogni cosa. Ma in sì bel trionfo non andavano immuni da gravi pericoli, sendo tuttavia forte il nimico e disposto a combattere. Oltre di che, niun conquisto è più difficile che quello de'paesi che si difendono per zelo di religione, dove ogni uomo è spinto dalla propria coscienza a farsi soldato; e però nelle antiche età quando disputavasi se l'Asia dovesse a Dario o ad Alessandro servire, poco interesse prendevano i popoli naturalmente schiavi nella contesa; ma ora avendosi a decidere della preponderanza in tra l'Islamismo e il Cristianesimo, la guerra da più potenti influssi e da più forti passioni era governata.

L'esercito cristiano soprastette due soli giorni nella capitale della Li-caonia, dipoi riprese il viaggio verso Laranda, detta presentemente *Ca-raman* nel qual cammino ebbe a soffrire nuovi mali.

Se io volessi (dice Ansberto) enumerare tutti i mali e le persecu-zioni che i pellegrini soffersero per il nome di Cristo e per l'onore della Croce, senza mormorare, e con lieta pazienza, sebbene io sa-pessi parlare la favella degli angioli, i miei conati rimarrebbonsi molto al di sotto del vero.

In vicinanza di Landra, i Crociati furono svegliati di notte da un ru-more simile a quello delle armi: Era effetto d'un terremoto; e i savii vi conobbero un sinistro presagio dell'avvenire.

I Tentoni erano già su i confini de'paesi cristiani; la vista di alcune croci poste lungo le strade, risvegliò le loro speranze. Il principe di Ar-menia, spedì ambasciadori a Federigo, offerendoli i soccorsi di che abbi-sognasse; ma consigliandolo insieme di non trattenersi a lungo sul suo territorio, perchè tutti i suoi popoli avevano paura d'un esercito tor-mentato dalla fame e dalle calamità di guerra infelicissima.

I pellegrini non dovevano più temere nè gli assalti nè le insidie dei Turchi, ma i passi difficilissimi del Tauro erano per mettere a nuove e forse più terribili prove la loro pazienza e il loro coraggio.

Federigo informato della malagevolezza e difficoltà delle strade, proibì severamente che se ne divulgassero voci per l'esercito.

E chi non sarebbe stato commosso al pianto (dice Asberto, testimonio oculare (veggendo vescovi e illustri cavalieri malati e languenti, por-tati sopra lettighe a dosso di cavalli, per quelli spaventevoli precipizi? Qual pietà era a veder gli scudieri col volto pieno di sudore, portare sopra gli scudi i loro padroni malati!

Prelati e principi camminavano con gambe e braccia *come i qua-drupedi.*

Nondimeno (seguita a dire il medesimo cronista) l'amore di quei principi per colui che dirige i passi degli uomini, e il desiderio della patria celeste alla quale aspiravano, facevano che sopportassero tutti questi mali senza dolersi.

Maggiori calamità soprastavano all'esercito Cristiano; il quale cammi-nava lungo le rive del Seleffo, turchescamente appellato *Ghieuc* su pic-cola riviera che scaturisce due ore sopra Laranda, e mette capo in mare presso le ruine di Seleucia, detta modernamente *Selefchè*; l'Imperatore Federigo era con la retroguardia.... Ma riferiamo le proprie parole del Cronista Ansberto che fu testimonio del caso.

Mentre l'esercito innoltravasi per le rupi appena accessibili alle camozze e agli uccelli, l'imperatore che voleva rinfrescarsi (era nel mese di giugno) e scansare anco i pericoli della montagna, tentò di traversare a nuoto la rapida riviera di Seleucia. Questo principe già vincitore di tanti pericoli, non ostante il contrario parere di tutti, si gittò nell'acqua e fu miseramente rapito dalla correntìa. — Rimettiamocene al segreto giudizio di quel Dio a cui niuno oserebbe dire Perchè ha' tu fatto ciò? perchè spegnere così presto un tant'uomo? *Alcuni signori della corte gittaronsi dietro all'Imperatore per soccorerlo, ma non riescirono ad altro che a ricondurlo morto sulla riva. — Cotal perdita portò molta confusione nell'esercito: Alcuni ne morirono per dolore; molti disperati, essendo persuasi che Dio non prendea alcuna sollecitudine del fatto loro, rinnegarono la fede cristiana abbracciando l'Islamismo. Lutto ed estremo cordoglio occupavano tutti i cuori; e i Crociati potevano col profeta* esclamare: La corona è caduta dal nostro capo; guai a noi che abbiamo peccato!

Tutti i Cronisti del tempo deplorano la morte dell'Imperator Federigo, e niuno di loro ardisce scrutare questo terribile mistero della provvidenza.

Gotofredo dice: *Dio ha fatto quello gli è piaciuto e l'ha fatto con giustizia, seguendo le sue volontà inflessibili e immutabili, ma con misericordia, se così posso spiegarmi, ragguardando allo stato della chiesa e della terra di promissione.*

I cronisti mussulmani invece, rendono grazie alla Provvidenza, e reputano la morte di Federigo, uno de'suoi più segnalati benefizi. *Federigo si è affogato (dice Bohà Eddin) in un luogo ove l'acqua giunge appena alla cintola; il che prova che Dio volle liberarcene.*

Il duca di Soavia fu eletto capitano dell'esercito; Il quale proseguì il suo cammino, portando seco il cadavere dell'imperatore.

Federigo, secondo Ansberto fu seppellito in Antiochia nella basilica di San Pietro; secondo gli storici arabi, fu sepolto a Tiro.

Il *Cattolico* o Patriarca degli Armeni, in una sua seconda lettera scritta a Saladino, dice che il numero de' guerrieri tedeschi era di quaranta mila, ma che non avevano altr'arme fuorchè il bordone de' pellegrini; ch'egli medesimo avevali veduti passare sopra un ponte, e domandando perchè fossero senz'armi e cavalli, fugli risposto, perchè avevano bruciate le loro aste onde riscaldarsi e ammazzati i cavalli per cibarsi.

L'esercito si divise in varii corpi, parte andando ad Antiochia ove furono consumati dalla pestilenza; parte a Bogrà e parte ad Aleppo; quest'ultimo corpo fu quasi tutto preso dai Mussulmani, sicchè, dice Emmad Eddin, che per tutto quel paese non vi era famiglia che non possedesse tre o quattro schiavi tedeschi.

Erano partiti d' Europa da sopra centomila Crociati Teutonici, dei quali non ne giunsero in Palestina neppure cinque mila, che non vi furono ricevuti con piacere dai Cristiani, che solevano dire: *La loro fama ci era di qualche giovamento, ma la loro presenza ha tronche le ali alle nostre vittorie.*

Fra quelli che furono spenti dalle infermità l'istoria numera il vescovo di Vurtsborgo, che era stato l'oracolo di questa crociata, come lo fu Ademaro della prima. Come il vescovo del Puy, egli morì in Antiochia e le sue reliquie furono reposte nella basilica di San Pietro, forse accanto al sepolcro dell' imperator Federigo di cui era stato favorito consigliere.

Vedendo così perire un potente esercito, che aveva incusso tanto terrore ne' Mussulmani, e che moveva alla recuperazione del retaggio di Gesù Cristo, alcuni contemporanei rimasero confusi, nè sapevano che giudicio farsi della divina misericordia; ma ragguardando alla severa disciplina di tale esercito e pensando a tutto quello erasi fatto per assicurare la di lui salvezza dalla savia provvidenza di Federigo, che giudicio potremmo noi fare della saviezza umana?

È veramente mirabile e imperscrutabile il destino di questo esercito, il quale finchè fu in mezzo a ostacoli e pericoli sempre procedette prosperamente, e quando gli ebbe tutti superati, allora andò in perdizione; d'onde bene apparisce che nelle Crociate le difficoltà non consistevano soltanto nella guerra, ma che anzi quelle del viaggio non erano delle altre minori.

L' Europa e l'Asia che stavano attente ai progressi di questa germanica spedizione, poichè era universale opinione, che Dio avesse serbata a Federigo la gloria di liberare Gerusalemme, vedendone l'esito, rimasero stupite; stantechè la Terza Crociata si componesse dei popoli più bellicosi dell' Occidente e fosse condotta dai tre più potenti monarchi di quell' epoca, onde niuno eravi che non se ne augurasse certo il buon successo.

Il religioso Mussulmano Ibn Alatir vi fa sopra questa considerazione: *Se Dio, per un effetto della sua bontà verso di noi, non avesse spento l' alamannico Imperatore quando passava il Tauro, certo direbbesi ora sopra la Siria e sopra l' Egitto: Qui una volta dominarono i Mussulmani.*

Così di tanti movimenti fatti per liberare il Sepolcro di Cristo; niuno fu dalla prosperità accompagnato, fuorchè la prima Crociata che non ebbe verun capitano supremo e che potevasi appellare una Repubblica armata.

FINE DEL LIBRO SETTIMO

STORIA
DELLE CROCIATE

LIBRO OTTAVO
Dall'Anno 1187 al 1190.

Mentre che in Europa predicavasi la Crociata, Saladino seguitava i progressi delle sue vittorie in Palestina. La giornata di Tiberiade e la presa di Gerusalemme avevano del tutto debellati gli animi de' Cristiani; la sola città di Tiro, non ostante, fu unico intoppo alle armi del domatore d'Oriente; il quale benchè avesse già due fiate e con l'armata e con l'esercito tentata la espugnazione di esse città, tanto erano gli abitatori risoluti a difendersi e piuttosto morire che darsi ai Mussulmani, che ogni tentativo di penetrarvi fu vano. Autore e promotore di sì generosa risoluzione era Corrado, giunto di fresco nella città, e reputato quasi angelo del cielo a salvarla.

Corrado figliuolo del marchese del Monferrato, aveva molta celebrità in Occidente, e la fama delle sue prodezze avevalo preceduto in Asia. Nella sua prima giovinezza fe' mostra di valore non comune nella guerra della Santa Sede contro l'Imperator d'Alemagna. Cupidità di gloria e di strane avventure lo condusse dipoi a Costantinopoli, dove oppresse una sedizione che minacciava il trono imperiale e ammazzò in tenzone il capo de' ribelli. Ebbene in premio la Sorella d'Isacco l'Angelo e il titolo di Cesare; ma il di lui carattere irrequieto lo tolse presto al pacifico godimento della sua prospera sorte, perchè in un subito riscosso dal rumore della guerra santa, involossi alla tenerezza della sposa e all'amore del suocero, per correre in Palestina. Giunse sulle coste della Fenicia alcuni giorni dopo la battaglia di Tiberiade: già la città di Tiro aveva eletti suoi deputati per proporre una capitolazione a Saladino, ma la presenza di Corrado, riaccese il coraggio de'cittadini e mutò le prese deliberazioni. Egli, che gli arabi scrittori sogliono appellare *voracissimo di tutti i lupi della Cristianità, e astutissimo di tutti i cani della fede del Messia*, fecesi dare il comando di Tiro, della quale allargò i fossi ed istaurò le fortificazioni; sicchè gli abitanti che poc'anzi erano d'ogni speranza all'estremo, divenuti a un tratto sotto il nuovo capitano, prodi e invincibili guerrieri, incontro alle armate e agli eserciti turcheschi non dimostravano più verun dubbio della vittoria.

Il vecchio marchese del Monferrato, padre di Corrado, che per visitare Terra Santa erasi partito de'suoi pacifici stati, erasi pur trovato presente alla battaglia di Tiberiade, ove fatto prigione da' Mussulmani, aspettava nelle carceri di Damasco che i suoi figliuoli o con l'oro o col ferro movessero a riscattarlo.

Saladino fecelo venire nel suo esercito e offerse a Corrado di renderglielo e di darli ricche possessioni nella Siria se aprivali le porte di Tiro. Minacciavalo nel medesimo tempo di far collocare il vecchio marchese davanti alle schiere mussulmane e di esporlo così alle saette degli assediati [1].

Corrado rispose con nobile orgoglio, che disprezzava i presenti degli infedeli, e che la vita del padre premevali meno che la causa de'cristiani; che nulla i tratterrebbe suoi colpi e che se i Mussulmani fossero tanto snaturati da far perire un vecchio che sulla loro fede erasi arreso, egli gloriarebbesi di aver per padre un martire.

Dopo tale risposta i soldati di Saladino, ripresero gli assalti, e i Tiri francamente si difendevano. — Gli Spedalieri e i Templari, con i più prodi guerrieri che ancora rimanevano nella Palestina, erano concorsi nelle mura di Tiro per aver parte in sì bella difesa. In tra i Latini notevoli per valore era principalmente un gentiluomo spagnuolo, conosciuto nella storia col nome del *cavaliere dalle arme verdi* [2]; il qual solo (dicono le vecchie croniche) rispingeva e ponea in fuga le schiere dei nimici; si disfidò più volte in singolar tenzone; ammazzò i più prodi de' Mussulmani, e fece stupir Saladino del suo valore e delle sue prodezze.

Ogni cittadino era soldato divenuto, gli stessi fanciulli eransi armati; le donne incoraggiavano i guerrieri con la loro presenza e con le parole. Tanto in mare che intorno alle mura combattevasi continuamente; e gli eroi cristiani della prima Crociata erano nei difensori di Tiro resuscitati.

Saladino era stanco del lungo e inutile assedio; due volte aveva dato

---

[1] Gualtiero di Vinisaufe e Sicardi — (*Bibl. delle Crociate.*)

[2] Bernardo Tesaurario parla molto di questo cavaliere. Racconta che Saladino volle vederlo e feccgli grandi offerte, ma che il cavaliere ricusò i doni con molta nobiltà. *Bibl. delle Crociate.*

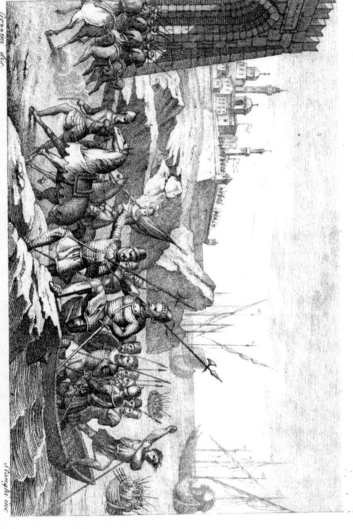

I guerrieri sicuri corsero alla difesa di Tripoli

Lib. VIII. Pag. 289

....e fece loro restituire le donne e i fanciulli

Lib.VIII. Pag. 489

vanamente l'assalto alla città; onde deliberò levare il campo per trasportarlo sotto Tripoli, dove però non fece maggiori progressi.

Guglielmo re di Sicilia informato delle sventure di Palestina aveva mandati soccorsi ai Cristiani. L'ammiraglio Margaritto, sopranominato *il re del mare e il nuovo Nettuno* per la sua nautica perizia e per le conseguite vittorie, era giunto sulle coste di Siria con sessanta galere, trecento cavalli e cinquecento fanti [1] — I guerrieri sicuri corsero alla difesa di Tripoli capitanati dal *cavaliere dalle arme verdi*, e costrinsero Saladino a torsi dalla impresa.

La città e contea di Tripoli, dopo la morte di Raimondo, appartenevano a Boemondo, principe d'Antiochia. — Saladino traportato dalla collera e dal dispetto andò colle sue genti sulle rive dell'Oronte facendovi molti guasti e costrinse Boemondo a comperare una tregua d'otto mesi. In questa spedizione i Mussulmani occuparono Tortosa e alcune castella situate sul Libano. La fortezza di Caraca, ove ebbe origine questa guerra tanto funesta ai Cristiani, difendevasi da circa un anno contro i Mussulmani [2].

Gli assediati privi di soccorsi e ridotti ad ogni estremità, s'erano nondimeno nella eroica difesa ostinati. *Prima che si arrendessero* (dice il continuatore di Guglielmo Tirense) *vendettero le donne e i fanciulli ai Saraceni, onde non rimase bestia nè cosa alcuna nel castello che potessero mangiare.* Furono però alla fine costretti a capitolare; il sultano accordò loro la vita e la libertà e fece loro restituir le donne e i fanciulli che barbaro eroismo aveva alla schiavitù condannati.

Guido di Lusignano era frattanto prigione di Saladino, ma essendosi questi impadronito di Caraca e della maggior parte di Palestina, rimandò finalmente libero il re di Gerusalemme, dopo averli fatto giurare sul Vangelo di rinunciare al regno e ritornare in Europa. — La qual promessa estorta con violenza, non tenevasi inviolabile in quelle guerre nelle quali il fanatismo faceva per ogni parte disprezzare la fede de' sacramenti, anzi lo stesso Saladino non credeva che il re di Gerusalemme averebbe il suo osservato, nè accordavali la libertà per altro che per il timore che i Cristiani s'eleggessero altro principe di maggiori virtù; e per la speranza che la di lui presenza dovesse molte discordie e divisioni causare.

(Anno 1189). Escito dalla sua cattività Guido di Lusignano fece

---

[1] Sicardi — *Bibl. delle Crociate.*

[2] Secondo lo scrittore arabo Ibn Alatir, presiedeva all'assedio di Caraca Malec Adel fratello di Saladino, mentre questi era in altre imprese occupato. Dopo la resa di Caraca, s'impossessò delle terre vicine, come di Sciobec ec. (Nella *Bibl. delle Crociate*, leggonsi molti particolari intorno le conquiste di Saladino, che dal nostro storico sono o taciuti o succitamente narrati).

annullare il suo giuramento da un consiglio di Vescovi. Gualtiero Vinisofe, parlando di quest'atto dice, che il principe cristiano facesse ciò con
ragione, prima perchè le promesse forzate non obbligano, dipoi perchè
la moltitudine de'novelli crociati che di continuo giungevano trovassero
un capo e una guida. E seguita argomentando così: *L'astuzia si debbe
con l'astuzia combattere, e alla perfidia d'un tiranno debbesi la perfidia opporre, poichè l'ingannatore invita all'inganno. Saladino era
stato primo a mancar di fede, estorcendo da un re cattivo la promessa di andarne in esiglio. Crudele libertà comperata con l'esiglio!
Crudele liberazione con l'obbligo di rinunciare a un trono! Ma il disegno di Belial fu per comandamento di Dio distrutto.*

Guido di Lusignano applicò l'animo a instaurare l'abbattuto trono,
sopra cui per breve tempo avevalo la fortuna condotto. — Andò a Tiro,
ma invano, perchè la città erasi data a Corrado, nè voleva riconoscere
per re colui che non aveva saputo difendere il suo stato [1]. Errò dipoi
lungamente nel regno, seguitato da alcuni servitori fedeli, e deliberossi
per ultimo di tentare qualche impresa che potesse richiamare a lui l'attenzione delle genti, e sotto le sue bandiere i guerrieri concorsi da tutte
le parti di Europa per liberare Terra Santa.

Con questo intendimento andò a campo sotto Tolemaida che erasi ar-
resa a Saladino pochi giorni dopo la giornata di Tiberiade.

Questa città alla quale gli storici danno il nome ora di *Acca*, ora di
Accon ed ora d'*Acri* era situata nella parte occidentale di vasta pianura; il
mediterraneo bagnava le sue mura, la comodità del suo porto invitava i naviganti d'Europa e d'Asia, e meritava il dominio de'mari come Tiro che
le era propinqua. Dalla parte di terra, profondi fossi circondavano le
mura, le quali di tratto in tratto erano da grossissime torri fortificate,
in tra le quali era notevole quella appellata, *la torre maledetta* che sovrastava alla città e alla pianura; *la torre delle mosche*, estrutta sull'ingresso del porto e che sussiste tuttavia col suo antico nome. Un mòlo
di pietra chiudeva il porto da meriggio ed aveva a capo una fortezza sopra una rupe isolata in mezzo alle acque. Modernamente San Giovanni
d'Acri fu ricinto di nuove mura inespugnabilmente fortificate principalmente dalla parte di terra; la parte del mare appariva men fortificata, ma
ben difesa per la difficoltà della spiaggia. La città presente occupa appena due terzi dello spazio che teneva a tempo delle crociate. Ora non
conta più che sei mila abitatori, molto anco menomati dopo la guerra
fatta da Ibraim Pascià in Siria.

---

[1] Gualtiero Vinisofe, *Bibl. delle Crociate.*

La pianura di San Giovanni d'Acri ha per confine a tramontana il monte Sarone, detto dai Latini *Scala Tyriorum* cioè, Scalo de' Tirii; da mezzogiorno, le è confine il Monte Carmelo che si prolunga nel mare. Da settentrione a meriggio si stende da quattro leghe. — Il Belo, appellato dagli scrittori arabi *Nahr Alalù*, e che i paesani dicono *Nahr el Ramin* e *Nahr el Chardanè* e che è una riviera d'acqua dolce, traversa una parte della pianura e mette nel mare un quarto d'ora distante dal mezzogiorno della città, sotto la piccola prominenza ove veggonsi alcune ruine dette *Acchaà el Chaarab*, cioè Acri la Ruinata. — In questa pianura trovansi pochi alberi; è paludosa in molte parti, e dalle paludi nella state esalano miasmi che corrompono l'aria e spargono germi di malattie epidemiche. A varie distanze da San Giovanni d'Acri, a settentrione e a grecale, alcune colline interrompono la pianura; la prima delle quali è detta *Turona* e dai cronisti mussulmani la collina de' *Mosallini* o de' *Preganti* e anco *Mossallàba*, la seconda è detta da Boa Eddin, *Aiadià*, e da Gualtiero Vinisofe, *Maamèria*; la terza è detta *Chisàn*. — Le montagne ricordate nelle croniche arabe col nome di *Charuba* sono quelle di Sarone che cominciando dal capo Bianco, detto in arabo *El Mescerfì*, procedono da ponente a levante fino alle rive del Giordano.

Le pianure di Tolemaide erano fertili e amene; boschetti e giardini occupavano le compagne circostanti alla città; alcuni villaggi sorgevano sul pendìo delle montagne; e deliziose ville erano estrutte sulle colline. Le tradizioni religiose e le storiche avevano dato i nomi a varii luoghi dei dintorni: sopra un poggio ben alto, asserivasi essere stato il sepolcro di Memnone; sul Carmelo si mostravano alla curiosità de' viandanti le spelonche di Elia e d'Eliseo, e il luogo ove Pitagora venne ad adorare l'Eco. — In questo teatro era per combattersi una guerra sanguinosa fra gli eserciti d'Europa e di Asia.

Sul finire dell'agosto del 1189, nel giorno festivo a Sant'Agostino, ebbe principio l'assedio di Tolemaide, che durò due anni. — Guido di Lusignano non aveva nel suo campo più che nove mila uomini quando cominciò l'assedio. I Pisani che v'intervennero con la loro armata, impadronironsi della spiaggia e tolsero ogni adito alla città dalla parte del mare. L'esercito cristiano piantò le sue tende sulla collina di Turone.

Tre giorni dopo la loro venuta i Crociati cominciarono i loro assalti, e senza pur preparare le macchine, solo difesi dai loro scudi, appoggiarono le scale alle mura e montarono all'assalto. Una cronica coetanea [1]. afferma che la città sarebbe caduta in poter de' Cristiani se non si fosse

---

[1] Gualtiero Vinisofe.) *Libl. delle Crociate.*

improvvisamente sparsa la voce che Saladino giungeva; d' onde gli assediatori presero tanto terrore, che spacciatamente si tolsero dalle mura e
fuggirono nel loro campo.

Videsi frattanto appropinquare dal mare una armata di cinquanta vele,
la quale vedendo, i crociati rimasero molto perplessi non sapendo se fosse
di amici o nemici, e similmente rimasero dubbiosi quelli delle navi, vedendo l' accampamento nè sapendo se fosse di Cristiani o di Mussulmani. Però appressandosi alla spiaggia, riconosciuti gli stendardi della Croce, dall' una e dall' altra parte, grandi grida di gioia levaronsi dall' armata e dal campo cristiano; si corsero incontro e reciprocamente con e-
streme dimostrazioni di gioia fecionsi accoglimento. Sbarcano frattanto i
sopravvenuti, armi, viveri e munizioni da guerra, con dodici mila guerrieri della Frisia e della Danimarca, i quali accamparonsi fra la collina
di Torone e la città di Tolemaida.

L' armata danese partita dai mari del settentrione, in ogni luogo per
dove era passata aveva eccitato l' entusiasmo e lo zelo impaziente dei popoli che abitavano le coste dell' Oceano. — Onde fu seguitata da altra
armata sopra cui era gran numero di guerrieri inglesi e fiamminghi.

L' arcivescovo di Cantorberì che aveva predicata la crociata in Inghilterra
conduceva gl' Inglesi. I Fiamminghi capitanava Giacomo d' Asvenes, già
celebre per i suoi illustri fatti, e a cui la Provvidenza preparava in Terra
Santa la palma del martirio.

Mentre che dal mare giungevano ai Cristiani questi rinforzi, Saladino
abbandonando i suoi conquisti di Fenicia, moveva col suo esercito verso
Tolemaida.

Giunto, pose le sue tende sul confine della pianura sulla collina di
Chisan, che sorgeva dietro la collina di Torone. Da un lato il suo campo
stendevasi fino al fiume del Belo, dall' altro fino a *Maameria* o alla collina della Moschea.

I Mussulmani assaltarono più fiate i Cristiani, ma trovaronli *sempre
simili a montagna che non si può nè spianare nè spingere addietro.*
Saladino per incoraggiare i suoi soldati, risolse di far la giornata campale, in venerdì, nell' ora medesima in che i popoli dell' Islamismo sogliono
fare le loro preghiere. La scelta di questo momento raddoppiò in fatti
l' ardimento dell' esercito mussulmano.

I Cristiani furono costretti d' abbandonare i luoghi da loro occupati
in riva al mare dalla parte di settentrione, e il sultano vittorioso entrò
nelle mura di Tolemaide.

Specolato dalle torri le posizioni de' Crociati, escì col presidio, gli
attaccò nuovamente e gli respinse nel loro campo. Gli assediati ripresero

coraggio, e Saladino dopo aver provveduto e disposto tutte le cose necessarie per la difesa, lasciato nella città un rinforzo di elettissimi guerrieri, e prepostivi due fidatissimi emiri Osman Eddin, suo antico commilitone, e Characusce [1] guerriero provato per la sua prudenza e coraggio nel conquisto dell'Egitto; se ne ritornò sulla collina di Chisan, per essere in luogo da sorvegliare i movimenti del nemico.

Frattanto i Cristiani fortificavansi nel loro campo con fossi e ripari; il che molto tenea perplessi i Mussulmani e principalmente sgomentavali la moltitudine delle navi latine; delle quali quando alcune partivano, ne sopravvenivano altre in maggior numero, conducendo in Siria nuovi guerrieri dell'Occidente.

Sbarcarono primamente i Crociati italiani, condotti dai loro tribuni e vescovi; e seguitaronli molti guerrieri venuti dalla Sciampagna e da altre provincie della Francia.

Fra i capi notavasi il vescovo di Bôvê, paragonato dai vecchi cronisti all'arcivescovo Turpino; e che veniva in Oriente per la seconda volta chiamatovi più dalla ambizione della gloria militare, che dalla religione [2].

Dopo i Crociati francesi, vennero i guerrieri d'Allemagna condotti dal langravio di Turingia.

Corrado marchese di Tiro volle intervenire in questa guerra. Armò le sue navi, raccolse genti e corse a congiungersi coll'esercito cristiano. Da tutte le parti del mondo vedevansi concorrere a Tolemaida i difensori della Croce, sicchè trovaronsi riuniti colà più di cento mila guerrieri; e frattanto i monarchi promotori della Crociata stavano preparandosi alla partenza.

L'arrivo di tanti ausiliari ravvivò il coraggio de' Crociati. I cavalieri, secondo l'espressione d'uno storico arabo, coperti dalle loro lunghe corazze a scaglie di ferro, sembravano da lontano serpenti che ingombrassero la pianura; e quando correvano alle armi, sembravano uccelli di rapina, e quando combattevano, indomabili leoni. — Alcuni emiri avevano proposto a Saladino che incontro a sì formidabile nemico si ritirasse.

---

[1] Characusce era primo ministro di Saladino in Egitto. Ove fece cavare il pozzo detto di Giuseppe; fabbricare la cittadella e cominciare le mura del Cairo. Egli era piccolo di persona e gobbo; e il di lui nome presentemente in Egitto è applicato a una specie di Polcinella che serve di spasso alla plebe per le strade e nella bocca del quale si pongono le maggiori oscenità. — Characusce era in buona reputazione presso i Cristiani. Uno storico latino dice che vivesse ancora nel seguente secolo, cioè nel 1290, quando San Giovanni d'Acri fu distrutta.

[2] Gualtiero Vinisofe, *Bibl. delle Crociate.*

Era frà le due colline occupate dai due campi nimici una vasta pianura che fu teatro di molte e sanguinose zuffe. — Già da quaranta giorni i Latini avevano stretta d'assedio Tolemaida, combattendo contro il presidio e contro le genti di Saladino.

Li quattro d'ottobre il loro esercito scese al piano e si ordinò in battaglia, occupando grande spazio di terreno. I cavalieri e i baroni d'Occidente avevano spiegati i loro apparati di guerra e conducevano alla pugna i loro soldati coperti la testa di caschi di ferro, armati di lancia e di spada. L'istesso clero eravi intervenuto armato. Gli arcivescovi di Ravenna, di Pisa, di Cantorberì, di Besanzone, di Nazarete, e di Montereale; i vescovi di Bovese, di Salisburì, di Cambrai, di Tolemaida e di Betelemme, con l'elmo in testa e la corazza, conducevano i guerrieri del Cristo. L'esercito cristiano era tanto formidabile in vista e appariva tanto confidente della vittoria, che un cavaliere latino ardì gridare nel suo fanatismo: *Resti pur Dio neutrale e la vittoria fia nostra!* [1]

Il re di Gerusalemme, davanti al quale quattro cavalieri portavano il libro degli evangeli, comandava i Francesi e gli spedalieri. Le sue genti situate nel corno destro stendevansi fino al Belo. I Veneziani e i Lombardi, formavano co' Tirii l'ala sinistra, fiancheggiata dal mare ed erano condotti da Corrado. Stavano nel centro i Tedeschi, i Pisani e gli Inglesi, comandati dal Langravio di Turingia. Il gran maestro del Tempio co' suoi cavalieri; e il duca di Gueldra co' suoi soldati, formavano il retroguardo, e dovevano accorrere dove il pericolo fosse maggiore. A guardia del campo era rimasto Gerardo d'Asvenes con Goffredo di Lusignano.

Quando l'esercito cristiano si fu ordinato a battaglia nella pianura; i Mussulmani escirono dal loro campo e prepararonsi alla giornata. — Gli storici arabi dicono che Saladino invocasse il soccorso di Dio.

Gli arcieri e le genti d'arme de' Cristiani dettero principio alla zuffa. Nel primo scontro l'ala sinistra de' Mussulmani, comandata da Tachì Eddin nipote del sultano, fu disordinata e rispinta addietro. — I Latini (dice lo storico Emmad Eddin) precipitavansi avanti come un diluvio d'acque e combattevano *con la stessa foga d'un cavallo che corra alla pastura* [2]. — Piantano i loro stendardi sulla collina della Moschea e il conte di Bari penetra fino nella tenda di Saladino.

I Latini vittoriosi discendono dalla parte opposta del colle e pou-

---

[1] *Parole trés-mauvaise et tout à fait condamnable* (dice Gualtiero Vinisofe) *qui plaçait l'événement du combat dans l'homme, et non dans la Divinité; car sans Dieu l'homme ne peut rien.*

[2] Emmad Eddin, *Bibl. delle Crociate.*

Tessani dei. *Marchi inc.*

Andrea di Brienna e' gittato giù da cavallo mentre vuol trattenere
i suoi soldati

Lib. VIII. Pag. 495

gono totalmente in fuga i Mussulmani smarriti. Tanto grande fu il terrore degli infedeli che molti di loro corsero a rifugiarsi fino in Tiberiade; gli schiavi che erano nell'esercito mussulmano se ne fuggirono portando seco le bagaglie e tutto ciò che trovarono nel campo. Questa fuga
degli schiavi accrebbe la confusione e Saladino che comandava il centro del suo esercito, non potè ritenere intorno da sè che alcuni pochi
de' suoi Mamalucchi.

Emmad Eddin che fu presente a questa giornata, riferisce con rara
ingenuità i primi vantaggi de' Cristiani nella pugna, e pieno ancora la
memoria de' suoi proprii pericoli, interrompe la sua narrazione per esprimere lo spavento da cui fu soprappreso:

*Quando noi vedemmo l'esercito mussulmano in rotta, non pen-
sammo ad altro che alla nostra salvezza e ce ne fuggimmo a Tiberiade; dove trovammo gli abitanti spaventati e disperati per la sconfitta dell'Islamismo... Tenevamo con salda mano le redini de' nostri
cavalli e respiravamo appena...*

Alla vittoria successero i disordini massimamente maggiori dopo una
vittoria quasi senza difficoltà, e fomentati dalla diversità delle genti che
si trovavano inopinatamente unite. Non più s'obbediva ai capitani, ogni
militar disciplina aveva dato luogo alla anarchia. I vincitori avendo preso
il campo turchesco, correvano le tende per far preda in tanto che la
confusione giunse al suo estremo.

Frattanto i Mussulmani veggendo che nessuno gli inseguiva, rimettonsi
dallo spavento e ritornano a riordinarsi. Saladino gli riconduce alla pugna, e facendo impeto nei Cristiani dispersi per la pianura e sul colle
ne mena strage. — Secondo le vecchie croniche intervenne un incidente
che fu causa della loro totale sconfitta: Essendo fuggito durante la zuffa
un cavallo arabo che i Crociati avevano preso al nimico; e inseguendolo
alcuni soldati per ripigliarlo; gli altri, ignorando la cagione di ciò, immaginaronsi che fuggissero e sparsero la voce che il presidio di Tolemaide
avesse fatta una sortita, fosse penetrato nel campo cristiano e lo saccheg-
giasse. — Comincia una fuga generale: i capi più valorosi s'affaticano per
mantenere le schiere unite, ma eglino stessi trascinati nel torrente della
fuga riconoscono impossibile ogni rimedio. — Andrea di Brienna è gittato giù da cavallo mentre vuol trattenere i suoi soldati; e giacente a
terra tutto ferito empie l'aere di gemiti, ma niuno de' suoi compagni,
nè il suo proprio fratello Erardo di Brienna, si fermano a soccorrerlo.

Il marchese di Tiro abbandonato da' suoi e rimaso solo nella mischia,
fu salvato da Guido di Lusignano.

Gerardo d'Asvenes, sendoli stato ammazzato il suo cavallo da battaglia non poteva più nè fuggire, nè combattere. Un giovine guerriero (di cui la storia tace il nome) vedendolo in quello stato gli offerse il proprio cavallo; e rimaso a piedi si slanciò contro i nemici, contento d'aver salvata la vita al suo capo.

I Templari che rimasero quasi soli a sostener l'impeto de' Mussulmani, persero i loro più prodi cavalieri. Il Gran Maestro fu fatto prigione, e il giorno che successe alla battaglia, fu ammazzato nella tenda medesima di Saladino; perchè fatto già altra volta prigione nella giornata di Tiberiade e posto in libertà con la condizione che non avrebbe riprese più le armi contro i Mussulmani, ora ebbe la punizione della violata fede.

Nella notte, e dopo passati mille pericoli, ritornarono i Cristiani nel loro campo, circondato dal nimico.

Sulla pianura di Tolemaide ove si videro più di dugento mila guerrieri, il giorno dipoi non vedevasi altro che uccelli di rapina e lupi che da lunge avevano odorata la strage, ed erano accorsi a cibarsene. — I Cristiani non osavano escire dalle loro trincere; nè l'istesso Saladino quantunque vittorioso stava senza diffidenza, rammentandosi la sconfitta ricevuta.

Il campo turchesco, saccheggiato dagli schiavi, era pieno di confusione. I soldati e gli emiri eransi posti a inseguire gli schiavi fuggitivi; ognuno andava in cerca delle sue bagaglie; e tutte le tende echeggiavano di lamenti. In tanto tumulto e confusione, il Sultano non potè trarre alcun profitto della sua vittoria.

Soprastava l'inverno, e gli emiri pregarono Saladino che abbandonasse le pianure di Tolemaida. Rappresentaronli, in consiglio, che l'esercito indebolito dalle battaglie, ed egli medesimo, che s'era ammalato, avevano bisogno di riposo. — Vi furono lunghe discussioni (dice Emad Eddin) tutti i pareri furono agitati, *come si agita il latte per fare il burro*; finalmente fu deciso, che l'esercito avrebbe preso i quartieri d'inverno sulla montagna di Charuba.

I Cristiani, immaginandosi che il Sultano si ritirasse per paura, cominciarono a riprender coraggio e si rimisero alle opere dell'assedio. Essendo rimasi padroni della pianura, stesero i loro trinceramenti sopra tutta la diramazione delle colline che circondano la detta pianura di Tolemaide.

Il marchese del Monferrato con le sue genti, i Veneziani, i Pisani e le genti del arcivescovo di Ravenna e del vescovo di Pisa, accamparonsi dalla parte di Tramontana, prendendo lo spazio che è in tra il mare e la strada di Damasco. Vicino al campo di Corrado, erano gli Spedalieri in una valle ch'era loro appartenuta prima che i Mussulmani occupassero Tolemaida. I Genovesi tenevano la collina detta, dagli scrittori coetanei, *Monte Musardo*. I Francesi e gli Inglesi, che avevano davanti la *Torre Maledetta*, stavano nel centro, comandati dai conti di Dreuse, di Bloise, di Chiaromonte, e dagli arcivescovi di Besansone e di Cantorberì. A canto ai Francesi, succedevano i Fiamminghi comandati dal vescovo di Cambrai e da Raimondo Secondo visconte di Turenna. Guido di Lusignano aveva il campo suo sulla collina di Turone; e questa parte del campo era come la cittadella e il quartier generale dell'esercito. Erano col re di Gerusalemme, la reina Sibilla, i suoi due fratelli Goffredo e Aimari di Lusignano; Omfredo di Torone, marito della seconda figliuola di Amaurì; il patriarca Eraclio e il clero della città santa. — I cavalieri del Tempio e le genti di Giacomo d'Avesnes, s'erano posti fra la collina di Torone e il Belo, guardando il cammino che da Tolemaida conduce a Gerusalemme. Al mezzogiorno del Belo, erano le tende dei Tedeschi, dei Danesi e dei Frisoni, commandati dal langravio di Turingia e dal duca di Gueldria, le quali occupavano il littorale di Tolemaida, assicurando così lo sbarco ai Cristiani che giungevano d'Europa.

Così era ordinato l'esercito davanti a Tolemaida e con tal ordine per tutto il tempo dell'assedio si mantenne.

I Cristiani cavarono fossi alle falde delle colline per loro occupate; ricinsero i loro accampamenti di alte mura, e il loro campo fu fortificato e chiuso per modo (dice uno storico Arabo) che appena vi potevano penetrare gli uccelli.

Tutti i torrenti che scendono dalle circostanti montagne s'erano travasati nella pianura; perlochè i Crociati non avevano più alcun sospetto di poter essere sorpresi da Saladino, e unicamente attendevano alle opere dell'assedio. Le loro macchine percotevano di giorno e di notte continuamente le mura della città; il presidio difendevasi ostinatamente, ma non soccorso dall'esercito mussulmano, poteva durar poco tempo. Mandava nondimeno quotidiani avvisi del pericolo della città a Saladino, mediante lettere legate sotto le ali de' piccioni e mediante notatori che andavano al campo turchesco per la via del mare.

Anno 1190. — Così passò la stagione piovosa. — Sul cominciare della primavera alcuni principi Mussulmani della Mesopotamia e della Siria, vennero con le loro genti a congiungersi all'esercito del sultano.

Saladino, cresciuto di forze, discese dalla montagna di Charuba e mosse col campo incontro ai Cristiani, camminando a insegne spiegate e a suono di cimbali e di trombe.

Furonvi subito zuffe sanguinosissime, e i fossi che i Cristiani s'erano

T. I.

cavati per difesa del loro campo, furono riempiti de' loro feriti e de' loro morti. Le speranze che avevano di prender la città, svanirono. — Durante l'inverno eransi costrutte tre torri rotate simili a quelle che usò Goffredo di Buglione nell'assedio di Gerusalemme, le quali sovrastavano alle mura di Tolemaida ed avevano empito di spavento gli assediati. Era nondimeno nella città un Damasceno il cui straordinario ingegno trovava sempre compensi contro le esterne macchine: aveva egli fabbricato un nuovo fuoco greco, contro cui non eravi alcun riparo; e in una battaglia generale, quando più fervea la mischia, vidersi a un tratto incendiate le dette tre torri, e ridotte in cenere, come se fossero state colpite dalla folgore [1]. Tale incendio pose la costernazione nell'esercito cristiano e il langravio di Turingia esclamando: che Dio non proteggeva più la causa de' Crociati, si levò con le sue genti dall'assedio, per ritornarsene in Europa.

Saladino frattanto perseverava nel combattere i Cristiani, senza lasciar loro verun momento di riposo; sicchè ogni qual volta essi davano qualche assalto alla città, gli assediati davano ne' tamburi, ed egli correva ad assaltare il campo cristiano.

Apparivano spesso davanti a Tolemaida navi venute d'Europa e navi turchesche venute dai porti di Egitto e di Siria; quelle portando soccorso ai Crociati, queste agli assediati. Molte volte furonvi pugne navali fra quelle armate cariche d'armi e di viveri, dal successo delle quali dipendeva l'abbondanza o la carestia della città o degli assediatori; onde tanto il campo cristiano che il saraceno, quando avea luogo alcuna di tali battaglie, percotendo su i loro scudi, manifestavano con alte grida le loro speranze o i timori; e alcuna fiata, appiccavano anco la zuffa tra loro per assicurar la vittoria o vendicare la sconfitta di quelli che per loro combattevano sul mare.

In queste zuffe i Mussulmani solevano tendere agguati ai Cristiani, impiegandovi tutti gli strattagemmi di guerra. I Crociati per lo contrario basavansi unicamente sul loro valore e sulle armi.

Un carro che Gualtiero Vinisofe chiama *stendardo* e gli Italiani dicevano *Caroccio*, sopra il quale era una torre con in vetta una croce e una bandiera bianca, era il punto d'unione e il segno conduttore della battaglia. Ma quando le cose andavano prosperamente, allora la cupidità della preda, vinceva ogni rispetto della disciplina; i capi, come semplici soldati, rimanevansi senza obbedienza e tutto dipendeva più dalla fortuna che dalla militare perizia.

[1] Boi Eddin, e Ibu-Alatir; *Bibl. delle Crociate.*

I Turchi però che avevano più venerazione a Saladino, osservavano rigorosamente la disciplina, e sapevano trar profitto dalla confusione dei Cristiani, per modo che ne riportavano quasi sempre vittoria.

Ogni battaglia cominciava dallo spuntare del giorno; e i Crociati fin verso la metà del giorno medesimo, quasi sempre avevano la vittoria dal canto loro, nè rade volte penetravano nelle tende de' Mussulmani e le prendevano; ma alla sera quando carichi di preda, ritornavansi al campo, lo trovavano invaso dalle genti di Saladino o dal presidio della città, e perdevano in un punto tutto quello che avevano in una giornata faticosissima acquistato.

Dopochè il sultano era sceso dalle montagne di Charuba, una armata egizia era entrata nel porto di Tolemaida; e nel medesimo tempo era venuto nel campo il di lui fratello Malec Adel con grande rinforzo di genti ragunate in Egitto. — Questo doppio rinforzo, accrebbe molto le speranze de' Turchi, le quali però furono presto amareggiate dalle voci che si divolgarono per l'Oriente.

Dicevasi che l'imperatore d'Allemagna era partito d'Europa con poderosissimo esercito, e che veniva in Siria [1]. — Saladino spedì subito contro al nimico parte delle sue genti, e molti principi mussulmani partironsi subito dall'esercito del sultano per correre a difendere i loro stati. — Furono anco mandati ambasciadori al califa di Bagdad, ai principi di Africa e d'Asia, e alle potenze mussulmane della Spagua, per esortarli a collegarsi contro i nemici dell'Islamismo. — In una delle lettere che Saladino scriveva al Califa, leggonsi queste notevoli parole:

Non solo il Papa di Roma con la sua propria autorità ha diminuito ai Cristiani il bevere e il mangiare, ma di più ha minacciato di scomunicazione chiunque non accorrerebbe con fervore di religione alla liberazione di Gerusalemme; e promette di partire egli medesimo nella prossima primavera, con innumerevole esercito. Se ciò è vero, tutti i Cristiani, uomini, donne e fanciulli, lo seguiteranno, e ci verrà addosso universale alluvione di tutti coloro che credono nel Dio generato.

Frattanto, mentre i Mussulmani attendevano a procacciar soccorsi, i Crociati chiedevano ogni giorno di esser condotti alla pugna massimamente concitati dalla gelosia, che i Tedeschi non giungessero a divider seco loro la gloria e il possesso della conquistata Tolemaida. L'esercito

---

[1] Ho già notato, secondo lo storico arabo Boà Eddin, che parla a lungo della partenza dell'imperador Federigo col suo poderoso esercito, che Saladino ne ebbe avviso dall'imperador greco. Il di lui testimonio conferma quello che è registrato nella cronica tedesca di Reiscesperg, intorno all'intelligenza del sultano col principe greco.

dunque stimolava i capi che dessero il segno della battaglia; ma quelli che non giudicavano l'occasione favorevole andavano indugiando ed esortando i soldati alla pazienza e all'ordine, facendo anco che l'autorità della religione intervenisse a questo fine. Non pertanto tutti gli ingegni del clero e de'principi furono inutili. Il maggior numero de'pellegrini non faceva alcun conto nè dei consigli della prudenza umana, nè delle minaccie della collera divina.

Il giorno della festa di san Giacomo, sollevossi tutto il campo, atterò le piote del vallo, e dilagò d'arme e d'armati tutta la pianura; moltitudine paragonata dagli arabi scrittori a quella che nel dì del finale giudizio sarà ragunata nella valle di Giosafatte.

Corrono furibonde e disordinate le schiere e irrompono nel campo de'Mussulmani, credendosi dal prudente loro ritirarsi, aver fugati e dispersi tutti i nimici di Gesù Cristo. Ma mentre nelle rapacità della preda tripudiano; i Mussulmani avendo ordinate le schiere loro, precipitansi sopra i predatori che stavano saccheggiando la tenda del fratello di Saladino; e trovandoli disarmati, perchè a fine di caricarsi meglio di preda avevano le armi deposte, ne fanno orribile strage e gli cacciano.

Boà Eddin, racconta il successo in questo modo:

I nimici di Dio, osarono penetrare nel campo dei lioni dell'Islamismo; ma furono ben castigati dallo sdegno divino, e caddero sotto il ferro de'Mussulmani, come le foglie degli alberi sono spiccate e disperse da autunnale burrasca. La terra fu coperta dai loro cadaveri, ammonticchiati gli uni sopra gli altri come i tronchi degli alberi d'un bosco tagliato che ingombrano le valli e le colline.

Un altro storico arabo si esprime nell'infrascritto modo:

I Cristiani caddero sotto il ferro dei vincitori, come i malvagi nel giorno finale precipiteranno nella casa del fuoco. Nove fila di morti coprivano il terreno che si stende fra la collina e il mare, ed ogni fila era di mille guerrieri.

Mentre che i Cristiani erano trucidati e dispersi dall'esercito di Saladino, il presidio di Tolemaida fece una sortita, irruppe nel loro campo e ne condusse seco molte donne e fanciulli che eranvi rimasti senza difesa.

I Crociati favoriti dalle tenebre notturne nella loro fuga, rientrarono nel campo estremamente inviliti, e la vista delle loro tende rimase vuote, compì la prostrazione de'loro animi.

Venne frattanto la nuova, ch'era morto Federigo Barbarossa e che il suo esercito era quasi distrutto. Preparavansi quel giorno, Cristiani e Turchi a campale giornata, la quale non ebbe luogo, perchè i Turchi

Gonzca dis.

I deputati accordarono al Doge facilmente quanto chiedeva;

Venice inc.

tliedersi alla giuia e i cristiani al dolore. I capi di questi, disperando di miglior fortuna, pensavano di ritornarsene in Europa, e per assicurarsi la partenza, tenevano pratiche di pace con Saladino; quando apparve nuova armata davanti Tolemaida dalla quale sbarcarono in grandissimo numero Francesi, Inglesi, e Italiani condotti da Enrico conte di Sciampagna.

Ravvivossi il coraggio de'Crociati; ritornò a loro il dominio del mare; e Saladino, veggendosi in pericolo, si ritirò nuovamente sul monte di Charuba.

Ricominciò con nuovo vigore l'assedio. Il conte di Sciampagna, soprannominato dagli scrittori arabi il *Gran conte*, fece costruir di nuovo arieti di stramodata grandezza e due altissime torri composte di legno, d'acciaio, di ferro e di rame, al qual effetto spese mille cinquecento scudi d'oro.

Nel mentre che queste formidabili macchine minacciavano le mura, i Crociati dettero più volte l'assalto, e più volte furono sul punto di piantare il vessillo della Croce sulle mura nimiche.

I Mussulmani chiusi nella città, sopportavano con eroica costanza gli orrori e le angustie del lungo assedio. Gli emiri di Characus e di Hossam Eddin, animavano continuamente il valore de'soldati; vigilanti e presenti dappertutto, ora ricorrendo alla forza ed ora alla astuzia, non perdevano occasione veruna per sorprendere i Cristiani e recare storpio alle loro imprese. I Mussulmani arsero tutte le macchine degli assediatori e fecero alcune sortite, cacciando i Cristiani fino al vallo de' loro accampamenti.

Il presidio riceveva ogni giorno rinforzi e provvisioni dalla parte del mare, per mezzo di piccole barche che correndo lungo la riva, col favor delle tenebre entravano nel porto di Tolemaide, ovvero per mezzo di navi che partivansi da Berito, cariche di Mussulmani vestiti alla latina, i quali inalberando la bandiera bianca con la croce rossa riescivano a deludere la vigilanza degli assediatori; i quali per interrompere tale communicazione fra la città e il mare, deliberarono occupare la *terra delle Mosche*, che sovrastava al porto di Tolemaide. L'impresa fu commessa al duca d'Austria.

Fu posta sopra una nave una torre di legno, che s'avviò sopra la detta torre, mentre un'altra barca piena di materie combustibili incese, fu spinta nel porto per ardere le navi de'Mussulmani. Da principio pareva che il tentativo procedesse a seconda, ma mutatosi a un tratto il vento, la nave che bruciava fu trasportata contro la torre di legno dei Cristiani, che fu subito arsa e incenerita, con grandi applausi de'Mussulmani i quali magnificavano la manifesta giustizia di Dio dichiaratasi in loro favore.

Frattanto il duca d'Austria con alquanti de' suoi più prodi guerrieri era già asceso nella *torre delle Mosche*, ma vedendosi dietro abbruciata la sua nave, si gittò nel mare e quasi solo ricuperò la riva.

Nel tempo medesimo, l'esercito cristiano escito dal campo correva ad assaltare la città. I Soldati Cristiani feciono prodigi di valore, ma dovettero quasi subito accorrere alla difesa delle loro tende, alle quali le genti di Saladino avevano appiccato il fuoco.

Giunse in queste circostanze sotto le mura di Tolemaida Federigo duca di Soavia. Quando pervenne in Palestina la notizia della venuta de' Tedeschi per l'Asia Minore, la fama annunziava le loro grandi vittorie; i Cristiani se ne empivano d'alte speranze; ma vedutosi il piccol numero dei superstiti d'un tanto esercito, e vedendoli giugnere rifiniti dalla fame, e coperti di cenci; l'aspetto della loro miseria e la voce delle loro calamità, empirono tutti gli animi di maggiore avvilimento.

Federigo volle acquistarsi reputazione azzuffandosi co' Mussulmani. — I Cristiani (dicono gli scrittori arabi) escirono dal loro campo *simili a formiche che corrano al saccheggio*, e coprirono le valli e le colline. — Cominciarono gli assalti dai posti avanzati del campo mussulmano che erano sulla parte superiore di Aidià, ma non fecero buoni effetti. Dopo avere rinnovato più volte gli assalti, rifiniti dalla stanchezza, ritornarono al campo, dove cominciando la penuria, non poterono i poveri Tedeschi ristorare nè meno le loro perdute forze [1].

Ogni capo de' Crociati, era incaricato del mantenimento de' suoi soldati, e non aveva viveri che per una settimana. Ma eravi gran moltitudine di pellegrini non subordinati ad alcun capo e che non avevano portata altra provvigione in Siria che il bordone e la bisaccia. — Quando giungeva alcun naviglio, i guerrieri cristiani trovavansi nell'abbondanza; ma quando non ne appariva alcuno, la carestia diveniva estrema; cosicchè innoltrando l'anno nell'inverno, e facendosi il mare burrascoso, le miserie dell'esercito facevansi spaventevoli.

Ora i crociati non aspettavano più soccorsi dall'occidente, nè facevano più fondamento in altro che nelle loro armi. Ogni giorno escivano dal campo, per azzuffarsi co' Mussulmani e procacciar vettovaglia. In una delle loro escursioni giunsero fino alle montagne prossime a quella di Charuba ove era accampato Saladino; là i più prodi caddero nelle mani de' Turchi, e gli altri ritornaronsi allo squallore del campo con le mani vuote.

---

[1] La narrazione degli scrittori arabi è molto diffusa e curiosa. Vedi anco l'esposizione dell'assedio di Tolemaida nella *Bibl. delle Crociate*.

Dugento cinquanta libbre di farina valevano ottanta scudi, somma allora tanto esorbitante che nemmeno i principi potevano pagarla.

Il concilio de' capi volle stabilire il prezzo delle provvigioni che portavansi al campo; il che fece che quelli avevano viveri, gli nascondevano sottoterra; e i provvedimenti per impedire la fame, l'accrebbero.

Molti cavalieri, ammazzarono i loro cavalli per cibarsi — e vendevansi gl'intestini d'un cavallo o di qualunque bestia da soma fino dieci soldi d'oro; e coloro che più non avevano per ristoro che vilissimi alimenti erano nondimeno costretti a nascondersi, per prendere i loro pasti invidiati ed agognati da molti. — Più signori usati a tutte le delizie della vita, nutrivansi d'erbe selvaggie, e cercavano avidamente anco di quelle che stimavansi inservibili alla specie umana.

Frattanto il minuto popolo de' Crociati vagava per il campo e fuori come sogliono gli animali in cerca della pastura, e chi poteva rubar del pane o qualsivoglia altro alimento, reputavasi fortunato. — Molti soldati non potendo più sopportare il lungo digiuno fuggirsene ai Mussulmani, e abbracciavano l'Islamismo, sendo dipoi mandati a dare il sacco all'isola di Cipro e alle coste di Siria.

Cominciando l'inverno, le pianure furono inondate dalle acque e i Crociati dovettero ritirarsi sulle colline. — I cadaveri gittati sulla spiaggia o nei torrenti esalavano pestiferi effluvii. Alla fame si congiunse la pestilenza; il campo cristiano fu pieno di funerali e di lutto; morivano due o trecento pellegrini per giorno, in tra quali sono da annumerarsi non pochi capi, che tante volte avevano cercata più onorevol morte sul campo di battaglia. —

Federigo duca di Savoia, sempre illeso per infiniti pericoli di guerra, morì di peste nella sua tenda; i di lui compagni si dispersero, come *pecore senza pastore*, secondo una vecchia cronica. — Primamente andarono a Caifas, ritornarono dipoi al campo di Tolemaida; molti perirono di fame, e gli altri ritornaronsene in Occidente.

Venne a porre il colmo a tanti infortunii la morte di Sibilla moglie di Guido da Lusignano. Morirono anco i due figliuoli di lei, e ciò fu seme di grandi discordie fra i Cristiani. — Isabella, seconda figliuola di Amauri e sorella della reina Sibilla, era erede del trono di Gerusalemme. Corrado, signore di Tiro, paragonato dal cronista Gualtiero Vinisofe, a Sinon greco per la doppiezza, e a Ulisse per l'eloquenza, e a Mitridate per la sua facilità a parlare molte lingue, s'invogliò del regno di Palestina, e deliberò torre in moglie Isabella, già maritata a Omfredo di Torone. Per riescire nell'intento bisognava rompere i nodi matrimoniali di questa principessa, al che conseguire ricorse allo spediente di guadagnarsi il popolo e i grandi con doni e promesse. In vano l' arcivescovo di Cantorberì opposegli le leggi della religione e minacciollo della scomunica: un conciliabolo di ecclesiastici abolì il matrimonio d' Omfredo di Torone, e l' erede del regno divenne sposa di Corrado, a cui nell' esercito Cristiano fu rimproverato che avesse due mogli vive, una in Siria e l' altra a Costantinopoli.

Lo scandalo e le querele andavano crescendo. Guido di Lusignano reclamava i suoi diritti alla corona. I Crociati distrutti non potevano badare a nulla. Alcuni compativano alle disgrazie di Lusignano e dichiaravansi suoi partigiani; altri parteggiavano per Corrado in grazia del suo valore, allegando, che il regno di Gerusalemme abbisognava d' un signore che lo sapesse difendere. Accusavasi Guido di Lusignano d' aver aperto l' adito alla grandezza di Saladino; lodavasi per lo contrario il marchese di Tiro, per aver difese e preservate le sole città che ancora rimanevano ai Cristiani.

Le dissensioni dai capi comunicaronsi ai soldati, e già stavasi sul punto di cominciare una guerra civile per decidere a chi dovesse appartenere un regno che non esisteva.

Finalmente l' intervento de' vescovi, ottenne una quiete simulata, e che si rimettesse la decisione del piato a Riccardo e Filippo, che s' attendevano al campo.

I due re partiti da Genova e da Marsiglia, andarono primamente a Messina [1]. — Giunti colà, Guglielmo Secondo era pur allora morto facendo i suoi preparativi per la guerra santa, e i suoi successori avevano rotta la pace con l' impero germanico.

Costanza, erede di Guglielmo, aveva sposato Enrico Sesto re de' Romani, e l' aveva incaricato di difendere i suoi stati; ma Tancredi di lei fratello naturale, amato dalla nobiltà e dal popolo, aveva usurpato il trono alla sorella e vi si manteneva con la forza delle armi. E già le genti tedesche, per sostenere i diritti di Costanza davano il guasto alla Puglia, onde poi ne seguitò quella trista e lunga guerra, la cui narrazione avrà pur luogo in quella d' un' altra Crociata.

L' avvicinarsi dei Crociati pose in sospetto Tancredi, mal fermo sul trono. Temeva in Filippo l' alleato dell' imperator d' Allemagna; e in Riccardo il fratello della reina Giovanna, vedova di Guglielmo, da lui offesa e tenuta prigione. Non potendo però contrastarli con la forza pensò a guadagnarseli con finti ossequi. — Con Filippo la cosa gli successe facilmente; ma Riccardo subito dopo il suo arrivo, reclamò altieramente la dote di Giovanna ed occupò due fortezze che sovrastano a Messina.

---

[1] Ruggiero di Hovedeu, Bromtom, Benedetto di Peterborug, Gualtiero Vinisofe. — *Bibl. delle Crociate.*

Ecco pertanto gli Inglesi in ostilità contro i sudditi di Tancredi, e lo stendardo del Re d'Inghilterra fu inalberato nella stessa metropoli della Sicilia.

Con tal violenza Riccardo veniva ad offendere Filippo di cui era vassallo, onde Filippo comandò che la bandiera inglese fosse levata via; al che Riccardo si sottopose di mala voglia.

Questa sottomissione quantunque fatta con minaccie pose fine allo sdegno di Filippo e alla guerra. Riccardo si pacificò con Tancredi, che per deviare da sè ulteriori pericoli, cominciò clandestinamente a muover dubbi sulla lealtà del re di Francia, e seminar divisioni nell'esercito crociato.

Ne successe che i due re si accusarono vicendevolmente di tradigione e di perfidia, e i Francesi e gli Inglesi cominciarono ad odiarsi forte.

Tra queste divisioni Filippo richiese Riccardo che celebrasse il promesso matrimonio con Alice; ma sendo mutati i tempi, il re d'Inghilterra ricusò con disdegno la mano della sorella del re di Francia, già da lui prima chiesta e per ottener la quale aveva mosso guerra al proprio padre.

Già da lungo tempo Eleonora di Guienna, la quale di reina de' Francesi era divenuta loro implacabile nemica, procurava dissuadere Riccardo dal matrimonio richiesto da Filippo. — Volendo pertanto compire il suo disegno, e inimicare per sempre fra loro i due re, condusse in Sicilia Berengaria figliuola di don Sancio di Navarra, che voleva dare in moglie al re d'Inghilterra.

La nuova del di lei arrivo accrebbe i sospetti di Filippo e fu nuova cagione di doglianze. Già erano sul punto di rompere a guerra, quando si frapposero in tra i due re alcuni uomini prudenti, e gli condussero a giurare una nuova alleanza.

Così fu sopita, ma per poco, la discordia.

Riccardo deposte le armi prese contro i Crociati, davasi a grandi dimostrazioni di pentimento. Fece assemblare in una cappella i vescovi che l'avevano seguitato; rappresentossi davanti a loro in camicia, e tenendo in mano (dice uno storico inglese [1]) *tre fascetti di verghe flessibili*, si pose in ginocchio, confessò i suoi peccati, ascoltò umilmente i moniti episcopali, e si sottopose rassegnatamente alla flagellazione, già subita dal Salvatore del Mondo davanti a Pilato.

Alcun tempo dopo questa singolare ceremonia, siccome lo spirito di

---

[1] Bromton è il cronista che riferisce questo fatto. Un altro scrittore inglese, Gualtiero d'Hemingford, lo riferisce alla morte del re Riccardo, che sentendosi agli estremi, si fece dare le sferzate in espiazione de' suoi peccati. — Gualtiero Vinisofe non fa menzione di tale penitenza.

Riccardo era naturalmente inclinato alla superstizione, ebbe desiderio d'udire l'abate Gioachino che viveva eremiticamente nelle montagne della Calabria e che era universalmente creduto profeta [1].

In un pellegrinaggio fatto a Gerusalemme, vociferavasi, che questo eremita avesse ricevuto da Gesù Cristo l'intelletto di spiegare l'Apocalisse e di leggervi, come per entro a fedelissima istoria, tutto ciò che doveva accadere in terra.

Pregato dal re inglese, l'eremita escì della sua solitudine e recossi a Messina, preceduto dalla fama delle sue visioni, e de' suoi miracoli. L'austerità de' costumi, la singolarità de' modi, la mistica oscurità del parlare, concigliaronli la confidenza e la venerazione de' Crociati. Fu interrogato sull'esito della guerra che stavano per recare in Palestina. Egli predisse che Gerusalemme sarebbe liberata sette anni dopo la conquista di Saladino.

E perchè (disseli Riccardo) *siam venuti noi sì per tempo?*

Rispose Gioachino: *Il vostro giungere è necessarissimo. Dio vi darà vittoria sopra i suoi nimici, e farà il vostro nome famoso sopra tutti i principi della terra* [2].

Tal profezia poco conforme al desiderio de' Crociati, non satisfaceva alla ambizione di Riccardo. — Filippo ne fece poco conto, e l'evento contrario giustificò la sua incredulità. Egli nondimeno rivolse tutti i pensieri a combattere Saladino, in cui l'abate Gioachino, riconosceva una delle sette teste del dragone dell'Apocalisse.

Venuta la primavera e fattosi il mare navigabile, Filippo s'imbarcò per la Palestina, ove fu accolto come l'angelo del Signore; e la sua presenza rianimò il valore e la speranza de' Cristiani, che da due anni stavansi all'assedio di Tolemaida.

I Francesi posero il loro campo distante un trar d'arco dal nimico; e spiegate che ebbero le loro tende, applicaronsi a dare un assalto alla città, della quale dicesi che avrebbero potuto impadronirsi, se Filippo, mosso più da un suo umore cavalleresco che da prudente politica, non avesse voluto aspettare Riccardo, per averlo testimonio di questa sua prima conquista. Consiglio perniciosissimo ai Cristiani e che dette tempo agli assediati di ricevere nuovi rinforzi.

Saladino aveva passato l'inverno sulla montagna di Charuba. Fatiche, zuffe, penuria e malattie avevano il suo esercito molto diminuito; egli medesimo era infiacchito, da un morbo che i medici non potevano espu-

---

[1] Bromton. *Bib. delle Crociate.*
[2] Ruggiero di Hovedeu.

gnare, e che molte volte avevalo impedito di condurre le sue genti sul campo di battaglia.

Quando seppe la venuta de' due monarchi cristiani, spedì nuovamente ai principi mussulmani suoi ambasciadori, per averne soccorsi. In tutte le moschee furono fatte preci per il trionfo delle sue armi e l'esaltazione dell'Islamismo: in tutte le città gli Imani esortavano i popoli ad armarsi contro i nimici di Dio e di Maometto suo profeta verace.

Gli Imani dai loro pulpiti esclamavano:

Innumerevoli legioni di Cristiani, sono venute dai paesi che stendonsi al di là di Costantinopoli, per rapirci i conquisti che furono sante gioie ai discepoli del Corano; e per contenderci una terra sulla quale i compagni di Omaro piantarono lo stendardo del profeta. Or voi, ponete generosamente la vita e le sostanze per la vittoria. Il vostro muovervi contro gl'infedeli, i vostri pericoli, le vostre ferite, tutto, e perfino il passo del torrente, tutto è già scritto nel libro di Dio. — La sete, la fame, la fatica, l'istessa morte, saranno per voi tesori nel cielo, e vi apriranno i giardini e i boschetti deliziosi del paradiso. Ovunque voi siate, la morte voi aggiungerà; nè le vostre case nè le vostre alte torri non vi fieno scudo contro gli strali di quella. — Alcuni di voi dicono: Non andiamo in cerca di pugne ora che ferve l'estate o quando più irrigidisce l'inverno; ah, ma l'inferno sarà più duro e incomportabile che non sono i rigori invernali e gli estivi ardori. — Andate dunque a combattere i vostri nimici, in una guerra che si assume per la religione e la vittoria o il paradiso vi aspettano; e più abbiate paura di Dio che degli infedeli. — Saladino è quegli che vi chiama alle sue bandiere; Saladino è l'amico del profeta, come il Profeta è prediletto di Dio. Se voi non obbedite, le vostre famiglie saranno cacciate dalla Siria, e Dio darà le vostre terre e le vostre città ad altri popoli migliori di voi. — Gerusalemme sorella di Medina e della Mecca, ricaderà nel potere degli idolatri che attribuiscono un figliuolo, un compagno, un eguale all'Altissimo, e che vogliono oscurare la luce di Dio. Armatevi dunque, imbracciate su, lo scudo della vittoria; esterminate i figliuoli del fuoco, i figliuoli dell'inferno vomitati dal mare sulle nostre spiaggie, e ricordatevi queste parole del Corano. COLUI CHE ABBANDONERA' LA SUA CASA PER DIFENDERE LA RELIGIONE SANTA, TROVERA' L'ABBONDANZA E UN GRAN NUMERO DI COMPAGNI.

Infiammati da tali allocuzioni, i Mussulmani corsero alle armi e da ogni parte avviaronsi al campo di Saladino che reputavano essere il braccio della vittoria e il figliuolo prediletto del profeta.

Frattanto Riccardo, distolto da estranie cure, trattenevasi tuttavia in Sicilia, e mentre il suo emolo l'aspettava per prendere una città ai Turchi, e voleva seco lui dividere l'utile e la gloria, egli s'impadroniva d'un regno di cui facevasi signore.

Nell'escire dal porto di Messina l'armata inglese, fu dispersa da violentissima tempesta; tre navi perirono sulle coste di Cipro, e i naufraghi furono presi dagli isolani e posti in ceppi. La nave che portava Berengaria di Navarra e Giovanna reina di Sicilia, essendosi presentata a Limisso, non ebbe permesso di entrare in porto.

Poco dipoi Riccardo, riunita l'armata, e presentatosi davanti a Cipro fu similmente scacciato. Erasi fatto tiranno dell'isola e intitolavasi imperatore, un certo Isacco de' Comneni, profittando delle turbolenze di Costantinopoli.

Le minaccie di questo greco, furono segnale di guerra. Le genti di Isacco furono sconfitte e disperse dagli Inglesi; le città dell'isola apersero le loro porte al vincitore; e l'istesso tiranno cadde nel potere di Riccardo, che per fare insulto alla di lui vanità ed avarizia, legavalo con catene d'argento. — Gl'isolani rallegraronsi molto di trovarsi liberati dall'odioso padrone, ma presto ebbero a conoscere quanto dovea loro costar cara quella mutazione di stato, avendola dovuta pagare con la metà delle loro sostanze. Riccardo prese possesso dell'isola e ne fece regno, il quale dipoi rimase per più di trecento anni sotto il dominio de' Latini.

Riccardo prima di partir di Cipro, celebrò il suo matrimonio con Berengaria di Navarra, e quindi spiegò le vele per la Palestina, conducendone seco il detronizzato Isacco e la di lui figliuola, nella quale (dicono i vecchi cronisti) la nuova reina ebbe una pericolosa rivale.

Prima di giungere sulle coste di Siria trovò una nave mussulmana, con la quale ebbe ferocissima zuffa navale. La nave turchesca piena di valorosi guerrieri e di provvigioni da guerra, affondò; e la novella di tal vittoria precedette Riccardo al campo cristiano; ove il di lui arrivo fu solennizzato con fuochi d'allegrezza, accesi nella campagna di Tolemaide [1].

Riunite che ebbero gli Inglesi le loro forze a quelle dell'esercito cristiano, la città assediata videsi intorno alle mura, il fiore degli illustri capitani e de' guerrieri d'Europa. Le tende dei Latini occupavano vasta pianura, e il loro esercito ordinato era sublime spettacolo a vedersi. E chi riguardava sulla sponda del mare, da un lato le torri e

---

[1] Gualtiero Vinisofe.

le mura di Tolemaida, e dall'altro il campo cristiano, ove erano state fabbricate case, strade e fortezze e ripari, immaginavasi aver davanti due emule città che della supremazia guerreggiassero.

La presenza dei due monarchi sbigottì non poco i Mussulmani. Il re di Francia era stimato in Oriente uno de'principi più illustri della cristianità; e il re d'Inghilterra stimavasi più prode e più dotto della guerra di tutti gli altri monarchi.

Ambidue in principio facevansi reciproche dimostrazioni d'amicizia; ed ambi gli eserciti, seguitando gli esempli de'capi loro, non facevano segno veruno degli antichi odii e discordie.

Se questa concordia, sebbene non sincerissima, si fosse potuta mantenere alcun tempo, certo è che i Cristiani arebbero avuto vittoria dei loro nimici; ma la simulazione combattuta dalle passioni, non ha schermo.

Facevansi nel campo sterminati elogi del conquisto di Cipro; il che soffriva di mal animo Filippo Augusto, il quale reclamava vanamente la metà del paese occupato, che dovaveseli in forza del trattato di Vezelaia. Oltre ciò l'esercito inglese superava di gran lunga il Francese; perchè Riccardo avendo saputo munger meglio di danaro i suoi stati, portava seco un molto maggior tesoro. — Filippo perciò aveva promesso tre scudi d'oro al mese di soldo a suoi cavalieri, il che era stimato un generoso stipendio; ma Riccardo avendone assegnati quattro a' suoi, ed ottenendo per conseguenza più alte lodi di generosità, venne per cotal modo ad aggiugnere stimoli alla gelosia del Francese, cui sembrava essere in qualche modo vilipeso dalla preponderanza del rivale.

Seguitavansi ciò non pertanto i lavori dell'assedio con assiduità. Costruivansi macchine; giornalmente davansi assalti; ma quasi mai i Francesi combattevano uniti agli Inglesi; ed ogni fatto d'arme era seme di contese e di discordia, perchè quelli che erano rimasti nel campo, riprendevano quelli che avevano combattuto di molti errori, e questi rimproveravano a quelli di non averli soccorsi nel pericolo.

Frattanto rinnovaronsi anco le contese per la successione al trono di Gerusalemme. — Filippo s'era dichiarato favorevole a Corrado, e Riccardo a Guido da Lusignano. — L'esercito fu pertanto pieno di turbolenze e di nuovo in due fazioni diviso. Per Corrado erano Francesi, Tedeschi, Templari e Genovesi; per Guido, Inglesi, Pisani e Spedalieri. — Corrado fatta protesta di nulla rimettere delle sue pretese, ritirossi a Tiro.

Infemaronsi, poco dopo la loro venuta al campo, egualmente il re di Francia e quello d'Inghilterra. Perciò più a rilento procedeva l'assedio, del che riconfortaronsi non poco gli assediati.

Filippo risanò primo e subito montato a cavallo, andò a ravvivare con la sua presenza il fervore de' combattenti. Riccardo tuttavia malato, aveva anco maggiore impazienza di combattere, la quale, (secondo uno storico) tormentavalo più che la febbre che infocavali il sangue.

Durante la loro malattia tanto Filippo che Riccardo spedirono deputati a Saladino, onde s'aperse fra loro e il Turco una gara di cortesie e di cavalleresche generosità, che non intese dalla plebe soldatesca, furono causa di sospicioni e di molte mormorazioni. Saladino (secondo Bromton) regalava i re cristiani dei frutti di Damasco, e questi regalavano il Mussulmano, di ori e gioie preziose. Ondechè la moltitudine de' Crociati, andava buccinando di perfidie e di tradimenti; e i partigiani di Riccardo incolpavano Filippo, e quei di Filippo, Riccardo, che tenessero secreti maneggi co' Mussulmani. Il re francese difendevasi da tali calunnie combattendo ogni giorno co' Turchi; e il re inglese, tuttavia malato, giustificavasi col farsi portare in lettiga, davanti alle mura della città, ove con la voce eccitava al valore le sue genti.

Finalmente i pericoli dell'esercito, e forse anco il rispetto della religione, acquetarono, sebben per breve tempo, le fazioni e persuasero i Cristiani a mantenersi uniti contro il comune nimico. — Dopo lunghe dispute fu deciso che Guido di Lusignano conserverebbe il titolo e la potestà regia, durante la sua vita, che Corrado e i suoi discendenti gli succederebbero al trono gerosolimitano [1]. — Fu nel medesimo tempo convenuto che uno dei due monarchi darebbe l'assalto alla città, e l'altro rimarrebbe a guardia del campo per difenderlo contro Saladino. — Per questa convenzione fu assicurata la concordia.

Fu ripreso l'assedio con nuovo ardore; ma gli assediati avevano impiegato in fortificar la città quel tempo che i Crociati avevano perso in contenzioni; dimodochè quando questi presentaronsi davanti alle mura, trovaronvi più ostinazione e ardore di difesa che non s'erano presupposto.

Saladino frattanto aiutava continuamente gli assediati, assaltando da ogni parte l'esercito Cristiano. — Allo spuntar del giorno il fragore dei cembali e delle trombe, dava il segno della pugna, dal campo turchesco e dalle mura di Tolemaida. Saladino incoraggiva sempre i suoi personalmente, e il di lui fratello Maléc Adèl dava l'esempio dell'intrepidezza a tutti gli emiri. — Furono fatte grandi zuffe alle falde delle colline ove era il campo cristiano. — Due volte i Crociati dettero l'assalto generale e due volte furono costretti ritornare addietro per difendere il campo aspramente combattuto da Saladino.

---

[1] Questa decisione veramente fu fatta dopo la presa di Tolemaida; ma certo è pure che fu combinata prima.

In una di queste zuffe un cavaliere difese solo una delle porte del campo contro una frotta di Mussulmani. — Gli autori arabi paragonano questo cavaliere al diavolo concitato dalle fiamme d'inferno. Era egli da enorme corazza fasciato; le frecoie, le pietre, le lanciate, non potevano penetrarla; chiunque se gli accostava, cadeva morto, ed egli solo in tanta strage, simile ad istrice per i molti strali e giavelline fitti nella sua armatura, pareva sicuro contro la potenza della morte. — Per levarlo di mezzo fu trovato lo spediente del fuoco greco che i Mussulmani versaronli sulla testa, e dal quale miserevolmente arso e consumato, cadde esanime, simile a quelle gigantesche macchine che gli assediati avevano incese sotto le mura della città [1].

Nondimeno i Crociati crescevano ogni giorno d'ardimento, rispingendo ferocemente le genti di Saladino e dando continue molestie a Tolemaida. — In uno de' loro assalti empirono i fossi murali con i loro cavalli morti e con i cadaveri de' loro compagni, tanto morti di ferite che di malattia. Gli assediati però con uncini traevano fuora i detti cadaveri e gli gittavano sulle sponde dei fossi medesimi. I cristiani non si sgomentavano per ostacoli che attraversassero i loro disegni; quando le loro torri di legno e i loro arieti erano arsi, cavavano la terra e mediante le vie sotterranee pervenivano sotto i fondamenti delle mura.

Uno storico arabo racconta ancora che i Cristiani per penetrare nella città cominciarono fin dal loro campo a formare un colle di terra molto alto, e che gittando sempre terra davanti, facevano che esso colle a guisa di duna crescesse continuamente verso le mura. Già non rimanea fra mezzo d'intervallo che un mezzo trar d'arco. Gli assediati spaventati da questo nuovo pericolo, fecero una sortita e postisi intorno al detto colle con picconi e pale, fugati i difensori e i lavoranti, tentarono disfarlo; il che non succedendo loro presero lo spediente di cavarvi dinanzi un grandissimo fosso.

Frattanto i Francesi combattevano la *Torre Maledetta* posta al Levante della città; la quale cominciava già ad accennar ruina, e cadendo avrebbe facilitato agli assediatori l'adito dentro le mura.

La guerra, le malattie e la penuria avevano indebolito il presidio; non solo difettavano i viveri, ma ben anco le munizioni da guerra e il fuoco greco. Già i guerrieri vincitori d'ogni fatica e disagio, soccombevano sotto il peso dell'avvilimento; il popolo mormorava contro Saladino e contro gli Emiri. In tali estremità il governatore Meschtub, rappresentossi alla tenda di Filippo Augusto e gli disse.

[1] Boà Eddin. *Bib. delle Crociate.*

Da quattro anni in qua, noi siamo padroni di Tolemaide. Quando i Mussulmani v'entrarono perdonarono a tutti gli abitatori la vita e permisero loro di escirne con le famiglie e andarsene ovunque volessero. Noi vi offeriamo oggi di darvi la città con le medesime condizioni.

Sopra tale proposta il re di Francia, ragunò i principali capi dell'esercito, e secondo il loro consiglio rispose al governatore; che i Crociati non erano per usare veruna indulgenza verso il presidio di Tolemaide, se prima i Mussulmani non rendevano Gerusalemme e tutte le altre città cristiane, da loro occupate dopo la giornata di Tiberiade.

Il capo degli emiri sdegnato per tal rifiuto, se ne ritornò addietro, giurando per Maometto di seppellire sè e il popolo sotto le ruine della città; esclamando ad alta voce: *I nostri ultimi momenti vi faranno inorridire e quando l'angelo Reduan condurrà uno de' nostri in paradiso; il feroce Maléc, precipiterà cinquanta de' vostri nell'inferno.*

Ritornato Meschtub nella città, infiammò gli animi di tutti a disperata difesa; perlocchè quando i Cristiani ricominciarono i loro assalti, furono respinti con tanta ferocia che ne ebbero a stupire.

Leggonsi a tal proposito nelle croniche arabiche queste parole:

Le onde precipitose de' Franchi avventavansi contro le mura con la rapidità de' torrenti che discendono nel lago; ascendevano su i ripari rovinosi, come le capre salvatiche sulle scoscese rupi, nel mentre che i Mussulmani piombavano sugli assediatori come sassi di montana frana che rovinano a valle.

Ma il coraggio che dalla disperazione procede è come lampo passeggiero; perlocchè i soldati dell'Islamismo poco durarono nella loro generosa risoluzione. — I soccorsi promessi da Saladino non giungevano, e la città era in estremo difetto d'ogni cosa. — Alcuni emiri, profittando delle tenebre notturne, ascesero in una barca e fuggironsene al campo di Saladino, volendo piuttosto esporsi ai rimproveri del Sultano o perire nelle onde, che morire per le spade cristiane. — Una tale diserzione accompagnata dalla rovina di più torri, empì di spavento i Mussulmani; e mentre che i piccioni e i nuotatori annunziavano a Saladino, le estremità degli assediati, questi deliberarono escire di notte tempo dalla città, affrontare qualsivoglia pericolo e riparare al campo mussulmano: ma il progetto fu scoperto dai Crociati che fecero tanto buona guardia a tutti i passi che fu impossibile effettuare la fuga.

Conoscendo dunque gli assediati non avere più scampo, pensarono a salvare la vita proponendo una capitolazione che fu accettata. Conteneva questa che arebbero fatto rendere ai Cristiani il Legno della Vera Croce con mille seicento prigioni, e obbligaronsi di più a pagare dugento mila scudi d'oro ai capi dell'esercito cristiano: lasciando per garanzia del trattato, ostaggi e tutto il popolo che trovavasi in Tolemaida in balìa del vincitore, finchè le dette promesse fossero adempite [1].

In questa circostanza un soldato mussulmano fuggì dalla città e portò l'avviso a Saladino che il presidio era costretto a capitolare. Il sultano che disponevasi a un ultimo tentativo, ne rimase forte sconsolato. Convocò il suo consiglio per intenderne il parere intorno al ratificare o no la capitolazione; ma non prima furono assembrati nella sua tenda i principali emiri, che furono vedute sventolare sulle mura di Tolemaida le bandiere de' Crociati.

Tale fu l'assedio di Tolemaida che durò più di due anni, e durante il quale i Cristiani versarono più sangue e fecero più prodezze che non saria bisognato per conquistare tutta l'Asia.

Nello spazio di due anni (dice Emmad Eddin) *il ferro de' Mussulmani spense più di sessanta mila infedeli; ma come più perivano di loro sulla terra e molti più ne venivano dal mare. Tutte le volte che osarono combatterci, furono ammazzati o fatti prigioni; e nondimeno ne succedevano altri, sicchè per cento che erano morti, mille nuovi ne apparivano.*

Sì fatte guerre facevansi dai popoli del settentrione e del mezzogiorno, contro gli Orientali da loro non conosciuti; ma la potenza del religioso influsso, a quali estremità non adduce il cuore umano?

La mente umana rimane d'ammirazione compresa, pensando all'eroismo, alla costanza e alla rassegnazione de' Crociati; ma soprattutto stupendi sono la occasione e l'avviamento di questa guerra.

Un re fuggitivo, che non trova neppure asilo ne' suoi proprii stati, va improvvisamente, seguitato da pochi soldati a porre l'assedio a una città; ed ecco che tutta la Cristianità rivolge colà i suoi sguardi, e vi raguna tutte le forze dell'occidente, senza che verun principe, rivolga il pensiero ad altra più importante impresa. — Da una parte scuotonsi gl'imperi e levansi in arme, chiamati da una religione depressa ed oltraggiata; dall'altra parte apresi la scena del colle di Torone e delle sterili rive del Belo, dove si condensa e muore la tremenda tempesta che ha scosso tutto il mondo. Però questo lungo assedio di Tolemaida, tanto glorioso per i Latini, fu in realtà come un inganno che la fortuna dei Mussulmani tese alla causa di Cristo; perchè l'ostinazione che posero i Crociati nell'espugnare una città, che pur non era la città santa nè il

---

[1] Gualtiero di Vinisofe e Bromten. — *Bib. delle Crociate.*

T. I.

soggetto principale di sì gran moto, contribuì in ispecial modo a salvare l'Oriente e forse anco l'Islamismo dalla potenza del mondo cristiano.

Durante l'assedio, come appare dalla sovrascritta narrazione, v'ebbero molti combattimenti in mare fra le armate turchesche e le latine, nelle quali le seconde vinsero quasi sempre le prime: or questa superiorità nella nautica dei popoli occidentali, fu salvezza dell'esercito e cagione della sua vittoria. Per modo che furono più perniciose ai Crociati le tempeste di mare e le stagioni piovose e sinistre, che non il valore delle genti di Saladino. Se però i Mussulmani fossero stati più periti del mare, e se Saladino si fosse basato più sulle armate che sugli eserciti, e avesse ben guardate le coste di Siria, le genti d'Europa non sarebbonsi mai potute riunire in un sol luogo e la fame arebbe distrutti i Cristiani che pervenivano in Palestina [1].

Nell'assedio di Tolemaida, tanto i Latini che i Turchi perfezionarono molto l'arte militare sì nel combattere che nel difender luoghi fortificati. I Mussulmani oltreciò composero il fuoco greco molto più attivo e micidiale che non era stato fatto per l'avanti; e i Cristiani costruirono macchine tali che furono a un tempo stupore e spavento ai loro nimici.

Ambe le parti studiaronsi nel perfezionare tutte le cose che rendono la guerra più destruttrice e crudele; però non furono usate le freccie avvelenate, allora ben note nell'Asia, del che non è lieve penetrar la cagione.

In una nave mussulmana che portava munizioni di guerra a Tolemaida, e che fu presa da Riccardo quando fu sulle coste di Siria, furono trovati serpenti e cocodrilli, che i Turchi disegnavano gittare in mezzo agli assediatori, quando trovavansi nel fervore di qualche zuffa. I Crociati non potendo avere serpenti e cocodrilli da avventare contro i loro nimici, avevano portato dalla Sicilia certe pietre nere raccolte intorno al Monte Etna [2], le quali scagliate contro i nimici facevano di loro tale strage, che le paragonavano alle folgori scagliate contro gli angeli ribelli.

Cosa notevole è che in questa guerra sacra, come nelle precedenti, non intervennero i miracoli e le visioni a sostenere il coraggio de' Cristiani. — E non ostante dicesi che l'entusiasmo religioso fosse ancor grande e che non vi fu mai esercito di Crociati in cui si annumerassero più vescovi, prelati ed altri ecclesiastici che in questo; i quali tutti ve-

---

[1] Gualtiero Vinisofe, tratta molto curiosamente e diffusamente della Nautica del medio evo, nel suo Libro I. cap. 34. — Vedi ancora la *Bib. delle Crociate*.

[2] Gualtiero Vinisofe dice che una di tali pietre nere fu mandata a Saladino come oggetto di curiosità.

stiti delle loro armature, non altrimenti che se comuni soldati stati fossero, in tutte le militari fazioni intervenivano: cosicchè, il clero latino, che nelle sue prediche aveva sempre asserito essere una certissima via del Paradiso il morire con le armi in mano per la difesa della religione; questa fiata mostrò vera fede nelle sue proprie parole, volendo anch'esso partecipare a quella facilità della salvazione che agli altri raccomandava.

Ma sebbene i preti dell'Islamismo non prendessero le armi a similitudine de'Cristiani, non portavano degli effetti spirituali di questa guerra diversa opinione; e il più illustre dei cadì mussulmani scrivendo a Saladino, dicevali:

La lingua delle nostre spade ha tale eloquenza da impetrarci il perdono delle nostre peccata [1].

Spesse fiate il fanatismo accrebbe le stragi; onde i Mussulmani e i Cristiani, non si vergognarono di massacrare i prigioni di guerra, e bruciarli vivi in mezzo ai loro campi.

Furonvi anco esempi di generosità degni di essere ricordati. — In un assalto che i Crociati davano alla città, accadde che i cavatori sotterranei dei Mussulmani e quelli de'Cristiani in una delle loro profonde escavazioni venissero ad incontrarsi. Nella quale circostanza, invece di corrersi rabbiosamente addosso e trucidarsi e seppellirsi nella tomba in che si trovavano, deposero umanamente le armi, e fatto patto di tregua fra loro, ritornaronsene addietro, ognuno dalla sua parte. Al qual proposito difficile è definire l'influsso che ha sull'animo umano, un pericolo inaspettato, il quale quanto è maggiore, congiunto a più stupore e spavento, interrompe la risoluzione e dispone gli spiriti, concitati, a subita quiete.

Fu paragonato l'assedio di Tolemaida a quello di Troia.

I guerrieri Mussulmani e i guerrieri cristiani sfidavansi spesso a singolari certami, e invettivavansi come gli eroi d'Omero. — Furono vedute donne nascoste sotto le armi contendere ai cavalieri la palma del valore, nè poche ne furono trovate morte nelle stragi di cui rimanevano pieni i campi di battaglia [2]. Gli stessi fanciulli gittaronsi più volte volontari nelle mischie; e quelli della città escirono più volte per combattere con quelli de'Cristiani, in presenza dei due eserciti.

---

[1] *Bib. delle Crociate.*

[2] Le croniche d'occidente non fanno menzione di queste donne che combattevano fra i Crociati. — Gli scrittori arabi però ci danno notizia che esse furono riconosciute o fra i morti o fra i prigioni. — Il solo Gualtiero Vinisofe riferisce un atto eroico di certa guerriera cristiana, la quale ferita a morte, chiese di essere gittata nel fosso della città perchè il suo cadavere concorresse con gli altri a colmarlo. — Vedi *Bib. delle Crociate.*

La maggior parte degli emiri, a imitazione di Saladino, osservava austera semplicità nel vestire e nel portamento. — Uno scrittore arabo paragona il sultano in mezzo alla sua corte, circondato da' suoi figliuoli e fratelli, all'astro della notte, che spande un cupo chiarore fra le stelle. Loro principal fregio era la bellezza dei cavalli, la lucidezza delle armi e la ricchezza degli stendardi, su i quali facevano dipingere piante, fiori, albicocche e altre frutta di aurato colore.

I principali capi della crociata, non seguitavano tanta semplicità. — Le croniche inglesi vantano il fasto e la magnificenza di Riccardo nel suo pellegrinaggio. — Come fu veduto nella prima Crociata, i principi e i baroni portarono seco loro in Asia le cose per la pesca e per la caccia e le sontuosità de' loro palagi e castelli. — Fra i falchi del re di Francia (racconta un arabo scrittore) avevavene uno bianco e di rarissima specie; ed ecco come l'arabo ne parla: *Il Re amava molto questo uccello, e l'uccello amava il re; ma un giorno essendosene fuggito andò a posarsi sulle mura della città. Tutto l'esercito cristiano andò sottosopra per riprendere l'uccello fuggitivo; ma lo presero i Mussulmani e portaronlo a Saladino. Allora Filippo spedì un ambasciatore al sultano per riscattare l'uccello e feceli offerire tant'oro che sarebbe stato più che sufficiente al riscatto di molti guerrieri cristiani.*

Il campo di Tolemaida, ove i pellegrini avevano condotto d'Europa tutte le arti meccaniche, rassomigliava a una grande città d'Europa. Eranvi mercati forniti di tutte le produzioni dell'Oriente e dell'Occidente; e in ogni parte il moto del commercio e dei lavori d'industria, mescolavasi alle opere di guerra e al rumore delle armi. — Come nelle città v'erano anco coloro che specolavano sulla miseria de' Crociati; e le croniche ricordano un Pisano, che quando era maggiore la carestia, avendo fatta grandissima raccolta di grano, non voleva venderlo, con la speranza di averne una somma eccedente a tutte le offerte. Ma tanta avarizia rimase schernita, perchè il magazzino del rapace mercante, abbruciò; ignorasi se a caso o a posta; e in ogni modo i poveri pellegrini non cessavano di lodare la manifestissima giustizia di Dio.

Abd Allatir che intervenne all'assedio di Tolemaida, ci ha lasciato l'infrascritto ragguaglio del campo de' Mussulmani:

Nel mezzo di esso campo aveavi una spaziosa piazza, circondata da cento quaranta officine di magnani e marescalchi. Eranvi sparse moltissime cucine e in una sala, aveavi ventotto marmitte, delle quali ognuna poteva capire una pecora. Io medesimo ho fatta l'enumerazione delle botteghe registrate dall'ispettore del mercato; e ho trovato ascendere al numero di settemila, delle quali ognuna equiva-

leva per la grandezza a cento di quelle che veggonsi nelle nostre
città; e tutte erano largamente fornite. — Quando Saladino trasferì
il campo sul monte di Karuba, quantunque la distanza fosse piccola;
a un mercante di butiro il solo trasporto della sua bottega costò set-
tanta scudi d'oro. — Il Mercato poi degli abiti nuovi e dei vecchi,
era tanto grande da vincere qualunque immaginazione. — Eranvi, si-
milmente nel campo più di mille bagni amministrati dagli Affricani.

Quantunque il campo cristiano si sia trovato più volte in estrema penuria, non era per questo che molti pellegrini non si abbandonassero ad ogni specie di licenze e di oscenità. Vedevansi anzi raccolti e congiunti in un medesimo luogo, tutti i vizi dell'Europa e dell'Asia; ed uno storico Arabo, degnissimo di fede, racconta che appunto quando il campo cristiano versava in estrema penuria, venneli, dall'Occidente un drappello di trecento meretrici.

Il clero però non pretermetteva di esortare i pellegrini alla osservanza del Vangelo. Eranvi nel campo cristiano molte chiese col loro campanile di legno, ove tutti i giorni celebravansi le sacre funzioni. E spesso i Mussulmani profittavano della occasione in che i Crociati trovavansi nelle chiese, per assaltare il loro vallo poco fornito di guardie.

Con gli esempi rei, vedevansi anco i buoni come interviene in tutte le cose umane. Eranvi associazioni o consorterie di uomini pii, dedicatisi allo assistere i moribondi e a seppellire i morti. Un prete inglese, fece edificare a sue spese nella pianura di Tolemaida, una cappella consecrata alle anime de' morti, con intorno un grandissimo cimitero, nel quale, celebrando egli medesimo l'officio de' defunti, tumulò più di cento mila pellegrini.

Durante l'assedio i guerrieri del Settentrione sendosi condotti nella più grande miseria, nè potendosi far intendere dalle altre nazioni per la diversità della favella; alcuni gentiluomini di Lubecca e di Brema, attesero a soccorrerli, facendo tende con le vele delle loro navi, per ricoverarvi quei poveri soldati senza asilo, e assistevanli nelle malattie. Quattro signori tedeschi, associaronsi similmente a sì generosa impresa, dal che ebbe origine l'ordine spedaliere e militare dei Cavalieri Teutonici [1]. Ebbe pure la sua origine in questo tempo l'institutione della Trinità che dedicavasi al riscatto dei Cristiani caduti nella cattività dei Mussulmani.

Così da questi disordini del Medio Evo, vediamo esser nate molte institutioni che nel principio loro ebbero un fine certo e reale, ma che di poi, come di tutte le umane institutioni suole accadere, trapassarono

---

[1] Vedi nel Volume dei Documenti, il Discorso sugli Ordini Cavallereschi.

ai posteri piuttosto quali monumenti pomposi delle vecchie virtù, che come conservazioni di quanto l'esperienza delle umane miserie ha trovato essere utile rimedio o conforto a'nostri mali. D'onde si pare che gli uomini studinsi nel mantenere più l'apparenza del bene, che il bene medesimo, il che, comecchè addivenga massimamente nelle civiltà corrotte, fa inciprignire la piaga della corruzione loro, e preclude ogni via a miglioramento; che certo niuno periodo di civiltà procederà verso il bene, se non in quanto bandita la simulazione e l'ostentata apparenza delle virtù, e l'esecranda ipocrisia, si volgerà ad esporre le cose secondo il reale valor loro, non coprendo il male con le larve del bene, e non deformando il bene con le larve del male. Perchè siccome il giusto giudicio è efficiente della giusta ragione, similmente la giusta estimazione del bene e del male è causa che altri conosca come il primo si convenga seguitare e il secondo fuggire: ma chi per l'inganno della ipocrisia scambia l'uno con l'altro, si fa tristo, e non per mal animo, ma per ingiusta e tradita estimazione.

FINE DELLA PARTE PRIMA DEL LIBRO OTTAVO

STORIA
DELLE CROCIATE

———

LIBRO OTTAVO

PARTE SECONDA

Quando gli emiri di Tolemaida ebbero ratificata la capitolazione, alcuni cavalieri cristiani entrarono nella città a ricevervi gli ostaggi e a prendere il possesso delle torri e delle fortezze. Il presidio mussulmano escì per mezzo all'esercito cristiano ordinato in battaglia, nè i vinti facevano alcun segno di viltà, ma anzi camminavano con contegno da vincitori; del che impermalironsi i Cristiani, già malcontenti, perchè la città non era stata presa a forza, nè lasciato loro l'arbitrio del sacco. Crebbe dipoi il malumore quando i due re posero le loro guardie a tutte le porte, per vietare l'ingresso alla moltitudine de' Crociati.

Riccardo e Filippo fecero in tra loro la divisione de' viveri, delle munizioni e delle ricchezze che trovaronsi in Tolemaida, e trassero a sorte gli ostaggi e i prigioni di guerra; al qual proposito dice il vescovo di Cremona:

La Chiesa e la posterità giudichino se convenisse dar tutto a due principi giunti appena dopo tre mesi, quando gli altri pellegrini avevano sulle spoglie del nimico tanti diritti acquistati con lunghe fatiche e col loro sangue versato largamente nello spazio di più inverni.

Dopochè Filippo e Riccardo si furono diviso il prezzo della vittoria, tutto l'esercito entrò nella città. — Il clero purificò le chiese che erano state cangiate in moschee, e rese grazie a Dio per l'ultima vittoria accordata alle armi de' Crociati.

I Cristiani che furono scacciati da Tolemaida, quando l'espugnò Saladino, corsero a ripetere i loro antichi possessi, i quali non avrebbero ottenuti, se non era la valida intercessione del re di Francia.

Riccardo frattanto usava despoticamente della vittoria non solo sopra i vinti, ma anco sopra gli stessi vincitori. Narrasi, che Leopoldo d'Austria, il quale avevasi acquistato gran credito col suo valore, avendo piantata la sua bandiera sopra una torre della città, Riccardo la facesse togliere di là e gittare ne' fossi [1]; del che forte sdegnati i Tedeschi, armavansi per farne vendetta; ma Leopoldo giudicò che si dovesse per allora dissimulare, e aspettare l'occasione che la vendetta fosse maggiore e più certa.

Corrado malcontento si ritirò a Tiro con le sue genti; ed essendoli stati spediti alcuni prelati e baroni per ricondurlo all'esercito, se ne scusò allegando per ragione, che in città e in oste ove comandava Riccardo non si teneva sicuro.

Nel medesimo tempo Filippo o che spiacesserli i portamenti del re d'Inghilterra, o che non avesse più danaro per continuare la guerra, o che la sua infermità andasse aggravandosi, mandò fuori avviso di voler ritornare negli suoi stati; il che molto afflisse i Crociati. Bromton riferisce che il duca di Borgogna e i baroni spediti a Riccardo a parteciparli il suo progetto, non poterono profferire una sola parola essendo la loro voce soffocata dai singhiozzi: i baroni del re d'Inghilterra piangevano anch'essi; ma Riccardo a cui non dispiaceva l'assenza del suo rivale nell'esercito cristiano, consentì facilmente alla partenza di Filippo, contentandosi della di lui promessa reale, che ritornato in Francia nulla intraprenderebbe contro i dominii e le provincie della corona d'Inghilterra.

Filippo s'imbarcò a Tiro, lasciando in Palestina dieci mila Francesi sotto il capitanato del duca di Borgogna. Quando partiva da Tolemaida, i suoi cavalieri fedeli e i Crociati che s'erano dichiarati per lui contro Riccardo, davanli l'addio con molta affezione; gli altri però lo maledivano e rimproveravanlo in faccia come disertore della causa di Cristo.

Rimase al solo Riccardo l'onere di far eseguire la capitolazione di Tolemaida. Già era passato più d'un mese, nè Saladino pagava gli dugento mila bisanti promessi in di lui nome; nè aveva restituito il legno della Vera Croce, nè i prigioni cristiani, secondo gli accordi fatti.

Allora il re d'Inghilterra (scrive Gualtiero Vinisôfe) *il cui unico pensiero era di umiliare l'orgoglio de' Mussulmani, di confondere la loro malizia ed arroganza, di punire l'Islamismo per gli oltraggi fatti*

---

[1] Gualtiero di Hémingford, *Bibl. delle Crociate.*

alla cristianità, fece escire dalla città, nel venerdì dopo l' Assunzione,
due mila settecento Mussulmani incatenati; comandando che fossero
ammazzati. Quelli a cui fu commessa questa faccenda, l' eseguirono
con molto piacere; e mostrando segni di grande allegrezza, trucida-
rono tutti quei prigioni [1].

Ho rapportato genuinamente la relazione d' un testimonio oculare, perchè in caso di tanta gravità, lo storico debbe sempre temere di alterare
i fatti o alcuna delle circostanze che gli caratterizzano. Aggiungerò anco
però sulla fede d'uno scrittore inglese, che non il solo Riccardo merita
l'accusa di tante barbarie, stantechè il massacro de' prigioni fosse stato
deliberato e risoluto in un consiglio dei capi dell' esercito cristiano. —
Le croniche arabe raccontano questa uccisione dei prigioni mussulmani,
e riferiscono pure che fosse più volte ricercato Saladino della esecuzione
delle promesse, e minacciato della detta uccisione; dopo i Crociati portando seco i prigioni, avanzaronsi nella pianura fino al campo di Saladino, ed ivi in faccia all' esercito mussulmano, il quale escì delle trincee
per combattere, gli trucidassero. —Emmad Eddin, raccontando questa
carnificina, dice che i *Martiri dell' Islamismo, andavano a bere le*
acque della misericordia nel fiume del Paradiso [2].

Saladino come molto sperimentato nelle vicissitudini degli stati, proponendosi di riassumere la guerra con tutte le sue forze, considerava che
il rendere due mila prigioni che sarebbero stati valido rinforzo all'esercito cristiano, e il pagare dugento mila scudi d'oro che avrebbero servito
non poco al mantenimento di quello, e il rendere il legno della vera
Croce la cui presenza soleva sempre eccitare l'entusiasmo de' Crociati,
erano a sè di più pregiudizio che il perdere i suoi prigioni, estimò che
la morte di questi, come più utile alla causa dell' islamismo fosse da
preferirsi alla esecuzione del trattato [3]. — Ma il vulgo Mussulmano che
non penetrava i fini della politica di Saladino, gli facea rimprovero di

---

[1] Vedi Gualtiero Vinisofe, Lib. 4, c. 4. —Secondo Bromton, Saladino fece decapitare i prigioni cristiani, quei medesimi che doveva dare in scambio de' suoi mussulmani; e il re Riccardo
per vendicarsene aspettò che il termine alla esecuzione della convenzione fosse spirato (*Bibl. delle*
Crociate). Gli arabi non fanno menzione di questo fatto; anzi dicono che Saladino aveva già fatto
condurre da Damasco una parte de' prigioni cristiani per farne lo scambio secondo il trattato, ma
che intesa la uccisione de' suoi mussulmani, invece di trucidarli, rimandasse a Damasco i prigioni
cristiani senza far loro alcun male. Bohà Eddin, testimonio oculare, aggiunge però che nel mese seguente Saladino esasperato dalle tante perfidie e immanità de' Crociati, facesse ammazzare tutti i
Cristiani che cadevano nelle sue mani.

[2] Il medesimo scrittore finge dipoi che i mussulmani uccisi da Riccardo, avendo per poco ricuperato l' uso della favella, raccontino i loro patimenti e la sublime ricompensa ricevuta da Dio.

[3] Emmad Eddin nota che Saladino tenevasi la detta Croce non perchè ne facesse conto alcuno,
ma unicamente per più afflizione ed onta de' Cristiani.

T. I.   66

crudeltà nello abbandonare i suoi sudditi e i loro fratelli alle spade dei Cristiani; e tali rimproveri nocquero per lo avanti non poco ai progressi delle sue armi, e lo forzarono a cessare dalla guerra, senza avere sterminate le colonie cristiane della Siria, secondo che s'era proposto.

Così finalmente i Cristiani dopo avere sostenuto tante fatiche e pericoli, riposaronsi quasi sicuri nel possesso di Tolemaida; ma i piaceri di questo riposo, l'abbondanza de'viveri, il vino di Cipro, e le donne accorse colà dalle isole circonvicine, gli feciono anneghittire e gli tolsero dal fine della loro impresa; cosicchè quando un araldo d'armi intimò che l'esercito si ordinasse a partire verso Ioppe, il maggior numero de'pellegrini escirono con gran dispiacere dagli ozii e dalle delizie della città. Il clero andava rammentando la cattività di Gerusalemme, il che produsse alcun buono effetto sull'animo de'soldati.

Riccardo dopo essere stato a campo alcuni giorni fuor della città, diede il segno della partenza, centomila Crociati passarono il Belo, inoltrandosi fra il mare e il monte Carmelo. L'armata escita dal porto di Tolemaida, costeggiava il lido, portando le bagaglie, i viveri e le munizioni da guerra. — Lo stendardo della Crociata appiccato ad una lunghissima antenna, portavasi sopra un carro a quattro ruote ferrate; e intorno a questo carro trasportavansi i feriti durante la battaglia; e rannodavasi l'esercito quando per urti del nimico veniva scompigliato.

Procedevano i Crociati lentamente, perchè i Mussulmani tendevanli agguati per ogni dove e massime ne'passi difficili, nè portavano come i Cristiani la pesante armatura, ma soltanto una spada, un pugnale e un giavellotto, alcuni però portavano la mazza ferrata. Con i loro cavalli arabi scorrevano intorno all'esercito cristiano, fuggendo quando erano inseguiti, e ritornando ad assaltare quando altri non gli aspettava. Un cronista contemporaneo per dare immagine di quelle scorribande, le paragona al volare delle rondini, e a quello delle importune mosche che scacciate fuggono, nè pur sono ancora del tutto cacciate che ritornano a molestare.

Nè solo queste difficoltà facevano lento il cammino dell'esercito cristiano, ma ancora quelle delle strade. Gualtiero Vinisofe riferisce d'un luogo detto le *Strade anguste*, che trovasi tre ore passato Caifa; ove ha una stradella per forza di picconi cavata nello strato petroso della pianura, per la quale si passa fra mezzo a due prominenze di rupi per lo spazio d'un mezzo miglio [1]. Ivi sterpi e cespugli, alti quanto è un uomo, impedivano spesso il cammino de'cavalli e de'fanti, intantochè le belve selvaggie uscendo dai loro covi fuggivansi per mezzo gli ordini de'soldati,

[1] *Corrispondenza d'Oriente*, Vol. 4.

che ponevansi a inseguirle. — Durante il giorno gli ardori del sole info-
cavano la terra e durante la notte, i Crociati erano tormentati dai ragni
tarantole, e a chi era punto da quelli gonfiava il corpo con fierissime
doglie.

Per sì angustioso cammino l'esercito perse molti cavalli feriti dal saettume del nimico, e molti soldati che caddero vinti da lassitudine. Quando
alcun pellegrino spirava, la sua schiera seppellivalo nel luogo medesimo
ove era morto e seguitava il suo cammino cantando i salmi e le preci
de' morti.

L'esercito non faceva più che tre leghe al giorno; a sera, spiegava le
tende; ma prima che i soldati prendessero sonno, un araldo d'armi gridava per tre volte nel campo: *Signore soccorri al Santo Sepolcro; e*
l'esercito ripeteva tre volte questo grido. — Venuto il giorno, all'alba,
il Carro sopra cui era lo Stendardo, dato il segno da' capi, movevasi; movevansi tacitamente i Crociati, e seguitavano i preti cantando coralmente
i luoghi della scrittura ove è fatto menzione de' viaggi, delle fatiche e
de' pericoli sopportati dal popolo giudeo quando correva al conquisto della
terra promessa.

Finalmente dopo sei faticosissime giornate, giunse l'esercito a Cesarea
le cui rovine a' dì nostri veggonsi molto da lunge sulla riva del mare; e
non molto discosto dalla città, presso un lago, fu posto il campo.

Avevano i Crociati respinti più fiate gli assalti de' Mussulmani; ma
rimanevano però ancora maggiori ostacoli da superare. Perchè Saladino,
propostosi di vendicarsi per la perdita di Tolemaida, e l'ammazzamento
de' prigioni mussulmani, seguitava i Cristiani con tutto il suo esercito, il
che dava alcun timore ai Crociati; e gli storici orientali, principalmente
Boà Eddin, riferiscono che il re d'Inghilterra propose pace al fratello
di Saladino; ma perchè nelle condizioni aveva compresa la restituzione
di Gerusalemme, questo trattato non ebbe alcun effetto. — Frattanto
l'esercito del Sultano, talora precedeva il cristiano, talora insidiavalo ai
fianchi e talora alle spalle; ad ogni passo di torrente, ad ogni gola o foce
di monti, ad ogni villaggio, accadevano zuffe; gli arcieri Mussulmani, occupando i luoghi alti, saettavano senza posa, e tanti strali conficcavansi
nelle armature de' guerrieri cristiani, che un arabo scrittore paragonavali
alle istrici.

Poco distante da Cesarea, Riccardo (secondochè racconta egli medesimo) fu ferito d'una freccia nel lato manco [1].

L'esercito Cristiano procedeva sempre con il mare a destra e a manca

---

[1] *Quodam pilo vulnerati fuimus in latere sinistro.*

le montagne occupate dai Mussulmani; giunto alla foresta, che i cronisti chiamano d'Arsura, la traversò non senza sospicione d'agguati, finchè giunse alla riviera di Roccatalia, che gli Arabi dicono *Leddar*. In quelle pianure eranvi dugentomila Mussulmani che stavano aspettando i Cristiani, per interrompere loro il cammino o far la giornata campale.

Veduti i nimici, re Riccardo disposesi al combattere. I Cristiani furono divisi in cinque corpi: il primo era de' Templari; il secondo delle genti di Bretagna e d'Angiò; il terzo del re Guido e de' suoi Poatesi; il quarto d'Inglesi e Normanni che guardavano il grande stendardo; e il quinto era degli Spedalieri, seguitati dagli arcieri.

Il Conte di Sciampagna co' suoi cavalieri erasi avvicinato alle montagne, per ispecolare i movimenti de' Turchi; il re d'Inghilterra e il duca di Borgogna con uno sceltissimo drappello correvano ora alla fronte dell'esercito e ora a' suoi fianchi.

Gualtiero Vinisofe, dice, che le schiere de' Cristiani erano per modo ristrette fra loro, che un frutto gittato fra loro non arebbe potuto cadere a terra senza toccar prima alcun uomo o cavallo. Ad ogni soldato era stato comandato di non escir dagli ordini e di mantenervisi incontrando il nimico.

Verso la terza ora del giorno, l'esercito così ordinato in battaglia, fu sopraggiunto da grande moltitudine di Mussulmani discesi dalle montagne e che movevano contro la retroguardia. Notevoli fra questi nimici erano gli Arabi Beduini, armati d'arco, di turcasso e di rotella; notevoli erano pure gli Sciti dalla lunga chioma, assisi sopra cavalli più grandi che gli ordinari, con il volto tinto di bianco e di rosso. Dietro a questi venivano altre schiere che portavano in vetta alle lancie banderuole di molti e diversi colori.

Questi barbari correvano contro i Cristiani, rapidi come lampi, e la terra tremava sotto i loro passi. Il fragor de' loro sistri, delle loro chiarine e de' loro cembali, avrebbe tolto all'udito quello de' tuoni. Eranvi fra loro molti uomini cui officio era fare altissime grida, e ciò non solo per ispaventare il nimico, ma ben anco, per infiammare il coraggio de' soldati mussulmani e sbalordire le loro menti contro il pensiero de' pericoli.

Spinte da tal furore le loro schiere assalirono i Crociati; alle prime succedevano le seconde, a queste le terze per modo che la battaglia fosse sempre di freschi combattenti ristorata.

Seguendo le espressioni degli storici arabi, in breve tempo l'esercito mussulmano circondò il cristiano, *come il ciglio circonda l'occhio*. Gli arcieri e i balestrieri fransero il primo impeto del nimico, ma simili alle acque che straripano, i Turchi spinti da quelli che gli succedevano, ritornavano all'assalto. Combattevano i Mussulmani l'esercito cristiano e dalla parte del mare e dalla parte delle montagne. Con maggior numero evventaronsi al retroguardo ove trovavansi gli spedalieri, e lasciate le freccie combattevano con la lancia, la mazza e la spada. Per la qual cosa una cronica inglese paragona i Turchi ai magnani e i Crociati all'incudine che rimbomba sotto i replicati colpi.

Così combattendo l'esercito Cristiano seguitava il suo cammino verso Arsura.

Riccardo aveva rinnovato il comandamento che i soldati attendessero solo a difendersi, e di non assaltare il nimico se non dato il segno da sei trombe, delle quali due arebbero squillato dall'antiguardo, due dalla battaglia e due dal retroguardo. Aspettavasi con impazienza questo segno: i baroni e i cavalieri erano disposti a sopportar ogni cosa fuorchè la vergogna di rimanersi inoperosi contro un nimico che facevasi oguora più ardente ne' suoi assalti.

Il retroguardo dolevasi che Riccardo l'abbandonasse, e chiamava in suo soccorso san Giorgio; alla fine alcuni dei più impazienti, posto in dimenticauza il comandamento, avventaronsi contro i Mussulmani e così furono subito seguitati da tutta la milizia degli Spedalieri. Allora il conte di Sciampagna con la sua schiera eletta, Giacomo d'Avesne co'suoi Fiamminghi, Roberto di Drosio col fratello vescovo di Bovese, corrono dove veggono il pericolo maggiore.

Mossi dall'esempio, seguitano i Brettoni, gli Angevini, i Poatevini, e la mischia fassi generale dal mare fino alle montagne.

Il re Riccardo correva dappertutto e dove massimamente i Cristiani avevano maggior bisogno di soccorso. La mischia divenne tanto confusa e tanto denso si alzò il polverio, che molti Crociati furono per errore uccisi dai proprii loro compagni. — Disseminata era la pianura di bandiere lacerate, di lancie rotte, di spade infrante. Venti carri (narra un testimonio oculare) non avrebbero potuto portare i giavellotti e gli strali che erano sparsi sulla terra. I combattenti che avevano perduti i loro cavalli e le armi, nascondevansi nei cespugli, arrampicavansi sopra gli alberi, da dove cadevano poi feriti dalle mortifere saette; molti fuggivano verso il mare e dalle alte rupi, precipitavansi nelle onde.

Frattanto la pugna più e più inferociva; tutto l'esercito cristiano combatteva, ritornando addietro il carro che portava il grande stendardo fermossi nel cuore della battaglia. — I Mussulmani cominciano a piegare. Boà Eddin, testimonio oculare, narra che essendosi partito dal centro dell'esercito mussulmano già volto in fuga, corse verso il corno sinistro, e che questo pure essendo rotto, si rifugiò verso la bandiera di Saladino, ove trovò lui medesimo con soli diciassette Mamelucchi d'intorno.

Fuggendo così i Turchi, e credendo appena i Cristiani alla loro vittoria, non pensarono ad inseguirli, ma rimasersi sul campo della battaglia, occupati nel medicare i feriti e nel raccogliere le armi che vi erano sparse: Quando improvvisamente ventimila Mussulmani, raccozzati dal loro capo, corsero per ricominciare la zuffa. I Crociati spossati dalla fatica e dal caldo, non essendo parati a questo assalto, rimasero stupefatti e impauriti. Tachì Eddin, nipote del Sultano e valorosissimo sopra tutti gli altri emiri, era capitano di questa gente nella quale erano i Mamelucchi di Saladino, facilmente riconoscibili per le loro bandiere gialle.

Corsero subito i Cristiani intorno al loro stendardo, ma se Riccardo con l'esempio e con la voce non avesse concitato il loro coraggio, sarebbersi certamente volti in fuga. Qui le Croniche fanno grandi elogi e forse esagerati del re inglese dicendo, che niun Mussulmano poteva affrontarlo senza perire e che nella mischia era simile al mietitore quando falcia le messi, perchè così egli mieteva le schiere del nimico.

Così fu superato questo nuovo assalto e i Cristiani riprendevano il cammino verso Arsura, allorchè di nuovo i Mussulmani assaltarono il retroguardo. Riccardo corre ancora alla zuffa, seguito soltanto da quindici cavalli e gridando ad alta voce il solito motto de' Crociati: *Dio soccorri al santo sepolcro*. I più valorosi vanno dietro al re; i Mussulmani sono posti in fuga, e il loro esercito vinto tre volte, sarebbe forse stato sterminato, se i luoghi circostanti pieni di folte macchie non avessero giovato alla salvezza de' fuggitivi.

In queste zuffe, Saladino perse meglio che ottomila soldati e trentadue emiri. Dei Cristiani, riferiscono le croniche, che ne morissero soltanto mille; e fra questi fu trovato, con dolore di tutto l'esercito, Giacomo d'Avêsne, il cui corpo giaceva in mezzo a quelli de' suoi compagni e parenti che con lui valorosamente perirono. Dicono che spirando esclamasse: *O Riccardo vendica la mia morte!* — Il vegnente giorno fu seppellito in Arsura nella chiesa della Madonna, e tutti i Crociati fecero onore della loro presenza alle di lui esequie.

La giornata d'Arsura doveva essere decisiva per l'esito di questa Crociata, avendovi combattuto tutti i più prodi guerrieri non tanto dell'islamismo che della cristianità. Se Saladino conseguiva la vittoria, tutte le città cristiane di Siria erano forzate di aprirli le porte; e se i Crociati avessero saputo profittare della vittoria e avessero inseguito e sterminato il nimico, sarebbersi potuti impadronire facilmente della Siria e anco dell'Egitto. Ma essi trassero dalla vittoria più gloria che utilità; e i Mussulmani favoriti dal loro territorio, circondati da potenti alleati, mantenersi un esercito poderoso con cui riparare alle loro perdite. I Latini però erano lontani dai loro paesi e senza speranza d'aver soccorsi dall'Oriente, e dall'Occidente, e non ostante la surreferita vittoria, trovavansi implicati nei medesimi ostacoli di prima e con un nimico contro che agevolmente d'ogni sua perdita si rifaceva.

Rimanevano in potere de'Turchi quasi tutte le città e fortezze della Palestina; però queste fortezze ricuperate da poco tempo, avevano bisogno d'essere restaurate per poter sostenere gli assalti del nimico; e i soldati mussulmani spaventati dalla memoria dell'assedio di Tolemaida, chiudevansi di mala voglia ne'luoghi fortificati. Per le quali considerazioni deliberò Saladino di ruinare le città e le castella che non poteva difendere, e così quando l'esercito Cristiano giunse a Ioppe la trovò smantellata di torri e di mura.

I capi riunironsi a consiglio per vedere che s'avesse a fare in tale circostanza. Alcuni consigliavano che si movesse contro Gerusalemme, immaginandosi facile la occupazione finchè i Mussulmani non si fossero riavuti dal loro spavento per la ricevuta sconfitta; gli altri in contrario opinavano che non fosse prudente lo andare innanzi, senza prima assicurarsi del cammino, rifortificando le città e riedificando le fortezze demolite che trovavansi lungo la via. Riccardo seguitava questa sentenza; il duca di Borgogna e alcuni altri capi seguitavano la contraria; forse più per avversione al re d'Inghilterra che per loro propria convinzione. Questi semi di discordia che poco dopo si svilupparono, furono causa del mal esito della Crociata. Nondimeno Riccardo fece prevalere la sua sentenza; e i Crociati si trattennero alla riedificazione delle mura d'Ioppe.

In questo mentre la reina Berengaria, con la vedova di Guglielmo, il re di Sicilia e la figliuola d'Isacco, vennero a trovare il re d'Inghilterra. — L'esercito cristiano era accampato fra mezzo a'pomarii e a'giardini ove i rami degli arbori sotto il peso de'fichi, de'melagrani d'altre simili frutta si curvavano. Ora lo spettacolo d'una corte, l'abbondanza de'viveri, le dolcezze del riposo e le belle giornate dell'autunno, tolsero dalla mente de'Crociati il conquisto di Gerusalemme.

Durante questo soggiorno dell'esercito cristiano a Ioppe, il re d'Inghilterra corse pericolo di cadere nelle mani de'Mussulmani. Perchè cacciando un giorno nella foresta di Sarona, vinto dalla stanchezza, coricossi sotto un albero e s'addormentò. Risvegliavalo improvvisamente la sua guardia, sopravvenendo una masnada di Mussulmani per sorprenderlo; ond'egli ascese subito a cavallo e posesi in difesa. Già l'avevano circondato gli assalitori e già era per cadere nelle loro mani; quando un cavaliere de'suoi, detto nelle croniche Guglielmo di Pratelle, spingendosi avanti grida in arabo: *Io sono il re, salvatemi la vita.* I Mussulmani credendo ch'egli dicesse il vero, lo prendono prigione e lo conducono a Saladino. Frattanto il re d'Inghilterra ha tempo di fuggire e ripararsi a Ioppe, ove l'esercito fa grande festa del superato pericolo. — Guglielmo di Pratelle fu condotto prigione a Damasco e poco dipoi riscattato da Riccardo, che per lui rese a Saladino dieci emiri prigioni.

Ma i Mussulmani dopo che ebbero smantellata Ioppe, fecero il medesimo ad Ascalona e alle fortezze di Ramla, di Latruna, di Gaza e a tutti i castelli fabbricati nelle montagne di Giudea e di Naplusio.

Sul finire del settembre, l'esercito cristiano posesi di nuovo in cammino, e verso la festa d'Ognissanti s'accampò in tra il castello de'Piani e quello di Maè, de' quali rifece le mura state spianate. Questi due castelli erano propinqui a Latruna, sull'ingresso delle montagne di Giudea, ed erano come guardie al cammino di Gerusalemme. — Così questi due eserciti, correndo, senza cercare d'incontrarsi, i paesi devastati dalle loro vittorie, andavano, col fine di assicurarsi i loro possessi, restaurando l'uno, quello che l'altro distruggeva.

Vi furono nondimeno ancora alcune zuffe. Un giorno che i Templari cercavano vettovaglia furono colti all'improvvista da una masnada di Mussulmani. Le croniche coetanee celebrano in questa circostanza la prodezza del conte di Leicester e del conte di San Paolo; ma nondimeno i Templari furono retti, e fuggendo verso il campo gridavano aiuto. Allora Riccardo monta a cavallo e con pochi de'suoi accorre in loro soccorso. Narrasi che alcuni vedendolo muoversi con sì poca gente ne lo dissuadessero, mostrandoli ch'era follia esporsi a certa morte; al che rispose Riccardo: *Questi guerrieri di cui io sono capo, mi seguitano perchè ho promesso di non abbandonarli mai; se fossero uccisi senza ch'io gli soccorra, sarei io degno d'esser loro capitano e potrei ancora intitolarmi re?* Così dicendo, corre contro i nimici, e l'esempio del suo coraggio, ridesta quello de'suoi soldati; i Mussulmani sono rotti e vanno in fuga; i Templari vittoriosi ritornano al campo, con gran numero di prigioni, ed esaltando con lodi Riccardo.

Queste piccole zuffe delle quali riportava vittoria il re Riccardo, non l'assicuravano però, avendo ne'capi cristiani nimici più terribili che non erano i Mussulmani. — Il duca di Borgogna co'suoi Francesi sopportavano di mala voglia la di lui autorità e quasi stavansi neutrali fra i Crociati e i Turchi. Corrado tenevasi chiuso nella città di Tiro, senza mischiarsi punto della guerra, e quasichè ciò non gli bastasse e non satisfacesse al suo rancore, offerivasi a'Mussulmani di collegarsi con loro contro il Monarca Inglese. Riccardo, penetrate queste pratiche di Corrado, volle prevenirlo, e spedì egli pure ambasciadori a Saladino; rinnovandoli la promissione già fatta a Malec Adhel [1] di ritornarsene in Europa, purchè il sultano restituisse a' Cristiani Gerusalemme e il Legno della Vera Croce.

Rispose Saladino: *Gerusalemme non è stata mai vostra, nè noi, senza peccato, possiamo darvela, poichè in essa usano radunarsi gli angeli, ed ivi il profeta, in una notte memorabile, ascese al cielo.* — Del legno della Vera Croce dipoi il Sultano non ne faceva altra stima che come oggetto di scandalo e come un perpetuo oltraggio alla Divinità. L'aveva ricusato al re di Giorgia e all'Imperatore di Costantinopoli, non ostante che ambidue gliene offerissero grosse somme e ne lo pregassero istantemente. Ed aggiungeva: *Tutti i vantaggi della pace non potrebbero farmi consentire di restituire ai Cristiani un sì vergognoso monumento della loro idolatria.* — Saladino che conosceva le grandi e irreconciliabili divisioni de' Cristiani, via via che le vedeva crescere, diveniva più difficile nelle trattative.

Ma Riccardo che cercava in ogni modo la via di ritornarsene al suo stato, fece altre proposte, impegnandovi destramente l'ambizion di Malec Adhel, fratello del Sultano; ed erano: Che la vedova di Guglielmo di Sicilia sposasse il detto Malec Adhel, e che ambidue, sotto gli auspicii di Saladino e di Riccardo, regnassero insieme in Gerusalemme su i Mussulmani e sopra i Cristiani. — Lo storico Boà Eddin fu incaricato di partecipare questa proposta a Saladino, il quale se ne mostrò contento. Frattanto gli Imani e i dottori della Legge mostravansene al sommo scandolezzati; e i vescovi cristiani venuti in cognizione di ciò, minacciarono Giovanna e Riccardo dei fulmini della Chiesa. — L'esecuzione di tal progetto, tanto opposto alla intolleranza d'una guerra religiosa, divenne impossibile, nè Saladino, nè Riccardo poterono superare la contrarietà dei loro preti. — Gli scrittori arabi però dicono che per altra cagione andasse a vuoto il trattato, *la qual cagione era cognita a Dio solo.*

Riccardo e Malec Adhel, il quale secondo i cronisti era ben affetto ai Latini, s'erano più volte trovati insieme ed erausi fatte scambievoli dimostrazioni di sincera amicizia, dal che non resultò veruno vantaggio, anzi ne nacquero molte sospicioni e maldicenze sì nell'uno che nell'altro esercito. Era accusato Riccardo che posponesse la gloria de' Cristiani alla

---

[1] Intorno a questi negoziati si confrontino gli storici arabi con Gualtiero Vinisofe. Questi riferisce che Saladino intratteneva Riccardo con false promissioni. Durante le trattative i due re mandaronsi scambievolmente presenti. Riccardo dette un sontuoso pranzo a Malec Adhel, deputando in sua vece ad onorarlo Stefano di Torneham (Lib. 4, c. 31 di Gualtiero Vinisofe.).

sua ambizione; d'onde deliberò scolparsene con un atto di crudeltà, perchè fatti prendere tutti i prigioni di guerra che aveva nelle mani, feceli decapitare e ne espose le teste in mezzo al campo.

Dipoi per recuperare meglio la confidenza de'Crociati e per ispaventare Saladino, mosse verso le montagne di Giudea, proclamando dappertutto che andava a liberare Gerusalemme.

L'anno era alla metà dell'inverno; le piogge erano micidiali alle bestie da soma; le bufere rapivano le tende; i cavalli perivano pel freddo; le vettovaglie andavano a male; le armi e le corazze irrugginivano; le vesti de'crociati erano logore e rifinite; i più robusti pellegrini infiacchivano, molti erano malati. E nondimeno appressandosi alla città Santa, per la speranza di veder presto il sepolcro di Cristo, gli animi prendevano coraggio; i guerrieri cristiani accorrevano da tutte le parti per unirsi sotto lo stendardo della Croce; quelli che per le infermità erano rimasti a Ioppe o a Tolemaida facevansi portare sopra letti e barelle, non ostante i rigori della stagione e le insidie de'Turchi che gli aspettavano sopra tutte le strade.

Mentre i Crociati appropinquavansi alla Città Santa, Saladino, attendeva a fortificarla, avendo fatti venire da Mossule i migliori scalpellini, che indefessamente lavoravano, a cavare i fossi intorno alle mura, a restaurare le torri e a fabbricare nuove fortificazioni. Nè contento di questi preparativi, per assicurarsi meglio, aveva fatto guastare tutto il paese per dove poteva passare l'esercito cristiano. — Tutte le strade che conducevano a Gerusalemme erano guardate dalla cavalleria mussulmana che intercettava ai Crociati i viveri spediti loro da Tolemaida e dalle città marrittime.

Nè però la moltitudine de'Pellegrini faceva alcun conto di pericoli o d'ostacoli; e benchè alcuni dimostrassero l'imprudenza di cominciare l'assedio di Gerusalemme nel cuore dell'inverno, e con a fronte un nimico ancora intero e formidabile; non erano dai più ascoltati, tanto erano fermi nella loro fede in Dio, presupponendosi che per quella niuno avrebbe potuto loro resistere.

Ma i capi raccoltisi a consiglio, deliberarono che fosse necessario accostarsi verso il mare; ma non osarono pubblicare la loro deliberazione atteso l'entusiasmo de'Crociati per il conquisto de'santi luoghi. Speravano che la lassitudine e i disagi avrebbero piegati gli animi alla obbedienza, ma ciò era invano.

Quando in un altro consiglio fu risoluto che s'andasse a rifabbricare Ascalona, tutto l'esercito se ne mostrò malcontento; quei medesimi che avevano affrontato ogni pericolo per muover contro Gerusalemme, gri-

davano non avere più forze per allontanarsene, e frattanto l'intensità del
freddo, la fame e le difficoltà del cammino crescevano. Molti s'abbandonavano alla disperazione, molti maledivano i capi e specialmente Riccardo e bestemmiavano Dio; molti disertavano. L'esercito mosse di malavoglia verso il mare, lasciando sul cammino molti cavalli, molte bestie
da soma e quasi tutte le bagaglie.

Il duca di Borgogna co' suoi Francesi erasi separato dalle genti di
Riccardo; ma sendo stati spediti a lui vari deputati in nome di Gesù
Cristo, ritornò al campo. — I Crociati giunti ad Ascalona non vi trovarono altro che un mucchio di pietre, perchè Saladino dietro il parere
degli Imani e dei Cadì, l'aveva fatta ruinare non perdonando nè meno
alle moschee. Uno Scrittore arabo deplorando la rovina di Ascalona, racconta ch'egli medesimo s'assise e pianse sulle ruine *della sposa di Siria*.

L'esercito adunque si pose a rifabbricare questa città. Lavoravano insieme e con eguale zelo i grandi e i piccoli, i sacerdoti e i laici, i capi
e i soldati, e gli stessi sergenti della milizia. Passavansi le pietre dall'una
all'altra mano, e Riccardo faceva animo a tutti, o lavorando anch'esso
o con acconcie esortazioni e talora distribuendo danaro ai poveri. I Crociati a similitudine degli Ebrei quando fabbricavano il Tempio di Gerusalemme, tenevano da una mano gli strumenti muratorii e dall'altra la
spada. Imperocchè facea mestieri difendersi dalle sorprese del nimico; e
spesse fiate ancora alcuna schiera di loro correva il territorio circostante [1].

In una di queste correrie verso il castello di Darum, Riccardo ricuperò mille dugento prigioni cristiani, che erano condotti in Egitto, i
quali furono subito aggiunti ai Crociati che lavoravano ad Ascalona.

Frattanto insorsero tumulti nell'esercito, perchè Leopoldo d'Austria
sendo stato rimproverato dal re d'Inghilterra, perchè co' suoi Tedeschi
non cooperava ai lavori, rispose con asprezza non esser egli nè falegname
nè muratore [2]. — Dopo questo caso, molti altri cavalieri mal sofferendo
quelle inette fatiche, sollevaronsi contro Riccardo, dicendo senza rispetti;
non essere venuti in Asia per rifabbricare Ascalona, ma per recuperare
Gerusalemme. Il duca di Borgogna, stimolato da Corrado, si partì similmente dall'esercito, e andaronli dietro quasi tutti i Crociati francesi.
A compire queste sciagure, riaccesersi le antiche contenzioni dell'esercito. I Genovesi e i Pisani rimasi a Tolemaida erano venuti fra loro alle
mani. I Genovesi volevano dar la città al marchese di Tiro, e i Pisani

---

[1] Vedi Gualtiero Vinisofe L. 5, c. 6, e segg; e Bromtom p. 1252 e segg.
[2] Bromtom aggiunse che il re Riccardo, impermalito da tale risposta, diede un calcio a Leopoldo, e comandò che d'allora in poi lo stendardo del duca non fosse inalberato nel suo campo.
Leopoldo si divise dall'esercito, giurando di vendicarsi subito che gliene venisse occasione.

volevano tenerla per il re Riccardo. Corrado v'accorse con le sue navi e teneva i Pisani assediati nella città da parecchi giorni. Frattanto sopraggiunse Riccardo con pochi de' suoi guerrieri; onde Corrado ritornossene a Tiro. Allora il re ripose in concordia i contendenti; la quale però fu piuttosto apparente che sincera, covando tuttavia le faville della divisione.

Dall' altra parte Saladino andava raccogliendo insieme i suoi emiri, ai quali avea dato licenza per l'inverno, e mentr'egli cresceva mirabilmente di forze, i Cristiani ne andavano scemando: per modo che tutti i loro gesti erano piccole correrie verso la provincia di Gaza e verso le montagne di Naplusio. L'alacrità de' rifabbricatori d'Ascalona, decresceva; appena erasi cominciato le fortificazioni, nè erano capaci di sostenere l'assalto del nimico. Quelli che s'erano ritirati a Tiro non mostravano più alcuna disposizione di voler partecipare alla guerra santa.

Gualtiero Vinisôfe inveisce amaramente contro i Francesi, i quali consumavano i giorni e le notti in festini, fra i bicchieri le corone de' fiori, e vestendo più da femmine che da guerrieri, con alle braccia preziosi ornamenti e smaniglie e collane gemmate al collo.

I Crociati più savii s'affaticavano in accordare fra loro i capi. — Il re d'Inghilterra e 'l marchese di Tiro convennero insieme nel castello d'Imbrico propinquo a Cesarea; ma potè più in loro la memoria dei reciproci oltraggi che l'amore alla causa di Cristo. I loro odii inviperironsi, e Riccardo subito che fu escito di questa conferenza, proibì che si pagasse a Corrado il tributo che dovevali ogni città cristiana della Palestina. Corrado poi ricominciò i suoi maneggi per mantenere la discordia nell'esercito; ricorse nuovamente a' Mussulmani e principalmente si ingegnò di trarre Saladino alla effettuazione delle sue vendette.

Era cominciata la primavera: L'esercito cristiano celebrò le feste di Pasqua nella pianura d'Ascalona, durante le quali mormorò non poco contro Riccardo; al quale a questa molestia se ne aggiunse un'altra nuova, sendoli venuti messaggi d'Inghilterra che il di lui fratello Giovanni gli turbava lo stato. Egli allora convocato consiglio, annunziò che gl'interessi della sua corona lo richiamavano in Occidente, che però non avrebbe affatto dimenticata la causa di Cristo e che avrebbe lasciati in Palestina trecento cavalli e due mila fanti scelti. — Tutti i capi si dolsero della necessità di questa partenza, e proposero che prima di partire, applicasse con loro alla elezione d'un re che potesse riunire nella sua devozione tutte le parti e impor fine alle discordie. Riccardo domandò loro qual principe potrebbe meritare la loro confidenza e tutti convennero in Corrado, che per vero dire non era ben voluto, ma universalmente per il suo valore e perizia di guerra stimato. Riccardo parve dapprima maravigliato della scelta, e nondimeno consentì, e il di lui nipote conte di Sciampagna fu spedito al marchese di Tiro ad annunziarli come era eletto re di Gerusalemme.

Corrado ricevuto il messaggio non seppe occultare nè la sua maraviglia, nè la sua gioia, e alzando gli occhi al cielo fece a Dio questa preghiera: *Signore tu sei re dei re, permetti ch' io sia coronato, se me ne trovi degno; se no allontana la corona dalla fronte del tuo servo.* Queste cose disse il marchese di Tiro presenti i deputati di Riccardo, non ostante che avesse fatta lega di recente con i mussulmani; d'onde i Cronisti coetanei, accusanlo di fellonia, e dicono che il Dio de' Cristiani l'avesse già condannato e che i pugnali degli assassini pendessero sul suo capo; la qual sentenza doveva esserli fra non molto tempo annunziata: *Tu non sarai più nè marchese nè re* [1].

Due giovani schiavi eransi partiti dai giardini di delizie ove il vecchio della montagna gli educava alla cieca esecuzione de' suoi disegni; giunti a Tiro, per meglio nascondere le loro intenzioni, fecersi battezzare e posersi al servigio del principe di Sidone, presso al quale rimasero sei mesi. Eglino simulavano gran zelo di religione e di devozione (dice uno scrittore arabo) e mostravansi tutti assorti nella preghiera del Dio de' Cristiani. — Accaduta l'elezione al regno di Corrado, parve loro l'occasione opportuna, e mentre la città di Tiro era in feste, una sera che Corrado tornava da un festino fatto per lui dal vescovo di Bovese [2], i due Ismaeliti l'assaltarono e lo ferirono a morte. Frattanto il popolo accorreva tumultuosamente e uno degli assassini se ne fuggì in una chiesa vicina, dove da lì a poco fu portato lo stesso marchese di Tiro moribondo: l'Ismaelita che v'era nascosto, sentendo che il marchese non era ancor morto e temendo forse che potesse guarire, insinuatosi fra la moltitudine, s'avventò di nuovo a Corrado e rapido tanto che appena gli astanti se ne accorsero, lo ferì di alcune altre pugnalate per le quali di subito spirò. —Gli assassini furono presi e posti ai tormenti nei quali morirono senza mandare pur una voce di dolore e senza manifestar mai quello che gli aveva deputati a tale omicidio.

Lo scrittore arabo Ibn-Alatir narra che Saladino avesse offerto dieci mila scudi d'oro al vecchio della montagna, se faceva assassinare il marchese di Tiro e il re d'Inghilterra; ma il principe della montagna (aggiunge il medesimo storico) non reputò opportuno di liberare intieramente Saladino dalla guerra con i Latini e nol compiacque che per metà. — Nondimeno questa spiegazione non appaga, perchè in tal caso Saladino non avrebbe pagato un servigio che non gli giovava, anzi accre-

---

[1] Queste parole profferirono gli assassini di Corrado quando lo ferivano.
[2] Il continuatore di Guglielmo Tirense racconta questo caso con altre circostanze.

sceva potenza a' suoi nemici, terminando le dissenzioni in tra i capi. —
Alcune croniche attribuiscono l'assassinio di Corrado a Omfredo di Torone, che voleva vendicarsi del ratto della sua moglie e della perdita
de' suoi diritti al trono di Gerusalemme. Per altro nell' esercito cristiano
non furono sospettati nè Omfredo di Torone, nè Saladino, ma molti
Crociati e principalmente i Francesi, fecero autore dell' assassinio il re
d'Inghilterra; e questa accusa, per essere Riccardo universalmente mal
veduto, ebbe molta credenza [1].

La fama della morte di Corrado, giunse presto in Europa; Filippo
Augusto a cui venne una subita paura d'aver a fare la medesima fine,
non si mostrò d'allora in poi più in pubblico se non circondato dalla
sua guardia; e il cronista Rigord asserisce che da quest'epoca avesse
principio l'usanza della guardia posta alla persona reale. — La corte di
Francia accusava Riccardo di orribili attentati; ma forse Filippo, in questa occasione ostentò più paura che non ne aveva, onde rendesse il suo
rivale odioso e per eccitarli contro l'odio del papa, e lo sdegno di tutti
i principi cristiani.

Nello scompiglio insorto per la morte di Corrado, il popolo di Tiro,
che rimaneva senza capo e senza signore, si volse ad Enrico conte di Sciampagna e i principali della città lo supplicarono a prendere le redini del
governo e a sposare la vedova del principe ucciso; Isabella medesima andò
ad offerirli le chiavi della città.

Enrico dapprima se ne scusò, dicendo che voleva consultarne Riccardo; ma poco dopo s'arrese alle istanze che gli furono fatte e il matrimonio fu solennemente celebrato presenti il clero e il popolo. Vinisòfe, aggiunge che lo persuasero senza fatica, *poichè non è difficile indurre alcuno a far quello che desidera*. Questa unione era ugualmente
utile ai Francesi e agli Inglesi, perchè il conte Enrico era nipote del re
d'Inghilterra e del re di Francia.

I deputati spediti a Riccardo ad annunziarli la morte di Corrado e
la sostituzione d'Enrico, nol trovarono al campo de' Crociati; sendo egli
andato nelle pianure di Ramla a guerreggiare co' Mussulmani discesi dalle
montagne di Giudea, contro i quali faceva ogni giorno singolari prodezze; nè ritornava mai al campo, dice Vinisòfe, senza condur seco molti
prigioni e senza portare, *dieci, venti o trenta teste di Mussulmani da
lui uccisi*. Non mai guerriero alcuno delle Crociate spense tanti nemici,
sicchè leggendo la narrazione delle sue imprese crediamo leggere le pa-

---

[1] Qualche tempo dopo, secondo Bromtom, quando Riccardo fu prigione del duca d'Austria,
per provare la sua innocenza, ottenne che il Vecchio della Montagna scrivesse due lettere al duca,
attestando che non avea avuta parte alcuna nell'assassinio di Corrado.

gine nelle quali l'antica epopea racconta le valentie degli eroi favolosi. Un giorno non avendo egli trovati nemici da combattere assalse un cinghiale più immane del Calidonio. Così anco Goffredo di Buglione s'azzuffò e uccise un orso nelle montagne della Cilicia.

Quando Riccardo ebbe ricevuti a Ramla i deputati di Tiro, approvò quello era stato fatto e fece consegnare al conte Enrico di Sciampagna tutte le città cristiane ch'egli aveva conquistate, e gli ordinò che andasse a trovarlo. Enrico si pose subito in cammino co'suoi cavalieri. Prima andò a Tolemaida seguitato dal duca di Borgogna e dalla sua sposa novella *senza la quale non sapeva ancora vivere* (dice una cronica inglese). — Più di sessanta mila uomini armati, andarono incontro al nuovo re di Gerusalemme, le strade erano coperte con drappi di seta; sulle pubbliche piazze bruciava l'incenso; le donne e i fanciulli danzavano in coro. Il clero condusse alla chiesa il successore di Davide e di Goffredo e celebrò la di lui elezione con cantici e pubblici ringraziamenti.

È da ricordare in questo luogo che Guido di Lusignano e Corrado erano stati fra loro in contenzione per il regno di Gerusalemme, e che per decisione de'principi la corona era stata promessa a quello dei due rivali che avrebbe all'altro sopravissuto. Dopo la morte di Corrado niuno si rammentò di questa decisione, e il vero re, già celebrato per il suo valore rimasesi dimenticato dall'esercito cristiano: anzi reputavanlo universalmente uomo semplice e dappoco: sopra che un Cronista inglese esclama: Dunque la semplicità di spirito sarà impedimento al possesso d'un diritto? Lo stesso Cronista aggiugne dipoi alcune sue riflessioni, che forse esprimono meglio i nostri tempi moderni che il carattere e i costumi delle vecchie età. *Per certo* (dice) *nei nostri tempi di corruzione, quegli è stimato più degno di gloria il quale ha superato gli altri nella noncuranza di tutte le leggi dell'umanità e della giustizia; ed è con questi mezzi che gli uomini accorti guadagnansi la considerazione e il rispetto, mentre la semplicità non ottiene altro che disprezzo: tali sono i giudizi del secolo!*

Quando il conte Enrico e il duca di Borgogna si congiunsero con le loro genti a Riccardo, questi aveva di fresco occupata la fortezza di Darum; perlochè pareva che la fortuna fosse divenuta amica a'suoi progetti, avendo di continuo vittoria de'Mussulmani, e trovando sotto le sue bandiere, guerrieri docili e alleati fedeli. Ma nuovi messaggi giunti dall'Occidente, poserlo in gravi sollecitudini del suo regno, sconvolto dal principe Giovanni, e anco ebbe cagione di temere per la Normandia le macchinazioni di Filippo.

Divulgate nell'esercito queste nuove, fu universale opinione ch'ei sarebbe subito partito di Siria [1], onde ne nacque scoraggimento e incertezza ne'soldati, perlochè i capi ragunaronsi e giurarono di non abbandonare la Crociata, casochè Riccardo partisse. Questa unanime risoluzione rifrancò gli animi; il popolo de'pellegrini mostrò la sua contentezza con danze, festini e canzoni e tutto il campo fu illuminato. Riccardo solo assorto ne'suoi cupi pensieri, non partecipava alla comune allegrezza.

L'esercito pose il campo vicino ad Ebron e ad una valle ove è tradizione che nascesse Sant'Anna madre della Madonna. Cominciava il mese di giugno, e i Crociati, per la potenza del loro sacro entusiasmo, sopportavano pazientemente i calori estivi, come nell'anno scorso avevano sopportati i rigori dell'inverno.

Nondimeno il re Riccardo perseverava ne'suoi cupi pensieri; niuno osava nè consigliarlo nè consolarlo, tanto era il timore del suo fiero carattere. Un giorno che così malinconico e chiuso in sè stesso il re Inglese stavasene solo nella sua tenda, un prete appellato Guglielmo, feceseli davanti in contegno di afflizione e come se compiangesse all'infortunio del principe. Aspettando che il re lo chiamasse, e guardandolo fissamente proruppe in pianto. Riccardo accortosi che Guglielmo voleva parlargli, gli fe'cenno che s'accostasse e gli disse:

Messer lo cappellano, io ti comando, per la fedeltà che mi devi, di dirmi schiettamente la cagione del tuo pianto e se tu piangi per me.

Il cappellano con voce tremante rispose:

Sire, io non parlerò, se prima la maestà vostra non mi prometta che non s'adirerà per le cose che ho da esporle.

Il Re avendo promesso con giuramento, allora il prete cominciò così a parlare:

Signore, la resoluzione da voi fatta di abbandonare questa terra desolata, causa molte doglianze nell'esercito cristiano, e principalmente se ne dolgono coloro che più sono affezionati alla vostra gloria. Io debbo dichiararvi che l'onore delle gran gesta fia spento per la vostra partenza; i posteri v'incolperanno d'aver diserta la causa dei Cristiani. Vi gravi il finir con vergogna quello che con gloria avete cominciato.

Dopo queste parole il cappellano ricordò a Riccardo le prodezze con le quali erasi acquistato tanta celebrità; ricordogli i benefizi fattili dalla provvidenza; e conchiuse il suo discorso con queste parole:

I pellegrini vi considerano, o Sire, come loro sostegno e loro padre;

[1] Gualtiero Vinisófe.

*e voi abbandonerete ai nimici di Cristo questa terra che i Crociati
sono venuti per liberare, e porrete tutta la Cristianità in disperazione?*

Mentre che il cappellano Guglielmo parlava, Riccardo l'ascoltò pazientemente, ma quando ebbe finita la sua diceria, nulla rispose, e si mostrò nell'aspetto anco più cupo di prima. — Nonostante Gualtiero Vinisófe, assumendosi il carico d'interpretare l'animo del Re, afferma che le parole del prete lo commovessero; quantunque e' si ricordasse che i capi dell'esercito avevano fatto sacramento di assediare Gerusalemme anco lui lontano.

Il vegnente giorno, Riccardo partecipò al conte Enrico e al duca di Borgogna che non sarebbe partito per Occidente se non dopo le feste di Pasqua dell'anno seguente; il che fece anco pubblicare per un araldo d'arme, con l'avviso che l'esercito si ponesse a ordine per muovere contro Gerusalemme.

Per sì desiderato annunzio, grande fu la gioia de' pellegrini, i quali dicevano: *Signore Iddio, sii benedetto che il tempo delle nostre benedizioni è giunto.* — I soldati ricuperando le forze e il coraggio, offerivansi di portare da sè stessi le provvigioni e le bagaglie; niuno aveva più doglianze sulla lingua, tutto a tutti sembrava facile; nè più vedevansi gli ostacoli e i pericoli.

I Crociati posersi in cammino la domenica dell'ottava della Trinità; i più ricchi commiserando ai bisogni de' poveri, erano liberali di soccorsi; quelli che avevano cavalli, cedendoli agli infermi, camminavano a piedi; i beni erano quasi divenuti comuni. — Questo esercito per tanto tempo travagliato dall'indigenza, e che quasi era simile ad esercito sconfitto, apparve in un subito fiorito di prodi e poderosissimo. I guerrieri s'erano ornate le armature di fregi, pennacchi e cimieri pomposi. Ventilavansi all'aura bandiere molticolori; avevansi forbite le spade e le lancie che lampeggiando riflettevano la luce; tutti lodavano Riccardo e auguravansi vittoria: E secondo che dicono i testimonii oculari, niuna forza arebbe potuto debellare un tanto esercito *pieno dello spirito del Signore*, se la discordia per arcano giudicio di Dio, non avesse condotto a mal fine sì bene promittente principio.

I Crociati posero il campo alle falde dei monti di Giudea, i cui passi erano bene guardati dalle genti di Saladino e dai paesani di Naplusio e dell'Ebron. Il sultano, avuto avviso della mossa de' Cristiani, non aveva trascurato cosa alcuna per la difesa di Gerusalemme. Tutte le genti Mussulmane si ridussero al loro campo. Fu ripreso con somma alacrità il restauro delle mura; e due mila prigioni cristiani furon posti alla fabbrica delle fortificazioni.

T. I.

Riccardo, o che si scoraggisse per i grandi preparativi che facevano i Mussulmani, o che il sopraffacesse di nuovo l'inconstanza del suo carattere; si fermò improvvisamente e fece fermare l'esercito, dicendo che voleva aspettare Eurico di Sciampagna, da lui spedito a Tolemaida a procacciare nuovi rinforzi; e così si trattenne alcune settimane nella città di Betenopoli, modernamente detta Bethamasì, distante sette leghe da Gerusalemme.

In quest'ozio le discordie mal sopite de'Cristiani, ravvivaronsi; perchè il duca di Borgogna ed altri capi, i quali obbedivano di mal grado al re d'Inghilterra, lo secondavano trascuratamente in questa impresa, il cui buon esito, presumevano, che con molta gloria gli dovesse anco crescere orgoglio. Sempre che Riccardo mostrava maggior impazienza di recuperare la città santa, eglino maggiore tepidezza mostravano; e quando il monarca inglese frapponeva qualche indugio, allora essi co'loro discorsi concitavano l'impazienza de'Crociati. Per cotal modo la propinquità di Gerusalemme dalla quale doveva fortificarsi la concordia de'Cristiani e infiammarsi il loro coraggio, era invece cagione di scompiglio e di mali umori.

Dimorato l'esercito un mese a Betenopoli, ricominciò a dolersi e a gridare: *Non anderemo dunque mai a Gerusalemme?* Riccardo pieno l'animo di molte e diverse cure, talora mostrava sprezzare le doglianze de'Crociati e talora alle loro afflizioni partecipava.

Un giorno che aveva inseguiti i Mussulmani fino sulle sommità propinque all'Emmausse, potè vedere le mura e le torri di Gerusalemme; alla qual vista proruppe in pianto, e coprendosi il volto con lo scudo, confessavasi indegno di guardare quella città Santa che le sue armi non avevano ancor potuto liberare.

Quando ritornò al campo, i capi sollecitaronlo di nuovo che osservasse la sua promessa, ma tale era la singolar tempera del suo carattere, che quanto più l'opinione de'Crociati imponevali obbligo di operare, e più si ostinava contro la volontà di tutti e anco contro la sua propria. Soleva rispondere a quelli che cercavano persuaderlo con consiglii o muoverlo con sollicitazioni, che l'impresa la quale volevano fare, era piena di troppi pericoli e che non vi poteva esporre nè l'onore della cristianità, nè la sua propria gloria. Il che comprobava massimamente col testimonio dei signori della Palestina, i quali servendo più ai loro particolari interessi e estimando migliore il conquisto delle città marittime che quello di Gerusalemme, contraddicevano alla opinione generale de'Crociati. Tra questi conflitti di pareri e in tanta agitazione degli animi, i mali umori dell'esercito ogni giorno più e più crescevano. Riccardo procurava sgomentare i

suoi emuli ed avversari con le minaccie e talvolta ingegnavasi anco di
sedurli con promesse. Non ostante però queste intestine agitazioni, non
l'impedivano dal seguitare le sue correrie contro i Mussulmani, quasichè
con i suoi virtuosi portamenti volesse giustificare le sue intenzioni o nascondere il tumulto de'suoi pensieri col tumulto delle pugne.

Finalmente, secondo il di lui avviso, fu formato un consiglio composto di cinque cavalieri del Tempio, di cinque cavalieri di San Giovanni,
di cinque baroni francesi e di cinque baroni o signori di Palestina. —
Questo consiglio consumò parecchi giorni in deliberazioni: Quelli che
opinavano che si dovesse assediare Gerusalemme, annunziavano sulla fede
di alcuni che erano fuggiti da essa città, che in Mesopotamia era nata
una sollevazione contro Saladino, e che il califa di Bagdad, minacciava
il sultano delle sue armi spirituali; che i Mamalucchi rimproveravano al
loro padrone il massacro degli abitatori di Tolemaida e che ricusavano
di rinchiudersi nella città santa se Saladino non vi entrava con loro.
Quelli che sostenevano l'opinione contraria, dicevano, *che tali nuove
non erano altro senonchè un inganno del Sultano per tirare i Crociati
in luoghi ove potesse distruggerli senza combattere: consideravano che
nel territorio arido e montuoso di Gerusalemme avrebbero penuriato
d'acqua nei maggiori caldi estivi: Essere per le montagne di Giudea
difficili le strade e circondate di precipizii e aperte nel vivo sasso in
molti luoghi ove soprastavano inaccessibili cacumi di montagne, sopra
i quali pochi soldati mussulmani, potevano senza pericolo sterminare
le intiere falangi de' Cristiani: che ancorchè il valore de' Crociati rie-
scisse a superare tutti questi ostacoli, non potrebbero dipoi mantenersi
le comunicazioni con le coste marittime dalle quali dovevano ricevere
le vettovaglie: Ma che se erano vinti, non avrebbero avuto alcuno scampo
di ritirata, essendo inseguiti dall'esercito di Saladino.*

Queste erano le considerazioni di Riccardo e de' suoi seguaci, per
allontanarsi da Gerusalemme; le quali però avrebbero dovuto aver fatte
prima di muovere l'esercito.

Qui il progresso della storica narrazione si vela sempre più d'incertitudine, per le cagioni segrete che governano le deliberazioni de' capi;
le quali per poter penetrare faria mestieri conoscere i negoziati che manteneva di continuo Riccardo co'Mussulmani, d'onde poi dipendevano i
movimenti dell'esercito cristiano, che nulla sapendo di più, ammiravasi
della perseveranza di tanta mutabilità e inconclusione del fine perchè
era mosso.

Nè però Riccardo solo deesi tener colpevole dei riferiti effetti; perchè gli altri capi, traportati pure dalle loro ambiziose mire, e dalla in-

vidia, in continue discordie, avevano similmente dimenticato il fine principale della loro impresa. — Così, in quasi tutte le Crociate, è degno di nota che il popolo de' pellegrini, non perdeva mai di mira la liberazione, di Gerusalemme, mentre i capi, ne erano ad ogni poco distolti dai loro progetti ambiziosi e dai privati interessi dai quali l'officio dello storico riceve quasi insuperabili difficoltà, non si potendo mai bene penetrare i secreti de' principi e i tenebrosi maneggi dei loro consigli.

Mentre adunque il consiglio degli detti venti arbitri deliberava, alcuni Siri andarono ad avvisare Riccardo che una ricca carovana partita di Egitto era in viaggio verso Gerusalemme. Il Re ragunò subito i più valorosi de' suoi soldati, ai quali unironsi anco i Francesi. Questa gente esci dal campo sul far della sera, camminò tutta la notte al chiaro di Luna, e il dì appresso giunse sul territorio dell'Ebron in certo luogo detto Arì, dove la carovana erasi con la sua scorta fermata.

Gli arcieri e i balestrieri fecionsi avanti primi; i soldati mussulmani in numero di due mila, eransi ordinati a schiere alle falde della montagna, mentre la carovana fattasi da parte aspettava l'esito della pugna.

Riccardo, conducendo i suoi, assaltò i Mussulmani, che subito disordinò e pose in fuga, dice una cronica, *come lepri inseguite dai cani.* La carovana fu presa, quelli che la guardavano, s'arresero spontaneamente, supplicando ai Crociati che loro avessero misericordia, e per servirmi delle espressioni della allegata cronica: *facendo poca stima di qualunque male potesse loro intervenire, purchè conservassero la vita.*

Riccardo co' suoi compagni ritornò trionfante all'esercito cristiano conducendo seco quattromilasettecento cammelli, gran numero di cavalli, d'asini e di muli, carichi delle mercatanzie più preziose dell'Asia. Furono distribuiti gli asini a tutti i facchini del campo, e furono fatte vivande con la carne fresca de' cammelli. Il re d'Inghilterra distribuì le spoglie del nimico a quelli che erano rimasi nel campo come a quelli che l'avevano seguitato; a similitudine (secondo dicevano) del re Davide il quale ricompensava egualmente quelli che andavano alla pugna e quelli che rimanevano a guardia delle bagaglie.

Fu celebrata questa vittoria, o per meglio dire questa preda, con festini, nei quali (secondo la cronica di Gualtiero Vinisófe) la bianca carne de' cammelli tolti ai Mussulmani, parve cibo delizioso alla moltitudine dei Crociati. — Le ricche spoglie del nimico erano ammirate universalmente e i pellegrini ne gioivano tanto più in quanto un sì bel successo poteva ispirare al loro capo il pensiero di profittare del terrore de' Mussulmani per condurre i Crociati sotto Gerusalemme.

Ma in Gerusalemme, quando vi pervenne la nuova che la ricca carovana d'Egitto era caduta nelle mani de'Cristiani, la confusione fu grandissima. Boà Eddìn, testimonio oculare, riferisce che il sultano pensò esser necessario di ragunare i suoi emiri per rianimare il loro coraggio, e che facesse loro giurare sulla pietra misteriosa di Giacobbe di combattere fino alla morte. Nei consigli che seguirono questa cerimonia, furonvi non poche manifestazioni de'malcontenti e nei consigli dati a Saladino furonvi mischiati alcuni rimproveri. Questi segni forieri delle discordie, manifestavano a un tempo e il terrore che incuteva il nome di Riccardo e l'umore d'insubordinazione che cominciava a serpere nell'esercito mussulmano.

Dall'altra parte il consiglio de'cavalieri e de'baroni, dopo alcuni giorni passati in deliberazioni, decise che l'esercito si dovesse allontanare dalle moutagne della Giudea e ritornare verso le rive del mare. Di ciò furono sconsolati tutti i pellegrini, che maledivano il tempo da loro perduto in Terra Santa. Ricominciarono le rivalità e gli odii antichi, e i Crociati più divisi in tra loro che mai fossero, non poterono più riunirsi nè per combattere il nimico, nè per sopportare i loro infortuni. I Francesi e gli Inglesi si divisero di campo: Vinisòfe narra che il duca di Borgogna compose alcune canzoni nelle quali parlava irriverentemente del re d'Inghilterra e delle principesse che erano venute con lui alla Crociata. Riccardo risposeli con satire nelle quali poneva in derisione i Francesi e il loro capo. Divulgavasi nel campo che il duca di Borgogna riceveva dai Mussulmani il prezzo del suo odio contro Riccardo; e le croniche inglesi affermano che Riccardo abbia sorpreso e fatto ammazzare a frecciate, i messi di Saladino che portavano al duca ricchi doni dalla parte del loro signore. Con queste dissenzioni i Crociati erano divenuti impotenti a offendere i Mussulmani: La causa di Cristo non aveva più esercito in sua difesa; e le strade erano piene di pellegrini che non facendo più verun fondamento nella guerra santa, se ne andavano, parte a Tiro, parte a Ioppe, parte a Tolemaida col disegno d'imbarcarsi per l'occidente.

In queste circostanze Riccardo aveva necessità di comporre in qualche modo le cose, per il che fece di nuovo concetto di rivolgersi a Saladino. Abbandonato da molti de'suoi, manteneva tuttavia l'orgoglio della vittoria; ed ora comandava che si demolisse la fortezza di Darum, che gli era chiesta; ora mandava un presidio nella città di Ascalona, che era decretato di spianare; e talora anco faceva sembiante di voler porsi a campo alla città di Berito.

Saladino che poco curavasi della pace, mandava in lungo i negoziati a fine d'aver tempo di raccogliere i suoi emiri, de'quali alcuni ritornavano a lui di mal animo. Quando ebbe nel suo esercito gli emiri di Aleppo, della Mesopotamia e dell'Egitto, mossi meno da'suoi comandamenti che dalla speranza della preda e d'una facile vittoria, escì di Gerusalemme e andò a campo con tutta la sua gente a Ioppe, difesa da soli tre mila guerrieri cristiani.

Dopo alcuni assalti, la città fu presa, i Mussulmani ammazzano tutti quelli che incontrano e commettono orribili crudeltà sopra gli infermi. Già la cittadella, nella quale erasi rifugiato il presidio, proponeva di capitolare, quando Riccardo, venendo da Tolemaida per mare, apparve improvvisamente nel porto con alcune navi piene di guerrieri cristiani: volge subito le prore verso la città e gittandosi nell'acqua fino alla cintola ascende primo sulla spiaggia, che gran moltitudine di Mussulmani voleva contenderli.

I più valorosi seguitano Riccardo a cui niuno resiste: Costoro entrano nella città, ne cacciano i Turchi, gli inseguono fino nella pianura, e pongono le loro tende nel luogo medesimo ove Saladino poche ore prima aveva avute le sue. Gualtiero Vinisófe, dice che gli annali de'tempi antichi non hanno fatto alcuno comparabile a questo; e lo scrittore Arabo Boà Eddìn, rende la debita lode a questa quasi favolosa impresa del re d'Inghilterra.

Ma sebbene avesse fugati i nimici, non aveva superati ancora Riccardo tutti i pericoli. Dopo aver congiunta la sua gente col presidio della cittadella, aveva appena due mila combattenti. — Il terzo giorno dopo la liberazione d'Ioppe, i Turchi deliberarono di sorprenderlo nel suo campo. Un Genovese che ne era escito sul crepuscolo del mattino, vide nella pianura le genti mussulmane, e tornò addietro gridando, *alle armi! alle armi!*

Riccardo si sveglia, veste la corazza, quando sopraggiungevano i Mussulmani: Il re e la maggior parte de'suoi entrarono nella mischia con le gambe nude e alcuni in camicia. Non trovaronsi nel campo che dieci cavalli, uno de'quali fu presentato a Riccardo, e le croniche registrarono i nomi de'nove guerrieri che seguitarono il re a cavallo.

Allo primo scontro i Mussulmani sono volti in fuga; il re d'Inghilterra profitta di questo primo vantaggio per ordinare i suoi soldati in battaglia nella pianura e per esortarli a nuove prodezze. Frattanto i Turchi ritornano alla zuffa in numero di sette mila cavalli e assaltano i Cristiani; questi stringendo i loro ordini, e abbassando la punta delle loro lancie, sostengono l'impeto del nimico, simili a un muro di ferro o di bronzo. I cavalieri mussulmani dapprima retrocedono, ma ritornano subito mandando orribili grida, e nuovamente repressi, s'allontanano senza osare di combattere.

Finalmente Riccardo muovesi co' suoi e avventasi a' Turchi, maravigliati della sua audacia. In questo momento gli è annunziato che il nimico ha ripresa la città d'Ioppe e che i Mussulmani massacrano i pochi cristiani rimasi a guardia delle porte [1]: Immantinente Riccardo corre a soccorrerli; al suo avvicinarsi i Mamalucchi prendono la fuga; egli ammazza chi resta; nè con lui erano altri se non due cavalieri e alcuni pochi balestrieri.

Liberata la città, ritorna nella pianura, ove i suoi combattono con la cavalleria mussulmana... Ma qui il suo storico confessa mancare di espressioni per narrare degnamente il nuovo spettacolo di questa zuffa. — Alla sola vista di Riccardo, i più prodi de' Mussulmani inviliscono di spavento, e *i capelli si rizzano loro sulla fronte*. Certo Emiro che per la sua statura, e per lo splendore delle sue armi appariva sopra gli altri notevole, osa disfidare Riccardo, il quale con un solo fendente gli taglia la testa con la destra spalla e il braccio a quella appiccato.

Nel forte della mischia, l'intrepido conte di Leicester e alcuni de' suoi valorosi compagni erano per soccombere, sopraffatti dal numero de' nimici; Riccardo sempre invincibile e invulnerabile, gli salva dal pericolo, sterminando la moltitudine de' Mussulmani che gli premeva.

Finalmente si avventa con tal furore negli ordini de' nimici, che nessuno può seguitarlo e sparisce dagli occhi di tutti i suoi. Quando ritorna ai Crociati, che già lo credevano morto, il suo cavallo era coperto di sangue e di polvere, ed egli medesimo così si esprime un cronista, testimonio oculare, *tutto coperto di freccie sembrava un cuscinetto coperto d'aghi* [2].

Alcuni storici riferiscono che Malec Adhel, ammirando la prodezza di Riccardo gli mandasse in dono due cavalli arabi sul campo di battaglia. — Quando dopo questa giornata, Saladino rimproverava a' suoi emiri la loro fuga davanti a un solo uomo, uno di quelli risposeli:

Non v' è alcuno che possa sostenere le di lui percosse; il suo empito è terribile; il suo scontro, mortale; e le sue azioni superano la umana natura [3].

I Medesimi Cristiani non sapevano persuadersi di questa straordinaria vittoria senonchè attribuendola a miracolo.

---

[1] Raolo di Goggeshale, che in questa parte è più completo di Gualtiero Vinisófe, narra che Ugo di Neville essendo corso spaventato ad annunziare al re che il numero de' nemici opprimeva i suoi; il Re minacciollo di farli tagliar la testa, se diceva una simile parola ai guerrieri cristiani.

[2] Così si esprime Guglielmo Vinisófe, il quale nel suo entusiasmo, prepone Riccardo ad Anteo, ad Achille, ad Alessandro il grande, a Giuda Maccabeo e a Orlando. E dice che il suo corpo era saldo quanto il bronzo: *Caro tamquam aenea nullorum cedebat armorum generibus.* Cam 23, L. G.

[3] Gualtiero Vinisófe.

Frattanto nel campo turchesco crescevano le discordie, i Curdi vedevano di mal occhio i Mamalucchi nel maggior favore del Sultano. Boà Eddìn, narra che alla presa d'Ioppe, i Mamalucchi posti alla porta della città, avevano tolto agli altri soldati le spoglie de' Cristiani. Quest'atto di violenza suscitò grandi rancori nell'esercito mussulmano, sicchè nell'ultima battaglia fatta con Riccardo i soldati curdi, dissero senza rispetto queste parole.

O Saladino! noi siamo chiamati ai pericoli, e quando si parte la preda, siamo scacciati. Di' a' tuoi Mamalucchi che facciansi avanti e combattano essi.

Ma tutti questi gloriosi gesti non giovavano punto al fine della Crociata. — Il duca di Borgogna s'era ritirato a Tiro nè voleva in nulla partecipare alla guerra. I Tedeschi capitanati dal duca d'Austria, eransi partiti dalla Palestina.

In queste circostanze Riccardo ammalossi, e volendo ridursi a più comoda stanza in Tolemaida, i capi che l'avevano seguitato fino allora, rimproverarongli che volesse abbandonarli e si divisero da lui. Il re d'Inghilterra per ritenere presso di sè i suoi più fedeli guerrieri fu costretto donar loro quanto restavali di preda della Carovana sorpresa nelle campagne di Ebron.

Fin qui l'ambizione di Riccardo erasi contentata di accrescere la sua fama nel mondo cristiano con prodigi di valore. Sopportava tutte le fatiche della guerra con la speranza che le sue gesta operate in Palestina, gli arebbero facilitata la vittoria sopra i suoi rivali e nimici al di là de' mari; ma vedendosi abbandonare da' suoi, si ristrinse tutto a negoziare con Saladino.

I varii pensieri che l'agitavano, la vergogna di non aver liberata Gerusalemme, il timore di perdere il suo regno, facevanlo appigliare di continuo a contrarissimi partiti: ora voleva ritornare in Europa senza conchiudere la pace; ora minacciava Saladino, e cercava spaventarlo con isparger voce che il Pontefice di Roma, doveva giungere in Palestina con dugento mila Crociati.

Frattanto avvicinavasi l'inverno, e difficile facevasi la navigazione del Mediterraneo, onde scriveva al Sultano.

Fin che si può passare il mare, accetta la pace, ed io ritorno in Europa: Ma se ricusi le condizioni ch'io ti propongo, mi fermerò quest'inverno in Siria e continuerò la guerra.

Saladino convocò i suoi emiri per deliberare sulla proposta di Riccardo; quando furono assembrati, disse loro:

Fin qui abbiamo combattuto con gloria e la causa dell'Islamismo ha avuto trionfo dalle nostre armi. Io temo che la morte m' abbia a sorprendere nella pace e m'impedisca di compire l'impresa che abbiamo cominciata. Or poichè Dio ci dà vittoria, vuol per certo che seguitiamo la guerra, e noi dobbiamo uniformarci alla sua volontà.

La maggior parte degli Emiri lodarono il coraggio e la fermezza di Saladino; ma fecionli notare che:

Le città erano senza difesa e le provincie devastate; che le fatiche della guerra avevano indeboliti i Mussulmani; che i cavalli difettavano di strami e i soldati di vettovaglia. Se noi condurremo i Latini alla disperazione, possono ancora riunirsi, vincerci, e toglierci le nostre conquiste. È prudente obbedire alla massima del Corano, che ci comanda di accordare la pace a'nostri nimici quando ce la chieggono. Questa pace ne darà tempo di fortificare le nostre città, di restaurare le nostre forze, e di ricominciare la guerra con vantaggio, quando i Latini, sempre infedeli ai trattati, nè forniranno nuove cagioni da guerreggiarli.

Questo discorso, doveva far conoscere a Saladino, che la maggior parte de' guerrieri mussulmani, cominciavano a intiepidirsi nello zelo, prima mostrato per la causa dell'Islamismo. Il Sultano era abbandonato da alcuni de' suoi ausiliari e temeva di qualche sollevazione nel suo imperio. Nè poteva rammentarsi senza grande amaritudine il rifiuto fattoli dalle sue genti di combattere a Ioppe.

I due eserciti erano accampati vicini l'uno all'altro, e la polvere che si alzava dai due campi, dice uno scrittore arabo, mescolavasi nell'aere e formava un solo nembo. Nè Cristiani, nè Mussulmani mostravano impazienza di escire dai loro valli; ed ambe le parti parevano stanche della guerra; pari interesse era ne'due capi di concludere la pace. Stabilissi per tanto una tregua di tre anni ed otto mesi. — *Riccardo* (dice Gualtiero Vinisôfe) *non poteva pretendere miglior trattato; e chiunque opinerà in contrario sia convinto di mala fede.*

Fu convenuto che Gerusalemme sarebbe aperta alla devozione de' Cristiani, ai quali lasciavasi in possessione tutta la costa marittima da Ioppe fino a Tiro.

Turchi e Crociati pretendevano al possesso di Ascalona che reputavasi chiave dell'Egitto; per accordare questa contenzione, fu concluso che essa città di nuovo si demolisse.

Niente fu trattato per la restituzione della *Vera Croce*, che era stata soggetto delle prime trattative, e per la quale Riccardo aveva spedite diverse ambascerie a Saladino.

I principali capi de' due eserciti giurarono, i Mussulmani cioè sul Corano e i Cristiani sull'Evangelio, di osservare le condizioni del trattato; ma il Sultano e il Re d'Inghilterra, quasichè il giurare dovesse la maestà loro degradare, contentaronsi della reciproca parola d'onore e di toccar la mano degli ambasciadori.

Tutti i principi cristiani e gli emiri della Siria furono invitati a firmare il trattato concluso fra Riccardo e Saladino. Tra i nominati per essere mallevadori della pace, non furono dimenticati nè il principe d'Antiochia che poco erasi in questa guerra travagliato, nè il capo degli Ismaleni, nimico a un tempo de' Cristiani e de' Mussulmani.

Il solo Guido di Lusignano non fu nominato nel trattato. Questo principe ebbe alcuna considerazione per le divisioni da lui cagionate; ma cadde in dimenticanza, subitochè i Crociati trovarono altri soggetti di discordia. Spogliato del suo regno, ottenne quello di Cipro, possesso più reale ma che convenne comperare dai Templari, ai quali avevalo venduto Riccardo. — La Palestina fu data ad Enrico conte di Sciampagna, nuovo marito di quella Isabella cui destino era esser promessa a tutti i pretendenti del trono di Gerusalemme; e la quale aveva dato a tre mariti il diritto di regnare, senza poter mai ascendere al trono.

Pubblicata che fu la pace, i pellegrini prima di ritornare in Europa, vollero visitare il Sepolcro di Cristo e veder quella Gerusalemme da loro non liberata. I Crociati dell'esercito di Riccardo si divisero in carovane e posersi in cammino sulla strada della città santa. Sebbene fossero disarmati, la loro presenza, mosse le guerresche passioni de' Mussulmani, i quali (secondo Gualtiero Vinisôfe) guardavanli minacciosi, per modo che i poveri pellegrini avrebbero piuttosto voluto esser a Tiro o a Tolemaida che sulla strada di Gerusalemme.

Saladino dovette interporre la sua autorità, onde fossero rispettate le leggi della ospitalità. — Il vescovo di Salisbury, la cui prodezza era stata sperimentata dal Sultano e che faceva il pellegrinaggio in nome di Riccardo, fu accolto con grandi dimostrazioni di stima. Saladino gli mostrò il legno della *Vera Croce*, e discorse a lungo con lui intorno alla guerra santa.

I Francesi che nella pace come nella guerra stavano quasi sempre divisi dagli Inglesi, non fecero il pellegrinaggio di Gerusalemme. Dopo la giornata d'Ioppe non erano esciti dalla città di Tiro, e perseveravano tuttavia nella loro inetta invidia contro Riccardo. Prima mostraronsi malcontenti del trattato concluso con Saladino, e ne avevano schernito il re d'Inghilterra.—Riccardo per vendicarsene avevali esclusi dal pellegrinaggio di Gerusalemme; quando furono partiti, il re soleva dire: *Cacciate lo schernitore e lo scherno se ne anderà via con lui.*

Il duca di Borgogna che capitanava i Francesi morì a un tratto, mentre faceva le provvigioni per il suo ritorno in Occidente; ed essendo spirato negli accessi di violenta frenesia, i pellegrini inglesi videro in tal genere di morte la punizione della sua fellonia e il giudizio del divino sdegno.

Riccardo liberato da tutte le cure che aveva in Oriente e non pensando più ad altro che ai nemici aveva in Europa, ponevasi in ordine per la partenza. Quando s'imbarcò a Tolemaida, i Cristiani di Terra Santa non poterono frenare le lagrime; quello fu il punto in che riconobbero le sue virtù. Tutti vedendolo partire, dolevansi che rimanevano senza sostegno, e senza soccorso contro le aggressioni de' Mussulmani. Sì cordiali dimostrazioni del popolo, che quando spontanee sono, sono anco sincere, costrinsero anco lui a lagrimare, e quando fu fuori del porto, volgendo gli occhi a terra, esclamò:

O Terra Santa! io raccomando il tuo popolo a Dio; m'accordi il cielo che possa ancora ritornare a te e soccorrerti!

Tale fu la fine di questa Terza Crociata, nella quale tutto l'Occidente armato, non seppe ottenere altri vantaggi che il conquisto di Tolemaida e la demolizione d'Ascalona. — L'Allemagna vi perse senza gloria i suoi più grandi Imperatori e il migliore de'suoi eserciti; la Francia e l'Inghilterra vi persero il fiore della loro bellicosa nobiltà. Migliori furono gli eserciti, esclusine i malfattori, i venturieri e ogni altro malvagio gentame, e perciò maggiore fu il danno delle loro sconfitte e de'loro sterminii.

I Crociati che furono a combattere contro Saladino erano meglio armati di quelli che avevanli preceduti in Palestina. Furonvi adoperate le balestre, il che non fecesi nella seconda Crociata; le corazze e gli scudi coprironsi di cuoio, onde meglio sofferissero il saettame de' Mussulmani, e però vidersi più volte sui campi di battaglia i soldati coperti di freccie senza esser feriti e rimaner saldi ne'loro ordini. I fanti che fino allora erano stati in poca stima, cominciarono ad acquistar reputazione nel lungo assedio di Tolemaida. Nè questa guerra somigliava a quelle d'Europa dove secondo le leggi feudali i principi e i signori non potevano che per certo tempo tenère sotto le insegne i soldati: qui invece in tre anni di continui fatti d'arme, i soldati usaronsi alla disciplina e i capi al comando.

Anco i Mussulmani avevano progredito nella perniciosa arte della guerra, e cominciavano a maneggiare la lancia, alla quale solevano preferire la sciabola e la spada quando i primi Crociati giunsero in Siria. Nè i loro eserciti erano più di disordinata moltitudine, ma combattevano con buoni

ordini. I Turchi e i Curdi superavano i Latini nell'arte del combattere
e difendere i luoghi murati; la loro cavalleria era migliore di quella
de' Crociati, che con difficoltà trovavano cavalli. Avevano perciò i Mussulmani alcuni vantaggi su i Latini, oltrechè combattevano sul proprio
territorio e nel proprio clima; e non obbedivano che a un solo capo, il
che gli faceva meglio ordinati e più espediti nelle imprese.

La Terza Crociata sebbene abbia avuto infelice fine, nondimeno non
cagionò tanti lamenti in Europa, quanti quella di San Bernardo, non essendo stata senza gloria. Ebbe però i suoi censori: Gualtiero Vinisòfe la commenda con grande enfasi per l'infinito numero de' santi martiri di cui
ha fatto popolato il paradiso.

I Latini dimostraronsi più civili che non avevano fatto per lo avanti.
Grandi monarchi guerreggiavansi e a un tempo s'avevano reciproca stima
e rispetto, il che parve allora portento. A esempio de' maggiori i soldati
si tersero alquanto della naturale barbarie. I Crociati furono più volte
ammessi alla mensa di Saladino, e gli Emiri, a quella di Riccardo. Questo facile mischiarsi di Cristiani e Mussulmani non fu senza accomuna-
mento di molte usanze, di vizi, e di virtù: La natura umana è sempre
una in tutti gli uomini.

I Cristiani, o fosse la loro fede indebolita, o la loro ragione meglio
crudita, non ebbero in questa Crociata, tanta vaghezza di prodigi quanto
nelle altre; stimolo a loro potentissimo e sufficiente fu la gloria: d'onde
la cavalleria ebbe molto incremento, e tanto parve bello trovato anco
a' Mussulmani, che Saladino volle conoscerne gli statuti, e Malec Adhel,
mandò il suo figliuolo maggiore a Riccardo perchè il ricevesse cavaliere
nell'assemblea dei baroni e dei signori Cristiani.

In questa crociata morì il famoso castellano Cusì ferito al fianco del
re Riccardo. Una canzone di lui non invidiataci dall'età, esprime il suo
addio alla Francia; e in essa dice che se ne andava in Terra Santa a fine
di ottenere tre cose d'altissimo pregio per un cavaliere, cioè: *il paradiso, la gloria, e l'amor della sua bella*. Incerto è se le prime due con-
seguisse, la terza non conseguì per certo che la morte ne l'ha impedito.
Una cronaca coetanea racconta che quando Cusì fu ferito a morte, volle
confessarsi prima al legato del papa e poi incaricò il suo scudiere di
portare il suo cuore alla signora di Fayel. Il marito di questa dama che
chiamavasi Vergy, alla presentazione del detto cuore, montò in grandi
furori di gelosia, e fatto acconciare dal cuoco il medesimo cuore, det-
telo a mangiare alla donna, che non sapendo la cosa, il mangiò veramente e ne fu dipoi disperata e pazza. Ma il signore di Fayel perseguitato da' suoi rimorsi, e molto più dalla abbominazione universale, se ne

andò in Terra Santa, dove allora mediante la penitenza della sacra milizia si espiavano tutte le peccata.

Riccardo e Saladino acquistaronsi l'immortalità: Riccardo per la sua prodezza a dir vero inutile e per qualità più belle che buone: Saladino per somma prudenza, per reali successi e per virtù (se è lecito dirlo) che arebbero potuto servir d'esempio a molti cristiani. — Per più d'un secolo il nome di Riccardo incusse spavento all'Oriente; e i Turchi e i Saraceni lo celebravano ne'loro proverbii [1].

Oltreciò fu Riccardo studioso e cultore delle lettere ed ebbe anco fama fra trovatori [2]; le arti però non ammollirono il suo carattere impetuoso e indomabile, per lo quale i suoi coetanei soprannominaronlo *Riccardo Cuor di Leone* che gli fu dalla storia conservato. Incostante nelle sue inclinazioni, mutò spesse fiate progetti, affezioni e massime; alcuna volta fece guerra alla religione e dipoi espose se medesimo alla difesa di quella. Talora fu incredulo, talora superstizioso, senza moderazione nell'odio e nell'amore, estremo in tutto e solo costante nell'amor della guerra.

Saladino poi era meno audace e valoroso di Riccardo, ma più grave, prudente e più al caso per governare una guerra religiosa; ordinò meglio i suoi progetti dominò meglio sè medesimo, e seppe meglio comandare e farsi obbedire. Seppe guadagnarsi il trono e mostrarsene degno: ebbe sempre a cuore la gloria del Corano; e tolto il punto della religione e dello stato, nelle altre cose usò sempre grande moderazione e dolcezza. Con i sudditi fu sempre osservantissimo della giustizia e liberale. I Mussulmani ammiravano l'austerità della sua devozione, la sua costanza nelle fatiche e la sua perizia nell'arte militare. Fu generoso, mantenitor della fede e di ciò lodato principalmente dai Cristiani.

Alcuni vantaggi provennero da questa Crociata all'Europa che non si vogliono preterire sotto silenzio. Molti pellegrini nel passaggio, fermatisi in Ispagna, attesero a combattere i Mori e a impedire i loro augumenti. Molti altri, a richiesta del Papa, cacciarono i barbari dalle rive del Baltico e ampliarono così il dominio della Cristianità. — La nautica, per i viaggi marittimi de'Crociati andò migliorando; e le battaglie navali ch'ebbero luogo durante la guerra contribuirono non poco al perfezionamento di questa parte della militare strategia.

Ancora in questa Crociata fu conquistata l'isola di Cipro e fondatovi un regno, che in progresso di tempo fu molto utile alle colonie cristiane

---

[1] Vedi il continuatore di Guglielmo di Tiro.
[2] Le poesie che ci rimangono di Riccardo sono riportate da Warburton; *History of the English Poetry*, et nella *Archaeologia*.

dell' Oriente. La conquista e la fondazione debbonsi a Riccardo, ed ivi per più secoli furono osservate le leggi che Goffredo di Buglione e i suoi successori avevano dettate per il regno di Gerusalemme.

Inghilterra soffrì non pochi mali di discordie intestine e di disordini per questa orientale spedizione, di che fece suo pro la Francia, con riunire la Normandia alla sua corona.

Riccardo nel corso della sua navigazione, prima fu gittato dalla tempesta sulle coste del mare Adriatico fra Venezia e Aquileia, non volendo passare per la Francia, prese la strada di Allemagna accompagnato da un solo servitore. Si riposò alcuni giorni presso Vienna in un villaggio detto Erdberg. Il suo servo andando a città a comperarvi provvigioni, portava un anello prezioso e un paio di guanti del suo padrone. Ciò dette sospetto, fu interrogato, ed ei rispose che viaggiava con un ricco mercatante. Continuarono nondimeno le sospicioni, sapendosi che il re d'Inghilterra era sbarcato a Zadara e che era sul territorio dell' Austria. Finalmente il servo cedendo alle istanze e alle minaccie, confessò il vero.

Riccardo fu preso dai soldati di Leopoldo, in una osteria, vestito da garzone di cucina; e tenuto prigione da quel medesimo Duca ch'egli aveva offeso in Palestina e che avevali giurata vendetta se gliene fosse venuta occasione.

Ignoravasi in Europa la sorte di Riccardo, quando un gentiluomo d'Arras appellato Blondel, posesi a scorrere l'Allemagna per cercarlo e finalmente giunse al suo intento. Dopo ciò corse in Inghilterra a darne avviso, del che spaventato il duca d'Austria, non osò tenerlo preso e lo consegnò all' Imperatore d'Allemagna. Riccardo rimase tredici mesi in questa prigionia.

L'Imperatore Enrico Sesto, anch'egli nimico di Riccardo, lo fece chiudere nel castello di Trifels, e ve lo tenne quasi un anno. Dipoi fu fatto comparire davanti alla dieta germanica convocata in Vormazia; ivi fu accusato di tutti i delitti imputatili già dall'odio e dalla invidia; ma niuno osò condannarlo; e quando fece la sua giustificazione, i vescovi e i signori proruppero in pianto e supplicarono Enrico che fosse verso di lui meno ingiusto e rigoroso.

Frattanto la regina Eleonora sollecitava tutte le potenze di Europa a procurare la liberazione del suo figliuolo. Papa Celestino ordinò più fiate all'Imperatore di liberare il re d'Inghilterra e scomunicò tanto lui che il duca d'Austria. Enrico fecesi beffe degli anatemi della santa sede e tenne il re prigione ancora più d'un anno; nè lo liberò se non dopo aver ricevuta promessa di grandissima somma. L'Inghilterra già prima esausta di danaro per ordinare la Crociata, vendette perfino i sacri vasi onde ricuperare il suo re. Così ritornò finalmente in seno della patria, ricevuto dal popolo inglese con sommo entusiasmo di gioia; frattanto che per tutta Europa, poste in obblio le sue crudeltà, celebravansi a cielo i suoi gesti e le sue sventure.

Dopo la tregua conchiusa con Riccardo, Saladino erasi ritirato a Damasco, ove non gustò che per un anno la sua gloria. La storia coetanea celebra il modo edificante con cui passò all'altra vita [1]; distribuì eguali limosine ai Mussulmani e ai Cristiani. Prima di spirare comandò a uno de' suoi Emiri di portare il drappo mortuario per le strade di Damasco, gridando ad alta voce: *Ecco quanto, Saladino vincitore dell'Oriente, porta seco de' suoi conquisti!* Ma notevole è che questo particolare ci è solo riferito dalle Croniche Latine; gli scrittori arabi tacciono certe gradazioni della virtù e della bontà dell'animo, quasi impediti da santo pudore. — Nondimanco Boà Eddin, dopo aver descritto il disperato dolore de'Siri per la morte di Saladino, aggiunge che tutto il popolo di Damasco rimase come vinto da stupore, e che tanto fu il pubblico dolore che dimenticaronsi *di saccheggiare la città* secondo il costume.

Negli ultimi giorni della sua vita, Saladino avea vôlto il pensiero a nuovi conquisti, principalmente sopra l'Asia Minore sull'Imperio Greco e forse anco sull'Occidente, ma la morte pose fine a tanta irrequietudine ed attività.

[1] Boà Eddin, fu testimonio di questa morte.

FINE DELLA SECONDA PARTE DEL LIBRO OTTAVO.

STORIA
DELLE CROCIATE

LIBRO NONO

FINE DELLA QUARTA CROCIATA.

Anno 1193-1198.

Morto Saladino, levaronsi nel di lui stato subiti disordini; perchè i popoli lungamente compressi dal despotismo di un solo, non prima veggono quello aver perduto il potere che gli teneva al segno, che spinti dall'amore di libertà, precipitano alla licenza. — Saladino prima della sua morte, non avea fatta provigione alcuna sopra l'ordine della successione [1] il che fu causa della ruina del suo imperio. — Aziz, uno de'suoi figliuoli che era governatore in Egitto, fecesi proclamare sovrano del Cairo; un altro de'suoi figliuoli [2] occupò il principato di Aleppo; un altro, [3] il principato di Damasco. — Malec Adel [4], fratello di Saladino fecesi sovrano d'una parte della Mesopotamia e di alcune città propinque all'Eufrate. — I principali emiri e tutti i principi della famiglia degli Ayubiti, impadronironsi delle città e delle provincie di cui avevano il governo [5].

[1] Saladino lasciò diciassette figliuoli ed una figliuola.
[2] Almalec Alaziz Emad Eddin Otsman.
[3] Almalec Aldaher Gaiat Eddin Gazi.
[4] Almalec Aladel Seif Eddin Abu bechr Moammed.
[5] Abulfeda e alcuni altri storici arabi accennano succintamente la divisione fatta in tra i principi Aiubiti, delle vaste provincie che formavano l'imperio di Saladino; il quale constava della Siria, dell'Egitto, della Mesopotamia e d'una grande parte dell'Arabia. — Aziz occupò l'Egitto; Afdal e Daher si divisero la Siria, ponendosi uno in Damasco e l'altro a Aleppo. Adel occupò Caraca e alcune città oltre l'Eufrate di che constavano le Provincie Orientali che sono la Mesopotamia propriamente detta. Da queste tre primarie divisioni, dipendevano alcuni principi feudatarii, che possedevano in feudo alcune città dell'imperio. — Amaà, Salamià, Marraà e Mambeg appartenevano a Malec Mansur, dal quale discese il celebre Abulfeda. — La famiglia di Scircù si stabilì a Emesa. Da-

T. I.

Afdal [1], primogenito di Saladino era stato proclamato sultano di Damasco; e trovandosi insieme padrone della Siria, di Gerusalemme e della Palestina [2], serbava in sè quasi una immagine della potenza paterna. Nondimeno sì bello stato era in grande disordine e confusione. Gli Emiri vecchi commilitoni di Saladino, mal sofferivano l'autorità del giovine sultano, alcuni non vollero giurarli l'obbedienza, nè accettare la formola del giuramento composta dai Cadì di Damasco [3]; alcuni altri l'accettarono, ma con condizione che sarebbero loro conservati i feudi possedevano, ovvero che fossero rindennizzati con altri nuovi. — Afdal invece di applicarsi in sottomettere quella milizia turbolenta, trascurava gli offici di principe, e consumavasi in lascivie, nelle quali totalmente immerso, abbandonava il governo alla balìa d'un visire che facevalo esoso ai Mussulmani [4]. —

L'esercito chiedeva che quel Visire fosse dimesso, accusandolo di usurpazione nella autorità del principe [5]; per la qual cosa il visire consigliò al Sultano la demissione degli emiri suoi avversari; il quale consentendo in tutto all'accorto ministro, e offendendosi della presenza e delle doglianze dell'esercito malcontento, licenziò molti soldati ed emiri

---

fer figliuolo di Saladino si pose a Bosra; Amged pronipote di Aiub, fu principe di Baalbec; Sceizar, Abù Cobais, Sahiùm, Tell Bacher, Chochab, Aglùn, Barin, Chafàr Tab, e Apamea, tenevansi da varii emiri, già stati soldati di Saladino. — Nell'Iémen, provincia di Arabia, si stabilì Saif Elislam fratello di Saladino, ed ivi la famiglia degli Aiubiti regnò fino al 1239.

[1] Almalec Alafdàl Nourreddìn Alì.

[2] Morto Saladino, Gerusalemme toccò al suo figliuolo Afdal, che la dette in feudo all'emiro Azz Eddìn Gherdicc. Aziz essendosi impadronito di Damasco, Gerusalemme fu data all'emiro Ilm Eddìn Caissèr, al quale successe Abulhedgià favorito di Malèc Adhèl; perchè nella divisione che questo principe e il di lui nipote Aziz, fecersi poco dipoi dell'Egitto e della Siria, la Palestina rimase ad Adhèl. Ad Abulhedgià successe il famoso emiro Acsanchàr el Chebir; e a questi successe Meimùn, nel 1197. — Quando Malec Adhel occupò tutto l'Imperio, dette al suo figliuolo Moadàn, Damasco dal quale dipendevano la Palestina e Gerusalemme.

[3] Vedi Boà Eddìn. *Bibl. delle Croc.*

[4] Questo visire chiamavasi Nasr Allàc ed era soprannominato Dhià Eddìn (cioè *Splendore della Religione*). Era fratello del celebre istorico Ibn Alatir; ed egli medesimo era noto nelle lettere. In sua gioventù aveva studiate le scienze, ed imparato a memoria le più belle poesie antiche e moderne della sua nazione. Saladino avevalo posto per visire con suo figliuolo, e Nasr Allàc mostrossi degno co' suoi portamenti di tale onore. E per verità, se come ministro incorse in più errori, dall'altra parte merita lode, per essersi mantenuto fedele al suo signore e per aver secolui diviso l'avversa fortuna e seguitatolo nell'esiglio. Dimorato alcun tempo a Samosata, ove Afdàl era confinato, andò ad Aleppo e posesi al servigio di Daèr che ne era principe; ma malcontento della corte si ritirò a Mossule, dove fermò la sua stanza. Morì a Bagdad nel 1239, sendovi per una missione diplomatica mandato dal principe di Mossule. — Rimangono di Nasr Allàc alcune opere di letteratura, che trovansi numerate e descritte nella Biografia d'Ibn Chilcàn.

[5] Il giovine principe, secondo Abulfeda, serbava ancora qualche freno e pudore ne' suoi piaceri: ma l'astuto Malèc Adhèl, che mirava a ingrandirsi sul di lui avvilimento e ruina, soleva ripeterli un verso arabo il cui senso è questo:

     Che è il piacer se lo copre il mistero?

che corsero tutti ai principi vicini, lagnandosi della ingratitudine di Afdal, e accusandolo di dimenticare nel suo ozio e mollezza, le sante leggi
del Profeta e la gloria di Saladino.

I più de' licenziati ch'eransene andati in Egitto, istigarono Aziz a in-
sorgere contro il fratello; e Aziz porgendo loro l'orecchio, col pretesto
di vendicare la gloria del padre, disegnò impadronirsi di Damasco. —
Ragunò le sue genti e passò prontamente in Siria. — Instando il pericolo
Afdal si rivolse per soccorsi ai principi che regnavano nel paese di Amà
e di Aleppo.

Ruppesi a formidabil guerra, nella quale tutta la famiglia degli Aiubiti concorse [1]. — Erasi Aziz accampato davanti Damasco; facea zelanti i
suoi emiri la speranza di facile vittoria, e l'opinione in che erano di
combattere per giusta causa; ma quando s'accorsero che l'impresa era
troppo più ardua di quello non s'erano presupposti, e che correvano pericolo d'escirne a male, allora cominciarono a reputarla ingiusta; e prima
a farne mormorazione, e per ultimo ribellaronsi apertamente contro Aziz
e andarono a unirsi alle genti di Siria; perlocchè il principe del Cairo,
trovandosi abbandonato, fu costretto levarsi dall'assedio con vergogna e
ritornarsene in Egitto. Inseguironlo però per il deserto il sultano di Damasco e il di lui zio Malec Adel, con disegno di combatterlo fino nella
sua capitale.

Afdal col suo esercito vittorioso era già pervenuto sulle sponde del Nilo; Aziz versava in estremo pericolo, e l'Egitto era per esser occupata
da' Siri, se il fratello di Saladino, per sue arcane cagioni che si conobbero
dipoi, non avesse interposta l'autorità de' suoi consiglii a fine di ricomporre in pace la famiglia degli Aiubiti.

I principi e gli emiri avendo venerazione alla esperienza di Malec Adel,
eleggevanselo volentieri arbitro delle loro contensioni. I Soldati di Siria
e d'Egitto, usi vederlo ne' loro campi, obbedivanli come a loro capo e
lo seguitavano con desiderio nelle battaglie: i popoli da lui spessefiate fatti
maravigliare con i suoi valorosi gesti, nelle loro traversie e calamità volgevano in lui le speranze. Nè sofferivano pazientemente i Mussulmani che
fosse come esigliato dalla Mesopotamia, e che quello impero dal di lui
valore fondato, rimanesse ora a balia di giovini principi, oscuri in guerra,
inabili nelle arti della pace e del governo. — Egli medesimo covava rancore, perchè non ricompensato delle sue fatiche, nè ignorava a che ripentagli volentieri sarebbersi posti i suoi vecchi commilitoni, per contentare la di lui ambizione. Importava però a' suoi disegni che l'imperio di
Saladino in un sol capo non fosse riunito e che le provincie in tra due

[1] Vedi intorno queste guerre la *Bib. delle Croc.*

príncipi rivali rimanessero ancora alcun tempo divise. Per la qual cosa, poco durevole pace, in tra gli emuli nipoti, conchiuse, aspettando che le nuove contenzioni di quelli, aprisserli campo a satisfare la sua cupidità.

Frattanto Afdal, ammonito dai corsi pericoli, fece proposito di mutar vita; ondechè, avendo fino allora scandolezzato i fedeli Mussulmani, con l'ubbriachezza e gli altri suoi viziosi eccessi, ritornato dall'Egitto, dimostrossi ossequente ai consigli degli uomini pii e divoti; ma per difetto di temperato giudizio, dall'un estremo precipitò nell'altro. — Diessi a immoderata bacchettoneria, sempre orava; sempre applicava la mente nello studiare anco le minime pratiche della religione mussulmana. Posesi di proprio pugno a copiare tutto il Corano; sinchè ora per eccesso di religione, e prima di sfrenata immoralità, rimasesi sempre alieno dalle cure dell'Imperio, e a balia di quel medesimo Visire che gli avea già fatto correr pericolo di perdere lo stato. — *Allora* (dice Abulfeda) *nuove doglianze sorsero da ogni parte contro di lui, e quei medesimi che fino allora avevanlo laudato, rimasersi neutrali.*

Per la qual cosa Aziz pensò esser venuta l'occasione favorevole da riprender le armi contro il fratello: E Malèc Adhèl persuaso che la guerra averebbe giovato alla sua ambizione, non si dette più verun pensiero della pace e posesi al comando dell'esercito egizio. E avendo principiate le ostilità con l'impaurire minacciando, o guadagnarsi con danari i principali emiri di Afdal, occupò Damasco in nome di Aziz, ma di fatto ponendosi al governo delle più ricche provincie di Siria qual sovrano.

Frattanto ogni giorno, nuove discordie nascevano fra i principi e gli emiri. Tutti coloro che avevano combattuto con Saladino, pensarono esser venuto il tempo da far valere le lor pretese; i principi della famiglia di Nurredino ancora superstiti, volsersi a ricuperare le provincie delle quali i figliuoli di Aiub avevano spogliato gli Atabecchi. Tutto l'Oriente era sconvolto; Persia in sanguinose divisioni versava, per le gare degli ultimi rampolli de' Seldgiocidi. — L'Impero del Charismo, il quale giornalmente dilatavasi con nuovi conquisti, tenea in sospicione la metropoli del Chorasano e la città di Bagdad sedia del pontefice della religione mussulmana.

Già da gran tempo poco potevano intromettersi i Califfi nelle cose di Siria, e la loro autorità era ridotta a consecrare le vittorie di chi vinceva. — Afdal cacciato da Damasco, invocò vanamente la protezione del pontefice di Bagdad, il quale contentossi esortarlo alla pazienza dicendoli che: *i suoi nimici avrebbero reso conto a Dio de' loro maleficii.*

Fra queste divisioni de' principi Mussulmani, Malèc Adhèl, non trovava ostacoli a' suoi fini; le turbolenze e discordie occasionate dalla sua

usurpazione, le guerre mosseli contro e qualunque altra avversità, lungi
dall' abbatterlo consolidavano e ampliavano la sua potenza: E poco stante
era per sottoporre al suo imperio quasi tutte le provincie da Saladino
conquistate... Perlochè verificossi in pochi anni la sentenza dello storico
Arabo Ibn Alatìr, il quale alludendo alla discendenza di Chirchù, disse:
*Quasi tutti quelli che hanno fondati nuovi stati, non gli hanno alla po-
sterità loro trasmessi.*

Queste furono le rivoluzioni che per alcuni anni sconvolsero gli stati
mussulmani della Siria e dell' Egitto. E la quarta Crociata, che ora passo
a raccontare, e nella quale era universale opinione, che i Cristiani arebbero profittato delle divisioni d' Oriente, non produsse altro che riaccozzare
insieme le sparse membra dell' imperio di Saladino: E Malec Adhel non
solo accrebbe e fermò la sua potenza per le divisioni degli infedeli, ma
eziandio per le dissenzioni de' Cristiani.

Dopo la partenza del re d' Inghilterra, (siccome è sempre intervenuto
dopo ogni Crociata) gli stati cristiani circondati da perpetui nemici, correvano rapidamente alla loro decadenza. — Enrico di Sciampagna incaricato del governo di Palestina, ricusava assumere titolo di re, e impaziente
di ritornarsene in Europa reputava il nuovo regno come luogo di esiglio. — I tre ordini militari tenuti in Asia per forza del loro giuramento
costituivano, il maggior nerbo dello stato. — Guido di Lusignano, riti-
ratosi nell' isola di Cipro, avea tolto il pensiero da Gerusalemme e poneva tutto l' ingegno a mantenersi nel suo nuovo regno agitato dalle continue sollevazioni de' Greci, e insidiato dagli imperatori di Costantinopoli.

Boemondo Terzo [1] nipote di Raimondo da Pontieri e discendente per
parte di donna dal celebre Boemondo, che fu tra i guerrieri della Prima
Crociata, governava il principato di Antiochia e la Contea di Tripoli. Punto
curante le calamità che affliggevano gli altri stati cristiani, questo principe attendeva soltanto a dilatare i suoi stati, estimando lecito qualunque
mezzo giovasse al suo intento. Pretestava anco diritti sul principato di
Armenia, e per impadronirsene adoperava di continuo ora la forza e ora
l' astuzia. Dopo molti inutili tentativi, gli successe di attirare nella sua capitale Rupino della Montagna uno de' principi di Armenia e preselo prigione; promettendoli dipoi di liberarlo con la condizione che rendesseli
omaggio del suo stato: Ma ricusando far ciò Rupino, Boemondo entrò
in Armenia, dove vinto da Livone fu costretto liberare Rupino.

Alcuni anni dopo, nacquero nuove contenzioni fra Boemondo e Livone divenuto principe d' Armenia. Boemondo fingendo voler trattare della
pace, chiese a Livone un abboccamento. I due principi fecero giuramento

[1] Vedi il Continuatore di Guglielmo Tirense e Bernardo Tesaurario nella *Bib. delle Croc.*

di convenire nel luogo della conferenza senza guardie e senza seguito; ma
però ognuno di loro proponevasi di non osservare il giuramento, ma solo
attendere a satisfare il proprio appetito con la distruzione dell'avversario. Il
principe armeno ebbe miglior ventura o maggiore astutezza, avendo sorpreso
Boemondo, e incatenato lo chiuse in una sua fortezza. Ciò fu segno di
più accanita guerra. Armeni e Antiocheni armaronsi, le campagne e le
città dell'uno e dell'altro stato furono corse e guaste.

Trattossi nondimeno di pace; dopo alcune contese intorno le condizioni il principe Antiocheno fu rimandato negli suoi Stati, e in forza di
una convenzione fatta in tra i due principi, Alice figliuola di Rupino,
sposò il figliuolo maggiore di Boemondo; unione che fu augurato dover
esser pegno di pace durevole; ma il germe di tante divisioni sussistera
tuttavia, mantenendo le due parti il rancore delle offese ricevute, per il
che qualunque trattato di pace, cangiavasi in causa di nuove discordie,
e gli animi erano pronti a rompere a nuova guerra.

Da un'altra parte, l'ambizione e l'invidia avevano operato scissure
negli ordini del Tempio e di San Giovanni. — A tempo della Terza Crociata, gli Spedalieri e i Templari, avevano potenza pari a quella de' principi; possedevano in Asia e in Europa, castella, città e anco provincie. I due
ordini contendevano in tra loro della potenza e della gloria, meno occupati
a difendere i luoghi santi, che nello accrescersi reputazione e ricchezze.

Il cronista inglese Matteo Parigi, racconta che principale causa della
rivalità in tra i detti due ordini, fosse la ineguaglianza delle ricchezze,
possedendo gli Spedalieri diciannovemila case, e i Templari soltanto nove
mila. Queste coperte gelosie e discordie ruppero per ultimo a scoperta
guerra.

Un gentiluomo francese stabilito in Palestina, possedeva come vassallo
degli Spedalieri, certo castello propinquo a Margat sulle coste di Siria.
Pretesero i templari che il detto castello fosse di loro pertinenza, e a
forza l'occuparono. Roberto Seguino (così chiamavasi il gentiluomo francese) ne fece doglianza agli Spedalieri: I quali s'armarono incontanente
e corsero a cacciare i Templari dal castello che avevano occupato. D'allora in poi aveanvi baruffe e disfide ogni qual volta i cavalieri de' due
ordini per caso s'incontravano.

La maggior parte de' Latini stabiliti in Siria e i Cristiani indigeni, si
partirono in favore dell'una o dell'altra parte, secondo le private affezioni. Il re di Gerusalemme e i più savi baroni, adoperaronsi vanamente
per ricomporre la pace, nè con migliore effetto se ne travagliarono anco
i principi Cristiani. Il Pontefice volle intromettere la sua mediazione, che
da nessuna delle parti era ricevuta, onde non potette giugnere al suo in-

tento se non mediante le folgori evangeliche, la paura delle quali se non ispense gli odii già profondi e immedicabili, per allora almeno gli disarmò.

Con queste intestine divisioni, niuno attendeva a difendersi contro i Turchi; e le cure private avevano cancellate negli animi le pubbliche; ondechè come più infuriavano le ire di parte, meno ragguardavasi a' pericoli degli stati cristiani, nè i cavalieri del Tempio, nè quelli di san Giovanni, nè i Cristiani d'Antiochia, nè quelli di Tolemaida, pensavano a chieder soccorsi contro gl'infedeli [1].

Oltre ciò lo stato de' Cristiani di Palestina, era tanto dubbio e pericoloso, che nessuno sapeva proporre consiglio o spediente per la sua conservazione: perchè procacciando soccorsi dall'Occidente, venivano a rompere la tregua fatta con Saladino e ad esporsi a nuovi assalti degli infedeli; osservando dipoi i trattati, la tregua poteva esser rotta da' Mussulmani sempre disposti a trar profitto dalle calamità che opprimevano i Cristiani. In tale condizione delle cose non appariva segno di nuova Crociata, non facendone opera i Cristiani di Siria, nè essendovi cagione religiosa che potesse indurre la Cristianità ad armarsi per un popolo lontano e condotto alla sua ruina dalla corruzione e dalla discordia. Non ostante però l'abbiezione della Cristianità orientale, il nome di Gerusalemme serbava ancora alcuno influsso su gli animi de' popoli; fresche erano le memorie delle prime Crociate; viva la venerazione de' Luoghi Santi, la quale nei popoli medesimi di Palestina sendo quasi venuta meno, per la naturale fortuna delle cose umane, che quanto più le ci divengono famigliari, di tanto ne sembrano della grandezza loro menomate, mantenevasi in occidente sempre sulle menti di tutti potentissima.

Papa Celestino Terzo fu instigatore della Terza Crociata, nè la gravissima età sua di novant'anni, fu sì rigida da intiepidire la fervenza degli suoi spiriti, con la quale secondando i progetti de' suoi predecessori, sul confine ultimo della vita, agognava illustrare la memoria del suo pontificato con la recuperazione di Gerusalemme.

Dopo il ritorno di Riccardo, la morte di Saladino aveva empito l'Occidente d'allegrezza, e ravvivate le speranze de' Cristiani. — Celestino scrisse a tutti i fedeli, annunciando loro, che il formidabilissimo nimico della Cristianità era morto; e non facendo verun conto della tregua sti-

---

[1] Nondimanco Ibn Alatir racconta che l'Emiro di Bérito, sendo andato in corsa contro alcuni bastimenti cristiani; non potendo i Cristiani d'oriente trarne vendetta, ebbero ricorso ai principi d'Occidente, scrivendo: *Se voi non v'affrettate a soccorrerci, siamo perduti e cacciati dalle città che ancora ne rimangono.* — Il compilatore de' *Due Giardini*, riferisce che i Latini rivolsersi principalmente all'Imperatore d'Allemagna. (Vedi gli estratti degli storici Arabi, *Bibl. delle Croc.*)

pulata da Riccardo Cuor di Leone, comandò ai vescovi ed arcivescovi di predicare la Crociata nelle loro diocesi. Nelle due lettere scritte a Uberto vescovo di Conturbia e a tutti gli arcivescovi e vescovi d'Inghilterra, il Pontefice diceva:

Noi speriamo e voi dovete sperare che il Signore benedirà le vostre prediche e le vostre preghiere e che gitterà l'amo per la pesca miracolosa; che i nimici di Dio saranno dispersi, e che quelli che l'odiano fuggiranno lungi dalla sua faccia.

Passava dipoi il Pontefice alla promessa di ricevere nel seno della Chiesa e assolvere da ogni qualunque censura ecclesiastica, tutti coloro che sarebbero andati in Terra Santa pel servizio di Dio e col fine di contribuire alla difesa della sua causa, promettendo anco loro i medesimi privilegi ed altri indulti accordati nelle precedenti Crociate.

Chiudeva per ultimo la sua prima lettera il pontefice, raccomandando al *suo carissimo figliuolo in Gesù Cristo, l'illustre Re d'Inghilterra*, di mandare al soccorso di Terra Santa una armata ben fornita, e d'esortare egli stesso tutti i suoi popoli e prender la Croce e a passar i mari.

Nella seconda Epistola di Celestino Terzo, è comandato, sotto pena di scomunica, a tutti coloro che fatto voto di andare in Palestina, non l'avevano per anco compito, di porsi subito in viaggio, se gravissime cagioni non gl'impedivano: e ai legittimamente impediti, imponeva certe penitenze da subire finchè non si potessero mettere in cammino: e quelli che erano impediti da alcuna infermità, dovevano mandare uno scambio.

L'arcivescovo di Cantorberì, in una sua lettera mandata agli officiali dell'arcivescovado d'Jorche, comanda loro che facciano diligente indagine di tutti coloro che avevano promesso andare alla Crociata, dicendo:

Quando si conosceranno i loro nomi, nella settimana susseguente alla domenica in cui si canta il Letare Ierusalem, si pubblicheranno; e i preti gli esorteranno a riprendere la croce deposta, e predicheranno affinchè i Crociati non si vergognino più delle opere dalle quali debbono raccogliere frutti spirituali. E se i Crociati non obbediranno, sieno privati de' santi misteri e della Comunione nelle prossime feste di Pasqua.

Conchiude la lettera il buono prelato, manifestando la sua speranza, che tale severità debba essere di ottimi resultamenti fecondissima.

Dal suo ritorno in poi, Riccardo non avea mai dismessa la Croce simbolo del suo pellegrinaggio; forse proponevasi di ritornare in Terra Santa, ma liberato dalla sofferta cattività, e conoscendo con la sua propria esperienza le grandi difficoltà e pericoli di lontana spedizione, aveva volto unicamente il pensiero a rifarsi de' suoi danni, a difendere e dila-

lare i suoi stati, e a stare parato contro gli assalti e le insidie di Filippo
Augusto. — Esortò bene i suoi cavalieri e baroni a riprender la Croce [1]
i quali risposerli ingenuamente che come egli aveva, avevano anco essi
grande devozione e zelo alla causa di Gesù Cristo, e che come egli sentivasi impedito allo andare, così sentivansi eglino, in quella terra di Palestina ove tanto avevano patito da trovarsene sazi.

I predicatori della Crociata, quantunque apparentemente rispettati,
non fecero in Francia miglior frutto che in Inghilterra. — Riccardo era
impedito dallo andare per il timore che il re Filippo, sendo egli assente,
non tentasse qualche cosa contro i suoi stati; e dal medesimo timore
era trattenuto Filippo in Francia [2].

La maggior parte de' signori e cavalieri francesi seguitarono l'esempio
del re, contentandosi di piangere sulla cattività di Gerusalemme. Pochi
guerrieri sentirono zelo della Crociata, fra i quali la storia memora il
conte di Monforte, il qual di poi fu tanto acerbo nimico degli Albigesi [3].

[1] Matteo Parigi riferisce una curiosa e lunga parabola che usava il Re Riccardo per eccitare i
suoi baroni alla Crociata; la quale trovasi registrata nella *Bibl. delle Croc.*

[2] Gioverà alla migliore intelligenza della storia la sposizione storica delle cose seguite fra Riccardo e Filippo augusto, dopo il loro ritorno di Palestina. Riccardo giunto in Inghilterra, fecesi nuovamente coronare a Wincester, onde cancellare (così si esprimono le croniche) i segni de' suoi ferri.
Passò dipoi in Normandia, con potente esercito, e mosse guerra al re di Francia: Il quale avendo
avuta notizia della liberazione di Riccardo, scrisse a Giovanni suo confederato ⚞ *Bada a te, che
il diavolo ha infrante le sue catene.* ⚟ (Hoveden, p. 730 — 740). — Questa guerra non partorì
grandi effetti. Riccardo costrinse Filippo a torsi dall'assedio di Vernoglio, prese Loche piccola città
della Turenna, Belmoute e alcune altre terre di minore importanza. Fecersi allora proposte di pace,
le quali furono vane: perchè Filippo pretendeva che Riccardo s'obbligasse nel trattato di impedire
a' suoi baroni il guerreggiare privatamente contro i baroni di Francia; contro a che Riccardo allegò
non poter consentire, perchè ostavano i privilegi e immunità degli detti suoi baroni. — Rotte perciò le pratiche, i due eserciti vennero alle mani; fuvvi abbattimento in tra la cavalleria inglese e la
francese a Fretevàle; e i Francesi furono rotti, con la perdita de' loro archivii, che allora portavansi
sempre in campo ove era la persona del re, e che vennero in potere degli Inglesi. Ritornando dipoi questi, in altro abbattimento a Vodroglio ebbero la peggio; onde fu conclusa tregua per un anno.
Durante questa tregua Giovanni fu perdonato e ricevuto in grazia dal suo fratello Riccardo; e
poco dipoi fu massacrato il presidio d'Evreusse; e fatta lega offensiva e difensiva in tra il re d'Inghilterra e l'Imperatore d'Allemagna; lega di niuna conseguenza. — Dopo alcune altre zuffe, fu conclusa pace a Luviere fra i due re.
Nel 1196, Riccardo fece lega con i conti di Fiandra, di Tolosa, di Bulogna, di Sciampagna e con
altri vassalli della corona di Francia. — Ricominciò la guerra, e fu con grandissima atrocità dell'una
e dell'altra parte, in tanto che abbacinavansi perfino i prigioni. Seguitò una tregua di cinque anni.
per la mediazione del cardinale di Santa-Maria, che ebbe molta difficoltà in farla osservare.
Nel 1199, Vidomaro, visconte di Limusì, vassallo della corona d'Inghilterra, avendo trovato un
tesoro ne' suoi dominii, ne mandò parte a Riccardo a titolo di donativo. Riccardo pretendeva,
che come a suo signore feudale, il visconte gli dovesse dare tutto il trovato tesoro. Questi
ricusò, e il re l'assediò nel suo castello di Scialusse presso a Limusì; al quale assedio fu ferito di
saetta e ne morì il 6 aprile del 1199. — Gualtiero di Hemingford, riferisce alcune circostanze curiosissime intorno la morte di Riccardo. — Vedi *Bib. delle Crociate.*

[3] Intorno al conte di Monforte e alla Crociata contro gli Albigesi veggasi l'Illustrazione su
questo punto d'Istoria nel volume de' Documenti.

Fin dal cominciare delle Crociate, i Tedeschi avevano sempre mandati i loro guerrieri alla difesa di Terra Santa; e seguitando le varie fortune di quelle guerre, compiangevano le fresche perdite de' loro eserciti distrutti nell'Asia Minore, e la morte dell'Imperatore Federigo; nondimeno la memoria di tanto danno, non potè spegnere in tutti i cuori lo zelo antico per la causa di Gesù Cristo. —

Enrico Sesto allora imperatore, non avendo partecipato come i re d'Inghilterra e di Francia, ai pericoli dell'ultima spedizione, quantunque avesse molti e potenti nimici in Europa, non volle astenersi dal concorrere alla spedizione nuova.

E sebbene l'anno precedente fosse stato scomunicato dalla Santa Sede, il Pontefice non si trattenne dallo spedirli ambasciadori, per ricordarli l'esempio del suo padre Federico e per esortarlo a Crociarsi. Enrico che desiderava riappattumarsi col capo della Chiesa e che covava grandi disegni ai quali reputava vantaggiosa una nuova Crociata, ricevette onoratamente i legati di papa Celestino.

Fu l'Imperatore Enrico Sesto, di tutti i principi del medio evo, ambiziosissimo; e gli storici riferiscono che avesse l'immaginazione piena delle glorie de' Cesari e che agognasse poter dire come Alessandro di Macedonia: *Tutto ciò a cui aggiungono i miei desiderii è mio.* — Ora pertanto credette essere venuta l'occasione di compire i suoi disegni e i cominciati conquisti.

Il Cronista Guglielmo di Neubridge, ha ornato di motivi pii la spedizione di Enrico Sesto, dicendo, che facesse risolvere l'Imperatore a prender le armi, lo esempio di due gran re, che abbandonavano la causa di Cristo, per attendere a' loro privati negozii; e che con le loro contese ed odii reciproci, infiacchivano le forze della Cristianità. Aggiunge oltreciò il detto Cronista che un altro motivo per cui l'Imperatore si deliberò alla Crociata, fu d'aver tenuto prigione il re Riccardo.

Nondimanco uno storico imparziale, riconoscerà gli artificii di profana politica, nei disegni di Enrico Sesto; perchè la spedizione di che il Papa offerivali il supremo capitanato, favoriva molto le di lui mire ambiziose; sicchè, promettendo andare alla difesa del regno di Gerusalemme aveva il pensiero vôlto al conquisto della Sicilia, d'onde poi proponevasi assaltare la Grecia e Costantinopoli. Con questi intendimenti attendeva a farsi meglio confidente il Pontefice, e procurava collegarsi con le repubbliche di Genova e di Venezia, alle quali prometteva le spoglie de' vinti; non ostante che si proponesse eziandio, presentandosegliene l'occasione, di spegnere tutte le repubbliche italiane, e di umiliare la grandezza della Santa Sede, e sulle ruine di quelle ristabilire in sè e nella sua famiglia l'imperio di Augusto e di Costantino.

Enrico, dopo aver pubblicato il suo proposito di prender la Croce, convocò a Vormazia una dieta generale, nella quale egli medesimo esortò i fedeli ad armarsi per la difesa de'santi luoghi. La dieta durò otto giorni: Nè dopo Lodovico Settimo re di Francia che arringò i suoi sudditi per condurli alla Crociata, niun altro principe, eccettuato Enrico, unì la sua voce a quella dei predicatori della guerra santa e si fece interprete dei lamenti della Chiesa di Gerusalemme. — La imperiale eloquenza lodata dagli storici coetanei, e principalmente lo spettacolo d'un tanto monarca fatto predicatore della guerra contro gl'infedeli, molta possanza ebbero sugli animi della moltitudine [1].

Dopo questa solenne predicazione, i più illustri prelati che trovavansi in Vormazia, ascesero uno dopo l'altro in pulpito, per mantener il calore sempre crescente de'fedeli; sicchè per otto giorni susseguenti non rimbombarono le chiese che de'gemiti di Sionne e della città di Dio.

Enrico con tutta la sua corte, si vestì il segno della Croce; molti signori tedeschi similmente crociaronsi, alcuni per acquistarsi grazia appo Dio, i più per acquistarsi grazia presso l'imperatore.

Fra i Crociati, l'istoria memora Enrico duca di Sassonia; Ottone marchese di Brandeborgo; Enrico conte Palatino del Reno; Ermanno langravio di Turingia; Enrico duca del Brabante; Alberto, conte di Apsborgo; Adolfo, conte di Scavenborgo; Enrico conte di Pappeneime e marescalco dell'Imperio; il duca di Baviera; Federico figliuolo di Leopoldo duca d'Austria [2]; Currado marchese di Moravia; Valerano marchese di Limborgo; i vescovi di Vurtzborgo; di Brema; di Verden; di Halberstadt; di Passò; e di Ratisbona.

Fu predicata la Crociata in tutte le provincie di Allemagna; e dovunque le lettere del papa e quelle dell'imperatore accesero gli spiriti bellicosi de'popoli. Non mai impresa contro gl'infedeli fu cominciata

---

[1] I fatti relativi alla predicazione di questa Crociata leggonsi in Ruggiero di Oveden, in Matteo Parigi, in Goffredo Monaco, in Guglielmo di Neubridge, in Ottone di San Biagio e in Arnolfo di Lubecca.

[2] Occorrendo in questa Istoria di dover parlare altre volte dei duchi d'Austria, stimo opportuno dar breve notizia di quelli che furono alle Crociate. Di questi adunque fu primo Leopoldo Quinto figliuolo di Enrico Secondo; e morì nel 21 dicembre del 1194, secondo l'*Arte di verificare le date* e nel 1195, secondo Matteo Parigi. È quel medesimo che tenne prigione il re Riccardo.

Federigo Primo successe al suo padre Leopoldo; e primamente, seguitato da alcuni Signori Tedeschi, fece una crociata contro i Saraceni di Spagna, e dipoi andò in Terra Santa dove morì nel seguente anno. Cornerio Ermanno lo chiama Guglielmo.

Lepoldo Sesto, detto il Glorioso, fratello del precedente, fu all'assedio di Damiata nel 1218; capitanò l'esercito de'Crociati dopo la morte del conte di Berg; prese la torre del Faro; e ritornò in occidente nel 1219. — I Cronisti celebrano le di lui generosità, riferendo, che desse cinque mila marchi d'argento ai cavalieri Teutonici perchè comperassero alcune terre; e cinquanta marchi d'oro ai Templari. Morì li 26 luglio del 1230 a san Germano (*Arte di verificar le date*, V. 3, d. 567.)

con sì favorevoli auspici; nella quale trovandosi quasi sola l'Allemagna, pareva che perciò quelle genti avessero maggiore zelo a mantenerla, e tanto più che il loro monarca ne era capitano supremo.

I Crociati pieni di speranze e di allegrezza, preparavansi a seguitare l'imperatore in Oriente, il quale per altro occupavasi in altre macchinazioni. Alcuni de' suoi cortegiani, o perchè penetrassero i di lui disegni, o perchè il credessero più sano partito, consigliavanlo di restarsene in Occidente, e comandare la Crociata dal seno de' suoi stati. Enrico dapprima fece simulata resistenza, ma dipoi, accettò il consiglio, attendendo unicamente alle provvigioni per la partenza de' Crociati [1].

Venuto il giorno prescritto alla partenza l'Imperatore con quaranta mila uomini s'incamminò verso l'Italia ove già tutto era disposto per la conquista della Sicilia. Degli altri Crociati furono fatti due eserciti, che per diverse strade dovevano andare in Siria. Uno di questi due eserciti era comandato dal duca di Sassonia e dal duca di Brabante e fu imbarcato nei porti dell'Oceano e del Baltico: l'altro passò il Danubio e s'incamminò verso Costantinopoli, da dove l'armata dell'imperatore Isacco doveva trasferirlo a Tolemaida. A questo esercito capitanato dall'arcivescovo di Magonza e da Valerano di Limborgo, s'erano uniti gli Ungari che accompagnavano la loro regina Margherita sorella di Filippo Augusto. Costei dopo aver perduto il suo marito Bela, s'era votata a vivere unicamente nel servigio di Cristo e di finir la sua vita in Terra Santa.

Anno 1197. — I Crociati capitanati dall'arcivescovo di Magonza e da Valerano di Limburgo, furono primi a giungere in Palestina: e sbarcati che furono, mostrarono subito desiderio di combattere gl'infedeli. — I Cristiani che avevano allora pace con i Turchi, inducevansi difficilmente a rompere la tregua stipulata da Riccardo, nè volevano dar principio alle ostilità, senza maggior certezza di vittoria.

Enrico di Sciampagna e i baroni di Palestina sponevano ai Crociati tedeschi i pericoli a che l'imprudente violazione de'trattati era per esporre

---

[1] Ruggiero d'Oveden nella narrazione della partenza de'Crociati Tedeschi, riferisce un particolare d'onde appaiono molto vivi i costumi di quell'epoca.

Due vicini avevano deliberato andare a Gerusalemme insieme e a spese comuni. Nella notte precedente alla partenza, uno di essi andò a trovare il compagno, e a mostrarli il danaro che portava per il viaggio. L'altro, così consigliato dalla moglie, l'ammazza e s'impadronisce del danaro: Dipoi togliendosi il cadavere in ispalla esce per andare a gittarlo nel fiume, il che non gli succede perchè miracolosamente il detto cadavere rimanevali appiccato alle spalle; onde con quella sua nuova soma ebbe a ritornarsene a casa e ivi starsene celato per tre giorni. Ma non potendo soffrire più a lungo il molesto incarco, se ne andò a confessare al suo vescovo, che in espiazione del delitto, gl'impose di fare il pellegrinaggio di Gerusalemme portandosi sempre il detto cadavere sulle spalle. E qui il cronista seguita a dire, *Che lo contrito penitente partì con gli altri pellegrini carico della feral soma, a lode e gloria de'buoni e a spaventamento de'malvagi.*

gli stati cristiani d'Oriente, e pregaronli che prima di far altro, volessero aspettare l'esercito dei duchi di Sassonia e del Brabante.

I Tedeschi accecati nella presunzione delle loro forze, indiguaronsi che fossero posti ostacoli al loro valore con vane paure. Maravigliavansi che i Cristiani di Palestina ricusassero in quel modo i soccorsi che la provvidenza medesima mandava loro; e con disdegnoso dispregio dicevano: Non esser usi i guerrieri d'Occidente differir l'ora della pugna, e che il Papa non gli aveva indotti a Crociarsi perchè si dondolassero in ozio vergognoso.

I baroni e i cavalieri di Terra Santa non potevano pazientemente sopportare l'orgoglio e l'ingiuria di tali discorsi, e rispondevano ai Crociati Tedeschi, non aver chiesta nè sollecitata la loro venuta: saper meglio che guerrieri novellamente giunti d'Occidente, che convenisse al regno di Gerusalemme: che senza verun soccorso degli stranieri, avevano da lungo tempo saputi sostenere e vincere i maggiori pericoli; e che quando pugna occorresse fare, saprebbero meglio che di parole dar saggio del loro valore.

In queste contenzioni gli animi s'inasprivano, e preludio della guerra contro gl'Infedeli furono le intestine discordie.

Improvvisamente i Crociati tedeschi escirono armati da Tolemaida e cominciarono le ostilità, correndo e predando le terre de' Mussulmani: i quali veggendosi venire addosso quel nembo di guerra, pretermesse le loro discordie, raunarono le loro genti dall'Egitto e dalla Siria, facendo unitamente impeto contro i Cristiani.

Malec Adel, in cui riponevano la loro confidenza i Mussulmani, quando occorreva difendere la causa dell'Islamismo, escì di Damasco, col suo esercito, e andò a Gerusalemme, ove concorsero gli emiri circonvicini, per ricevere i di lui comandamenti. E profligati che ebbero i Cristiani, che s'erano già inoltrati verso le montagne di Naplusio, andarono a campo sotto Ioppe.

Nella Terza Crociata, questa città consideravasi al sommo importante. Riccardo Cuor di Lione, l'aveva con grandi dispendii fortificata; e quando ritornò in Europa, vi lasciò un forte presidio: Il gran conto che facevano di essa città, proveniva dallo essere, di quelle situate in riva al mare, più vicina a Gerusalemme: perlochè rimanendo in potestà de' Cristiani, teneva loro aperta la strada della Città Santa e facilitava i mezzi d'andarvi a campo; ma venendo in poter de' Mussulmani, difficilissimo riesciva a' Cristiani l'accesso a Gerusalemme e il conquisto quasi impossibile.

Giunta a Tolemaida la novella che Ioppe pericolava, Enrico di Sciampagna, co' suoi baroni e cavalieri, accorse alla difesa seguitato anco dai Crociati tedeschi.

Anco i tre ordini militari con le genti Cristiane, ponevansi in cammino per soccorrere Ioppe, quando un tragico accidente interruppe il buono avviamento preso.

Enrico di Sciampagna, standosene affacciato a un balcone del suo palagio, intervenne che quel muro appunto ove era il re rovinasse, il quale precipitò giù con la ruina e di subito morì. I soldati che dovevano seguitarlo contro il nimico, accompagnaronlo invece alla sepoltura, e persero alcuni giorni nel celebrare le sue esequie [1].

Frattanto il presidio d'Ioppe, avendo voluto escire contro i Turchi, fu colto in un agguato, e tutti furono o presi o morti; e i Mussulmani con poca fatica presero la città e vi trucidarono ventimila Cristiani.

Questi sinistri erano stati in parte predetti da quelli che non volevano si rompesse la tregua. — Aspettavansi impazientemente i nuovi Crociati partiti dall'Oceano e dal Baltico, i quali eransi fermati sulle coste del Portogallo, e con la sconfitta de'Mori, v'avevano occupata la città di Silva [2]. — Partitisi dipoi, giunsero a Tolemaida, quando appunto il popolo era in grande costernazione per la presa d'Ioppe, e correva nelle chiese per raccomandarsi al patrocinio Divino.

La giunta de' nuovi Crociati rese gli spiriti a Cristiani, e fu risoluto di spiegare le insegne contro i nimici. — Escì pertanto di Tolemaida l'esercito e s'incamminò verso le coste della Siria; intanto che grande stuolo di navi carico di viveri e di munizioni da guerra, costeggiava la riva. I Crociati, senza cercare l'esercito di Malec Adel, posero il campo a Berito.

Berito situata fra Gerusalemme e Tripoli, era emula di Tolemaida

---

[1] Tutti gli storici coetanei riferiscono la morte di Enrico di Sciampagna, ma in diversi modi circa la cagione e le circostanze.

Bernardo Tesaurario narra che il Re essendo a un balcone del suo palazzo, tutto assorto ne' suoi pensieri, cadde giù e morì; e che egli pativa di stordimenti.

Francesco Pipino narra, che il Re era andato al balcone per lavarsi le mani e di poi andare a cena, e che il servo che erali accanto, quando lo vide cadere se gli gittò dietro per non essere accusato reo di quella morte.

Alberto di Stadt narra, che il Re essendosi alzato di notte per un suo corporale bisogno, cadde dalla finestra e morì; e che uno de' suoi servi volendolo trattenere, caddeli dietro e anch'esso morì.

Ruggiero di Oveden narra la morte del re nel medesimo modo.

Arnoldo di Lubecca aggiugne: che il re era andato sotto una loggia del suo palazzo a prendere il fresco (nel Latino leggesi *exedra* che secondo Durangio era una piccola camera contigua alla loggia.) E questo Cronista dice anco che Dio punì in quella guisa il Re per aver maltrattati i Tedeschi.

Ottone da san Biagio gli fa anco più gravi accuse che si possono leggere nella *Biblioteca delle Crociate*.

Lo storico Arabo Ibn Alatir dice: *Il conte Enrico trovandosi ad Acri cadde da un luogo alto e s'ammazzò.* Vedi *Bib. delle Croc.* all'anno 592 della Egira.

[2] Intorno a questa crociata fatta nel Portogallo, vedi la Illustrazione sulle Crociate di Spagna, Portogallo e del settentrione d'Europa, nel Volume de' documenti.

Enrico di Sciampagna, standosene affacciato al balcone del suo palagio, intervenne
che quel muro appunto ove era il re rovinasse

Lib IX Pag. 566

e di Tiro per la popolazione per il commercio e per la comodità del suo porto. Le provincie mussulmane di Siria, avevanla per loro metropoli, ed ivi gli emiri e i principi che contendevansi il possesso delle circonvicine città, andavansi a coronare. Saladino dopo la presa di Gerusalemme, vi fu acclamato sovrano della città di Dio e coronato Sultano di Damasco e del Cairo. Ivi i pirati che infestavano il mare, solevano portare le spoglie de' Cristiani; ivi i guerrieri mussulmani depositavano le ricchezze acquistate con le loro vittorie o con le rapine. E nelle prigioni di Berito erano chiusi tutti i prigioni Latini delle ultime guerre. Per la qual cosa se gravi cagioni movevano i Cristiani a tentarne la presa, non men gravi facevano i Mussulmani ardenti a difenderla.

Malec Adel, dopo aver disfatte le fortificazioni d'Ioppe, s'era inoltrato con le sue genti sulla strada di Damasco, fino all'Antilibano. Ivi avuto notizia della mossa de' Cristiani, ritornò addietro, appropinquandosi al mare.

Trovaronsi a fronte, uno dell'altro, i due eserciti fra Tiro e Sidone, non discosto da certa riviera detta dagli Arabi *Nar Chasmiec*, e che i nostri cronisti del medio evo, erroneamente credettero essere l'Eleuterio degli antichi [1].

Le trombe dànno il segno. Cristiani e Mussulmani ordinansi in battaglia. I Turchi, superiori molto in numero, studiansi circondare i Latini e discostarli dal mare. La cavalleria mussulmana fa impeto nelle ale dell'esercito Cristiano, e poi l'assale da fronte e poi da tergo.

I Crociati ristringono gli ordini e in ogni lato le schiere loro sono salde e impenetrabili. Mentre che il nemico diluvia loro addosso freccie e strali d'ogni maniera, con le lancie e con le spade fanno strage degli assalitori. Diverse erano le armi, pari il coraggio ed il furore. Lungamente fu indecisa la vittoria; molte volte pericolarono i Cristiani, ma l'ostinato loro valore, superò alfine il numero e la prodezza de' Mussulmani. — Le rive del mare, le sponde del fiume, il pendio delle montagne erano disseminati di morti. — Molti emiri persero i Turchi. Malec Adel che in questa giornata aveva adempito a tutte le parti di eccellente capitano, ferito sul campo di battaglia, si salvò con la fuga. Il suo esercito fu disperso; parte fuggiva verso Gerusalemme, parte disordinatamente correva a Damasco. Ivi la fama di tanta sconfitta, portò estrema costernazione. [2].

_____

[1] L'Eleuterio discende dalle montagne al mare, di contro l'isola d'Arado, ed è detto in Arabo *Nar el Chebir*. T.

[2] Di questa giornata non rimane altro documento fuorchè la lettera del duca di Sassonia mandata all'arcivescovo di Cologna; e che si avrà tradotta nel libro de' Documenti.

Per questa vittoria tutte le città della costa di Siria che tenevansi ancora dai Mussulmani, vennero in potestà de' Cristiani; avendo i Turchi abbandonato Sidone, Laodicea e Gibeletto. Quando poi l'armata e l'esercito de' Cristiani mostraronsi davanti a Berito, il presidio ne sbalordì per modo, che non osò fare difesa veruna. Serbavansi in questa città, secondo che riferiscono gli storici, tante vettovaglie da poterne pascere gli abitatori per più anni; e riferiscono anco, che due grandi navi, non erano capaci alla quantità del saettume, degli archi e delle altre macchine guerresche, che vi si trovarono [1].

Oltreciò grandissime ricchezze vennero nelle mani de' Cristiani; e furono liberati nove mila de' loro prigioni, i quali furono opportuno rinforzo al cristiano esercito.

Il principe di Antiochia che era venuto con le sue genti all'esercito spedì, secondo l'uso del paese, una colomba alla sua capitale con l'annunzio di questa, come ei diceva, miracolosa vittoria. — Per tutte le città cristiane furono rese solenni azioni di grazie al Dio degli eserciti. E gli storici che ci hanno tramandata la memoria di questi successi, non sanno come meglio esprimere la gioia del popolo Cristiano, che con il versetto della Scrittura, ove è detto: *Allora Sionne si commosse per l'allegrezza, e i figliuoli di Giudea furono pieni d'gioia.*

Ora, in mentrechè i Crociati affaticavansi virtuosamente in Siria, l'Imperatore Enrico Sesto, valevasi delle forze che a nome della Crociata aveva assembrate, per compiere il conquisto di Napoli e di Sicilia.

Quel paese, descritto dagli storici e da' poeti dell'antica Roma, come luogo di riposo e di pace, e di delizia, e come beata solitudine sacra alle latine muse; dal medio evo in poi, era divenuto teatro delle guerresche calamità e degli eccessi della barbarie. Nel decimo ed undecimo secolo, fu ora dominato dai Greci, ora dagli Arabi ed ora dai Franchi. — Non farò menzione de' conquisti e delle spedizioni romanzesche di alcuni guerrieri normanni, condotti su questi lidi dalla devozione de' pellegrinaggi e dalla fama della ubertà del terreno. Que feroci guerrieri non dissimili dai compagni di Romolo, fondarono primamente una repubblica militare ove unica legge era la spada, unico diritto la violenza. Ciò fu causa d'intestine discordie, onde sorse un principato, che assicurò la quiete della tirannide ai popoli di Sicilia e di Calabria; poichè la dura oppressione di un solo è men dura a sofferirsi che l'anarchia e la tirannide di molti. Stabilita la dinastia de' Normanni, Costantinopoli, n'ebbe più fiate

[1] Cornelio Ermanno, Ruggiero di Oveden e Bernardo Tesaurario, espongono con notevoli particolari la presa di Berito.

cagion di temere; e più volte i Saraceni dell'Affrica furono sconfitti. —
In Napoli e in Salerno furono fondate scuole ove insegnavansi lettere e
e scienze; le arti e la greca industria arricchirono le città di Siracusa e
di Palermo; fiorì il commercio, ebbe utili corrispondenze in Asia; e i
Cristiani di Palestina, furono più volte, ne' loro pericoli soccorsi dalle
armate di Bari e di Otranto.

Questa sicula prosperità fu in un subito spenta dalla normanna tirannide. Il matrimonio di Costanza ultimo rampollo de' principi normandi
con l'Imperatore Enrico Sesto, fornì ai Tedeschi il pretesto di muover
guerra in Sicilia. Tancredi figliuolo naturale di Ruggieri, eletto re dalla
nobiltà sicula, resistette per quattro anni alle germaniche alluvioni; ma
lui morto, rimaso il regno senza capo, in preda a contrarie fazioni, fu
aperto agli assalti de' forestieri.

Ora Enrico Sesto, per incarnare il suo disegno, non avea uopo di
porvi tutta la sua potenza: con clemenza e moderazione poteva assicurare
il suo conquisto e sottomettersi quel popolo già vinto dalle sventure:
ma combattuto il suo animo dalla brama di vendetta, non sentiva misericordia alcuna per le miserie de' vinti, nè alcun grado avea loro che volontari se gli sottomettessero.

Tutti quelli che mostrarono o affezione o fedeltà alla casa di Tancredi, furono o imprigionati o con orribili supplicii ammazzati. I soldati imperiali servivano mirabilmente alla immanità del loro capo: sicchè la pace che i vincitori vantavansi aver data alla Sicilia, era più dura
e perniciosa a' popoli di qualunque atrocità di guerra.

Falcando, morto alcuni anni prima di questa spedizione, aveva nella
sua istoria, quasi profeticamente, deplorato le calamità che soprastavano
alla sua patria; egli vide in ispirito le più floride città e le più ubertose campagne di Sicilia devastate dalla barbarica alluvione: ed esclamava:

O, sventurati Siciliani, io veggo i turbolenti eserciti de'barbari,
ispaventare le città che in lunga pace riposavansi; veggole contaminate
del sangue de' loro cittadini, devastate dalle rapine, lorde di lussurie.
Questi futuri mali mi sforzano a piangere. — I cittadini che si faranno
argine alla piena di tanto sterminio, saranno dal ferro sterminati o
ridotti in ischiavitù; le vergini, davanti agli occhi de' parenti loro sa-
ranno violate; stuprate le venerabili matrone, spogliate prima de'loro
più preziosi ornamenti. L'antica nobiltà, che, abbandonata Corinto sua
patria, stabilivasi ab antico in Sicilia, diverrà schiava de' barbari!
E che ne gioverà essere stati primi propagatori delle scienze, della fi-
losofia e l'essere qui sorta la fonte alla quale dissetavasi la Musa

T. I.

de' Poeti ! Oimè, infelicissima Aretusa ! le tue acque fieno omai serbate a temperare l' ubbriachezza de' Teutoni [1].

Non pertanto quelli spietati guerrieri, portavano la Croce de' pellegrini; e il loro imperatore, sebbene non ancora assoluto dalla scomunica, vantavasi essere il primo dei soldati di Cristo, capo della crociata, e supremo moderatore delle cose d'Oriente. — Frattanto il re di Cipro offerivaseli vassallo, e Livone principe di Armenia chiedevali il titolo di re: ma egli, compito ogni suo desiderio in Occidente, avea vôlto i pensieri alla guerra turchesca, onde mandò una circolare a tutti i signori, magistrati e vescovi del suo Impero, ingiungendo loro che affrettassero la partenza de' Crociati [2]. — Obbligavasi poi egli di mantenere a sue spese l'esercito per un anno e prometteva pagare trenta oncie d'oro a tutti quelli che sarebbero rimasti sotto le sue insegne fino al compimento della guerra santa. Accorsero pertanto a lui, allettati da sì splendida promissione, moltissimi guerrieri; che subito furono posti in cammino per l'Oriente. — Corrado vescovo d'Idelseìmo e cancelliere dell'Impero, i cui consiglii, nelle guerre di Sicilia avevano molto giovato all'Imperatore, fu commissionato di condurre in Siria il terzo esercito de' Crociati.

Un tanto rinforzo in Palestina, v'accrebbe mirabilmente lo zelo e l'entusiasmo de'Cristiani; e certo con buona speranza di prospero successo, potevano i Crociati tentare alcuna grande impresa: la recente vittoria di Tiro, la presa di Berito, di Sidone, di Gibeletto, avevano forte spaventato i Mussulmani. — Alcuni capi dell'esercito cristiano proposero che si movesse contro Gerusalemme, dicendo, che quella città non arebbe potuto resistere alle loro armi vittoriose; aver per governatore un nepote di Saladino, mal sofferente il dominio del sultano di Damasco e che già più fiate erasi mostrato disposto a patteggiar co'Cristiani [3].

Ma la maggior parte de' principi e de' baroni, non si pascevano di tali speranze, nè sapevano prestar fede alle mussulmane profferte.

Era noto, che dopo la partenza di Riccardo Cuor di Leone, molto eransi aumentate le fortificazioni di Gerusalemme [4], sendovi stato aggiunto un triplice ricinto di mura e di fossi profondissimi, sicchè tal conquisto

---

[1] *Teutonicorum ebrietatem mitiges (Hist. Siculae* Muratori T. VII.)

[2] Questa circolare imperiale, trovasi nel volume de' Documenti. T.

[3] Ruggieri di Oveden racconta che il comandante mussulmano di Gerusalemme, detto da Abulfeda, il gran *Sanchéer*, aveva offerto ai Latini di dar loro la città e anco di farsi cristiano. Ma se vera fu la proposta del principe Mussulmano, perchè i Cristiani non l'accettarono? È oltrecciò da notare, che questa circostanza è riferita dal solo Ruggieri; e che gli storici orientali non ne fanno menzione.

[4] Ottone da San Biagio.

era divenuto di molto maggior pericolo e difficultà che non fu a' tempi di Goffredo di Buglione.

Soprastava l'inverno, l'esercito sarebbe stato facilmente costretto a torsi dell'assedio dalla stagione piovosa; e a ritirarsi forse, presente il nimico, con molto pericolo. Queste considerazioni feciono che si procrastinasse al venturo anno l'impresa di Gerusalemme.

Notevole è, che generalmente gli eserciti de'Crociati, sempre erano desiderosi della liberazione di Gerusalemme, mentre per lo contrario i capi di quelli, volgevano sempre i loro pensieri a qualche altro conquisto.

La città santa discosta dal mare, non chiudeva in sè altra cosa preziosa, fuorchè i suoi monumenti religiosi; ma le città marittime di Siria invece, chiudevano altre ricchezze più all'appetito umano confacenti, e che migliori guadagni promettevano ai conquistatori; oltreciò aveano più facili le comunicazioni con l'Europa, perlochè, se il conquisto di Gerusalemme alettava alcuna fiata la pietà e la devozione de'pellegrini, quello delle città marittime era più forte stimolo ai popoli navigatori dell'occidente e ai principi di Palestina.

Tutto il littorale da Antiochia fino ad Ascalona apparteneva ai Cristiani, nè i Mussulmani vi tenevano altro che la fortezza di Torone: il presidio della quale faceva spesse correrie per le vicine campagne, e teneva impedite le comunicazioni fra le città cristiane.

Deliberarono pertanto i Crociati di recarsi a campo sotto il castello di Torone, prima di andare a Gerusalemme.

Questa fortezza fondata da Ugo di Sant'Omero, regnante Baldovino Secondo, distava una lega da Tiro ed era situata sopra una prominenza circondata di precipizii; angustissimo era il sentiero che vi conduceva. — I Cristiani non avevano macchine da combatterla; gli strali e le pietre scagliati dalle falde del monte, appena potevano ferire il riparo degli assediati; mentre le travi e i pezzi di rupe precipitati dalle mura sopra gli assalitori ne facevano orribili stragi.

Nei primi assalti gli assediati favevansi scherno dei vani tentativi dei loro nimici, e contemplavano quasi da luogo sicuro, il valor latino frangersi nelle loro inespugnabili mura, e indarno esser posto in opera quantunque più mortifero ingegno dell'arte espugnatoria. Ma quanto più grandi erano le difficoltà, maggiori facevansi l'ostinazione e l'ardore de'Crociati [1]. I quali con incredibili fatiche forando le rupi aprironsi strade sotterranee; e ciò fecero i cavatori Sassoni già usati alle cavazioni di Ram-

---

[1] Arnoldo da Lubecca, racconta minutamente l'assedio di Torone; ed egli quasi solo ci guida nella presente narrazione. Ho trovato però alcuni utili documenti nell'arabo scrittore Ibn Alatir.

mesberga. Per tal modo pervennero i Crociati fino ai fondamenti della fortezza e quelli scommossi, rovinarono le mura in più luoghi, senza che ariete le percotesse; onde gli assediati non accorti della cagione, stimando il caso miracoloso, ne furono pieni di spavento.

Persero allora speranza di difendersi e proffersero capitolazione. Ma l'esercito cristiano era in tanto disordine e in tanta pluralità di capi, che niuno ardiva trattare co' Mussulmani. Enrico palatino del Reno, e i duchi di Sassonia e del Brabante, sebbene in grande reputazione fossero presso i Tedeschi, non erano obbediti che dà loro proprii soldati. Corrado cancelliere dell'Imperio e luogotenente dell'Imperatore, indebolito dalle infermità, ignaro della guerra, sempre chiuso nella sua tenda, ove aspettava l'esito delle battaglie, non degnavasi neppure intervenire al consiglio de' principi e de' baroni. —

Quando gli assediati ebbero fatta risoluzione di capitolare, rimasero più giorni senza poter sapere a qual principe dovevano rivolgersi, venuti dipoi i loro deputati al campo cristiano, furono uditi da una assemblea generale, nella quale combatteva rivalità con fanatismo, e dove prudenza e sano giudicio non avevano alcun influsso.

I deputati si ristrinsero a chieder clemenza dai vincitori, promettendo dar loro la fortezza con tutte le dovizie che v'erano, nè riserbando per sè altro che la vita e la libertà, e conchiudevano dicendo:

Anco noi abbiamo religione; siamo discesi da Abramo, e per la sua moglie Sara, chiamiamoci Saraceni.

A chi umanamente consideri la supplichevole proposta de' deputati, opinerà che non che grazia arebbe dovuto ottener favore; e la religione e la politica, non sembrerebbero ostare alla condiscendenza. Però la maggior parte de' capi erano disposti ad accettare la capitolazione, ma alcuni v'erano che non sapevano comportare che s'avesse a conseguire con trattati, ciò che secondo il parer loro, indubitatamente con le armi erano per presto conseguire. Dicevano costoro:

E' bisogna che tutti i nostri nemici sieno spaventati in modo che non abbiano ardimento di resisterci. Se il presidio di questa fortezza sarà tutto da noi trucidato, i Saraceni atterriti, non s'ardiranno più aspettarci nè in Gerusalemme nè nelle altre città che ancora per loro si tengono.

Ma perchè il parer di costoro non avea seguito, si volsero a tentare ogni via per interrompere le trattative; e riconducendo i detti deputati al castello, dissero loro:

Difendetevi, perchè se vi arrenderete a' Cristiani, e' vi trucideranno tutti con atroci supplicii [1].

[1] Arnoldo da Lubecca.

Nè contenti a ciò gli avversari della capitolazione, volgevansi ai soldati cristiani, dando loro ad intendere che volevasi fare una pace vergognosa con i nimici di Cristo. — Nel medesimo tempo quelli de'capi che favorivano alla capitolazione, ravvolgendosi per il campo, studiavansi far capace l'esercito, come e'fosse inutile e pericoloso voler, correndo nuove fortune di guerra, ottener quello, che loro liberalmente profferiva senza fatica la fortuna o la provvidenza.

Così de' soldati cristiani, parte inclinava al partito ragionevole e moderato, e parte infanatichiva nei guerrieri e nei religiosi furori. Però quelli che sentivano per la violenza, correvano alle armi; e quelli che per la moderazione, rimanevansi nelle loro tende. Così vario era l'aspetto del campo cristiano: qui disposizioni a pace, e là a guerra: frattanto la savia provvidenza accorgevasi che la contrarietà de'voleri intanto aiutava la fortuna degli assediati, che i Cristiani e per trattato e per forza d'armi perdevano la possibilità di conseguire il loro fine.

Nondimeno, dopo non poche contenzioni, la capitolazione fu dai principali capi de'Crociati e dal cancelliere dell'imperio, ratificata. Aspettavansi nel campo cristiano gli ostaggi promessi dai Mussulmani, i quali però avendo avuto tempo di meglio considerare che corpo senza capo è incapace di vigorose e continuate azioni, mutarono proposito. Imperocchè ritornati dal campo i deputati e fatta relazione ai compagni di quanto avevano veduto e conosciuto, e delle divisioni de'Cristiani; non fu più ragguardato alla ruina delle mura, nè al difetto delle armi e delle vettovaglie, ma tutti ad una voce giurarono; voler più presto morire che arrendersi a chi non avea neppure tanta virtù da afferrar la fortuna che presentavali il ciuffo. — Non furono pertanto più mandati gli ostaggi, e nuovamente i merli furono ripieni d'arme e d'armati che ingiuriando agli assediatori provocavanli a nuovi assalti.

I Cristiani ricominciarono l'assedio, ma con meno ardore di prima, e il loro coraggio ogni giorno diminuiva, mentre quello degli assediati cresceva: i quali indefessamente lavoravano a risarcire le loro mura e le macchine di difesa. I Crociati erano combattuti e trucidati nelle vie sotterranee da essi aperte, ed ivi rimanevano sepolti; quelli dipoi che all'aperto intorno alle mura combattevano, non meno vigorosamente erano repressi e sterminati da fitto grandinare di strali e di pietre. Quando i Mussulmani prendevano vivo alcuno de'loro nimici, conducevanlo nella fortezza e facevansi delizioso spettacolo del suo supplicio, esponendo dipoi sulle mura i teschii di que'malarrivati e balestrandoli con macchine nel campo de'Cristiani.

L'invilimento avea prostrati i Crociati. Alcuni fiaccamente combattevano; gli altri stavansene spettatori indifferenti dei pericoli e della morte dei loro compagni; molti poi rompevano in mostruose lussurie e depravazioni, facendosi scherno della causa di Dio. Vidersi allora (così narra un cronista) quelli stessi che per seguitare Gesù Cristo avevano le loro mogli abbandonate, posti in obblio i loro sacri doveri, far pubblico e impudente bordello con meretrici e con cinèdi. E crebbero in tanto le nefandità, che i vecchi cronisti confessano, non aver coraggio di raccontarle. Arnoldo da Lubecca, detto generalmente intorno alla corruzione del campo cristiano, quasi di poi se ne scusa col lettore, raccordando che s'egli fa menzione di tali abbominazioni, non è con intendimento d'ingiuriare 'all'uman genere, ma per ammonire i peccatori, e intenerire (se pur sia possibile) il cuore de' suoi fratelli in Gesù Cristo.

Divulgossi frattanto la fama, che i regni di Aleppo e di Damasco armavansi potentemente contro i nuovi Crociati; che già s'appropinquava un grosso esercito egiziano; e che Malec Adèl, con altro potentissimo esercito, moveva a vendicarsi della sua ultima sconfitta.

Inteso ciò i capi de' crociati deliberarono di levare il campo da Torone, e per operare celatamente dal nimico la ritirata, non ebbero ritegno a ingannare i loro proprii soldati. — Il dì della Purificazione, quando i Cristiani, attendevano alle ecclesiastiche funzioni, gli araldi a suon di tromba, annunziarono al campo, che il vegnente giorno dovevasi dar l'assalto generale. Per conseguenza l'esercito nella notte preparasi a combattere; ma sopravvenuto il giorno, divulgasi la nuova che Corrado e quasi tutti i capi, abbandonato il campo s'incamminavano verso Tiro. Corrono subito i soldati alle loro tende, per accertarsi del vero; duri presentimenti gli tormentano; le tende sono vuote. Nasce in tutti furia di fuga; niuna preparazione era fatta per la ritirata, niun comando era dato. Ognuno avvisa al suo pericolo, e dal solo timore prende consiglio. L'avarizia di chi ha cose preziose è più forte che la cura della vita, onde se ne aggravano le spalle e seco le trasportano; chi non ha nulla da perdere, gitta anco le armi per essere più espedito. Gl'infermi e i feriti, a gran pena vanno dietro ai compagni; chi è impedito dalle gambe, rimansi nel campo. Universale era la confusione; bagaglie e soldati senza verun ordine movevansi; ignari delle strade, molti per le montagne divagavano; in ogni parte erano grida e gemiti... frattanto imperversava fierissimo turbine, con diluvio di pioggia, fitto lampeggiare, fragore terribile di tuoni e di folgori, e straripar di torrenti che la campagna dilagavano. In tanto tumulto del cielo e della terra, le disordinate frotte de' crociati esterrefatti fuggivano, nè il panico terrore ebbe sosta se non quando, col rischiararsi del cielo, apparvero loro le mura di Tiro.

tutti furia di fuga,....chi e' impedito dalle gambe rimansi nel campo

Lib. IX Pag 575

Quando tutti trovaronsi riuniti in quella città, universale fu il chiedere: perchè sì subita fuga? Dalla mal satisfatta curiosità, nacquero le sospicioni, gli odii reciproci, le maldicenze e il torcere a male qualunque detto qualunque minima azione, benchè nulla avessero in sè di reo. Quanto i capi avevano fatto infino allora, tutto essere con perfidi intendimenti vociferavano; niente aver a cuore la causa di Dio, niente la liberazione della Santa Città, tutto governare, tutto torcersi a fini umani ad ambiziosi appetiti. Non raguardare più Iddio a' Cristiani che lo tradivano: tutto dovere in calamitoso fine risolversi. — Rinnovaronsi le accuse, che nella seconda crociata, dopo l'assedio di Damasco, furono fatte a' Templari e ai Franchi; nè l'amaritudine contro l'avarizia e la malafede de' capi era minore. Anco i vecchi cronisti accordansi a dire, che Malec Adel aveva promesso ad alcuni capi dell'esercito cristiano, grandi somme d'oro, se s'adoperavano perchè fosse levato l'assedio da Torone. Ottone da san Biagio accusa specialmente di ciò i Templari; e i predetti cronisti, dicono anco che il principe Mussulmano gli pagasse d'oro falso, allegando l'arabo proverbio: Esser lecito ingannare i traditori. — Però è notevole che queste odiose accuse non trovansi dagli arabi scrittori confermate; e la posterità s'ammirerà certo nel vedere essere contro i cristiani maggiore la malignità de' loro proprii fratelli, che de' loro nimici.

La confusione e le discordie dell'esercito cristiano crebbero tanto, chè per ultimo fu necessario separare i Tedeschi dai Cristiani di Siria: quelli furono mandati a risarcire le mura d'Ioppe, gli altri ritornaronsi a Tolemaida.

Malec Adel, profittando delle loro divisioni, mosse contro i Tedeschi. Poco distante da Ioppe fecesi la giornata campale. Perironvi il duca di Sassonia e quello d'Austria; molti furono i morti de' Tedeschi e nondimeno ne escirono vittoriosi. Questa vittoria gonfiò smisuratamente il loro orgoglio e spinse all'estremo il loro disprezzo per i Cristiani di Palestina.

Noi abbiamo passato i mari (dicevano) *per difendere il paese di costoro, i quali invece di concorrere alle fatiche che sosteniamo in loro pro, vili e pusillanimi, ci abbandonano nel momento del pericolo.*

Dall'altra parte dolevansi i Cristiani di Palestina che i Tedeschi non fossero passati in Oriente per difenderli, ma per soverchiarli e dominarli con più grave giogo che sarìa quello de' Turchi.

Costoro (dicevano) *si sono mossi d'Occidente per fare una correria guerriera nella Siria; trovaronci qui in pace, e ci lasciano in guerra simili agli Alcioni precursori delle tempeste.*

Frattanto niuno sorgeva che avesse animo e influsso da sedare tante discordie e ricompor l'ordine. — Tenevasi da una donna lo scettro di

Gerusalemme; religione e leggi andavano in desuetudine; solo a violenza aveasi rispetto; l'obbedienza, a necessità e a forza non a ragione ed autorità tributavasi. Crescevano anco le corruzioni e la licenza, e sì mostruose divenivano, che incredibili ne sembrano le narrazioni dei testimoni oculari.

Vedendosi andar le cose ogni giorno più per la peggio, i più prudenti dei baroni e de'prelati, volsero loro cure alla elezione d'un nuovo re e pregarono Isabella, vedova di Enrico di Sciampagna, di scegliersi nuovo marito che fosse tale da saper reggere virtuosamente le redini dello stato periclitante. — Isabella aveva già avuto da tre mariti tre figliuoli, ed ora per quarto marito le era proposto Amaurì, di recente succeduto a Guido di Lusignano nel regno di Cipro. — Uno storico arabo dice di esso Amaurì che era *uomo savio e prudente, buon servo di Dio e umanissimo verso i suoi simili.*

Amaurì, non ostante i gravi disordini in che versava il regno, accettò la proposta e la mano d'Isabella. Furono celebrati i regali sponsali a Tolemaida, con molto maggior pompa, secondo dicono gli storici, di quello non permetteva lo stato delle cose. Sebbene cotal matrimonio non potesse rimediare ai mali de'Cristiani, porgeva almeno occasione di sperare, che le intestine discordie dovessero aver fine, e che gli stati latini meglio governati potrebbero raccoglier qualche frutto se avveniva loro di conseguir qualche vittoria sopra i nimici.

Giunse però certa novella d'Occidente che temperò molto le speranze de'Cristiani: perchè mentre si celebravano le dette nozze di Amaurì e d'Isabella, seppesi la morte dell'imperatore Enrico Sesto; e che in Alemagna per la elezione del nuovo Imperatore, preparavansi fiere contenzioni. Allora i principi e signori tedeschi che trovavansi in Palestina, considerando quanto importava agli interessi loro il nuovo assetto dell'Imperio, deliberaronsi di ritornare in Occidente.

Ma il conte di Monforte e alcuni cavalieri francesi giunti di fresco in Terra Santa, pregavano instantemente i Tedeschi a differire la loro partenza. — Il papa poi intesa la morte dello Imperatore, scrisse subito ai capi de'Crociati, pregandoli e scongiurandoli, a non volersi partire se prima non compivano la loro santa opera. Ma nè le preghiere del conte di Monforte, nè quelle del pontefice, ebbero efficacia di mutare la risoluzione de'Tedeschi; cosicchè di tanti principi accorsi dall'Occidente in defensione della causa di Cristo, niuno fu fedele al suo sacramento, se se n'eccettui la reina d'Ungheria che co'suoi cavalli rimase in Palestina [1].

---

[1] Il padre Maimburgo', loda altamente la vedova di Bela; e a questo proposito dice: *Un tale esempio, dimostra, come si è pure veduto in altre principesse, che la virtù eroica non depende*

Lasciarono però, prima di partire i Tedeschi, un loro presidio in Ioppe; il quale poco tempo dopo mentre celebrava la festa di san Martino, secondo la usanza della nazione con eccessi di crapule, fu sorpreso e trucidato dai Mussulmani [1].

Soprastava l'inverno, i Cristiani non potevano tener la campagna; e tanto l'una che l'altra parte erano piene di discordie. Cresceva il desiderio di pace, per l'impotenza del guerreggiare. Allora il conte di Monforte concluse con i Turchi una tregua di tre anni. E cotal fine ebbe questa Crociata, la cui durata fu di tre mesi. Per le vittorie de' Crociati trovavansi i Cristiani padroni di tutte le coste di Siria: ma la loro subita partita fu cagione che il frutto di tali conquisti si perdesse, e che le città occupate rimanessero senza difensori e quasi anco senza abitatori.

Questa quarta Crociata, nella quale tutte le forze dell'Occidente si fransero contro piccola fortezza di Siria e dove fu data in spettacolo al mondo una guerra santa comandata da un prìncipe scomunicato, fu men feconda di grandi azioni e di grandi sventure che le preterite spedizioni. L'esercito cristiano non fu combattuto dalle solite carestie ed infermità; l'Imperatore divenuto padrone della Sicilia, provvedeva abbondantemente a tutti i bisogni de' Crociati.

Non erano i Tedeschi forniti delle necessarie qualità militari che assicurano ai vincitori la vittoria. Pronti erano nello affrontare i pericoli, ignorando come la prudenza s'alleghi al valore, nè obbedendo ad altro duce che a' loro voleri. De' loro capitani facevano invero alcun conto, ma gli altri sprezzavano. Tanto erano altieri, che anco nel bisogno, i soccorsi degli alleati rifiutavano, mal proprii alla pace e alla guerra [2].

dalla qualità del sesso e che la debolezza del temperamento e del corpo può dalla grandezza dell' animo e dalla vigoria della mente essere compensata.

[1] Lo storico inglese Fuller tratta diffusamente questo successo, e perchè la sua opera è molto rara, tradurrò qui letteralmente ciò che si riferisce a questo particolare: Ecco dunque come parla Fuller, scrittore non misurato nelle sue espressioni:

In questa guerra videsi un esercito di vescovi, più idoneo a celebrare una sinodo che a combattere Turchi, e che nondimeno presentava alcuna immagine della chiesa militante. Molti capitani se ne fuggirono secretamente, e quando i soldati volevano combattere, chi gli aveva a comandare, non era. Le reliquie di sì fatto esercito si ridussero in Joppe. Frattanto quasi nel medesimo tempo cadde il dì di san Martino, che è il più grande e solenne festivo dell' Allemagna. Martino tedesco di nascita e vescovo di Torsi in Francia acquistossi meritamente titolo di santo per la sua grande carità. I Tedeschi tributavano onore alla di lui memoria nel dì 11 di novembre, con ogni eccesso della crapula e della licenza. Ora venuto questo giorno festivo poco dopo la partenza dell' esercito i Turchi trovarono il presidio di Joppe tanto avvinazzato e assonnato, che penetrati nella città, ne scannarono da ventimila. Così un tal giorno che i Tedeschi sogliono segnare con lettere vermiglie ne' loro calendari, fu tinto dal loro proprio sangue, divenuto essendo il loro campo beccheria, e i Turchi loro beccai. . (Niccol. Fuller. L. 2, cap. 16, p. 135)

[2] Cronica di Usberg.

Paragouando questi Crociati ai compagni di Goffredo e di Raimondo, trovasi bene in essi la medesima cupidità di zuffe, il medesimo spregio del pericolo; ma l'antico zelo e l'influsso forte della religione e de'luoghi santi, erano venuti mieno. — Gerusalemme era aperta e concessa alla devozione de'Cristiani, ma pochi pellegrini v'andavano; anzi il Papa e i capi dell'esercito vietavano ai Crociati l'andarvi, se prima non l'avessero ricuperata; e i Crociati che in molti altri divieti disobbedivano spesso, questo fedelmente osservavano.

Più di cento mila uomini, partironsi d'Europa per liberare Gerusalemme, e ritornaronsi alle patrie loro, senza aver pur veduto il Sepolcro di Cristo. — In questa Crociata, le trenta oncie d'oro promesse dall'Imperatore a chi v'andasse, furono più efficaci che l'entusiasmo religioso non fu nelle precedenti, perchè il numero de'Crociati s'accrebbe inestimabilmente; e benchè ne fosse autor primiero il sommo pontefice, e benchè ne avessero il governo quasi soli ecclesiastici; fu più condotta da'fini umani che da religiosi. Nè le passioni anco più vituperevoli deguarono pur celarsi sotto il velame della ipocrisia.

L'arcivescovo di Magonza, il vescovo di Ildeseimo, e quasi tutti gli ecclesiastici che intervennero a questa santa gesta, non fecero mostra, nè furono buoni esempi di prudenza e di pietà.

Corrado cancelliere dell'Imperio, ritornato in Allemagna, per i suoi mali portamenti durante la guerra sacra, venne in odio all'universale, e quando molto tempo dipoi, fu ucciso da alcuni gentiluomini di Vurtzborgo congiurati contro di lui, il popolo reputò la sua tragica morte essere stata giusta punizione del cielo [1].

Enrico Sesto fecesi predicatore e promotore della Crociata col solo fine di ampliare i suoi stati, e mentre i suoi soldati combattevano in Palestina, e mentre tutta la cristianità pregava a dio per il buon successo delle loro armi, egli travagliavasi in una guerra empia e devastava un paese cristiano per sottoporlo al suo dominio, e meditava il conquisto della Grecia.

Il figliuolo di Tancredi fu abbacinato e posto prigione; le figliuole del re di Sicilia furono condotte in servitù: ed Enrico talmente infierì nelle crudeltà, che fecesi nimici anco i suoi proprii parenti. La sua morte fu volgarmente attribuita a veleno, propinatoli dalla moglie (come dicevasi) per giusto decreto di Dio che voleva far in lui giustizia delle sue

---

[1] Il padre Maimborgo, intitola erroneamente Corrado vescovo di Vurtzborgo; il qual errore trovasi corretto in una nota intorno a esso Imperial Cancelliere che per la sua lunghezza, è registrata nel volume dei Documenti.

tante immanità contro i suoi proprii sudditi e contro i popoli di Napoli e di Sicilia.

Veggendosi egli prossimo all'ora estrema, si rammentò delle persecuzioni fatte a Riccardo e dell'averlo tenuto prigione non ostante le preghiere del pontefice che l'esortava a liberarlo; spedì adunque ambasciatori al re d'Inghilterra, con commessione di farli solenne riparazione d'una tanta offesa.

Dopo la sua morte, perchè egli era scomunicato, fu chiesto permesso al papa della ecclesiastica sepoltura: Rispose il papa: che il potevano seppellire fra i Cristiani, ma che prima era mestieri far molte preghiere ed elemosine per mitigare lo sdegno divino.

Avendo egli occupate le più belle contrade d'Italia con violenze e perfidie, gittò funestissimi semi di rivoluzioni e disordini tali, che dipoi per più secoli tennero tutto quel paese in continui travagli; perchè l'iniqua guerra fatta alla casa di Tancredi, eccitava contro la sua le vendette degli offesi; e per la sua lunga assenza con l'esercito della Germania, vi lasciò campo al principio di molte fazioni, che dopo la di lui morte, disputaronsi accanitamente lo scettro imperiale, e proruppero per ultimo a una guerra nella quale furono tratti i principali stati di Europa. Così questa quarta Crociata, non giovò nè a soccorrere i Cristiani d'Oriente nè a diminuire la potenza de' Turchi, e pose in combustione di guerre e di discordie tutto l'Occidente, per la iniqua ambizione dell'imperatore Enrico Sesto.

FINE DEL LIBRO NONO.

STORIA
DELLE CROCIATE

LIBRO DECIMO

dall' Anno 1198 al 1203.

Per la partenza de' Crociati tedeschi, erano rimasi i Cristiani d' Oriente senza sostegno e sconsolati; loro sola sicurezza, ma precaria e incerta, era la tregua conclusa fra Malec Adel e il conte di Monforte; però i Turchi erano di soverchio preponderanti a' Cristiani, nè era da presupporsi che volessero astenersi dal recuperare le cose perdute. Si volsero dunque di nuovo i Cristiani a implorare i soccorsi dell' Occidente, dove spedirono il vescovo di Tolemaida con alcuni de' più reputati cavalieri. La nave sopra cui era questa imbasceria, discostatasi di poco dalle coste di Siria, fu sommersa nell' onde e tutti i detti ambasciatori annegarono [1].

Nondimeno la fama divulgò le miserie del regno gerosolimitano; perchè alcuni pellegrini campati dal naufragio e approdati sulle coste di Sicilia portaronvi la notizia delle cose d' Oriente. Ma l' Europa trovavasi in sì depresse condizioni da non poter soccorrere a suoi figliuoli d' Oltremare. Allemagna, come è detto, per la morte dell' Imperatore Enrico Sesto era piena di divisioni. Filippo Augusto re di Francia guerreggiava contro Riccardo re d' Inghilterra.

Uno de' figliuoli della reina d' Ungheria, avea presa la croce, non per muovere in Oriente, ma per fare esercito con tale pretesto e dipoi usarlo per usurparsi la corona di quel regno. — Ogni pensiero del sepolcro di Cristo era venuto meno in Occidente.

---

[1] Merita esser letta intorno a questo caso la lettera scritta dal gran maestro degli spedalieri a suoi fratelli d' Inghilterra, che si avrà tradotta nel volume dei Documenti.

Frattanto Innocenzio Terzo in età di trentatrè anni, otteneva il papato [1].
Viveva Innocenzio in rigida solitudine e nell'indefesso studio de' libri
santi, o applicato alla confutazione delle nuove eresie che nascevano;
quando gli fu la sua elezione partecipata, ne pianse dapprima come se
ne avesse dispiacere; ma assiso che fu sulla sedia pontificale, si mostrò
ben diverso dall'uomo di prima. Volse subito tutti i pensieri alla grandezza temporale della sede apostolica, seguitando in tutto le vie di Gregorio Settimo. Grande era il favore che acquistavanli appo tutti i fedeli,
e la gioventù che promettevali lungo regno, e lo zelo nella defensione
della giustizia e della verità, e l'eloquenza, e la scienza e le virtù di
che avea l'animo ornato; onde tutti impromettevansi per esso di dover
vedere il trionfo della religione e il compimento dei progetti de' suoi
predecessori [2].

Applicò l'animo Innocenzio dapprima nel tôrre le innovazioni pericolose e le dottrine eterodosse che cominciavano a corrompere il suo secolo e a indebolire la potestà pontificia; adoperò dipoi ogni stimolo per
risuscitare lo zelo delle Crociate, e pose ogni studio ed arte nel farsi
soggetti i re e i popoli; per unire tutta Cristianità e volgerla a favorire
gli incrementi della chiesa.

In una sua lettera mandata ai vescovi, al clero, ai signori e ai popoli
di Francia, d'Inghilterra, d'Ungheria e di Sicilia, il sommo pontefice,
fattosi voce di Dio, così parlava:

*Dopo la lagrimevole perdita di Gerusalemme, la Santa Sede di
continuo ha esclamato al cielo ed ha chiamati i fedeli a vendicar l'ingiuria fatta da loro a Gesù Cristo, scacciato dalla sua eredità. Uria
non volle entrare nella sua casa, nè veder la sua moglie, mentre l'arca*

---

[1] Muratori e Baluzio hanno pubblicato la vita d'Innocenzio Terzo (vedi Muratori *Scriptor.
Rer. Ital.* Vol. 3, § 1, p. 486-568.) Ecco un ritratto di questo pontefice come leggesi in un manoscritto della biblioteca d'Avignone: *Innocenzio avea mente penetrantissima, memoria tenace,
scienza delle lettere divine e umane, eloquenza e facilità nello scrivere e nel parlare, ed esercizio e disposizione per il canto e per la salmodia. Era di media statura, di bella presenza. Temperato fra la parsimonia e la prodigalità, ma largo elemosiniere e nelle spese per le cose necessarie alla vita; in ogni altra spesa era economo, eccettuato nei casi in che richiedevasi dimostrazione di generosità. Era inoltre severo contro i ribellanti e gli ostinati, e mansueto coi
gli obbedienti e gli umili. Era coraggioso, costante, magnanimo ed astuto difensor della fede,
nimico della eresia, rigido nella giustizia, pio nella misericordia, umile nella prosperità, nel-
l'avversità paziente; facilmente irascibile e facile a mansuefarsi. Studiò a Bologna e a Parigi
e fu superiore a' suoi coetanei nella filosofia e nella teologia, come si conosce nelle opere che
egli pubblicò in varie circostanze.*
[2] Hurter scrittore tedesco, ha pubblicata una *Storia di Innocenzio terzo* che è stata voltata
in francese da Saint-Chéron. Trovasi in questo libro molta scienza e sagacia, ed Innocenzio vi è ritratto con imparzialità, quantunque l'autore sia protestante. Meritano anco esser consultate, la *Storia del papato* di Leopoldo Ranke; e la *storia di Gregorio Settimo* di Voigt.

del Signore era nel campo; ma ora i nostri principi, in tanta pubblica calamità, s' insozzano d' illegittimi amori, di leziose morbidezze, abusando de' beni, loro dati dal cielo e perseguitandosi vicendevolmente con odii implacabili: e tutti vôlti in vendicare private ingiurie, non odono gli scherni de' nostri nimici che ci dicono:

Dove è il vostro Dio, che non può liberare sè medesimo dalle nostre mani? Noi abbiamo profanato il vostro santuario e i luoghi in che pretendete che la vostra superstizione sia nata; noi abbiamo spezzate le armi dei Franchi, degli Angli, de' Tedeschi, ed abbiamo per la seconda volta domi gli orgogliosi Spagnuoli; che ci rimane a compire, se non cacciare quei che voi avete lasciati in Siria, e irrompere dipoi nell' Occidente per ispegnere il vostro nome e la vostra memoria?

Ah, mostrate (seguitava a dire Innocenzo) mostrate che il valor vostro non è per anco venuto meno; prodigate a Dio quello di che vi è stato liberale; se in tant' uopo, negate servire a Gesù Cristo, che scusa potrete addurne davanti al suo formidabile tribunale? se Dio è morto per l' uomo, temerà l' uomo di morire per Dio? Ricuserà di dare la sua vita fugace e i beni caduchi della terra, al sovrano dispensatore della vita eterna?

Spedì oltreciò, il pontefice, molti prelati in tutti i paesi d'Europa, per ricomponere in pace i principi ed esortarli a collegarsi contro i nimici di Dio. Questi messi dovevano indurre le città e i signori a mandare in Terra Santa a loro spese certo numero di cavalli e di fanti; promettendo in contraccambio la remissione de' peccati e la protezione speciale della Chiesa [1], a tutti coloro che concorressero personalmente alla impresa, o con danaro e soldati.

Per ricevere i tributi de' fedeli, furono poste cassette da elemosine per tutte le chiese [2]. Nella confessione i preti dovevano imporre per penitenza a tutti i peccatori di concorrere o con la persona o col danaro alla santa impresa; niun peccato poteva trovar grazia da Dio senza l'adempimento di tale penitenza. E perchè facevasi universalmente alla chiesa di Roma l'accusa che imponesse altrui carichi di che essa sosteneva ap-

---

[1] Alcuni baroni promossero la quistione, se potevano crociarsi, contro la volontà delle loro mogli (*praeter uxorum assensum*). Il papa sentenziò che potevano *in tanta necessitate christianitatis* (Epistol. Innocent.) —

Se poi le donne potessero andare al pellegrinaggio contro la volontà de' mariti, fu questione non decisa e che il padre Ultremanno, dichiara esser molto più difficile a risolvere (*Not. in Constantinopol. Belgica*, p. 602.).

[2] Fleury è d'opinione che le cassette per le elemosine abbiano avuta origine da questa circostanza.

pena la minima parte, il pontefice esortò i capi del clero tutto, a smentire tale accusa con dar l'esempio di generosa partecipazione.

Innocenzio fece fondere il suo vasellame d'oro e d'argento, per impiegarlo nelle spese della guerra santa, comandando che non gli fossero posti sulla mensa se non che vasi di legno e di terra per tutto il tempo che la Crociata durasse.

Il sommo pontefice confidava tanto nello zelo e nella pietà de'Cristiani, che scrisse al patriarca e al re di Gerusalemme, annunziando loro i prossimi soccorsi dell'Occidente. E frattanto attendeva a formare un grosso esercito. Scrisse pure all'imperatore di Costantinopoli, riprendendolo della sua noncuranza per la liberazione del Santo Sepolcro [1].

L'Imperatore Alessio nella sua risposta si studiò di mostrarsi zelante per la causa della religione; notando nondimeno che il tempo della liberazione di Gerusalemme non era per anco maturo, e che temeva opporsi alla volontà di Dio, sdegnato per le peccata de'Cristiani. Inoltre e con astuta circospezione ricordava l'imperatore i guasti fatti sulle terre dell'Imperio dai soldati di Federigo; e pregava il papa di rivolgere le sue riprensioni a coloro che sotto pretesto di servire a Gesù Cristo, afficavansi a satisfare le loro mire ambiziose. E in conchiusione diceva: Non esser venuto il tempo di tôrre a'Saraceni Terra Santa, e che precorrendo in ciò alla volontà di Dio, temeva non fosse dato cominciamento ad opera vana.

Innocenzio però combatteva vigorosamente l'opinione del greco imperatore, dicendo, che quelli i quali erano stati rigenerati nelle acque del battesimo, dovevano volontariamente crociarsi, se non per altro per temenza che aspettando il tempo incognito e prefisso alla liberazione del Santo Sepolcro, senza nulla operare, non incorressero nel giusto sdegno di Dio.

In queste lettere scritte all'imperatore Alessio, il papa lasciava traspirare la sua pretensione all'imperio universale, e parlava da sovrano arbitro dei monarchi dell'Oriente e dell'Occidente; attribuendosi queste parole già dette a Geremia profeta: *Io t'ho posto sopra le nazioni e su i regni per divellere e sperdere, per edificare e piantare:* e paragonava la potestà pontificia al sole che illumina l'universo durante il giorno, e quella de'principi alla luna che lo rischiara durante la notte [2].

Queste alte pretese non dissimulate da Innocenzio, e l'alterezza con cui le palesava, nocquero non poco all'effetto delle sue esortazioni, e in-

[1] I cardinali Alberto e Albertini furono spediti legati all'imperatore Alessio con commissione d'impegnarlo ad adoperarsi per la *destruzione del Maomettismo.*

[2] Epistol. Innocent.

debolirono lo zelo de'principi cristiani che voleva stimolare alla Crociata.

I principi e i vescovi di Allemagna erano divisi fra Ottone di Sassonia e Filippo di Soavia; Innocenzio fecesi fautore di Ottone, e minacciò delle ecclesiastiche saette tutti coloro che persistessero nella parte avversa. Nacquero da ciò tumulti grandissimi: alcuni seguitarono il Pontefice, molti andavano provvedendosi contro i suoi minacci; e così tutta l'Allemagna trovandosi implicata in tanta contenzione, niun tedesco prese la Croce.

Pietro da Capua, uno dei legati pontificii, riescì a pacificare Riccardo cuor di leone con Filippo Augusto. Riccardo, che voleva acquistarsi il favore della Santa Sede, prometteva di allestire un'armata e ragunare un esercito per ritornare in Palestina. Bandì nella sua metropoli un grande torneo nel quale esortò i cavalieri e i baroni a volerlo seguitare in Oriente, ma niuno gli acconsentì. Poco dopo ricominciò la guerra in tra Inghilterra e Francia e Riccardo, che giurava sempre di voler muovere a combattere gl'Infedeli, morì combattendo contro i Cristiani.

Filippo Augusto avendo repudiata la sua moglie Ingeburga, sorella del re di Danimarca, aveva novellamente sposata Agnese di Merania.

Il sommo Pontefice nella lettera diretta ai fedeli aveva fatte gravi censure de'principi che si dedicavano ad amori illegittimi: Ora intesa questa novità di Francia, comandò subito a Filippo Augusto di riprendere Ingeburga; e perchè il re denegolli obbedienza, interdisse il regno di Francia.

Per alcuni mesi le cerimonie religiose furono pretermesse; più non erano pasciuti i fedeli della divina parola; non udivansi più sonar campane, nè cantar salmi, era ricusata ai morti l'ecclesiastica sepoltura; e tutte le chiese stavano chiuse.

Sebbene i Crociati fossero esenti dall'interdetto, non di manco dispiaceva un tal gravame alla maggior parte de'Francesi. Filippo Augusto sdegnato contro il papa mostrava nessuna cura della religione [1].

(Anno 1199.) Era però in Francia un certo curato di Neuilly sopra la Marna, il quale e per la grande eloquenza e con molti miracoli erasi fatto numerosissimo seguito nel popolo. Appellavasi costui Folco, ed era stato in sua gioventù disfrenato a ogni malfare; inclinando a vecchiezza si convertì a penitenza delle sue peccata, nè contento d'esser ritornato

---

[1] Vedi la cronaca di san Dionigi, agli ultimi anni di Filippo Augusto (*Hist. de France*, T. 14.) Dopo questo interdetto i re di Francia studiaronsi d'insinuare ne'popoli la massima che i papi non abbiano legittima potestà di rompere i legami che uniscono i sudditi a'loro principi; nè di fulminare interdetto universale sopra un regno; che la scomunica dee solo essere sentenziata contro gli individui; e che i suoi effetti sono meramente spirituali e non temporali.

T. I.

egli al servigio di Cristo, volle tirarvi anco tutti i peccatori, onde diessi a correr le provincie, chiamando le genti a penitenza e al disprezzo delle cose terrene. Nelle sue prime predicazioni, gli auditori, che conoscevano la sua passata vita, non fecero che ridere del nuovo missionario, ma persistendo egli senza turbarsene, vinse la prova. Cominciano i Vescovi a chiamarlo perchè predicasse nelle loro diocesi; ovunque eranli fatti straordinarii onori, il popolo e il clero correvanli incontro come se fosse un messo di Dio.

Folco (dice la cronica di san Vittore) sì nel vestire che nel vivere, non si disformava in nulla dall' uso comune; *andava a cavallo e mangiava quello che gli era presentato*. Predicava qualche volta nelle chiese e più spesso sulle pubbliche piazze; talora interveniva nelle assemblee de' baroni e de' cavalieri. Semplice e naturale era la sua eloquenza, e preservato dalla sua stessa ignoranza, dal cattivo stile del suo secolo, non imbellettava il suo discorso nè con vane sottilità scolastiche, nè con la ridicola mischianza dei luoghi della scrittura e dei testi profani dell' antichità: le sue parole non ornate di erudizioni, allora in grande usanza, apparivano più persuadenti e facevansi meglio via ai cuori. I più dotti predicatori facevansi suoi discepoli e divulgavano che lo Spiritossanto parlasse per la di lui bocca. Mosso da quella fede che opera prodigii, volgeva a suo disio le passioni della moltitudine, e faceva rimbombare fino nei palagi de' principi *il tuono delle evangeliche minaccie.* [1]

Dopo averlo udito, tutti coloro che s'erano mediante la fraude arricchiti, o con rapine o con usure, restituivano la roba male acquistata; i dissoluti ne' vizii confessavano le loro peccata e consecravansi alle austerità della penitenza; le meretrici, facendosi imitatrici della Maddalena, piangevano gli scandoli della loro vita, tagliavansi le chiome e deponevano le pompe delle loro vesti per coprirsi di cilici, promettendo a Dio di vivere in solitudine e di morire sulla cenere. Al postutto l'eloquenza di Folco produceva sì mirabili effetti e tanti miracoli, che gli scrittori coetanei dicevalo un nuovo san Paolo, mandato per la conversione del suo secolo. Ed un Cronista discorre fino a dire, che non osa raccontare di lui tutto quello che ne sa, diffidandosi della incredulità degli uomini [2].

---

[1] Raccontano le croniche coetanee che Folco, volgendosi un giorno a Riccardo cuor di Leone, gli dicea: *Tu hai tre figliuole da maritare, cioè l'avarizia, la superbia e la lussuria.* Al che rispose Riccardo: *Io do la mia superbia ai Templari, la mia avarizia ai monaci di Cestello, e la mia Lussuria a' Vescovi* (Vedi *Bibl. delle Crociate.*)

[2] Alberico, Bigord, Ottone da san Biagio, Giacomo da Vitriaco, la cronica di Raolo da Coggeshale, la cronica di Bromptone e Marino Sanuto, ci hanno tramandate alcune notizie sulla vita di Folco. — Fleury nella sua storia ecclesiastica, vol. 16, ha raccolto tutti i materiali sparsi nelle vecchie croniche. L'abate Lebeuf, nella sua storia di Parigi, cita una vita di Folco (1 vol. in 12, Parigi 1620.)

Innocenzio Terzo, che non sapeva comportare lo spregio della sua escomunicazione fatto dal re di Francia, pensò valersi di Folco al fine che egli riconducesse il re alla sottomissione della santa sede o che gli ribellasse contro i popoli; perciò dette al nuovo predicatore la stessa missione che cinquant'anni addietro era stata data a san Bernardo.

Folco, andato al capitolo generale di Cestello, presevi solennemente la croce e dette cominciamento al nuovo apostolato. Risvegliossi subitamente lo zelo per la crociata; accorrevano le genti da tutte le città, da tutte le provincie per intendere il predicatore; e tutti quelli che erano da poter arme, crociavansi.

Folco si associò altri famosi oratori, in tra i quali meritano menzione, Martino Litz monaco di Cestello, che predicò la crociata nella diocesi di Bâle e sulle rive del Reno; Erloino monaco di san Dionigi, che andò a concionare nelle selvaggie campagne della Brettagna e del Pontieri; Eustachio abate di Flay, che passò due volte a predicare in Inghilterra.

Questi oratori, sebbene non tutti di pari eloquenza, avendo a trattare un unico soggetto, partorivano quasi i medesimi effetti. Le calamità di Gerusalemme, il sepolcro di Cristo nelle mani degli Infedeli erano argomenti molto patetici per quella età. I popoli movevansi facilmente, ma senza il concorso de' principi ogni sforzo era vano.

Erasi bandito in Sciampagna un grande torneo, al quale dovevano intervenire i più valorosi guerrieri di Francia, di Allemagna e di Fiandra; onde Folco corse subito al castello di Ecry sopra l'Aisne, ove dovevano convenire i cavalieri.

Quando furonvi tutti, Folco cominciò a magnificare le afflizioni di Gerusalemme; posersi di subito in obblio le giostre e le prodezze degli schermitori, e le dame e le damigelle che davano i premi del valore e gli allegri menestrelli che celebravano i gesti dei giostratori. Tutti fecero sacramento di muovere contro gl'Infedeli; e vidersi allora escire i difensori della croce da quelle feste guerriere che la Chiesa aveva severamente proibite.

(Anno 1200) Fra i principali signori e principi che crociaronsi sono da ricordare Tebaldo Quarto, conte di Sciampagna e Luigi conte di Sciartre e di Bloase, ambidue congiunti dei re di Francia e d'Inghilterra. — Il padre di Tebaldo era andato alla seconda crociata con Luigi il giovane; il di lui fratello maggiore era stato re di Gerusalemme; due mila cinquecento cavalieri dovevanli omaggio e servizio militare; e la nobiltà di Sciampagna era eccellente negli esercizi delle armi. Tebaldo, avendo per moglie l'erede di Navarra, poteva raccogliere sotto le sue bandiere i più bellicosi abitatori de' Pirenei.

Luigi, conte di Sciartre e di Bloase, discendeva dai capi più illustri della prima crociata e possedeva una provincia feconda di guerrieri.

Seguitando l'esempio di questi due principi, crociaronsi il conte di san Paolo, i conti Gualtiero e Giovanni di Brienna, Manasse dell'Isola, Rinaldo da Dampierre, Matteo da Montemoransi, Ugo e Roberto di Bovese conti di Amiens, Rinaldo da Bologna, Gioffredo di Perche, Rinaldo da Montemiraglio, Simone da Monforte, quello che poco prima aveva fatta la tregua co' Turchi, e Giuffredo di Villarduino [1] maresciallo di Sciampagna [2], il quale ha scritta la cronica di questa crociata, nell'ingenuo stile del suo secolo.

Fra gli Ecclesiastici che crociaronsi la storia ricorda Nivelone da Cherisì vescovo di Soassone; Guarniero vescovo di Langria; l'abate di Looz; l'abate di Vô di Sernê.

Il vescovo di Langria, fulminato dalle papali censure, imprendeva questo pellegrinaggio con la speranza di essere ribenedetto dalla santa sede; gli abati di Looz e di Vô di Sernê erano chiari per la loro pietà e dottrina; ma il primo specialmente per la sua saviezza e moderazione; il secondo poi per il suo zelo religioso che esercitò dipoi mirabilmente contro gli Albigesi, e contro i partigiani del conte di Tolosa [3].

Quando i cavalieri e i baroni ritornarono alle loro case, avendo la croce rossa appiccata a' loro budrieri e ai loro giachi, suscitarono con tale spettacolo l'entusiasmo de' loro vassalli e de' loro fratelli d'arme. La nobiltà di Fiandra, come quella di Sciampagna, volle ostentare zelo per defensione de' santi luoghi [4].

Baldovino, che parteggiava per Riccardo contro Filippo Augusto, si procurò, sotto lo stendardo della Croce, asilo contro le persecuzioni del re di Francia; e fece sacramento nella chiesa di san Donaziano di Bruggia, di andare in Asia a guerreggiare contro i Mussulmani.

Maria contessa di Fiandra, sorella di Tebaldo conte di Sciampagna, non volendo rimanere senza il marito, quantunque sul fiore della gioventù, e incinta da alcuni mesi, deliberossi di seguitare i Crociati oltre

---

[1] Il nome di Villarduino proviene da un villaggio o castello della diocesi di Troyes, situato tra Bar e Arcy. Il ramo maggiore di questa famiglia al quale apparteneva lo storico, si spense nel 1400; il ramo minore che ottenne il principato di Achaia, finì nella casa di Savoia.

[2] Questo officio era, rispetto ai grandi feudi, quello che la dignità di maresciallo di Francia fu dipoi nella monarchia.

[3] L'abate di Vô di Sernê ha scritta la cronica della guerra contro gli Albigesi, che trovasi tradotta nella nuova collezione pubblicata da Guizot.

[4] I particolari della Crociata, per ciò che concerne i conti di Fiandra e la nobiltà di essa contea, sono stati raccolti dal padre di Utreman, nell'opera intitolata: *Costantinopol. Belgica*, Tournai 1638, in 4°. — Ducangio se ne è molto valuto nelle sue note; ma è sconosciuta a quasi tutti gli altri storici, e Gibbon medesimo confessa di non essersela potuta procurare.

mare e di abbandonar la patria, che non le era dal destino concesso di rivedere.

Seguitarono anco l'esempio di Baldovino due suoi fratelli [1] Eustachio, ed Enrico conte di Sarbruc; e Conone da Betuna famoso per la sua pietà ed eloquenza; e Giacomo d'Avesne figlinolo di quello Avesne che s'acquistò titolo di valoroso nella Terza Crociata. — Oltreciò crociaronsi molti cavalieri e baroni di Fiandra e dell'Ainoldo.

I capi della Crociata, prima convennero a Soassone, dipoi a Compiegne. Ivi tenuta assemblea fecionsi supremo capitano Tebaldo conte di Sciampagna; e fermarono che l'esercito passasse in Oriente per mare. Furono perciò spediti sei deputati a Venezia [2], per ottener dalla repubblica il naviglio occorrente al trasporto degli uomini, de' cavalli, delle robe e delle munizioni.

Era allora Venezia nell'apogeo di sua potenza e prosperità. Il suo popolo industrioso che nell'occaso dell'imperio, erasi refugiato nelle isolette e negli stagni che fanno corona al fondo del golfo adriatico, per la nuova posizione erasi vôlto tutto alle cose marittime, non avendo in ciò contro il concorso de' barbari che desolavano la terra. Fin dal decimo secolo sulle umili capanne de' pescatori disseminate nell'isoletta di Rialto, sorgevano marmorei palagi; le città d'Istria e di Dalmazia obbedivano ai padroni dell'Adriatico. Divenuta così formidabile ai più potenti monarchi la veneta repubblica, poteva a un sol cenno del suo Doge porre in mare una armata di cento galere, con che facevasi rispettare da'Greci da' Saraceni e da'Normandi. Tutti i popoli d'Occidente reverivano alla potenza di Venezia, cui invano contesero il dominio de'mari Genova e Pisa. Viva in tutti era la ricordanza delle parole dette da papa Alessandro Terzo, quando posto nel dito del Doge l'anello, gli disse: *Con questo anello sposa il mare; sappiano i posteri che Venezia ha ottenuto l'imperio delle onde; e che il mare le è sottoposto come la moglie al marito* [3].

[1] Ramusio registra una nota circostanziata de' cavalieri e baroni che crociaronsi; il padre di Utreman riporta similmente una nota di moltissimi nomi. — Nelle note alla istoria di Villarduino, Ducange registra molti rari particolari intorno ai cavalieri e baroni di Fiandra e di Sciampagna che eransi crociati.

[2] Villarduino ha conservato i nomi de'sei deputati, de'quali due ne elesse il conte Tebaldo, e furono Giuffredo di Villarduino e Milese del Brabante; due ne elesse Baldovino conte di Fiandra, e furono Conone di Betana e Alardo da Macheriò; due per ultimo ne elesse il conte di Blasse, e furono, Giovanni da Friése e Gualtiero di Gudonvilla.

[3] Muratori, Dissert. 25 n. 3o, *Antiquit. Ital. Medii Aevi.* — I monumenti storici concernenti Venezia, non oltrepassano il decimo secolo, ma trovansi notizie delle cose anteriori nelle croniche delle nazioni barbare. — La storia scritta dal Doge Dandolo (1342, 1354) pubblicata da Muratori nel duodecimo volume dei *Script. Rer. Ital.* contiene notizie diffuse ed utili sugli ordini e i primi tempi della Repubblica.

Le armate venete frequentavano i porti di Grecia e d'Asia, trasportavano i pellegrini in Palestina, e ritornavano cariche delle ricche merci
dell'Oriente. Ma poco si travagliavano poi delle crociate i Veneziani, e
solo tanto vi concorrevano, quanto giovava e migliorava ai loro traffici.
Così mentre i soldati di Cristo combattevano per il di lui sepolcro o per
vanità di gloria o per ambizione di conquisti, i Veneziani non combattevano per altro che pei loro banchi o per qualche privilegio di commercio; nè ripetendo altronde la loro prosperità, non ponevano difficoltà
alcuna in cercare l'amicizia e la protezione de'Mussulmani di Siria e
d'Egitto: e intervenne anco che armandosi tutta Europa contro gl'Infedeli, si facesse pubblica accusa ai Veneziani di fornire arme e viveri ai
nimici de'cristiani [1].

Quando i deputati de'crociati giunsero a Venezia, eravi Doge lo storico Dandolo, il quale avendo per molto tempo servito alla patria in importanti missioni, e nel comando delle armate, sendo ora pervenuto al
principato dimostravasi rigido custode delle leggi e della libertà. Le fatiche da lui durate in guerra e in pace, gli utili provvedimenti fatti sopra la moneta, sulla amministrazione della giustizia e sopra la pubblica
sicurezza, avevanli meritata la stima e l'amore de' suoi concittadini.
Nelle frequenti tempeste repubblicane aveva imparata l'arte di dominare
le passioni della moltitudine con l'eloquenza. Niuno pareggiavalo nel saper profittare della occasione favorevole e delle minime circostanze per
giugnere alla esecuzione de'suoi disegni. Pervenuto alla età di novant'anni, non subiva alcuno incomodo della vecchiezza, sebbene ne avesse l'e-
sperienza e la prudenza. — Villarduino chiamalo *uomo savio e di grande
valore*; e nella storia di Niceta è detto *il prudentissimo de' prudenti*.
Quando occorreva giovare alla patria, somma era la di lui alacrità, estremo
il coraggio, accoppiava in sè la patria provvidenza ed economia con le
generosissime passioni. Sempre infiammava il suo patriottismo republi-
cano, l'amor della gloria; ma non della avventata ed inconsiderata gloria de'cavalieri Franchi [2].

Dandolo, uditi i deputati, laudò quella impresa, che stimava gloriosa
e giovava a un tempo alla sua patria e alla religione. Chiedevano i deputati naviglio sufficiente per il trasporto di quattromila cinquecento ca-

---

[1] Tali accuse leggonsi in Giacomo da Vitriaco, in Marino Sanuto, nei decreti del re di Francia e nelle lettere de' papi. — Nella *Bibl. delle Croc.* trovansi alcuni particolari intorno a questo
soggetto. Vedi collezione di Struvio.

[2] Alcuni storici affermano che Dandolo fosse cieco, e che l'imperatore Emanuele Comneno
l'avea fatto abbacinare quando fu a Costantinopoli. Andrea Dandolo da lui disceso, dice soltanto
nella sua istoria che il suo avo era di vista debile (*Visu debilis*). Villarduino e altri cronisti affermano che perdesse la vista in un fatto d'arme.

valli, e di ventimila fanti, e provvigioni per l'esercito per nove mesi. Dandolo, in nome della Repubblica, promise il naviglio e i viveri, purchè i Crociati s'obbligassero di pagare a'Venezia la somma di ottanta cinque mila marchi d'argento. Volendo oltreciò il Doge che i Veneziani intervenissero alla Crociata, propose ai deputati di mandare di più del convenuto e a spese della Repubblica cinquanta galere con genti venete, purchè ad essa repubblica fossero ceduti per metà i conquisti che sarebbonsi fatti in Oriente.

I deputati accordarono al Doge facilmente quanto chiedeva; e fermate le condizioni del trattato ed esaminate nel consiglio ducale, composto di sei patrizii, furono dipoi ratificate da due altri consiglii, e presentate per ultimo alla sanzione del popolo, presso cui allora era la suprema potestà [1].

La sanzione popolare fu in questo modo: *si convocò assemblea generale nella chiesa di san Marco. Il Doge chiamò cento popolani (dice Villarduino) dipoi dugento, dipoi mille, e così seguitando finch' ebbe i voti di tutti. Ne chiamò poi ancora diecimila nella cappella di san Marco, una delle più belle e magnifiche che si possano vedere; ivi fece loro ascoltare la messa dello spirtossanto, esortandoli a pregar Dio che loro inspirasse la migliore resoluzione. Finita la messa, il Doge comandò che fossero intromessi i deputati, ammonendoli che richiedessero umilmente il popolo che fosse contento di ratificare la convenzione.*

Il maresciallo di Sciampagna, parlando anco per i compagni, si rivolse al popolo di Venezia in questa sentenza:

I signori e baroni di Francia [2] più alti e potenti, ci hanno mandati a voi per pregarvi in nome di Dio, d' aver commiserazione di Gerusalemme che è nella servitù de' Turchi; vi chiedono mercè e vi supplicano che gli accompagniate per vendicare le ingiurie di Cristo. Hanno scelto voi a ciò, sapendo bene che di quanti tengono i mari, voi e il vostro popolo, siete potentissimi. Ci hanno comandato di prostrarci a' vostri piedi, e non alzarci fino a che non avrete accolta la

---

[1] Trovasi questo trattato originale nella cronica di Andrea Dandolo, alla pagina 325 — 328 del duodecimo volume di Muratori. Sarà pure registrato ne' Documenti.

Sismondi, *nella storia delle repubbliche Italiane* dà l'infrascritto prospetto delle somme dovute dai crociati ai Veneziani.

Per 4500 cavalli a marchi 4 per cavallo, marchi 18,000.
Per i cavalieri, due marchi l'uno . . . . » 9,000.
Per 9000 scudieri, 2 per cavallo . . . . » 18,000.
Per 20,000 fanti, a 2 marchi per fante . . . . » 40,000.

Totale marchi — 85,000.

85,000 marchi d' argento equivalgono a 4,250,000 franchi.

[2] Villarduino, Lib. 1.

*nostra domanda e dimostrata compassione della Terra santa d' Ol-
tremare.*

Detto ciò, i deputati piangendo posersi in ginocchio [1] e stesero le
mani supplichevoli all'assemblea del popolo. I Veneziani furono intene-
riti e gridarono: *vi accordiamo la vostra domanda.* Allora il Doge salendo alla tribuna, lodò la franchezza e lealtà dei baroni francesi e si
congratulò dell'onore che Dio faceva al popolo di Venezia, eleggendolo
fra gli altri per farlo partecipare alla gloria della nobilissima in tra tutte
le imprese, e volendolo compagno de' valentissimi guerrieri.—Lesse dipoi
il trattato fatto con i Crociati, e pregò i cittadini assembrati di dare il
consentimento loro, secondo le forme prescritte dalle leggi della repubblica. Si alzò il popolo e gridò con voce unanime: *consentiamo.*

Assistevano a questa assemblea tutti gli abitanti di Venezia, la cui immensa moltitudine empiva la piazza di san Marco e le strade circostanti;
e il plauso generale fu clamorosissimo.

Il giorno dipoi i deputati andarono al palagio di san Marco e giurarono sulle loro armi e sul Vangelo di adempire a tutte le promissioni che
avevano fatte.

Nel preambolo del trattato ricordavansi gli errori e le calamità dei
principi che fino allora eransi mossi alla liberazione di Terra Santa, e
lodavansi la saviezza e prudenza de' signori e baroni francesi che si proponevano di eseguire con più ordine e provvidenza quella spedizione di
tanti pericoli e difficultà. I deputati dovevano dipoi far accettare le fermate condizioni a'loro fratelli d'arme, baroni e cavalieri e *a tutta la
loro nazione, e se era possibile al loro signore il re di Francia.*

Fu scritto il trattato in pergamena e spedito a Roma [2] per l'approvazione e ratificazione pontificia [3].

Seguitarono dipoi grandi complimentazioni e proteste di amicizia in
tra i cavalieri Francesi e i patrizii veneti. Il Doge fece imprestito ai ba-

---

[1] *Maintenant li six messagers s'agenoillent à lor pies mult plorant.* Villarduino. Lib. 1.
Nella storia di Villarduino, s'incontrano spesso tali pianti di que'buoni antichi cavalieri. Al N°
17 leggesi *Sachiez que là otminte larme plorée*; e poco dopo: *mult plorant*; e al n° 34: *mainte
larme plorée*; e al n° 60: *si orent mult pitié et pleurerent mult durement*; e al n° 202: *il y
eut mainte larme plorée de pitié.* Anco Virgilio ripete frequentemente nella sua Eneida: *Sic fa-
tur lacrymans.*
[2] Vigenère, traduttore di Villarduino, racconta che a tempo suo il trattato tra Veneziani e Francesi, concluso nel mese d'aprile del 1201, trovavasi ancora nella cancelleria a Venezia. (Nota sul
libro. 1.)
*Le duc, en delivrant le traité aux chevaliers, se mit à genoux, pleurant fort et ferme, et
jura sur saintes reliques, que de bonne foi ils entretiendroient, de leur part, le conteau en
icelle.* Villarduino, Lib. 1.
[3] *Ce que le pape fit volontiers*; aggiunge Villarduino.

roni di diecimila marchi d'argento, e questi promisero eterna gratitudine
dei servigi resi dalla repubblica alla causa di Cristo; e Villarduino compie la sua narrazione dicendo : *si sparsero molte lagrime di tenerezza
e di gioia* [1].

La preferenza data dai Crociati a' Veneziani, dispiacque agli altri popoli marittimi dell' Italia; per la qual cosa essendo andati i deputati francesi a Pisa e a Genova, onde chiedere in nome di Cristo i soccorsi di
quelle due repubbliche, non potettero ottenere cosa veruna di quelle che
desideravano [2].

Meno difficili furono gli abitatori della Lombardia e del Piemonte,
dove molti crociaronsi e promisero andare in Terra Santa sotto la condotta di Bonifacio marchese del Monferrato.

Il maresciallo di Sciampagna, traversando il Monte Cenisio, incontrò Gualtiero di Brienna che aveva presa la croce nel castello di Ecry
e che allora andava in Puglia. Egli aveva sposata una delle figliuole di
Tancredi, ultimo re di Sicilia. Con cinquanta cavalli del suo stato [3]
moveva a ripetere i diritti della moglie e a conquistare il regno fondato
dai cavalieri normanni. Il maresciallo Villarduino e Gualtiero di Brienna
fecersi liete accoglienze augurandosi buona fortuna nelle imprese che tentavano e promettendo di ritrovarsi nuovamente nelle pianure di Egitto
e di Siria.

Ritornati i deputati in Sciampagna trovarono Tebaldo gravemente infermo; il quale avendo inteso del trattato concluso co' Veneziani, ne ebbe
tanta allegrezza, che obliando la gravezza del suo morbo, volle armarsi
e salire a cavallo; ma (dice Villarduino) *fu ciò cagione di grande disgrazia e danno: la malattia crebbe e infierì talmente che, fatto il suo
bagaglio per l'altro mondo, non cavalcò più* [4].

Morì Tebaldo nel fiore della età, lasciando di sè desiderio ne' suoi
vassalli e compagni d'arme; nelle ore estreme si dolse davanti ai baroni
del severo destino che condannavalo a morire senza gloria, mentrechè
essi andavano a raccogliere le palme della vittoria o del martirio nelle

---

[1] *Maintes larmes plorées de tendresse et de joie.*

[2] Villarduino dice soltanto: *Estant arrivé à Plaisance, une des villes de Lombardie, le ma-
réschal Geoffroy et Alard Margarin prindrent le chemin de France, et les autres tournèrent à
Pise et de là à Gesnes pour savoir quel secours ils voudroient donner à cette entreprise.* (Villarduino, Lib. I) Il Cronista non dà alcun schiarimento se le due repubbliche accordassero o no soccorsi per la Crociata.

[3] Trovansi alcuni particolari notevoli sopra questa spedizione di Gualtiero da Brienna nella
vita d'Innocenzo Terzo. Il sommo Pontefice favorì volontieri le ambiziose mire del privato cavaliere
di Francia, non potendo comportare tanta vicinanza di dominio degli Imperatori Alemannici.

[4] *Ce fut un grand malheur et dommage: la maladie s'accrut et se renforça tellement,
qu'il fit sa devise et son pays, et plus ne chevaucha.*

contrade di Oriente: gli esortò a osservare il sacramento fatto a Dio di liberare Gerusalemme; e lasciò loro tutti i suoi tesori, perchè gl'impiegassero nella Santa impresa.

Fulli fatto il monumento e appostovi uno epitaffio in versi latini, nel quale dopo le solite commendazioni di molte virtù che fannosi a' morti, narravansi i preparativi da lui fatti per il pellegrinaggio, e conchiudevasi dicendo, che, il giovine principe, *mentre andava cercando la Gerusalemme terrena, trovò la celeste.*

Morto il conte di Sciampagna, i baroni e cavalieri che avevano presa la Croce, assembraronsi per eleggere un altro capo; due furono proposti: il conte di Bar e il duca di Borgogna.

Il conte di Bar non volle accettare il capitanato dell'esercito cristiano.

Eude Terzo duca di Borgogna, ammaestrato dalla esperienza del padre che era morto in Palestina dopo la Terza Crociata, ricusò abbandonare la tranquillità del suo ducato, per avventurarsi nei pericoli dell'Oriente. *Ricusò seccamente* (dice Villarduino) *e forse poteva escirne meglio.*

Il rifiuto di questi due principi, scandolezzò i Crociati; e i Cronisti coetanei riferiscono con alcuna compiacenza che ambedue se ne pentirono; perchè il duca di Borgogna che morì dopo pochi anni, al letto di morte voleva prender la croce in espiazione del suo peccato; e mandò alcuni de' suoi guerrieri in Palestina [1].

I cavalieri e i baroni, non sapendo a chi più offerire il capitanato della Crociata, ne fecero proposta a Bonifacio, marchese del Monferrato, la cui famiglia era già illustre per molti eroi cristiani; perchè il di lui fratello Corrado erasi acquistata grande celebrità nella difesa di Tiro; ed egli medesimo aveva già più volte combattuto contro gl'infedeli. Intesa la sua elezione, corse subito a Soassòne, dove ricevette la Croce dalle mani del curato di Neullì, e fu proclamato capitano supremo della Crociata nella chiesa di Nostra-Donna, presenti il clero e il popolo.

Frattanto erano già passati due anni dacchè il sovrano pontefice aveva comandato ai vescovi la predicazione della Crociata nelle loro diocesi. — Le cose de' Cristiani d'Oriente andavano peggiorando di giorno in giorno: i re di Gerusalemme e d'Armenia, i patriarchi d'Antiochia e della città Santa, i vescovi di Siria, i gran maestri degli ordini militari, mandavano continuamente le loro supplicazioni alla Santa Sede perchè non

---

[1] La storia di Borgogna di Courtépée e di Béguillet, incorre in errore, là dove dice; che Eude Terzo partisse per la Crociata e intervenisse alla presa di Costantinopoli.

gli abbandonasse. Innocenzio, commosso, esortò nuovamente i fedeli, e pregò i Crociati ad accelerare la partenza.

Non mancava anco il pontefice di far severe censure contro coloro che presa la Croce, mostravano poca cura di adempire al fatto giuramento [1]: E rimproverava specialmente gli ecclesiastici perchè indugiavano a pagare la quarta parte delle loro rendite, destinata alle spese della Crociata, dicendo loro:

E voi e Noi, e quanti Cristiani vivono dei beni della Chiesa, non dobbiamo forse temere che gli abitatori di Ninive non sorgano contro di noi nel giorno finale e pronuncino la nostra condennazione? poichè essi udita la predica di Giona, fecioro penitenza, e di voi, non solo non furono compunti i cuori, ma non s'apersero nemmeno le avare mani per soccorrere alla povertà di Gesù Cristo.

Il tempo della guerra santa era, per i Cristiani, tempo di espiazione, di penitenza, onde il sommo pontefice vietava la sontuosità delle mense, e del vestire e le pubbliche ricreazioni; e non ostante che la presente Crociata fosse stata predicata dapprima con ottimo successo nel torneo d'Ecry, furono non pertanto i tornei proibiti dal pontefice per lo spazio di cinque anni, come le altre ricreazioni e spettacoli.

Per ravvivare dipoi il coraggio de' Crociati, Innocenzio narrava loro le nuove divisioni insorte fra principi mussulmani, e le sciagure che Dio aveva mandate sopra l'Egitto.

Dio (diceva il Pontefice) *ha percosso il paese di Babilonia con la verga della sua onnipotenza; il Nilo, fiume del paradiso che feconda la terra di Egitto, ha mutato corso. Questo castigo, gli ha dati preda alla morte e agevola la vittoria de' loro nimici* [2].

Le Epistole del papa rinfrancarono gli animi de' Crociati. Il marchese di Monferrato era passato in Francia nell'autunno dell'anno 1201; e tutto quell'inverno fu impiegato nei preparativi della spedizione; che fecionsi senza disordini, non ricevendo i principi e i baroni sotto le loro bandiere, altri che soldati disciplinati.

Sorsero, secondo il solito, alcune voci contro i Giudei, volendoli gravare delle spese per la Crociata; ma il sommo Pontefice gli ricevètte sotto la protezione della Santa Sede, e minacciò di scomunica tutti coloro che facessero attentato contro la loro vita e contro la libertà [3].

---

[1] *Epistol. Innoc. III*, apud Baron. ad ann. 1202.

[2] L'anno 1202 che è stato detto *annus famis*, fu pieno di calamità e di carestia non tanto per l'Oriente che per l'Occidente. Onde sembra che il pontefice nella sua Epistola (Baronio anno 1202) ammirando la giustizia di Dio ne' mali lontani, non facesse verun conto di quelli che desolavano gli stati cristiani.

[3] Il papa però esentò i Crociati dalle usure che dovevano a' Giudei. — Intendersi allora per

Prima della partenza de' Crociati, ammalò Folco, l'apostolo della Crociata, e morì nella sua parrocchia di Neullì. Già da qualche tempo mormoravasi forte contro i di lui costumi, e la sua eloquenza aveva perduto quasi tutto l'antico potere: perchè avendo egli ricevuto grandi somme per le spese della guerra Santa, accusavanlo popolarmente che se ne usurpasse il meglio; onde Giacomo da Vitriaco dice, che quanto più egli arricchiva e tanto più la sua reputazione ne scapitava. Nondimeno come interviene sempre di chi sa ben ciurmare gli uomini, aveva molti fautori che per malvagità o per dabbenaggine lo difendevano; e il maresciallo di Sciampagna, narra nella sua istoria, che di questa morte si affliggessero, i cavalieri e i baroni. — Folco curato di Neullì, fu seppellito nella chiesa della sua parrocchia con gran pompa; e la di lui tomba fu venerata dai popoli fino al passato secolo.

Venuta la primavera disposersi i Crociati a partire; *e sappiate* (dice il lagrimoso Villarduino) *che si sparsero parecchie lagrime a questa partenza e negli addio fra parenti e amici* [1].

Il conte di Fiandra, e i conti di Bloase e di San Paolo, con molti signori fiamminghi e loro vassalli; e il maresciallo di Sciampagna, con alcuni cavalieri sciampagnini, mossero per la Borgogna e valicarono le Alpi per andare a Venezia. Gli raggiunse il marchese Bonifacio, conducendo seco i Crociati di Lombardia, del Piemonte, della Savoia e dei paesi che sono fra le Alpi e il Rodano. — Convennero anco in Venezia i Crociati partiti dalle sponde del Reno, parte condotti dal vescovo di Alberstadt e parte da Martino Litz, che gli aveva mossi ad armarsi e perseverava a mantener vivo il loro entusiasmo.

Quando i Crociati giunsero a Venezia, l'armata che doveva trasportarli in Oriente, stava sull'ancore. Furono dapprima ricevuti con ogni dimostrazione di contentezza; ma dipoi avendo i Veneziani chiesto ai baroni che adempissero alle loro promesse, pagando la somma convenuta, questi s'accorsero con gran dolore che mancavano molti dei loro compagni.

Giovanni di Nesle castellano di Bruggia, e Tierrì figliuolo di Filippo conte di Fiandra avevano promesso a Baldovino di condurli a Venezia, la sua moglie Margherita e il fiore de' guerrieri fiamminghi. Ma costoro invece d'andare a Venezia imbarcaronsi sull'Oceano per passare in Palestina.

---

usura, qualunque specie d'interesse del danaro tolto in prestanza. — San Luigi in un suo decreto, definisce usura, tutto ciò che si percepisce oltre il capitale (*Ordonn. du Louvre*, Vol. I.) (*Epistol. Innoc. Baron. A. 1202*). — T.

[1] *Sachez que maintes larmes furent plorées à leur partement et au prendre congé de leurs parents et amis.*

Rinaldo di Dampierre, al quale Tebaldo conte di Sciampagna avea lasciati tutti i suoi tesori perchè pagasse il tragitto in Terra Santa, con un gran numero di cavalieri di Sciampagna erasi imbarcato nel porto di Bari.

Il vescovo di Autun, Gille conte di Foreze, ed altri capi, benchè avessero giurato su i Vangeli, di andare a Venezia, eransi imbarcati parte nel porto di Marsiglia e parte nel porto di Genova.

Così la metà de' Crociati invece di assembrarsi nel luogo convenuto, s'elessero altre vie, *d'onde* (dice Villarduino) *ne vennero a loro dipoi disventure assai e vergogna* [1].

Trovavansi pertanto i Crociati convenuti in Venezia, in grandi difficoltà per pagare la somma pattuita, onde spedirono messaggi da tutte le parti, per avvisare i Crociati che erano ancora in cammino, e pregarli di andare a Venezia. Ma, o che alla maggior parte de' pellegrini non satisfacesse il trattato fatto co' Veneziani, o che stimassero più comodo e sicuro imbarcarsi ne' porti più propinqui, pochi furono quelli che accedettero all'invito de' compagni.

Quelli che si trovavano allora in Venezia, non erano tanti nè avevano danaro bastante per pagare la somma pattuita. I Veneziani non erano disposti a contentarsi di meno; i baroni erano troppo orgogliosi, nè volevano inchinarsi a' Veneziani e pregarli a modificare il contratto; allora vennesi al temperamento che ognuno de' Crociati pagasse il prezzo del suo passaggio. I più ricchi pagarono per i più poveri; tanto i soldati che i cavalieri dettero quanto denaro avevano, persuadendosi che Dio gliene avrebbe reso centuplicato.

I conti di Fiandra, di Bloase e di San Paolo, il marchese del Monferrato ed altri capi, privaronsi de' loro argenti, de' diamanti e d'ogni altra cosa preziosa, non ritenendosi altro che i cavalli e le armi; e non ostante ciò i Crociati rimanevano ancora debitori alla repubblica di cinquantamila marchi d'argento.

Allora il doge convocò il popolo in assemblea e gli espose, non essere onorevole lo stare all'integro del credito e propose, che si chiedesse ai Crociati, per l'indugio del pagamento, il servigio delle loro armi.

La città di Zara [2] già ab antico soggetta ai Veneziani, erasi da loro ribellata per darsi al re di Ungheria, sotto la cui protezione non temeva le forze de' suoi antichi dominatori. — Dandolo, ottenuta l'approvazione

---

[1] *De quoi, ils reçurent grande honte et maintes désaventures leur en advinrent du depuis.* Villarduino, Lib. I.

[2] Jadera, oggi Zara, era colonia romana che ripeteva la sua fondazione da Augusto. Ha circa due miglia di circonferenza, ed ha di abitatori circa cinque o sei mila. (*Voyage de Dalmatie et de Grèce*, T. I, p. 64-70).

del popolo, propose ai Crociati di aiutar la repubblica e sottomettere la città ribelle, promettendo loro, che per la piena esecuzione del trattato, aspetterebbe che Dio, mediante alcun conquisto, gli fornisse de' mezzi necessari.

La maggior parte de' Crociati accolsero volontieri la proposta del doge, vedendosi profferire una via non difficile da compiacere i Veneziani de' quali avevano bisogno.

Altri Crociati, avversavano, memorando il sacramento fatto di combattere contro gl'infedeli, e stimando indegno di loro volgere nei cristiani quelle armi che avevano votate allo sterminio de' Turchi.

Oltreciò il Pontefice aveva spedito a Venezia il cardinale Piero da Capua, per isconfortare i pellegrini da quell'impresa ch'egli sacrilega reputava [1]: allegando qualmente il re d'Ungheria che proteggeva Zara, avesse presa la Croce e con ciò veniva a essere sotto la speciale protezione della Chiesa; e che assaltare una città di sua pertinenza era lo stesso che muover guerra alla Chiesa medesima.

Enrico Dandolo non facendo alcun conto dei pontificali riflessi, allegava in contrario: che i privilegi de' Crociati, non potevano estendersi alla protezione de' colpevoli esentandoli dalla giustizia delle leggi divine ed umane; che le Crociate non erano instituite per fomentare l'ambizione de' principi e la rebellione de' popoli; che la potestà pontificia non si estendeva sopra la legittima autorità de' governi, nè a impedire ai Crociati alcuna impresa giusta, come guerra contro ribelli e contro pirati che con le loro rapine e corse impediscono la libertà de' mari, recando nocumento alla Crociata medesima, perchè impedivano ai pellegrini il passare in Terra Santa.

Per ultimo onde tôrre qualunque ostacolo, propose il doge di prendere egli medesimo la Croce, e di consigliare i suoi concittadini a seguitare i Crociati. Convocato adunque solennemente il popolo, Dandolo salì sopra la cattedra di San Marco [2], e chiese ai Veneziani assembrati la permissione di prender la Croce, dicendo:

Signori, voi vi siete obbligati di concorrere alla gloriosissima delle imprese; i guerrieri con i quali avete contratta santa alleanza, sono a tutti gli uomini e per pietà e per valore da preporsi. Io, come vedete, sono gravato e vinto da vecchiezza [3], e più mi fa mestieri di riposo che di guerresche fatiche; ma la gloria che ci è promessa mi

---

[1] Epist. Innoc. III, Baron, A. 1203.

[2] Il monta au pulpitre (Villarduino, Lib. I).

[3] Je suis vieil, vous le voyez, faible et débile; estropié en moult endroits de mon corps (Villarduino, Lib. I).

dà coraggio e forza di superare qualunque pericolo e di sopportare qualunque fatica militare. Sento quasi un giovenil vigore che mi rianima, sento un forte zelo che mi accende, e conosco che niun altro avrà la vostra fiducia o vi condurrà con più vostra satisfazione contro i nimici, di quello che avete eletto capo della vostra repubblica. Se pertanto mi permettete di votarmi in servigio della causa di Cristo, e sostituire in mio luogo nel governo, il mio figliuolo, verrò con voi e co' pellegrini, per vincere o morire in Palestina.

A tal discorso, tutti gli ascoltatori furono da tenerezza compunti, e il popolo applaudì alla deliberazione del Doge. — Dandolo scese dalla tribuna e fu trionfalmente portato davanti all'altare, dove fecesi appor la Croce sul berretto ducale [1]. — Molti Veneziani seguitarono il di lui esempio e giurarono por la vita per la liberazione del Santo Sepolcro. Così la prudenza del Doge fece pienamente confidenti i Crociati, e lo pose quasi capo della spedizione; onde fu subito tanto potente da sprezzare l'autorità del legato Piero da Capua, che parlando in nome del Pontefice, non dissimulava la pretensione di voler essere capo della guerra santa come vicario della Santa Sede [2]. Dandolo disse schiettamente al cardinale che l'esercito cristiano aveva capi sufficienti da condurlo, e che i legati del sommo pontefice dovevano esser contenti di edificare i Crociati con gli esempi della loro santa vita e con le esortazioni al ben fare.

La libertà di tal discorso faceva maravigliare i baroni francesi, usi a rispettar ciecamente ogni volere della Santa Sede; ma vedendo il Doge essersi fatto loro capo, ne prendevano tanta confidenza ed ardire, che ogni altro rispetto andava da parte.

Così la Croce divenne segno di saldissima confederazione tra Veneti e Franchi, per modo che parevano esser divenuti una sola nazione, benchè alcuni [3] frapponessero scrupoli e difficoltà; i baroni e i cavalieri dimostrarono nella spedizione di Zara il medesimo zelo e valore che arebbero dimostra tocontro i Mussulmani. Stava adunque l'esercito sul punto d'imbarcarsi, quando intervenne (dice Villarduino) *una grande*

---

[1] *On lui cousit la Croix sur un gros bourlet emboulty de coton, pour être plus éminent, parce qu'il voulait que tous la vissent.* (Villarduino, Lib. I).

[2] *Gesta Innoc. III*, Baronius A. 1202.

[3] Il monaco Gunter inveisce fieramente contro i Veneziani, rimproverandoli d'aver distolti i Crociati dalla santa impresa; e dicendo: *Il pio proposito dei capi della Crociata, fu impedito dalla perfidia e m. lvagità di quei despoti dell'Adriatico (fraude et nequitia Venetorum)* (Canisio, *Monument. Eccles.*, vol. IV, p. 4 a 8). — Ma il buon monaco se avesse considerato col trito proverbio, *quod differtur non aufertur*, che per questa dilazione la Crociata riceveva maggiore incremento; e che i Veneziani potendo ragionevolmente negare a'Crociati il loro naviglio per la mancanza de' patti, cercavano in vece un utile spediente per satisfare ad ambe le parti; sarebbe stato più temperato nel suo severo giudicio. — T.

maraviglia, una inattesa avventura, e la più strana che sia a notizia d'uomini.

Isacco imperatore di Costantinopoli era stato, circa quel tempo, detronizzato dal suo fratello Alessio [1]; abbandonato da tutti gli amici, abbacinato e imprigionato. Il di lui figliuolo similmente Alessio appellato [2] era stato preso col padre, ma ingannate le guardie, erasene fuggito in Occidente, sperando che i principi e i re, prenderebbero la sua difesa e moverebbero le armi loro contro l'usurpatore [3].

Filippo di Soavia che aveva sposata Irene figliuola d'Isacco [4] ricevette nel suo stato il giovine principe, ma nulla potendo a di lui pro, perch'egli medesimo era in guerra con Ottone e col pontefice, consigliò il principe greco che andasse ad implorare aiuto dal pontefice medesimo, il quale o perchè l'avesse in avversione per essere 'cognato di Filippo, o perchè non volesse aver per le mani altra faccenda che lo distogliesse dalla Crociata, non gli fu benigno neppur di parole. Si rivolse allora il greco agli altri principi cristiani, dai quali fu consigliato che si raccomandasse a' Crociati.

Spedì per tanto suoi ambasciatori, a Venezia, dove la narrazione delle sventure d'Isacco, commosse fortemente i cavalieri e i baroni ed esaltò le loro generose fantasie col pensiero che non si potesse presentar loro causa più gloriosa da difendere, trattandosi di vendicare l'innocenza e ristorare un grande infortunio. Dandolo più che ogni altro se ne mostrava voglioso e i Veneziani secondavano in tutto il di lui desiderio. Un'altra cagione potentissima moveva i Veneziani, cioè la preferenza che l'usurpatore aveva data alla alleanza de' Genovesi e Pisani; il che faceva quasi loro propria la causa di Alessio [5].

Essendo ogni cosa in ordine per la spedizione di Zara, fu rimessa la decisione della nuova impresa ad altro tempo; e sonando le trombe

---

[1] Per la rivoluzione di Costantinopoli, dee consultarsi lo storico greco Niceta che è molto minuto (Lib. 3, cap. 9, del regno di Alessio). — Villarduino ne tratta succintamente (Lib. I).

[2] Villarduino lo chiama qualche volta il *varlet de Costantinople*: il che è quanto dire *l'enfant de France,* o lo *Infante de Espagna.* Gli imperatori di Costantinopoli dopo Costantino fino a Giustiniano, solevano chiamare il loro primogenito *Nobilissimus puer* (Ducange sopra Villarduino N.° 36).

[3] Villarduino dà all'Imperatore Isacco il titolo di *Sursac* — ma forse è un composto di *Sire Isaac,* proveniente da Κυρ, sillaba iniziale di Κυριος (signore) Villarduino num. 35 e le note di Ducange).

[4] Irene, figliuola d'Isacco, era stata promessa a Guglielmo figliuolo di Tancredi re di Sicilia ; ma condotta dipoi in Allemagna con le reliquie della famiglia di Tancredi fu data in moglie a Filippo di Soavia.

[5] Niceta accusa apertamente il Doge e i Veneziani d'aver promossa la guerra di Costantinopoli con fini meramente commerciali e in odio dell'imperio (Lib. 3, cap. 9).

Cosuna dis

Verice inc.

sonando le trombe e acclamando il popolo veneto, l'armata spiegò al vento le vele.

Lib. X. Pag. 601

e acclamando il popolo veneto, l'armata spiegò al vento le vele. Non aveva ancor veduto l'Adriatico armata più grossa e meglio fornita; quattrocento venti navi coprivano il mare; quarantamila uomini tra fanti e cavalli formavano l'esercito.

Presero dapprima Trieste e alcune altre città marittime dell'Istria che s'erano ribellate a Venezia, e giunsero finalmente a Zara li dieci di novembre, vigilia di San Martino.

Zara situata sulla costa orientale del golfo Adriatico, sessanta leghe distante da Venezia, e cinque al settentrione dell'antica Jadera, colonia romana, era città ricca, popolosa, cinta d'alte mura, e circondata da un mare pieno di scogli. Il re d'Ungheria aveva spedite le sue genti per difenderla e gli abitanti erano risoluti di seppellirsi piuttosto sotto le ruine della loro patria, che d'arrendersi ai Veneziani. — Pervenuti davanti alle mura i Crociati conobbero la difficoltà dell'impresa: *La città* (dice Villarduino) *era chiusa intorno da mura e fortificazioni altissime, in modo che si cercherebbe invano luogo meglio munito.*

Allora il partito contrario a questa guerra, cominciò a mormorare; ma i capi imperterriti dettero il segno per l'assalto. — Furono subito rotte le catene del porto e poste in azione le macchine; le mura qua e là accennavano già ruina; quando quei di Zara, dimenticata la risoluzione di morire nella difesa della città, e pieni di spavento, mandarono deputati al doge, protestando del loro pentimento, onde egli promise perdono. Ma alcuni Crociati malignamente dissero ai deputati: *perchè v'arrendete voi? non abbiate timor de' Francesi ch'e' son venuti qui per mostra e non per altro.* Il che riferito a quei di Zara, rotte le pratiche della resa, ripresero le difese. Frattanto i malcontenti ricominciarono a mormorare e a procurare di far nascer divisioni nell'esercito, correndo per le tende e sconfortando i soldati da quella guerra che il legato persisteva in chiamar empia.

Guido abate di Vô di Sernè, monaco di Cestello, secondo alcuni, per secreta instigazione del legato, sommamente si affaticava onde l'impresa di Zara non andasse avanti [1]: pretestando che il ritardare i Crociati dal principal loro fine fosse attentare contro la religione [2]. Era costui uomo di tenebrosi raggiri ed astuzie, destro ed eloquente, versatile alle pre-

---

[1] Raccontando i grandi avvenimenti della crociata, Gunter non lascia di avvertire il Lettore, che il suo abate ebbe più fiate la tentazione di abbandonare l'esercito, perchè i Crociati erano stati scomunicati. (Canisio, V. 4. p. 9).

[2] Katona, nella sua *Storia Critica de' re d'Ungheria*, parla con molto fiele contro i Crociati, e procura denigrare quanto ei può i Veneziani e i Francesi che fecero l'assedio di Zara. — L'arcidiacono Tommaso uno degli storici d'Ungheria, similmente calunnia i Veneziani di tirannide, dicendo che facevano abborrire la loro potenza marittima con orrendi eccessi di violenze e d'ingiustizie.

ghiere e alle minaccie, con che sapeva tanto bene ciurmare i pellegrini, ch'erasi fatto fra loro grandissimo seguito. E tanto discorse la di lui audacia che in consiglio, essendosi alzato, comandò a' Crociati che non isguainassero mai le loro spade contro i Cristiani; e voleva anco leggere certa lettera del papa, ma levossi di subito un tal tuono di grida minacciose e di dileggio, che spaventato ammutì.

Frattanto sorse grande tumulto nel consiglio e nell'esercito e l'abate Sernè, correva gran pericolo della vita, se il conte di Monforte che secretamente il favoriva, non si fosse levato in di lui difesa. Ma il maggior numero de'baroni e de'cavalieri opinavano che non si dovesse mancare alla promessa di combattere per la repubblica, e che fosse indegno depor le armi davanti a un nimico che aveva proposto d'arrendersi e che ora gli scherniva. E quanto più la setta del legato, del Monforte e dell'abate, affaticavasi per impedire la guerra, tanto più i detti baroni e cavalieri s'ostinavano nella impresa.

Così i malcontenti dolevansi, e i più valorosi procedevano all'assalto. Gli assediati che speravano nelle dissensioni degli assediatori, piantarono la Croce sulle mura persuasi che gli proteggerebbe meglio delle macchine guerresche; ma presto s'accorsero, non esservi altro scampo che la sottomissione. Il quinto giorno dell'assedio, dopo fatta poco valorosa difesa apersero le porte, e non ebbero altro indulto dal vincitore che della vita e della libertà. Fu dato il sacco alla città e la preda fu divisa in tra Veneziani e Francesi.

Allora infierirono le discordie dell'esercito fino alla effusione del sangue. Essendo la stagione troppo inoltrata perchè l'armata si riponesse in mare, il doge propose ai Crociati di svernare in Zara. Le due nazioni si divisero adunque i quartieri della città, e quando ognuno fu allogato i Francesi cominciarono a dolersi che i Veneziani avevano scelti per sè le case migliori, più belle, e più comode. Dopo le doglianze e le minaccie, vennesi alle armi, e in ogni strada furonvi zuffe.

Frattanto gli abitatori di Zara rallegravansi delle sanguinose contenzioni de'vincitori, e i partigiani dell'abate di Sernè andavano soffiando in quello incendio. — Ma il doge e i baroni accorsero per dividere i combattenti. Da principio nè le preghiere, nè le minaccie poterono sedare i tumulti che durarono sino a mezza notte. Il dì appresso le due parti erano per azzuffarsi di nuovo, perchè nel sotterrare i morti, tanto a'Francesi che a'Veneziani pareva che gli avversari loro gli schernissero. Per più che una settimana i capi disperarono di ricomporre in pace le cose [1].

_____

[1] _Les barons employèrent toute la semaine à calmer cette noise._ (Villarduino Lib. 2).

Quando l'ordine fu restituito, fu ricevuta una lettera del pontefice nella quale disapprovava la presa di Zara, e comandava ai Crociati di restituire la preda fatta in una città cristiana, e di obbligarsi solennemente alla riparazione dell'offesa. Rimproverava dipoi agramente i Veneziani per aver indotti i soldati di Cristo in quella guerra empia e sacrilega [1].

Ricevettero la epistola pontificale con venerazione i Francesi e con disprezzo i Veneziani, i quali apertamente ricusarono sottoporsi alle decisioni della Santa Sede, e attesero francamente ad assicurarsi della vittoria, smantellando le mura di Zara.

I baroni francesi invece erano esterrefatti per essere incorsi nella disgrazia del papa; e spedirono subito deputati a Roma per placarlo e chiederli perdonanza, scusandosi sulla necessità che gli aveva condotti a compiacere ai Veneziani. Vero è che i Francesi non avevano intenzione di restituire la preda, nè mai la restituirono, ma largheggiarono in promesse e in attestati di sottomissione al pontefice, del che egli fu satisfatto estimando che il più grave d'ogni delitto, fosse ribellarsi alla sua universale potestà, e rispose subito a'Francesi umanissimamente, incaricando i capi di salutare in suo nome i cavalieri e i pellegrini, assolvendoli da ogni peccato e benedicendoli come suoi figliuoli.

In questa seconda epistola, esortava essi Francesi a partire per la Siria senza *guardare a destra o a sinistra*, permettendo loro di traversare il mare con i Veneziani, che aveva scomunicati, però solo *per necessità e con amarezza di cuore. I quali Veneziani* (Aggiungeva il pontefice) *quantunque scomunicati, sono nondimeno sempre obbligati alle loro promesse, e voi, o Francesi, avete sempre il diritto di esigerne il compimento; essendo oltreciò fondamento di Diritto, che chi passa per terre di eretici o scomunicati, possa comprarvi e riceverne le cose necessarie; e anzi la scomunica fulminata contro un padre di famiglia, non vieta alla sua famiglia medesima di comunicare con esso [2]. Se poi i Veneziani s'ostineranno nella loro ribellione contro la Santa Sede, quando voi o Francesi sarete giunti in Palestina, separatevi da quel popolo reprobato da Dio, affinchè non attiriate la divina maledizione sulle armi cristiane, come Acan concitò lo sdegno divino contro Israele. Il pontefice vi proteggerà sempre nella santa spedizione, e starà vigilante ai vostri bisogni; e perchè non penuriate di vettovaglia, scriverò all'imperatore di Costantinopoli, che ve ne provvegga, siccome mi ha promesso; ma se vi verrà ricusato, quello che non si ricusa a ve-*

---

[1] *Epistol. Innoc. Gest.*, cap. 86, 87, 88.
[2] *Epistolae Innocentii III*, Lib. 6, ep. 102.

runo, non sarà ingiustizia, imitando i più santi personaggi, che vi provvediate da voi medesimi come potrete; perchè così si conoscerà che vi siete dedicati al servigio di Gesù Cristo al quale appartiene tutta la terra [1].

Anno 1203. — Nel mentre che il papa infieriva contro i Veneziani e che questi empiamente contro i pontificali fulmini si schermivano, giunsero a Zara ambasciatori mandati da Filippo di Savoia cognato del giovine Alessio, i quali presentati nel consiglio dei signori e baroni assembrati nel palagio dogale, parlarono in questa sentenza:

Signori il re de' Romani ci manda a voi raccomandandovi il giovine principe Alessio, ponendolo nelle vostre mani e sotto la tutela di Dio. Noi non siamo qui per distogliervi dalla vostra santa impresa, ma per proporvi un mezzo facile e sicuro che vi conduca al compimento de' vostri disegni. Sappiamo bene che voi avete prese le armi solo per amore di Gesù Cristo e per defensione della giustizia; onde confidentemente vi preghiamo di voler soccorrer coloro che da iniqua tirannide gemono oppressi, e di far prevalere a un tempo le leggi della religione e della umanità. Preghiamovi di volgere le vostre armi vittoriose contro la metropoli di Grecia la qual soggiace a perfido usurpatore; e di assicurare per sempre il possesso di Gerusalemme con quello di Costantinopoli.

Nè a voi, nè a noi sono ignoti i mali sofferti da' nostri padri, compagni di Goffredo, di Corrado e del giovine Lodovico; mali di che furono artefici a sè stessi con lasciarsi dietro un potente imperio, il cui conquisto e occupazione arebbero agevolate loro infinite vittorie. Ma, oh! che avete oggi a temere dall'usurpatore Alessio, che in crudeltà e perfidia disgrada tutti i suoi predecessori, che si è fatta via al trono col parricidio, che ha tradito le leggi della religione e della natura; e che non può sottrarsi alla giusta punizione de' suoi misfatti senonchè collegandosi a' Saraceni? — Non ci dilungheremo ora in dimostrarvi quanto sia agevol cosa torre l'imperio al tiranno, odiato e spregiato da' suoi sudditi, poichè al vostro valore non fanno intoppo gli ostacoli, anzi gli aggradano i pericoli; nè meno enumereremo a voi le ricchezze di Bisanzio e della Grecia, poichè i vostri animi generosi non considerano in questo conquisto se non che la gloria guerriera e la causa di Gesù Cristo.

---

[1] Questa permissione di toglier per forza anco in paese amico, è giustificata dal pontefice con esempi della Scrittura. (Fleury, *Hist. Eccles.* Lib. 76). — Aggiunge però il pontefice alla permissione del predare: *Purchè lo facciate con timor di Dio, senza offendere alcuno e con l'intenzione di restituire il tolto.* (*Epistol. Innoc. III*, Lib. 6).

Se voi torrete la corona all' usurpatore per restituirla al legittimo sovrano, il figliuolo d' Isacco vi promette sotto la fede degli inviolabili sacramenti, di mantener per un anno la vostra armata e il vostro esercito e di pagarvi dugento mila marchi d'argento per le spese della guerra. Oltreciò vi accompagnerà personalmente nella spedizione di Siria o di Egitto, se ciò vi sembrerà convenevole, e vi darà diecimila uomini a suo soldo, e durante la sua vita manterrà cinquecento uomini d'arme in Terra Santa. E per ultimo a fine di togliere ogni ostacolo che vi possa trattenere da sì giusta impresa, Alessio promette con giuramento sui Vangeli, di por fine alla eresia dell' Imperio d'Oriente e di sottoporre la Chiesa Greca alla Latina.

Con tanti vantaggi della impresa che vi proponiamo, lusinghiamoci che non rigetterete le nostre preghiere; massime veggendo nella scrittura, che Dio si è servito alcuna fiata, degli uomini più semplici e meno conosciuti, per annunciare la sua volontà al popolo prediletto; ed oggi egli ha eletto un giovine principe per strumento de' suoi disegni; ed è Alessio mandato dalla provvidenza per condurvi nella via del Signore e per mostrarvi il cammino che dovete correre per assicurare la vittoria agli eserciti del Cristo.

Fu con grande attenzione e favore udito dalla assemblea questo discorso; nondimeno v'erano non pochi di contraria opinione. — Il Doge e i signori fecero escire gli ambasciatori per deliberare sulle proposte di Alessio. Furonvi nel consiglio grandi dispute e contrarietà di pareri. Quelli medesimi che avevano dissuaso l'assedio di Zara, e il suddetto abate di Sernê principalmente, per istigazione del Legato, opponevansi fortemente alla spedizione Bizantina, mostrando disdegno che si ponessero in pari considerazione gl' interessi di Dio e quelli d'Alessio, e allegando che Isacco medesimo di cui volevano assumere il patrocinio, era pur esso usurpatore pervenuto al trono de' Comneni mediante una ribellione; che nella Terza Crociata erasi dimostrato nimicissimo de' Cristiani e fedele alleato de' Turchi; e che per ultimo i Greci usi a mutare spesso padroni, sopportavano indifferentemente la usurpazione di Alessio; e che i Latini non escivano da' loro paesi per vendicare le offese d'una nazione che non ne gli richiedeva.

I detti fautori del Legato notavano eziandio che Filippo di Soavia, esortava bene i Crociati a soccorrere Alessio, ma che egli poi non l'aiutava senonchè di parole e di ambascerie; e consigliavano che si dovesse diffidare delle promesse d'un giovine principe che si obbligava a spesare eserciti, senza aver pure un soldato; che offeriva tesori non possedendo cosa veruna; e che sendo stato educato fra Greci potrebbe forse un gior-

no ritorcere le proprie armi contro i suoi benefattori; e conchiudevano
dicendo:

*Se le sventure vi muovono a compassione; se bramate difendere la
causa della giustizia e della umanità, perchè non ascoltate i gemiti dei
nostri fratelli di Palestina, che sono minacciati dai Saraceni, e le cui
speranze sono tutte nel valore e nell'amor vostro reposte? Chè, se voi
andate in traccia di vittorie facili e di bei conquisti, volgete gli occhi
verso l'Egitto, il cui popolo è travagliato da durissima carestia, e che
per le sette piaghe della Scrittura, è abbandonato quasi senza difesa
alle armi cristiane.*

Ma i Veneziani che avevano cagioni di nimicizia contro il nuovo Imperatore Bisantino, facevano poca stima di questi discorsi, e mostravano
più desiderio di assaltare i Greci che i Saraceni; agognavano la distruzione de'banchi de'Pisani stabiliti in Grecia, e volevano che i loro navili fossero come arbitri del Bosforo. Il Doge poi che oltre ciò, aveva offese private da vendicare, per meglio concitare gli spiriti ingrandiva i mali
inferiti da'Greci alla sua patria e ai Cristiani d'Occidente.

Il continuatore di Guglielmo Tirense e Bernardo Tesaurario, guadagnati dai nimici de' Veneziani, insinuano nelle Croniche loro che Dandolo fosse mosso da secreta cagione che nascondeva ai Crociati; cioè che
il Sultano di Damasco avendo avuto sentore dei grandi preparativi che
facevansi a Venezia per la nuova Crociata, essendone spaventato, avesse
mandata grossissima somma di denaro alla Repubblica pregandola a governarsi in modo che la spedizione contro l'Oriente non avesse effetto.
Ma tale accusa è tanto improbabile e ne trapela tanto l'odore della sua
origine, che non occorre dimostrarne quella falsità, che a chiunque bene
la considera, patentissima appare. Anzi è da notare che il discorso dei
fautori del Legato non produsse altro effetto che resuscitare più violento
di prima l'odio portato sempre dai Crociati d'ogni nazione ai Greci, re-
putandoli non meno de' Saraceni, nimici ai Latini.

Ma altri ecclesiastici, che avevano per capo l'abate di Looz, uomo
venerevole per la sua pietà e purità de'costumi, erano contrarii alla opinione dell'abate di Sernè e della sua fazione; dimostrando esser gran
pericolo a voler condurre un grosso esercito per regioni distrutte dalla
fame; e che nella Grecia riconoscevansi molto maggiori vantaggi per i
Crociati che non nell'Egitto; e che il conquisto di Costantinopoli era
mezzo sicurissimo per assecurare a'Cristiani il possesso di Gerusalemme.
Questi ecclesiastici erano mossi principalmente dalla speranza che la chiesa
Greca fosse riunita alla Romana.

Molti cavalieri vagheggiavano similmente la riunione delle due chiese che sarebbe opera delle loro armi; ma erano anco stimolati da altre cagioni non meno potenti, perchè avendo fatto sacramento di difendere l'innocenza e i diritti degli oppressi, stimavano debito della loro professione patrocinare la causa di Alessio. Molti poi, per la fama delle ricchezze bisantine facevano lor conto sulle fortune di tanta spedizione. Ma i più veramente erano mossi da quella fantasia cavalleresca, che andava con ogni studio in traccia di pericoli e fatti straordinarii.

Dopo lunga deliberazione, fu deciso nel consiglio de' Crociati che si accettassero le proposte di Alessio e che l'esercito cristiano s'imbarcherebbe per Costantinopoli sul cominciare della primavera.

Anco prima dell'assedio di Zara era corso romore in Bisanzio, che i Crociati s'armassero per una spedizione contro la Grecia; onde il tiranno per declinare questa burrasca, ricorse al Papa, che reputava arbitro della pace e della guerra in Occidente. I suoi ambasciatori avevano commessione di persuadere al pontefice che l'imperatore aveva legittimamente occupato il trono; che il figliuolo d'Isacco non aveva alcun diritto all'Imperio; che la spedizione contro la Grecia sarebbe ingiusta, pericolosa e inopportuna ai disegni della Crociata.

Il Pontefice, per meglio mantenersi in importanza, rispose che il giovine Alessio, aveva molti partigiani fra' Crociati, avendo promesso, ristabilito che fosse, di andare personalmente alla impresa di Terra Santa, e di far cessare la ribellione della Chiesa Greca [1].

Il Pontefice era avverso alla spedizione Bisantina, ma dissimulava con la speranza che l'Usurpatore per ingraziarselo farebbe le medesime promesse del principe detronizzato e che potrebbe meglio adempirle. Sperava similmente, che governandosi a quel modo, potrebbe tirare al suo tribunale supremo il piato de' due contendenti; ma il tiranno, o che credesse aver il Pontefice dalla sua, o che stimasse meglio dissimulare i suoi timori, o che il pericolo lontano non fosse efficace a scuoterlo della sua indolenza, non si curò di mandare più altri ambasciatori, nè si premunì in verun modo contro l'invasione d'Occidente.

Frattanto il re di Gerusalemme e i Cristiani di Palestina, andavano ricordando al sommo Pontefice le di lui promesse e i gravi pericoli in che versavano: Il quale desiderando compiacerli s'affaticava di continuo perchè l'esercito Cristiano movesse subito contro i Turchi; e spediva in Palestina suoi legati il cardinale Piero da Capua e il cardinale Siffredo, per dar animo ai Cristiani d'Oriente con l'annunzio della imminente partenza de' Crociati.

---

[1] Nel gesta Innoc. III, è registrata la lettera del Pontefice al Tiranno; che è pure riportata del Baronio A. 1202. — Niceta non parla di questa corrispondenza.

Ma quando seppe che i capi della Crociata avevano deliberato di assaltare Costantinopoli, ne gli rimproverò agramente dicendo loro, che *guardavansi addietro come la moglie di Lotte*; e soggiungeva:

Niuno di voi presuma invadere o saccheggiare le terre de' Greci, sotto pretesto che il regnante imperatore abbia usurpato il trono al fratello; quali sieno i di lui delitti, a voi non ispetta darne giudicio: e voi avete presa la Croce non per vendicare le ingiurie de' principi, ma quelle di Dio.

Innocenzio poi accortamente chiudeva la lettera senza dare l'apostolica benedizione a' Crociati, e per ispaventarli meglio, gli minacciava della divina maledizione. Fu questa lettera ricevuta nell'esercito con solenne pompa di venerazione, ma ognuno rimase saldo nel primo proposito.

Allora ricominciarono le doglianze della fazione del Legato, che senza alcun rispetto disapprovava la sacrilega ostinazione de' soldati di Cristo.

L'abate di Sernè, Martino Litz, uno dei predicatori della Crociata, e il conte di Monforte co'loro seguaci, fatto vanamente ogni conato per ribellare l'esercito a' capi, risolsero di partirsene, parte per ritornarsene alle case loro e parte per andare in Palestina [1].

Nacque adunque che tanto quelli i quali partivansi dall'esercito, quanto quelli che vi rimanevano, si accusassero vicendevolmente di tradigione alla causa di Cristo [2]. E sendo intervenuto che dei partiti, cinquecento soldati affogarono in mare, e che molti altri passando per l'Illiria furono sterminati da quei popoli, i rimasi prendevano da ciò argomento di dimostrare come giusta e accetta a Dio la loro risoluzione, e di ripetere spesse fiate il biblico versetto: *La misericordia di Dio è rimasa con noi guai a quelli che si discostano dalla via del Signore!*

Travagliava nondimeno l'animo de' cavalieri e de' baroni alcun rimordimento d'aver contrario il Pontefice alle risoluzioni loro; ma speravano giustificarsi co' buoni successi delle loro armi; perchè agli occhi degli uomini sempre ha ragione chi ottiene vittoria, e i vittoriosi non tralasciano mai di attribuire a volontà di Dio la loro prosperità.

Quando i Crociati stavano sul punto d'imbarcarsi per la spedizione bisantina, giunse a Zara il giovine Alessio, e con la presenza accese nell'esercito maggiore entusiasmo per la sua causa. Fu a suono di trombe e di chiarine ricevuto e presentato all'esercito dal Marchese di Monfer-

---

[1] Gunter loda l'abate Martino Litz che allora se ne partì per la Palestina (Canisio *Monum. Ecclesiast.* T. 2, p. 9

[2] Villarduino che fu di quelli che non abbandonarono l'esercito, non preterisce alcuna occasione dove possa biasimare quelli che partironsi.

rato [1] i cui fratelli maggiori eransi congiunti con doppio matrimonio e con la dignità di Cesare alla famiglia imperiale bisantina.

I baroni salutarono imperatore il giovine Alessio, tanto più volontieri perchè la di lui futura grandezza doveva esser opera del loro valore, ed essendosi armato per la difensione del padre, ammiravano in lui un edificante modello della pietà figliale, un vendicatore della usurpazione e della ingiustizia e distruttore della eresia. — Frattanto nel campo non parlavasi d'altro che del giovine principe, delle sue sventure, del suo esiglio e della cattività del suo padre: e Alessio medesimo per mantenere queste buone disposizioni, seguitato da'principi e da'baroni, andava per le schiere facendo a tutti dimostrazioni di gratitudine e di amorevolezza [2]; e promettendo molto più che non poteva ottenere, anco andandoli prospere tutte le cose.

Frattanto per l'Italia e tutto l'Occidente risonava il grido dei preparativi per la impresa bisantina; mentre l'Imperatore di Costantinopoli, quasi che solo ignorasse tanto moto, non faceva alcun provvedimento per la sua difesa. — Era egli in tutto simile a'suoi predecessori non avendo nè virtù nè carattere. Quando tolse al fratello il trono, lasciò condurre tutta l'impresa a'suoi cortegiani ai quali poi rimise anco l'amministrazione dello stato. Per coprire l'usurpazione agli occhi del popolo, sprecò tutti i tesori pubblici, e dipoi per far danaro, vendeva la giustizia, gravava i sudditi, e faceva predare le navi de'mercanti che da Venezia passavano a Costantinopoli. Degli onori e delle dignità era stato talmente prodigo, che niuno ne faceva più stima. *Graziava* (dice Niceta) *qualunque domanda venivali fatta, quantunque pazza e risibile fosse: arebbe accordata la facoltà di arare il mare, di navigare in terra, traslocar montagne e soprapporre l'Ato all'Olimpo.*

Alessio erasi associato nell'imperio la sua moglie Eufrosina, donna rotta ad ogni estrema libidine, e sempre implicata in tenebrose trame. Il debole e mal condotto governo allettò più fiate i Bulgari e i Turchi alle loro solite incursioni, i quali mentre infestavano e devastavano i confini, l'imperatore perdeva suo tempo in appianare colline e disegnare giardini sulle rive della Propontide. Così addetto a vergognosa mollezza, licenziò parte delle sue soldatesche; nè volendo essere disturbato ne'suoi piaceri da rumori di guerra, vendette i vasi sacri, e predò le tombe dei

---

[1] Duplice alleanza e la dignità di Cesare legavano i due fratelli maggiori di Bonifacio con la famiglia imperiale. Renieri del Monferrato aveva sposata Maria figliuola dell'Imperatore Emanuele Comneno; e Corrado che aveva difesa la città di Tiro, erasi, prima della terza crociata, ammogliate a Teodora Angela, sorella degli Imperatori Isacco e Alessio.

Ducange, *Famiglie Bizant.* p. 183 a 203.

[2] Villarduino, Lib. 2.

T. I.

greci imperatori per comperare vilmente la pace dell'imperator di Allemagna divenuto padrone della Sicilia. — Non aveva l'imperio più naviglio,
i ministri aveano venduto il cordame e il sartiame delle navi; i boschi
che potevano fornire legname da costruzione, serbavansi ai piaceri del
principe, ed erano guardati (dice Niceta) come quelli che anticamente
consecravansi agli Iddii [1].

Non mai furono nello stato tante cospirazioni, quanto sotto questo
principe che non lasciavasi veder mai da'sudditi, sicchè sembrava che
Costantinopoli fosse in interregno; e da ogni parte sorgevano pretendenti
al trono. Fedeltà, probità, valore, nè la Corte nè i cittadini stimavano;
ricompensavasi soltanto e magnificamente chi aveva trovata alcuna nuova
voluttà o alcuna nuova imposizione. — In tanta universale depravazione
il nome dell'Imperatore non perveniva alle provincie che con gli ordinamenti de'tributi [2]; e l'esercito senza disciplina e senza soldo, non avea
capitani che il comandassero.

Eravi indicio di propinqua rivoluzione nello stato; e la niuna previdenza accresceva il pericolo; niun suddito, niun ministro, curava partecipare il vero al principe; aveavi soltanto gran numero di augelli loquaci
ai quali i padroni insegnavano satiriche parole, e que'soli dai tetti e dalle
finestre delle case interrompevano il comune silenzio, pubblicando gli
scandoli della Corte.

Era ancor viva ne'Greci la memoria delle loro antiche glorie, dalla
quale però non ricevevano incitamenti a emularle, ma stolta e sterile vanità; sicchè la grandezza passata non ad altro serviva che a conoscere la
miseria e la decadenza presente; e i vanti dell'antica Grecia e di Roma,
svelavano in tutta la sua bruttezza l'attuale degenerazione. L'amor di patria era spento; la cosa pubblica amministravasi da'monaci che eransi
fatti capi d'ogni officio e d'ogni negozio, e che eransi guadagnata la
pubblica opinione e la confidenza del principe con predizioni e con divulgare visioni, per le quali facevansi stimare quasi arbitri e depositari
de'divini voleri. Maggiori negozi del popolo erano vane disputazioni teologiche, d'onde l'ignoranza e l'intolleranza traevano continuo augumento
e per le quali ogni patriottico senso era bandito. E quando già l'armata
de'Crociati era per spiegar le vele contro Bisanzio, nella metropoli im-

---

[1] La descrizione che fa Niceta della corte di Alessio, è degna di nota, quantunque le scemino
autorità le solite esagerazioni dello storico.

[2] Lebeau, nella sua *Histoire du Bas-Empire*, descrive a lungo la decadenza dell'imperio greco
e i vizii degli imperatori. Gibbon, migliore osservatore, trascura nondimeno alcuni particolari importanti di quest'epoca, e negli ultimi volumi, parla poco de'Greci per diffondersi intorno alle
nazioni barbare dell'Oriente e dell'Occidente che eransi divise le reliquie del Romano Imperio.

periale agitavasi la questione: se il corpo di Cristo nella Eucaristìa sia corruttibile o incoruttibile. Ognuna di queste opinioni aveva acerrimi difensori pronti egualmente a combattere con la dialettica, col ferro, con le arti faziose, co' veleni e con le calunnie; cosicchè mentre il nimico rapidamente s'appropinquava, l'imperio rimanevasi senza difensori.

L'armata de' Veneziani e de' Francesi partita da Zara, doveva riunirsi nell'isola di Corfù: Surta sulle coste di Macedonia, gli abitatori di Durazzo, portarono al giovine Alessio le chiavi della città, e lo riconobbero per loro sovrano. Quelli di Corfù seguitarono l'esempio e ricevettero i Crociati come liberatori. Per dove i Latini passavano, i Greci applaudivano alla loro impresa e bene ne auguravano.

L'isola di Corfù, patria degli antichi Feaci, celebre per il naufragio di Ulisse e per i giardini di Alcinoo, fu larga ai Crociati di pasture e di vettovaglie; onde vi dimorarono per alcune settimane; la qual dimora troppo in lungo protratta, fu cagione, che l'entusiasmo de' soldati intiepidisse e che si resuscitassero le mal sedate contenzioni di Zara.

Poichè essendo colà giunta notizia che Gualtiero di Brienna, aveva di recente conquistata la Puglia e il regno di Napoli, in pochi mesi e con soli seicento cavalli; i Crociati invidiando a tanta prosperità, cominciarono a dolersi e a biasimare la spedizione bisantina, ricordando, principalmente i malcontenti, le grandi spese che per la medesima s'erano fatte, i pericoli che si dimostravano ogni giorno maggiori, e l'esito incerto; e andavano bucinando, che mentre essi consumavano le forze d'Occidente, in quella impresa inutile e lontana, Gualtiero molto più savio di loro erasi acquistato un ricco regno, e disponevasi con maggiori mezzi a osservare il fatto giuramento di liberare Terra Santa. Con che i detti malcontenti consigliavano che si chiedesse naviglio a esso Gualtiero, e che con lui si partisse per la Palestina. Le quali instigazioni facevano molto frutto e gran numero di cavalieri erano parati a separarsi dall'esercito.

I capi di questi malcontenti essendo convenuti in certa valle remota per deliberare del modo da eseguire il loro progetto, furono avvisati della congiura i principali dell'esercito, i quali subito applicaronsi a impedirne gli effetti in questo modo. Il doge di Venezia, il conte di Fiandra, i conti di Bloase e di San Paolo, il Marchese del Monferrato e alcuni vescovi vestiti a lutto, facendosi portare davanti la Croce, andarono processionalmente alla detta valle ove stavano assembrati i dissidenti. Venuti a vista de' quali che facevano il loro consiglio a cavallo, posero piede a terra e mossero verso l'assemblea in contegno di supplichevoli. Allora i dissidenti sospesero le loro deliberazioni e similmente scesero da' loro cavalli. I principi, i conti e i vescovi s'accostano ai malcontenti piangendo e s'inginocchiano, giurando di rimanersi immobili a quel modo fino a che i guerrieri che volevano abbandonarli, non rinnovino il giuramento di seguitare l'esercito cristiano e d'essere fedeli ai vessilli della guerra santa. —

Quando gli altri videro ciò (dice Villarduino testimonio oculare [1]), *quando videro i loro signori e più prossimi parenti ed amici, prostrati a' loro piedi, e per mo' di dire, lor chieder grazia, ne ebbero grande compassione, e il loro cuore s'intenerì talmente che non poterono trattenere le lagrime, assicurandoli che volevano far nuova deliberazione.*

Detto ciò ritiraronsi in disparte e dopo breve deliberazione, ritornarono ai capi dell'esercito, promettendo di rimanere sotto la loro obbedienza fino ai primi giorni dell'autunno, con condizione però, che i baroni e i signori giurassero su i Vangeli, che a detta epoca gli fornirebbero di navigli per passare in Siria.

Fecersi da ambe le parti i giuramenti di osservare questo trattato; e ritornarono insieme al campo, dove non fu più fatto parola della spedizione bisantina.

L'armata partì da Corfù la vigilia di Pentecoste del 1203. Le palandre, le galere e i navili da trasporto, ai quali eransi unite molte navi mercantili, coprivano immenso spazio del mare; e il cielo era puro e sereno, il vento dolce e favorevole. L'aspetto di tanto naviglio, era magnifico e Villarduino trasportato da ammirazione esclama: *Io Villarduino, io maresciallo di Sciampagna, che ho dettato quest'opera, attesto che non mai più bella cosa fu veduta!* [2]

Fra il capo della Malea e l'isola di Cerigo, l'armata de' Crociati incontrò alcune navi che portavano alcuni disertori dell'esercito, i quali veggendo sì grande apparato di potenza e di forza, vergognandosi della loro deserzione, si nascosero nel fondo delle navi; un solo però, mediante una fune discese dalla sua nave e abbandonò i compagni, dicendo: *Io me ne vado con coloro, che m'hanno aspetto di gente da conquistare gran regni.* E fu ben ricevuto da' Crociati (dice Villarduino) e l'esercito lo vide di buon occhio.

---

[1] *Quand les autres virent cela; quand il virent leurs seignours, leurs plus proches parents et amis se jeter ainsi à leurs pieds, et, par manière de parler, leur crier merci, ils en eurent fort grand pitié, et le coeur leur attendrit de façon qu'ils ne purent se tenir de plorer, leur disant qu'ils en aviseroient par ensemble.*
Villarduino, L. 3. =

[2] *Moi Villehardouin, moi maréchal de Champagne, qui cette oeuvre dictai, j'atteste que jamais plus belle chose ne fut vue.*
Villarduino, L. 3.

Si fermò l'armata prima davanti a Negroponte, e poi davanti ad Andro, dove il giovine Alessio fu proclamato Imperatore. I venti affricani spinsero le navi venete nel mare Egeo, che lasciaronsi a manca l'isola di Lesbo o di Metelino, ed entrate nell'Ellesponto passarono Lemno, Samotracia, Tenedo e la costa dove si vedevano le tombe di Achille e di Patroclo e le ruine d'*Alexandria Troas;* e per ultimo sorsero davanti alla città di Abido.

L'Ellesponto in fra Sesto e Abido ha circa un miglio e mezzo di larghezza. La città di Abido, che Villarduino, chiama *Avie,* occupava un piccolo promontorio sul quale non veggonsi al presente che mucchi di ruine e una fortezza turca. I Signori e i baroni ai quali furono presentate le chiavi della città fecionla guardare in modo che per licenza soldatesca gli abitatori non persero neppure un danaro [1].

Rimasero le navi otto giorni sotto Abido. — I Cavalieri ignoravano affatto le memorie antiche che fanno illustre quella riva dell'Ellesponto; i Cherici più dotti non sapevano nè meno, che nella parte dello stretto ove trovavansi, Serse re di Persia aveva fatto passare il suo esercito sopra un ponte di legno; e che dopo più secoli Alessandro aveva passato il medesimo stretto per correre al conquisto dell'Asia; nè sapevano anco che le pianure propinque al monte Ida furono campo ove il fiore degli eroi di Grecia, concorse ai danni della famosa Troia.

I Crociati senza perdere lor tempo a contemplare le classiche ruine, perchè trovaronsi giunti a punto che i campi erano pieni di messi mature, occuparonsi a far la raccolta per la provvigione dell'armata e dell'esercito.

Dipoi seguitando loro cammino, passarono da Lampsaco e da Gallipoli, traversarono il mare di Marmara [2] ovvero Propontide e fermaronsi alla punta di Santo Stefano, distante tre leghe da Costantinopoli. Di là, quelli de'Crociati che non avevano mai veduta la magnifica metropoli, potettero comodamente considerarla; poichè come essa è da meriggio bagnata dalle onde della Propontide, a levante dal Bosforo e a tramontana dal golfo che le fa da porto, dimostravasi loro in tutta la sua maestà [3].

[1] *Firent mult bien garder la cité, de telle sorte que les habitans ne perdirent pas un denier.* Villarduino L. 3.

[2] Lo storico Greco Niceta, dice che la navigazione de'Crociati fu tanto rapida e felice, che giunsero al porto Santo Stefano senza esser veduti da alcuno.

[3] *Ayant jeté l'ancre, ceux qui n'y avoient jamais été se prirent à contempler attentivement cette belle cité magnifique dont ils ne pensoient qu'en tout le monde y en deust encore avoir une telle. Quand ils aperçurent ses hautes murailles et gros torrions si près l'un de l'autre, dont elle estoit revestue et munie tout à l'entour, et ses riches et superbes palais et ses magnifiques églises qui se rehaussaient beaucoup par-dessus, en si grand nombre que nul malaisément se pourrait croire s'il ne le voyoit de ses yeux; ensemble la belle assiette de la ville, de son long et en sa largeur, qui de toutes autres estoit Souveraine, certes il n'y eut le coeur si assenré ni si hardy qui ne frémit* Villarduino. L. 3.

Il suo cerchio girava meglio che sette leghe e da doppie mura era ricinto; le rive del Bosforo, fino all'Eussino somigliavano a immenso sobborgo, tutto adorno di giardini. — Quando il governo di Costantinopoli non era per anco corrotto, dipendeva dal suo arbitrio l'aprire o chiudere le porte del commercio; e il suo porto che dava ricetto alle navi di tutti i popoli, fu dai Greci appellato *Corno d'Oro* o *Corno dell'Abbondanza*. — Costantinopoli, come l'antica Roma sedeva sopra sette monti, ed ebbe similmente nome di città dai setti colli. Era oltreciò in quattordici quartieri divisa, ed aveva trentadue porte. Eranvi dentro Circhi vastissimi, cinquecento chiese e fra tutte notevole Santa Sofia, e cinque palagi pari in grandezza a piccole città. E più felice di Roma, la metropoli bisantina non aveva ancora veduto i barbari nelle sue mura e conservava tuttavia col suo idioma, i capi d'opera dell'antichità e le ricchezze riunite di Grecia e d'Oriente.

Il doge di Venezia e i principali capi dell'esercito scesero a terra e tennero consiglio nel monastero di Santo Stefano [1]. Fu principalmente posto in consulta sopra qual punto s'avesse a sbarcare. . . ma essendo sopra questo particolare troppo laconica la relazione di Villarduino, manca la materia da colorire sufficientemente questa narrazione.

La Storia ha però tramandato ai posteri il discorso tenuto dal doge Dandolo, il quale parlò in questa sentenza:

Io ho più cognizione che voi non avete, degli usi di questo paese. ove sono stato altre volte. E voi veramente vi siete tolti impresa, piena di difficoltà e di pericoli più di quantunque altra; onde v'è mestieri procedere con somma prudenza e buon ordine. Ponendoci in terra ferma, sendo il paese vasto, le nostre genti, per procacciare vettovaglia. facilmente si sbanderanno; il che sarà causa che perderemo molti uomini; perchè le campagne sono popolatissime [2]; e a noi, per la grandezza della impresa che abbiamo alle mani, bisognerebbe non perderne punti. — Poco distante a oriente, e si veggono di qua, sonovi isole abitate, fertili in grano e piene d'ogni bene [3]; io consiglio che ci mettiamo a terra là che vi facciamo provvigione di vettovaglia, e quando ne avremo all'uopo, che andiamo a porre il campo davanti la metropoli; e allora faremo, che, Dio ne spirerà.

Il parere del doge fu unanimemente approvato dai baroni; onde tutti ritornarono alle navi per passarvi la notte. Il dì appresso all'alba, furono piantate in poppa alle navi e appiccate agli alberi le bandiere, e lungo i ponti furono disposti in mostra gli scudi, il che rendea sembiante di merli di fortezze [1].

L'armata levò le ancore e il vento che spirava da mezzogiorno la spinse verso Costantinopoli, in modo che alcune navi rasentarono quasi le mura e alcuni Crociati furono feriti da pietre e strali lanciati dai Greci. I Crociati stavano tutti su i ponti delle navi; le mura erano piene di soldati greci e la riva di popolo.

Il vento fu causa che la risoluzione presa a Santo Stefano non si seguisse, onde l'armata invece che andare alle isole de' Principi si volse verso la costa dell'Asia e si fermò davanti a Calcedonia, quasi di contro a Costantinopoli; ivi sbarcarono i Crociati.

Era a Calcedonia un palagio imperiale, nel quale stanziaronsi i principali capi della Crociata, e l'esercito pose le tende lungo la riva del mare. La campagna era ricca e feconda; aveanvi nei campi le messi già segate e abbarcate, onde furono fatte comodamente le provvigioni. — Dopo tre giorni, l'armata si mosse di nuovo ed andò a un altro palazzo imperiale, appellato Scutari, da dove trovossi propriamente di contro alla metropoli e al suo porto. I capi alloggiarono in quel palazzo e in quei giardini, dove l'imperatore Alessio (referente Niceta [2]), poco prima occupavasi a far ispianare montagne e colmar valli.

---

nella sua parte meridionale quest'isola è arida e senza alberi; da tramontana ove è il villaggio di Prìnchipo, reggonsi viti, fichi, e mandorli; vi è anco una scuola nella quale s'insegna il turco, l'italiano, l'inglese e il francese. Distante un'ora da Prìnchipo avvi Chalchi, isola meno popolata di Prìnchipo, ma fertilissima. Quindici anni fa il sultano Mahmud vi ha fatto edificare uno grande stabilimento per la scuola di nautica. È da vedersi a Chalchi nella chiesa del convento di Aghia Triada, cioè Santa Trinità, un quadro famoso rappresentante il Giudizio Universale, nel quale il pittore ha pieno l'inferno di mussulmani e il paradiso di greci. Ma cosa più singolare è che i Turchi non si hanno a male questa piacevolezza. — T.

[1] Ducangio nelle sue note a Villarduino, pone una nota dottissima sulle armi e scudi che i guerrieri del medio evo disponevano sul parapetto delle navi e che facevano funzione di merli, coprendoli dal saettare nimico.

[2] Lo storico greco Niceta narra, che l'imperatore Alessio, non solo non facea alcun caso di questa mossa de' Latini, ma che anzi burlavasi di quelli che se ne mostravano spaventati. — Anco il continuatore di Guglielmo Tirense, accenna la cieca sicurezza d'Alessio; il quale era persuaso che non facesse pur mestiere di combattere i Latini e che gli arebbe vinti mandando loro contro le meretrici di Costantinopoli.

Frattanto i Crociati correvano la campagna al di là di Scutari, nelle quali correrie una schiera scoperse, distante tre leghe dal campo, le tende del gran duca o capo dell'armata imperiale, il quale erasi posto sul pendìo d'una collina con cinquecento soldati greci. Allora i Latini mossero ad assaltarli e i Greci disposersi in battaglia. Breve fu la pugna; al primo scontro i soldati del gran duca, fuggironsi abbandonando tende, provvigioni e bestie da soma.

Questa facile vittoria, atterrì tutto il paese; niuno osava aspettare i Latini con le armi in mano, onde Niceta, chiama cervi i comandanti de' Greci, riferendo che confessassero di non osare combattere contro *angeli sterminatori* e *guerrieri di bronzo*.

Allora l'imperatore Alessio cominciò a riscuotersi del suo letargo; e sendo già il decimo giorno dall'arrivo de' Crociati, spedì loro un ambasciadore per salutarli e chiedere che disegni facessero. Questo ambasciatore fu Niccolò Rossi, il quale rappresentatosi davanti ai capi della Crociata, parlò in questa sentenza [1]:

L'Imperatore sa che voi siete grandissimi e potentissimi di tutti i principi che non portano corona, e che comandate ai popoli più valorosi del mondo; ma si maraviglia assai che essendo cristiani come esso, siate venuti ne' suoi domini senza prevenirlo e chiedergliene permissione. Gli è stato riferito che il principale scopo del vostro viaggio era la liberazione di Terra Santa. Se per eseguire sì pio disegno, mancavi vettovaglia, è disposto darvene; e vuole di più ajutare con ogni suo podere la vostra impresa; ma vi prega di escire volonterosamente dal suo territorio, onde non v' abbia a costringere con la forza, poichè la sua potenza è grande; e quando voi foste in numero venti volte tanti di quello ora siete, non potreste salvarvi dal suo sdegno, se volesse assaltarvi e punirvi.

Conone di Betuna, savio cavaliere e facondo, incaricato di rispondere all'ambasciadore, disse [2]:

Grazioso signore, il tuo padrone si maraviglia che i nostri signori e baroni siano entrati nel suo territorio; e nondimeno tu sai bene che questa terra non è sua, che egli la tiene a torto e contro Dio e la ragione; perchè appartiensi al suo nipote, il quale tu vedi assiso fra noi. Se dunque vuole chiederli perdonanza e restituirli la corona imperiale,

---

[1] Questo discorso è cavato da Villarduino.

[2] Il padre d'Utremann dice di Conone: *Vir domi militiae nobilis et facundus in paucis* (Constantin. Belg. L. 2.) Villarduino dice che Conone *était un sage chevalier et bien emparlé.* — Conone avea rinomanza anco fra' trovatori. Paolino Parigi ha pubblicato in un piccolo volume alcune poesie di questo valoroso cavaliere della Croce.

E' sulla capitana mostravasi il giovine Alessio, che il doge di Venezia e il marchese del Monferrato, tenevano per mano

noi interporremo le nostre preghiere presso Isacco e il suo figlio af-
finchè gli perdonino e gli accordino un campamento onorevole e degno
della sua condizione. Ma, da qui avanti, non esser tu tanto temerario
da presentarti a noi con simili messaggi.

Niccolò Rossi, riportò ad Alessio questa risposta. — Il vegnente giorno, i baroni, tenuto consiglio deliberarono di tentare le disposizioni del
popolo di Costantinopoli, con mostrarli il giovine Alessio figliuolo d'Isacco.

Furono allestite alcune galere, sulle quali ascesero i baroni e i cavalieri, e sulla capitana mostravasi il giovine Alessio, che il doge di Venezia e il marchese del Monferrato, tenevano per mano.

In cotal foggia appropinquaronsi alle mura, mentre un araldo d'armi
gridava:

Ecco il vostro legittimo signore. Noi non siamo venuti qua per farvi
male, ma per ajutarvi e difendervi se farete il debito vostro. Non igno-
rate che quello al quale obbedite, si è iniquamente impadronito della
suprema potestà, nè ignorate con quale perfidia ha trattato il suo prin-
cipe e signore. Ecco il figliuolo ed erede d'Isacco: Se verrete al suo
partito farete il debito vostro, se no, aspettatevi ogni male.

Niun Greco osò rispondere; tutti temevano dell'usurpatore; per la
qual cosa i cavalieri e baroni, ritornarono al campo, e prepararonsi a cominciare la guerra.

Il dì sesto di luglio, i capi della Crociata ragunaronsi e tennero consiglio a cavallo in una vasta pianura, dove presentemente è il gran cimitero di Scutari [1]. Fu deliberato, che l'esercito si rimbarcasse e traversasse il Bosforo ovvero stretto di San Giorgio.

I Crociati francesi furono divisi in sei battaglie. Baldovino di Fiandra fu proposto all'Antiguardo, perchè aveva più balestrieri e arcieri che
gli altri capi. — Enrico fratello di Baldovino doveva condurre la seconda
battaglia con Matteo di Valincùr e altri buoni cavalieri delle provincie
di Fiandra e dell'Ainaldo. — Comandava il terzo corpo Ugo di San
Paolo, ed erano con lui Pietro di Amièn, Eustachio di Cantelù, Ansaldo
di Caiù e altri buoni cavalieri di Piccardia. — Luigi conte di Blouse, signore ricco e potente, guidava la quarta battaglia, che era di cavalieri
e guerrieri partiti dalla Loira. — Conducevano la quinta battaglia Matteo
di Monmoransì e Andrea di Sciamplitta, e avevano con loro i Borgognoni, la gente di Sciampagna, dell'isola di Francia e della Turena. V'era
anco Villarduino maresciallo di Sciampagna, e Uggiero di Santo Chero-

---

[1] La grande caserma edificata da Selimo Terzo, poco distante dal campo dei morti, tiene forse
il terreno già tenuto dal palagio imperiale.

ne, e Manasse di Lilla, e Milese del Brabante e Macario di Santa Me-
neulda. — I Crociati di Lombardia di Toscana e gli Alpigiani formavano il sesto corpo capitanato da Bonifazio marchese del Monferrato.

Ordinato così l'esercito, i preti e i vescovi esortavano i soldati a confessarsi e a fare il loro testamento; *il che fecero con gran zelo e devozione.* — Il giorno in che doveasi passare lo stretto l'esercito si levò di
buon mattino; e il buon Villarduino che non vedeva altro che miracoli
e strani pericoli, prorompe nella sua solita esclamazione: *Veramente fu
quella la più pericolosa impresa che mai si facesse* [1].

Dato il segno, baroni e cavalieri montano sulle palandre, essi e i cavalli armati di tutto punto. Gli arcieri, balestrieri e fanti salirono sulle
navi grosse. Le galere a due e tre ordini di remi procedevano in fronte
dell'armata; ed ognuna rimorchiava una o due navi grosse.

L'imperatore Alessio, veduti i preparativi de'Crociati, ponevasi con
le sue genti sulla riva occidentale del Bosforo, e teneva il pendìo della
collina de'Fichi o di Pera, cominciando dal luogo che i Turchi dicono
Punta di Tofana, fino al luogo detto Betaschi, ove presentemente avvi
un palagio de'sultani.

L'aspetto dell'esercito greco, non iscemò il coraggio impaziente dei
Crociati. Non chiedevasi chi dovesse andar primo, chi secondo, ma ognuno
voleva precorrere agli altri. Via via che s'appropinquavano alla sponda i
cavalieri coll'elmo in capo e la spada alla mano, saltavano nel mare,
fino alla cintola, per correre alla pugna. Ogni nave abbordò ove trovossi
giunta: sbarcaronsi i cavalli; e gli arcieri posersi in fronte alle schiere.
L'esercito partito all'alba, a mezzo giorno trovavasi schierato sull'opposta sponda. — Alessio che sorprendendo i Crociati nella confusione dello
sbarco, poteva vincerli, quando gli vide ordinati, vinto dalla paura, se
ne fuggì nella città.

L'esercito greco, seguitò l'esempio dell'Imperatore; i Crociati impadronironsi della costa e del campo nimico, e andarono sotto la torre
di Galata [2]. — L'esercito passò la notte nel quartiere di Stanor [3], allora
abitato dai Giudei. Al nuovo giorno i Crociati disponevansi a dare l'assalto alla fortezza. Gran moltitudine di Greci mossero dalla città e unirono le loro navi per combattere i Crociati. — Giacomo d'Avesne capitano de'Fiamminghi ebbe un colpo di lancia nel viso e fu in pericolo
di morte. I Crociati rispinsero gli assalitori. Molti Greci gittaronsi in mare

---

[1] *Véritablement, ce fut la plus périlleuse entreprise qui se fit jamais.* Villarduino.
[2] Circa Galata vedi le note del Ducangio sopra Villarduino, lib. 4; e il capo della *Constan-
nopolis Christiana* del medesimo autore.
[3] *Une moult bonne ville et riche.* Villarduino.

e vi affogarono, gli altri rifugiaronsi nella fortezza di Galata; ma non avendo fatto in tempo a chiudere le porte della torre, i Latini vi entrarono co' fuggitivi. — I Crociati corsero subito a rompere la catena di ferro che chiudeva il porto. Gli Storici Veneti riferiscono che una grossa nave detta *Aquila*, spinta da vento favorevole, urtò con grand'impeto nella detta catena e la franse o tagliò con certe sterminate forbicione di acciajo saldamente adattate alla sua prua. Allora furono prese le galere dei Greci e tutta l'armata de' Crociati entrò trionfalmente nel golfo.

Divenuti così padroni del porto e del quartiere di Galata, i Crociati tennero consiglio se dovevasi combattere la metropoli per terra o per mare. Proponevano i Veneziani che si rizzassero le scale sulle navi e che si desse un assalto dalla parte del porto. I Francesi dicevano di non saper combatter sul mare e senza i loro cavalli. Fu dunque conchiuso che i Veneziani facessero il loro assalto dal mare e i baroni e i cavalieri dalla parte di terra.

L'armata s'andò a porre davanti alle mura, e le sei battaglie dell'esercito, passato il Cidari fra la punta del golfo e fra la valle detta presentemente *Valle delle acque dolci*, andarono a porsi sopra il colle, ove è ora il sobborgo di *Ayub*, sicchè il suo campo trovavasi in tra il palagio delle Blacherne e una badìa murata, detta allora la Torre di Boemondo.

Fu cosa mirabile e di grande ardire (dice Villarduino) *vedere sì piccola oste, che appena poteva bastare alla espugnazione d'una porta, intraprendere l'assedio di Costantinopoli che aveva tre leghe di estensione soltanto dalla parte di terra.*

Credesi che la porta davanti la quale posersi i Crociati fosse quella detta *Egri capù* ovvero *porta obliqua* [1]. Ivi baroni e cavalieri posero le loro macchine murali; e giorno e notte stavano a guardia de' loro mangani e a impedire le sortite del nimico.

La disciplina militare era severamente osservata: niuno poteva allontanarsi dal campo più che tre tiri di balestra, e solo per procacciare vettovaglia. — I Greci ogni giorno presentavansi davanti le trinciere e palizzate de' Latini, e benchè rispinti con lor danno ritornavano sempre in numero maggiore — Passarono dieci giorni con queste piccole e continue zuffe; il decimo, che era decimosettimo di luglio, fu deciso di dare un assalto generale da terra e da mare nel medesimo tempo.

Tre corpi dell'esercito rimasero a guardia del campo; e gli altri ac-

---

[1] Villarduino fa ascendere a circa ventimila uomini l'esercito de' Veneziani e Franchi.— Nella città di Costantinopoli asserisce che vi fossero quattrocentomila (!) soldati greci. — Io dubito che il numero di quattrocentomila debbasi ridurre a quarantamila.

costaronsi alle mura. — A guardia del campo erano i Borgognoni, la
gente di Sciampagna, di Lombardia, del Piemonte e della Savoja, sotto
il comando del marchese del Monferrato. — Baldovino di Fiandra, il
conte di Bloase e Ugo di San Paolo con i Fiamminghi, i Piccardi e la
gente della Loira andarono all'assalto.

Gli assalitori appoggiarono le scale a un muro, ove erano alla difesa
Inglesi e Danesi (che così Villarduino chiama i Varangi guardie del palagio e della persona imperiale). Quindici Crociati giunsero al sommo
delle scale, combattendo con le scuri e con la spada, ma furono respinti
e due di loro rimasero prigioni. Questi due prigioni furono condotti al
palagio delle Blacherne e presentati all'Imperatore.

Frattanto i Veneziani seguitavano il loro assalto dalla parte del mare.
Dandolo aveva ordinata l'armata in due file; le galere della prima eran
piene di arcieri e di macchine; dietro le galere stavano le navi grosse,
sopra le quali avevano alzate torri che sopravanzavano le mura più alte
di Costantinopoli. Col giorno era cominciata la zuffa fra i Greci e l'armata. Il fracasso delle onde percosse dai remi, le grida de' marinari e
de' combattenti, il fuoco greco che serpeggiava sul mare, apprendevasi
alle navi e bolliva sull'acqua; i gran sassi lanciati sulle case e su i palazzi, e sui navili, offerivano scena spaventosissima e piena di confusione.
In tanto formidabile trambusto Enrico Dandolo, sebbene vecchissimo e
cieco, comandava a' suoi che lo conducessero a terra, minacciandoli nella
testa se non l'obbedivano.

I comandi del doge sono subito eseguiti, gli uomini del suo equi-
paggio lo prendono a braccia e lo depongono sulla riva, tenendo inalberato davanti a lui il gonfalone di San Marco. A tal vista tutte le galere
s'accostano a terra; i più valorosi soldati accorrono ove è il doge, le navi,
fino allora rimase immobili, spingono avanti e s'insinuano fra le galere; tutta l'armata spiegasi sopra una sola fila davanti alle mura di Costantinopoli. Le torri delle navi calano i loro ponti levatoi sulle mura,
e mentre a piè di quelle mille braccia piantano scale e trattano gli arieti, fra i merli combattono i soldati con la lancia e con la spada.

Improvvisamente appare lo stendardo di San Marco sopra una torre
della città; gridano di gioia i Veneziani e occupano repentinamente venticinque altre torri. Scendono nella città, dànno la caccia ai Greci, ma
temendo cadere in qualche aguato o essere sopraffatti dal popolo, di che
erano stipate le strade e le pubbliche piazze, dànnosi a incendiar le prime
case che trovano. Propagasi rapidissimo l'incendio, e la moltitudine in-
calzata dalle fiamme fugge esterrefatta.

Da altra parte il popolo esclamava contro Alessio, il quale spediva nuove genti contro i Veneziani, ed egli medesimo con molte schiere esciva dalle porte di Selivrea e di Andrinopoli per muovere contro i Crociati. Secondo Villarduino, tanta era la gente che seguiva l'imperatore da credere che tutta la città fosse uscita con lui.

Veduto i Crociati questo nuovo nembo di guerra, ordinansi in battaglia presso alle loro palizzate; sulla fronte posersi balestrieri e arcieri; ogni capo di bandiera aveva ai lati due scudieri e alcuni sergenti d'armi. — Fecersi avanti i Greci fino a tiro d'arco, ben ordinati. Troppo disuguale era il numero. — Corse avviso al doge del pericolo de'Crociati, il quale comandò a'suoi che desistessero subito dalla pugna e abbandonassero le torri prese; postosi quindi sulla loro fronte, gli condusse al campo de' Crociati francesi. Questo inaspettato rinforzo rifrancò il coraggio de'baroni e de' cavalieri.

I due eserciti rimasero molto tempo davanti uno all' altro, senza combattere, non osando i Greci assaltare e contentandosi i Latini d'aspettarli nel vantaggio della loro posizione. Dopo un' ora d'incertitudine e di sospensione, Alessio fece suonar la ritirata; allora i Latini, esciti delle loro trincee, si misero dietro ai Greci, seguitandoli fino al palazzo di *Filota*.

Rientrato l'imperatore in città, veggendo il popolo che non aveva osato combattere, se ne spaventò, più che se fosse ritornato vinto, e andava accusando di viltà l'esercito; questo ne accusava l'imperatore. Il quale perciò diffidando de'Greci e temendo de'Latini, pensò soltanto a salvar la sua vita; ed imbarcatosi secretamente, col favore della notte, se ne fuggì [1].

Divulgossi al nuovo giorno questa fuga; Costantinopoli s'empì di confusione: cominciossi liberamente a parlare dell'imperatore e a enumerare le sue cattive qualità e le cattive azioni. . . Frattanto alcuni cortegiani corrono alla prigione ove era Isacco, e lo conducono trionfalmente nel palazzo delle Blacherne. Quantunque cieco pongonlo sul trono; egli immagina essere sul patibolo, in mano a' suoi carnefici; e udendo le felicitazioni per la recuperata autorità, le crede scherni e preludii dell'ultimo strazio. Finalmente è fatto capace del vero, ode le scuse di quelli che avevano seguitato Alessio; mentre alcuni vanno in cerca della di lui moglie, che dimenticata vivevasi in dura solitudine.

Eufrosina moglie dell'imperatore Alessio, accusata, che nelle presenti

---

[1] Quando Alessio fu nel suo palagio, fece porre sopra una nave diecimila libbre d'oro e molte pietre preziose; nella prima vigilia della notte passò a Dibalta; avendo abbandonato i suoi e l'imperio per la incerta speranza di salvare la vita (Niceta L. 3.). — Questa istessa notte l'imperatore Alessio prese dal suo tesoro quanto ha potuto, e con quelli che vollero seguitarlo, se ne fuggì dalla città (Villarduino L 4).

turbolenze, avesse voluto alzare al trono un suo favorito, fu imprigio-
nata. Quelli che più erano stati da lei beneficati, dimostraronsele più ac-
caniti nemici.

Frattanto il popolo, che dà sempre la ragione a chi vince, faceva
allegrie per la rivoluzione, e grida di congratulazioni all'imperatore Isacco.

Subitamente è divulgato dalla fama nel campo de' Cristiani il caso
occorso nella metropoli. Radunasi il consiglio de' signori e de' baroni nella
tenda del marchese del Monferrato, e ringraziano la provvidenza dello
aver liberata Costantinopoli dal tiranno, e loro da gravissimi pericoli.
Nondimeno rammentandosi del grande esercito che avevano veduto con
l'imperatore il giorno avanti, dubitavano d'inganno.

Frattanto correva al campo de' Crociati gran moltitudine di Greci
esciti dalla città, e confermavano le divulgate notizie; in tra i quali erano
molti cortegiani che rappresentavansi al giovine Alessio con la speranza
di acquistarsi il suo favore; e benedicevano il cielo che avesse esauditi
i loro voti per il di lui ritorno, e supplicavanlo in nome della patria e
dell' imperio, di andare a partecipare agli onori e alla grandezza del padre. Ma queste dimostrazioni non furono bastanti a persuadere i Latini,
usi a diffidare dei Greci. I signori e i baroni ordinarono l'esercito in battaglia e preparati a combattere, spediscono in Costantinopoli Matteo di
Monte Moransì, Goffredo di Villarduino e due nobili veneziani, per con-
statare degli occhi loro la verità del caso [1].

Dovevano i deputati de' Crociati, complimentare Isacco, vero essendo
che avesse ricuperato il trono, e chiedere a lui la ratificazione del trattato fatto col figliuolo.

Giunti a Costantinopoli, furono condotti al palazzo delle Blacherne,
fra due ordini di soldati che il dì prima formavano la guardia dell'imperatore Alessio e che avevano di recente giurata fedeltà a Isacco. —
L'imperatore circondato da tutta la magnificenza delle corti d'Oriente,
assiso sul trono che splendeva per il molto oro e le pietre preziose, riceve i deputati. Parlò Villarduino:

*Sire, ecco come i Crociati hanno adempito alle loro promesse, ora
spetta a te ad adempire quelle fatte in tuo nome. Tuo figliuolo che è
con i nostri signori e baroni, ti supplica di ratificare il trattato per
esso concluso, e c'incarica di dirti che non ritornerà nel tuo palagio,
se prima non avrai giurato di eseguire tutto quello che ci ha promesso.*

Alessio aveva promesso di pagare ai Crociati dugento mila marchi

---

[1] Villarduino, L. 4.

d'argento, di vettovagliare l'esercito per un anno, d'intervenire con ogni suo potere alla Crociata, e di sottoporre la chiesa Greca al romano Pontefice.

Isacco udite queste condizioni, ne fu oltremodo maravigliato, e schiettamente disse a' Crociati che l'adempire a tanto smodate promesse era cosa molto difficile; nondimeno aggiunse, che nulla poteva negare a'suoi liberatori; e ringraziò anzi i deputati della loro moderazione, dicendo: essere i servigi da essi prestatili di tanto peso, che ancorchè desse loro l'imperio, non sarebbe più che remunerarli secondo il merito. — I deputati ritornarono al campo con le patenti imperiali, munite del sigillo d'oro, le quali ratificavauo il trattato fatto col giovine Alessio.

Allora i Signori e i Baroni montarono a cavallo e condussero a Costantinopoli il figliuolo; il quale v'entrò avendo da un lato il conte di Fiandra e dall'altro il doge di Venezia e seguitando gli altri cavalieri armati di tuttopunto. Correvali incontro e salutavalo il popolo; e il clero greco era venuto con gran pompa incontro al clero latino.

Questo ingresso fu molto festoso; nelle chiese ringraziavasi Dio, iu ogni strada udivansi suoni e canti; e nel palagio delle Blacherne principalmente l'allegria era grande, facendo a tutti senso di tenerezza un vecchio principe, stato detronizzato, privato degli occhi e tenuto prigione per ott'anni, il quale ora ricuperata la pristina potenza abbracciava il suo figliuolo.

L'imperatore e il figliuolo, ringraziarono nuovamente i Crociati e pregaronli, che ponessero il loro campo oltre il golfo di Crisocéra, temendo che abitando nella città non nascesse qualche contenzione in tra Greci e Latini. A ciò consentirono i signori e i baroni, e l'esercito prese i quartieri nel sobborgo di Galata, dove fu abbondantemente d'ogni cosa provvisto ed ebbe sicurissimo ed opportuno riposo.

I Pisani che avevano difesa Costantinopoli contro i Crociati, fecero pace con i Veneziani; onde sedate le nimicizie, e tolta ogni sospicione, i Greci andavano liberamente al campo latino, portandovi viveri e mercatanzie, d'ogni specie; e i Latini liberamente andavano alla capitale, compiacendosi nel vedere i palagi degli imperatori e i molti nobili edifici e monumenti consecrati alla religione, e principalmente le reliquie de' Santi, delle quali (secondo il maresciallo di Sciampagna) eravi maggior dovizia a Costantinopoli, che in alcuna altra parte del mondo [1].

Alcuni giorni dopo la sua entrata in Costantinopoli Alessio fu incoronato nella chiesa di Santa Sofia e fu associato nell'imperio a suo padre. Assisterono alla di lui coronazione i baroni; e ricevettero un acconto

---

[1] Villarduino, L. 4.

sulle somme promesse ai Crociati. Mirabile concordia e confidenza erano fra le due nazioni; e i Crociati sendo alleati e protettori dell'imperio greco, non avevano più altra cura che di muovere le armi loro contro i Turchi; onde secondo le leggi cavalleresche, fecino formalmente la loro dichiarazione di guerra.

Mandaronsi gli araldi d'arme al sultano del Cairo e di Damasco, annunziandoli in nome di Cristo e dell'imperatore di Costantinopoli e dei principi e signori d'Occidente, che i Cristiani disponevansi ad assaltarlo, se non voleva rendere Terra Santa [1].

I capi della Crociata nel medesimo tempo dettero avviso del maraviglioso successo della loro impresa a tutti i principi e popoli della Cristianità; e pregarono l'imperatore di Allemagna che volesse concorrere alla Crociata e accettare il capitanato supremo del loro esercito [2].

La narrazione de' loro gesti, svegliò l'entusiasmo de' fedeli in Occidente e in Siria spaventò i Turchi, e confortò di speranze il re di Gerusalemme e i difensori di Terra Santa. — Fu insieme pensiero de' Crociati cercare l'approvazione della Santa Sede, onde furono scritte lettere al Pontefice dal marchese del Monferrato, dal conte di Fiandra e dal conte di San Paolo e dagli altri principali capi dell'esercito, nelle quali assicuravanlo che il buon esito della loro impresa, non era da attribuirsi all'umano valore, ma bene alla divina volontà.

Similmente il giovine Alessio, per conforto de' Crociati, scrisse al Pontefice una lettera di giustificazione per sè e pe' suoi liberatori; allegando come principal cagione della impresa, la promessa da lui fatta a' principi, di voler riconoscere per sovrano ecclesiastico e successore di San Pietro, ne' suoi stati il romano Pontefice.

Rispose Innocenzio Terzo al nuovo imperatore di Costantinopoli, commendando il di lui zelo e le intenzioni, e sollecitando ad adempire le sue promesse; però non sapeva perdonare ai Crociati d'averli disobbedito, e rispondendo alle loro lettere, non gli salutava con la consueta benedizione [3], tenendoli incorsi nella scomunica, per aver combattuto il greco imperatore contro il suo divieto. Onde diceva, che se esso imperatore, non eseguiva quanto avean promesso, ne seguitava che nè la di lui, nè la loro intenzione, fossero sincere. Nondimeno dava ai Crociati nuovi consigli, che nuovamente, per la prepotenza delle circostanze, non furono seguitati.

---

[1] Villarduino, L. 4.
[2] La lettera de' Crociati all'Imperatore è riportata dal Baronio.
[3] La risposta del papa è tradotta nei documenti.

FINE DEL LIBRO DECIMO.

STORIA
DELLE CROCIATE

LIBRO UNDECIMO

DALLA RESTAURAZIONE D'ISACCO FINO ALLA MORTE
DI BALDOVINO.

Anno 1203 al 1206.

Fino a che il giovine Alessio fu in condizione da promettere, i Crociati favorivanlo, i Greci verso lui erano bene disposti; ma quando venne stagione da attenere, gli amici cangiaronseli in nimici, e le cose che facilissime furono a promettersi, difficilissime divennero a eseguirsi. Asceso al trono, malagevole era al sommo che si mantenesse l'amore e la confidenza a un tempo de'sudditi e de'suoi liberatori; perchè volendo osservar la promessa di sottoporre la greca chiesa alla latina, di subito tutto il suo clero levaveseli contro; e volendo mettere nuove imposizioni per pagare ai Crociati le somme dovute, insorgeva il popolo dolendosi forte delle smodate gravezze e desiderando la passata tirannide. E se per compiacere a' suoi, non toccava alla religione della patria e diminuiva le imposizioni, ecco che i Crociati non men forte dolevansi che il trattato non avesse esecuzione e minacciavano prorompere a nuova guerra.

Vedendosi pertanto Alessio fra i due estremi pericoli di perdere nuovamente il trono o per rebellione de'suoi, o per guerra de'Latini, nè fidandosi nel valore e nella stabilità de'Greci, per meno reo scelse il partito di gittarsi ancora nelle braccia del doge di Venezia e de'baroni, pregandoli di voler essere suoi liberatori per la seconda volta. E andato a tal fine nella tenda del conte di Fiandra, cotal discorso tenne ai capi assembrati della Crociata:

Signori, vero è, che dopo Dio, ho obbligo con voi dello aver ricuperato l'imperio; voi m'avete fatto il maggior servigio che a prin-

T. I.

cipe si possa fare; ma la presente grandezza mi è piuttosto di molleste e gravi cure che di contentezza cagione; perchè molti esteriormente mi fanno buon viso, che nel cuor loro vogliomi ogni male; perchè i Greci abborrono ch' io per mezzo vostro sia alla pristina condizione restituito. Appropinquasi frattanto il giorno della vostra partenza, e la vostra lega co' Veneziani finisce alla festa di san Michele; il quale spazio di tempo è troppo breve, perch' io possa eseguire il trattato fatto con voi. Oltreciò se voi m' abbandonate così presto, mi lascerete in pericolo di perdere l'imperio e anco la vita, perchè l'amicizia vostra mi fa odioso ai Greci. Dietro queste considerazioni, io vi propongo che se volete rimaner qui fino al mese di marzo [1], io m'assumo di far prorogare il vostro trattato con Venezia e di pagare ai Veneziani quello che chiederanno per tale indugio: Vi fornirò ancora d'ogni vostro bisognevole fino alle venture feste di Pasqua. Allora io sarò assicurato nello stato ed avrò sciolto con voi il mio debito. Avrò anco tempo da procacciarmi naviglio per seguitarvi a Gerusalemme o per mandarvi le mie genti, secondo i trattati [2].

Fu convocato nuovo consiglio per deliberare sulla proposta del giovine Alessio. — Coloro che avevano voluto separarsi dall'esercito a Zara e a Corfù, rappresentarono all'assemblea che fino allora erasi combattuto per la gloria e per gl' interessi de' principi terreni; ma essere omai venuto tempo di combattere per la religione e per Gesù Cristo; protestando contro i nuovi indugi che volevano porsi alla santa impresa. — Opposesi risolutamente a questa opinione il doge di Venezia e fu seguitato dai baroni, che avendo basata la loro gloria nella spedizione bisantina, non sapevano risolversi a perdere il frutto delle loro fatiche, dicendo: Non esser da tollerare che rimangasi a disposizione de' comuni nimici, un giovine principe da loro restituito al trono; nè che sì grande impresa con tanta gloria cominciata e condotta, divenga causa di vergogna e di pentimento. Nè essere tampoco tollerabile, che l'eresia già dalle loro armi soggiogata, instauri i suoi altari e sorga nuovo soggetto di scandalo alla chiesa Cristiana. Nè esser prudente di lasciare i Greci in arbitrio di divenir loro nimici e di collegarsi co' Saraceni. — A queste considerazioni gravi i principi e i signori aggiunsero anco le preghiere, e tanto adoperaronsi che vinta la ostinata opposizione degli altri, il consiglio decise che la partenza dell'armata si differisse fino alle feste di Pasqua dell'anno seguente.

---

[1] Era allora il mese di aprile dell'anno 1204.

[2] Questo discorso leggesi in Villarduino, il quale intervenne in questo consiglio. — Niceta non ne fa menzione. — T.

Alessio e Isacco ringraziarono i Crociati dell' accordato indugio, e ingegnaronsi di dimostrarne gratitudine. — Per pagare le somme promesse votarono il tesoro, accrebbero le imposizioni e feciono fondere le immagini de'santi e i vasi sacri.

Il popolo veggendo spogliare le chiese, rimase attonito e mal disposto; e Niceta fa amari rimproveri a'suoi compatriotti dello essere stati impassibili spettatori d'un tanto sacrilegio, e gli accusa d'aver con la indifferenza loro, commossa contro l'imperio la divina collera. I più pii de'Greci, come Niceta, compiangevansi della violazione de'luoghi santi: ma peggiori mali preparavansi per l'avvenire.

I capi dell'esercito, istigati dal clero latino e dal timore del romano Pontefice, chiesero che il Patriarca, i Preti e i Monaci di Costantinopoli, abiurassero gli errori pe'quali erano dalla romana chiesa divisi. — Il Patriarca asceso sulla cattedra di Santa Sofia dichiarò in proprio nome, in nome degl'Imperatori e di tutta la Cristianità orientale, che riconosceva Innocenzio Terzo per successore di San Pietro, primo vicario di Gesù Cristo sopra la terra, e pastore del gregge fedele.

I Greci che assistevano a questa ceremonia, scandolezzaronsi della abbominazione entrata nel luogo santo [1]; nè perdonarono dipoi al loro Patriarca, se non persuasi che la sua dichiarazione fosse consigliata dalla politica prudenza e dall'amore della patria.

Non credevano i Greci che lo Spiritossanto proceda dal Figliuolo, fondandosi per tale dogma sopra il simbolo Niceno [2]. Differivano oltre ciò con la Chiesa Latina in varii punti di disciplina. L'odio fra le due nazioni era quale per dissentire di religione possa essere; e il voler convertire i Greci non partoriva altro effetto che accrescere l'ostinazione loro. Anco la infima plebe ignorante affatto le cause dello Scisma, non meno de'Sacerdoti opponevasi fieramente alla tentata innovazione; e la religione che quando prospera da pochi è osservata, e dai più non curata, trovandosi in pericolo, anco dai miscredenti è difesa. Il popolo greco adunque che reputavasi primo di tutti i popoli del mondo, per superbia difendeva la sua religione e acerrimamente quella de'Latini rifiuta-

---

[1] Vedi Niceta a p. 348. Se le orecchie cattoliche potessero sofferire la narrazione e le riflessioni del greco istorico, ne porrei qui la traduzione fedele; ma credo che convenga meglio consigliare il curioso lettore a satisfarsi alla fonte originale. — T.

[2] Tre erano i punti dello scisma: I Latini aggiunsero al Simbolo Niceno la particula che lo *Spiritossanto procede dal Figliuolo*; questa particula fu negata dalla Chiesa Greca: I Greci non riconoscevano il primato del Papa nella Chiesa Universale: E in terzo luogo negavano i Greci che nella Eucaristia si possa consecrare con pane azimo. — Questo scisma ebbe cominciamento da Fozio; e fu confermato dal patriarca Cerulario (Anni 837, 886). Cerulario intitolavasi capo della Chiesa Universale. — Vedi Fozio *Epist. Encyclit.* p. 47-61; e Michele Cerulario, *Canis. Antiq. sect.* T. 3, p. 281-324. ediz. Bern.g. — T.

va. I Crociati immaginandosi che si possa far guerra ai cervelli degli uomini, come si fa alle loro città, adoperarono le armi per sottomettere gli ostinati; con che gli odii crebbero, e i fondamenti del nuovo stato cominciarono a debilitarsi.

Frattanto il detronizzato imperatore, erasi rifugiato nella Tracia, dove alcune città avevanli aperte le porte e alcuni de' suoi partigiani avevanli raccolto un piccolo esercito. Il giovine Alessio risolse di muovere contro i ribelli, e fu seguitato da Enrico di Ainaldo, dal conte di san Paolo e da più altri cavalieri. Alessio intesa la loro venuta, escì di Andrinopoli ove erasi chiuso e fuggissene verso il monte Emo. I ribelli che osarono far fronte furono vinti e dispersi.

Nimici più difficili a superarsi, rimanevano contro al giovine Alessio i Bulgari, selvaggi e feroci, i quali essendo sudditi dell'imperio greco, avevano profittato delle sue turbolenze per vindicarsi in libertà. Gioanico loro capo, acerrimo nimico de' Greci, per meglio sottrarsi al loro dominio e dar colore di legalità alla ribellione, aveva abbracciata la religione de' Latini ed erasi dichiarato vassallo del romano Pontefice, dal quale ottenne facilmente titolo di re. Facendo velo della nuova religione, all'ambizione e all'odio, valevasi dell'appoggio e dell'influsso della corte romana per mantener la sua rebellione contro l'imperio; e faceva continue correrie sulle greche provincie. — Se il giovine Alessio avesse saputo profittare della circostanza e della amicizia de' Crociati, facilmente arebbe il ribelle bulgaro soggiogato; ma o che non avesse con sè forze sufficienti, o che giudicasse dover ritornar presto a Costantinopoli per mantenere il popolo in officio; avuto il giuramento di fedeltà dalle città della Tracia, se ne ritornò spacciatamente alla metropoli.

In questo tempo erasi appiccato un grande incendio in Costantinopoli, che distrusse mezza la città; e manifestossi dopo certa contenzione insorta fra i Crociati fiamminghi e gli abitatori d'un quartiere propinquo al mare fra i due porti. Cominciò il fuoco (secondo Niceta) da una sinagoga, e si propagò con tanta violenza, ch'ogni rimedio vi fu vano. L'incendio primamente distrusse il quartiere più popolato e ove maggiormente fioriva l'industria, il luogo del quale presentemente occupano i giardini del Serraglio. Di là in pochi momenti si propagò a Santa Irene e propinquo alla chiesa maggiore; il doppio ordine delle case che principiava dal mezzo della città e mettea capo al Filadelfio; il mercato di Costantino, e il quartiere dell'Ippodromo, furono dalle fiamme divorati; i vortici delle quali venivano a un tempo da diverse parti a incontrarsi, e passavano da casa a casa, da quartiere a quartiere, ardendo e distruggendo ogni cosa; e dal mezzo loro, come avventati da vulcano, s'elevavano globi di fuoco che andavano a cadere e devastare lontanissimi quartieri. Dapprima le fiamme erano traportate dal vento di tramontana, ma spirando all'improvviso altri venti, cacciaronle ne' luoghi ancora intatti. Così l'incendio portato in ogni parte, avventossi anco ai sobborghi, e più galere e più altre navi che erano nel porto furono arse in mezzo all'acqua. Durò la veemenza del bruciamento più d'una settimana; molti vi perderono la vita, moltissimi le sostanze, il danno fu inestimabile. Tale fu questo caso secondo Niceta testimonio oculare. Villarduino lo racconta come segue:

Nacque contesa fra Greci e Latini, durante la quale, non si sa da chi, fu a posta appiccato il fuoco nella città, e fu in modo veemente, che ogni conato per ispegnerlo tornò vano. Il che veduto i baroni latini che erano alloggiati in Galata, causò loro inestimabile dispiacimento e dolevansi di veder l'alte chiese e i bei palagi cadere in ruine. Dolevansi di vedere le strade piene di traffichi e di grandi ricchezze divorate dal fuoco; e di non potervi arrecare verun soccorso. L'incendio dal quartiere propinquo al porto, stendendosi fino al centro della città, arse tutto fino all'altro porto che è sul mare della Propontide, lungo la chiesa di Santa Sofia, e durò otto giorni, avendo occupato lo spazio di più che una lega. Dei danni è malagevole fare alcuna stima, nè si potrebbero annoverare gli uomini, le donne e i fanciulli che nelle fiamme perirono.

Molti cavalieri s'erano mossi per impedire i progressi del fuoco, e impermalivansi d'aver a combattere nimico-contro il quale il valor loro era impotente. — I principi e i signori spedirono deputati all'Imperatore Isacco, per significarli la loro afflizione; maledicevano i rei d'un tanto infortunio, e promettevano punirli s'alcuno ve ne fosse stato dell'esercito crociato. Ma tali dimostrazioni di condoglienza e le proteste fatte, non furono efficaci a consolare e torre di sospicione i Greci, che lagnavansi forte dei due imperatori, nè dissimulavano il pessimo concetto che avevano de' Latini.

Molti Franchi stabiliti in Costantinopoli, essendo minacciati dal popolo abbandonarono le loro case e ritiraronsi, con le famiglie e ciò che poterono seco portare, nel quartiere di Galata. Villarduino asserisce che fossero più di quindici mila; e dolendosi amaramente de' Greci, imploravano la protezione de' Crociati.

Nel suo ritorno a Costantinopoli, il giovine Alessio, fu dal popolo, senza veruna dimostrazione d'allegrezza ricevuto; i soli Crociati applaudivano alla vittoria di Tracia; e il di lui trionfo resolo anco più odioso ai Greci. Per la qual cosa egli fu sempre più necessitato di gittarsi in braccio de' Latini, e stavasene il giorno e la notte nel loro campo partecipando alle loro feste, ai giuochi e anco ai più vili bagordi; non si avendo punto a male essere trattato dai guerrieri franchi con insolente famigliarità, i quali, per ischerzo alcuna fiata toglievanli di capo il diadema ornato di pietre preziose, e ponevanli invece il berretto di lana de' marinari veneziani. — Queste cose, o vere o false che le fossero, divolgate nel popolo, accrebbero l'odio e il disprezzo contro il giovine principe.

Niceta, che quasi sempre è moderato ne' suoi giudizi, parla del figliuolo d'Isacco quasi con disdegno, e dice ch'egli avea il volto simile a quello dell'angelo sterminatore, che era un vero incendiario, e che invece d'aver dolore per l'incendio della città, avrebbe desiderato che tutta fosse stata ridotta in ceneri.

Lo stesso Isacco accusava il figliuolo di perniciose inclinazioni, e di corrompersi ogni giorno più con la società de' cattivi; ma aveva anco cagione di risentimento nell'intendere che quasi tutto faceasi in nome del figliuolo e che poco s'avea cura di lui. E questa gelosia traevalo a maledire il giovine imperatore, e a commendare ed approvare l'odio che portavali il popolo. Nondimanco egli non faceva alcuna prova di principe savio e valoroso; ma niente travagliandosi della pubblica cosa, stavasene chiuso in palagio con grande compagnia di monaci e d'astrologi, i quali pascevanlo di mille fole, magnificando la sua potenza, dandoli ad intendere che arebbe liberata Gerusalemme e posto il suo trono sul monte Libano, e che fosse a lui serbato il dominio di tutto l'universo. Poneva tutta la sua fiducia in certa immagine della Madonna che portava sempre con sè; e vantavansi di conoscere mediante l'astrologia tutti i segreti dello stato. Con tale abbacinamento degli occhi dell'intelletto, immaginossi che per ovviare a qualunque sedizione non vi fosse altro mezzo che togliere dall'Ippodromo e trasportare nel suo palagio il Cinghiale di Calidone, egregia opera della greca antichità, e che era tenuto come simbolo della rebellione e del popolo sollevato.

Dall'altra parte il popolo, niente meno superstizioso del principe, vendicavasi contro i bronzi e i marmi, delle proprie sventure. Eravi in piazza di Costantino una statua di Minerva, la quale aveva gli occhi e i bracci rivolti verso Occidente: immaginò il popolo che essa avesse chiamati i barbari, onde vi corse a furore, rovesciolla dalla sua base e fecene rottami.

Anno 1204. — Con queste turbolenze e calamità e afflizioni, i ministri d'Isacco e d'Alessio attendevano a percepire le imposizioni per pagare le somme promesse ai Latini: e tali esazioni non erano senza vessazioni e ingiustizie, onde udivansi da ogni parte doglianze e imprecazioni. Dapprima fu preso lo spediente di aggravare il popolo; il quale si sollevò; allora s'imposero straordinarii tributi ai più ricchi cittadini; e s'andavano spogliando le chiese de'loro ornamenti d'oro e d'argento. Ma le somme raccolte non bastavano a saziare l'ingordigia de'Latini, che posersi a devastare le campagne intorno alla metropoli e saccheggiarono le case e i monasteri della Propontide.

Queste ostilità, accrebbero l'indignazione del popolo, il quale cominciò a mormorare contro gl'imperatori, e poi fatta sollevazione, corse tumultuariamente al palagio, vociferando che i suoi principi detrattavano a un tempo la causa di Dio e della patria; e gridava armi e vendetta.

Fra gli instigatori della multitudine eravi un giovine principe della famiglia dei Ducas, appellato Alessio e soprannominato *Murzufflo* che in greco significa uno che abbia i due sopracigli congiunti insieme [1]. Costui era uomo dissimulato e con la severità dell'aspetto davasi reputazione di leale e vigoroso carattere. Copriva la sua ambizione e doppiezza con magnifiche parole di patria, di libertà, di gloria e di religione, le quali hanno sempre potente influsso sugli animi della sciocca multitudine. Era per altro coraggioso il che conciliavali il favore dei più, massimamente che i monarchi e i cortigiani aveano reputazione di pusillanimi, e (secondo Niceta) temevano più di muover guerra a'Crociati che i cervi non temerebbono d'assaltare un leone. Dotato di voce sonora, di fiera guardatura e di modi imperiosi, giudicavanlo atto al comando. Egli sapendosi ben destreggiare, declamava veementemente contro la presente tirannide, onde facevasi grande séguito nella moltitudine; e simulando odiare i forestieri, dava speranza che un giorno sarebbe valido difensore dell'imperio e liberatore di Costantinopoli.

Era oltre ciò abilissimo nel profittare di tutte le occasioni; e pronto sempre a gittarsi in quel partito che giudicava dover soprastare nello stato. Prima fu ministro delle crudeltà dell'usurpatore e dicevasi che fosse stato carceriere e carnefice d'Isacco; e ora godeva il favore del giovine Alessio figliuolo di quello [2]. — Ma sua prima cura era ingrazionirsi con la moltitudine, con che rendevasi più necessario al principe, non curando l'odio de'cortigiani, purchè al popolo piacesse. Ora profittando delle presenti turbolenze, soffiava nel fuoco, come colui che non poteva sperare buone venture, se non pescando nel torbido.

[1] Il continuatore di Guglielmo Tirense lo chiama erroneamente *Marofilo*. — Villarduino nel suo Libro 4 lo rappresenta come un favorito dell'Imperatore. — Ducangio, le cui laboriose investigazioni hanno rischiarati molti punti oscuri di questa epoca, crede che fosse figliuolo d'Isacco Ducas Sebastocrator, e cugino germano del giovine imperatore Alessio.

[2] Lebeau asserisce che Murzufflo fosse stato incaricato di abbacinare Isacco (Vedi Histoire du Bas-Empire, Lib. 94.)

Cominciò egli dal persuadere al giovine Alessio che bisognavali tralasciare l'amicizia de' Latini ed essere loro ingrato, per guadagnarsi la confidenza de' Greci; nel medesimo tempo concitava il popolo contro i Crociati e finalmente per compiere la nimicizia, prese egli medesimo le armi. Seguitarono l'esempio i suoi amici e parte della plebe; con i quali, escito di città, corre contro i Latini immaginando sorprenderli. La prova fe' contrario effetto, perchè quella ignobile masnada, non avea nelle mani la ferocia che avea nella lingua, e quando fu al punto di combattere, spaventata all'aspetto de' nimici, se ne fuggì. Morzuflo, rimaso quasi solo, poco mancò non cadesse nelle mani de' Crociati.

Questa mossa imprudentissima, dalla quale era da aspettarsi la sua ruina, fu cagione che il popolo gli crescesse stima e benevolenza, perchè invece di rimproverarlo per avere implicato l'imperio in nuova e pericolosissima guerra, laudavasi invece il suo valore che aveva osato affrontare le invincibili schiere de' Latini; il popolo ne augurava bene, e quei medesimi che, fuggendo, l'avevano abbandonato, esciti del pericolo, il di lui valore magnificavano, e da lui novellamente condotti, esterminare i nimici promettevano.

Da una parte adunque infuriavansi i Greci, dall'altra dolevansi e minacciavano i Latini: in Galata ove erano questi stanziati, e in Costantinopoli, non d'altro parlavasi che di guerra e ognuno s'armava.

Nel medesimo tempo giunsero al campo de' Crociati, deputati cristiani della Palestina. Era lor capo l'abate Martino Litz e tutti vestivano a lutto: bene apparivano messaggieri di grandi sventure.

Nell'anno che precedette la spedizione di Costantinopoli, erano sbarcati a Tolemaida i Crociati fiamminghi e quelli di Sciampagna, partiti dai porti di Bruggia e di Marsiglia; e con loro alcuni guerrieri inglesi condotti dai conti di Nortumberlandia, di Norvicche e di Salisburi; con molti pellegrini della Bassa Brettagna, guidati dal monaco Eloino, uno dei predicatori della Crociata. Questi Crociati uniti a quelli ch'eransi separati dall'esercito cristiano dopo l'assedio di Zara, corsero appena giunti ad assaltare i Turchi; e perchè il re di Gerusalemme non voleva rompere la tregua, la maggior parte di loro concorsero sotto le bandiere del principe d'Antiochia, il quale allora guerreggiava col re d'Armenia. Ma non avendo voluto guide che gli conducessino, furono sorpresi e dispersi dai Mussulmani, spediti dal principe d'Aleppo contro di loro [1].

---

[1] Giacomo da Vitriaco e il continuatore di Guglielmo Tirense parlano di questa battaglia combattuta fra Antiochia e Tripoli. — Anco Villarduino ne fa menzione e nomina alcuni cavalieri che vi perirono o furono fatti prigioni. Se ne trova anco qualche menzione negli Scrittori Arabi.

Quasi tutti nella zuffa o nella fuga furono trucidati; pochi furono i prigioni e fra questi sono ricordati due signori di Neuillì, Bernardo di Montemiraglio e Renardo di Dampierre. Il monaco Eloino vide morti sul campo di battaglia i più prodi crociati brettoni e ritornò quasi solo a Tolemaida a portarvi la notizia della sconfitta. — Da due anni travagliava l'Egitto e la Siria grandissima carestìa; la pestilenza succedeva alla fame, e i Cristiani di terra santa principalmente sterminava; nella sola città di Tolemaida più di due mila Cristiani furono in un giorno sepolti.

I deputati di Terra Santa, fatto questo lagrimevole racconto, supplicavano i Crociati di correre prontamente in loro soccorso: Ma i cavalieri e i baroni rispondevano, non poter intralasciare la cominciata impresa; promisero però che sarebbero passati in Siria, tostochè avessero soggiogati i Greci, e mostrando loro le mura di Costantinopoli, *Ecco* (dicevano) *Ecco il cammino di salvezza, ecco la strada di Gerusalemme.*

Frattanto i due imperatori che temevano egualmente lo sdegno dei Greci e la nimicizia de' Latini, stavansene irresoluti senza nulla operare.

I Crociati per risolvere alcuna cosa, spedirono ad Alessio alcuni baroni e cavalieri, richiedendolo di decidersi, se voleva l'amicizia loro o la inimicizia. — Essi deputati quando entrarono in Costantinopoli, intesero da ogni parte ingiurie e minaccie dal popolo. Ammessi nel palagio delle Blacherne, alla presenza de' due imperatori, Conone di Betuna in nome de' compagni parlò in questa sentenza:

Despoti di Bisanzio, noi veniamo a voi, mandati dai Baroni franchi e dal doge di Venezia, per ricordarvi i grandi servigi ch' eglino vi hanno fatti, come è palese a ciascuno, e che voi non potete negare. Voi avete fatto trattato con loro e giurato d' osservarlo, come dimostrano le vostre patenti alle quali è apposto il vostro grande sigillo. Ma le solenni promesse finora furono vuote d' effetto. Essi vi hanno più fiate richiesto dell' adempimento degli obblighi vostri, e ancora, per mezzo nostro vi richieggono, presente tutta questa corte. Se Voi adempite, eglino fieno contenti e vi terranno sempre quai buoni amici; ma se non adempite, vi significano che non v' avranno più nè per signori, nè per amici, e che provvederanno per qualunque via al loro satisfacimento. Non vogliono però che crediate vi vogliano assaltare, senza prima farvene dichiarazione; non essendo usanza del loro paese comportarsi diversamente, nè sorprendere alcuno, nè far tradigione. Questo è il soggetto della nostra imbasciata, sulla quale attendiamo la vostra decisione [1].

---

[1] Questo discorso è cavato da Villarduino. — Vigenère ne parla in questo modo: *Harangue bien un peu libre des députés français aux empereurs de Costantinople.*

Nel palagio imperiale dove non solevasi udir altro che acclamazioni e adulazioni d'una corte rispettosa, i sovrani di Bisanzio, rimasero stupefatti d'intendere un parlare tanto libero ed altiero; massimamente che in quelle circostanze pareva che insultasse alle miserie dello stato; onde il giovine Alessio non potè nascondere il suo furore e i cortegiani volevano avventarsi agli oratori de'Latini, che spacciatamente esciti del palagio, montarono a cavallo e corsero al campo [1].

In corte gridavasi vendetta; nel campo de'Crociati dichiaravasi la guerra ai Greci; i Latini preparavansi ad assaltare Costantinopoli; i Greci meditavano frodi. Risolsersi pertanto d'incendiare fraudolentemente l'armata veneziana; e a tal fine caricate di fuoco greco e di materie combustibili diciassette navi, preso il vento favorevole e il favore delle tenebre notturne, le spinsero verso là dove erano ancorate le navi venete. — Il porto, il golfo e il sobborgo di Galata furono subitamente illuminati dalle minacciose fiamme. Nel campo Latino suonano incontanente le trombe; tutti si armano e si preparano a combattere; frattanto i Veneziani, gittansi nelle barche e vanno contro alle navi incendiarie per fermarle [2].

I Greci in grande moltitudine assembrati sulla riva, applaudivano allo spettacolo e rallegravansi dello spavento de'Crociati. Alcuni dentro a navicelle, inoltravansi sul mare e saettavano i Veneziani a fine di disordinarli; altri moltissimi affollati sulle mura della città, battevano palma a palma e facevano gioiose grida crescendo il rumore come più le navi incendiarie appropinquavansi all'armata. — Il trambusto e l'orrore di sì tremendo spettacolo non si potrebbe con parole descrivere. — Nondimeno per forza di braccia e di remi i Veneziani riescirono a trarre fuori del porto le dette diciassette navi, che prese dalle correnti furono trasportate oltre il canale. — Allora cominciarono a far grida di gioia i Cro-

----

[1] Ecco la narrazione di Villarduino (Lib. 4): *Là-dessus bruit se leva fort quand au palais, et les messagers s'en retournèrent aux portes, où ils montèrent habilement à cheval, n'y ayant celui, quand il furent hors, qui ne se sentit très-heureux et content en son esprit, voire estonné, d'estre reschappé à si bon marché d'un si manifeste danger; car il ne tint presque à rien qu'ils n'y demeurassent tous morts ou pris.*

[2] *Ils saillirent* (les Venitiens) *tous soudain dedans leurs fustets et gailliotes, et dedans les esquifs des nefs, agraffant avec de longs crocqs celles qui estoient allumées, et, à force de rames, à la barbe même des ennemis, les remarquoient et tiroient malgré eux hors du port, de sorte qu'ils en furent délivrés en peu d'heures.* — Villarduino L. 4. —

Salsero tutti subitamente nelle loro fuste e galeotte e negli schifi delle navi, auncinanti con lunghi uncini quelle che erano incese, e a forza di remi, alla barba istessa de'nimici, le riburchiavano e traevano, loro malgrado, fuori del porto, di modo che ne furono liberati in poche ore.

Grazian dis.   Verico inc.

Frattanto i Veneziani, gittansi nelle barche e vanno contro alle navi incendiarie per fermarle

Lib. XI fag 6...

ciati; e i Greci compresi di terrore del male vanamente tentato, ammutolirono [1].

Disponevansi i Latini di punire l'imperatore Alessio di tanta perfidia, rimproverandoli, che non contento d'aver mancato a tutti i suoi doveri e ai fatti sacramenti, volesse anco ardere quella armata che l'aveva ricondotto trionfante alla ricuperazione dell'Imperio; e dicendo esser venuto tempo da punire con la spada gli attentati de' traditori, e i vili nemici solo arditi a combattere con le fraudi e con gli inganni.

Alessio spaventato da queste minaccie si volse a supplicare di perdono la clemenza de' Crociati. Fece nuovi giuramenti e nuove promessioni, incolpando dell'accaduto il cieco furor popolare che non aveva potuto frenare. Oltre ciò ponendosi di nuovo nelle braccia de'Latini, gli pregava di accorrere in sua difesa, proferendo loro il palagio imperiale [2].

Murzufflo fu scelto dall'imperatore per questa ambasceria, ed egli cogliendo la occasione, fece subito correr voce nel popolo che Alessio voleva dar Costantinopoli ai barbari d'Occidente.

Sollevossi il popolo, tumultuando per le strade e per le pubbliche piazze. Si buccina che il nimico sia già dentro, che fa mestieri correre alla difesa della patria; che l'imperio abbisogna d'un capo che 'l sappia proteggere e condurre. — Con queste voci il popolo si raguna nel tempio di Santa Sofia, onde creare un nuovo imperatore.

I più savii del clero e dei patrizi intervenuti nell'assemblea, rappresentavano che il cangiar signore in quelle circostanze era un porre ad estremo repentaglio lo stato. — Niceta parla in questo modo: *Quando fu chiesto a me il mio parere, io consentii alla deposizione d'Isacco e d'Alessio, persuaso che l'elezione nuova non sarebbe potuta effettuarsi.*

Nondimeno il popolo insiste e grida risolutamente che vuole un altro imperatore, disposto ad accettare chiunque purchè non sia nè Isacco, nè Alessio. Sono proposti vari patrizi, alcuni si scusano per la loro vecchiezza, altri per l'incapacità; il popolo minaccia con le spade in mano quelli che ricusano. Già da tre giorni durava la tumultuaria assemblea, quando certo giovine imprudente nominato Canabio accettò l'imperial diadema. — Dicesi che Murzufflo fosse instigatore di questa elezione d'un uomo oscuro, per tentare il popolo e vedere come arebbe saputo sostenere il suo eletto, quale poi proponevasi di spegnere e subentrare nel suo luogo.

Alessio, intesa la rivoluzione, non vide più altro rimedio che darsi tutto ai Latini, ai quali spedì subito nuovi legati, raccomandandosi spe-

[1] Villarduino, L. 4.
[2] Niceta, L 4.

cialmente al marchese di Monferrato, il quale avendo compassione del
supplichevole, entrò di notte tempo in Costantinopoli col fiore' della sua
sua gente.

Murzufflo, saputo ciò e temendone le conseguenze, corse subito dall'Imperatore Alessio, persuadendoli che i Crociati erano copertamente
suoi nimici, e che era al tutto ruinato, se gli lasciava entrare armati in
palagio.

Quando Bonifacio giunse al palagio delle Blacherne, trovò le porte
chiuse e ricevette un messo che per commessione d'Alessio, gli disse che
non poteva più riceverlo dentro e che lo pregava di escire da Costantinopoli co'suoi soldati.

La vista de' guerrieri d'Occidente aveva empito di terrore il popolo;
ma quando furono veduti tornare addietro, la moltitudine cangiò il terrore in furore. Corrono ovunque molte voci contraddittorie; suonano
per le pubbliche piazze doglianze e imprecazioni; cresce il concorso e
il tumulto. Chiudonsi le porte della città; i soldati e il popolo si armano; chi vuole assaltare i Latini; chi assediare gli imperatori nel palagio.

In tanta confusione e disordine Murzufflo, attende a incarnare i suoi
disegni; con lusinghe e promesse si guadagna le guardie imperiali; e frattanto i suoi amici corrono per le strade instigando il furore del popolo.

In poco tempo il palagio delle Blacherne è circondato, con sediziose
grida da immensa moltitudine; Murzufflo colto il tempo opportuno, si
presenta ad Alessio, accresce i suoi terrori, e simulando di volerlo proteggere e salvare, lo conduce speditamente alla sua propria tenda, ove
appena giunto lo fa incatenare e trasportare in sicura prigione [1]. — Fatto
ciò Murzufflo dà notizia al popolo di quanto avea fatto per la salute dell'imperio; e per premio di sì bella azione è portato in trionfo alla chiesa
di Santa Sofia ed ivi coronato imperatore, acclamando e gridando di
gioia infinita moltitudine.

Appena Murzufflo videsi giunto al fine della sua lunga brama, per
assicurarsi sul guadagnato trono, e non aver a dipendere dalla volubilità del favor popolare; corre alla prigione del giovine Alessio, lo costringe
a bere il veleno, e vedendo che non moriva così presto come arebbe
voluto, lo strangola con le sue proprie mani.

---

[1] Ecco il racconto di Niceta: Alessio, tremando, supplicò Murzufflo che lo consigliasse di quello
che avesse a fare; allora Murzufflo, avendolo coperto con la sua vesta, lo condusse per una porta
secreta, nella sua tenda, come se lo volesse salvare... Quando fu là gli posero i ferri a'piedi e lo
gittarono in oscuro carcere. — Villarduino (L. 4) con la sua solita semplicità dice: *Une fois, environ vers minuit, que l'empereur dormoit dans sa chambre, entrent dedans et vous le prennent
dans son lit, puis le jettent en un cul-de-fosse.*

Così morì, dopo un regno di sei mesi e pochi giorni l'imperatore Alessio, portato sul trono da una rivoluzione, e da altra rivoluzione detronizzato, senza aver potuto gustare le dolcezze del despotismo, e senza aver operato cosa che tramandasse il suo nome alla posterità. Asceso al trono, non seppe nè farsi benevoli i sudditi, nè ordinarsi una virtuosa milizia che assecurasse la sua independenza dai Crociati: nè dall'altra parte seppe mantenersi l'amicizia di questi, onde difendessero la sua autorità contro la malevolenza de' sudditi. Sempre titubante fra il patriottismo e la gratitudine, tanto si dondolò nella irresolutezza, che da quelle due eccellenti virtù trasse la sua propria rovina: e come irresoluto non avendo senno da discernere dei partiti che se gli presentavano, qual fosse migliore, non poteva nè meno conoscere de'suoi consiglieri, qual fosse leale e quale traditore; e perchè i malvagi e traditori sono sempre più astuti de'buoni e leali, così cadde facilmente nelle reti di coloro che studiavano alla di lui destruzione.

Isacco l'Angelo, udita la miserevole fine del figlinolo, morì di subito, come si dice di spavento e disperazione [1]; ma però fu allora quasi universale opinione che gli avesse procurata la morte Murzufflo.

Di Canabio, eletto poc'anzi imperatore, la storia non fa menzione veruna; probabilmente Murzufflo, prima di fare il mal giuoco ad Alessio, l'aveva già assicurato agli eterni riposi: Perchè in sì fatte venture e'non si può ascendere ai gradi maggiori, senza prima superare i minori; e Murzufflo sapeva procedere ordinatamente.

Fatte egli adunque in casa queste valorose opere, pensò ad assecurarsi di fuori, e macchinò di ammazzare a tradimento i principali capi dell'esercito cristiano. A tal fine, spedì in fretta al campo de'Latini a invitare in nome dell'imperatore Alessio, del quale ignoravano ancora la morte, il Doge e i signori francesi che si recassero al palagio delle Blacherne, per riceververi le somme promesse, volendole egli pagare nelle loro proprie mani.

I Signori e i baroni avuto il grazioso invito, molto se ne rallegrarono e risposero all'imperatore che anderebbono diviato; e già preparavansi a questa andata, quando Dandolo, vecchio di lunga esperienza, dimandò loro s'erano in tutto abbacinati dell'intelletto per la cupidità dell'oro e se non avevano ancora odorato le promissioni e le arti greche. — Poco dopo si divulgò la notizia della morte d'Isacco e dell'as-

[1] Le pauvre vieil empereur Isaac, quand il vit son fils empoisonné de la sorte, et ce traistre et desloyal couronné, eut tant de peur et fascherie qu'il en prit une maladie dont il desceda tôt puis sans la faire longue. — Villarduino Lib. 4.

sassinio di Alessio, e si seppero tutti gli altri fatti di Murzufllo. Allora lo
sdegno de' Crociati ruppe il freno; i baroni e i cavalieri appena potevano credere sì maraviglioso rivolgimento di cose; e dimenticate le offese avute dal giovine Alessio, solo ragguardando al suo fine lagrimevole,
risolsero di farne vendetta.

Nel consiglio de' capi fu deciso che si dovesse dichiarare guerra mortale a Murzufllo e castigare quel popolo che prostituiva l'imperiale corona ai traditori e parricidi. Il Clero più d'ogni altro esclamava doversi
fulminar la distruzione e lo sterminio sopra gli empii ammazzatori dei
loro sovrani e disleali a Dio, e frattanto essi gli fulminavano di formidabili imprecazioni e di tremendi anatemi. E soprattutto, andavano ricordando che da eretici, non si potevano aspettare migliori prove; perchè chi è misleale alla vera fede, come la serberebbe agli uomini? E con
queste concitazioni, promettevano tutte le indulgenze del sommo pontefice e tutte le ricchezze di Bisanzio ai guerrieri che arebbono vendi-
cate le ingiurie fatte a Dio e alla umanità.

Murzufllo intendendo come i Crociati s'assettavano per darli addosso,
non se ne stava con le mani a cintola, ma faceva ogni provvedimento
per difendersi. Attendeva a conciliarsi il favore del popolo e quello dei
patrizi rimproverandoli della loro indifferenza in tanto pericolo della patria. Per augumentare la sua popolarità e procacciarsi danaro di che avea
gran bisogno, perseguitava i cortigiani d'Alessio e d'Isacco [1], e confi-
scava i beni di tutti quelli che nell'amministrazione della cosa pubblica
s'erano arricchiti. Attendeva nel medesimo tempo a instaurare la disciplina
militare, e ad accrescere le fortificazioni della città; e tutto inteso a tali
provvedimenti non prendeasi nè piaceri nè riposo veruno. Se rimordimento avea di coscienza, con l'eccesso della sua attività soffocavalo nel
cuore; per diffidenza mostravasi sempre fuori con la spada al fianco e
la mazzaferrata in mano; e per brama di cansare il meritato sterminio,
correa di continuo le strade, eccitando il popolo e i soldati al valore e
e alla defensione della patria.

Tentarono nuovamente i Greci di ardere l'armata veneziana, ma questo tentativo ebbe il successo del primo; onde conoscendo che l'avventurarsi fuori non facea profitto, si chiusero nelle loro mura. — I Crociati
avevano gli alloggiamenti al sicuro sopra la collina di Galata; ma cominciavano a penuriare di vettovaglia, di che stavano in gran pensiero. Enri-

---

[1] Tolse a Niceta il suo officio di Logoteto e lo conferì a Filocale suo suocero; e però Niceta
nella sua storia, fa d'ambidue quella vendetta che con la penna si possa far maggiore. Questo è uno
degli inconvenienti che danno tara alle istorie coetanee, perchè se lo scrittore che tratta le cose
de' suoi tempi può essere meglio informato de' posteri, è anco più dalle passioni e dalle correnti opinioni tratto fuori dal cammino della imparzialità. — T.

co di Ainaldo per procacciar viveri, corse sopra Finea o Finopoli ed entratovi la saccheggiò [1], Trovò in questa città copia grande di vettovaglia e ogni altra specie di provvigioni, che per mare furono spedite al campo de' Latini.

Murzufflo, saputa questa spedizione, di nottetempo escì da Costantinopoli con grossa mano de' suoi, tutta gente eletta, e posesi in agguato sul cammino per dove aveva a passare Enrico di Ainaldo co' suoi cavalieri, ritornando al campo. — Quando i Greci vidersi i Crociati a tiro avventaronsi loro addosso improvvisi, immaginandosi d'averli a sterminare senza difficoltà; ma i Latini, punto atterriti dalla sorpresa, ordinaronsi subitamente in battaglia, e tanto bene risposero all'assalto de' Greci che gli posero in fuga e ne fecioro mal governo. Poco mancò che lo stesso Murzufflo non fosse preso, e bene ebbe a ringraziare il suo cavallo, che ebbe avaccio il galoppo; lasciò non pertanto sul luogo della zuffa lo scudo, le sue armi e lo stendardo della Madonna, che i greci imperatori solevano far portare davanti alla persona loro, nelle fazioni pericolose. La perdita di questo antico e venerato stendardo, portò estremo spavento ne' Greci, con auguri di prossimo esizio; all'incontro i Crociati vedendo ventilare in mezzo alle loro schiere l'immagine della patrona di Bisanzio, furono persuasi che Dio, abbandonati i Greci, militasse con essi. Il coraggio degli uomini deriva da sì fatte arcane impressioni e fantasie, però dissero bene i vecchi filosofi che quando lo spirito non serve, il corpo agghiaccia [2].

Dopo questa sconfitta i Greci riposero tutte le loro speranze nelle fortezze della città; cento mila uomini lavoravano giorno e notte alla riparazione delle mura, indefessamente, immaginandosi forse che le opere da muratori gli dovessero dispensare di poi da quelle de' soldati.

Murzufflo però, vedendo che in guerra poco fondamento poteva fare sopra i suoi, e avendo per esperienza conosciuto la virtù de' Latini, volse i suoi pensieri alla pace, e chiese perciò abboccamento ai capi de' Crociati. — I signori e i baroni rigettarono con orrore la proposta di vedere l'imperiale carnefice; nondimeno il Doge, che misurava le cose umane più col freddo raziocinio che con gli esaltamenti della fantasia e del cuore, stimò bene intendere le proposizioni di Murzufflo. Recossi dunque alla punta del golfo con la sua galera, Enrico Dandolo, e Murzufflo a cavallo si avvicinò alla riva del mare. — La conferenza fu lunga e concitata, il Doge voleva che Murzufflo pagasse subito cinque mila libbre di peso d'oro; che ajutasse i Crociati alla spedizione di Siria, e che

[1] Finea o Finopoli era antichissima città, la cui origine reputavasi dal tempo degli Argonauti. Presentemente non ne rimane vestigio.

[2] I baroni fecioro dono del detto gonfalone all'ordine di Cestello: A Venezia poi si mostrava pubblicamente. Qual fosse l'autentico? — T.

giurasse di nuovo obbedienza alla chiesa Romana. — Dopo lunga contenzione Murzufflo si accordò di dare ai Latini l'oro e i soccorsi richiesti;
ma negò di sottoporsi a Roma. Maravigliavasi il Doge che egli dopo aversi fatto scherno delle leggi del cielo e della natura, facesse tanto conto
di opinioni religiose; e fissando disdegnosamente il Greco, chieseli, se la
religione greca avesse per lievi peccati o per atti virtuosi, la tradigione
e il paricidio. Murzufflo, divoravasi dentro dalla rabbia, ma nol mostrava,
anzi ingegnavasi di giustificare le sue azioni; ma alcuni cavalieri latini
che sopravvennero interruppero la conferenza.

Murzufflo, ritornato a Costantinopoli, preparavasi alla guerra, dicendo
ch'e' voleva morire con le armi in mano e da principe. Fece alzare di
alquanti piedi le mura e le torri di verso il porto; ed edificare sulle
mura medesime alcune gallerie a più ordini di palchi, dove avevano a
stare i soldati a saettare e a trattare le baliste e le altre macchine belliche; e sopra ogni torre fece adattare un ponte levatojo, che calandosi
sulle navi, facilitava agli assediati il modo d'inseguire i nimici fino sulla
armata.

Non erano senza gravi pensieri i Crociati, vedendo fare tali preparativi; consideravano al loro piccolo numero, e al numero grandissimo del-
l'esercito imperiale a cui aggiungevasi la sterminata multitudine del popolo. Non eravi speranza di soccorsi dall'occidente, nè da terra avevano
più cosa alcuna che loro bisognasse. La guerra facevasi di più in più
pericolosa, più difficile la pace, nè era più tempo da ritirarsi. In tante
difficoltà, che arebbero espugnato il coraggio anco de' favolosi eroi, i
Crociati invece di avvilirsi crebbero d'animo, e come più cresceva il pericolo, più ostinati a combatterlo si mostravano.

Fu dunque convocato il consiglio de' capi, ove sentenziossi illegittimo
e falso imperatore Murzufflo, e si statuì che presa Costantinopoli, in luogo di quello, al soglio imperiale, arebbero eletto un principe latino dei
loro compagni; il quale dovesse possedere in dominio il quarto del conquisto, con il palazzo di Bucoleone e quello delle Blacherne: Che le città e terre dell'imperio e la preda facitura nella capitale, sarebbono prestar sacramento di fedeltà e d'omaggio all'imperatore. Furono fatte
anco altre provvigioni sopra il clero latino e sopra i baroni e signori.
Furono dipoi stabiliti, secondo le leggi feudali i diritti e offici degli imperatori e de' sudditi, dei grandi e dei piccoli vassalli [1].

Nel primo assedio di Bisanzio, i Francesi avevano voluto combattere

_____

[1] Trovasi il Decreto del Consiglio in Muratori, *Script. Rer. Ital.* T. 12.

la città dalla parte di terra; ma l'esperienza aveva fatto universalmente
accettare i savi consigli de' Veneziani; onde i capi unanimemente risolsero
che si darebbe la batteria dalla parte del mare. Furono pertanto trasportati nelle navi i viveri le armi e i cavalli; e tutto l'esercito s'imbarcò
il giovedì, ottavo giorno d'aprile. Il seguente giorno all'alba, l'armata,
levò le ancore e si avvicinò alle mura della città. I vascelli e le galere
ordinati in una sola fila, tenevano di lunghezza più che mezza lega.

I Crociati dettero furiosamente principio all'assalto, approdando in
varie parti e spingendo gli arieti, fino a piè delle mura; e in varii luoghi
le scale delle navi furono accostate per modo, che i soldati dell'armata
e quelli che difendevano le mura e le torri, combattevano fra loro con
le lancie. Ma i cavalieri e i baroni stando sulle navi combattevano a disagio, e per la mobilità del campo a che non erano usati, non potevano
far libera prova della loro prodezza. La battaglia era ovunque ferocissima, ma disordinata, e fu dall'una e dall'altra parte vigorosamente sostenuta
fino a ora di nona, quando i Crociati furono respinti, e come dice il
buon Villarduino, per cagione de' loro peccati. Allora quelli che erano scesi
a terra, ricoveraronsi sulle navi, e l'armata si discostò dalle mura. — Il
popolo di Bisanzio corse subito nelle chiese a ringraziare Dio di sì segna-
lata vittoria; e nell'eccesso della sua allegrezza traspariva l'eccesso della
sua precedente paura.

Nella sera di quello infausto giorno, il Doge di Venezia e i baroni
tennero consiglio in una chiesa che era al loro campo propinqua. — Villarduino riferisce che tutti erano molto pensierosi dell'avuta sventura;
varie furono le proposte, varii i pareri circa quello che s'avesse a fare;
alcuni opinavano che si dovesse combattere la città dalla parte della Propontide ove appariva meno fortificata; i Veneziani pratici del mare, osservavano che di là non potevasi dar l'assalto perchè le navi sarebbero
rapite dalla corrente. Dopo varie dispute, tutti convennero, che fra tre
giorni si dovesse ritentar la fortuna delle armi, dal medesimo lato da dove
erano stati respinti.

Era il venerdì, passata la metà di quadragesima; il sabato e la domenica furono spesi nei preparativi di un nuovo assalto. — E i Greci preparavansi alla difesa. Murzuflo col fiore de' suoi era accampato sulla collina ove è presentemente il quartiere del Fanàr.

Il lunedì, con lo spuntar del sole, fu dato il segno: i Latini presero le armi, e l'armata ritornò sotto le mura; il che vedendo quei della
città (dice Villarduino) ebbero più paura di prima. Ma eziandio perplessi
stavano i Crociati, vedendo sulle mura e sulle torri innumerevole la moltitudine dei difensori: onde i capi per concitare gli spiriti guerrieri delle

loro genti, feciono per un araldo d'arme pubblicare, che il primo il quale inalberasse lo stendardo della Croce sopra alcuna torre della città, avrebbe il premio di cinquanta marchi d'argento.

Comincia l'assalto e in un subito diviene generale, con tumulto e fracasso spaventevole. Le navi procedevano unite a due a due, affine che in ogni parte, ove si combatteva, gli assediati avessero eguale scontro di assalitori.

Da alcune ore combattevasi senza posa, finalmente levossi un vento di tramontana che spinse le navi prossimissime a terra, in modo che due legate insieme, una delle quali dicevasi *la Pellegrina* e l'altra *il Paradiso*, furono portate a' piedi d'una torre, cioè una da un lato e una dall'altro. Capitanavano queste due navi il vescovo di Troia e il vescovo di Soassone.

Appena furono appoggiate le scale alle mura che vidersi due guerrieri ascesi sopra una torre da loro espugnata; di loro uno era veneziano e dicevasi Pietro Alberti e l'altro francese appellato d'Urboise. Costoro, seguitati da molti compagni pongono in fuga i Greci; ma nel tumulto della zuffa il prode Alberti cade ammazzato da un Francese, il quale si scusò affermando di averlo preso per greco, ma i perspicaci, attribuirono l'assassinio all'inveterato livore de' Franchi contro gl'Italiani.

Frattanto le bandiere de' due vescovi di Troia e di Soassone, sono piantate sulla torre con maraviglia e gioia di tutto l'esercito. S'accendono gli spiriti di quelli che sono sulle navi, tutti s'affoltano per accostarsi alle mura, tutti sono in un subito a dare la scalata.

Quattro torri vengono in poter de' Crociati; gli arieti sfondano tre porte della città; i cavalieri escono dalle navi, traggono fuora dalle palandre i loro cavalli; e l'esercito vittorioso irrompe nella città. Un cavaliere nomato Pietro Bracheo, entrato dalla porta Petrione [1], quasi solo corre per mezzo la città fino al colle dove Murzufflo aveva il suo campo. Tanto fu lo spavento de' Greci che presero colui per un gigante, e Niceta medesimo dice, che il di lui cimiero appariva alto come una torre. I soldati imperiali e il popolo fuggivano, all'aspetto d'un solo uomo.

Procedeva frattanto innanzi l'esercito latino a bandiere spiegate; erravano per le strade cavalli, muli che venivano in potere de' vincitori, e ovunque giacevano morti e feriti senza numero.

---

[1] La porta di Petrione è stata conservata e i Turchi la chiamano *Petri Capussi*; era nel quartiere che Franse denomina *Regio Petri*. — Le tre porte sfondate e atterrate, erano probabilmente la *Porta Santa*, la *porta Petrione*, e la *Porta Imperiale*; le quali sono ancor tutte in uso, e la prima dicesi in turco *Ayà Capussi*, la seconda *Petri Capussi* e la terza *Balurt*, o *Bulut*, o, porta del Palagio.

I Crociati appiccarono il fuoco nel quartiere invaso, e le fiamme traportate dal vento, annunziavano fino alle estreme parti della città, la presenza del feroce vincitore. Tanto fu il terrore de'Greci, che i Crociati
stupivansi di non trovar più contrasto in verun luogo, e temendo di
qualche frode, perchè avvicinavasi la notte, si stanziarono intorno alle
mura e alle torri che avevano prese, vicino all'armata. Il marchese di
Monferrato co'suoi si accampò in luogo da poter vigilare sopra la città;
Enrico di Ainaldo, pose le tende davanti al palagio delle Blacherne; e
il conte di Fiandra occupò le tende imperiali abbandonate da Murzufflo. — In questo modo fu espugnata Costantinopoli il lunedì dopo la
metà di quadragesima, cioè li 10 aprile dell'anno della Incarnazione 1204.

Murzufflo discorrendo per le strade, affaticavasi a riannodare i suoi
dispersi soldati, i quali (dice Niceta) trascinati nel turbine della disperazione, non avevano più orecchie per udirlo, nè coraggio da seguitarlo. Villarduino racconta, che esso Murzufflo, vedendo di non far frutto, si al-
lontanò a poco a poco dai luoghi occupati dal nimico, e finalmente per
la porta Aurea, se ne fuggì [1]. Con esso escì della città gran moltitudine
del popolo senza che i Latini se ne potessero accorgere.

Quando la fuga di costui fu pubblicamente nota, i Greci impreca-
ronli contro orrende maledizioni; e quasi che ci volesse un imperatore
per assistere alle agonie e alla morte dell'imperio, corse il popolo nella
chiesa di Santa Sofia per eleggere il successore al fuggito Murzufflo.

Presentaronsi competitori del ruinoso soglio Teodoro Ducàs e Teodoro Lascari. Costui ebbe la preferenza, ma non ardì coronarsi; aveva
alcuna parte di fortezza e di coraggio, i Greci lo stimavano buon capitano: Egli fattosi davanti alla popolare assemblea, per ravvivarne il coraggio, così l'arringò:

*Greci sventurati, non vogliate con la viltà della disperazione, ac-
crescere la perversità della fortuna. Il numero de' Latini è piccolissi-
mo, e dentro questa città piena ancora d'innumerevoli difensori, procedono innanzi tremando; appena ardiscono discostarsi dalle loro navi, unico rifugio che loro rimanga dopo una sconfitta. Conoscendo
bene quanto mal certa sia la loro vittoria e che pericoli loro sopra-
stano, s'ajutano come e'ponno meglio con gli incendii e velano così
la loro paura con propugnacoli di fiamme e di ruine. Questi pirati
non combattono nè per la religione, nè per la patria, nè pei loro
beni, nè per le loro famiglie. Voi invece difendete le più care co-*

_____

[1] La porta Aurea è situata nell'angolo orientale della città. Fu murata e chiusa sotto il Basso
Impero e lo è ancora per cagione di certi auguri. Il suo arco trionfale esiste ancora in parte ed avvi
una iscrizione latina.

se, le quali debbono crescervi coraggio e forza. Se ancora siete Romani, se vi rammentate della vostra antica virtù, la vittoria è sicura. Venti mila barbari si sono spontaneamente chiusi nelle vostre mura; la fortuna gli pone in arbitrio del vostro valore.

Dopo ciò, il nuovo imperatore esortava i soldati e le guardie imperiali, ricordando che la loro salvezza è una cosa sola con quella di Costantinopoli; che non eravi altro scampo per loro se non che il combattere e vincere o morire; che nella fuga non troverebbono rifugio nè in terra, nè in mare, ma ovunque sarebbero perseguitati dallo sterminio, dalla miseria e dalla vergogna. — Procurò anco Lascari di muovere l'orgoglio e il patriotismo de'nobili, con l'esempio degli antichi eroi romani; dicendo come alle loro armi avesse la provvidenza commessa la salute della imperiale città, che se (lo togliesse Dio) la patria soccombeva, meno amara sarebbe stata a loro la morte, spargendo il sangue col sudore di magnanima difesa, e avendo comune la fine e la tomba col vetusto imperio de'Cesari.

A queste valorose esortazioni, i soldati rispondevano chiedendo il loro soldo; il popolo, ammirando taceva; e i patrizii, disperavansi.

Sorge il giorno; suonano le trombe de'Latini; i Greci esterrefatti, si guardano in volto l'un l'altro. Lascari a un tratto è abbandonato da tutti, e anche egli se ne fugge da quella città che nessuno ardiva difendere. Così Costantinopoli che in una sola notte aveva avuti due imperatori, col nuovo giorno trovavasi senza principe, in preda a'suoi espugnatori.

L'incendio appiccato dai Crociati, arse alcuni quartieri e divorò, (così dissero i baroni) più case che non se ne annumeravano allora in tre delle più grandi città di Francia e d'Allemagna [1]; e durò tutta la notte.

Venendo il giorno, i Crociati al chiarore delle fiamme ordinavansi in battaglia, e prudentemente andavano verso il mezzo della città, quando intesero un gran tuono di voci supplichevoli, di pianti, di gemiti e di chiedere mercè. Erano donne, fanciulli e vecchi, preceduti dal clero che portava avanti da sè la Croce e le immagini de'santi, e che moveva processionalmente a implorare misericordia dal vincitore.

I capi mostrarono compassione de'supplici; un araldo d'arme fu mandato per le schiere, gridando: che si usasse clemenza, che niun cittadino fosse offeso nella persona, che alle donne e alle fanciulle s'avesse rispetto.

Procedeva innanzi l'esercito al suono delle chiarine e delle trombe; nei principali quartieri della città sono inalberate le bandiere lati-

---

[1] Villarduino.

ne. — Quando Bonifacio entrò nel palazzo di Bucoleone, ove credevasi che fossero ricoverate le guardie imperiali, non vi trovò che le matrone di tutte le più nobili famiglie dell'imperio. Margherita figliuola del re d'Ungheria e già moglie d'Isacco, e Agnese [1] figliuola di Lodovico Settimo re di Francia, già moglie di due imperatori, abbracciarono le ginocchia de'baroni e de'cavalieri, supplicandóli d'aver loro misericordia.— Il marchese del Monferrato ebbe riguardo al loro grado e all'infortunio e pose guardie al palagio perchè difendessero le smarrite matrone.

Mentre Bonifacio occupava il palagio di Bucoleone, Enrico d'Ainaldo impadronivasi di quello delle Blacherne. — Questi due palagi, pieni di immense ricchezze, furono vietati alla rapacità de'soldati.

Ma i Crociati avidi di preda, scorrevano licenziosamente per tutti i quartieri, facendo rapina d'ogni cosa; nè la casupola del povero, nè il il palagio del ricco andavano illesi dalle loro avare investigazioni. I Greci spogliati d'ogni loro avere e bistrattati dai vincitori, non aveano altro schermo che raccomandarsi umilmente alla umanità de'conti e de'baroni, e principalmente ricorrevano al marchese di Monferrato gridando: *Santo Re Marchese abbi pietà di noi* [2]. E in vero Bonifacio desiderava ridestare ne'Crociati alcun senso di pietà e di moderazione; ma la licenza soldatesca era stimolata dalla preda; e quando il cavallo imbizzarrito prende il morso a'denti, invano s'affanna il cavaliere a tirar le briglie.

Se si perdonava alle vite de'vinti, non perdonavasi però alle violenze e agli oltraggi per ispogliarli e per trovare i tesori nascosti. In Costantinopoli non aveavi più luogo alcuno immune; e non ostante i severissimi divieti fatti dai capi dell'esercito, il pudore delle donne e la santità de'templi erano crudelmente manumessi. — Furono predate le tombe degli Imperatori, e il corpo di Giustiniano dopo più secoli che riposava in pace nel suo avello, ancora intatto, fu spogliato de'suoi ornamenti. — L'altare della Madonna, prezioso ornamento di Santa Sofia, celebrato come un capo d'opera dell'arte, fu fatto in pezzi, e il velo del santuario lacerato in brani. I vincitori giuocavano a'dadi sopra gli altari, e s'ubriacavano tracannando il vino greco ne'sacri calici. Conducevano ne'templi, per portar via la preda cavalli e muli, e caricavanli tanto che succombevano sotto la soma, allora gli trafiggevano con le spade, lordando il sacro pavimento di sangue, d'immondizie e di carogne.

[1] Agnese, di otto anni fu maritata ad Alessio Comneno, figliuolo di Emanuele, nel 1179. — Andronico ammazzato Alessio gli usurpò l'imperio e la moglie, dalla quale non potè aver figliuoli. Agnese rimase vedova a Costantinopoli fino alla presa della città. Allora sposò Branasse partigiano de'Latini.

[2] Niceta.

A compiere la licenziosa scena una meretrice ascese sulla cattedra patriarcale, e, presente la moltitudine de'soldati, v'intonò una lasciva canzona, al suono della quale tutti cantavano e ballavano.

Scandolezzavansi vanamente i Greci di tali impietà; e Niceta nella sua istoria, vinto da disdegno, ne fa amarissime invettive, rimproverando ai Crociati d'aver superato i Turchi in barbarie, e ricordando l'esempio di Saladino e de'suoi soldati, che presa Gerusalemme religiosamente il pudore delle donne rispettarono, nè di cadaveri copersero il sepolcro di Cristo, nè i Cristiani afflissero di ferro, di fuoco, di fame, di nudità.

Nè meno lagrimevole scena della metropoli presentavano le campagne intorno al Bosforo. I villaggi, le chiese, le ville furono devastate e saccheggiate. Le strade erano piene di fuggitivi, che andavano senza saper dove, cacciati dalla paura, vinti dalla lassitudine; urlando per disperazione. Vedevansi senatori e patrizi di genere imperiale, in traccia di povero asilo vagar miseri e cenciosi. Il patriarca pure fuggiva elemosinando; tutti i ricchi erano poveri divenuti; e la plebe greca, la plebe che nelle vicissitudini degli stati sempre acquista e mai perde, gittatasi alle strade, assaltava e finiva di spogliare i fuggitivi, e benediceva dipoi l'infortunio della patria, dicendo esser giunto il giorno della giustizia e della perfetta eguaglianza.

Degni d'esser ricordati sono i casi dello storico Niceta, che egli medesimo nella sua opera eloquentemente descrive. — La casa che abitava, regnanti gli imperatori, era stata dal fuoco distrutta nel secondo incendio di Costantinopoli. Essendosi ritirato con la sua famiglia in altra casa propinqua al tempio di Santa Sofia, trovò per buona ventura certo mercatante veneziano ch'egli aveva salvato dal furore de' Greci, prima della fuga dell'Imperatore Alessio, il quale vedendo il suo benefattore a estremo pericolo, volle renderli mercè del beneficio. E vestitosi da soldato crociato, con la spada al fianco e la lancia in mano, posesi a guardia sulla porta della casa ove era Niceta, dicendo a chiunque presentavasi per entrarvi, che quella era casa sua acquistatasi col prezzo del loro sangue. Con questo pietoso inganno, nè senza essersi esposto a molti pericoli, potè il buon veneziano, per alcun tempo proteggere il suo benefattore, ma alla fine veggendo di non poter più a lungo durare contro la moltitudine de'soldati, che volevano a viva forza entrare, corse ad avvisare Niceta, che non poteva più difenderlo, e l'esortò a seguitarlo, che sperava condurlo salvo fuori di Costantinopoli. — Niceta con la sua moglie e i figliuoli, seguitò il veneziano, che per le strade conducevaseli dietro come suoi prigioni [1].

_____
[1] Niceta, L. 2, cap. 2.

Camminava la sventurata famiglia, tremando di paura, e incontrando, ad ogni passo, rapaci soldati che maltrattavano i Greci dopo averli spogliati, e al pudore d'ogni donna attentavano. — Niceta, e alcuni de'suoi amici e parenti, che s'erano con lui accompagnati, portavansi in braccio i loro figliuoli, camminando uniti e tenendosi in mezzo le mogli e le figliuole che s'erano lordate il viso di fango per celare la loro bellezza. Non ostante questa precauzione, la beltà d'una giovinetta fu ravvisata da certo soldato, che subito se le avventò addosso e la strappò dalle braccia del suo padre, vecchio cadente e infermo. Niceta veggendo il vecchio prorompere in pianto, corse dietro al rapitore, e raccomandandosi alla pietà di quanti altri soldati incontrava, ottenne finalmente che la fanciulla gli fosse restituita, ed al padre suo la rese [1] — Altri pericoli e infortunii corse la piccola brigata, ed escirono finalmente da Costantinopoli per la porta aurea, ove lagrimando, detto addio al generoso veneziano, gittaronsi alla campagna.

Niceta volgendo un ultimo sguardo a Costantinopoli, esclamava : *O reina delle città, chi ti ci ha tolto! Che consolazioni troverem noi uscendo dalle tue mura, nudi, nudi come siamo esciti dall' alvo materno! Fatti favola alle genti, compagni alle belve selvaggie, non più i nostri occhi ti vedranno, o solo verremo vagolando intorno alle tue mura, come le passere svolazzano intorno al loro nido distrutto.*

Niceta giunse con la sua famiglia a Selivrea, d'onde poscia passò a Nicea e là applicossi a scrivere la storia degli infortunii della sua patria.

Frattanto in Costantinopoli continuava il baccano della soldatesca licenza; i Latini per ischernire a'Greci, vestivansi delle loro seriche toghe vario colorite; ponevano sulle teste de'loro cavalli i turbanti e le bende orientali; alcuni vagavano per le strade con penna e calamaio in mano, simulando esser Greci e gridando : *ecco gli scribi, ecco i copisti!*

Erano i Latini in tutto decaduti dalla pristina civiltà e in tanta barbarie deteriorati che meritamente i Greci facevansi beffe di loro, ma più ancora hanno cagione di dolersene i posteri, perchè quelle egregie opere della greca antichità, in pietre e in metalli, ammirazione del mondo! e che dopo la ruina di tante città ed imperii, come in luogo di salvezza erano state nella bisantina metropoli ricettate, venute in potere de'nuovi conquistatori, furono barbaramente distrutte. Furono fusi i bronzi, per coniare moneta e saziare l'avidità soldatesca; così gli eroi e gli Iddii del Nilo, della Grecia e di Roma, i capi d'opera di Prassitele e di Fidia, furono disfatti da quelli stessi i cui padri dall'Egitto e dalla Grecia riconobbero la civiltà loro.

[1] Niceta sposò dipoi questa giovinetta.

Per più increscimento della posterità e per più onta dei distruttori
lo storico greco Niceta ci ha tramandata memoria delle principali di quelle
stupende opere dell' arte [1]. Egli dice che sulla piazza di Costantino eravi
una statua di bronzo di Giunone e un' altra di Paride che proferiva a
Venere il premio della bellezza ovvero il pomo della discordia. La statua
di Giunone tolta dal suo tempio in Samo, era di sì smisurata grandezza,
che quando fu atterrata e rotta dai Crociati, otto bovi poterono a mala
pena trascinare la sua testa fino al palagio di Bucoleone. — Era sulla medesima piazza un obelisco di forma quadrata, maraviglioso per la gran
moltitudine di figure che v' erano sopra scolpite : sopra le quattro faccie
del medesimo, l' artista avea rappresentato in bassorilievo ogni sorta di
uccelli che salutavano il ritorno del sole ; contadini attesi a'loro rusticani
lavori ; pastori che sonavano la zampogna ; montoni belanti ; agnelli pa-
scenti sull'erba ; un mare tranquillo con ogni sorta di pesci, alcuni dei
quali presi vivi, altri che rompevano le reti e ritornavansene in libertà ;
e per ultimo eravi un bel boschetto ed entrovi amori nudi in allegrie,
che trastullavansi a tirarsi pomi : sopra l'obelisco che finiva piramidal-
mente eravi una statua di donna che girava sopra sè stessa secondo ogni
minima aura che spirava, e 'l popolo chiamavala la seguace del vento.

In piazza del Monte Tauro eravi una statua equestre [2] ; il cavallo
era figurato in atto di galoppare velocissimamente ; il cavaliere avea un
braccio steso verso il sole, onde alcuni credevano che fosse Giosuè che
comandava al sole di fermarsi ; altri asserivano che rappresentasse Bellerofonte sul cavallo Pegaseo. — All'Ippodromo, custodivasi a buon dritto

[1] Questa descrizione de' Monumenti distrutti a Costantinopoli, non si legge che in un solo
MS. di Niceta che si conserva nella Biblioteca Bodleiana. Fu pubblicato da Fabricio nella sua *Biblioteca greca* T. 6, p. 405-416. — Nel T. 11 e nel 12 delle *Memorie della Società reale di Got-
tinga*, trovasi un bellissimo lavoro dell'illustre Heyne su i detti monumenti dell'arte già esistiti a
Costantinopoli. Nella prima Memoria contiensi la enumerazione degli antichi monumenti (*Priscae Ar-
tis Opera*) ; nella seconda sono descritti i monumenti propriamente bizantini. In altre due Memorie
Heyne descrive la perdita dei detti Monumenti, sotto il titolo : *De interitu operum quum antiquae
tum serioris aetatis.* — Anco il lavoro di Harris è degno d' esser veduto (Ricerche Filologiche, P.
III, cap. 5, p. 311-312.)

[2] La statua creduta di Bellerofonte, rappresentava Teodosio che accennava col braccio steso un
trofeo posto sopra una colonna vicina. Così rappresentavasi il Pacificatore (*fuit adeo pacificatoris
habitus.* — Niceta dice che nella mano sinistra sostenesse un globo ; il che si riscontra nella statua
degli altri imperatori i quali hanno sul globo sovrapposta una croce. Il popolo credeva che sotto lo
zoccolo del piede sinistro anteriore del cavallo fossevi l'immagine d' un veneto o d' un bulgaro, o
d' un uomo d'alcun' altra nazione che non avesse convenzioni co'Romani. — La statua sendo stata
atterrata dai Latini, vi si trovò l'immagine d'un Bulgaro nascosta sotto lo zoccolo, confitta con un
chiodo e incrostata di piombo. Questa statua proveniva da Antiochia di Siria. Nella base quadrila-
tere eravi un basso-rilievo nel quale il popolo credeva che fosse raffigurata la caduta dell'imperio ;
e dicevasi anco che i Russi rappresentati in esso basso rilievo avrebbero compita la profezia.

gelosamente una statua colossale di Ercole (opera di Lisippo) [1]. Il semideo rappresentato senz'arco e senza mazza, sedente sopra un letto di vermena; appoggiava il gomito sinistro sul sinistro ginocchio, e la testa sulla mano manca; era nel volto pensieroso ed afflitto per causa della gelosia d'Euristeo. Le sue spalle e il petto avevano molta ampiezza, i capelli erano ricciuti, le membra muscolose: l'altezza della sola gamba superava quella d'un uomo ordinario. Pendevali dietro le spalle la pelle del Leone Nemeo e ne appariva la criniera marivigliosamente imitata; ma la testa della fiera era con tanta eccellenza d'arte effigiata, che gli spettatori nel vederla improvviso ne avevano paura.

Similmente nell'Ippodromo e poco distante dall'Ercole eravi pure effigiato in bronzo un asino col suo conduttore, posto già da Augusto nella sua colonia di Nicopoli per ricordare un caso singolare che avevagli presagita la vittoria di Azio. — Eravi ancora la iena o la lupa [2] che allattava Romolo e Remo.

Eravi una sfinge col volto di donna e l'altro del corpo di spaventevole mostro.

Eravi un Cocodrillo del Nilo.

Eravi un uomo che combatteva un Leone.

Eravi un elefante, che mostrava grandissima agilità nella sua flessibile proboscide.

Eravi l'antica Scilla nel davanti donna e di dietro, come la sfinge, formidabil mostro.

Eravi un aquila con un serpente negli artigli, con l'ali aperte e in atto di spiccare il volo. Nel bronzo vedevasi il dolore del rettile e la ferocia dell'augello di Giove; ma le penne delle ale erano disposte in modo che, senza offendere la verosimiglianza, quando ferivale il sole, segnavano a foggia di meridiana le dodici ore del giorno.

Sopra una colonna del circo eravi l'immagine di giovin donna coi capelli sopra la fronte disposti a treccie e annodati di dietro. Conducea questa donna per la mano destra un cavaliere di cui tenea il cavallo per un piede. Coperto era il cavaliere di corazza, e il cavallo fieramente annitrendo, pareva che il suono della tromba guerriera ascoltasse.

[1] Heyne attribuisce questa statua a Lisippo, e opina che fosse l'Ercole colossale di Taranto, che fu portato a Roma e posto nel Campidoglio. Da Roma fu trasportato a Costantinopoli con dieci altre statue, sotto il consolato di Giuliano regnante Costantino, verso l'anno 322; prima fu collocato nella basilica, dipoi nell'Ippodromo. Merita anco essere consultato Harris p. 301-312.

[2] Harris, nel luogo sopracitato, opina che il monumento della Lupa lattante Romolo, fosse quello istesso a cui allude Virgilio in quei versi dell'ottavo L. dell'Eneide:

Illam tereti cervice reflexam
Mulcere alternos et corpora fingere lingua.

Presso alla meta orientale del circo eranvi effigiati in bronzo, aurighi vincitori della corsa, che furono anticamente cagioni di ferocissime fazioni nell'impero: vedevansi retti in piè su i loro carri, in atto di correre, allentando o scorciando le redini a'corsieri e co'gesti e con la voce concitandoli.

Poco discosto sopra base di pietra vedevansi animali egizi, l'aspide, il basilisco, il cocodrillo in baruffa fra loro: le forme spaventevoli di quelli animali, la rabbia e il dolore vivamente in loro espressi, il livido veleno de'loro morsi, facevano i riguardanti rabbrividire.

Fra le statue mentovate da Niceta, era in grande ammirazione un Elena, sorriso di voluttà spirante e nell'atto lusinghiera; e come dice esso Niceta, regolarissime ed eleganti erano le sue forme, la chioma alle aure diffusa, languidetti gli occhi, e le labbra e le braccia nell'istesso bronzo rendendo immagine di vermiglie rose e d'intatta neve.

Eranvi in Costantinopoli molte altre consimili opere eccellenti, celebri ne'secoli trascorsi: Ma la barbarie de'Crociati fuse tutte quelle che erano in bronzo, avidi del metallo e ignari del genio che l'avea informato; onde Niceta esclama: *Quello che fu sì prezioso all'antichità divenne a un punto volgare materia; quello che costò un tempo immensi tesori, fu dalla bestialità latina in moneta di vil pregio converso.* Le statue di marmo non solleticarono l'avarizia de' vincitori, furono però bene dal lor selvaggio talento in gran parte guaste ed infrante.

Ma sebbene si conservassero ancora in Costantinopoli le reliquie della greca eccellenza nelle arti, non v'avevano però i secoli trasmesso quello amore del bello e de'sublimi studi, che soli potevano quelle maravigliose reliquie render care e preziose ai posteri. L'antica filosofia, la poesia e l'eloquenza avevano ceduto il campo alla puerile dialettica scolastica, le reliquie e le immagini de'santi, comecchè cose sacre e venerevoli, erano fatte argomenti soli di feroci e risibili contenzioni, che tenevano occupata tutta la nazione. Nel mondo cristiano erano celebratissime le sacre reliquie che conservavansi in Costantinopoli; cosichè quando i vincitori ebbero satollata la loro fame dell'oro, quelle la loro cupidità religiosa stimolarono. Corsero dunque i più devoti pellegrini e gli ecclesiastici principalmente, in traccia di tali sacre prede. In tra gli altri merita ricordanza Martino Litz abate di Parigi, il quale entrato in certa chiesa, già stata predata, e penetrato innavvertito, in luogo remoto ove sotto la custodia d'un greco monaco serbavansi molte reliquie; trovato appunto il monaco, che era vecchissimo, in orazione, l'assalse impetuoso e con brutali minaccie gli disse: *Vecchio, se tu non mi dai subito le tue reliquie io t'ammazzo.* Il misero vecchio spaventato, gli accennò dove elle erano, e Mar-

tino rapì le più preziose e corse sopra una nave a nasconderle; tentando
così di deluder la legge fatta dai capi dell'esercito, che tutte le cose sacre si dovessero in assegnato luogo ridurre [1]. Partissene dipoi Martino per la
Palestina ritornando ai Cristiani di là che avevanlo spedito a Costantinopoli,
e poscia passò in Occidente con le dette reliquie, in tra le quali vantava
avere un frammento della vera Croce, le ossa di San Giovanni Batista,
e un braccio di san Giacomo. Il monaco Guntero parla della traslazione
di esse reliquie come di cosa molto miracolosa e più mirabile che il conquisto del bisantino imperio; dicendo che gli angeli furono veduti scendere dal cielo per guardarle e difenderle da ogni sinistro; e che mentre
il santo abate Martino era in viaggio, le tempeste quetavansi, i pirati immobili ed esterrefatti rimanevansi, nè era pericolo di sorta che osasse ap-
pressarseli. Finalmente Martino fu ricevuto a Bala in trionfo e le sue reliquie nelle principali chiese della città furono distribuite.

Un altro prete appellato Galone Dampierre della diocesi di Langres,
non avendo potuto far preda d'alcuna reliquia, gettatosi a' piedi del legato pontificio, chieseli con le lagrime agli occhi, permissione di portare
nel suo paese il cranio di santo Mamas.

Un altro prete di Piccardia, avendo trovato il capo di san Giorgio e
quello di san Giovanni Batista, sotto certe rovine, avendoseli tolti, escì
incontanente da Costantinopoli, e ritornato ad Amiens, sua patria, offrì a
quella cattedrale le reliquie che recava [2].

Il doge Dandolo ebbe per sua parte un frammento della vera Croce
che l'imperatore Costantino, faceva portare davanti da sè in guerra, e lo
donò alla veneta repubblica.

Baldovino ebbe la corona di spine di Gesù Cristo, e alcune altre reliquie trovate nel palagio di Bucoleone. Mandò in dono a Filippo Augusto re di Francia, un frammento della Vera Croce [3] lungo un piede, i
capegli di Gesù Cristo fanciullo, e il lenzuolo nel quale fu rinvolto nella stalla quando nacque.

I sacerdoti e monaci greci predati così da' vincitori, abbandonarono
piangendo le reliquie de' santi affidate alla loro custodia e che, dicevano

[1] La curiosa narrazione di Guntero leggesi tradotta nella *Bibl. delle Crociate*, V. 3
[2] Vedi *Stor. Eccles.* di Fleury, T. XVI, p. 143.
[3] Alcuni storici coetanei in tra i quali Guglielmo il Brettone, fanno menzione delle reliquie
ch'ebbe Filippo Augusto da Costantinopoli (Vedi il Tomo XIV di don Bouquet.) Il frammento
della Vera Croce memorato in questo luogo era stato conservato nel tesoro della Santa Cappella fino
al 1791. Allora fu deposto nel tesoro della chiesa di San Dionigi, d'onde fu tolto nel 1793, e trasportato in un comitato della convenzione. L'abate Villars ne fu fatto depositario, e lo lasciò in deposito all'abate Sicardo; e questi essendo morto, fu trovato nelle sue robe il detto frammento della
Vera Croce, e preso da' di lui creditori; ma alla fine ritornò al tesoro della chiesa di San Dionigi.

operare ogni giorno insigni miracoli, come guarigioni di malati, raddiriz-
zamenti di storpi, alluminamenti di ciechi, e rinvigorimenti di paralitici.
Quelle sante spoglie, raccolte da tutte le contrade d'oriente, passarono
a decorare le chiese di Francia e d'Italia, e furono ricevute dai popoli
d'Occidente come i maggiori trofei delle vittorie de' Crociati.

Costantinopoli venne in poter de' Latini il decimo giorno di aprile,
essendo prossima la fine della Quadragesima; perlochè compite le devastazioni e le violenze della vittoria, parve opportuno al clero di chiamare i soldati a penitenza, i quali contriti ed umiliati corsero a piangere la
morte del signore, in que' medesimi templi da loro poco prima spogliati
e con atrocissimi fatti contaminati.

Tre chiese erano state elette perchè vi fossero depositate le spoglie di
Costantinopoli. I capi intimarono sotto pena di morte e di scomunica
che tutta la preda nei luoghi prescritti si riducesse. Nondimanco la cupidità dello avere potè in molti, più che la paura della morte e di dan-
nar l'anima, onde i capi furono rigorosissimi in punire i colpevoli, e
il conte di San Paolo fece impiccare con lo scudo al collo uno de' suoi
cavalieri che s'era alcuna cosa della preda appropriata [1].

Dopo le feste di Pasqua fu diviso in tra i Crociati il bottino, del
quale la quarta parte fu serbata per il futuro imperatore e il rimanente
distribuito fra Veneziani e Francesi. Oltreciò i Francesi pagarono a' Veneziani i cinquantamila marchi d'argento pattuiti con la repubblica, pre-
levando questa somma sulla loro parte della preda. Nella divisione che
fecesi fra i guerrieri della Lombardia, dell'Allemagna e della Francia,
ogni uomo d'arme ebbe parte equivalente a quella di due cavalieri, ed
ogni cavaliere l'ebbe eguale a quella di due fanti. Tutta la preda ascendeva circa al valore di un milione e cento mila marchi d'argento [2].
Quantunque questa somma oltrepassasse di molto le rendite di tutti i regni dell'Occidente, era nondimeno di troppo inferiore al valore delle

---

[1] Villarduino mentovando la giustizia rigorosa esercitata contro i colpevoli, dice con la sua
barbarica semplicità: *Et en y eut tout plein de pendus.*

[2] Una edizione di Villarduino fa ascendere il prodotto del bottino, per la parte toccata ai
Francesi, a cinquecento mila marchi d'argento, che equivalgono a ventisette milioni di franchi; aggiungendo a questa somma i cinquantamila marchi dovuti ai Veneziani e prelevati prima della divisione, e la parte che si medesimi spettava, avremo un prodotto totale della preda equivalente incirca a sessanta milioni. Una somma probabilmente eguale fu sottratta dai cittadini. I tre incendii
che distrussero più che mezza la città, divoraronsi molte ricchezze; e nello sciupio che successe al
sacco, gli oggetti più preziosi, persero tanto del loro valore, che il profitto de' Latini non equiva-
leva probabilmente al quarto di quello che importava ai Greci. Onde si può credere che Costantinopoli prima di questa guerra, possedesse circa seicento milioni in ricchezze. Vigenerio nelle sue
note a Villarduino, spiegando il luogo ove si tratta della preda dice, che fosse troppo poca cosa
per una tanta città.

il conte di San Paolo fece impiccare con lo scudo al collo uno de' suoi cavalieri

ricchezze accumulate in Bisanzio. Forse, se i baroni e i signori si fossero contentati d'imporre un tributo ai cittadini, avrebbero potuto raccogliere una somma molto maggiore; e ciò consigliarono i Veneziani, ma
la barbarie e la rapacità francese, ignara d'un savio computo e dei vantaggi d'un tale consiglio non volle ascortarlo [1].

Frattanto i Crociati assorti nella ebbrezza della loro vittoria e delle
prede, non s'accorgevano dello errore commesso in devastare quel paese
che doveva essere loro patria e sede, e nel quale, per la ruina istessa
de'vinti, sarebbersi un giorno trovati come quelli in estreme angustie.
Ma di ciò o nulla previdenti o nulla curanti attendevano a eleggere l'imperatore del nuovo stato. Fecersi dodici elettori, sei de'quali furono
scelti in tra i nobili veneziani, e gli altri sei in tra gli ecclesiastici francesi [2]. Questi dodici assembraronsi nella cappella del Palagio di Bucoleone
e giurarono sopra i vangeli di non fare la elezione che secondo i meriti
e le virtù.

Proposersi gli elettori tre de'principali capi dell'esercito in tra i quali
dovessero scegliere; primo era il doge Enrico Dandolo reputato meri-
tissimo del diadema imperiale, per la esperienza, per la saviezza de'consigli, per gli servigi resi alla causa de'Latini, e per essere stato promotore della impresa.—Secondo era il Marchese del Monferrato, già scelto
dai Crociati per loro capo e considerato da'Greci come signore; celebrato da tutti come molto prode e attissimo a instaurare il greco soglio
dalle sue ruine. — Terzo era Baldovino conte di Fiandra, a cui davano
grandi diritti alla corona imperiale, le sue parentele co'più potenti monarchi dell'Occidente, e il discendere per donne da Carlomagno. Era
oltreciò ben voluto da'soldati, e dai Greci medesimi, che nei disordini
del conquisto, celebraronlo come campione della castità e dell'onore, come protettore de'deboli e de'poveri, amante del giusto e del vero. Ancora la sua gioventù, se venisse eletto, dava speranza di lungo regno e
felice; e la sua pietà, le sue virtù, l'amore dello studio e de'dotti,
quasi ne facevano certezza.

Gli elettori erano già tutti d'accordo a elegger Dandolo, ma ai re-
pubblicani Veneti non piaceva che un loro concittadino ascendesse al

---

[1] I Veneziani proposero di prender essi tutta la preda e di dare in compenso quattrocento marchi per ogni uomo d'arme, e dugento ad ogni prete e cavaliere, e cento ad ogni soldato (Lebeau,
Histoire du Bas-Empire, T. XX, p. 506.)

[2] I sei elettori francesi furono i vescovi, 1° di Soissone, 2° d'Halberstadt, 3° di Troyes, 4°
di Betelemme, 5° di Tolemaida, e 6°, l'abate di Lucelania. Ramnusio ha tenuto ricordanza degli
elettori veneti, che furono; 1° Vitale Dandolo, 2° Ottone Querini, 3° Bertuccio, 4° Contarini, 5°
Pantaleone Barbo, 6° Giovanni Baseggio. Dice pure Ramnusio che Barbo si oppose alla elezione di
Dandolo.

l'imperio: Considerando che trovandosi un Veneziano padrone della Grecia e di parte dell'Oriente; saria stato spinoso a deffinire se la Repubblica dovesse obbedirli, o Egli stare soggetto alle leggi delle Repubblica;
onde esservi ragionevole temenza che Venezia, di regina de' mari, dovesse
divenire città dell'impero. I Veneziani rendevano giusto tributo di lodi
alle virtù e ai meriti di Dandolo, ma lasciaronsi intendere, che pervenuto
egli omai all'occaso d'una vita piena di belle azioni, doveva piuttosto
chiuderla gloriosamente reputandosi a maggiore onore il morir capo
d'una Repubblica vittoriosa che principe d'un popolo vinto; e conchiudevano: Qual romano a'bei dì di Roma arebbe posposto esser cittadino
della sua gloriosa patria per divenir re di Cartagine? Così i Veneziani
pregarono concordemente gli elettori di eleggere altro imperatore fra i capi
dell'esercito.

Rimasero dunque in disputazione il conte di Fiandra e il marchese
del Monferrato. I più prudenti temevano che quello che rimanesse escluso
dal trono, vinto dalla invidia, non macchinasse alla ruina del suo rivale;
essendo ancor viva la memoria delle fiere contenzioni che furono in tra
Goffredo di Buglione e Raimondo di san Gille per il regno di Gerusalemme. Per prevenire adunque i funesti effetti della discordia fu preventivamente stabilito che quale dei due principi fosse eletto, dovesse cedere all'altro sotto la condizione di fede e d'omaggio la proprietà del-
l'isola di Candia e di tutte le terre dell'impero situate oltre il Bosforo.

Fermato ciò si venne alla elezione, la quale propendeva già in favore
del marchese del Monferrato; ma i Veneziani a cui non piaceva di vedere
sul trono di Costantinopoli un principe che aveva alcuni possessi sopra i
loro confini, rappresentarono agli elettori, che più conveniente a'Crociati
sarebbe stata la elezione di Baldovino, facendo come obbligate a mantenere il nuovo imperio le bellicose nazioni de'Fiamminghi e de'Francesi;
onde finalmente il conte di Fiandra fu eletto.

Era la moltitudine de'Crociati assembrata davanti al palagio di Bucoleone e con impazienza aspettava che si pubblicasse il nuovo imperatore eletto; quando all'ora di mezzanotte il vescovo di Soassone, presentatosi sotto il vestibolo, disse ad alta voce:

*Quest'ora della notte nella quale è nato il Salvatore del mondo,
dà nascimento a un nuovo imperio sotto la protezione dell'Onnipotente.
Vostro imperatore è Baldovino conte di Fiandra e di Hainaut.*

Grandi grida di gioia feciono Veneziani e Francesi; il popolo di Costantinopoli avvezzo a cangiare spesso padrone, rimase indifferente. Baldovino fu alzato sopra uno scudo e portato trionfalmente alla chiesa di
Santa Sofia. Il marchese del Monferrato seguitava il corteggio del suo rivale con generosa sottomissione, del che fu assai da tutti commendato.

La cerimonia della coronazione fu rimessa alla quarta domenica dopo Pasqua. — Frattanto celebraronsi splendidamente le nozze del marchese del Monferrato con Margherita di Ungheria vedova d'Isacco. Vidersi per la prima volta in Costantinopoli feste alla foggia d'Occidente e nelle chiese greche udironsi cantici latini.

Venuto il giorno della coronazione l'imperatore Baldovino andò a Santa Sofia accompagnato dai baroni e dal clero. Ivi, celebrandosi gli offici divini, fu alzato sopra trono d'oro e ricevette la porpora dal legato pontificio che facea le veci del patriarca. Due cavalieri portavanli davanti il laticlavio de' consoli romani e la spada imperiale. Il capo del clero, stando in piedi davanti all'altare, pronunziò in greco queste parole: *È degno di regnare*, e tutti gli assistenti in coro gridarono: *È degno è degno*.

Le fragorose acclamazioni de' Crociati; la pompa degli armati cavalieri, la miseria della greca moltitudine; il santuario spogliato de' suoi antichi ornamenti e di estrania pompa rivestito, facevano lo spettacolo di quella coronazione a un tempo solenne e lugubre, accoppiando in istrani modi gli orrori della guerra e i trofei della vittoria. Nè discordò la greca cerimonia del presentarsi al novello imperatore un piccolo vaso pieno di cenere e d'ossa, e un fiocco di stoppa accesa, simboli della brevità della vita e della vanità delle umane grandezze.

Prima che si facesse la cerimonia della coronazione, il nuovo imperatore aveva distribuito a'suoi compagni d'arme le principali dignità dell'imperio. Villarduino maresciallo di Sciampagna, fu fatto maresciallo di Romania; il conte di San Paolo, contestabile; Conone di Betuna, fu eletto protovestario ovvero gran maestro della guardaroba; Macario di Santa Maneolda, gran coppiere, e Milese del Brabante, gran cantiniere. Il doge di Venezia creato despota o principe di Romania ebbe il diritto di portare i gambali di porpora, privilegio appo i Greci reservato ai soli principi della famiglia imperiale. Enrico Dandolo rappresentava a Costantinopoli la repubblica veneta; metà della città era in suo dominio e riconosceva le sue leggi, per dignità e per gesti gloriosi soprastava a tutti i grandi e principi della corte di Baldovino; egli solo era esente dal prestar fede e omaggio all'imperatore per le terre che doveva possedere.

Per fare la divisione delle città e provincie dell'imperio, fu convocato un consiglio di dodici patrizi veneti e di dodici cavalieri francesi. La Bitinia, la Romania o Tracia, Tessalonica, tutta la Grecia dalle Termopili fino al capo Sunio e le maggiori isole dell'Arcipelago toccarono ai Francesi. I Veneziani ebbero le Cicladi e le Sporadi nell'Arcipelago, le isole e la costa orientale del golfo adriatico, le coste della Propontide e quelle del Ponto Eussino, le rive dell'Ebro e del Varda, le città di Cipsela,

Didimotica, Adrianopoli, le contrade marittime di Tessalia ed altri luoghi. Tale fu la prima divisione delle terre dell'imperio; la quale in progresso di tempo subì molte mutazioni [1].

Le terre situate al di là del Bosforo erano state erette in regno e date con l'isola di Candia al marchese del Monferrato, che ne fece dipoi cambio con la provincia di Tessalonica, e vendette l'isola di Candia alla Repubblica veneta per trenta libbre d'oro in peso [2]. Le provincie dell'Asia furono date al conte di Bloase che prese titolo di duca di Nicea e di Bitinia.

Ma i Crociati non contenti di divider fra loro quello che realmente avevano conquistato, passarono anco a dividersi quello si proponevano conquistare per l'avvenire, onde furono assegnati i paesi de' Medi, dei Parti e le regioni che appartenevano ai Turchi e Saraceni. Alcuni baroni disputavansi il regno di Alessandria, altri facevano già loro conti sul palagio dei sultani d'Iconio. Frattanto molti facevano cambi delle possessioni avute; e molti dolevansi, pretendendo a maggior territorio che non avevano avuto. Con i tesori predati nella metropoli i vincitori mercavano e giuocavansi le provincie dell'imperio; un trar di dadi valeva spesso una città co' suoi abitatori; così per alcun tempo Costantinopoli fu piazza di mercato ove trafficavasi del mare, delle sue isole, dei popoli, delle città, de' territori, delle castella; e il barbaro soldato nato dalla vil plebe in occidente, trovavasi come per incantamento divenuto in un subito re e principe nell'Oriente; tali sono le grandezze umane per cui un uomo schifa l'alito dell'altro.

Mentre i baroni e cavalieri facevano tal mercimonio di città e regni, il clero latino non teneva le redini alla sua ambizione, ma ognuno studiavasi invadere le spoglie della greca chiesa. Tutti i santuari di Costantinopoli furono egualmente in tra Veneziani e Francesi divisi, e ovunque fu introdotto il rito latino.

I capi della crociata avevano preventivamente deciso, che se l'imperatore fosse stato francese, il Patriarca dovesse essere veneziano. Secondo questa convenzione fu innalzato alla cattedra di Santa Sofia Tommaso Morosini [3]. Nelle altre città conquistate mandaronsi similmente vescovi e preti latini, dove presero possesso dei beni e dignità del clero greco.

[1] Nel trattato di divisione, l'ignoranza de' copisti ha guasti tutti i nomi. Farebbe opera utilissima chi redigesse una buona e precisa carta dell'impero di Costantinopoli. Questo trattato trovasi intiero in Muratori.

[2] Questa vendita fu fatta nell'agosto del 1204. Sanuto la riporta intera alla pag. 533.

[3] Il papa dapprima non volle approvare questa elezione dolendosi che fosse un usurpare i diritti della Santa Sede; ma essendo Morosini uomo di grande reputazione, nè osando il papa di eleggere un altro, prese il temperamento di mandarlo a Costantinopoli non come eletto dai Crociati ma come eletto da sè.

Grande era per tutto l'oriente il terrore delle armi de'Crociati, ma a chi riguardava nell'avvenire, non liete le conseguenze di tanta vittoria apparivano. La metropoli e le provincie erano quasi vuote d'abitatori; senza cultori erano le terre e non lontana dimostravasi la squallida carestia. I capi veggendosi a mal partito, non seppero immaginare miglior rimedio che rivolgersi al Pontefice, e simulandoli grande devozione, far prova di trarlo a muovere l'Occidente in loro favore, onde avere potenti rinforzi d'Italiani, Francesi e Tedeschi, che accorressero a popolare e difendere il nuovo imperio [1].

Dopo la sua incoronazione Baldovino scrisse al papa annunziandoli le vittorie maravigliose con le quali era piaciuto a Dio di premiare lo zelo dei soldati della Croce. Il nuovo imperatore per meglio lusingare il pontefice, intitolavasi cavaliere della Santa Sede, e faceva lunga enumerazione delle perfidie e ribellione de'Greci contro a quella; diceva dipoi:

Noi abbiamo soggiogata alle vostre leggi questa città che in odio alla Santa Sede, sofferiva a mala pena il nome del principe degli apostoli, nè concedeva pure una Chiesa a quello istesso che aveva dal Signore, la supremazia di tutte le chiese ricevuta [2].

Seguitava Baldovino, invitando il Pontefice a imitare l'esempio dei suoi predecessori, Giovanni, Agapeto e Leone che avevano personalmente visitata la chiesa di Bisanzio. E per compire la giustificazione de' pellegrini divenuti padroni del greco imperio, ricorreva al testimonio di tutti i cristiani d'Oriente, dicendo:

Quando noi entrammo in questa metropoli, alcuni abitatori di terra santa che erano con noi, dimostravansi più contenti di tutti, esclamando che s'era reso a Dio un servigio più accetto che se si fosse ricuperata Gerusalemme.

Il marchese del Monferrato scriveva similmente al pontefice, protestando della sua umile obbedienza alle decisioni della Santa Sede [3] e diceva:

Io non ho preso la Croce se non che per espiare i miei peccati e non per commetterne altri maggiori sotto il velame della religione, onde mi sottopongo ciecamente alla tua volontà. Se tu giudicherai che la mia presenza sia utile in Romania, io vi morirò combattendo i tuoi nemici e quelli di Gesù Cristo; ma se ti parrà ch'io debba abbando-

---

[1] Esiste in data del 1205 una lettera di papa Innocenzio all'arcivescovo di Reims, nella quale lo esorta a mandar preti e cherici a Costantinopoli per inseguarvi le buone dottrine (Baronio, ad ann. 1205.)

[2] Baronio, anno 1204.

[3] *Gesta Innocent.* L. 8, ep. 59.

T. I. 83

nare queste ricche contrade, non ti ritenga la considerazione de' beni e delle dignità che vi posseggo, perch' io son pronto a ritornare in Occidente; non volendo far cosa che possa attirare sopra di me la collera del giudice supremo.

Anco il doge di Venezia, per non singolarizzare in tutto dagli altri, stimò opportuno blandire il pontefice con graziosa lettera, nella quale, facevali notare, che il conquisto di Costantinopoli agevolava la liberazione di Gerusalemme.

Innocenzo era da molto tempo sdegnato contro i Crociati per la loro desobbedienza, onde nella risposta che fece all' Imperatore, rimproveravalo agramente dello avere anteposte le ricchezze terrene alle celestiali; e molta rigidità mostrava contro i capi per avere esposto agli insulti della soldatesca la pudicizia delle fanciulle e delle vergini consacrate al Signore; e per avere ruinata Costantinopoli e predato *grandi e piccoli*; violato il santuario, e principalmente per avere con sacrilega mano rapiti i tesori delle chiese. Contuttociò il pontefice lasciavasi intendere di non voler scrutare i giudizi di Dio, poichè forse i Greci erano stati giustamente puniti de' loro delitti, e i Crociati erano premiati come istrumenti della provvidenza o della vendetta divina. Conchiudeva per ultimo il pontefice dicendo:

Paventate lo sdegno del Signore; sperate con temenza, egli forse vi perdonerà i vostri peccati gravi, purchè siate fedeli alla Santa Sede, governiate i popoli con equità, e sopratutto purchè abbiate ferma risoluzione di compire il voto fatto per la liberazione di Terra Santa.

Il cardinale Pietro da Capua aveva assoluti i Veneziani dalla escomunicazione fulminata contro di loro all' assedio di Zara. Il papa disapprovò dapprima l' indulgenza del suo legato, ma per non dare scandolo di troppa acerbità ratificò l' assoluzione. Approvò anco la elezione di Baldovino, reputandolo devotissimo alla Santa Sede: e parendoli essere quasi in tutto arbitro del nuovo stato cominciò come cosa sua ad averlo a cuore. Scrisse pertanto, e nonostante le sue prime reprobazioni, ai vescovi della Francia; che il Signore aveva voluto consolare la Chiesa con la conversione degli eretici; che la provvidenza aveva umiliati i Greci, popolo empio, superbo e ribelle, con riporre l' impero nella potestà de' Latini, nazione pia, umile e docile. Sollecitava ancora, in nome dell' imperator Baldovino, i Francesi d' ogni sesso e condizione a passare in Grecia [1] per ricevervi terre e ricchezze secondo il merito e la qualità di ciascuno; e pro-

---

[1] Baronio, Anno 1205.

metteva anco le indulgenze della Crociata ai fedeli che andassero a difendere e popolare il nuovo imperio d'Oriente [1].

Non pretermetteva frattanto il pontefice di sollecitare la spedizione di Siria, tanto più che il re di Gerusalemme, e per lettere e per messaggi faceva grande istanza alla Santa Sede e ai principi d'Occidente di muovere in suo soccorso.

Anco l'imperatore bisantino proponevasi di soccorrere i Cristiani di Siria, e per dar loro coraggio, spedì a Tolemaida la catena del porto e le porte di Costantinopoli [2].

Quando i detti trofei della latina vittoria giunsero in Palestina, la fame e tutte le altre miserie della guerra desolavano le città e le campagne. La nuova del prossimo soccorso riscosse il popolo di Tolemaida che da eccessivo dolore passò incontanente a eccessiva gioia. Così i Cristiani di Siria gonfiavansi di alte speranze e i Mussulmani empievansi di terrore. Malec Adèl che aveva conchiusa una tregua co' Cristiani, temeva di continuo che gli fosse rotta; ma venneli appunto salute d'onde paventava maggior ruina.

La maggior parte dei difensori di Terra Santa sazii dei mali della lunga guerra, intesi i successi di Costantinopoli, corsero per partecipare alle buone fortune de' Francesi e de' Veneziani: e quei medesimi ch'eransi separati dalla armata vittoriosa di Zara e che avevano disapprovata la spedizione di Costantinopoli, perduto l'antico fervore, abbandonarono terra Santa per andarsene sulle rive del Bosforo. L'istesso legato del papa, Pietro da Capua, seguitò la corrente e se ne andò a Costantinopoli [3]. Anco i cavalieri di san Giovanni e del Tempio se ne corsero in Grecia, in cerca di migliori fortune. Il re di Gerusalemme era rimaso a Tolemaida quasi solo e in balìa de' suoi nemici.

Baldovino accoglieva lietamente i Cristiani di Palestina, quando sopraggiunse ad amareggiarlo la notizia della morte di Margherita di Fiandra sua moglie; la quale imbarcatasi sopra l'armata di Giovanni di Nesle, presupponevasi di trovare il suo marito in Palestina, ma vinta dalla fatica o dalla malinconia della lunga assenza, s'ammalò a Tolemaida e morì ricevendo la novella che suo marito era stato eletto imperatore di Costantinopoli. La nave che era stata mandata per condurre sulle rive del Bosforo la nuova imperatrice, ritornò con la sua spoglia mortale. Baldovino pianse la morte

---

[1] Vedi le lettere del cardinale Benedetto di Santa Susanna al marchese di Namur, e agli arcivescovi di Reims, di Lione o di Burges (Baronio, anno 1204).

[2] Niceta, cap. 4.

[3] Il Papa gli scrisse una acerba lettera, nella quale accusavalo d'essere andato a Costantinopoli per avarizia e d'aver abbandonata la chiesa di Gerusalemme. (Baronio, anno 1206.)

della principessa da lui teneramente amata e che per le sue virtù e le grazie della sua giovinezza doveva essere ornamento ed esempio della corte bisantina. Fecela con gran pompa seppellire nella chiesa di Santa Sofia, dove il popolo costantinopolitano vide quasi nel medesimo tempo la coronazione d'un imperatore e i funerali d'una imperatrice.

L'imperatore e i suoi baroni, con i soccorsi che avevano ricevuti, non trovavansi più che ventimila uomini per difendere i loro conquisti e mantenere in officio il popolo della metropoli e delle provincie. Il sultano d'Iconio e il re de' Bulgari [1] stavano da gran tempo in cupidità d'invadere i confini del greco imperio di verso gli stati loro; e le nuove mutazioni di Costantinopoli favorivano il loro disegno. — I popoli della Grecia erano vinti ma non soggiogati, e nei presenti disordini qualunque Greco trovavasi forte di danaro e di seguito affaticavasi a formarsi o principato o regno indipendente; onde l'imperio in molti piccoli stati andavasi a partire.

Un nipote d'Andronico fondò in una provincia greca dell'Asia Minore il principato di Trebisonda. Leone Sgurra impadronitosi della piccola città di Napoli, andava con violenze e frodi accrescendo il suo dominio nell'Argolide e nell'istmo di Corinto. Michele Comneno l'Angelo, con arti e fraudi impadronivasi del regno d'Epiro e facevasi soggetti quei popoli selvaggi e bellicosi. Teodoro Lascari che come Enea era fuggito dalla sua patria incendiata, ragunava gente in Bitinia e facevasi proclamare imperatore a Nicea [2].

Frattanto Murzufflo, non diffidando più, o non sapendo come meglio provvedere a' casi suoi, affidavasi ad Alessio avendone sposata la figliuola il quale con finte lusinghe e fine arti, sendoselo tirato in casa, poichè l'ebbe in sua balia, feceli cavar gli occhi. Cacciatolo poi alla ventura, abbandonato da' suoi seguaci, Murzufflo procacciava fuggirsene in Asia, ma caduto in mano ai Latini e condotto a Costantinopoli, fu condannato a morte e precipitato da una colonna inalzata da Teodosio sulla piazza del Tauro. Intervenne a questo spettacolo gran multitudine di Greci; e molti dopo l'esecuzione, osservarono con superstizione che nel piedestallo della detta colonna, aveavi un basso rilievo nel quale era effigiato un re che precipitava giù da una città a cui davasi la scalata dalla parte del

---

[1] Vedi la lettera d'Innocenzo al re de' Bulgari, vassallo immediato della Santa Sede (*Gest. Innocent.* Muratori, *Script. Rer. Ital.* T. 3. p. 1, cap. 94-95).

[2] Buchon ha pubblicato la traduzione d'una cronaca in versi greci, nella quale dopo concisa esposizione delle precedenti Crociate, narra diffusamente la divisione e conquisto de' Franchi nell'impero bisantino. Ha poi aggiunto a detta cronaca le altre cronache della famiglia dei Villarduini, abbondevoli di fatti. La collezione di Buchon è intitolata: *Collection des chroniques nationales françaises du treizième au quatorzième siècle.*

mare. Forse i trovatori di questo supplicio, non senza malizia elessero a
tale effetto la colonna di Teodosio, poichè importa assai a chi vuol dominare un popolo, farli credere che quanto accade sia per predisposizione
divina [1]. Niceta maravigliavasi che sì grandi infortunii non fossero stati
annunziati da pioggie di sangue e da altri tali sinistri prodigi. I Greci
più dotti spiegavano la caduta dell'impero di Costantino con i versi dei
poeti e delle Sibille o con le profezie della Scrittura [2].

Nè fu lieta la sorte di Alessio, che costretto a ramingare di città
in città e spesso a nasconder la porpora imperiale sotto i cenci d'un
paltoniere, dovette per alcun tempo la sua salvezza al dispregio che di
lui avevano i vincitori; ma dopo molto vagare, fu preso e dato al marchese di Monferrato, che lo mandò in Italia. Ivi gli successe di fuggire
e ritornare in Asia dove trovò asilo presso il sultano d'Iconio. Dipoi unitosi co'Turchi a'danni del suo genero Lascari, e sendo da quelli stato
sconfitto e preso, fu chiuso in un monastero dove dimenticato da'Greci
e da'Latini compì il suo corso mortale. Il di lui regno fu di otto anni,
tre mesi e dieci giorni.

Niceta lo rappresenta come uomo dolce e moderato, che non abbia
vedovata alcuna donna del suo marito, nè spogliato alcuno de'suoi beni.

Frattanto i conti e i baroni erano esciti con le genti dalla metropoli
per andare a prender possesso delle città e delle provincie che erano a
ciascuno toccate nella divisione. Alcuni furono costretti di conquistarsi
con le armi le terre loro assegnate.

Il marchese del Monferrato posesi in cammino per visitare il suo regno di Tessalonica e ricevere l'omaggio da'nuovi sudditi. L'imperatore
Baldovino col suo fratello Enrico di Ainaldo e molti cavalieri, scorse la
Tracia e la Romania, e ovunque passava era dai popoli con grandi acclamazioni accolto. Giunto a Adrianopoli, dove fu ricevuto in trionfo,
si lasciò intendere di volersi inoltrare fino a Tessalonica. Di ciò prese
sospetto il marchese del Monferrato e significò all'imperatore che desiderava andar solo nel suo regno; dicendo ch'egli riconosceva la supre-

---

[1] Alcuni scrittori moderni dissero, che vedevasi ancora ai giorni nostri in Costantinopoli la
colonna dalla quale fu precipitato Murzufflo. Due colonne eranvi in essa città, una di Teodosio,
l'altra d'Arcadio; quella fu atterrata da Bajazette, e della seconda rimane il solo piedistallo, che
vedesi nell'Atret Barà cioè *mercato delle donne*. Vedi il *viaggio della Propontide* di Lechevalier.
— Trovansi alcuni particolari curiosi nelle opere di Cillio, topog. 11-17 (Banduri, *Antiq. Constan-
tinop.*, p. 507)

[2] Guutero parlando del supplicio di Murzufflo, riferisce varie predizioni, delle quali singolarissima è quella del poeta Tzetzè (*Chiliad*, IX-27) il quale sendo vissuto cinquant'anni prima della
occupazione latina, racconta che certa matrona sognasse d'aver veduto sulla piazza pubblica grandissima multitudine armata e un uomo che faceva acutissime grida sopra la colonna di Teodosio.

mazia imperiale, alla quale era sempre pronto fare omaggio delle sue forze, ma che temeva la presenza dell'esercito imperiale in quelle regioni già sfinite per lunga guerra. Da ciò nacque fiera contensione fra'due principi. Il marchese accusava l'imperatore che avesse disegno d'impadronirsi de'suoi stati; Baldovino dolevasi che Bonifacio non volesse riconoscere la sovranità dell'imperio. Ambidue avevano a'fianchi perfidi cortegiani che gli stimolavano a reciproche offese e diffidenze. Per la qual cosa Baldovino, niun caso facendo delle opposizioni del Monferrato entrò con le sue genti nel regno di Tessalonica; il che Bonifacio reputò essergli sanguinoso oltraggio e giurò vendicarsene con le armi. E per mettere ad effetto il suo giuro, corse subito a occupare Didimotica città dell'imperatore.

Aveva seco il Marchese la sua moglie Maria di Ungheria vedova d'Isacco, la presenza della quale, e la speranza di mantenere la divisione fra'Latini fece che da ogni parte i Greci accorressero sotto le bandiere di Bonifacio. Ed egli non mancò di far loro intendere che per la loro causa combatteva, e per darne alcun segno fece vestire della porpora imperiale un giovinetto che avea seco figliuolo d'Isacco e della detta Maria. Conducendo dunque seco quella fantasima imperiale alla quale accorrevano i principali abitatori di Romania, riprese il cammino di Adrianopoli e preparossi all'assedio di detta città.

Frattanto il Doge di Venezia, il conte di Bloase e gli altri baroni rimasi in Costantinopoli, avendo avuta notizia della contesa, e prevedendo a quai cattivi termini potesse degenerare, spedirono incontanente deputati all'imperatore e al re di Tessalonica. Villarduino Maresciallo di Sciampagna fu mandato a Bonifacio, al quale senza rispetti, rimproverò d'aver posta in non cale la gloria e l'onore de'Crociati, de'quali era stato capo, e di mettere a ripentaglio, per vano puntiglio d'orgoglio, la causa di Gesù Cristo e la salute dell'imperio, esponendo i nuovi conquisti agli odii e alle armi de'Greci, de'Bulgari e de'Turchi. — Parve commosso Bonifacio da questi rimproveri fattili dai Crociati per bocca del suo amico; onde promise di desistere dalle ostilità e sottoporre la sua contesa al giudicio de'conti e de'baroni.

Baldovino essendosi impadronito di Tessalonica, avuta notizia dei movimenti del Marchese, corse spacciatamente verso Adrianopoli, rivolgendo nell'animo fieri disegni; quando gli si fecero incontro i deputati de'Crociati, per ricondurlo alla osservanza del debito e della pace. Un cavaliere del conte di Bloase, rivolse all'imperatore queste parole conservateci da Villarduino:

Sire, il doge di Venezia, il conte Luigi di Bloase mio onoratis-

simo signore e tutti i baroni che sono in Costantinopoli, ti salutano, come loro sovrano, e fanno doglianze a Dio e a Te, contro coloro i cui cattivi consigli, hanno causata questa funesta discordia. Tu mal facesti ad ascoltare perfidi consiglieri, che sono nemici nostri e tuoi. Il re di Tessalonica ha già sottoposto il suo piato al giudizio de' baroni; i signori e i principi sperano che tu farai il medesimo e non resisterai alla giustizia. Essi hanno giurato, e commesso a noi di dichiararteli, che non comporteranno a lungo lo scandalo d'una guerra suscitata fra' crociati.

Baldovino si mostrò dapprima maravigliato d'un tal discorso, ma, considerando che sinistri effetti poteva partorire se si fosse ostinato contro il doge di Venezia e contro i conti e i baroni senza il soccorso de' quali non poteva conservarsi l'imperio, promise di deporre le armi e andare a Costantinopoli, sottomettendosi all'arbitrato de' baroni.

Poco dopo ch'egli fu giunto in Costantinopoli, vi giungea pure il Marchese, che avendo sospetto di tradimento fecesi accompagnare da cento cavalieri con i loro uomini d'arme; ma bene accolto da Baldovino e dagli altri capi, cominciò a divenire più mansueto e meno diffidente. — Il Doge con i conti e i baroni esaminarono le ragioni delle due parti, e dettero la loro sentenza ricomponendo in pace l'imperatore e il re [1].

Ristabilita la pace i cavalieri e baroni escirono di nuovo dalla metropoli per sottomettere le provincie. Luigi conte di Bloase, a cui era toccata la Bitinia e s'era intitolato duca di Nicea, trovandosi per grave malattia impedito del partire, mandò in sua vece, verso Ognissanti, Pietro di Bracheux e Pagano di Orléans con cento cavalli; i quali mossero prima verso Gallipoli, e passato l'Ellesponto, andarono a Piga, città abitata da' Latini, e percorsero dipoi senza trovare nimici la riva orientale della Propontide. Ma essendosi inoltrati nell'interno del paese ebbero a combattere con le genti di Lascari e occuparono Penamèna sopra i confini della Bitinia e della Misia. Così vincendo quanti nimici incontravano, giunsero fino al monte Olimpo, nè trovarono resistenza senonchè sotto le mura di Brussa.

Nel medesimo tempo altre genti de' Latini passarono il Bosforo a Calcedonia e corsero le coste del mare fino alla città di Nicomedia, che aperse loro le porte e nella quale posero forte presidio.

Verso il mese di dicembre Enrico di Ainaldo fratello di Baldovino, a cui era stata data l'Anatolia, era andato per mare ad Abido. Le pianure della Troade, tutti i paesi situati fra l'Ellesponto e l'Ida se gli

---

[1] L'autore a cui nè le riflessioni, nè le digressioni sembrano mai troppe, non ci dà alcuna relazione di quello che sentenziassero i Baroni, nè in che consistesse questo accomodamento. T.

sottomisero volontieri, sendo il nerbo della popolazione di Armeni nimicissimi de'Greci. Enrico essendosi inoltrato fino al canale di Lesbo o di Metelino, pose in fuga Costantino fratello di Lascari, e inalberò le sue bandiere sulle mura di Adramitta, città situata sulla punta del golfo del medesimo nome.

Altre genti de'Latini andavano frattanto soggiogando le città e le signorie che avevano ricevute nella Romania o nella Tracia fino a Filippopoli.

Il Marchese del Monferrato pacifico possessore di Tessalonica, disegnò fare il conquisto della Grecia: mosse nella Tessaglia, passò l'Olimpo e l'Ossa ed occupò Larissa. Passò poscia lo stretto delle Termopili e penetrò nella Beozia e nell'Attica, avendo posto in fuga Leone Sgurra.

Mentre Bonifacio facea questi progressi in Grecia, Guglielmo di Sciamplitta visconte di Digione, e Goffredo di Villarduino nipote del maresciallo di Sciampagna, venuti novellamente di Francia con gente di Sciampagna e di Borgogna, fondavano nel Peloponneso un principato a cui il destino assegnava maggior vita che all'Imperio latino di Bisanzio. Impadronironsi essi dell'Arcadia, della Messenia, della Lacedemonia e delle rive del mare da Patrasso e Modone fino a Calamata.

Tutta la Grecia venuta così in potere de'Franchi ebbe signori di Argo, di Corinto, grandi siri di Tebe, duchi d'Atene e principi d'Achaia.

Ma i conquisti de'Crociati non furono a loro molto lieti e sicuri, essendo più difficili da conservarsi che da espugnarsi; e oltreciò troppo fidandosi nelle forze loro, diedersi al tiranneggiare e a offendere senza rispetti sudditi e vicini.—Gioanice re de'Bulgari, aveva mandata a Baldovino una ambasceria offerendoli la sua amicizia: Baldovino rispose altieramente e minacciò il Bulgaro di volerlo detronizzare. — Con tali dimostrazioni d'orgoglio e con avere spogliati i Greci, i Crociati si alienarono gli animi de'loro sudditi e gli ridussero alla disperazione. Un altro grave errore fecero i Latini cioè di non volere accettar Greci ne'loro eserciti, e di ostentare di loro disprezzo; ma in chi non è morto affatto al senso dell'onore, lo spregio è stimolo di feroce virtù. Ma massimo dei loro errori fu di voler far violenza alle coscienze, perseguitando il culto e i preti greci i quali cominciarono accanitamente a predicare contro la loro tirannide, e perchè erano ridotti a estrema indigenza e duramente oppressi, venivano dai popoli come profeti e come martiri ascoltati e venerati.

Il nuovo imperio de'Latini nel quale erano state introdotte le leggi feudali, era perciò diviso in molti piccoli principati e signorie e quasi ridotto a forma di repubblica molto difficile da governare [1]. I Vene-

---

[1] La cronica greca della Morea contiene particolari molto curiosi sullo stabilimento del principato della Morea o d'Achaia.

neziani avevano la loro giurisdizione speciale, onde quasi tutte le città erano governate o con la veneta legislazione o con i codici feudali. Diversi interessi e fra loro opposti avevano i signori e i Baroni che potevano facilmente partorire discordie e guerre civili. Gli ecclesiastici latini che s'erano divise le spoglie della chiesa greca, invece di dare esempi di pace, davano perfino nel santuario scandoli di contenzioni, di mostruose rapine; e di continuo s'ingegnavano di sottoporre le leggi dell'imperio alle pretensioni ed autorità della Chiesa. Alcuni anco avevano usurpato ai baroni i loro feudi, e perchè i feudi da loro posseduti erano esenti del servizio militare, venivano così a privare l'imperio de'suoi naturali difensori.

Erano oltre ciò corrotte ed ammollite le milizie latine dalla dolcezza del clima e dalle ricchezze della Grecia; ondechè i popoli cominciarono a disprezzare le forze e le leggi di quelli stessi di che vedevano sì tristi costumi. E perchè i Latini s'erano divisi, parte per andare nella Grecia e parte nell'Asia Minore, i Greci non vedendo più grandi eserciti e avendo conosciuto per alcuno esperimento che i soldati d'Occidente non erano invincibili, non gli temevano più.

Per la qual cosa, oltre allo esser già ridotti in estrema disperazione per i mali trattamenti de'Latini, deliberarono ricorrere alle armi, e per meglio incarnare i loro disegni, richiesero di soccorsi i Bulgari.

Quando l'ordita congiura fu assicurata, cominciarono i Greci le loro vendette con l'uccisione de'Latini, essendosi tutti sollevati dal monte Emo fino all'Ellesponto. I Crociati disseminati per le città e le campagne, furono sorpresi e alla spicciolata trucidati. I Veneziani e i Francesi che guardavano Adrianopoli e Didimotica, furono parte scannati per le strade, parte posti in fuga e videro le bandiere loro abbattute e poste invece quelle de'Bulgari.

Ogni città assediata dai Greci, ignorava la sorte delle altre città tenute dai Latini, essendo interrotte le comunicazioni. Divulgavansi per le provincie strani rumori che affermavano essere la capitale incendiata, e tutte le città date al sacco, e tutte le genti Latine, disperse e morte. Nè i Latini in questo subito assalto mostrarono gran prove di coraggio, anzi per la subitaneità del caso apparvero perplessi e come avviliti.

Roberto di Trit vecchio cavaliere, non indulgendo alla grave età volle accompagnare i suoi figliuoli alla Crociata. Trovavasi ora chiuso in Filippopoli, circondata dai Greci, nè aveva speranza di salvezza; in sì estremo caso, nè con preghiere nè con lagrime potè indurre il genero e il suo figliuolo a rimanere con lui. Villarduino narra che questi vili soldati furono uccisi nella loro fuga, dicendo, che Dio non volle salvi coloro i quali non vollero il padre loro soccorrere: Buon per noi se si vedessero spesso di tali esempli della divina giustizia!

Giunto a Costantinopoli il romore di questi casi, Baldovino convocò a consiglio i conti e i baroni; e fu risoluto che si movesse subito contro i nemici e i ribelli. Fu spedito comandamento ai Crociati che combattevano oltre il Bosforo, di lasciare i loro conquisti e accorrere spacciatamente a Costantinopoli. Baldovino gli aspettò alcuni giorni, ma seudo impaziente di cominciare la guerra, e volendo sbalordire il nimico con la celerità della sua mossa, partì con sole quelle genti che trovavansi nella metropoli, e cinque giorni dopo fu sotto le mura di Adrianopoli.

Era la capitale della Tracia d'inespugnabili mura precinta e da centomila Greci difetta nei quali la cupidità della vendetta facea le veci del coraggio. Baldovino non avea più che otto mila uomini. Sopraggiunse il doge di Venezia con circa altri otto mila Veneti; e i Latini che fuggivano corsero subito sotto le bandiere dell'Imperatore. I Crociati fecione gli accampamenti e si disposero ad assediare la città; ma sendo i preparativi lenti, cominciarono a mancare loro i viveri, quando ebbero nuova che il re de' Bulgari, si appressava con grande esercito. Gioanice copriva i suoi ambiziosi disegni con le apparenze dello zelo religioso e facevasi portare davanti uno stendardo di San Pietro che aveva ricevuto dal Papa. Vantavasi egli esser capo d'una santa impresa, e minacciava esterminio ai Franchi che accusava d'aver presa la Croce per desolare e predare le città de' Cristiani.

Aveva il re de' Bulgari un grosso antiguardo di Tartari o Comanni [1], tratti dalle montagne e dalle foreste propinque al Danubio e al Boristene per la speranza delle prede. Dicevasi che questi Comanni, più feroci che i popoli del monte Emo, bevessero il sangue de' loro prigioni e sacrificassero i Cristiani sugli altari de' loro idoli. Usi, come i guerrieri di Scizia, a combattere fuggendo, avevano avuto dal Bulgaro commissione di provocare il nemico fino ne' suoi accampamenti e di trarre in uno

---

[1] I Comanni erano un'orda di Tartari, che nel duodecimo e decimoterzo secolo campeggiava su i confini della Moldavia. Furono convertiti al Cristianesimo dal re di Ungheria nel 1270. — Vigenère in una nota sopra Villarduino, ne parla in questo modo: *Per Comanni intende senza dubio gli Sciti o Tartari, come lo dichiara Niceta Scioniate autor greco di lui coetaneo e che ha scritta con esattezza questa istoria; e quanto all'occasione di questo vocabolo, Plinio nel libro sesto capitolo secondo chiama Cumani certo castello che era sopra le porte Caucasee o porte di ferro, edificato da Alessandro Macedone, e che ora dicesi Desbent sopra il mar Caspio, come lo dimostra frà Aitone armeno nel trigesimosecondo capitolo della sua storia, ma più particolarmente Giosafatte Barbaro nella relazione del suo viaggio. Dellatorre prova che questi Camanni sono i Tartari di Procopio, anticamente Chersoneso Tuurico.* — Vigenère p. 129.

agguato la grave cavalleria de' Franchi. I conti e i baroni, prevedendo tale pericolo, vietarono a' Crociati l'escire dalle loro tende, e dai trinceramenti.

Ma non prima i Tartari apparvero alle prode del campo, che alla loro vista i capi medesimi de' Crociati dimenticando il divieto per loro fatto, mossero per assaltarli. Primi a escire del vallo furono il conte di Bloase e quello di Fiandra, che avventatisi ai barbari gli posero in fuga e gl'inseguirono per due leghe; ma improvvisamente piombarono loro sopra nuovi Tartari e quelli che fuggivano si raccolsero e fecero massa. I Crociati che già facevansi certa la vittoria, s'ebbero a porre in difesa in mezzo a un paese incognito e frattanto Gioanice con le sue schiere gli circondò e tanto gli strinse e sì fieramente percotevali, che non potevano nè le ordinanze della battaglia instaurare nè darsi alla fuga.

Il conte di Bloase tardi pentito della sua imprudenza, coperto di ferite, con prodigi di valore ne fa ammenda; precipitatosi nella calcata folta de' nimici, è gittato giù dal suo cavallo... Uno de' suoi cavalieri lo rialza e vuole dalla mischia sottrarlo; ed egli:

No (gli grida) *lasciami combattere e morire; nè Dio consenta che mi sia mai fatto rimprovero d'aver fuggito dalla zuffa* [1].

Così dicendo, da nuove ferite è disteso al suolo, e il suo fido cavaliere spirati allato.

Sosteneva ancora la battaglia l'imperator Baldovino, seguitato nella mischia dai più prodi cavalieri e baroni, che ovunque passavano lasciavano terrore e danno di grande strage. Piero vescovo di Betelemme, Stefano, conte di Pertica, Rinaldo di Montemiraglio, Matteo di Valincurte, Roberto di Ronsê e molti altri signori e valorosi guerrieri, perdono la vita in difensione del loro principe. Baldovino rimaso quasi solo nel campo di battaglia tuttavia combattea; ma sopraffatto dal numero, cadde finalmente prigione de' Bulgari.

I miseri avanzi dell'esercito dannosi alla fuga, che non sarebbe loro successa se non gli soccorreva l'inclito doge di Venezia e il maresciallo di Sciampagna e di Romania, che erano alla guardia del campo rimasi.

Tolto è nella notte l'assedio da Adrianopoli e i Crociati tra infiniti pericoli si studiano di andarsene alla metropoli. I Bulgari e i Comani, superbi di loro vittoria, inseguirono i vinti senza dar loro posa, che mancando di viveri, e avendo seco le bagaglie e i feriti erano male espediti alla fuga. Giunti a Rodosto trovaronvi Enrico di Analdo ed altri cavalieri che erano ritornati d'Asia secondo gli ordini avuti e s'incammi-

---

[1] Lebeau, *Histoire du Bas-Empire*, L. 14.

navano ad Adrianopoli per raggiungervi l'esercito. Raccontarono i fuggitivi la loro sconfitta e la cattività di Baldovino, del che i sopravvenuti maravigliavansi forte, non essendo mai stati vinti; e rivoltisi al maresciallo di Romania gli dissero:

Mandaci là dove il pericolo sia maggiore, poichè non ci fa più mestieri della vita; infelicissimi, che siam giunti troppo tardi all'uopo del nostro imperatore!

Ma non tutti i Crociati avevano sensi tanto generosi; alcuni cavalieri, che Villarduino [1] non vuol nominare per non recar infamia alla loro memoria, avevano abbandonate le insegne dell'esercito e s'erano ricoverati in Costantinopoli; dove per escusare la loro deserzione, raccontavano le sciagure patite e quelle ne arguivano che sovrastavano all'imperio. Tutti i Latini furono esterrefatti udendo la presa dell'imperatore; i Greci per lo contrario rallegravansi in cuore per la vittoria de' Bulgari, e la gioja mal nascosta empiva di sospecione i Latini. Molti cavalieri spaventati da tanti infortunii non seppero altro scampo che nella fuga, e frettolosamente imbarcaronsi sopra navi venete che per traffichi erano in quelle parti.

Invano il legato del Pontefice, e alcuni capi dell'esercito, fecero prova di ritenerli, minacciandoli dello sdegno divino e del disprezzo umano; ma sordi ad ogni voce dell'onore se ne andarono in occidente ad annunziare nelle città la prigionia di Baldovino, in quelle città medesime dove ancora facevansi feste e allegrie per l'espugnata Bisanzio.

Gioanice frattanto inseguiva i fuggitivi. I Greci uniti ai Bulgari, impadronivansi di tutte le provincie ed ovunque i Latini profligavano. Fra tante calamità de' Crociati, non è da preterire sotto silenzio la strage di ventimila Armeni.

Abitavano primamente questi Armeni in popolazione le rive dell'Eufrate, d'onde passarono a eleggersi stanza nella Anatolia. Dopo il conquisto di Costantinopoli, dichiaravansi in favore de' Crociati; e quando questi furono sconfitti, vedendosi minacciati dai Greci, passarono il Bosforo e posersi dietro alle genti di Enrico di Analdo che incamminavasi verso Adrianopoli. Questi Armeni conducevano seco loro le famiglie e le greggi, e traevano sopra carri quanto avevano potuto portare delle cose più preziose. Per le montagne della Tracia con sì grave salmerìa a gran pena potevano seguitare i Crociati, e sendo rimasi da loro alquanto discosti, furono sorpresi dai Tartari e tuttiquanti trucidati. Enrico di Analdo non fu a tempo non che di soccorrerli, ma nè meno di vendicarli.

_____

[1] Villarduino, Lib. 7.

Oltre Bosforo non tenevasi pe'Latini altro che il castello di Peghe, e dalla parte d'Europa, Rodosto e Selivrea. I loro conquisti nell'antica Grecia non erano ancora assaltati dai Bulgari, ma questi lontani possessi più che giovare nuocevano, tenendo le loro forze divise.

Enrico di Analdo, eletto reggente dell'imperio, fece prodigi di valore per ricuperare alcuna delle città di Tracia, e perse in disutili barruffe gran moltitudine di soldati.

Anno 1206. — Il vescovo di Soassone e alcuni Crociati, furono spediti in Italia, in Francia e nella contea di Fiandra, a chieder soccorsi, i quali però non potevano avere che dopo molto tempo; e frattanto il nimico faceva rapidi progressi.

Come rovinosa tempesta irrompevano i Bulgari da ogni parte, desolando le campagne di Romania e il regno di Tessalonica; ripassando dipoi il monte Emo, ritornavano anco, più numerosi e formidabili di prima, dilagandosi sulle sponde dell'Ebro e dell'Ellesponto. — Pochi guerrieri sparsi nelle città e nelle fortezze, rimanevano a difesa dell'impero latino; e il numero loro era di giorno in giorno dalla guerra e dalle diserzioni menomato.

Cinquecento scelti uomini a cavallo de'Crociati furono assaltati davanti alle mura di Rusio e trucidati da moltitudine innumerevole di Comanni e di Bulgari [1]. Questa sconfitta non fu meno perniciosa a'Crociati che si fosse quella di Adrianopoli; poichè d'allora in poi non fu più chi facesse testa alle orde del monte Emo e delle rive del Boristene. Le quali per ovunque passavano empivano le campagne d'incendii, nè le città potevano difendersi, nè dalla ferocia di quelli essere schermo e refugio ai perseguitati. La terra era infestata da'barbari e da'ladroni, che chiunque incontravano, scannavano; e il mare pieno di pirati che tutte le coste funestavano con rapine e desolazioni. Costantinopoli era in continuo terrore di veder ad ogni momento apparir le bandiere vittoriose di Gioanice.

Frattanto il re de'Bulgari, ebbro nelle sue vittorie, non raguardava più agli amici che ai nemici, ma in tutti bestialmente infieriva; qualunque città prendeva, ruinava; spogliava gli abitatori, e come schiavi conducevali seco, affliggendoli di tutte le calamità della guerra e di ombrosa tirannide [2].

I Greci che avevano chiesto il suo soccorso, si accorsero alfine dell'error loro e come spesso chi cerca rimedio a un male, incontra in al-

[1] Villarduino, Lib. 8. — Niceta, cap. VI.
[2] Niceta, cap. IX.

tro maggiore, poichè raro addiviene che chi ci può come padrone opprimere, ci voglia come amico beneficare; onde si volsero a implorare mercè e sostegno da'quei medesimi Latini contro i quali avevano tanta tempesta concitata. I Crociati, che non meno di loro stavano col rasojo alla gola, accettarono volentieri l'alleanza de'Greci, sembrando in estremo pericolo, qualunque espediente da escirne, buono e giovevole.

Mediante questa alleanza ritornarono i Latini in Adrianopoli, e ricuperarono in breve tempo Didimotica e le altre città di Romanìa. I Greci, prima uomini dappoco, ora tratti a disperazione per le sevizie de'Bulgari, divennero pe'Latini utili ausiliari e fecero qualche prova di valore. Ma ciò fu piccolo rimedio al gran male; le città e le campagne erano desolate, e i Bulgari o vinti o vincitori gli stermini loro continuavano. E Gioanice vedendosi abbandonato dai Greci di Romanía, si collegò con con quelli di Nicea e con Lascari, implacabile nemico de' Latini.

Il pontefice esortava i popoli d'Italia e di Francia a prender l'armi per soccorrere l'impero latino di Bisanzio, ma invano; già gli animi si erano alienati dal fanatismo delle Crociate, e niuno sentiva simpatia per una causa omai disperata.

Ignoravano frattanto i Crociati la sorte di Baldovino [1]. Secondo la consuetudine degli uomini nelle cose ignote, alcuni raccontavano che fosse della sua prigione fuggito, e che fosse stato veduto vagante nelle foreste della Servia [2]; alcuni dicevano che fosse morto di dolore nella sua prigione; e alcuni che fosse stato ucciso in un festino dal re de'Bulgari, e che le sue membra fossero state gettate sopra ignude rupi, e che il suo cranio tagliato a foggia di coppa e ornato d'oro, servisse alle libazioni del suo vincitore [3]. Alcune spie mandate da Enrico di Analdo percorsero le città della Bulgaria, per intendere il vero dell'imperatore, ma ritornarono a Costantinopoli senza novella certa.

Un anno dopo la battaglia d'Adrianopoli, il pontefice pregato dai

---

[1] La cronaca di Morea narra che Baldovino morì nella battaglia di Adrianopoli. — Niceta, p. 98, dice che Baldovino fu fatto prigione e condotto a Terenova, capitale della Mesia ovvero Valachia; che gli furono tagliati i piedi e le mani, e che dipoi fu esposto in una valle alle fiere (Niceta, cap. X).

[2] Tra le novelle raccontate di Baldovino, merita esser riferita quella di Alberico dalle Tre Fontane: — L'imperatore latino era chiuso in una stretta prigione di Terenova. La moglie di Gioanice se ne innamorò fieramente e proposegli di fuggirsene con lui. Baldovino non volle, e la donna sdegnata del rifiuto, l'accusò al marito d'aver attentato al di lei onore. Gioanice fecelo trucidare in un festino e ne espose il corpo sulle rupi agli avvoltoi e alle fiere. — Vigenerio fa questa nota a Villarduino: — I barbari dopo aver tenuto Baldovino prigione molto tempo, fecerli tagliare braccia e gambe, e lo esposero in una valle, dove per tre giorni si rimase agonizzando e lacerato vivo dagli uccelli e dalle fiere; dipoi Gioanice del di lui cranio fecesi fare una coppa e vi beveva dentro (p. 158).

[3] Giorgio Acropolita, cap. 12.

Crociati, fe' officio presso Gioanice che rendesse ai Latini di Bisanzio il loro imperatore; ma il Bulgaro non gli fece altra risposta se non che Baldovino aveva pagato suo dritto alla natura e che non era più nelle forze de' mortali. — Questa risposta tolse ogni speranza ai Latini di rivedere il loro monarca [1]. Enrico di Analdo successe allora nell'imperio al fratello.

Nuovo infortunio afflisse ancora i Latini e fu la morte del doge Dandolo, che morì a Costantinopoli e fu magnificamente nella chiesa di Santa Sofia tumulato. Il suo monumento rimasevi fino al tempo di Maometto Secondo che impadronitosi di Bisanzio e volendo ridurre quella chiesa a uso di moschea, ne fece togliere il sepolcro del doge. Un pittore veneziano che aveva lavorato alcuni anni alla corte di Maometto, ritornando nella sua patria ottenne in dono dal sultano, la Corazza, l'Elmo, gli Sproni e la toga ducale di Dandolo, di cui fece dono alla sua famiglia.

La maggior parte dei capi crociati erano o nelle battaglie periti o in occidente ritornati. Bonifacio in una impresa che fece contro i Bulgari del Rodope, fu ucciso, e la sua testa fu in trionfo portata a Gioanice. Nacquero per succedere a Bonifacio, forti contenzioni fra' Crociati, e il regno di Tessalonica pervenne al suo occaso combattuto dalla guerra estrana e civile a un tempo. — Il fratello e successore di Baldovino era di civili e militari virtù fornito, le quali però non bastavano a instaurare uno stato omai all'estremo condotto.

Grande e miserevole è l'esempio di questa Crociata, che come fulgidissima meteora, sorse rapidissima, brillò e a nulla si conchiuse. Cadde un imperio decrepito, e sulle sue ruine, altro nuovo ne sorse che non escito ancora della sua puerizia fu da mortal morbo invaso. Furono vedute opere ammirande per militari virtù, e calamità maggiori d'ogni discorso. Parve cosa miracolosa un esercito di trentamila combattenti passar i mari e conquistare lontano imperio in cui i difensori a milioni contavansi. Burrasca di mare, pestilenza, fame, divisioni di capi, battaglia perduta, mille simili sventure potevano sì piccolo esercito sterminare; ma

---

[1] Un eremita essendosi ritirato nella foresta di Glançon dalla parte dell'Analdo, fu creduto dal popolo dei dintorni, che fosse Baldovino. Dapprima l'eremita stette sul niego e recusava gli onori ed omaggi che gli erano fatti; ma vedendo che il popolo perseverava, confessò alla fine di esser veramente Baldovino Ebbe subito gran numero di seguaci. Il re di Francia Luigi Ottavo, l'invitò a sè, e avendolo interrogato s'accorse che il romito imposturava. Allora il romito se ne fuggì, ma preso in Borgogna da Erardo di Sciastenaio gentiluomo borgognone di cui la famiglia sussiste ancora, fu dato a Giovanna contessa di Fiandra che lo fece impiccare per la gola sulla piazza di Lilla. (Vedi Ducangio, *Histoire de Costantinople*, Lib. 8, e lib. 9; e Matteo Parigi *Hist. Maj.* p. 271 e 272).

fortuna lo scorse a salvamento; tutti i pericoli furono superati, tutti gli ostacoli vinti; metropoli e provincie dell'impero furouo conquistate; allora la fortuna diede le spalle a'suoi prediletti, e la loro decadenza ebbe principio. Gli uomini semplici di spirito ammiravano in ciò il dito della Provvidenza che spesso con i pochi punisce i molti, e poi gitta in perdizione il flagello con che percosse: Ma egli è sempre intervenuto nelle cose umane, che l'avventato valore, o l'arte o la frode faccino mirabili effetti e si reudano despoti de'popoli; però la forza materiale della massa, dura e vince col tempo.

Erano i Greci nazioni degenere, insolente nelle prosperità, vile nelle avversità, disperata nell'estremità della oppressione. La disperazione gli indusse a far come le rane d'Esopo che per non contentarsi del re men tristo, ebbero il serpente che se le divorò; e tale fu il Bulgaro. Non avevano capitani abili a comandarli, se se ne eccettui Teodoro Lascari; non avevano sentimento di patria che gli potesse mantenere uniti.

I Franchi avevano sopra i Greci que'medesimi vantaggi che i Barbari del settentrione avevano su i Romani del Basso Imperio.

Ma io non saprei che miglior ritratto fare al Lettore delle due nazioni, che quello di presentarli i caratteri degli due istorici coetanei dell'una e dell'altra.

Il greco Niceta si diffonde in lunghe lamentazioni sull'infortunio dei suoi; compiange con amarezza la distruzione de'monumenti, delle statue e la rapina delle ricchezze con che mantenevasi il lusso de'suoi compatriotti. Le sue narrazioni piene di esagerazioni e d'iperboli, disseminate di allegazioni della scrittura e di profani scrittori, si dilungano quasi sempre dalla nobile semplicità della storia, e fanno troppo vana ostentazione di dottrina. Niceta mostra ribrezzo a pronunciare il nome de'Franchi, tace i loro gesti gloriosi; narrando gl'infortunii dell'imperio, piange, ma vuol fare il suo pianto ornato e dilettevole, più studioso nella bellezza del suo libro che passionato della patria.

Dall'altra parte il maresciallo di Sciampagna non fa mostra d'erudizione, anzi par superbo della sua ignoranza. Le sue narrative non hanno lenocini, ma sono vive e naturali ritraenti il parlare di prode e franco cavaliere. Egli è in ispecial modo eccellente nel far parlare i suoi eroi, e gode nel laudare le prodezze de'suoi compagni; non fa mai menzione de'guerrieri greci, forse perchè ne ignorava i nomi o sdegnava conoscerli. Niente gli toccano il cuore i mali della guerra; nè parla d'altro che delle azioni eroiche e solo mostra sensibilità ed entusiasmo per le vittorie, per gli spettacoli delle grandi cose e per le cose della religione. Negli infortunii de'Latini, non piange, nè fa doglianze.

Un altro istorico coetaneo merita qui essere ricordato; dico Guntero monaco di Cestello che scrisse le cose riferiteli da Martino Litz. Egli si diffonde molto sulla predicazione della Crociata, e sulle virtù del suo abate, che si fece capitano dei Crociati della diocesi di Bâle. Per reverenza al divieto del pontefice, trapassa sotto silenzio l'impresa di Zara. Le preghiere e le sventure del figliuolo d'Isacco, e la conquista dell'Imperio orientale nulla commuovono il suo cuore. Sempre col pensiero vôlto a Terra Santa, non sa intendere come cavalieri cristiani potessero avere altri fini e occuparsi in altro che correre a liberare il sepolcro di Cristo. Facendo poca stima delle vittorie profane, descrive lievemente l'assedio di Costantinopoli, la quale quando è presa, in tanta moltitudine di vincitori, non vede altri che l'abate del suo monasterio e le relique da lui rubate.

Ora ritornando alquanto addietro nella mia narrazione, dirò: che in quel tempo medesimo che il giovine Alessio, implorava il soccorso de' Crociati per riporre il suo padre sul trono di Costantinopoli; giungeva a Marsiglia la giovine principessa figliuola d'Isacco re di Cipri, spogliata del regno da Riccardo Cuor di Leone; e ivi avendo sposato certo cavaliere fiammingo di cui la storia non ci ha conservato il nome, ma che apparteneva alla famiglia del conte Baldovino, gli dette incombenza che il regno del suo padre le recuperasse. Il cavaliere giunto in Oriente, chiese al re di Gerusalemme il regno di Cipri, e fu nella sua domanda favorito dal castellano di Bruggia e dalla maggior parte de' suoi compatriotti che s'erano crociati. Amaurì che aveva ricevuto dal papa e dall'imperatore di Allemagna il titolo del regno di Cipri, invece di acconsentire alla domanda del cavaliere, comandò a lui, a Giovanni di Nesle e ai loro compagni, di escire incontanente da' suoi stati. I cavalieri che avevano abbracciata la causa della figliuola d'Isacco, distolsero allora i loro pensieri dal regno di Cipro e senza fermarsi in Terra Santa, per difender la quale eransi dalle case loro partiti, andaronsene sulle rive dell'Eufrate e dell'Oronte, in traccia di altri paesi da conquistare.

Prima che fosse deliberata la guerra Bisantina, una figliuola di Tancredi ultimo re di Sicilia, sposava un cavalier francese, perchè s'assumesse l'impresa di vendicare la sua famiglia e rivendicare i suoi diritti al regno fondato dai cavalieri normanni. Gualtiero di Brienna, dopo il suo matrimonio, partì alla volta d'Italia con mille lire tornesi e sessanta cavalli. Ricevuta a Roma la benedizione dal pontefice, mosse contro i Tedeschi padroni della Puglia e della Sicilia e s'impadronì delle principali fortezze [1].

---

[1] Le avventure e le guerre di Gualtiero da Brienna, sono narrate da Corrado abate Urspergense, da Roberto Monaco, da Alberico, e dall'autore de' Gesti d'Innocenzo (*Gest. Innocent.* Muratori, T. 3).

Quando tenevasi certo della vittoria, fu nella sua tenda sorpreso, e ferito cadde nelle mani de' suoi nimici; i quali promiserli di liberarlo purchè al reame di Sicilia renunciasse; ma egli preferì un vano titolo regio alla libertà, e volle più presto morir di fame che renunciare a suoi diritti.

Tale vaghezza di conquisti che agitava tutti i cavalieri, giovò alla spedizione di Costantinopoli, ma nocque alla liberazione di Terra Santa, distogliendo i Crociati dal loro principale oggetto; perchè gli eroi di questa Crociata, sebbene di continuo nelle lettere loro al pontefice mandate altamente protestassero di voler andare alla liberazione del Santo Sepolcro, nulla però mai operarono per effettuare le loro promessioni: e il conquisto di Costantinopoli che doveva muoverli ad effettuarle, non portò altre conseguenze che peggiorare le condizioni degli Cristiani di Palestina, e spegnere uno stato che poteva essere all'Europa argine contro le alluvioni turchesche, senza sostituirne altro che a tanto pericolo si potesse contrapporre.

I Veneziani da buoni estimatori della umana imbecillità seppero profittare del fanatismo cavalleresco de' Francesi, ed ebbero tanta arte da render vane le grida del pontefice, il quale finchè non conosceva esser utile alcuno per la Santa Sede nell'impresa di Costantinopoli, la sconfortava con ogni suo potere, ma quando sperò nella estinzione della Chiesa Greca, allora la favorì con tutti gli spiriti.

A tirare facilmente i baroni francesi nei disegni de' Veneziani, non faceva però mestieri di troppe persuasioni, perchè la cupidità del guadagno movevali anco più dell'onore cavalleresco. Questa, in luogo del religioso fervore, accese negli animi il valore marziale; onde non vi fu uopo di miracoli, di portentose apparizioni, nè di esortazioni e pompe sacre del clero. I sacerdoti non promettevano indulgenze della chiesa, nè sicurtà della eterna beatitudine, ma i capitani in quella vece, promettevano somme di danaro a chi prima salisse il muro della bisantina metropoli o a chi prima si ponesse a tale e tale altra impresa difficile.

Fatto il conquisto ogni cavaliere pose subito la intesa a procacciarsi alcun principato; ed ogni conte e signore aspirava a qualche regno. Il clero nelle sue lettere al pontefice lagnavasi agramente di non essere stato preferito ai guerrieri nella divisione delle spoglie.

All'insolentire della vittoria, successe l'intolleranza del dominio; sendo naturale cupidità de' conquistatori e dominatori de' popoli, non solo voler soggette le persone e cose loro, ma ancora la volontà e il pensiero, onde quella tirannide che si cela sotto velame di religione e provvidenza del buon ordine pubblico, è tossico sterminatore d'ogni civile vitalità. Il superbo e barbaro Franco divenuto padrone di Costantinopoli., cominciò il dominio suo con dimostrazioni di spregio inverso i Greci, e con voler riformare i loro costumi e la religione; cose molto più ardue che non il conquisto d'un imperio: con che esacerbarono tutti gli animi e invece di farsi amici di che avevano grande necessità, concitaronsi contro implacabili nemici che dipoi della loro insolenza e tirannide gli castigarono.

Vero è che il pontefice soffiava forte in questo incendio d'intolleranza, esortando sempre i baroni e i conti, e specialmente dipoi l'imperatore a spegnere il greco scisma, a stabilire per tutto l'imperio il solo culto latino, e a soffocare totalmente la greca eresia, asserendo dover essere un tanto servigio alla santa sede, in espiazione della loro disobbedienza e ad assoluzione delle censure nelle quali erano, per la disobbedienza medesima, incorsi. Così i baroni franchi per acquistarsi il favore del pontefice, sì crudelmente angustiarono ed afflissero i Greci, che trattili a estrema disperazione, persero a un tratto ogni frutto delle loro fatiche e della veneta prudenza che con somma circospezione ed industria, avevali a quella grandezza condotti. E similmente il pontefice per volere a un tratto quello che facea mestieri in molti anni e con accorto e blando procedere, conseguire, nulla del desiderio suo ottenne.

Oltreciò i Franchi invece di cavare alcun profitto di civilizzazione dalla prosperità loro, mostrarono prove vergognosissime di efferata barbarie, perchè invece di rispettare le savie leggi giustinianee con le quali governavasi prosperamente l'imperio, abrogaronle e a quelle sostituirono la imbecillità e tirannide de'loro statuti feudali, che ogni buon ordine contaminarono. Anzi facendosi vanto della loro stessa bestiale ignoranza, arsero biblioteche, distrussero monumenti e altre reliquie preziose della antichità con tal furore e disdegno, che nè ostrogoti, nè vandali, nè sciti, nè turchi nè altre barbarissime orde mai feciono altrettanto.

Immaginarono alcuni che la pretensione di riformare la chiesa greca, propagasse negli occidentali lo studio e la cognizione della greca lingua e viceversa ne'Greci della Latina; ma di ciò non trovo testimonio sicuro e valevole; anzi pare che lo studio delle greche lettere nascesse in Italia con la venuta de'Greci espulsi e fuggiti di Costantinopoli, per la occupazione turchesca.

Nella sacrilega destruzione dei capidopera delle arti, i Veneziani men barbari de'Franchi, salvaronne alcuni che portarono alla loro patria; in tra i quali sono famosi i quattro cavalli di bronzo, che ab antico di Grecia furono a Roma trasportati e da Roma poscia a Costantinopoli; da Costantinopoli in piazza san Marco di Venezia, da dove tolseli la rapacia francese e a Parigi gli condusse, e caduto dipoi il predatore di tutte le cose rare dell'Italia, nuovamente a Venezia furono restituiti.

Un altro bene cavò dal bisantino conquisto per l'Occidente Bonifacio marchese del Monferrato, e fu di mandare ne' suoi stati il seme del Gran Turco, con altre sementi di minore pregio; seme che fu dai magistrati in trionfo ricevuto, sugli altari fatto benedire, e a tutto l'Occidente dipoi divenuto d'inestimabile utilità [1].

Anco un bene cavò la Francia da questa spedizione bisantina, perchè sendovi concorsi i maggiori vassalli della Corona, il Re Filippo Augusto, trovandosi libero dalla poca devozione di quelli, potè agevolmente dare alla monarchia quell'assetto che alla sua futura unità e grandezza recò non piccolo giovamento.

Ma chi maggior profitto trasse da questa in sè mal considerata impresa, furono i Veneziani, i quali, poco trovandosi potenti sul continente, seppero ingrandirsi in mare e far concorrere ai disegni loro i popoli continentali. Perchè con i conquisti d'Oriente dilatarono colà la loro reputazione commerciale, e impadronironsi di tutti i luoghi che potevano assicurare in Europa la loro marittima preponderanza. Quando la fortuna volse le spalle ai Latini, la Veneta Repubblica usa a specolare sopra ogni minimo vantaggio e spesa della guerra, e sulle convenienze e disconvenienze probabili de'resultamenti, renunciò subito ai possessi che non potevansi tenere senza molta spesa e con poco utile, mantenendosi sol quelli che alla sua marittima grandezza giudicava profittevoli; e per non perdere in tutto anco gli altri, tre anni dopo l'occupazione di Costantinopoli il Senato emanò editto con che permetteva ad ogni cittadino della Repubblica di conquistarsi qual isola dell'Arcipelago potesse, accordandogliene la proprietà sotto il suo alto dominio. Onde furono visti in un subito principi di Nasso, duchi di Paro, siri di Micone, come eransi già veduti duchi di Atene, siri di Tebe e principi di Achaia; ma i duchi e principi dell'arcipelago erano vassalli della Repubblica. — Così chi più forza ha, dura la fatica e chi più astuzia, ne gode i frutti.

---

[1] Nel vol. 1° dell'Opera intitolata: *Storia d'Incisa e del già celebre suo Marchesato*, pubblicata ad Asti, 1810, si contiene una carta dalla quale resulta che il seme del Gran Turchesco fosse per la prima volta mandato in Occidente e nel marchesato del Monferrato dal marchese Bonifacio, dopo la presa di Costantinopoli fatta dai Latini nell'anno 1206. — Fu creduto da molti che il Gran Turco fosse indigeno dell'America e che non fosse venuto dall'Oriente. Che sia indigeno dell'America non niego; nego che non sia venuto anco dall'Oriente. Mirkhond storico persiano, che scriveva alcuni anni prima che l'America fosse scoperta, fa pure menzione del gran Turco e dice che era coltivato sulle rive del mar Caspio. Vedi la *Bibliothèque Orientale* d'Herbelot, alla parola *Rous*. Il Gran Turco fu primamente coltivato nel Piemonte, nella Lombardia e in tutte le provincie vicine al Rodano nelle quali è detto tuttavia: *Blé Turquie*.

FINE DEL LIBRO UNDECIMO.

STORIA
DELLE CROCIATE

LIBRO DUODECIMO

DOPO LA MORTE DI AMAURI' FINO ALLA OCCUPAZIONE DI DAMIATA
FATTA DA' MAOMETTANI.

Anni 1200 a 1221.

Mentre la Grecia era desolata dal furor guerresco de' Latini, l'Egitto e
la Siria erano desolate da simil furore de' Maomettani. In Egitto sendo
mancata l'annua inondazione del Nilo, infieriva la carestia, la quale ridusse
gli uomini ad usurpare non solo a' bruti l'erba de' campi, ma a cibarsi anco
dello sterco de' bruti medesimi [1]. Vedevansi i poveri frugare negli avelli
per rapire ai vermi la orrenda pastura de' cadaveri. Crescendo la fame, le
popolazioni come assaltate dal nimico, improvvisamente dalle città loro
a frotte fuggivansi, e di città in città, di villaggio in villaggio meno
squallida stanza procacciavano, ma invano, chè il flagello della fame,
ovunque quei miseri si volgevano, gli perseguitava. Ovunque trovavansi
cadaveri asciutti pel lungo digiuno, ovvero uomini, donne e fanciulli che
d'inedia spiravano.

Come sempre interviene persuadeva la fame ogni eccesso di scelleraggini, e faceva gli uomini più efferati gli uni verso gli altri che non sono
le ferocissime belve. Dapprima furono con orrore ragguardati quelli che
si cibavano d'umana carne; ma tanto moltiplicaronsi gli antropofagi, che
l'orrore di loro in tutto venne meno; nè solo nei corpi morti esercita-
vansi le fameliche brame, ma e'si venne a tale che i vivi insidiavansi reciprocamente la vita, e chi era o più astuto o più forte divoravasi l'a-

[1] La relazione di questa carestia e dei disastri che la seguirono, trovasi molto circostanziata
nelle *Relazioni dell'Egitto* di Abdallatir, opera tradotta in francese da Silvestre de Sacy.

mico o il fratello senza che niun ribrezzo di ciò la coscienza gli rimordesse, o il timore delle leggi e de'supplici il raffrenassero.

Al Cairo furono in un sol giorno arse vive e sul medesimo rogo, trenta donne, convinte d'avere scannati e mangiati i loro propri figliuoli. Oltre questo fatto lo storico Abdallatif ne riferisce molti altri di tanto spietata mostruosità, ch'io non oso riportare per tema che taluno mi accusi quasi calunniatore della umana natura.

Sopravvenne la pestilenza compagna inseparabile della fame; la mortalità fu tale che gli arabi dissero potersi solo numerare da Dio. In pochi mesi perirono nell'Egitto cento undici mila persone. Non essendovi seppellitori per tanto carname, gittavansi i cadaveri fuor delle mura alla campagna. Simile mortalità fu a Damiata a Chousse e ad Alessandria. Appropinquandosi la stagione del sementare, il fiero morbo crebbe; quelli che avevano lavorata la terra erano morti, altri la seminarono, e questi perirono senza aver veduto il frutto del seme loro, che fu da altri raccolto. La solitudine dei villaggi ricordava al viandante stupefatto il versetto del Corano:

Noi gli abbiamo tutti mietuti e sterminati; *s'udì un grido, e tutti erano spenti.*

Galleggiavano innumerévoli i cadaveri sul Nilo; un pescatore se ne vide passare davanti in un sol giorno più di quattrocento; ovunque erano cumuli di ossa umane, le strade erano ingombre, e le provincie più popolose, dicono gli arabi scrittori, erano *come sala da festino per gli uccelli da preda.*

L'Egitto perse meglio che un milione de'suoi abitatori. La fame e la pestilenza penetrarono anco in Siria e molto afflissero le città cristiane e le mussulmane. Dalle rive del mar Rosso, fino alle rive dell'Oronte e dell'Eufrate, tutto era lutto e desolazione.

A due così grandi mali se ne aggiunse ancora un terzo non meno terribile, e fu un terremoto che scosse e devastò anco le provincie illese dalla fame e dalla pestilenza [1]. Le scosse erano simili all'agitar d'un crivello, e talora alle mosse che fanno gli uccelli alzando ed abbassando le ali. Il mare agitato gonfiavasi e in spaventevoli voragini sprofondava; onde le navi trovavansi improvvisamente a secco, e molti pesci furo gittati sul

---

[1] Le circostanze di questo terremoto sono riferite da Abdallatif, (pag. 414 e segg.); gli storici latini ne fanno appena menzione. Sant'Antonino racconta, che li 30 maggio prima della Ascensione, s'udì in Siria un terribile muggito sotterraneo; che una parte della città d'Acri e il palagio del re rovinarono; che Tiro fu pure ruinata; che la fortezza detta dai cronisti *Acra* subissò e gli abitatori vi rimasero sotto sepolti; che l'isola di Antarado, ove, (secondo la cronaca) san Pietro avea dedicata la prima chiesa alla Madonna, rimase immune dallo scotimento. Vedi Baronio, Annali, ad an. 1202.

lido. Le vette del Libano s'aprirono e in più luoghi franarono. Tutti i
popoli di Mesopotamia, di Siria e dell'Egitto compresi di altissimo spavento, esser venuta la fine del mondo immaginavano. Alcuni luoghi abitati sprofondarono e sparirono affatto dalla faccia della terra, recando seco
nell'abisso molte popolazioni ; le fortezze di Hamàc e di Balbec ruinarono ; e nella città di Naplusio, rimase sola intatta la strada de' Samari-
tani ; in Damasco caddero i maggiori edifici ; in Tiro rimasero appena
poche case ; le mura di Tolemaide e di Tripoli caddero. In Gerusalemme
lo scotimento fu men forte e nella universale calamità vidersi con istu-
pore maomettani e cristiani unirsi per ringraziare Iddio d'avere salva la
città de' profeti e de' miracoli.

E' sembra a chi umanamente delle mondane cose considera, che tante
pubbliche miserie e calamità dovessero disponere gli animi de' baroni di
Palestina a osservare i trattati e le tregue concluse co'Mussulmani ; ma il
pontefice informato dello stato d'Egitto e di Siria, raccomandava ai Crociati, che cogliessero appunto l'occasione dell'universale avvilimento per
invadere le provincie mussulmane ; consiglio dettato da sublime fervore
di religione, ma che probabilmente spingeva gli assalitori a perire del-
l'istesso malore che gli assaliti : il che non era per conferire gran fatto
alla grandezza della Cristianità in Oriente.

Amaurì re di Gerusalemme, dismessi gli spiriti marziali facevasi umile
esempio di rassegnazione evangelica. I tre ordini militari che durante la
carestia, avevano consumati i loro tesori in nutrire i soldati, supplicavano con lettere e messaggi i fedeli d'Occidente di soccorso. Fu data
opera a rifabbricare le città ruinate dal terremoto ; le somme raccolte da
Folco di Neuilly, predicatore dell'ultima crociata, furono spese nel rifare le mura di Tolemaida ; e perchè i Cristiani mancavano d'operai, posero all'opera i prigioni mussulmani, fra i quali merita rispettosa ricordanza il celebre poeta persiano Saadi, caduto in potere de' Franchi, mentre faceva il suo pellegrinaggio a Gerusalemme [1]. L'autore del *Giardino
delle Rose* e di parecchie altre opere insigni che dovevano un giorno
essere ammirate non solo dall'Oriente, ma anco dall'Occidente, fu incatenato, condotto a Tripoli, e dai barbari Franchi, ottusi ad ogni senso
del bello, confuso con la moltitudine degli schiavi che lavoravano alle
fortificazioni di quella città.

Sebbene la tregua conclusa co'Mussulmani durasse tuttavia, nascevano

---

[1] Saadi narra la sua prigionia nel *Gulistan*, cap. 2, n.° 31. — Un mercatante di Aleppo lo
ricomperò pagando ai Cristiani dieci scudi d'oro, e poi ne donò a lui medesimo altri cento per la
dote della sua figliuola che gli fece sposare ; ma questa moglie gli amareggiò talmente la vita che
alla fine fu costretto disbrigarsene con la fuga.

ogni giorno contese dall' una e dall'altra parte, anco con qualche scaramuccia. I Cristiani stavano sempre sotto le armi; e sì essi che gli stati mussulmani erano in grande confusione. Il principe di Aleppo era in pace col re di Gerusalemme, mentre il conte di Tripoli, il principe di Antiochia, i Templari e gli Spedalieri guerreggiavano co'principi di Hamà, d'Èmesa e con alcuni emiri della Siria. Ognuno a suo talento prendeva o deponeva le armi.

Non facevansi giornate campali, ma correrìe su quel del nimico, sorprendevansi città, predavansi campagne. In questa così fatta tregua, venne a morte Amaurì re di Gerusalemme; il quale secondo l'uso de'Cristiani, per la settimana santa seudo andato a Caifà a raccogliervi le palme, si ammalò nel cammino, e andatone a Tolemaida, vi morì. Rimase donna del regno la di lui moglie Isabella [1]. Nel medesimo tempo uno de'figliuoli di Boemondo, principe d'Antiochia, spirò nelle strette di violentissima frenesia.

Boemondo Terzo, già d'età grave, prima di chiuder gli occhi nella eterna pace, vide nata la guerra in tra il suo secondo figliuolo Raimondo, conte di Tripoli, e Livone principe d'Armenia. I Templari e gli Spedalieri avevano presa parte in questa guerra e gli uni contro gli altri eransi armati. Il principe di Aleppo e i Turchi dall'Asia Minore, intromettevansi nelle contenzioni de'Cristiani, profittando delle loro divisioni per desolare il territorio d'Antiochia.

Gli stati cristiani di Siria, non ricevevano alcun soccorso dall'Occidente; sendo temperato lo zelo de'pellegrini dalle spaventevoli novelle delle calamità dell'Egitto; anzi molti baroni e cavalieri della Palestina, non resistendo al furore della fame e della pestilenza, eransi ricoverati parte a Costantinopoli e parte in varie provincie dell'Occidente.

Nondimeno il pontefice Innocenzo non dismettevasi punto dal suo proposito di voler liberare Terra Santa; nè solo valevasi delle esortazioni ai più ferventi, per questo effetto, ma con nuovo e non più usato spediente aveva introdotto che il pellegrinaggio e la milizia al sepolcro di Cristo, s'inflissero come sacramentale penitenza ai grandi peccatori che venivano a pentimento.

Tra' peccatori a tale espiazione sottoposti, l'istoria memora gli ammazzatori di Corrado vescovo di Viurtzburgo e cancelliere dell'imperio. I rei sendosi rappresentati al pontefice, co' pie' nudi, in sole brache e con la fune al collo, giurarono presenti i cardinali, di affliggere la loro vita con le più austere mortificazioni, e di portare le armi contro i Tur-

---

[1] Sanuto, lib. X, cap. 3, ann. 1205. — Amaurì lasciò un fanciullo che lo seguitò nel sepolcro dopo pochi giorni.

chi per lo spazio di quattro anni. Furono oltreciò, i rei condannati a non poter portare nè vajo, nè pellicce, nè armellino, nè drappi di colore; a non poter assistere ai giuochi pubblici, a non riprender moglie rimanendo vedovi, a camminare scalzi e vestiti di lana, a digiunare con pane ed acqua tutti i mercoledì e venerdì, le Quattro Tempora e le Vigilie; a fare tre quaresime l'anno, a recitare cento *Pater* e fare cento genuflessioni al giorno [1].

Certo cavaliere Roberto avendo confessato ad alta voce in pieno concistoro che trovandosi prigione in Egitto a tempo della carestia, aveva ammazzato la sua moglie e la figliuola per cibarsi delle loro carni, il pontefice imposeli grossissime penitenze in tra le quali fu quella di militare per tre anni in Terra Santa.

Con questa maniera di penitenze, mirava il Pontefice a persuadere ai popoli cristiani, che mediante il pellegrinaggio in Terra Santa, si purgassero le anime da ogni eccesso di colpa; e cosa mirabile a quel tempo fu che i popoli erano persuasi in contrario, e andavano dicendo, che per la corruzione del secolo, Dio fosse contro gli Cristiani sdegnato sì che non arebbe mai consentita loro la recuperazione di Gerusalemme che serbavasi a tempi e a Cristiani meno di loro nequitosi.

Tale opinione de'popoli nuoceva inestimabilmente ai Cristiani di Siria, che precipitavano all'estremo loro decadimento. Isabella rimasa reina di poche città spopolate, morì pochi mesi dopo del marito. Il figliuolo loro, come è detto sopra, era similmente morto. Rimaneva erede del trono gerosolimitano una giovine principessa figliuola di Corrado marchese di Tiro. I signori e baroni rimasi in Siria conoscendo la grave necessità di essere da valoroso principe governati, posersi subito a procacciare un marito alla giovine reina di Gerusalemme.

Non volendo eleggere uno di loro, per non dar luogo a gelosie e a nuove divisioni, risolsero chiedere un re all'Occidente. Scelsero ambasciadori a tale effetto Aimaro signore di Cesarea e il vescovo di Tolemaida; i quali, passato il mare, rappresentaronsi in corte Filippo Augusto, a nome de'Cristiani di Terra Santa, e supplicaronlo di accordar loro un cavaliere o barone che potesse salvare le miserevoli reliquie del regno di Gerusalemme [2].

Furono gli ambasciadori a grande onore ricevuti nella corte Francese; e sebbene il diadema da loro offerto non fosse altro che vano titolo, non se ne inuzzolirono però meno i cavalieri francesi, immaginan-

[1] Fleury.
[2] Sanuto, *Secret. Fidel*; Matteo Parigi.

T. I.   86

dosi ognuno di doversi acquistare grande celebrità e di dover essere instauratore del trono, da Goffredo di Buglione e da' suoi compagni fondato.

Fra i signori della sua corte, re Filippo, dette la preferenza a Giovanni da Brienna [1], fratello di Gualtiero, che era morto in Puglia con reputazione di eroe e con titolo di re. — Nella sua infanzia Giovanni era stato destinato allo stato ecclesiastico; ma cresciuto in famiglia di guerrieri, poca vaghezza avendo della gloria monastica, molta invece della militare, ricusava obbedire al padre; il quale avendolo minacciato, Giovanni per fuggire il di lui sdegno, si rifugiò nel monastero di Cestello. Ivi imbrancato con gli altri cenobiti, attendeva alla vita penitente, ma divorato in cuore dalla sua passione guerresca e sempre pieno la fantasia di tornei e di zuffe. Uno degli suoi zii, avendolo un giorno trovato assiso sulla porta del monastero, piangente, ne ebbe compassione e condottolo seco, lo fece nell'esercizio delle armi ammaestrare. Così Giovanni dalla claustrale oscurità, passò al conseguimento di quella gloria militare a cui aveva tanto sospirato.

A tempo dell'ultima Crociata Giovanni da Brienna, aveva seguitato il suo fratello al conquisto del regno di Napoli [2], e lo vide morire combattendo vanamente per il trono; simile sorte e simili pericoli rappresentavanseli alla immaginazione sposando la erede del regno di Gerusalemme. Accettò nondimeno con gioia la mano della giovine reina e lo stato che aveva a contendere co' Turchi, e incaricò gli ambasciatori, di ritornar subito in Palestina e annunziarvi il suo prossimo arrivo con potente esercito.

Ritornati in Terra Santa Aimaro da Cesarea e il vescovo di Tolemaide e annunziate le promesse del Briennese, i Cristiani ripresero coraggio, e come in simili contingenze suole accadere da estremo disperare a soverchio confidare nella fortuna passarono. Divulgarono, prepararsi formidabile Crociata, alla quale erano per concorrere i maggiori monarchi d'Occidente. I Mussulmani ne furono dapprima sgomenti. Malec Adel, il quale dopo la morte di Malec Aziz, regnava sulla Siria e sopra l'Egitto, paventava de' moti de'Cristiani, e perchè la tregua era giunta al suo termine, propose loro di rinnovarla, offrendo di consegnare dieci castelli o fortezze come pegni della sua fede.

---

[1] Il continuatore di Guglielmo Tirense, narra che Giovanni da Brienna era stato chiesto per re dai baroni di Terra Santa al re di Francia.

[2] Avvi una vita di Giovanni da Brienna, pubblicata a Parigi in un volume in 12.° — Gibbon ne ha fatto un ritratto con la sua solita maestria ed esattezza: decadenza dell'Impero Romano, cap. 51. — Vedi anco Giannone, Istor. Civil. T. II, Lib. 16.

Ma i Cristiani di Palestina accecati dalle loro sublimi speranze, ricusarono prestare orecchio a qualunque proposta de' Mussulmani. I più prudenti dei loro capitani, fra' quali merita menzione il gran Maestro dell'ordine di San Giovanni, opinavano che si dovesse accettare il prorogamento della tregua, avendo considerazione alle vane promesse dell'Occidente, e alla incertezza de' suoi soccorsi, anco quando erano già spediti, i quali potevano deviare ad altre imprese come fecero i Crociati, che s'impadronirono di Bisanzio. —

Dichiararonsi fortemente contro questo sano consiglio, i Templari; onde, come è detto, la proroga della tregua non fu accettata.

Però Giovanni da Brienna aveva promesso più che non poteva attenere, sendochè le condizioni dell'Europa non permettessero allora di fare grosso esercito per soccorrere la Palestina.

V'erano in Allemagna grandi turbolenze per le pretese di Ottone e di Filippo di Soavia. Il re Giovanni era scomunicato e il regno d'Inghilterra in interdetto. Filippo Augusto stava alle vedette su queste turbolenze per farne suo profitto, acquistandosi influsso in Allemagna, o deprimendo gl'Inglesi padroni di più provincie del suo reame.

Giovanni da Brienna giunse a Tolemaida con corteggio da re, ma con soli trecento cavalli e ottantamila lire, per difendere il suo regno, delle quali la metà erali stata data dal re di Francia e l'altra metà dai Romani per intercessione del Pontefice [1].

Fu come liberatore e salvatore nondimeno da' suoi nuovi sudditi ricevuto; i suoi sponsali furono con esimia pompa, presenti i baroni, i principi e li vescovi di Palestina celebrati: ed essendo finita la tregua i Turchi presero le armi e vennero a turbare le feste della coronazione.

Malec Adel entrò in Palestina con potente esercito, pose l'assedio a Tripoli, e scorse fino a Tolemaida.

Il nuovo re, con poco seguito di soldati, si esercitò in sublimi prove di valore, ma non concluse nulla in beneficio degli suoi stati, stretti dal nimico. Anzi i soldati della Palestina paragonando il loro piccolo numero al grandissimo del nimico, improvvisamente s'avvilirono. La maggior parte de' cavalieri francesi, che con alte speranze avevano seguitato il nuovo re, vedendo le cose inclinare alla peggio, chetamente se ne partivano, ritornandosene in Europa senza commiato.

Rimaneva Giovanni da Brienna con la sola città di Tolemaida e senza esercito per difenderla; e conoscendo di non potere a lungo sostenersi contro le forze preponderanti de' Mussulmani, spedì ambasciadori

[1] Sanuto, Lib. 3.

al Pontefice a ragguagliarlo del pericolo in che si trovava, e supplicandolo di muovere a soccorrerlo i principi d'occidente e principalmente i cavalieri francesi.

Niun frutto però fece l'imbasceria; l'Europa era da troppe turbolenze agitata, le quali invece di componersi a pace, andavano di giorno in giorno peggiorando. La Linguadoca e le provincie meridionali della Francia erano da ferocissime guerre religiose travagliate; e i baroni e i cavalieri erano in quelle totalmente occupati.

Certa vaghezza di raziocinare intorno alle cose della religione, nata fra i fedeli e già reprobata da San Bernardo, partoriva di giorno in giorno nuovi e terribili effetti. I dottori dolevansi forte che la parola divina fosse avvilita e sottoposta a scrutinio dai prosuntuosi fedeli; del che Stefano da Turnai, dolevasi col Pontefice scrivendoli *che le cose sante erano gittate a' cani, e le perle calpestate da' maiali.* Pullulavano sempre nuove eresie, e la chiesa se ne contristava.

Più potente e pericolosa delle altre era la setta degli Albigesi, i quali desumevano il nome dalla città di Albi, ove avevano le loro prime assemblee tenute. Parendo a costoro mostruosa l'esistenza del male sotto un Dio giusto e buono, adottarono i due principii de' Manichei [1]. Dicevano che Dio creasse dapprima Lucifero e i suoi angeli; che Lucifero essendosi ribellato a Dio fu sbandeggiato dal cielo, e produsse il mondo visibile sul quale stabilì il suo regno; che Dio per ristabilir l'ordine creò un secondo figliuolo che fu Gesù Cristo, il quale doveva essere genio del bene, contrapposto a Lucifero genio del male [2].

Molti scrittori coetanei, hanno narrato dei costumi degli Albigesi, nequizie orrende ed inaudite; però la storia imparziale dee confessare, essere quelle accuse per la massima parte calunniose. E' non fa mestieri difendere la Verità con la Calunnia, e chi ciò fa, nuoce a quella, più che non nuoccia alla parte avversa.

Vero è che a quel tempo la maggior parte de' Cristiani, chiedeva instantemente che si riformasse la scorrettissima vita del Clero. *Ma eranvi* (dice Bossuet) *spiriti superbi* [3], *pieni di asprezza, che notati i disordini della Chiesa e specialmente de' suoi ministri, non potevano in-*

---

[1] La dottrina de' due principii è forse antichissima di tutte le religiose. Ebberla gli Egizi, i i Persi, i Medi, gl'Indiani, e fu trovata pur anco nei popoli del nuovo mondo. — Traduttore.

[2] Con tali credenze non potevano gli Albigesi ammettere il Vecchio Testamento e la Creazione secondo Mosè. Beaucoln, nella sua storia del Manicheismo T. 1, ha dato un catalogo de' libri ove particolarmente trattasi d'alcuna setta de' Manichei.

[3] Bossuet, *Histoire des Variat.* Vol. II. — L'abate Pluquet nel suo *Dictionnaire des Hérésies*; e Fleury nella sua *Histoire Ecclésiastique*, Lib. 76, sono della medesima opinione.

dursi a credere *che le promesse della sua eterna durata, dovessero sussistere in tanti abusi. Costoro divenuti superbi, caddero perciò nella debolezza, e soggiacquero alla tentazione che induce a odiare la cattedra* !*in ispregio di chi vi presiede; e, come se la malizia dell'uomo potesse distruggere l'opera di Dio, l'avversione per essi concepita contro i dottori, gli faceva odiare a un tempo e la dottrina che insegnavano, e l'autorità che avevano da Dio ricevuta.*

Per questa universale disposizione degli animi, i novatori trovarono gran séguito. Distinguevansi nella setta degli Albigesi i *Valdesi*, o *poveri di Lione*, i quali consecravansi a povertà oziosa, e disprezzavano il clero, accusandolo di vivere nel lusso e nella mollezza; dipoi gli *Apostolici*, che vantavansi essere il solo corpo mistico di Gesù Cristo; dipoi i Popelicani che abbominavano l'eucarestia, il matrimonio e gli altri sacramenti; ancora gli *Aimeristi*, i cui capi predicavano la futura introduzione del culto puramente spirituale e negavano l'esistenza dell'inferno e del paradiso, asserendo che il peccato avesse in sè stesso la sua punizione come la virtù la sua ricompensa [1].

Siccome la maggior parte di questi eretici dimostravano per l'autorità della chiesa, il maggiore disprezzo possibile, tutti quelli che volevano scuotere il giogo delle leggi divine, o quelli a cui le passioni facevano intollerabile il freno delle leggi umane, tutti concorsero alla setta de'novatori, che necessitati a ingrandirsi a affortificarsi, volontieri gli accettavano. Così i Riformatori del decimoterzo secolo, sebbene osservassero austerità di costumi, nondimeno per la cupidità d'ingrandirsi accettavano fra loro uomini corrotti e licenziosi, che guastavano ogni buono ordine, vilipendevano ogni autorità, tutto alle passioni indulgevano, il che non poco nocque a quelle nuove dottrine, e non piccolo argomento da combatterle fornì a'loro nimici.

Anno 1210. — Le nuove eresie erano state da più concilii condannate, ma per essere stata adoperata la violenza delle armi a fine di far eseguire le decisioni della Chiesa, la persecuzione non fece altro effetto, che inasprire gli animi e renderli ostinati nel loro errore. Missionari e legati pontifici furo spediti in Linguadoca a convertire i ribellanti dalla Romana Chiesa; ma le loro prediche furono senza frutto. E di peggiore esempio fu che gli eretici rimproverando loro l'ignoranza, il lusso e la

---

[1] Pluquet, *Dictionn des Hérésies*, alle parole sopra allegate; a maggiore schiarimento, consulta Ducangio, Gloss. V. *Albigenses et Bulgares*; Bolgus, Patarini Gazari, Cathari, Muratori, T. V, p. 82.

corruzione de'loro costumi, invece di portare in pace e offerere a Dio simili offese; essi cominciarono a pubblicarli come traviati irrecuperabili, e nimici implacabili della chiesa, studiandosi di concitare il Pontefice a ricuperarli con la violenza delle armi o almeno a spegnerli con supplici e morte [1]. E tanto andarono oltre queste male instigazioni che alla fine fu veduto nella Chiesa di Cristo il nefando e mostruoso esempio d'una Crociata bandita contro Cristiani, con le medesime indulgenze e privilegi che solevansi fare alle Crociate bandite contro i Mussulmani.

Esecutori della pontificia maledizione si fecero Simone da Monforte, il duca di Borgogna e il duca di Niversa. Gli allettamenti delle prede e delle indulgenze che più comodamente in Europa che in Palestina potevansi guadagnare, mossero molti a concorrere in questa nuova Crociata, la quale partorì figliuola di sè degna, cioè la Sacra Inquisizione delle Eretiche pravità occulte negli animi de' traviati mortali [2].

Per le campagne, per i villaggi, per le città, per le castella ardevano sparsi innumerevoli roghi e sopra vi friggeva l'umana carne a purgar l'anima della eretica pravità. Nelle città prese per assalto scannavansi tutti quanti gli abitatori, fossero o no eretici, o nell'eresia ostinati o disposti ad abiurarla: tutti assaggiavano de'coltelli per la gola. Questi non sono abbellimenti rettorici dello storico, ma ingenue e genuine narrazioni di quelli stessi che ne furono testimoni e parte non piccola [3]; e che pure anco nelle penne loro sembrano favole ed esagerazioni bruttissime. Esageravano dunque costoro il male per loro fatto gloriandosene? oppure erano fedeli spositori del vero e cinici millantatori delle umane sceleraggini? La lettura delle croniche loro è certamente esempio fuori di tutte le cose ordinarie e probabili.

Per altro la guerra degli Albigesi, non appartiene al mio soggetto e solo ne ho accennato alcun capo per far conoscere quale fosse lo stato della Francia in quest'epoca e quali ostacoli si opponessero alle imprese d'oriente. E ciò dispiaceva a Papa Innocenzio, desideroso a un tempo

---

[1] Le croniche più interessanti sulle guerre degli Albigesi sono state di recente pubblicate nella grande collezione di croniche di Guizot. Oltre quelle dei Cattolici, ve n'ha una di un Albigese che porge molto lume a chi vuol conoscere la verità. — Ha pure trattato di questa guerra il padre Vaissette nella sua grande *Histoire du Languedoc*, Vol. I.

[2] L'esercito de'Crociati si radunò a Lione verso la festa di San Giambatista. Simone conte di Leicester e di Monfort ottenne dal papa il dominio di tutti i paesi che arebbe conquistati, onde Raimondo Sesto conte di Tolosa, dolendosi di tale enormità prese a sostenere gli Albigesi. Nell'esercito de'Crociati vi era grandissimo numero di preti, vescovi, e prelati d'ogni maniera.

[3] L'abate di Vaux-de-Cernai, che fu valoroso soldato di questa Crociata, ce ne ha lasciato una storia, nella quale racconta con insolente compiacenza da antropofago, tutte le enormi crudeltà e scelleraggini accadute sotto i suoi occhi e delle quali *pars magna fuit*.

Il padre Langlois gesuita ha scritta in francese la storia delle Crociate contro gli Albigesi.

di opprimere gli Albigesi, di soccorrere i Cristiani di Palestina e quelli
di Spagna travagliati dai Mori. Il re di Castiglia avendo addosso un formidabile esercito di quelli, chiedeva instantemente soccorso ai Francesi,
e al Pontefice, il quale scrisse a tutti i vescovi della Francia, ch'esortas-
sino i fedeli delle loro diocesi di concorrere tutti alla giornata campale
che dovevasi combattere tra Spagnuoli e Mori verso l'ottava della Pentecoste. Prometteva il Pontefice a chi andasse in Ispagna le medesime indulgenze che si conferivano ai Crociati [1].

Fecesi oltreciò a Roma una solenne processione per chiedere a
Dio la destruzione de'Mori o de'Saraceni. Gli arcivescovi di Narbona
e di Bordò, il vescovo di Nantes, e gran numero di signori francesi, valicarono i Pirenei con dieci mila uomini a cavallo avendo ognuno
il suo scudiere e sergente d'armi. L'esercito cristiano trovò i Mauri nelle
pianure di Las Navas di Tolosa, ed ebbe la vittoria. I vincitori, ricchi
di preda, in mezzo ai morti di che era la pianura stipata, cantarono il
Te Deum. Lo stendardo del capo degli Almoadi, fu mandato a Roma
come trofeo della vittoria accordata da Dio alle preghiere della Chiesa
Cristiana [2].

Avuta la notizia della giornata di Tolosa, il sommo pontefice col popolo romano rese grazie solenni a Dio d'avere dispersi i suoi nimici, e
lo supplicò che volesse ai Cristiani di Siria ragguardare e liberarli, come
aveva i Cristiani di Spagna liberati. Di ciò esortava ferventemente i popoli d'Europa, i quali implicati nelle guerre civili e religiose da lui medesimo comandate, non poterono darli ascolto.

Queste continue concitazioni degli animi verso uno estrano a tutti gli
umani interessi, non potendo più muovere le salde menti dell'età matura, partorirono un mostro non mai più veduto, nè pure immaginato in
nessuna età e religione. — Cinquantamila fanciulli della Francia e della
Allemagna fuggiti alle case paterne e ai loro pedagoghi, feciono di loro
masnada e discorrendo per città e campagne, cantavano queste parole:
Signore Gesù, rendici la tua santa croce [3]. Quando era chiesto loro
dove andassero e che volessero fare, rispondevano: *Andiamo a Gerusalemme a liberare il santo sepolcro.*

Non era però fanciullesco trovato questa nuova Crociata, ma era stata
predicata e promossa da alcuni ecclesiastici; e il volgo vi riconosceva la
celeste inspirazione, e credeva che Gesù Cristo per far dimostrazione del

[1] *Regist.* d'Innocenz. Lib. XV, epist. 180, e Lib. XIV, epist. 154.
[2] Vedi l'Illustrazione sulle Crociate di Spagna, Portogallo e Prussia nel volume dei Documenti.
[3] Tommaso di Champré, *De Apibus*, Lib. 2, cap. 3.

suo potere divino e confondere l'orgoglio dei più insigni capitani, dei potenti e savi della terra, avesse commessa la sua difesa a semplici e timidi garzonetti [1].

Concorse subito a questa nuova Crociata gran turba di meretrici e d'uomini studiosi delle pervertite veneri, sicchè l'impresa facevasi di giorno in giorno più sollazzevole per il diavolo.

Un grosso corpo della fanciullesca milizia valicò le Alpi per andarsi a imbarcare nei porti d'Italia. Quelli delle provincie di Francia andarono a Marsiglia. — Era stata notificata ai fanciulli una miracolosa rivelazione per la quale era indubitato che in quell'anno saria stata tale siccità che il sole arebbe disseccate le acque del mare, onde per il letto del Mediterraneo arebbero potuto sicuramente andarne in Siria [2].

Alcuni de' fanciulli Crociati entrati per le foreste, perirono di caldo, di fame, di sete e di lassitudine; alcuni altri con più sano consiglio, ritornaronsi alle case loro dicendo che *non sapevano per qual cagione si fossero partiti*. Di quelli che s'imbarcarono, molti naufragarono, o presi, furono venduti a Mussulmani che secondo loro usanza educaronli in altri armeggiamenti [3]; molti (dicono le vecchie croniche) ottennero la palma del martirio per mano de' Mussulmani.

Quelli poi che giunsero a Tolemaida vi furono con risa e disdegno ricevuti; dicendo i Cristiani di Siria che l'occidente era impazzato, o divenuto bestiale schernitore, mandando a loro che erano in estreme angustie, bardasse, e cinedi invece d'uomini che potessero soccorrerli.

Quando fu annunciata al pontefice la dispersione e morte della fanciullesca crociata, esclamò: *Questi fanciulli sono a noi rimprovero del nostro letargo* [4].

Nè sgomento per il successo della puerile Crociata, anzi più che mai acceso del desiderio di liberare il Santo Sepolcro, a fine di concitare più fortemente gli animi de'Cristiani, convocò a Roma un generale concilio, nel quale si dovesse deliberare della Chiesa e de'Cristiani d'oriente. Nelle lettere della convocazione diceva:

La necessità di soccorrere Terra Santa, e la speranza di vincere i Saraceni, non furono mai maggiori che al presente. Noi rinnoviamo le nostre grida e preghiere per eccitarvi a sì nobile impresa. Per certo Dio non ha uopo delle vostre armi quando ei voglia liberare Gerusa-

---

[1] Alberto dalle Tre Fontane e Matteo Parigi, sono molto circostanziati intorno questa Crociata.

[2] Giacomo da Varagine, *Cronic. Genuens.* presso Muratori T. IX, p. 46.

[3] Tommaso di Champré, Lib. 2, cap. 3. *De Apibus.*

[4] Questa crociata ragazzesca è riferita da quasi tutti gli storici coetanei. Vedi il volume dei Documenti e Illustrazioni ove saranno più circostanziate notizie.

*lemme, ma e' degna offerirvi una buona occasione di ben meritare con
penitenza, e di dimostrarli l'amore che gli portate. O fratelli! Gran
vantaggi ha mai sempre cavati la cristiana chiesa dai mali che l'hanno
desolata, e desolano ancora. Gran delitti e innumerevoli furono col
pentimento espiati. Grandi virtù vivificaronsi al fuoco della Carità.
Grandi conversioni di peccatori ha operate la gemebonda voce di Gerusalemme! Benedite adunque l'ingegnosa misericordia, il generoso
artificio di Gesù Cristo che procaccia commuovere i vostri cuori, sedu-
cendo la vostra pietà; e degna ricevere da' suoi traviati discepoli, quella
vittoria che solo dalla sua onnipotenza dipende.*

Paragonava dipoi il Pontefice, Gesù Cristo cacciato dal suo patrimonio,
a un re della terra sbandito dagli suoi stati, e proseguiva a dire:

*Quali sono i vassalli che non espongano i loro averi e la vita, per
riporre sul trono il cacciato sovrano? Quelli de' sudditi e de' servi del
monarca che non si adoperassero in di lui favore, non debbono annumerarsi fra i ribelli e subire la pena inflitta a' traditori? E così Gesù
Cristo eserciterà le sue vendette contro quelli che fieno insensibili a' suoi
oltraggi, nè prenderanno le armi per combattere i suoi nimici.*

Per ravvivare il coraggio e le speranze de' Cristiani, il santo Padre
terminava la sua esortazione ai fedeli con queste parole:

*La potenza di Maometto è giunta al suo occaso; poichè tale potenza
è per lo appunto la bestia dell' Apocalisse, che non viverà più che seicento sessanta e sei anni; e già sei secoli son compiti* [1].

Queste ultime parole del Pontefice, basavansi sopra predizioni popolari, che divulgavansi ad arte per l'occidente, onde muovere gli animi
alla Crociata, con la ferma speranza che il dominio mussulmano fosse
prossimo alla sua estinzione.

Come si è veduto nelle altre crociate il Pontefice prometteva a tutti
quelli che prendessero le armi contro gl'Infedeli la piena remissione di
tutti i loro peccati, e la protezione speciale della Chiesa. In tale occasione il Pontefice elargiva ai Fedeli del Tesoro delle misericordie divine, secondo che essi erano liberali dell'avere o delle persone per la
santa impresa.

Tutti i prelati, gli ecclesiastici e gli abitatori delle città e delle campagne erano invitati a fornire certo numero di guerrieri e mantenerli per
tre anni secondi le loro facoltà. Il Papa esortava specialmente i principi
e i signori che non prendevano la Croce, che secondassino la Crociata
con ogni altro loro potere; e in conchiusione chiedeva alla università

---

[1] Si darà per intero questa lettera esortatoria del pontefice nel volume dei Documenti.

de' fedeli, preghiere; ai ricchi elemosine e tributi, ai cavalieri esempli di valore, alle città marittime navi; a ciascuno quello che poteva dare. Ordinava oltre ciò che in tutte le parrocchie si facessino ogni mese processioni onde più facilmente accendere e concitare gli spiriti; ma spesso interviene che l'abuso degli eccitanti cagioni effetti contrari, poichè ogni impressione diviene sempre più debole quante più fiate è ripetuta.

Uno storico moderno nota che il Pontefice era talmente ostinato nella promozione di questa crociata, che non solo pose in opera tutti i mezzi che potevano aiutarla, ma non volle anco tralasciare gli inefficaci; poichè egli scrisse a Malec Adel sultano di Damasco e del Cairo, per tirarlo ne' suoi disegni.

Il profeta Daniele c'insegna (scriveva il Pontefice al principe Mussulmano) *essere nel cielo un Dio che rivela i misteri, cangia i tempi, permuta i regni, e che l'Altissimo dà l'impero a chi gli aggrada. Egli ha permesso che il paese di Gerusalemme, cadesse in potere del tuo fratello Saladino, meno per il di lui valore che in punizione dei peccati del popolo Cristiano. Ora che siamo riconciliati con Dio, speriamo che averà pietà di noi; poichè secondo il profeta la misericordia tien sempre dietro al divino sdegno; per il che volendo noi imitare colui che nel suo Vangelo ha detto: Imparate da me che sono dolce e umile di cuore, preghiamo umilmente l'Altezza Vostra, d'impedire che ormai il possesso della Terra Santa non occasioni l'effusione del sangue umano. Secondo il nostro salutare consiglio; restituisci quella terra per la conservazione della quale avrai più danno e fatica che profitto. Dopo questa restituzione, scambieremo i nostri prigioni e porremo in dimenticanza le nostre reciproche ingiurie.*

Non fu questa la prima volta che il Papa abbia mandate preghiere ed ammonizioni ai principi mussulmani; poichè due anni prima aveva scritto al principe di Aleppo, figliuolo di Saladino, Malec Daer Ghest Eddin Gazì, immaginandosi di poterlo convertire alla fede evangelica e farne un fedele ausiliare de' Cristiani [1]. Vani riesciorno tutti questi tentativi non essendo al mondo cose fra loro inconciliabili più che le diversità delle religioni.

Scrisse anco il Pontefice al Patriarca di Gerusalemme affinchè riformasse i Costumi dei Cristiani di Siria trascorsi a estrema corruzione, ma fu pure indarno. E frattanto i Mussulmani fortificavano Gerusalemme e si provvedavano contro i nimici dell'Islamismo.

Dall'altra parte il Pontefice era in continue agitazioni e moti per

---

[1] Le Lettere d'Innocenzio dirette ai principi mussulmani leggonsi nelle *Epistol. Innocent.* lib XIV, ep. CXLVI e CXLVII.

suscitare nemici ai Mussulmani ; scriveva ai patriarchi di Alessandria e
di Antiochia, a tutti i principi di Armenia e di Siria e a tutti i Monarchi e signori d'Europa; mandando la convocazione del concilio e la bolla
della crociata in tutti i paesi dalle rive del Danubio e della Vistola fino
alle rive del Tago e del Tamigi.

Anno 1214. — Spedironsi anco per tutta la Cristianità missionari a
predicare la Crociata e la riforma de'costumi. In alcune provincie tale
missione fu data ai vescovi. Il cardinale Pietro Roberto da Cursone, che
trovavasi in Francia legato del pontefice, ricevette pieni poteri dalla Santa
Sede e percorse il regno esortando i Cristiani prender la Croce e le armi.

Il cardinale Cursone era inglese di origine, ed essendo agli studi nella
università di Parigi, vi fece conoscenza ed amicizia con Lotario, che dipoi fu papa Innocenzo Terzo. Fu discepolo di Folco da Neuillì, ed erasi
grande reputazione d'eloquente oratore acquistata. Accorreva dunque da
ogni parte la moltitudine a lui desiderosa d'intendere il celebre oratore.
— *Il legato* (dice Fleurì) *aveva pieni poteri sopra a tornei, e ciò che
sembrerà più singolare, facoltà di accordare certe indulgenze a coloro
che assistessero ai suoi sermoni predicando la Crociata* [1]. — Dava il
cardinal legato la Croce a tutti i Cristiani che la chiedevano, non ricu-
sandola alle donne, ai fanciulli, ai vecchi, ai sordi, ai ciechi e agli zoppi,
gente, per vero dire, poco atta a maneggiare le armi. Perlochè una tale
correntezza nell'aggregare ciascuno alla santa milizia, invece di accrescerla
la diminuì, perchè i cavalieri, i baroni e la vigorosa gioventù, cominciarono a burlarsi d'un esercito a cui era più mestieri dell'ospedale che
del campo di battaglia.

Fra gli oratori associati dal pontefice al cardinale di Cursone, merita
menzione Giacomo da Vitriaco, che la Chiesa annumerava già fra più
celebri dottori. Costui mentre predicava la crociata in Francia, sparse
fama del suo sapere e delle sue virtù fino in Oriente [2]. I canonici di
Tolemaide lo chiesero al papa per loro vescovo, e l'ottennero. Onde Giacomo da Vitriaco dopo aver eccitati i guerrieri d'Occidente ad armarsi
contro i Mussulmani, fu nella Palestina medesima testimonio de'loro gesti, che descrisse in una storia, fino a noi pervenuta.

---

[1] (*Hist. Ecclesiast.*)

[2] Il continuatore di Guglielmo Tirense si esprime così : = *Il ot en France un clerc qui
prescha de la Croix, qui avoit nom maistre Jacques de Vitri; cil en croisa mult, là où il estoit
en la prédication; l'eslurent les chanoines d'Acre, et mandérent à l'Apostolle (cioè il papa) qu'il
le lor envoyast pour estre évesque d'Acre; et sachiez que s'il n'en eust le comandement l'A-
postolle, il ne l'eust mie reçu, mais toutes voies passa-t-il outre mer, et fust évesque grand
pièce, et fist mult de bien en terre, mais puis resigna-t-il, et retorna en France et puis fut-il cardinal de Rome.*

Queste predicazioni della guerra santa partorirono alla fine alcun buono effetto. Filippo Augusto dedicò la quadragesima delle sue rendite demaniali per le spese della crociata [1]. Alcuni signori e prelati seguitarono l'esempio del re. Essendo poi state poste in tutte le chiese le cassette per ricevervi le oblazioni de' fedeli, il cardinale da Cursone ne estrasse grandi somme, e fu accusato d'aversele appropriate; e tali accuse trovarono universale credenza, massime perchè il legato esercitava in nome della Santa Sede una autorità divenuta esosa al monarca e ai popoli del regno. Perchè esso legato, senza il consentimento del re, levava tributi, ascriveva soldati alla milizia, aboliva debiti, dispensava a suo talento pene e ricompense, e in somma usurpavasi tutte le prerogative della sovranità. Un tanto arbitrio di potere portava la confusione e il disordine nelle provincie.

Per prevenire i mali maggiori che soprastavano, Filippo Augusto emanò un decreto ove statuivasi fino al futuro concilio ecumenico sulla sorte personale de' Crociati e sulle esenzioni e privilegi che dovevano esser loro concessi.

Mentre il cardinale Cursone predicava la Crociata in Francia, l'arcivescovo di Cantorberì la predicava in Inghilterra; nella quale da gran tempo erano gravi turbolenze per l'opposizione violenta delle comuni, dei baroni e anco del clero, che faceva suo pro delle scomuniche fulminate dal pontefice contro il re Giovanni, per ottenere la confermazione delle sue immunità [2]. Il monarca inglese accettando le condizioni propostegli, aveva ceduto alla necessità e alla forza; del che pentito voleva il suo consentimento revocare, e per aver favorevole la Chiesa, prese la Croce e giurò che sarebbe andato a combattere contro i Mussulmani. Il pontefice rimase persuaso dalle dimostrazioni del re Giovanni, sicchè dopo averli bandita contro la Crociata dichiarandolo nemico della Chiesa, si volse in un subito con ogni suo potere a difenderlo, scagliando le folgori de' suoi anatemi contro quelli medesimi che poc'anzi aveva stimolati a'di lui danni.

Ora da queste mutazioni del pontefice ne derivò, che il re Giovanni il quale fingeva devozione alla Santa Sede per averla favorevole, niente

---

[1] Filippo accordò la quadragesima con condizione che ciò non passasse in uso nell'avvenire, *absque consuetudine*, e che tale dono volontario sarebbe adoperato in ciò che il re d'Inghilterra e i baroni de'due regni giudicherebbero conveniente (Vedi il *Rec. des Ord.* T. I, p. 31). È da notare che queste parole *absque consuetudine*, e dipoi *sans tirer à coutume*, divennero formola d'uso tanto nei decreti emanati dal moto proprio dei re di Francia, che in quelli dati sopra le deliberazioni degli stati generali.

[2] Nella Carta accordata dal re Giovanni, questo monarca dice espressamente che accorda quella Carta per consiglio dell'arcivescovo di Cantorberì, di sette vescovi, e del nunzio pontificio. (Vedi gli atti di Rymer).

poi si adoperò al buon successo della Crociata; e i baroni inglesi che prima ne avevano sollecitudine, trovandosi a un tratto scomunicati, rivolsero tutti i pensieri loro a infirmare l'autorità pontificia, che secondo la loro stima era perpetua e indomabile perturbatrice di quel regno [1].

Non meno sconvolto che il regno d'Inghilterra era l'imperio d'Allemagna. Ottone di Sassonia, dopo essere stato per dieci anni il prediletto della Santa Sede, cadde improvvisamente in tant'odio di papa Innocenzio, per aver concupiti alcuni dominii della chiesa e il regno di Napoli e di Sicilia. Non solo fu scomunicato, ma furono anco interdette le città che gli rimasero fedeli. Oltreciò il papa gli suscitò contro Federigo Secondo figliuolo di Enrico Sesto, come aveva prima mosso Ottone contro Filippo di Soavia [2]. L'Allemagna e l'Italia furono di fazioni e di turbolenze ripiene. Federigo che allora fu coronato re de' Romani ad Aquisgrana, prese la Croce onde assicurarsi il favore del Pontefice nella usurpazione che macchinava del trono imperiale.

Ottone nondimanco nulla preteriva a fine di difendersi dai tentativi della Romana Corte e dalle armi del suo emolo. Mosse guerra al Papa e si collegò con tutti i nimici di Filippo Augusto, che parteggiava per Federigo. La nuova lega composta dell'Imperatore, re d'Inghilterra, conti di Fiandra, di Olanda, di Bulogna, preparavasi a invader la Francia: ma la vittoria di Buvines ove i collegati furono dal Francese sconfitti, lasciò Ottone privo de' suoi alleati, ed accelerò la sua ruina.

Era giunto il tempo prefisso dal pontefice all'assembramento del concilio. Da tutte le parti di Europa, ecclesiastici, signori, principi e loro imbasciadori, concorrevano a Roma; ove giunsero anco i deputati di Antiochia e di Alessandria [3], i patriarchi di Costantinopoli e di Gerusalemme, i quali tutti venivano a sollecitare i soccorsi della cristianità. Intervennero pure gli ambasciadori di Federigo, di Filippo Augusto, del re d'Inghilterra e d'Ungheria. Questa assemblea che rappresentava la Chiesa Universale e nella quale contavansi da cinquecento vescovi ed arcivescovi, più di cento abati e prelati venuti dalle provincie d'oriente e

---

[1] La prima Carta delle libertà d'Inghilterra (*magna charta*) si riferisce al tempo del re Giovanni (15 giugno 1212). Fu assicurata al clero la libertà delle elezioni e degli appelli alla corte romana; i baroni accrebbero i loro privilegi feudali; e furono confermate la giustizia degli sceriffi, dei conti, e le immunità delle città. — Rymer riporta questa Carta vol. 1, p. 201. — Vedi la cronica di Dunstadt, vol. 1, p. 73; e Matteo Parigi.

[2] Nacquero in queste contese le fazioni de' Guelfi e dei Ghibellini; Enrico Quarto della casa di Soavia era capo de' Guelfi. Queste fazioni durarono in Italia fino alla venuta di Carlo Ottavo. — Vedi la LI dissertazione di Muratori, t. III, p. 145.

[3] Il vescovo d'Antiochia non potè intervenire in persona al Concilio, per malattia; mandò in sua vece il vescovo d'Auldone. Il vescovo d'Alessandria si scusò per essere quella città in poter dei Mussulmani (Raynald. *Annales Ecclesiast.* anno, 1215).

d'occidente, si riunì nella chiesa di Laterano [1] e fu presieduta dal sommo Pontefice; il quale aprì il concilio con un sermone in cui deplorava gli errori del suo secolo e le calamità della chiesa dopo aver esortato il clero e i fedeli a santificare co'loro costumi, le provvigioni che facevansi contro gli eretici e i Turchi, descrisse Gerusalemme vestita a lutto, mostrando le catene della di lei cattività, e facendo parlare tutti i profeti per commuovere il cuore de' Cristiani.

O voi che passate per questa via (faceva dire il Pontefice a Gerusalemme) *mirate e vedete se fu mai dolore simile al mio dolore! Correte dunque tutti voi che mi amate, correte a sollevarmi dal fondo delle miserie! Io che fui donna di tutte le genti, sono ora schiava, sottoposta a tributo; io che fui di popolo ripiena, sono quasi sola rimasa. Le strade di Sion sono di lutto coperte, poichè niuno viene alle mie solennità. I miei nimici mi hanno schiacciata la testa; tutti i luoghi santi sono profanati; il Santo Sepolcro, poc'anzi splendido e onorato, è ora di obbrobrio coperto; è adorato il figliuolo di perdizione e dell'inferno là appunto dove i fedeli adoravano il figliuolo di Dio. I figliuoli dello straniero m'opprimono con oltraggi, e mostrando la Croce di Cristo, mi dicono: Tu hai posta la tua fede in vile legno; vediamo se questo legno potrà salvarti nei dì del pericolo* [2].

Innocenzo dopo avere in cotal foggia introdotta a parlare Gerusalemme, scongiurava i fedeli d'avere a'suoi mali compassione e di armarsi per liberarla. Ponea fine alla sua esortazione con queste parole:

Miei cari fratelli, io mi rimetto tutto a voi; se a voi sembrerà convenevole io son pronto e prometto di rappresentarmi personalmente davanti tutti i re e principi e popoli; e vedrete se la forza delle mie preghiere, potrà muoverli a combattere per il Signore, e vendicare le ingiurie del Crocifisso, che i nostri peccati hanno da questa terra annaffiata del suo sangue e santificata dal misterio di nostra redenzione, sbandeggiato.

Fu ascoltata la concione del Pontefice con universale silenzio; ma perch'egli parlava di più cose a un tempo, ed aveva il suo discorso di troppe allegorie ravvolto, non fece verun effetto sugli animi dell'assemblea. Frattanto i padri del Concilio andavano sussurrando, importare molto più correggere gli abusi nella chiesa introdotti, che andarne a guerreggiare i Mussulmani; furono pertanto suoi primi pensieri, cercare i modi

---

[1] Merita essere consultata intorno questo concilio la Cronaca Uspergense, anno 1215, Goffredo monaco, Matteo Parigi, Alberto di Stade, la Cronaca di Fossa Nuova, e principalmente la collezione de'Concili. Fleury è molto abbondevole di particolari.

[2] Baronio, *Ann. Eccl.* anno 1215.

da riformare l'ecclesiastica disciplina e impedire gli augumenti delle eresie.

In una dichiarazione di fede, il concilio espose la dottrina de'Cristiani, contrapponendola alla dottrina degli eretici. Dipoi il Pontefice con una sua decisione apostolica depose il conte di Tolosa considerato come protettore della eresia, facendo donazione degli di lui stati a Simone di Monforte, che aveva combattuto contro gli Albigesi [1].

Fatte queste cose i padri del concilio rivolsero i pensieri loro ai Cristiani d'oriente. Tutte le disposizioni contenute nella bolla della convocazione furono confermate. Fu statuito inoltre che gli ecclesiastici dovessero pagare per le spese della Crociata la vigesima delle loro rendite, il papa e i cardinali la decima, e che si facesse tregua di quattro anni fra tutti i principi cristiani. Ancora il concilio fulminò di scomunica i pirati che impedissero il viaggio de'pellegrini, e tutti quelli che fornissero armi e viveri agli infedeli. Il Pontefice s'incaricò di dirigere i preparativi di guerra, di fornire tremila marchi d'argento, e d'armare a sue spese alcune navi per il trasporto de'Crociati.

Le decisioni del concilio e i proclami del papa commossero fortemente gli spiriti de'Cristiani. Tutti i predicatori della guerra santa dovevano invitare i fedeli a penitenza, dovevano vietare i balli, i tornei e i giuochi pubblici, riformare i costumi, e ravvivare l'amore della religione e delle virtù. Dovevano a imitazione del pontefice, riferire le lamentazioni di Gerusalemme ne'palagi de'principi e indurli a crociarsi onde il popolo fosse dal loro esempio condotto a fare il medesimo.

I decreti circa alla Crociata furono in tutte le chiese occidentali proclamati. In molte provincie e principalmente nel settentrione d'Europa furono veduti prodigi, e apparizioni miracolose; ottimi spedienti a muover la plebe. Sfavillarono in cielo Croci fulgidissime, onde gli abitatori di Colonia e delle città propinque al Reno, furono persuasi che Dio favoriva la santa impresa e prometteva alle armi cristiane sicura vittoria [2].

I predicatori erano in continue faccende; ovunque le sacre volte risonavano d'imprecazioni e di maledizioni contro i Mussulmani; dappertutto ripetevansi queste parole di Gesù Cristo: *Io sono venuto a portar guerra.* Prelati, Vescovi, pastori d'ogni maniera, tutti chiamavano i popoli all'armi; nè solo i predicatori le gridavano, ma anco i poeti e i trovatori. Piero d'Alvernia, Ponzio da Capidoglio, Folchetto de'Romanzi, lasciati da parte gli amori delle donne e le cortesie de'cavalieri, cantavano la passione di

---

[1] *Decret. Conc. Lateran.*; nella grande collezione de'concilii.

[2] Cronica Uspergense, *Bibl. delle Croc.* V. I. — Il monaco Goffredo, ivi, vol. 2. — *Alberto di Stade*, ivi vol. 2.

Cristo e la cattività di Gerusalemme [1]. Ecco per saggio una poesia di Piero d'Alvernia:

Venuto è il tempo in cui si vedrà quali uomini sieno degni di servire all' Eterno. Dio chiama oggi i valenti e i prodi. Fieno suoi per sempre coloro che sapendo soffrire per la sua fede, e consecrarsi e combattere per il loro Dio, si mostreranno franchi, generosi, leali e prodi; rimangansi pur qua quelli che amano la vita e quelli che idolatrano l' oro. Dio non vuole altro che i buoni e i valorsi; vuole che ora i suoi servi fedeli s'acquistino l' eterna salute; con alti gesti guerrieri e che la gloria delle pugne apra loro le porte del cielo.

Uno de'poeti della guerra santa, magnificava in pomposi versi lo zelo, la prudenza e il coraggio del pontefice, e per incitare i fedeli a prender la croce, e diceva loro:

Abbiamo condottiere sicuro e valoroso il sommo pontefice Innocenzio.

Correva anco voce che realmente il pontefice volesse condurre i Crociati in Palestina, avendo egli medesimo nel Concilio Lateranense manifestata l'intenzione di prender la croce e andare in persona a prender possesso della eredità di Gesù Cristo; ma le condizioni d'Europa e i progressi della eresia, e i consiglii de'vescovi e de' cardinali lo distolsero da tale disegno [2].

E perchè Europa era piena di divisioni, parte scoperte, parte occulte che potevano nuocere al buon successo della Crociata, Innocenzo spedì ovunque suoi deputati per conciliare una pace universale; ed egli medesimo andò in Toscana per componere le discordie insorte fra Pisani e Genovesi. E tanto si adoperò in questi suoi disegni che avendoli quasi tutti composti, la partenza della spedizione era sul punto d' effettuarsi e tutta Europa stava in curiosissima espettativa; quando esso pontefice soprapreso da fera malattia, nel mese di luglio, dell'anno 1216, in Perugia morì.

Dopo la sua morte, secondo la consuetudine, da molti fu biasimato, da molti lodato. Alcuni dicevano che era stato richiamato alla Gerusalemme celeste, volendo Dio premiare il suo zelo per la liberazione de' Santi Luoghi. Alcuni altri finsero miracolose apparizioni e introdussero a parlare i santi per testificare ch' egli era dannato fra reprobi. Fu chi asserì averlo veduto inseguito da un dragone che chiedeva giustizia contro di lui. Altri videlo nelle fiamme del purgatorio.

Fu di costumi rigidi, dapprima moderato, ma dipoi immoderata ambizione e cupidità del temporale esaltamento della Chiesa, il feciono di-

---

[1] Questi versi di Piero d'Alvernia debbo alla cortesia del S. Raynouard. — Nelle Illustrazioni darò poi le poesie tutte de'trovatori intorno alla Crociata.

[2] *Gesta Innocent.* (Muratori, T. III, p. 40-50 e segg.)

venire altiero intollerante e violento a tal segno che quando incontrava in alcun principe ostacolo a'suoi disegni, gridava contro di lui: *Ferro, ferro esci dalla guaina e ti pascola d'uccisioni* [1]. Avendo troppe tele ordite, lasciò in grande impaccio i suoi successori che furono costretti seguitare i mali o buoni suoi avviamenti, senza potervi fare rimedio.

Cencio Savelli, cardinale di Santa Lucia, fu dal conclave eletto successore d'Innocenzio e fu detto Onorio Terzo. Il giorno dipoi dalla sua incoronazione il nuovo pontefice scrisse al re di Gerusalemme per annunziarli la sua assunzione e ravvivare le speranze degli Cristiani di Siria [2].

Non venga meno il vostro coraggio per la morte d'Innocenzio (diceva egli) sebbene io mi riconosca molto inferiore a lui in meriti, mostrerò zelo eguale per la liberazione di Terra Santa, e farò ogni mio potere per soccorrervi, venuto che ne sia il tempo.

Scrisse ancora una circolare a tutti i vescovi comandando loro di proseguire la predicazione della Crociata.

Seguitò parimente Onorio l'opera d'Innocenzio in quanto al componere tutto l'occidente in pace, nè escluse di componere anco le contese nate per le pretensioni della Corte Romana.

Lodovico Ottavo figliuolo di Filippo Augusto, per istigazione d'Innocenzo aveva prese le armi contro l'Inghilterra, e stava per invadere quel regno. Onorio usò persino le supplicazioni affine di acquetare Lodovico, sperando che Inghilterra e Francia composte le loro discordie, si sarebbero unite per la liberazione de'santi luoghi; ma le sue speranze furono vane.

Enrico Terzo, asceso al trono d'Inghilterra dopo la morte del re Giovanni, avea presa la Croce onde rendersi benevolo il Pontefice; non avea però intenzione di adempire il suo voto. Il re di Francia implicato nella guerra con gli Albigesi che gli dava speranze d'ingrandimenti, fece larghe dimostrazioni di parole alla Santa Sede, ma nulla operò in favore della Crociata [3].

La maggior parte de'vescovi e prelati del regno, presero la Croce: i baroni e cavalieri poco se ne curavano. Federigo che doveva la corona imperiale ai favori della Chiesa, rinnovò in due solenni assemblee il giuramento di muovere contro i Mussulmani. Sebbene forse non fossero sin-

---

[1] Innocenzio fulminava queste parole contro Luigi figliuolo di Filippo Augusto, che prima aveva instigato a muovere guerra al re d'Inghilterra e che poi scomunicò perchè voleva seguitare una guerra a cui era stato spinto dalla santa sede.

[2] Rainaldi ha riportate le lettere di Onorio Terzo dei primi anni del suo pontificato.

[3] Circa questi successi, comparinsi le lettere di Onorio Terzo e di Luigi Ottavo. Raccolta degli *Historiens de France*, T. 18.

cere le sue promesse, indussero nondimeno i principi e popoli d'Allemagna a crociarsi; e altrettanto feciono gli abitatori delle rive del Reno,
quei della Frisia, della Baviera, della Sassonia, della Norvegia; i duchi
d'Austria, Moravia, Brabante, e Linburgo, i conti di Giulieri, di Olanda, di Vuite, di Loo; l'arcivescovo di Magonza, e i vescovi di Bamberga, di Passù, di Strasburgo, di Munster, d'Utrecca [1].

Fra i principi che crociaronsi, meritano menzione Andrea Secondo
re d'Ungheria; Bela di lui padre aveva fatto voto di peregrinare in Terra
Santa, ma sendo impedito dalla morte, fece giurare al figliuolo che arebbe
il di lui giuramento adempito. Andrea avendo presa la croce fu molt'anni
trattenuto ne' suoi stati, per turbolenze dalla sua ambizione promosse e
che non poteva sedare. Geltrude da lui tolta in moglie prima della
quinta Crociata s'inimicò la corte e la nobiltà col suo orgoglio e le sue
macchinazioni; avendo fatto ai grandi del regno tanti e tali ingiurie, che
gli mosse a congiurarle contro fino in corte, onde fu assassinata; nacquero
da ciò divisioni e guerre intestine e i micidiali andarono impuniti.

In tali circostanze facea forse mestieri al re d'Ungheria il rimanersi
ne' suoi stati, ma egli spaventato da tanti delitti ed attentati che commettevansi perfino nella sua stessa corte, risolse di partirsi. Considerava
che per la grande protezione accordata sempre dalla Chiesa a' principi Crociati, sarebbe stato al suo ritorno più rispettato da' sudditi; onde
si applicò a provvedimenti per la sua passata in Palestina.

Vasto molto era il regno d'Andrea, comprendendo l'Ungheria, Dalmazia, Croazia, Bosnia, Gallizia e la provincia di Lodomeria. In tutte
queste provincie fu predicata la Crociata. Popolazioni erranti per le foreste, intesero le lamentazioni di Sionne, e s'offersero di combattere contro gl'infedeli. Dei popoli d'Ungheria, che un secolo prima avevano quasi
distrutti i compagni di Pietro Eremita, molti guerrieri presero la Croce e
promisero di seguitare il loro monarca in Terra Santa.

In tutti i porti del Baltico, dell'Oceano e del Mediterraneo, armavansi navi per il trasporto de'Crociati.

Nel medesimo tempo era predicata un'altra Crociata contro gli abitatori della Prussia, che tuttavia seguivano idolatria. Polonia, Sassonia,
Norvegia e Livonia facevano esercito per andare sulle rive dell'Oder e
della Vistula a distruggervi gl'idoli; mentre le altre nazioni d'Occidente
erano in procinto di portar la guerra contro i Mussulmani nella Giudea
e nella Siria.

---

[1] Rainaldi espone con molta erudizione ed imparzialità le cause che eccitarono e rallentarono
l'entusiasmo de'Crociati. (Vedi *Annales Ecclesiast.*, anno 1217).

I popoli ancora selvaggi della Prussia, per la loro religione e per costumi disgiunti dagli altri popoli dell'Europa, mantenevano in mezzo alla Cristianità la viva immagine dell'antichità pagana e delle superstizioni settentrionali. Il loro carattere e i costumi meritano l'attenzione dello storico e dei lettori.

Molto è stato disputato intorno l'origine degli antichi Prussiani; quello che sembra più provato, è che avevano grande somiglianza con i Germani [1]; occhi azzurri, vivo sguardo, gote vermiglie, personale alto, corpo robusto, capelli biondi. Credesi che tale rassomiglianza provenisse dal clima, non da mischianza di nazioni. Però i Prussiani avevano maggiore affinità con i Lituani, de'quali parlavano la lingua e imitavano il vestire. Cibavansi di cacciagione, di pesca e di carni d'armenti; ignoravano l'agricoltura; le cavalle fornivanli di latte, le pecore di lana e le api di miele; nelle relazioni commerciali aveano in poco pregio il danaro; la loro industria consisteva in far tele di lino, conciare cuoi, tagliar pietre, far armi, e lavorare l'ambra gialla [2]. Segnavano il tempo con nodi sopra corregge, e le ore con le parole *crepuscolo, luce, aurora, levar del sole, sera, primo sonno* e simili; l'apparizione delle pleiadi gli dirigeva ne'loro lavori.

Ai mesi dell'anno avevano apposti i nomi de' prodotti della terra, e degli oggetti che presentavansi a' loro sguardi in ogni stagione; avevano il mese delle cornacchie, quello de'colombi, quello de'cuculi, quello delle betulle verdi; quello de'tigli, quello del grano, quello della partenza degli uccelli, quello della caduta delle foglie e simili. Le guerre, gli incendi delle grandi foreste, gli uragani, le inondazioni, formavano le principali epoche della loro istoria.

Il popolo abitava capanne fatte di terra; i ricchi avevano case costruite con legname di querce. Non erano città nella Prussia, soltanto alcuni forti castelli sorgevano sopra i colli. Erano nella nazione distinzioni

---

[1] Intorno ai costumi e alla religione degli antichi Prussiani leggasi la cronica di Pietro Durburgo prete dell'ordine teutonico. Questa cronica scritta con l'intendimento di raccontare i conquisti de'cavalieri Teutonici, contiene alcune dissertazioni storiche, molto importanti. Le più notevoli sono: *Dissertatio de Diis veterum Prussorum. — Dissertatio de Sacerdotibus veterum Prussorum. — Dissertatio de cultu Deorum, de Nuptiis, de Funeribus, de Locis divino cultui dicatis* ec. ec. — Consultisi anco la dissertazione *De Moribus Tartarorum, Lithuanorum et Moschorum*; quest'opera contiene particolari importanti sul culto e costumi della Lituania e della Samogizia che avevano qualche convenienza col culto dei Prussiani. — Kotzbue nella sua *Storia de'cavalieri Teutonici*, ha recato molto lume sull'origine della legislazione, sugli usi e religione degli antichi Prussi.

[2] Tacito, *De Moribus German.* Dice che i barbari si meravigliavano dell'alto pregio che il nostro lusso aveva posto a quel prodotto di sì piccola utilità. — Nerone spedì un cavaliere romano a comperare ambra per farne doni alle dame romane.

di ordini sociali, come principi, nobili, e popolo; chi avea vinto il nimico, i più periti nel domar cavalli, acquistavansi nobiltà. I signori avevano dritto di vita e morte sopra i loro vassalli [1]. I Prussiani non guerreggiavano mai per togliere paesi ai nimici, ma per difendere i loro e
la indipendenza. Per armi usavano lancia e giavelotto, che con molta destrezza maneggiavano. I guerrieri eleggevansi il capitano e il gran sacerdote lo benediva. Prima di andare alla battaglia prendevano i Prussiani
un loro prigione di guerra, legavanlo a un albero e lo saettavano a morte [2]. Credevano negli auguri: l'aquila, il colombo bianco, il corvo, la
grù, l'ottarda, promettevano vittorie; il cervo, il lupo, la lince, il topo,
la vista d'un ammalato o d'una vecchia erano annuncio di sventura. Dando
la mano, offerivano pace; per giurare alcun trattato, posavansi la destra
sul petto e la manca sulla quercia sacra. Dopo la vittoria giudicavano i
prigioni di guerra, de' quali il più valoroso era sacrificato agli dei del
paese e ardevasi sopra un rogo.

Rispettavano i Prussiani l'ospitalità; i forestieri e i naufraghi erano
certi di trovare fra loro asilo e soccorso. — Intrepidi in guerra, semplici ed umani in pace, grati e vendicativi, compassionevoli alla sventura, più erano le virtù loro dei vizi.

I Prussiani credevano ad una seconda vita. L'inferno denominavanlo
Pechla: catene, fitte tenebre, acque fetide, erano supplicio de'malvagi. Nei
Campi Elisi che denominavano *Rogus*; belle donne, festini, eccellenti
bevande, danze, morbidi letti, bei vestiti erano ricompense della virtù [3].

In certo luogo detto *Romové* eravi una querce verdeggiante, che esisteva da cento generazioni e nel cui tronco colossale erano tre imagini
de'loro dei principali: scorreva sopra le frondi il sangue delle vittime
immolatevi ogni giorno; ivi abitava il gran sacerdote ed ivi rendeva giustizia. Soli i preti potevansi accostare a quel sacro luogo. *Perchunas* dio
del fulmine e del fuoco, era principale degli dei de'Prussiani; avea
viso d'uomo sdegnato, barba crespa, testa coronata di fiamme. Il popolo
credeva essere gli scoppi della folgore, *passi di Perchunas*. Presso al
detto bosco di Romové, sul margine d'una fonte sulfurea, ardeva un
fuoco perpetuo in onore del Dio del Tuono.

---

[1] In ciò il vassallaggio de'Prussiani differiva essenzialmente da quello de'Germani (Vedi Tacito, l. c. 13-16).

[2] Una lettera di papa Onorio all'arcivescovo di Magonza, asserisce che in Prussia ammazzavansi
tutte le fanciulle che nascevano, meno una sola per ogni madre; che quei barbari prostituivano le
loro figliuole e le mogli, immolavano i prigioni a'loro dei, tingevano nel sangue delle vittime le
loro spade e le loro lance per aver buona ventura nelle pugne (Vedi Rainaldi, 1218).

[3] È molta analogia fra queste tradizioni e i canti di Odino e dei guerrieri del settentrione
raccolti nell'Edda, o mitologia Scandinava.

Dopo Perchunas veniva il Dio *Potrimpus* sotto sembiante di giovinetto, coronato di spighe; era Dio delle acque e de' fiumi, difendeva gli uomini dai mali della guerra e presiedeva ai piaceri della pace. Offerivasi a questa divinità il sangue degli animali e dei prigioni scannati a' piedi della querce; alcuna volta se gli sacrificavano anche fanciulli. I preti avevanli consecrato un serpente, simbolo della fortuna.

Sotto l'albero sacro vedevasi ancora *Picollo*, dio dei morti, con sembiante di vecchio, capelli grigi, occhi similmente grigi, volto pallido e con la testa avviluppata in un drappo mortuario; i suoi altari formavansi di ossame accumulato; stavanli soggette le divinità infernali; egli inspirava tristezza e terrore [1].

Eravi oltreciò nell'albero sacro il simulacro di *Curcho* Dio provveditore agli uomini delle cose necessarie per la vita. Ogni anno per la sementagione d'autunno rinnovavasi la di lui immagine, che consisteva nella pelle d'una capra, posta sopra una pertica di otto piedi e coronata di manipoli di grano; mentre la gioventù circondava quest'idolo, il sacerdote offeriva sopra una pietra del miele, del latte e frutta de' campi. I Prussiani celebravano in onore di questo dio, altre feste nella primavera e nella state. In quella di primavera che cadeva li ventidue di marzo rivolgevansi al Dio queste parole: — *Tu hai cacciato l'inverno e tu riconduci i bei giorni; per te giardini e campi rifioriscono, per te foreste e boschi verdeggiano.*

Oltre questi i Prussiani avevano molti altri dei, che invocavano per gli armenti, per le api, per le foreste, per le acque, per le messi, per il commercio, per la pace domestica e la felicità coniugale: un dio con cent'occhi stava a guardia sulla soglia delle case; un altro dio guardava la corte; un altro la stalla; il cacciatore intendeva il fremito dello spirito della foresta sopra gli alberi; il marinaro raccomandavasi al dio del mare [2]. La dea *Laimelè* presiedeva ai parti, *e filava la vita degli uomini.* Eranvi divinità tutelari per ispegnere gli incendii, per guardare le strade e per isvegliare innanzi all'alba gli operai e i lavoratori. L'aria, la terra e le acque erano piene di gnomi o piccoli dei, spettri e folletti appellati *Arvani.* Credevasi generalmente che la querce fosse albero sacro agli dei. Oltre la querce di Romové i Prussiani ne avevano altre che tenevano come santuari delle loro divinità. Consecravano anco tigli, abeti, aceri e intieri boschi; consecravano pure fonti, laghi, montagne; adora-

---

[1] Tutti questi dei, sotto i nomi di Odino, Tor, Frigga ec. trovansi nell'Edda degli Scandinavi.

[2] Tutti questi riti e pompe religiose sono simili alle feste de' Danesi e de' Norvegi (Torfeus, *Hist. Norweg.*; Wormius, *Antiq. Dan.*)

vano serpenti, gufi, cicogne ed altri animali; al postutto nelle contrade abitate dai Prussiani, tutta la natura era piena di divinità.

Molto tempo prima delle Crociate santo Adalberto erasi partito di Boemia sua patria per percorrere le selve della Prussia e convertire quei popoli al Cristianesimo; indarno furono spese le sue fatiche, ma preso dai Prussiani, fu ai loro idoli, come empio, sacrificato [1]. Altri missionari che si accinsero a simile impresa ebbero simil fine. Del che essendo corsa fama per l'Europa, tutti i popoli convicini congiuravano d'armarsi contro i Prussi. Un abate del monastero d'Oliva più bene avventuroso dei suoi predecessori riescì a convertire alcuni pagani dell'Oder e della Vistola, e fomentato dalla Santa Sede potè formare una Crociata contro quelli che non volevano convertirsi, affinchè o per persuasione di parole o per violenza d'armi tutti i Prussi si facessero cristiani [2]. Gran numero di Cristiani crociaronsi parte stimolati dalle promesse della gloria eterna, parte dalla cupidità di guadagno. Furono instituiti due ordini militari per opprimere i pagani della Livonia, cioè i cavalieri di Cristo e quelli della Spada; i cavalieri teutonici che nella Palestina emulavano la potenza dei Templari e degli Spedalieri, si congiunsero agli eserciti ragunati per invadere la Prussia e convertirne gli abitatori con la spada.

Questa guerra piena di atrocità incredibili, come tutte le religiose sogliono essere, durò da dugento anni; dopo i quali i Cristiani vinsero e i cavalieri teutonici rimasero padroni di quasi tutta la Prussia, e dettero esempi di tanta iniquità, rapacia e tirannide, che loro mercè i Prussiani a forza convertiti, il cristianesimo esecravano.

Anno 1217. — L'Allemagna considerava Federigo Secondo come capo della Crociata contro i Mussulmani; ma egli trovandosi in istato mal fermo e temendo la potenza delle repubbliche Italiane e forse anco l'irrequietudine de' Pontefici, andava a suo potere temporeggiando la partenza per la Palestina.

I Crociati vedendo che poco fondamento era da farsi in lui, sollecitavano il re d'Ungheria perchè gli conducesse alla guerra santa. Andrea, accompagnato dal duca di Baviera, dal duca d'Austria e dai signori tedeschi che avevano presa la Croce, con poderoso esercito si avviò

---

[1] Vedi circa questo missionario gli Annali del Baronio, anno 1216. — Nel nono secolo Santo Ascario, peregrinò per commissione di Lodovico Pio, tutte le provincie pagane di Sassonia, Prussia, Danimarca e Norvegia a fine d'introdurvi il Cristianesimo. Santo Ascario eseguì la sua missione, ma senza frutto. La relazione del suo viaggio esiste ancora nel libro intitolato: *Vita Sancti Ascharii*, e fu scritta da uno de' suoi diaconi e compagni. Trovasi nella raccolta del Lambecchio T. I.

[2] Vedi le esortazioni del pontefice nelle Epistole di Onorio (Epist. 47, 48, 49, 50, 51, 54) e in Baronio, anno 1220.

alla volta di Spalatro, ove erano aspettati dalle navi di Venezia, Zara, Ancona e d'altre città dell'Adriatico.

Per tutti i paesi ove passò fu il re d'Ungheria co'suoi compagni festosamente ricevuto. Quando fu vicino a Spalatro, gli abitanti e il clero gli mossero incontro processionalmente e lo condussero nella loro chiesa principale, dove fu invocata la protezione del cielo per i Crociati. Pochi giorni dopo l'armata [1] veleggiò verso Cipro, ove l'aspettavano i deputati del re, del patriarca di Gerusalemme, de'Templari, de'cavalieri di San Giovanni e dei cavalieri Teutonici.

Molti crociati imbarcatisi a Briadisi, a Genova e a Marsiglia avevano preceduto il re d'Ungheria. Lusignano re di Cipro e la maggior parte de'suoi baroni, crociaronsi e promisero seguitare gli altri in Terra Santa. Partirono poco dopo i Crociati dal porto di Lemisso e sbarcarono a Tolemaida.

Uno storico arabo, dice che dal tempo di Saladino, i Cristiani non avevano avuto in Siria esercito più potente di questo. In tutte le chiese furono fatti solenni rendimenti di grazie a Dio per il potente ajuto che aveva mandato in Terra Santa; ma la gioia de'Cristiani di Palestina non durò lungo tempo, non trovandosi il modo di vettovagliare sì grosso esercito.

In quest'anno eravi stata grande sterilità anco nelle più ubertose contrade della Siria; le navi venute d'Occidente non avevano portato altro in Palestina che macchine da guerra, armi e bagaglie. Cominciò dunque la fame fra i Crociati, e i soldati soluto ogni freno della militare disciplina, si diedero al predare. I Bavaresi feciono gravissimi disordini, spogliarono case e monasteri, devastarono campagne; i capi non potendo restituire l'ordine, ricorsero allo spediente del cominciar la guerra; e per salvare le terre e le case de'Cristiani, proposero a'soldati di correre e devastare le campagne e le città de'Mussulmani [2].

Tutto l'esercito comandato dai re di Gerusalemme, di Cipro e d'Ungheria, pose il campo sulle rive del torrente Cison. Il Patriarca di Gerusalemme, per esaltare l'immaginazione de'Crociati, andò al loro campo portando un frammento del legno della vera Croce, che divulgava essere stato salvato alla battaglia di Tiberiade, quando la Vera Croce, o almeno quella che allora dicevasi Vera Croce, cadde nelle mani di Saladino. I re

---

[1] Il padre Maimburgo e quasi tutti gli altri storici, dicono che il re d'Ungheria s'imbarcasse a Venezia, perchè non conobbero la Cronica di Tommaso diacono di Spalatro, il quale è molto circostanziato circa al passaggio di Andrea Secondo e il ritorno ne'suoi stati. Questa Cronica è stata pubblicata da Muratori.

[2] Riccardo da San Germano e Matteo Parigi (Bibl. delle Croc.)

e i principi andaronli incontro co'piè nudi ed ossequiarono il segno
della redenzione; dal che furono fieramente concitati al furore del combattere i Crociati; i quali di subito passarono il torrente e inoltraronsi
verso la valle di Gesraèle fra il monte Ermon e il monte Gelboè, senza
però trovarvi il nemico. I capi e i soldati bagnaronsi per devozione nelle
acque del Giordano e discorsero le rive del lago di Genesaret, cantando
salmi, e facendo assai prigioni, senza mai combattere il nimico, ritornaronsi a Tolemaida carichi di preda.

All'epoca di questa crociata, Malec Adel non regnava più nè in Siria
nè in Egitto, avendo volontariamente abdicato al trono di Saladino, che
con violenza aveva occupato: poichè superati tutti gli ostacoli e assicuratosi nella sua usurpazione, quando non aveva più di temenza cagione, gli
sembrava ignobile e indegna de'suoi desiderii quella grandezza che s'era
con estreme fatiche procacciata, e ritornò contento a quello stato di privata libertà che non mai turba la tranquillità dello spirito. Malec Chamel suo figliuolo primogenito successeli nella sultanìa del Cairo; e Corradino [1] di lui secondogenito successeli nel principato di Damasco. Toccarono agli altri suoi figliuoli i principati di Bosra, di Baalbec, della
Mesopotamia ed altri. Egli, Malec Adel, libero dal pondo di tanto imperio, andavane ora dall'uno ora dall'altro de'suoi figliuoli, mantenendo
fra loro la concordia. Del pristino potere non rimanevali che l'influsso
della sua grande reputazione e della gloria acquistatasi con molti gesti
preclari, influsso che mantenevasi soggetti i principi, il popolo e l'esercito; onde ne'tempi pericolosi i di lui consigli erano come oracoli ricevuti; i soldati sempre come loro capitano il consideravano, i figliuoli come
loro sovrano, e i Mussulmani generalmente quale loro sostegno e difensore.

Per la nuova crociata erano tutti i Maomettani pieni di terrore. Malec Adel gli rassicurò, dimostrando come non molto anderebbe che i Cristiani sarebbero per le loro divisioni indeboliti, e che la loro spedizione,
simile alle tempeste che percuotono il Libano si sarebbe in soli fragori
risoluta.

Confortati da questa predizione, nè gli eserciti di Siria, nè quelli di
Egitto corsero in Giudea, di che i Crociati convenuti in Tolemaida maravigliavansi forte, non veggendosi contro nimici da combattere; onde i
capitani loro deliberavano di assaltare l'Egitto, e sarebbersi mossi se non
erano trattenuti dal cominciamento della stagione invernale: sicchè non
potendo muoversi a quella lontana spedizione, per non tenere i soldati

---

[1] Corradino chiamavasi arabicamente Scerf Eddin Malèc Moadhàm Issà. — T.

oziosi e dar luogo alla militare licenza, disegnaròno di andare a campo al monte Taborre sul quale eransi i Mussulmani fortificati.

Questo monte tanto famigerato nel vecchio e nuovo Testamento, sorge in forma di altissima cupola sulla estremità orientale della bella e vasta pianura di Esdrelona. Le sue pendici sono nella state di fiori adorne, di verdura e di odoriferi arboscelli. Dalla sua vetta che si dilata in un piano di circa mille passi, vedesi il lago di Tiberiade, il mare di Siria, e la maggior parte de' luoghi, ne' quali Gesù Cristo operò i suoi miracoli.

Eravi una chiesa fondata da Sant'Elena, nel luogo medesimo ove era successa la Trasfigurazione del Salvatore e alla quale solevano i pellegrini d'ogni tempo concorrere. Eranvi anco due monasteri, uno detto d'Elia, l'altro di Moisè. Ma dopo il regno di Saladino, lo stendardo di Maometto ventilava sul monte santo; la chiesa e i due monasterii erano stati distrutti, e sulle loro fondamenta i Mussulmani avevano estrutta una fortezza dalla quale specolavano i movimenti degli stati cristiani.

L'andare sul Taborre non era senza molti pericoli; nondimeno i Cristiani furono arditi di tentare la impresa. Precedeva il loro esercito il patriarca di Gerusalemme, portando la reliquia della Vera Croce. Frattanto i Mussulmani ruzzolavano giù per le pendici, enormi massi, e saettavano a furor di grandinata tutte le strade che conducevano alla vetta del monte. E non pertanto seguitavano avanti i Cristiani e il re di Gerusalemme faceva prodezze incredibili, avendo (per quello che si dice) uccisi di sua propria mano due emiri.

Giunti sul cacume del monte i Crociati fugarono i Mussulmani ed inseguironli fino alle porte della fortezza; l'espugnazione della quale sembrava quasi sicura; sennonchè alcuni de' capi considerando che mentre essi stavansi all'acquisto d'una montagna, il principe di Damasco, poteva privarli della pianura; entrò negli animi di tutti un panico terrore del pericolo non preveduto, e l'esercito cristiano senza nulla avere acquistato, precipitosamente e quasi fuggendo corse a valle.

Attribuiscono le antiche croniche a tradigione questa piuttosto fuga che ritirata de' Cristiani, la quale più veramente dee attribuirsi ai semi di discordia che in loro germinavano e alla niuna militare prudenza col cui difetto in tutte le loro imprese si governavano. Ed è pur da notare a loro escusazione, non avervi sul Taborre nè scaturigini, nè serbatoi di acqua, il che faceva l'ossidione della fortezza molto ardua e difficoltosa.

Questa fuga adunque ebbe funestissime conseguenze. I Capi vergognavansi dell'avvilimento dell'esercito e i soldati avevano ogni militare baldanza perduta. Il Patriarca di Gerusalemme non volle più portare avanti all'esercito la reliquia della Vera Croce. I capi per riparare in parte al-

T. I.   89

meno a tanta vergogna, invece che ritornare a Tolemaida, condussero le genti verso la Fenicia, senza però operarvi cosa degna di ricordanza. Perchè sendo l'inverno rigido più dell'usato, molti soldati vinti dal freddo furono sulle strade abbandonati, molti altri poi furono fatti prigioni dagli Arabi Beduini.

La vigilia del Natale, sendo i Crociati accampati fra Tiro e Sarepta, furono da fierissima tempesta soprapresi; i venti, la pioggia, la grandine, i turbini e i fulmini, ammazzavano loro i cavalli, rapivano le tende, dispersero le bagaglie. Questo infortunio compì il loro avvilimento e gl'indusse nella disperazione del divino soccorso.

E perchè erano venute loro meno le vettovaglie, non potendo tutto l'esercito mantenersi nel medesimo luogo, deliberarono i capi partirlo in quattro corpi fino alla fine dell'inverno. Fu nondimeno attribuita tale divisione a coperte discordie più che a necessità. Il re di Gerusalemme, il duca d'Austria e il gran Maestro di San Giovanni, posero il loro campo nella pianure di Cesarea; il re di Ungheria, il re di Cipro, e Raimondo figliuolo del principe d'Antiochia, ritiraronsi a Tripoli. Il Gran Maestro del Tempio, quello de' cavalieri Teutonici, e Andrea di Avêsne con i Crociati fiamminghi andarono a fortificarsi in un castello situato sulle falde del monte Carmelo; gli altri Crociati andarono a Tolemaida con proposito di ritornarsene in Europa.

Il re di Cipro infermò e morì sendo in procinto di ritornarsene al suo regno. Il re di Ungheria, perdutosi di coraggio, cominciava a disperare di quella guerra con sì infausti principii intrapresa; ed essendo stato già tre mesi in Palestina, disse aver il suo voto compito e fece subita risoluzione di ritornarsene a' suoi stati.

Fu ammirato in Occidente che il re Andrea abbandonasse il suo regno lacerato dalle fazioni per portar guerra in Siria, ma non meno fu ammirato in Oriente ch'egli senza aver nulla operato per la liberazione de' Santi Luoghi si volesse partire. Il Patriarca di Gerusalemme molto s'affaticò per farlo rimanere, ma accorgendosi che Andrea non davali ascolto, ricorse alle minaccie e al terrore delle ecclesiastiche folgori; le quali non perciò dissuasero il re d'Ungheria dal suo proposito, che per non parere al tutto detrattare la causa di Gesù Cristo, consentì di lasciare al re di Gerusalemme la metà delle sue genti [1].

Partito di Palestina, Andrea si fermò molto tempo in Armenia; indi per l'Asia Minore se ne ritornò in Occidente, e passando a Costantinopoli vide i miseri avanzi del latino imperio, senza alcuna commozione

_____
[1] Raynaldi, *Annal. Ecclesiast.* 1218.

dell'animo. Egli veramente avea lasciata in Siria la metà delle sue genti, com'è detto, ma in quella vece portava seco alcune preziose reliquie, come la testa di san Pietro, la mano destra dell'apostolo Tommaso, uno dei sette vasi nei quali Gesù Cristo cangiò l'acqua in vino alle nozze di Cana.

La cronica coetanea dell'arcidiacono Tommaso afferma che Andrea ritornato in Ungheria con le prefate reliquie, acquetasse le turbolenze degli suoi stati e vi facesse rifiorire, la pace, le leggi e la giustizia — Ma la maggior parte degli altri storici ungari [1] narrano la cosa in altro modo e accusano il re d'avere dissipati i tesori e gli eserciti dello stato in vana spedizione. Niuno feceli festa al suo ritorno; la nobiltà e il popolo divenuti insolenti nella di lui assenza, imposerli legge, e ottennero franchigie e privilegi in diminuzione della regia potestà, ponendo il regno sul pendio di rapido decadimento.

Dopo che fu partito il re d'Ungheria, giunsero a Tolemaida molti Crociati venuti dai porti di Olanda, Francia e Italia. I Crociati di Frisia, Colonia e delle rive del Reno eransi fermati sulle coste del Portogallo, dove vinsero più fiate i Mori e presero la città di Alcassar. Raccontavano essi molti miracoli con i quali il cielo aveva il loro valore premiato; e apparizioni di angeli vestiti d'arme scintillanti ch'erano scesi di paradiso a combattere con loro [2]. L'arrivo di questa gente e le narrazioni delle loro vittorie ravvivarono gli spiriti de'Crociati rimasi in Palestina sotto il capitanato di Leopoldo duca d'Austria; onde fu proposto di riprendere le ostilità contro i Mussulmani.

Più volte i Cristiani avevano fatto il disegno di conquistare le sponde del Nilo; il pensiero del qual conquisto scendo stato primamente dal Pontefice accennato nel Concilio Lateranense, era quale divina ispirazione tenuto; onde i Crociati che avevano l'intesa alla ricca preda, non considerando alla difficoltà dell'assunto, risolsero tentarlo.

Nel mese di maggio, dopo l'Ascensione (dice Oliviero Scolastico) *essendo allestita l'armata, il re di Gerusalemme, il Patriarca, i vescovi di Nicosia, di Betelemme e di Tolemaida, il duca d'Austria, i tre ordini de'cavalieri e una grande multitudine di Crociati imbarcaronsi e andarono al* CASTELLO DE' PELLEGRINI [3], *situato tra Caifà e*

---

[1] Palma.

[2] Vedi intorno questa spedizione contro i Mauri, il registro di Onorio in Raynaldi, A. 1217, principalmente la lettera scritta al pontefice da Guglielmo di Olanda, tradotta nella *Biblioteca delle Crociate*.

[3] Il Castello de'Pellegrini è situato in riva al mare, distante tre leghe dal Carmelo, e propinquo a *Pietra ancisa*. Questo castello fu edificato dai Templari, non molto dopo la terza crociata; vi furono trovate abbondanti scaturigini di acqua; e fondamenta d'un antico edificio, forse del tempo de'Giudei. Presentemente è rovinato. Chi giungerà per mare, vede le sue torri e le mura ancora esistenti; le ruine trovansi nell'interno.

Cesarea. Una parte dell'armata, avendo il vento in poppa e non potendo fermarsi sulla costa giunse davanti a Damiata al terzo giorno. I capi che eransi fermati al Castello de' Pellegrini, indugiarono di più tre giorni a passare; un'altra parte dell'armata combattuta da venti contrari, giunse sulle coste d'Egitto dopo quattro settimane. L'arcivescovo di Reims che per estrema vecchiezza non aveva potuto seguitare i suoi compagni, morì a Tolemaide; e il vescovo di Limosì, parimente vecchissimo, morì nel passar il mare. Quelli che primi giunsero a Damiata si elessero capo il conte di Saarbruc, e sbarcarono all'occidente della foce del Nilo; il re di Gerusalemme sbarcò poco dipoi senza trovare ostacolo. L'esercito de' Crociati si attendò in una campagna sabbiosa nell'isola di Mehallè, ovvero il Delta.

Damiata, detta anticamente *Damiatis*, situata sulla riva destra del Nilo, distante un miglio dalla foce di esso fiume, era una delle principali città di Egitto. Ne' tempi antichi fu emula di Tanai e di Pelusio, e a tempo le crociate conservava ancora parte del suo antico splendore. Il suo territorio irrigato dal Nilo, che i pellegrini solevano chiamare *fiume del paradiso* era allora dalle messi coperto. Vedevansi in ogni parte boschi di palme, di aranci e di sicomori. A oriente eravi il lago di Menzalè. Damiata riceveva mediante il Nilo le mercatauzie della Siria, dell'Asia Minore e dell'Arcipelago; ed essendo una delle porte dell'Egitto, e perciò sendo stata più volte assaltata dai Cristiani, i sovrani del Cairo non avevano indulto a diligenza veruna per fortificarla. Era pertanto di profondissimi fossi circondata e di triplice muro ricinta. Nel mezzo del Nilo sorgeva una torre alla quale appiccavasi saldamente una catena che chiudeva il passo del fiume e impediva l'appressarsi alla città; nella quale poi aveavi un presidio di ventimila soldati scelti; oltrechè la popolazione poteva armare da più che quarantamila uomini.

Il campo cristiano era così posto: aveva dinanti le torri e le mura di Damiata, e i boschi di palme e di sicomori che ombravano la riva orientale del fiume; dietro dilatavasi un'arida campagna, che a settentrione terminava col mare, a mezzogiorno col lago Burlos, e a oriente con le colline di sabbia.

Appena i Cristiani ebbero posto il campo, vi fu ecclisse della luna, che fu subito da loro interpretata come presagio di sicura vittoria; poichè secondo i cronisti coetanei, credevasi che la luna avesse potente influsso sopra i destini de' Mussulmani: e Oliviero Scolastico nota che quando Alessandro fu sbarcato in Asia, da simile fenomeno ebbe avviso delle grandi vittorie che doveva sopra Dario conseguire.

Prima di assaltare la città, facea mestieri impadronirsi della torre si-

tuata in mezzo al Nilo. Il duca d'Austria, il conte Adolfo di Mons, gli
Spedalieri e i Templari, ascesi sopra le navi con molti Teutoni e Frisii,
andarono contro la detta torre e fecionvi vanamente più assalti, durante
i quali grandinavano pietre e strali lanciati dalle mura della città, e il
fuoco greco riversavasi come fiume sopra coloro che appressavansi alla
scalata. Molti Cristiani arsi e percossi caddero nel Nilo.

Ogni giorno, dopo aver combattuto per parecchie ore, le navi de'Cristiani allontanavansi dalla torre, con gli alberi e i cordaggi rotti, le prue
infrante, traforate dai giavellotti dentro e fuori e quasi abbruciate dal
fuoco greco. Non perciò disanimavansi i Crociati, ma ostinatamente i loro
assalti rinnovavano. — Spinsero le loro navi più leggiere, oltre nel Nilo,
che si ancorarono sotto la torre; fu rotta la catena che impediva il passo, e fu pure tolto via il ponte di legno, che ponea in comunicazione la
torre con la città. Furono inventati nuovi modi di assaltare e nuove
macchine, non più viste; fu costruita sopra due navi legate insieme,
un'alta torre di legno, la quale fasciata di rame, aveva gallerie per contenere combattenti e un ponte levatojo da gittare sulla torre del Nilo.
Un povero prete della chiesa di Colonia, che aveva predicata la Crociata
sulle rive del Reno e avea dipoi seguitati i Crociati in Egitto, era stato
architetto di questa formidabile macchina [1]. E perchè i Pontefici,
nelle loro lettere raccomandavano sempre ai Crociati di condur seco loro
in oriente artefici meccanici, quanti più potevano, trovaronsi perciò nel-
l'esercito molti uomini atti ai più difficili lavori; e le elemosine de'capi
e de'soldati bastarono alle necessarie spese.

Aspettavano con impazienza i Crociati il momento in cui la nuova
loro fortezza movesse a combattere la torre del Nilo. Furono fatte nel
loro campo fervide preci a Dio per il buon successo della impresa; il
Patriarca e il Re di Gerusalemme, il clero e i soldati, digiunarono, per
più giorni; tutto l'esercito co'piedi nudi andò processionalmente fino alle
rive del mare. Era stato fissato per l'assalto il giorno festivo all'apostolo
san Bartolomeo. Alte speranze erano in tutti gli animi, ognuno voleva
esser eletto a combattere. Furono nondimeno scelti i più prodi d'ogni
nazione, ed eletto loro capitano Leopoldo duca d'Austria.

Nel giorno prefisso le due navi che portavano il castello di legno,
mossero all'assalto, sendovi sopra trecento soldati. Innumerevole multitudine di Mussulmani stavansi affollati sopra le mura della città, curiosi di
sì nuova guerra. Procedevano frattanto i due navili su pel fiume, e i
Crociati standosi schierati in battaglia sulla riva del Nilo, e parte sulle

[1] Fu questi Oliviero Scolastico.

circostanti colline, facevano alte grida di acclamazioni a quelli che correvano alla pugna. Le due navi giunte propinquo alle mura, gittarono le ancore e i soldati prepararonsi all'assalto. Da una parte i Cristiani scagliano i loro giavelotti, dall'altra gli assediati, fanno diluvio di fuoco greco contro il natante castello. Le grida d'incoraggimento agli uni e agli altri non meno de'Damiatesi che de'Crociati assordano l'aere. Nel fervore della pugna, appare improvvisamente incesa la gran 'macchina dei Crociati, e il suo ponte levatoio, che era già stato gittato sulle mura della torre, barcolla; l'alfiere del duca d'Austria cade nel Nilo, e la bandiera de'Cristiani è presa dai nimici. A tale vista mandano grida di gioia i Mussulmani e fanno gemiti i Cristiani; il patriarca di Gerusalemme, il clero e l'esercito si genuflettono ed alzano le mani al cielo supplichevoli.

Ma l'incendio male appiccato, fu facilmente dai soldati chiusi nel ligneo castello estinto, i quali con maggior ardore che prima, continuarono l'assalto. Dalla vetta della loro macchina, soprastanno alle mura della torre, e combattono con i brandi, con le picche, con le asce e con le mazze ferrate. Due soldati saltano sul terrazzo ove combattevano gli Egizi, i quali piuttosto spaventati che vinti, discendono e si riparano nel primo piano della torre [1], e per impedire ai Cristiani d'inseguirli, incendono il piano soprastante. Vano fu questo spediente, poichè mentre quelli de'Crociati che erano sulla torre discesi di sopra gli combattevano; quelli rimasi sulle navi, tanto violentemente i muri della torre egizia battevano, che ne sembrava imminente la ruina, onde gli Egizi, non avvisando via alcuna di scampo, deposero le armi e si arresero.

Così i Crociati ottennero la torre del Nilo. I prigioni furono portati e condotti in trionfo per il campo cristiano e presentati ai principi ed altri capi. Raccontano i Cronisti, ch'eglino chiedessero di vedere *gli uomini vestiti di bianco e similmente d'armi bianche coperti che gli avevano vinti*: e che furono mostrati loro i soldati della macchina, che i prigioni dissero di non riconoscere, sendo loro sembrati molto più terribili nella pugna, di quello che allora apparivano. Onde la Cronica dei podestà di Reggio, nota: *che da ciò i Crociati si accorgessero che Nostro Signore Gesù Cristo aveva spediti i suoi angeli per espugnare la torre.*

Nel medesimo tempo, morì in Siria il celebre Malec Adel; avendo

---

[1] Oliviero Scolastico, raccontando questa vittoria inaspettata, dice che le lagrime de'fedeli spensero il fuoco: *exstinxerunt ignem fidelium lacrymae.* Dice ancora che certo giovine di Liegi, salse primo nella torre, e che un giovine Frisone tenendo un bacchio da grano, bacchiava da diritta e da manca gli assediati, e che s'impadronisse dello stendardo giallo del Sultano.

però prima avuta notizia della vittoria de' Crociati a Damiata; dal che opinarono i Cristiani ed anco l'arabo scrittore Machrizi, che il dolore di tale sconfitta ricevuta da' suoi fosse causa della sua ultima sventura.

I cronisti cristiani descrivono Malec Adel quale principe ambizioso e crudele; gli scrittori arabi invece celebrano la di lui pietà e dolcezza; e raro è certamente che un principe sia da' nemici laudato dopo la sua morte, nondimeno la lode de' sudditi, quando è tolto loro sperare e temere non è di fede immeritevole. Uno storico arabo esalta il di lui amore per la giustizia e la verità, e in una sola sentenza ne fa tale ritratto che se vero fu, certo Malec Adel si dee fra gli ottimi principi annumerare, dicendo il prefato storico che: *il fratello di Saladino ascoltava pazientemente e senza ira le cose che gli dispiacevano.*

Generalmente tutti gli storici coetanei sì cristiani che mussulmani si accordano in commendare il di lui valore e la prudenza che usava nell'eseguire i suoi disegni. Dicono che niun principe sapesse meglio di lui farsi obbedire, e vestire la suprema potestà di quella esteriore splendidezza che soggioga le menti dei popoli e le piega alla obbedienza. In corte mantenea sempre l'orientale sontuosità; il suo palazzo era simile a santuario al quale niuno osava appressarsi. Raramente mostravasi in pubblico e solo circondato da regia pompa [1]. E perchè egli fu bene avventuroso in tutte le sue imprese, i Mussulmani credevano che fosse favorito e prediletto da Dio; e lo stesso califa di Bagdad avevali spediti ambasciadori per salutarlo *Re dei Re.* Ambiva egli in campo essere chiamato *Seif Eddin* [2], cioè *Spada della Religione*, sotto il qual nome i soldati dell'islamismo quasi l'adoravano, dicendo che bene l'avesse meritato con sua perseveranza a deprimere i Cristiani mediante l'aperta forza delle armi. Con la sua abdicazione fece stupire l'Oriente non meno che già l'avesse fatto stupire con le sue vittorie, e da questa maraviglia ebbero incremento la sua gloria e potenza, onde fu maggior principe scendendo volontario alla condizione privata che quando sedeva in trono. Avea quindici figliuoli, de' quali molti erano sovrani, e tutti come assoluto loro signore lo veneravano; il che può reputarsi benedizione del cielo singolarissima, ma io so bene che i figliuoli riescono quali i genitori con la educazione gli formano; e chi gli ha cattivi deesi di sè, non di Dio nè della Natura, irreprensibile, dolere; e Malec Adel che avendone quindici gli seppe tutti crescere alla venerazione paterna, meritò che i popoli come facevano, si prostrassero davanti a lui; e che fino all'ultimo spiro della

---

[1] Il continuatore di Guglielmo Tirense.
[2] Malec Adhel è conosciuto dai Cronisti sotto il nome di *Safadino* corrotto di *Seif Eddin.*

sua vita, il solo nome di lui, mantenesse la concordia nella sua famiglia, il buon ordine nelle provincie e la disciplina negli eserciti. Veneriamo pertanto i decreti imperscrutabili di Dio, che a scherno della nostra presunzione, sparge le sue grazie e le ripone in vasi certo fuori d'ogni nostra stima, e ci fa ammirare virtù stupende, dove solo pretendiamo trovare vizii nefandi, e talora ci fa conoscere vizi nefandi, dove solo vedevamo ostentazione di false virtù.

Ma morto Malec Adel, le cose mutarono aspetto; l'imperio degli Ajubiti, da lui con orrevoli e grandissime fatiche instaurato, volse a decadenza; l'ambizione degli emiri, lungamente repressa, proruppe in cospirazioni fatte contro la suprema autorità; gli eserciti abbandonaronsi alla licenza, e quelli che difendevano l'Egitto scossero maggiormente il freno della militare disciplina.

Ora i Crociati invece di profittare di queste circostanze a loro favorevoli per opprimere i nimici; o perchè mancassero di navi per traversare il Nilo, o perchè la riva sulla quale era situata Damiata fosse d'inespugnabili fortificazioni murata, rimasersi nel loro campo in riposo, dimenticando a un tratto le fatiche, i pericoli e il soggetto della cominciata impresa. E frattanto in molti di loro nasceva il desiderio di ritornarsene in Europa, e dolevansi di quei luoghi, disperando farvi alcun profitto: le deserzioni moltiplicavansi di giorno in giorno.

Di che faceva grandi doglianze il clero, e pregava Dio che nei disertori mostrasse alcun segno della sua ira; nella quale preghiera parve loro essere esauditi, perchè sei mila Crociati della Brettagna ritornandosene in Europa sotto la condotta di Onorato da Leone, naufragarono sulle coste della Puglia e quasi tutti davanti a Brindisi perirono. Quando i Crociati della Frisia, dopo aver detrattate le bandiere di terra santa furono ritornati ne' paesi loro; le più ricche provincie della Olanda, furono per gonfiamenti dell'Oceano, sommerse e guaste, cento mila abitatori ed alcune città nelle acque sparirono, il che fu pure da'molti Cristiani, senza considerare che per un reo più di mille innocenti perivano, alla divina vendetta per la deserzione della Crociata attribuito [1].

Dispiacevano molto a Papa Onorio queste deserzioni, onde per farvi alcun riparo andava sollecitando la partenza dei Crociati ancora rimasi in Europa.

Secondo l'antica consuetudine de'naviganti, aveanvi prestabiliti due tempi dell'anno per traversare i mari. I pellegrini imbarcavansi quasi sempre al mese di marzo o in quello del settembre, tanto per andare in Oriente

[1] Alberico dalle Tre Fontane.

che per ritornare in Europa [1]. Ad ogni passaggio il Mediterraneo era pieno di navi che trasportavano Crociati, parte de'quali ritornavano alle case loro, parte andavano a combattere con gl'infedeli. Per modo che non appena eransi partiti d'Egitto i Frisii e gli Olandesi, quando giunsero al campo di Diamata le genti di Allemagna, di Pisa, di Genova, di Venezia e di alcune provincie della Francia.

Tra questi nuovi Crociati, meritano essere ricordati alcuni. Enrico Terzo re d'Inghilterra che aveva presa la Croce dopo il concilio Lateranense, non potendo lasciare li suoi Stati, travagliati dalle guerre civili, mandava in sua vece a sciogliere il voto i conti di Arcurte, di Sciester, d'Arundel, e il Principe Oliviero. De'Francesi eranvi Erveo conte di Niversa; Ugo conte della Marca, Milese del Bar sopra Senna, i signori Giovanni di Artoà e Ponzio di Cransel, Itiero di Tasì, Savarì di Moleone; i quali erano accompagnati dall'arcivescovo di Bordò e dai vescovi di Anguersa, d'Autuno, di Bovese, di Parigi, di Mò e di Noione.

Erano anco fra nuovi crociati due Cardinali mandati dal papa come suoi legati all'esercito cristiano; cioè Roberto da Cursonè, uno dei predicatori della Crociata, il quale aveva missione di predicare la morale evangelica nel campo Cristiano e mantenere l'entusiasmo de'soldati; e il cardinale Pelagio [2], vescovo di Albano, a cui il pontefice aveva confidate le somme per le spese della guerra, e il capitanato de'Crociati romani e di quelli d'alcune altre città Italiane.

Gli scrittori coetanei dicono del cardinal Pelagio che fosse di carattere orgoglioso, che in ogni cosa voleva avere precedenza sopra tutti, e che non pativa eguale; che nel conclave fosse stato insolente anco contro lo stesso pontefice, e generalmente che d'ogni impresa volesse essere capo, e che fosse ne' propositi suoi ostinatissimo, non temperando il suo ardore nè per ostacoli, nè per pericoli, nè per moniti della esperienza. Dicono pure che se egli in qualche consiglio aveva esposta la sua opinione, sebbene contraria a tutte le altre, voleva che in ogni modo fosse adottata, e i dissenzienti minacciava delle ecclesiastiche folgori. Alcuno anco lasciò scritto che il Pontefice non potendo tollerare la di lui superba natura, il mandasse appunto legato in Terra Santa per torselo davanti.

Appena dunque Pelagio fu in Egitto, volle subito farsi capo dell'esercito e in certa zuffa che ebbe luogo nel giorno di san Dionigi, condusse i soldati portando la croce [3]. Vinsero i Cristiani, e per tale vittoria tanto

---

. [1] Sopra questo soggetto havvi una dissertazione latina di Bucler intitolata: *De Passagiis*.

[2] Non ho potuto sapere l'epoca precisa in cui il legato Pelagio giunse a Damiata; giunse però certo dopo presa la torre del Nilo.

[3] Il Memoriale di Reggio riferisce la preghiera che il Cardinale diceva conducendo i cristiani alla pugna.

si sollevò l'animo di Pelagio, che pretese al capitanato supremo e assoluto della Crociata, volendo aver soggetto il re di Gerusalemme, poichè, diceva egli: se i Crociati hanno prese le armi per le esortazioni del Pontefice, sono conseguentemente soldati della Chiesa e soggetti a me che la rappresento. Queste ragioni persuasero la plebe de'pellegrini, ma alienarono da lui gli animi de'principi e de'baroni. La discordia insinuavasi nell'esercito, e chi doveva mantenere la unione erasi fatto portatore di scisma e di disordini.

Frattanto morì il cardinale di Cursone poco dopo il suo arrivo; e il continuatore di Guglielmo Tirense compiangendo la di lui perdita, lo commenda molto della sua moderazione; e comparandolo al cardinal Pelagio, lascia intendere come se l'esercito fosse stato arbitro della loro vita, sarebbesi preservato il solo Cursone [1].

Ma i principi mussulmani veggendosi contro tanto apparato di guerra cominciarono il loro pericolo a estimare e poste da parte le dissenzioni, applicavansi alla comune difesa. Il califa di Bagdad, che da Giacomo da Vitriaco è intitolato *Papa degli Infedeli* [2], esortava i popoli ad armarsi contro i Cristiani, Malec Chamel spedì ambasciadori a tutti i principi mussulmani della Siria e della Mesopotamia, avvisandoli del pericolo in che versava l'Egitto. Frattanto egli teneva sempre il suo campo propinquo a Damiata, aspettandovi principi della sua famiglia che accorressero in suo soccorso; e mandava di continuo nella città viveri e rinforzi.

I Crociati veggendo che i Mussulmani provvedevano vigorosamente alla loro difesa, si scossero del loro letargo, ritornarono alle opere dell'assedio, e dettero alcuni assalti alla città dalla parte del Nilo.

Furonvi alcune zuffe sul fiume, nelle quali i Crociati ebbero la peggio [3]. In una di tali zuffe intervenne che una nave de'Templari, fosse dal vento e dalla correntia, trascinata sotto le mura della città; e accorrendo con molte barche i nimici per impadronirsene, i Templari piuttosto che cadere in ischiavitù forarono la nave loro nella carena, la quale empitasi d'acqua, affondò, con maraviglia de'Mussulmani che l'avevano già circondata e auncinata, e con maraviglia pure de'Damiatesi i quali

---

[1]. *Alors mourut le cardinal Pierre, et Pélage vécut, dont ce fut grand dommage.* Cont. de Gugl. Tir. Trad.

[2] *Califas Papa ipsorum.* Il continuatore di Guglielmo Tirense chiama il Califa l'*Apostoille des mécréants*: Leggesi nel medesimo storico: — *Après manda* (le Soudan du Caire) *au calife de Baudac, qui apostoille étoit des Sarrasins, et par Mahomet qu'il le secourût, et s'il ne le secourrait, il perdroit la terre; car l'apostoille de Rome y envoyoit tant de gent, que cen' estoit mie conte ne mesure, et qu'il fait preschier par payennisme ainsi comme faisoient par chrétienté, et envoyài au soudan grant secours de gent par son preschement.*

[3] Meritano per i particolari di questi fatti essere consultati principalmente gli scrittori arabi molto più precisi e circostanziati de'Latini.

dalle mura stavano questo spettacolo ragguardando. Della detta nave non rimase fuor d'acqua che la vetta dell'albero alla quale era appiccata la bandiera.

I Crociati conoscendo di giorno in giorno meglio essere folle la loro impresa e piena di troppe difficoltà, cominciavano contro il legato pontificio a mormorare; il quale con dolci parole andava esortandoli alla pazienza e alla rassegnazione, e a fine di muovere in favore de'suoi soldati la misericordia di Gesù Cristo, faceva far preghiere, processioni e digiuni per tutto il campo, dove per difetto di vettovaglia facevansi già le astinenze grandi, e senza precetto.

Rappacificati un poco gli animi, disponevansi i Crociati a far la giornata; quando improvvisamente furono da sì rovinosa tempesta percossi, che quasi in tutto disperavano della loro salute. Imperversano furiosi i venti, diluviano le piogge, il fiume e il mare traboccano sulla pianura e inondano il campo cristiano; tende, bagaglie e viveri tutto è rapito dalle acque e dal vento; i pellegrini fuggono smarriti e non sanno dove, gridando essere da Dio mandato un secondo diluvio a punire le nequizie degli uomini. Tre giorni durò la gran tempesta; dopo i quali riapparve il sole sull'orizzonte, si rasserenò il cielo, e le acque nei consueti loro termini ritornaronsi. Gridarono allora i Cristiani, sè essere miracolosamente salvati, e ringraziavano Dio di tanto beneficio; ma l'inverno coi suoi disagi cresceva; le vettovaglie erano perdute; il freddo, la fame e le infermità spensero molto popolo cristiano.

Anno 1219. — Avendo tuttavia il loro campo i Crociati sulla riva occidentale del Nilo, non potevano assediare la città dalla parte di terra, senonchè traversando il fiume: il passo del quale era arduo e pericoloso; avendo il sultano del Cairo posto il suo campo sulla riva opposta.

Accadde nondimeno novità che fu molto favorevole ai Cristiani. Appena morto Malec Adel, come è detto, cominciarono gli emiri mussulmani, non ci essendo più chi li contenesse in officio, a dimostrare le loro ambiziose brame, e a suscitar disordini negli eserciti per farne loro profitto. Fra questi emiri erane uno de'Curdi appellato Emad Eddin, figliuolo di Masctub cioè *guancia tagliata*, che avevasi acquistata grande celebrità sotto Saladino quando difese Tolemaida da tutte le forze dell'Occidente. Essendo egli antico soldato dei figliuoli di Acub, aveva veduta la ruina e e la instaurazione di alcune dinastie mussulmane, per il che poco estimava quelle potenze di cui bene conosceva la origine e il vigore. Era in campo guerriero intrepido, suddito però di debil fede, pronto egualmente alle armi e ai maneggi di secrete cospirazioni. Nutriva coperta avversione contro il sultano del Cairo, perchè era principe amico alle arti di pace non cupido di conquisti, ma studioso del buon governo de' popoli, e di mantenere il suo. Ora l'irrequieto emiro rifidandosi tutto alla fortuna che sempre aveva la di lui audacia favorita e fattoli aver premi di tradimenti e di ribellioni per esso fatte; non sapendo sottostare a veruna autorità, ma sempre accontandosi co' malcontenti, deliberò di voler cangiare il governo dell'Egitto, detronizzando il sultano del Cairo per porre in di lui vece un altro figliuolo di Malec Adel.

Tratti in questa sua cospirazione alcuni Emiri, aveva con quelli appuntato il giorno in cui dovesse entrare nella tenda di Malec Camel e costringerlo a forza di abdicare la sovranità; il qual disegno non fu da loro tenuto chiuso per modo, che non ne giungesse sentore al sultano la vigilia del giorno in che l'attentato dovea compirsi. Malec Camel non sapendo per lo appunto il numero e le forze de' congiurati e temendo forse alienarsi gli animi de' confederati usando severità, prese lo spediente di escire dal campo, ciò che nella seguente notte eseguì [1]. Questa prudente fuga del sultano turbò forte i congiurati, che incerti e paurosi parte procacciavano lor salvezza con la fuga, parte con la dissimulazione. Venuto il giorno si divulga la nuova della cospirazione e della partenza del sultano. Tutto nel campo è confusione, corrono i soldati alle tende de' principali emiri, niuno de' quali osa assumere il supremo comando; tutti diffidano, i capi de' soldati, i soldati de' capi. Per ultimo tutto l'esercito si muove, ed uscendo disordinatamente degli alloggiamenti, con non mai più visto esempio, si pone in traccia del Sultano fuggitivo.

Così espongono questo successo gli scrittori arabi, ma i Latini lo spongono in altro modo, ignorando però la principale cagione, cioè la fuga del Sultano. Dicono adunque, essere apparti nel campo mussulmano San Giorgio e altri guerrieri celestiali armati di fulgidissime armi e con sopravveste bianche, e che correndo per l'aere, con tuoni di voci formidabili, spaventavano i Turchi, gridando loro: *Fuggite, fuggite se non volete essere ammazzati.* Narrano eziandio che il giorno di Santa Agata fosse udita un'altra grandissima voce che lungo il fiume gridava ai Cristiani: *A che vi state voi? ecco tutti i Saraceni che fuggono.*

Certo è, che andato il campo mussulmano dietro al suo signore, i Cristiani passarono il Nilo, entrarono negli alloggiamenti del nimico, gli

[1] Per i particolari si consultino gli scrittori arabi, dei quali daremo i ristretti in un volume speciale. — Bernardo Tesaurario è il solo de' Latini che riferisca questa circostanza e ne allega assai plausibile ragione. Dice che il sultano temendo per Damiata, vi mandò suo governatore Emad Eddin. Ma l'emiro, rammentandosi del padre suo che sotto il regno di Saladino, dopo avere valorosamente difesa Tolemaide, vi era stato lasciato prigione de' Cristiani, temendo d'incontrare la medesima sorte, non volle rinchiudersi nella città. Gli scrittori arabi nulla hanno di ciò. — T.

predarono, ed accostaronsi alle mura di Damiata: la quale occasione bene usata da loro, fu di sommo giovamento non tanto al migliorare posizione, quanto a poter formare l'assedio della città.

Frattanto il Sultano andava verso al Cairo lungo le rive del canale di Ascmun. Dopo pochi giorni giunse in Egitto il di lui fratello principe di Damasco con le genti di Siria. Allora tutto l'esercito egizio si ricompose sotto le bandiere di Malec Camel. Emad Eddin e gli altri congiurati furono presi e condotti oltre il deserto. Furono instaurati gli ordini e la militare disciplina.

Il principe di Damasco, prima di passare in Egitto, aveva fatte alcune correrie su quel di Tolemaida; e temendo che i cristiani profittassero della sua assenza per occupare Gerusalemme e fortificarvisi, la discinse delle mura, ruinò tutte le torri e i propugnacoli risarciti da Saladino, non lasciandovi che la torre detta di Davide. Spianò anco la fortezza del Taborre e tutte le altre situate sulle coste della Palestina: il quale spediente fu prudentissimo e vigorosissimo giudicato, non ostante che, non meno de'Cristiani, se ne dolessero i Mussulmani. Ma così la città santa era sempre in balía di chi più aveva permanenza di forze.

Nel medesimo tempo il Sultano del Cairo scrisse nuovamente a' principi mussulmani della Siria e della Mesopotamia, che ancora non s'erano mossi per aiutarlo, a fine di sollecitarli. Al suo fratello principe di Chelat nella grande Armenia scriveva in questa forma.

O mia buona stella, se vuoi soccorrermi, muoviti subito; se presto giungerai, mi troverai in mezzo a'miei guerrieri, armato di spada e lancia; ma se tardi, non ci vedremo più senonchè al giorno della resurrezione, nella valle dell'ultimo giudizio.

È da notare che questa lettera fu scritta in versi; sendo costume degli Arabi esprimere i loro pensieri in poesia nelle più solenni e gravi contingenze [1].

Passati che furono i Cristiani oltre Nilo, mantennersi però sempre il campo sulla sponda occidentale, avendo fatta comunicazione fra i due campi per mezzo d'un ponte di battelli. Avevano così a fronte la città e a fianchi sulle due sponde del fiume l'esercito del Sultano.

I Mussulmani per assaltare i Crociati eleggevano sempre alcun loro giorno festivo in che attendessero alle religiose funzioni. L'ultima domenica di Quadragesima, che l'esercito Cristiano disponevasi a celebrare l'ingresso di Gesù Cristo in Gerusalemme, i Mussulmani ordinaronsi in battaglia nella pianura mentre il loro navile scendeva il Nilo. Furono a un tempo assaltati i ponti, le galere e il campo de'Crociati. Questa battaglia

---

[1] Questa lettera è stata conservata da Machrizi. Vedi *Bibliot. delle Croc.*

durò dall'aurora fino a notte, e fu terminata con la peggio de'Mussulmani, i quali, dicesi che perdessero cinque mila uomini: de'morti dell'altra parte non è fatta menzione.

Contuttociò l'assedio non faceva verun progresso, e i Crociati pativano d'ogni cosa necessaria. Finchè fu l'inverno l'esercito sopportò i suoi mali, non promovendo disordini, nè mostrando impazienza; ma venuta la primavera, quando e'vedevano giungere le navi d'Europa, nasceva in loro maraviglioso desiderio di rivedere le paterne case. Nell'ottava di Pasqua, cominciò a voler ritornare in Occidente il duca d'Austria; del che s'afflissero grandemente i pellegrini; e molti volevano andarli dietro onde il legato pontificio per far prova di ritenerli, rinnovava e aumentava le indulgenze elargite dalla Chiesa, ch'egli stendeva al padre [1], alla madre, alla moglie, ai fratelli, sorelle e figliuoli d'ogni crociato che fosse rimaso al campo. Giunsero frattanto nuovi Crociati dall'Occidente, che ripararono il difetto de'partiti, e ciò fu cagione che il Cristiano esercito per disperazione e pe'suoi patimenti non si dissolvesse.

Per mantenere gli ordini nelle battaglie, i Cristiani ricorsero allo spediente del *carroccio* secondo la usanza fiorentina e lombarda, sul quale posero il grande stendardo della Crociata: dicono i Cronisti che questo carroccio accrescesse molto il coraggio de'Crociati, e spaventasse i Mussulmani. Non era settimana che i Crociati non dessero alcun assalto alla città o facessero alcuna zuffa col nimico. Più volte questo penetrò ne'trinceramenti de'Crociati, e talvolta costoro salirono fin sulle mura di Damiata senza però potervi entrare, il che i Cronisti attribuiscono alla loro poca devozione e fiducia nel divino aiuto.

Mentre i fanti combattevano intorno alle mura e sul Nilo, la cavalleria stavasene oziosa nelle tende, del che cominciarono a mormorare i fanti e a dolersene. Immantinente i capi per togliere questo soggetto di mal umore, fatto armare tutto l'esercito, fanti e cavalli, danno il segno di battaglia, e corrono contro il campo de'Mussulmani, che non preparati al subitano assalto, per acquistar tempo, piegano le tende e simulano la fuga. Rimangonsi i Crociati sospesi, dubitando d'inganno e non sapendo a che risolversi. Mentre i capi stanno deliberando, l'esercito impaziente si disordina e s'empie di confusione; allora ecco il nemico ritornare ordinato a battaglia, nè appena s'avventa a'Cristiani che le prime loro schiere vanno in fuga, ed erano de'Cipriotti e de'Romani. Il re Giovanni, con i conti di Olanda, Wit, Scester, e i Cavalieri dell'Ospedale e quei del Tempio, si contrappongono all'impeto de'Mussulmani e tanto gli sostengono da assicurare la fuga de'compagni.

[1] Memoriale di Reggio, *Bib. delle C. oc.*

Grande fu l'uccisione de' Crociati in questa giornata. Il dì appresso il clero, cantava le preci de' morti, e ringraziava Dio del non avere affatto spento il suo esercito. E perchè questa calamità percosse i Cristiani nel giorno che si commemora la decapitazione di San Giovanni Batista, in una cronica coetanea si legge: *che San Giovanni aveva voluto in quel giorno avere assai compagni del suo martirio.*

Il sultano del Cairo per divulgare la sua vittoria, spedì le teste dei Crociati uccisi in tutte le sue provincie; e gli araldi d'arme annunziarono nelle città mussulmane che *chi volesse comperare schiavi a vil pregio andasse al campo di Damiata.*

In questo tempo giunse d'Occidente Francesco di Assisi che fu dipoi institutore de' frati minori. Era egli già famoso per la sua santità. Fuggitosi fanciullo dalla casa paterna, erasi, così tenerello, dato agli esercizi di severissima penitenza. Dicono che un giorno mentre ascoltava la messa, udisse con maravigliosa impressione quel luogo del Vangelo, ove Cristo dice a' suoi discepoli: *Non abbiate nè oro, nè argento, nè altra moneta, nè sacchi per il viaggio, nè sandali, nè bastoni.* Questo precetto del Vangelo, spirò in Francesco estremo dispregio per tutti i beni e comodi del mondo, e sommo amore per l'apostolica povertà. Diedesi pertanto a correr le città esortando i popoli a penitenza. I discepoli che lo seguitavano, affrontavano francamente ogni dileggio ed onta della moltitudine, facendosene gloria avanti a Dio; e quando erano richiesti d'onde venissero, umilmente rispondevano: *Siamo poveri penitenti venuti da Assisi.*

Francesco fu tratto in Egitto dalla fama della Crociata e dalla speranza di operarvi alcuna maravigliosa conversione. La vigilia dell'ultimo fatto d'arme, ebbe miracoloso presentimento della rotta de' Cristiani, di che dette avviso ai capi dell'esercito, ma non ne fu tenuto conto. Molto fu mal contento di tale noncuranza, e traportato sempre dallo zelo di fare alcun gesto straordinario in servigio di Cristo, proposesi di convertire alla fede cristiana il sultano del Cairo. Per effettuare questo suo disegno, escito tacitamente dal campo de' Crociati, se n'andò verso quello de' nimici e si fermò in parte ove i soldati mussulmani il vedessero, dai quali preso come spione, fu davanti al sultano condotto siccome desiderava. Richieselo il Sultano: *Perchè vieni tu con pericolo della tua vita a spiare i nostri alloggiamenti?* Rispose Francesco: *È Dio che mi manda a te, affinchè ti mostri la via di salvazione, la quale è nel suo vangelo, e fuori da quello non v'ha altro che perdizione: e ciò son pronto provare con parole e ragioni certe a' dottori della tua legge, e se tanto non bastasse, per vincere più sicuramente la prova, e mostrarti che la*

sola religione cristiana è vera, io passerò per mezzo al fuoco ardente. —
Il sultano udite queste parole, estimò che Francesco fosse scemo dello
intelletto; nondimeno volle compiacerlo, e fece venire i dottori della sua
legge; i quali inteso quello che Francesco diceva, giudicarono che non
per demenza ei parlasse, ma per ispirazione dello spirito delle tenebre, e che come empio meritasse supplicio. Nè senza malizia negavano la demenza i dottori; poichè presso i Maomettani reputasi santo
chi è percosso di follia, dicendosi che Dio si è tolto il suo senno, ciò
che è somma grazia sendo tolta al demente l'abilità di peccare e assicurata
l'eterna beatitudine. Ora i dottori giudicando che Francesco fosse empio
e non demente, miravano a tirarlo sotto la pena dell'ultimo supplicio; e
contentissimo ne era il sant'uomo desideroso della palma de'martiri; ma
il sultano che, come benigno e d'animo gentile, voleva in ogni modo
salvarlo, perseverò a dire che il di lui senno era ritornato in grembo di
Dio, e che come santo meritava rispetto e venerazione; e fattoli assettare
una mensa e corroborarlo di ottime vivande e presentatoli anco alcuni doni, il fece di poi sano e salvo all'oste cristiana ricondurre.

Dopo questa avventura, Francesco se ne ritornò in Europa, e fondò
l'ordine de'frati minori, che in perfetta povertà, cominciarono le azioni
loro tutte a edificazione della Chiesa di Dio, attendendo specialmente alla
conversione de'peccatori.

Erano già passate la primavera e la state con continue zuffe, e i Crociati,
non ostante la sconfitta ricevuta, avevano ancora un potente esercito.—Molti
pellegrini profittarono del passaggio di settembre per ritornarsene in Europa
e molti nel medesimo tempo ne giungevano di nuovo dall'Occidente. Divulgasi anco imminente l'arrivo dell'imperatore di Alemagna, onde prendevano grandissimo coraggio i Cristiani, e per lo contrario molto ne perdevano i Mussulmani; perlocchè il sultano del Cairo, spedì ambasciadori
al campo de'Crociati con proposizioni di pace, che erano, di dare ai Latini il regno e città di Gerusalemme non riserbandosi che Caracha e Montereale, per le quali offeriva di pagare un tributo; di pagar loro dugento
mila danari per rifabbricare le mura e le torri della detta città; e di rendere tutti i prigioni fatti dalla morte di Saladino in poi [1].

Fu assembrato il consesso de'capi cristiani per deliberare sopra queste proposizioni. Il re di di Gerusalemme, e i baroni francesi, inglesi,
olandesi e tedeschi, opinavano che si accettasse la pace; parendo al re
non aver migliore occasione per entrare nel suo regno; e piacendo ai baroni d'Occidente, desiderosi delle loro patrie, poter dar fine tanto onorevole a sì pericolosa e dubbia guerra.

---

[1] Autori Arabi. *Bibl. delle Croc.*, e Memoriale dei Potestà di Reggio.

Andàvano pertanto essi consideràndo: che con accettare la proposta pace conseguivano il fine della Crociata che era la liberazione de'luoghi Santi; che già diecisette mesi durava l'assedio di Damiata, senza speranza di vittoria e che poteva anco maggior tempo durare con sinistra conchiusione; che molti Crociati ogni giorno ritornavansene in Europa, onde l'esercito andava diminuendosi, mentre il nimico riceveva ogni giorno nuovi rinforzi; che anco espugnando Damiata, sarebbe dipoi gran ventura poterla scambiare con Gerusalemme; che i Mussulmani offerivano dare avanti la vittoria quello che sarebbesi appena potuto conseguire dipoi, e che il recusare sì largo partito era somma stoltezza; dovere oltre ciò astenersi dalla inutile effusione del sangue, non dovendo essere grate a Dio quelle vittorie che con soverchia strage de'suoi fedeli si procacciavano.

Ma il legato pontificio considerandosi come capo della Crociata, era di contrario avviso, tirandosi dietro il seguito de'Romani e del Clero, poichè piacevali mantenersi la suprema potestà militare che erasi arrogata ed aveva invincibile vaghezza di rendere famoso il suo nome con alcun fatto glorioso.

Considerava egli adunque; che le pacifiche proposte del nimico, erano un bene escogitato artificio, per impedire la espugnazione di Damiata e per acquistar tempo; che i Saraceni offerivano campagne diserte e città distrutte, le quali potevano riprendere ogniqualvolta l'esercito de'Crociati fosse partito dall'Egitto; che unico loro scopo era disarmare i Cristiani e dar loro pretesto di ritornare in Europa; che le cose erano spinte troppo oltre per poter recedere senza disonore; che sarebbe stata infamia a'Crociati tralasciare la espugnazione d'una città, già assediata da diciasette mesi, e che omai non poteva più sostenersi; che bisognava dunque prima espugnarla e poi deliberare di quello si avesse a fare; che certamente dopo essere padroni di Damiata, potevano i Cristiani conchiudere una pace vantaggiosa e sicura, e non altrimenti.

Grande conflitto di pareri successe alle considerazioni del Legato; niuno avea la intesa al bene sommario della Crociata, ma solo opinavasi e sostenevansi i pareri che favorivano le proprie passioni; per molti giorni durò questo conflitto, minacciando sempre il Legato degli ecclesiastici fulmini coloro che da lui dissentivano; e data frattanto opera che si stimolassero gli avversari alle ostilità, ogni trattativa di pace, fu intermessa, e fu ripreso l'assedio di Damiata con maggior vigore che prima.

Frattanto il Sultano fu da alcuni suoi alleati abbandonato; e Damiata versava in grande pericolo. Fu tentato di mandarvi rinforzo di nuova

T. I.

gente mediante le tenebre della notte [1], ma questi tentativi riescirono quasi tutti inutili.

Non pretermisero stratagemmi per mandare viveri al presidio della città; empivano di pane e altre vettovaglie, sacca di pelle, che mandate giù a seconda del Nilo, venivano galleggiando sotto le mura e spesso riesciva agli assediati di auncinarle e tirarle su; nascondevano anche pani nei drappi in che avvolgevansi i cadaveri, i quali similmente gittati all'acqua, agli assediati pervenivano. Ma scoperti dai Cristiani tali stratagemmi, furono impediti.

Allora la fame non ebbe più riparo; il presidio vinto dalla fatica e dal digiuno non aveva più tanto vigore che le mura difendesse o guardasse. Il popolo, durante la notte, se ne fuggiva alla spicciolata, secondo che glie ne veniva occasione.

In tale estremità il governatore di Damiata, scrisse al Sultano una lettera in versi nella quale introduceva la derelitta città che così parlava al suo sovrano:

O Signore dell' Egitto! se tu non mi soccorri tosto, io non ho più refugio, la mia gloria è spenta; fra poco fia spiegato l'esecrando vessillo della Croce su i miei cadenti edifici, e la campana degli infedeli proclamerà nel mio desolato recinto il trionfo del Vangelo [2].

Il Sultano non potè far penetrare veruna risposta nella città; ingegnavansi di penetrarvi i marangoni mussulmani, ma i Cristiani avevano poste sott'acqua certe reti nelle quali come pesci gli prendevano; e quelli che erano posti a tale officio, chiamavansi nel campo *pescatori d'uomini*.

Perclusa ogni comunicazione con la città, nè il sultano, nè i Crociati poterono più saper nulla di quello che vi accadeva. Niun moto o suono di vita vi appariva, onde un arabo scrittore con bella metafora disse: che *Damiata era un sepolcro chiuso*.

Il Cardinal Pelagio gloriandosi de'suoi bene avviati consigli, non restava dall'accendere il coraggio de'Crociati, ora con la potenza della religione, ora con le allettative della eloquenza. La storia ci ha conservate alcune delle sue militari concioni da lui recitate sul campo di battaglia; piene delle promissioni e delle minaccie della chiesa; indulgenze per ogni tollerata pena e fatica, anatemi per qualunqe mancamento.

Frattanto in queste prosperità del campo Cristiano accadeva, certo

---

[1] La parte dalla quale i soldati mussulmani entrarono nella città era affidata alla guardia del duca di Niversa il quale: *ot grand blasme et banni en fut hors de l'ost*, cioè: ne ebbe gran biasimo e fu sbandito dall'oste.
[2] Machrizi.

per opera del demonio, cosa tanto mostruosa che ben rade volte era in tempi calamitosissimi accaduta; ma i giudicii di Dio sono imperscrutabili. Molti Crociati di continuo disertando i vessilli della Croce, riparavansi nel campo mussulmano, abbracciavano l'islamismo, e più degli stessi Mussulmani, ne divenivano acerrimi difensori. Altri ancora più perversi e traditori, davano al nimico i posti che avevano in guardia. Quelli che umanamente di tali enormità consideravano, ne attribuivano la colpa al Legato, che col suo despotismo e orgoglio, faceva esosa la santa religione di cui era rappresentante; i più pii dicevano, accadere ciò per permissione di Dio, il quale servivasi di tali mezzi per meglio dimostrare la sua onnipotenza a' Mussulmani.

Il Legato, per mantenere gli ordini e la disciplina nell'esercito, usava lo spaventamento delle ecclesiastiche censure contro i traditori al vessillo di Cristo; già dai pontefici nelle epistole loro più e più volte minacciate [1]. Qualunque cavaliere allontanavasi dalla zuffa perdeva cavalli ed armi, veniva vergognosamente sbandito dall'esercito; un fante che escisse degli ordini, un mercante o donna che si mescolasse nelle schiere senza combattere, mozzavaseli in pena la mano destra ed era spogliato d'ogni suo avere. Fu anco fulminata scomunica contro ogni uomo o donna che posto alla guardia delle tende, fosse trovato senz'armi. Tutti questi rigori esasperarono molto gli animi de' Crociati; nondimeno non ne successe alcuna dimostrazione, e l'assedio progrediva vigorosamente.

Nei primi giorni del novembre fu fissato l'assalto generale. Gli araldi d'arme correvano pel campo gridando:

In nome del Signore e della Vergine, noi moviamo all'assalto di Damiata; coll'aiuto di Dio la prenderemo.

I Crociati rispondevano: *Che sia fatta la volontà di Dio.* — Il Legato cavalcava per mezzo le schiere, assicurando i pellegrini della vittoria; e perchè voleva profittare delle tenebre della notte, quando furono venute dette il segno. Diluviava la pioggia, con fitti tuoni e lampi, niun rumore s'udiva nè sopra le mura, nè dentro la città; i Crociati salsero sulle mura, nè trovarono chi le difendesse. Presa una torre, chiamarono in soccorso i soldati che gli seguitavano; frattanto intonarono ad alta voce il *Kirie Eleison.* — L'esercito ordinato in battaglia sotto le mura, rispose in pieno coro: *Gloria in excelsis.* E il Legato intonò il *Te Deum.*

Due porte della città furono rotte; *E così* (dice il Cronista) *Damiata fu presa per la grazia di Dio* [2].

---

[1] Memoriale di Reggio, *Bibl. delle Croc.*

[2] La presa di Damiata è narrata più circonstanziatamente dal Memoriale di Reggio che da Oliviero. — Oliviero la pone al 9 novembre, il Memoriale al 5. — Oliviero porta il numero de' morti a ottanta mila; gli autori arabi a venti mila; ma pare che questi parlino dei soli soldati mussulmani.

Con lo spuntar del sole i soldati della Croce, tenendo in mano le spade ignude, entrarono nella città. Temevano sempre di qualche agguato, onde procedevano circospetti. Un mortifero fetore tagliava loro il respiro; piazze, strade, case, moschee, ogni luogo era pieno di putrefatti cadaveri; uomini, vecchi, fanciulli, donne, giacevano disseminati per la terra, distrutti dalla fame; di settanta mila abitatori, non rimanevano vivi che soli tre mila, e questi anco moribondi, brancolavano tra i cadaveri.

I Crociati che sitivano sangue ed eransi preparati ad immensa carneficina, rimasero stupefatti di tanta magnanimità e fortezza de' loro nemici; passato lo stupore, avventaronsi alla preda che fu grandissima |di spezierie, diamanti e drappi preziosi; onde uno storico dice che più non arebbero guadagnato se avessero conquistato la Persia, l'Arabia e le Indie. Gli ecclesiastici fulminarono scomuniche contro chiunque s'appropriasse cosa alcuna di tanto sacco; ma in questa occasione le saette ecclesiastiche furono ottuse contro le avare anime de'soldati; non fu portato al comune deposito che il valore di dugento mila scudi.

Eravi in Damiata una celebre moschea, adorna di sei vaste gallerie e di cento cinquanta colonne di marmo, con una magnifica cupola la quale eccedeva in altezza tutti gli edifici della città. Appena i Crociati furono padroni della città, consecrarono questa moschea alla Vergine Maria; e tutto l'esercito vi si ridusse per ringraziare Iddio della conseguita vittoria. Il giorno vegnente vi si assembrarono i baroni e i prelati per deliberare del nuovo acquisto, che fu per comune consentimento dato al re di Gerusalemme.

I fanciulli che trovaronsi ancora vivi nella città, furono presi e battezzati e distribuiti a'Cristiani che gli crescessero nella loro religione; ma quasi tutti, dopo il battesimo perirono. I Mussulmani che erano ancora abili a qualche fatica, furono provveduti di viveri, e costretti a ripulire la città dalle carogne che l'ingombravano. Ma l'aere corrotto dalle pestifere esalazioni, cacciò fuori delle mura il cristiano esercito, che dovette ritornare nel suo campo fino a tanto che la città fosse purgata e resa abitabile.

Quando la nuova della presa di Damiata, divulgossi in Siria e nell'alto Egitto, i Mussulmani costernati accorrevano nelle moschee a implorare l'ausilio del Profeta contro i nimici dell'Islamismo. Il sultano del Cairo e il principe di Damasco, spedirono ambasciatori al califa di Bagdad, supplicandolo che esortasse tutti i veri credenti a prender le armi per difendere la religione di Maometto.

Augustiavano l'animo del Califa gli infortunii che gravavano sulla famiglia di Saladino; ma poco potea in soccorso di quella, perchè le orde de' Tartari scese dalle loro montagne, avendo corse varie provincie della Persia, innoltravansi sulle rive dell'Eufrate; per il qual pericolo il Califa non poteva mandar soccorsi in Siria e in Egitto; ed anzi ne chiedeva per la difesa de' suoi propri stati, costretto dall'urgente necessità.

Nondimeno i principi Aiubiti, facevano massa di genti contro i Crociati, e mandato a confortare il capo dell'Islamismo, che quanto prima fossero da'loro nimici liberati, accorrerebbono in di lui soccorso, espiavano l'occasione seconda per opprimere gli occupatori di Damiata.

I Mussulmani esecravano più le alluvioni de'Cristiani che quelle dei Tartari, sendo natura de'popoli, abbominare principalmente i conquistatori che vogliono ai vinti tôrre le loro leggi e la religione. I Tartari in tutto barbari e senza abbozzo di civiltà, sempre adottavano le leggi e la religione de'vinti; contro le quali invece combattevano i Cristiani. Per tali considerazioni i principi e i popoli mussulmani dall'Eufrate fino al mar Rosso, facendo poca stima del pericolo della Persia e della Siria, concentravano tutte le loro forze contro gli invasori del Nilo.

Dopo la presa di Damiata i soldati mussulmani rimasero vinti da tale costernazione, che quasi sempre cansavano l'incontro del nimico; sicchè quando i Crociati rappresentaronsi alla fortezza di Tani, situata in mezzo al lago di Menzalé e che potevasi con pochissimo pericolo sicuramente difendere, il presidio, o che difettasse de'viveri o che cedesse a panico terrore, s'arrese.

Venuto l'inverno molti pellegrini ritornaronsene in Europa; quelli rimasero all'esercito, abbandonavansi alla mollezza, all'ozio, e alle voluttà. Ravvivaronsi le sopite discordie. Il cardinal Pelagio attribuendo a sè tutta la gloria della espugnata Damiata, e trascorso in incomportabile orgoglio, voleva esser despota dell'esercito; del che principalmente dolevasi il re di Gerusalemme, poichè il legato vietava che gli fosse prestata obbedienza; nè parendoli conveniente alla sua dignità lasciarsi padroneggiare da un prete, nè volendo porsi a cimento con chi rappresentava la chiesa, se ne partì dall'esercito con le sue genti [1]. Di ciò fu contento Pelagio, come se si fosse tolto d'innanzi il suo maggior nimico ed emulo, nè vi essendo più alcuno che facesse fronte a'suoi arbitrii, emanò una legge, per la quale ordinava che niuno potesse partire o assentarsi anco per breve tempo dall'oste, senza sua espressa permissione.

Di questa novità indegnaronsi tutti gli animi de'Crociati, ma quasi furono per rompere ad aperta sollevazione quando esso Legato emanò l'al-

---

[1] Il re Giovanni aveva diritto sul regno d'Armenia per la sua figliuola. Quando giunse ad Acri dice il continuatore di Guglielmo Tirense: *si le firent aucunes gents accroire que sa fame voloit empoisonner sa fille, dont il tenoit le royaume; le roi fut mult dolent; si batit sa fame de ses éperons, si que l'on dit quelle fut morte de cette bateure.*

tra legge che crogava al profitto della Chiesa le spoglie di tutti coloro de' Cristiani che foßero morti o morissero durante la Crociata. Sanciva poi questa legge con la minaccia delle ecclesiastiche censure.

Giungevano frattanto ogni giorno nuovi Crociati dall' Occidente, in tra i quali era il duca di Baviera e quattrocento baroni ed uomini d'arme tedeschi mandati dall' Imperatore Federigo Secondo. Giunsero poco dopo anco i Crociati di Milano, di Pisa e di Genova; e alcuni vescovi, arcivescovi ed altri ecclesiastici che conducevano grosse masnade di Tedeschi, Italiani, e Francesi. — Mandava oltreciò il pontefice al cardinal Pelagio [1], viveri per l'esercito e somme considerevoli per le spese della guerra.

Avute che ebbe il Legato queste opportune provvigioni di danaro di vettovaglia e di genti, il suo orgoglio non volle più alcuna temperanza, e immaginandosi sicuro il conquisto di tutto l'Egitto, propose nel consiglio de' capitani che si movesse contro il Cairo. Il clero fece subito plauso alla proposta, ma i cavalieri e i baroni che detestavano la sua tirannide, negarono al tutto di volerlo seguitare nella nuova spedizione. Invano cominciò egli a fulminare scomuniche, anco gli stessi Romani rifiutaronli l'obbedienza; allegando che senza la militare perizia del re di Gerusalemme, non arebbero ardito inoltrarsi nel paese nimico nè meno lo spazio d'un miglio. Allora l'orgoglioso Legato sentì la necessità amarissima di dover ricorrere al re da lui offeso e spregiato, ma fu mestieri tracannarsi questo amaro calice, e mandare ambasciatori a Giovanni da Brienna supplicandolo che degnasse ritornare al campo cristiano.

Ma mentre oziavano in questa irresolutezza i Cristiani, i Mussulmani facevano grande accolta d'armi; accorrevano con nuove genti i principi di Emesa, Damasco, dell' Armenia, dell' Hamà, di Baalbecca e della Arabia.

Il sultano con le sue genti erasi accampato in un luogo ove partonsi due rami del Nilo, ed ivi riceveva tutti i rinforzi che gli sopraggiungevano dalle varie parti sopra descritte. In mezzo al detto campo erasi edificato un palagio ricinto di mura; e i Mussulmani aveanvi fabbricate case bagni, bazari ovvero mercati, sicchè in poco tempo quel campo divenne città detta arabicamente *Mansurà* che in nostro parlare suona *la vittoriosa*; nome che le fu dato dipoi perchè fu come scoglio in cui tutte le forze de' Cristiani si fransero e perirono.

Giunto il re di Gerusalemme a Damiata, fu ragunato il consiglio dei capi per deliberare sulla proposta del Legato: il quale levandosi primo a parlare espose le infrascritte considerazioni:

---

[1] Rimangono due lettere scritte da Onorio al legato Pelagio, che gli mandò con le dette somme, e si troveranno nel volume dei Documenti.

Doversi combattere il male nella sua origine ; nè potersi vincere i Saraceni senonchè togliendo via i fondamenti della loro potenza... perchè l'Egitto forniva a quelli soldati, viveri ed armi, onde impadronendosene i Cristiani venivano a privare gli avversari d'ogni loro sostegno. Essere il tempo opportuno per lo sbigottimento in che trovavasi il nimico; ed esser far tradigione alla causa comune, non profittare di tanto bella occasione. Quando uno ha levate le armi contro potente impero, non poterle con suo onore e sicurezza deporre, finchè non l'abbia tutto ruinato e vinto. Ragguardassero al mondo Cristiano tutto intento ai fatti e ai progressi loro, e che non s'imprometteva soltanto la liberazione de' santi luoghi, ma lo sterminio e la morte di tutti i nimici di Cristo e la destruzione di tutti i popoli che avevano imposto sacrilego giogo alla città di Dio.

I vescovi, i prelati e quasi tutti gli ecclesiastici fecero plauso alla concione del legato, e sostenevano anco il di lui parere il conte Celano e Matteo di Puglia, che Federigo Secondo aveva mandati in Egitto con parte delle sue genti per combattere i nimici di Cristo: avevano anco commissione d'annunciare l'imminente arrivo dello stesso imperatore.

Nondimeno i signori, i baroni, i gran maestri del Tempio e di san Giovanni e tutti i capi che avevano alcuna cognizione dell'Egitto, poco favorevole prognostico facevano della spedizione proposta dal Legato.

Il re di Gerusalemme fecesi sponitore dei loro consigli nell'assemblea, e perchè era allora il mese di luglio in che il Nilo comincia a gonfiare e a far soperchio per tutta la pianura d'Egitto, da ciò prese argomento al suo dire in questa sentenza:

Conoscete voi quanti pericoli ci sieno nella proposta del Legato? Noi c'innoltriamo per terre incognite e per mezzo a nazioni nimiche; se saremo vinti, non fia più alcun refugio per noi; e anco vincendo andremo di continuo perdendo forze. Facilmente per avventura occuperemo queste provincie, ma come potremo poi tenerle? I Crociati sempre volonterosi di ritornarsene in Europa, sono più atti a vincere in campo che ad assicurare il possesso de' paesi conquistati. Vero è che il nostro esercito non teme i Mussulmani che da ogni parte fanno accolta contro di noi; ma per fare noi salvi e sicuri e' non basta vincere il nimico, ma bisognerebbe sterminarlo; nè combattiamo esercito contro esercito, ma bene esercito contro esercito e popoli stizziti dalla disperazione e dalla cupidità di vendetta. Che frutto fece il re Amaurì qui in Egitto? ei fu cagione degli augumenti di Saladino, e della caduta di Gerusalemme.

Oltre queste difficoltà, Giovanni da Brienna, ne allegava anco altre desunte dalle sue cognizioni dell'arte guerresca. Conchiuse per ultimo il suo discorso dimostrando che Damiata e Tani bastavano a contenere i popoli dell'Egitto; che facea mestieri riprendere le città perdute, prima che conquistare paesi non mai per lo avanti posseduti; e che al postutto non s'erano raccolti sotto le bandiere della Croce per assediar Tebe, Babilonia e Memfi, ma unicamente per liberare Gerusalemme, che allora non avea riparo contro i Cristiani e nella quale potevano assicurarsi e fortificarsi contro tutte le forze de'Mussulmani; e poichè il potente imperatore di Allemagna annunciava il suo imminente arrivo in Oriente, esser debito aspettarlo prima di risolversi ad altre imprese.

La maggior parte de'baroni e de'cavalieri sentivano col re di Gerusalemme; ma Pelagio con severe parole riprendeva di debolezza e timidità i suoi avversari, dicendo che invano ingegnavansi dissimularle sotto il velo della prudenza e della moderazione: che Gesù Cristo non chiamava a difender la sua causa guerrieri troppo savi e circospetti, ma soldati che considerassero e che avvisassero più alla gloria e alla grandezza della impresa che a'suoi pericoli. Per ultimo dichiarò che l'impresa da lui proposta era decretata dalla Chiesa medesima, e: chi farà opposizione sia anátema.

Così il Legato vinse il partito e fu deciso che l'esercito Cristiano movesse alla impresa del Cairo.

Li 16 delle calende d'agosto (così, sebben più diffusamente, narra Oliviero) i Crociati si posero in cammino, procedendo sulla riva destra del Nilo, ordinati in battaglia. Erano più di dodici mila cavalli co'loro scudieri e sergenti d'arme; il numero de'fanti era poi dagli Arabi paragonato alle nuvole delle cavallette. Quattro mila arcieri scorrevano sulla fronte e sul lato manco dell'esercito; e una armata di seicento trenta navili tra grandi e piccoli, ascendeva nel medesimo tempo il fiume. Le bagaglie, la plebe inerme, il clero e le donne camminavano in mezzo alle schiere.

Quattro mila cavalli mussulmani, mossero ad assaltare più fiate i Cristiani, ma furono sempre respinti. — L'esercito aveva già felicemente passato Farescur, Saremsac e Beramun, fuggendone gli abitatori con le loro donne e figliuoli; dal che il Legato auguravasi sicura la vittoria.

Senza veruno impedimento l'esercito cristiano giunse fino alla punta del Delta di Damiata; e pose le sue tende ove appunto il canale d'Aschmun partesi dal Nilo; dall'altra parte del canale era Mansurà ove aveva il suo campo l'esercito mussulmano.

Il sovrano di Damasco e i principi d'Aleppo, Émesa e Bosrha, con molte soldatesche erano in cammino per soccorrer l'Egitto. — In tutte le città egizie, gli araldi d'arme pubblicavano il comandamento del sultano che tutti i popoli dovessero prender le armi; forti imposizioni levavansi in tutte le provincie. Uno storico arabo esprime con somma proprietà l'universale terrore del paese, dicendo: *Il Nilo cominciava già a stravasare e niuno poneavi mente.* Quanto era in Egitto di tesori, armi, viveri, e quanti uomini aveanvi da poter arme, tutto recavasi a Mansurà.

Malec Chamel, riceveva tutti questi rinforzi, nè però facea mostra di voler combattere. La fama dell'arrivo di Federigo, le correrie de'Tartari, e la stessa moltitudine che accorreva per difendere il paese, tenevano perplessi i principi mussulmani e facevali desiderosi che presto finisse quella guerra, nella quale nemmeno per la vittoria potevano guadagno alcuno sperare. Il sultano conoscendo la disposizione de'suoi e seguitando nella sua naturale moderazione, mandò ancora a offerir pace ai Cristiani, e il regno di Gerusalemme se volevano ritornarsene addietro.

Giovanni da Brienna e la maggior parte de'baroni che conoscevano le difficoltà e i pericoli di quella spedizione, inclinavano ad accettare le proposizioni de'Mussulmani ed ammiravano la loro bontà; ma il Legato fieramente s'oppose, dicendo: che il nimico non per moderazione, ma per paura chiedeva pace, e che non si ascoltasse, ma si procedesse avanti.

Gli ambasciadori ritornati al campo mussulmano, annunziarono il rifiuto de'Cristiani; del che tutti gli animi furono tanto indignati, che dapertutto non s'udiva altro che gridar armi e tutti volevano combattere; ma il sultano, che aspettava un ausiliario anco più formidabile di tutti quelli che aveva ricevuti, e al quale il cardinal Pelagio non avea avuta avvertenza, conteneva l'impazienza degli animi e delle armi.

Tutto il paese echeggiava del suono delle chiarine e delle trombe; dall'una e dall'altra parte del canale, non vedevasi altro che scudi e lancie. La cronica di Torsi fa a questo proposito una curiosa descrizione del campo cristiano, che stimo pregio dell'opera riferire:

I Romani, in mezzo a'quali era il Legato, pavoneggiavansi nel loro orgoglio; gli Spagnuoli e i Guasconi, empivano l'aere del loro cicaleggio faceto; i Tedeschi faceansi vanto della tenacità di loro carattere; la milizia francese che distinguevasi per la sua modestia, per la semplicità de'costumi, e per lo splendore delle armi, erasi riunita intorno al re di Gerusalemme, co'Templari e gli Spedaglieri, standosene lontana dal rumore e dai clamori, sempre pronta ad affrontare il nimico. I Genovesi, Pisani, Veneziani, Pugliesi e Siciliani, tenevano la sponda del Nilo ed avevano la guardia dell'armata.

Standosene inoperoso l'esercito cristiano; molti per noia e lassitudine; molti per odio del legato; e molti, poco favorevoli prognostici facendo dell'avvenire, senza tòrre commiato in numero di più che diecci mila crociati, ritornaronsene a Damiata.

T. I.

L'*esercito cristiano* stava già da tre settimane in cospetto del nimico aspettando sempre il segnale delle promesse vittorie; quando venne a scuoterlo dalla sua espettazione lo stravasamento del Nilo, che aspettavano i Mussulmani per assicurarsi la vittoria; i quali trasportando il loro navile ora per terra ed ora facendolo correre i canali del Delta, l'introdussero per ultimo nel fiume davanti a Sarensà [1]. Con questa prudente operazione i Mussulmani precisero ogni comunicazione fra il campo dei Crociati, e Damiata; e presero molte navi cristiane. L'esercito difettava di vettovaglia, nè poteva più procurarsene, nè poteva anco seguitare il suo cammino verso il Cairo.

Essendosi i capi assembrati, deliberarono sul partito cui appigliarsi; agitati lungamente i vari pareri, fu dato il segno della ritirata. Sopravvenne la notte, l'esercito disponevasi alla partenza, e imprudentemente arse le tende; lo splendor delle fiamme fu avviso a' Mussulmani della nuova risoluzione del nemico, e posersi subito a turbarli la ritirata. — Un gran numero de' pellegrini che avevano bevuto il vino che non potevano recar seco, vinti dalla ubbriachezza, abbandonavansi sopra le strade e vi s'addormentavano; gli altri camminando per le tenebre, non seguitavano le bandiere e smarrivansi per incognite campagne. Trecento preti, avutane licenza dal legato, gittaronsi nelle navi, per salvarsi più sicuramente, ma tutti perirono; e la Cronica di Torsi esclama: *Così Dio cominciò dal suo santuario a distribuire le palme del martirio.*

Venuto il giorno, l'esercito cristiano vide la cavalleria mussulmana che tempestavalo sull'ala destra, per cacciarlo nel Nilo; alle spalle aveva gran multitudine d'Etiopi, che facevano strage dei meno espediti delle gambe. Il re Giovanni con i cavalieri del Tempio e dello Spedale, frenava l'impeto de' Mussulmani, e spinse gli Etiopi nel fiume, i quali vi si gittarono dice Oliviero, come una frotta di ranocchi che saltino nelle loro paludi.

La notte seguente, mentre l'esercito cristiano s'era agiato per prendere breve riposo; il sultano del Cairo fece aprire tutte le cateratte, *e l'acqua del Nilo piombò sulle teste di quelli che dormivano.* Corsero di nuovo gli Etiopi sitibondi del sangue de' crociati, che caduti in estremo disordine non potevano più ordinarsi in battaglia. I Mussulmani avevano

---

[1] Gli autori arabi mi sono stati di molto soccorso in questo luogo. Hamaker che aveva molto studiata la materia è nondimeno incorso in molti errori. Questi canali, a cagion d'esempio, fa egli correre all'oriente del Nilo, mentre corrono all'occidente. Dopo le Crociate sono accadute in Egitto molte mutazioni, molte coste sono state inghiottite dalle acque del mare, altre nuove si sono formate dalle alluvioni dal Nilo; molti canali si sono colmati, altri nuovi sono stati aperti a tutto ciò arrogesi l'imperfezione delle nostre carte geografiche; per il che indispensabile resulta lo studio degli arabi scrittori.

Uenuu dis

Scolta inc.

I cristiani spossati dalla fame e dalla fatica abbandonavansi; la loro cavalleria, affondata nella melletta, non poteva nè andar innanzi, nè indietro;

Lib. XII pag 731

frattanto occupato tutti i luoghi prominenti, onde i soldati cristiani vagavano miseramente per la pianura, perseguitati dalle onde precipitose e da un nimico al quale avevano recusata la pace.

In tanta estremità, il re di Gerusalemme è i principali capi de' Crociati mandarono alcuni cavalieri ai Mussulmani disfidandoli a far la giornata; del che rise molto il sultano e disse agli inviati: *Riferite ai vostri capi, che siccome è grande stoltezza il porsi con grossi eserciti per paesi sconosciuti; non sarebbe stoltezza minore il far la giornata a posta del nimico; nel primo errore sono incorsi essi, ma io non incorrerò nel secondo, nè porrò in contenzione una vittoria che ho già sicura in mano.*

I cristiani spossati dalla fame e dalla fatica abbandonavansi; la loro cavalleria, affondata nella melletta, non poteva nè andar innanzi, nè indietro; i fanti avevano gittate le armi che impedivanli al camminare; tutto il campo era pieno di gemiti e di lamenti. Uno storico arabo dice: *Quando i guerrieri cristiani, non videro più veruno scampo alla loro ruina; le loro anime prostraronsi nell'avvilimento e i loro dossi piegaronsi sotto la verga di Dio a cui appartiene ogni laude.*

A Pelagio eransi molto raffreddati nel seno gli spiriti bellicosi; era divenuto taciturno e quasi dissennato, dolevasi alcune fiate d'essere tradito [1]; nè osava nè meno risentirsi per le infinite maledizioni che gli ronzavano di continuo intorno, de' soldati da lui a certa morte condotti. Finalmente tanto soprabbondarono i clamori e le invettive che fu costretto a umiliarsi e chieder la pace che due volte aveva al nimico rifiutata. Spedì adunque al sultano del Cairo il vescovo di Tolemaida con altri ambasciadori, proponendoli capitolazione, offerendoli restituire la città di Damiata nè voler altro senonchè permettesse all'esercito di ritornarsene in Palestina.

Assembraronsi i principi mussulmani per deliberare sulla proposta de' Crociati. Quasi tutti erano d'avviso che la capitolazione si rifiutasse; alcuni volevano che l'esercito cristiano fosse fatto prigione di guerra; molti consigliavano che si sterminasse senza veruna misericordia. Il principe di Damasco, parlò in questa sentenza:

Sperate voi forse poter fare trattati con uomini senza umanità e senza fede? Non sono presenti alle memorie vostre le loro immanità nella guerra e le tradigioni nella pace? Non sono eglino armati per devastare le nostre provincie, per ruinare le nostre città, per tor via la religione del Profeta? Ed ora che la fortuna pone nelle vostre

---

[1] Imberto maresciallo del Tempio, confidente del Legato, passò nel campo mussulmano con quanti potè tirare nella sua deserzione.

*mani gli acerrimi nimici dell' Islamismo e i devastatori dell' oriente,
non gli sterminerete una volta per la salvezza de' popoli mussulmani, e
per tramandare agli adoratori d' Issà una terribile lezione che gli sgomenti in perpetuo del venire a perturbare ed affliggere i nostri stati?
Siamo noi andati in occidente a devastare le loro terre e le città? siamo
andati mai a rapire le loro mogli e i figliuoli? siamo andati a trucidare
i loro vecchi e la loro florida gioventù? Perchè dunque vengono eglino
a empire gli stati nostri di ruine, di devastazioni, di stragi, di rapine, di stupri e d' ogni nefanda iniquità? E cagionandoci tanti mali, come potremo noi usare verso di essi clemenza e moderazione. Sterminiamoli, sterminiamoli una volta, togliamoci al fine questa crudele
spina dal cuore; ne v' immaginate mai che con loro v' abbia a giovare
la generosità e la clemenza; poichè e' sono di sì perfida natura che
mentre dall' una mano ricevono il beneficio, con l' altra tenendo il traditore coltello v' insidiano la vita.*

I principi e gli emiri, fecero grandi applausi alla concione del principe Damasceno e volevano concordemente che il di lui parere fosse seguito; ma il sultano del Cairo non discostandosi dalla consueta sua moderazione, contradisse alla opinione del Damasceno e dimostrò con buone ragioni
che la capitolazione proposta da' Cristiani si dovesse accettare. Egli disse:

*Deesi considerare che tutti i Franchi non sono in questo esercito
che volete prender prigione; ma che buon numero de' Crociati, è rimaso in Damiata e che la potrebbe difendere ancora per molto tempo.
A me sembra il meglio che quando si possono ricuperare le cose nostre senza pericolo, si debba preporre all' avere alcuni prigioni. Voi
sapete bene che già molti eserciti cristiani furono dai nostri padri sterminati; ebbene qual pro? l' occidente sempre ridondante di abitatori,
ci riversa qua tutta la sua peggiore ciurmaglia, gente a cui è men
duro venire in oriente contro le nostre spade, che morire di fame nelle
loro patrie. Considerando poi alle nostre provincie, noi le vedremo in
pessima condizione condotte, tartassate e angustiate da noi medesimi
per trarne danaro e per farvi soldati; e poco omai atte a guerreggiare e a difendersi. Perciò io stimo dicevole e prudente accettar questa pace che ci viene proposta, onde prepararci a nuove guerre, che
certo non mancheranno; e poichè siamo interi e abbiamo il meglio di
questa impresa, contentiamoci dell' utile presente, nè ci lasciamo ade-
scare da gloria vana e fallace che ci persuada a maggiori pretensioni* [1].

---

[1] La cronica d' Ibn Ferat contiene alcuni particolari su questo consiglio dei principi Mussulmani
(Vedi gli estratti degli scrittori Arabi). I Cronisti occidentali non ne fanno motto. Giacomo da Vitriaco
inviato al campo mussulmano per proporre la capitolazione, tace del tutto questa importante circostanza.

Il parére del sultano prevalse più per l'autorità di lui che per persuasione che ne avessero i principi e gli emiri, onde la capitolazione fu accettata. Il Sultano mandò il suo proprio figliuolo nel campo de'Cristiani per pegno della sua parola; dall'altra parte, il re di Gerusalemme, il duca di Baviera, il Legato del Pontefice, e i principali capi dell'esercito, recaronsi al campo mussulmano come ostaggi fino al compimento del trattato [1].

Quando i deputati dell'esercito prigione andarono a Damiata e annunziaronvi l'infortunio e la cattività de'Cristiani, molti Crociati che erano novellamente giunti d'occidente ne rimasero spaventati; ma dipoi quando essi deputati riferirono esser pattuito che la città si rendesse ai Mussulmani, la maggior parte de'Latini s'indignarono di tanta viltà e ricusarono sottomettersi alla capitolazione. Alcuni deliberavansi di ritornare in Europa, e gli altri occupando le mura e le torri della città, protestavano che volevano difenderle fino alla morte [2].

Dopo alcuni giorni, furono spediti nuovi deputati i quali recavano che il re di Gerusalemme e gli altri capi dell'esercito, avrebbero data ai Mussulmani Tolemaida, se ricusavano ancora di rendere Damiata. Per indurre finalmente i Crociati a'loro voleri, i capi annunziarono loro di aver ottenuto il miglior fine della loro spedizione, cioè d'aver avuto in dono dal Sultano del Cairo la vera Croce del Salvatore, già presa da Saladino nella infausta giornata di Tiberiade [3]. Questo annunzio contentò i pellegrini più zelanti e si disposero a rendere Damiata. Subito il popolo e i soldati corsero la città spogliandola di quante ricchezze ancora vi rimanevano, nel mentre che il clero distruggeva gli altari e le immagini de'santi, affinchè non rimanessero alle ingiurie de'vincitori. Così Damiata fu restituita ai Mussulmani con estremo rincrescimento de'Crociati, che pria di escirne fecionvi i maggiori guasti che poterono.

L'esercito cristiano avendo bruciate le sue tende e perdute le bagaglie, e avendo passato più giorni in quelle pianure dilagate dal Nilo, era duramente dalla fame e dalla infermità travagliato e di totale ruina minacciato. Il re di Gerusalemme che era ancora nel campo mussulmano informato della estremità in cui versavano i Crociati, presentossi al sultano Malec Chamel supplicandolo ad avere misericordia de'suoi nemici disarmati. — Il continuatore di Guglielmo Tirense, che è mia guida in

---

[1] Questi particolari leggonsi negli scrittori arabi, e in un frammento della cronaca di Torsi, che si avrà tradotto nel volume dei Documenti.

[2] La cronica di Torsi descrive molto circostanziatamente la confusione di Damiata. Gli Italiani e i Tedeschi non la volevano rendere; i Greci, i Siri e i Francesi consentivano a renderla.

[3] Abbiamo veduto nel libro precedente che i Cristiani dopo presa Costantinopoli vi trovarono questa medesima croce caduta in poter de'Mussulmani a Tiberiade.

questa parte della storia, narra nel suo vecchio stile l'abboccamento di
Giovanni da Brienna col sultano d'Egitto, in questa guisa:

*Il re s'assise durante al sudàn e si pose a piangere; il sudàn
guardò il re che piangeva e gli disse: Sire, perchè piangi tu? — Sire
(rispose il re) io ho ragione di piangere, poichè veggo il popolo che
Dio m'ha dato, perire in mezzo alle acque di fame. = Il sudàn ebbe
compassione del re che piangeva, ed anch'egli pianse; e allora mandò
trentamila pani pei poveri e pei ricchi; e fece il medesimo pe' quattro
giorni susseguenti* [1].

Malec Chamel fece chiudere le cateratte, e la pianura fu sgombrata
dalle acque. — Appena che Damiata fu restituita a' Mussulmani, l'esercito
cristiano cominciò la sua ritirata. I Crociati che dovevano la libertà e la
vita a' Maomettani, passarono umiliati per mezzo a quella città che con
tante fatiche e pericoli avevano espugnata e allontanaronsi dalle sponde
del Nilo. Portavano però seco la Vera Croce, ma molti, e i più dotti,
specialmente negavano la sua autenticità fin d'allora, presumendo che il
nemico avesse in ciò usato frode e inganno, per farsi beffe della loro
credenza, sicchè l'esercito non provava alcuna consolazione nè aveva alcuna confidenza in quella reliquia di cui tenea sospetta l'autenticità. Il
sultano dell'Egitto sempre costante nella sua moderazione e diffidandosi
de' suoi popoli, troppo sdegnati contro i Crociati, mandò ad accompa-
gnarli uno de' suoi propri fratelli incaricato di provvedere per tutto il
cammino ad ogni loro bisogno e farli rispettare ovunque passassero.

Già eransi fatte a Tolemaida grandi allegrezze per le vittorie de' Cristiani sulle rive del Nilo; già tutti presupponevansi i santi luoghi liberati e l'impero de' Mussulmani distrutto; ma il ritorno dell'esercito distrusse tutte le belle immaginazioni, e alle allegrezze successero i pianti.
— Frattanto nelle città mussulmane celebravasi pubbliche feste per la
liberazione dell'Egitto; i poeti arabi paragonarono il sultano del Cairo
al Profeta la cui religione trionfante dominava sulle vaste contrade sottoposte un tempo alle leggi di Mosè e di Gesù Cristo. Il di lui fratello
principe di Chelat, nominato *Mussà* ovvero Mosè, era comparato al legislatore degli Ebrei, la cui verga miracolosa aveva tirate le divine vendette sopra i nemici d'Israele e suscitate per ultimo le onde alla som-
mersione di quelli [2].

---

[1] *Le roi s'assit devant le soudan et se mist à plorer; le soudan regarda le roi qui ploroit
et lui dist: Sire pourquoi plerezvous? — Sire, j'ai raison (répondist le roi) car je vois le
pouple dont dieu m'a charge perir au milieu de l'eau et mourir de faim. Le soudan eut pitié
de ce qu'il vit le roi plorer; si plora aussi; lors envoya trente mille pains as pauvres et as riches; ainsi leur envoya quatre jours de suite.*

[2] Questi particolari leggonsi negli scrittori Arabi — *Bibl. delle Croc.*

Non ostante sì bella vittoria, l'Egitto era pieno di desolazione e di miserie. Gli arabi Beduini, per comandamento del sultano avevano devastate tutte le provincie intorno ai Cristiani; eransi levate enormi imposizioni; le terre più feconde erano divenute sterili, e i ricchi divenuti poveri. In questa universale calamità, i Cristiani stanziati in Egitto portarono le pene dello zelo de' loro fratelli, poichè furono spogliati de' loro beni, imprigionati, perseguitati; le loro chiese furono demolite e il loro culto vietato. Diceva il sultano nel suo editto: *Io non faccio guerra alle religioni, se non quando le religioni spingono i popoli a trucidarsi fra loro* [1].

Furono questi i primi resultamenti della Crociata i cui preparativi avevano occupata l'Europa per molti anni.

Ognuna delle Crociate precedenti aveva il suo oggetto preciso, e procedimento facile a seguitare; ma questa di che si tratta ora e che debbe abbracciare lo spazio di venti anni, è mischiata di tanti avvenimenti diversi, di tanti opposti interessi e di tante passioni estranee alle guerre sante, che non vi si scorge per entro se non confusione, intanto che lo storico dovendo esponere di continuo rivoluzioni dell'oriente e dell'occidente, incorre agevolmente nella taccia d'aver perduto di vista il subbietto principale cioè la liberazione di Gerusalemme e la causa di Gesù Cristo [2].

Dal presente libro deve conoscere il Lettore che le cose qui narrate molto si disformano da quelle che nel cominciamento delle guerre sante

---

[1] Cronica d'Ibn Feràt.

[2] Deve il discreto lettore nel leggere le non molto edificanti narrazioni di questa parte della Storia delle Crociate, ridursi alla memoria che in tutte le cose è uopo distinguere la essenza loro dall'uso che gli uomini ne fanno; e principalmente le cose di Dio sono sempre auguste e sante, quantunque la perversità degli uomini spesse volte le usi iniquamente e torcendole dal loro santo e puro principio, le volga alla satisfazione de' più rei appetiti. Quelli che fanno ciò sono detti ipocriti, e forse più abbominevoli a Dio di qualunque altra specie di nequitosi, perchè fanno di lui e delle cose sue sacrosante velame alle scelleraggini loro. Gli antichi padri della Chiesa e San Bernardo principalmente nei libri a Papa Eugenio, sono d'opinione che questa mala zizzania della Chiesa di Dio si debba senza riguardo alcuno a tutti i fedeli rivelare e far conoscere, onde i poco saldi credenti, confondendo per avventura il mal uso delle cose sante con la essenza loro, non portino alla Religione quell'odio e quello spregio che gli scellerati adulteratori della medesima meritano Di tanto sacrilego adulterio furono rei e grandi prelati e sovrani principi ed alcuni pontefici come sovrani temporali, i quali non si potrebbero difendere senza ingiuria del vero e della religione; per la qual cosa lo storico che dee il vero esponere a istruzione e ammonimento dei lettori, non farà certo cosa grata a Dio nè utile agli uomini, dissimulando le iniquità de' più grandi personaggi, per insana delicatezza di non offendere le più venerevoli istituzioni delle umane società; ma, senza passione, facendo il debito suo, abbia ferma fede che maggiore sarà il beneficio che lo scandalo delle sue parole. Con questo antivedere potrà il discreto lettore leggere in questa istoria alcune parti che in principio avranno certo savore di forte agrume, ma raccolte poi con sano intendimento sieno salutevoli e l'ammoniranno che se Iddio spessefiate tollera il male in chi meno ne dovrìa dare esempio, sa anco far rifulgere il bene da chi meno l'aspettiamo. — Traduttore.

sono esposte, sendo nel presente tempo molto variate le passioni e i mezzi mediante i quali i Cristiani movevansi alla liberazione del Santo Sepolcro.

Considerando gli incredibili conati dei pontefici per armare i popoli d'Occidente contro i Mussulmani, nasce maraviglia che sì poco frutto facessero le loro minacce, le esortazioni e le preghiere. Nel concilio di Chiaromonte tenuto da papa Urbano le sole lamentazioni di Gerusalemme, bastavano a concitare l'entusiasmo di tutta l'Europa; per lo contrario nel concilio di Laterano preseduto da papa Innocenzio, molte altre cose estranee alla Crociata occuparono i padri della Chiesa, negli animi dei quali lievemente penetravano gli infortunii di Terra Santa. Urbano senza fatica armò per la causa di Cristo cavalieri, baroni ed ecclesiastici, i quali tutti senza riflettere ad altro, obbedirono alla voce dal Pontefice; ma nel concilio lateranense la tepidezza era grande in tutti e due, e i pontefici a mala pena riescirono nell'intento loro.

Una delle corruzioni più perniciose al fervore della Crociata, fu la legge che permetteva ai pellegrini che avevano giurato di prendere la Croce, il potersi riscattare dal loro voto mediante certa somma di danaro. Da ciò ne seguitava che i popoli poco conto facessero dei predicatori della crociata e che poco concorressero alle loro predicazioni, chiamandoli, non interpreti e spositori del santo Vangelo, ma percettori delle tasse per la Crociata.

Altra singolarità di questa Crociata, fu il non ammettersi nella santa milizia ognuno indistintamente, ma il far scelta de' più idonei, ed esercitati nelle armi, escludendo i macchiati di grandi reità e tutti quelli che non reputavansi atti alla impresa; le quali precauzioni comecchè prudenti e laudevoli in sè, avvicinavano troppo la Crociata alla condizione delle guerre ordinarie.

L'entusiasmo religioso ferveva ancora in pochissimi, i popoli armavansi mal volentieri per la spedizione troppo longinqua, e in cui non avevano più interesse. Le sottigliezze de' teologi concorrevano a raffreddar gli animi ed empirli di dubitazioni. L'obbligo di adempire il voto fu posto in disputa; fu anco cercato di qual somma fosse d'uopo per sciogliersene; se si potessero surrogare altri esercizi di pietà; se all'erede incombesse sciogliere il voto del testatore; se più avesse meritato un pellegrino che moriva andando alla crociata, ovvero altro che morisse al ritorno, se la moglie potesse crociarsi senza il consenso del marito, e questo senza il consenso della moglie [1]. — Queste questioni adunque

[1] La maggior parte di queste quistioni trovasi registrata nell'opera del Gesuita Gretzéro, *de Cruce.*

spensero l'entusiasmo religioso, e la causa di Cristo d'allora in poi ebbe pochi e deboli difensori.

In tante novità politiche e religiose che agitavano l'Europa, mirabil mostro fu la sopra descritta crociata de'fanciulli, di cui niun simile esempio trovasi nelle antiche o nelle moderne istorie. Quando gli uomini sono meno disposti a operare, maggiormente discorrono, onde i lari domestici echeggiano di quelle prodezze che dovrebbono in campo effettuarsi; e naturalmente la fantasia de'fanciulli cibata di continuo di tali incitamenti, partorisce alcuno effetto straordinario.

In questa sesta Crociata, i Cristiani non unirono mai insieme tutte le loro forze contro i Mussulmani: non vi fu ordine o disegno nelle imprese, i Crociati movevansi a loro arbitrio; molti ritornavano in Europa senza aver combattuto contro i Mussulmani; molti disertavano le insegne della Crociata dopo una vittoria o una sconfitta; a frotte, a torme giungevano sempre nuovi pellegrini in oriente: e sebbene d'Europa ne fossero partiti più di cinquecentomila, gli eserciti loro in Palestina non quasi mai aggiunsero ai centomila; e pochissimo operarono in servigio della causa per cui s'erano mossi.

Nelle altre Crociate, i Pontefici dopo avere promossa la Crociata, ne lasciavano poi il governo ai capi di maggiore esperienza; ma di questa la Chiesa volle essere capo supremo, e governarla minutamente; avendo decretato nel concilio Lateranense l'invasione dell'Egitto contro il parere di tutti i guerrieri sperimentati; e avendovi mandato i suoi Legati, perchè in nulla fosse derogato da'suoi comandamenti: spediente forse buono in sè, ma per le persone non accortamente elette, divenuto perniciosissimo e causa di estrema ruina.

Nella precedente Crociata contro l'imperio greco, se pur Crociata si può dire, i Veneziani e i Francesi, se non altro, v'acquistarono celebrità; ma gl'invasori dell'Egitto, o perirono nella sventurata spedizione o non riportarono in Europa che segni funesti delle loro calamità e delle infermità contagiose dell'oriente.

Quantunque i cronisti cristiani non facciano menzione degli infiniti europei sterminati dalla lebbra; il testamento di Luigi Ottavo [1], monumento storico contemporaneo, annovera nel solo regno di Francia due mila ospedali destinati unicamente ai Lebbrosi: Spettacolo di schifa e spaventevole infermità, che non poco temperò il fervore del prender la Croce.

I popoli che forse più meritarono di questa Crociata furono quei di Cologna, i Frisii e gli Olandesi. In premio delle fatiche sostenute in

---

[1] Loduvico ottavo morì nel 1226, pochi anni dopo la spedizione de'Cristiani in Egitto.

questa guerra Federigo Secondo ricevette cavaliere Guglielmo conte di Olanda e permise agli abitatori di Harlem di aggiungere una spada d'argento alle quattro stelle dipinte sulla loro bandiera. Nella capitale della Frisia si conservò fino a'tempi moderni la consuetudine di portare in processione l'immagine della nave che ruppe la catena del Nilo. Ancora veggonsi in Harlem sopra una torre due campane prese in Egitto, che si suonano tutte le sere in ricordanza delle prodezze fatte dai Frisii e dagli Olandesi all'assedio di Damiata [1].

Una lettera indirizzata da Oliviero Scolastico al sultano d'Egitto, mostra apertamente quanto sia stata grande la umanità e moderazione dei Mussulmani verso i Cristiani vinti e rimasi a loro discrezione. Ecco letteralmente tradotte le parole del pio Oliviero Scolastico:

Tu hai, o Sire, ricolmi i nostri ostaggi di tutti i beni di che abbonda l'Egitto; tu ci hai mandato ogni giorno venti o trentamila pani, e strami per le nostre bestie; tu hai costruito un ponte e asciugate le strade fatte impraticabili dalle acque; tu ci hai fatti guardare come la pupilla de' tuoi occhi. Quando alcuna bestia da soma era smarrita, tu davi ordini perchè fosse ricondotta al suo padrone; tu hai fatto trasportare a tue spese i malati e gli infermi; e quello che s' era ogni altra generosità, tu hai proibito, sotto pene terribili, che alcuno de' tuoi insultasse a' Cristiani con parole e anco con segni [2].

---

[1] Giovanni da Leida, che riferisce questo fatto, dice che le piccole navi portate in processione erano terminate a sega, per ricordare che la catena del Nilo fu rotta da una sega appiccata a una nave del conte di Olanda. Harnaker nella sua memoria sull'assedio di Damiata dice che le campane di cui è qui fatta menzione o altre in luogo di quelle, suonano tutte le sere, e che le navi con la sega adornano ancora a dì nostri le volte della cattedrale di Harlem.

[2] *Histoire du Siège de Damiette*, nella collezione di Giorgio Eccardo.

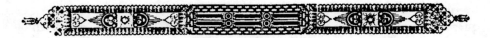

INDICE

DEI

LIBRI CONTENUTI IN QUESTO VOLUME.

Lightning Source UK Ltd.
Milton Keynes UK
UKOW020750020113

204267UK00009B/777/P